LE DROIT
À L'ALIMENTATION

Questions alimentaires et gastronomiques

Collection dirigée par Kilien Stengel,
ancien professionnel des secteurs alimentation et gastronomie,
enseignant et chercheur de l'université de Tours
spécialisé sur le fait culinaire et œnologique

Cette collection d'ouvrages culturels, économiques, historiques, sociologiques, anthropologiques, ou techniques, contribue aux progrès de la recherche et de la réflexion sur les cultures alimentaires et gastronomiques. Ouverte sur le monde, elle permet de mieux comprendre les rapports entre l'homme et son alimentation. Ici, il n'est pas seulement question de cuisine, on se positionne à la frontière de ce qui rapproche ou sépare l'alimentation de la gastronomie, les représentations du bon et du bien-manger, le patrimoine et l'authenticité, le terroir et les identités alimentaires. Autant d'imaginaires qui hantent nos assiettes, comme nos verres.

Dernières parutions

Virginie MASDOUA, *À manger et à croire…*, 2021.
Aline BOUCHEZ, *Le repas dans la publicité. Une mutation sociale et marketing*, 2021.
Marilia FERNANDEZ CAZORLA-MEYER, *Migration et culture culinaire chez les femmes péruviennes en Suisse. Une identité qui mijote pour se (re)construire,* 2021.
Emmanuel STIP, *Le vin et la psychiatrie*, 2021.
Kilien STENGEL (dir.), *Identités alimentaires et héritages gastronomiques*, 2021.
Théodore GEORGOPOULOS, Aloïs KANYINDA, Emmanuelle LECLERCQ, Aurélie MELIN, Aurélie RINGEVAL-DELUZE, Ariel SÉVILLA, Yves TESSON, Benoît VERDIER (Collectif Univigne) (dir.), *La vigne et le vin. Transformation des filières et des acteurs*, 2020.
Diana CÁRDENAS, *La nutrition en médecine. Approche épistémologique, problèmes éthiques et cas cliniques*, 2020.

Benjamin Clemenceau

LE DROIT
À L'ALIMENTATION

L'Harmattan

5-7, rue de l'École-Polytechnique – 75005 Paris
www.editions-harmattan.fr
ISBN : 978-2-343-23985-9
EAN : 9782343239859

AVERTISSEMENT

La Faculté de droit de l'Université Paris-Est n'entend donner aucune approbation, ni improbation aux opinions émises dans cette thèse. Ces opinions doivent être considérées comme propres à leur auteur.

À mes parents, Nathalie et Ludovic.

Liste des abréviations

<u>Publications et recueils de décisions :</u>

AFDI : Annuaire Français de Droit International

AJDA : Actualité Juridique Droit Administratif

Cahier de l'IEDH : Cahier de l'Institut Européen de Développement Humain

CCC : Cahiers du Conseil Constitutionnel

DCCR : Droit de la Consommation – Consumentenrecht

Gaz. Pal : Gazette du Palais

JCP : Journal of Chemical Physics

JDE : Journal de Droit Européen

JIB : Journal International de Bioéthique

JOCE : Journal Officiel des Communautés Européennes

JORF : Journal Officiel de la République Française

JTDE : Journal Trimestriel de Droit Européen

LGDJ : Librairie Générale de Droit et de Jurisprudence

LPA : Les Petites Affiches

PUAM : Presses Universitaires d'Aix-Marseille

PUF : Presses Universitaires de France

PUR : Presses Universitaires de Rennes

RBDI : Revue Belge de Droit International

RCADI : Recueil des Cours de l'Académie de Droit International

RCADI : Recueil des Cours de l'Académie de Droit International de La Haye

RCIP : Réseau Canadien d'Information sur le Patrimoine

RD San. Soc. : Revue de Droit Sanitaire et Social

RDH : Revue des Droits de l'Homme

RDLF : Revue des Droits et des Libertés Fondamentaux

RDP : Revue de Droit Public et de la Science Politique en France et à l'Étranger

RDS : Revue de Droit Social

RDSS : Revue de Droit Sanitaire et Social

RDUE : Revue du Droit de l'Union Européenne

REDC : Revue Européenne du Droit de la Consommation

Rev. Sci. Tech. : Revue Scientifique et Technique

Rev. Adm. : Revue Administrative

RFDA : Revue Française de Droit Administratif

RFI : Radio France Internationale

RFSP : Revue Française de Science Politique

RGD : Revue Générale du Droit

RGDIP : Revue Générale de Droit International Public

RIDC : Revue Internationale de Droit Comparé

RIEJ : Revue Interdisciplinaire d'Études Juridiques

RJC : Revue de Jurisprudence Commerciale

RJE : Revue Juridique de l'Environnement

RJPF : Revue Juridique Personnes et Famille

RMCUE : Revue du Marché Commun de l'Union Européenne

RMUE : Revue du Marché Unique Européen

RRJ : Revue de la Recherche Juridique

RSE : Revue Internationale de l'Économie Sociale

RTBF : Radio-Télévision Belge de la Communauté Française

RTD. Civ. : Revue Trimestrielle de Droit Civil

RTDH : Revue Trimestrielle des Droits de l'Homme

RUDH : Revue Universelle des Droits de l'Homme

Juridictions :

BVerfG : Bundesverfassungsgericht

CAA : Cour Administrative d'Appel

C. Cass. : Cour de Cassation

Cass. Soc. : Chambre Sociale de la Cour de Cassation

Cass. Com. : Chambre Commerciale de la Cour de Cassation

Cass. Civ. : Chambre Civile de la Cour de Cassation

CC : Conseil Constitutionnel

CE : Conseil d'État

CEDH : Cour Européenne des Droits de l'Homme

CIJ : Cour Internationale de Justice

CJCE : Cour de Justice des Communautés Européennes

CJUE : Cour de Justice de l'Union Européenne

CPI : Cour Pénale Internationale

CrIADH : Cour Interaméricaine des Droits de l'Homme

TA : Tribunal Administratif

TGI : Tribunal de Grande Instance

TI : Tribunal d'Instance

Traités et institutions :

ABDIB : Associacao Brasileira de Infrestrutura e Industrias de Base

Accord SPS : Accord sur l'Application des Mesures Sanitaires et Phytosanitaires

ACF : Action Contre la Faim

AFBV : Association Française des Biotechnologies Végétales

AfDB : Banque Africaine de Développement

AFSSA : Agence Française de Sécurité Sanitaire des Aliments

AFSSET : Agence Française de Sécurité Sanitaire de l'Environnement et du Travail

AGNU : Assemblée Générale des Nations Unies

AID : Association Internationale de Développement

AMAP : Associations pour le Maintien d'une Agriculture Paysanne

AMH : Asociacion Mexicana de Hidraulica

ANEAS : Asociacion Nacional de Empresas de Agua y Saneamiento de Mexico

AOTC : Accord sur les Obstacles Techniques au Commerce

APDIC : Accords sur les Droits de Propriété Intellectuelle touchant au Commerce

AQUAFED : International Federation of Private Water Operators

ARS : Agence Régionale de la Santé

ASCE-EWRI : American Society of Civil Engineers, Environmental & Water Resources Institute

ASEAN : Association des Nations d'Asie du Sud-Est

ASTEE : Association Scientifique et Technique pour l'Eau et l'Environnement

BEUC : Bureau Européen des Unions de Consommateurs

BIRD : Banque Internationale pour la Reconstruction et le Développement

BM : Banque Mondiale

CADA : Commission d'Accès aux Documents Administratifs

CARE : Cooperation for American Relief in Europe

CCA : Commission du *Codex Alimentarius*

CCFD : Comité Catholique contre la Faim et pour le Développement

CCNUCC : Convention-Cadre des Nations Unies sur les Changements Climatiques

CDB : Convention sur la Diversité Biologique

CDFUE : Charte des Droits Fondamentaux de l'Union Européenne

CEA : Communauté Économique Africaine

CEDAW : Convention on the Elimination of all Forms of Discrimination Against Women

CEDR : Centre Européen pour les Droits des Roms

CELAC : Communauté d'États Latino-Américains et Caraïbes

CEMAT : Conseil de l'Europe des Ministres Responsables de l'Aménagement du Territoire

CEN : Comité Européen de Normalisation

CER : Communautés Économiques Régionales

CESDH : Convention Européenne de Sauvegarde des Droits de l'Homme

CESNU : Conseil Économique et Social des Nations Unies

CFCF : Comité Français Contre la Faim

CFSI : Comité Français pour la Solidarité Internationale

Charte ADHP : Charte Africaine des Droits de l'Homme et des Peuples

Charte OEA : Charte de l'Organisation des États Américains

CICR : Comité International de la Croix Rouge

CINU : Centres d'Informations des Nations Unies

CIPV : Convention Internationale pour la Protection des Végétaux

CNA : Conseil National de l'Alimentation

CNAM : Conservatoire National des Arts et Métiers

CNUCED : Conférence des Nations Unies sur le Commerce et le Développement

COASAD : Coalition des Organisations Africaines pour la Sécurité Alimentaire et le Développement Durable

Comité DESC : Comité des Droits Économiques, Sociaux et Culturels

Commission ADHP : Commission Africaine des Droits de l'Homme et des Peuples

CONCORD : Confédération Européenne des ONG d'Urgence et de Développement

CREDOF : Centre de Recherches sur les Droits Fondamentaux

CRS : Catholic Relief Service

CSA : Comité de Sécurité Alimentaire Mondiale

CSA : Community Supported Agriculture

CSCE : Conférence sur la Sécurité et la Coopération en Europe

CSE : Charte Sociale Européenne

CTII : CTI Engineering International Co Ltd

CWPP : China Water & Power Press

DDCCRF : Direction Départementale de la Concurrence, de la Consommation et de la Répression des Fraudes

DDCSPP : Direction Départementale de la Cohésion Sociale et de la Protection des Populations

DDHC : Déclaration des Droits de l'Homme et du Citoyen

DDPP : Direction Départementale de la Protection des Populations

DDSV : Direction Départementale des Services Vétérinaires

DDTM : Direction Départementale des Territoires et de la Mer

Déclaration NOEI : Déclaration sur le Nouvel Ordre Économique International

DG SANCO : Direction chargée de la Santé et de la Protection du Consommateur

DG AGRI : Direction chargée de la Gestion des Marchés Agricoles

DGAL : Direction Générale de l'Alimentation

DGCCRF : Direction Générale de la Concurrence, de la Consommation et de la Répression des Fraudes

DIREN : Directions Régionales de l'Environnement

DPI : Département de l'Information des Nations Unies

DRAAF : Direction Régionale de l'Alimentation, de l'Agriculture et de la Forêt

DREAL : Direction Générale de l'Environnement, de l'Aménagement et du Logement

DRIRE : Directions Régionales de l'Industrie, de la Recherche et de l'Environnement

DUDH : Déclaration Universelle des Droits de l'Homme

ECHO : Office Européen pour l'Aide Humanitaire d'Urgence

ECOSOC : Conseil Économique et Social

EDF : Électricité de France

EFSA : European Food Safety Authority

EPA : Environnemental Protection Agency

EPTB : Établissement Publics Territoriaux de Bassin

EPUSP : Polytechnic School of University of Sao Paulo

FAN : Freshwater Action Network

FAO : Food and Agriculture Organization of the United Nations

FDA : Food and Drug Administration

FEOGA : Fonds Européen d'Orientation et de Garantie Agricole

FIAN : Réseau International Food First Information and Network Action

FIDA : Fonds International de Développement Agricole

FIDH : Fédération Internationale des Droits de l'Homme

FIL : Fédération Internationale Laitière

FMI : Fonds Monétaire International

FSNU : Fonds Spécial des Nations Unies

FWP : French Water Partnership

GATT : General Agreement on Tariffs and Trade (Accord général sur les Tarifs Douaniers et le Commerce)

IALCSH : Initiative Amérique Latine et les Caraïbes Libérées de la Faim

ICEFI : Institut Centraméricain d'Études Fiscales

IFEN : Institut Français de l'Environnement

IHES : International Hydrologic Environmental Society

IME : Institut Méditerranéen de l'Eau

ISO : International Standard Organization

IUPAC : Union Internationale de Chimie Pure et Appliquée

IVS : Institut de Veille Sanitaire

JBF : Jal Bagirathi Foundation

JWF : Japan Water Forum

MAAF : Ministère de l'Agriculture, de l'Agroalimentaire et de la Forêt

MAEE : Ministère des Affaires Étrangères et Européennes

MDM : Médecins Du Monde

MISE : Missions Interservices de l'Eau

MSF : Médecins Sans Frontières

NCWSC : Nairobi City Water & Sewerage Co Ltd

NEPAD : Nouveau Partenariat pour le Développement de l'Afrique

NFCAP : Centre National pour l'Alimentation et la Politique Agricole

OCDE : Organisation de Coopération et de Développement Économique

OCI : Organisations de Coopération Internationale

OECE : Organisation Européenne de Coopération Économique

OIE : Office International de l'Eau

OIT : Organisation Internationale du Travail

OMC : Organisation Mondiale du Commerce

OMM : Organisation Météorologique Mondiale

OMPI : Organisation Mondiale de la Propriété Intellectuelle

OMS : Organisation Mondiale de la Santé

ONEMA : Office National de l'Eau et des Milieux Aquatiques

ONU : Organisation des Nations Unies

ONUDI : Organisation des Nations Unies pour le Développement Industriel

Organisation AID : Organisation en faveur des Actions Intégrées pour le Développement

OTAN : Organisation du Traité de l'Atlantique Nord

OUA : Organisation de l'Union Africaine

Oxfam : Oxford Committee for Famine Relief

PAM : Programme Alimentaire Mondial

PEAT : Programme Élargi d'Assistance Technique

PFF : Plate-forme Française des ONG auprès de l'Union Européenne

PHI : Programme Hydrologique International

PIDCP : Pacte International relatif aux Droits Civils et Politiques

PIDESC : Pacte International relatif aux Droits Economiques, Sociaux et Culturels

PNA : Programme National pour l'Alimentation

PNUD : Programme des Nations Unies pour le Développement

PNUE : Programme des Nations Unies pour l'Environnement

PRESANCA : Programme Régional de Sécurité Alimentaire et Nutritionnelle pour l'Amérique Centrale

REBOB : Rede Brasil de Organismos de Bacias Hidrograficas

SICA : Système d'Intégration Centraméricaine

SMA : Sommet Mondial de l'Alimentation

TCA : Turkish Contractors Association

TCE : Traité instituant la Communauté Européenne

TFUE : Traité sur le Fonctionnement de l'Union Européenne

Traité CECA : Traité instituant la Communauté Européenne du Charbon et de l'Acier

Traité EURATOM : Traité instituant la Communauté Européenne de l'Énergie Atomique

TUE : Traité sur l'Union Européenne

UICN : Union Internationale pour la Conservation de la Nature

UNESCO : United Nations Educational, Scientific and Cultural Organization

UNFPA : United Nations Fund for Population Activities

UNICEF : United Nations International Children's Emergency Fund

VOICE : Voluntary Organisations In Cooperation in Emergencies

WWAP : Programme Mondial pour l'Évaluation des Ressources en Eau

WWF : World Wildlife Fund

WWF : World Wide Fund for Nature

Divers :

aff. : Affaire

AOC : Appellation d'Origine Contrôlée

AOP : Appellation d'Origine Protégée

BID : Bulletin Intérieur de Documentation

Bull. Civ. : Bulletin Civil

Bull. Crim. : Bulletin Criminel

c/ : Contre

CCP : Contrats-Cadres de Partenariats

CE : Communauté Européenne

Chron. : Chronique

Coll. : Collection

Cons. : Considérant

Cour Const. : Cour constitutionnelle

Cour Adm. : Cour Administrative

CS : Cour suprême

CSD : Comité Scientifique Directeur

DC : Décision de contrôle de constitutionnalité des lois ordinaires, des lois organiques, des traités ou des règlements des assemblées

DCE : Directive-Cadre sur l'Eau

DCP : Droits Civils et Politiques

DESC : Droits Économiques, Sociaux et Culturels

DH : Droit Humanitaire

DIH : Droit International Humanitaire

Doc. : Document

éd. : Édition

ESB : Encéphalopathie Spongiforme Bovine

GIEC : Groupe d'Experts Intergouvernemental sur l'Evolution du Climat

GONGOS : Governmental Non Governmental Organizations

ICE : Initiative Citoyenne Européenne

LMBG : Lebens-Mittel und Bedarfsgegenständegesetz

Loi LEMA : Loi sur l'Eau et les Milieux Aquatiques

Méthode HACCP : Méthode Hazard Analysis Critical Control Point

MGR : Matière Grasse Résiduelle

N° : Numéro

ODD : Objectifs de Développement Durable

OGM : Organisme Génétiquement Modifié

OING : Organisation Internationale Non Gouvernementale

OMD : Objectifs du Millénaire pour le Développement

ONG : Organisation Non Gouvernementale

Ord. : Ordonnance

OSBL : Organisation Sans But Lucratif

OSC : Organisation de la Société Civile

p. : page

PAC : Politique Agricole Commune

PACS : Pacte Civil de Solidarité

Par. : Paragraphe

Pays ACP : Pays d'Afrique, des Caraïbes et du Pacifique

PIB : Produit Intérieur Brut

PMS : Plan de Maîtrise Sanitaire

PNB : Produit National Brut

pp. : pages

Précit. : Précité

QPC : Question Prioritaire de Constitutionnalité

Rec. : Recueil

s. : Suivantes

SAGE : Schéma d'Aménagement et de Gestion des Eaux

SDAGE : Schémas Directeurs d'Aménagement et de Gestion des Eaux

SMIAR : Système Mondial d'Information et d'Alerte Rapide

Somm. : Sommaire

Spéc. : Spécialement

SSR : Sous-Sections Réunies

T. : Tome

Trib. Féd. : Tribunal Fédéral

UE : Union Européenne

v. : Versus

Vol. : Volume

SOMMAIRE

Introduction générale

1. – Les problèmes de la faim dans le monde dépeignent une situation dont les chiffres officiels[1] seront, bien qu'approximatifs et chancelants, non-dépourvus d'intérêt tant leur apport impactera les études menées dans le cadre de cette thèse.

2. – Participant de cette logique, les estimations de la *Food and Agriculture Organization of the United Nations* (ci-après FAO)[2] sont, à défaut d'être rassurantes, extrêmement claires et ciblées. Dès 2016, l'agence de l'Organisation des Nations Unies (ci-après ONU) alerte les autorités sur le fait que la *« faim invisible »*[3] touche encore, ce qui semble préoccupant, plus de deux milliards de personnes, et ne recense pas moins de 800 millions de malnutris chroniques à travers le monde.

3. – Loin d'être le fléau d'une partie spécifique des populations, la faim concerne indistinctement et essentiellement les enfants en bas-âge, les femmes enceintes et les personnes âgées, mais aussi les civils déplacés à l'intérieur de leur pays, les réfugiés ou encore les malades. En réalité, *« il y aurait une obésité des pauvres comme il y aurait une obésité des riches, il serait donc très réducteur de prétendre*

[1] Ces données proviennent essentiellement d'organisations ou de programmes intergouvernementaux spécialisés dans la lutte contre la faim et l'extrême pauvreté tels que la « Food and Agriculture Organization of the United Nations » (FAO), le « Programme des Nations Unies pour le développement » (PNUD), ou encore le « Programme alimentaire mondial » (PAM), mais aussi de la société civile elle-même à travers certaines organisations non-gouvernementales réputées en raison de leurs connaissances et de leur savoir-faire dans ce domaine, parmi lesquelles peuvent figurer « Action contre la faim », « Amnesty International » ou encore le « Réseau International Food First Information and Network Action » (FIAN).

[2] La FAO est une organisation intergouvernementale qui compte 194 États-membres, deux membres associés et une organisation membre, l'Union européenne. La FAO est en mesure de promouvoir une amélioration de la gouvernance, notamment en produisant, développant et adoptant les outils et directives existants et en fournissant un appui ciblé sur la gouvernance à ses bureaux de pays ou à ses bureaux régionaux.

[3] Les carences en micronutriments sont souvent qualifiées de « faim invisible » car elles se développent progressivement dans le temps, leur impact dévastateur ne pouvant être observé qu'une fois subis des dommages irréversibles. Bien qu'un enfant puisse dormir chaque nuit l'estomac bien rempli, les carences en micronutriments signifient que son corps a toujours faim d'une bonne nutrition.

qu'au Sud le problème serait quantitatif et au Nord qualitatif ; les déséquilibres étant simplement différents »[1].

4. – Universelle, l'extrême pauvreté constitue quoi qu'il en soit un concept saillant pour démêler les inégalités d'ordre économique et social amorçant la polyphagie. Qualifiée de *« phénomène complexe et pluridimensionnel [...] ne pouvant plus être réduit à sa simple expression monétaire »*[2] par le Programme des Nations Unies pour le développement (ci-après PNUD) et la Banque mondiale[3], la pauvreté occupe de fait une place centrale au sein des organisations internationales de développement depuis le début des années quatre-vingt-dix[4]. Cette reconnaissance est d'autant plus importante que les *« concepts actuels sont marqués par l'émergence d'une nouvelle pauvreté et d'une culture de la faim que l'on ne pensait pas revoir »*[5] : le chômage de masse[6].

5. – Par voie de conséquence, la charité privée et l'aide publique au développement représentent, *« à cette époque des grands restaurants où l'on meurt encore, faute d'une alimentation suffisante »*[7], des expédients, certes encore perfectibles et diversifiables, qu'il sera utile de considérer préciseusement dans le cadre de cette analyse.

6. – Près de vingt ans après l'adoption d'une Déclaration universelle des droits de l'homme (ci-après DUDH) excluant, non sans surprise, son élévation au rang de véritable droit de l'homme autonome, l'alimentation ne se fraiera, en dépit de l'importance que lui accordait pourtant la Charte de la Havane de 1948[8], qu'une

---

[1] Interview. « Comment lutter autrement contre la faim dans le monde ? Le juriste français F. Collart Dutilleul propose de ne pas soumettre la nourriture au libre-échange et d'ajuster les ressources naturelles aux besoins sociaux », C. Calvet et B. Vallaeys, « L'alimentation devrait être un droit de l'homme », *Libération*, 21 mars 2014.

[2] E. Benicourt, « La pauvreté selon le PNUD et la Banque mondiale », *Études rurales*, n° 159-160, 2001, pp. 35-54.

[3] Dans le cadre du « Programme d'intervention en réponse à la crise alimentaire mondiale » (GFRP) créé en mai 2008, le groupe de la Banque mondiale a lancé un mécanisme de financement rapide d'aide aux pays qui en ont le plus besoin. La réponse de la Banque s'est faite en articulation avec l'équipe spéciale de haut niveau des Nations Unies (HTLF) sur la sécurité alimentaire. La Banque soutient ainsi la mise en place du Code d'action global (CAG).

[4] Voir E. Benicourt, *op. cit.*, pp. 35-54.

[5] M. Bonneau, *La table des pauvres : cuisiner dans les villes et cités industrielles, 1780-1950*, Presse Universitaire de Rennes, septembre 2013, p. 393.

[6] *Ibid.*, p. 393.

[7] *Ibid.*, p. 385.

[8] Selon François Collart Dutilleul, *« dans un chapitre entier, le chapitre VI, il est inscrit que les produits de la nature, l'alimentation, l'eau, la pêche, les forêts et les sous-sols (énergie et minerais) dérogent au libre-échange car ils doivent satisfaire à plusieurs objectifs dont la sécurité alimentaire, le développement économique et la préservation des ressources naturelles... Malheureusement, cette Charte de la Havane n'a jamais été ratifiée. Le projet Lascaux milite pour un retour au chapitre VI adapté à notre époque. L'alimentation devrait être un droit de l'homme »* ; voir l'interview *op.cit.*

place limitée[1] au sein du Pacte international relatif aux droits économiques, sociaux et culturels (ci-après PIDESC) de 1966. Par-delà les considérations économiques et politiques, cette méfiance témoignée par les rédacteurs de la DUDH à l'égard du droit à l'alimentation provient sans doute du fait qu'un tel droit peut *« entrer en concurrence avec un autre droit de l'homme, le droit de propriété »*[2].

7. – Conscients de cette spécificité, certains auteurs ont plus récemment proposé d'instaurer une règle de l'exception alimentaire, un peu à l'image de l'exception culturelle admise par l'UNESCO, pensant que *« ce qui vaut pour la vie de l'esprit doit bien valoir aussi pour la vie du corps »*[3]. Cela dit, cette initiative est, pour l'heure, restée lettre morte.

8. – Allant dans le même sens, la démocratie alimentaire[4] prescrite par les spécialistes du Programme Lascaux[5] consistant en l'avènement d'une vraie citoyenneté alimentaire mondiale – qui pousserait la souveraineté des États jusqu'aux besoins réels des populations – n'a bénéficié d'aucune résonnance profitable auprès des instances internationales de sauvegarde et de promotion des droits de l'homme, à en juger l'absence de toute expérimentation, même indirecte, d'un tel mécanisme.

9. – De l'avis de certaines organisations non-gouvernementales (ci-après ONG)[6] expertes, la défense des droits humains serait plus que jamais *« en danger et en péril, car méprisée par un grand nombre d'États »*[7]. Aussi préconisent-elles, pour remédier à cette situation, d'insuffler un nouvel élan à ces droits en conviant les gouvernements à *« soutenir politiquement et financièrement les systèmes créés pour garantir le respect du droit international et la protection des droits des personnes »*[8].

---

[1] Le droit à l'alimentation figure à l'article 11§1 du PIDESC de 1966 sous le prisme du droit (plus général) à un niveau de vie suffisant, et aux alinéas a) et b) de l'article 11§2 par le biais du droit fondamental qu'ont toutes personnes d'être à l'abri de la faim.

[2] C. Calvet et B. Vallaeys, « L'alimentation devrait être un droit de l'homme », *op.cit.*

[3] *Ibid.*

[4] Voir F. Adornato, « Démocratie alimentaire et agriculture urbaine », in F. Collart Dutilleul (dir.), *Propositions Lascaux entre ressources naturelles et besoins alimentaires – Penser une démocratie alimentaire*, vol. 2, pp. 433-438.

[5] Le projet de recherche en droit agroalimentaire « Lascaux » a été sélectionné par le Conseil européen de la recherche en août 2008, à la suite d'un appel international à propositions auquel François Collart Dutilleul, Professeur à l'Université de Nantes et membre de l'Institut universitaire de France, a répondu.

[6] Tout particulièrement « Amnesty International », créé au Royaume-Uni en 1961.

[7] Voir le « Rapport 2015/16 : la situation des droits de l'homme dans le monde », disponible à partir du lien Internet suivant : http://www.amnesty.fr/rapport2016 [consulté le 21 juin 2016]

[8] *Ibid.*

10. – Si *« les cosmocrates n'aiment les droits de l'homme que pour autant qu'ils n'entravent pas la machine à exploiter et à broyer les peuples »*[1], cette thèse soutiendra différemment que l'alimentation pourrait constituer, malgré ses accointances directes avec le commerce et l'environnement, un droit fondamental à part entière.

11. – Partir d'un tel postulat permettra surtout d'affermir la volonté exprimée du G7 lors du Sommet de Schloss-Elman en 2015, de sortir d'ici 2030 plus de 500 millions de personnes souffrant toujours de la faim et de la malnutrition, et d'avancer dans l'atteinte de l'Objectif de développement durable n° 2 (relatif à l'élimination de la faim et de la malnutrition).

12. – Enfin et à dessein de rendre à l'alimentation son activité à la fois structurante de la famille et organisatrice de la vie sociale, une attention particulière semblait devoir se tourner vers les ressources naturelles que constituent l'eau et plus généralement l'environnement, sans occulter toutes celles que viennent modifier les biotechnologies modernes tant leur prise en compte paraît nécessaire à l'étude d'un droit fondamental qui, il faut bien le reconnaître, est encore en pleine construction sur la scène internationale et européenne de protection des droits de l'homme.

13. – Afin de mener à bien l'étude du droit alimentaire, il faudra délimiter l'objet de l'étude (§I), puis en préciser les problématiques associées (§II) avant d'indiquer la méthode suivie à cette fin (§III).

§ I. L'OBJET DE L'ÉTUDE

14. – L'objet de cette analyse n'aura pas vocation à répondre à toutes les interrogations et/ou à lever toutes les incertitudes autour de la notion même de « droit à l'alimentation ». Cette démarche serait vaine et encyclopédique. Au contraire, une circonscription de son analyse aux différents éléments de définition les plus substantiels à la compréhension des problématiques qui suivront par ailleurs sera privilégiée. Cela permet de relever dès à présent que son observation n'est pas réductible à celle d'un bien de consommation classique[2]. Cette spécificité conduit, en premier lieu, à rappeler ce que les notions d'alimentation et de denrée alimentaire recouvrent (A), puis à préciser le champ couvert par le droit à l'alimentation (C) au sein des droits de l'homme (B). Une attention particulière pourra ensuite porter sur certaines déclinaisons récentes d'un tel droit

[1] J. Ziegler, *L'empire de la honte*, Fayard, *Litt. Gene.*, 9 mars 2005, p. 278.

[2] Voir B. Clemenceau, recension de l'ouvrage d'E. Van Nieuwenhuyze et C. Verdure (dir.), *Actualités en droit alimentaire*, Recyclages en droit, Limal, Anthemis, 2014, 250 p., paru dans *Droit de la consommation – Consumentenrecht (D.C.C.R.)*, n° 107, p. 173.

avec la présentation des concepts de sécurité (D) et de souveraineté alimentaire (E).

A. – Les notions d'alimentation et de denrée alimentaire

15. – L'alimentation entendue comme la simple action de se nourrir revêtira d'autres aspects pour les besoins de la recherche envisagée ci-après. L'approvisionnement en eau d'une collectivité ou encore le commerce et l'industrie des denrées alimentaires semblent en effet constituer des points pertinents qui pourront s'adjoindre à l'étude pour l'approfondir.

16. – Les divers éléments constitutifs d'une denrée alimentaire permettront, pour leur part, d'évoquer les composantes matérielles du droit de chaque être humain à se nourrir, et cela bien qu'ils ne soient qu'insuffisamment pris en compte par la doctrine publiciste. D'ailleurs, il convient dès à présent d'en apporter l'explication exacte.

17. – En Europe, les différents parlements nationaux ne définissent que peu ou prou la nature exacte de tels éléments[1], laissant de fait subsister le doute autour de leur délimitation. Isolément considérés par certaines législations nationales comme étant nutritives[2], il est d'ores et déjà préférable, dans un souci de clarification voire de simplification, d'exclure du champ couvert par la notion de denrée alimentaire toutes substances nocives comme le tabac et les boissons

---

[1] En France, l'article R. 112-1 du Code de la consommation définit la denrée alimentaire comme *« toute denrée, produit ou boisson destiné à l'alimentation de l'homme »*. En Belgique, l'article 1er de la loi du 24 janvier 1977 relative à la protection de la santé des consommateurs en ce qui concerne les denrées alimentaires et les autres produits dispose qu'un aliment est *« tout produit ou substance destiné à l'alimentation humaine »*. Aux États-Unis, le « Federal Food Drug and Cosmetic Act » énonce qu'*« une denrée alimentaire est formée de toute substance detsinée à l'alimentation ou utilisée comme boisson par l'homme ou l'animal »*. En Grande Bretagne, le « Food safety Act » met en avant que *« la nourriture doit notamment inclure les boissons, mais aussi les articles et substances sans valeur nutritive employée pour la consommation humaine »*.

[2] Le législateur allemand estime que le tabac constitue une denrée alimentaire si l'on se réfère au Bedarfsgegenständegesetz du 15 octobre 1974, tout comme le législateur suisse, puisque l'article 3 de la loi fédérale sur les denrées alimentaires et les objets usuels du 9 octobre 1992 dispose *« qu'au sens de la loi, les boissons alcoolisées et le tabac sont assimilés aux denrées alimentaires »*.

alcoolisées[1]. Aussi complexe[2] et pléthorique[3] qu'il soit présentement devenu, il semble en effet incohérent d'adjoindre ces produits aux défis que connait déjà le droit à l'alimentation et/ou aux enjeux qu'il ne manquera pas de susciter dans un avenir proche ou plus lointain[4].

18. – Dans le même sens, les gommes à mâcher rattachées par certaines organisations internationales[5] ou par certains textes normatifs contraignants de l'Union européenne[6] aux denrées alimentaires ne seront pas considérées comme inhérentes à l'alimentation – y compris par pur constructivisme – tant leur nature paraît s'éloigner des besoins vitaux nécessaires à la survie de l'homme. Ce raisonnement vaudra aussi pour les produits cosmétiques[7] et pour les médicaments[8] – quand bien même ces derniers présenteraient la particularité unique d'avoir une fonction pouvant être sensiblement proche de celle dévolue

---

[1] Il n'est toutefois pas sans intérêt de rappeler la place qu'occupait, en tant que « principe vital » de la vie, le vin au Moyen-Âge, dans la mesure où la « consommation d'eau était dangereuse », et où « son utilisation était indispensable à l'exercice de la médecine et à la cicatrisation des actes chirurgicaux ». Néanmoins, de telles considérations sur le vin ne semblent pas devoir s'appliquer aux populations dont l'accès à l'eau potable est actuellement restreint ou fermé car les coûts souvent trop élevés, et parfois la rareté de cet alcool les en privent encore davantage.

[2] Voir A. Mahy, « L'information sur les denrées alimentaires : vers une « réglementarisation » des informations volontaires », in E. Van Nieuwenhuyze et C. Verdure (dir.), *Actualités en droit alimentaire*, *op.cit.*, p. 45.

[3] C. Dalmet, *La notion de denrée alimentaire*, th. de droit privé soutenue à l'Université d'Avignon et des pays du Vaucluse, 2009, p. 4.

[4] Sans verser dans un plaidoyer *pro vino* (!), il est toutefois possible de dire – au moins sous forme de clin d'œil – qu'une consommation modérée de vin est moins nocive qu'une consommation effrenée de Big Mac ou de sodas, voire de faux chocolat dont il sera d'ailleurs question *infra*.

[5] Le *Codex Alimentarius* appréhende l'aliment comme *« toute substance traitée, partiellement traitée ou brute, destinée à la consommation humaine, qui englobe les boissons, le chewing-gum et toutes substances utilisées dans la fabrication, la préparation et le traitement des aliments, à l'exclusion des substances employées uniquement sous forme de médicament, de cosmétique ou de tabac »*.

[6] L'article 2 du règlement Food Law (CE) n° 178/2002 établissant les principes généraux et les prescriptions générales de la législation alimentaire, instituant l'Autorité européenne de sécurité des aliments et fixant des procédures relatives à la sécurité des denrées alimentaires, dispose qu' *« on entend par denrée alimentaire (ou aliment), toute substance ou produit transformé, partiellement transformé ou non transformé, destiné à être ingérée ou raisonnablement susceptible d'être ingérée par l'être humain »* ; ce terme recouvre les boissons, les gommes à mâcher et toute substance, y compris l'eau, intégrée intentionnellement dans les denrées alimentaires au cours de leur fabrication, de leur préparation ou de leur traitement.

[7] Les produits cosmétiques sont exclus du champ couvert par la notion de denrée alimentaire selon le *Codex Alimentarius* ; voir *L'étiquetage des denrées alimentaires (CODEX STAN 1-1985)*, p. 1.

[8] Les médicaments sont exclus du champ couvert par la notion de denrée alimentaire selon l'article 2 d) du règlement Food Law (CE) n° 178/2002.

aux aliments –, au même titre que les plantes avant leur récolte[1], les produits stupéfiants[2] ou encore les résidus et les contaminants[3].

19. – Seront définitivement considérées comme denrées alimentaires toutes substances transformées, transformables ou en cours de transformation, dès lors qu'elles sont destinées à la seule alimentation humaine. Cela permettra d'inclure l'élément hydrique, y compris lorsque celui-ci n'est pas intégré intentionnellement dans la denrée au cours de sa fabrication, de sa préparation ou de son traitement[4]. D'un pourtour assez minimaliste, cette définition n'en est pas moins à même de *« couvrir les besoins nutritifs de l'homme et ceux du bien-être de la population dans son ensemble »*[5]. Le droit de la vigne et du vin représente une discipline à part entière qu'il n'était, pour des raisons matérielles évidentes, guère possible de prendre en compte dans ce travail.

B. - La notion de droit de l'homme

20. – Sur la scène internationale, la consécration des droits de l'homme revient traditionnellement à la DUDH (ainsi d'ailleurs qu'à la Convention européenne de sauvegarde des droits de l'homme – ci-après CESDH –, et aux deux pactes de l'ONU de 1966), dont la portée normative, quoique dépourvue de force obligatoire en raison de la nature juridique de son acte constitutif, n'en demeure pas moins à même de revêtir une importance absolument cruciale dans l'universalisation des droits retranscrits, mais aussi de représenter une référence d'appui sans précédent pour les mécanismes constitutionnels nationaux et autres systèmes régionaux de protection des droits de l'homme.

21. – L'engouement qu'ils rencontrent actuellement, du fait des très nombreux discours officiels de portée nationale ou internationale y faisant référence a beau, *in fine*, les vulgariser et les galvauder, les droits de l'homme n'ont jamais été aussi souvent, et à ce point, revendiqués par la classe politique, réclamés par la société civile et indispensables aux juristes, qu'ils soient privatistes et/ou publicistes, constitutionnalistes et/ou internationalistes.

22. – Bien que certains auteurs les présentent comme primitifs voire absolus, les droits de l'homme confèrent aux individus un ensemble de libertés et de

---

[1] Voir le § c) de l'article 2 du chapitre I du règlement Food Law (CE) n° 178/2002 du Parlement européen et du Conseil du 28 janvier 2002 établissant les principes généraux et les prescriptions générales de la législation alimentaire.
[2] Voir le § g) de l'article 2 du chapitre I du règlement Food Law (CE) n° 178/2002 précité.
[3] Voir le § h) de l'article 2 du chapitre I du règlement Food Law (CE) n° 178/2002 précité.
[4] Voir l'article 2 du règlement Food Law (CE) n° 178/2002 précité.
[5] P.-M. Vincent, *Le droit de l'alimentation*, PUF, coll. *« Que sais-je ? »*, p. 7.

prérogatives que le droit constitutionnel et le droit international gouvernent. Ils leur assurent, sans discrimination, la dignité rattachée à leur qualité d'être intelligent (puisque procédant de l'identité de la personne humaine).

23. – Par analogie, le droit à l'alimentation traduirait dans l'ordre juridique des principes naturels de justice préservant le droit de la personne humaine à se nourrir sainement des empiètements arbitraires du pouvoir et façonnant, par la même action, *« un vrai droit abondant, technique et contraignant »*[1]. Partant, il contribuerait à l'autonomie progressivement acquise par le droit international des droits de l'homme, et accréditerait le statut de sujet de droit international concédé aux individus.

24. – Concernant les droits fondamentaux, ils sont identifiables à *« leur conception formelle et leur caractère indisponible »*[2]. Ainsi emportent-ils, dès lors qu'ils sont bien reconnus comme tels par une source contraignante du droit international ou constitutionnel, une *« justiciabilité quasi-parfaite »*[3], ce qui les rend invocables *« directement dans les rapports entre personnes privées et/ou vis-à-vis des actes des institutions ou des autorités étatiques »*[4]. Autrement dit, ils assurent au contenu des droits de l'homme *« une mise en œuvre concrète dans le cadre de l'application d'instruments juridiques contraignants »*[5], ou de simples communications, telle que la résolution du Parlement européen du 16 mai 2002 sur le Sommet mondial de l'alimentation des Nations Unies (laquelle a érigé au rang de droit fondamental le droit à une nourriture saine et suffisante, ainsi que la protection contre la faim[6]).

25. – Issues de la pensée juridique du 18e siècle[7], les libertés publiques sont quant à elles assurées par l'adoption d'un cadre législatif spécifique et supposent nécessairement une action positive de la part de l'État[8]. Si certaines d'entre elles ne visent clairement qu'à interdire des activités déterminées, d'autres laissent à l'individu une totale liberté d'action à la condition toutefois qu'il respecte les lois et les règlements. En tant que « droit-carrefour » situé à mi-chemin entre les

---

[1] Voir C. Laurent-Boutot, *La Cour de cassation face aux traités internationaux protecteurs des droits de l'homme*, th. de droit privé soutenue à l'Université de Limoges, 2006, p. 19.
[2] Voir M. Levinet, *Théorie générale des droits et libertés*, Anthemis, 4e édition, 5 juin 2012, p. 42.
[3] *Ibid.*
[4] J. Desrutin, *Existe-t-il un droit communautaire à l'alimentation ?*, mémoire de recherche soutenu à l'Université Paris II, 2012, p. 27.
[5] Favoreu L., Gaïa P., Ghevontian R., Mélin-Soucramanien F., Pena A., Pfersmann O., Pini J., Roux A., Soffoni G. et Tremeau J., *Droit des libertés fondamentales*, Dalloz, coll. Précis, 2015, p. 57.
[6] Voir le § A de la résolution du Parlement européen du 16 mai 2002.
[7] Voir J. Morange, *Les libertés publiques*, PUF, *« Que sais-je ? »*, 2007, 128 p.
[8] Ces libertés permettent ainsi d'agir sans contraintes, et sont dites publiques car c'est à l'État souverain qu'il incombe de réaliser les conditions de leur mise en œuvre.

droits-créances et les droits-libertés, le droit à l'alimentation semble objectivement s'apparenter à une liberté publique.

26. - En réalité, c'est le caractère concret de telles libertés qui permettrait de les distinguer des droits de l'homme[1]. Néanmoins, en tant que *« représentation de l'ordre social et de l'ordre juridique dans lequel les divers aspects de la liberté se voient reconnaître une portée concrète [...] »*[2], les droits de l'homme semblent constituer un outil d'analyse indispensable à leur présentation, et cela d'autant plus que *« la tradition française ampute l'étude des libertés publiques d'un certain nombre de droits qui pourraient s'y rattacher et qui figurent dans certaines déclarations »*[3]. Au vu de ces différents éléments, il apparaît bien que le droit de chaque être humain à se nourrir peut s'envisager au prisme des libertés publiques. Les effets et les applications de ces classifications – entre d'un côté les droits et de l'autre les libertés – sur le droit à l'alimentation méritent alors d'être dûment présentés, d'autant que la justiciabilité de celui-ci dépendra de son appartenance à l'une ou l'autre de ces définitions.

27. – Pour finir, la dignité de la personne humaine consacrée par la DUDH de 1948 peut s'entrevoir comme *« une valeur que l'on reconnaît à l'homme du seul fait qu'il est homme »*[4], désignant ainsi *« le respect absolu qui lui est dû, de manière intrinsèque »*[5]. Il se pourrait que le droit à l'alimentation atteste, *via* son existence même, de l'importance d'un tel statut ainsi conféré à l'individu.

28. – Par voie de conséquence, ce concept devrait constituer la pierre angulaire des droits de l'homme en général, et des droits fondamentaux en particulier. Ce qui, de fait, n'interdira nullement à la suite de ce travail de considérer le droit à l'alimentation comme l'une de ses principales implications[6].

C. - La notion de droit à l'alimentation

29. – Sans surprise, le droit de chaque être humain à se nourrir a émergé en droit international des droits de l'homme avec l'adoption de la DUDH, dont le bref § 1

---

[1] Sur la nuance entre droits de l'homme, libertés publiques et droits fondamentaux, voir V. Champeil-Desplats, *Théorie générale des droits et libertés, perspectives analytiques*, Dalloz, coll. *« À droit ouvert »*, 2019.
[2] *Ibid.*
[3] *Ibid.*
[4] É. Putelat, *La question de la justiciabilité des droits sociaux à l'épreuve du droit européen*, mémoire de recherche soutenu à l'Université de Lyon 2, 2005, pp. 4-5.
[5] *Ibid.*, p. 4.
[6] Sur ce point, voir notamment M. Borghi, *The right to adequate food and access to justice*, Bruylant, 2010, p. 10 ; voir aussi J. Ziegler, *Le droit à l'alimentation*, Mille et une nuits, 2003, p. 63

de l'article 25 mentionne l'apparition parmi les éléments constitutifs du droit, plus général, à un niveau de vie suffisant.

30. – Un tel droit sera de nouveau reconnu en 1966 lors de l'adoption du PIDESC[1], mais bénéficiera d'une définition plus précise au §2 de son article 11, en ce qu'il sera considéré comme un véritable droit fondamental d'être à l'abri de la faim et de la malnutrition[2].

31. – En somme, son affirmation normative sera à son apogée dès 1999, lorsque le Comité des droits économiques, sociaux et culturels (ci-après Comité DESC) rédigera l'Observation générale n° 12 lui étant entièrement consacrée[3] et dont s'inspirera grandement le Sommet mondial de l'alimentation de 2002 pour élaborer ce qui deviendra, ensuite, les directives volontaires à l'appui de la concrétisation progressive du droit à l'alimentation dans un contexte de sécurité alimentaire nationale.

32. – Bien que les fondements notionnels du droit de chaque être humain à se nourrir soient devenus classiques et traditionnels en droit international, à tel point d'ailleurs qu'ils ne susciteraient plus – ou presque – de débats doctrinaux autour de leur délimitation, il ressort assez nettement, à la lecture de tels instruments, que celui-ci repose en réalité sur deux piliers cumulatifs et distincts : l'accessibilité et la disponibilité.

33. – L'accessibilité des denrées alimentaires peut s'apprécier comme la possibilité donnée à chaque homme, chaque femme et chaque enfant, seul ou alors en communauté avec d'autres, d'avoir à tout moment, que ce soit physiquement[4] et économiquement[5], accès à une nourriture suffisante.

34. – La disponibilité suppose quant à elle qu'une telle nourriture puisse être soit tirée directement de la terre ou d'autres ressources naturelles[6], ou alors qu'elle

---

[1] Voir l'article 11§1 du PIDESC.

[2] D'après les dispositions de cet article, « *les États parties au présent Pacte, reconnaissant le droit fondamental qu'a toute personne d'être à l'abri de la faim, adopteront, individuellement et au moyen de la coopération internationale, les mesures nécessaires, y compris des programmes concrets :*
a) Pour améliorer les méthodes de production, de conservation et de distribution des denrées alimentaires par la pleine utilisation des connaissances techniques et scientifiques, par la diffusion de principes d'éducation nutritionnelle et par le développement ou la réforme des régimes agraires, de manière à assurer au mieux la mise en valeur et l'utilisation des ressources naturelles ;
b) Pour assurer une répartition équitable des ressources alimentaires mondiales par rapport aux besoins, compte tenu des problèmes qui se posent tant aux pays importateurs qu'aux pays exportateurs de denrées alimentaires ».

[3] Application du PIDESC, Observation générale n° 12, Le droit à une nourriture suffisante (Art. 11), 12/05/99. E/C.12/1999/5 ; voir le §2 de l'Observation générale n° 12.

[4] Voir le §13 de l'Observation générale n° 12 précitée.

[5] *Ibid.*

[6] Voir le §12 de l'Observation générale n° 12 précitée.

fasse l'objet de systèmes de distribution, de traitement et de marchés opérants capables de l'acheminer du lieu de production à l'endroit exact où elle est nécessaire en fonction de la demande.

35. – Selon le § 4 de l'Observation générale n° 12 du Comité DESC, ce droit n'est en rien dissociable de la dignité humaine et de la justice sociale, et encore moins, d'ailleurs, de la réalisation des autres droits fondamentaux consacrés au titre de la DUDH[1]. En conséquence, la communauté internationale et les États-parties se sont vus imposer l'obligation d'adopter plusieurs politiques sectorielles *« visant à l'élimination de la pauvreté et à la réalisation des droits de l'homme pour tous »*[2].

36. – De fait, le droit à la nourriture suffisante s'est fixé un vrai point d'ancrage durable et perfectible dans la plupart des États du monde[3], que cela soit directement ou indirectement, mais s'en est aussi et surtout trouvé amélioré avec l'adoption, puis l'évolution plus récente, d'autres concepts[4] facilitant son appréhension.

D. - La notion de sécurité alimentaire

37. – Si conceptuellement, la sécurité alimentaire se fait jour lors de la crise alimentaire généralisée des années 1972-1974, pour ainsi devenir l'*« un des objectifs de la communauté internationale »*[5], et tout particulièrement de l'organisation des Nations Unies pour l'alimentation et l'agriculture, celle-ci ne sera véritablement relayée dans les discours officiels qu'à partir des années 1995/96, *« lorsque le nombre de personnes affamées augmentera »*[6]. Ce qui précipitera la date de la tenue, à Rome, du second Sommet mondial de l'alimentation.

38. – Son berceau peut néanmoins se situer bien plus en amont, et trouver ses racines dans cette peur très ancienne du manque de nourriture. Laquelle contribuera, en conséquence, à la sauvegarde et à la perpétuation de la vie, comme

---

[1] Voir le préambule de la DUDH de 1948.

[2] Voir le §4 de l'Observation générale n° 12 précitée.

[3] Voir sur ce point I. Apovo, *Le droit de l'homme à l'alimentation en République du Bénin*, mémoire de recherche soutenu à l'Université d'Abomey-Calavi (Bénin), 2009, p. 2.

[4] Parmi ces concepts seront prioritairement étudiés, bien que d'autres existent, la sécurité alimentaire et la souveraineté alimentaire.

[5] A. Bensalah-Alaoui, *La sécurité alimentaire mondiale*, *LGDJ*, Bibliothèque de droit international, 1998, p. 2.

[6] M. Darras-Sadik, *Nécessité d'une gouvernance alimentaire mondiale*, mémoire de recherche soutenu à l'Institut de Relations internationales et stratégiques (IRIS), 2009, pp. 26-27.

en attestent pléthore de règlementations agricoles en Afrique ou bien encore l'approvisionnement des villes en Europe au Moyen-Âge[1].

39. – Toujours est-il qu'actuellement, la sécurité alimentaire repose tant sur sa dimension initiale qui émergea dans les années 1970 et qui comprend les aspects à la fois durable et accessible, mais aussi disponible et en quantité suffisante des denrées alimentaires (faisant ainsi de cette notion le corollaire du droit à l'alimentation[2]), que sur l'approche plus libérale développée au cours des années 1990 et qui, elle, est relative à la poursuite du bien-être des consommateurs et à l'innocuité des aliments.

40. – Inversement, l'insécurité alimentaire suppose l'absence de toute réserve alimentaire entraînant, de fait, la précarité nutritionnelle des populations les plus exposées à la pauvreté et le recours, presque inéluctable, aux systèmes de solidarité quelconques.

41. – Tout compte fait la sécurité alimentaire concourt non seulement à l'amélioration du respect des droits de l'homme et des conditions de vie en général, mais présente aussi l'avantage non-négligeable d'être visée, au même titre d'ailleurs que l'environnement par le champ d'application du principe de précaution[3] au niveau européen.

42. – Malgré certaines idées reçues, il est donc tout à fait possible, en l'état actuel du droit de l'Union européenne, de considérer sa valeur normative comme étant véritablement coercitive à l'encontre des États dans les rapports qu'ils entretiennent avec leurs populations respectives. Cette tendance est d'ailleurs à l'image de la réelle dimension juridique que plusieurs textes législatifs de droit interne ont consenti à lui attribuer[4], en raison notamment de son interaction avec le droit à une nourriture suffisante. Paradoxalement, néanmoins, cela n'empêchera pas l'utilisation privilégiée par des ONG d'un autre concept : celui de la souveraineté alimentaire.

---

[1] Voir sur ce point J.-P. Sikeli, *Les biotechnologies modernes à l'épreuve des droits de l'homme : les OGM face à la question de la sécurité alimentaire : dilemme, controverse et contraste*, mémoire de recherche soutenu à l'Université Cocody d'Abidjan, 2005, p. 18.
[2] Commission des droits de l'homme des Nations Unies, « Le droit à l'alimentation », rapport présenté par Jean Ziegler, 7 février 2001, §15.
[3] Communication de la Commission européenne sur le recours au principe de précaution (COM (2000) 1 final du 2 février 2000.
[4] Voir notamment L. Jianping, « La protection de la sécurité alimentaire en droit pénal chinois », *Revue internationale de droit économique*, 2010/1 (t.XXIV, 1), pp. 123-137.

E. - La notion de souveraineté alimentaire

43. – Dégagée par l'ONG Via Campesina lors du second Sommet mondial de l'alimentation organisé par la FAO à Rome en 1996, la souveraineté alimentaire se présente comme une notion concomitante à celles sus-évoquées en ce qu'elle traduit « *une vision particulière du droit à l'alimentation* »[1], basée initialement sur l'idée qu'un tel droit, en plus de devoir être considéré comme fondamental, ne peut être réalisé que dans un système garantissant la souveraineté alimentaire. À partir de 2003, cette notion se tournera vers l'autodétermination des peuples en matière agricole et alimentaire, autrement dit vers l'avènement d'un modèle notamment exempt de toute forme de *dumping* de la part des firmes multinationales de l'agro-business.

44. – Au milieu des années 1990, l'impossibilité répétée d'assurer l'objectif de la sécurité alimentaire par des modèles libéralisés provoquera l'émergence d'un concept « *laissant aux pays ou aux groupes de pays le soin de mettre en place les politiques agricoles les mieux adaptées à leurs populations, à la condition néanmoins que celles-ci n'impactent pas négativement les ressources des populations des autres pays* »[2]. La répartition des richesses à l'échelon local ainsi que le respect des conditions sociales voire environnementales de production constituent en effet des éléments de définition tout à fait intrinsèques à l'approche mouvante et extensive de la notion de souveraineté alimentaire.

45. – Partant, celle-ci ne recherche qu'à donner la priorité aux marchés locaux plutôt qu'à l'économie de marché et à la régulation de l'agriculture par les accords de l'OMC. Ce qui explique l'utilisation très rare qu'en font les institutions internationales, à la différence de la sécurité alimentaire, qui elle, ne s'intéresse qu'aux quantités d'aliments disponibles. Pour autant, de telles notions ne semblent pas définitivement cloisonnées, et pourraient même œuvrer de concert à la sauvegarde et à la promotion du droit à l'alimentation. Mais cela supposerait, d'où la difficulté, de s'écarter du productivisme des grandes firmes alimentaires relayé par la FAO[3].

46. – La souveraineté alimentaire n'est enfin pas sans liens avec l'aide publique au développement, et l'aide alimentaire en particulier, à voir la place qu'occupe

---

[1] J. Desrutin, *Existe-t-il un droit communautaire à l'alimentation ?*, *op.cit.*, p. 8.
[2] *Ibid.*
[3] Sur ce point, voir tout particulièrement H. Siganporia, « La revanche des communautés tribales », *Courier international*, n° 974, 8 juillet 2009.

actuellement le Programme alimentaire mondial dans le cheminement de telles subventions.

47. – En clair, seuls de nouveaux instruments de gouvernance au niveau national pourraient permettre à la souveraineté alimentaire de remplir pleinement les nombreux objectifs qu'elle s'est elle-même fixée, en améliorant notamment, mais pas seulement, l'accès des populations locales aux ressources naturelles, en accroissant l'autonomie de celles-ci dans leurs choix productifs, ou en encourageant l'État dans la définition démocratique de politiques agricoles. Inexorablement, ce nouveau paradigme alimentaire ne sera rendu possible qu'après l'étroite concertation des différents acteurs de la société civile et ceux de la scène internationale autour de l'importance qu'ils entendent, pour ce faire, donner aux instruments juridiques et politiques des droits de l'homme, ainsi qu'à ceux du droit international économique.

48. – Les approfondissements conceptuel et descriptif de ces définitions auront en réalité permis de conférer au droit de chaque être humain à se nourrir une résonnance certainement plus conforme aux problématiques inhérentes à son avènement sur la scène internationale. En réalité, celui-ci pourrait très bien constituer, à terme, l'un des droits fondamentaux les plus éminemment importants[1], alors à même de permettre aux individus de se développer pleinement tout en conservant leurs capacités à la fois physiques et mentales[2].

§ II. LA PROBLÉMATIQUE DE L'ÉTUDE

49. – Les définitions sus-rappelées sont d'une part problématisables en droit international public et en droit européen à l'aune des relations intergouvernementales et extra-étatiques qu'entretiennent les acteurs des différents secteurs concernés, mais le sont tout autant sous l'angle de leur justiciabilité avec, ici encore, la présence d'éléments de réponse issus du droit privé dont la prise en compte paraît fort utile pour traiter l'objet de cette étude le plus exhaustivement possible. Les multiples questions posées par ce travail peuvent se ramener à une interrogation centrale : existe-t-il un véritable droit de l'homme à l'alimentation ? Cette thèse tentera d'y apporter une réponse positive, et de montrer qu'il s'agit même d'un droit fondamental en formation. S'attacher à démontrer l'existence d'un véritable droit à l'alimentation *via* l'émergence d'une gouvernance alimentaire impliquera nécessairement d'étudier les différents rouages de celle-ci aux plans interne, international et européen (A), tout en tenant

---

[1] P. Brown et H. Shue, *Food Policy : the responsability of the United States in the life and death choice*, Three free Press, 1977, pp. 131-132.

[2] Sur ce point, voir ONU, Résolution 3180 (XXVIII), D.U.E.D.F.M. du 16 novembre 1974, §1.

compte des spécificités des OGM (B) et de l'eau (C) au sein dudit système au vu des débats, surtout marchands, qu'ils suscitent encore aujourd'hui. C'est cette particularité qui les distingue à ce point, voire exclusivement, d'autres éléments de l'actuel droit à l'alimentation. L'analyse pourra, dans la foulée, porter sur la justiciabilité de ce droit de l'homme – à la condition qu'il traduise bien dans l'ordre juridique des principes naturels de justice, qu'il préserve ses titulaires des empiètements arbitraires du pouvoir et qu'il atteste, de plus et surtout, du statut de sujet de droit international concédé aux individus – (D), ainsi que sur le contentieux dont il fait déjà, ou dont il pourrait faire l'objet à l'avenir en droit interne (E).

A. - La gouvernance de l'alimentation en droit international et européen

50. – Pour débuter ce travail de problématisation, les raisonnements peuvent prioritairement, et assez logiquement, se tourner vers l'étude approfondie des liens qui, en l'état, unissent déjà, que cela soit par nature ou analogie, les outils de la gouvernance au droit à l'alimentation, dans la mesure où ces derniers paraissent justement nécessaires à la défense des droits de l'homme en général, utiles aux nouvelles dépenses d'aide publiques au développement et indispensables aux moyens de garantir la sécurité alimentaire dans des circonstances propices et satisfaisantes à la subsistance de chacun[1].

51. – Souvent controversée, insaisissable et brocardée[2], cette notion de gouvernance n'en paraît pas moins comme un instrument de présentation simplifiée des *« mécanismes de pouvoir existants dans une société donnée »*[3]. Dès lors, une attention toute particulière semble devoir être portée aux rouages normatifs et institutionnels actuels du droit interne, international et européen de l'alimentation, donc à la dimension intergouvernementale qu'une telle gouvernance suppose, mais aussi aux équivalents de tels mécanismes en-dehors des États.

52. – À cet exercice aux fondements clairement descriptifs devront succéder des considérations plus prescriptives tenant à l'analyse des mécanismes sus-mentionnés non pas tels qu'ils existent, mais tels qu'ils devraient exister, cette

[1] B. Clemenceau, « La gouvernance alimentaire mondiale : les réponses et les non-réponses du droit international », *Le temps imaginaire*, n° 4, « Manger-Boire », février 2015.
[2] P. de Montalivet, *« Gouvernance et participation. Propos introductifs »*, in Pierre de Montalivet (dir.), Gouvernance et participation, préf. de P. Moreau Defarges, actes du colloque du 28 novembre 2008 à la Faculté de droit, des sciences économiques et de gestion de l'Université de Bretagne-Sud (Vannes), Bruylant, 2011, p. 1.
[3] *Ibid.*, p. 3.

fois-ci, dans une société donnée. Certains auteurs y voient les conditions de ce qu'ils nomment la « bonne gouvernance », à savoir des principes de répartition et d'exercice du pouvoir – dont la mise en œuvre serait opportune – qui pourraient tout à fait correspondre aux évolutions souhaitables dans le domaine plus spécifique du droit à l'alimentation.

53. – Cette projection dans l'avenir a cela d'intéressant qu'en visant l'amélioration des mécanismes actuels du pouvoir, la bonne gouvernance défend l'avènement d'un véritable programme politique auquel citoyens, usagers, consommateurs et différents représentants de la société civile pourraient activement participer, ce qui n'est d'ailleurs pas sans rappeler que *« le droit n'occupe qu'une position entre l'art et la technique [...] ; de même qu'un zerpelin peut se révéler dangereux et qu'une peinture peut être une croûte, une règle de droit peut être injuste »*[1].

54. – À n'en pas douter, les voies juridiques et politiques du droit à l'alimentation ne sont pas encore indéfectibles, conférant de fait à leur perfectionnement certains enjeux dont il faudra successivement préciser la nature, identifier les incertitudes et délimiter la portée. Exercice auquel se prêteront sans difficulté les outils de la bonne gouvernance.

B. - Les OGM en droit international et européen

55. – Par-delà ces clés de lecture centrées à la fois sur la place et l'importance qu'occupe la logique intergouvernementale dans la réalisation du droit à l'alimentation devront nécessairement figurer des propos liés à la science environnementale[2], en raison notamment de la plus grande clarté scientifique qu'ils procureront à cette thèse, mais surtout des accointances directes qui, comme cela sera étudié, les associent aux domaines si débattus que représentent les biotechnologies modernes et l'eau.

56. – Le droit de l'environnement reste *« un droit nouveau, récent, issu de différents concepts en constante progression »*[3], desquels ont émergé dans le débat politico-médiatique des problématiques afférentes aux organismes génétiquement modifiés, laissant quiconque en aurait connaissance libre de penser qu'ils concourent bien à la sécurité alimentaire *via* justement la lutte contre la pauvreté

---

[1] A. Supiot, *La gouvernance par les nombres. Cours au collège de France (2012-2014)*, Fayard, 2015, pp. 9-10.

[2] Voir C.-Y. Eid, *Le droit et les politiques de l'environnement dans les pays du bassin méditerranéen : approche de droit environnemental comparé*, th. de droit public soutenue à l'Université René-Descartes Paris V, 2007, p. 13.

[3] *Ibid.*, p. 19.

et l'indivisibilité des droits de l'homme qu'ils promeuvent, ou inversement, à l'accaparement des terres et à la négation de toute souveraineté sur les ressources naturelles[1].

57. – Nécessairement, l'observation des atouts du passage de l'agriculture traditionnelle à celle dite conventionnelle et biologique ne doit pas méconnaître la possibilité de déplacer l'attention vers l'antithèse d'une telle démonstration, autrement dit vers l'insécurité alimentaire que sous-tendrait, à en croire certains auteurs, le recours aux produits alimentaires transgéniques.

58. – Il semble en revanche bien moins subjectif de considérer nettement, et cela dès à présent, que le développement durable occupe une place déterminante, pour ne pas dire essentielle, dans la lutte contre la faim. Mais il est à noter que celui-ci pourrait participer encore plus adéquatement qu'il ne le fait déjà à la préservation des générations futures en devenant soutenable en tous points, donc en (re)plaçant l'écologie et la biodiversité au centre des préoccupations publiques. Ce qui de fait pourrait pleinement lui permettre de satisfaire au maintien de la vie sur terre et aux besoins fondamentaux humains.

59. – À cette fin, les ressources naturelles en général, et les denrées alimentaires en particulier, seront assimilées à des bien communs fondamentaux qu'il importerait de protéger en admettant, à l'image des conceptions qu'en ont plusieurs traditions de communautés indigènes, que des liens forts avec le territoire ont toujours existé.

60. – Vraisemblablement, ce but ne sera atteint qu'avec l'adoption d'accords politiques et agricoles en la matière, ce qui, pour l'heure, est loin d'être acquis du fait des investissements étrangers que la plupart des acteurs de la scène internationale concernés présentent encore comme étant la seule voie possible au développement.

61. – Un important travail contre-argumentatif sera donc proposé dans le but d'ériger les objectifs présentés ci-dessus comme faisant parties intégrantes – voire exclusives – des enjeux primordiaux actuels et/ou à venir du droit à l'alimentation.

---

[1] E. Fernandez Fernandez, C. Malwe et I. Negrutiu, « Définitions des ressources naturelles et implications pour la démarche juridique », in F. Collart Dutilleul (dir.), *Propositions Lascaux entre ressources naturelles et besoins alimentaires – Penser une démocratie alimentaire*, *op.cit.*, p. 71.

C. - L'eau en droit international et européen

62. – À l'instar des biotechnologies alimentaires modernes et pour davantage de précisions, l'étude évoquera l'élément hydrique afin de pouvoir, et c'est d'ailleurs en cela qu'une telle démarche parait indispensable, décrypter cette ressource en l'absence de laquelle il ne saurait y avoir de vie sur Terre, à l'aune des droits fondamentaux.

63. – Pour y parvenir, seules les eaux douces potables, donc salubres, seront concernées par l'objet de cet examen. Ce qui, par déduction, imposera l'exclusion des eaux douces dites minérales (et aussi médicamenteuses), ainsi que des eaux douces dites non-traitées, à savoir insalubres et non-prescrites pour l'homme.

64. – Sur la scène internationale, la reconnaissance normative du droit à l'eau s'est échelonnée dans le temps depuis les années 1970, avec, pour n'en retenir que l'essentiel, la Conférence de Stockholm de 1972, la Conférence de Mar del Plata de 1977, la Convention sur l'élimination de toutes les formes de discrimination à l'égard des femmes de 1979, la Convention sur les droits de l'enfant de 1989, l'Agenda 21 du Sommet de la Terre de Rio de Janeiro de 1992 ou bien encore l'Observation générale n° 15 du Comité DESC de 2002 dont les dispositions seront, il faut le souligner, des plus précieuses à l'intérêt de cette démonstration.

65. – Bien qu'implicitement consacré par l'intermédiaire des articles 11 et 12 du PIDESC[1] et non-expressément reconnu par la DUDH en tant que tel si ce n'est peut-être par le truchement de la dignité inhérente à tous les membres de la famille humaine et de leurs droits égaux et inaliénables, le droit à l'eau n'en demeure pas moins, du moins en l'état actuel du droit international des droits de l'homme, majoritairement considéré par la doctrine publiciste comme étant l'un des droits couverts par son champ.

66. – De plus et surtout, ce droit serait indissociable des autres droits de l'homme en ce qu'il les enrichirait, donc pourrait tout à fait revêtir une signification

---

[1] Pour prendre connaissance des dispositions de l'article 11§2 PIDESC, voir *supra*. L'article 12 PIDESC dispose quant à lui, en son §1, que *« les États-parties au présent Pacte reconnaissent le droit qu'ont toutes personnes de jouir du meilleur état de santé physique et mentale qu'elles soient capables d'atteindre »*, et en son §2, que *« les mesures que les États-parties au présent Pacte prendront en vue d'assurer le plein exercice de ce droit devront comprendre les mesures nécessaires pour assurer :*
a) la diminution de la mortalité infantile ainsi que le développent sain de l'enfant ;
b) l'amélioration de tous les aspects de l'hygiène du milieu et de l'hygiène industrielle ;
c) la prophylaxie et le traitement des maladies épidémiques, endémiques, professionnelles et autres, ainsi que la lutte contre ces maladies ;
d) la création de conditions propres à assurer à tous les services médicaux une aide médicale en cas de maladie ».

juridique et avoir la forme d'un principe général en droit international des droits de l'homme (ainsi seulement serait-il considéré comme un droit fondamental).

67. – Cette assertion peut paraître surprenante dans la mesure où l'eau fait d'une part l'objet d'un droit plus flou et plus diffus que les libertés classiques, mais, d'autre part, reste surtout soumise, du fait de l'absence de statut juridique plus unanime, aux règles du commerce international fixées par l'OMC[1].

68. – Au-delà de cette ambivalence et des débats marchands qu'elle suscite, ce travail se contentera de relayer puis d'appuyer les opinions partagées tant par Jean Ziegler, ancien rapporteur spécial pour l'alimentation auprès des Nations Unies, que par le Comité DESC, pour lesquels *« le droit à l'eau devrait faire partie intégrante de l'alimentation »*[2]. Pour y parvenir ce travail orientera les recherches, comme en matière de biotechnologies modernes, vers l'importance qu'un tel droit occupe ou pourrait légitimement occuper dans les outils (qu'ils soient conventionnels, protocolaires ou consensuels) de la gouvernance actuelle et/ou à venir[3].

D. – La justiciabilité du droit à l'alimentation et à l'eau en droit international et européen

69. - Dans un autre registre, cette fois-ci, il s'agira de déterminer quels sont les degrés de justiciabilité des droits économiques, sociaux et culturels en général, et du droit à l'alimentation (ainsi qu'à l'eau) en particulier, dans les ordres régionaux de protection des droits de l'homme, en attachant, pour ce faire, une importance spécifique aux droits de la Convention européenne de sauvegarde des droits de l'homme (ci-après CESDH) et de l'Union européenne[4]. Au niveau universel également, une attention particulière pourra porter sur le droit de l'ONU.

70. – Perçus comme des droits de seconde classe[5] en raison notamment de l'intervention positive de l'État qu'ils supposent[6] et du faible degré de

[1] M. Tignino et D. Yared, « La commercialisation et la privatisation de l'eau dans le cadre de l'Organisation mondiale du commerce », *Revue québécoise de droit international*, 19 janvier 2006, p. 159.
[2] J. Ziegler, *Le droit à l'alimentation*, *op.cit.*, pp. 93-94 ; voir également Comité DESC, « Le droit à l'eau (article 11 er 12 PIDESC) », Observation générale n° 15, 20 janvier 2003.
[3] Concernant la place de l'alimentation, cette fois-ci, tant en droit international qu'européen des droits de l'homme, voir tout particulièrement M. Cuq, *L'alimentation en droit international*, th., droit public, Université Paris-Nanterre, 2016, 702 p.
[4] Sur ce point, Voir S. Coppola, *La justiciabilité des droits sociaux dans l'Union européenne*, th. de droit public soutenue à l'Université de Strasbourg, 2012, p. 4.
[5] É. Putelat, *La question de la justiciabilité des droits sociaux à l'épreuve du droit européen*, *op.cit.*, p. 6.
[6] M. Sheinin, « Economic social and cultural rights as legal rights », in A. Eide, C. Krause, A. Rosas, *Economic, social and cultural rights, a Textbook*, Dordrecht, Boston, Londres, 2001, 785 pages.

justiciabilité qui les caractérise par rapport aux droits civils et politiques, les droits sociaux *stricto sensu* n'en sont pas moins les seuls à pouvoir *« limiter les inégalités qui existent dans la société »*[1].

71. – Présentés comme de simples droits-créances par rapport aux droits-libertés classiques, les droits économiques, sociaux et culturels devraient bénéficier, au nom à la fois de l'indivisibilité des droits de l'homme[2] et de la dignité attachée à la personne humaine[3], mais aussi de leur indissociabilité avec le droit à l'alimentation, d'exactement la même juridicité que les droits civils et politiques.

72. – En l'état actuel du droit international des droits de l'homme, l'article 11 du PIDESC relatif à l'alimentation ne sera justiciable qu'à *« la double condition qu'il ne soit ni trop vague, de la même façon que les objectifs qu'il fait peser sur les États [...], et qu'il ne soit pas impossible à un organe judiciaire ou quasi-judiciaire d'en contrôler le respect par les États [...], et cela sans bouleverser la séparation des pouvoirs, si nécessaire dans toute démocratie »*[4].

73. – La position défendue par cette thèse sera donc d'assimiler les droits à l'eau et à l'alimentation à d'authentiques droits fondamentaux, comme l'autorise d'ailleurs à le faire la force obligatoire du PIDESC pour les 163 États qui l'ont ratifié à travers le monde, dont la France, et de proposer toutes les améliorations et/ou simplifications aux conditions d'accès de ces denrées, sans omettre à quel point la pauvreté pourra représenter, dans ce cas précis, un facteur déterminant de l'étude.

74. – Au niveau régional, il est tout à fait possible qu'un État laissant à l'un ou à certains de ses ressortissants la possibilité de réclamer la réparation d'une violation du droit à l'alimentation devant ses tribunaux pourrait, à l'image de

---

[1] S. Coppola, *La justciabilité des droits sociaux dans l'Union* européenne, *op.cit.*, p. 5.

[2] D'après les dispositions de la Proclamation de Téhéran du 13 mai 1968 adoptée à l'unanimité par la Conférence internationale des droits de l'homme, *« les droits de l'homme et les libertés fondamentales sont indivisibles, la jouissance des droits civils et politiques est impossible sans celle des droits économiques et sociaux »* ; voir également la Déclaration de Vienne du 25 juin 1993 adoptée par la Conférence mondiale sur les droits de l'homme, par. 5, ONU, A/Conf.157/23, *« Tous les droits de l'homme sont universels, indissociables, interdépendants et intimement liés »*.

[3] Selon Élise Putelat, *« pour que la dignité soit réelle, il est nécessaire d'appliquer les droits sociaux, économiques et culturels, aussi bien que les droits civils et politiques. Le lien entre dignité et droits sociaux se retrouve dans différents ordres juridiques internes »* ; de fait, *« la dignité de la personne humaine ne s'arrête pas sur le seuil de la maison ; les droits sociaux ne peuvent pas être regardés comme des droits à part, ils existent avec les droits civils et politiques. Ces derniers ne peuvent trouver leur pleine effectivité sans la mise en œuvre des droits sociaux »* ; voir É. Putelat, *La question de la justiciabilité des droits sociaux à l'épreuve du droit européen, op.cit.*, pp. 4-5.

[4] C. Golay, *Vers la justiciabilité du droit à l'alimentation*, mémoire de recherche soutenu à l'Université de Genève, 2002, p. 8.

l'« effet d'engrenage » *(spill-over)* en droit européen[1], en inciter d'autres à s'aligner sur une telle avancée procédurale, ce qui serait alors de très bon augure pour l'universalité des droits de l'homme en général, et pour la justiciabilité des DESC en particulier.

75. – Par voie de conséquence, cette présomption d'injusticiabilité pouvant frapper pour plusieurs raisons les DESC sera très clairement écartée au profit de la recherche de leur mise en œuvre par les organes compétents de protection des droits de l'homme des ordres universels et régionaux. Ainsi seulement sera-t-il possible d'entrevoir une éventuelle justiciabilité du droit à l'alimentation devant les juridictions concernées.

E. - Les contentieux de l'alimentation et de l'eau en droit interne

76. - Au niveau interne, les besoins de la présente étude conduiront enfin à spécifier en quoi le droit constitutionnel[2] français – mais aussi portugais, espagnol voire italien[3] –, et plus précisément les dispositions du Préambule de 1946[4], ainsi que la jurisprudence dense et active de la Cour de cassation en matière de droits de l'homme[5] sont autant d'instruments juridiques susceptibles d'avoir un impact favorable sur la justiciabilité des droits-créances en général, et sur l'accès à l'eau et à l'alimentation en particulier.

---

[1] L'explication de l'intégration par la notion de *spill-over* correspond à une approche néo-fonctionnaliste ; il y a ici deux éléments à retenir : tout d'abord l'idée que l'intégration européenne est le fait d'éléments internes à l'Union, et d'autre part le fait d'acteurs non-étatiques. Un *spill-over* est le débordement ou l'engrenage. Ces acteurs européens prennent des décisions d'intégration (comme par exemple fonder la CECA), et ces décisions vont mécaniquement entraîner de nouveaux effets et de nouvelles décisions d'intégration.

[2] Selon Hanan Qazbir, « *le droit constitutionnel est le droit intime des États. Il est celui du contrat entre gouvernants et gouvernés. C'est le droit définissant les choix d'un modèle de société* » ; voir H. Qazbir, *L'internationalisation du droit constitutionnel*, Dalloz, 2015, p. 13.

[3] Ces exemples seront abordés dans le cadre du dépassement de la dichotomie classique des droits sociaux en droit international des droits de l'homme.

[4] H. Qazbir estime que *« les droits-créances sont ceux consacrés par des dispositions constitutionnelles qui mettent à la charge de l'État une obligation d'intervention positive en vue de répondre à un certain nombre de besoins fondamentaux de la vie humaine, besoins matériels (droit à l'emploi, droit à la protection contre les risques ordinaires ou « exceptionnels » de l'existence) et intellectuels (droit à l'éducation, à la culture…). Tel est précisément l'objet des alinéas 5, 10, 11, 12 et 13 du Préambule de la Constitution de 1946 »* ; voir H. Qazbir, *op.cit.*, pp. 14-15.

[5] Voir C. Laurent-Boutot, *Les traités internationaux protecteurs des droits de l'homme devant la Cour de cassation, op.cit.*, p. 38.

77. – Les droits-créances[1] visent en effet, par le biais des interprétations dynamiques et évolutives qu'en font les juges constitutionnel, administratif et judiciaire, à amplifier les droits de l'homme consacrés dans les textes nationaux et internationaux de protection des droits de l'homme, donc à reconnaître des devoirs de la société envers les personnes[2].

78. – Dans cette intention, l'examen de conventionnalité qu'opèreront ces derniers leur permettra de sanctionner l'ensemble des droits sociaux retranscrits dans le Préambule de la Constitution de 1946, mais représentera aussi et surtout une véritable garantie des droits individuels. Ce qui n'est pas sans grand lien avec l'objectif avoué de cette thèse de renforcer la justiciabilité du droit à l'alimentation dans l'ordre interne.

79. – Les hautes juridictions devront ainsi tout mettre en œuvre pour assurer la justiciabilité des dispositions conventionnelles protectrices des droits de l'homme s'intercalant, dans la hiérarchie des normes, entre le texte suprême et les lois ordinaires.

80. – Ici encore, le caractère éminemment objectif des droits de l'homme ainsi que leur indivisibilité et l'universalité qui y est attachée auront un rôle crucial à jouer dans le traitement des affaires qui leur seront présentées. Donc la dichotomie si classique des libertés/créances sera, bien que prise en compte, nuancée par la recherche de leur indissociabilité. Autrement dit, c'est à une tentative de renforcement de l'approche subjectiviste des relations de l'État avec les citoyens que ce travail de recherches se livrera[3].

81. – La finalité étant d'améliorer la juridicité des dispositions relatives au droit à l'alimentation et à l'eau dans les traités internationaux protecteurs des droits de l'homme au plan purement interne, donc *« d'assurer à l'homme, sans discrimination aucune, la garantie et la protection d'un ou plusieurs droits de*

---

[1] Georges Burdeau définit les droits-créances comme *« la prétention légitime à obtenir de la collectivité les interventions requises pour que soit possible l'exercice de la liberté »* ; voir G. Burdeau, *Les libertés publiques*, LGDJ, 1972, p. 21. Robert Pelloux affirme quant à lui que l'existence des droits-créances *« confère à l'individu le droit d'exiger certaines prestations de la part de la société ou de l'État ; par exemple, le droit au travail, à l'instruction ou encore à l'assistance »* ; voir R. Pelloux, « Vrai ou faux droits de l'homme ; problèmes de définition et de classification », *Revue du droit public*, 1981, p. 54. Laurence Gay estime quant à elle que *« le droit-créance est un pouvoir d'exiger quelque chose ; il correspond à une dette étatique de nature positive, à une obligation d'action ou de prestation positive »* ; voir L. Gay, *Les droits-créances constitutionnels*, Bruylant, 2007, p. 9.

[2] Selon Laurence Gay, *« les alinéas 5, 10, 11, 12 et 13 du Préambule de la Constitution de 1946 ne reconnaissent de devoirs de la société qu'envers le « pauvre » ». Ibid.*, pp. 14-15.

[3] Sur ce point, voir N. Foulquier, *Les droits publics subjectifs des administrés. Émergence d'un concept en droit administratif français du XIXe au XXe siècle*, Dalloz-Sirey, 2003, 805 p.

l'homme figurant dans la Déclaration universelle, que l'homme soit pris en tant que notion juridique ou en tant que membre d'une catégorie sociale donnée »[1].

82. – Toutes ces problématiques auront finalement pour vif intérêt de tracer les contours notionnels actuels et/ou à venir du droit à l'alimentation, sans omettre l'étude des régimes juridiques qui y sont associés, ce qui devrait permettre d'œuvrer à la reconnaissance de l'importance d'un tel droit par les publicistes et de mettre l'accent sur la résonnance qu'il devrait connaître ces prochaines années.

§ III. LA MÉTHODE DE L'ÉTUDE

83. – Le champ de l'étude privilégiera d'abord une présentation la plus complète possible de la place qu'occupe le droit à l'alimentation dans les droits international, européen et interne, puis se tournera plus spécialement vers celles dévolues aux droits à l'eau et aux biotechnologies modernes au sein de ces mêmes branches du droit.

84. – L'analyse des différentes sources objectives du droit à l'alimentation présentera l'avantage de constater l'existence de certains droits subjectifs dans les ordres juridictionnels des États, ainsi que dans la sphère supranationale de protection des droits de l'homme.

85. – Pour mieux répondre aux questions posées par l'accès à l'alimentation et l'extrême pauvreté, il paraissait en effet nécessaire de produire cette distinction classique des droits en l'adaptant, autant que faire se peut, aux nouveaux enjeux que rencontre le droit à l'alimentation.

86. – Toute omission de l'un ou de quelques-uns des pans structurels du droit à l'alimentation aurait rendu les rouages de son édifice imprécis, voire incomplets, conduisant, de fait, cette analyse vers un manque de complétude certain.

87. – Les difficultés premières de ce travail consisteront à délimiter l'étendue normative d'un droit à l'alimentation qui, à la différence d'autres droits de l'homme, n'est pas inclus dans l'ordonnancement juridique actuel des droits fondamentaux[2], mais c'est précisément en cela que les sciences juridiques, en tant que *« fait de culture s'inscrivant dans la durée des représentations du monde qui dominent une époque donnée »*[3], semblent constituer l'outil le plus approprié pour décrypter les conséquences de ce que le manque de volonté politique des

---

[1] K. Vasak, « Le droit international des droits de l'homme », *RCADI*, volume IV, p. 333.

[2] En clair, le droit à l'alimentation peut s'entendre comme un droit de l'homme à part entière, mais pas encore comme un véritable droit fondamental.

[3] A. Supiot, *La gouvernance par les nombres*, *op.cit.*, p. 9.

gouvernements, doublé d'un défaut de participation de leurs citoyens[1], font peser sur l'inefficacité de ce qui devrait pourtant constituer au même titre que le droit à la vie ou à la santé, l'un des plus importants droits fondamentaux.

88. – Comment ignorer, ensuite, l'élément hydrique et l'aliment essentiel à la vie qu'il constitue dans le cadre de cette analyse ? Et surtout l'idée que *« l'établissement d'un droit interétatique de l'eau pourrait permettre de bâtir un droit à l'eau pour les personnes »*[2] ? C'est précisément en cela que certaines doctrines territoriales ou historiques, mais aussi des règles liées au commerce international et fixées par le droit de l'OMC[3] pourraient évoluer.

89. – Et comment soustraire aux présents raisonnements l'étude des retombées que ne cessent déjà d'avoir les organismes génétiquement modifiés sur l'agriculture durable et la sécurité alimentaire ? Ici encore, l'actuel système de commerce économique international que régente étroitement l'OMC pourrait influer grandement, *via* les règles de la philosophie libre-échangiste qu'il adopte, prescrit et sanctionne, sur certains besoins vitaux de l'homme, parmi lesquels figure l'alimentation. Cette étude en présentera donc les principaux fondements.

90. – Dans cette optique, un recours à la théorie du droit permettra de saisir le phénomène juridique de l'alimentation tel qu'il est ou pourrait évoluer, notamment par l'étude de la raison d'être de ses finalités, de ses concepts fondamentaux, de ses instruments, de ses méthodes ou encore de ses modes d'applications. Une place importante devra donc être réservée à la question des voies d'améliorations dont les droits à l'alimentation, à l'eau et aux OGM pourraient bénéficier.

91. – D'autres difficultés, liées cette-fois ci à la justiciabilité du droit de chaque être humain de se nourrir, viendront subséquemment se greffer au champ couvert par l'analyse proposée sous le prisme de différents mécanismes juridiques de mise en œuvre présents tant en droit international et européen des droits de l'homme que dans le cadre du droit national – public et privé – des États-membres de l'ONU en général, et dans celui des États-membres du Conseil de l'Europe en particulier.

---

[1] Pour Vandana Shiva, l'instauration d'une *« démocratie alimentaire »* est un *« impératif »* ; voir V. Shiva, *Le terrorisme alimentaire*, Fayard, 2001 ; pour M. Darras-Sadik, *« une gouvernance mondiale, légitime, représentative et efficace pour la sécurité alimentaire et le droit à l'alimentation est la priorité »* ; voir M. Darras-Sadik, *Nécessité d'une gouvernance alimentaire mondiale*, *op.cit.*, p. 42.

[2] Voir F. Duhautoy, « Du droit de l'eau au droit à l'eau ? », in F. Collart Dutilleul (dir.), *Propositions Lascaux entre ressources naturelles et besoins alimentaires – Penser une démocratie alimentaire*, vol. 2, *op.cit.*, p. 423.

[3] M. Cuq, *L'eau en droit international. Convergences et divergences dans les approches juridiques*, Larcier, 2013, 150 pages ; voir également M. Cuq, « L'effectivité du droit à l'eau face au droit de l'OMC », 3e apér-EAU scientifique, 3 juin 2013.

92. – N'étant pas uniformes, les droits sociaux et culturels pâtiront toujours, indépendamment de l'ordre juridique devant lequel ils sont invoqués, d'une justiciabilié variable, aléatoire et en tout point dissemblable de celle des droits civils et politiques, et cela malgré l'universalité, l'inaliénabilité et l'indivisibilité qui les caractérisent à la lecture d'instruments majeurs afférents à leur protection, tels que la DUDH de 1948[1], les deux pactes de 1966[2] ainsi que la Déclaration et le Programme de Vienne adoptés le 25 juin 1993 par la Conférence mondiale sur les droits de l'homme[3].

93. – Les profondes inégalités notamment économiques et le manque d'impulsion politique encore trop importants de la part des États-membres ou non d'ailleurs de l'ONU, expliquent certainement à eux-seuls les actuels traits non-absolus, mais bien relatifs, qui déterminent les droits sociaux dans les divers instruments nationaux ou internationaux de protection des droits de l'homme[4]. Ce travail de recherches consistera, par voie de conséquence, à (ré)insérer dans le champ couvert par la protection juridictionnelle effective des droits de l'homme en général, et des droits fondamentaux en particulier, ces droits sociaux que sont les droits à l'eau et à l'alimentation.

94. – Pour y parvenir, un recours à la démarche comparatiste, à savoir à une étude à la fois descriptive et prescriptive des principales lignes jurisprudentielles que dégagent et promeuvent les différentes autorités concernées par le traitement des affaires liées à l'accès aux denrées susvisées sera privilégié.

95. – En résumé, la clarté qu'exigent de tels constats commande, comme cela vient d'être annoncé, d'étudier successivement l'étendue normative et institutionnelle du droit à l'alimentation (Première partie), puis les différentes modalités que prévoient, aux fins de garantir et aussi de renforcer sa justiciabilité, l'ensemble des voies juridictionnelles accessibles en-dehors et à l'intérieur des États (Seconde partie). Cette approche aura l'avantage d'associer aux aspects

---

[1] L'article 2 al. 1 de la DUDH de 1948 énonce que *« chacun peut se prévaloir de tous les droits et de toutes les libertés proclamées dans la présente Déclaration, sans discrimination aucune, notamment de race, de couleur, de sexe, de langue, de religion, d'opinion politique ou de toute autre opinion, d'origine nationale ou sociale, de fortune, de naissance ou de toute autre situation ».*

[2] L'article 2 de la Charte internationale des droits de l'homme consacre le principe essentiel de l'égalité en ce qui concerne la jouissance des droits de l'homme et des libertés fondamentales et interdit *« toute distinction notamment de race, de couleur, de sexe, de langue, de religion, d'opinion politique ou de toute autre opinion, d'origine nationale ou sociale, de fortune, de naissance ou de toute autre situation ».*

[3] Cette Déclaration et Programme d'action de Vienne de 1993 réaffirme *« l'engagement pris à l'article 56 de la Charte des Nations Unies d'agir, tant conjointement que séparément, en accordant l'importance qu'il nécessite au développement d'une coopération internationale efficace pour atteindre les buts énoncés à l'article 55, y compris le respect universel et effectif des droits de l'homme et des libertés fondamentales pour tous »* ; voir la « Déclaration et Programme d'action de Vienne : 20 ans au travail pour vos droits », 1993, Conférence mondiale sur les droits de l'homme, p. 17.

[4] É. Putelat, *La question de la justiciabilité des droits sociaux à l'épreuve du droit européen*, *op.cit.*, p. 8.

notionnels et matériels de telles thématiques les mécanismes juridiques et procéduraux nécessaires à leur mise en œuvre, ce qui semble particulièrement opportun pour éclaircir à travers le droit les nombreuses parts d'ombre que comprend, et cela de plus en plus, l'extrême pauvreté dans le monde[1]. C'est un défi épistemologique, lorsque le droit à l'alimentation peut être encadré dans une variété de formes, dans le droit national, international et en tant qu'un bien de consommation à part. Une telle variété exigeait un élargissement de la vision du droit étatique. L'analyse présente d'abord la variété de formes du droit à l'alimentation pour ensuite voir comment le pluralisme juridique, la jurisprudence et les concepts d'applicabilité et d'invocabilité peuvent être utiles pour son étude juridique.

Première partie. L'ambivalence des fondements et des finalités normatifs du droit à l'alimentation.

Seconde partie. L'étendue limitée des mécanismes juridiques de mise en œuvre du droit à l'alimentation.

[1] En effet, l'appréhension juridique de la pauvreté est l'un des enjeux soulevés par le droit alimentaire.

Première partie

L'ambivalence des fondements et des finalités normatifs du droit à l'alimentation

96. – Si le droit à l'alimentation surprend tant par son objet (les denrées alimentaires) que par sa finalité (garantir aux populations une nourriture adéquate en quantités suffisante), sa spécificité réside surtout dans ses interactions avec les autres « droits vitaux » : en effet, à quoi bon reconnaître un droit à la vie, à la santé, à l'éducation et à un environnement sain, si un droit ne garantit pas en parallèle la possibilité de se nourrir ? Dans ces circonstances, le droit de chaque être humain à se nourrir semble constituer l'un des exemples attestant du caractère indissociable et indivisible des droits de l'homme les plus éclairants.

97. – Cela dit, l'étude montrera que ses fondements normatifs – en plus d'être épars et diffus selon le niveau de protection des droits de l'homme concerné – se télescopent constamment avec d'autres secteurs d'activité (agriculture, urbanisme, génie génétique, environnement, commerce international etc.) étroitement régis par le droit et qui, eux, ne répondent en rien à sa vocation principale. L'assertion est certainement moins vraie dès lors qu'il est question des acteurs du droit à l'alimentation, étant entendu qu'ils concourent à son adaptabilité avec tout l'enthousiasme et à n'en pas douter la passion que cette périlleuse tâche nécessite. Pour mieux déceler la portée matérielle du droit à l'alimentation, il paraît pour finir intéressant d'adjoindre à l'analyse des sources et des acteurs du droit à l'alimentation (Titre Premier), celle ayant cette fois-ci trait aux incertitudes relatives au contenu du droit à l'alimentation en droit international et européen des droits de l'homme (Titre Secon

Titre premier

La diversification des sources et des acteurs du droit de chaque être humain à se nourrir : un phénomène encore insuffisant pour l'avènement d'une bonne gouvernance alimentaire

98. – En ce début de 21ème siècle, les changements de paradigme auxquels incitent la libéralisation des échanges et le rapprochement des agents non-étatiques ne permettent toujours pas de s'orienter vers l'affermissement de certains objectifs prioritaires dans les domaines humanitaire et sanitaire.

99. – Selon toute vraisemblance, l'extrême pauvreté n'a pas été réduite de moitié en 2015[1]. Par voie de conséquence, l'amélioration de l'efficacité des mesures de la faim et de l'insécurité alimentaire pourrait nécessiter la mise en place d'une bonne gouvernance sur la scène internationale.

100. – La gouvernance est une notion duale et pluridisciplinaire dont la portée non-strictement juridique a été réhabilitée par la Banque mondiale dans certains de ses rapports au milieu des années 1990[2]. Ce concept recouvre une dimension descriptive en ce que le dynamisme de la clé de lecture qu'il constitue permet de décrire pertinemment le pouvoir d'aujourd'hui, mais aussi prescriptive, puisqu'en visant l'amélioration des mécanismes actuels du pouvoir, il est porteur d'un véritable programme politique.

---

[1] Le premier des huit Objectifs du millénaire pour le développement adoptés en 2000 et auxquels sont parties les 191 États-membres de l'ONU prévoyait de réduire de moitié, entre 1990 et 2015, l'extrême pauvreté et la faim dans le monde ; voir *« La faim recule dans le monde, mais 842 millions de personnes souffrent encore de la faim chronique »*, Programme alimentaire mondial (PAM), Actualités, 1er octobre 2013.

[2] E. Ahmad, R.-L. Ayres, G. Fields, H. Ribe, L. Squire, M. Suridberg, D. Van de Walle, J. Van der Gaag, M. Walton, « Rapport sur le développement dans le monde 1990 : la pauvreté », la Banque mondiale, 30 juin 1990.

101. – En réalité, les rudiments de la gouvernance mondiale existent, notamment à travers la présence du système des Nations Unies et des institutions financières internationales, depuis plus d'un demi-siècle. Cela dit, leur inadaptation progressive aux évolutions du monde contemporain pourrait conduire à des effets inverses de ceux initialement recherchés, et donc aboutir à l'avènement d'une *« gouvernance mondiale négative, prompte à se retourner en son contraire : les rapports de force et la violence »*[1].

102. – Cette inadéquation s'explique en partie au regard des thèmes privilégiés de la gouvernance, où la logique économique semble l'emporter, puisque prévalent les marchés financiers, l'Organisation mondiale du commerce (ci-après OMC), la dette, les industries d'armement et la sécurité, ou encore la privatisation du vivant[2]. N'en sont pas moins visés, et c'est précisément là-dessus qu'il faudra insister, d'autres secteurs d'activités, parmi lesquels apparaissent la gestion des ressources naturelles comme l'eau, les sols ou l'énergie[3].

103. – L'intérêt principal du concept de gouvernance mondiale n'est pourtant pas d'être *« un avatar des idéaux des Lumières de la paix par le droit ou de la République universelle »*[4], mais de chercher à concilier la dualité établie, et cela depuis le 19e siècle et le développement de la société internationale, de l'économie et du politique.

104. – De nos jours, la gouvernance dans le domaine agricole et alimentaire existe, mais elle n'est pas aussi aboutie que dans le domaine économique. Les préoccupations alimentaires des gouvernements n'évoluent pas au même rythme que celles tenant à l'unification du marché mondial et à la régulation des échanges qu'elle nécessite. De fait, la résolution du problème de la faim dans le monde est sûrement moins une question de moyens financiers que celle d'une authentique volonté politique[5].

105. – Ce constat peut paraître tout à fait surprenant dans la mesure où les représentants politiques pourraient, en défendant peut-être encore plus adéquatement le droit à l'alimentation qu'ils ne le font actuellement, insuffler à l'économie mondiale et notamment au marché de l'emploi un élan sans précédent. C'est en ce sens que s'étaient manifestés certains auteurs, rappelant qu'*« une réduction de 400 millions de personnes sous-alimentées en 2015 augmenterait la*

---

[1] C.-L. Mayer, *Pour une gouvernance mondiale efficace, légitime et démocratique*, Coordonné par P. Calame, FPH – Fondation Charles Léopold Mayer pour le progrès de l'homme, 2003, p. 12.
[2] *Ibid.*, p. 13.
[3] *Ibid.*, p. 13.
[4] G. Andréani, « Gouvernance globale : origines d'une idée », *Politique étrangère*, n° 3, 2001, pp. 549-568.
[5] M. Darras-Sadik, *Nécessité d'une gouvernance mondiale alimentaire*, *op.cit.*, p. 9.

production mondiale de 3 billions de dollars, soit un gain annuel de 120 milliards de dollars pour soutenir le développement »[1].

106. – Il est certain qu'*« en l'absence d'organisation centrale, de référentiel mondial, le seul régulateur agissant à l'échelle planétaire et traversant tous les sous-systèmes sociaux en interactions ne peut être aujourd'hui que le marché »*[2]. Néanmoins, cette économie libre pourrait, dans son propre intérêt et aux fins de préserver le domaine social, être mise au service d'une meilleure politique d'éradication de l'extrême pauvreté[3].

107. – Au niveau international, la gouvernance de l'alimentation peut certes être présentée comme *« un acquis, un ensemble de règles et mécanismes de contrôles repérables »*[4], comme en attestera ci-après l'étude des composantes normatives et institutionnelles du droit à l'alimentation, mais elle ne doit pas être perçue *« comme une activité bornée aux fonctions accomplies dans le cadre des activités multilatérales »*[5], car cela exclurait du champ d'analyse la participation de la société civile[6] en-dehors de tout cadre institutionnel, administratif ou commercial.

108. – Bien qu'animées par des logiques différentes, les techniques de gouvernement classiques[7] se sont vues contraintes d'associer, en raison *« des nouveaux équilibres des sociétés contemporaines »*[8], divers acteurs privés aux processus décisionnels, laissant de fait aux solutions consensuelles le soin de se substituer aux formules de type autoritaire[9].

---

[1] Commission des droits de l'homme des Nations Unies, « Le droit à l'alimentation », *op.cit.*

[2] M.-C. Smouts, « Du bon usage de la gouvernance en relations internationales », *Revue internationale des sciences sociales*, mars 1998.

[3] Les liens entre la faim et la pauvreté sont ténus, comme en témoigne ce rapport officiel de la FAO de 2001, dans lequel est rappelé que *« la présence généralisée de la faim et de la malnutrition dans un monde où la nourriture est abondante suppose que la pauvreté extrême est à l'origine de la sous-alimentation ; cependant, il n'est pas toujours compris que la faim et la malnutrition sont à leur tour des causes majeures de pauvreté »*. Disponible sur : http://www.fao.org/docrep/003/Y6265F/y6265f03.htm [consulté le 03 août 2016]

[4] J. Roseneau, « Governance in the twenty-first century », *Global governance*, n° 1, 1995, pp. 13-14.

[5] S. Finkelstein, « What is the global governance », *Global governance*, n° 3, 1995, p. 368.

[6] Dans le cadre de cette thèse, la notion de « société civile » inclura, comme l'a envisagé la Commission européenne dans son Livre blanc sur la gouvernance européenne du 25 juillet 2001, *« les organisations syndicales et patronales (les partenaires sociaux), les organisations non-gouvernementales (ONG), les associations professionnelles, les organisations caritatives, les organisations de base, les organisations qui impliquent les citoyens dans la vie locale et municipale, avec une contribution spécifique des Églises et communautés religieuses »*. Disponible à partir du lien Internet suivant : http://eur-lex.europa.eu/legal-content/FR/TXT/?uri=URISERV%3Al10109 [consulté le 03 août 2016].

[7] J. Chevallier, « La gouvernance, un nouveau paradigme étatique ? », *Revue française d'administration publique 1/2003*, n° 105-106, pp. 203-217.

[8] *Ibid.*

[9] *Ibid.*

109. – Si cette nouvelle élaboration des décisions n'échappe pas, tant sur le plan interne qu'externe, aux grandes orientations relatives au droit à l'alimentation, les gouvernements nationaux n'en demeurent pas moins des acteurs essentiels[1], politisant lors des sommets et accords internationaux (lesquels ont d'ailleurs eu tendance à se multiplier) les enjeux sous-jacents à l'essor et au renforcement d'un tel droit.

110. – Depuis son émergence avec l'adoption de la DUDH, le droit à l'alimentation a ainsi fait l'objet d'une multitude d'instruments internationaux de nature diverse[2]. Cette inflation normative trouve son origine dans la prise de conscience qu'a imposée aux États la mondialisation au niveau du danger qu'il pourrait y avoir pour leur population de ne pas agir directement dans le sens d'une amélioration significative du droit de l'homme à la nourriture.

111. – Les avancées consenties ont dès lors été considérables, retranscrivant parfaitement cette volonté qu'ont eue les gouvernements d'étendre le champ d'application de ce droit à de nouveaux destinataires[3] et à de nouvelles situations, notamment en période de conflits armés[4]. Les obligations pesant sur les débiteurs du droit à l'alimentation ont également été renforcées[5], ce qui pouvait très bien laisser présager, avant même que les dernières estimations de la FAO n'en confirment l'amélioration[6], un net recul de l'extrême pauvreté et de la faim chronique dans les zones les plus touchées[7]. Conscient des progrès réalisés, le Directeur général de la FAO, José Graziano da Silva, s'était ainsi réjoui en ces termes : *« Nous sommes tout à fait en mesure d'éliminer la faim de notre vivant.*

---

[1] Comme le rappelle C. Golay, *« le droit d'être à l'abri de la faim est le seul de tous les droits de l'homme reconnu au niveau international qui ait été déclaré fondamental par les États »* ; voir C. Golay, *Vers la justiciabilité du droit à l'alimentation*, *op.cit.*, p. 41.

[2] Son caractère contraignant a été énoncé, pour la première fois, par l'article 11§1 et 2 du PIDESC adopté par l'Assemblée générale de l'ONU (AGNU) dans sa résolution 2200A (XXI) du 16 décembre 1996.

[3] Les conventions spéciales apportant aux minorités une protection renforcée dans leur accès à l'alimentation seront étudiées *infra*, dans le premier chapitre de cette thèse.

[4] Les conventions de Genève et du droit international humanitaire apportant une protection spécifique en période de conflits armés seront étudiées *infra*, dans le premier chapitre de cette thèse.

[5] Le comité des droits économiques, sociaux et culturels (ci-après comité DESC), en partant de l'article 2 PIDESC, et la commission africaine des droits de l'homme et des peuples (ci-après commission ADHP), ont établi que les États ont l'obligation de respecter, de protéger et de donner effet au droit à la nourriture. Ces obligations seront étudiées dans la seconde partie de cette thèse.

[6] D'après les estimations de la FAO, le 27 mai 2015 à Rome, *« le nombre de personnes victimes de la faim dans le monde s'établit à 795 millions – soit 216 millions de moins qu'en 1990-92 –, ce qui équivaut à 1 personne sur 9 »* ; ici, voir FAO, « L'État de l'insécurité alimentaire dans le monde 2015 – Objectifs internationaux 2015 de réduction de la faim : des progrès inégaux », Rome, 2015. Disponible sur : www.fao.org/news/story/fr/item/288345/icode [consulté le 5 août 2016]

[7] *« Une majorité des pays faisant l'objet d'un suivi par la FAO (72 sur 129) ont atteint la cible de l'Objectif du Millénaire pour le développement, consistant à réduire de moitié la prévalence de la sous-alimentation d'ici 2015. Les régions en développement dans leur ensemble, quant à elles, l'ont manqué de peu. Par ailleurs, 29 pays ont réalisé l'objectif plus ambitieux énoncé au Sommet mondial de l'alimentation en 1996 : diviser par deux le nombre absolu de personnes sous-alimentées d'ici 2015 », Ibid.*

Nous devons être la génération de la Faim Zéro. Ce but devrait être incorporé dans toutes les interventions de politiques et au cœur même du nouvel agenda de développement durable qui sera mis en place cette année »[1].

112. – En outre, des références similaires ou avoisinantes au droit à l'alimentation figurent au sein de certains instruments régionaux de protection des droits de l'homme[2], préservant, avec une portée juridique variable[3], les spécificités communes telles que les coutumes, les valeurs, la culture et les pratiques régionales partagées[4]. De jure, ces différents instruments complètent et parachèvent les normes fondamentales du droit à l'alimentation que constituent, en droit international, la DUDH de 1948, le PIDESC de 1966 et d'autres instruments internationaux spécifiques[5].

113. – Avec la gouvernance, la forme pyramidale du pouvoir concède une place importante aux institutions internationales et à la société civile dans la participation à l'élaboration puis à l'adoption des principales orientations politiques et économiques. Dans le domaine du droit à l'alimentation, cette réhabilitation des institutions dans le processus d'intégration permet bien souvent aux organisations intergouvernementales d'élaborer, avec plus ou moins d'indépendance et d'autonomie, les politiques et les normes nécessaires à la garantie de ce droit de l'homme[6].

114. – Ces institutions internationales ne sont pas directement parties aux conventions de protection les plus pertinentes, mais certaines d'entre elles assurent aux niveaux régional et universel un travail de défense et de promotion des droits de l'homme tout à fait remarquable.

---

[1] Voir FAO, « L'État de l'insécurité alimentaire dans le monde 2015 – Objectifs internationaux 2015 de réduction de la faim : des progrès inégaux », *op.cit.*

[2] C'est notamment le cas du Protocole additionnel à la Convention américaine relative aux droits de l'homme traitant des droits économiques, sociaux et culturels, connu sous le nom de Protocole de San Salvador (1988), de la Charte africaine des droits et du bien-être de l'enfant (1990) ou encore du Protocole à la Charte africaine des droits de l'homme et des peuples relatif aux droits de la femme en Afrique (2003).

[3] La plupart des conventions régionales de protection des droits de l'homme ne protègent pas nommément le droit à l'alimentation, ni ne le consacrent expressément, mais elles garantissent des droits de l'homme qui, lorsqu'ils sont réalisés, assurent une jouissance du droit à la nourriture et de la sécurité alimentaire.

[4] Pour aller plus loin, voir : http://www.right-to-education.org/fr/page/les-m-canismes-r-gionaux-en-mati-re-de-droit-de-lhomme [consulté le 6 août 2016]

[5] Parmi ces instruments spécifiques se trouvent la Convention sur les droits de l'enfant (art. 24(2) et 27(3)), la Convention sur l'élimination de toutes les formes de discrimination à l'égard des femmes (art. 12(2)), ou encore la Convention relative aux droits des personnes handicapées (art. 25 (f) et 28 (1)).

[6] Des programmes spécifiques sont ainsi développés dans des domaines plus ou moins connexes au droit à l'alimentation, comme c'est le cas de la FAO, qui a instauré le programme spécial pour la sécurité alimentaire, ou encore de l'ONU, qui a mis en place le PAM et le Fonds international pour le développement agricole.

115. – Quant aux organisations non-gouvernementales (ci-après ONG)[1], celles-ci contribuent à optimiser l'efficacité des organes spécialisés des droits de l'homme, mais répondent aussi à un objectif de transparence et de rationalisation des grandes orientations prises dans le cadre du droit à l'alimentation[2]. Les ONG ne sont pas parties aux instruments de protection des droits de l'homme les plus importants, mais doivent néanmoins en respecter l'esprit dans le cadre de leurs activités[3].

116. – Une attention particulière peut enfin se tourner vers l'étude des groupes d'intérêt (aussi appelés groupes de pression, groupes d'influence ou lobbies) dont la finalité permet d'associer aux décisions des acteurs autres que les institutions et les agences traditionnelles. Dans l'Union européenne, ces groupes se sont particulièrement développés depuis que les institutions se sont ouvertes à la société civile[4]. Ils visent ouvertement l'orientation des décisions en informant les décideurs et en essayant d'être impliqués dans des structures institutionnelles formelles.

117. – Dans les premiers développements de cette thèse, il ne s'agira pas d'appréhender la gouvernance dans son acception la plus transversale, mais de l'envisager sous l'un de ses aspects sectoriels, en l'occurrence celui de l'alimentation. L'examen des dispositifs actuels ne doit pas occulter l'ensemble des améliorations consenties, mais peut déterminer si, comme le soulignait Kofi Annan, *« la bonne gouvernance est le chemin le plus sûr pour en finir avec la pauvreté et soutenir le développement »*[5].

---

[1] D'après la résolution 288 du Conseil économique et social de 1950, une ONG est *« toute organisation dont la constitution ne résulte pas d'un accord intergouvernemental »*.

[2] Parmi les ONG travaillant efficacement dans la lutte contre la faim peuvent nécessairement figurer la Coalition des organisations africaines pour la sécurité alimentaire et le développement durable (COASAD) – créée lors du Sommet mondial de l'alimentation en 1996, *Amnesty International* – créée au Royaume-Uni en 1961, CARE International – créée aux États-Unis en 1945, ou encore le Réseau international *Foodfirst Information and Network Action* (FIAN) créé en 2001.

[3] D'après l'article 71 de la Charte des Nations Unies, le Conseil économique et social peut consulter des ONG dans les domaines qui relèvent de sa compétence. Cet organe des Nations Unies a adopté sur la base de cet article une résolution en 1950 sur les conditions relatives aux consultations avec les ONG. Cette résolution réglementait et précisait comment le Conseil serait amené à consulter les ONG. Une autre résolution en 1968 précisait les caractéristiques et les conditions que devait remplir une ONG pour faire partie de celles que le Conseil économique et social pouvait éventuellement consulter. Ces conditions sont les suivantes : l'organisation doit avoir un caractère privé, elle doit suivre un but non-lucratif, elle doit avoir des organes dirigeants et délibératifs, elle doit avoir un caractère international (elle doit être représentée dans au moins deux pays) et avoir une réputation bien étable (l'ONG doit mener des actions dans le respect des conventions internationales et être consultée par des gouvernements).

[4] Parmi les groupes d'intérêt œuvrant dans le domaine de l'alimentation et reconnus officiellement par les institutions de l'Union européenne, figurent le Conseil européen de l'information sur l'alimentation (*the European Food Information council*) et le Bureau européen des Unions des consommateurs.

[5] Extrait du discours tenu par Kofi Annan à l'occasion de la 6e conférence internationale des démocraties nouvelles ou rétablies, alors secrétaire général à l'ONU.

118. – Les instruments de la gouvernance alimentaire ont beau s'être considérablement développés, permettant ainsi aux acteurs publics et privés d'y recourir ou de participer à leur mise en œuvre avec plus ou moins de succès sur la scène internationale, ces derniers ne sauraient, en l'état, concourir pleinement à l'avènement d'une bonne gouvernance tant que certaines voies d'amélioration ne seront pas envisagées puis exploitées plus efficacement dans la lutte contre la pauvreté.

119. – Il convient donc de se pencher sur les rouages normatifs et institutionnels de l'actuelle gouvernance interétatique de l'alimentation (chapitre I), puis sur l'essor de nouveaux acteurs non-étatiques dans la détermination du contenu des normes alimentaires (chapitre II). Cette approche permettra d'associer le niveau minimal des mécanismes en place avec l'affinement des principes nécessaires à l'avènement d'une réelle gouvernance alimentaire mondiale.

Chapitre I. La prolifération multi-niveaux et désorganisée des normes et des organisations supra-étatiques du droit à l'alimentation

120. - À l'égal de la communauté internationale, le droit interétatique de l'alimentation est symbolisé par une solidarité et des objectifs communs. Basée sur la notion de volontarisme, cette branche du droit international public suppose l'accord préalable des États, ainsi qu'un acte écrit prouvant leur intention. Cet inter-étatisme n'est cependant pas figé, ni indépassable. De nombreuses organisations internationales spécialisées dans le droit à l'alimentation sont en effet apparues depuis l'adoption de la DUDH en 1948, avec des logiques parfois différentes dans l'appréhension des problématiques de fond. Les sources formelles de ce droit sont elles aussi éparses et non-harmonisées, variant d'une région de protection des droits de l'homme à l'autre, bien qu'elles soient toutes inspirées de la Charte internationale des droits de l'homme[1], et plus exactement de la DUDH de 1948 et du PIDESC de 1966. L'étude des sources subsidiaires n'est quant à elle qu'insuffisamment déterminante dans la mesure où les États reconnaissent tous la nécessité de combattre l'extrême pauvreté et la faim chronique dans le monde, aucun n'y renonce ni ne proteste contre l'utilité qu'il y a pour les populations d'accéder à l'alimentation.

121. – L'analyse de la gouvernance interétatique de l'alimentation a cela d'intéressant qu'elle permet de constater une certaine prolifération des sources conventionnelles et extra-conventionnelles en droit international et européen des droits de l'homme, ainsi qu'une véritable multiplication des institutions internationales chargées de la sauvegarde et de la promotion du droit à l'alimentation. Si les acteurs étatiques tentent de faire converger les sources qu'ils créent dans le respect du noyau dur des droits de l'homme mis en place par le système des Nations Unis, les divergences de moyens qu'ils emploient pour y parvenir trahissent parfois leur immobilisme, laissant de fait aux voies d'amélioration d'un tel système de gouvernance une place grandissante dans la réalisation des objectifs à venir. C'est ce qu'il s'agira de démontrer en étudiant successivement l'alimentation en droit international et européen des droits de l'homme (Section 1), puis le statut juridique de l'alimentation dans le droit de l'Union européenne (Section 2).

---

[1] Pour aller plus loin, voir : http://www.un.org/fr/rights/overview/charter-hr.shtml [consulté le 27 avril 2017]

Section I. L'HÉTÉROGÉNÉITÉ DES SOURCES ET LA PLURALITÉ DES ACTEURS DE L'ALIMENTATION EN DROIT INTERNATIONAL ET EUROPÉEN DES DROITS DE L'HOMME

122. – Dans l'ordre juridique international, le droit à l'alimentation se caractérise en premier lieu par un phénomène d'interdépendance entre les États[1] et consiste en une manifestation de la théorie du dédoublement fonctionnel[2]. L'adoption des traités est formellement conditionnée par une phase des négociations pendant laquelle les États vont s'entendre sur les principales orientations à donner aux dispositions de l'accord international écrit[3]. Cette étape est cruciale, car autour de l'alimentation, *« des enjeux de politiques publiques existent bien »*[4], comme en témoigne la situation malgache, où *« l'absence de volonté politique est montrée du doigt pour expliquer un taux d'insécurité alimentaire parmi les plus élevés de la planète »*[5].

123. – De fait, il n'est pas inutile de mettre l'accent sur l'analyse des réseaux politiques car le volet intergouvernemental de l'intégration alimentaire n'assure ni n'encourage en rien la prédominance des champs d'action des gouvernements nationaux sur ceux des autres acteurs décisionnaires, mais répond plutôt de la conception multilatérale de l'exercice actuel du pouvoir.

---

[1] Élaborant ensemble les règles de droit, les États sont liés par des intérêts communs et des devoirs de réciprocité.

[2] Dès lors qu'il agit, l'État le fait dans son propre intérêt, mais aussi dans celui des autres États. Le mécanisme de *compétence universelle* permet par exemple, en cas d'infractions très graves, à tout État de poursuivre les auteurs de cette infraction, et cela même si elle n'a pas eu lieu sur son territoire, ni tuer l'un de ses ressortissants. Il sera intéressant de vérifier (dans la seconde partie de cette thèse) si une telle *compétence universelle* pourrait, par analogie, s'appliquer au droit à l'alimentation. Toujours est-il qu'en assurant l'accès de sa population à l'alimentation, l'État promeut efficacement le droit à une nourriture suffisante sur la scène internationale.

[3] Membre du sous-comité de rédaction de la DUDH, Hernán Santa Cruz du Chili s'était exprimé en ces termes : *« J'ai eu le sentiment très clair que je participais à un événement d'une portée vraiment historique au cours duquel un consensus s'était fait sur la valeur suprême de la personne humaine, une valeur qui n'a pas trouvé son origine dans la décision d'une puissance de ce monde, mais plutôt du fait même de son existence qui a donné naissance au droit inaliénable de vivre à l'abri du besoin et de l'oppression et de développer pleinement sa personnalité. Il y avait dans la grande salle... une atmosphère de solidarité et de fraternité authentiques entre des hommes et des femmes de toutes latitudes, une atmosphère que je n'ai jamais retrouvée dans une quelconque instance internationale »*. Disponible à partir du lien Internet suivant : http://www.un.org/fr/sections/universal-declaration/history-document/index.html [consulté le 08 août 2016]

[4] D. Nairaud, « Alimentation (Economie et politique alimentaire) – Enjeux de politiques publiques », Encyclopædia Universalis.

[5] M. Rabakoniaina, « Le manque de volonté politique est la principale cause de l'insécurité alimentaire », tribunemadagascar.com, 4 février 2016.

124. – Le droit interétatique de l'alimentation tire certes sa force juridique de ces innombrables sources formelles, lesquelles viennent symboliser, en droit international des traités, *« la variété des champs d'application géographiques des instruments de promotion et de protection des droits de l'homme »*[1], mais dépend également des sources extra-conventionnelles, parmi lesquelles certaines seront très utiles à l'analyse de ses fondements normatifs. Ce sera notamment le cas des principes généraux du droit, mais aussi d'une partie de la doctrine.

125. – Quant aux acteurs institutionnels, leur engagement en faveur de la lutte contre la faim et de l'éradication de l'extrême pauvreté n'a cessé de se renforcer ces dernières années. Partant, il n'est pas sans importance de considérer le fonctionnalisme[2] comme étant l'un des attributs de la gouvernance en ce qu'il permet de confier la gestion de dossiers techniques à des spécialistes visant la poursuite du bien commun. Cette dépolitisation du pouvoir permet à des organismes à vocation universelle tels que la FAO, le PAM ou l'OMS d'être solidairement impliqués dans la résolution des problèmes sanitaires des individus conformément aux dispositions du droit à l'alimentation.

126. – Régionalement, les institutions d'encadrement du droit à l'alimentation œuvrent elles-aussi à la promotion et à la protection de ce droit (de l'homme) *« en intervenant au plan international dans l'élaboration et l'exécution des mesures pratiques visant la sécurité alimentaire »*[3], ce qui permet d'adjoindre aux textes juridiques ambitionnant sa réalisation (§I) les structures adéquates en la matière (§II). Normes et institutions sont en effet des objets de réflexions communs aux défenseurs des droits de l'homme en général, et du droit à l'alimentation en particulier.

§I. LA PROLIFÉRATION DES SOURCES CONVENTIONNELLES ET EXTRA-CONVENTIONNELLES DU DROIT À L'ALIMENTATION

127. – Sur la scène internationale, la diversification des sources formelles du droit à l'alimentation atteste d'une part des progrès réalisés au cours de ces dernières années par les gouvernements dans la volonté commune qu'ils ont eu d'étendre et

---

[1] Voir A. Soma, *Le droit de l'homme à l'alimentation : contenu normatif et mécanismes juridiques de mise en œuvre*, mémoire de master, Université de Genève, 2006, p. 36.

[2] Le fonctionnalisme est un courant de pensée qui considère que ce sont les nécessités techniques et non politiques qui favorisent la coopération au sein d'une société complexe. Il en découle la nécessité de création d'institutions internationales ou supranationales appropriées pour résoudre les problèmes qui dépassent les frontières de l'État.

[3] Voir I. Apovo, *Le droit de l'homme à l'alimentation en République du Bénin*, *op.cit.*, p. 20.

de renforcer le champ couvert par ce droit, mais aussi des difficultés liées à la sécurité alimentaire et desquelles les logiques régionales de protection des droits de l'homme ont voulu, avec tous les particularismes qui les identifient, peu à peu se soustraire.

128. – Néanmoins, la prise en compte de la doctrine, ainsi que le respect de certains principes généraux du droit, paraissent indispensables à la consolidation et à la réalisation du droit à l'alimentation.

129. – Dès lors, il semble opportun d'analyser les acquis normatifs du droit interétatique de l'alimentation (A) à l'aune des voies d'amélioration souhaitables en ciblant, pour ce faire, les fictions juridiques les plus dynamiques et les plus innovantes (B).

A. LES RÉPONSES COMPLÉMENTAIRES ET APPROPRIÉES DES TRAITÉS ET ACCORDS INTERNATIONAUX CLASSIQUES

130. – Plusieurs distinctions doivent être considérées d'emblée dans la détermination du contenu normatif du droit à l'alimentation. Parmi les textes renforçant la charte internationale des droits de l'homme, il convient précisément de différencier les traités généraux des traités spéciaux, mais aussi le droit international des droits de l'homme (qui peut dépendre à la fois du *hard law* et du *soft law*) du droit international humanitaire et du droit international pénal (qui relèvent quant à eux du *hard law*), mais il s'agit plus généralement de dissocier les textes à vocation universelle (1) de ceux à vocation régionale (2).

1. La multiplication bénéfique des textes à vocation universelle

131. – Si l'une des principales réalisations de l'ONU a été la mise en place d'un *« vaste ensemble de lois relatives aux droits de l'homme qui, pour la première fois de l'histoire, nous dotent d'un code des droits fondamentaux, universels et internationalement protégés, auquel toutes les nations peuvent souscrire et auquel tous les peuples peuvent aspirer »*[1], il est nécessaire, pour des raisons propres aux droits de l'homme en général, et à l'alimentation en particulier, d'étudier successivement les traités généraux (a) puis les traités spéciaux (b).

---

[1] Voir le lien Internet suivant : https://www.un.org/fr/sections/issues-depth/human-rights/ [consulté le 25 août 2016]

a. La protection minimaliste des traités généraux

132. – Aux niveaux international et européen, l'article 25[1] de la DUDH du 10 décembre 1948 ainsi que l'article 11 du PIDESC du 16 décembre 1966 constituent, pour une partie de la doctrine, « *les principaux textes obligatoires universels et généraux de garantie du droit à l'alimentation* »[2].

133. – Certains auteurs y voient même « *un droit de l'homme reconnu par le droit international qui protège le droit de chaque être humain à se nourrir dans la dignité, que ce soit en produisant lui-même son alimentation ou en l'achetant* »[3].

134. – Cette vision courageuse et bienveillante du droit à l'alimentation est appréciable, mais reste en partie contestable dans la mesure où la portée de la DUDH est faible. Résultant d'une simple résolution de l'Assemblée générale des Nations Unies, celle-ci n'a pas la même valeur juridique qu'un traité international, c'est-à-dire qu'elle n'a aucune dimension contraignante et ne peut être invoquée devant un juge[4].

135. – Palliant la simple valeur déclarative de la DUDH, le PIDESC bénéficie quant à lui d'une véritable valeur normative[5], et consacre, à la différence du texte de 1948, pour la toute première fois dans l'ordonnancement juridique international des droits de l'homme, les éléments constitutifs[6] du droit fondamental qu'a toute personne d'être à l'abri de la faim[7].

---

[1] L'alinéa 1er de cet article permet de rattacher le droit à l'alimentation au droit plus général d'avoir un niveau de vie adéquat, étant donné que celui-ci prévoit que : « *Toute personne a droit à un niveau de vie suffisant pour assurer sa santé, son bien-être et ceux de sa famille, notamment pour l'alimentation, l'habillement, le logement, les soins médicaux ainsi que pour les services sociaux nécessaires [...] »*.

[2] Voir A. Soma, *Le droit de l'homme à l'alimentation : contenu normatif et mécanismes juridiques de mise en œuvre*, *op.cit.*, p. 36.

[3] O. de Schutter, « Le droit à l'alimentation en tant que droit de l'homme », disponible sur : http://www.srfood.org/fr/droit-a-l-alimentation [consulté le 25 août 2016]

[4] Dans un arrêt *Roujansky* de 1984, le Conseil d'État a affirmé qu'elle était dépourvue de valeur normative.

[5] La DUDH n'a pas de portée juridique et n'a qu'une valeur déclarative. C'est pour combler cette lacune que le PIDCP et le PIDESC ont été adoptés en 1966, rendant l'application de ces droits obligatoire aux États qui ont signé et ratifié ces pactes. Aujourd'hui, le PIDESC est ratifié par 160 États (il faut noter l'absence notamment des États-Unis). Pour aller plus loin, voir : agirpourlesdesc.org/francais/les-droits-economiques-sociaux-et/article/historique [consulté le 26 août 2016]

[6] D'après le Comité des droits économiques, sociaux et culturels de l'ONU (ci-après Comité DESC), « *le PIDESC traite du droit fondamental à une nourriture suffisante de façon plus complète qu'aucun autre instrument* » ; ici, voir l'Observation générale n°12 du Comité DESC du 12 mai 1999. Disponible sur : http://www.rtdh.eu/pdf/observation_generale_12.pdf [consulté le 26 août 2016]

[7] L'article 11§1 du PIDESC dispose que « *les États parties au présent Pacte reconnaissent le droit de toute personne à un niveau de vie suffisant pour elle-même et sa famille, y compris une nourriture, un vêtement et un logement suffisants, ainsi qu'à une amélioration constante de ses conditions d'existence. Les États parties prendront des mesures appropriées pour assurer la réalisation de ce droit et ils reconnaissent à cet effet l'importance essentielle d'une coopération internationale librement consentie* ». L'article 11§2 (subdivisé en deux alinéas a) et b)) précise quant à lui que « *Les États parties au présent Pacte,*

136. – De l'avis de certains spécialistes, il serait néanmoins *« trop tôt »*[1] pour associer ce droit fondamental comme faisant partie du *jus cogens*[2], et cela malgré les dispositions complémentaires des articles 2[3] et 14[4] du PIDESC relatives à la classification et au plein exercice du droit à l'alimentation.

137. – Avec la charte internationale des droits de l'homme, l'idée d'une graduation de la normativité de la législation internationale relative à l'accès à l'alimentation en tant que droit de l'homme est donc mise en avant, puisqu'en tant qu'acte du *soft law*, la DUDH se distingue des actes conventionnels contraignants du droit international, tel que le PIDESC.

138. – En a pourtant succédé une pléthore de traités, conventions, accords intergouvernementaux et politiques stratégiques visant la reconnaissance du droit à l'alimentation au niveau international. Ces sources témoignent des *« efforts intergouvernementaux consentis par les États pour la réalisation progressive du*

---

reconnaissant le droit fondamental qu'a toute personne d'être à l'abri de la faim, adopteront, individuellement et au moyen de la coopération internationale, les mesures nécessaires, y compris des programmes concrets :
a) Pour améliorer les méthodes de production, de conservation et de distribution des denrées alimentaires par la pleine utilisation des connaissances techniques et scientifiques, par la diffusion de principes d'éducation nutritionnelle et par le développement ou la réforme des régimes agraires, de manière à assurer au mieux la mise en valeur et l'utilisation des ressources naturelles ;
b) Pour assurer une répartition équitable des ressources alimentaires mondiales par rapport aux besoins, compte tenu des problèmes qui se posent tant aux pays importateurs qu'aux pays exportateurs de denrées alimentaires.

[1] Selon M.-E. Buist, *« l'utilisation de la notion de droit fondamental d'être à l'abri de la faim signifie que l'on doit le respecter en tout temps et qu'aucune dérogation n'y est autorisée. Cette interprétation du jus cogens ne semble toujours pas faire l'unanimité, car certains États n'ayant pas signé le PIDESC s'opposent fermement à cette interprétation et refusent de s'y soumettre, contrairement à une norme du jus cogens qui doit être respectée par tous les États. Les États-Unis sont un exemple et défendent leur position en admettant qu'ils y voient une perte de leur souveraineté nationale. C'est pour cette raison qu'ils ont décidé de ne pas y adhérer. Il semble donc trop tôt pour considérer ce droit comme faisant partie du jus cogens »* ; ici, voir M.-E. Buist, *L'apport du droit international et du cadre juridique indien pour l'atteinte d'une sécurité alimentaire en Inde*, mémoire de recherche soutenu à l'Institut des Hautes études internationales, 2012, p. 14.

[2] A la lecture de l'article 53 de la Convention de Vienne sur le droit des traités, du 23 mai 1969, une norme de *jus cogens* est *« une norme impérative du droit international général, reconnue par la communauté internationale dans son ensemble en tant que norme à laquelle aucune dérogation n'est permise et qui ne peut être modifiée que par une nouvelle norme du droit international général ayant le même caractère »*.

[3] L'article 2 PIDESC énonce qu'il faut *« parvenir au plein exercice du droit à une nourriture suffisante le plus rapidement possible »*. L'article 2§1 PIDESC est quant à lui relatif à la solidarité internationale dans la mutualisation des ressources sur la scène internationale. Le §17 de l'article 2 énonce en outre que *« l'État violerait ses obligations internationales s'il ne démontrait pas en quoi, même après l'utilisation de toutes ses ressources disponibles, il n'était pas en mesure d'assurer une jouissance effective de ce droit à un niveau de nourriture suffisant »*.

[4] L'article 14 PIDESC opère une importante distinction entre le droit d'être l'abri de la faim et le droit à une nourriture suffisante. Seul le premier serait fondamental. De fait, il devrait être assuré sans aucune discrimination. Cette distinction entre droit d'être à l'abri de la faim comme droit fondamental et droit à une nourriture suffisante comme droit progressif sera d'ailleurs reprise par l'Observation générale n° 12 du Comité DESC de 1999 relative au droit à une nourriture suffisante.

droit à une nourriture suffisante »[1], et permettent surtout de trouver *« un consensus autour du contenu normatif du droit de l'homme à l'alimentation »*[2].

139. – Un premier pas fut franchi le 17 décembre 1974 avec l'adoption de la Déclaration universelle pour l'élimination définitive de la faim et de la malnutrition[3] par l'Assemblée générale des Nations Unies[4], dans le cadre de la conférence mondiale de l'alimentation. La conclusion de cette conférence convoquée par l'ONU en application de la résolution 3180 (XXVIII) en date du 17 décembre 1973 est sans équivoque : *« Le temps presse. Il est vital d'entreprendre d'urgence une action soutenue. La Conférence invite instamment tous les peuples exprimant leur volonté au niveau individuel et par l'intermédiaire de leurs gouvernements et des organisations non gouvernementales à collaborer en vue d'éliminer le spectre séculaire de la faim »*[5].

140. – Face à la persistance d'une sous-alimentation généralisée et à l'inquiétude que causaient les capacités de l'agriculture mondiale à satisfaire les besoins alimentaires à venir[6], un Sommet mondial de l'alimentation (ci-après SMA) se tiendra par la suite au siège de la FAO à Rome du 13 au 17 novembre 1996. Cet évènement de portée historique[7] élargira tout d'abord le concept de sécurité alimentaire retenu en 1974, en y incluant la dimension culturelle de l'alimentation et en mettant en avant les quatre dimensions de celle-ci[8].

---

[1] Voir M.-E. Buist, *L'apport du droit international et du cadre juridique indien pour l'atteinte d'une sécurité alimentaire en Inde*, *op.cit.*, p. 22.

[2] *Ibid.*

[3] Le premier des 12 paragraphes de cette Déclaration dispose que *« chaque homme, femme et enfant a le droit inaliénable d'être libéré de la faim et de la malnutrition afin de se développer pleinement et de conserver ses facultés physiques et mentales. La société d'aujourd'hui possède déjà des ressources, des capacités organisationnelles et une technologie suffisante, et, partant, les moyens d'atteindre cet objectif. En conséquence, l'élimination définitive de la faim est un objectif commun de tous les pays de la collectivité internationale, notamment des pays développés et des autres États en mesure de fournir une aide »*. Faisant suite à la famine en Afrique, cette Déclaration donne également pour la toute première fois une définition minimaliste de la sécurité alimentaire.

[4] Il s'agit de la résolution 3348 (XXIX) de l'AGNU du 17 décembre 1974.

[5] *Ibid.*

[6] Pour aller plus loin, voir : http://www.fao.org/wfs/index_fr.htm [consulté le 27 août 2016]

[7] *« Le SMA de 1996 a réuni pendant cinq jours, au plus haut niveau, des représentants de 185 pays et de la Communauté européenne. Cet évènement a rassemblé plus de 10 000 participants et a servi de forum pour débattre d'un des problèmes les plus importants auxquels allaient être confrontés les responsables mondiaux durant le millénaire qui s'annonçait - l'éradication de la faim »* ; *Ibid.*

[8] Parmi les quatre dimensions de la sécurité alimentaire figurent : l'accès physique, économique et social à la nourriture ; la disponibilité de la nourriture ; la qualité sanitaire et nutritionnelle des aliments, de l'eau et des régimes alimentaires, ainsi que le respect des styles de consommation et des préférences alimentaires ; la régularité de l'accès, de la disponibilité et de la qualité. Pour aller plus loin, voir : http://www.inter-reseaux.org/publications/revue-grain-de-sel/59-62-quelles-politiques-pour-les/article/securite-alimentaire-nutrition?lang=fr [consulté le 27 août 2016]

141. – Ce SMA débouchera également sur l'adoption de deux textes : la Déclaration de Rome sur la sécurité alimentaire mondiale[1] et le Plan d'action du sommet mondial de l'alimentation[2], lesquels *« ouvrent des voies diverses vers un objectif commun – la sécurité alimentaire aux niveaux individuel, familial, national, régional et mondial »*[3]. Il encouragera enfin l'élaboration de l'Observation générale n° 12 du Comité DESC sur le droit à une nourriture suffisante[4].

142. – Cette Observation générale n° 12 du Comité DESC de 1999 approfondi la définition et le contenu du droit à une nourriture suffisante prévu à l'article 11 du PIDESC. Ce droit serait ainsi « *indissociable de la dignité intrinsèque de la personne humaine et de la réalisation des autres droits fondamentaux consacrés dans la Charte internationale des droits de l'homme* »[5]. En outre, ce droit ne doit pas être interprété restrictivement comme étant « *un droit à une ration minimum de calories, de protéines ou d'autres nutriments spécifiques* »[6]. À la différence du droit d'être à l'abri de la faim, que le Comité DESC assimile à un droit fondamental, le droit à une nourriture suffisante ne serait en revanche qu'un droit progressif dépendant des capacités des États signataires.

143. – Plus intéressant du point de vue de la logique intergouvernementale et de l'intégration du droit à l'alimentation sur la scène internationale, cette observation pose aux États l'obligation de respecter et de protéger (obligations négatives d'abstention), mais aussi de donner effet (obligation positive d'action) au droit à une nourriture suffisante[7]. Cela dit, chacune d'entre elles est progressive dans la mesure où il faut tenir compte des capacités des États à les respecter. Les avis du Comité DESC ne lient qui plus est aucunement les États qui en sont les destinataires, ce qui amoindrit considérablement la valeur normative d'un tel

---

[1] Voir : http://www.fao.org/docrep/003/W3613F/W3613F00.HTM [consulté le 28 août 2016]

[2] *Ibid.*

[3] *Ibid.*

[4] Ici, Cf. l'objectif 7.4 du Plan d'action du SMA de 1996 : *« Clarifier le contenu du droit à une nourriture adéquate et le droit fondamental de chacun d'être à l'abri de la faim, tel qu'il figure dans le Pacte international relatif aux droits économiques, sociaux et culturels (le Pacte) et autres instruments internationaux et régionaux pertinents, et accorder une attention particulière à l'exécution et à la réalisation pleine et progressive de ce droit comme moyen de parvenir à la sécurité alimentaire pour tous »* ; *Ibid.*

[5] Voir l'introduction et les principes de base, et plus exactement le §2 de l'Observation générale n° 12, le droit à une nourriture suffisante (Art. 11), 12/05/1999. E/C.12/1999/5 du Comité DESC, pris en application du PIDESC. Disponible sur : http://hrlibrary.umn.edu/gencomm/epcomm12f.htm [consulté le 2 août 2016]

[6] Voir le §6 de l'observation précitée relatif au contenu normatif et les paragraphes 1 et 2 de l'article 11 du PIDESC.

[7] Voir les §§14 à 20 de l'Observation précitée relatifs aux obligations et aux violations.

instrument, d'une importance pourtant « *capitale* »[1], du droit inter-étatique de l'alimentation.

144. – L'année 2000 sera ensuite marquée par la tenue du Sommet du Millénaire des Nations Unies pour le développement, dont *« le symbolisme incontournable et célébré partout dans le monde »*[2] a permis aux 188 États-membres (de l'époque) *« de présenter une stratégie nouvelle adaptée aux réalités et aux besoins changeants du monde du XXIe siècle »*[3]. La délimitation des huit objectifs dits du Millénaire (ci-après OMD) qui en découlèrent constituaient « *un cadre de priorité pour les objectifs de développement les plus pressants dans le monde* »[4].

145. – L'objectif n° 1 (visant la réduction de moitié d'ici 2015 du nombre de personnes souffrant de sous-alimentation) fut certes réaffirmé lors du Sommet de Rome en juin 2008[5], mais jugé *« irréaliste »*[6], ou encore *« inatteignable »*[7], par le Directeur exécutif de la FAO et le communiqué final du G8 agricole à Cison di Valmarino du 20 avril 2009.

146. – Malgré les progrès enregistrés par les OMD dans plusieurs domaines importants[8], les chefs d'État et de gouvernement ont dû se réunir, en septembre 2015, au siège des Nations Unies afin d'adopter un nouveau programme en matière de développement durable. Ce nouvel agenda pour 2030 comprend 17 nouveaux objectifs de développement durable (ci-après ODD), ou objectifs mondiaux, qui guideront la politique et le financement pour les 15 prochaines années, en commençant par un *« un engagement historique pour éradiquer la pauvreté partout et en permanence »*[9].

147. – Cette réévaluation des OMD dans la durée augure bien de la volonté des États de renforcer leur politique dans la lutte contre la faim et l'extrême pauvreté, mais pourrait toutefois gagner en efficacité si elle était accompagnée *« d'un*

---

[1] Voir M.-E. Buist, *L'apport du droit international et du cadre juridique indien pour l'atteinte d'une sécurité alimentaire en Inde*, *op.cit.*, p. 23.
[2] Pour aller plus loin, voir : http://www.un.org/fr/millenniumgoals/bkgd.shtml [consulté le 29 août 2016]
[3] *Ibid.*
[4] Voir M. Darras-Sadik, *Nécessité d'une gouvernance alimentaire mondiale*, *op.cit.*, p. 19.
[5] De l'avis de Jean Ziegler, ancien rapporteur spécial des Nations Unies pour le droit à l'alimentation, ce sommet de la FAO est *« un échec total et extrêmement décevant, ce qui est inquiétant pour l'avenir des Nations Unies »* ; voir J. Ziegler, « Crise alimentaire : le sommet de la FAO à Rome est un « échec total » », *Le Monde*, 6 juin 2008.
[6] Voir centre d'actualité de l'ONU, « FAO : le nombre d'affamés diminue mais reste inadmissible », 14 septembre 2010.
[7] Voir La Via Campesina – Mouvement Paysan International, « Le G8 de l'agriculture sans agriculteurs/trices : la faim et la pauvreté en hausse », 22 avril 2009.
[8] Parmi les domaines visés, figurent la pauvreté monétaire, l'accès à des sources d'eau potable de meilleure qualité, l'inscription à l'école primaire ou encore la mortalité infantile ; ici, voir le PNUD, « L'agenda 2030 du développement durable ».
[9] *Ibid.*

engagement financier contraignant de la part des pays développés et d'une démocratisation de l'OMC pour améliorer le sort des pays les plus pauvres »[1].

148. – Les directives volontaires de la FAO (apparues après le SMA de 1996) auront tout de même joué un rôle déterminant dans l'avènement de cet élan naissant, en ce qu'elles incitaient déjà, dès 2004, à *« l'adoption d'un nouvel agenda pour faire progresser la réalisation d'un droit à une nourriture suffisante »*[2].

149. – Leur place au sein de la gouvernance interétatique de l'alimentation n'est pas négligeable, car d'une part, elles peuvent *« influencer les États autres que ceux signataires du traité PIDESC »*[3], d'autre part, elles promeuvent l'Observation générale n° 12 du Comité DESC en la citant[4], et surtout, elles ne font absolument aucune distinction entre les obligations devant être réalisées progressivement ou immédiatement[5]. Ce qui signifie, *in fine*, qu'elles ne dissocient pas le droit d'être à l'abri de la faim du droit à un niveau de nourriture suffisant.

150. – Au vu de ces éléments, il apparaît que l'article 11 du PIDESC et l'observation générale n° 12 du Comité DESC sont certainement *« les outils les plus performants et détaillés sur la scène internationale en matière de droit à une nourriture suffisante »*[6]. Nonobstant cette importance, les directives volontaires de la FAO et la place d'action du SMA semblent enrichir l'approche intergouvernementale de l'alimentation d'une dynamique profitable qu'il convient d'encourager et de préserver.

b. La protection renforcée des traités spéciaux

151. – Parmi les traités internationaux non-strictement dévolus au droit à l'alimentation, mais garantissant tout de même à leurs destinataires le bénéfice d'une protection indirecte, il est judicieux de distinguer ceux relevant classiquement du droit international des droits de l'homme (1), de ceux dépendant du droit international humanitaire (2), et enfin de ceux appartenant au droit international pénal (3).

---

[1] Voir M. Darras-Sadik, *Nécessité d'une gouvernance mondiale alimentaire*, *op.cit.*, p. 20.
[2] Voir M.-E. Buist, *L'apport du droit international et du cadre juridique indien pour l'atteinte d'une sécurité alimentaire en Inde*, *op.cit.*, p. 23.
[3] *Ibid.*
[4] *Ibid.*
[5] *Ibid.*
[6] *Ibid.*

1) En droit international des droits de l'homme

152. – Les sources conventionnelles dont l'étude sera proposée ci-dessous sont certes éparses, mais avant tout ciblées, visant très souvent des minorités tout à fait déterminées et reflétant, ici encore, l'importance de l'approche intergouvernementale dans la protection des droits de l'homme sur la scène internationale. Il s'agira de se pencher, en premier lieu, sur celles émanant du *hard law* (1°), avant d'envisager celles procédant du *soft law* (2°).

1° Les sources spéciales du *hard law*

153. – Dans une société internationale dominée par le volontarisme et la souveraineté des États, les normes conventionnelles ne lient que les États parties qui y ont explicitement consenti, en vertu de l'effet relatif des traités que rappelle l'article 34 de la Convention de Vienne de 1969[1]. La normativité de tels engagements internationaux, qu'ils soient généraux ou spéciaux, est réelle, car ils *« établissent des règles expressément reconnues par les États en litige »*[2]. Ces règles serviront ensuite, au même titre que les sources non-conventionnelles, de support à la Cour internationale de justice pour régler les différends qui lui seront soumis[3].

154. – Chronologiquement, la Convention pour la prévention et la répression du crime de génocide[4] peut être observée en premier. Le génocide y est qualifié comme *« la soumission intentionnelle d'un groupe de personnes à des conditions d'existence devant entraîner sa destruction physique totale ou partielle »*[5]. De fait, la privation de nourriture est certainement incluse dans cette définition dès lors qu'elle entraînerait une hécatombe.

155. – Ensuite peut figurer la Convention relative au statut des réfugiés et des apatrides[6], dont l'une des dispositions, relative au rationnement, assimile les

---

[1] La Convention de Vienne sur le droit des traités a été adoptée le 23 mai 1969. La France a été le seul État à voter contre son adoption, mais elle se considère liée par les nombreuses dispositions qui se bornent à une simple codification du droit des traités, sa réticence concernant la notion nouvelle de *jus cogens*. Pour aller plus loin, voir P. Reuter, *Introduction au droit des traités*, Armand Colin, 3e éd., PUF, 1995.

[2] E. Decaux, « Déclarations et conventions en droit international », *Cahiers du Conseil constitutionnel*, n°21 (Dossier : La normativité), janvier 2007.

[3] L'article 38 du Statut de la Cour internationale de justice énonce que *« la Cour, dont la mission est de régler conformément au droit international les différends qui lui sont soumis, applique :*
a) les conventions internationales, soit générales, soit spéciales, établissant des règles expressément reconnues par les États en litige ;
b) la coutume internationale comme preuve d'une pratique générale acceptée comme étant le droit ;
c) les principes généraux de droit reconnus par les nations civilisées ;
d) […] les décisions judiciaires et la doctrine des publicistes les plus qualifiés des différentes nations, comme moyen auxiliaire de détermination des règles de droit ».

[4] Cette convention est entrée en vigueur le 12 janvier 1951 et a été ratifiée par 132 États.

[5] Voir l'article 2 § c) de la Convention pour la prévention et la répression du crime de génocide.

[6] Cette convention est entrée en vigueur le 22 avril 1954 conformément aux dispositions de son article 43.

réfugiés aux nationaux dans leur accès à la répartition générale des produits dont il y a pénurie[1].

156. – La Convention sur l'élimination de toutes les formes de discrimination à l'égard des femmes[2] est également évocable, en ce qu'elle prémunit de la faim (et de toute nutrition inadéquate) les femmes enceintes (que cela soit pendant la grossesse ou l'allaitement)[3], et enjoint aux États signataires *« de prendre les mesures appropriées pour assurer le plein développement des femmes afin de leur garantir une jouissance des droits de l'homme et des libertés fondamentales sur la base de l'égalité avec les hommes »*[4].

157. – Différemment présenté, le droit des femmes, en ce qu'il vise *« le développement complet d'un pays, le bien-être du monde et la cause de la paix »*[5], intègre à son champ d'application des considérations relatives au droit à l'alimentation qui, même si elles sont minimalistes, témoignent en partie de l'universalité, mais aussi du caractère fondamental de ce droit.

158. – L'analyse peut aussi porter sur la Convention relative aux droits de l'enfant[6] qui protège quant à elle doublement le droit de l'enfant à l'alimentation, via le truchement du droit à la santé[7] d'une part, et par le truchement du droit à un niveau de vie suffisant[8] d'autre part.

159. – Ici encore, les droits de l'enfant, parce qu'ils impliquent *« l'épanouissement harmonieux de sa personnalité, son droit de grandir dans un milieu familial, dans un climat de bonheur, d'amour et de compréhension »*[9], incluent dans leur normativité des dispositions afférentes au droit à l'alimentation n'infirmant nullement l'universalité et l'indivisibilité de ce droit de l'homme.

---

[1] Voir l'article 20 de la Convention relative au statut des réfugiés et des apatrides.

[2] Cette convention a été adoptée le 18 décembre 1979 et est entrée en vigueur le 3 septembre 1981. Elle compte 170 hautes parties contractantes.

[3] Voir l'article 12 § 2 de la Convention sur l'élimination de toutes les formes de discrimination à l'égard des femmes.

[4] Voir l'article 3 de la Convention sur l'élimination de toutes les formes de discrimination à l'égard des femmes.

[5] Voir les considérations liminaires de la Convention sur l'élimination de toutes les formes de discriminations à l'égard des femmes. Disponible sur : http://www.un.org/womenwatch/daw/cedaw/text/fconvention.htm [consulté le 2 septembre 2016]

[6] Cette convention a été adoptée le 20 novembre 1989, et est entrée en vigueur le 2 septembre 1990. Elle lie 191 États.

[7] Voir l'article 24 § 2 al. C) de la Convention relative aux droits de l'enfant.

[8] Voir l'article 27 de la Convention relative aux droits de l'enfant.

[9] Voir le préambule de la Convention relative aux droits de l'enfant. Disponible sur : http://www.ohchr.org/fr/professionalinterest/pages/crc.aspx [consulté le 2 septembre 2016]

160. – En dernière extrémité, la Convention relative aux droits des personnes handicapées[1] semble être à étudier dans la mesure où elle aussi protège le droit à l'alimentation via le truchement des droits à la santé[2] et à un niveau de vie adéquat[3]. La logique reste inchangée. Ces références explicites au droit à l'alimentation ne font que renforcer la visibilité de ce droit dans les traités internationaux, contribuant, de fait, au renforcement de son universalité et de son caractère fondamental.

2° - Les sources spéciales du *soft law*

161. – Une *soft law* (terme anglo-saxon dit aussi *droit mou*) désigne *« l'ensemble des textes de droit international non contraignants et pouvant être librement interprétés, mais qui s'appliquent sous la pression internationale, sous couvert de protection de l'intérêt général »*[4]. Parmi les normes spéciales étudiées *infra*, cette absence de normativité touche plusieurs sources non-législatives et non-réglementaires, telles que les déclarations politiques, les communiqués ou encore les programmes d'action et les déclarations de principe de différentes organisations internationales.

162. – Les règles minimales pour le traitement des détenus[5] illustrent bien cette logique. En 1955, le Congrès des Nations Unies pour la prévention du crime et le traitement des délinquants adopta 95 règles, assimilables à de simples

---

[1] Cette convention a été adoptée par l'Assemblée générale des Nations Unies le 13 décembre 2006, et est entrée en vigueur le 3 mai 2008. Cette convention a pour objectif de promouvoir, protéger et assurer la dignité, l'égalité devant la loi, les droits humains et les libertés fondamentales des personnes avec des handicaps en tous genres. Elle vise la pleine jouissance des droits humains fondamentaux par les personnes handicapées et leur participation active à la vie politique, économique, sociale et culturelle. Au 27 juillet 2016, 160 pays l'ont signée, et 166 pays l'ont ratifiée, dont la France et l'Union européenne.

[2] Selon les dispositions de l'art. 25 § f) de la Convention relative aux droits des personnes handicapées, *« Les États Parties reconnaissent que les personnes handicapées ont le droit de jouir du meilleur état de santé possible sans discrimination fondée sur le handicap. Ils prennent toutes les mesures appropriées pour leur assurer l'accès à des services de santé qui prennent en compte les sexospécificités, y compris des services de réadaptation. En particulier, les États Parties empêchent tout refus discriminatoire de fournir des soins ou services médicaux ou des aliments ou des liquides en raison d'un handicap »*.

[3] Selon les dispositions de l'art. 28 § 1) de cette convention, *« Les États Parties reconnaissent le droit des personnes handicapées à un niveau de vie adéquat pour elles-mêmes et pour leur famille, notamment une alimentation, un habillement et un logement adéquats, et à une amélioration constante de leurs conditions de vie et prennent des mesures appropriées pour protéger et promouvoir l'exercice de ce droit sans discrimination fondée sur le handicap »*.

[4] Pour aller plus loin, voir : http://www.portail-ie.fr/lexiques/read/90 [consulté le 3 septembre 2016]

[5] L'ensemble des règles minimales pour le traitement des détenus a été adopté par le premier Congrès des Nations Unies pour la prévention du crime et le traitement des délinquants, tenu à Genève en 1955 et approuvé par le Conseil Économique et Social dans ses résolutions 663 C (XXIV) du 31 juillet 1957 et 2076 (LXII) du 13 mai 1977.

recommandations donc non-imposables aux États, certes, mais pouvant *« être d'une influence considérable pour faire respecter les droits de l'homme »*[1].

163. – Le droit à la nourriture des détenus y est consacré à plusieurs reprises. Tout d'abord aux points 1 et 2 de la règle n° 20, en ce qu'ils prévoient, respectivement, que *« tout détenu doit recevoir de l'administration, aux heures usuelles, une alimentation de bonne qualité, bien préparée et servie, ayant une valeur nutritive suffisant au maintien de sa santé et de ses forces »*, mais aussi que *« chaque détenu doit avoir la possibilité de se pourvoir d'eau potable lorsqu'il en a besoin »*.

164. – Ensuite au point 1 de la règle n° 32, puisqu'il y est précisé que *« les peines de l'isolement et de la réduction de nourriture ne peuvent jamais être infligées sans que le médecin ait examiné le détenu et certifié par écrit que celui-ci est capable de les supporter »*.

165. – La Déclaration sur le progrès et le développement dans le domaine social[2] mérite également d'être mentionnée, puisqu'en ciblant *« l'élévation continue des niveaux de vie matériel et spirituel de tous les membres de la société »*[3], sont pris en compte aux paragraphes b) et c) de son article 10, l'élimination de la faim et de la malnutrition aux fins de garantir le droit à une nutrition adéquate, mais aussi l'élimination définitive de la pauvreté, impliquant de fait une juste et équitable distribution des revenus.

166. – Le Sommet mondial pour les enfants[4] attira quant à lui l'attention des 71 chefs d'État ou de gouvernement présents pour l'occasion sur le fait qu'en répercussion de *« l'extrême pauvreté et des crises économiques successives »*[5], ce ne sont pas moins de 40 000 enfants qui, *« chaque jour, meurent de la malnutrition, du SIDA, de l'eau non-potable et des effets de la drogue »*[6]. Un programme politique visant la protection des droits de l'enfant, entièrement basé sur la coopération internationale et les efforts de chaque État participant, fut alors adopté et décliné en 10 objectifs.

---

[1] L. Caracchioli et J. Gassie, *L'alimentation en milieu carcéral*, Conseil National de l'Alimentation (C.N.A.), 2008-2009, p. 22.

[2] Cette Déclaration pour le progrès et le développement dans le domaine social a été proclamée par l'AGNU le 11 décembre 1969 dans sa résolution 2542 (XXIV).

[3] Voir les objectifs de la deuxième partie de la Déclaration pour le progrès et le développement dans le domaine social.

[4] Le Sommet mondial pour les enfants, qui s'est tenu au Siège des Nations Unies les 29 et 30 septembre 1990, fut un rassemblement sans précédent de dirigeants de la communauté internationale réunis pour promouvoir les droits et le bien-être des enfants. A cette occasion furent adoptés une Déclaration mondiale en faveur de la survie, de la protection et du développement des enfants, et un Plan d'action qui énonce une série d'objectifs du développement humain concernant les enfants.

[5] Voir First call for children, World Declaration and Plan of action from the world summit for children - Convention on the rights of the child, Unicef, 1990, pp. 7-8.

[6] *Ibid.*, p. 8.

167. – Le deuxième d'entre eux engage les États signataires à assurer, autant qu'ils le peuvent, un approvisionnement des enfants en eau potable et salubre[1], tandis que le troisième promeut l'adoption de mesures (quelles qu'elles soient) assurant l'éradication définitive de la faim, de la malnutrition et de la famine[2].

168. – S'inscrivant dans le cadre susmentionné, la Conférence internationale sur la population et le développement[3] peut être abordée puisqu'elle fait concourir au droit à un niveau de vie suffisant des individus, ce qui inclut une alimentation, des vêtements, un approvisionnement en eau et un système d'assainissement adéquat[4], l'avènement d' « *une croissance économique soutenue dans le respect du développement durable, et une mobilisation des ressources humaines et financières en vue de résoudre les problèmes de la planète* »[5].

169. – C'est également le cas du Sommet sur le développement social[6], qui, souhaitant « *assurer aux générations présentes et à venir un monde de paix, de solidarité et de partage* »[7], envisage le développement humain, global et durable à l'aune d'une vaste réforme sociale « *barrant la route à la pauvreté et à l'exclusion* »[8]. L'alimentation ne figure pas expressément parmi les objectifs avoués de cette réforme, certes, mais s'interprète assez facilement comme étant l'une des pierres angulaires du projet susvisé.

170. – Par ailleurs, le Sommet mondial pour le développement durable[9] a considéré l'élimination de la pauvreté comme étant l'un des objectifs primordiaux

---

[1] Voir Voir First call for children, World Declaration and Plan of action from the world summit for children, *op.cit.*, p. 11.

[2] *Ibid.*

[3] Cette conférence internationale sur la population et le développement s'est tenue au Caire, du 5 au 13 septembre 1994. Elle fait suite au Sommet de la Terre de Rio, dans le but de consolider les principes du développement durable. La fin de cette conférence a été marquée par un consensus signé par 179 pays, pour la promotion d'un Programme d'action étalé sur 20 ans. Les trois principaux objectifs visés au cours de cette période sont : 1) la réduction de la mortalité infantile et maternelle, 2) l'accessibilité universelle à l'éducation (en particulier pour les filles), 3) l'accessibilité universelle aux soins en matière de santé reproductive avant 2015.

[4] Voir le principe 2 du chapitre II de la Conférence internationale sur la population et le développement durable.

[5] Voir le préambule de la Conférence internationale sur la population et le développement durable ; *Ibid.*

[6] Ce Sommet pour le développement social s'est tenu à Copenhague du 6 au 12 mars 1995, et avait pour but de consolider les principes du développement durable. Tout comme la Conférence internationale sur la population et le développement, ce sommet faisait suite au Sommet de la Terre de Rio, et avait pour mission de 1) combattre la pauvreté, 2) créer des emplois, 3) bâtir la solidarité et 4) gérer la mondialisation en faisant face aux aspects éthiques et culturels négatifs du phénomène de la mondialisation.

[7] Voir le point 1 du Sommet pour le développement social.

[8] Voir le point 7 du Sommet pour le développement social ; *Ibid.*

[9] Ce sommet s'est tenu du 26 août au 4 septembre 2002 à Johannesburg, et a réuni plus de cent chefs d'État ou de gouvernement. À cette occasion, une série de mesures pour réduire la pauvreté et protéger l'environnement ont été prises.

du développement humain[1], au même titre que « *l'adaptation des modes de consommation et de production, ou que la gestion viable du stock de ressources naturelles nécessaires au développement économique et social* »[2]. Axé sur l'universalité de la dignité humaine[3], ce sommet privilégie des calendriers précis et des partenariats ciblés pour assurer « *l'accès des populations à des biens ou des services aussi élémentaires que l'eau salubre, les systèmes d'assainissement, l'énergie, les soins de santé ou encore la sécurité alimentaire* »[4].

171. – Quelques mots de présentation peuvent enfin concerner le symposium parrainé par le Haut-Commissariat des Nations Unies et coorganisé par le Sous-Comité de la nutrition du Comité administratif sur le thème « *le contenu et les orientations des politiques et programmes d'alimentation et de nutrition envisagés dans l'optique des droits de l'homme* »[5], qui a permis de constater le haut intérêt porté par les organes de l'ONU aux droits à une alimentation suffisante et à une bonne nutrition.

2) En droit international humanitaire

172. – La distinction entre le droit international des droits de l'homme et le droit international humanitaire a suscité de vifs débats doctrinaux. Pour certains auteurs, le droit international humanitaire serait « *l'appellation générique du droit de la guerre* »[6], voire une simple « *catégorie des droits de l'homme* »[7]. D'autres en revanche estiment que « *le droit international humanitaire et les droits de l'homme coïncident ou se distinguent selon qu'on les envisage lato sensu ou stricto sensu* »[8].

173. – Par-delà le clivage de ces considérations, cette thèse considèrera, pour d'évidentes raisons de clarté et de simplification, que le socle du droit international humanitaire *stricto sensu* est constitué par les Conventions de Genève.

---

[1] Voir le point 7 figurant en annexe de la Déclaration de Johannesburg sur le développement durable.
[2] Voir le point 11 correspond aux défis actuels.
[3] Voir le point 18 correspondant à l'engagement du sommet en faveur du développement durable.
[4] *Ibid.*
[5] Voir : http://www.ap.ohchr.org/documents/F/SUBCOM/resolutions/E-CN_4-SUB_2-RES-1999-12.doc [consulté le 5 septembre 2016]
[6] J. Pichtet, *Les principes du droit international humanitaire*, C.I.C.R., 1968, p. 8.
[7] A.-H. Robertson, *Human rights in the world*, Manchester University Press, 1972, pp. 174-175.
[8] D. Eric, *Droits de l'homme et droit humanitaire*, Fernand Nathan, Labor, vol. n° 1, 1979, p. 169 et s.

174. – Seront donc envisagées les quatre Conventions de Genève du 12 août 1949[1] et leurs protocoles additionnels du 8 juin 1977[2]. Entrées en vigueur le 21 octobre 1950 et ratifiées par la quasi-totalité des États du monde, ces conventions sont relatives à l'amélioration du sort des blessés et des malades dans les forces armées en campagne (Convention I), à l'amélioration du sort des blessés, des malades et des naufragés des forces armées sur mer (Convention II), au traitement des prisonniers de guerre (Convention III) et à la protection des personnes civiles en temps de guerre (Convention IV).

175. – Selon la Convention I, *« la nourriture sera en tout cas suffisante en quantité, qualité et variété pour assurer aux intéressés un équilibre normal de santé »*[3]. La Convention II garantit quant à elle à ses bénéficiaires *« la possession des objets servant à leur alimentation »*[4], des cantines pour se *« procurer des denrées alimentaires »*[5], *« un régime alimentaire approprié »*[6] mais aussi de *« l'eau potable et de la nourriture en suffisance »*[7]. L'article 3 commun à ces quatre conventions impose de traiter les personnes protégées *« avec dignité et sans discrimination »*.

176. – S'agissant des deux protocoles additionnels[8], ils interdisent formellement *« la destruction des biens indispensables à la survie de la population civile, telles les denrées alimentaires »*[9].

3) En droit international pénal

177. – Adopté le 17 juillet 1998 à Rome par 120 États et entré en vigueur le 1er juillet 2002, le Statut de la Cour pénale internationale est *« le traité central du droit international pénal, cette branche du droit des gens qui a connu des développements considérables »*[10].

---

[1] Pour aller plus loin, voir : https://www.icrc.org/fre/assets/files/other/icrc_001_0173.pdf [consulté le 5 septembre 2016]
[2] Pour aller plus loin, voir P. Bretton, « Les Protocoles de 1977 additionnels aux Conventions de Genève de 1949 sur la protection des victimes des conflits armés internationaux et non internationaux dix ans après leur adoption », *Annuaire français de droit international*, volume n° 33, 1987, pp. 540-557.
[3] Voir l'article 32 de la Convention I.
[4] Voir les articles 18 et 72 de la Convention II.
[5] Voir l'article 28 de la Convention II.
[6] Voir l'article 30 de la Convention II.
[7] Voir les articles 20, 26, 46 et 51 de la Convention II.
[8] Sont visés le Protocole I relatif à la protection des victimes des conflits armés internationaux et le Protocole II relatif à la protection des victimes des conflits armés non-internationaux.
[9] Voir l'article 54 du Protocole I et les articles 14 et 17 du Protocole II.
[10] Centre de droit international de l'Université Paris X, *Droit pénal international*, Pédone, 2000, pp. 5-81.

178. – Ce statut confère expressément à la Cour une compétence exclusive pour connaître d'un certain nombre d'infractions internationales[1] susceptibles d'être commises par les États, les collectivités non-étatiques (comme les organisations internationales) et les individus[2]. Parmi celles-ci figurent les crimes contre l'humanité[3], et plus exactement l'extermination[4].

179. – L'extermination peut s'entendre comme « *le fait d'imposer intentionnellement des conditions de vie, telle que la privation d'accès à la nourriture et aux médicaments, calculée pour entraîner la destruction d'une partie de la population* »[5].

180. – En tout état de cause, le Statut de Rome de la Cour pénale internationale ne protège le droit à l'alimentation (et n'en réprime la violation) qu'à la condition restrictive que la privation d'accès à la nourriture ait lieu *« dans le cadre d'une attaque généralisée ou systématique lancée contre une population civile et en connaissance de cette attaque »*[6].

2. L'apport encourageant des textes à vocation régionale

181. – Depuis l'adoption de la DUDH en 1948, l'apparition des systèmes régionaux de protection de droits de l'homme s'est réalisée progressivement. De nos jours, il n'en existe que quatre. Deux en Europe, un en Amérique latine, et un en Afrique. L'Asie et le Moyen-Orient ne se sont pas encore dotés d'un mécanisme juridique de protection en tant que tel[7]. Ces instruments n'en sont pas moins intéressants car ils peuvent représenter d'importants (voire déterminants)

---

[1] W. Bourdon et E. Duverger, *La Cour pénale internationale*, éd. du Seuil, 2000, p. 34 et s.

[2] Centre de droit international de l'Université Paris X, *op.cit.*, p. 91 et ss.

[3] Voir l'article 51 alinéa b) du Statut de la Cour pénale internationale.

[4] Voir l'article 7§1 al. 1) et b) du Statut de la Cour pénale internationale.

[5] Voir l'article 7§2 al. 1) et b) du Statut de la Cour pénale internationale.

[6] Voir l'article 7 du Statut de la Cour pénale internationale.

[7] Il est néanmoins nécessaire de noter l'adoption, en 2004, de la Charte arabe des droits de l'homme, lors du 16e sommet de la ligue des États arabes. Celle-ci est entrée en vigueur le 15 mars 2008 après la 7e ratification par un État-membre. Elle est depuis lors fortement critiquée du fait que certains droits qui y sont garantis seraient contraires à des droits protégés par des instruments internationaux, comme par exemple le fait que la peine de mort à l'encontre des mineurs soit autorisée en son article 7§1, ce qui est formellement prohibé par le Pacte international relatif aux droits civils et politiques en son article 6§5. Par ailleurs, aucun outil de contrôle du respect de cette Charte n'a encore été mis en place. Concernant l'Asie, l'Association des Nations d'Asie du Sud Est (ASEAN) compte de plus en plus de pays ayant ratifié les instruments internationaux de protection des droits de l'homme ces dernières années, et a même émergé l'idée de la mise en place d'un mécanisme régional de protection des droits de l'homme au sein de la région. Cela s'est notamment illustré avec la mise en place d'un Groupe de Travail pour un mécanisme des Droits de l'Homme dans l'ASEAN en 1993, ayant pour but de rédiger à long terme une Charte asiatique des droits de l'homme. Cependant, dix ans plus tard, les avancées restent lentes et la mise en place de ce mécanisme manque toujours à l'appel.

outils normatifs en vue de l'avènement d'un véritable droit fondamental à l'alimentation (a), et sont souvent accompagnés de politiques sectorielles significatives au plan régional (b).

a. Les traités régionaux de protection des droits de l'homme

182. – Parmi les systèmes actuellement en activité, la Convention européenne de sauvegarde des droits de l'homme et des libertés fondamentales (ci-après CESDH) est le plus ancien (1). Lui succèdent la Déclaration américaine des droits et des devoirs de l'homme qu'améliore et complète la Convention américaine des droits de l'homme (2), puis la Charte africaine des droits de l'homme et des peuples (ci-après Charte ADHP) (3). Malgré leurs apports, tous ces instruments ne protègent pas uniformément le droit à l'alimentation.

1) La protection indirecte du niveau européen

183. – Signée par les États-membres du Conseil de l'Europe en 1950, la CESDH est le premier instrument international ayant force obligatoire pour les États. L'Union européenne s'est d'ailleurs dotée d'une charte des droits fondamentaux largement inspirée de la CESDH et de la jurisprudence de son organe de contrôle, la Cour européenne des droits de l'homme (ci-après CEDH). Sur le plan européen, la CESDH reste l'avancée la plus marquante dans la prise en compte de la protection des droits de l'homme.

184. – Néanmoins, en Europe, le seul instrument régional des droits de l'homme qui est généralement admis comme ayant une certaine portée sur le droit alimentaire est la Charte sociale européenne (ci-après CSE)[1], qui est *« un instrument politique de développement social moderne »*[2]. Cette charte ne protège pas nommément le droit à l'alimentation, mais garantit des droits de l'homme qui, lorsqu'ils sont réalisés, « *assurent une jouissance effective du droit à la nourriture et de la sécurité alimentaire* »[3].

185. – C'est en ce sens qu'elle invite, en son article 16, les États à promouvoir des prestations sociales et familiales « *en vue de réaliser les conditions de vie indispensables* » aux individus. Cet objectif nécessite la réalisation d'autres droits,

---

[1] La CSE est une convention du Conseil de l'Europe (signée à Turin le 18 octobre 1961 et révisée à Strasbourg le 3 mai 1996) qui garantit les droits sociaux et économiques fondamentaux, qui est le pendant de la Convention européenne des droits de l'homme, qui se réfère aux droits civils et politiques. Elle garantit un large éventail de droits de l'homme de tous les jours liés à l'emploi, au logement, à la santé, à l'éducation, à la protection sociale et aux services sociaux.

[2] Conseil de l'Europe, *La Charte sociale du XXIe siècle*, colloque organisé par le Conseil de l'Europe, 14-16 mai 1997, Strasbourg, éd. du Conseil de l'Europe, 1997, p. 7.

[3] Voir A. Soma, *Le droit de l'homme à l'alimentation : contenu normatif et mécanismes juridiques de mise en œuvre*, *op.cit.*, p. 39.

parmi lesquels peuvent figurer les droits au travail[1], à une rémunération équitable[2] ou encore à la sécurité sociale[3].

186. – La CESDH et la CSE n'étant pas exclusives, les États signataires peuvent se référer à d'autres textes nationaux ou internationaux plus protecteurs des droits fondamentaux. En réalité, la CESDH ne vise qu'à l'harmonisation des droits nationaux. Autrement dit, le droit de la CEDH ne vient que pallier les insuffisances de protection nationale.

187. – Par voie de conséquence, il n'est pas rédhibitoire en soi que ni la CESDH, ni la CSE, ne vise ni ne protège expressément le droit à l'alimentation, dans la mesure où les États européens ont largement ratifié plusieurs instruments universels qui, eux, le font, comme le PIDESC et certains traités relevant du droit international des droits de l'homme.

188. – Un recours aux protocoles additionnel[4] à la CESDH reste qui plus est envisageable. Permettant d'amender la convention, les protocoles modificatifs viennent réviser le texte en lui apportant des modifications formelles (dites non-substantielles), ou en lui ajoutant de nouveaux droits garantis. Il n'est donc pas interdit de penser qu'une reconnaissance explicite du droit à l'alimentation parmi les droits que garantit la convention pourrait s'opérer à travers la technique du protocole[5].

2) La protection directe du niveau interaméricain

189. – A titre liminaire, une brève considération peut être développée à l'endroit de la Charte de l'Organisation des États américains (aussi appelée Charte de Bogota ou Charte OEA)[6], qui est la plus ancienne des organisations régionales interétatiques en Amérique nées après 1945, et la plus importante organisation politique dans la mesure où elle regroupe tous les États américains (sauf Cuba, exclu depuis 1962). Il y est précisé, en son article 13, que « *l'État respectera les droits de la personne humaine et les principes de la morale universelle* ».

---

[1] Voir l'art. 1 de la Partie I de la CSE.
[2] Voir l'art. 4 de la Partie II de la CSE.
[3] Voir l'art. 12 de la Partie II de la CSE.
[4] La technique du protocole permet d'amender la convention, mais aussi d'accepter de manière plus souple le système conventionnel. Les protocoles sont des instruments de droit international. Pour qu'ils entrent en vigueur, ils doivent être signés et ratifiés. Sans ratification, ils n'ont pas d'effet. Ces protocoles font partie intégrante de la convention et ont la même valeur juridique que celle-ci. En fonction du protocole, 5 ou 6 ratifications peuvent suffire pour qu'il entre en vigueur, mais ce protocole ne sera obligatoire que pour les États l'ayant ratifié et signé. La non-application d'un protocole par un État ne peut pas lui être reprochée.
[5] Cette question fera l'objet de développements plus spécifiques dans la seconde partie de cette thèse.
[6] Cette charte est le traité interaméricain par lequel a été instaurée l'Organisation des États américains. Signée lors de la 9e conférence internationale américaine du 30 avril 1948, dans la ville de Bogota, elle est entrée en vigueur le 13 décembre 1951.

190. – Concernant la Déclaration américaine des droits et des devoirs de l'homme[1], elle énonce d'une part que *« toute femme enceinte ou nourrissant un enfant et tout enfant ont droit à la protection, à des soins et à une aide spéciale »*[2], et d'autre part que *« toute personne a droit à ce que sa santé soit préservée par des mesures sanitaires et sociales, en ce qui concerne l'alimentation, l'habillement, le logement et les soins médicaux, qui seront établies proportionnellement aux ressources publiques et à celles de la communauté »*[3]. À la lecture de ces dispositions, il apparait que le droit à l'alimentation ne bénéficie d'aucune autonomie, puisqu'il n'est invocable que par l'intermédiaire du droit à la santé.

191. – Adoptée la même année, la Charte interaméricaine des garanties sociales[4] confèrera pourtant aux travailleurs *« le droit de participer à la répartition équitable du bien-être national en obtenant la nourriture »*[5], ce qui semble tempérer cette absence d'autonomie.

192. – Une étape on ne peut plus décisive sera de nouveau franchie en 1969, avec l'adoption de la Convention américaine relative aux droits de l'homme (aussi appelé Pacte de San José)[6], dont l'article 26 consacre la « *réalisation progressive* » des droits économiques, sociaux et culturels. Le protocole additionnel à cette convention, connu sous le nom de Protocole de San Salvador[7], entérinera l'importance du droit à l'alimentation à travers un article spécialement dédié[8].

---

[1] Cette déclaration a été adoptée le 30 avril 1948, lors de la 9e conférence internationale américaine à Bogota.
[2] Voir l'art. VII de la Déclaration américaine des droits et des devoirs de l'homme.
[3] Voir l'art. XI de la Déclaration américaine des droits et des devoirs de l'homme.
[4] La Charte interaméricaine des garanties sociales constitua une avancée considérable en termes des droits des travailleurs. Néanmoins, étant donné le peu de soutien des États, elle a à l'heure actuelle une simple valeur déclaratoire limitée. Voir M.-J. Reed Hurtado, *Los derechos economicos, sociales y culturalesen el sistema interamricano de derechos humanos*, Séminaire sur les droits économiques, sociaux et culturels, Commission internationale de juristes, Bogota, mai 1996, p. 65.
[5] Cette charte consacre les droits minimaux dont les travailleurs doivent jouir dans les États américains, sans s'opposer à ce que la législation de chacun d'eux puisse étendre ces droits ou en reconnaître d'autres plus favorables, parce que l'État ne peut réaliser ses objectifs par la seule reconnaissance des droits du citoyen, et il doit se préoccuper aussi du sort des hommes et des femmes, considérés non seulement comme des citoyens mais aussi comme des personnes, et en conséquence il doit garantir simultanément le respect des libertés politiques et de pensée et la réalisation des postulats de la justice sociale.
[6] Cette convention a été adoptée à San José, au Costa Rica, le 22 novembre 1969, lors de la Conférence spécialisée interaméricaine sur les droits de l'homme.
[7] Ce protocole a été adopté à San Salvador le 17 novembre 1988, lors de la dix-huitième Session ordinaire de l'Assemblée générale.
[8] Selon le § 1 de l'art. 12 de ce protocole, *« toute personne a droit à une alimentation adéquate qui lui assure la possibilité d'atteindre son plein développement physique et son plein épanouissement affectif et intellectuel » ;* le § 2 de ce même article dispose quant à lui que « *dans le but d'assurer l'exercice de ce droit et d'éradiquer la malnutrition, les États parties s'engagent à perfectionner les méthodes de production, d'approvisionnement et de distribution des aliments. À cet effet, ils s'engagent à encourager une plus large coopération internationale en appui aux politiques nationales concernant ce sujet* ».

193. – D'évidence et à la différence du cadre européen de protection des droits de l'homme et des libertés fondamentales, « *la reconnaissance du droit à l'alimentation ne souffre d'aucune ambiguïté* »[1] dans le système interaméricain, ce qui laisse bien augurer du caractère fondamental de ce droit.

3) La protection spécifique du niveau africain

194. – Le droit à l'alimentation n'apparaît nulle part comme droit de l'homme et des peuples dans le système africain. La Charte ADHP reconnaît cependant que « *la personne humaine est inviolable* »[2], et qu'à ce titre, « *tout individu a droit au respect de la dignité inhérente à la personne humaine et à la reconnaissance de sa personnalité juridique* »[3].

195. – Qui plus est, figure parmi les devoirs de l'individu « *la préservation du développement harmonieux de la famille* »[4], ce qui emporte « *le respect, à tout moment, de ses parents* »[5], et le cas échéant, « *l'obligation de les nourrir et de les assister* »[6].

196. – En réalité, le droit à l'alimentation peut être revendiqué sur le fondement du droit à la dignité[7], à la santé[8], à l'existence des peuples[9] et du droit au développement[10]. Par ailleurs, l'article 60 de la Charte ADHP engage les États africains sur le plan du droit à l'alimentation qu'ils reconnaissent dans certains instruments universels de protection des droits de l'homme[11].

197. – De surcroit, la Charte africaine des droits et du bien-être de l'enfant[12] lui assure « *la fourniture d'une alimentation adéquate et d'eau potable* »[13], ainsi que la mise en place, par les États signataires, de « *programmes de nutrition* »[14] adaptés à ses besoins.

---

[1] Voir A. Soma, *Le droit de l'homme à l'alimentation : contenu normatif et mécanismes juridiques de mise en œuvre*, *op.cit.*, p. 38.
[2] Voir l'art. 4 de la Charte ADHP.
[3] Voir l'art. 5 de la Charte ADHP.
[4] Voir l'art. 29 de la Charte ADHP.
[5] *Ibid.*
[6] *Ibid.*
[7] Voir l'art. 5 de la Charte ADHP.
[8] Voir l'art. 16 de la Charte ADHP.
[9] Voir l'art. 20 § 1 de la Charte ADHP.
[10] Voir les articles 22 et 24 de la Charte ADHP.
[11] Parmi ces textes figurent notamment la DUDH ainsi que la Charte des Nations Unies. Afin d'illustrer ces propos, une étude de la jurisprudence sera proposée dans la deuxième partie de cette thèse.
[12] Cette charte est une convention adoptée par des pays africains dans le cadre de l'Organisation de l'unité africaine (OUA). Elle a été adoptée lors de la 28e Conférence des chefs d' État et de gouvernement de l'OUA en juillet 1990. Elle est entrée en vigueur le 29 novembre 1999, après avoir reçu la ratification de 15 États, conformément à son article 47.
[13] Voir l'art. 5 de la Charte africaine des droits et du bien-être de l'enfant.
[14] *Ibid.*

198. – Plus récemment, le protocole II additionnel à la Charte ADHP[1] relatif aux droits des femmes leur garantit *« des services nutritionnels en période de reproduction »*[2], ainsi qu'un véritable *« droit à la sécurité alimentaire »*[3].

199. – À l'image des destinataires privilégiés de certaines conventions spéciales du droit à l'alimentation, les minorités bénéficient elles-aussi, dans le cadre du système africain de protection des droits de l'homme et des peuples, d'une protection spécifique et renforcée. Une fois de plus, l'universalité de ce droit semble être visée, recherchée et atteinte.

b. Les politiques sectorielles régionales

200. – En matière de droit à l'alimentation, les politiques sectorielles se retrouvent essentiellement dans les systèmes régionaux de protection des droits de l'homme, qu'ils soient interaméricain, africain et européen, voire même arabe et asiatique, mais peuvent aussi s'observer au niveau universel avec, pour ce qui est de la réduction de la pauvreté, l'exemple de la mise en place des stratégies internationales du développement[4] adoptées par l'Assemblée générale des Nations Unies à l'occasion de la 3e et de la 4e décennie des Nations Unies pour le développement.

201. – Dans le cadre de cette étude, l'expression *politique sectorielle* s'entendra comme l'ensemble des politiques établies et conduites dans un domaine d'activité donné, en l'occurrence celui du droit alimentaire. Censées contribuer à un résultat global, l'étude casuistique de ces politiques n'en est pas moins intéressante au niveau régional, car elles laissent transparaître des approches et des spécificités propres à chaque groupement d'États.

202. – Parmi les politiques les plus significatives au plan régional, il est intéressant d'évoquer la politique agricole commune des États de la communauté économique des États de l'Afrique de l'Ouest[5] adoptée le 15 janvier 2005, laquelle vient s'ajouter à celle de l'Union économique et monétaire ouest-africaine mise

---

[1] Ce protocole a été adopté à Maputo le 11 juillet 2003.
[2] Voir l'art. 14 du protocole additionnel du 11 juillet 2003.
[3] Voir l'art. 15 du protocole additionnel du 11 juillet 2003 ; cet article énonce que *« les États assurent aux femmes le droit d'accès à une alimentation saine et adéquate. À cet égard, ils prennent les mesures nécessaires pour : a) assurer aux femmes l'accès à l'eau potable, aux sources d'énergie domestique, à la terre et aux moyens de production alimentaire ; b) établir des systèmes d'approvisionnement et de stockage adéquats pour assurer aux femmes la sécurité alimentaire »*.
[4] Résolution A/RES/35/56 de l'AGNU du 5 décembre 1980 et résolution 45/99 de l'AGNU du 21 décembre 1990.
[5] Communauté économique des États de l'Afrique de l'Ouest, annexe A/déc.11/01/05, relative à la politique agricole de la communauté.

en place depuis 1999, et rappelle la nécessité de garantir la sécurité et la souveraineté alimentaire dans la région, en réduisant notamment la dépendance vis-à-vis des importations[1].

203. – En Asie, existe un accord relatif à la réserve de sécurité alimentaire conclu le 4 octobre 1979 à New-York entre les membres de l'association des Nations de l'Asie du Sud Est[2] obligeant les États-parties à participer activement à la réserve de riz pour prévenir la survenance d'éventuelles pénuries alimentaires[3].

204. – En Amérique latine, le traité d'assistance régionale en cas de crise alimentaire oblige les États-parties à mobiliser avec diligence tous leurs efforts pour enrayer d'éventuelles crises alimentaires[4]. Dans la perspective du renforcement de la sécurité alimentaire régionale en Amérique latine et dans les Caraïbes, a été créé, dans le cadre du *système économique latino-américain*, le Comité d'action pour la sécurité alimentaire régionale, organisme intergouvernemental spécifiquement chargé de la sécurité alimentaire[5].

205. – S'agissant de l'Union européenne, il paraît d'abord utile de rappeler qu'en juin 1999, le Conseil européen de Cologne a jugé opportun de réunir les droits fondamentaux en vigueur au niveau de l'Union dans une Charte de manière à leur donner une plus grande visibilité. Selon les attentes des Chefs d'État ou de

---

[1] En 2002, l'Union africaine avait déjà adopté un programme détaillé pour le développement de l'agriculture africaine dans le cadre du nouveau partenariat pour le développement de l'Afrique visant à assurer la reprise de la croissance agricole, du développement et de la sécurité alimentaire dans la région d'Afrique. Voir FAO, « Mise en œuvre du programme détaillé du NEPAD pour le développement de l'agriculture africaine », 2004.

[2] Accord dont font partie l'Indonésie, les Philippines, la Thaïlande et Singapour.

[3] En Asie, l'association des Nations d'Asie du Sud Est tente d'instituer un système régional de sécurité alimentaire autour de sa réserve de stocks alimentaires qui est restauré par les stocks nationaux. Le système fonctionne sous l'égide du Conseil de la réserve de sécurité alimentaire, qui sert de système d'information et d'alerte rapide sur la situation alimentaire pour coordonner la constitution et le déblocage de la réserve et assure la responsabilité du comité de l'alimentation, de l'agriculture et des forêts. Voir R. Phillips et D. Jean, « Simulating the impact of alternative food reserve programs : the Asian case », *Korean journal of Rural Development Korea*, 1980, vol. 3, pp. 83-100. Parallèlement, sept États asiatiques ont institué en 1986 la réserve alimentaire de l'Asie du Sud. Cette réserve d'urgence de 2 000 tonnes constituée des réserves nationales est sous l'autorité du Conseil de la réserve, qui a le pouvoir de qualifier les situations d'urgence, de décider des sources d'approvisionnement, des quantités et du moment du déblocage. Les sept États concernés sont : Bangladesh, Bhutan, Inde, Maldives, Népal, Pakistan, Sri Lanka.

[4] A. Bensalah Alaoui, « La sécurité alimentaire mondiale », *LGDJ*, *op.cit.*, p. 253 et s.

[5] Le *Comite de Accion sobre serguidad Alimentaria regional* a été créé par la décision n° 127 de la 3e réunion ordinaire du Conseil du système économique latino-américain. Doté d'un secrétariat et d'une commission permanente, ce comité d'action pour la sécurité alimentaire régionale régente un système de sécurité alimentaire régional en vue de l'autosuffisance alimentaire et de l'élimination des carences nutritionnelles dans les pays de la région. Il soutient les plans nationaux et a coopéré en 1986 avec la Banque mondiale, le Conseil mondial de l'alimentation, la Banque interaméricaine de développement et l'*Agencia latino des Intercombio de Alimentos basicas*. Voir Conseil national de l'Alimentation, « Rapport de la consultation ministérielle sur les politiques et stratégies alimentaires en Amérique latine et dans les Caraïbes », doc. WFC/1986/6.

gouvernement, celle-ci devait contenir les principes généraux énoncés dans la Convention européenne des droits de l'homme de 1950 et ceux résultant des traditions constitutionnelles communes des pays de l'Union.

206. – La Charte des droits fondamentaux de l'Union européenne[1] reconnaît ainsi un ensemble de droits personnels, civils, politiques, économiques et sociaux aux citoyens de l'Union en les inscrivant dans la législation européenne.

207. – L'adoption de cette charte n'est pas sans rappeler toute l'importance qu'accordait déjà l'Union à l'élimination de la faim et à la lutte contre l'extrême pauvreté dans le monde, comme ont pu en témoigner sa politique de gestion des surplus agricoles européens et ses engagements dans la Convention de Lomé III, faisant du *« développement basé sur l'autosuffisance et la sécurité alimentaire une stratégie communautaire »*[2].

208. – Enfin et à dessein de garantir l'étude comparée de tels engagements, il semble utile de préciser que l'accord de Cotonou du 23 juin 2000, lequel s'inscrit dans le cadre de la coopération entre l'Union et les États d'Afrique, des Caraïbes et du Pacifique, a pour objectif d'appuyer des réformes institutionnelles en vue d'améliorer les systèmes de santé, de nutrition, d'éliminer la famine et la malnutrition, ou encore d'assurer une fourniture et une sécurité alimentaire suffisantes[3].

B. L'APPORT DE CERTAINES SOURCES NON-CONVENTIONNELLES DU DROIT INTERNATIONAL

209. – L'avènement du droit à l'alimentation en tant que véritable droit fondamental suppose à l'évidence la prise en considération de certaines sources non-conventionnelles du droit international[4], au nombre desquelles transparaissent d'une part « *l'ensemble des principes communs aux grands systèmes de droit contemporains et applicables à l'ordre international* »[5] (1), et

[1] Cette charte a été formellement adoptée à Nice en décembre 2000 par le Parlement européen, le Conseil et la Commission. En décembre 2009, avec l'entrée en vigueur du Traité de Lisbonne, la charte s'est vue attribuer la même force juridique obligatoire que les traités. A cette fin, la charte a été modifiée et proclamée une deuxième fois en décembre 2007.

[2] J. Bourrinet, « Stratégie et sécurité alimentaire dans la Convention de Lomé III », *Revue du marché commun*, avril 1986, p. 222 et s.

[3] Voir l'art. 25§1 de l'accord de Cotonou du 23 juin 2000.

[4] Les décisions judiciaires comme moyen auxiliaire de détermination des règles de droit seront quant à elles abordées dans la deuxième partie de cette thèse.

[5] Cette conception contemporaine des principes généraux du droit est la plus communément acceptée actuellement ; voir l'art. 21§1 al. C) du Statut de la Cour pénale internationale où il est fait référence aux

par ailleurs la doctrine des publicistes les plus qualifiés des différentes nations (2). Ensemble, ces éléments constituent d'autres principes directeurs de la réalisation de ce droit, et d'authentiques voies d'amélioration qu'il paraît judicieux de présenter.

1. Les principes directeurs du droit à l'alimentation

210. – Plusieurs règles doivent être prises en compte puis distinguées dans la détermination des sources non-conventionnelles du droit à l'alimentation. Selon toute vraisemblance, la primauté du droit sera indispensable à sa mise en œuvre. A la pertinence de certains principes tout à fait classiques du droit international général (a) semble en conséquence devoir s'adjoindre le respect d'autres principes plus spécifiques des droits de l'homme (b).

a. Les principes du droit international général

211. – Au niveau international, les grands principes communs des ordres juridiques nationaux, tels qu'établis à l'article 38 du Statut de la Cour internationale de justice, nécessitent une adaptation que réalise la norme de *jus cogens*[1] du fait de sa supériorité par rapport aux autres. Ici, la protection de l'ordre international est recherchée. De fait, la réalisation du droit à l'alimentation en tant que droit fondamental de l'homme impose un respect sans réserve des principes de bonne foi (1), de subsidiarité (2) et de souveraineté étatique (3).

1) L'exécution de bonne foi des obligations

212. – Le droit international général est avant tout « *un droit coordinatif et horizontal* »[2], c'est-à-dire qu'il est caractérisé par « *l'absence d'autorité supérieure aux sujets individuels qui composent la société internationale* »[3]. Dans

---

« *principes généraux du droit dégagés par la Cour à partir des lois nationales représentants les différents systèmes juridiques du monde* » ; voir également D. Carreau et F. Marrella, *Droit international*, 11e édition, A. Pédone, 2012, p. 327.

[1] Le jus cogens est défini par la convention de Vienne de 1969 dans son article 53 comme « *une norme acceptée et reconnue par la communauté internationale des États dans son ensemble en tant que norme à laquelle aucune dérogation n'est permise et qui ne peut être modifiée que par une nouvelle norme du droit international général ayant le même caractère* ». A travers cette définition la Convention de Vienne introduit une hiérarchie des normes internationales. Dès lors il s'opère une distinction entre les normes internationales impératives, sorte de super-normes, c'est-à-dire auxquelles il est impossible de déroger, et les autres normes internationales qui demeurent cependant obligatoires. La convention de Vienne ajoute encore dans son article 64 que « *si une nouvelle norme impérative du Droit international général survient, tout traité existant qui est en conflit avec cette norme devient nul et prend fin* ».

[2] R. Kolb, *La bonne foi en droit international public*, Bruylant, 1998, p. 667.

[3] *Ibid.*

ce contexte où prédominent alors les éléments volontaires des États, *« l'accord prend la place de la loi »*[1]. Le principe de bonne foi est donc essentiel, car il protège d'une part, dans son acception positive, « *la confiance légitime qu'un comportement a fait naître chez autrui »*[2], et d'autre part, dans son versant négatif, « *certaines finalités ancrées dans l'intérêt collectif contre des prétentions individualistes excessives »*[3].

213. – À cet égard, la doctrine admet généralement que la bonne foi est un *« principe constitutionnel de la communauté internationale »*[4], mais aussi un *« principe fondamental des ordres juridiques internes et international »*[5]. En ce sens, elle serait *« sous-jacente à toutes règles du droit international, comme le droit tout entier »*[6].

214. – Il est préférable que les règles juridiques garantissant le droit qu'ont les êtres humains de se nourrir soient interprétées et exécutées de toute bonne foi, conformément aux besoins qu'elles visent à satisfaire[7]. Ceci est d'autant plus souhaitable que tous les États sont susceptibles de manquer à ce principe, indépendamment de leur niveau de développement économique et social.

215. – Comme l'ont fait remarquer certains auteurs, les autorités d'un pays en voie de développement n'agiraient pas de bonne foi si elles prétendaient ne pas disposer des ressources suffisantes pour garantir la nourriture à toute personne placée sous leur juridiction alors qu'elles ont *« d'énormes comptes privés dont les recettes sont censées provenir de l'exercice de leur fonction étatique »*[8], ou si elles affectaient une grande portion de leur budget à des dépenses militaires *« alors que les citoyens croupissent sous la misère et la faim »*[9].

216. – Inversement, les pays riches et industrialisés seraient de mauvaise foi *« s'ils ne répondaient pas aux appels d'aide alimentaire alors qu'ils se soucient de la gestion de leur surplus de denrées »*[10]. A ce propos, le principe de subsidiarité *« aide à préciser l'ordre des différentes responsabilités »*[11].

---

[1] R. Kolb, *La bonne foi en droit international public*, *op.cit.*, p. 667.
[2] *Ibid.*, p. 674.
[3] *Ibid.*
[4] L. Cavare, *La notion de bonne foi et quelques-unes de ses applications en droit international public*, Cours de l'Institut des Hautes études internationales, Paris, 1964, p. 1.
[5] Voir R. Kolb, *op.cit.*, p. 154 et ss.
[6] Voir L. Cavare, *op.cit.*, p. 1.
[7] E. Zoller, *La bonne foi en droit international public*, A. Pédone, 1977, p. 78 et s. ; voir également l'article 2 de la Charte des Nations Unies.
[8] Voir A. Soma, *Le droit de l'homme à l'alimentation : contenu normatif et mécanismes juridiques de mise en œuvre*, *op.cit.*, p. 54.
[9] *Ibid.*
[10] *Ibid.*
[11] *Ibid.*

2) Le principe de subsidiarité

217. – Ce principe remonte à la doctrine sociale de l'église catholique telle qu'elle fut exposée par le Pape Pie XI en mai 1931[1] et constituerait *« le nœud de toute conception d'un ordre social cohérent »*[2]. Au sein de l'Union européenne, le principe de subsidiarité a été adopté tant par les fédéralistes que par les souverainistes[3]. De fait, il fait l'objet d'une reconnaissance très abondante et apparaît d'ailleurs à l'article premier du traité sur l'Union européenne (ci-après TUE)[4].

218. – Ce n'est cependant qu'à travers l'article 5 du traité constituant la Communauté européenne que ce principe a reçu l'une de ses transcriptions les plus modernes et les plus élaborées[5]. Cet article répartit les compétences en droit communautaire et s'exerce dans les domaines de compétences concurrentes. *De jure*, les États membres ont une priorité d'action. La communauté ne pouvait intervenir subsidiairement que si deux conditions cumulatives sont réunies[6].

219. – Concernant le droit à l'alimentation, ce principe trouve à s'appliquer dans la mesure où, comme l'a souligné le Comité DESC dans son Observation générale n° 12 sur le droit à une nourriture suffisante, *« l'État a le choix des méthodes d'action »*[7]. Autrement dit, c'est à l'État qu'appartient *« la responsabilité première de prendre toutes les mesures nécessaires pour que chaque individu puisse jouir du droit à l'alimentation »*[8].

220. – Par ailleurs, l'intervention internationale n'est possible, en matière de droits de l'homme, qu'après l'épuisement des voies de recours internes. Ici encore, le principe de subsidiarité, en tant que principe juridique, mais aussi d'efficacité, trouve à s'illustrer. De l'avis de certains spécialistes, ce principe sera

---

[1] Pour le Pape Pie XI, les problèmes sociaux doivent être réglés au plus près des individus à l'intérieur des collectivités de proximité auquel l'individu appartient. Ce principe de subsidiarité est souvent rattaché aux structures fédérales et notamment à la République fédérale d'Allemagne.

[2] J.-L. Clergerie, *Le principe de subsidiarité*, Paris, Ellipses, 1997, p. 3.

[3] Pour les fédéralistes, ce principe va dans le sens de la confirmation de la nature fédérale de l'Union européenne. Pour les souverainistes en revanche, ce principe est présenté comme un instrument de lutte et comme un moyen de conserver le maximum de compétences étatiques.

[4] Selon les dispositions de l'art. 1er TUE, *« les décisions sont prises au plus près du citoyen »*. Les objectifs de l'Union sont ainsi atteints dans le respect du principe de subsidiarité.

[5] G. Vandersanden, « Considérations sur le principe de subsidiarité », in *Mélanges Velu Jacques*, Bruxelles, Bruylant, 1992, p. 194 et s. ; voir également F. Delpérée, *Le principe de subsidiarité*, Bruxelles, Bruylant, 2002, p. 35 et s.

[6] Selon la première condition, il faut que les États membres soient dans l'incapacité de satisfaire aux objectifs de l'action que s'est impartie l'Union. Selon la deuxième condition, il faut que l'action, en raison de ses dimensions et/ou de ses effets, puisse être mieux réalisée au niveau de l'Union.

[7] Voir le §21 de l'Observation générale n° 12 du Comité DESC sur le droit à une nourriture suffisante.

[8] Voir A. Soma, *Le droit de l'homme à l'alimentation : contenu normatif et mécanismes juridiques de mise en œuvre*, *op.cit.*, p. 54.

même d'une *« importance capitale dans la conception d'un système alimentaire mondial cohérent »*[1], dans la mesure où c'est à lui qu'il reviendra de définir la suite des responsabilités dans la réalisation du droit de l'homme à l'alimentation.

221. – Dans pareille configuration, le principe de subsidiarité n'empiète pas sur celui de la souveraineté étatique, car en laissant à l'État ainsi qu'à ses entités décentralisées le soin d'être prioritairement responsable de l'accès à l'alimentation de ses ressortissants, aucune atteinte au droit à la libre détermination n'est portée. En conséquence, la souveraineté permanente des peuples et des nations sur leurs richesses et leurs ressources naturelles est respectée.

3) Le principe de la souveraineté étatique

222. – Le droit à l'autodétermination des peuples est souvent associé à la Révolution française[2]. C'est autour de ce droit que s'est en effet forgé le concept des nationalités, ensuite appelé principe des nationalités[3]. Véritable dogme de politique internationale, l'émergence de ce nationalisme s'est par la suite évincée, sans non plus disparaître, au profit du droit des peuples à disposer d'eux-mêmes[4].

223. – En tant que règle générale du droit international, le droit des peuples à disposer d'eux-mêmes est proclamé à l'article 1er du PIDESC et recouvre trois dimensions distinctes[5]. Ensemble, ces trois composantes de la souveraineté[6] fondent le droit à l'autodétermination de l'État.

---

[1] Voir A. Soma, *Le droit de l'homme à l'alimentation : contenu normatif et mécanismes juridiques de mise en œuvre*, *op.cit.*, p. 54.

[2] Le principe de l'autodétermination a été proclamé pour la première fois dans l'article 2 du 13e titre du projet de Constitution française de 1793 en ces termes : *« la République française renonce solennellement à réunir à son territoire des contrées étrangères, sinon d'après le vœu librement émis de la majorité des habitants, et dans le cas seulement où les contrées qui solliciteront cette réunion ne seront pas incorporées et unies à une autre nation, en vertu d'un pacte social, exprimé dans une constitution antérieure et librement consentie »* ; voir également A. Cassese, *Self-determination of Peoples : A Legal Reappraisal*, Cambridge University Press, 1995, p. 11.

[3] Le *principe des nationalités* peut s'entendre comme *« le dogme suivant lequel l'État et nation doivent coïncider dans les groupements politiques »*.

[4] Néanmoins, ces deux notion (peuple et nation) se *« rejoignent au sein des Nations Unies et des pactes internationaux de 1966 »* ; ici, voir S. Davanture, *Les limites de l'application du droit sur les ressources naturelles : le cas des territoires palestiniens et du Sahara occidental*, Université du Québec à Montréal, avril 2006, p. 3. D'après la conception de l'ONU, le terme peuple englobe *« les populations de tous les pays, de tous les territoires dépendants non autonomes ou sous tutelle »* ; voir S. Calogeropoulos-Stratis, *Le droit des peuples à disposer d'eux-mêmes*, Bruylant, 1973, p. 25.

[5] La première est de nature politique (le peuple est libre de choisir ses représentants et son gouvernement), la seconde a une connotation sociale (le peuple est libre de choisir son modèle culturel et social) tandis que la dernière est économique (le peuple est libre de développer sa propre activité économique).

[6] D'après l'article 2§1 de la Charte des Nations Unies, le principe de souveraineté est *« à la base des relations interétatiques »*. Ce principe a des corolaires qui confèrent à l'État des droits et lui imposent des obligations.

224. – L'article 2§1 du PIDESC fait quant à lui référence à l'un des éléments les plus fondamentaux de ce droit à l'autodétermination[1], à savoir au droit à la souveraineté permanente sur les ressources naturelles[2]. En vertu des principales prérogatives qu'octroie celui-ci, l'État *« dispose sur son territoire de la propriété de ses ressources naturelles et est ainsi le seul habilité à les exploiter »*[3].

225. – Pour le droit à l'alimentation, ce principe de souveraineté permanente sur les ressources naturelles revêt une importance considérable. Il ne sera pas possible de tenir un État responsable de la satisfaction du droit à l'alimentation de ses citoyens si les autres acteurs de la communauté internationale bafouent les prérogatives qui s'attachent à sa souveraineté. C'est en laissant l'État libre de définir son propre système politique, économique et social, qu'il sera, le cas échéant, possible de lui reprocher la non-affectation d'une partie de ses ressources naturelles à la réalisation progressive du droit à l'alimentation de sa population[4].

226. – En conséquence, l'État doit pouvoir, s'il le souhaite, mettre en place sa propre souveraineté alimentaire, ou s'inspirer de la performance des systèmes d'autosuffisance nutritionnelle et d'auto-approvisionnement existants dans d'autres endroits. Le respect de ce principe (et de ceux susvisés) semble être, à l'aune de la lutte contre la faim et l'extrême pauvreté dans le monde, un *« standard minimum »*[5].

b. Les principes spécifiques des droits de l'homme

227. – Les droits de l'homme impliquent à la fois des droits et des obligations. Les États ont, à l'aune de la législation internationale, le devoir de respecter, protéger et instaurer les droits de l'homme[6]. En premier lieu, cela signifie que les États ont l'interdiction d'entraver leur exercice. Par la suite, ils doivent

---

[1] G. Abi-Saab, « La souveraineté permanente sur les ressources naturelles », in M. Bedjaoui (dir.), *Droit international : bilan et perspectives*, A. Pédone, UNESCO, Tome 1, 1991.

[2] Par sa célèbre résolution 1803 (XVII) du 14 décembre 1962, l'AGNU a proclamé le droit de tout État de disposer librement de ses richesses et de ses ressources naturelles. Aujourd'hui, chaque État dispose, en droit, d'une souveraineté pleine et entière sur ses richesses et ses ressources naturelles ; voir également l'article 47 du PIDCP et l'article 25 du PIDESC, d'après lesquels *« aucune disposition du présent pacte ne sera interprétée comme portant atteinte aux droits inhérents de tous les peuples à profiter et à user pleinement et librement de leurs richesses et ressources naturelles »*.

[3] Voir S. Davanture, *Les limites de l'application du droit sur les ressources naturelles : le cas des territoires palestiniens et du Sahara occidental*, *op.cit.*, p. 4.

[4] D'après le §1 de la résolution 1804 de l'AGNU du 14 décembre 1962, *« l'État a l'obligation de prospecter ses ressources naturelles et d'en disposer dans l'intérêt du développement national et du bien-être de la population »*.

[5] Voir A. Soma, *Le droit de l'homme à l'alimentation : contenu normatif et mécanismes juridiques de mise en œuvre*, *op.cit.*, p. 55.

[6] Pour aller plus loin, voir : http://www.ohchr.org/FR/Issues/Pages/WhatareHumanRights.aspx [consulté le 17 septembre 2016]

sanctionner les atteintes qui leur sont portées. Enfin, des mesures positives facilitant leur réalisation doivent être adoptées. À l'aune du droit à l'alimentation, ce triptyque vertueux ne peut être atteint sans le respect conjoint des principes d'égalité et de non-discrimination dans la jouissance des droits de l'homme (1), d'inadmissibilité des mesures régressives (2) et d'universalité, d'interdépendance et d'indivisibilité des droits de l'homme (3).

1) Égalité et non-discrimination dans la jouissance des droits de l'homme

228. – Malgré une consécration pléthorique tant au plan interne qu'externe, la signification précise du principe d'égalité et le droit de la non-discrimination *« n'est toujours pas clairement établie et peut varier selon les systèmes normatifs »*[1]. Ce manque de clarté n'empêche toutefois nullement *« ces deux principes fondamentaux de se recouper et d'assurer la bonne mise en œuvre des droits de l'homme »*[2].

229. – Expressément consacrés par tous les instruments universels et régionaux de protection des droits de l'homme[3], les principes d'égalité[4] et de non-discrimination[5] concourent à l'interdiction de toutes les formes de discrimination, d'exclusion, et de préférence de droit ou de fait de nature à entraver la jouissance des droits de l'homme « *inhérents à l'égale dignité de tous les êtres humains* »[6].

230. – Pourtant, c'est bien au nom du principe d'égalité que certaines conventions spéciales viennent renforcer la protection des groupes vulnérables, tels que les enfants, les femmes enceintes ou encore les handicapés, dans leur accès à l'alimentation. Ces actions positives discriminent volontairement les bénéficiaires du droit à l'alimentation afin de garantir une voie d'accès supplémentaire aux minorités.

---

[1] « Principe d'égalité et droit de la non-discrimination », Lexis Nexis, JurisClasseur, 30 avril 2009.

[2] R. Goy, *La Cour internationale de justice et les droits de l'homme*, Bruylant, 2002, p. 111 et s.

[3] Les principes d'égalité et de non-discrimination sont également consacrés dans les instruments internes de protection des droits de l'homme ; voir F. Mélin-Soucramanien, « Le principe d'égalité dans la jurisprudence du Conseil constitutionnel », *Economica*, 1997, p. 33 et s.

[4] Au niveau universel, le principe d'égalité est consacré aux articles 1 et 7 de la DUDH, aux articles 3 et 26 du PIDCP, et aux articles 3 et 22 du PIDESC. Au niveau régional, il figure à l'article 14 de la CESDH, à l'article 19 de la Charte africaine des droits de l'homme et des peuples, et à l'article 24 de la Convention américaine sur les droits de l'homme.

[5] Au niveau universel, le principe de non-discrimination figure aux articles 2 de la DUDH, du PIDCP et du PIDESC. Au plan régional, il est rattaché au principe d'égalité et est consacré aux mêmes articles.

[6] Voir A. Soma, *Le droit de l'homme à l'alimentation : contenu normatif et mécanismes juridiques de mise en œuvre*, *op.cit.*, p. 56.

231. – Les mesures spéciales prises directement dans l'intérêt de ces personnes ne constituent pas des violations flagrantes[1] des droits de l'homme en général, et du droit à l'alimentation en particulier. La communauté internationale n'a donc pas à y remédier en les interdisant, ou en les éradiquant[2], dans la pratique de ses membres. Tout au contraire, elle doit, comme elle le fait déjà, les encourager au nom de l'universalité des droits de l'homme.

232. – Non-justifiée, une mesure discriminatoire instituant entre les différentes catégories sociales des inégalités dans l'accès au sol et au crédit, au travail et aux revenus, donc *in fine*, à l'alimentation, serait quant à elle condamnable par la communauté internationale[3].

233. – L'exclusion de certaines catégories sociales dans leur accès à l'alimentation pour des raisons politiques (comme en atteste la situation zimbabwéenne[4]) ou ethniques (comme en atteste la situation des enfants tziganes dans les cantines scolaires hongroises et roumaines[5]), sont *« des illustrations de discriminations à bannir avec la même ferveur que les mesures régressives »*[6].

2) L'inadmissibilité des mesures régressives

234. – Le droit à la nourriture reste, comme de nombreux droits de l'homme[7], menacé de régression. Les raisons de cet infléchissement potentiel sont avant tout politiques[8], mais également économiques[9], juridiques[10] et administratives[11].

235. – Ces mesures régressives, lorsqu'elles sont prises par les autorités nationales, constituent d'une part un manquement à l'engagement d'agir en vue de réaliser le plein exercice des droits reconnus dans le PIDESC, et d'autre part

---

[1] Voir le §18 de l'Observation générale n° 12 du Comité DESC sur le droit à une nourriture suffisante.
[2] H. Gaham, « Tolérance et non-discrimination : le rôle de l'ONU », in *Nouvelles formes de discrimination*, A. Pédone, 1995, pp. 27-34.
[3] Commission des droits de l'homme des Nations Unies, « Le droit à l'alimentation », *op.cit.*, §80 ; voir également Amnesty International, « Zimbabwe pouvoir et famine, les violations du droit à l'alimentation ».
[4] Voir le rapport sur « Le droit à l'alimentation » présenté par J. Ziegler, *op.cit.*, §80.
[5] Voir le rapport d'Amnesty International, « Zimbabwe pouvoir et famine, les violations du droit à l'alimentation », *op.cit.*
[6] Voir A. Soma, *Le droit de l'homme à l'alimentation : contenu normatif et mécanismes juridiques de mise en œuvre*, *op.cit.*, p. 57.
[7] Parmi les droits de l'homme menacés, le droit à un environnement sain est évocable.
[8] L'inflation législative, l'entreprise de simplification du droit ou encore le changement de majorité sont des causes d'origine politiques.
[9] Le coût trop élevé des droits de l'homme et la crise financière de 2008 sont des causes d'origine économique.
[10] Les modifications et/ou abrogations des lois antérieures et favorables à la jouissance des droits de l'homme, en vertu de la souveraineté de la loi, sont des causes d'origine juridique.
[11] La non-application ou la mauvaise application des prérogatives de puissance publique sont des causes d'origine administratives.

une violation des trois niveaux d'obligations imposés par le droit à l'alimentation[1].

236. – Au plan interne, les États ont l'obligation de respecter le droit à une nourriture suffisante, ce qui leur interdit *« de prendre des mesures qui aient pour effet d'en priver quiconque »*[2]. Par ailleurs, ils doivent le protéger en *« refusant toute tierce ingérence de nature attentatoire »*[3]. Enfin, l'obligation qui leur incombe de lui donner effet suppose *« l'accès de la population aux ressources et aux moyens d'assurer sa subsistance, y compris la sécurité alimentaire »*[4].

237. – Au niveau international, les groupements d'États ont également des obligations de coopération et d'assistance mutuelle *« en vue d'assurer la répartition équitable des ressources alimentaires mondiales pour garantir la jouissance par tous du droit à une nourriture suffisante et appropriée »*[5].

238. – Au vu de ces éléments, le degré de satisfaction du droit à l'alimentation ne devrait pas, tant au plan interne qu'international, rester *« statique pendant une trop longue période »*[6]. Partant, certains États devraient avoir à se justifier dès lors que la part de leur population souffrant de la faim et de l'extrême pauvreté ne cesse d'augmenter, comme c'est le cas en Afrique[7].

---

[1] Le Comité DESC, en partant de l'article 2 du PIDESC, et la Commission africaine des droits de l'homme et des peuples, ont établi que les États ont l'obligation de respecter, de protéger et de donner effet au droit à l'alimentation ; ici, voir Nations Unies, Comité DESC, « Nature des obligations des États parties », Observation générale n° 3 (art. 2§1 du Pacte), 1990 ; voir aussi A. Eide, « Economic, social and cultural rights as human rights », in *Economic, social and cultural rights : A textbook*, M. Nijhoff, 1995, pp. 21-40.

[2] Voir le § 15 de l'Observation générale n° 12 du Comité DESC sur le droit à une nourriture suffisante. Qui plus est, les États ne doivent pas polluer les eaux, ni exproprier les individus de leurs terres. Ici, voir Commission africaine des droits de l'homme et des peuples, *Affaire du peuple Ogoni, Social and Economic Rights Center*, octobre 2001.

[3] Cette ingérence peut-être le fait d'un particulier, d'une entreprise nationale, d'une multinationale ou d'un autre acteur non-étatique ; ici, voir le §15 de l'Observation générale n° 12 du Comité DESC sur le droit à une nourriture suffisante.

[4] *Ibid.* Il faut souligner qu'il n'existe pas, dans la jurisprudence du Conseil constitutionnel, de principe d'indadmissibilité des mesures régressives. En effet, la jurisprudence de l'effet-cliquet a disparu, voire n'a jamais existé.

[5] Ici, voir l'art. 1§3 de la Charte des Nations Unies, les articles 2, 11 et 23 du PIDESC et la Déclaration relative aux principes de droit international touchant les relations amicales et la coopération entre États (Rés. 2625 (XXV) du 24 octobre 1970).

[6] Voir A. Soma, *Le droit de l'homme à l'alimentation : contenu normatif et mécanismes juridiques de mise en œuvre*, *op.cit.*, p. 57.

[7] En Afrique, le nombre de personnes souffrant de la malnutrition est passé de 100 à 200 millions de 1970 à 2000 ; ici, voir Académie de droit international de la Haye, « La sécurité alimentaire / *Food security* ».

3) Universalité, interdépendance et indivisibilité des droits de l'homme

239. – La DUDH est le premier instrument international qui proclame à la fois, et dans cet ordre, des droits civils, politiques, économiques, sociaux et culturels comme *« idéal commun à atteindre par tous les peuples et toutes les nations »*[1].

240. – Nonobstant cette déclaration d'intention, certains membres du comité rédactionnel de la DUDH invitent à la prudence en rappelant que les droits économiques, sociaux et culturels (ci-après DESC) se distinguent des premiers car *« leur satisfaction est en lien avec l'organisation, en dépendance des ressources de chaque pays et de la coopération internationale pouvant seconder et stimuler l'effort national »*[2].

241. – La Déclaration et le Programme d'action de Vienne[3] marqueront ensuite une *« étape décisive dans l'histoire de l'ONU »*[4] en ce qu'ils s'évertueront de renforcer l'universalité, toujours non-acquise, des droits de l'homme. Ce document *« d'une grande puissance »*[5] fait ainsi prévaloir l'indivisibilité et l'interdépendance des droits consacrés en 1948 sur leur cloisonnement, dans la mesure où *« chaque droit contribue à la jouissance de l'autre »*[6].

242. – En ce sens, la Proclamation de Téhéran[7] précise que *« la jouissance complète des droits civils et politiques est impossible sans celle des droits économiques, sociaux et culturels »*[8]. Cette conception des droits de l'homme soutient donc le caractère inaliénable et inviolable qu'une partie de la doctrine leur prêtent[9].

---

[1] Voir le préambule de la DUDH de 1948.

[2] R. Cassin, « La Déclaration universelle et la mise en œuvre des Droits de l'homme », *Recueil des cours de l'Académie de droit international*, n° 11, 1951, pp. 241-367.

[3] Cette déclaration sur les droits de l'homme a été adoptée par consensus le 25 juin 1993 à Vienne, lors de la Conférence mondiale sur les droits de l'homme.

[4] Haut-commissariat aux droits de l'homme des Nations Unies et Département de l'information des Nations Unies, « Déclaration et Programme d'action de Vienne : 20 ans au service de vos droits », août 2013, p. 5.

[5] *Ibid.*

[6] *Ibid.*

[7] La Proclamation de Téhéran a été adopté en mai 1968 lors de la première Conférence internationale des droits de l'homme. Elle marque ainsi le 20e anniversaire de la DUDH.

[8] Cf. le §13 de la Proclamation de Téhéran ; voir également P. Meyer-Bisch, *Le corps des droits de l'homme : l'indivisibilité comme principe d'interprétation et de mise en œuvre des droits de l'homme*, éd. Universitaires, 1992, p. 17 et s. Selon cet auteur, il y aurait *« un lien de nécessité réciproque entre tous les droits de l'homme »*.

[9] Voir notamment M.-H. Sehili, *La question de l'universalité des droits de l'homme dans les manuels relatifs aux droits et libertés*, Mémoire pour le Master recherche droit constitutionnel et théorie du droit, Université Montpellier 1, 2007, pp. 8-9.

243. – À supposer que les droits de l'homme soient, comme ces acceptions le suggèrent, universels, indissociables et interdépendants, il incomberait alors aux États, par-delà leur particularisme régional et indépendamment de leur diversité historique, culturelle et religieuse, de promouvoir équitablement tous les droits de l'homme et toutes les libertés fondamentales.

244. – Réfutant l'idée d'après laquelle les DESC ne seraient, à la différence des droits civils et politiques (ci-après DCP), que des objectifs souhaitables sans la moindre juridicité, cette approche semble être la plus à même de défendre l'avènement d'un droit fondamental à l'alimentation. La justiciabilité du droit à l'alimentation en tant que droit de l'homme en général, et DESC en particulier, doit être affirmée et admise par la communauté internationale.

2. Les voies d'amélioration des fondements normatifs du droit à l'alimentation

245. – Malgré l'impressionnante diversification des sources conventionnelles et non-conventionnelles du droit à l'alimentation, attestant ainsi de l'importance qu'il prend parmi les droits de l'homme, nombreux sont les aménagements qui pourraient leur être apporté afin de parfaire la réalisation de ce droit. Sa maturation progressive conduit d'ailleurs une partie de la doctrine à entrevoir des fictions juridiques pour le moins dynamiques et innovantes en vue d'optimiser son rendement. Ces évolutions ciblent à la fois les efforts politiques des États (a), et la redéfinition de certains fondements normatifs (b).

a. La détermination des politiques et des réformes adéquates

246. – D'évidence, l'instauration d'une démocratie alimentaire[1] qui serait légitime et efficace sur la scène internationale supposerait, ce qui peut se concevoir sans grande difficulté, l'assujettissement préalable des États au respect des principes de la bonne gouvernance. Pourraient ainsi prospérer, comme l'encouragent vivement certains auteurs, les assistances multilatérales (1), le développement durable (2) et les politiques agricoles à long terme (3).

1) Le choix des aides multilatérales

247. – Dès 1966, l'Assemblée générale des Nations Unies souligne que *« l'aide alimentaire internationale devrait être l'objet de mesures concertées et planifiées*

[1] Voir S. Turbeaux, « Quels principes pour un droit des consommateurs citoyens ? », in F. Collart Dutilleul, *Propositions Lascaux entre ressources naturelles et besoins alimentaires – Penser une démocratie alimentaire*, vol. 2, *op.cit.*, pp. 441-456.

afin d'assurer un flux régulier de produits alimentaires »[1]. C'est d'ailleurs en ce sens que sera créé le PAM[2], l'actuel *« plus grand pourvoyeur d'aide alimentaire »*[3] au monde.

248. – En réalité, les premières initiatives conventionnelles d'assistance alimentaire sont intervenues dès 1967[4], soit juste après, et ont été renforcées à la suite des crises alimentaires successives des années 2000, au moyen *« de mesures qui contribuent à plus long terme au développement des différents États »*[5].

249. – Classiquement choisie par les pays donateurs, l'aide en nature[6] bénéficie dorénavant d'une *« attention accrue, que ce soit en termes d'innocuité, d'apports nutritionnels et d'adéquation culturelle »*[7], ce qui semblait important, mais ne fait toujours pas l'objet d'une décision annuelle des États, ni de montants chiffrés à l'avance[8]. Par ailleurs, la fluctuation des prix des produits agricoles sur la quantité d'aide alimentaire fournie n'est toujours pas prise en compte[9].

250. – D'aucuns concluent déjà que la libéralisation du commerce international, en conférant *« le traitement de cette question aux instances de l'OMC »*[10], aurait entraîné un encadrement plus restrictif de l'assistance alimentaire, ce qu'illustre, entre autres, l'établissement du mécanisme provisoire de détention de stocks publics à des fins d'aides nationales[11].

---

[1] Voir le 4e considérant de la Résolution 2155 (XXX) de l'AGNU du 22 novembre 1966.

[2] Voir J.-M. Thouvenin et C. Philippe, « Le droit à l'alimentation », in J.-M. Thouvenin et A. Trebilcock (dir.), *Droit international social*, Bruylant, 2013, p. 1708.

[3] A. Mahiou, « Sécurité alimentaire », in A. Mahiou et F. Snyder (dir.), *La sécurité* alimentaire, Académie du Droit international de la Haye, 2006, pp. 25-26.

[4] Il s'agit de la Convention relative à l'aide alimentaire du 15 octobre 1967, par laquelle plusieurs États s'engageaient à fournir une quantité annuelle minimum d'aide en faveur de pays dans l'incapacité de financer suffisamment d'importations pour satisfaire les besoins de leur population.

[5] Voir notamment les articles 1 et 4 de la Convention relative à l'assistance alimentaire, adoptée à Londres le 25 avril 2012.

[6] L'aide en nature concerne le blé, le riz, les légumineuses, les huiles comestibles, la poudre de lait, le sucre et les tuberculoses comestibles (manioc, pommes de terre etc.). Cela dit, « au fur et à mesure de sa mise en œuvre, il a été souligné l'importance d'une meilleure adéquation de celle-ci avec les besoins alimentaires des bénéficiaires » ; ici, voir M. Cuq, « La Convention de 2012 relative à l'assistance alimentaire : une avancée pour l'aide et le développement en faveur d'un accès à une alimentation adéquate ? », in *Propositions Lascaux entre ressources naturelles et besoins alimentaires – Penser une démocratie alimentaire*, *op.cit.*, pp. 415-416.

[7] *Ibid.*, pp. 415-416.

[8] *Ibid*, p. 416.

[9] *Ibid.*

[10] *Ibid.*, p. 419.

[11] Plusieurs pays en développement avaient demandé à l'OMC un assouplissement des règles concernant l'aide alimentaire nationale. Sur ce point, les États membres de l'OMC avaient dû se réunir à Bali en décembre 2013 afin de s'entendre sur l'établissement d'un mécanisme provisoire de détention de stocks publics à des fins d'aide nationale ; ici, voir le Projet de décision ministérielle « Détention de stocks publics à des fins de sécurité alimentaire », 6 décembre 2013, doc. WT/MIN(13)/W/10. V. ICTSD, « Un accord

251. – Par-delà ces voies de progression aux portées parfois limitées, il semblerait qu'une gouvernance alimentaire légitime, démocratique et efficace pour le droit de chaque être humain à se nourrir devrait nécessairement suivre le chemin du multilatéralisme et abandonner le système des aides bilatérales. Contrairement aux aides multilatérales qui transitent par une organisation internationale et permettent aux États donateurs de contrôler le cheminement de l'argent, les aides bilatérales sont directement destinées aux pays en développement et font l'objet de détournements des dons collectés pour l'aide alimentaire les plus importants.

252. – Depuis le début de l'aide au développement, ces détournements représentent tout de même 100 à 180 milliards de dollars[1], et font peser sur les populations récipiendaires les conséquences dramatiques de la hausse des prix des denrées alimentaires.

253. – L'aide multilatérale est quant à elle ciblée, limitée dans le temps et réexaminée tous les six mois[2], ce qui semble la rendre, selon toute vraisemblance, plus compatible avec la bonne gouvernance que ne l'est l'actuel système d'aide bilatérale.

254. – Cependant, la lutte contre la faim manque toujours de volonté politique[3]. La mondialisation commence à faire prendre conscience aux États du danger qu'il y a pour leur population de ne pas agir directement dans le sens d'une amélioration significative du droit de l'homme à la nourriture, mais celle-ci ne leur permet pas encore de contrôler certains phénomènes, tels que la transversalité des problèmes liés à l'alimentation et la globalisation de l'industrie agro-alimentaire, ni de suivre de manière convaincante le chemin du multilatéralisme[4].

2) Le choix du développement durable

255. – Sur la scène internationale, la première définition officielle du « développement durable » est apparue en 1987 à l'issue d'un rapport de la Commission mondiale sur le développement et l'environnement des Nations Unies intitulé « Notre avenir à tous » (ou Rapport Brundtland). Après plus de trois années d'enquêtes et d'auditions menées auprès des acteurs des pays développés

historique que fera avancer l'OMC et l'économie mondiale », *Passerelles*, 7 décembre 2013. Disponible sur http://www.wto.org [consulté le 23 septembre 2016]

[1] J. Merckaert, « Entre 100 et 180 milliards détournés depuis le début de l'aide au développement », interviewé par G. Dumont, Institut français de la recherche sur les administrations et les politiques publiques, le 16 novembre 2007, suite à la campagne sur les biens mal acquis des chefs d' État africains par le Comité catholique contre la faim et pour le développement.

[2] Voir M. Darras-Sadik, *Nécessite d'une gouvernance mondiale alimentaire*, *op.cit.*, p. 23.

[3] *Ibid.*, p. 7.

[4] B. Clemenceau, « La gouvernance alimentaire mondiale : les réponses et l'absence de réponses du droit international et du droit de l'Union européenne », *Revue européenne du droit de la consommation*, 2015/1, mai 2016, pp. 91-106.

et en développement (gouvernements, ONG, société civile), la Commission arrêtera sa décision. Cette notion traduira *« un mode de développement qui répond aux besoins du présent sans compromettre les capacités des générations futures à répondre aux leurs »*[1]. La plus grande priorité est donc donnée aux besoins essentiels des plus démunis et à la limitation des techniques que notre organisation sociale fait peser sur la capacité de l'environnement à satisfaire aux besoins actuels et à venir.

256. – Cela dit, l'économie verte et la gouvernance mondiale du développement durable trouvent leurs origines dans une succession de sommets internationaux lancée dès 1972 à Stockholm[2], et conclue en 2012 à Rio de Janeiro[3]. Baptisés « Sommet de la Terre »[4], ces rencontres témoignent des préoccupations des États quant aux retombées du libéralisme économique sur la préservation de l'environnement[5].

257. – Jugées *« décevantes »*[6], celles-ci ne parviendraient toujours pas à endiguer la dégradation de la planète et la pauvreté dans le monde. L'état des lieux que dresse à ce propos le Programme des Nations Unies pour l'environnement est *« alarmant »*[7]. En 2012, seuls quatre des quatre-vingt-dix objectifs

---

[1] Avec ce rapport, les Nations Unies souhaitaient la mise en place d'un *« programme global de changement »* qui viserait prioritairement des stratégies à long terme en matière d'environnement. Était ainsi recherchée l'étroite coopération des pays du Nord et du Sud autour d'objectifs communs. Par ailleurs, des solutions pérennes aux différents problèmes liés à la protection et à l'amélioration de l'environnement devaient être trouvées. Pour y parvenir, la tâche la plus pressante du Comité était de *« convaincre les nations de la nécessité de revenir au multilatéralisme »* ; ici, voir les avant-propos de la Présidente du Comité.

[2] La Conférence des Nations Unies sur le développement humain (CNUEH) s'est tenue du 5 au 16 juin 1972 à Stockholm. Elle a placé pour la première fois les questions écologiques au rang de préoccupations internationales. Les participants ont adopté une déclaration de 26 principes et un vaste plan d'action pour lutter contre la pollution. Ce sommet a donné naissance au Programme des Nations Unies pour l'environnement (PNUE).

[3] Vingt ans après le Sommet de Rio de 1992, la Conférence des Nations unies sur le développement durable (CNUDD), mieux connue sous le nom de Rio+20, a eu lieu du 20 au 22 juin 2012 à Rio de Janeiro. Alors que Rio +20 devait porter sur l'économie verte et le cadre institutionnel du développement durable, des divergences ont rapidement émergé sur ces deux thèmes, de sorte que le principal résultat de ce « Sommet de la Terre » est plutôt le lancement d'un processus devant conduire à l'établissement d'Objectifs du développement durable (ODD).

[4] Parmi les autres « Sommet de la Terre », il faut souligner l'échec de celui qui s'est tenu en 1982 à Nairobi en raison du désintérêt affiché par le Président américain Ronald Reagan. Le « Sommet de la Terre » de 1992 s'est quant à lui conclu par la signature de la Déclaration de Rio. Cette déclaration, qui fixe les lignes d'action visant à assurer une meilleure gestion de la planète, fait progresser le concept des droits et des responsabilités des pays dans le domaine de l'environnement. Cependant, elle n'est pas juridiquement contraignante. Au contraire, elle reconnaît la souveraineté des États à *« exploiter leurs propres ressources selon leur politique d'environnement et de développement »*.

[5] Voir la Conférence des Nations Unies sur l'environnement et le développement, « Déclaration de Rio sur l'environnement et le développement – Principe de gestion des forêts », 3-14 juin 1992.

[6] R. Barroux, « Sommets de la Terre, des précédents décevants », *Le Monde*, 21 juin 2012.

[7] « Le Sommet Rio +20 : le bilan de 20 ans de développement durable », Direction de l'information légale et administrative (DILA), 26 juin 2012.

internationalement reconnus en matière de gestion durable et de développement humain ont enregistré des *« progrès significatifs »*[1].

258. – Selon toute vraisemblance, les leviers nécessaires à la mise en place d'une sécurité alimentaire durable n'ont pas encore été trouvés. L'augmentation de la production agricole et le renforcement de la nutrition ne permettront, à eux-seuls, d'y parvenir. Conscient de cette difficulté, le PNUD privilégie l'adoption d'une approche multisectorielle dans toutes les interventions de développement, *« depuis l'accès à la santé et à l'infrastructure, telles que les routes, à une augmentation des opportunités d'emploi, en passant par l'autonomisation des femmes »*[2].

259. – Cette diversification des moyens d'action a notamment trouvé écho en France, qui entend éliminer la faim et assurer la sécurité alimentaire en ciblant dorénavant la justice sociale, l'éducation alimentaire de la jeunesse, la lutte contre le gaspillage alimentaire et l'ancrage territorial[3].

260. – Les États commencent donc à admettre le fait qu'il n'est plus concevable de lutter durablement contre la faim en préservant exclusivement l'agriculture et l'environnement. Les politiques nationales et internationales de développement durable ont, à l'heure où viennent se greffer d'autres problèmes liés à l'expansion démographique des populations et aux changements climatiques des régions, tout intérêt de se diversifier.

3) Le choix des politiques agricoles à long terme

261. – Hormis la FAO, il n'existe actuellement aucune gouvernance mondiale recensée dans le domaine agricole[4]. Afin d'y remédier, le modèle agraire pourrait être repensé en privilégiant certaines réformes. La première d'entre elles consisterait en une amélioration de la représentation des pays les plus pauvres dans les instances de négociation du commerce international et agricole.

---

[1] Voir « Le Sommet Rio +20 : le bilan de 20 ans de développement durable », *op.cit.*

[2] PNUD, *Rapport sur le développement humain en Afrique 2012 : Vers une sécurité alimentaire durable*, éd. Communications Development Incorporated, 15 mai 2012, 190 p.

[3] Contribution française – CSA 2016 Evènement de haut niveau sur l'Agenda 2030, « Sécurité alimentaire et développement durable », présentée le 21 octobre 2016 lors de la 43e session du Comité de sécurité alimentaire mondial (CSA).

[4] Voir M. Darras-Sadik, *Nécessité d'une gouvernance alimentaire mondiale*, *op.cit.*, p. 9.

262. – Par ailleurs, de meilleurs outils d'analyse et de cartographie de la faim pourraient être préférés à ceux qu'utilisent en ce moment le PAM[1] et la FAO[2]. Souvent l'objet de *« manipulations techniques »*[3], les chiffres de la vulnérabilité et de l'insécurité alimentaire concourent davantage à la défense des intérêts de certaines ONG plutôt qu'à une réelle estimation de la production mondiale[4].

263. – Les États doivent se responsabiliser et adopter des politiques agricoles nationales ou régionales cohérentes et soutenables. Dans cette perspective, l'ancien rapporteur spécial des Nations Unies pour le droit à l'alimentation a proposé de soumettre, comme base minimale, les contrats d'acquisition à large échelle de terres agricoles au respect d'un ensemble de onze principes liés aux droits de l'homme, appelé *« land grabbing »*[5]. Ces principes limitent l'accès à la terre des multinationales agroalimentaires et permettent d'accroître la sécurité alimentaire des populations locales en leur assurant le droit à l'autodétermination et au développement, ou autrement dit, à la souveraineté alimentaire[6].

264. – Des règles internationales contraignantes en vue de préserver les ressources naturelles seraient également à même d'endiguer les politiques d'accaparement des terres. Ces dernières ont connu une expansion considérable depuis les années

---

[1] L'unité VAM du PAM, qui effectue des évaluations d'analyse et de cartographie de vulnérabilité afin de mieux comprendre la nature de l'insécurité alimentaire et des risques pesant sur les moyens de subsistance des populations est actuellement le seul outil mesurant la faim reconnu comme fiable. Cette unité VAM utilise toute une série d'outils technologiques et de méthodes analytiques : images transmises par satellite, analyse spatiale, suivi des prix des denrées alimentaires sur les marchés locaux, enquêtes approfondies auprès des ménages et discussions avec les ménages pauvres en situations d'insécurité alimentaire.

[2] Pour se rendre compte de la production et de la consommation mondiale ou selon les différentes régions du monde, la FAO fournit des statistiques via la plateforme FAOSTAT. Les évaluations de la FAO ne sont faites que sur les céréales, ce qui empêche de savoir ce que représente la part destinée à l'alimentation animale et celle destinée à l'alimentation humaine dans le cadre du commerce net et importation, dans le cadre de la production vivrière et dans le cadre du commerce des denrées alimentaires. Par ailleurs, la FAO ne travaille que sur les récoltes prévisibles. De fait, cette organisation internationale pourrait s'engager à fournir une véritable représentation de la consommation mondiale (humaine et animale) plutôt que celle de la production mondiale de céréales.

[3] Voir M. Darras-Sadik, *Nécessité d'une gouvernance alimentaire mondiale*, *op.cit.*, p. 12.

[4] *Ibid.*

[5] Communiqué de presse, « Le rapporteur spécial sur le droit à l'alimentation (O. de Schutter) recommande des principes et des mesures pour réguler les acquisitions à large échelle de terre », 11 juin 2009.

[6] Les groupes d'indigènes proposent un nouveau modèle de développement agricole. Ils veulent des zones économiques vertes qui ne cherchent pas à attirer des investisseurs étrangers, ni à exploiter les ressources naturelles. Ces zones économiques doivent reposer exclusivement sur des ressources et des investissements locaux. Il faut respecter les coutumes locales et parvenir au plein emploi pour la population qui vit et travaille dans ces zones. Il faut valoriser la communauté de ces zones. Cet exemple montre qu'il existe d'autres alternatives possibles aux politiques actuellement mises en place. Une institution comme la FAO doit en tenir compte. Ici, voir H. Siganporia, « La revanche des communautés tribales », *Courrier international*, *op.cit.*, 8 juillet 2009.

2008-2009[1], et traduisent *« l'inadaptation des droits nationaux d'États économiquement faibles face aux investissements internationaux dans les ressources naturelles des pays en développement »*[2].

265. – Certains auteurs préconisent donc l'adoption d'une loi économique et sociale d'ajustement des ressources et des besoins dans chaque État[3]. Cet encadrement juridique permettrait ainsi aux États et aux collectivités publiques de *« définir leur propre politique d'ajustement de leurs ressources naturelles avec le besoin fondamental de nourrir leur population »*[4].

266. – Néanmoins, l'ajustement dont il est question supposerait d'une part l'existence d'indicateurs scientifiques permettant d'évaluer les ressources naturelles disponibles sur un territoire politiquement organisé, et d'autre part une conjointe mise en œuvre des principales négociations internationales y ayant attrait[5].

267. – N'existant, pour l'heure, aucune définition universelle ou régionale des ressources naturelles et des besoins fondamentaux qu'elles sont censées couvrir[6], ces problématiques sont vouées à rester sans réponse. Et à tout cela s'ajoutent, ici

---

[1] F. Collart Dutilleul, « Un nouvel horizon de recherche : les moyens juridiques d'un ajustement des ressources et des besoins alimentaires », in F. Collart Dutilleul (dir.), *Propositions Lascaux entre ressources naturelles et besoins alimentaires – Penser une démocratie alimentaire*, *op.cit.*, p.7.
[2] *Ibid.*, p. 7.
[3] *Ibid.*, p. 4.
[4] *Ibid.*
[5] Selon François Collart Dutilleul, *« les différentes tentatives de maîtrise des ressources naturelles au plan international ont montré leurs limites. Trois négociations internationales ont assez largement échoué depuis novembre et décembre 2009 : celle sur les effets du changement climatique, de Copenhague à Durban, qui concerne la protection des ressources, celle sur la sécurité alimentaire de la FAO, à Rome, qui concerne donc le premier des besoins fondamentaux des populations, et celle sur le commerce international des matières premières agricoles à l'OMC, à Genève et en décembre 2013 à Bali. Aucune solution réellement efficace ne peut être pensée si on ne relie pas entre elles les trois négociations. Car c'est de ces trois négociations ensemble que peut résulter la possibilité d'un ajustement des ressources naturelles et des besoins sociaux au premier rang desquels le besoin alimentaire »* ; *Ibid.*, p. 6.
[6] Le Professeur François Collart Dutilleul précise qu'il ne saurait y avoir *« une définition universelle (des ressources naturelles et des besoins universels) imposée à tout le monde. Mieux vaut poser en principe qu'il appartient à chaque État ou institution en situation de développer des politiques publiques relatives aux ressources naturelles de définir les besoins à couvrir. L'Islande a élaboré un projet de Constitution soustrayant les ressources naturelles (non encore appropriées) à la propriété pour en faire une détention du peuple islandais pour ses propres besoins. L'Équateur a modifié sa Constitution en 2008 pour reconnaître des droits effectifs à la nature. Le Québec a adopté une loi sur l'eau en 2009 qui soustrait l'eau à toute forme de propriété publique ou privée. La Nouvelle Zélande a adopté en 1991 une loi visant à réaliser l'ajustement des ressources naturelles et des besoins socio-économiques en établissant des règles de fond et des procédures spéciales. Mais l'exemple le plus abouti et le plus prometteur est sans doute la Charte de la Havane de 1948, signée par 53 pays mais qui n'a jamais été mise en œuvre pour des raisons tenant à la politique intérieure des États-Unis. Cette Charte aurait dû compléter le GATT et elle était de nature non seulement à humaniser la mondialisation, mais aussi à permettre aux États de déroger aux règles de libre-échange et de réaliser l'ajustement de leurs ressources naturelles et de leurs besoins en cas de difficulté et en fonction de leur situation particulière »* ; *Ibid.*, pp. 10-11.

encore, des enjeux climatiques et démographiques qui ne font qu'obscurcir la situation.

b. Le recours aux fictions juridiques dynamiques et innovantes

268. – La bonne gouvernance peut-être l'un des instruments de réalisation d'un droit de l'homme à la nourriture efficace et cohérent sur le plan interne. L'existence d'une législation nationale sur la réalisation du droit de l'homme à l'alimentation et de la sécurité alimentaire[1], ainsi que des règlements sectoriels et des directives détaillées d'exécution aux échelons national et local paraissent déterminants pour l'efficacité de tout système de réalisation effective de ce droit de l'homme.

269. – Le Comité des droits économiques, sociaux et culturels propose qu'une législation-cadre précise les objectifs à atteindre, le délai fixé, les moyens à disposition, la collaboration avec d'autres acteurs et la responsabilité interinstitutionnelle. Celle-ci devrait également prévoir des mécanismes administratifs, judiciaires et humanitaires permettant de se prévaloir du droit à l'alimentation ainsi que des mesures spécifiques favorables aux populations les plus vulnérables[2].

270. – En d'autres termes, l'adoption d'une telle législation permettrait aux États de fixer dans l'ordre interne un seuil minimal de protection du droit à l'alimentation en-dessous duquel les justiciables seraient fondés à ester en justice les autorités publiques lorsque celles-ci ne respectent plus leurs obligations.

271. – De manière générale, le droit interne offre des garanties plus larges en matière de protection du droit à l'alimentation que les dispositions régionales et universelles. À titre d'exemple, les Constitutions helvétique et sud-africaine reconnaissent expressément le droit de l'homme à l'alimentation comme étant un droit opposable[3] dans l'ordre interne[4], tandis que l'interprétation dynamique des législations nationales par la jurisprudence de certains États permet d'assurer une meilleure effectivité de ce droit[5].

---

[1] Concernant le dispositif français de sécurité alimentaire, voir tout particulièrement la loi n° 98-535 du 1er juillet 1998 relative au renforcement de la veille sanitaire et du contrôle de la sécurité sanitaire des produits destinés à l'homme.

[2] Comité DESC, Obs. générale n° 12 (1999) sur le droit à une nourriture suffisante.

[3] Ainsi, tout suisse ou sud-africain pourra aller s'en prévaloir devant le juge.

[4] L'article 12 de la Constitution helvétique et la section 27, 1 et B de la Constitution de la République sud-africaine posent les fondements juridiques du droit à l'alimentation en garantissant le droit de chaque individu d'avoir accès à suffisamment de nourriture et d'eau.

[5] C'est le cas au Canada, à Cuba, aux îles Malawi et en Ouganda. Ici, voir G. Manouchehr, « Mise en œuvre des droits économiques, sociaux et culturels : problèmes, politiques, progrès », Genève, Nations Unies,

272. – Dans cette optique, il serait opportun d'adopter une politique de l'eau et un droit à l'eau appropriés afin de garantir les qualités nutritionnelles de l'eau à travers ses différents modes d'acquisition. Certains pays ont reconnu toute l'importance du droit à l'eau en l'intégrant dans leur constitution, ou en faisant clairement référence à celui-ci dans des textes officiels[1], comme l'invite d'ailleurs à la faire l'Assemblée générale de l'ONU depuis qu'elle a, en 2010, reconnu le droit à l'eau potable comme étant un droit fondamental de l'homme[2].

273. – Dans le cadre d'une bonne gouvernance alimentaire, il serait préférable, comme ont déjà commencé à le faire bon nombre d' États, de considérer le droit à l'eau comme étant l'une des composantes du droit de l'homme à l'alimentation, et cela d'autant plus qu'avec l'accroissement de la population mondiale, les besoins en eau potable vont fortement augmenter, tout particulièrement dans les pays émergents, créant ainsi « *des tensions fortes avec les quantités disponibles qui risquent de s'amoindrir en raison du réchauffement climatique* »[3].

274. – Au niveau de l'Union européenne, la Commission a présenté en 2010 une nouvelle stratégie pour encadrer les opérations humanitaires alimentaires de l'Union dans le monde[4], en raison de l'évolution des besoins des populations concernées et des nouvelles conditions d'intervention, mais aussi et surtout du changement climatique. La Commission a ainsi défini un cadre stratégique par le biais duquel l'Union peut fournir une assistance alimentaire en cas de crise humanitaire à l'extérieur de son territoire. Cette nouvelle stratégie doit permettre d'améliorer l'efficacité des actions d'assistance et le travail commun de l'ensemble des acteurs impliqués.

275. – Il n'est pas sans grand intérêt de rappeler que l'assistance alimentaire humanitaire a pour objectif principal de sauver et de préserver des vies, de

---

1975, E/CN 4/1108/Rev.1, p. 17 ; voir aussi le groupe de travail intergouvernemental chargé d'élaborer un ensemble de directives à l'appui de la concrétisation progressive du droit à une alimentation adéquate, « Concrétisation du droit à une alimentation adéquate : conclusion de six études de cas », Rome, FAO, novembre 2005, p. 9. Ici, voir : http://www.fao.org/DOCREP/MEETING/008/S2475F.HTM [consulté le 08 mai 2017]

[1] Voir notamment l'article 231 §§ 2 et 3 de la Constitution brésilienne, l'article 77 §§ a) et b) de la Constitution du Zimbabwe, l'article 44 de la Constitution de la Tunisie postrévolutionnaire ou encore l'article 21 de la Constitution indienne. En 2016, la Slovaquie devient le premier pays de l'Union européenne à insérer le droit à l'eau dans sa Constitution ; Voir également sur cette question de la constitutionnalisation du droit à l'eau, H. Smets, « Le droit de l'homme à l'eau et à l'assainissement est finalement reconnu », *Revue juridique de l'environnement*, 2011, pp. 79-89.

[2] Voir la résolution n° 64/292 de l'Assemblée générale des Nations Unies du 28 juillet 2010.

[3] « Le monde en 2025 – La montée en puissance de l'Asie et la transition socio-écologique », Commission européenne, Direction générale de la recherche Sciences socio-économiques et humaines, 2009, p. 18.

[4] Communication de la Commission au Conseil et au Parlement européen du 31 mars 2010 concernant « l'assistance alimentaire humanitaire », COM (2010) final, non publié au journal officiel.

protéger les moyens de subsistance et de renforcer la capacité de résistance des populations confrontées à des crises alimentaires en cours ou à venir[1].

276. – Aussi paraît-il crucial d'évoquer les discussions pour l'élaboration d'un code de bonne conduite concernant le droit à une nourriture adéquate sous l'impulsion de divers organismes internationaux. Ce projet de code a été proposé pour la première fois au Sommet mondial de l'alimentation en 1996 par le Forum des ONG qui a appelé les États à lancer des négociations intergouvernementales sur son adoption. Ce document pourrait fournir des informations précieuses à travers le monde, mais n'a, à ce jour, toujours pas été adopté.

277. – Cela paraît tout à fait regrettable, car l'adoption d'un tel code améliorerait l'encadrement des activités conventionnelles et normatives des acteurs politiques et institutionnels, mais permettrait surtout de responsabiliser les intervenants de l'industrie agroalimentaire en délimitant l'adéquation de leurs accords avec les dispositions du droit de l'homme à l'alimentation.

278. – Par ailleurs, certains auteurs estiment qu'une organisation systémique de la redistribution des produits alimentaires remédierait aux problèmes de la faim[2]. Cette méthode de gestion concentrique des ressources alimentaires à l'échelle universelle consisterait en la création d'un fonds mondial contre la faim[3], en la constitution de stocks alimentaires aux niveaux universel, régional et national, et en la mise en place d'un système d'information recensant les personnes souffrant

---

[1] Dans ce cadre, l'action de l'Union vise à atteindre une série d'objectifs spécifiques : assurer la disponibilité, l'accès et la consommation de denrées adéquates, sûres et nourrissantes d'une part, protéger la production alimentaire et les systèmes de commercialisation d'autre part, et enfin renforcer le système international pour améliorer l'efficacité de l'assistance. Néanmoins, ces actions ne doivent pas : créer de dépendance des populations au système d'aide, perturber le fonctionnement des marchés commerciaux, exposer les bénéficiaires à des risques lors de la réception de l'aide et enfin avoir un impact trop important sur l'environnement et les ressources naturelles. La Commission peut déclencher une réponse d'assistance alimentaire humanitaire dans les cas où 1) les taux d'urgence de mortalité ou de malnutrition aigüe ont été atteints, ou seront atteints selon les prévisions, en raison d'une insuffisance alimentaire et/ou lorsqu'il existe 2) de graves menaces pour la vie des populations ou des risques de souffrance extrême, en raison du manque de moyens de subsistance ou de mauvaises stratégies d'adaptation à la crise (c'est-à-dire notamment la vente des moyens de production, les migrations, les pratiques de survie à risques, etc.). Cependant, la Commission peut intervenir dès le début d'une crise, sans attendre la survenance de risques aigus pour la déclaration officielle d'une catastrophe. Elle peut même traiter des situations d'insécurité alimentaire chronique en associant des interventions humanitaires aux actions d'aide au développement.

[2] Voir A. Soma, *Le droit de l'homme à l'alimentation : contenu normatif et mécanismes juridiques de mise en œuvre*, *op.cit.*, p. 17.

[3] Le Président brésilien Lula a proposé au groupe de huit pays les plus riches de la planète la création d'un fonds contre la faim, dont le financement viendrait de la taxation sur les ventes d'armes ou les remboursements des dettes des pays pauvres. Voir « Le Président Lula propose au G8 un fonds mondial contre la faim », in *Le Monde*, 28 mai 2003.

de la faim[1] depuis le cercle familial jusqu'au cercle universel, en passant par le régional, le national et le local.

279. – Enfin semble-t-il pertinent de citer cette convention sur la faim à laquelle une partie de la doctrine prête une attention toute particulière en ce qu'elle permettrait de rappeler le caractère intrinsèquement universel du droit à l'alimentation et mettrait surtout l'accent sur sa justiciabilité et sa non-dérogeabilité. Celle-ci pourrait garantir des droits substantiels et procéduraux[2] tout en matérialisant à l'échelle universelle la méthode de gestion concentrique des ressources alimentaires. Dans l'hypothèse où elle serait ratifiée par 75% des États-parties à l'ONU comprenant 75% des grands systèmes nationaux, alors elle serait directement opposable à l'ensemble des États.

§II. LA MULTIPLICATION DES INSTITUTIONS DE SAUVEGARDE ET DE PROMOTION DU DROIT À L'ALIMENTATION

280. – En raison des nombreuses évolutions que connaît le droit international depuis près d'un siècle, il n'est plus concevable d'étudier la gouvernance interétatique de l'alimentation en se cantonnant à une interprétation littérale de l'article 38 du Statut de la Cour internationale de justice. La société internationale juxtapose désormais un *« droit relationnel »*[3], fondé sur les rapports juridiques qu'entretiennent les États en tant que sujets primaires du droit international, à un *« droit institutionnel »*[4], que caractérisent les organisations internationales[5] en tant que nouveaux sujets secondaires.

281. – Depuis la mise en place des Nations Unies, la diversification des sources normatives du droit à l'alimentation s'est donc accompagnée d'une prolifération

---

[1] De la sorte, lorsqu'un appel de détresse alimentaire est lancé, en fonction de la gravité, de son urgence et de son origine, il sera aisé de savoir de qui doit émaner la réponse et qui prend le relais en cas de défaillance objective du premier responsable. Comme la production agricole est suffisante, une solution sera trouvée, et cela indépendamment du niveau concerné (fût-t-il universel).

[2] Les droits substantiels sont un ensemble de règles de fond qui régissent un domaine particulier du droit, par opposition aux règles de procédure, qui elles sont un ensemble de démarches à accomplir dans le cadre d'une action en justice.

[3] E. Decaux, « Déclarations et conventions en droit international », *Les Cahiers du Conseil constitutionnel, op.cit.*

[4] *Ibid.*

[5] Les organisations internationales sont créées par les États, au moyen de traités constitutifs qui obéissent eux aussi aux règles de la Convention de Vienne (art. 5). Et sur le terrain politique, elles reflètent la volonté collective des États-membres. Cependant, une organisation internationale dispose d'une personnalité juridique propre, et d'une volonté collective autonome. De pars ses statuts, l'organisation internationale a une dynamique qui se traduit dans des traités et des actes unilatéraux, voire dans des coutumes.

d'acteurs institutionnels chargés d'assurer sa mise en œuvre, ou d'en promouvoir l'importance au sein des droits de l'homme. Ces organisations générales ou spécialisées, bien qu'indispensables à l'essor et à la réalisation du droit à l'alimentation, n'en demeurent pas moins perfectibles au moyen de réformations structurelles et statutaires.

282. – Dans ce contexte, il est compréhensible d'étudier les dynamiques insufflées par ces organismes en termes de sauvegarde et de protection du droit à l'alimentation (A), et d'entrevoir, par la suite, les voies d'amélioration dont elles pourraient faire l'objet (B).

A. L'APPORT DES ORGANISATIONS INTERNATIONALES DANS LA MISE EN ŒUVRE DU DROIT À L'ALIMENTATION

283. – Différentes typologies peuvent s'envisager pour étudier les institutions d'encadrement du droit à l'alimentation sur la scène internationale. Empiriquement, la première d'entre elles conduit à classer ces organismes selon qu'ils sont, ou non, rattachés à l'ONU. Un regroupement par thème, en fonction du caractère général ou spécial de l'action visée par l'institution, pourra ensuite s'opérer. Dès lors, une présentation des institutions indépendantes de l'ONU (2), après avoir envisagé les spécificités de celles qui en émanent (1), semble convenir à ce travail de nomenclature.

1. Le morcellement des organismes à vocation universelle

284. – Le système des Nations Unies ne repose pas uniquement sur les principaux organes[1] de l'ONU, mais aussi sur de nombreux programmes, fonds et agences spécialisées. Par ailleurs, chacune de ces entités a sa propre direction, son propre budget et ses propres États membres. En conséquence, il est intéressant de se pencher sur les programmes et les fonds des Nations Unies pouvant concourir, même indirectement, à la réalisation du droit à l'alimentation (a), puis sur la place qu'occupent les agences spécialisées dans cette mise en œuvre (b).

---

[1] Les organes principaux de l'ONU, établis lors sa création en 1945, sont l'Assemblée générale, le Conseil de sécurité, le Conseil économique et social, le Conseil de tutelle, la Cour internationale de Justice et le Secrétariat.

a. Programmes et fonds des Nations Unies

285. – Parmi les entités visées ici, toutes ne participent pas activement et directement à la construction du droit à l'alimentation. Certaines le font par ricochet, car le thème de leur action, laquelle est définie dans leur traité constitutif, rejoint parfois de manière très éloignée celui de l'alimentation. De fait, une analyse des organisations à vocation générale (1) semble devoir précéder celle des organisations à vocation spéciale (2).

1) Les entités œuvrant indirectement à la défense du droit à l'alimentation

286. – En premier lieu, il est possible de considérer le Haut-Commissariat pour les réfugiés (ci-après HCR), dont l'une des principales missions consiste à aider les réfugiés, partout à travers le monde, dans leurs démarches visant leur réinstallation dans un pays tiers. L'accès au logement et à l'alimentation sont intimement liés et interdépendants. En favorisant la sédentarisation des réfugiés, le HCR participe à l'effectivité d'autres droits de l'homme, dont le droit à l'alimentation fait bien sûr partie[1].

287. – Le Fonds des Nations Unies pour la population (ci-après UNFPA)[2] apporte, quant à lui, une protection spécifique aux femmes et aux enfants, en ce qu'il veille à ce que *« chaque accouchement soit sans danger et (à ce que) le potentiel de chaque jeune soit réalisé »*[3]. Ici, c'est notamment par le truchement du droit à la vie et à la santé que le droit à la nourriture saine et en quantité suffisante est réalisé.

288. – La Conférence des Nations Unies sur le commerce et le développement (ci-après CNUCED)[4] a cela d'intéressant qu'elle défend et promeut le développement, entendu au sens large du terme, à l'aune du commerce international. Ce faisant, cet organe subsidiaire de l'Assemblée générale des Nations Unies tend à intégrer les pays émergents dans l'économie mondiale en luttant contre la pauvreté. Le droit au travail n'étant pas éloigné de l'accès à

---

[1] Parmi les autres droits qu'entraîne et facilite l'accès au logement, il est également possible de mentionner le droit au travail et à la santé.

[2] L'UNFPA, créé en 1967, est la plus grande source des fonds de développement international pour la population. En travaillant avec des gouvernements et des ONG dans plus de 140 pays, le fonds développe des activités, notamment tournées vers le droit à la santé et l'égalité des chances, venant en aide aux femmes et aux enfants.

[3] Ici, voir : http://www.unfpa.org/fr [consulté le 15 octobre 2016]

[4] Le CNUCED a été créé en 1964 et cherche à affirmer la cohésion des pays du Sud autour d'une revendication majeure : des échanges commerciaux rééquilibrés, ce qui suppose l'accès des pays du Sud aux marchés du Nord et l'amélioration des termes de l'échange. En effet, les pays du Tiers Monde considéraient que les principes libéraux fixés par le GATT ne répondaient pas à leurs problèmes spécifiques. Enfin, elle a été l'un des principaux acteurs du concept de "Nouvel ordre économique international" (N.O.E.I).

l'alimentation, cette organisation œuvre donc à rebours dans la réalisation du droit à l'alimentation.

289. – Qui plus est, le Programme des Nations Unies pour l'environnement (ci-après PNUE)[1], en assurant la défense de l'environnement mondial, contribue lui aussi à la construction du droit à l'alimentation. Placé au cœur de ses activités, le développement durable constitue la principale variable d'ajustement visant l'amélioration de la qualité de vie des populations actuelles et à venir. L'environnement est un vecteur puissant de l'alimentation, comme en témoigneront, plus loin, certains passages de cette thèse. Il est donc légitime de le prendre en compte.

290. – Une attention peut enfin porter sur ONU-Femmes et ONU-Habitat, faisant respectivement de l'égalité des sexes un prérequis de l'autonomisation des femmes, et de l'environnement durable une condition nécessaire à ce que chacun puisse bénéficier d'un abri adapté. Le droit à l'alimentation est cette fois-ci défendu par le truchement du droit à une vie familiale normale, et à l'aune du droit à un logement décent.

2) Les entités œuvrant directement à la défense du droit à l'alimentation

291. – Parmi les entités les plus actives de l'ONU dans la lutte contre la faim et l'extrême pauvreté se trouve le Programme alimentaire mondial (ci-après PAM)[2]. Avec un budget annuel dont le coût a dépassé le milliard de dollars à partir des années 2000, le PAM constitue actuellement l'organisation humanitaire la plus importante ainsi que le plus grand pourvoyeur d'aide alimentaire au monde[3]. Chaque année, le programme nourri pas moins de 80 millions de personnes dans près de 80 pays[4].

292. – Entièrement financée par des contributions volontaires, le PAM dépêche de la nourriture là où elle fait défaut pour sauver les vies des victimes de guerre, de conflits et de catastrophes naturelles. Une fois cette urgence passée, la nourriture est utilisée pour aider les communautés à se reconstruire[5].

[1] Le PNUE a été créé en 1972, et a pour but de coordonner les activités des Nations Unies dans le domaine de l'environnement.
[2] À la suite d'une série de catastrophes durant l'année 1962, l'Assemblée générale des Nations unies décida en 1963 de créer le PAM pour venir en aide aux personnes les plus démunies au monde. Son but principal est d'apporter une aide d'urgence aux populations souffrant de la faim, mais l'aide au développement fait également partie de son travail. Par ailleurs, le PAM vise à réduire le taux de mortalité infantile, à améliorer la santé des femmes enceintes et à lutter contre la carence de micronutriments et contre les maladies comme le VIH/SIDA. Pour aller plus loin, voir : http://fr.wfp.org/node/100 [consulté le 23 octobre 2016]
[3] *Ibid.*
[4] *Ibid.*
[5] *Ibid.*

Tourné vers des objectifs ciblés, le PAM s'évertue à la fois de protéger les moyens de subsistance dans les situations d'urgence, de soutenir un niveau convenable de sécurité alimentaire et de nutrition, de satisfaire les besoins alimentaires des communautés ainsi que de réduire la malnutrition[1].

293. – L'autre entité incontournable de l'ONU visant l'éradication de la pauvreté est le Programme des Nations Unies pour le développement (ci-après PNUD)[2]. Présent dans près de 170 pays et territoires, le PNUD joue un rôle critique en aidant les pays à réaliser les objectifs de développement durable. En relation étroite avec les gouvernements et la société civile, cet organe de l'ONU s'efforce de donner aux peuples l'accès aux connaissances et aux ressources dont ils ont besoin pour se construire une vie meilleure.

294. – Cette étude peut se conclure avec une présentation du Fonds des Nations Unies pour l'enfance (ci-après UNICEF), dont la mission consiste à apporter une assistance humanitaire et un soutien au développement pour les mères et les enfants. Afin de libérer le potentiel des enfants à l'école, l'UNICEF concentre son action pendant les mille premiers jours qui vont du début de la grossesse d'une mère au second anniversaire de l'enfant. L'organe onusien profite de cette période pour promouvoir l'allaitement maternel et apporter une alimentation complémentaire aux femmes enceintes et à leurs enfants.

295. – Ces investissements dans l'alimentation des nouveau-nés produisent des résultats probants en termes de survie, de santé et de développement de l'enfant. Bien nourris, les jeunes grandissent et apprennent mieux, participent mieux aux activités de la communauté à laquelle ils appartiennent et résistent mieux à la maladie, aux conséquences des catastrophes naturelles et aux autres crises que connaît notre planète.

b. Les institutions spécialisées des Nations Unies

296. – Indépendantes, ces institutions travaillent avec l'ONU dans de nombreux domaines, et répondent, pour certaines d'entre elles, à des besoins nouveaux. Tout comme les programmes et les fonds, elles ne pourvoient pas toutes, à titre principal, à la consolidation du droit à l'alimentation. De fait, il convient de les

---

[1] Voir voir : http://fr.wfp.org/node/100 [consulté le 17 novembre 2021]

[2] Les origines du PNUD remontent aux années 1950 avec la création par l'Assemblée générale des Nations unies du Programme élargi d'assistance technique (PEAT ou EPTA en anglais) et la mise en place en décembre 1958 du Fonds spécial des Nations unies (FSNU). Les activités proches de ces deux organisations ont conduit l'Assemblée générale à décider de leur fusion par la résolution 2029 et la création au 1er janvier 1966 du PNUD. Voir : http://www.undp.org/content/undp/fr/home/ourwork/overview.html [consulté le 23 octobre 2016]

présenter selon qu'elles présentent (2) ou non (1), un lien de rattachement direct au droit à l'alimentation.

1) Les organes concourant indirectement à la protection du droit à l'alimentation

297. – En apportant une assistance financière temporaire aux pays dont l'économie serait en difficulté ou dont la balance des paiements serait mal ajustée, le Fonds monétaire international (ci-après FMI) promeut la croissance économique et le plein emploi. Ce faisant, cette institution spécialisée de l'ONU concourt bien, à l'image de l'action menée par la CNUCED, à la réduction de la pauvreté sous le prisme du droit au travail.

298. – C'est également le cas de l'Organisation internationale du travail (ci-après OIT), qui vise à assurer pour tous un travail décent. Pour y parvenir, l'OIT met en place un certain nombre de normes relatives à la liberté d'association, à la négociation collective ou encore à l'abolition du travail forcé. En plus de défendre l'accès au travail, et donc à l'alimentation, cet organe des Nations Unies préserve la dignité humaine des travailleurs, ce qui en fait un acteur important de la construction du droit à l'alimentation.

299. – L'Organisation mondiale de la santé (ci-après OMS) fait quant à elle autorité en matière de santé publique. Elle mène des campagnes de vaccination et vise l'élimination de certaines maladies mortelles telles que la polio et le paludisme (voire même de certaines épidémies de grippe). C'est via l'amélioration de l'accès aux soins en particulier, et donc à la santé en général, que l'OMS participe à la réalisation du droit à l'alimentation. Ici, le lien de rattachement est donc analogique à celui que connaît l'UNFPA.

300. – Par ailleurs, l'Organisation des Nations Unies pour l'éducation, la science et la culture (ci-après UNESCO) a cela d'intéressant qu'elle défend, au titre des différentes missions que lui incombe son traité constitutif, le développement durable et la diversité de la vie sur terre et dans l'océan[1]. Ainsi, la Commission océanographique intergouvernementale de l'UNESCO (ci-après COI-UNESCO) tend d'une part à améliorer l'état des connaissances actuelles afférentes à la nature et aux ressources des océans et des forêts, mais vise également l'approfondissement des données relatives à l'environnement.

301. – De ce point de vue-là, il est tout à fait possible de rattacher l'UNESCO au PNUE, car leurs actions respectives permettent, par le truchement du droit à l'environnement, d'affermir et de consolider les bases structurantes du droit à l'alimentation.

[1] Voir : http://fr.unesco.org/themes/planète-océan [consulté le 24 octobre 2016]

302. – Pour finir, il semble opportun d'évoquer l'Organisation mondiale de la propriété intellectuelle (ci-après OMPI), qui est l'instance mondiale pour les services, les politiques, l'information et la coopération en matière de propriété intellectuelle. L'étude de l'OMPI sera indispensable dans le cadre de cette thèse[1], car elle facilite l'introduction des droits de propriété intellectuelle internationale dans l'agriculture traditionnelle, ce qui pose des difficultés pour l'alimentation des populations concernées.

2) Les organes concourant directement à la protection du droit à l'alimentation

303. – L'Organisation des Nations Unies pour l'alimentation et l'agriculture (ci-après FAO) représente, au même titre que le PAM, l'une des principales agences de l'ONU pour la lutte contre la faim dans le monde. Placée au cœur de ses activités, la sécurité alimentaire est envisagée pour tous, et doit revêtir les prérequis indispensables à ce que les individus aient un accès régulier à une nourriture de bonne qualité pour leur permettre de mener une vie saine et active.

304. – Ses principaux objectifs consistent donc en l'éradication de la faim, de l'insécurité alimentaire et de la malnutrition, mais aussi en l'élimination de la pauvreté, ce qui sous-tend le progrès social pour tous. La FAO promeut enfin une gestion durable des ressources naturelles, dont l'eau fait bien sûr partie. Cette agence de l'ONU émet de nombreuses recommandations dont l'analyse sera très utile à entreprendre dans le cadre de cette thèse.

305. – D'autre part, l'ONU peut compter sur le travail de la Banque mondiale (ci-après BM), qui combat elle aussi l'extrême pauvreté en privilégiant des prêts à taux réduits ou en offrant des crédits sans intérêt aux pays en développement. Ce faisant, elle concourt non seulement à l'amélioration des niveaux de vie, mais aussi à la défense du droit à l'alimentation.

306. – Parmi les cinq institutions qui composent la BM, deux méritent une attention toute particulière. La première est l'Association internationale de développement (ci-après AID), puisqu'elle aide les pays les plus pauvres de la planète en stimulant leur économie, en réduisant leurs inégalités et en améliorant la vie des plus démunis. Pour y parvenir, l'AID accorde des crédits adaptés, et procède à l'affectation des dons reçus à des programmes spécifiques.

307. – La seconde est la Banque internationale pour la reconstruction et le développement (ci-après BIRD), en ce qu'elle aide, entre autres, les pays en développement à réduire la pauvreté, promouvoir la croissance économique et bâtir la prospérité. Dans cette perspective, elle facilite l'accès des pays aux

---

[1] L'OMPI sera étudiée dans le quatrième chapitre de la première partie de cette thèse.

marchés financiers à des conditions souvent plus favorables que celles qui auraient pu être obtenues sans son appui.

308. – La BM place donc, comme le font la CNUCED et l'OIT, le commerce international au cœur de la lutte contre l'extrême pauvreté. L'économie mondiale sert ainsi de puissant levier d'action pour servir les droits de l'homme en général, et parfaire le droit de chaque être humain à se nourrir en particulier. Les antagonismes entre les intérêts purement financiers des acteurs étatiques et les coûts que représentent les droits sociaux ne sont alors pas, comme en attestent les actions menées par ces organes de l'ONU, si insurmontables que cela[1].

309. – Il est maintenant possible d'achever cette présentation en évoquant successivement le Fonds international de développement agricole (ci-après FIDA) ainsi que l'Organisation des Nations Unies pour le développement industriel (ci-après ONUDI), concourant eux-aussi à l'élimination de la pauvreté. Le FIDA travaille en étroite collaboration avec les populations rurales pauvres des pays en développement pour les aider à garantir leur sécurité alimentaire, à accroître leur productivité et leur revenu, mais aussi à améliorer leur qualité de vie.

310. – L'ONUDI poursuit peu ou prou les mêmes objectifs en milieu urbain en ce qu'elle promeut le développement industriel, la mondialisation inclusive et la sauvegarde d'un environnement durable. Pour ce faire, elle conseille et accompagne les pays en voie de développement dans l'élaboration de politiques adaptées à leur industrie, et les aide à créer, ou à améliorer leur potentiel dans ce secteur[2].

2. Le manque d'organismes à vocation régionale

311. – Au niveau régional, les institutions de sauvegarde et de promotion du droit à l'alimentation ne croissent pas autant que leurs homologues universels. Rares sont celles qui, depuis la mise en place des Nations Unies, conspirent à l'avènement d'un authentique droit fondamental à l'alimentation. En revanche, ce niveau est devenu le théâtre privilégié des organisations non-gouvernementales, dont l'expertise et le champ d'action se sont largement diversifiés pour satisfaire aux exigences qu'implique toute participation à la prise de décision. Ces éléments

---

[1] En tant qu'organisation apparentée, l'OMC ne figure pas dans cette étude des agences spécialisées de l'ONU. Cela dit, elle régente presqu'entièrement le commerce international en offrant une enceinte de négociation des accords économiques et de résolution contentieuse des litiges qui découlent de leur application. Bien qu'elle n'en soit pas le principal dépositaire, son rôle reste bien sûr essentiel dans l'optique de mettre à contribution l'économie mondiale pour lutter contre la pauvreté. L'OMC sera de nouveau abordée dans le quatrième chapitre de la première partie de cette thèse.

[2] Voir : http://www.unido.org/who-we-are/unido-in-brief.html [consulté le 26 octobre 2016]

feront donc l'objet du second chapitre de cette thèse. Il reste néanmoins possible de présenter les quelques organisations internationales présentes au sein du système interaméricain (a), ainsi qu'au niveau africain (b).

a. Les rares exemples du niveau régional interaméricain

312. – Avec l'appui de la FAO, les pays et organisations de la région se sont engagés, dans le cadre de l'Initiative Amérique latine et les Caraïbes libérées de la faim (ci-après IALCSH)[1], à prendre toutes les mesures nécessaires d'ici 2025 pour éradiquer définitivement la faim. L'IALCSH vise donc l'intégration du droit à l'alimentation dans les mesures régionales relatives à la sécurité alimentaire.

313. – Cet objectif commun devrait se solder par l'adoption de certains cadres juridiques nécessaires à la promotion et à la protection du droit à l'alimentation, par la mise en place d'entités internationales chargées de coordonner et de suivre les négociations pour accroître la sécurité alimentaire, et enfin par l'acceptation de plusieurs stratégies, programmes et plans visant spécifiquement l'éradication de la faim et de l'extrême pauvreté.

314. – En attendant d'y parvenir, l'IALCSH travaille en étroite collaboration avec le Programme spécial pour la sécurité alimentaire, afin d'ajuster la dépense publique en faveur de la sécurité alimentaire et de la nutrition en Amérique centrale[2]. Bénéficiant du soutien du bureau juridique de la FAO, l'IALCSH tente par ailleurs de renforcer les règles juridiques actuelles afin de parfaire la réalisation du droit à l'alimentation.

315. – Concernant la communauté d'États latino-américains et caraïbes (ci-après CELAC), elle revêt elle aussi une importance particulière en Amérique latine. Regroupant les 600 millions d'habitants des 33 États d'Amérique latine et des

---

[1] L'IALCSH (comme la version espagnole de l'acronyme *« Iniciativa América Latina y Caribe sin Hambre »*) est une stratégie régionale de sécurité alimentaire soutenue par la FAO. En effet, *« l'Amérique latine et les Caraïbes se sont engagées à éliminer la faim et la malnutrition en l'espace de moins de 10 ans, et la FAO collaborera étroitement avec les pays pour atteindre ce but »*, a souligné José Graziano da Silva, Directeur général de la FAO.

[2] L'étude préliminaire avance à partir de l'analyse de base réalisée par l'Institut centraméricain d'études fiscales (ICEFI). L'étude contribuera à promouvoir un processus de dialogue structuré entre les parties prenantes aux échelons national et régional sur la nécessité d'accroître la dépense publique au profit de la sécurité alimentaire et de la nutrition en Amérique centrale, et d'améliorer l'efficience des budgets nationaux en mettant l'accent sur le droit à l'alimentation. Ce processus a pour objectif d'accroître la sensibilisation et de fournir un outil d'analyse aux parlementaires de l'Amérique centrale (PARLACEN, FOPREL), impliquant d'autres institutions régionales telles que l'Initiative Amérique latine et les Caraïbes libérées de la faim (IALCSH), le Programme régional de sécurité alimentaire et nutritionnelle pour l'Amérique centrale (PRESANCA) du Système d'intégration centraméricaine (SICA), le projet RUTA, l'Institut centraméricain d'études fiscales (ICEFI) et le Bureau sous-régional de la FAO pour l'Amérique centrale.

Caraïbes, cette organisation intergouvernementale est le résultat d'accords multilatéraux visant la paix et le développement socio-économique dans la région.

316. – Tout comme l'IALCSH, la communauté CELAC s'est engagée, à travers un plan d'action pour la sécurité alimentaire et la nutrition, à éradiquer définitivement la faim et l'extrême pauvreté d'ici 2025. En conséquence, des politiques nationales, sous régionales et régionales, ainsi que des programmes et des stratégies ont été adoptés afin de renforcer tous les aspects de la sécurité alimentaire dans la région. Le Plan CELAC est l'autre stratégie régionale pour la sécurité alimentaire soutenue par la FAO[1].

317. – Cette volonté d'optimiser la sécurité alimentaire en Amérique latine et dans les Caraïbes trouve une dernière illustration avec la mise en place, dans le cadre du système économique latino-américain, d'un comité d'action pour la sécurité alimentaire régionale[2]. Cet organisme intergouvernemental régente un système de sécurité alimentaire en vue de l'autosuffisance alimentaire et de l'élimination des carences nutritionnelles dans les pays de la région.

318. – Ce comité d'action soutient donc les plans alimentaires nationaux et a également coopéré en 1986 avec la Banque mondiale, le Conseil mondial de l'alimentation et la Banque interaméricaine de développement afin de coordonner ses actions avec d'autres acteurs impliqués dans la lutte contre la faim et l'extrême pauvreté[3].

b. Les rares exemples niveau régional africain

319. – L'ampleur des famines qu'ont connues l'Éthiopie et la Somalie à la fin du XXe siècle a conduit les chefs d'États de l'ex Organisation de l'Unité africaine à mettre en place, dès 1991, la Communauté économique africaine (ci-après CEA)[4]. Au titre des différentes missions dévolues à cette organisation

[1] Ici, voir : http://www.fao.org/news/story/fr/item/386193/icode/ [consulté le 29 octobre 2016]

[2] Le *« Comité de Accion sobre Serguidad alimentaria regional »* a été créé par la décision n° 127 de la 3e réunion ordinaire du conseil du système économique latino-américain.

[3] Conseil mondial de l'alimentation, « Rapport de la consultation ministérielle sur les politiques et stratégies alimentaires et Amérique latine et dans les Caraïbes », doc. WFC/1986/6, cité par Amnesty International, dans un rapport « Dignité et droits humains », p. 28.

[4] L'Afrique est le premier continent à créer, en 1991, une communauté économique regroupant l'ensemble des États, alors qu'il est le dernier à émerger sur la scène internationale, puisque la majorité des pays africains étaient encore des territoires coloniaux au début des années 60. Par un étonnant paradoxe, ce sont les jeunes États d'un continent nouveau qui osent un pari que les nations plus anciennes des autres continents n'ont pas osé. Ici, voir A. Mahiou, « La communauté économique africaine », *Annuaire français de droit international*, vol. 39, n° 1, 1993, pp. 798-819.

intergouvernementale, figurent bien sûr la lutte contre les calamités naturelles et les fléaux, telles que les maladies agricoles[1].

320. – De plus et surtout, la CEA promeut le développement agricole et la sécurité alimentaire dans la région en prescrivant d'une part la réduction des pertes dans la production alimentaire, mais aussi en apportant une fourniture et une assistance alimentaire aux membres de la communauté placés en situation de pénurie[2].

321. – Les mêmes défis avaient déjà incité certains États africains a instauré, au début des années 1970 à la suite de la terrible sécheresse[3], le Comité permanent inter États de lutte contre la sécheresse dans le Sahel[4]. Toujours en activité, ce comité mène plusieurs stratégies nationales de sécurité alimentaire et de lutte contre la désertification. Il met aussi en place des plans d'action nationaux pour les énergies domestiques.

322. – Née de la Charte de Lomé en 2000, la nouvelle Union africaine a quant à elle institué le Nouveau Partenariat pour le Développement de l'Afrique (ci-après NEPAD) en 2001. Ce partenariat pour le développement socio-économique du continent représente un véritable cadre stratégique pour l'Afrique du XXe siècle. L'éradication définitive de l'extrême pauvreté ainsi que la promotion du développement durable font partie de ses objectifs.

323. – Une présentation du Réseau africain pour la promotion du droit à l'alimentation peut, en dernier lieu, être envisagée. C'est un atelier régional organisé par l'ONG béninoise Sœurs Unies à l'œuvre et auquel participeront des représentants de la société civile de 18 pays africains qui sera à l'origine du lancement solennel de ce réseau.

324. – Cette organisation internationale offre un cadre en vue d'actions coordonnées aux niveaux sous-régional et régional. Elle coopère avec d'autres

---

[1] Art. 46 du Traité d'Abuja du 3 juin 1991 instituant la Communauté économique africaine.

[2] *Ibid.*

[3] Depuis 1970 environ, le Sahel ouest africain subit un déficit pluviométrique sans précédent au XXe siècle. Les conséquences de plusieurs années successives de sécheresse, en particulier en 1973 puis en 1983-84, se manifestent non seulement sur les paysages (désertification, variations de surface et de profondeur du lac Tchad, modifications sensibles du débit de certains cours d'eau, variations de niveau des nappes phréatiques etc.), mais aussi et surtout sur les activités humaines : agriculture, alimentation en eau potable, projets hydrauliques etc.

[4] Le Comité permanent inter États de lutte contre la sécheresse dans le Sahel a été créé le 12 septembre 1973 à la suite des grandes sécheresses qui ont frappé le Sahel dans les années 70. Il regroupe de nos jours treize (13) États membres dont 8 États côtiers (Bénin, Côte d'ivoire, Gambie, Guinée, Guinée-Bissau, Mauritanie, Sénégal, Togo), 4 États enclavés (Burkina Faso, Mali, Niger, Tchad) et 1 État insulaire (Cap Vert).

réseaux internationaux et veille surtout à ce que les États respectent leurs engagements vis-à-vis du droit à l'alimentation[1].

B. RÉFORME ET DÉMOCRATISATION DES ORGANISATIONS INTERNATIONALES

325. – La question de la réformation des entités internationales soulève différents enjeux qu'il semble opportun de traiter séparément, selon leur ordre de priorité, mais d'aucuns contestera que les finalités recherchées doivent être réalisables. Avant d'enfin les doter d'une meilleure représentativité et d'une plus grande transparence (2), comme l'encourage une partie de la doctrine, il paraît donc souhaitable de les redynamiser en les coordonnant (1). Partant, une assistance internationale institutionnalisée pour s'occuper des aides multilatérales (3) sera alors possible.

1. L'importance d'une meilleure coordination

326. – Si au niveau universel, le foisonnement institutionnel est actuellement favorable à la réalisation du droit à l'alimentation, il gagnerait néanmoins en cohérence et en efficacité[2] si était placée à sa tête la FAO[3]. De fait, celle-ci pourrait *« éviter les empiètements et les chevauchements entre les institutions universelles d'une part, et entre les institutions régionales d'autre part »*[4].

327. – Différemment présenté, la FAO pourrait coordonner et aiguiller l'action des entités de l'ONU en fonction de leur thème[5]. Toutes celles œuvrant spécifiquement dans la lutte contre la pauvreté (CNUCED, PNUD, FMI, AID, BIRD, FIDA, ONUDI) seraient ainsi amenées à collaborer, et à participer conjointement dans la réalisation de leur objectif commun. Il en irait de même

---

[1] Voir I. Appovo, *Le droit de l'homme à l'alimentation en République du Bénin, op.cit.*, pp. 24-25.

[2] L'efficacité d'une décision ou d'une action, c'est sa capacité à remplir ses objectifs. En droit de l'UE, le principe d'efficacité fait l'objet d'une affirmation à la fois politique et juridique. Quant à l'approche politique du principe, il faut se référer au Livre blanc de la Commission européenne de 2001, qui fait de l'efficacité l'un des corolaires de la bonne gouvernance. Ici, la Commission explique assez peu le principe d'efficacité, mais développe les moyens d'y parvenir. Juridiquement cette fois, l'efficacité est consacrée par les traités à différents endroits (art.13§1 TUE, art.17§6 TUE, art.210 du traité sur le fonctionnement de l'Union européenne (ci-après TFUE), art.222§4 TFUE), et est perçue comme l'un des objectifs de l'Union.

[3] Voir I. Apovo, *op.cit.*, p. 23.

[4] *Ibid.*

[5] La création d'un service ou d'un secrétariat placé sous l'autorité de la FAO pourrait être envisagée afin d'en avoir spécialement la charge.

pour celles agissant dans le domaine de la santé et de l'éducation (UNFPA, UNICEF, OMS).

328. – Cette synergie permettrait ainsi d'endiguer *« les dysfonctionnements et les incohérences dans la manière dont est gérée la situation alimentaire mondiale »*[1]. L'espace public mondial doit devenir la base de la communauté internationale universelle, ce qui suppose, au préalable, une bien meilleure coordination des acteurs institutionnels que celle à laquelle ils consentent aujourd'hui.

329. – L'intégration du droit à l'alimentation devrait également être repensée au niveau régional. À cette fin, certains auteurs préconisent l'instauration d'une organisation spécialisée dans toutes les régions où une telle structure n'existe pas encore[2].

330. – Il est en effet peu souhaitable de ne laisser qu'aux entités à vocation universelle le soin d'œuvrer au niveau régional, et encore moins recommandable de laisser sans homologues celles qui, à la marge ou en relation avec les gouvernements, sont actuellement présentes dans les régions.

331. – Les initiatives à l'origine du Plan CELAC et du NEPAD sont certes encourageantes, voire même indispensables, mais elles ne sont pas assez nombreuses, y compris dans les régions qui les ont prises. D'autres entités devraient être mises en place et coordonnées entre elles pour faire du niveau régional un échelon privilégié de la sauvegarde du droit à l'alimentation. Cet objectif paraît indispensable.

2. L'importance d'une meilleure représentativité et d'une plus grande transparence

332. – Dans la perspective de cette réformation globale des organisations internationales, la cohérence et l'efficacité ne semblent pas être les seuls corolaires de la bonne gouvernance auxquels il faudrait porter une attention

---

[1] Voir M. Darras-Sadik, *Nécessité d'une gouvernance mondiale alimentaire*, *op.cit.*, p. 43.
[2] Voir I. Apovo, *Le droit de l'homme à l'alimentation en République du Bénin*, *op.cit.*, p. 25.

particulière. Selon toute vraisemblance, la transparence[1] et la représentativité[2] devraient également avoir un rôle à jouer.

333. – À l'image de la Convention d'Aahrus[3] sur l'information du public en matière environnementale[4], les États-membres des Nations Unies pourraient songer à l'élaboration d'un accord international sur l'alimentation, et faire en sorte que la transparence y occupe également une place substantielle. Les Hautes Parties signataires y seraient soumises, au même titre que les organisations internationales[5], comme dans le cadre de cette convention de 1998 sur l'environnement.

334. – Les organismes concourant à la sauvegarde et à la protection du droit à l'alimentation auraient ainsi l'obligation de favoriser aussi bien l'accès aux documents administratifs que la mise à disposition de l'information publique sur Internet. Par analogie, le mouvement d'ouverture[6] couramment exigé par la

---

[1] En droit de l'UE, le principe de transparence vaut pour toutes les institutions, même si initialement, il ne vise qu'à réformer le Conseil. D'après l'article 15§3 du TFUE, *« chaque institution, organe ou organisme assure la transparence de ses travaux »*. Les institutions ne sont pas les seules concernées, les agences sont aussi débitrices de cette obligation de transparence. L'idée est bien sûr de favoriser la transparence de la fonction législative. Les textes eux-mêmes répondent à cette exigence de transparence (ici, penser à la motivation des actes prévue à l'article 296 du TFUE, ou encore à la publicité des actes, fixée à l'article 297§1 du TFUE).

[2] Pour le Professeur de droit public J.-M. Denquin, *« la représentativité vise à introduire une exigence de ressemblance entre représentants et représentés : elle suppose la représentation »*. Par ailleurs, il ajoute que *« la relation entre les deux paraît donc purement négative : elles n'ont en commun que d'être présentées comme des réponses à ce qu'il est convenu d'appeler la crise de la représentation »* ; ici, voir J.-M. Denquin, « Participation et représentativité », in P. de Montalivet (dir.), *Gouvernance et participation*, *op.cit.*, p. 109.

[3] La convention d'Aarhus sur l'accès à l'information, la participation du public au processus décisionnel et l'accès à la justice en matière d'environnement, signée le 25 juin 1998 par trente-neuf États, est un accord international visant à améliorer l'information environnementale délivrée par les autorités publiques, vis-à-vis des principales données environnementales, à favoriser la participation du public à la prise de décisions ayant des incidences sur l'environnement (par exemple, sous la forme d'enquêtes publiques) et à étendre les conditions d'accès à la justice en matière de législation environnementale et d'accès à l'information. Pour aller plus loin, voir : https://www.unece.org/fileadmin/DAM/env/pp/documents/cep43f.pdf [consulté le 12 novembre 2016]

[4] Les Parties à la Convention d'Aahrus reconnaissent que, dans le domaine de l'environnement, *« un meilleur accès à l'information et la participation accrue du public au processus décisionnel permettent de prendre de meilleures décisions et de les appliquer plus efficacement, contribuent à sensibiliser le public aux problèmes environnementaux, lui donnent la possibilité d'exprimer ses préoccupations et aident les autorités publiques à tenir dûment compte de celles-ci »* ; *Ibid.*

[5] D'après les dispositions de l'article 3§7 de la Convention d'Aahrus, *« Chaque Partie œuvre en faveur de l'application des principes énoncés dans la présente Convention dans les processus décisionnels internationaux touchant l'environnement ainsi que dans le cadre des organisations internationales lorsqu'il y est question d'environnement »*.

[6] En droit de l'Union européenne, l'affirmation expresse du principe d'ouverture est prévue dès l'article 1er TUE, lequel dispose que *« le présent traité marque une nouvelle étape dans le processus créant une Union*

société civile en matière d'environnement trouverait donc à s'appliquer à l'alimentation.

335. – Pour certains auteurs, la construction d'une authentique gouvernance mondiale alimentaire et agricole qui serait à la fois responsable et durable *« ne peut se faire sans la formation d'une légitimité politique transparente à toutes les échelles territoriales (locale, étatique, régionale et mondiale) »*[1]. De fait, transparence et représentativité devraient s'atteler à la FAO en général, et à l'OMC en particulier[2].

336. – Cette démocratisation des principaux organismes à vocation universelle permettrait aux pays les plus pauvres *« d'être représentés dans les instances de négociation du commerce internationale et agricole »*[3], et de pourvoir à l'avènement d'une coopération *« équilibrée, juste et durable »*[4] entre les pays du Sud et ceux du Nord.

3. L'importance d'une assistance internationale institutionnalisée en matière d'aide publique au développement

337. – Remettant en cause les bien-fondés du consensus de Washington[5], certains auteurs défendent que *« la planification du développement et le rôle de régulation de l'État dans l'évolution économique des pays ne doivent plus être supplantés par la logique marchande de l'ajustement »*[6].

338. – De fait, ils veulent se défaire de cette *« nouvelle orthodoxie fondée sur les principes du respect des règles du marché, du retrait de l'État et des avantages comparatifs »*[7], qui, selon eux, ne fait qu'infléchir la pratique des institutions vers

---

sans cesse plus étroite entre les peuples d'Europe, dans laquelle les décisions sont prises dans le respect du principe d'ouverture ». Ce principe figure également à l'article 10 TUE, lequel prévoit que *« les décisions sont prises aussi près que possible des citoyens ».*

[1] Voir M. Darras-Sadik, *Nécessité d'une gouvernance mondiale alimentaire*, *op.cit.*, p. 9.

[2] *Ibid*, p. 43.

[3] *Ibid.*

[4] *Ibid*, p. 44.

[5] Le consensus de Washington est un corpus de mesures standard appliquées aux économies en difficulté face à leur dette (notamment en Amérique latine) par les institutions financières internationales siégeant à Washington (Banque mondiale et Fonds monétaire international) et soutenues par le département du Trésor américain. La mise en œuvre de ce consensus s'est traduite par une dépossession d'un grand nombre de pays, en particulier d'Afrique subsaharienne, de la maîtrise de leurs orientations stratégiques.

[6] G. Azoulay, « Les nouvelles formes de l'aide publique au développement et l'éventuel « retour de l'État » dans les pays d'Afrique subsaharienne », *Mondes en développement*, n° 153, 2011, pp. 57-70.

[7] *Ibid.*

l'objectif de lutte contre la pauvreté, et ainsi remettre au cœur du débat l'efficacité de l'aide publique au développement[1].

339. – La Déclaration de Doha sur le financement du développement durable allait dans le même sens en affirmant que *« la prise en main et la maîtrise des stratégies de développement durable par les pays et la bonne gouvernance sont des facteurs importants pour la mobilisation efficace des ressources financières nationales et pour la promotion d'une croissance économique soutenue et d'un développement durable »*[2].

340. – Les pays devraient recouvrer une prérogative perdue : celle de concevoir et de mettre en œuvre leurs propres politiques d'aide publique au développement. La réformation des entités internationales doit y pourvoir. Pour y parvenir, il devient alors nécessaire de doter toutes les régions d'institutions et de procédures qui assureraient de manière fiable et durable l'orientation à long terme du système économique et social dans son ensemble.

341. – Les régions à faibles revenus et à déficit alimentaire pourraient tirer profit de ces évolutions en bénéficiant d'une assistance internationale institutionnalisée en vue d'*« assurer l'accroissement de leurs capacités alimentaires »*[3]. Une partie de la doctrine souhaiterait par ailleurs que la communauté internationale classe ces ressources dans le patrimoine commun de l'humanité[4], ce qui semble être une avancée à la fois nécessaire et attendue.

---

[1] Pour G. Azoulay, *« Une étape importante est intervenue à l'issue des forums de Rome (2003) et de Paris (2005) sur l'efficacité de l'aide. Les formes nouvelles d'aide publique au développement proposées lors de ces forums, au-delà de leur objectif principal d'accroissement de son efficacité, semblent autoriser la remise en cause de l'un des fondements essentiels du consensus : le retrait de l'État et sa dépossession de la maîtrise des politiques économiques et des stratégies de développement. Cette remise en cause se traduit, entre autres éléments, par l'adoption du concept d'« alignement » qui est susceptible de constituer un bouleversement du rôle des États. Le contexte général de cette évolution est celui du débat sur l'efficacité de l'aide publique au développement devenu, depuis la fin des années 1990, une préoccupation croissante de la communauté des bailleurs. Cette question s'inscrit donc dans une volonté affirmée de la communauté internationale au travers des Objectifs du Millénaire pour le développement. »* ; « Les nouvelles formes de l'aide publique au développement et l'éventuel « retour de l'État » dans les pays d'Afrique subsaharienne », *op.cit.*

[2] Pour aller plus loin, voir : http://www.ipu.org/splz-f/finance09/doha.pdf [consulté le 18 novembre 2016]

[3] S. Graven Demuylder, *Le droit de l'homme à la nourriture*, Université de Genève, 1995, p. 51 et ss.

[4] Classer ces ressources dans le patrimoine commun de l'humanité *« impliquerait pour tous les membres de la communauté internationale l'obligation de conserver et de protéger les facteurs de production alimentaire »* ; ici, voir M. Bedjaoui, « Les ressources alimentaires essentielles en tant que patrimoine commun de l'humanité », in *Revue Algérienne des relations internationales*, 1986, p. 15 et s. Par ailleurs, le chapitre V du Pacte mondial de sécurité alimentaire, adopté sous l'égide du Comité de la sécurité mondiale de la FAO en 1985, affirme *« l'obligation sacrée que les hommes ont les uns envers les autres en*

Section II. **LES SPÉCIFICITÉS DU DROIT À L'ALIMENTATION DANS LE DROIT DE L'UNION EUROPÉENNE**

342. – Censément, la question du droit à l'alimentation au sein de l'Union européenne revêt un enjeu idéologique majeur. En effet, la reconnaissance de certains droits sociaux supposerait-elle de maintenir la logique intergouvernementale dont José Barroso, ancien président de la Commission européenne, pensait qu'elle *« pourrait être la mort de l'Europe telle que nous la voulons »*[1], ou alors de privilégier l'avènement des principes fédératifs et la limitation du rôle de l'État-Nation au sein des rapports interinstitutionnels ?

343. – L'existence de ce débat tient à la spécificité même de cette organisation internationale d'intégration, et plus exactement de cette fédération d'États-Nations qu'est l'Union européenne. De cette sorte, poser la définition de l'Union européenne et du droit de l'Union européenne sous l'angle du droit international classique permet d'avoir un élément de réponse très pertinent, bien qu'incomplet.

344. – En fait, il y a ici deux hypothèses : soit il s'agit d'un État fédéral, comme aux États-Unis ou en Allemagne, avec une seule nation composée d'États fédérés, soit il est question d'un regroupement de nations, à savoir une confédération, comme c'est le cas de l'ONU. Autrement dit, soit le droit est propre à l'État, comme c'est le cas dans un État fédéral, soit le droit régit les relations entre les États, comme c'est le cas dans une confédération. Le droit de l'Union européenne est encore différent de ces deux cas de figure : en même temps qu'il regroupe des États souverains, il est animé par une dynamique fédérale qui l'amène, *in fine*, à gouverner directement les individus au sein de l'Union.

345. – Autrement dit, *« deux approches génériques continuent de dominer l'étude de l'intégration européenne, la première met l'accent sur l'action entre des États-Nations, l'autre sur l'émergence d'un espace d'action politique dont les composants se situent au-delà des seuls États »*[2].

346. – C'est très précisément en raison de cet utilitarisme ambivalent qu'ont toujours été freinées les acceptions politiques, sociales et laïques de l'Union

---

matière de sécurité alimentaire et principalement les plus riches à l'égard des plus pauvres », et rappelle *« la responsabilité des agriculteurs de conserver les ressources productives pour les générations futures »*.

[1] J.-M. Barroso, tiré de son discours annuel devant le Parlement européen sur l'état de l'Union – Strasbourg, 29 septembre 2001.

[2] C. Lequesnes et A. Smith, « Union européenne et science politique : où en est le débat théorique ? », *Cultures & Conflits*, hiver 1997, p. 2.

européenne. Cette Europe *« inachevée »*[1] ferait donc obstacle à l'avènement de certains droits vitaux[2], parmi lesquels peut figurer le droit à l'alimentation. Pourquoi les États-membres consentiraient-ils à consacrer régionalement ce droit, alors qu'ils ne le retranscrivent déjà pas dans leur propre constitution[3] ?

347. – L'étude du statut juridique de l'alimentation dans le droit de l'Union européenne démontrera qu'il s'agit d'un bien de consommation tout à fait classique, auquel il faut, surtout depuis l'apparition des différentes crises sanitaires[4], attacher une importance renouvelée en matière qualitative (§I). L'étude approfondie de la rénovation de ce statut mettra quant à elle en avant les différents obstacles à la reconnaissance normative d'un véritable droit fondamental à l'alimentation (§II). Cette approche aura l'avantage de déterminer en quoi l'Union européenne rechigne toujours à préserver ce droit, alors qu'elle a pourtant *« la faculté de fixer des standards de protection plus élevés »*[5].

§I. L'IMPORTANCE DES CRISES SUCCESSIVES DANS LE CHOIX DE L'ACTUELLE STRATÉGIE ALIMENTAIRE

348. – Dans ce paragraphe, il s'agira de montrer en quoi l'élaboration d'un droit à la qualité alimentaire en droit de l'Union européenne vise à pallier l'absence de reconnaissance explicite au sein de l'ordre juridique européen d'un droit à l'alimentation à proprement parler. Cet acheminement permettra donc de

---

[1] P. Gerbet, *La construction de l'Europe*, Armand Colin, 2007, 584 pages ; voir également L. Levi, « Le chemin inachevé vers l'unité européenne, in *Le Taurillon – magasine eurocitoyen*, 22 juin 2007.

[2] Les droits connexes au droit à l'alimentation que la Charte des droits fondamentaux de l'Union (ci-après CDFUE) consacre figurent dans son chapitre premier relatif à la « dignité ». Ainsi, le droit à la dignité humaine (article premier), le droit à la vie (article 2), le droit à l'intégrité de la personne (article 3), et l'interdiction de la torture et des peines ou traitements inhumains ou dégradants (article 4) peuvent, indirectement, être rattachés au droit à l'alimentation. Il est en effet difficile de vivre dignement sans alimentation, tout comme il est impossible de (sur)vivre sans un accès régulier à une nourriture saine et nutritive. Il en va de même concernant l'intégrité physique de la personne. Enfin, la prohibition de la torture sous-tend l'interdiction de priver un prisonnier ou un détenu de tout accès à une nourriture suffisante. Nonobstant ces dispositions, la CDFUE ne consacre aucunement le droit à l'alimentation comme étant l'une des *« valeurs indivisibles et universelles »* auxquelles l'Union entend apporter une protection effective.

[3] Aucun État-membre de l'Union européenne ne consacre expressément, dans les dispositions de sa constitution, la protection du droit à l'alimentation. Le seul État européen qui l'a consacré dans son texte constitutionnel est la Suisse, mais elle ne fait pas partie de l'Union.

[4] Parmi les crises sanitaires successives rencontrées par l'Union européenne, il convient bien sûr de penser à l'encéphalopathie spongiforme bovine (ESB) plus connue sous le nom de maladie de la vache folle, mais aussi à la contamination de poulets et d'œufs par la dioxine en Belgique, ou encore à la tremblante du mouton au Royaume-Uni (signalant de fait, des cas de fièvre aphteuse), et au scandale de l'huile frelatée en Espagne. Ces questions seront également traitées dans le 4e chapitre de cette thèse.

[5] S. Coppola, *La justiciabilité des droits sociaux dans l'Union européenne*, *op.cit.*, p. 92.

démontrer que les denrées alimentaires restent avant tout perçues, en droit européen, comme des marchandises dont il faut préserver les dimensions économiques et sanitaires.

349. – Cela dit, sera démontré qu'une approche alternative et bien moins restrictive de l'alimentation se développe dans l'Union européenne avec l'émergence d'une abondante législation ayant trait à l'aide humanitaire d'urgence et de première nécessité. L'Union se classant en effet au premier rang des donateurs d'aide alimentaire au monde[1].

350. – Partant, il semble approprié d'adjoindre à la prise de conscience tardive, mais très productive, de l'Union sur l'importance des questions sanitaires que pouvait engendrer la consommation (A), la politique hyperactive qu'elle mène en matière d'aide publique au développement (B).

A. L'AFFIRMATION TARDIVE DU PARADIGME DE LA QUALITÉ ALIMENTAIRE

351. – Malgré une législation sanitaire abondante depuis la création de l'Union européenne, la sécurité alimentaire n'a été considérée que tardivement par les conseils européens successifs comme étant une priorité. La survenance de crises sanitaires ainsi que les incertitudes entourant les biotechnologies modernes[2] ont conduit l'opinion publique à se méfier du défaut de garantie concernant l'innocuité des denrées alimentaires (1). Cette préoccupation s'est aussitôt emparée de l'Union, puisque dorénavant, une crise alimentaire peut donner lieu à une procédure l'alerte ou à une procédure d'expertise (2).

1. La refonte du dispositif d'appréhension des questions alimentaires

352. – Dans l'Union européenne, la crise dite de la vache folle va entraîner une refonte totale du dispositif d'appréhension des questions alimentaires[3]. La

---

[1] Un tel classement provient sans nul doute du règlement UE n° 223/2014 du 11 mars 2014 qui a institué un nouveau système de prise en charge de l'aide alimentaire. Voir aussi *L'Union européenne dans le monde, 50 ans 50 histoires de réussites*, édité par la Commission européenne le 21 mai 2007 ; ainsi que J. Desrutins, *Existe-t-il un droit communautaire de l'alimentation*, *op.cit.*, p. 38.

[2] La question des biotechnologies alimentaires modernes sera plus longuement évoquée dans le 4e chapitre de cette thèse.

[3] Selon Béatrice Viale, « *Tel un facteur de rupture, la crise de la vache folle a entraîné une profonde réorganisation des instruments juridiques en vigueur et plus largement du mode institutionnel d'appréhension des questions alimentaires* » ; voir B. Viale, *Le statut juridique de l'alimentation en droit*

protection de la santé publique, bien qu'elle figure dès le départ dans les traités constitutifs[1], va ainsi être renforcée pour permettre aux consommateurs de trouver une place à part entière au sein du droit originaire (a). Cette évolution s'accompagnera par l'élaboration d'un véritable droit européen à la qualité alimentaire, censé promouvoir et garantir une alimentation saine aux États membres (b).

a. Vers une meilleure protection des consommateurs

353. – C'est seulement avec l'adoption de l'Acte unique européen, qui modifie le traité de Rome, que le consommateur trouvera sa place dans les traités constitutifs[2]. La Commission européenne deviendra donc compétente pour lui assurer un niveau élevé de protection en matière sanitaire, sécuritaire et environnementale, et devra, pour ce faire, tenir compte *« de toute nouvelle évolution basée sur des faits scientifiques »*[3].

354. – L'article 153 TCE introduit par le traité de Maastricht sera lui aussi relatif aux consommateurs[4], et conduira qui plus est à la mise en place d'une politique sanitaire indépendante des nécessités du marché intérieur. Cet ajustement n'entraînera toutefois nullement la reconsidération de l'aliment[5] en Union européenne, puisqu'il continuera d'être perçu comme une simple marchandise[6] faisant ainsi de *« l'être humain qui se cache derrière chaque consommateur un être appréhendé dans sa dimension économique »*[7].

---

communautaire, th. de droit public soutenue à l'Université de Rennes, 2001, p. 15. Cette refonte n'empêchera toutefois pas la survenance de l'affaire dite du Nutella – dont la composition n'était pas identique à l'Ouest et à l'Est de l'Europe –, ni du scandale des lasagnes à la viande de cheval. Voir sur ce point, A. Renault, « Europe : les pays de l'Est dénoncent leur Nutella « dégradé » », *L'Express*, 10 mars 2017 ; et C. Lafon, « Spanghero : les dates clés du scandale des lasagnes à la viande de cheval », *Sud Ouest*, 20 janvier 2019.

[1] Art. 30 TCE (ancien article 36 TCE).

[2] Art. 95§3 TCE.

[3] *Ibid.*

[4] L'article 169 TFUE (ancien article 153 TCE) constitue le Titre XV du traité et vise leur protection spécifique.

[5] Selon L. Dubouis et C. Bluman, la marchandise reste caractérisée par sa *« valeur vénale »* ; ici, voir L. Dubouis et C. Bluman, *Droit matériel de l'Union européenne*, Montchrestien, 2006, p. 208. Selon C. Barros, cinq critères peuvent être retenus pour définir un produit alimentaire au sein de l'Union européenne : *« Il doit être sain, inoffensif, nutritif, adapté à l'usage pour lequel il a été programmé et dénommé conformément aux spécifications de ses caractéristiques ou de sa définition »* ; ici, voir C. Barros, « La certification de qualité dans l'industrie alimentaire », *Alimentalex*, 1996, n° 15, pp. 159-164.

[6] D'après les dispositions de l'article 32 TFUE (ancien article 27 TCE), une marchandise peut être qualifiée comme une *« matière première »* ou un *« demi-produit »*. Le premier alinéa de cet article (al. a)) fixe quant à lui le principe de libre circulation des marchandises. L'article 38 TFUE (ancien article 32 TCE) précise, en outre, que le marché commun s'étend à l'agriculture et au commerce des produits agricoles.

[7] Voir J. Desrutins, *Existe-t-il un droit communautaire à l'alimentation ?*, *op.cit.*, p. 52.

355. – La question de la base légale de l'alimentation se trouve au croisement de la politique agricole commune (ci-après PAC)[1], de la protection de la santé publique et du marché unique. Actuellement, la législation agricole[2] et les dispositions relatives à l'alimentation[3] suffisent à tracer les contours d'un droit européen à l'alimentation[4].

356. – La crise de la vache folle en mars 1996 a non seulement permis d'appréhender l'aliment *« sous une approche juridique globale et unique »*[5], mais a aussi et surtout constitué l'élément déclencheur du renforcement de ces textes en un sens bien plus favorable à la protection des différents intérêts économiques des consommateurs [6]. Les dispositions relatives à leur information ainsi qu'à la loyauté des transactions commerciales en ont par ailleurs bénéficié[7].

357. – Cette lente évolution s'explique en premier lieu par le fait que l'Union n'a qu'une compétence partagée en matière de protection des consommateurs et d'amélioration de la santé humaine[8], mais aussi par le fait que ce sont les États membres eux-mêmes qui restent compétents en matière de santé publique[9]. L'Union a certes une compétence exclusive en matière d'agriculture et d'établissement des règles de concurrence[10], elle en a pour ainsi dire aucune au sein du volet purement droit-de-l'hommiste de l'alimentation.

358. – Le droit de chaque être humain à se nourrir se retrouve explicitement dans plusieurs sources ayant trait à la protection des consommateurs et au droit à la santé, ou à la lutte contre la pauvreté, mais aucune d'entre elles ne consacre un

---

[1] D'après Béatrice Viale, *« La PAC (apparue le 1er juillet 1962) a été instaurée à l'issue d'un compromis diplomatique, sans débat démocratique. Aujourd'hui encore, le parlement européen (élu au suffrage universel direct) reste peu impliqué dans le cadre de l'administration du secteur agricole »*, ici, voir B. Viale, *Le statut juridique de l'alimentation en droit communautaire*, *op.cit.*, p. 52. Le pouvoir de contrôle démocratique du Parlement européen varie donc fortement d'un domaine à l'autre. Au lendemain de la crise de la vache folle, le Parlement européen avait contesté la primauté du traditionnel recours à la PAC via l'article 37 TCE. Le recours à cet article ne constituerait pas *« le cadre approprié pour traiter des questions relatives à la santé animale ou à la qualité des aliments »* ; voir T. Fernandez Arias, *Le droit communautaire et la gestion des crises alimentaires : évolution ou stagnation ?*, Collège de l'Europe, Bruges, 2003, p. 20.

[2] Art. 43 TFUE (ancien article 37 TCE).

[3] Art. 95 TCE.

[4] Béatrice Viale souligne que ces textes prennent largement appui sur les législations nationales issues de travaux normatifs amorcés dès le début du XIXe siècle. Ici, voir B. Viale, *op.cit.*, p. 66.

[5] Voir J. Desrutins, *Existe-t-il un droit communautaire à l'alimentation ?*, *op.cit.*, p. 48.

[6] Voir B. Viale, *op.cit.*, p. 66.

[7] *Ibid.*

[8] Voir J. Desrutins, *op.cit.*, pp. 7-8.

[9] *Ibid.*

[10] *Ibid.*

droit fondamental à l'alimentation en tant que tel. De fait, *« le consommateur ne peut défendre ses droits qu'à l'aune de la législation sur les aliments »*[1].

359. – En réalité, *« le droit à l'alimentation serait devenu justiciable via le droit à la consommation »*[2] et son avènement ne traduirait finalement qu'une idée simple et légitime, à savoir que le problème le plus important pour les consommateurs d'aujourd'hui réside dans la sûreté des produits alimentaires qu'ils consomment.

360. – Cette inquiétude a d'ailleurs incité la Commission à se doter d'un commissaire responsable de la santé et de la protection des consommateurs, lequel est notamment chargé d'améliorer le contrôle de la chaîne alimentaire[3]. La Commission a de plus et surtout rappeler que *« la réconciliation du citoyen et du consommateur avec la PAC est une des tâches primordiales pour les années à venir »*[4], ce qui n'est pas sans rappeler le rôle déterminant qu'elle a à assumer dans cette *« entreprise destinée à satisfaire des intérêts divergents »*[5].

361. – Au sein de l'Union européenne, le concept de santé publique auquel sont attachés les consommateurs revêt une dimension positive[6] (et parfois négative[7]) faisant de la qualité alimentaire l'un des vecteurs les plus puissants de leur protection. L'Union doit donc continuer à proposer une offre alimentaire qui soit diversifiée, mais qui, surtout, ne contrevienne pas à la santé humaine.

b. Vers l'affermissement du concept de « qualité alimentaire »

362. – Représentant un paradigme, la crise de la vache folle est à l'origine de l'attachement renouvelé des européens à ce qu'il convient d'appeler la qualité alimentaire des produits. Culturellement, *« une ligne de partage peut être tracée entre les États disposant d'une tradition viti-vinicole sur leur territoire et ceux*

---

[1] Voir J. Desrutins, *Existe-t-il un droit communautaire à l'alimentation ?, op.cit.*, p. 76.
[2] *Ibid.*
[3] Le commissaire européen à la santé et à la sécurité alimentaire est un membre de la Commission européenne. Le commissaire actuel est Vytenis Andriukaitis. Le portefeuille est responsable des questions de santé publique, de sécurité alimentaire, de santé animale. La protection des consommateurs est parfois rattachée à ce portefeuille ; dans la commission Juncker, elle dépend du commissaire européen à la justice, aux consommateurs et à l'égalité des genres.
[4] « Agenda 2000_quel avenir pour l'agriculture ? », Fact-Sheet, OPOCE, Commission européenne – Direction Générale Agriculture, 1998, p. 2.
[5] Voir B. Viale, *Le statut juridique de l'alimentation en droit communautaire, op.cit.*, p. 56.
[6] Art. 168 TFUE (ancien article 152 TCE).
[7] Art. 36 TFUE (ancien article 30 TCE).

qui en sont dépourvus »[1]. Ces deux sous-ensembles ont toujours eu des approches distinctes de la qualité alimentaire[2]. Cela dit, certains éléments permettent de surmonter ce clivage ancien et de poser les bases d'une définition commune.

363. – En Europe, l'augmentation de la longévité de la vie au cours de ces cinquante dernières années *« est largement due à l'amélioration qualitative et quantitative de l'alimentation des États membres »*[3]. Malgré cette tendance, il n'existe, pour l'heure, toujours pas de *« démarche globale et coordonnée en faveur de la qualité alimentaire »*[4].

364. – L'Union a néanmoins entrepris, sous l'influence conjointe de la FAO et du Conseil de l'Europe, de pallier cette carence mais aussi l'absence de reconnaissance explicite d'un droit fondamental à l'alimentation dans l'ordre juridique européen en élaborant un véritable droit à la qualité alimentaire, dont certaines modalités restent encore à définir, certes, mais dont les finalités sont toutes tracées : assurer une alimentation saine aux habitants de ses États membres[5].

365. – De l'avis de certains auteurs, *« l'accès à des aliments sûrs et nutritifs devrait être élevé au rang de droit fondamental de l'homme »*[6], contrairement à la liberté des marchandises, qui elle, ne saurait entrer dans cette catégorie. L'article 36 TFUE[7] prévoit malgré tout quelques dérogations à une telle liberté de

---

[1] Voir B. Viale, *Le statut juridique de l'alimentation en droit communautaire* , *op.cit.*, pp. 19-20.

[2] *« Au nord, la notion de qualité renvoie, avant tout, à la qualité sanitaire des produits, alors même que les États du sud accordent une attention particulière aux qualités organoleptiques des produits, souvent liées aux territoires de production. Ces différences de perceptions sont anciennes. Deux formules résument ces différents types de besoins, d'une part la « qualité-spécificité-excellence » et d'autre part la « qualité-sûreté-santé-régularité ». Ces deux expressions recouvrent les perceptions dominantes de la notion de qualité alimentaire au sein des États membres : la première renvoie à l'approche latine marquée par la place faite à des critères subjectifs, tandis que la second, plus objective, répond à la démarche nordique d'identification des produits de qualité »* ; *Ibid.*, p. 23.

[3] M.-V. Jeannin, « Sécurité et insécurité alimentaire au troisième millénaire », *Gazette du Palais*, 4 janvier 2000, n° 4, p. 69.

[4] Béatrice Viale ajoute que *« La logique qui a prévalu lors du lancement de la politique de qualité explique la subsistance de certaines ambiguïtés. Cette politique reste avant tout un instrument de valorisation des produits agricoles, accessoirement un instrument d'identification et de promotion de produits éminemment symboliques au titre du patrimoine culinaire des différents États membres »* ; voir B. Viale, *op.cit.*, p. 204.

[5] Par-delà les divergences conceptuelles, la qualité alimentaire renvoie alors et surtout à des *« critères sanitaires et d'hygiène »* ; *Ibid.*, p. 20.

[6] Pour T. Fernandez Arias, *« L'accès à des aliments sûrs et nutritifs est un besoin fondamental et un droit de la personne humaine, alors que la liberté de circulation des marchandises et le profit maximum par-dessus tout n'atteignent pas cette catégorie »* ; voir T. Fernandez Arias, *Le droit communautaire et la gestion des crises alimentaires : évolution ou stagnation ?*, *op.cit.*, p. 52.

[7] L'article 36 TFUE (ancien article 30 TCE) précise que *« Les dispositions des articles 34 et 35 ne font pas obstacle aux interdictions ou restrictions d'importation, d'exportation ou de transit, justifiées par des*

circulation au nom, justement, de cette reconnaissance d'un droit à une alimentation saine.

366. – En tant que relai de cette nouvelle perspective, la Commission fera état, au moyen d'un Rapport final[1] très attendu paru en 2006, des mesures prises par les États membres en vue de promouvoir une alimentation saine et une activité physique dès l'enfance, que cela soit par la voie législative, ou bien par celle du plan d'action. Ce travail faisait suite à un Programme-cadre initié par la Commission sur la période 2000-2006 et intitulé *« qualité et sûreté alimentaire »*[2].

367. – Conscient que le fonctionnement du marché unique dans le secteur alimentaire était en jeu, le Parlement européen avait quant à lui rappelé que ce dernier devait impérativement reposer *« sur la conviction de l'opinion publique que des critères très élevés en matière de santé publique sont maintenus »*[3]. Les dispositions des alinéas 4 et 5 de l'article 14 TCE relatives à la définition ainsi

---

raisons de moralité publique, d'ordre public, de sécurité publique, de protection de la santé et de la vie des personnes et des animaux ou de préservation des végétaux, de protection des trésors nationaux ayant une valeur artistique, historique ou archéologique ou de protection de la propriété industrielle et commerciale. Toutefois, ces interdictions ou restrictions ne doivent constituer ni un moyen de discrimination arbitraire ni une restriction déguisée dans le commerce entre les États membres ». La CJCE opère un contrôle rigoureux des atteintes portées aux libertés de circulations ; ici, Cf. l'arrêt *Bauhuis* de la CJCE du 25 janvier 1977, aff.C.46/76.

[1] Rapport final A6.0450/2006 de la Commission du 6 décembre 2006. Ce rapport constate que ces mesures prises par les États membres sont intervenues dans plusieurs domaines, parmi lesquels figurent l'étiquetage nutritionnel, la prudence et le retrait des distributeurs automatiques payants de boissons et d'aliments dans les établissements scolaires, ou encore la réglementation des aliments et additifs entrant dans la composition des plats dans les cantines scolaires. Ce rapport contient également une proposition de recommandation du Parlement qui sera adoptée par la suite. Ici, Cf. le règlement (CE) n° 1924/2006 du Parlement européen du 20 décembre 2006 concernant les allégations nutritionnelles et de santé. Ce règlement porte sur les denrées alimentaires et est devenu applicable au 1er janvier 2007. Il permet aux consommateurs de bénéficier d'une information fiable, non trompeuse et cohérente sur les caractéristiques nutritionnelles des produits alimentaires, en particulier de ceux contenant une quantité élevée de sucre, sel et certaines graisses.

[2] Cette initiative avait pour objet la production et la distribution d'aliments plus sûrs, plus sains et plus variés afin d'accroître la sécurité et la confiance des citoyens européens. La communauté et les États membres se sont aussi répartis la compétence pour contrôler et prévenir une alimentation adéquate.

[3] Voir le considérant D de la résolution du Parlement européen du 11 juin 1991 sur la qualité sanitaire des aliments. Paru dans le Journal officiel des communautés européennes (ci-après JOCE) n° C183 du 15 janvier 1991, p. 52.

qu'à la prohibition de toute denrée alimentaire « dangereuse »[1] allaient dans ce sens[2].

368. – Très vite, les institutions ont également fait le lien entre l'obésité et cette question de la qualité alimentaire. Étant donné que dans l'Union européenne, il ne s'agit pas d'un problème de sous-alimentation mais de suralimentation[3], *« l'accent est en effet mis sur la qualité de l'alimentation, et donc sur l'idée d'une alimentation adéquate »*[4].

369. – Le livre vert de la Commission du 8 décembre 2005 accorde ainsi à la prévention des surcharges pondérales, de l'obésité et des maladies chroniques une dimension européenne[5], au même titre que son livre blanc[6] du 30 mai 2007. Le Parlement s'alignera sur ce nouvel enjeu avec une résolution du 1er février 2007, par laquelle il se félicitera de cet engagement pris par la Commission en la faveur d'une alimentation saine.

370. – Il n'est enfin pas inutile de préciser que les différentes crises sanitaires auxquelles fut confrontée l'Union ont conduit à une déconnexion entre l'agriculture à proprement parler et les préoccupations liées à la santé humaine. La PAC, en tant que modèle productiviste animé par une logique quantitative et marchande de la sécurité alimentaire, connaît ces dernières années un *« carnage constant de la part de ses détracteurs »*[7], tant à l'intérieur qu'à l'extérieur de l'Union[8].

---

[1] D'après ces dispositions, une denrée alimentaire était dite dangereuse si *« elle est considérée comme préjudiciable à la santé et ou impropre à la consommation humaine »*. Ces dispositions seront reprises dans le Règlement (CE) *Food Law* n° 178/2002. L'article 168 TFUE (ancien article 152 TCE) exige un niveau élevé de protection de la santé humaine dans la définition et l'application de toutes les politiques et actions de l'Union. Pour aller plus loin sur cette question de la définition d'une denrée alimentaire dangereuse, voir notamment E. Vos, « Le principe de précaution en droit alimentaire de l'Union européenne », *Revue internationale de droit économique*, De Boeck Supérieur, 2002/2, pp. 219-252.

[2] L'article 14 du règlement (CE) n° 178/2002 pose quant à lui les prescriptions relatives à la sécurité des denrées alimentaires. C'est donc au vu de la dangerosité de la denrée alimentaire que celle-ci sera ou non mise sur le marché.

[3] Voir J. Desrutins, *Existe-t-il un droit communautaire à l'alimentation ?*, op.cit., p. 65.

[4] *Ibid.*

[5] Dans son Livre vert, la Commission estime que 7% du budget de l'Union destiné à la santé publique concerne la lutte contre l'obésité massive. Il faut diminuer les coûts supportés par les services de santé. Ici, Cf. Livre vert du 8 décembre 2005, « Promouvoir une alimentation saine et l'activité physique : une dimension européenne pour la prévention des surcharges pondérales, de l'obésité et des maladies chroniques » [COM (2005) 637 final - Non publié au Journal officiel].

[6] Ici, Cf. Livre blanc du 30 mai 2007, « Une stratégie européenne pour les problèmes de santé liés à la nutrition, la surcharge pondérale et l'obésité » [COM (2007) 279 final – Non publié au Journal officiel].

[7] Voir T. Fernandez Arias, *Le droit communautaire et la gestion des crises alimentaires : évolution ou stagnation ?*, *op.cit.*, p. 11.

[8] Selon T. Fernandez Arias, *« Au début des années 60, les gouvernements des États membres entendent se doter d'instruments adéquats afin de parvenir rapidement à l'autosuffisance alimentaire. Tel est l'un des principaux objectifs de la mise en place d'une PAC, comme le prévoit encore aujourd'hui l'article 33§1 d)*

371. – Pour une partie de la doctrine, *« un des gilets de sauvetage pour cette politique commune a été trouvée autour de l'idée même de sécurité alimentaire »*[1], à laquelle il convient dorénavant d'adjoindre le concept de « qualité alimentaire »[2]. Il semblerait que ce triptyque formé par l'agriculture, la sécurité et la qualité alimentaire ne soit pas devenu sans lien avec certains adages médicinaux très connus, tels que *« Coquina medicinae famulatrix est »*[3] ou *« Que ton aliment soit ta seule médecine »*[4].

2. L'évolution de la surveillance et des contrôles des denrées alimentaires

372. – Il n'est pas concevable de présenter toutes les ambivalences et les potentialités d'un droit à la qualité alimentaire issu du droit de l'Union européenne, sans aborder les questions générales ou plus techniques que ne manquent pas de susciter l'information du consommateur et sa santé (a), la sécurité des denrées alimentaires et les nouveaux aliments (b), comme la valeur des avis scientifiques de l'AESA[5] (c) et l'essor des biotechnologies modernes (d).

---

du TCE » ; cela dit, il ajoute qu'il a fallu que attendre que l'Union connaisse toutes ces crises sanitaires successives pour que l'*« on commence à percevoir certains effets néfastes de la PAC pour l'homme et son environnement »* ; voir *Le droit communautaire et la gestion des crises alimentaires : évolution ou stagnation ?*, *op.cit.*, p. 10.

[1] *Ibid.*, p. 11.

[2] Ici, voir L. Beurdeley, « La sécurité alimentaire au sein de l'Union européenne : un concept en gestation », in *RDMC*, n° 455, février 2002, p. 89 ; Voir aussi Y. Petit, « L'autorité européenne de sécurité des aliments et la nouvelle approche alimentaire communautaire », *JTDE*, n° 92, novembre 2002, p. 209.

[3] Cet adage peut se traduire par *« la cuisine est ta seule médecine »*. Térence, 190-159 av. J.-C., en est l'auteur.

[4] Hippocrate, 460-370 av. J.-C., en est l'auteur.

[5] L'Autorité européenne de sécurité des aliments (AESA) a été instituée par le règlement (CE) *Food Law* n° 178/2002. Cette fournit des avis scientifiques indépendants sur les risques liés à l'alimentation. Ses avis portent sur les risques existants et nouveaux. Ils contribuent à l'élaboration de la législation, des règles et des politiques européennes, et permettent ainsi de protéger les consommateurs contre les risques qui pèsent sur la chaîne alimentaire. La mission de l'AESA couvre les domaines suivants : sécurité des denrées alimentaires et des aliments, pour animaux, nutrition, santé animale et bien-être des animaux, protection des végétaux, santé des végétaux. Ses activités consistent à : recueillir des données et connaissance scientifiques, fournir des avis scientifiques, indépendants et actualisés, en matière de sécurité des aliments, diffuser les résultats de ses travaux scientifiques auprès du public, coopérer avec les États membres de l'UE, des organismes internationaux et les autres acteurs concernés, renforcer la confiance dans le système de sécurité des aliments de l'UE en fournissant des avis fiables. L'AESA est dirigée par un conseil d'administration, qui compte 15 membres agissant tous dans l'intérêt général. Ils ne représentent aucun pays, organisme ou secteur économique. Le conseil d'administration établit le budget de l'AESA et approuve son programme de travail annuel. Son directeur exécutif est responsable des questions opérationnelles et de personnel. Il rédige également le programme de travail annuel avec la Commission européenne, le Parlement européen et les États membres de l'UE.

a. La question de l'information du consommateur et de sa santé

373. – Au sein de l'Union, les règles touchant à l'information sur les denrées alimentaires connaissent un important développement. Toutes visent désormais la protection du consommateur à proprement parler, ce qui, en soi, paraît logique, mais aussi l'amélioration de ses choix de consommation, ce qui, en revanche, semble nouveau.

374. – Cette évolution émane de la réforme du droit européen de l'alimentation, laquelle a été amorcée dès les années 1990, à la suite des crises alimentaires successives, et connaîtra son point d'orgue en 2002, avec l'adoption du Règlement (CE) *Food Law* n° 178/2002[1]. Aux obligations traditionnelles en matière d'information[2] se sont donc ajoutées plusieurs règles relatives aux mentions obligatoires à fournir en toutes circonstances[3], sans oublier l'émergence d'un nouvel arsenal réglementaire de « l'information volontaire »[4] et d'un encadrement

---

[1] Ce règlement instaure un nouveau système de sécurité alimentaire en Union européenne. Disponible sur : http://eur-lex.europa.eu/LexUriServ/LexUriServ.do?uri=OJ:L:2002:031:0001:0024:fr:PDF [consulté le 23 décembre 2016]

[2] *« En droit alimentaire, l'on parle de règles horizontales lorsque celles-ci visent indifféremment toutes les denrées alimentaires et de règles verticales lorsqu'elles visent certaines catégories d'entre elles seulement. Ces deux catégories de règles, qui peuvent soit instaurer des exigences d'étiquetage obligatoire soit encore réguler l'information volontairement fournie au consommateur, s'appliquent en général de manière cumulative. À noter enfin que les instruments législatifs verticaux comprennent généralement des règles qui vont bien au-delà de la seule question de l'information à donner au consommateur et couvrent, de manière plus globale, les normes de fabrication et de commercialisation de la denrée en question. Traditionnellement, la législation européenne verticale apparaît plutôt dans des directives d'harmonisation (qui doivent être transposées par chaque État membre dans son droit interne) que dans des règlements (directement applicable sur l'ensemble du territoire de l'Union européenne) »* ; ici, voir A. Mahy, « L'information sur les denrées alimentaires : vers une « réglementarisation » de l'information volontaire ? », *op.cit.*, pp. 46-47.

[3] Au sein de l'information obligatoire à fournir au consommateur en matière alimentaire, l'arsenal réglementaire le plus important concerne les règles d'étiquetage des produits préemballés. Ici, Cf. le règlement (UE) n° 1169/2011 du 25 octobre 2011 concernant l'information des consommateurs sur les denrées alimentaires. Au-delà de ce règlement, divers autres instruments législatifs peuvent s'appliquer et imposer des obligations d'étiquetage. Il s'agit par exemple des règles imposant l'indication d'un numéro de lot (Cf. la directive 2011/91/UE du Parlement européen et du Conseil du 13 décembre 2011 relative aux mentions ou marques permettant d'identifier le lot auquel appartient une denrée alimentaire) ou encore concernant les quantités nominales des produits préemballés (Cf. la directive 2007/45/CE du Parlement européen et du Conseil du 5 septembre 2007 fixant les règles relatives aux quantités nominales des produits en préemballages, abrogeant les directives 75/106/CEE et 80/232/CEE du Conseil, et modifiant la directive 76/211/CEE du Conseil). Certains compléments alimentaires (Cf. la directive 2002/46/CE du Parlement européen et du Conseil du 10 juin 2002 relative au rapprochement des législations des États membres concernant les compléments alimentaires) et denrées alimentaires non préemballées (voir notamment l'article 44 du règlement (UE) n° 1169/2011) peuvent également être concernés par cette obligation d'information à fournir au consommateur.

[4] Comme le rappelle Aude Mahy, *« hormis les cas où l'information qui peut – ou qui doit – être fournie au consommateur est strictement réglementée, l'opérateur alimentaire est libre de communiquer les informations qu'il souhaite à propos de son produit. Cette liberté est toutefois limitée par l'interdiction*

tout à fait hybride des opérateurs disposant encore, pour certains types d'informations, d'une liberté relative dans l'élaboration de leurs stratégies de communication.

375. – Il semblerait néanmoins que la nature (obligatoire ou volontaire) et le caractère (réglementaire ou non) de l'information donnée au consommateur ne sauraient permettre, et cela malgré la *« grande nouveauté »*[1] que présentent, en l'état actuel du droit de l'Union européenne, certains règlements relatifs à l'étiquetage des denrées alimentaires[2], au législateur de l'Union de satisfaire aux objectifs de *« simplification et de clarification »*[3] de la communication faite autour de l'alimentation.

376. – Pareille circonstance laisse donc aux dispositifs harmonisés d'une telle classification le soin de s'inscrire *« dans un droit alimentaire qui ne cesse de se complexifier »*[4], au risque, peut-être, de constituer une occurrence inverse à celle initialement recherchée, et ainsi de créer la confusion dans l'esprit des consommateurs et des opérateurs économiques.

b. La question de la sécurité des denrées alimentaires et des nouveaux aliments

377. – Ici encore, il n'est pas sans intérêt de rappeler que ce sont bien les plus retentissantes crises alimentaires telles que l'épizootie de la vache folle en 1996[5], la crise de la dioxine en 1999[6] ou encore l'épidémie de fièvre aphteuse en 2001[7] qui sont à l'origine du nouveau cadre juridique que cristallise le règlement (CE) n° 178/2002.

---

d'induire le consommateur en erreur. Cette interdiction qui constitue un principe bien établi du droit de la consommation (elle n'est donc pas cantonnée au seul droit alimentaire) est consacrée par de nombreux instruments législatifs européens. Ainsi, non moins de six textes – généraux ou spécifiques au secteur alimentaire – peuvent s'appliquer lorsqu'il s'agit de communiquer sur une denrée alimentaire » ; ici, voir A. Mahy, « L'information sur les denrées alimentaires : vers une « réglementarisation » de l'information volontaire ? », *op.cit.*, p. 62.

[1] *Ibid.*, p. 52. Ici, l'auteur évoque les innovations du règlement (UE) n° 1169/2011 concernant l'information du consommateur, parmi lesquelles figure notamment la généralisation de l'imposition de fournir une déclaration nutritionnelle sur l'emballage.

[2] Cf. les règlements et les directives européens susvisés.

[3] Voir A. Mahy, *op.cit.*, p. 77.

[4] *Ibid.*, p. 45.

[5] Plus précisément l'« encéphalopathie spongiforme bovine » (ESB). Ici, voir notamment J.-P. Deslys et A. Picot, *La vache folle. Les risques pour l'homme*, Dominos, Flammarion, 2001, pp. 127 et s. Voir également P.-M. Lledo, *Les maladies à prions*, Que sais-je ?, PUF, 2002, 128 p.

[6] E. de Pauw, *Dioxine : de la crise à la réalité*, Les éditions de l'Université de Liège, 2000, 119 p.

[7] G.-R. Thomson (éd), « Fièvre aphteuse : faire face aux nouveaux dilemmes », *Rev. Sci. Tech.*, 2002/3, vol. 21.

378. – Ce règlement cadre a permis de déterminer *« les principes transversaux qui jalonnent désormais l'ensemble du domaine alimentaire »*[1], bien qu'il sera, par la suite, complété et ajusté par une *« kyrielle de réglementations sectorielles »*[2] relatives aux diverses questions que pose le droit à la qualité alimentaire. Plus de dix ans après son adoption[3], le bilan de ce règlement serait, de l'avis de certains auteurs, tout à fait positif[4], *« tant sur l'implication des nouveaux acteurs que sur les réponses apportées aux crises qui sont intervenues par la suite »*[5].

379. – Des critères uniformes et communs permettant de jauger la dangerosité d'un aliment[6] sont ainsi apparus, comme les voulait vivement le législateur de l'Union[7]. Seront dorénavant considérés comme produits sûrs *« les aliments conformes aux dispositions communautaires pertinentes ou, à défaut de telles*

---

[1] C. Verdure, « La sécurité des denrées alimentaires et la responsabilité des acteurs en droit de l'Union européenne », in E. Van Nieuwenhuyze et C. Verdure (dir.), *Actualités en droit alimentaire*, *op.cit.*, p. 11.

[2] *« Le règlement (CE) n° 178/2002 établit des principes généraux sur lesquels doit reposer la législation alimentaire. Ces principes forment un « cadre général de nature horizontale », lequel est une émanation de l'approche globalisée, plutôt que sectorielle, du règlement. Ces principes sont de quatre ordres. En premier lieu, la législation alimentaire se doit de poursuivre au moins un objectif de protection et un objectif tenant à la libre circulation des produits alimentaires (le législateur est également invité à prendre en considération les normes internationales pertinentes dans l'élaboration ou l'adaptation des législations [...]. En deuxième lieu, la législation alimentaire doit se fonder sur un principe d'analyse des risques [...]. En troisième lieu, le règlement (CE) n° 178/2002 consacre, en tant que principe fondamental de la législation alimentaire, le principe de précaution [...]. En quatrième lieu, ce règlement consacre un dernier principe général de la législation alimentaire : le principe de la transparence [...] »* ; *Ibid.*, pp. 21-24. Concernant les réglementations sectorielles s'y étant adjointes, il est possible de citer le règlement (CE) n° 1830/2003 concernant la traçabilité et l'étiquetage des OGM, le règlement (CE) n° 2073/2005 relatif aux critères microbiologiques, la directive 2001/95/CE relative au système d'alerte rapide et à la législation horizontale établissant un principe de sécurité général pour l'ensemble des produits, le règlement (CE) n° 1935/2004 concernant les matériaux et objets destinés à entrer en contact avec des denrées alimentaires, ou encore le règlement (CE) n° 882/2004 relatif aux contrôles officiels des denrées alimentaires et des aliments pour animaux à toutes les étapes de la chaîne de production et de distribution.

[3] Le règlement (CE) n° 178/2002 contient des principes, des obligations et des prescriptions qui ont été intégrés dans toute la législation alimentaire, qu'elle soit nationale ou de l'Union européenne, depuis le 1er janvier 2007.

[4] *Ibid.* p. 11.

[5] Le 15 novembre 2014, ce sont 150 000 volailles d'une exploitation à Hekendrop (Province d'Utrecht, Pays-Bas) qui ont été euthanasiées par précaution, dès lors qu'elles étaient contaminées par la grippe aviaire (H5N8). Selon Christophe Verdure, *« il aura fallu attendre une « fraude alimentaire », avec la lasagne « 100% pur bœuf » (composée de cheval), pour tenter d'ébranler, sans succès, le régime mis ainsi en place »*. *Ibid.*, p. 12.

[6] Art. 14 §§ 2 à 9, et 15, §§ 2 à 6 du règlement (CE) n° 178/2002.

[7] Pour Christophe Verdure, *« après avoir décrit une série de principes généraux, le législateur de l'Union européenne s'est attelé à énoncer et à détailler des normes matérielles de sécurité devant être inscrites dans la législation alimentaire. Parmi ces normes, se trouve l'obligation fondamentale suivante : aucune denrée alimentaire et aucun aliment pour animaux ne peux être mis sur le marché s'ils sont dangereux »* ; voir « La sécurité des denrées alimentaires et la responsabilité des acteurs en droit de l'Union européenne », *op.cit.*, pp. 24-25.

dispositions, aux législations nationales de l'État membre dans lequel ils sont commercialisés »[1].

380. – Le règlement (CE) n° 178/2002 consacre également des normes spécifiques de responsabilité[2] à l'égard des exploitants du secteur agroalimentaire et des autorités nationales[3]. Quant aux contrôles réalisés sur les denrées alimentaires et les aliments pour animaux, ils sont détaillés et explicités dans le règlement (CE) n° 882/2004[4], et visent *« toutes les activités relevant de la législation alimentaire, dont les aspects liés à la protection des consommateurs, tels que l'étiquetage »*[5].

381. – De tels contrôles doivent être effectués de manière transparente[6] par les autorités nationales, et organisés, pour partie, par les institutions de l'Union[7]. Clairement, ce règlement (CE) n° 882/2002 *« sert de fondement à l'approche intégrée et horizontale du contrôle de la sécurité des aliments pour animaux et des denrées alimentaire »*[8], ce qui, toutefois, n'empêche ni n'interdit nullement l'adoption d'autres dispositions spécifiques en marge de celui-ci, comme en attestent celles du règlement (CE) n° 854/2004 fixant les règles d'organisation des

---

[1] Ici, voir notamment les articles 14, §§ 7 et 9, et 15, §§ 4 à 6, du règlement (CE) n° 178/2002.

[2] D'après les dispositions de l'article 17§1 du règlement (CE) n° 178/2002, *« les exploitants du secteur alimentaire et du secteur de l'alimentation animale veillent, à toutes les étapes de la production, de la transformation et de la distribution dans les entreprises placées sous leur contrôle, à ce que les denrées alimentaires ou les aliments pour animaux répondent aux prescriptions de la législation alimentaire applicables à leurs activités et vérifient le respect de ces prescriptions »*. L'article 18§2 impose également à l'exploitant une obligation particulière de traçabilité, en ce qu'il doit *« être en mesure d'identifier toute personne lui ayant fourni une denrée alimentaire, un aliment pour animaux, un animal producteur de denrées alimentaires ou toute autre substance destinée à être incorporée, ou susceptible d'être incorporée, dans des denrées alimentaires ou des aliments pour animaux »*. Les articles 19 et 20 sont quant à eux relatifs à la procédure de retrait du marché du produit et à l'information des autorités compétentes dès lors que l'exploitant a un doute sur la dangerosité de la denrée alimentaire qui est en sa possession.

[3] Voir les articles 17, 19, 20 et 21 du règlement (CE) n° 178/2002.

[4] Ce règlement, entré en vigueur au 1er janvier 2006, fournit une définition commune du contrôle, notion recouvrant *« toute forme de contrôle effectué par l'autorité compétente ou par la Communauté pour vérifier le respect de la législation relative aux aliments pour animaux et aux denrées alimentaires, y compris les dispositions concernant la santé animale et le bien-être des animaux »*. Ici, voir l'article 2§1 du règlement (CE) n° 882/2004.

[5] Voir C. Verdure, « La sécurité des denrées alimentaires et la responsabilité des acteurs en droit de l'Union européenne », *op.cit.*, p. 32.

[6] Article 7 du règlement (CE) n° 882/2004.

[7] Afin de vérifier l'exécution correcte de la législation européenne, *« la Commission dispose de trois instruments principaux : elle peut vérifier la transposition de la législation de l'Union dans les États membres, analyser les rapports envoyés par les États et les pays tiers concernant l'application de la législation et réaliser des inspections dans les États membres et dans les pays tiers. Les mesures d'urgence prévues par le règlement (CE) n° 178/2002 sont élargies pour permettre à la Commission, lorsqu'il s'avère que le système de contrôle d'un État membre est problématique, de prendre des mesures adéquates, telles que la suspension de la mise sur le marché de certains produits ou l'adoption de conditions particulières pour leur diffusion »* ; Voir C. Verdure, « La sécurité des denrées alimentaires et la responsabilité des acteurs en droit de l'Union européenne », *op.cit.*, p. 33.

[8] *Ibid.*

contrôles officiels des produits d'origine animale destinés à la consommation humaine.

382. – Concernant la question des nouveaux aliments, cette thèse n'a pas vocation à mener une étude sémantique très approfondie des notions génériques dont découlent directement certains produits frontières tels que les alicaments, mais plutôt à rappeler, et c'est ce qui est intéressant, qu'ils sont sans *« valeur juridique »*[1], quoique non dépourvus de *« régimes spécifiques »*[2] tenant tout particulièrement à l'encadrement des allégations de santé.

383. – Malgré tout, cette situation ne s'oppose pas à l'existence d'une certaine *« perméabilité dans la qualification juridique »*[3] de ces produits *« en l'absence d'harmonisation plus poussée »*[4] des normes tant nationales qu'européennes dans ce domaine, laissant ainsi entrevoir la nécessité d'adopter un *« nouveau paradigme normatif des alicaments »*[5] basé cette fois-ci sur la *« reconnaissance d'une catégorie intermédiaire de produits »*[6].

c. La question de la valeur des avis scientifiques de l'Autorité européenne de sécurité des aliments (AESA)

384. – Il convient d'observer que les avis scientifiques de l'AESA, dont la valeur juridique est *« presque réduite à néant »*[7], n'occupent qu'une place *« prénormative »*[8] dans la procédure législative de l'Union européenne, ce qui bien sûr les prive de toute autonomie normative, mais ne saurait néanmoins les empêcher de revêtir une certaine dynamique d'adhésion dès lors qu'ils sont

---

[1] E. Thébaud, « Les alicaments : aliments ou médicaments ? », in E. Van Nieuwenhuyze et C. Verdure (dir.), *Actualités en droit alimentaire*, *op.cit.*, p. 81.

[2] Comme le souligne Edern Thébaud, *« l'intérêt porté par les institutions de l'Union européenne à l'élaboration de dispositions juridiques spécifiques applicables aux alicaments s'inscrit dans la volonté d'apporter une réponse normative à un phénomène de société en constante évolution »*. *Ibid.*, p. 110.

[3] Toujours selon cet auteur, *« la perméabilité dans la qualification d'un produit comme denrée alimentaire ou comme médicament est avant tout la résultante d'un défaut d'harmonisation plus poussée des normes des États membres de l'Union européenne régissant tant les spécialités pharmaceutiques que les denrées alimentaires »*. *Ibid.*, p. 111.

[4] *Ibid.*

[5] *Ibid.*, p. 139.

[6] *Ibid.*

[7] C. Pintado, « La valeur des avis scientifiques de l'EFSA », in E. Van Nieuwenhuyze et C. Verdure (dir.), *Actualités en droit alimentaire*, *op.cit.*, p. 188.

[8] Ainsi que le souligne Citlali Pintado, *« les avis scientifiques de l'AESA se placent en actes « prénormatifs »et ont un seuil de normativité presque égal à zéro compte tenu du défaut de caractère prescriptif. Ils se placent à l'origine des normes contraignantes, mais ne créent aucun droit ou obligation, ni d'effets directs susceptibles d'entraîner un contrôle de leur légalité par les juges de l'Union européenne »*. *Ibid.*, p. 201.

« presque toujours suivis par les gestionnaires des risques »[1] et que leur légalité externe peut faire l'objet d'un contrôle juridictionnel au moment de leur adoption.

385. – De fait, il vaut bien mieux limiter la valeur juridique de ces avis à leurs effets indirects, au lieu de se focaliser sur l'autorité morale et la *« rassurance de l'œil d'expert »*[2] qu'ils ont su insuffler au cours du temps. En outre, ces avis scientifiques sont des actes adoptés par la gouvernance interne à l'AESA, dont les pouvoirs sont circonscrits à l'évaluation scientifique des risques. Ce processus d'avis étant à la fois éloigné et séparé du processus normatif de l'Union, il est donc possible de ne conférer à cette Agence européenne de sécurité des aliments qu'un rôle purement *« pré-décisionnel »*[3].

d. La question de l'encadrement des biotechnologies modernes

386. – Dans l'Union européenne, l'inflation législative en matière d'OGM reste une évolution globalement nécessaire et attendue, *« tant pour assurer le bon fonctionnement du marché intérieur que pour répondre aux attentes des milieux de protection de l'environnement et des consommateurs »*[4]. Une attention particulière peut donc être portée sur la directive 2001/18/CE relative à la dissémination d'OGM dans l'environnement (1), puis sur les règlements visant les nouveaux aliments, la traçabilité et l'étiquetage ainsi que les mouvements transfrontaliers d'OGM (2). Pourra enfin être examinée la compatibilité des mesures nationales avec le droit dérivé sur la libre circulation des marchandises (3).

1) La directive 2001/18/CE relative à la dissémination d'OGM dans l'environnement

387. – Cette nouvelle directive 2001/18/CE[5] pose un principe selon lequel *« aucun OGM ne peut être disséminé à titre expérimental dans l'environnement ou, par la*

---

[1] Pour cette auteure, *«si en pratique, les avis ne lient pas, ils sont presque toujours suivis, les gestionnaires des risques ne disposant pas de l'expertise scientifique en interne, l'ayant déléguée à l'AESA ». Ibid.*
[2] *Ibid.*
[3] E. Bernard, « Accords sur les agences européennes : la montagne accouche d'une souris », *Revue du droit de l'Union européenne (R.D.U.E.)*, 2012/3, p. 440.
[4] N. de Sadeleer, « L'harmonisation des règles relatives à la mise sur le marché, à la dissémination, aux transferts internationaux et à l'utilisation des OGM », in E. Van Nieuwenhuyze et C. Verdure (dir.), *Actualités en droit alimentaire, op.cit.*, p. 209.
[5] *« La mise en œuvre de cette directive n'a pas été sans heurts. Elle a été transposée, à l'instar de la directive de 1990, avec un retard considérable, ce qui a notamment valu à la France d'être condamnée en double manquement au titre de l'article 260 TFUE. La CJUE a jugé que les troubles à l'ordre public que susciterait la mise en œuvre de la directive ne pouvaient justifier le non-respect des obligations qui en découlent. Dans le même ordre d'idées, « le point de vue d'une partie de l'opinion publique », notamment eu égard à une « conception chrétienne de la vie », ne pouvait faire échec à la transposition de la directive*

suite, être mis sur le marché sans avoir été préalablement autorisé par les autorités compétentes au terme d'une évaluation scientifique »[1]. Par voie de conséquence, un OGM ne peut être disséminé ou mis sur le marché qu'en cas d'absence de risque pour l'environnement ou la santé[2].

388. – De nature horizontale, cette directive a vocation à s'appliquer à tout OGM qui ne relèverait pas d'un cadre sectoriel, et à se combiner avec d'autres réglementations spécifiques[3]. Elle laisse le soin aux autorités nationales de se charger elles-mêmes de la procédure touchant à la dissémination volontaire à titre expérimental[4]. Ici, la Commission joue un rôle de relai entre l'État membre concerné et tous les autres, bien qu'il appartienne à l'autorité compétente de l'État saisi de la demande de se prononcer sur l'issue à donner au dossier qui lui est soumis.

389. – Cela dit, les États membres ont un champ d'action très limité dans la mesure où cette directive, pourtant tournée vers la préservation de l'environnement, dépend bel et bien du marché intérieur, comme en témoigne la base légale (article 114 TFUE – ancien article 95 TCE) de son adoption. Les autorisations de mise sur le marché revêtent quant à elles *« un caractère plus communautaire »*[5].

390. – Des clauses de sauvegarde[6] peuvent entrer en jeu, et ainsi empêcher la mise sur le marché d'un OGM ayant pourtant satisfait à l'ensemble des contrôles préalables. Le recours à de telles clauses est restreint à *« l'existence*

---

par la Pologne », « L'harmonisation des règles relatives à la mise sur le marché, à la dissémination, aux transferts internationaux et à l'utilisation des OGM », *op.cit.*, p. 219. Cette directive 2001/18/CE remplacera, à compter du 12 mars 2001, la directive 90/220/CEE du 23 avril 1990 sur la dissémination volontaire d'OGM dans l'environnement (celle-ci constituait pourtant la pièce maîtresse de la réglementation au début des années 1990).

[1] *Ibid.*, p. 211. Voir également les parties B et C de la directive 2001/18/CE.

[2] Considérant n° 47 de la directive 2001/18/CE.

[3] Voir notamment le règlement 2309/93/CEE établissant des procédures communautaires pour l'autorisation et la surveillance des médicaments à usage humain et à usage vétérinaire et instituant une agence européenne pour l'évaluation des médicaments. Voir également le règlement (CE) n° 1829/2003 concernant les denrées alimentaires et les aliments pour animaux génétiquement modifiés, ainsi que la directive 2002/53/CE concernant le catalogue commun des variétés des espèces de plantes agricoles.

[4] Ici, voir la partie B de la directive 2001/18/CE.

[5] Voir N. de Sadeleer, « L'harmonisation des règles relatives à la mise sur le marché, à la dissémination, aux transferts internationaux et à l'utilisation des OGM », *op.cit.*, p. 213. Ici, la procédure repose sur une collaboration étroite entre les autorités nationales et les institutions de l'Union européenne, ce qui permet aux États membre de formuler d'éventuelles objections, et le cas échéant, de trouver un consensus.

[6] D'après le juge européen, la clause de sauvegarde constitue une *« expression particulière du principe de précaution »*. Ici, voir le point 44 de l'arrêt *Greenpeace France* de la CJUE du 21 mars 2000. Voir également le point 111 de l'arrêt *Monsanto Agricoltura Italia* de la CJUE du 9 septembre 2003. Voir également N. de Sadeleer, « The Precautionnary Principle in EC Health and Environmental Law », *European law journal*, vol. 12, mars 2006, pp. 139-172.

d'informations nouvelles ou complémentaires devenues disponibles après l'octroi de l'autorisation »[1].

391. – Cette directive 2001/18/CE constituerait, pour une partie de la doctrine, un *« édifice inachevé »*[2] dans la mesure aucune gestion plus globale des risques ne s'est substituée à l'étude casuistique qu'elle prévoit. L'harmonisation incomplète qu'elle engendre renvoie aux États membres la tâche de prévoir les incriminations et les sanctions appropriées[3].

392. – L'Union européenne ne comporte de toute façon que peu de surfaces agricoles destinées aux OGM[4]. Beaucoup d'États membres restent méfiants à l'endroit des dangers que peuvent représenter cette technologie nouvelle, donc se montrent peu enclins à en cultiver.

2) Les autres règlementations relatives aux OGM dans l'Union européenne

393. – Les denrées alimentaires et aliments pour animaux génétiquement modifiés sont régis par le règlement (CE) n° 1829/2003 du 22 septembre 2003[5], lequel s'articule autour de deux axes majeurs. D'une part, les denrées alimentaires mises sur le marché doivent respecter l'environnement et ne pas porter atteinte à la santé des consommateurs[6], et d'autre part, les aliments génétiquement modifiés pour animaux doivent répondre à certaines exigences sanitaires, environnementales et de protection des consommateurs et des agriculteurs[7].

394. – Ce règlement *« court-circuite »*[8] la procédure d'autorisation décentralisée prévue par la directive 2001/18/CE, en ce que l'autorisation doit être précédée d'une évaluation environnementale[9]. De fait, il constitue une législation sectorielle qui déroge aux dispositions de la directive 2001/18/CE. Par ailleurs, son champ d'application est étendu aux denrées alimentaires produites à partir de

---

[1] Voir N. de Sadeleer, « L'harmonisation des règles relatives à la mise sur le marché, à la dissémination, aux transferts internationaux et à l'utilisation des OGM », *op.cit.*, pp. 217-218.
[2] *Ibid.*, p. 218.
[3] *Ibid.*, p. 219.
[4] Comme le rappelle Nicolas de Sadeleer, *« peu de surfaces agricoles OGM sont cultivées en Europe. En effet, alors que près de 200 millions d'hectares de cultures OGM seront cultivés dans le monde d'ici 2015, seulement 114 624 hectares, dont 97 346 en Espagne, le sont dans l'UE ». Ibid.*, p. 220. Voir également I. Urrutia Libarona, « Commercializacion de transgenicos y medio ambiente », in F. Javier Larruga, M. Garcia Perez et J. José Pernas Garcia (dir.), *Libre mercado y proteccion ambiental. Intervencion y orientacion ambiental de las actividades economicas*, Madrid, INAP, 2013, p. 281.
[5] Ne se cantonnant pas exclusivement à l'environnement, ce règlement poursuit aussi des objectifs en matière de qualité de la vie, de santé humaine, de bien-être des animaux et de protection des intérêts des consommateurs. Il repose sur trois bases juridiques distinctes, à savoir les articles 37, 95 et 152§4, point b), TCE (articles 43, 114 et 168§4 TFUE).
[6] Article 4 du règlement (CE) n° 1829/2003.
[7] Article 16 du règlement (CE) n° 1829/2003.
[8] Voir N. de Sadeleer, *op.cit.*, p. 222.
[9] Article 5§5 et 17§5 du règlement (CE) n° 1829/2003.

dérivés d'OGM, telles que l'huile et la farine produites à partir d'OGM[1], ou encore à des produits contaminés accidentellement par des OGM[2].

395. – Ici, la supervision de l'évaluation des risques n'est pas dévolue aux États membres, mais à l'EFSA[3] en tant qu'agence indépendante, ce qui, de fait, évite à la Commission d'être tenue de répondre aux observations que formuleraient les autorités nationales[4]. Étant donné que la Commission ne dispose pas de moyens humains, techniques et scientifiques comparables aux agences en général, et à l'AESA en particulier, il lui est difficile de s'écarter de leurs avis, bien qu'elle puisse, si elle l'estime nécessaire, s'appuyer sur des études nationales pour les contredire.

396. – Le règlement (CE) n° 1830/2003[5] adopté sur la base de l'ancien article 95 TCE (article 114 TFUE) instaure quant à lui un régime de traçabilité visant *« la surveillance des effets sur l'environnement et, le cas échéant, sur la santé »*[6] des OGM, et ne fait, en réalité, que *« reprendre à son compte »*[7] le régime de l'étiquetage prévu par la directive 2001/18/CE.

397. – Concernant les mouvements transfrontaliers d'OGM, qui n'échappent d'ailleurs pas au droit de l'OMC[8], l'Union ne peut les appréhender qu'à l'aune de sa compétence exclusive en matière de politique commerciale commune (article 207 TFUE), ou de sa compétence partagée en matière environnementale (article 192 TFUE). Si l'Union souhaite ratifier une convention internationale dans un domaine strictement environnemental ou n'affectant qu'accessoirement la

---

[1] Article 1§2 du règlement (CE) n° 1829/2003.

[2] Cf. le point 62 de l'arrêt *Bablok* de la CJUE du 6 septembre 2011.

[3] Il s'agit d'une « agence européenne de régulation ». La Commission entend par là « toute entité juridique autonome établie par l'autorité législative pour participer à la régulation d'un secteur à l'échelle européenne et à la mise en œuvre d'une politique communautaire ». Ici, voir le projet d'accord interinstitutionnel pour un encadrement des agences européennes de régulation du 25 février 2005, COM (2005) 59 final, p. 5. En 2012, le Parlement européen, le Conseil et la Commission ont adopté une « approche commune » sur les agences décentralisées de l'UE, laquelle donne certaines indications quant aux principes de bonne gouvernance s'appliquant aux agences. Voir ici E. Bernard, « Accord sur les agences européennes : la montagne accouche d'une souris », *op.cit.*, pp. 339-446.

[4] Le principe du contradictoire ne s'applique ni à l'égard de demandes quant au maintien de réglementations au sens de l'article 114§4 TFUE (Cf. également le point 50 de l'arrêt *Danemark c. Commission* de la CJUE du 20 mars 2003), ni à l'égard de l'adoption de nouvelles réglementations en vertu de l'article 114§5 TFUE (Cf. les points 34 à 41 de l'arrêt *Autriche c. Commission* de la CJUE du 15 mai 2007).

[5] Règlement (CE) n° 1830/2003 du Parlement européen et du Conseil du 22 septembre 2003 concernant la traçabilité et l'étiquetage des organismes génétiquement modifiés et la traçabilité des produits destinés à l'alimentation humaine ou animale produits à partir d'organismes génétiquement modifiés, et modifiant la directive 2001/18/CE.

[6] Article 1 du règlement (CE) n° 1830/2003.

[7] Voir N. de Sadeleer, « L'harmonisation des règles relatives à la mise sur le marché, à la dissémination, aux transferts internationaux et à l'utilisation des OGM », *op.cit.*, p. 228.

[8] Pour Nicolas de Sadeleer, *« le commerce des OGM n'échappe pas au droit international du commerce et notamment aux accords de l'OMC ». Ibid.*, p. 229.

politique commerciale commune, elle ne peut le faire que sur la base de l'article 192 TFUE[1]. En revanche, le recours à l'article 207 s'impose dès lors que l'acte est destiné *« essentiellement à promouvoir, à faciliter ou à régir les échanges commerciaux »*[2].

398. – Conformément à la clause dite d'intégration[3], la CJUE a néanmoins admis que l'article 207 TFUE pouvait *« englober des aspects environnementaux »*[4], et a par ailleurs autorisé le législateur de l'Union à y avoir recours pour restreindre l'importation ou l'exportation de certains produits[5]. Ces dérogations à l'interprétation littérale de l'article 207 TFUE ne sont pas sans rappeler les débats que le protocole de Carthagène[6] conclu en 2002 par le Conseil sur la base de l'article 192 TFUE avaient suscités[7].

3) Les entraves à la libre circulation des OGM

399. – Dans l'Union européenne, le respect des libertés économiques par les États membres varierait selon que le législateur recourt directement aux dispositions du droit primaire, et plus exactement à celles de l'article 114 TFUE, ou selon qu'il adopte des règles harmonisées (donc uniformes) sur la base de cet article[8]. C'est précisément pour cette raison et à dessein d'éviter un éclatement du marché

---

[1] C'est d'ailleurs le cas de la majorité des conventions concernant cette matière. Voir en ce sens le point 44 de l'arrêt de la CJUE du 6 décembre 2001, ou encore le point 90 de l'arrêt *Commission c. Irlande* de la CJUE du 30 mai 2006.

[2] Cf. le point 5 de l'avis de la CJUE du 6 décembre 2001.

[3] Elle est prévue à l'article 11 TFUE.

[4] Cf. l'arrêt *Grèce c. Conseil* de la CJCE du 29 mars 1990, C-62/88, *Rec.*, p. I-1527.

[5] Cf. la 28e note de bas de page des conclusions de l'Avocat général Kokott sous CJUE, 10 janvier 2006, *Commission c. Parlement et Conseil*, C-178/03, *Rec.*, p. I-107.

[6] Le Protocole de Carthagène sur la prévention des risques biotechnologiques relatif à la Convention sur la diversité biologique, plus généralement appelé Protocole de Carthagène sur la biosécurité, a été signé le 29 janvier 2000 dans le cadre de l'ONU, à la suite de la Convention sur la diversité biologique adoptée à Rio en 1992. Il constitue le premier accord international environnemental sur les OGM. Entré en vigueur le 11 septembre 2003, il compte à ce jour 168 pays membres. C'est un outil que les États ou l'Union européenne peuvent utiliser volontairement, s'ils le souhaitent. Il n'est pas d'application obligatoire. La convention de Rio sur la biodiversité permet et encourage son utilisation, mais il n'a été que peu utilisé. Il ne doit pas être confondu avec la Convention de Carthagène de 1983 sur la protection des mers contre la pollution.

[7] Juste après son adoption, *« l'Union s'était penchée sur les modalités de sa mise en œuvre. Ce protocole comporte une clause dite de « déconnexion », en vertu de laquelle les parties peuvent conclure des accords régionaux, bi – ou multilatéraux en matière de mouvements transfrontaliers d'OGM s'ils sont conformes à l'objectif du protocole et à condition qu'ils n'aboutissent pas à un degré de protection moins (article 14§1 du protocole). Une fois ces accords conclus, les dispositions du protocole n'ont plus d'effet sur les mouvements transfrontaliers d'OGM couverts par ces derniers (article 14§3 du protocole) »*. Ici, voir N. de Sadeleer, « L'harmonisation des règles relatives à la mise sur le marché, à la dissémination, aux transferts internationaux et à l'utilisation des OGM », *op.cit.*, p. 230.

[8] Selon N. de Sadeleer, *« les distorsions de la concurrence résultant de politiques nationales divergentes peuvent être plus facilement combattues par l'adoption de règles harmonisées pour l'ensemble de l'Union que par l'application directe des dispositions du TFUE consacrées aux libertés économiques »*. *Ibid.*, p. 233.

intérieur que l'Union préfère substituer le droit européen aux droits nationaux en empruntant la voie législative dérivée[1].

400. – La directive 2001/18/CE et le règlement (CE) n° 1829/2003 sont tous les deux fondés sur la base de l'article 114 TFUE[2]. A la vérité, les États membres sont plus enclins à respecter une telle législation dans la mesure où elle ne les empêche pas, s'ils le souhaitent, et s'en justifient, de *« conserver une certaine sphère d'autonomie, soit au moyen de clauses de sauvegarde évoquées ci-dessus, soit en raison des mécanismes dérogatoires prévus aux paragraphes 4 à 6 de l'article 114 TFUE »*[3].

401. – En effet, le paragraphe 5 de l'article 114 TFUE laisse libres les États membres d'adopter, à la suite de l'entrée en vigueur de la norme d'harmonisation fondée sur cette disposition du traité, des mesures plus sévères. Néanmoins, les conditions que doivent remplir les États sont cumulatives et restrictives. Les risques allégués doivent ainsi être *« spécifiques »* aux États membres sollicitant la dérogation et être intervenus après l'adoption de la mesure d'harmonisation. Enfin, ils doivent être *« étayés et démontrés par des preuves scientifiques nouvelles »*[4].

402. – Ainsi la législation sur les OGM n'est toujours pas en mesure de rapprocher l'évaluation des risques biotechnologiques de leur gestion, ni d'encadrer strictement les clauses de sauvegarde et les mécanismes dérogatoires auxquels peuvent légalement recourir les États, faisant ainsi de l'*« articulation délicate entre la science et le droit »*[5] une situation conflictuelle à laquelle *« l'hostilité croissante à ce type de technologie de certains États »*[6] ne remédie pas, mais contribue bien plus à maintenir en l'état.

---

[1] Toujours d'après cet auteur, *« au demeurant, dès que la règle de droit dérivé a harmonisé de manière exhaustive la matière, elle se substitue au droit national. Ainsi, l'État membre se trouve-t-il empêché de se prévaloir de l'article 36 TFUE ou de la jurisprudence « Cassis de Dijon » pour échapper à ses obligations de droit secondaire »*. *Ibid.*, p. 23

[2] Malgré son objectif environnemental, la directive 2001/18/CE fut adoptée sur la base de l'ancien article 95 TCE (article 114 TFUE). De même, le règlement (CE) n° 1829/2003 (qui s'applique aux aliments modifiés) est fondé sur la base des articles 43, 114 et 168§4 TFUE. Qui plus est, ces deux actes comportent des clauses selon lesquelles les OGM autorisés peuvent circuler librement au sein du marché intérieur (article 22 de la directive 2001/18/CE, article 19§5 du règlement (CE) n° 1829/2003).

[3] N. de Sadeleer, « Les dérogations nationales à l'harmonisation du marché intérieur. Examen au regard de l'article 114, paragraphes 4-7 TFUE », *Revue du droit de l'Union européenne* (RDUE), 2013/1, pp. 1-35.

[4] Article 114§5 TFUE. D'après les dispositions de l'article 23 de la directive 2001/18/CE, *« un État peut, après l'adoption d'une mesure d'harmonisation, y déroger pour des raisons de protection de l'environnement ou du milieu du travail, à la condition que des preuves scientifiques nouvelles soient apportées (par celui-ci) justifiant d'interdire les OGM sur son territoire »*.

[5] Voir N. De Sadeleer, « L'harmonisation des règles relatives à la mise sur le marché, à la dissémination, aux transferts internationaux et à l'utilisation des OGM », *op.cit.*, p. 237.

[6] Voici le rappel que formule Nicolas de Sadeleer : *« Les forces centripètes propres au fonctionnement du marché intérieur qui se traduisent par le principe de reconnaissance mutuelle et concomitamment par une*

B. LE RENFORCEMENT DE L'AIDE ALIMENTAIRE ET DE L'ACCÈS À L'ALIMENTATION DES POPULATIONS DÉMUNIES

403. – L'Union européenne a beau ne privilégier qu'une conception marchande, ou, comme il a été vu, qualitative du droit à l'alimentation, il n'en demeure pas moins que *« l'aide alimentaire est le reflet concret de la solidarité de l'Union avec les populations les plus vulnérables du monde »*[1]. À ce titre, elle dispose de trois types d'instruments : l'aide d'urgence, l'aide alimentaire et l'aide aux réfugiés et aux personnes intérieurement déplacées.

404. – Dès 1974, le bureau d'information de la Commission européenne[2] à New-York est officiellement devenu une délégation auprès des Nations Unies. Cette antenne de la Commission est donc passée du simple statut d'observateur de l'Assemblée générale des Nations Unies à celui, plus spécial et prisé, de membre à part entière. Ce changement n'est pas dénué d'importance, car bien que la Commission était partie à *« plus d'une cinquantaine de conventions et d'accords multilatéraux conclus sous l'égide des Nations Unies »*[3], elle ne disposait pas du droit de vote en tant que tel[4].

405. – Il faut néanmoins attendre le 26 novembre 1991, soit plus d'une quinzaine d'années, pour que l'Union devienne membre à part entière de l'ONU pour l'alimentation et l'agriculture (ci-après FAO)[5]. Cette adhésion octroiera aux institutions européennes le droit de participer (activement) à ses travaux et à son comité de la sécurité alimentaire, mais surtout de voter à ses assemblées délibérantes.

---

interprétation stricte des clauses de sauvegarde et des mécanismes dérogatoires se heurtent constamment à des forces centrifuges en raison de l'hostilité croissante de certains États ou de leurs populations à ce type de technologie ». Voir « L'harmonisation des règles relatives à la mise sur le marché, à la dissémination, aux transferts internationaux et à l'utilisation des OGM », *op.cit.*, p. 237.

[1] Voir J. Desrutins, *Existe-t-il un droit communautaire à l'alimentation ?*, *op.cit.*, p. 37.

[2] Tout comme le Parlement européen, la Commission européenne possède un bureau d'information dans chaque État membre, et dans certains pays tiers. Ces bureaux ont pour mission de mieux faire connaître la Commission et l'Union européenne en général et parfois d'encourager la participation de celle-ci aux conventions et accords multilatéraux intéressant directement l'Union.

[3] Voir J. Desrutins, *op.cit.*, pp. 42-43.

[4] Ici, voir « L'Assemblée générale accorde le statut d'observateur à l'Union européenne, créant ainsi un précédent et une nouvelle catégorie de membres », Nations Unies – Couverture des réunions & Communiqués de presse, 3 mai 2011. Disponible sur : https://www.un.org/press/fr/2011/AG11079.doc.htm [consulté le 29 décembre 2016]

[5] L. Sermet, « Actualité de l'adhésion de la Communauté européenne aux organisations internationales et aux traités », *Annuaire français de droit international*, 1997, vol. 43, Numéro 1, pp. 671-699.

406. – La Commission rappellera au Conseil et au Parlement toute l'importance du lien qui unit l'Union européenne à l'ONU dans une communication de 2003 relative au multilatéralisme[1]. La Commission énonce ainsi que *« l'Union devrait adopter une approche de « couleur de tête » dans la négociation et la mise en œuvre d'importantes initiatives des Nations Unies dans les domaines du développement durable, de la réduction de la pauvreté et de la sécurité internationale »*[2]. Pour y pourvoir, elle pourrait s'atteler à *« contribuer à l'élaboration d'instruments internationaux et de mesures de mise en œuvre spécifique »*[3].

407. – C'est d'ailleurs sur la base des systèmes de préférences généralisées[4], définissant les relations commerciales dites « équitables » entre les pays industrialisés et ceux en voie de développement, que l'Union européenne adoptera la Convention de Lomé du 31 octobre 1979 relative à l'organisation des rapports économiques avec les pays d'Afrique, des Caraïbes et du Pacifique.

408. – Concernant l'Office européen pour l'aide humanitaire d'urgence (ci-après ECHO), il sera institué le 1er avril 1992 et aura vocation à *« financer des opérations dans le monde entier par le truchement d'un ensemble d'organisations telles que des organisations des Nations Unies, la « famille » de la Croix-Rouge, d'autres organisations internationales et ONG qui mettent en œuvre des actions humanitaires sur le terrain »*[5].

409. – L'article 181 bis TCE faisait qui plus est de la réduction de la pauvreté l'objectif numéro un de la politique européenne de développement. Le législateur de l'Union avait fait de cette finalité une réelle priorité ne pouvant être atteinte

---

[1] Communication de la Commission [COM (2003) 526 final] au Conseil et au Parlement européen intitulé *« L'Union européenne et les Nations Unies : le choix du multilatéralisme »*.

[2] *Ibid.*

[3] *Ibid.*

[4] C'est en 1968 que la CNUCED recommande la création d'un *« système généralisé de préférences tarifaires »* dans le cadre duquel les pays industrialisés accorderaient des préférences commerciales à tous les pays en développement. Dans ce système, les pays développés appliquent des droits de douane plus bas aux produits en provenance des pays plus pauvres. Il s'agit donc, pour contribuer au développement de ceux-ci, d'une exception à un principe cardinal de l'OMC, en l'occurrence à la clause de la Nation la plus favorisée aux termes de laquelle un avantage accordé à un pays membre de l'organisation doit être accordé à tous les autres. Le dernier système de préférences généralisées date du 27 juin 2005 et s'adresse à 178 pays. Il leur permet de faire entrer sur le marché de l'Union leur produit en franchises exemptées de tous droits de douane.

[5] Le service d'aide humanitaire et de protection civile de la Commission européenne (ECHO), anciennement connu sous le nom d'Office humanitaire de la Communauté européenne, est le service de la Commission européenne chargé de l'aide humanitaire et de la protection civile à l'échelle internationale.

qu'avec *« la consolidation de la démocratie et de l'État de droit, ainsi que le respect des droits de l'homme et des libertés fondamentales »*[1].

410. – Avec les règlements (CE) n° 1292/96 et 1726/2001 des 27 juin 1996 et 23 juillet 2001, l'Union reconnaîtra, en outre, la nature indissociable de sa contribution au développement des pays pauvres de l'aide alimentaire et de la sécurité alimentaire, ce qui témoigne son implication dans la réalisation des OMD.

411. – Une communication de la Commission du 8 mai 2001 sur le rôle de l'Union dans la promotion et la protection des droits de l'homme et la démocratisation des pays tiers[2] se réjouira, quant à elle, de l'action conjointe de l'Union et du Haut-commissaire des droits de l'homme et des Nations Unies. L'institution européenne y soulignera, sans équivoque, la base de l'action de l'Union, et consacrera la lutte contre la pauvreté comme faisant partie des objectifs fondamentaux de l'Union[3].

412. – Cette présentation peut également se tourner vers une communication de la Commission du 2 mai 2001 relative à l'édification d'un partenariat efficace avec les Nations Unies dans les domaines du développement et des affaires humanitaires[4]. Ici, la Commission se félicitera des *« relations solides et complexes »*[5] qu'entretiennent désormais l'Union et l'ONU *« dans la totalité des domaines prévus par la Charte des Nations Unies, allant de la paix, la sécurité et les droits de l'homme aux affaires économiques et sociales tout en passant par le développement, les activités humanitaires et la politique commerciale »*[6].

---

[1] Pour aller plus loin, consulter le lien Internet suivant : http://ec.europa.eu/dorie/fileDownload.do;jsessionid=hYfuVRUFlbYFHTKqmdWydpIf86tCW0U5MYqEzUqesb48HRroiIp9!2096757176?docId=340011&cardId=340011 [consulté le 29 décembre 2016]

[2] Communication [COM (2001) 252] de la Commission du 8 mai 2001 sur le rôle de l'Union européenne dans la promotion de la protection des droits de l'homme et la démocratisation des pays tiers.

[3] Ainsi que le rappelle cette communication, *« la base de l'action de l'Union est claire. L'Union cherche à défendre le caractère universel et indivisible des droits de l'homme sur le plan civil, politique, économique, social et culturel ainsi que la protection de ces droits, la promotion d'une démocratie pluraliste, de même que l'établissement de réelles garanties pour l'État de droit et la lutte contre la pauvreté font partie des objectifs fondamentaux de l'Union européenne ». Ibid.*

[4] Communication [COM (2001) 231 final] de la Commission adressée au Conseil et au Parlement européen du 5 mai 2001 intitulée *« Édifier un partenariat efficace avec les Nations unies dans les domaines du développement et des affaires humanitaires »*.

[5] *Ibid.*

[6] Communication [COM (2001) 231 final], *op.cit.*

413. – Malgré ces évolutions lentes, bien que satisfaisantes, l'Union n'est fondée à embrasser des liens avec la commission du *Codex Alimentarius*[1] et donc à s'appuyer sur ses prescriptions pour prendre des mesures dans le domaine alimentaire que depuis une décision du Conseil du 17 novembre 2003[2]. De plus, cette adhésion n'avait vocation qu'à *« contribuer au renforcement de la cohérence entre les normes, orientations ou recommandations adoptées dans le cadre du Codex et les autres obligations internationales pertinentes qui s'imposent à la Communauté européenne et à ses États membres en matière de normes alimentaires »*[3]. Rien n'était dit sur la lutte contre la pauvreté ou sur le droit de chaque être humain à se nourrir à proprement parler.

414. – D'autre part, le Parlement européen invitera, dans une résolution sur la lutte contre la faim et la pauvreté du 24 février 2005[4], la communauté internationale et l'Union à augmenter la qualité et la quantité de leur aide au développement en privilégiant, à cette fin, une meilleure utilisation de l'aide existante. Ici, le Parlement demande à l'Union de promouvoir un commerce multilatéral libre, à même d'éradiquer les causes premières de la pauvreté et de la faim[5].

415. – Plus intéressant, le Parlement en profitera pour inviter l'Union et la communauté internationale *« à ne pas considérer les objectifs du Millénaire comme un objectif ultime mais bien uniquement comme une étape pour l'éradication de la pauvreté absolue »*[6], ce qui ne semble toujours pas être le cas, au vu de leurs résultats controversés[7].

§II. LA RÉNOVATION DU STATUT JURIDIQUE DE L'ALIMENTATION : VECTEUR D'UNE MEILLEURE GOUVERNANCE ALIMENTAIRE

416. – Ce dernier paragraphe sera consacré à la question du statut juridique de l'alimentation dans l'Union européenne, et plus exactement aux améliorations que suscitent les mécanismes agricoles actuels. Les crises alimentaires n'ont, malgré

---

[1] La commission du *Codex Alimentarius* (CCA) a pour mission principale de protéger la santé des consommateurs et de garantir de bonnes pratiques dans le commerce international des denrées alimentaires, notamment en établissant des normes regroupées dans le *Codex Alimentarius*.

[2] Décision 2003/822/CE du Conseil du 17 novembre 2003 relative à l'admission de la Communauté européenne à la commission du Codex alimentaire.

[3] *Ibid.*

[4] Résolution du Parlement européen du 24 février 205 sur l'action contre la faim et la pauvreté.

[5] *Ibid.*, points 36-37.

[6] *Ibid.*

[7] Ici, voir notamment J.-P. Feldman, *La famine menace-t-elle l'humanité ?*, éd. J.-C. Lattès, 2010, 236 pages.

leur importance et leurs survenances successives, déclenché qu'une réformation incomplète de la PAC, posant ainsi à l'Union d'importantes difficultés quant à l'articulation des règles existantes avec le corpus juridique international.

417. – Un autre aspect, cette fois-ci consacré à l'absence de statut homogène des droits fondamentaux en tant que principes généraux du droit de l'Union européenne sera également étudié, afin de rendre cette présentation des améliorations de la gouvernance alimentaire la plus exhaustive possible.

418. – Dans cette perspective, une étude de la dimension externe du statut de l'alimentation semble convenir (A), et devoir précéder, sans les dénaturer, les différents obstacles (qu'ils soient surmontables ou non) à la reconnaissance d'un véritable droit fondamental à l'alimentation (B).

A. L'ARTICULATION DES RÈGLES EXISTANTES AVEC LE CORPUS JURIDIQUE INTERNATIONAL

419. – Ce sont bel et bien les mesures d'urgence et/ou d'embargo consenties au lendemain de la crise de la vache folle qui ont permis aux objectifs et aux mécanismes de la PAC d'évoluer. De toute façon, ils étaient contestés par des pays-tiers devenus tout à fait hostiles à la politique offensive jusqu'alors menée par l'Union dans le secteur agricole[1]. Si cette rénovation du statut juridique de la PAC fut certes une réussite dans l'Union européenne (1), celle-ci n'entraîne toujours pas d'interaction claire, cohérente et efficace avec la scène internationale (2).

1. L'approche globale et intégrée de l'administration de la PAC

420. – Les *« déclarations alarmantes »*[2] des autorités britanniques officialisant la crise de la vache folle auront pour conséquence directe l'adoption de mesures nationales de sauvegarde de la part de tous les États membres (à l'exception de

[1] Voici ce que précise Béatrice Viale : *« Le développement de la PAC – dans sa dimension initiale – a été fondée sur une logique offensive. L'hostilité des pays-tiers – producteurs agricoles – et particulièrement celle des États-Unis s'est rapidement manifestée au sein du GATT, à l'égard des mécanismes communautaires de fixation des prix à un niveau supérieur aux coûts mondiaux et de la protection du marché de la communauté vis-à-vis des produits originaires des pays-tiers »*. Voir B. Viale, *Le statut juridique de l'alimentation en droit communautaire*, *op.cit.*, p. 57.

[2] *Ibid.*, p. 44.

l'Irlande et du Danemark), lesquelles interdiront tout accès à leur territoire des produits bovins bruts ou dérivés provenant de Grande-Bretagne.

421. – Ces mesures nationales ont de plus été renforcées par une décision de la Commission portant embargo à l'égard de la viande bovine et de tous les produits dérivés originaires du Royaume-Uni[1]. Le Conseil européen s'était quant à lui montré solidaire et généreux à l'endroit des *« éleveurs gravement touchés par la crise »*[2] en leur octroyant une enveloppe avoisinant les 850 millions d'écus.

422. – La levée de la mesure générale d'embargo était conditionnée par l'éradication, à moyen terme, de la maladie, mais cet assouplissement tant escompté par les représentants britanniques ne s'est pas fait sans heurts, comme en témoignent les menaces de blocage du fonctionnement des institutions qu'ils ont proféré à l'égard de leurs homologues européens[3].

423. – À partir du 25 novembre 1998, une levée graduelle de l'embargo fut privilégiée, et ne concernait que certains produits dérivés. Ce n'est que le 1er août 1999 qu'une levée totale fut actée par le Conseil[4], malgré la vive opposition de certains États, dont faisait notamment partie la France.

424. – Par-delà ces considérations purement sanitaires, la crise de la vache folle aura aussi et surtout permis de placer sous les projecteurs la question du financement des mécanismes agricoles. En effet, les protagonistes impliqués dans procédure budgétaire ont fait valoir que *« les subsides alloués sur la base des quantités produites ne bénéficiaient pas aux productions et aux régions les plus défavorisées, ce qui signifie que la politique agricole commune n'a pas toujours participé à la correction des inégalités territoriales ou sectorielles »*[5].

425. – De ces critiques sont nées d'importantes évolutions institutionnelles juridiquement relayées par les traités successifs et par la multiplication des politiques sectorielles transférées de la part des États membres au profit de

[1] Par une décision 96/239 du 27 mars 1996, la Commission européenne a interdit l'expédition de viande et de produits de viande provenant de bovins abattus au Royaume-Uni vers les autres États membres ainsi que les pays tiers.
[2] Conclusion de la présidence du Conseil européen de Florence, 21-22/06/96 : Agence Europe, 23/06/1996, n° 6755, pp.6-15. Le Parlement européen a également joué un rôle moteur en adoptant un amendement présenté par la Commission de l'agriculture du Parlement européen et prévoyant, en ce sens, un budget de 30 millions d'écus sur trois ans.
[3] Ici, voir notamment T. Alam, *Quand la vache folle retrouve son champ. Une comparaison transnationale de la remise en ordre d'un secteur d'action publique*, th. de droit privé soutenue à l'Université de Lille 2, 2007, 590 p.
[4] Décision 98/256 du Conseil du 16 mars 1998 concernant certaines mesures d'urgence en matière de protection contre l'encéphalopathie spongiforme bovine, modifiant la décision 94/474 et abrogeant la décision 96/239, JOCE n° L113 du 15 avril 1998, p. 33. Cette levée totale de l'embargo concerne tous les produits et viandes bovines originaires du Royaume-Uni.
[5] Voir B. Viale, *Le statut juridique de l'alimentation en droit communautaire*, *op.cit.*, p. 52.

l'Union européenne. Ainsi, *« l'approche sectorielle initiale de la PAC fut peu à peu supplantée par une approche intégrée »*[1], bien que l'Union éprouve encore *« certaines difficultés à satisfaire de nouvelles demandes »*[2].

426. – Les différentes retouches apportées au statut juridique de l'alimentation visent en fait à assurer la pertinence de l'action tant interne qu'externe de l'Union dans le domaine agricole, et s'inscrivent dans le cadre plus large d'une réformation globale des institutions européennes insufflée par le livre blanc de la Commission sur la gouvernance européenne[3].

427. – Partant, l'Union s'est dotée d'une nouvelle stratégie alimentaire basée sur *« l'avènement d'une sécurité alimentaire véritable »*[4], et sur *« le rapprochement des législations alimentaires nationales quand le fonctionnement du marché intérieur en dépend »*[5]. Ce statut renouvelé de l'alimentation est de nature très extensive, dans la mesure où il comprend désormais tant l'alimentation animale que les produits alimentaires, et où il promeut, comme le règlement (CE) n° 178/2002 en atteste, un système efficace d'instruments pouvant prévenir et endiguer les crises alimentaires.

428. – L'impulsion donnée par toutes ces réflexions juridiques et politiques semble au final avoir été productive puisque le nouveau statut de l'alimentation répond à une finalité identifiée et bénéficie d'une délimitation claire de son champ d'action.

2. Les rapports entre le statut renouvelé de l'alimentation et les règles d'origine internationale

429. – Le statut renouvelé de l'alimentation ne sera parachevé que s'il s'article avec le corpus juridique international. Depuis le lancement du Cycle d'Uruguay au début des années 1990, le secteur agricole européen n'est plus détachable du niveau mondial de l'agriculture. Il faut donc adjoindre aux règles européennes

---

[1] Voir B. Viale, *Le statut juridique de l'alimentation en droit communautaire*, *op.cit.*, p. 54.
[2] Parmi les autres objectifs interagissant dorénavant avec la PAC figurent notamment les exigences de la libre circulation des marchandises, ou encore de la protection des consommateurs et de l'environnement. *Ibid.*
[3] Cf. le livre blanc de la Commission sur la gouvernance européenne, COM (2001) 428 final du 25 juillet 2001.
[4] Voir B. Viale, *op.cit.*, p. 63.
[5] *Ibid.*

celles d'origine internationale, parmi lesquelles figurent certains accords conclus dans le cadre de l'OMC et du *Codex Alimentarius*.

430. – Malgré ce double niveau de dispositions juridiques (international et européen), il n'existe, pour l'heure, toujours pas d'ensemble normatif cohérent[1] de nature à guider la dimension externe de l'action de l'Union européenne dans les domaines agricole et alimentaire. Cette articulation s'impose pourtant comme *« une condition préalable à la reconnaissance d'un statut de l'alimentation effectif »*[2].

431. – Pour certains auteurs, seule *« une plus grande hétérogénéité du corpus juridique »*[3] engendrerait une rénovation dynamique du statut juridique de l'alimentation aux niveaux régional et universel. En d'autres termes, l'Union ne pourra revendiquer d'améliorations significatives sans prendre en compte ces nouveaux paradigmes.

432. – Les questions relatives à l'alimentation doivent donc être placées dans une perspective non plus régionale, mais mondiale. L'efficacité de l'action menée par l'Union sur la scène internationale dépend de la cohérence de son corpus juridique et de son articulation avec les règles suprarégionales. En d'autres termes, la *« rationalisation du mode d'organisation »*[4] est indispensable à la réformation pleine et entière du statut de l'alimentation et constitue un objectif inhérent à l'élaboration d'une *« stratégie alimentaire novatrice »*[5].

B. LES OBSTACLES À LA RECONNAISSANCE D'UN VÉRITABLE DROIT FONDAMENTAL À L'ALIMENTATION

433. – Une partie de la doctrine estime que dans l'Union européenne, *« il n'y a pas de statut homogène des droits fondamentaux »*[6]. Certains seulement bénéficieraient d'une invocabilité directe en ce qu'ils sont expressément consacrés dans le droit originaire ou dans le droit dérivé. Ceux qui, en revanche,

---

[1] En Union européenne, le recours à plusieurs fondements juridiques et en conséquence à l'application de principes et de procédures législatives distincts prévaut du fait de l'absence d'une catégorie juridique unique.
[2] Voir B. Viale, *Le statut juridique de l'alimentation en droit communautaire*, *op.cit.*, p. 66-67.
[3] *Ibid.*
[4] *Ibid.*, p. 69.
[5] *Ibid.*
[6] O. de Schutter, « Les droits fondamentaux dans l'Union européenne : une typologie de l'acquis », in E. Brisobia et L. Heinnebel (dir.), *Classer les droits de l'homme*, Bruylant, 2004, p. 315. Voir également O. de Schutter et J.-Y. Carlier, *La charte des droits fondamentaux de l'Union européenne*, Bruylant, 2002.

ne sont pas directement invocables, se rattachent tout de même aux principes généraux du droit de l'Union. Cette classification conduit également à préciser que certains droits fondamentaux sont directement invocables dans les rapports entre personnes privées, tandis que d'autres ne le sont que vis-à-vis des actes émanant des institutions européennes ou des autorités étatiques.

434. – Dans l'ordre juridique européen, ce sont bien les traités de Maastricht du 2 février 1992 et celui d'Amsterdam du 2 octobre 1997 qui constitueraient *« les deux étapes à la constitutionnalisation des droits fondamentaux »*[1]. Si l'article 6 TUE consacre ainsi le respect des droits de l'homme et des libertés fondamentales[2], l'article 49 TUE conditionne quant à lui l'adhésion de nouveaux États à leur respect.

435. – Cette reconnaissance lente et progressive des droits fondamentaux résulterait, en réalité, de *« trois dynamiques distinctes »*[3]. La première n'aurait assimilé les droits fondamentaux qu'à de simples instruments de constitution d'un espace commun, la seconde leur aurait confié un rôle de préservation de la primauté du droit européen, alors que la dernière d'entre elles les aurait rattachés aux éléments constitutifs de la citoyenneté de l'Union[4].

436. – Bien que le droit à l'alimentation *« se trouve au cœur du principe de dignité humaine »*[5], son contenu *« non-identifiable et donc imprécis »*[6] aurait pour conséquence de le priver d'invocabilité directe. Cette situation provient du fait que ce sont les cours constitutionnelles des États membres elles-mêmes, et non pas les juridictions européennes, qui doivent assurer le respect de la dignité humaine, à laquelle concourt le droit à l'alimentation[7].

---

[1] Voir Jennie Desrutins, *Existe-t-il un droit communautaire à l'alimentation ?*, *op.cit.*, p. 19.

[2] *« L'article 6 TUE est fondamental. Il est la source permettant d'interpréter de manière extensive la notion de droit de l'homme. Dans cet article, sont reconnus les principes fondateurs de l'Union que sont les principes de la liberté, de la démocratie, du respect des droits de l'homme et des libertés fondamentales, ainsi que l'État de droit. Le second alinéa de l'article 6 TUE montre l'obligation qui pèse sur l'Union de respecter les droits fondamentaux. Lesquels sont caractérisés par une approche dite extensive, dont les sources sont multiples incluant notamment les principes généraux du droit communautaire. Ce sont là les seules dispositions du TUE qui s'intéresses aux droits fondamentaux et pour lesquelles on peut affirmer qu'il existe une référence implicite au droit à l'alimentation du fait de son caractère interdépendant d'autres droits fondamentaux ». Ibid.*, p. 32.

[3] Voir O. de Schutter, « Les droits fondamentaux dans l'Union européenne : une typologie de l'acquis », *op.cit.*, p. 319.

[4] Voir notamment A. Iliopoulou-Penot, *Libre circulation et non-discrimination, éléments du statut de citoyen de l'Union européenne*, Bruylant, 2007, coll. Droit de l'Union européenne, 795 p.

[5] M. Borghi, *The right to adequate food and access to justice*, *op.cit.*, 2006, p. 10.

[6] J. Desrutins, *op.cit.*, p. 28.

[7] Voir notammant l'arrêt *Omega* de la CJCE (affaire C-36/02) du 14 octobre 2004.

437. – Étant donné que ces cours ont tendance *« à trop vouloir respecter la séparation des pouvoirs »*[1], laquelle n'a pourtant jamais existé en Union européenne, le juge national estime qu'il *« dépasserait sa compétence et ne serait donc en mesure ni de consacrer le droit fondamental à l'alimentation et ni de le rendre justiciable »*[2].

438. – Ces obstacles à la reconnaissance d'un véritable droit fondamental à l'alimentation sont pour le moins surprenants dans la mesure où ce droit revêt un *« status positivus »* qui impose aux États de prendre toutes les mesures nécessaires pour le garantir, mais aussi et surtout un *« status negativus »* qui les empêche d'en entraver la jouissance[3].

439. – Pour certains spécialistes, seule une *« conception essentialiste »*[4] du droit à l'alimentation, laquelle ne serait d'ailleurs pas incompatible avec le droit européen, permettrait donc à l'Agence européenne des droits fondamentaux[5] d'en garantir la jouissance. Nonobstant cette dévolution de compétence[6], il est clair que *« l'autorité à laquelle il reviendrait d'abord d'assurer le respect des droits fondamentaux reste le juge communautaire »*[7].

440. – S'agissant de la Charte des droits fondamentaux de l'Union européenne (ci-après CDFUE), elle promeut les droits fondamentaux à l'aune de l'évolution de la société, mais aussi du progrès social et des développements scientifiques et technologiques. De fait, *« peut-être que le droit à l'alimentation est sous-entendu dans l'avènement de tels progrès puisque la lutte contre la faim demande des efforts constants et un progrès social sans relâche »*[8].

441. – De plus et surtout, le droit de chaque être humain à se nourrir procède, au même titre que d'autres droits économiques et sociaux, du *« souci de préserver la dignité humaine »*[9]. En tant que source paneuropéenne des droits de l'homme, la

---

[1] M. Borghi, *The right to adequate food and access to justice, op.cit.*, p. 10.
[2] Voir C. Golay, *Vers la justiciabilité du droit à l'alimentation, op.cit.*, p. 28.
[3] Sur ces questions, voir notamment les actes du Colloque de Caen du 23 février 1996 publiés sous la direction de C. Grewe, *Les fonctions des droits fondamentaux en Europe*, p. 161.
[4] Voir Jennie Desrutins, *Existe-t-il un droit communautaire à l'alimentation ?, op.cit.*, p. 23.
[5] Le règlement du Conseil de l'Union européenne (CE) n° 168/2007 du 15 février 2007 porte création d'une Agence des droits fondamentaux de l'Union européenne, entré en vigueur le 1er mars 2007. L'Agence des droits fondamentaux de l'Union européenne fournit des conseils indépendants, fondés sur des éléments factuels, destinés aux décideurs européens et nationaux. Elle leur donne ainsi des informations de qualité qui servent à alimenter et mieux cibler les débats, les politiques et la législation sur les droits fondamentaux.
[6] Pour Jesnnie Desrutins, *« L'Agence des droits fondamentaux n'aurait aucun pouvoir de sanction comme celui que possèdent certaines agences de régulation, ni même un pouvoir de type réglementaire. Si le juge européen consent à reconnaître un droit fondamental de l'alimentation, alors ce dernier pourra ensuite faire l'objet d'une expertise par l'Agence européenne des droits fondamentaux »*. *Ibid.*, p. 26.
[7] *Ibid.*
[8] *Ibid.*, pp. 34-35.
[9] Voir J. Ziegler, *Le droit à l'alimentation, op.cit.*, p. 63.

Convention européenne de sauvegarde des droits de l'homme (ci-après CESDH) semble ici apporter quelques éléments de réponses.

442. – N'est-il pas fait *« une référence implicite à l'idée que chacun puisse se nourrir »*[1] en reconnaissant le droit à la vie dans la CESDH ? N'est-il pas question de *« bannir la diète imposée »*[2] en y prohibant les traitements inhumains et dégradants ? Dans ce sens, n'est-ce pas non plus *« donner à chacun la chance de se procurer par ses propres moyens des aliments »*[3] en y interdisant le travail forcé ? Voici-là des questions légitimes et tout à fait pertinentes auxquelles ont voulu répondre, par la positive, certains auteurs.

443. – En dernier lieu, il n'est pas inutile de préciser que certaines références catégorielles au droit à l'alimentation sont faites par la CDFUE. Celles-ci visent les personnes physiques dont la vulnérabilité doit être prise en compte. Parmi les situations concernées figurent bien sûr celles des enfants[4], mais aussi celles des femmes enceintes[5], ou encore celles des personnes âgées[6] et des exclus[7]. En outre, ces droits peuvent, le cas échéant, faire l'objet d'une interprétation de leur contenu, conformément au principe de non-discrimination[8].

444. – Il ressort de tous ces éléments que la réformation complète du statut juridique de l'alimentation ne saurait s'entrevoir sans la reconnaissance explicite d'un droit fondamental à l'alimentation qui soit à la fois universel et indivisible, et dont pourrait se prévaloir tout justiciable présent dans un des États membres de l'Union

---

[1] Voir J. Desrutins, *Existe-t-il un droit communautaire à l'alimentation ?*, *op.cit.*, p. 34.
[2] *Ibid.*
[3] *Ibid.*
[4] Article 24§1 CDFUE.
[5] Les dispositions de l'article 30 CFDUE protègent les femmes enceintes contre le licenciement pour motif de maternité.
[6] Article 25 CDFUE.
[7] Article 34§3 CDFUE.
[8] Article 21 CDFUE.

Chapitre II. L'essor inachevé des acteurs non-étatiques dans la défense du droit à l'alimentation avec l'exemple des O.N.G.

445. – De tout temps s'est adjointe à la fragmentation des organisations internationales de sauvegarde et de promotion du droit à l'alimentation une multitude d'acteurs non-étatiques dont l'objectif majeur consiste, encore aujourd'hui, à prêter une aide ainsi qu'une assistance humanitaire aux populations les plus démunies. Le plus souvent, ces différents intervenants se regroupent au sein d'ONG, lesquelles peuvent également prospérer en groupes d'intérêt afin de rester le plus près possible de la société civile et des régulateurs nationaux. Leur point commun est qu'ils s'évertuent à représenter une cause ou un objectif indépendamment des personnes. Associés aux institutions et aux décideurs publics, ils visent à orienter les décisions et à faire valoir leur expertise sur le terrain. La méthode qu'ils emploient a beau varier grandement d'un groupement à l'autre, c'est avant tout le dynamisme de leurs actions qui les caractérise le plus. Placés au service de la lutte contre la faim et l'extrême pauvreté à tous les échelons (qu'il soit local, national, régional ou mondial), ces acteurs sont en réalité indispensables à la réalisation du droit à l'alimentation tant leurs moyens matériels et humains, mais aussi leur savoir-faire, contribuent à renforcer les efforts entrepris au niveau supra-étatique.

446. – La question de leur influence sur la gouvernance de l'alimentation, ainsi que sur l'avènement d'un authentique droit fondamental à l'alimentation soulève néanmoins certaines difficultés liées en partie à l'absence de classification officielle des ONG en droit national, international et européen. Leurs différents modèles économiques ainsi que leurs rapports parfois ambigus avec les acteurs étatiques compliquent en effet la reconnaissance de leur statut juridique. Qui plus est, toutes les ONG n'agissent pas encore avec l'éthique nécessaire à l'intervention des acteurs humanitaires, ce qui débouche fréquemment sur des contrôles approfondis de la part des États. Les relations menées par la société civile et les pouvoirs publics peuvent elles aussi se montrer problématiques, comme en attestent le cas du lobbying alimentaire et la question de la démocratie alimentaire efficace et légitime. Ces constatations conduisent donc à étudier la spécificité des ONG à l'aune de l'action humanitaire et de la solidarité internationale (section 1), puis à entrevoir plus exactement les rapports qu'elles et les membres de la société civile entretiennent avec les États (section 2).

Section I. LES SPÉCIFICITÉS DES O.N.G. DE DÉFENSE DU DROIT À L'ALIMENTATION

447. – De la même façon qu'il a fallu attendre la mise en place des Nations Unies pour voir émerger le droit à l'alimentation sur la scène internationale, il n'est pas sans intérêt de rappeler que *« la projection hors des frontières nationales de l'action charitable est assez récente »*[1]. C'est sous la Restauration que l'action humanitaire acquiert, en France, une telle dimension. En Grande-Bretagne, l'action menée à compter des années 1820 par la Société anti-esclavagiste peut être perçue comme *« la préfiguration d'une solidarité internationale à l'échelle des citoyens »*[2]. Aux États-Unis, les premières manifestations de l'action de solidarité par-delà les frontières nationales remontent quant à elles au XIXe siècle, et trouvent leur point d'orgue durant la Première guerre mondiale.

448. – C'est par la suite au Mouvement de la Croix-Rouge que reviendront non seulement l'apparition du droit international humanitaire, mais aussi et surtout la création d'une première génération d'ONG modernes. Leurs idées promouvaient l'intangibilité des droits de la personne, comme en témoignent à la fois le Comité *Oxford* de lutte contre la famine, la *Cooperation for American Relief in Europe* (ci-après CARE), ou bien encore *Amnesty International.*

449. – Apparaîtront dans la foulée d'autres générations d'ONG, tournées cette fois-ci vers l'éducation et la santé, le développement humain et les soins médicaux. Au « modèle » missionnaire s'étaient donc ajoutés le « tiers-mondisme » politique et le « sans frontiérisme », œuvrant eux aussi en faveur de l'universalisation des droits de l'homme en apportant des secours d'urgence.

450. – L'émergence de l'individu et de la société civile au sens large dans les relations internationales, traditionnellement centrées sur les États et les organisations interétatiques, ne s'est pourtant pas faite naturellement, à en croire le laps de temps plutôt long qu'a exigé l'ONU pour établir un cadre juridique précis avec le mouvement associatif[3].

---

[1] C. Lechervy et P. Ryfman, *Action humanitaire et solidarité internationale : les ONG*, Hatier, 1993, pp. 13-14.

[2] *Ibid.* ; voir également J. Heartfield, *The British and Foreign Anti-Slavery Society : A History, 1838-1956*, C Hurst & Co Publishers Ltd, 2016, 500 p.

[3] Ce sont les dispositions de l'article 71 de la Charte des Nations Unies qui, à propos du Conseil économique et social (ECOSOC) de l'organisation mondiale, déterminèrent pour la première fois un cadre juridique précis des relations entre le système de l'ONU et le mouvement associatif. Les dispositions de cet article 71 donnent suite à la résolution 45/6 de l'Assemblée générale des Nations Unies et à son projet A/45/191, adoptés le 16 octobre 1990. Cela constitue la première étape de la reconnaissance par la communauté internationale d'organismes ne devant, en principe, ni leur création, ni leur financement aux États.

451. – Grâce à cette prise en considération, *« les associations venant en aide aux déshérités des quatre coins du monde sont certes devenues une nouvelle donnée des relations internationales »*[1], toujours est-il que plusieurs interrogations relatives à l'identification (§I) ainsi qu'au financement (§II) des ONG de défense du droit à l'alimentation subsistent. L'humanitaire serait en effet devenu *« un métier avec des règles, une déontologie et des cycles de formation »*[2] dont l'étude invite parfois à la prudence.

§I. L'IDENDIFICATION DES O.N.G. DE DÉFENSE DU DROIT À L'ALIMENTATION

452. – Avec la gouvernance de l'alimentation, les organisations de solidarité internationale cherchent à s'associer à la politique extérieure des États en matière humanitaire, donc à la gestion quotidienne des opérations de coopération. Parfois lente et difficile, cette collaboration institutionnelle n'en reste pas moins efficace tant la qualité de l'aide apportée aux régions les plus pauvres témoigne d'une réelle coordination entre acteurs publics et privés.

453. – Les régimes politiques qui encadrent les processus de solidarité pourraient néanmoins gagner en cohérence s'ils consentaient d'une part à classer plus clairement qu'actuellement les ONG en droit national, international et européen, et s'ils imposaient par ailleurs aux acteurs issus de la société civile d'agir conformément à un code de bonne conduite, tel qu'imaginé dès 1994 par certaines ONG.

454. – Dans cette perspective, il semble nécessaire d'expliquer en quoi la classification propre à chaque organisation internationale encourage la dispersion des ONG de défense du droit à l'alimentation (A), puis de montrer les bienfaits qu'aurait l'adoption de règles déontologiques sur leur légitimité (B).

---

[1] Voir C. Lechervy et P. Ryfman, *Action humanitaire et solidarité internationale : les ONG*, *op.cit.*, p. 5.
[2] *Ibid.*

A. LES CONSÉQUENCES DE L'ABSENCE DE CLASSIFICATION OFFICIELLE EN DROIT NATIONAL, INTERNATIONAL ET EUROPÉEN

455. – Ne bénéficiant d'aucune définition précise et unanimement admise sur la scène internationale, les ONG de solidarité oscillent entre l'urgence du « sans frontiérisme » et le développement du « tiers-mondisme », lesquels sont, en Europe et dans la plupart des pays anglo-saxons, souvent rattachés à des Églises, particulièrement chrétiennes[1]. À cela vient s'ajouter la laïcité des ONG françaises, comme alternative à la dichotomie classique sus-évoquée. Les conséquences de cette absence de classification officielle sont doubles : les associations privées ont eu du mal à se fréquenter dans des plates-formes communes (2) en raison du caractère parfois imprécis de leur mission sociale (1).

1. La polyvalence exorbitante des O.N.G. de défense du droit à l'alimentation

456. – Passé de l'amateurisme à l'« entreprenariat », le capitalisme humanitaire est devenu un secteur économique à part entière[2]. De l'écologie à la santé, en passant par la finance et la diplomatie, aucun domaine n'échappe à son champ d'intervention. Cette confusion des genres amène parfois les acteurs de la charité (qu'elle soit nationale ou internationale) à renouveler substantiellement les causes qu'ils défendent. C'est principalement le cas d'ONG généralistes (a) et de défense des droits de l'homme (b), bien que certaines ONG d'aide médicale d'urgence (c) soient également touchées par ce phénomène.

a. L'exemple révélateur des ONG généralistes

457. – Une attention particulière peut tout d'abord porter sur le réseau CARE International, fondé aux États-Unis en 1945. Si cette ONG de solidarité avait initialement vocation à *« fournir des colis de nourriture »*[3] dans le but de venir en aide aux populations européennes au sortir de la seconde guerre mondiale, celle-ci va progressivement s'imposer comme l'une des principales organisations mondiales d'aide au développement puis d'action humanitaire d'urgence. Son

[1] F. Rubio, *Dictionnaire pratique des Organisations Non Gouvernementales*, Ellipses, 2004, p. 12.
[2] Voir C. Lechervy et P. Ryfman, *Action humanitaire et solidarité internationale : les ONG*, *op.cit.*, p. 6.
[3] Voir F. Rubio, *op.cit.*, p. 56.

action va donc passer de la défense du droit à l'alimentation *stricto sensu* à la protection, au sens large, des droits économiques et sociaux des plus démunis.

458. – Ses engagements s'étalent dorénavant de la lutte contre les mariages forcés en Afrique et le changement climatique, à la promotion du droit à la santé et à l'éducation des jeunes enfants. D'une manière générale, CARE dénonce les violations faites aux droits de l'homme dans tous les pays où l'association est présente, en portant notamment l'attention des pouvoirs publics sur ces atteintes.

459. – En dépit de cette diversification, CARE a su rester une ONG de solidarité très active en matière de lutte contre l'insécurité alimentaire et nutritionnelle. Pour y arriver, elle défend essentiellement le droit au travail et à un environnement sain de toutes les populations victimes de crises alimentaires chroniques. Par ailleurs, CARE s'efforce d'améliorer l'accès à l'eau des communautés locales en tentant d'entretenir, et si besoin de réparer, les systèmes d'approvisionnement et d'assainissement.

460. – Bien plus qu'une ONG consacrée au droit à un niveau de nourriture adéquate et suffisante, CARE est devenue une association hybride pouvant à la fois se classer parmi les ONG de développement, les ONG de défense des droits humains, les ONG techniques et les ONG de défense de l'environnement.

461. – Les fondements de sa mission sociale semblent par ailleurs correspondre au « tiers-mondisme », en raison de la faim dans le monde que cette ONG combat, ainsi qu'au « sans frontiérisme », compte tenu de sa volonté de ne pas voir le geste de solidarité limité par les États. Ils s'inspirent également du « modèle » missionnaire, puisque l'action visée est en partie tournée vers l'éducation et la santé.

462. – Présente dans 65 pays, que ce soit en Afrique, en Asie, en Amérique latine et en Europe de l'Est, CARE y développait plus de 700 projets en 2000[1]. Dans l'ensemble, *« ce sont chaque année 25 millions de personnes dans le monde qui sont bénéficiaires des actions du réseau CARE et 4 millions de personnes bénéficiant des actions d'urgence »*[2].

463. – S'il semble indéniable que cette ONG de solidarité concourt toujours efficacement à la défense du droit à l'alimentation, l'élargissement de sa mission sociale (comme l'y autorisent les règles issues du droit national et international[3])

[1] Voir F. Rubio, *Dictionnaire pratique des Organisations Non Gouvernementales*, *op.cit.*, p. 57.
[2] *Ibid.*
[3] Comme le souligne le Professeur Philippe Ryfman, *« un obstacle réside dans le fait que les ONG ne sont pas des organisations de droit international, mais au mieux des structures issues des droits internes. Encore peu de législations nationales leur accordent cependant une reconnaissance spécifique qui les*

soulève l'hasardeuse question de la coordination de ses activités avec celles de ses homologues et des organisations internationales.

464. – Cette problématique touche également l'*Oxford Committee For Famine Relief* (ci-après Oxfam), apparu au Royaume-Uni dès 1942. À ses débuts, cette association avait pour objectif de secourir les populations grecques affamées par l'occupant nazi, donc d'assurer un accès à l'alimentation de celles-ci. D'une manière plus générale, les *Quakers* qui en étaient les instigateurs souhaitaient *« soulager la pauvreté, la détresse et la souffrance »*[1].

465. – Ici encore, la charité mènera Oxfam à se diriger vers de nombreux domaines. Le comité entame son action internationale au début des années 1960 en y incluant, en plus du seul droit à l'alimentation, d'autres enjeux afférant cette fois-ci au financement du développement, au changement climatique, aux ressources naturelles ou encore à la protection des civils.

466. – Une part importante du soutien apporté par Oxfam prend donc la forme d'aide d'urgence, bien que cette ONG s'implique de plus en plus des campagnes et des activités de lobbying. Au même titre que CARE, l'action d'Oxfam *« varie selon les pays »*[2] et peut surtout compter sur l'un des budgets les plus élevés parmi les associations de solidarité, soit plus de 700 millions de dollars sur l'ensemble du réseau en 2001[3].

467. – Oxfam est récemment parvenu à se coordonner avec des organisations similaires comme CARE, mais rencontre toujours des difficultés pour appliquer conjointement ses programmes avec elles. De fait, l'extension de l'assistance alimentaire à tant d'autres pans de la solidarité semble encline à ralentir la réalisation des objectifs que ces acteurs se fixent.

b. L'exemple significatif des ONG de défense des droits de l'homme

468. – Concernant ces associations de solidarité, la logique est très souvent inversée. Elles partent de la défense de nombreux droits humains pour en arriver, *in fine*, à promouvoir le droit à l'alimentation. L'immense majorité d'entre elles sont actives à l'échelle internationale. Rares sont celles qui, en effet, ont cantonné leur lieu d'intervention à l'intérieur d'un seul et même État.

---

différencieraient au sein de leur droit associatif général, bien que le mouvement tende à s'amplifier » ; ici, voir P. Ryfman, *Les ONG*, La Découverte, Repères, 2004, p. 17.

[1] Voir F. Rubio, *Dictionnaire pratique des Organisations Non Gouvernementales*, *op.cit.*, p. 324.

[2] *Ibid.*, p. 325.

[3] *Ibid.*

469. – La plus ancienne d'entre elles est l'Armée du salut, née en Grande-Bretagne en 1881. Implantée dans plus de 108 pays, cette ONG confessionnelle se définit comme *« une armée de paix et une armée sans frontières »*[1]. Très attachée à l'Église chrétienne universelle, elle défendait principalement le droit à la santé et à l'éducation dans les pays les moins avancés avant de témoigner, à la suite d'évènement intervenus au début des années 2000[2], son attachement au droit à l'alimentation.

470. – L'évolution diffèrera pour MISEREOR, la plus importante ONG confessionnelle allemande[3]. Dès 1958, cette structure associative milite contre l'extrême pauvreté et l'injustice dans le monde au sein de l'Église catholique d'Allemagne en se chargeant notamment de la coopération au développement. Doté d'un budget de 157 millions d'euros[4], MISEREOR intervient depuis ses débuts dans des domaines très variés allant de l'éducation à la santé, en passant par la lutte contre la faim.

471. – Le Comité catholique contre la faim et pour le développement (ci-après CCFD) s'inscrit lui aussi dans cette mouvance, mais il se distingue tout de même par le fait que son nom indique l'accent mis dès son origine sur l'alimentation. Il s'agit de la première ONG de développement française. Apparue au milieu des années 1960, elle promouvra dès sa mise en place plusieurs projets agricoles, économiques, éducatifs et citoyens[5]. En France, cette association est reconnue d'utilité publique depuis 1984, et bénéficie du statut de consultant auprès du Conseil économique et social des Nations Unies.

472. – L'étude conduit ensuite au cas d'*Amnesty International*, fondée en 1961 pour mobiliser l'opinion publique en faveur des prisonniers d'opinion. Cette association est présente dans plus de 159 pays et soutient dorénavant le droit à l'alimentation via le truchement d'autres droits de l'homme, tels que le droit à la santé et à l'éducation. Son panel d'intervention est extrêmement large. Il va du contrôle des armes à la lutte pour les droits en matière de sexualité et de procréation.

473. – L'ONG *Human Rights Watch* paraît également significative. Instauré en 1978 pour s'assurer que l'Union soviétique n'enfreignait pas les accords d'Helsinki[6], ce réseau associatif œuvre aussi bien dans la lutte contre le terrorisme

---

[1] Voir F. Rubio, *Dictionnaire pratique des Organisations Non Gouvernementales*, *op.cit.*, p. 37.
[2] L'Armée du salut a porté secours aux victimes des attentats du 11 septembre aux États-Unis, ainsi qu'à celles de la crise en Russie en 2000 en leur livrant des centaines de tonnes de nourriture.
[3] Voir F. Rubio, *op.cit.*, p. 289.
[4] *Ibid.*, p. 289
[5] En 2017, le CCFD faisait notamment de la lutte contre la famine au Soudan du sud l'une de ses priorités.
[6] Ces accords sont signés à Helsinki le 1er août 1975 par 35 États, dont les États-Unis et l'Union soviétique. Ce texte marque la fin de la première Conférence sur la sécurité et la coopération en Europe (CSCE).

que dans la protection des migrants contre le travail forcé. Cette ONG défend par ailleurs le droit à l'alimentation par l'intermédiaire de l'écologie en général et du droit à un environnement sain en particulier.

474. – L'ONG française Action contre la faim mérite également d'être évoquée. Cette association est une organisation humanitaire mise en place en 1979 par un groupe d'intellectuels français dont font notamment partie Bernard Henry-Lévy et Jacques Attali. Née dans le contexte de la crise afghane, cette ONG présente la caractéristique de se consacrer exclusivement au droit à l'alimentation. Elle ne milite pas contre la faim en s'inscrivant dans des combats plus généraux tels que la lutte contre la pauvreté, ou encore la lutte pour la santé.

475. – SOLAGRAL est une autre association française digne d'intérêt. En 1980, lors de son instauration, sa mission sociale consistait à faciliter le débat entre le monde scientifique, les mouvements associatifs et les décideurs, mais se tourne actuellement vers la sécurité alimentaire et l'environnement. En 2000, son budget s'élevait à 1,2 million d'euros, dont 90% de fonds publics[1]. Cette association présente par ailleurs la spécificité de n'intervenir qu'en France.

476. – Toujours en 1980 fut créée en France l'ONG SOLIDARITÉ dont l'action humanitaire profite aux populations victimes de guerres et de conflits armés. Pour ce faire, elle subvient aux besoins vitaux des personnes touchées en leur apportant à boire et à manger, ainsi qu'un toit pour les héberger. Dotée d'une petite structure, cette association peut néanmoins compter sur la dévotion d'une cinquantaine de volontaires français expatriés et le travail de près d'un millier d'employés et de cadres locaux.

477. – Ce panorama peut en dernier lieu porter sur le Réseau *Foodfirst Information and Network Action* (ci-après « FIAN ») fondé en 1986. Il s'agit de la première ONG de défense des droits de l'homme à faire campagne pour la réalisation du droit à l'alimentation. Implantée dans plus de 50 pays, « FIAN » privilégie l'action locale en ne se revendiquant d'aucun parti politique ni d'aucune Église. Bénéficiant du statut consultatif auprès des Nations Unies, l'association *« s'efforce d'assurer aux personnes un accès aux ressources et aux revenus dont elles ont besoin pour se nourrir aujourd'hui et dans le futur »*[2].

478. – Sans doute, toutes ces ONG sont à leur origine à vocation missionnaire ou « sans frontièriste », puis ont élargi, au fil des ans, le champ couvert par leur mission sociale au « tiers-mondisme », à l'exception toutefois de plusieurs d'entre

---

Nombreux furent les gouvernements qui pensèrent à une tentative de rapprochement entre les deux blocs mais en réalité, Brejnev voulait éloigner les pays d'Europe Occidentale des États-Unis en les englobant dans la CSCE qui serait une rivale de l'OTAN.

[1] Voir F. Rubio, *Dictionnaire pratique des Organisations Non Gouvernementales*, *op.cit.*, p. 359.

[2] *Ibid.*

elles (telles qu'Action contre la faim et le Réseau « FIAN ») qui ont toujours combattu la faim et l'extrême pauvreté.

c. L'exemple spécifique des ONG médicales humanitaires d'urgence

479. – C'est en France, au début des années 1970, que plusieurs associations se reconnaîtront sous le terme générique de « sans frontiériste »[1]. Ce néologisme est l'œuvre de Médecins sans frontières (ci-après MSF), créé en 1971. Cette ONG est composée d'un noyau dur de médecine d'urgence en cas de catastrophes naturelles ou de conflits armés, et intervient dans pas moins d'une quarantaine de pays à travers le monde. Cette médicalisation de l'aide s'est traduite par la présence dans les zones touchées par les guerres et les calamités naturelles des *french doctors*.

481. – MSF défend le droit à l'alimentation par le biais des droits à la vie et à la santé. En cas de conflits armés, l'ONG apporte des soins spécifiques aux populations victimes de malnutrition, et témoigne une attention particulière à la situation des enfants. C'est ainsi que plusieurs centaines de milliers d'entre eux atteints de malnutrition sévère sont chaque année traités par l'association.

482. – En période épidémique ou face à une pandémie, l'ONG soigne également les malades en danger de mort en leur prescrivant les médicaments efficaces[2]. Hors contexte de conflit, il arrive par ailleurs à MSF d'intervenir sur d'importants foyers de malnutrition aiguë dans l'optique d'endiguer la mortalité infantile locale.

483. – Médecins du monde (ci-après MDM) est quant à elle une association qui verra le jour en 1980, à la suite d'un désaccord entre les membres de MSF. Son action est connue dans le paysage associatif humanitaire en raison de son importante diversification. Initialement tournée vers l'aide médicale des réfugiés vietnamiens puis vers l'assistance alimentaire des populations afghanes et libanaises, MDM attachera une importance spécifique à la lutte contre le SIDA et la toxicomanie, notamment en France.

484. – Doté d'un budget de 51 millions d'euros subventionnant 212 programmes dans 56 pays[3], MDM est également célèbre pour avoir inventé le concept

---

[1] Aujourd'hui, les ONG « sans frontièristes » se retrouvent dans des domaines très variés, et ne se cantonnent plus au seul domaine médical. Elles sont utiles à de nombreuses professions, des architectes aux vétérinaires, en passant par les ingénieurs.

[2] En situation épidémique, MSF vaccine en effet contre la fièvre jaune, la rougeole ou encore la méningite. L'ONG apporte également des soins spécifiques aux populations atteintes du SIDA, de la tuberculose et du paludisme.

[3] Voir F. Rubio, *Dictionnaire pratique des Organisations Non Gouvernementales*, *op.cit.*, p. 277.

controversé de « droit d'ingérence humanitaire » sur la scène internationale[1]. C'est sous l'influence du mouvement « sans frontièriste » que fut adoptée par l'Assemblée générale des Nations Unies la résolution n° 43/131 du 8 décembre 1988. Celle-ci était intitulée « Assistance humanitaire aux victimes des catastrophes naturelles et situations d'urgence du même ordre », et se bornait à inviter les États à faciliter l'acheminement des secours humanitaires.

485. – Ce tout nouveau droit d'ingérence humanitaire connaîtra par la suite plusieurs déclinaisons, telles que le « droit d'ingérence médiatique » et le « droit d'ingérence culturelle », ou bien encore le « droit d'ingérence thérapeutique ». Cette question du devoir d'ingérence paraît intéressante à l'aune des accaparements de terres et du droit dont disposent les peuples sur leurs ressources naturelles, qui seront abordés plus tard dans le cadre de cette thèse.

486. – Quoi qu'il en soit, ces « ONG urgencières » ont elles aussi densifié leurs champs d'intervention avec le temps pour au bout du compte se muer en authentiques « ONG développementalistes », ce qui pose encore une fois le problème de leur coopération avec les autres ONG de solidarité. Ce phénomène que certains auteurs appellent la *« floraison de l'associatif »*[2] ne doit pas occulter les dangers qu'il y a pour les ONG de s'écarter à ce point-là de leur objectif de départ.

2. La coordination à plusieurs vitesses des O.N.G. de défense du droit à l'alimentation

487. – Le foisonnement des ONG de développement durant la seconde moitié du XXe siècle conduit à étudier leurs forces dans la coopération et leur rôle dans la politique extérieure. Pour une partie de la doctrine, la souplesse et la rapidité d'action de ces ONG en font *« des instruments plus efficaces dans la lutte contre la pauvreté que les gouvernements et les grandes institutions multilatérales, susceptibles d'être freinés par des lourdeurs bureaucratiques »*[3]. Une présentation des plates-formes communes aux associations dites de solidarité aux niveaux universel (a), régional (b) et national (c) semble donc nécessaire pour

[1] M. Bettati, « Le droit d'ingérence. Mutation de l'ordre international », *Politique étrangère*, vol. 61, n° 2, 1996, pp. 432 et s. Sur la notion controversée du « droit d'ingérence humanitaire », voir M. Kdhir, « Pour le respect des droits de l'homme sans droit d'ingérence », *Revue trimestrielle des droits de l'homme*, 2002, pp. 901-923.

[2] Voir C. Lechervy et P. Ryfman, *Action humanitaire et solidarité internationale : les ONG*, *op.cit.*, p. 21.

[3] G. Perroulaz, « Le rôle des ONG dans la politique de développement : forces et limites, légitimité et contrôle », *Annuaire suisse de politique de développement*, 23-2 | 2004, pp. 9-24.

partager, ou à l'inverse pour réfuter cette idée. L'étude pourra ensuite avoir trait à la coopération des ONG du Nord avec leurs partenaires du Sud (d).

a. Une coordination spontanée mais limitée au niveau universel

488. – Les ONG spécialisées en droit à alimentation ne peuvent s'appuyer que sur le Département de l'information des Nations Unies (ci-après DPI)[1], créé dès 1946. Instauré pour promouvoir à travers le monde la connaissance et la compréhension des travaux de l'ONU, ce département constitue en réalité une *« administration pivot »*[2] en charge des relations entre les ONG et le système onusien dans son ensemble.

489. – Doté d'un budget très imposant, soit quasiment 200 000 000 de dollars en 2017, le DPI compte parmi ses activités la mobilisation de soutiens pour le développement et les droits de l'homme pour tous[3]. Pour y parvenir, cette succursale des Nations Unies doit justement interagir et entretenir des partenariats avec des audiences diverses, dont celle des acteurs associatifs.

490. – Un réseau de plus de 60 centres d'informations des Nations Unies (ci-après CINU) permet en outre à l'ONU de créer des rapports, où que ce soit dans le monde, avec les organisations locales de la société civile et le secteur privé. De fait, ce réseau donne un accent local aux messages mondiaux, et cherche à rapprocher l'ONU des gens qu'elle sert.

491. – Les ONG enregistrées auprès du DPI n'ont cependant pas toutes le statut consultatif auprès du Conseil économique et social des Nations Unies. Les activités que mènent le DPI et auxquelles peuvent prendre part les associations ne nécessitant pas l'obtention d'un tel statut, les ONG ont la possibilité d'élire tous les deux ans un comité exécutif qui les représentera auprès du département.

492. – Plusieurs critères sont néanmoins requis pour s'associer auprès du DPI. L'ONG devra en premier lieu partager les idéaux de la Charte des Nations Unies. Elle devra par ailleurs œuvrer sur une base non lucrative et prouver sa capacité à sensibiliser des audiences larges ou spécialisées. Enfin, l'ONG devra disposer des

---

[1] Le DPI a été instauré par la résolution 13(I) de l'Assemblée générale des Nations Unies, en date du 1er février 1946.
[2] Voir F. Rubio, *Dictionnaire pratique des Organisation Non Gouvernementales*, *op.cit.*, p. 128.
[3] Parmi ses autres activités, le DPI doit informer le monde sur les idéaux et le travail de l'ONU, mais aussi mobiliser des soutiens pour la paix et le développement.

moyens nécessaires à la conduite de programmes d'information efficaces sur les activités de l'ONU[1].

493. – La plupart des ONG de défense du droit à l'alimentation sont membres de cette plate-forme de l'ONU[2] et peuvent donc assister chaque année, au mois de septembre, à une conférence organisée sur un thème déterminé, en général d'actualité. La soixante-troisième conférence annuelle du DPI et des ONG était par exemple dédiée à l'amélioration de la santé mondiale et à la réalisation des OMD.

494. – Cette réunion ponctuelle correspond en fait à l'Assemblée générale annuelle des ONG, à laquelle participent les ONG, qu'elles soient ou non dotées du statut consultatif, et le DPI. Les sujets qui y sont traités sont variés mais relèvent quoi qu'il arrive de la compétence du Conseil économique et social. Y participent chaque année des centaines d'associations en provenance de plusieurs dizaines de pays.

495. – Autrement dit, les bases d'une coopération commune entre l'ONU et les ONG ont certes été mises en place assez tôt – dès 1946 –, mais elles semblent pour le moins rudimentaires et ne pas correspondre à l'éclatement du phénomène associatif. De tels sommets pourraient avoir lieu plus souvent au cours de l'année et rassembler, si possible, les ONG selon leur spécialité. Il n'est pas souhaitable que les ONG de solidarité au sens large (qu'elles soient « urgencières » ou « développementalistes ») se retrouvent, surtout sur un espace-temps si court, confrontées aux ONG « diplomatiques »[3] ou « financières »[4] pour évaluer leurs programmes.

b. Une coordination tardive mais croissante au niveau régional européen

496. – En Europe, les ONG de solidarité peuvent, à la différence de ce que le cadre universel propose, compter sur plusieurs structures de coordination. Elles peuvent tout d'abord être membres du réseau EURONAID, créé en 1981 par le regroupement de 32 associations. Spécialisé dans le domaine de la sécurité

---

[1] Pour ce faire, l'ONG devra être en mesure de publier des lettres d'information, des bulletins et des pamphlets, mais aussi d'organiser des conférences, séminaires et tables rondes en s'assurant de la coopération des médias.

[2] Parmi les ONG enregistrées auprès DPI figurent notamment le CCFD et le réseau « FIAN International ».

[3] « Communauté de San Egidio » et « *International Crisis Group* » sont des exemples d'ONG « diplomatiques » participant régulièrement à l'Assemblée générale annuelle des ONG.

[4] « Planet Finances » est un exemple d'ONG « financière » participant régulièrement à l'Assemblée générale annuelle des ONG.

alimentaire, ce sont tout de même plus de 160 ONG (dont notamment Oxfam et Caritas Internationalis) qui en font partie.

497. – EURONAID est *« une sorte de centrale d'achat pour les ONG »*[1], en ce qu'elle négocie à des prix avantageux les produits et les transports dont ses adhérents ont besoin. Présente dans l'ensemble des pays européens, cette ONG *« est en mesure d'organiser des transports tant maritimes que terrestres et de distribuer des stocks vers la quasi-totalité des destinations en Afrique, en Amérique du Sud, en Asie, en Europe centrale et de l'Est »*[2].

498. – Partant, EURONAID combat les causes de la famine et de l'insécurité alimentaire au niveau local en encourageant l'autosuffisance et le développement durable. Elle y parvient depuis plus de trente ans en relayant partout en Europe et dans le monde les programmes spécifiques et adaptés des ONG. Dotée d'un bureau à Bruxelles et d'un siège social aux Pays-Bas, EURONAID semble géographiquement bien placée pour influencer les décideurs européens.

499. – Les ONG spécialisées dans le droit à l'alimentation peuvent également se regrouper auprès de l'*European Community Humanitarian Office* (ci-après ECHO), qui représente à la fois le plus gros bailleur mondial pour le financement de l'aide humanitaire et un axe essentiel de la politique des ONG européennes agissant, même partiellement, dans l'urgence humanitaire.

500. – Cette structure *ad hoc* imaginée et mise en place par une décision de la Commission[3] du 1er mars 1992 dépend actuellement du règlement CE n° 1257/96. Ses pères fondateurs souhaitaient insuffler à l'Union européenne l'image d'un relais politique, et non plus seulement financier, en matière à la fois de coordination avec les États-membres et les ONG, et de mobilisation des ressources budgétaires en cas de crise de grande ampleur.

501. – Parmi ses attributions figurent les aides alimentaires et humanitaires d'urgence aux populations des pays tiers, et la formation de partenariats avec, entre autres, les ONG[4]. Celles-ci ont donc vocation à jouer un rôle important dans la politique d'aide d'urgence humanitaire en Union européenne, et cela d'autant plus qu'elles sont placées « sous contrat » avec ECHO.

---

[1] Voir F. Rubio, *Dictionnaire pratique des Organisations Non Gouvernementales*, *op.cit.*, p. 167.
[2] *Ibid.*
[3] Le 11 juin 1991, sur l'initiative des commissaires Marin, Andriessen et Matutes, la Commission européenne décide de créer l'Office européen d'aide humanitaire d'urgence, décision qui a pris effet le 1er mars 1992.
[4] ECHO développe par ailleurs des partenariats avec les organisations internationales et certaines universités. Elle coordonne également son assistance avec celle des États-membres.

502. – Les ONG de solidarité spécialisées dans l'aide au développement, et plus encore dans le domaine de l'alimentation, captent une partie substantielle des aides d'ECHO. C'est notamment le cas d'Action contre la faim qui, avec Pharmaciens sans frontières, sont les deux grandes ONG françaises du réseau. Cette plate-forme va enfin jusqu'à proposer une formation universitaire aux étudiants désireux de faire carrière dans le milieu humanitaire[1].

503. – Au niveau européen, les associations de solidarité peuvent aussi appartenir au réseau *Voluntary Organisations In Cooperation in Emergencies* (ci-après VOICE), qui fédère une petite centaine d'ONG d'aide humanitaire – provenant de Suisse et des pays membres de l'Union européenne. Instaurée en 1992, VOICE encourage les liens entre ONG, et participe activement à la politique européenne relative à l'aide humanitaire[2].

504. – Cette étude peut en dernier lieu porter sur la Confédération européenne des ONG d'urgence et de développement (ci-après CONCORD), qui est la structure de coordination la plus récente dans l'Union européenne. Mise en place en janvier 2003, cette plate-forme succède à CLONGUE, et possède l'atout d'associer aux ONG (nationales et internationales[3]) certains réseaux européens tels qu'EURONAID ou *Action Aid Alliance*.

505. – En défendant leurs intérêts et en les considérant comme de véritables partenaires stratégiques, CONCORD renforce la coordination des ONG et consolide leur travail auprès des institutions de l'Union européenne. Divisée en six groupes de travail, cette confédération est notamment en charge de l'aide humanitaire, de la sécurité alimentaire et du financement du développement. Pour mener à bien les missions qui lui sont dévolues, CONCORD peut compter sur les importantes subventions que lui alloue la Commission européenne[4].

506. – Depuis de nombreuses années maintenant, les ONG de solidarité peuvent donc se regrouper au niveau européen dans des réseaux. Les associations par

---

[1] Le réseau « *Network Humanitarian Assistance* » regroupe 7 universités, dont celle d'Aix-Marseille III, en France.

[2] Ce faisant, VOICE veille à ce que l'aide humanitaire reçoive de la part de l'Union européenne l'attention et les réponses appropriées par rapport aux besoins existants. VOICE accroît par ailleurs l'efficacité des stratégies humanitaires européennes, et facilite l'accès des ONG membres auprès de l'Union européenne.

[3] Il est en effet possible de classer les ONG en fonction de leurs actions nationales ou internationales. Le Conseil économique et social des Nations Unies opère par exemple cette distinction. Les ONG dont l'action n'est que nationale ne peuvent obtenir le statut consultatif qu'avec l'approbation du pays de leur siège. La convention européenne sur la reconnaissance de la personnalité juridique des ONG établit également cette distinction en attribuant à celles qui ne cantonnent pas leurs activités sur le territoire d'un seul État le sigle OING (organisation internationale non gouvernementale) et surtout en les faisant bénéficier des dispositions de la convention.

[4] Celles-ci ont néanmoins tendance à diminuer. Elles sont passées, à titre d'exemple, de 75% en 2003 – lors de sa création, à 65% en 2005.

thématiques ont ainsi permis à certaines ONG qui œuvrent dans le secteur de la sécurité alimentaire de créer une véritable *« coopérative européenne d'achat »*[1] avec EURONAID. La logique est par exemple similaire pour les ONG luttant contre l'extrême pauvreté avec la mise en place de l'*European Anti-Poverty Network*, ou pour celles spécialisées dans l'action humanitaire d'urgence avec la création de VOICE.

507. – De tels groupements n'existent malheureusement qu'en Europe. N'ayant pas d'équivalent dans les autres régions de protection des droits de l'homme[2], celles-ci pourraient très bien s'en inspirer pour garantir à leurs associations des structures analogues. Il n'est pas non plus inconcevable d'en imaginer des semblables au niveau universel.

c. Une coordination récente mais plurivalente en France

508. – En France, les associations de solidarité peuvent, depuis 1979, se mettre en lien avec la plate-forme française des ONG auprès de l'Union européenne (ci-après PFF)[3]. Regroupant plus de 80 « ONG développementalistes », dont quelques-unes travaillent spécifiquement dans le domaine de la sécurité alimentaire[4], cette structure attire l'attention de acteurs associatifs sur l'importance du niveau européen dans la lutte pour le développement des pays du Sud.

509. – La PFF accompagne les ONG françaises de développement dans leurs relations avec les institutions européennes que sont la Commission européenne (et notamment ECHO, dont elle dépend), la commission du développement (DEVE) du Parlement européen et le Conseil européen. Elle organise par ailleurs des conférences sur des thèmes liés à l'action humanitaire en compagnie des responsables européens.

---

[1] Voir F. Rubio, *Dictionnaire pratique des Organisations Non Gouvernementales*, *op.cit.*, p. 175.

[2] En Amérique latine, il n'existe aucun statut spécifique des ONG. Ce point semble prioritaire pour les Nations Unies qui s'interrogent sur la possibilité de coopérer avec des communautés n'ayant aucun statut. En Afrique, il est difficile de répertorier les ONG car celles-ci sont confondues avec les associations. Faute de critères et de définition juridique, il est impossible de préciser les liens qu'ont les ONG avec l'Union africaine. *« Souvent, les ONG sont mises en place par d'anciens politiques dans le seul but de créer des structures à leur dévotion ou leur permettant de se procurer les moyens de poursuivre leurs activités »* ; *Ibid.*, p. 23.

[3] Parmi ses principales attributions, la PFF influence les politiques françaises de coopération au développement, elle informe les ONG françaises des cofinancements européens possibles, elle promeut l'éducation et le développement (que ce soit en France ou en Europe), et est enfin partie prenante dans le développement de relations extérieures de l'Union européenne.

[4] C'est notamment le cas d'Action contre la faim.

510. – Cette plate-forme nationale n'est en revanche pas propre à la France. En existent une quinzaine d'autres à travers l'Europe avec lesquelles la PFF travaille d'ailleurs en étroite collaboration. Toutes ces structures dépendent d'un comité de liaison dont la création est relativement récente représentant les quelque 900 ONG de développement européennes.

511. – Quant à la Coordination d'Agen, qui réunit plus d'une vingtaine d'associations dans le domaine de l'urgence et du développement, elle milite depuis 1988 pour une meilleure politique française de coopération. Elle défend, pour ce faire, le volontariat humanitaire et l'amélioration de la fiscalité des dons. Attachée à la formation professionnelle dans les pays en développement, la Coordination d'Agen participe donc chaque année au Forum des solidarités Nord-Sud d'Agen[1].

512. – Dans la lignée de cette plate-forme existe également la Coordination Sud, créée en 1994. Son action va de la formation des ONG françaises à la représentation de celles-ci à l'étranger. Dotée d'un budget de 600 millions d'euros, Coordination Sud entretient par ailleurs un dialogue régulier avec les décideurs publics[2], ce qui en fait l'un des acteurs incontournables du milieu associatif français.

513. – Cette étude peut prendre fin avec la place qu'occupe la coopération décentralisée, qui est l'une des formes nouvelles de la coopération avec les pays en développement. En consacrant près de 0,4% de son PIB à l'aide au développement[3], la France reste l'un des pays industrialisés les plus généreux de la planète[4], qui plus est membre du G7.

514. – Ce sont les articles 131 à 135 de la loi d'orientation du 6 février 1992 qui viennent fixer un cadre juridique précis et rigoureux de la coopération décentralisée[5]. Ce cadre sera précisé et complété par une circulaire commune Affaires étrangères-Intérieur du 26 mai 1994, en ce qu'elle déterminera cette fois-ci les modalités du contrôle de légalité de la coopération décentralisée. En

---

[1] À titre d'exemple, le (symbolique) XXe Forum d'Agen était organisé du 24 au 26 octobre 2002 et avait pour thématiques la lutte contre l'extrême pauvreté et l'action humanitaire.
[2] Coordination Sud est en constante relation avec le ministre des Affaires étrangères et son ministre délégué à la coopération. Elle développe également des rapports avec les groupes de parlementaires chargés des relations avec les ONG. Enfin, Coordination Sud est en relation directe avec certaines structures mixtes de dialogue telles que la Commission de coopération et développement, le Haut Conseil pour la coopération internationale ou encore certaines agences (comme l'Agence française de développement).
[3] En 1999, la France consacrait 0,39% de son PIB (soit 34,7 milliards de francs) à l'aide au développement.
[4] F. Rubio, *Dictionnaire pratique des Organisations Non Gouvernementales*, *op.cit.*, p. 108. Dans un autre registre, voir la loi d'avenir de l'Agriculture du 13 octobre 2014 qui entend mettre en œuvre l'agro-écologie sur un territoire gouverné, dans l'objectif d'une performance notamment sociale des exploitations agricoles.
[5] Avant cela, la coopération décentralisée ne bénéficiait d'aucun cadre juridique précis, hormis une circulaire de 1983, cernant plus ou moins sa problématique.

parallèle, l'État français ratifiera la convention de Madrid – élaborée sous l'égide du Conseil de l'Europe – entrée en vigueur le 21 mai 1980. Réglementant des velléités affichées de coopération transfrontalière, cette convention n'a donc vocation qu'à s'appliquer aux collectivités situées de part et d'autre d'une frontière commune à deux États signataires.

515. – Autrement dit, les collectivités territoriales peuvent désormais coopérer avec leurs homologues étrangers, ou avec des institutions internationales comme les institutions de l'Union européenne, mais en aucun cas avec un État étranger. Cette coopération décentralisée n'est par ailleurs limitée qu'aux champs de compétences dévolus par la loi française aux collectivités territoriales[1]. Ici, sont donc visés divers acteurs dont les départements, les communes, les régions ou bien les établissements publics de coopération intercommunale[2].

516. – Tel que l'indiquent certains auteurs, *« c'est dans ce cadre que les ONG peuvent intervenir comme opérateur de la réalisation d'un programme initié par les collectivités mentionnées ci-dessus »*[3]. À en croire les chiffres officiels divulgués par les rapports périodiques du Conseil économique, social et environnemental, le nombre de projets serait en pleine expansion[4] et mobiliserait d'importantes sources de financement[5].

517. – Cette coopération décentralisée a cela d'intéressant qu'elle concerne en grande partie les aides humanitaire et alimentaire en direction des populations vulnérables, ainsi que les aides d'urgence en cas de catastrophes. Elle représenterait par ailleurs un outil de coopération *« beaucoup plus accessible aux petites et moyennes ONG »*[6], ce qui semble correspondre à l'éclatement du phénomène associatif en général, et au foisonnement des ONG de solidarité en particulier.

---

[1] Les conventions de coopération décentralisées doivent par ailleurs être écrites, approuvées par l'organe délibérant de la collectivité et visées par l'autorité préfectorale avant leur entrée en vigueur.

[2] Parmi les établissements publics de coopération intercommunale figurent les communautés urbaines, districts, syndicats de communes, communautés de communes, communautés d'agglomérations ainsi que les ententes départementales ou régionales dotées de la personnalité morale et les syndicats mixtes.

[3] Voir F. Rubio, *Dictionnaire pratique des Organisations Non Gouvernementales*, *op.cit.*, p. 111.

[4] D'après le Conseil économique, social et environnemental, plus de 2 600 collectivités territoriales seraient engagées dans le cadre de la coopération décentralisée. Plus de 5 225 actions réparties sur 114 pays auraient ainsi été menées en 1999. Au cours de la même année, la région Ile-de-France aurait pour sa part recensé plus de 203 collectivités engagées dans 623 actions. La région elle-même aurait signé pas moins de 23 accords de coopération.

[5] Les deux grandes sources de financement sont les suivantes : les fonds propres (mis à disposition par les collectivités territoriales elles-mêmes) et les fonds mixtes (cofinancés par l'État et les collectivités territoriales). D'après un rapport remis par le gouvernement français à l'OCDE, la coopération décentralisée représenterait plus de 1,5 milliard de francs – dont 500 millions de cofinancement de l'État.

[6] Voir F. Rubio, *op.cit.*, p. 113.

d. Une coordination précoce mais toujours inégalitaire entre le Nord et le Sud

518. – Les relations entre les organisations de coopération internationale (ci-après OCI)[1] et les ONG du Sud sont apparues relativement tôt. Dès le début des années 1960, leur collaboration consistait en l'éradication pure et simple de l'extrême pauvreté qui sévit dans les pays du Sud en privilégiant, pour ce faire, des relations plutôt asymétriques[2].

519. – Si dans les années 1970 et 1980, ces relations ont commencé à refléter l'entente mutuelle entre OCI et ONG à propos de la mise en œuvre de programmes de développement, ce n'est que depuis les années 1990 (et cela jusqu'à aujourd'hui) que celles-ci se sont transformées en véritables partenariats sur le plan du savoir et du savoir-faire[3].

520. – Néanmoins, pour de nombreux spécialistes de la coopération internationale, *« l'adoption de la rhétorique égalitariste du partenariat représente un paradoxe car cela n'a guère changé les rapports de pouvoir inégalitaires fondamentaux existant entre le Nord et le Sud »*[4]. Les termes de la coordination seraient donc biaisés depuis le début, en ce qu'ils ne feraient que reproduire, peu ou prou à l'identique, l'ensemble de tels déséquilibres.

521. – Une partie de ces auteurs va même plus loin, en précisant notamment que *« les acteurs du Nord reproduisent les rapports de pouvoir Nord-Sud en imposant au sein de leurs relations de partenariats des règles institutionnelles[5] provenant de leur propre environnement socio-politique : les politiques de développements,*

---

[1] Depuis la seconde moitié du XXe siècle, les États ont institué des organisations internationales spécialisées ou régionales pour fournir un cadre formel à leur coopération. Créatures des États, qui les financent et les dirigent, les organisations internationales sont une facette de la souveraineté collective des États, même si leur action est parfois source de tensions avec la souveraineté de certains États.

[2] Ces relations sont qualifiées d'« asymétriques » par certains auteurs dans la mesure où il y avait, assez classiquement, des « donateurs » au Nord, et des « bénéficiaires » au Sud. Ici, voir notamment O. Navarro-Flores, *Les relations de partenariat Nord-Sud : du paradoxe au compromis. Une approche institutionnaliste des relations entre ONG dans le secteur de la coopération internationale*, th. en Administration soutenue à l'Université du Québec à Montréal (UQAM), 2006, 475 p.

[3] Selon Olga Navarro-Flores, *« Les relations sont caractérisées par l'échange des expériences entre les acteurs du Nord et du Sud sur le plan du savoir et du savoir-faire ainsi qu'à travers un mode de collaboration qualifié de « partenariat » ». Ibid.*

[4] *Ibid.*

[5] Les mécanismes d'arbitrage sont révélateurs puisqu'ils permettent aux acteurs du Nord de diluer leur pouvoir vis-à-vis de leurs partenaires du Sud. D'après Olga Navarro-Flores, *« Ces mécanisme reflètent l'ancrage particulier des acteurs du Nord dans l'économie sociale et dans l'économie solidaire ». Ibid.*

les critères de sélection des programmes de développement ainsi que les conditions de financement de ces programmes »[1].

522. – Cela dit, les associations du Sud paraissent indispensables aux OCI puisqu'elles leur permettent *« d'entretenir non seulement des relations privilégiées avec les populations cibles, mais aussi et surtout d'acquérir le savoir-faire lié à une perspective de développement issue des populations elles-mêmes »*[2]. En clair, ces ONG légitimeraient les acteurs du Nord dans les rapports qu'ils ont avec les donateurs et autres bailleurs de fonds – lesquels sont bien sûr essentiels au financement des programmes.

523. – La Plate-Forme Souveraineté Alimentaire représente un bel exemple de la coopération Nord-Sud en matière de droit à l'alimentation. Apparue en 1997, cette structure rassemble des organisations agricoles et paysannes, des ONG de solidarité internationale et des organisations de consommateurs. Initialement, son action se résumait en un « simple » suivi du SMA de 1996, puis s'est progressivement tournée vers la régulation, au Nord comme au Sud, de l'agriculture et du commerce.

524. – Souhaitant clairement renforcer parmi les citoyens *« le sens et la portée de la notion de solidarité entre habitants d'une seule et même planète »*[3], cette plate-forme développe une approche holistique en prenant en compte les contraintes de chaque secteur. L'accroissement ainsi obtenu du dynamisme et de l'efficacité de l'aide apportée concourt, au même titre que la signature de « traités » communs entre ONG du Nord et du Sud[4], à la démocratisation des relations internationales.

B. L'ÉTHIQUE NÉCESSAIRE À L'INTERVENTION DES O.N.G. DE DÉFENSE DU DROIT À L'ALIMENTATION

524. – Pour susciter et garder la confiance de leurs parties prenantes, les ONG de solidarité en général, et les ONG de défense du droit à l'alimentation en

---

[1] O. Navarro-Flores, Les relations de partenariat Nord-Sud : du paradoxe au compromis. Une approche institutionnaliste des relations entre ONG dans le secteur de la coopération internationale, *op.cit.*, 475 p.
[2] *Ibid.*
[3] Ici, voir C. Lechervy et P. Ryfman, *Action humanitaire et solidarité internationale : les ONG*, *op.cit.*, p. 75. Ces auteurs avaient donc anticipé les évolutions sus-évoquées lorsqu'ils précisaient qu'*« ONG du Nord comme du Sud vont être appelées à renforcer leur collaboration mutuelle, probablement à la rééquilibrer dans une optique plus égalitaire, et enfin, dans une certaine mesure, à l'institutionnaliser »*.
[4] La référence au « traité » comme instrument de droit international jusqu'alors « réservé » aux États est ici tout à fait significative. À l'occasion du Forum Global en juin 1992 à Rio parallèlement au Sommet de la Terre, une trentaine de « traités » ont par exemple été signés entre ONG du Nord et du Sud.

particulier, doivent être en mesure d'apporter des garanties sur une éthique exemplaire, une gouvernance démocratique et une bonne gestion. S'il est devenu monnaie courante de crier haro sur l'action humanitaire internationale, c'est d'abord parce que *« les États peu courageux ou empêtrés dans des constructions stratégiques complexes, n'ont pas été à la hauteur de leurs missions internationales »*[1]. Les ONG ont alors multiplié les initiatives privées dans l'optique d'être irréprochables tant sur la scène internationale (1) que nationale (2).

1. L'existence d'une déontologie applicable aux O.N.G. internationales

525. – Le droit en tant qu'outil de structuration des ONG de l'humanitaire et des droits de l'homme ne permet peut-être pas d'interpréter à lui seul la volonté politique inhérente à l'auto-responsabilisation des acteurs non-étatiques, mais il facilite en revanche l'analyse de ses normes et de ses effets, comme en atteste l'exemple du code de conduite des ONG.

526. – L'idée de ce code est le produit d'une réflexion commune menée par un conglomérat d'ONG au début des années 1990 à la suite des problèmes de coordination que rencontraient les Nations Unies avec les acteurs associatifs. Ce projet débouchera sur un texte officiel[2] qu'approuveront huit structures non-gouvernementales durant l'été 1994. Parmi celles-ci figurent notamment le Comité international de la Croix-Rouge, la Fédération internationale des Sociétés de la Croix-Rouge et du Croissant-Rouge, ainsi qu'Oxfam[3].

527. – Fixant de nombreux principes éthiques[4], ce code a depuis lors été adopté par plus de trois cents ONG œuvrant dans le domaine humanitaire[5]. Certains auteurs pressentent d'ailleurs l'instauration de règles plus ou moins contraignantes dans la lignée de ce texte[6], ce qui montre à quel point ce document

---

[1] P.-J. Roca, « L'éthique pour réformer les ONG », *Libération*, 14 mars 2002.

[2] Dans la mesure où il n'existe aucun organe susceptible de sanctionner les manquements, ce code est davantage une déclaration de principe qu'un véritable texte contraignant. Par ailleurs, ce code n'a vocation à s'appliquer qu'à ceux qui l'ont adopté.

[3] Parmi les autres ONG ayant adhéré en 1994 à ce code figuraient Caritas Internationalis, *Catholic Relief Services*, l'*Alliance Save The Children*, la Fédération luthérienne mondiale ou encore le Conseil œcuménique des Églises.

[4] Ces principes sont notamment la neutralité, l'indépendance et l'impartialité des ONG. Ils seront étudiés *infra*.

[5] Parmi celles-ci figurent de nombreuses ONG de solidarité françaises, telles qu'Action contre la faim, le CCFD ou encore Médecins sans frontières.

[6] François Rubio fait partie de ces auteurs. Pour aller plus loin, voir F. Rubio, *Dictionnaire pratique des Organisations Non Gouvernementales*, *op.cit.*, p. 79. Ce pressentiment ne s'est toutefois pas encore confirmé, puisque ce code n'a pour l'heure été suivi d'aucun texte contraignant. Sur ce point, d'autres auteurs font valoir que les citoyens eux-mêmes refuseraient de se substituer aux pouvoirs publics nationaux

revêt une importance – et une originalité – toute particulière dans le « paysage » associatif.

528. – Intitulé « Code de conduite pour le mouvement international de la Croix-Rouge et du Croissant-Rouge », ce support est composé de dix articles mettant en avant les préoccupations de neutralité[1], d'indépendance[2] et d'impartialité[3], mais aussi d'efficacité[4] des ONG. De manière générale, ce code a vocation à définir le comportement « idéal » des associations lors des opérations de secours en cas de catastrophe.

529. – Sa particularité est de pouvoir s'appliquer à l'aune du droit international humanitaire[5] et de ne refléter que les règles que les ONG souhaiteraient voir mises en place par les gouvernements nationaux et les organisations internationales. Cela dit, les ONG auront tendance à préférer la voie judiciaire dans la mesure où la pression exercée par les codes de conduite est limitée. Après tout, si ce texte est bien le reflet de la gouvernance multiniveaux des ONG[6], il ne saurait suffire – sans relais étatique – pour réformer l'éthique des ONG de solidarité.

530 – Placé lui aussi dans le giron du mouvement international de la Croix-Rouge, le Projet Sphère s'inscrit dans la continuité logique de ce code de conduite des ONG. Imaginé en 1997 par des structures associatives agissant dans le domaine de l'action humanitaire d'urgence, son intérêt est d'avoir élaboré des normes minimales applicables à toutes les ONG de solidarité. D'après l'un de ses pères

---

et internationaux, et préfèreraient plutôt voir les États et les organisations internationales se charger de la déontologie applicable aux ONG. Ici, voir notamment T. Brugvin, « Les codes de conduite : un instrument à double tranchant », *Economie & Humanisme*, n° 359, décembre 2001/janvier 2002, p. 77.

[1] D'après l'article 2 de ce code, *« L'aide est apportée sans aucune considération de race, de croyance ou de nationalité du bénéficiaire, et sans discrimination d'aucune sorte. Les priorités en matière d'assistance sont déterminées en fonction des seuls besoins »*.

[2] L'article 3 du code précise quant à lui que *« L'aide ne saurait être utilisée au service de convictions politiques ou religieuses, quelles qu'elles soient »*.

[3] Sur la question de l'impartialité, l'article 4 prévoit que *« Nous nous efforcerons de ne pas servir d'instrument à la politique étrangère des gouvernements »*.

[4] Ici, voir les articles 6, 7 et 8 dudit code de bonne conduite, lesquels sont respectivement intitulés *« Nous chercherons à fonder nos interventions sur les capacités locales »*, *« Nous nous emploierons à trouver des moyens d'associer les bénéficiaires des programmes à la gestion des secours »* et *« Les secours doivent autant viser à limiter les vulnérabilités futures qu'à satisfaire les besoins essentiels »*. Sur la question de l'efficacité des ONG, voir également M. Guimezannes, *ONG et droit international. Le cas de l'efficacité de l'aide au développement*, th. de droit public soutenue à l'Université Toulouse 1 capitole le 3 juin 2015.

[5] Sur ce point, voir les avant-propos du Code de conduite pour le mouvement international de la Croix-Rouge et du Croissant-Rouge.

[6] Sur cette question, voir notamment C. Baron, *La gouvernance multiniveau des ONG*, mémoire de recherche soutenu à l'Institut d'études politiques de Toulouse en 2010.

fondateurs, de tels standards ne sont certes qu'un outil, mais ils peuvent, s'ils sont utilisés correctement, être le gage d'une vraie autonomisation[1].

531. – Permettant ainsi de se concentrer exclusivement sur les victimes des crises, leurs aspirations, leurs besoins et leurs droits, les indicateurs du Projet Sphère entendent mettre en adéquation l'aide apportée par les ONG avec les besoins réels des populations. Autrement dit, « Sphère » se concentre en priorité sur la qualité technique et l'affirmation des droits des personnes.

532. – Financée en partie par l'Union européenne et certains États[2], cette initiative se préoccupe, entre autres, de l'aide alimentaire et de l'assainissement de l'eau. Pour le moins présente et réactive sur la scène internationale, ce sont désormais plus de 228 ONG qui gravitent dans son sillage[3], dont CARE et Oxfam.

533. – Néanmoins, « Sphère » s'est limité à la proposition d'un cadre et d'une réglementation aux ONG à mesure qu'elles grandissaient, sans pour autant chambouler le droit des ONG, dans la mesure où ici encore, les États n'ont pas souhaité donner les assises juridiques suffisantes à leurs fondements. Aussi radicales qu'elles puissent être, les normes « Sphère » sont donc davantage vouées à encadrer les nouveaux arrivants sur la scène humanitaire plutôt qu'à influencer les personnes qui travaillent dans le secteur de la solidarité depuis des années.

534. – Les apports limités, bien qu'indispensables, du code de conduite des ONG et du Projet Sphère seront néanmoins palliés par la déclaration de Madrid[4], ratifiée le 14 décembre 1995. Trois ans après la création d'ECHO, l'Union européenne a

---

[1] Voir l'entretien datant du 29 octobre 2012 de Peter Walker, qui est l'un des pères fondateurs du projet, et qui est disponible sur le lien suivant : http://www.sphereproject.org/sphere/fr/sphere/fr/nouvelles/les-standards-sphere-radicaux-mais-inevitables-entretien-avec-peter-walker/ [consulté le 7 juin 2017]

[2] Parmi ces États figurent notamment l'Australie, la Belgique, le Canada, le Danemark, les États-Unis, la Finlande, l'Irlande, la Norvège, la Nouvelle-Zélande, les Pays-Bas, le Royaume-Uni, la Suède et la Suisse.

[3] Parmi celles-ci figurent notamment *Save The Children*, le Comité d'action pour l'action humanitaire, la Fédération luthérienne mondiale, CARE International, le Comité international de la Croix-Rouge, le Conseil œcuménique des Églises, Oxfam, la Fédération internationale des sociétés de la Croix-Rouge et du Croissant-Rouge ou encore Caritas Internationalis.

[4] À l'initiative d'Emma Bonino, alors Commissaire responsable d'ECHO, un Sommet Humanitaire se tiendra à Madrid le 14 décembre 1995 sous le patronage de la Reine Sofia. À la manifestation participeront les leaders des Organisations et des agences internationales responsables de l'action humanitaire dans le monde, les représentants des ONG ainsi que les responsables d'ECHO.

en effet imposé, dans le cadre de son partenariat avec les ONG[1], un certain nombre de règles éthiques en matière d'opérations humanitaires d'urgence[2].

535. – Au-delà de prévoir l'indépendance et l'impartialité de l'action humanitaire[3], cette déclaration invite ses signataires à mener une campagne mondiale contre la faim, surtout à l'heure où, comme le rappelle l'ancienne commissaire responsable d'ECHO[4], *« les victimes civiles des guerres, au cours de notre siècle, ont augmenté de 5 à 80% »*[5].

536. – Résolument tourné vers la mobilisation des efforts aux niveaux régional et universel, le Sommet de Madrid a *in fine* permis d'insuffler une nouvelle prise de conscience quant à l'ampleur de l'urgence humanitaire en imposant cette fois-ci des règles juridiques plus contraignantes aux acteurs associatifs[6]. Ses travaux sont donc à rapprocher de ceux entrepris plus en amont, par les ONG elles-mêmes.

537. – Le projet *People in Aid* mérite enfin une attention particulière puisqu'il est parvenu, lui aussi, à *« mettre au point pour les ONG des règles éthiques et communes de gestion du personnel tant expatrié que local »*[7]. Ayant débouché sur un code de bonnes pratiques en 1997 à destination des ONG de solidarité (qu'elles soient « urgencière » ou « développementaliste »), ce projet a mis en place des indicateurs communs[8] faisant de l'efficience et de la transparence[9] de l'action humanitaire une priorité absolue.

538. – Malheureusement, les manquements éventuels des ONG aux dispositions que fixe ce code ne sont susceptibles d'aucun recours – donc d'aucune sanction –

---

[1] À la différence des Nations Unies ou du Conseil de l'Europe, l'Union européenne n'a établi aucun cadre formel de consultation des ONG. Il existe seulement des agréments dans le cadre d'ECHO, permettant d'identifier les partenaires fiables de l'Union. Bien que ce cadre paraisse trop étroit bon un grand nombre d'ONG, la Commission européenne n'a jamais souhaité créer un statut consultatif des ONG, comme il en existe auprès des Nations Unies et du Conseil de l'Europe. Ces questions-là seront développées *infra*.

[2] L'aide humanitaire doit en effet toujours être solidaire, impartiale et neutre à l'égard de toutes les victimes des crises. Voir le lien suivant : http://europa.eu/rapid/press-release_IP-95-1262_fr.htm [consulté le 8 juin 2017]

[3] La déclaration de Madrid prévoit également le développement d'un système mondial de prévention des crises, un engagement nouveau et créatif à l'égard de l'aide au développement, la mise à dispositions de ressources au bénéfice des crises « oubliées », l'instauration de mesures protégeant les civils pris pour cible dans les conflits armés ou bien encore la sécurité du personnel d'aide humanitaire sur le terrain.

[4] Il s'agit d'Emma Bonino, femme politique italienne et ancienne commissaire européenne.

[5] Ici, voir le lien du site officiel de la Commission européenne, mentionné *supra*.

[6] Les ONG de solidarité peuvent en effet se voir retirer leur agrément auprès d'ECHO en cas de manquement à leurs obligations déontologiques. Si les ONG ne sont pas directement parties à la déclaration de Madrid, elles doivent néanmoins en respecter l'esprit général.

[7] Voir F. Rubio, *Dictionnaire pratique des Organisations Non Gouvernementales*, *op.cit.*, p. 332.

[8] Ces indicateurs communs sont mesurables par des auditeurs internes. Ils se résument en six principes axés essentiellement autour de la formation du personnel humanitaire et de la gestion des ressources humaines.

[9] Sur cette question de la transparence des ONG, voir G. Perroulaz, « Le rôle des ONG dans la politique de développement : forces et limites, légitimité et contrôle », *op.cit.*

ce qui semble, ici encore, limiter l'intérêt juridique de ce document. Les groupes associatifs spécialisés dans la défense du droit à l'alimentation pourront néanmoins s'en servir à toutes fins utiles, puisqu'il est très précis sur les questions liées à la formation du personnel humanitaire et à la gestion des ressources humaines[1].

2. L'existence d'une déontologie applicable aux O.N.G. nationales

539. – Au plan national, les ONG de solidarité cherchent elles aussi à réformer leur éthique[2], comme le montre le Comité de la charte de déontologie des organisations sociales et humanitaires[3] faisant appel à la générosité du public[4], créé en 1981. Il s'agit là d'une association française – regroupant à la fois des ONG, des associations[5] et des fondations[6] – dont la principale caractéristique est d'avoir mis en place des règles éthiques en matière de transparence de l'information du donateur[7].

540. – Afin de permettre aux âmes charitables de *« donner en toute confiance »*[8], ce comité s'est muni de quatre principes fondamentaux autour desquels doivent tendre l'action humanitaire des membres. Ces derniers ont trait à la transparence

---

[1] Sur la question de la gestion des ressources humaines, le 1er principe de ce code de bonnes pratiques énonce que *« les politiques que les ONG préconisent dans le secteur des ressources humaines visent les meilleurs pratiques »*. Le 2e principe précise quant à lui que *« les politiques préconisées par les ONG, dans le secteur des ressources humaines se veulent effectives, efficaces, équitables et transparentes »*. Le 3e principe précise enfin que *« les ONG s'engagent à consulter leurs agents de terrain lors de l'élaboration des politiques de gestion des ressources humaines »*. Sur la question de la formation du personnel humanitaire, le 5e principe prévoit que *« les ONG s'engagent à fournir des formations et des soutiens appropriés »*.

[2] Cela dit, l'éthique étant un ensemble de normes morales, il n'est pas possible de la réformer de la même façon que la législation.

[3] Ce comité s'appelle également le Comité de la Charte du don en confiance. Il s'agit d'un organisme d'agrément et de contrôle des associations et fondations faisant appel à la générosité du public. Son objectif est de promouvoir la transparence et la rigueur de la gestion pour permettre le « don en confiance ».

[4] En France, les ONG qui font appel à la générosité du public pour financer leurs actions doivent annuellement faire une déclaration des campagnes de sollicitations qu'elles vont réaliser auprès de leurs donateurs. Cette obligation résulte de la loi du 7 août 1991.

[5] En France, les ONG ont soit le statut d'association, soit celui de fondation. La législation française assimile les associations à des groupements de personnes. Il existe en France trois types d'associations : les associations déclarées, les associations non-déclarées et les associations reconnues d'utilité publique.

[6] La législation française assimile une fondation à l'affection d'un patrimoine à une cause par une personne physique ou morale.

[7] La donation peut résider en une somme d'argent ou un patrimoine immobilier. En France, le don d'un patrimoine immobilier est toujours constaté par un acte notarié. Le don est l'acte par lequel une personne physique ou morale abandonne, de son vivant, définitivement une partie de son patrimoine à une autre personne physique ou morale.

[8] Il s'agit là du slogan officiel du Comité de la charte.

financière[1], à la qualité des actions et des messages[2], mais aussi à la rigueur des modes de recherche de fonds et au contrôle interne du respect des engagements[3].

541. – À la différence des initiatives menées par les ONG internationales, le Comité de la charte n'a pas souhaité cantonner sa réforme au plan philosophique, voire symbolique. Ainsi l'a-t-il étendu au niveau juridique en prévoyant l'existence d'organes de contrôle[4] pouvant, le cas échéant, sanctionner le non-respect des dispositions de la charte de déontologie par l'un de ses signataires.

542. – Très impliqué dans la discipline associative et le financement des projets humanitaires, le comité s'est par ailleurs mué en véritable régulateur national de l'appel aux dons en adoptant un Observatoire de la Confiance dans les organisations faisant appel à la générosité du public[5]. Cet observatoire a pour objet d'approfondir les travaux du comité en réalisant notamment des sondages Internet ainsi que des enquêtes auprès du public.

543. – Actuellement, de nombreuses associations françaises plus ou moins spécialisées dans le droit à l'alimentation bénéficient d'un agrément délivré par le comité. Figurent parmi celles-ci Action contre la faim, Amnesty France, CARE France, le CCFD et la Croix-Rouge française. Fédérant au total près de soixante-dix ONG, ce comité pourrait gagner encore davantage en notoriété s'il était copié sur la scène internationale par les « réformateurs » de la solidarité.

544. – Rassemblant des ONG françaises ayant des valeurs communes en termes de secours humanitaire, Coordination Sud s'est elle aussi dotée d'une charte intitulée « Une éthique partagée ». Celle-ci vise tout d'abord à restaurer l'autonomie des pays du Sud en recherchant, dès que cela est rendu possible, la participation des populations concernées[6]. Elle tend par ailleurs à améliorer

---

[1] Tous les documents comptables annuels des membres doivent être certifiés par un commissaire aux comptes. Ce contrôle est une véritable garantie car la profession de commissaire aux comptes est réglementée. Ce dernier peut engager sa responsabilité s'il ne réalise pas correctement les contrôles qu'il est censé faire.

[2] Les organisations membres doivent clairement indiquer qui elles sont et ce qu'elles font. Elles doivent respecter la dignité humaine et ne pas fausser leurs informations auprès du public. Elles ne sont donc pas autorisées à emporter la conviction des donateurs au moyen de campagnes publicitaires « chocs » ou mensongères.

[3] Les organisations doivent faire apparaître les responsabilités de chacun de leurs membres, ainsi que l'organe collégial chargé de les contrôler. Ici, la volonté est de renforcer le processus d'administration démocratique des associations et de détermination des responsabilités.

[4] Le système de contrôle mis en place par le Comité de la charte repose autour de trois organes : le conseil d'administration, la commission de surveillance et les censeurs.

[5] Cet observatoire permet au comité d'amplifier son action auprès du public et des donateurs. Il a été imaginé par le comité à la suite de son enquête sur le phénomène de la confiance réalisé par TNS SOFRES en 2007.

[6] L'article 2§3 de cette charte précise notamment que : *« Les actions des ONG prennent en compte et vont dans le sens des aspirations des groupes défavorisés. Elles encouragent et suscitent la participation des*

l'efficacité des ONG en privilégiant quoi qu'il arrive la cohérence de leurs actions. Cela suppose donc une adéquation entre les moyens mis en œuvre et les buts poursuivis[1].

545. – Cette charte consacre une véritable *« gouvernance associative »*[2] en ce que les membres d'une association signataire sont dorénavant fondés à participer de façon démocratique et transparente aux choix de l'ONG[3]. Elle met qui plus est l'accent sur une gestion respectueuse des ressources humaines[4], ainsi qu'une gestion rigoureuse des moyens financiers[5].

546. – Tout compte fait, ce projet n'est en rien anodin puisqu'il permet, outre le fait de responsabiliser les acteurs de la charité, de renforcer l'ancrage des ONG de solidarité au sein de la société civile française, comme en atteste la confiance grandissante qu'ont les citoyens français en la capacité qu'ont les ONG de lutter contre l'extrême pauvreté[6].

547. – La charte éthique d'Action contre la faim peut elle aussi être mentionnée puisqu'elle a vocation à donner à l'association, et cela depuis sa création, non seulement une morale d'action et des principes fondateurs, mais surtout une vraie ligne de conduite. Dans le cadre de ses activités, sont ainsi respectés les impératifs d'indépendance, de neutralité, de non-discrimination, de professionnalisme, d'accès libre et direct aux victimes ou encore de transparence.

548. – Toutes les ONG intervenant dans le champ du droit à l'alimentation sont, en France, dotées de ce type de charte, comme l'illustrent, entre autres, les six principes programmatiques de CARE France et le Code « Éthique et Partage » du CCFD. La lutte contre la faim dans le monde semble donc être un thème où la mise en avant de la démarche éthique est très forte. Fort logiquement, les ONG se servent des codes de bonne conduite pour se montrer exemplaires dans leur fonctionnement.

---

populations concernées ; elles recherchent un véritable partenariat avec les organisations que se donnent ces populations ».

[1] Ici, voir les articles 4§1, §2, §3, §4 et §5 du point n° 4 la charte.

[2] Coordination Sud, *Les ONG dans la tempête mondiale : nouveaux débats, nouveaux chantiers pour une monde solidaire*, éd. Charles Léopold Mayer, 2004, p. 64.

[3] L'article 1§2 de cette charte prévoit que : *« Les ONG se donnent les moyens d'associer leurs adhérents, leurs donateurs, si elles en ont, ou plus généralement de larges fractions de la société civile engagée dans la solidarité internationale, ainsi que leurs partenaires, à leurs réflexions, à leurs débats, à leurs publications, aux services offerts et aux activités de leur association ».*

[4] L'article 4§2 énonce que : *« Les ONG doivent avoir une politique des ressources humaines en France qui valorise le bénévolat et qui garantisse l'implication du personnel permanent en faveur de la cause de l'association. Elles ont une politique salariale qui reflète leur engagement pour la solidarité ».*

[5] L'article 4§5 dispose que : *« Le budget des ONG doit être géré avec transparence, vérifié par un Commissaire aux Comptes et à la disposition du public ».*

[6] Ici, voir Sondage BVA-CCFD-La Croix-Rouge France Info, publié en octobre 2003.

§II. LE FINANCEMENT DES O.N.G. DE DÉFENSE DU DROIT À L'ALIMENTATION

549. – L'analyse de la place dévolue aux ONG de solidarité au sein de la gouvernance alimentaire, donc au sein du contexte dans lequel elles agissent, amène à s'intéresser aux règles qui les régissent, et plus exactement à la façon dont elles se financent. Cette question est fondamentale, puisqu'elle permet de montrer que les associations se différencient les unes des autres, tant par la taille des budgets engagés, que par la quote-part des fonds publics dans leurs ressources.

550. – Bien souvent, les ONG de solidarité évoluent sur un marché financier limité, ce qui entraîne des difficultés de structuration – liées à leur sur ou sous-dimensionnement – et de professionnalisation – liées à des options de gestions auxquelles leurs dirigeants sont souvent peu préparés. À cela s'ajoute également un contexte d'internationalisation du droit, auquel n'échappent bien sûr pas les ONG[1].

551. – Après avoir vu la ventilation des financements des ONG spécialisées en droit à l'alimentation en Europe et aux États-Unis (A), il s'agira de montrer que de tels acteurs oscillent de moins en moins entre le modèle associatif pur et le modèle de l'« économie sociale de marché » (B).

A. LES DIFFÉRENTES RÉALITES ÉCONOMIQUES DES O.N.G. DE DÉFENSE DU DROIT À L'ALIMENTATION

552. – Les pressions qu'exerceront les associations « urgencières » et « développementalistes » sur les gouvernements nationaux ainsi que sur les organisations internationales afin qu'ils œuvrent en faveur d'une meilleure protection du droit à l'alimentation dépendra étroitement de la taille de leur budget. Celui-ci est essentiellement composé par les dons d'origine privée et les concours publics. En réalité, les ressources consacrées aux activités de développement et de secours des ONG varient grandement d'un État à l'autre. Dans ce contexte, il semble approprié de démontrer à quel point ces disparités

[1] C'est notamment le cas des ONG européennes qui doivent, depuis le 1er janvier 1993 et l'entrée en vigueur de l'Acte Unique, évoluer dans un environnement non plus seulement strictement national mais à l'échelle de l'ensemble des pays de la CEE.

sont importantes en prenant les exemples de certains États européens (1), puis celui des États-Unis (2).

1. L'extrême ventilation des sources de financements en Europe

553. – L'éclatement du phénomène associatif évolue différemment selon les États européens. Certains d'entre eux assistent en effet à un vrai éparpillement des ONG de solidarité quand d'autres se trouvent confrontés à un rétrécissement significatif de leur taille et de leur nombre. Ces divergences emportent des conséquences non-négligeables tant sur le plan stratégique de l'ONG que sur son poids financier, comme c'est actuellement le cas en France (a) et en Grande-Bretagne (b), mais aussi en Allemagne (c) et en Suisse (d).

a. L'émiettement en France

554. – Si la France est caractérisée par l'existence d'un très grand nombre de petites et moyennes ONG de solidarité, c'est surtout le domaine du développement qui a *« suscité le plus de vocations »*[1]. Parmi les ONG « développementalistes » les plus connues, le CCFD est celle qui bénéficie du volume financier le plus élevé, avec un actif total net émargeant à plus de 44 millions d'euros au 31 décembre 2014. En deuxième position figure Action contre la faim, dont le total des fonds propres dépassait les 41 millions d'euros au 31 décembre 2012. Les points extrêmement positifs de ce classement résident dans le fait que ces deux associations font de la défense du droit à l'alimentation leur priorité, et aussi que la part de fonds publics européens n'a pas cessé d'augmenter dans leur budget.

555. – Cela dit, leur budget reste en bonne partie constitué à partir du versement des donateurs eux-mêmes, et non pas de l'État[2]. Ce manque d'investissements pour le financement de l'« aide privée au développement » signifie simplement que *« le gouvernement français préfère la coopération bilatérale ou multilatérale plutôt que de faire transiter son aide par les ONG »*[3]. Les Français semblent quant à eux privilégier leurs associations dans la lutte contre l'extrême pauvreté, comme

[1] Cela dit, seules quelques-unes seraient assez médiatisées pour s'ériger en *« poids lourd »* des ONG de solidarité. Ici, voir C. Lechervy et P. Ryfman, *Action humanitaire et solidarité internationale : les ONG*, *op.cit.*, p. 26.
[2] La Direction générale de la mondialisation, du développement et des partenariats du ministère des Affaires étrangères et européennes (MAEE) n'a versé qu'une enveloppe de 42 millions d'euros annuels pour la période 2011-2013 aux ONG françaises afin de les accompagner dans leur engagement. Ici, voir MAEE, « La France et les Organisations de solidarité internationale », 2011, p. 1.
[3] Voir F. Rubio, *Dictionnaire pratique des Organisations Non Gouvernementales*, *op.cit.*, p. 362.

en témoignent les indices de confiance relativement faibles qu'ils accordent au pouvoir exécutif dans cette lutte[1].

556. – Sans grande surprise, MSF et MDM sont quant à elles les ONG « urgencières » françaises les plus importantes économiquement. À elles deux, ces associations avoisinent tout de même les 500 millions d'euros de budget – dont une majeure partie provient, encore plus ici, des financements privés. Très médiatisées, les missions d'aides médicales qu'elles entreprennent peuvent représenter jusqu'à 90% de leurs ressources globales.

557. – Ces chiffres ne doivent néanmoins pas occulter le fait que certaines ONG peuvent être amenées à disparaître, y compris lorsqu'elles bénéficiaient d'importants moyens financiers. Ce fut notamment le cas du Comité français contre la faim (ci-après CFCF), alors qu'il se classait pourtant parmi les cinq ONG de développement les plus importantes[2]. Cette « suppression » se justifie en raison de la synergie opérée avec d'autres entités pour former à la fin des années quatre-vingt-dix le Comité Français pour la Solidarité Internationale. Cette nouvelle structure sera en revanche non-strictement centrée sur le droit à l'alimentation.

b. L'efficacité en Grande-Bretagne

558. – Contrairement à la France, il n'existe pas d'ONG se consacrant exclusivement ou principalement à l'urgence en Grande-Bretagne. Les associations britanniques se démarquent également par leur taille et leur nombre réduits. Malgré ces caractéristiques atypiques, elles sont *« extrêmement puissantes et figurent parmi les plus développées du monde occidental »*[3].

559. – Jouant un rôle déterminant dans l'économie sociale[4], les *charities* peuvent à la fois compter sur une contribution volontaire des personnes privées très élevée (tant auprès des syndicats, des grandes banques et des sociétés d'assurance)[5], mais aussi sur un soutien continu des pouvoirs publics, lesquels ne cessent d'injecter des fonds toujours plus importants dans les ressources du secteur non-lucratif.

---

[1] Selon un sondage de la Croix-Rouge, 57% des Français affirment faire confiance aux ONG de solidarité pour lutter efficacement contre la pauvreté et la faim dans le monde, juste derrière l'ONU (créditée de 69%) et l'Union européenne (61%), mais devant le gouvernement français (52%). Ici, voir Sondage BVA-CCFD-La Croix-Rouge France Info, *op.cit.*

[2] Voir C. Lechervy et P. Ryfman, *Action humanitaire et solidarité internationale : les ONG*, *op.cit.*, p. 30.

[3] M.-A. Pérouse de Montclos, « Présentation du mouvement humanitaire au Royaume-Uni », Observatoire de l'action humanitaire.

[4] À la différence d'autres pays européens où les services publics restent du domaine du pouvoir central, les *charities* jouent en effet un rôle essentiel dans l'économie sociale du Royaume-Uni.

[5] D'après les chiffres de la *Charity Commission*, la proportion moyenne des financements privés dans les ressources des ONG de solidarité internationale est de 53% (soit plus de la moitié).

560. – Parmi les ONG phares du droit à l'alimentation au Royaume-Uni figure avec certitude Oxfam, dont le budget dépassait le milliard d'euros pour l'exercice 2015-2016. Ses fonds institutionnels sont plus ou moins équivalents à ses fonds privés, et en font surtout l'une des associations internationales de solidarité les plus riches de la planète.

561. – Loin derrière, les ONG *Christian Aid* et *Save The Children* ne totalisaient chacune « qu'un » budget de 113 millions d'euros en 2015, alors qu'elles comptent parmi les plus connues en Angleterre et interviennent elles aussi sur la scène internationale. Quant à l'ONG *War on Want*, qui agit en partie dans domaine de la souveraineté alimentaire, elle fait figure de « petit poucet » avec son budget d'à peine plus d'1 million d'euros en 2016.

562. – Tout bien considéré, les ONG de solidarité semblent jouir d'un contexte très favorable, dans la mesure où le don est perçu comme un acte de charité, certes, mais aussi et surtout comme une manifestation de la justice. Qu'ils soient conservateurs ou travaillistes, les gouvernements successifs avalisent eux aussi cette tendance, comme en atteste leur volonté souvent commune d'accroître la part du privé au détriment du public en finançant notamment de nombreux micro-projets[1].

c. La concentration en Allemagne

563. – En Allemagne, l'État fédéral entretient depuis sa création des liens privilégiés avec les ONG, car elles s'ancrent dans une logique de contre-pouvoir, sur laquelle reposent les fondements de la théorie constitutionnelle et du système politique allemands depuis 1949. De fait, le poids des financements publics prédomine, à tel point d'ailleurs que les allocations versées aux associations y seraient toujours six fois supérieures à ce qu'il en est en France.

564. – La taille des ONG allemandes reste pourtant relativement modeste. Dotées d'un budget moyen d'environ 14 millions d'euros[2], seule une poignée d'entre elles perçoivent une grande partie du gâteau des subventions du ministère des affaires étrangères[3] et de celui du développement[4]. Reconnues pour agir

---

[1] Les micro-projets permettent de lancer de véritables activités avec quelques dollars, livres ou euros. De nombreuses ONG, avec l'appui des gouvernements nationaux et des organisations internationales, ont mis en place des programmes de micro-financements et ce aussi bien dans les pays en voie de développement que dans les pays développés.

[2] W. Dieter Eberwein, « Le système humanitaire allemand », *Grotius International*, 30 janvier 2014.

[3] L'aide « développementaliste » est sous la responsabilité du ministère des affaires étrangères. Pour les années 2006-2009, les ONG Welthungerhilfe et la Croix-Rouge allemande ont respectivement touché de la part de ce ministère 369 et 163 millions d'euros.

[4] L'aide « urgencière » est sous la responsabilité du ministère pour la coopération et le développement.

essentiellement en Asie bien plus qu'en Europe, les associations sont par ailleurs caractérisées par une faible professionnalisation de leurs membres.

565. – Dépolitisée, l'action humanitaire ne joue en réalité qu'un rôle secondaire, tandis que les droits de l'homme, quant à eux, monopolisent une part substantielle du travail des commissions spécialisées du Parlement allemand[1]. De fait, il manque toujours aux ONG de solidarité une dimension stratégique dans la mise en œuvre de leur budget, alors que celle-ci semble incontournable dans le développement durable des aides humanitaires sur la scène internationale.

566. – Avec un budget dépassant les 190 millions d'euros, dont près des deux-tiers provient de fonds publics, MISEREOR est la plus importante ONG « développementaliste » en Allemagne. Elle consacre chaque année la quasi-totalité de ses rentrées d'argent pour le financement de projets humanitaires – notamment dans le domaine de la sécurité alimentaire – et injecte des fonds considérables dans la formation de son personnel.

567. – L'autre spécificité du système germanique réside dans la place dévolue aux fondations des partis politiques[2]. Très actives depuis la fin des années 1980, elles sont *« des composantes à part entière de la politique allemande de développement et conduisent aussi bien des actions « classiques » d'aide au développement que la formation de cadres politiques et syndicaux, particulièrement en Amérique du Sud »*[3].

568. – Enfin, en dépit de plusieurs tentatives initiées dès le début des années 1980, aucune association de solidarité n'a véritablement réussi à s'affirmer comme étant « urgencière » à proprement parler, ce qui incita les autres ONG à diversifier, du moins partiellement, leur champ d'intervention. Cela fut plus ou moins le cas de Brot fur die welt, et surtout de MISEREOR.

---

[1] Le Parlement allemand dispose d'une Commission des Droits de l'Homme et de l'Aide Humanitaire. Dans les faits, les droits de l'homme sont au cœur de ces deux institutions, tandis que l'aide humanitaire ne joue qu'un rôle secondaire.

[2] Parmi ces fondations, les deux principales sont la Konrad Adenauer Stiftung (CDU, chrétienne démocrate) et la Friedrich Ebert Stiftung (SPD, sociale démocrate). La première consacre 60% de son budget à ses actions en Amérique latine tandis que la seconde se distingue par le nombre de séminaires et de forums qu'elle organise en Allemagne et dans les pays où elle est active.

[3] Voir C. Lechervy et P. Ryfman, *Action humanitaire et solidarité internationale : les ONG*, *op.cit.*, p. 35.

d. L'originalité en Suisse

569. – Bastion de l'action humanitaire d'urgence[1], la Suisse – et tout particulièrement Genève[2] – abrite actuellement de nombreuses ONG, dont la plupart sont actives sur la scène internationale. Malgré cet environnement propice au développement et à la coopération internationale[3], seule une cinquantaine d'entre elles perçoit une aide financière de la part de l'État confédéral, des villes ou des cantons[4].

570. – Reconnu pour être le plus grand réseau humanitaire du monde, le Mouvement international de la Croix-Rouge et du Croissant-Rouge pouvait compter sur un budget de plus de 920 millions d'euros pour 2016-2017, dont 67 provenaient des comptes publics suisses et 55 des contributions volontaires nationales. Les autres ressources incluent principalement les dons de ressortissants non-helvétiques et les subventions de partenaires institutionnels à l'international.

571. – Ce mouvement a tout de même injecté près de 8% de son budget dans l'assainissement de l'eau et l'accès à l'eau potable en 2016-2017, ce qui en fait de loin l'un des principaux pourvoyeurs d'aide alimentaire au sein de la société civile internationale[5]. Cette ferveur n'est d'ailleurs pas sans rappeler l'un des proverbes qui perdure depuis sa création en 1863, à savoir que *« seuls ceux qui sont assez fous pour penser qu'ils peuvent changer le monde y parviennent »*[6].

572. – Au niveau national, les ONG Caritas et Terre des hommes, qui sont elles aussi réactives dans la lutte contre la faim et l'extrême pauvreté en Suisse, ont été

---

[1] C'est en Suisse que la Croix-Rouge verra le jour, à l'initiative d'Henry Dunant. Il s'agit là de la première ONG humanitaire, au sens strict du terme. En 1863, la Société d'utilité publique de Genève créera le Comité international de secours aux blessés, puis l'année suivant, en 1864, le gouvernement suisse convoquera une conférence diplomatique à Genève, laquelle débouchera sur un traité intitulé « Convention de Genève pour l'amélioration du sort des militaires blessés dans les armées en campagne ». Ce traité est le premier instrument du droit humanitaire.

[2] Genève est une ville incontournable pour les ONG. Plus de 300 conférences internationales ont lieu chaque année à Genève, lesquelles attirent bien sûr de nombreuses ONG. Genève est actuellement le siège de plusieurs centaines d'ONG, dont le Comité international de la Croix-Rouge (qui est l'organisation phare en matière de secours d'urgence), et la Fédération internationale des Sociétés de la Croix-Rouge et du Croissant-Rouge.

[3] La prolifération des ONG sur le sol genevois se trouve facilitée par le fait que la Suisse a ratifié le traité sur la reconnaissance de la personnalité juridique des ONG. Ce point sera étudié *infra*.

[4] Sur ce point, voir notamment F. Rubio, *Dictionnaire pratique des Organisations Non Gouvernementales*, *op.cit.*, p. 366.

[5] Sur cette question, voir notamment B. Pouligny, « Une société civile internationale ? », in *Critique internationale*, 2001/4 (n°13), pp. 120-122. Voir également S. Khilnani, « La « société civile », une résurgence », in *Critique internationale*, 2001/1, n° 10, pp. 38-50.

[6] Cette citation est celle d'Henry Dunant, fondateur de la Croix-Rouge et premier Prix Nobel de la paix.

respectivement subventionnées à hauteur de 41 et 2,5 millions d'euros en 2016. Elles n'ont toutefois jamais souhaité installer leur siège social à Genève[1], comme les y invitaient pourtant les autorités locales, en leur proposant un certain nombre de facilités d'ordre économiques et matérielles[2].

573. – Genève se démarque enfin par la présence d'une vingtaine d'organisations internationales, dont le siège européen des Nations Unies. C'est également en Suisse, à Genève, que siègent une fois par an de nombreuses ONG de défense du droit à l'alimentation, en présence de la Commission des droits de l'homme des Nations Unies[3].

2. Les budgets considérables et l'hyper-financement aux États-Unis

574. – Outre-Atlantique, plusieurs aspects caractérisent le financement des activités non-lucratives. En premier lieu, le gouvernement américain a souhaité se délecter de cette place secondaire, voire même incidente, qu'il occupait au départ dans la prise en charge des ONG de solidarité, puisque les sommes concernées sont, il est vrai, sans commune mesure avec un pays tel que la France et que la part des contributions publiques a tendance à s'accroître d'année en année.

575. – Dans un second temps, les associations y sont assez largement financées par les particuliers eux-mêmes, au même titre que les Églises et les écoles. Ces dons peuvent aussi être gonflés par les grands philanthropes qui donnent parfois jusqu'à la quasi-totalité de leur fortune aux fondations[4], et par les internautes *via* le « *social fundraising* »[5], étant donné que les associations américaines sont toutes très présentes sur les réseaux sociaux[6].

576. – Dans un troisième et dernier temps, ces financements permettent sûrement aux Américains et à leurs représentants de nuancer l'image parfois réductrice qu'ont d'eux certains États, à savoir qu'ils assimileraient la solidarité au

---

[1] Caritas Suisse a son siège social à Lucerne, tandis que Terre des hommes Suisse a le sien à Lausanne.
[2] À Genève, il existe un centre d'accueil pour les délégations et les ONG qui offre un hébergement à des prix modérés, met à disposition des infrastructures de travail ainsi qu'un centre de documentation.
[3] Les 19 et 20 juin 2017 s'est tenu à Genève une réunion sur le thème de la gouvernance internationale de la migration, à laquelle participèrent notamment Caritas Suisse et Terre des hommes Suisse.
[4] C'est notamment le cas des Fondations Bill Gates, Ford ou encore Rockfeller.
[5] Le « *Social Fundraising* » correspond à une collecte de fonds sur Internet. En 2010, cette collecte a tout de même atteint la barre du milliard de dollars de recette aux États-Unis – contre 495 millions en 2005. Pour aller plus loin, consulter le lien suivant : http://tribu-solidaire.com/la-tribu-en-parle/89-des-associations-sur-les-reseaux-sociaux-aux/66/ [consulté le 23 juin 2017]
[6] C'est notamment le cas d'*American Red Cross*, de CARE USA, de *Catholic Relief Services* et de *World Vision*.

socialisme[1]. Par la même occasion, ils démontrent que leur conception de la charité n'est pas si étrangère que cela à celle qu'en ont les Européens[2].

577. – Parmi les ONG qui ont fait de la promotion du droit à l'alimentation leur cheval de bataille, CARE USA arrive en tête avec un budget annuel de 530 millions d'euros en 2016. Pouvoirs publics et acteurs privés ont peu ou prou contribué à la même hauteur avec des sommes avoisinant les 145 millions pour les premiers, et dépassant les 140 pour les seconds.

578. – Quant au réseau CARE INTERNATIONAL, il totalisait 630 millions d'euros de budget en 2015. Faisant état d'assez faibles revenus, CARE Japon se classait bon dernier avec un capital « dérisoire » de 721 000 euros. La France et l'Allemagne étaient respectivement dotées de 30 et 35 millions d'euros, tandis que le Royaume Uni se prévalait du double, soit près de 70 millions d'euros. Avec des entrées nettes approchant la barre des 445 millions d'euros, CARE USA faisait donc figure de « mastodonte » du réseau.

579. – Que dire encore de la Croix Rouge américaine (ou l'American Red Cross), qui pulvérisait le seuil des 2 milliards d'euros de budget en 2015 ? Fondée en 1872, elle jouissait déjà d'un capital équivalent à 1,2 milliard d'euros en 1991, ce qui signifie qu'elle l'a quasiment doublé en un peu moins de vingt-cinq ans. Si rien ne présageait une telle embellie, rien ne laisse non plus penser qu'elle s'essoufflera du jour au lendemain, surtout en si bon chemin.

580. – Derrière ces chiffres astronomiques peuvent se cacher deux explications : tout d'abord, la Croix Rouge américaine est, au même titre que CARE USA, qualifiable d'association « développementaliste » et « urgencière ». D'autre part, les Américains donnent en fonction de leurs sensibilités. Et les sondages montrent qu'ils placent en tête l'urgence, suivie de la santé et du planning familial[3].

581. – Autre association humanitaire incontournable : *Catholic Relief Service* (ci-après CRS). Fondée aux États-Unis en 1943, l'association bénéficiait à l'échelle internationale d'un budget de 738 millions d'euros en 2015, et en a injecté plus de 10 pour l'assainissement de l'eau et l'accès à l'eau potable au cours de la même année. À cela s'ajoutaient les 152 millions déboursés en programmes agricoles, ce qui semble témoigner, même indirectement, de son vif intérêt pour le droit à l'alimentation.

582. – Ultimement, les associations de solidarité américaines sont à l'image de la mouvance actuelle. Elles ont beau être « sans-frontièristes » et recevoir de plus en

[1] L. Millot, « Aux États-Unis, solidarité évoque socialisme », *Libération*, 19 mars 2010.
[2] *Ibid.*
[3] *Ibid.*

plus de financements mixtes, rares sont celles qui, comme en France, se sont spécialisées dans l'aide médicale d'urgence. Elles défendent cela dit le droit à l'alimentation autant qu'elles le peuvent en apportant, à la hauteur de leurs moyens, leur pierre à l'édifice. Les soutiens grandissants qu'apportent l'État et les citoyens y sont évidemment pour beaucoup.

B. DU MODÈLE ASSOCIATIF « PUR » À L'« ÉCONOMIE SOCIALE DE MARCHÉ »

583. – Pour débuter, il semble important de souligner la nouvelle tendance que connaissent beaucoup d'ONG de défense de droit à l'alimentation, à savoir qu'elles sont caractérisées, et cela de plus en plus, par une prééminence réelle des permanents salariés sur les bénévoles. Elles connaissent de surcroît d'importants frais de fonctionnement liés à leur structure, en raison notamment des locaux toujours plus grands et plus nombreux dont elles disposent aux échelons national et international.

584. – Par ailleurs, toutes ne bénéficient pas – du moins pas encore – de ressources qui pour l'essentiel seraient d'origine publique, ni ne consacrent une part importante de celles-ci dans la fidélisation des donateurs privés. Cela dit, ces déséquilibres n'altèrent en rien leur caractère « non gouvernemental », du fait justement de cette diversification des bailleurs de fonds dont elles peuvent se prévaloir.

585. – En réalité, les ONG de défense du droit à l'alimentation ne correspondent plus du tout au modèle associatif « pur », donc non-lucratif par excellence, mais ont plutôt tendance à emprunter des modes de gestion et de fonctionnement propres aux entreprises. En conséquence, elles ont beau évoluer dans le secteur de la solidarité internationale et se soumettre à une certaine éthique, il n'en demeure pas moins qu'elles s'inscrivent dans ce qu'il convient d'appeler l'« économie sociale de marché »[1].

586. – Aussi surprenant que cela puisse paraître, les notions de marché et de charité ne sont donc pas en tout point incompatibles, en ce qu'elles se prêtent tout à fait à la situation des ONG qui font le choix de concilier leurs origines

[1] Les termes « économie sociale de marché » sont la traduction française des mots *Soziale Marktwirtschaft* employés en Allemagne pour désigner l'originalité du « capitalisme rhénan », et traduire la symbiose de l'économie de marché avec une préoccupation de solidarité à l'échelle de l'homme. La grande majorité des acteurs économiques, syndicaux et politiques d'Outre-Rhin (à l'exception peut-être des Verts) s'y sont ralliés et l'ont mis en œuvre depuis la création de la République Fédérale en 1949.

associatives avec la logique entrepreneuriale. Très souvent, les améliorations escomptées relèvent davantage d'un mode d'organisation *« élevé au rang de mythe depuis les années 80 »*[1] que d'un changement de statut à proprement parler.

587. – Dans ce modèle, les ONG commercialisent un certain nombre de produits et de services et sont à la recherche de la stabilité financière la plus irréprochable possible. Partant, elles miseront tout sur la transparence de leurs comptes et ne négligeront pas la transposition des techniques managériales des entreprises à leur association, avec le cas échéant quelques ajustements[2].

588. – Si certains secteurs d'activités sont plus propices aux associations (humanitaire, caritatif, sportif, culturel ou événementiel), il n'y a donc aucune obligation légale pour les particuliers de privilégier telle ou telle structure juridique en fonction de ce critère. Dès lors qu'elle est licite, n'importe quelle activité peut être exercée sous forme associative ou sous forme de société. Et donc pour en revenir au secteur philanthropique en général, et à celui du droit à l'alimentation en particulier, il paraît assez nettement que leur évolution récente s'apparente à ce que certains historiens appellent l'*« entreprisation du monde »*[3].

589. – Ces changements de paradigme sont toutefois assez loin d'être à sens unique. Le cheminement inverse existe aussi. Aux États-Unis, de nombreux cabinets d'affaires s'inspirent par exemple du savoir-faire des organisations caritatives en matière de gestion du personnel et de transparence financière. Cette « appétence » prononcée pour le management sans faute peut ainsi aller jusqu'au recrutement d'un *« nouveau type de cadres, plus motivés, fiers de leur action au quotidien et non uniquement mus par les incitations financières »*[4].

590. – L'affirmation selon laquelle les entreprises – transnationales ou non – instrumentaliseraient les ONG à des fins autres que celles pour lesquelles elles ont été conçues est donc parfaitement éhontée. La « réalité entrepreneuriale » des ONG de solidarité n'est non pas basée sur une fragilisation de leur ossature associative, mais au contraire sur une consolidation de celle-ci. Les acteurs privés que sont les entreprises y voient pour leur part un excellent moyen de rééquilibrer

---

[1] Voir C. Lechervy et P. Ryfman, *Action humanitaire et solidarité internationale : les ONG*, *op.cit.*, p. 37.
[2] Les cadres et les universitaires recrutés par les ONG de solidarité doivent par exemple, s'ils souhaitent mener des campagnes de promotion, avoir d'excellentes connaissances du secteur humanitaire. À cette fin, certaines formations leur sont proposées, comme en attestent les diplômes délivrés par l'Institut de Formation de Fondacio en Europe, spécialisé dans l'aide humanitaire et la solidarité internationale.
[3] Voir notamment F. Torres, *L'intelligence de l'entreprise – 40 ans de réflexion patronale en France*, Manitoba – Les Belles Lettres, 2016, 280 p. ; ainsi qu'E. de Vulpillières, « La mondialisation est une « entreprisation du monde » », *Le Figaro*, 4 juin 2016.
[4] Voir C. Lechervy et P. Ryfman, *op.cit.*, p. 40.

des rapports de force parfois tumultueux avec le « gouvernemental » que constituent les États et les organisations interétatiques.

Section II. **LES RAPPORTS PARFOIS AMBIGUS DES ACTEURS ÉTATIQUES ET NON-ÉTATIQUES**

591. – Si auprès des entreprises et de la société civile, les ONG dites de solidarité semblent bénéficier d'un capital de sympathie important, à tel point d'ailleurs que certains spécialistes les trouvent *« moins bureaucratiques et aussi nettement plus efficaces dans la lutte contre la pauvreté que l'aide bilatérale des gouvernements et l'aide des grandes institutions multilatérales »*[1], la confiance que leur accordent les États et les organisations internationales en va certainement différemment. Plusieurs éléments en attestent.

592. – En premier lieu, il y a évidemment la question de la reconnaissance du statut juridique des ONG, qui en plus de n'avoir été prise en compte que tardivement de la part des États, continue de diviser les pouvoirs publics et les institutions supra-étatiques. En ne consentant pas à leur transmettre les mêmes caractéristiques ni la même place au sein de la gouvernance interétatique de l'alimentation, les États entretiennent à l'égard des ONG d'importantes inégalités de création, d'exercice et d'influence[2].

593. – Par voie de conséquence, les contrôles qu'exerceront les États sur les associations de solidarité varieront d'une région à une autre et dépendront surtout du seuil de tolérance qu'ils éprouvent à leur égard[3]. Très souvent, les ONG se montrent défavorables à un contrôle trop strict de leurs activités par l'État, et exècrent qu'il puisse préjuger de leur orientation politique[4]. À l'inverse, elles sont

---

[1] F. Perroulaz, « Le rôle des ONG dans la politique de développement : forces et limites, légitimité et contrôles », *op.cit.*

[2] Les conditions que doivent remplir les ONG pour être considérées comme telles par les acteurs étatiques et les pouvoirs publics ne sont pas linéaires. Elles varieront d'un État à l'autre, et d'une région de protection des droits de l'homme à une autre. Au niveau universel, les exigences fixées par l'ONU sont elles aussi spécifiques. N'ayant pas les mêmes conceptions des associations, ni de leur place au sein des rapports interétatiques, ne peuvent que subsister d'importantes inégalités de création, d'exercice et d'influence entre ONG au sein de la gouvernance de l'alimentation. Ces questions seront traitées *infra*.

[3] Les contrôles qu'exerceront les États – ou les groupements d'États – sur les ONG dépendront du statut juridique qu'ils ont consenti à leur reconnaître. Plus celui-ci sera englobant, donc imprécis, plus les contrôles seront limités. À l'inverse, plus celui-ci sera précis et délimité, et plus les contrôles seront poussés.

[4] F. Perroulaz, *op.cit.*

unanimes pour lutter contre les « moutons noirs »[1] et interdire toute autre forme de tromperie du donateur.

594. – Viennent enfin les questions du lobbying et de la démocratie alimentaires, que beaucoup d'États sous-estiment encore du fait de la mondialisation et de la généralisation du système agro-industriel[2]. Pensant que l'aliment serait tombé au rang d'*« objet de consommation (comme un téléphone ou un produit financier) »*[3], certains n'y prêtent même aucune attention.

595. – Dans un tel contexte, il semblerait que les acteurs étatiques et non-étatiques entretiennent des rapports qui parfois sont pour le moins ambigus. Ce manque de fluidité n'est pas propre aux ONG de solidarité (§I), mais paraît symptomatique d'une certaine méfiance endurée par le « gouvernemental » à l'égard de la société civile en général (§II). En droit à l'alimentation, les exemples sont nombreux.

§I. LES O.N.G. DE DÉFENSE DU DROIT À L'ALIMENTATION ET LES GOUVERNEMENTS : ENTRE CONFIANCE ET DÉFIANCE MUTUELLES

596. – Les ONG de défense du droit à l'alimentation ne sont pas uniquement des entités pour aider les plus pauvres, ce sont également des structures animées par une logique d'« autoreproduction », c'est-à-dire qu'elles attachent une importance capitale à la pérennité de leurs actions et à la sauvegarde de leurs emplois[4].

---

[1] Les « moutons noirs » sont des organisations qui trompent le donateur et détournent les dons du financement de projets de développement.

[2] Gilles Fumey, géographe à l'Université Paris-IV Sorbonne, précise que *« le système agro-industriel tel que nous le connaissons aujourd'hui est né aux États-Unis au XIXe siècle, en partie pour répondre aux besoins des nouveaux émigrants installés dans les villes [...]. On parle de « système agricole minier », dans lequel la nature est considérée comme un pourvoyeur de ressources. Ce modèle agricole a été transféré après la seconde guerre mondiale en Europe occidentale où les pays affamés par la guerre ont saisi l'opportunité de développer un modèle agro-industriel adossé à un nouveau système de distribution de masse »* ; voir G. Fumey, « Quels principes pour un droit des consommateurs citoyens ? », in F. Collart Dutilleul, *Propositions Lascaux entre ressources naturelles et besoins alimentaires – Penser une démocratie alimentaire*, Vol. 2, *op.cit.*, p. 442.

[3] *Ibid.*

[4] Gérard Perroulaz précise que : *« Comme toute entreprise et toute organisation, une ONG doit aussi se reproduire, maintenir des activités dans son propre intérêt, pour continuer à financer son secrétariat et son personnel et éviter des restructurations douloureuses. L'ONG n'a pas l'« altruisme » pour seule motivation et elle ne vit pas uniquement dans l'intérêt des pays en développement ou des populations bénéficiaires de l'aide. Pour se reproduire, elle peut adopter les stratégies et le profil qu'elle juge le plus pertinents. Cela explique vraisemblablement le nombre élevé d'ONG travaillant dans les domaines qui attirent le plus facilement les dons privés, domaines de l'aide d'urgence, de l'aide à l'enfance ou de l'aide sanitaire »* ; ici, voir G. Perroulaz, « Le rôle des ONG dans la politique de développement : forces et limites, légitimité et contrôles », *op.cit.*

597. – Bien que les organisations supra-étatiques n'y voient dans l'ensemble aucune difficulté, certains gouvernements, du Nord comme du Sud, se montrent toujours très réticents à cette idée que des voies autres que celles des responsables politiques et des parlements puissent s'exprimer en recherchant à influencer les décisions internationales[1].

598. – Ces divergences de conception sont prégnantes en droit national, international et européen. Le fait que les ONG de solidarité ne disposent pas d'un statut juridique uniforme et harmonisé le confirme (A), tout comme le fait qu'elles sont parfois très contrôlées par l'État, comme c'est le cas en France (B).

A. LA RECONNAISSANCE DU STATUT JURIDIQUE DES O.N.G. EN DROIT NATIONAL, INTERNATIONAL ET EUROPÉEN

599. – Les premiers phénomènes associatifs dédiés à la solidarité internationale ont beau dater du 19e siècle, les ONG ont éprouvé les plus grandes difficultés à se faire reconnaître une personnalité juridique pour se faire enregistrer dans le pays où elles souhaitent agir, ou pour peser sur les décisions politiques. Jusqu'à la première moitié du 20e siècle, elles ont pâti des conséquences de cette absence de statut[2], avant de tirer profit de la création de l'ONU (1) et de la construction européenne (2). Dorénavant, elles jouissent d'une diversité importante de statuts que complètent bon nombre de législations nationales, comme en France (3).

1. Une reconnaissance précoce mais exhaustive au niveau universel

600. – Très tôt, le Conseil économique et social des Nations Unies (ci-après ECOSOC) va se rapprocher des ONG en organisant des relations précises avec

---

[1] Gérard Perroulaz rappelle en effet que : « *Les régimes dictatoriaux ne supportent tout simplement pas l'existence d'ONG. Face à ce que les uns considèrent comme une richesse du débat démocratique, d'autres gouvernements et politiciens prétendent être les seuls habilités à parler au nom des citoyens, puisqu'ils ont été élus démocratiquement. Selon eux, « ONG » n'est pas synonyme de « société » ; les ONG ne défendent pas forcément un intérêt général et représentent un segment seulement de la société, et le terme de « société civile » reste vague (« société civile » n'est en outre pas un synonyme d'« ONG »). Enfin, chaque conférence mondiale sur un thème donne lieu à des conférences examinant le suivi des engagements pris (Copenhague +5 par exemple), et les gouvernements du Nord et du Sud n'apprécient pas forcément que la société civile leur reproche de ne pas avoir tenu leurs promesses* » ; voir « Le rôle des ONG dans la politique de développement : forces et limites, légitimité et contrôles », *op.cit.*

[2] Les conséquences de cette absence de statut peuvent conduire à l'impossibilité pour une ONG d'exporter du matériel ou d'en réceptionner, ou encore à l'impossibilité d'obtenir une autorisation administrative d'embaucher du personnel.

elles[1]. D'après les dispositions du chapitre IX article 71 de la Charte des Nations Unies[2], l'ECOSOC est fondé à consulter les ONG qui s'occupent de questions relevant de sa compétence. Cette coopération n'est pas limitée puisqu'elle s'étend aussi bien aux ONG nationales qu'internationales.

601. – Par la suite, ces rapports serviront de modèle à l'ensemble des institutions spécialisées de l'ONU et à d'autres institutions internationales gouvernementales comme le Conseil de l'Europe. En effet, la plupart des agences et institutions spécialisées du système onusien ont progressivement mis en place un statut consultatif des ONG basé sur celui imaginé par l'ECOSOC[3].

602. – Ici encore, l'acception de ce qu'est une « organisation » est large[4]. Sont donc visées les ONG qui interviennent au niveau national, sous-régional, régional ou international. Le Comité chargé des ONG[5] doit qui plus est privilégier les organisations en provenance des pays en développement afin justement de

---

[1] L'ECOSOC n'est pas le seul organe de l'ONU à entretenir des relations privilégiées avec les ONG. C'est aussi le cas du DPI, étudié *supra*.

[2] L'article 71 de la Charte des Nations Unies dispose en effet que : *« Le Conseil économique et social peut prendre toutes dispositions utiles pour consulter les organisations non-gouvernementales qui s'occupent de questions relevant de sa compétence. Ces dispositions peuvent s'appliquer à des organisations internationales et s'il y a lieu à des organisations nationales après consultation du Membre intéressé de l'Organisation ».*

[3] Ce statut consultatif est organisé par la résolution 1996/31 du 25 juillet 1996 et prévoit que : *« L'organisation non-gouvernementale doit exercer son activité dans les domaines relevant de la compétence du Conseil économique et social et de ses organes subsidiaires. Les buts et objectifs de l'organisation doivent être conformes à l'esprit, aux fins et aux principes de la Charte des Nations Unies. L'organisation doit s'engager à soutenir l'organisation des Nations Unies dans son œuvre et à faire connaître les principes et les activités des Nations Unies tandis qu'elle poursuit ses buts et objectifs et agit selon sa vocation et dans son champ de compétence et d'activité ».*

[4] Au niveau universel, les terminologies « organisation sans but lucratif » (OSBL) et « organisation de la société civile » (OSC) sont préférées à celle d'ONG à proprement parler. Les OBSL désignent toutes les organisations sans but lucratif quelle que soit leur forme juridique (associations, fondations, etc.). Les ONG sont bien évidemment incluses sous ce sigle. Quant aux OSC, un rapport des Nations Unies de février 2002 les a défini comme suit : *« La « société civile » composée de diverses populations et communautés est la sphère au sein de laquelle les citoyens et les initiatives sociales s'organisent en fonction d'objectifs, demandes et intérêts divers. Les éléments composant la société civile agissent collectivement par le biais de leurs organisations, désignées par l'expression « organisation de la société civile », c'est-à-dire divers mouvements, groupements et institutions indépendantes de l'État qui ont normalement un caractère bénévole et agissent sur le plan local, national et international pour défendre et promouvoir dans l'intérêt de tous, des intérêts sociaux, économiques et culturels. Ces organisations jouent un rôle d'intermédiaire entre les populations, lesÉtats et les Nations Unies en servant de groupe de pression et en offrant des services divers. Bien que relevant de la catégorie des acteurs non étatiques, elles se distinguent du secteur privé et des ONG par le fait que, souvent, elles ne sont pas officiellement déclarées, qu'elles peuvent remplacer le secteur privé, qu'elles ne sont pas toujours strictement organisées, et qu'il est fréquent que leurs membres ne soient pas reconnus comme tels par les autorités ».*

[5] Ce comité a été créé par la résolution 1996/31 du 25 juillet 1996. C'est lui qui a la charge de recommander, ou à l'inverse de rejeter les demandes de statut consultatif émanant des ONG auprès de l'ECOSOC. Le 31 janvier 2017, il a par exemple recommandé à l'ECOSOC de délivrer un statut consultatif à plus de 100 ONG.

« favoriser un juste équilibre géographique et ainsi permettre aux organisations du monde entier d'apporter véritablement leur contribution »[1].

603. – Le principal avantage que procure l'obtention du statut consultatif est qu'il permet aux ONG de participer aux conférences internationales convoquées par l'ONU[2], y compris lorsque celles-ci émanent de réseaux régionaux, à la condition toutefois qu'elles prouvent que leurs programmes de travail ont un lien direct avec les buts et les objectifs de l'ONU[3].

604. – Les ONG doivent néanmoins remplir certaines conditions. Sont éligibles au statut consultatif les organisations qui bénéficient d'une réputation bien établie dans leur domaine, et qui sont, si possible, représentatives[4]. Ainsi, leur acte constitutif doit par exemple être adopté de manière démocratique[5], tout comme l'organe exécutif doit être responsable devant une assemblée ou un organe représentatif.

605. – L'ECOSOC et les entités onusiennes attachent par ailleurs beaucoup d'importance au mode de financement de l'organisation postulante. C'est ce critère qui va déterminer si l'ONG est indépendante ou non[6]. De fait, il est préférable que la part des financements publics ne l'emporte pas sur celle des donateurs privés, à défaut de quoi l'organisation devra se justifier auprès du Comité pour démontrer la nature non-gouvernementale de ses activités[7].

---

[1] Voir F. Rubio, *Dictionnaire pratique des Organisations Non Gouvernementales*, *op.cit.*, p. 308.

[2] Le 31 octobre 2009, les ONG développementalistes étaient par exemple conviées à assister à la conférence de presse du Rapporteur spécial des Nations Unies pour le droit à l'alimentation (O. de Schutter), lequel souhaitait mettre en place une politique des semences de promotion de l'innovation, de la sécurité alimentaire et de l'agro-diversité dans la mesure où ce dernier se fait au détriment des semences traditionnelles dans les pays en développement.

[3] S'il s'agit en revanche d'une ONG nationale, elle pourra obtenir ce statut après consultation de l'État membre concerné. Les vues de cet État membre sont communiquées à l'organisation, laquelle doit avoir la possibilité d'y répondre par le canal du Comité chargé des ONG.

[4] Certaines dispositions de la résolution 1996/31 du 25 juillet 1996 encouragent et renforcent la démocratie, partant du principe que le respect des règles démocratiques s'apprend d'abord au sein de la société.

[5] L'organisation doit par ailleurs avoir qualité pour parler au nom de ses membres par l'intermédiaire de ses représentants autorisés. Elle doit pouvoir faire la preuve de cette qualité le Comité chargé des ONG lui en fait la demande.

[6] Ici, la volonté est de lutter contre les « *Governmental non governmental organizations* » (GONGOS). Ces ONG sont en réalité contrôlées par les gouvernements. Les GONGOS portent atteinte à la crédibilité des ONG sur la scène internationale. Très souvent, elles interviennent dans les grandes conférences internationales pour ne défendre que les seuls intérêts des gouvernements qui les financent. Le Parlement a dénoncé cette situation dans son rapport annuel de 2001 sur les droits de l'homme dans le monde en 2000. Dans son rapport sur la 57e session de la Commission des droits de l'homme, la FIDH s'en était également plaint.

[7] D'après les dispositions de la résolution 1996/31 du 25 juillet 1996, les principaux moyens financiers de l'organisation doivent provenir essentiellement des cotisations de ses affiliés ou des contributions des particuliers membres de l'organisation. Lorsque l'organisation reçoit des contributions volontaires, le montant et l'origine exacts de ces contributions doivent être indiqués au Comité chargé des ONG.

606. – Finalement, la résolution 1996/31 du 25 juillet 1996 prévoit la délivrance possible de trois types de statut consultatif, selon que l'ONG s'intéresse à la plupart des activités du Conseil et de ses organes subsidiaires ou seulement à quelques-unes. Les organisations qui n'apporteraient qu'une contribution ponctuelle aux travaux du Conseil ne sont pas en reste puisqu'elles peuvent elles aussi bénéficier d'un statut juridique. Autrement dit, coexistent un statut général[1] et un statut spécial[2] auquel s'adjoint un statut dit de « la Liste »[3]. Un statut exorbitant peut même être accordé aux associations consacrées à la défense de certains droits humains[4].

607. – En fonction du statut obtenu, l'organisation pourra assister aux séances publiques du Conseil et de ses organes subsidiaires en toutes circonstances et à toutes époques[5], ou seulement si les questions qui y sont débattues relèvent de son domaine de compétence[6]. Concernant les communications écrites auprès du Conseil, la logique est la même. Plus le statut délivré sera important, plus l'association sera libre de s'exprimer en influant sur l'ordre du jour[7]. Dans le cas inverse, elle n'y sera pas autorisée[8].

608. – Rares sont les ONG spécialisées en droit à l'alimentation qui disposent actuellement d'un statut consultatif général auprès des Nations Unies. Seules CARE INTERNATIONAL[9] et Oxfam International[10] en ont un. Cela dit, d'autres organisations s'en préoccupant plus indirectement en sont dotées. C'est le cas de

---

[1] Ce statut est le plus important. Pour l'obtenir, l'ONG doit montrer qu'elle est en mesure de contribuer sur le fond et de façon suivie à la réalisation des objectifs des Nations Unies.

[2] Il s'agit d'un statut intermédiaire. Ici, l'ONG n'agit que dans certains domaines d'activités de l'ECOSOC.

[3] Ce statut est plus communément désigné en anglais sous le titre de « *Roster* ». Une ONG ne peut en bénéficier que sur avis favorable de l'ECOSOC ou du Comité en charge des relations avec les ONG. L'organisation devra montrer qu'elle peut parfois, pour des questions relevant de son domaine de compétence, apporter une contribution utile aux travaux du Conseil, de ses organes subsidiaires ou d'autres organes de l'ONU.

[4] Ce statut exorbitant peut être accordé à une organisation de premier plan, dont l'une des visées primordiales est de contribuer à la réalisation des buts, objectifs et fins de l'ONU et de faire mieux comprendre l'action de celle-ci.

[5] Les ONG dotées du statut général ou spécial peuvent envoyer leurs observateurs à toutes les séances publiques du Conseil et de ses organes subsidiaires.

[6] Les ONG dotées du statut de « la Liste » ne peuvent envoyer leurs observateurs qu'aux séances publiques du Conseil et de ses organes subsidiaires qui ont trait à des questions relevant de leur domaine d'activité. Cette faculté d'assister aux séances peut être assortie d'autres modalités de participation.

[7] Une organisation dotée du statut consultatif général ou spécial peut présenter des communications écrites au sujet de questions qui sont de sa compétence au Conseil et à ses organes subsidiaires, à la condition qu'elles présentent un intérêt pour leurs travaux. Plusieurs modalités purement formelles encadrent la présentation de ces communications au Conseil.

[8] Les organisations dotées du statut de « la Liste » ne peuvent pas présenter de communication écrite au Conseil, tout comme elles ne sont pas habilitées à faire circuler des déclarations aux réunions du Conseil et de ses organes subsidiaires, ni à prendre la parole devant eux. Elles n'ont pas non plus à rendre des rapports quadriennaux.

[9] CARE INTERNATIONAL est doté du statut consultatif général depuis 1991.

[10] Oxfam International est doté du statut consultatif général depuis 2002.

Médecins sans frontières[1] et de Médecins du monde[2], mais aussi de Caritas Internationalis[3].

609. – Peu nombreuses sont également celles qui ont obtenu un statut spécial. Action contre la faim[4], Amnesty International[5], le CCFD[6], MISEREOR[7] et *Human Rights Watch*[8] sont à relever. Parmi celles qui n'ont qu'un statut minimaliste, donc de « la Liste », figure notamment le réseau « FIAN »[9]. Les grands absents de cette série d'inscrits sont bien sûr l'Armée du salut et SOLAGRAL.

610. – Le Comité international de la Croix-Rouge (ci-après CICR) est quant à lui un cas tout à fait unique en son genre. Ce n'est pas une ONG, ni une organisation internationale ou intergouvernementale. Sa nature est hybride. Il s'agit d'une association privée au regard du Code civil suisse, donc son existence ne découle pas en soi d'un mandat conféré par des gouvernements, mais ses activités[10] sont prescrites par la communauté internationale des États et fondées sur le droit international[11]. De fait, le CICR jouit d'une « personnalité juridique internationale » comme toute organisation intergouvernementale. Cela signifie que le CICR est inéligible à un statut consultatif des ONG auprès des Nations Unies[12].

2. Une reconnaissance inégale mais productive au niveau européen

611. – Si le Conseil de l'Europe et l'Union européenne entretiennent depuis leur création des relations étroites avec les ONG, à tel point d'ailleurs qu'elles seraient devenues des acteurs incontournables de l'« Europe humanitaire et de secours »[13], la question de la reconnaissance de leur personnalité juridique continue de diviser

---

[1] Médecins sans frontières est doté du statut consultatif général depuis 2000.
[2] Médecins du monde est doté du statut consultatif général depuis 1996.
[3] Caritas Internationalis est doté du statut consultatif général depuis 1999.
[4] Action contre la faim est dotée du statut consultatif spécial depuis 2005.
[5] Amnesty International est doté du statut consultatif spécial depuis 1964.
[6] Le CCFD est doté du statut consultatif spécial depuis 1998.
[7] MISEREOR est doté du statut consultatif spécial depuis 2004.
[8] *Human Rights Watch* est doté du statut consultatif spécial depuis 1993.
[9] Le réseau « FIAN » est doté du statut de « la Liste » depuis 1989.
[10] Les activités du CICR ont vocation à fournir une protection et une assistance aux victimes de conflits armés.
[11] En particulier sur les Conventions de Genève, qui font partie des traités les plus ratifiés au monde.
[12] Cela n'empêche évidemment pas au CICR de jouer un rôle important sur la scène internationale dans la mesure où ses privilèges et ses immunités sont largement reconnus par les gouvernements, les Nations Unies ainsi que d'autres organisations.
[13] Ici, voir notamment P. Salignon, « L'Europe humanitaire en question(s) », *Humanitaire*, 23 octobre 2009.

les acteurs de ces deux organisations supranationales[1]. En effet, le droit du Conseil de l'Europe a très tôt consenti à reconnaître aux associations un statut qui leur serait propre (a), contrairement au droit de l'Union européenne qui s'y est toujours opposé (b).

a. Les rapports officiels du Conseil de l'Europe et des ONG de solidarité

612. – Dès 1952, soit quatre ans seulement après l'initiative des Nations Unies, le Conseil de l'Europe établira à son tour un statut consultatif au bénéfice des ONG, les habilitant à intervenir dans la plupart de ses domaines d'activités. Ce statut est aujourd'hui prévu par une résolution (93) 38 du Comité des ministres en date du 18 octobre 1993.

613. – Partant du principe que les ONG constituent de puissants vecteurs de la démocratie participative au niveau européen, cette résolution leur octroie d'importantes prérogatives[2] – parmi lesquelles figure la possibilité d'adresser des mémoires au secrétaire général en vue de leur présentation aux comités et/ou aux commissions du Conseil de l'Europe – mais leur confère aussi de nombreux devoirs[3]. Ce sont plus de 400 ONG qui bénéficient actuellement d'un tel statut[4].

614. – Dans l'optique de parvenir à une coopération toujours plus étroite avec le Conseil de l'Europe, un Comité de liaison des ONG[5] a même été créé en 1976. Placé sous l'autorité des ONG elles-mêmes, ce comité leur apporte une aide précieuse tant dans la préparation des réunions sectorielles que dans la

---

[1] À la différence du Conseil de l'Europe, qui est une organisation internationale à proprement parler, l'Union européenne serait en réalité une « confédération d'États-Nations », mais reste tout de même qualifiable d'organisation supranationale. Sur cette question, voir notamment B. Detalminil, « L'Union européenne : une organisation supranationale », *Le Taurillon*, 26 août 2007.

[2] Les ONG peuvent participer aux séances publiques du Congrès des pouvoirs locaux et régionaux de l'Europe, à la réunion d'information générale organisée annuellement par le secrétaire général et aux réunions sectorielles organisées par le secrétaire général.

[3] Avec l'obtention du statut consultatif, les ONG se sont engagées à fournir toutes les informations – notamment administratives – susceptibles d'être demandées par le secrétaire général, à donner le maximum de publicité aux activités du Conseil de l'Europe, à participer le plus possible aux travaux des différents organes du Conseil de l'Europe (comités d'experts, commissions parlementaires etc.), et aux manifestations organisées par le secrétaire général. Elles se sont par ailleurs engagées à participer aux réunions de regroupements d'ONG par secteur d'intérêt et à rendre compte des activités qu'elles ont entreprises en vue de la diffusion des travaux du Conseil.

[4] Au début des années 2 000, plus de 423 ONG étaient enregistrées auprès du secrétariat général du Conseil de l'Europe. Pour consulter la liste actualisée des ONG inscrites, voir le lien suivant : http://coe-ngo.org/#/ingos [consulté le 8 juillet 2017]

[5] Le Comité de liaison des ONG est lui aussi doté du statut consultatif auprès du Conseil de l'Europe. Il est actuellement composé de vingt-cinq membres qui se réunissent quatre fois par an.

participation à la conférence plénière[1], laquelle vise principalement à améliorer le régime de statut consultatif.

615. – Le statut participatif[2] en question a beau être peu couteux[3], afin justement de faciliter son accès au plus grand nombre, il peut être retiré à tout moment à toute ONG qui ne respecterait pas les thèses de paix, de liberté et de démocratie que véhicule le Conseil de l'Europe. Ce statut n'érige pas non plus le Conseil de l'Europe un bailleur de fonds officiel des ONG.

616. – Tout ce dispositif est par ailleurs complété par la Convention européenne sur la reconnaissance de la personnalité juridique des OING[4], qui reste encore à ce jour le *« seul instrument normatif mondial relatif aux ONG »*[5]. Ce traité est censé pallier l'extrême difficulté que rencontraient les associations pour mener à bien leurs actions sur la scène internationale[6]. Élaborée dans les années 1980, puis entrée en vigueur le 1er janvier 1991, cette convention a été signée par 11 pays[7], dont la France.

617. – Sont concernées les institutions privées[8] qui remplissent quatre conditions cumulatives[9] plus ou moins classiques en droit des ONG, et qui ont prouvé la reconnaissance de leur personnalité juridique par l'État dans lequel se trouve leur siège social. Si comme toute convention internationale, plusieurs exceptions

---

[1] Cette conférence plénière a été créée en 1977. Y sont conviées toutes les ONG dotées du statut consultatif auprès du Conseil de l'Europe.

[2] En 1952, le Conseil de l'Europe créera le statut consultatif pour les ONG mais celui-ci sera remplacé par le statut participatif en 2003 afin de renforcer leur rôle sur la scène politique.

[3] Le coût du statut consultatif est inférieur à 200 euros par an.

[4] Au niveau européen, la terminologie « organisation internationale non gouvernementale » (OING) est en réalité préférée à celle d'ONG. Le terme d'OING est utilisé pour la première fois dans le traité sur la reconnaissance de la personnalité juridique des ONG par le Conseil de l'Europe pour désigner toutes les ONG éligibles à l'obtention du statut consultatif, donc susceptibles d'être soumises aux dispositions du traité. En obtenant le statut, l'OING se voit reconnaitre une personnalité juridique par tous les États qui ont ratifié le traité. À la notion classique d'ONG – fondée sur le caractère non-gouvernemental – s'adjoint donc une dimension internationale essentielle.

[5] Voir F. Rubio, *Dictionnaire pratique des Organisations Non Gouvernementales*, *op.cit.*, p. 105.

[6] La principale difficulté que rencontraient les ONG de solidarité résidait dans le fait que leur statut juridique variait – et continue de varier – d'un pays à l'autre. En France, une ONG a soit le statut d'association, soit de fondation. En Grande-Bretagne, leur statut est proche de celui d'une société commerciale. Au Japon, il n'existait aucun statut spécifique des ONG jusqu'à une période encore récente. Dans certains pays, il existe une loi pour les associations et un statut spécifique pour les ONG.

[7] L'Autriche, la Belgique, Chypre, la France, la Grèce, les Pays-Bas, le Portugal, la Slovénie, la Suisse, l'ex-République yougoslave de Macédoine et le Royaume-Uni l'ont signé. En revanche, deux d'entre eux ne l'ont toujours pas ratifié. Il s'agit de Chypre et des Pays-Bas.

[8] Sont visées les ONG en général, donc les associations et les fondations en particulier.

[9] L'organisation doit avoir un but non-lucratif, avoir été créée par un acte du droit interne relevant de l'État Partie, exercer une activité effective dans au moins deux États et avoir son siège statutaire sur le territoire d'un État Partie (son siège réel doit quant à lui se trouver sur le territoire de cet État Partie ou d'une autre Partie).

viennent encadrer son application, sa rédaction a le mérite de la simplicité et de l'efficacité[1].

618. – Nombreuses sont les ONG de solidarité disposant pour le moment d'un statut participatif auprès du Conseil de l'Europe. Parmi celles-ci, quelques-unes interviennent bien sûr dans le domaine du droit à l'alimentation. C'est notamment le cas d'Amnesty International[2], de Caritas Europa[3], de Médecins du monde[4] ou encore du réseau « FIAN »[5]. Plusieurs ONG spécialisées telles que CARE, Oxfam et Action contre la faim ne jouissent toujours pas de ce statut, alors qu'elles remplissent évidemment toutes les conditions pour l'obtenir. Cela témoigne sûrement des efforts qu'il reste encore à entreprendre de la part du Conseil de l'Europe, et plus exactement de la conférence plénière, pour attirer leur attention[6].

b. Les rapports officieux de l'Union européenne et des ONG de solidarité

619. – L'Union européenne entretient des liens paradoxaux avec les ONG[7]. D'une part, elle encourage la participation des associations dans de nombreux domaines tels que l'environnement, l'humanitaire, le développement, les droits de l'homme et le social, mais d'autre part, elle refuse d'établir un cadre formel de consultation comme il en existe auprès des Nations Unies et du Conseil de l'Europe.

620. – La Commission européenne s'en est expliquée dans un livre blanc consacré au renforcement du partenariat entre les ONG et les institutions de l'Union[8]. Plusieurs éléments semblent ici entrer en jeu. S'il est exact que l'Union souhaite atteindre directement les citoyens en privilégiant principalement un renforcement de la démocratie régionale, grâce notamment à l'action des collectivités

---

[1] Cette convention du Conseil de l'Europe reste, dans l'attente d'un autre traité sur l'association européenne, le seul texte européen relatif aux associations et aux ONG. François Rubio précise par ailleurs que si ce texte a connu un *« démarrage difficile dans sa ratification par les États, il s'est peu à peu affirmé comme un modèle »* ; ici, voir F. Rubio, *Dictionnaire pratique des Organisations Non Gouvernementales*, *op.cit.*, pp. 107-108.

[2] Amnesty International est doté du statut participatif auprès du Conseil de l'Europe depuis 1992.

[3] Caritas Europa est doté du statut participatif auprès du Conseil de l'Europe depuis 1983.

[4] Médecins du monde est doté su statut participatif auprès du Conseil de l'Europe depuis 1980.

[5] Le réseau « FIAN » est doté du statut participatif auprès du Conseil de l'Europe depuis 1986.

[6] À la différence des prérogatives dévolues par l'ECOSOC aux ONG enregistrées auprès des Nations Unies, celles qui le sont auprès du Conseil de l'Europe ne peuvent toujours pas prendre la parole lors des réunions publiques officielles, ni formuler des communications écrites, ce qui limite considérablement leur influence tant sur la prise de décision que sur l'orientation des politiques internationales.

[7] Ici sont visées les ONG européennes, mais aussi celles non-ressortissantes de l'Union européenne. Sont donc également concernées les ONG américaines et africaines, mais aussi les ONG suisses.

[8] Ce livre blanc est consacré principalement à la gouvernance européenne. Il date du 27 juillet 2001 et correspond à une communication COM (2001) 428 final de la Commission européenne.

territoriales[1], elle ne veut pas pour autant négliger l'implication des organisations de la société civile dans la prise de décision politique[2].

621. – La Commission ne s'oppose donc pas à l'instauration d'un processus de consultation des ONG[3], ni aux agréments qui existent déjà dans le cadre d'ECHO, mais n'accorde pas de réelle priorité à cette question de la reconnaissance de la personnalité juridique des ONG en Union européenne, donc à celle d'un véritable statut participatif qui pourrait leur être accordé.

622. – Pour s'en défendre, la Commission fait valoir que ce type de statut consultatif n'est possible que dans le cadre d'une instance internationale où seuls les États sont représentés. C'est par ce biais-là que les citoyens seraient associés aux États auprès des Nations Unies et du Conseil de l'Europe[4]. Or, une telle association n'est pas indispensable dans le cadre de l'Union européenne car c'est déjà là le lot du Parlement européen, qui procède du suffrage universel direct, et du Comité économique et social, qui représente également la société civile.

623. – Non sans véhémence, les ONG ont aussitôt protesté contre une telle position de la Commission en reprochant d'une part au Parlement européen sa trop grande politisation, et d'autre part au Conseil économique et social sa trop grande professionnalisation[5]. En conséquence, les ONG de solidarité sont toujours absentes à la plupart des réunions thématiques les plus transversales[6], ce qui laisse augurer des progrès que devront encore réaliser les institutions de

---

[1] Parmi les entités sub-étatiques visées par le livre blanc de la Commission européenne, sont principalement visées les régions et les départements. Dans la mesure où ces entités doivent participer directement à la prise de décision politique, le livre blanc souhaite accroître les pouvoirs du Comité des régions. De plus, il encourage les États membres à associer davantage les acteurs régionaux et locaux à la préparation de leurs prises de position sur les politiques communautaires. Il incite également à l'échange de personnel et à l'apprentissage mutuel entre les administrations à différents niveaux afin de contribuer à une meilleure connaissance *« des objectifs politiques, des méthodes et de outils de travail des uns et des autres »*.

[2] Pour la Commission européenne, *« les organisations de la société civile permettent aux citoyens d'exprimer leurs préoccupations et fournissent les services correspondant aux besoins des populations »*. *Ibid.*

[3] Dans son livre blanc, la Commission précise que la mise en place d'une telle procédure de consultation nécessite au préalable un accroissement des pouvoirs du Comité économique et social européen. De telles avancées n'ont à ce jour jamais été entreprises, comme en atteste l'absence de toute procédure de consultation dans l'Union.

[4] Le Conseil de l'Europe a beau être doté d'une assemblée parlementaire, leurs membres ne sont pas élus par les citoyens européens eux-mêmes à travers le suffrage universel direct, mais par les parlements nationaux.

[5] Voir F. Rubio, *Dictionnaire pratique des Organisations Non Gouvernementales*, *op.cit.*, pp. 377-378.

[6] Dans son livre blanc, la Commission souhaitait mettre en place des comités thématiques regroupant acteurs non-étatiques et acteurs institutionnels autour de sujets précis. Or, s'ils sont articulés autour de thématiques trop précises, ces comités priveraient les ONG de solidarité de participer à des questions générales telles que l'économie, la santé ou bien encore la pauvreté, alors qu'elles sont directement en lien avec le droit à l'alimentation. Il est donc préférable d'autoriser les associations à y assister, ce qui n'est toujours pas le cas actuellement.

l'Union pour parvenir à l'achèvement d'une bonne gouvernance alimentaire au niveau européen[1].

3. Entre absence de reconnaissance et reconnaissance multiple en France

624. – En France, les ONG ne bénéficient d'aucune reconnaissance juridique en tant que telle. Elles ont soit le statut d'association, soit celui de fondation. Mais il ne s'agit pas là d'une exception française à proprement parler. D'autres pays tels que le Japon[2], le Royaume-Uni[3] et la Suisse[4] ont également leur propre statut.

625. – D'après les dispositions de la loi du 1er juillet 1901, une association peut être constituée dès lors qu'elle regroupe des personnes physiques ou morales partageant un but commun. En revanche, la loi du 23 juillet 1987 caractérise une fondation comme l'affectation par une personne physique ou morale d'un patrimoine à la réalisation d'une œuvre d'intérêt général et à but non lucratif[5].

626. – Si certaines ONG ont adopté un statut hybride, oscillant entre l'association et la fondation, voire même entre la fondation et la congrégation – comme c'est le cas de l'Armée du salut[6] –, c'est surtout pour des raisons économiques. Actuellement, la plupart des ONG spécialisées dans la défense du droit à

---

[1] Au même titre que le Conseil de l'Europe, la Commission européenne devrait consentir à aligner son processus de consultation et de statut participatif des ONG sur le système onusien.

[2] Au Japon, la loi *Non-Profit Organizations* (NPO) a été votée le 25 mars 1998. Elle octroie la personnalité juridique à certains organismes à but non lucratif. À ce jour, ce sont près de 4 000 associations qui se sont déclarées grâce à cette loi. Pour aller plus loin voir notamment T. Hitoshi, « La nouvelle loi sur les associations au Japon », *Les annales de la recherche urbaine*, n° 1, 2001, pp. 35-38.

[3] Au Royaume-Uni, les ONG ont le statut de *charities*. La loi qui les régit est beaucoup plus ancienne que celle de 1901 en France. C'est le *Charitable Uses Act* qui les a officiellement reconnu en 1601. Pour aller plus loin voir notamment F. Gérome, « *Charities* et associations : une étude comparative France – Royaume-Uni du comportement des donateurs et des stratégies de collecte », *L'économie sociale dans le monde*, n° 318, pp. 39-57.

[4] La législation pour créer une nouvelle association en Suisse est particulièrement peu contraignante. Il suffit à deux ou trois personnes de rédiger les statuts d'une association à but non lucratif au sens de l'article 60 du code civil suisse, sans obligation aucune d'inscrire cette association dans un registre du type « registre du commerce ».

[5] La France est un pays qui compte assez peu de fondations – à peine plus de 500 au début des années 2000 – alors qu'il en existait plus de 12 000 aux États-Unis, 3 000 au Royaume-Uni (appelées *Charities trusts*) et 2 000 en Allemagne à la même époque.

[6] Dès l'origine, parce qu'elle s'adresse à la personne dans sa globalité, l'Armée du Salut s'est sentie investie d'une mission à la fois spirituelle et sociale. Ces deux objectifs sont complémentaires et indissociables. En 1994, à la demande des pouvoirs publics, l'Armée du Salut s'est constituée en Congrégation pour la partie cultuelle de son action. La Congrégation porte les valeurs spirituelles de l'Armée du Salut. Elle dispose aujourd'hui de 25 postes d'évangélisation dans toute la France et anime une aumônerie dans nombre d'établissements de la Fondation. En revanche, l'Armée du salut a débuté son activité de fondation en juillet 2000.

l'alimentation jouissent du statut d'« association reconnue d'utilité publique »[1]. Ont fait ce choix le Secours Catholique et Action contre la faim, ainsi que Médecins du monde et Médecins sans frontières.

627. – Des considérations sur la langue française sont possibles grâce à l'Organisation internationale de la francophonie, qui œuvre particulièrement en faveur de la paix, de la démocratie et des droits de l'homme. Depuis le 24 octobre 1994, cette organisation internationale gouvernementale s'est dotée d'un statut consultatif pour les ONG[2], lequel présente la particularité d'imposer un véritable « devoir » de francophonie aux associations désireuses de l'obtenir[3].

628. – Aucune ONG spécifiquement dédiée à la défense du droit à l'alimentation ne bénéficie à ce jour d'un tel statut. En revanche, d'autres en sont dotées alors qu'elles sont principalement reconnues pour leur combat pour les droits de l'homme. La Fédération internationale des droits de l'homme (ci-après FIDH) est certainement la plus emblématique d'entre elles.

B. LES CONTRÔLES APPROFONDIS DES O.N.G. PAR L'ÉTAT : L'EXEMPLE DE LA FRANCE

629. – En France, les associations et les fondations sont soumises à de très nombreux contrôles, tant du fait de législations spécifiques que de textes plus généraux. Remplissant *« un rôle social absolument fondamental en tant que courroie de transmission de valeurs de solidarité, de lutte contre les injustices et les inégalités »*[4], l'État veille à ce qu'elles restent les plus exemplaires possibles.

---

[1] En France, les associations déclarées ne peuvent obtenir ce statut qu'à l'issue d'une procédure administrative assez longue. Seul un décret de reconnaissance d'utilité publique peut aboutir sur l'octroi de ce statut. La loi de 1901 est restée muette sur cette question. Le Conseil d'État est donc venu encadrer la délivrance par l'État d'un tel statut. L'association doit avoir un but d'intérêt général et exercer son activité dans un périmètre territorial relativement important. Elle doit par ailleurs avoir au moins trois ans d'expérience et compter pas moins de 200 adhérents. Ce statut permet à l'association de recevoir certaines libéralités fiscales en matière de donation.

[2] Le statut consultatif auprès de l'Organisation internationale de la francophonie est régit par la directive du 24 octobre 1994. D'après ses dispositions, est considérée comme une ONG *« toute organisation internationale qui n'a pas été créée par la voie d'un accord gouvernemental »*. D'autres critères cumulatifs ont par ailleurs été posés pour qu'une ONG soit considérée comme telle par l'Organisation internationale de la francophonie.

[3] En ce sens, le statut consultatif auprès de l'Organisation internationale de la francophonie est plus restrictif que celui auquel peuvent prétendre les ONG auprès du Conseil de l'Europe et des Nations Unies. Ce sont actuellement 63 ONG qui en bénéficient.

[4] Voir G. Perroulaz, « Les ONG dans la politique de développement : forces et limites, légitimité et contrôle », *op.cit.*

630. – Les contraintes que les autorités leur incombent sont surtout de nature fiscale et comptable. La loi du 1er mars 1984 – ainsi que son décret d'application du 1er mars 1985 – impose par exemple aux associations dotées d'importantes ressources[1] ou d'un personnel en nombre[2] d'avoir un commissaire aux comptes[3] pour certifier leur comptabilité et dénoncer les éventuelles irrégularités au Procureur de la République.

631. – L'appel à la générosité du public des associations au niveau national est lui aussi très encadré. Doivent en informer la préfecture du département de leur siège social celles qui souhaiteraient mener une campagne de sollicitation auprès de leurs donateurs[4]. La loi du 11 août 1991 assortit par ailleurs cette obligation d'un compte d'emploi annuel des ressources[5], lequel est susceptible d'être transmis à la Cour des comptes[6] ou au ministère compétent[7] pour contrôle.

632. – Le droit de recevoir des libéralités ou des subventions publiques[8] va dépendre ici encore d'un plan comptable spécifique. L'arrêté du 8 avril 1999 – entré en vigueur le 1er janvier 2000 – assujettit les associations à des contraintes fiscales spécifiques, certes, mais toutes ne sont pas dissociables de celles qui pèsent sur les entreprises commerciales. En conséquence, les associations ne sont

---

[1] Sont visées les associations dotées de plus de 4 millions d'euros de ressources, ou ayant un bilan dont le total dépasse les 2 millions d'euros.

[2] Sont visées las associations de plus de cinquante salariés.

[3] Le commissaire aux comptes est un professionnel autorisé par la loi pour certifier les comptes d'une association. D'après la loi du 1er mars 1984, il doit être accompagné par un suppléant.

[4] En France, assez rares sont les associations qui chaque année mènent une campagne de sollicitation auprès des donateurs. Au début des années 2000, la Cour des comptes soulignait dans un rapport rendu public que seule une centaine d'associations étaient concernées par de telles campagnes.

[5] Cette obligation de tenir un compte d'emploi annuel des ressources a été renforcée par un arrêté ministériel du 30 juillet 1993. Une telle exigence comptable est censée faciliter le contrôle financier des associations par la Cour des comptes. Ces comptes d'emploi annuel permettent par ailleurs de mieux informer les bailleurs publics et privés, qu'ils soient nationaux ou internationaux. En définitive, ils renforcent la transparence financière des associations, puisque doivent figurer selon des modalités bien précises les ressources provenant de la générosité du public.

[6] Depuis 1991 et le scandale concernant la gestion de l'Association pour la recherche sur le Cancer, l'État a décidé de confier le contrôle des comptes des associations faisant appel à la générosité du public sur le plan national à la Cour des comptes. Les lois des 7 août 1991 et 24 juin 1996 donnent donc compétence à la plus Haute juridiction financière pour opérer de tels contrôles.

[7] Un pouvoir identique à celui de la Cour des comptes en matière de contrôle des associations a été confié au Ministre de la Jeunesse et des sports par une loi de 2000.

[8] Ces subventions peuvent provenir de l'État lui-même, mais aussi des collectivités territoriales (les communes, les départements et les régions), ou bien des établissements publics. L'emploi de toutes ces subventions par les associations est susceptible d'être contrôlé par différents corps d'inspection et les bailleurs eux-mêmes.

pas exemptes de tout contentieux, et notamment de poursuites pénales, en cas d'infractions graves[1].

633. – En interne, la législation a également renforcé les contrôles dans un souci de transparence. Les dirigeants doivent ainsi tenir un « plan comptable associatif »[2] indiquant à l'assemblée générale et au conseil d'administration les liens potentiels de l'association qu'ils dirigent avec toute entreprise privée dans laquelle ils auraient des intérêts.

634. – L'ensemble de ces dispositions législatives est applicable aux « associations reconnues d'utilité publique ». Un tel statut ne les exonère en rien de tels contrôles. S'ils paraissent approfondis en France, ce n'est pas forcément le cas dans d'autres pays, comme en Suisse, où un « système d'autorégulation » des ONG très souple a été mis en place[3].

635. – Au niveau européen, l'Union européenne a mis en place certaines procédures de contrôles et d'investigations sur les subventions allouées qui peuvent elles aussi se montrer très sévères[4]. Auprès du Conseil de l'Europe, ces procédures sont en revanche quasiment inexistantes, tout comme auprès des Nations Unies[5]. L'explication réside sûrement dans le fait que seuls les États y sont représentés. Il leur appartient donc de les réaliser.

636. – À la fin, il n'est pas choquant de voir les ONG de défense du droit à l'alimentation soumises en France et en Europe à tant de vérifications, compte tenu des sommes considérables que beaucoup d'entre elles perçoivent de la part

[1] En cas d'infraction grave à la législation, ce sont les dirigeants de l'association qui encourront des poursuites pénales. Ils pourront ensuite se retourner vers le ou les membre(s) fautif(s) de l'association, le cas échéant.

[2] La comptabilité associative est une contrainte à laquelle les associations au sens de la loi de 1901 ne peuvent échapper. En effet, les associations doivent impérativement tenir une comptabilité, dont le degré et la nature seront fonction de la taille de l'association, de la source de ses financements (subvention, prêt bancaire, don etc.), et enfin de l'exercice, ou non, d'une activité lucrative.

[3] Ce « système d'autorégulation » correspond au label de qualité du Bureau central des œuvres de bienfaisance ZEWO, qui concerne 300 organisations environ. Pour aller plus loin sur cette question, voir notamment A. Davatz, « Le label ZEWO attribué aux organisations d'utilité publique : une contribution pour une meilleure transparence sur le marché du don en Suisse », *Annuaire suisse de politique de développement*, 23-2 | 2004, pp. 109-116.

[4] Les fonds de l'UE sont gérés selon des règles rigoureuses afin de garantir un strict contrôle de leur utilisation et de s'assurer qu'ils sont dépensés de façon transparente et responsable. Le groupe formé par les 28 commissaires européens est responsable en dernier ressort de la bonne utilisation de ces fonds. Toutefois, la plus grande partie des fonds étant gérée dans les pays bénéficiaires, ce sont les États membres qui sont chargés d'effectuer les contrôles et audits annuels.

[5] Le Conseil de l'Europe et les Nations Unies ne contrôlent pas à proprement parler la « correcte » utilisation des fonds internationaux par les ONG qui les perçoivent. En revanche, ils leur imposent certaines normes de qualité plus ou moins techniques, qui sont la contrepartie des aides reçues. Les ONG se montrent parfois méfiantes à leur égard, pensant qu'il s'agit d'un prétexte pour écarter les financements des finalités qu'ils doivent servir.

des pouvoirs publics et des particuliers. D'autres États pourraient s'en inspirer et mettre en place des pratiques analogues. Bien que les cas de malversations soient fort heureusement rares[1], il va sans dire que la réputation générale et le travail des ONG de solidarité sont en cause.

§II. LA SOCIÉTÉ CIVILE ET LES POUVOIRS PUBLICS : ENTRE INFLUENCE ET DÉPENDANCE RÉCIPROQUES

637. – Au sein de la gouvernance de l'alimentation, la société civile ne se contente pas uniquement de percevoir des fonds de la part des pouvoirs publics pour mener à bien ses objectifs. Nombreuses sont les associations et autres groupes d'influence qui s'engagent dans un processus de représentation des intérêts[2] lorsque la décision publique – qui est souvent politique – implique pour eux des enjeux. C'est là qu'intervient généralement le lobbying, en ce qu'il constitue *« une voie de participation offerte aux citoyens face à des décideurs en quête de médiation »*[3].

638. – Dans le domaine de l'alimentation, deux acteurs issus de la société civile vont particulièrement être attirés par l'influence : il y a d'une part les consommateurs, qui s'interrogent toujours sur la place qu'ils occupent dans le système agroalimentaire[4], mais aussi les citoyens eux-mêmes. Leur expression étant moins individuelle que celle des premiers, ils s'efforcent de plus en plus à interférer avec le cadre politique dans lequel ils existent.

639. – Par voie de conséquence, émergent de nouvelles attentes comme la « démocratie alimentaire », que certains universitaires pensent réalisable (A), ou encore la réappropriation de la place occupée par l'alimentation dans les sociétés occidentales – souhaitée par certaines associations de consommateurs (B).

---

[1] Ici, voir notamment F. Tassel, « La Cour des comptes épingle la Ligue contre le cancer. Le constat n'est cependant pas aussi accablant que celui portant sur l'ARC », *Libération*, 16 octobre 1999. Voir également K. Laske, « L'ARC : le silence de Crozemarie sur les millions détournés. L'enquête sur l'enrichissement personnel de l'ex-président est terminée. Sans avoir abordé les hypothèses politiques », *Libération*, 11 février1999.

[2] Voir notamment A. Vidal-Naquet, « Les acteurs de la participation : vers une institutionnalisation du lobbying ? », in P. de Montalivet (dir.), *Gouvernance et participation*, *op.cit.*, p. 141 et s.

[3] M. Clamen, *Manuel de lobbying*, éd. Dunod, 2005, p. 1.

[4] Ici, voir la synthèse de la table ronde « Quels principes pour un droit des consommateurs citoyens ? », à l'occasion des rencontres internationales du programme Lascaux « Penser une démocratie alimentaire » (25-27 novembre 2013).

A. L'AVÈNEMENT D'UNE « DÉMOCRATIE ALIMENTAIRE » EFFICACE ET TOLÉRABLE

640. – Penser une « démocratie alimentaire » à l'échelle locale, nationale et internationale, c'est avant toute chose *« penser un droit en-dehors du cadre étroit de la loi de l'offre et de la demande appliquée aux ressources naturelles, et en particulier à la terre et à l'eau »*[1]. Autrement dit, c'est penser un droit qui soit au service des États – et non plus seulement de la concurrence pour le marché[2] – avec le besoin fondamental de nourrir leurs populations.

641. – En ce sens, la « démocratie alimentaire » semble indissociable du concept classique de sécurité alimentaire, et le paraît encore plus de celui toujours controversé qu'est la souveraineté alimentaire[3]. Ses objectifs étant multiples – en ce qu'elle vise à rendre plus effectifs les droits fondamentaux, et tout particulièrement le droit à l'alimentation, mais aussi à rendre le commerce international plus équitable et profitable aux pays en développement –, son organisation ne pourra s'entrevoir qu'avec le concours d'instruments juridiques et de politiques publiques adaptés[4].

642. – Cela dit, d'importants obstacles d'ordre économique se dressent devant elle et freinent encore son adoption. Il s'agit bien sûr des règles provenant de l'OMC[5], qui empêchent les États d'intervenir comme ils le souhaitent sur les richesses produites à partir des ressources naturelles[6]. Il y a également la question des

---

[1] F. Collart Dutilleul, « Un nouvel horizon de recherche : les moyens juridiques d'un ajustement des ressources et des besoins alimentaires », *op.cit.*, p. 4.

[2] Voir tout particulièrement M. Mougeot et F. Naegelen, « La concurrence pour le marché », *La revue d'économie politique*, 2005/6, pp. 739-778.

[3] D. Rosenberg, *Le principe de souveraineté des États sur leurs ressources naturelles*, Paris, LGDJ, 1983 ; du même auteur, voir aussi « Quelques observations sur la souveraineté économique de l'État post-moderne », in Mélanges Jacques Chevallier et « La reconnaissance du droit des peuples à l'auto-détermination économique », in *L'Homme dans la société internationale*, Mélanges Paul Tavernier, Bruxelles, Bruylant, 2013, pp. 333-358.

[4] François Collart Dutilleul rappelle ainsi que la question de la démocratie alimentaire nécessite *« la recherche d'un encadrement juridique permettant la mise en œuvre d'une loi économique et sociale à définir, appelée « loi d'ajustement des ressources et des besoins » [...] »*. Ici, voir F. Collart Dutilleul, *op.cit.*, p. 4.

[5] Ces règles ne laissent qu'une marge de manœuvre très faible aux États qui voudraient réguler la circulation et la distribution des richesses produites au profit de leurs populations. Ici, voir notamment le rapport de l'OMC de 2010 sur le commerce mondial, et plus exactement sur le commerce des ressources naturelles.

[6] François Collart Dutilleul précise que : *« Les États ne peuvent freiner la libre circulation et le libre-échange des marchandises issues de ces ressources. Les États ne peuvent pas, sauf exceptions limitées, subventionner un produit, réglementer les prix, contingenter les importations et les exportations. Le mouvement actuel, qui privilégie les accords commerciaux bilatéraux plutôt que les accords multilatéraux, va d'ailleurs dans le même sens. Or lorsque ces richesses produites sont précisément celles dont dépend la sécurité alimentaire d'un pays, celui-ci est privé d'un moyen déterminant si une crise survient »* ; ici, voir

investissements étrangers, en considérable expansion depuis 2008-2009, qui conduisent vers l'extrême pauvreté des États disposant pourtant de ressources naturelles importantes.

643. – S'explique alors cette idée plus générale selon laquelle le commerce transnational ne prendrait pas suffisamment en considération le combat contre la faim et l'extrême pauvreté, alors que ces points sont déterminants en termes de sécurité alimentaire. À la vue de cette situation, il est donc impossible d'imposer une définition universelle de la notion de « besoins alimentaires »[1] par référence aux droits fondamentaux, comme l'ont constaté – non sans dépit – certains juristes[2].

644. – Pour autant, il n'est pas souhaitable d'abandonner la perspective de voir un jour la « démocratie alimentaire » se présenter comme une évidence pour nombre d'États et d'institutions supra-étatiques, tant son avènement engendrerait un renforcement des statuts du consommateur et du citoyen[3]. Les premiers bénéficieraient d'une meilleure transparence dans les relations de consommation, tandis que les seconds jouiraient d'une place consolidée dans les décisions de société.

645. – Plusieurs législations nécessaires à ces évolutions existent déjà, et pourraient servir d'exemple. Parmi celles-ci, figure notamment la loi sud-africaine de 1998 sur la concurrence[4]. Bon fonctionnement du marché et bien-être du consommateur sont simultanément visés par le droit de la concurrence[5], ce qui permet aux consommateurs citoyens de se pourvoir en justice contre les industriels qui usent de leur puissance d'achat pour obtenir des prix bas au détriment des petits producteurs. Ces consommateurs préfèrent payer plus cher des produits dont ils savent qu'ils font vivre l'agriculture locale.

646. – La « démocratie alimentaire » tendrait, elle aussi, à rééquilibrer les rapports de force entre les représentants des consommateurs[6] et les lobbies de l'industrie

---

F. Collart Dutilleul, « Un nouvel horizon de recherche : les moyens juridiques d'un ajustement des ressources et des besoins alimentaires », *op.cit.*, p. 6.

[1] François Collart Dutilleul pense qu'il est donc préférable de laisser aux États et aux institutions le soin de définir eux-mêmes les besoins à couvrir à travers leurs propres politiques relatives aux ressources naturelles. *Ibid.*, p. 10.

[2] Sont concernés les universitaires qui contribuent à la réalisation des ouvrages du Programme Lascaux. François Collart Dutilleul en fait bien évidemment partie, au même titre que Marie Cuq et Hugo Munoz.

[3] Sur cette question, voir notamment H. Munoz, « Quels principes pour un droit des consommateurs citoyens ? », in F. Collart Dutilleul (dir.), *Propositions Lascaux entre ressources naturelles et besoins élémentaires – Penser une démocratie alimentaire*, *op.cit.*, p. 446.

[4] Voir le chapitre 1, section 2, et plus précisément les §§ c), e) et f) de cette loi de 1998 sur la concurrence.

[5] Voir H. Munoz, « Quels principes pour un droit des consommateurs citoyens ? », *op.cit.*, p. 447.

[6] Contrairement aux idées reçues, rares sont les ONG qui représentent les consommateurs à Bruxelles. Parmi elles figure le Bureau européen des Unions de Consommateurs (BEUC), qui n'emploie que trois salariés sur les questions alimentaires.

alimentaires[1] en consacrant certains contre-pouvoirs relatifs à l'information sur les produits. Experts, militants et journalistes s'attèleraient ici à *« retracer l'histoire, l'origine et les conditions de production de l'aliment »*[2], pour mieux informer le consommateur. La législation y ayant trait dans l'Union européenne semble d'ores et déjà constituer les prémices de ces leviers démocratiques[3].

647. – Les principaux bénéficiaires de la « démocratie alimentaire » ont beau être les consommateurs, ces derniers n'en restent pas moins des citoyens. L'autre avantage que son avènement entraînerait se placerait donc du côté des rapports avec les pouvoirs publics. Les aides à la décision comme la pétition seraient alors généralisables et applicables à de nombreux secteurs – allant pourquoi pas de la simple demande d'information sur la qualité d'un fruit biologique à la demande de retrait d'une viande jugée trop rare[4]. Cette démocratie serait ainsi surtout participative.

648. – En conclusion, la « démocratie alimentaire » permettrait de nuancer ce paradigme qui consiste à faire de l'alimentation une marchandise ordinaire. Dans la mesure où ses choix *« peuvent avoir des répercussions à chaque échelon des filières »*[5], le consommateur mérite d'en être le principal acteur, surtout dans les pays en développement. Les partisans de cette « nouvelle forme » de démocratie estiment en effet que les gouvernements seraient bien inspirés s'ils ne les considéraient plus comme de simples mangeurs, mais bien comme des consommateurs citoyens à part entière.

649. – En amont de la chaîne agroalimentaire, un travail pourrait cette fois-ci être entrepris en matière d'accès aux ressources naturelles agricoles des petits paysans, sans quoi l'avènement d'un tel système serait incomplet, voire illégitime. Sans aller jusqu'à rompre leurs engagements commerciaux, les États pourraient consentir à les aménager davantage qu'ils ne le font actuellement.

---

[1] À Bruxelles, chaque secteur de l'industrie agroalimentaire possède son propre lobby, tout comme les grandes entreprises. Les professionnels de l'agroalimentaire – ou non – représentent tout de même 50 à 80% des groupes d'intérêt présents à Bruxelles sur un total de plus de 3 000 groupements.

[2] N. Lazaric et C. Bonnin, « Les limites de la surcharge informationnelle », in *Propositions Lascaux entre ressources naturelles et besoins alimentaires – Penser une démocratie alimentaire*, *op.cit.*, p. 451.

[3] Voir les développements traités *supra* sur la législation alimentaire en Union européenne, et plus exactement sur le règlement *Food Law* n° 178/2002 du 28 janvier 2002.

[4] Ici, voir notamment la question de la commercialisation du premier saumon génétiquement modifié aux États-Unis. L'Agence américaine de l'alimentation et du médicament (FDA) a autorisé sa mise en vente malgré une pétition signée par près d'un million d'internautes demandant de « stopper l'attaque du poisson Frankenstein ». La FDA aurait pu justement solliciter l'avis des Internautes avant de se prononcer sur sa commercialisation.

[5] C. Margetic, « Quels principes pour un droit des consommateurs citoyens ? », in *Propositions Lascaux entre ressources naturelles et besoins alimentaires – Penser une démocratie alimentaire*, *op.cit.*, p. 452.

650. – Face à la raréfaction des ressources naturelles et la fulgurante expansion démographique de la population mondiale prévue d'ici 2050[1], la « démocratie alimentaire » semble être une alternative tout à fait crédible pour ajuster les ressources naturelles aux besoins socio-économiques en général, et aux besoins alimentaires en particulier[2].

B. LE LOBBYING ALIMENTAIRE : L'EXEMPLE DES A.M.A.P. EN FRANCE

651. – Dans l'attente – probablement encore longue – d'un consensus des pouvoirs publics au sujet de la « démocratie alimentaire », de nombreux consommateurs se tournent vers l'alimentation « locale ». Un tel mode de consommation renverrait d'une part à la diversité des produits, des stratégies d'achat et des formes d'agriculture, mais traduirait surtout un véritable système de valeurs dans lequel tout citoyen est susceptible de se reconnaître.

652. – En France, les Associations pour le Maintien d'une Agriculture Paysanne (ci-après AMAP) sont connues pour lutter contre l'agriculture intensive et l'alimentation industrielle en inversant la relation classique « agriculteur-consommateur ». Suivant ce modèle, ce sont les acheteurs eux-mêmes qui vont démarcher les producteurs. À l'image de l'alimentation biologique, *« les AMAP sont donc l'expression d'un lien social et aussi l'expression d'une adhésion à un système de valeurs »*[3].

653. – Bien qu'elles ne révolutionnent pas le monde de l'agriculture, ces associations sont *« un espace où les citoyens peuvent se réapproprier la question de la place de l'alimentation dans nos sociétés, ce qui laisse à une économie plus solidaire et respectueuse de l'homme la possibilité de voir le jour »*[4]. Ici, la logique semble se rapprocher de l'alimentation équitable[5], que certains voient comme un remède à la faim dans le monde[6].

---

[1] Sur cette question, voir notamment R. Barroux, « La population mondiale atteindra 9,8 milliards d'habitants en 2050 », *Le Monde*, 22 juin 2017.
[2] Voir C. Margetic, « Quels principes pour un droit des consommateurs citoyens ? », *op.cit.*, p. 455.
[3] *Ibid.*, p. 453.
[4] M. David-Leroy et S. Girou, *AMAP – Association pour le Maintien d'une Agriculture Paysanne*, Dangles, 2009, pp. 9-10.
[5] L'alimentation équitable – également appelée alimentation durable – est une alimentation viable sur le plan économique et social, qui préserve l'environnement, la santé et la diversité culturelle.
[6] Sur cette question, voir notamment l'appel du collectif Opus Homini paru sur la plateforme en ligne « Passerelle Éco », du 9 janvier 2004.

654. – Comme de véritables lobbyistes, les membres des AMAP n'hésitent pas à faire valoir leur vision de l'alimentation auprès des collectivités locales et plus exactement des mairies des petites communes rurales aux abords desquelles ils résident. Être entendu pour être écouté reste pour eux la voie royale. S'ils veulent que les décideurs locaux comprennent leur cause et la défendent à leur tour, ils n'ont pas d'autre choix que d'inscrire leurs objectifs dans une stratégie générale de communication[1]. Plusieurs aspects entrent alors en ligne de compte.

655. – Puisque *« les lobbyistes travaillent par persuasion, et non par négociation »*[2], ils devront avant tout se faire connaître et préciser leur importance (tant social, sociétal, qu'économique), sans omettre d'indiquer les difficultés qu'ils rencontrent. C'est précisément selon cette technique que les AMAP ont en partie forgé leur image auprès des collectivités territoriales. Certains maires se sont montrés enclins à travailler de concert avec les AMAP après s'être laissés influencés par leurs discours.

656. – Le village du Séquestre, dans le Tarn, constitue sûrement l'un des exemples les plus significatifs en matière de gaspillage de la ressource en eau. C'est à la demande d'une AMAP que la commune s'est dotée d'un Agenda 21, véritable programme d'action environnemental[3], permettant la récupération de l'eau pluviale. Tous les habitants sont associés au suivi et à l'évaluation de ce plan d'action, puisque ce sont plus d'une dizaine de comités consultatifs qui se sont réunis depuis son lancement en 2005.

657. – Au Séquestre, la municipalité s'est donc associée au montage d'une AMAP. Le maire-citoyen[4] a par ailleurs instauré une tarification progressive de l'eau[5] et rendu gratuite la taxe d'assainissement. Il part du principe que l'eau constitue – avec l'alimentation – l'un des dix points essentiels que n'importe quelle collectivité *« doit pouvoir traiter pour répondre à une logique de besoin »*[6]. Ainsi, le permis de construire contraint à récupérer l'eau de pluie, tout comme l'inscription d'un enfant à l'éco-école du village oblige les parents à suivre un apprentissage sur le jardinage et la surconsommation alimentaire.

---

[1] Ici, voir notamment M. Clamen, *Manuel de lobbying*, *op.cit.*, p. 13.
[2] *Ibid.*, p. 15.
[3] Au Séquestre, la démarche d'Agenda 21 a permis de construire un véritable projet de territoire avec les habitants. Ce programme d'action, validé en 2005, couvre l'ensemble du champ d'action communal : création d'une zone d'aménagement concertée à haute qualité environnementale avec la récupération de l'eau pluviale.
[4] Le maire de Séquestre, Gérard Poujade, se qualifie lui-même comme tel. En tant que maire-citoyen, il essaye donc de *« créer du lien sur des objectifs en rapport avec l'Agenda 21 »*. Ici, voir M. David-Leroy et S. Girou, *AMAP – Association pour le Maintien d'une Agriculture Paysanne*, *op.cit.*, p. 44.
[5] Cette tarification progressive de l'eau est justement faite pour faire payer plus cher les grands consommateurs d'eau sur le territoire de la commune.
[6] Voir M. David-Leroy et S. Girou, *op.cit.*, p. 42.

658. – L'exemple du Séquestre montre à quel point l'échelle de la commune et de l'intercommunalité semble pertinente pour mettre en place un partenariat solidaire autour du problème de l'accessibilité à une meilleure alimentation. De façon plus générale, les « Amapiens » se sont emparés de la question de la souveraineté alimentaire en mesurant l'inadéquation de l'agriculture à leurs besoins alimentaires quotidiens.

659. – Remettant en cause les modes d'approvisionnement classiques, les AMAP contribuent à rendre aux consommateurs leur part de citoyenneté avec cet espoir que survive une petite paysannerie locale, au Nord comme au Sud. Plus encore, les AMAP s'affirment en alternative crédible aux modes actuels de la distribution, comme ce fut le cas avant avec les *teikei* japonais[1], les *food guilds* en Suisse[2] ou bien encore les *Community Supported Agriculture* (ci-après CSA) aux États-Unis[3].

660. – Tous ces modèles organisationnels alternatifs reposent sur des personnes et non sur du foncier ou de l'équipement. Ils ont beau être positionnés au cœur des échanges marchands, ils laissent *« une place importante à la convivialité »*[4], ce qui représente à n'en pas douter leur plus grande force. L'acte fondamental qui consiste à se nourrir est donc un puissant vecteur de lien social, d'entraide citoyenne et parfois de coopération avec les pouvoirs publics. Les investisseurs étrangers et les acteurs de l'OMC auraient tout intérêt à prendre au sérieux ce phénomène, s'ils ne veulent pas s'« attirer la foudre » des altermondialistes[5], ni que la faim devienne la première cause de migration dans le monde[6].

---

[1] Ce terme a été utilisé à partir du début des années 1970 pour caractériser des pratiques autour de la vente directe de produits fermiers. Des citadins s'organisent pour s'approvisionner en produits fermiers dont ils sont certains qu'ils sont bons pour la santé. La France partage par ailleurs avec le Japon une tendance hypermoderne de la quête de la nature à travers la campagne.

[2] Ces fermes communautaires sont apparues dans les années 1970 et furent une grande source d'inspiration pour des fermiers américains en visite en Europe.

[3] Les premières CSA sont apparues dans l'est des États-Unis en 1985. En 2005, plus de 1 100 CSA ont été recensées aux États-Unis, correspondant à plus de 270 000 foyers.

[4] Voir M. David-Leroy et S. Girou, *AMAP – Association pour le Maintien d'une Agriculture Paysanne*, *op.cit.*, p. 146.

[5] Sur cette question, voir notamment la campagne de plaidoyer d'Action contre la faim intitulée « G20, j'ai faim ! », menée en 2011.

[6] Voir notamment l'article intitulé « Pourquoi quittent-ils leur pays ? » *Voix d'Afrique*, n° 89.

Conclusion du titre premier

661. – Depuis la mise en place des Nations Unies, le droit de chaque être humain à se nourrir n'a jamais cessé de s'enrichir aux niveaux international et européen grâce à l'intervention d'un large système d'acteurs étatiques et à l'élaboration de mosaïques normatives qui l'autorisent et le produisent. Cette montée en puissance de la gouvernance mondiale alimentaire signe sûrement *« la démocratisation d'une action publique »*[1] devenue dépassée, pour ne pas dire impuissante, au plan national[2].

662. – La prééminence de cette gouvernance en-dehors des États paraît renforcée par l'essor d'acteurs non-étatiques dont l'influence ne cesse de croître en droit international. La solidarité internationale et l'action humanitaire se muent en d'inévitables sources d'application du droit à l'alimentation, tant son effectivité est recherchée et défendue par leurs nombreux protagonistes.

663. – Cela dit, restent encore à explorer certaines voies d'amélioration pour conduire l'actuel modèle vers l'exercice d'une « bonne gouvernance de l'alimentation » et donc l'adoption d'une « démocratie alimentaire » efficace et légitime. De toute évidence, la lutte contre la faim manque encore de volonté politique et d'importantes concessions économiques de la part des gouvernements nationaux, que les organisations internationales relayent[3].

664. – Si la mondialisation leur a fait prendre pleinement conscience des dangers qui pouvaient peser sur leur population en n'assurant pas plus activement le droit à l'alimentation qu'ils ne consentaient à le faire auparavant, celle-ci les empêche

---

[1] Selon Goulven Boudic, *« la multiplication du nombre d'acteurs, l'ouverture des systèmes de l'action publique à des régulations différentes signeraient en quelque sorte la démocratisation nécessaire de cette action publique »* ; ici, voir G. Boudic, « Gouvernance territoriale et participation. Un état des lieux », in Pierre de Montalivet (dir.), *Gouvernance et participation*, *op.cit.*, p. 46.

[2] Pour Goulven Boudic, *« il n'est plus possible, dans nos sociétés modernes, de gouverner comme avant, et ce constat ne vaut pas seulement pour l'État, il affecte l'ensemble des modes de gouvernement, qu'ils soient étatiques ou locaux »* ; *Ibid.* Patrick Le Galès fait quant à lui valoir que *« Le moment du gouvernement est clos, l'heure est à la gouvernance »* ; ici, voir P. Le Galès, « Du gouvernement des villes à la gouvernance urbaine », in *RFSP*, 1995, pp. 57-95.

[3] Mathilde Darras-Sadik précise que *« la faim est avant tout le résultat de choix politiques qui peuvent être modifiés »* ; ici, voir M. Darras-Sadik, *Nécessité d'une gouvernance mondiale alimentaire*, *op.cit.*, p. 7. Selon Olivier de Schutter, l'ancien rapporteur spécial des Nations Unies pour le droit à l'alimentation, *« La faim n'est pas une calamité naturelle »*. Ici, voir T. Nagant, « La faim n'est pas une fatalité », *RTBF*, 3 août 2009.

toujours d'anticiper certains phénomènes[1] et d'emprunter de manière plus convaincante le chemin du multilatéralisme.

665. – Tout cela laisse augurer d'un élément spécifique, à savoir qu'il faudra insister, comme le suggère déjà le discours de la bonne gouvernance, sur *« cette nécessité de faire participer les citoyens, les usagers, les consommateurs ou encore les professionnels aux décisions et aux politiques »*[2]. La société civile n'admettra jamais la légitimité d'une gouvernance alimentaire renouvelée si elle n'en perçoit pas les bénéfices, donc si elle en est tenue à l'écart.

---

[1] Parmi ces phénomènes figurent notamment la transversalité des problèmes liés à l'alimentation et la globalisation de l'industrie agroalimentaire. Ici, voir B. Clemenceau, « La gouvernance alimentaire mondiale : Les réponses et l'absence de réponses du droit international et du droit de l'Union européenne », *Revue européenne de droit de la consommation*, 2015/1, p. 105.

[2] Voir P. de Montalivet, « Gouvernance et participation. Propos introductifs », in Pierre de Montalivet (dir.), *Gouvernance et participation*, *op.cit.*, p. 3.

Titre second

Quel contenu pour le droit de chaque être humain à se nourrir avec le développement des biotechnologies alimentaires modernes et l'importance de l'élément hydrique ?

666. – Il va dorénavant s'agir de présenter les rouages de la gouvernance de l'alimentation à l'aune de cette ressource naturelle pour le moins essentielle qu'est l'eau et d'une problématique peut-être plus englobante tenant à ce qu'il convient d'appeler les « biotechnologies alimentaires »[1], que la présente thèse assimilera aux OGM. À titre liminaire, il semble important de préciser que ces questions sont interdépendantes et inextricablement liées tant elles ont trait au droit à l'auto-détermination des peuples, également connu sous l'appellation de droit des peuples à disposer d'eux-mêmes[2].

667. – L'intérêt d'étudier les instruments juridiques internationaux – ainsi que certains mécanismes en droit interne – afférant à l'alimentation en général, mais à l'eau et aux OGM en particulier, consistera dans un premier temps à entrevoir le degré d'autonomie des peuples à l'égard de leurs richesses et de leurs ressources naturelles. En vertu du droit positif des Nations Unies, les États et leurs populations doivent en effet jouir d'un libre-arbitre exclusif sur leurs biens, et cela peu importe qu'ils revêtent un caractère agricole ou hydrique.

668. – Assez vite, les fondations d'une authentique gouvernance interétatique de l'eau pourront donc s'entrevoir dans l'analyse puisque les sources

[1] Pour une présentation complète des biotechnologies alimentaires, voir notamment le rapport du département de sécurité sanitaire des aliments de l'OMS, « Biotechnologie alimentaire moderne, santé et développement : étude à partir d'exemples concrets », 2005, 99 pages.

[2] Si Lénine fût le premier à parler du droit des peuples à disposer d'eux-mêmes, Wilson – alors président des États-Unis – en parlera également dans son célèbre discours du 11 février 1918. D'après Georges Scelle, le principe du droit des peuples à disposer d'eux-mêmes *« repose sur la faculté conférée par le droit positif aux membres de groupements politiques de se constituer, de se détacher ou de s'unir à une autre communauté de leur choix »*. Ici, voir notamment G. Scelle, *Précis de droit des gens*, Sirey, 1932, p. 267 ; voir également Lenin, « *The right of Nations to Self-Determination* », in V.-I. Lenin, *Selecting Writings*, réédité par Greenword Press Publishers, Westport, 1977.

conventionnelles et les acteurs consacrant actuellement le droit à l'élément hydrique[1] aux niveaux mondial et régional n'ont sans aucun doute jamais été aussi nombreux, complémentaires et variés. À cela s'ajoutent bien sûr les précieux apports du droit interne, en raison notamment du rôle des constitutions nationales et d'un grand nombre de normes législatives audacieuses. Par suite, cet ensemble forme les moteurs contemporains du droit de l'homme à l'eau.

669. – Moins élaborées – car plus clivantes – sont en revanche les réponses qu'apportent les États face à l'agriculture conventionnelle. Confrontés à des *« bonds technologiques révolutionnaires »*[2], certains estiment que l'essor des OGM *« s'inscrit dans le cercle vertueux de l'accroissement de la productivité, de l'amélioration des niveaux de vie et de la croissance économique »*[3], quand d'autres n'y perçoivent qu'une *« accaparation du commerce des semences par des multinationales »*[4]. Dans ces conditions, il est encore difficile – mais pas impossible – de dessiner les contours d'une gouvernance interétatique en matière d'alimentation artificielle.

670. – En toute hypothèse, il apparaît indispensable de garantir la jouissance de l'eau et de la sécurité alimentaire aux populations sous peine de rendre parfaitement illusoire la jouissance de certains droits de l'homme, au titre desquels figure notamment le droit à l'alimentation. Cette ambition sera forcément périlleuse car la ressource hydrique et les biotechnologies modernes présentent l'inconvénient d'être à l'interface de nombreuses disciplines[5], ce qui explique sûrement leurs nombreuses ramifications en droit international et européen.

---

[1] Une difficulté résiderait dans l'appellation même du droit de l'homme à l'eau et à l'assainissement. Cette approche notionnelle rendrait, de l'avis de certains juristes, difficilement identifiable son contenu. Pensant que le droit à l'eau se limite à l'utilisation des cours d'eau par les États, ainsi qu'à la propriété – encore trop souvent souverainiste et exclusive –, ils privilégient le concept de droit de l'homme à l'élément hydrique, qui lui seul serait exempt de toute logique économique, et ainsi apte à *« quérir la consécration d'un nouveau droit de l'homme »*, qu'il soit collectif ou plus subjectif. Ici, voir F. Duhautoy, « Du droit de l'eau au droit à l'eau ? », in F. Collart Dutilleul (dir.), *Propositions Lascaux entre ressources naturelles et besoins élémentaires – Penser une démocratie alimentaire*, *op.cit.*, pp. 431-432.

[2] Les partisans des biotechnologies alimentaires pensent justement que ce *« bond technologique »* est à même de juguler la crise alimentaire mondiale. Ici, voir notamment J.-P. Sikeli, *Les biotechnologies modernes à l'épreuve des droits de l'homme : les OGM face à la question de la sécurité alimentaire : dilemme, controverse et contraste*, *op.cit.*, p. 2.

[3] C'est notamment le cas des États-Unis, du Brésil et de l'Argentine. En 2016, 98% de la superficie mondiale cultivée en OGM (185,1 millions d'hectares) se retrouvait dans seulement dix pays..

[4] J.-P. Sikeli, *op.cit.*, p. 3. Pour en savoir plus sur les arguments des « anti OGM », voir notamment ISP – Panel pour une science indépendante, « Plaidoyer en faveur d'un monde soutenable sans modification génétique », 66 pages.

[5] Parmi ces disciplines figurent notamment la sociologie, l'histoire, les sciences du vivant, l'éthique, la théologie, l'économie et la philosophie.

671. – Ce point amènera subséquemment à s'interroger sur les limites qu'imposent aux États certaines règles du droit international économique – émanant la plupart du temps de l'OMC – sur la gestion de leurs ressources naturelles, donc sur leur droit de s'auto-déterminer[1]. Les velléités lucratives et privées de certains acteurs non-étatiques seront par ailleurs scrutées en ce qu'elles peuvent potentiellement représenter des freins à la construction et à l'effectivité de plusieurs droits de l'homme[2]. N'échappant pas aux secteurs d'activité de nombreux professionnels, les OGM et la ressource en eau s'inscrivent à n'en pas douter dans cette thématique.

672. – Autrement dit, il faudra non seulement démontrer en quoi d'autres logiques, privées cette fois-ci, sont à même de contrecarrer la généralisation de la reconnaissance du droit à l'eau tant à l'intérieur qu'en-dehors des États[3], mais aussi déterminer le degré d'implication des investisseurs étrangers dans l'état de santé actuel de l'agriculture mondiale. C'est seulement alors que les outils de la gouvernance dévoileront leurs principales limites concernant la préservation des ressources naturelles.

673. – Le 28 juillet 2010, l'Assemblée générale des Nations Unies a adopté – presque à l'unanimité[4] – une résolution visant à ériger au rang de droit fondamental de l'homme le droit à l'eau et à l'assainissement. Si en théorie, un *« droit fondamental ne peut être subordonné à aucune condition économique »*[5], son exclusion initiale de la DUDH[6] a convaincu bon nombre de gouvernements qu'ils avaient à faire à un droit essentiellement économique, plutôt qu'à un véritable droit de l'homme, aussi certains ont-ils quelques difficultés à concevoir

---

[1] Sur cette question, voir notamment J.-M. Djossou, *L'Afrique, le GATT et l'OMC : entre territoires douaniers et régions commerciales*, L'Harmattan, 2000, 263 pages.

[2] Ici, voir tout particulièrement J. Ziegler, *L'Empire de la honte*, Fayard, 9 mars 2005.

[3] De nombreux États – développés ou en voie de le devenir – sont dotés de constitutions nationales et de normes législatives dynamiques et innovantes en matière de droit à l'eau. Pour aller plus loin sur ce point, voir notamment H. Smets, « Le droit de l'homme à l'eau et à l'assainissement est finalement reconnu », *Revue juridique de l'environnement*, Lavoisier, 2011/1, pp. 79-89.

[4] Selon Henri Smets, il ne reste plus que le Royaume-Uni pour contester le droit à l'assainissement comme un droit de l'homme. Même les États-Unis ont opté pour sa reconnaissance au Conseil des Nations Unies en 2010, alors qu'ils s'y étaient opposés pendant longtemps. Ici, voir H. Smets, « Le droit de l'homme à l'eau et à l'assainissement est finalement reconnu », *op.cit.*, pp. 79-89.

[5] B. Drobenko, *L'essentiel du Droit de l'eau*, Gualino, 2e édition, 2013, p. 110.

[6] Avec la résolution n° 64/292 du 28 juillet 2010, les Nations Unies ont reconnu nommément le droit à l'eau pour la toute première fois. Avant cela, elles ne le faisaient que par le biais du « droit à un niveau de vie suffisant » et du « droit d'être à l'abri de la faim », prévus à l'article 11§§1 et 2 du PIDESC de 1966 (le « droit à un niveau de vie suffisant » était également prévu à l'article 25§1 de la DUDH de 1948). Ce dernier doit être considéré comme un « droit frontière » dans la mesure où il couvre à la fois le droit à la vie et à la santé, mais aussi le droit à l'alimentation – ainsi que la notion même de « dignité de la personne humaine ». L'indivisibilité et l'interdépendance des droits de l'homme que promouvaient les rédacteurs de cet acte juridique international expliquent certainement ce manque d'exhaustivité.

que des populations puissent désormais faire pression sur eux pour s'en prévaloir[1]. Ces réticences avalisent certainement la logique marchande d'opérateurs économiques peu respectueux des droits de l'homme.

674. – Il faudra pourtant qu'ils s'y accommodent, quitte à ce que cela prenne encore quelques années, car ce sont eux, et cela bien plus que les organisations internationales et les acteurs non-étatiques, les principaux artisans de sa justiciabilité. À une époque où sept personnes décèdent par minute à cause de l'eau insalubre[2], où 884 millions sont toujours privées d'accès à une eau potable et où 2,5 milliards se trouvent sans installations sanitaires de base, il se pourrait que la formule de Saint Exupéry d'après laquelle *« l'eau n'est pas nécessaire à la vie, elle est la vie »* n'ait jamais autant donné la mesure des enjeux tout au moins polyvalents que soulève le droit à l'eau et à l'assainissement.

675. – La dialectique « OGM / sécurité alimentaire » mise en avant par certains auteurs[3] présente elle aussi des incertitudes, dans la mesure où la notion même de sécurité alimentaire n'apparaît nulle part dans les textes juridiques contraignants sur la scène internationale, que cela soit de manière expresse ou tacite. En tant que droit socio-économique, ce concept est pourtant lié à la bonne gouvernance et à l'attention portée aux plus vulnérables. Dès lors, il faudra vérifier si les consécrations juridiques officielles dont jouissent les droits à l'eau et à l'alimentation ne pourraient pas bénéficier, ne serait-ce que par ricochet, au développement humain que promeut la sécurité alimentaire.

676. – N'étant en rien détachables des politiques agroalimentaires et de la ressource hydrique, le droit de l'environnement au sens large, et plus encore avec le droit à un environnement sain, pourront livrer certaines clés de lecture communes aux zones d'ombre sus-évoquées. Après tout, l'eau et les OGM se présentent bien comme des composantes écologiques du cadre de vie de l'homme. Ils peuvent donc être perçus *« sous l'angle des interactions entre les activités humaines et le milieu naturel, qu'il soit à la fois physique, chimique ou biologique »*[4].

---

[1] J.-M. Olaka, *Le droit à l'eau*, th., droit public, Université Jean Moulin Lyon-III, 2008., p. 179.

[2] Voir le rapport sur l'eau, l'assainissement et l'hygiène de l'Organisation mondiale de la santé publié le 12 juillet 2017 ; voir également « Sept morts par minute dans le monde à cause de l'eau insalubre », in *20 minutes*, 13 septembre 2014 et A. Boinet, « L'eau insalubre : ennemi public n° 1 dans le monde », *Le Monde idées*, 13 mars 2012.

[3] Ici, voir notamment J.-P. Sikeli, *Les biotechnologies modernes à l'épreuve des droits de l'homme : les OGM face à la question de la sécurité alimentaire : dilemme, controverse et contraste*, *op.cit.*, pp. 1-7.

[4] C.-Y. Eide, *Le droit et les politiques de l'environnement dans les pays du bassin méditerranéen : approche de droit environnemental comparé*, *op.cit.*, p. 12.

677. – De plus et surtout, le droit environnemental a l'avantage d'être, au même titre d'ailleurs que le droit alimentaire[1], *« un droit qui existe, mais qui se façonne encore et toujours »*[2]. Envisager leurs voies d'amélioration en ne les scindant pas, mais en les imbriquant dès que possible, pourrait certainement augurer d'un horizon plus propice à l'éradication de la faim et de l'extrême pauvreté dans le monde. Il en va également, à plus court terme, de la capacité personnelle des individus à s'épanouir par le travail, les loisirs et la vie de famille.

678. – Le cheminement d'une telle démonstration revient finalement à défendre l'interdépendance et l'indivisibilité des droits de l'homme[3], ou plus exactement des « droits vitaux »[4], au nombre desquels figurent des droits-créances[5] – comme les droits à la vie, à la santé, à l'environnement, à la protection sociale et au travail –, mais aussi des droits-libertés[6] – tels que les droits à l'eau et à l'alimentation. Le second titre de cette thèse portera donc sur l'indissociabilité des domaines alimentaires et hydriques à l'aune de la gouvernance, mais n'omettra surtout pas d'évoquer l'importance qu'ont d'autres droits fondamentaux dans leur développement.

679. – Au vu de tous ces éléments, il n'est pas sans intérêt d'entrevoir le décalage entre les nombreux acquis des droits à l'eau et à l'environnement en droit international et européen des droits de l'homme et les dangers que font – ou peuvent faire – peser sur leur essor certains intérêts lucratifs et privés qui persistent essentiellement en droit international économique. Pour d'évidentes raisons de clarté, une présentation du droit de l'homme à l'eau et à l'assainissement sera envisagée (chapitre 1) avant l'étude des « biotechnologies alimentaires » à proprement parler (chapitre 2). La qualité d'une telle démarche résidera dans le traitement le plus exhaustif possible des composantes du droit à l'alimentation.

---

[1] Le droit alimentaire peut s'entendre comme un droit qui regrouperait à la fois le droit à l'eau et à l'alimentation, mais aussi le droit des OGM et une part importante du droit à un environnement sain.

[2] C.-Y. Eide, *op.cit.*, p. 13.

[3] Sur la question de l'universalité et de l'interdépendance des droits de l'homme que promeuvent la DUDH de 1948 et le PIDESC de 1966, voir notamment M.-J. Redor-Fichot, « L'indivisibilité des droits de l'homme », in *Centre de recherche sur les droits fondamentaux et les évolutions du droit (CRDFED)*, n° 7, 2009, pp. 75-86.

[4] Ici, voir notamment J. Dhommeaux, « Le noyau dur des droits de l'homme et la société démocratique en droit international des droits de l'homme », *Annuaire international des droits de l'homme*, 2007, pp. 35-90.

[5] Pour une présentation générale des droits-créances, voir tout particulièrement L. Gay, *Les « droits-créances » constitutionnels*, *op.cit.*, pp. 1-26.

[6] Pour une présentation plus générale des droits-libertés, voir tout particulièrement P. de Montalivet, *Les objectifs de valeur constitutionnelle*, Dalloz, 2006, pp. 242-243.

Chapitre I. Les différentes logiques du nouveau droit de l'homme à l'eau et à l'assainissement

680. – Les nombreuses déclarations officielles et débats parlementaires qui ont précédé, accompagné et donné suite à l'adoption, par l'Assemblée générale des Nations Unies, de la résolution n° 64/292 le 28 juillet 2010 – laquelle érige au rang de droit de l'homme le droit à l'eau et à l'assainissement – sont (presque) tous unanimes[1] : il s'agit là d'une *« décision historique »*[2]. Avec elle, la lutte contre la première cause de mortalité au monde devient l'une des priorités des États qui ont une ambition démocratique, en ce qu'ils doivent désormais *« essayer de se donner les moyens, ou bien de structurer leur organisation, pour répondre à cette attente »*[3]. Néanmoins, cette solution – aussi nécessaire et attendue qu'elle puisse paraître – ne semble que symbolique en raison de son caractère non contraignant[4]. En n'endiguant toujours pas les obstacles du droit à l'eau que sont principalement les usages agricoles et l'urbanisation intensive, l'Or bleu[5] reste cantonné au rang d'un droit de l'homme difficilement identifiable et faiblement autonome. S'ajoutent par ailleurs des logiques marchandes et souverainistes encore prégnantes dans les accords conventionnels sur l'eau. Cette prévalence accrue du « propriaritarisme » au détriment du droit à l'eau est aussi très marquée au sein même des droits nationaux, bien qu'ils œuvrent, et cela de plus en plus, en faveur de sa reconnaissance[6].

681. – Variées paraissent donc les zones d'ombre qui entourent ce droit *« éminemment important »*[7] qu'est devenu celui de l'« accès à l'élément hydrique ». Bénéficiant pourtant d'un soutien universel, il reste certainement encore beaucoup à faire pour que ce droit fondamental devienne effectif. En effet,

[1] Comme sus-évoqué, il ne reste plus que le Royaume-Uni pour contester la légitimité de la reconnaissance du droit de l'homme à l'assainissement. Même les États-Unis, qui s'y étaient pourtant opposés au départ, l'ont finalement reconnu. Quant à l'adoption de la résolution n° 64/292 à proprement parler, aucun État membre des Nations Unies ne s'y est opposé. Seules 41 abstentions sont à signaler.

[2] Ici, voir en particulier « L'accès à l'eau potable devient un droit de l'homme », *Le Monde*, 29 juillet 2010. Cet article recueille les propos de Chantal Jouanno, alors secrétaire d'État à l'écologie.

[3] *Ibid.*

[4] Sur cette question, voir notamment H. Smets, « Le droit de l'homme à l'eau et à l'assainissement est finalement reconnu », *op.cit.*, pp. 79-89.

[5] Voir « Ruée vers l'Or bleu », in *Le Monde diplomatique*, mars 2005, p. 16. Cet article rappelle en effet que si *« environ 1,4 milliards de personnes sont privées d'eau potable, énormément d'autres en gaspillent »*.

[6] De nombreux pays ont reconnu le droit à l'eau dans leur législation. C'est notamment le cas de l'Argentine, du Brésil, du Cameroun, de l'Equateur, de la France, du Honduras, du Luxembourg, du Mexique, du Nicaragua, du Niger, du Royaume-Uni, du Sénégal, de l'Uruguay ou encore du Venezuela.

[7] H. Smets, « Le droit de l'homme à l'eau et à l'assainissement est finalement reconnu », *Revue juridique de l'environnement*, *op.cit.*

l'apparition de besoins à caractère culturel et social[1], et l'accroissement de ceux de nature agricole et industrielle semblent à eux seuls pouvoir empêcher, ou tout du moins ralentir sa réalisation tant à l'intérieur qu'en-dehors des États. Dans ce contexte, il n'est pas sans intérêt d'entrevoir le décalage entre les nombreux acquis du droit de l'homme à l'eau et à l'assainissement aux niveaux mondial, régional et national (section 1) et les dangers que font peser sur son essor certains intérêts lucratifs et privés qui persistent essentiellement en droit international (section 2).

Section I. LES SOURCES ET LES ACTEURS DU DROIT DE L'HOMME À L'EAU ET À L'ASSAINISSEMENT

682. – Les constitutions nationales les plus récentes[2] ont la particularité d'avoir été les premières à se préoccuper de la reconnaissance explicite, par le droit situé le plus en haut de la hiérarchie des normes, des questions environnementales et hydriques[3]. Cet élan, qu'il est plutôt préférable de dater au milieu des années 1970[4], sera ensuite suivi, à des rythmes variables et progressifs, par un grand nombre de parlements nationaux.

683. – Le droit à l'eau est également reconnu dans certaines conventions multilatérales à objet spécial, dans certaines chartes régionales de protection des droits de l'homme ainsi que dans de nombreuses résolutions internationales[5]. Cela dit, et c'est là l'une de leurs principales spécificités, c'est souvent par le truchement d'autres droits qu'elles se sont efforcées de le consacrer en consolidant sa normativité au niveau supra-étatique.

684. – La gestion alternative que proposent – malgré leur morcellement – les institutions œuvrant pour que soient trouvées des solutions adéquates et appropriées à chaque situation en formulant pour cela des observations, des propositions et des recommandations semble aussi avoir été privilégiée par les États tant le recours à leur expertise et à leur savoir-faire s'est peu à peu

---

[1] Parmi les nouveaux besoins culturels et sociaux figurent la navigation de plaisance, les sports aquatiques, mais aussi les loisirs et les promenades.

[2] Ici, voir notamment E. Cartier, « Les petites constitutions : contribution à l'analyse du droit constitutionnel transitoire » *Revue française de droit constitutionnel*, 2007/3 (n° 71), pp. 513-534. Voir également Y.-E. Fauré, « Les constitutions et l'exercice du pouvoir en Afrique noire – Pour une lecture différente des textes », *Politique Africaine*, n° 1, 1981, pp. 34-52.

[3] J.-M. Olaka, Le droit à l'eau, *op.cit.*, p. 156.

[4] *Ibid.*

[5] À ces instruments juridiques internationaux s'ajoutent aussi des déclarations d'élus et la jurisprudence parfois avant-gardiste de certaines cours régionales de protection des droits de l'homme, lesquelles seront étudiées *infra*.

démocratisé là où siègent les centres de décision[1]. Ce constat peut d'ailleurs être transposé à la situation des acteurs non-étatiques toujours avides de participation[2], telles qu'en témoignent les contributions de l'Église catholique[3] voire le soutien de certaines grandes entreprises du secteur de l'eau[4].

685. – Comme dans le domaine du droit à l'alimentation, l'*« univers aussi indéterminé que diversifié de la gouvernance conduit donc les juristes à mener des investigations hors des limites traditionnelles du champ du droit »*[5]. C'est la raison pour laquelle cette partie sur l'eau s'évertuera malgré tout de *« faire tenir dans une catégorie commune à la fois des pratiques et des comportements mais aussi et surtout des systèmes décisionnels dont le rassemblement n'a rien d'une évidente simplicité »*[6]. Alors seulement les mécanismes de pouvoir afficheront toutes leurs capacités à rendre ce nouveau de l'homme effectif.

686. – Dans la hiérarchie des normes, le droit interne prime en principe le droit international. Cela dit, nombreuses sont les normes à valeur constitutionnelle qui prescrivent aux autorités juridiques et administratives d'un État donné d'agir conformément au droit international[7]. Ces accointances entre les systèmes juridiques étant multiples en matière hydrique, il n'est donc pas sans intérêt d'adjoindre à l'énumération des fondements normatifs – et parfois

---

[1] Quant à la question des interactions qu'entretiennent entre eux les centres de décision, et tout particulièrement en France et Europe, voir notamment le Rapport du Conseil d'État, « Le système de décision de l'Union européenne : Quelles influences et quelles stratégies pour l'administration française ? », *Question d'Europe*, n° 56, 2 avril 2007.

[2] Sur ce point, voir notamment P. de Montalivet, « Gouvernance et participation. Propos introductifs », in P. de Montalivet (dir.), *Gouvernance et participation*, *op.cit.*, pp. 10-12.

[3] L'Église catholique (1,1 milliard de baptisés) soutient le droit à l'eau. À l'occasion de l'exposition internationale de Saragosse en 2008, le Pape a exposé que *« en ce qui concerne le droit à l'eau, il faut souligner qu'il s'agit d'un droit qui a son fondement dans la dignité de la personne humaine »*. Dans la lettre encyclique « Caritas in Veritae » de 2009, le Pape Benoît XVI a par ailleurs rappelé que *« Le droit à l'alimentation, de même que le droit à l'eau revêtent un rôle important pour l'acquisition d'autres droit, en commençant avant tout par le droit fondamental à la vie. Il est donc nécessaire que se forme une conscience solidaire qui considère l'alimentation et l'accès à l'eau comme droits universels de tous les êtres humains, sans distinction ni discrimination »*.

[4] « AquaFed » soutient par exemple le droit à l'eau et à l'assainissement comme droit fondamental de l'homme.

[5] J. Caillosse, « Gouvernance et participation : quelle synthèse ? », in P. de Montalivet (dir.), *Gouvernance et participation*, *op.cit.*, pp. 232-233.

[6] *Ibid.*

[7] En France, cf. notamment l'article 88-1 de la Constitution du 4 octobre 1958. Cet article a été introduit par la révision constitutionnelle du 25 juin 1992. Il fallait modifier la Constitution pour permettre la ratification du Traité de Maastricht, dont le Conseil constitutionnel avait déclaré qu'il était en partie inconstitutionnel. Cet article sera par la suite modifié pour permettre la ratification du Traité de Lisbonne en 2008. Ce qui est fondamental dans cet article, c'est l'expression « participe à l'Union européenne ». De fait, la transposition des directives dans les délais qu'elles impartissent par l'État français y contribue. Transposer « exactement » et « entièrement » les directives eu égard aux objectifs qu'elles définissent y participe également. La logique est la même concernant le respect du principe d'effet direct et du principe de primauté.

complémentaires – du droit à l'eau (§I) toute l'importance des acteurs institutionnels et/ou non-gouvernementaux dans leur affermissement (§II). Cette démarche aura l'avantage de mettre en exergue les potentialités d'un tel droit[1] tant à l'intérieur qu'à l'extérieur des frontières nationales.

§I. L'EXISTENCE D'ABONDANTES SOURCES FORMELLES AUX NIVEAUX MONDIAL, RÉGIONAL ET NATIONAL

687. – Précédemment à la reconnaissance explicite du droit de l'homme à l'eau et à l'assainissement par les Nations Unies en 2010, les experts mondiaux avaient tendance, et cela depuis les années 1960, à considérer l'élément hydrique en tant qu'authentique « bien d'environnement »[2]. Aussi avaient-ils pris soin de signaler aux États l'impérieuse nécessité qu'il y avait de ranger le droit à l'eau en particulier, et le droit à l'environnement en général, parmi les droits de l'homme[3]. Ce n'est en rien une surprise dans la mesure où ces droits constituent, en raison notamment de leur universalité, mais aussi de leur indissociabilité et surtout de leur interdépendance avec d'autres droits fondamentaux, une véritable mosaïque[4]. À cet égard, les conventions multilatérales adoptées depuis lors sont tout à fait parlantes.

688. – Ont certainement renforcé cette logique les nombreuses recommandations internationales qui se sont multipliées tout au long des années 1990 et auxquelles se sont adjointes certaines déclarations d'élus[5] ainsi que la jurisprudence parfois avant-gardiste – pour ne pas dire « prédictive » – de certaines cours

[1] L'assainissement s'entendra non pas comme l'ensemble des techniques d'évacuation et d'épuration des eaux usées – car le rejet de l'eau dépolluée dans le milieu naturel n'intéresse pas le consommateur – mais comme les « traitements de potabilisation », à savoir ceux qui ont pour fonction de transformer les eaux prélevées dans le milieu naturel en eau potable.

[2] Sur cette question, voir notamment J.-M. Olaka, *Le droit à l'eau*, *op.cit.*, p. 8.

[3] *Ibid.*, p. 4.

[4] Ici, voir tout particulièrement R. Romi, *Droit et administration de l'environnement*, Montchrestien, 1999, p. 6.

[5] Dans une résolution du 12 mars 2009, le Parlement européen a déclaré que *« L'accès à l'eau potable devait être un droit fondamental et universel »* ; en mars 2009, le Président de l'Assemblée parlementaire du Conseil de l'Europe, Lluis Maria de Puig, a indiqué que l'accès à l'eau doit être reconnu comme un droit fondamental. Lors de la Conférence régionale sur la session méditerranéenne du 5e Forum mondial de l'eau, tenue à Tunis le 15 janvier 2009, les participants ont estimé que : *« L'eau est un bien public et l'accès à une quantité minimum d'eau potable est un droit de l'homme étroitement lié à la dignité humaine »*. En mars 2009, les parlementaires des différents pays présents au 5e Forum mondial de l'eau ont adopté une déclaration d'après laquelle ils considèrent que : *« Le droit à l'eau et à l'assainissement doit être reconnu comme un droit de l'homme »*. Ils ont par ailleurs invité les parlements nationaux à adopter des législations qui reconnaissent le droit à l'eau.

constitutionnelles et de la CEDH[1]. Quant aux textes suprêmes dans l'ordre interne et aux sources du droit qui leur sont assujetties, maintes sont les dispositions ayant soit introduit, soit reproduit ce cheminement juridique.

689. – Dès lors, il convient d'étudier dans un premier temps l'impact du droit conventionnel – donc du droit international – et des déclarations officielles sur l'essor du droit à l'eau, avec en point d'orgue la résolution n° 64/292 (A). Cette analyse pourra ensuite s'orienter vers la reconnaissance d'un tel droit au niveau régional (B) et enfin porter sur ses équivalences au sein des États (C).

A. DES RÉFÉRENCES CONTRADICTOIRES EN DROIT INTERNATIONAL

690. – S'il existe aujourd'hui *« une grande convergence en faveur du droit à l'eau dans toutes les parties du monde »*[2], c'est principalement le fait des États. En précisant publiquement et solennellement leur intention de consacrer le droit à l'eau à travers de nombreuses déclarations symboliques, ils ont par la même occasion démontré leur volonté de voir le droit international prendre le relais de leurs ambitions politiques. En réalité, ce relais est déjà en partie assuré par plusieurs conventions multilatérales à objet spécial (1), mais ne va pas aussi loin que la plupart des résolutions internationales actuelles (2).

1. Le caractère paradoxal des instruments conventionnels spéciaux

691. – Sur la scène internationale, les instruments conventionnels contraignants ne prévoient souvent l'existence d'un droit à l'eau qu'à travers la protection de certaines catégories de la population jugées vulnérables, comme les femmes et les enfants, mais aussi les handicapés. Cette individualisation des politiques publiques dans les domaines sanitaire et social *« repose en réalité moins sur une conception de l'individu isolé et coupé des autres – donc dénués de toute attache*

---

[1] La CEDH a évoqué dans sa jurisprudence la question du droit à l'eau et à l'assainissement alors que ce droit ne figure ni dans le texte de 1950 ni dans ses protocoles additionnels. Cf. notamment l'affaire *Kadikis c/ Lettonie* (n° 62393/00) dans laquelle le juge européen estime que l'absence d'eau potable dans la cellule du requérant était constitutive d'un traitement inhumain et dégradant. C'est également le cas dans l'affaire *Marian Stoicescu c/ Roumanie* (n° 12934/02) où ici, un détenu a été contraint d'utiliser une eau impropre à la consommation. Très connue est aussi l'affaire « *Government of the Republic of South Africa and Others v Grootboom and others* » de la Cour constitutionnelle d'Afrique du Sud en date du 4 octobre 2000. Cette affaire est devenue un cas de référence dans la lutte pour la justiciabilité des droits économiques, sociaux et culturels en général, et des droits à l'eau et à l'alimentation en particulier.

[2] H. Smets, « Le droit de l'homme à l'eau et à l'assainissement est finalement reconnu », *Revue juridique de l'environnement, op.cit.*

sociale – que sur la situation de vulnérabilité à proprement parler »[1], ce qui peut parfaitement s'entendre en matière d'accès à l'eau.

692. – C'est précisément le cas des conventions relatives aux droits de l'enfant et à l'élimination de toutes les formes de discrimination à l'égard des femmes puisqu'elles n'envisagent le droit à l'eau qu'à l'aune du droit à la santé[2] et du droit de *« bénéficier de conditions de vie convenables »*[3]. Sans les mentionner, elles visent par ailleurs les droits à la vie et à l'alimentation, qui concourent également à la sauvegarde de la dignité de la personne humaine[4].

693. – La logique reste inchangée concernant celle relative aux droits des personnes handicapées, puisqu'elle ne consacre le droit à l'eau qu'à travers le droit à la protection sociale[5]. Ce faisant, ces outils juridiques internationaux ne participent qu'indirectement à l'identification du droit à l'eau, ce qui ne semble pas suffisant pour renforcer son effectivité auprès des juridictions compétentes et spécialisées.

694. – En réalité, la plupart des instruments conventionnels ne font, en droit positif, qu'indirectement allusion au droit à l'eau par le truchement d'autres « droits vitaux ». Sans grande surprise, ce manque d'autonomie restreint considérablement son opposabilité auprès des cours régionales de protection des droits de l'homme et des juridictions spécialisées en lien avec les Nations Unies telle que la Cour pénale internationale.

695. – À défaut d'entrevoir une « gouvernance mondiale de l'eau », qui emprunterait les voies de la bonne gouvernance, comme il est possible de le souhaiter en matière de droit à l'alimentation[6], une partie de la doctrine propose donc l'adoption d'une convention-cadre qui viendrait formaliser à l'intérieur d'un seul et même document les nombreux textes portant sur la reconnaissance des

---

[1] Ici, voir la communication de juin 2009 de Céline Borelle aux Journées Jeune Recherche « Regards croisés sur la vulnérabilité » intitulée « Penser la vulnérabilité entre les cas et les catégories ».

[2] L'article 24§1 de la Convention relative aux droits de l'enfant dispose en effet que : *« les enfants ont droit à la protection et aux soins nécessaires à leur bien-être [...] »*.

[3] L'article 14§2 h) de la Convention sur l'élimination de toutes les formes de discriminations à l'égard des femmes précise que les États parties assurent notamment aux femmes le droit *« de bénéficier de conditions de vie convenables, notamment en ce qui concerne le logement, l'assainissement, l'approvisionnement en électricité et en eau, les transports et les communications »*.

[4] Ici, voir notamment P. Ibanda Kabaka, *Les principales interactions entre le droit à l'alimentation et les autres droits fondamentaux*, 2016.

[5] L'article 28§2 a) de la Convention relative aux droits des personnes handicapées précise que les États parties s'engagent à *« assurer aux personnes handicapées l'égalité d'accès aux services d'eau salubre et leur assurer l'accès à des services, appareils et accessoires et autres aides répondant aux besoins créés par leur handicap qui soient appropriés et abordables »*.

[6] B. Clemenceau, « La gouvernance alimentaire mondiale : les réponses et l'absence de réponses du droit international et du droit de l'Union européenne », *op.cit.*, pp. 91-106.

droits fondamentaux liés à l'eau[1]. Pour ces spécialistes, il s'agirait avant tout d'une *« avancée sémantique »*[2] absolument souhaitable et réalisable.

696. – En conclusion, cette fois-ci, les conventions multilatérales à objet spécial ont beau défendre l'interdépendance et l'universalité des droits de l'homme en faisant référence, même indirectement, aux droits à l'eau et/ou à l'alimentation dans le cadre de leurs dispositions, toujours est-il que cette logique (au passage fort louable, cela va sans dire) ne renforce absolument pas leur effectivité. Ce manque de reconnaissance explicite, dont les conséquences jurisprudentielles paraissent évidentes, va selon toute vraisemblance à l'encontre des déclarations officielles qui militent, et cela de plus en plus, de façon plutôt unanime en faveur de la consécration des droits susmentionnés, et plus exactement du droit à l'eau.

2. Le soutien pourtant unanime affiché dans les déclarations internationales

697. – L'Union européenne s'est faite remarquer lors du 4e Forum mondial de l'eau tenu à Mexico en 2006[3] en déclarant que *« les obligations en matière de droits de l'homme relatives à l'accès à l'eau potable et à l'assainissement sont étroitement liées aux droits de l'homme tels que le droit au logement, à l'alimentation et à la santé »*[4]. Ce n'est d'ailleurs pas tout, puisque les représentants européens ont ajouté que *« le droit de l'homme à l'eau fait partie intégrante du droit à un niveau de vie suffisant et il est étroitement lié à la dignité humaine »*[5].

698. – Les ministres responsables de l'aménagement du territoire des quarante-sept États membres du Conseil de l'Europe ont eux aussi, en juillet 2010, affiché leur soutien unanime en faveur du droit à l'eau. Ils ont pour cela pris une résolution par laquelle ils précisent qu'*« il conviendrait de reconnaître à toute personne le droit d'accès aux services essentiels pour mener une vie décente dans une société développée »*[6]. Cette déclaration est intéressante puisque l'eau et l'assainissement sont cités comme des services essentiels[7].

699. – En Asie et dans le Pacifique cette fois-ci, les représentants officiels de trente-six États ont adopté en décembre 2007 une déclaration plus connue sous le

---

[1] Voir J.-M. Olaka, *Le droit à l'eau*, *op.cit.*, p. 142.
[2] *Ibid.*
[3] D. Zimmer et C. Herrera, *Synthèse du 4e Forum mondial de l'eau*, World Water Council and the Secretariat of the 4th World Water Forum, août 2006, 131 pages.
[4] *Ibid.*
[5] *Ibid.*
[6] Il s'agit d'une résolution relative à la contribution des services essentiels à un aménagement durable des territoires du continent européen.
[7] *Ibid.*

nom de « message de Beppu »[1] par laquelle ils reconnaissent *« les droits des individus à une eau saine et à des installations sanitaires de base comme de basiques droits de l'homme et comme un aspect fondamental de la survie humaine »*[2].

700. – En novembre 2008, les représentants des États d'Asie ont également adopté la Déclaration de Delhi, lors du Sommet SACOSAN III relatif à l'assainissement pour la dignité et la santé[3], par laquelle les délégations afghane, bangladeshi, bhoutanaise, indienne, maldivienne, népalaise, pakistanaise et sri lankaise ont reconnu que *« l'accès à des installations sanitaires de base et à l'eau potable étaient des droits de l'homme »* et que *« l'assainissement en lui-même devait impérativement constituer une priorité nationale »*[4].

701. – En novembre 2006, les États africains et sud-américains[5] ont quant à eux adopté la Déclaration d'Abuja lors du premier Sommet Amérique du Sud – Afrique[6], par laquelle leurs représentants se sont engagés à promouvoir le droit de leurs citoyens d'avoir un accès à une eau potable et à des installations sanitaires de base à l'intérieur de leurs juridictions respectives.

702. – Enfin, le mouvement des pays non-alignés[7] s'est lui aussi prononcé en faveur de l'essor du droit à l'eau, puisqu'en septembre 2006, plus de cent dix-huit

---

[1] Beppu est une ville du Japon située dans la préfecture d'Ōita sur l'île de Kyūshū. Ce message a été adopté par les représentants officiels des États suivants : Arménie, Australie, Azerbaïdjan, Bhoutan, Brunei, Cambodge, Chine, îles Cook, îles Fidji, Japon, Inde, Indonésie, Iran, Kazakhstan, Kiribati, Corée, République Kirghize, Laos, îles Marshall, Micronésie, Mongolie, Myanmar, Nauru, Népal, Nouvelle-Zélande, Niue, Palau, Papouasie, Nouvelle Guinée, Philippines, Samoa, Singapour, Sri Lanka, Tadjikistan, Thaïlande, Tuvalu, Ouzbékistan.

[2] Pour consulter dans son intégralité le « message de Beppu », aller sur le lien suivant : http://www.pacificwater.org/userfiles/file/Message_from_Beppu_071204.pdf [consulté le 1 octobre 2017]

[3] Pour aller plus ample présentation de ce sommet, voir notamment *Freshwater Action Network* (FAN), *Droit à l'eau et à l'assainissement – manuel à l'usage des militants*, 2010, 102 pages.

[4] Pour consulter dans son intégralité la Déclaration de Delhi, voir le lien suivant : file:///C:/Users/benjamin/Downloads/delhi%20declaration%20(1).pdf [consulté le 1er octobre 2017]

[5] 53 États africains et 12 États sud-américains ont adopté cette déclaration. Les voici : Afrique du Sud, Algérie, Angola, Argentine, Bénin, Bolivie, Botswana, Brésil, Burkina Faso, Burundi, Cameroun, Cap Vert, Chili, Colombie, Comores, Congo, Côte d'Ivoire, Djibouti, Equateur, Egypte, Erythrée, Ethiopie, Gabon, Gambie, Ghana, Guinée, Guinée Bissau, Guinée équatoriale, Guyane, Kenya, Lesotho, Liberia, Lybie, Madagascar, Malawi, Mali, Maroc, île Maurice, Mauritanie, Mozambique, Namibie, Niger, Nigeria, Ouganda, Paraguay, Pérou, République centre africaine, République démocratique du Congo, Rwanda, Sao Tomé et Principe, Sénégal, Seychelles, Sierra Leone, Somalic, Soudan, Surinam, Swaziland, Tanzanie, Tchad, Togo, Tunisie, Uruguay, Venezuela, Zambie, Zimbabwe.

[6] Pour consulter les dispositions de cette déclaration, voir le lien suivant : http://cancilleria.gob.ec/wp-content/uploads/2014/10/Abuja-Declaration.pdf [consulté le 2 octobre 2017]

[7] Pour une présentation du mouvement des pays non alignés, voir notamment A. Gresh, *Le non-alignement*, Centre d'études anti-impérialistes (CEDETIM), décembre 1985 ; et M. Paunet, *Neutralisme et non-alignement*, Frederick A. Praeger, 1962. Pour consulter la déclaration finale du Sommet de la Havane en septembre 2006 – lequel était relatif aux buts et principes du mouvement des pays non-alignés et à son rôle

États réunis à la Havane ont reconnu le droit à l'eau pour tous. Ils profiteront du Sommet du Mouvement des Non Alignés tenu à Sharm-el-Sheikh en juillet 2009 pour adopter une déclaration finale par laquelle *« les chefs d' État ou de gouvernement ont reconnu le droit à l'eau sans discrimination »*[1].

703. – Ces déclarations ne sont que politiques. Elles n'ont donc aucune valeur contraignante, en dépit de leur caractère hautement symbolique. Elles présentent néanmoins l'avantage de citer nommément le droit de l'homme à l'eau et à l'assainissement, à la différence des conventions multilatérales, qui n'y font le plus souvent qu'indirectement allusion. Les représentants politiques ont bien sûr la possibilité d'assumer leur volonté en souscrivant de nouveaux engagements internationaux, coercitifs cette fois-ci, mais d'autres enjeux, principalement lucratifs et privés, les en empêchent sûrement. Ces questions seront traitées *infra.*

B. DES RÉFÉRENCES ÉQUIVOQUES EN DROIT RÉGIONAL

704. – L'effort de la reconnaissance du droit à l'eau au niveau universel s'est accompagné d'une reconnaissance au niveau régional. Cela dit, l'effectivité de ce droit est quasiment nulle jusqu'à ce jour, l'Afrique est la seule des quatre régions de protection des droits de l'homme à avoir institué un organe judiciaire fondé à statuer spécifiquement, s'il y a lieu, sur la question du droit à l'eau[2].

705. – L'Afrique est également le seul continent à l'avoir expressément consacré dans plusieurs textes, parmi lesquels figurent la Charte d'Addis-Abeba de 1990, la Charte de l'eau du Bassin du Niger et *l'African Convention for the Protection and Assistance of Internally Deplaced Persons in Africa*. Ces textes ne sont par ailleurs pas les seuls instruments de référence du droit à l'eau puisque la Charte africaine des droits de l'homme le mentionne également, bien qu'implicitement[3].

706. – Au niveau interaméricain, le Protocole à la Convention américaine des Droits de l'homme reconnaît par le biais du droit à *« un accès aux services de*

dans la conjoncture internationale actuelle, voir le lien Internet suivant : http://www.latinreporters.com/cubapolMNAbutsprincipes17092006.html [consulté le 2 octobre 2017]

[1] Voir le compte-rendu du 15e sommet des pays non-alignés.

[2] Le droit à l'eau est devenu justiciable avec l'entrée en vigueur le 25 janvier 2004 du Protocole de Ouagadougou du 8 juin 1998 créant la Cour africaine des Droits de l'homme et des peuples. Cette cour pourra se prononcer sur la violation de tous les droits inclus dans la Charte africaine des droits de l'homme. Elle devra néanmoins surmonter la difficulté d'interprétation liée à la reconnaissance non pas d'un droit individuel, mais d'un droit collectif.

[3] L'article 24 précise que *« tous les peuples ont droit à un environnement satisfaisant et global, propice à leur développement »*.

base » – qui doit s'entendre comme l'un des pans du droit à l'environnement – le droit à l'eau et à l'assainissement[1]. Le Protocole de San Salvador contient lui aussi des dispositions faisant implicitement référence au droit à l'eau[2], mais les individus ne sont pas habilités à saisir d'eux-mêmes la Commission interaméricaine des Droits de l'homme, laquelle veille au respect, par les États signataires, de la mise en œuvre des droits économiques, sociaux et culturels.

707. – Concernant le système paneuropéen, l'eau et l'alimentation ne figurent nulle part, même implicitement, dans la CEDH et ses protocoles additionnels. Cette absence de reconnaissance trouve son explication dans la prévalence de la protection des droits civils et politiques qu'ont privilégié les États membres sur celle des droits économiques, sociaux et culturels au moment de leur rédaction[3]. La logique a beau être inversée dans la CSE[4], la finalité reste la même. Aucune mention n'est faite au droit à l'eau potable, et aucune recommandation émanant de l'Assemblée parlementaire du Conseil de l'Europe n'a été introduite en ce sens jusqu'à présent[5].

708. – Néanmoins, le Protocole Eau et Santé[6] mentionne expressément le droit à l'eau potable salubre et le droit à l'assainissement comme étant des droits dont le respect s'impose aux États signataires[7].. Il ressort par ailleurs de la

---

[1] Article 11 (celui-ci établit une relation étroite entre l'environnement et les services d'approvisionnement en eau et d'assainissement).

[2] L'article 11 – relatif au droit à un environnement salubre – dispose que : *« 1. Toute personne a le droit de vivre dans un environnement salubre et de bénéficier des équipements collectifs essentiels ; 2. Les États parties encourageront la protection, la préservation et l'amélioration de l'environnement ».* Quant à l'article 12 – relatif au droit à l'alimentation –, il précise que : *« 1. Toute personne a droit à une alimentation adéquate qui lui assure la possibilité d'atteindre son plein développement physique et son plein épanouissement affectif et intellectuel ; 2. Dans le but d'assurer l'exercice de ce droit et d'éradiquer la malnutrition, les États parties s'engagent à perfectionner les méthodes de production, d'approvisionnement et de distribution des aliments. À cet effet, ils s'engagent à encourager une plus large coopération internationale en appui aux politiques nationales concernant ce sujet ».*

[3] Sur cette question, voir J.-F. Renucci, *Introduction générale à la Convention européenne des droits de l'homme – Droits garantis et mécanismes de protection*, éd. du Conseil de l'Europe, 2005, 137 pages.

[4] La CSE est une convention du Conseil de l'Europe, signée le 18 octobre 1961 à Turin. Elle sera révisée le 3 mai 1996 à Strasbourg afin de consacrer des droits et des libertés, et de mettre en place un système de contrôle qui garantit leur respect par les États parties. Cette version révisée de la charte entrera en vigueur en 1999, et remplacera progressivement le traité initial de 1961. Quant au protocole de 1995, celui-ci prévoit un système de réclamations collectives, et permet de saisir le Comité européen des droits sociaux en cas de violations alléguées ou avérées de la Charte. Ce protocole n'entrera en vigueur qu'en 1998.

[5] Voir J.-M. Olaka, *Le droit à l'eau, op.cit.*, pp. 154-155.

[6] En 1999, la communauté internationale s'est décidée à agir en adoptant, à l'occasion de la troisième Conférence ministérielle sur l'environnement et la santé organisée à Londres, le Protocole sur l'eau et la santé relatif à la Convention sur la protection et l'utilisation des cours d'eau transfrontières et des lacs internationaux. Ce protocole a été signé et ratifié par la plupart des États membres de la CEDH.

[7] En effet, ce protocole *« préserve les ressources en eau, y compris celles utilisées comme source d'eau potable ».* Son préambule reconnaît *« les avantages d'un milieu aquatique harmonieux et fonctionnant correctement »,* mais aussi *« l'importance de l'eau pour le développement durable ». Ibid.*

recommandation du Conseil des ministres sur la Charte européenne des ressources en eau[1] que le droit à l'eau est un droit fondamental.

709. – Dans l'Union européenne, le Protocole n° 9 sur les services d'intérêt général du traité de Lisbonne est susceptible d'avoir visé l'accès à une eau potable en précisant que *« les services d'intérêt général comprennent notamment un niveau élevé de qualité et de sécurité »*[2]. Bien qu'il ne fût jamais adopté, le projet de traité instituant une Constitution pour l'Europe prévoyait quant à lui que *« l'Union œuvre pour une Europe du développement durable fondée sur un niveau élevé de protection et d'amélioration de la qualité de l'environnement »*[3].

710. – Enfin, la Charte arabe des droits de l'homme[4] – laquelle est relativement récente – consacre le droit à l'eau par le truchement des droits à la vie et à la santé, mais aussi à l'aune des droits au développement et à un niveau de vie suffisant[5]. Rien en revanche n'est dit sur ce droit dans le système asiatique de protection des droits de l'homme, puisqu'il n'en existe tout simplement pas.

C. DES RÉFÉRENCES FONDAMENTALES EN DROIT NATIONAL

711. – En droit interne, gouvernements, parlements et pouvoirs constituants œuvrent activement en faveur de la reconnaissance du droit à l'eau. Si matériellement, la plupart des constitutions nationales ne l'envisagent qu'à l'aune du droit à un environnement sain, voire même à travers d'autres « droits vitaux » non détachables de la dignité de la personne humaine (1), les lois ordinaires se montrent quant à elles beaucoup plus enclines à le protéger et à le sauvegarder en le citant cette fois-ci nommément (2).

---

[1] Adoptée le 26 mai 1967 et proclamée le 6 mai 1968, la Charte européenne de l'eau comporte douze principes visant une gestion rationnelle et intégrée de la ressource en eau. Pour aller plus loin, voir « Charte européenne des ressources en eau adoptée par le Comité des ministres le 17 octobre 2001 lors de la 769e réunion de délégués des ministres », *Revue européenne de droit de l'environnement*, vol. 6, n° 2, 2006, pp. 193-199.

[2] Article 1.

[3] Voir la section 5 du traité établissant une Constitution pour l'Europe – relative à l'environnement – et plus exactement les articles III-233 et III-234.

[4] La Charte arabe des droits de l'homme, adoptée en mai 2004 à Tunis, lors du 16e Sommet de la Ligue des États arabes, est entrée en vigueur le 15 mars 2008.

[5] Voir les articles 5 – relatif au droit à la vie –, 37 – relatif au droit au développement –, 38 – relatif au droit à un niveau de vie suffisant –, et 39 – relatif au droit à la santé.

1. Le rôle substantiel des constitutions nationales

712. – Au sein des États, les normes constitutionnelles occupent une place substantielle dans la reconnaissance du droit à l'eau. Depuis la Conférence de Stockholm de 1972[1], la plupart de celles qui l'ont consacré l'ont inscrit dans le giron du droit à l'environnement, mais cela n'a pas empêché certaines de l'entrevoir à travers d'autres « droits vitaux », tels que le droit à la santé et à la vie, ni même de le consacrer expressément – bien qu'ici, les exemples en attestant sont plus rares.

713. – Sur la centaine de constitutions nationales concernées[2], il y a une distinction importante à opérer entre celles des États développés et celles des pays en voie de développement. En effet, les pays du Nord sont souvent dotés de textes suprêmes qui ne légitiment qu'indirectement le droit à l'eau[3]. Quelques-unes seulement n'en font absolument pas allusion ni ne le sous-entendent[4], ou à l'inverse l'ont rendu parfaitement autonome, en ne le rattachant à aucun autre droit[5].

714. – Les pays du Sud ont pour leur part assez largement opté pour une reconnaissance explicite et sans équivoque du droit à l'eau[6], améliorant de fait sa

---

[1] La conférence des Nations unies sur l'environnement, aussi connue sous le nom de conférence de Stockholm, est une conférence internationale sur le thème de l'environnement, qui s'est tenue sous l'égide des Nations unies à Stockholm en Suède, du 5 au 16 juin 1972.

[2] *« Au total, selon le Professeur Alexandre Kiss, la protection de l'environnement serait prévue, d'une manière ou d'une autre, par la constitution d'une centaine d'États »*. Ici, voir J.-M. Olaka, *Le droit à l'eau, op.cit.*, p. 156.

[3] L'article 9 de la Constitution portugaise ne reconnaît qu'indirectement le droit à l'eau – par des références aux droits à la santé et à un environnement sain. Cf. également l'article 45 de la Constitution espagnole – bien que cet article soit parfois interprété comme reconnaissant de façon claire le droit à l'eau.

[4] C'est notamment le cas des constitutions danoise, luxembourgeoise, finlandaise, américaine, allemande, anglaise, néerlandaise et belge.

[5] L'article 76§1 de la Constitution suisse et l'article 10 de la Constitution irlandaise reconnaissent le droit à l'eau. En ce qui concerne l'article 76§1, il précise que *« dans les limites de ses compétences, la Confédération pourvoit à l'utilisation rationnelle des ressources en eau, à leur protection et à la lutte contre l'action dommageable de l'eau »*. Quant à l'article 10§4, il énonce que *« la loi peut également prévoir l'administration des terres, mines, minéraux et eaux acquis par l'État après l'entrée en vigueur de cette Constitution, et le contrôle de l'aliénation, temporaire ou définitive des terres, mines, minéraux et eaux ainsi acquis »*.

[6] C'est notamment le cas des constitutions éthiopienne (article 90§1 : *« To the extent the country's resources permit, policies shall aim to provide all Ethiopians access to public health and education, clean water, housing, food and social security »*), gambienne (article 216§4 : *« The State shall endeavour to facilitate equal access to clean and safe water, adequate health and medical services, habitable shelter, sufficient food and security to all persons »*), zambienne (article 112§d : *« the State shall endeavour to provide clean and safe water, adequate medical and health facilities and decent shelter for all persons, and take measures to constantly improve such facilities and amenities »*), brésilienne (article 21-XIX : *« The Union shall have the power to establish a national system for the management of hydric resources and define criteria for the concession of the right to their use »*), nigérienne (article 20 : *« The State shall protect and improve the environment and safeguard the water, air and land, forest and wild life of Nigeria »*) et sud-africaine (article 27§1 b) : *« Everyone has the right to have access to sufficient food and water »*).

justiciabilité au plan interne. Mais paradoxalement, la mise en œuvre des droits économiques, sociaux et culturels en général, et du droit à l'eau en particulier, semble plus forte dans les pays développés, car à la différence des constitutions des pays du Sud, les leurs constitueraient bien plus qu'un simple *« ensemble de potentialités »*[1] qu'il s'agit de porter à la connaissance des populations pour asseoir leurs revendications.

715. – En France, ni les normes de référence du bloc de constitutionnalité, ni la justice constitutionnelle à proprement parler ne consentent, pour l'heure, à reconnaître expressément le droit de l'homme à l'eau et à l'assainissement. Au mieux, il est question d'un objectif de valeur constitutionnelle que le Conseil déduit de la possibilité pour toute personne de disposer d'un logement décent et de la protection de l'environnement[2]. À aucun moment, l'eau ne saurait donc constituer un droit subjectif, mais plutôt un principe directeur qui permet au législateur de limiter certains droits et libertés classiques[3].

716. – Pour pallier ce manque de reconnaissance, certains auteurs minoritaires au sein de la doctrine souhaitaient faire du droit de l'homme à l'eau et à l'assainissement une véritable composante de l'ordre public, et plus exactement de la salubrité publique[4]. Ils faisaient valoir que ces concepts juridiques sont inextricablement liés, et que les dissocier reviendrait à limiter la notion d'ordre public à la sécurité des personnes et des biens, ce à quoi ils s'opposaient. Ils défendaient par ailleurs le caractère évolutif et adaptable de l'ordre public, qu'ils estimaient devoir être au service des évolutions de la société, donc des problèmes de qualité et de salubrité de l'eau.

---

[1] Voir J.-M. Olaka, *Le droit à l'eau, op.cit.*, p. 161.

[2] Cf. la décision n° 94-359 DC du Conseil constitutionnel du 19 janvier 1995 sur la diversité de l'Habitat. Dans cette décision, c'est la première fois que le Conseil poursuit une « double démarche déductive » par le biais de l'articulation de deux dispositions constitutionnelles, en l'occurrence les alinéas 10 et 11 du Préambule de la Constitution de 1946, et du rattachement au principe de dignité de la personne humaine. Par extension, il est possible de penser que le développement de l'individu et de sa famille nécessite, entre autres, des moyens matériels tels qu'un approvisionnement suffisant en eau. L'eau ferait donc partie intégrante du logement. Cf. également la décision n° 2005-514 DC du 28 avril 2005 sur la loi relative à la création du registre international français, par laquelle le Conseil reconnaît que la protection de l'environnement constitue un but d'intérêt général. Par ailleurs, il précise que la Charte de l'environnement de 2004 énonce des principes, et non pas des objectifs. Le droit à l'eau trouve donc son fondement réactualisé avec l'adoption de cette charte.

[3] Les objectifs de valeur constitutionnelle, qu'ils se rattachent à des considérations d'intérêt général ou aux droits sociaux, ne constituent pas des droits subjectifs. Ils permettent au législateur de limiter la portée de certains droits et libertés classiques, donc il s'agit pour l'essentiel de principes directeurs qui sont censés guider le législateur.

[4] Depuis une décision n° 2003-467 du 13 mars 2003, le Conseil rattache la salubrité publique à l'ordre public. Certains auteurs font donc valoir que la salubrité publique est liée à la préservation de l'environnement. Aussi se demandent-ils si l'accès pour toute personne à l'eau ne pourrait pas désormais constituer une composante de l'objectif de sauvegarde de l'ordre public. Voir J.-M. Olaka, *op.cit.*, p. 168.

717. – D'autres en appelaient à une lecture littérale de la Charte de l'environnement, dont ils estimaient que les dispositions – et en particulier l'article 1er – n'énoncaient pas un principe de conduite collective, mais une prérogative individuelle[1]. Par voie de conséquence, ils croyaient en une justiciabilité du droit à l'environnement aussi forte que celle des droits et libertés classiques. Par extension, ils en venaient à parler de la juridicité du droit à l'eau et à la santé, présente selon eux dans l'esprit du texte de 2005. Finalement, le Conseil constitutionnel a pu faire expressément référence à l'accès à l'eau dans sa décision n° 2015-470 QPC du 29 mai 2015, *Société SAUR SAS*, étudiée *infra.*

718. – Enfin, les hautes juridictions des ordres administratif et judiciaire trouvent recevable, du moins partiellement, cette opposabilité du droit à l'eau dans leur jurisprudence relative au droit de mener une vie familiale normale[2], qu'elles placent – tout comme le Conseil constitutionnel lui-même – sous le prisme de la possibilité pour toute personne de disposer d'un logement décent et du droit à la santé, mais aussi de la sauvegarde de la dignité de la personne humaine – à laquelle est d'ailleurs très attaché le Conseil d'État[3]. Mais cette présentation peut paraître contestable étant donné que le Conseil d'État en 1978 et le Conseil constitutionnel en 1993 n'avaient pas encore consacré l'objectif relatif au logement décent ni la dignité de la personne humaine. Ils s'étaient fondés sur le Préambule de la Constitution de 1946.

2. La place originale des législations nationales

719. – Au niveau du droit interne à valeur infra-constitutionnelle, le législateur a adopté de nombreux textes qui reconnaissent, et c'est là toute leur originalité, le droit à l'eau sans l'intermédiaire d'aucun autre « droit vital ». Cette spécificité se remarque dans de nombreux États à travers le monde, et s'accompagne parfois

---

[1] C'est notamment le cas des Professeurs Verpeaux et Prieur. Pour aller plus loin, voir particulièrement M. Prieur, « L'environnement est entré dans la Constitution », *RJE*, 2005, pp. 28 ; voir également M. Prieur, « La Charte, l'environnement et la Constitution », *AJDA*, n° 8, 3 mars 2003, p. 353 ; et enfin M. Verpeaux, « La Charte de l'environnement, texte constitutionnel en-dehors de la Constitution », *Environnement 2005*, n° 4, p. 16.

[2] Dans l'arrêt *GISTI, CFDT et CGT* du 8 décembre 1978, le Conseil d'État a érigé le droit de mener une vie familiale normale en principe général du droit. Récemment, dans un arrêt n° 711 de la première chambre civile du 25 mai 2016, la Cour de cassation a rappelé que le droit de mener une vie familiale normale était inscrit dans la Constitution et résultait des articles 2 et 4 de la Déclaration des droits de l'homme et du citoyen, mais aussi du dixième alinéa du Préambule de la Constitution du 27 octobre 1946.

[3] Depuis l'arrêt *Morsang-sur-Orge* n° 136727 du Conseil d'État du 27 octobre 1995 (publié au Recueil Lebon), la sauvegarde de la dignité de la personne humaine constitue un élément immatériel, abstrait et subjectif de l'ordre public. Le juge administratif l'a donc adjoint au triptyque classique – et matériel – de l'ordre public que sont la sécurité, la salubrité et la tranquillité publiques.

d'une politique de tarification et d'accès à l'eau tout au moins dynamique et innovante.

720. – C'est ainsi qu'en Wallonie, les distributeurs et les organismes d'assainissement, mais aussi la société publique de gestion de l'eau, financent eux-mêmes un fonds de solidarité internationale pour l'eau[1]. Au Brésil et au Royaume-Uni, la loi met l'accent sur la « capacité de payer » des usagers[2]. Au Luxembourg, au Mexique et au Nicaragua, la loi prescrit d'aider les personnes vulnérables et la création de services de l'eau accessibles pour les plus démunis[3]. Tous ces exemples témoignent à quel point les parlements nationaux n'ont pas délaissé cette question du droit à l'eau dans le cadre de leurs activités.

721. – Pour conclure avec la situation en France, la loi dite « LEMA » sur l'eau et les milieux aquatiques[4] dispose que *« chaque personne physique, pour son alimentation et son hygiène, a le droit d'accéder à l'eau potable dans des conditions économiquement acceptables pour tous »*[5]. De fait, la facture en eau doit correspondre à la consommation réelle de l'usager, et ne peut excéder celle-ci que lorsque la nature du branchement le justifie ou en raison du nombre de logement desservis[6]. A l'inverse, elle peut être inférieure à ce niveau réel que dans les zones où la ressource en eau est abondante et où le nombre d'abonnés est limité[7]. Quoi qu'il en soit, c'est le maire ou le Président de la collectivité territoriale concernée, voire le Président du groupement de collectivités territoriales compétent, qui doit faire la demande d'une telle facturation dérogatoire de l'eau[8].

---

[1] Ce n'est pas une loi à proprement parler, mais l'arrêté du gouvernement wallon du 12 février 2009 modifiant le livre II du Code de l'environnement contenant le Code de l'eau en ce qui concerne le Fonds de solidarité internationale pour l'Eau est sur ce point très éclairant.

[2] Au Brésil, Cf. la loi n° 11445 du 5 janvier 2007 sur l'assainissement environnemental, et au Royaume-Uni, Cf. la loi « *Flood and Water Management Act 2010* ».

[3] Au Luxembourg, Cf. la loi du 18 décembre 2009 organisant l'aide sociale. Au Mexique, Cf. la loi des eaux du 11 mars 2010 pour le *District Federal*. Au Nicaragua, Cf. la loi générale n° 620 des eaux nationales du 15 mai 2007.

[4] Les apports de la loi n° 2066-1772 du 30 décembre 2006 sur l'eau et les milieux aquatiques tiennent aux principes, aux institutions, aux instruments de planification et à la police de l'eau. Cette loi rappelle que l'eau appartient à tous et qu'il s'agit d'un patrimoine commun de la Nation dont la protection est d'intérêt général. Elle tient compte qui plus est des conséquences sociales, environnementales, économiques, géographiques et climatiques que peut avoir l'eau.

[5] Article L.210-1 du Code de l'environnement.

[6] Article L. 2224-12-4 du Code général des collectivités territoriales.

[7] Article L. 2224-12-4, I, al. 3 du Code général des collectivités territoriales.

[8] En effet, le représentant de l'État dans le département peut, dans des conditions prévues par décret en Conseil d'État, à la demande du maire ou du président du groupement de collectivités territoriales compétent pour assurer la distribution d'eau, autoriser une tarification ne comportant pas de terme proportionnel au volume d'eau consommée. Voir l'article L. 2224-12-4, I, al. 3 du Code général des collectivités territoriales. La loi LEMA confirme par ailleurs l'idée selon laquelle toute tarification forfaitaire de l'eau distribuée est interdite. En cela, la loi LEMA s'aligne sur la loi de l'eau de 1992 bien

§II. L'EXISTENCE DE CERTAINS ACTEURS PUBLICS ET NON-ÉTATIQUES AUX NIVEAUX INTERNATIONAL, RÉGIONAL ET NATIONAL

722. – Au vu de sa reconnaissance relativement récente et de son interdépendance avec d'autres droits de l'homme, le droit à l'eau suscite – tant à l'intérieur qu'à l'extérieur des États – l'intérêt de plusieurs acteurs dont le travail demeure indispensable à sa sauvegarde et à sa promotion. Malgré l'étendue de cette tâche, l'effort de sensibilisation que quelques-uns d'entre eux attendent (et parfois obtiennent) de la part des gouvernements nationaux nécessite une attention spécifique. Agissant plus localement, d'autres se préoccupent essentiellement de l'assainissement et/ou de la distribution de la ressource en eau pour les usagers. Ils n'en seront pas moins incontournables dans le cadre de cette analyse, tout comme d'ailleurs les acteurs socio-économiques et non-gouvernementaux puisqu'eux aussi font partie de ce qu'il convient d'ores et déjà d'appeler la « gouvernance de l'eau ».

723. – Cette gouvernance généralisée va se développer non pas *« sur le fond d'une concurrence globale entre des territoires, mais plutôt à l'aune de l'inter-territorialité et de la coopération »*[1], ce qui rend son apparente complexité moins inaccessible. Acteurs institutionnels et issus de la société civile en arrivent donc à se compléter mutuellement puisqu'ils visent justement tous la même finalité : assurer l'accès à l'eau des populations le plus souvent démunies. C'est d'ailleurs là leur trait le plus saillant, comme leur action le démontrera.

724. – Dans ce contexte, il semble utile d'évoquer en premier lieu la question du rôle des organisations internationales en général et aussi de certains organes intergouvernementaux du système des Nations Unies (A). L'étude pourra ensuite avoir trait aux agences nationales de l'eau, avec l'exemple français notamment (B). Pour finir, des considérations relatives aux ONG de défense du droit à l'eau ainsi qu'à la place des acteurs économiques et des citoyens eux-mêmes pourront être envisagées (C).

---

que cette interdiction n'existe que depuis le 4 janvier 2004. Toutefois, une tarification binôme peut s'appliquer – comprenant une partie fixe comme l'abonnement dans la facturation –, mais elle ne permet pas de facturer une eau qui ne serait pas consommée par l'usager.

[1] Selon Goulven Boudic, *« la remise en cause de l'idée selon laquelle toute forme de gouvernance serait complexe et conçue comme inévitable fait partie des critiques fondamentales relatives à l'hypothèse de la gouvernance. Les autres remarques ont quant à elles traits à la pertinence et à la signification du concept de gouvernance lui-même, ainsi qu'à l'effectivité de la participation au regard notamment de ses propres objectifs »*. Ici, voir G. Boudic, « Gouvernance territoriale et participation. Un état des lieux », in Pierre de Montalivet (dir.), *Gouvernance et participation*, *op.cit.*, pp. 48-49.

A. LE PANORAMA CONTRASTÉ DES ACTEURS ET DES ORGANES INTERGOUVERNEMENTAUX

725. – En dehors des États, la défense du droit de l'homme à l'eau existe mais correspond à une logique fonctionnelle[1] que les institutions et les organes intergouvernementaux appliquent encore assez peu. Les sociétés modernes occidentalisées et celles dites urbaines ont beau faire le choix d'une *« formule unitaire induisant la généralisation (mondialisation) et l'uniformité des dispositifs »*[2], seules quelques entités s'y consacrent exclusivement en droit international (2) et européen (3) malgré les indications répétées des Nations Unies (1).

1. Des signaux positifs au niveau mondial dans le cadre des Nations Unies

726. – Au niveau universel, il n'existe actuellement aucune organisation mondiale de l'environnement, si ce n'est le groupe d'experts intergouvernemental sur l'évolution du climat (ci-après GIEC), créé en 1998 par le PNUE et l'Organisation météorologique mondiale (ci-après OMM). Adoptant des rapports d'évaluation[3], des rapports spéciaux[4] et/ou des rapports méthodologiques[5], le GIEC permet surtout de caractériser les évolutions climatiques au regard de l'eau[6].

---

[1] Ici, voir notamment E. Le Roy, « Logique institutionnelle et logique fonctionnelle : de l'opposition à la complémentarité », in Stéphane Tessier, *À la recherche des enfants des rues*, Union européenne, Karthala, 1998, pp. 243-258.
[2] *Ibid.*
[3] Le GIEC a été créé en vue de fournir des évaluations détaillées de l'état des connaissances scientifiques, techniques et socio-économiques sur les changements climatiques, leurs causes, leurs répercussions potentielles et les stratégies de parade. Depuis lors, le GIEC a établi cinq rapports d'évaluation multi-volumes, accessibles ici : http://www.ipcc.ch/home_languages_main_french.shtml [consulté le 15 octobre 2017]
[4] Outre les rapports d'évaluation, le GIEC publie des rapports spéciaux sur des thèmes précis comme l'aviation, les incidences de l'évolution du climat dans les régions, les transferts de technologie, les scénarios d'émissions, l'utilisation des terres, les changements d'affectation et la foresterie, le piégeage et stockage du dioxyde de carbone et les relations concernant la préservation de la couche d'ozone et du système climatique planétaire.
[5] Le GIEC élabore aussi des méthodologies et des lignes directrices pour les inventaires nationaux de gaz à effet de serre par l'entremise de l'Équipe spéciale pour les inventaires nationaux de gaz à effet de serre. Il s'agit d'aider les Parties à la CCNUCC et son Protocole de Kyoto à dresser des inventaires nationaux des émissions de gaz à effet de serre, par source, et des piégeages, par puits. La dernière publication de grande portée a été les Lignes directrices 2006 du GIEC pour les inventaires nationaux de gaz à effet de serre.
[6] Le GIEC dispose en effet d'une équipe spéciale pour les données et les scénarios servant à l'analyse du climat et de ses incidences sur l'eau.

727. – Les recherches de ce groupe constitué de milliers d'experts scientifiques venus du monde entier sur une base volontaire sont indispensables aux Nations Unies car les programmes et les fonds – tels que le PNUD et le PNUE – ne disposent pas des compétences et des moyens adaptés pour intervenir de manière satisfaisante dans ce domaine. Les institutions spécialisées – telles que l'UNESCO, la FAO, l'OIT et l'OMS – n'interviennent quant à elles qu'à travers leurs moyens spécifiques dans le cadre de leurs compétences en développant notamment des programmes sectoriels.

728. – Ces brefs constats ne doivent pas occulter l'important travail entrepris par le Conseil des droits de l'homme[1] en faveur du droit à l'eau. En 2006, un projet de directive soulignant que le droit à l'eau est un *« droit de l'homme individuel et collectif »*[2] fut adopté par la sous-commission de la promotion et de la protection des droits de l'homme. Ce vif attachement des Nations Unies pour le droit à l'eau sera confirmé l'année suivante, en 2007, lorsque le Haut-Commissaire des droits de l'homme lui-même déclarera dans un rapport très attendu que *« le moment est venu de considérer l'accès à l'eau potable et à l'assainissement comme un droit de l'homme »*[3].

729. – En 2009 et 2010, le Conseil des droits de l'homme renouvellera ses appels aux gouvernements nationaux par l'intermédiaire de deux résolutions successives précisant l'importance des instruments juridiques internationaux relatifs aux droits de l'homme – et tout particulièrement du PIDESC – dans la reconnaissance du droit de l'homme à l'eau et à l'assainissement[4]. Ces résolutions n'ont en revanche aucune valeur obligatoire au sens strict, mais seulement une nature déclaratoire et programmatique[5].

---

[1] Le Conseil des droits de l'homme est un organe intergouvernemental du système des Nations Unies, composé de 47 états qui ont la responsabilité de renforcer la promotion et la protection des droits de l'homme autour du globe. Le Conseil a été créé par l'Assemblée générale de l'ONU, le 15 mars 2006, avec le but principal d'aborder des situations de violations de droits de l'homme et d'émettre des recommandations à leur encontre.

[2] Il s'agit du projet de directive A/HRC/Sub.158/36.

[3] Cf. le rapport du Haut-Commissariat des Nations Unies aux droits de l'homme sur la portée et la teneur des obligations pertinentes en rapport avec les droits de l'homme qui concerne l'accès équitable à l'eau potable et à l'assainissement, contractés au titre des instruments internationaux relatifs aux droits de l'homme (A/HC/6/3).

[4] Ici, voir la résolution A/HRC/RES/12/8 dans laquelle le conseil réaffirme que *« les instruments internationaux relatifs aux droits de l'homme comportent des obligations pour les États parties en matière d'accès à l'eau potable et à l'assainissement »*, et la résolution A/HRC/15/L.14 dans laquelle il affirme que *« le droit fondamental à l'eau et à l'assainissement découle du droit à un niveau de vie suffisant et qu'il est inextricablement lié au droit au meilleur état de santé physique et mentale susceptible d'être atteint, ainsi qu'au droit à la vie et à la dignité »*.

[5] Voir notamment R. Romi, *Droit international et européen de l'environnement*, Montchrestien, 2013, 318 p.

730. – Quant au Comité des droits économiques, sociaux et culturels[1] de l'ONU, il s'est fait remarquer en adoptant deux observations générales ayant directement trait au droit à l'eau et à l'assainissement. Datant de 2002, l'Observation générale n° 15 affirme en effet que *« l'accès à une fourniture adéquate d'eau pour un usage personnel et domestique constitue un droit humain fondamental de toute personne »*[2]. En dépit du fait qu'il n'ait pas réussi à obtenir l'approbation des représentants de tous les gouvernements, il s'agirait de l'avis de certains auteurs d'un *« document de référence très important qui recueille l'appui général »*[3].

731. – D'autres spécialistes iront même plus loin en estimant que cette Observation générale n° 15 donnerait *« une nouvelle lisibilité au droit à l'eau »*[4] en ce qu'elle constituerait *« un pas décisif dans la définition de son contenu et des obligations qu'il comporte »*[5].

732. – Dans une Observation générale n° 19 de 2008 portant sur la sécurité sociale, le Comité des droits économiques, sociaux et culturels rangera cette fois-ci clairement l'accès à l'eau et à l'assainissement dans les services essentiels qu'il incombe aux États parties d'assurer[6]. Ici encore, ces outils ne sont pas contraignants – bien que hautement symboliques – à la différence des résolutions que prendraient par exemple les membres du Conseil de sécurité des Nations Unies[7].

733. – En 2010, ce comité adoptera aussi une déclaration visant à préciser ce que recouvrait le droit à l'assainissement[8] à proprement parler ainsi que plusieurs déclarations condamnant les actions d'Israël dans le secteur de l'eau[9]. Initialement prises pour que l'État hébreu ne s'oppose plus à la construction d'infrastructures

---

[1] Créé par une résolution du Conseil économique et social du 28 mai 1985, le Comité veille au respect des dispositions du PIDESC par les États parties. Il est composé de 18 experts indépendants.

[2] Ici, voir notamment le §3 de l'Introduction de cette observation générale n° 15 (2002) E/C.12/2002/11 relative au droit à l'eau et à l'application des articles 11 et 12 du PIDESC.

[3] H. Smets, « Le droit de l'homme à l'eau et à l'assainissement est finalement reconnu », *Revue juridique de l'environnement*, *op.cit.*

[4] Voir J.-M. Olaka, *Le droit à l'eau*, *op.cit.*, p. 147.

[5] *Ibid.*

[6] Voir notamment le §5 du titre II – À de cette observation générale n° 19 E/C.12/GC/19 relatif aux éléments constitutifs du droit à la sécurité sociale. Ici, le comité rattache le droit à la sécurité sociale à d'autres droits, parmi lesquels figurent le droit à une nourriture suffisante, le droit à l'éducation, le droit au meilleur état de santé susceptible d'être atteint, le droit à l'eau ainsi que le droit au travail.

[7] Sur cette question, voir notamment M.-P. Lanfranchi, « La valeur juridique en France des résolutions du Conseil de sécurité », *Annuaire français de droit international*, n° 1, 1997, pp. 31-57.

[8] Dans cette déclaration de novembre 2010, le comité précisera que le droit à l'assainissement est *« une composante du droit à un niveau de vie suffisant »*. Sur cette question de la détermination du contenu du droit à l'assainissement, voir H. Smets, « Observation sur le droit à l'assainissement », *RSE*, n° 4/2010, p. 769.

[9] Voir les observations finales CCPR/C/ISR/CO/3 du comité des droits de l'homme réuni à Genève du 12 au 30 juillet 2010 lors de sa quatre-vingt-dix-neuvième session.

relatives à l'eau et l'assainissement en Palestine, elles serviront d'exemples à d'autres organes internationaux pour justement stigmatiser les discriminations dans ce domaine[1].

734. – Il n'est également pas sans intérêt de préciser qu'en 2006, le PNUD a publié un rapport mondial sur le développement humain dans lequel y est précisé qu'il incombe aux gouvernements nationaux de *« garantir le respect progressif du droit de l'homme à l'eau en mettant en place un cadre législatif et réglementaire s'appliquant à tous les prestataires de services, publics et privés »*[2]. Le PNUD propose par ailleurs qu'*« aucun ménage ne dépense plus de 3% de ses revenus pour faire face à ses besoins en eau »*[3].

735. – Dans le prolongement de cette logique, Koïchiro Matsuura, alors directeur général de l'UNESCO, avait déclaré en décembre 2008 lors du Sommet des Lauréats du Prix Nobel – qui s'était tenu à Paris – que *« le droit à l'eau signifie que chacun doit disposer d'une quantité suffisante d'eau qui soit sûre, de qualité acceptable, physiquement accessible et d'un prix abordable »*[4]. De fait, secrétaires généraux et directeurs généraux des organisations des Nations Unies semblent afficher un soutien unanime en faveur du droit à l'eau.

736. – Dans ces conditions, l'UNESCO paraissait être l'institution parfaite pour héberger le Programme Mondial pour l'Évaluation des Ressources en Eau (ci-après WWAP) et servir d'interface au Programme hydrologique international (ci-après PHI). Le WWAP et le PHI s'inscrivent dans le cadre du programme ONU-Eau[5], qui est un mécanisme de coordination inter-agences pour toutes les questions liées à l'eau douce et à l'assainissement.

---

[1] Voir les observations finales CCPR/C/ISR/CO/3, *op.cit.*

[2] Ici, voir le Rapport mondial sur le développement humain du PNUD paru en 2006

[3] *Ibid.*

[4] Pour voir les accointances entre l'UNESCO et le droit à l'eau, voir notamment les conclusions de la réunion d'experts internationaux sur le droit à l'eau, tenue à Paris les 7 et 8 juillet 2009 ; voir également les déclarations faites par l'ancien directeur général de l'UNESCO lors du Sommet mondial sur le développement durable qui se tiendra à Johannesburg en Afrique du Sud du 26 août au 4 septembre 2002.

[5] Pour sensibiliser le public et les gouvernements, 2003 a été proclamée par l'Assemblée générale de l'ONU Année internationale de l'eau douce, ce qui a permis de galvaniser les actions à prendre pour faire face à la crise de l'eau. À la même époque, le Conseil des chefs de secrétariat des organismes des Nations Unies pour la coordination (CEB) a décidé de créer *UN Water* (ONU-Eau), un mécanisme de coordination inter-agences pour toutes les questions liées à l'eau douce et à l'assainissement. Pour renforcer l'action mondiale en vue de la réalisation des Objectifs du Millénaire pour le développement lié à l'eau, l'Assemblée générale a proclamé la Décennie internationale d'action « L'eau, source de vie » en 2005-2015. Enfin, chaque année, à la date du 22 mars, l'ONU célèbre la Journée mondiale de l'eau.

2. L'exemple encore esseulé du « Conseil mondial de l'eau » au niveau universel

737. – Le Conseil mondial de l'eau est atypique à plusieurs titres. D'une part il s'agit d'une organisation internationale exclusivement tournée vers la défense et la promotion du droit à l'eau – ce qui n'a pour l'heure aucun équivalent en-dehors du cadre des Nations Unies –, mais aussi car il sert principalement d'unique plateforme de coopération pour les ONG spécialisées dans (ou intéressées par) la gestion de la ressource en eau au plan mondial. Ces caractéristiques – à la fois institutionnelle (a) et fonctionnelle (b) – ne peuvent alors que justifier la nécessité d'y consacrer une étude spécifique.

a. L'unique organisation internationale entièrement dédiée à l'eau et à l'assainissement

738. – Fondé en 1996 à la demande des organisations internationales et des spécialistes du secteur de l'eau reconnus à travers la planète, le Conseil mondial de l'eau est une plateforme internationale dont l'objectif réside exclusivement dans la résolution des problèmes liés à l'eau. Pour y parvenir, ce conseil développe des stratégies visant la conservation, la protection, le développement, la planification, la gestion et l'utilisation de l'eau dans tous ses aspects dans un contexte de développement durable basé sur le bien-être de tous les êtres vivants sur la terre.

739. – Au sein de la communauté de l'eau, il échafaude les contours d'une vision stratégique commune sur la gestion des services et des ressources en eau pour l'ensemble des parties prenantes. En tant que véritable laboratoire pour la politique de l'eau, le conseil organise tous les trois ans – et cela depuis 1997 – un forum mondial entièrement dédié aux questions hydriques.

740. – Ces forums sont surtout l'occasion pour les plus hautes sphères du processus décisionnel – que sont les institutions intergouvernementales[1] et les gouvernements[2] – de tisser des liens d'entente avec notamment les entreprises[3],

---

[1] La banque africaine de développement (AfDB), le Conseil des ministres africains sur l'eau (AMCOW), la banque de développement d'Amérique latine (CAF), la FAO ou encore l'UNESCO.

[2] Le ministère de l'intérieur hongrois, le ministère de l'écologie, du développement durable et de l'énergie français, le ministère chinois des ressources en eau ou encore la direction générale du département hydraulique turc.

[3] AQUAFED (*the International Federation of Private Water Operators*), ANEAS (*Asociacion Nacional de Empresas de Agua y Saneamiento de Mexico*), ABDIB (Associacao Brasileira de Infrestrutura e Industrias de Base), CWPP (*China Water & Power Press*), CTII (*CTI Engineering International Co Ltd*), EDF (Electricité de France, *Division production ingenierie hydraulique*), K-water (*Korea Water Resources*

les organisations de la société civile[1], les associations de consommateurs[2], les associations professionnelles[3] et les institutions académiques[4].

741. – Comme beaucoup d'acteurs intervenant dans le secteur de l'eau et de l'alimentation, le Conseil mondial de l'eau a par ailleurs ses propres règles déontologiques. Parmi ses valeurs éthiques figurent la transparence[5], la démocratie[6], la dignité[7], l'indépendance[8] et la participation[9]. Pour le conseil, ces règles sont *« indispensables à la réalisation des objectifs qu'il s'est préalablement fixés »*[10].

742. – Quant à son financement, il provient en grande partie des cotisations versées par ses membres et des droits d'utilisation de la marque du Forum. Gouvernements, organisations internationales et donateurs subventionnent aussi certains programmes et projets spécifiques. Enfin, la ville de Marseille apporte un soutien particulier au Conseil mondial de l'eau[11].

743. – En dépit de ses ambitions pour le moins exhaustives et d'une présence exclusive – expliquée en partie par son apparition relativement récente – au niveau universel, le Conseil mondial de l'eau n'en reste pas moins un exemple parfaitement inédit en matière de gouvernance hydrique. En laissant le soin à ses membres réunis en Assemblée générale de fixer puis de voter ses activités, son budget et ses principales orientations stratégiques, le conseil donne avant tout

---

Corporation), NCWSC (*Nairobi City Water & Sewerage Co Ltd*), Ozaltin (*Ozaltin Construction Trade and Industry Co Inc*).

[1] FWP (*French Water Partnership*), JBF (*Jal Bagirathi Foundation*) ou encore JWF (*Japan Water Forum*).

[2] REBOB (Rede Brasil de Organismos de Bacias Hidrograficas), SUEN (*Turkish Water Institute*) et WWF (*World Wildlife Fund*).

[3] ASCE-EWRI (*American Society of Civil Engineers, Environmental & Water Resources Institute*), AMH (*Asociacion Mexicana de Hidraulica*) et ASTEE (Association scientifique et technique pour l'eau et l'environnement, France).

[4] IME (Institut méditerranéen de l'eau), IHES (*International Hydrologic Environmental Society*), EPUSP (*Polytechnic School of University of Sao Paulo*) et TCA (*Turkish Contractors Association*).

[5] Le réseau est ouvert à toute organisation qui partage les mêmes objectifs que le Conseil mondial de l'eau et l'information circule librement entre les membres.

[6] Le réseau repose sur des principes démocratiques : un membre, un vote ; tous les membres peuvent s'exprimer librement à travers le réseau.

[7] Les débats sont organisés dans le plus grand respect possible du principe d'ouverture et le plus près possible des participants.

[8] Les questions soulevées, en particulier lorsque celles-ci présentent un intérêt pour l'eau, ne pourront en aucun cas être influencées de quelque manière que ce soit.

[9] Il est établi que l'ensemble des parties prenantes doivent participer aux débats pour pouvoir aborder et résoudre les questions complexes, notamment les questions relatives au secteur de l'eau

[10] Sur ce point, consulter le site officiel du Conseil mondial de l'eau. Ses coordonnées électroniques ont été données *supra*.

[11] La ville de Marseille est en effet le siège du Conseil mondial de l'eau depuis 1996.

l'image d'un organe résolument représentatif et démocratique dont peuvent profiter les acteurs issus de la société civile tels que les ONG.

b. L'unique plateforme de coordination pour les ONG spécialisées dans le domaine de l'eau

744. – En matière de gouvernance, le Conseil mondial de l'eau est absolument unique en son genre puisqu'il s'agit d'une plateforme multilatérale et d'un réseau de compétences très variées et réparties sur l'ensemble de la planète. Ce réseau regroupe actuellement plus de 350 organisations membres en provenance d'au moins 60 pays.

745. – Parmi elles figurent des institutions internationales et intergouvernementales *« de renommée mondiale »*[1], des sociétés publiques et privées, des gouvernements, des autorités locales, des centres de recherche et des organisations de la société civile. Ces différents membres sont l'essence même du Conseil en ce qu'ils jouent un rôle prépondérant dans sa gouvernance et ses activités.

746. – Les conditions d'adhésion au Conseil sont relativement souples. N'importe quelle entité peut, à la condition qu'elle manifeste un intérêt particulier pour les questions liées l'eau et qu'elle se rallie aux objectifs et aux missions du réseau, en faire partie. Le Conseil va tout particulièrement intéresser les ONG car en se considérant davantage comme une simple organisation fédératrice plutôt qu'en véritable instance décisionnelle, ce qui est son cas, il va se contenter en premier lieu de soulever des questions d'ordre politique, et éventuellement des points techniques plus transversaux et généraux.

747. – À cette certaine neutralité va également s'ajouter l'indépendance en raison de l'attitude passive du Conseil, qui consiste à faciliter les programmes intersectoriels mais à ne jamais agir en lieu et place de ses membres dans le cadre des tâches qu'ils sont susceptibles de réaliser. Aucun lien hiérarchique ni de subordination ne va donc s'instaurer entre le Conseil et l'ONG. Comme étudié précédemment, les ONG sont particulièrement friandes de cette absence de tutelle – donc de contrôle – de la part des acteurs avec lesquels elles coopèrent ou qu'elles sont amenées à côtoyer[2].

---

[1] Parmi les institutions internationales et intergouvernementales visées figurent certainement la banque africaine de développement (AfDB), la banque de développement d'Amérique latine (CAF), la ville de Marseille ou bien encore la FAO.

[2] Voir les pages 165 à 167 du 2e chapitre de cette thèse relatif à l'essor des acteurs non-étatiques dans la défense du droit à l'alimentation.

748. – Le Conseil va enfin travailler en étroite collaboration avec l'ONG dans le principal but d'identifier, et le cas échéant d'asseoir, l'impact notamment politique de ses travaux. Pour y parvenir, le Conseil peut mettre des moyens matériels et humains à disposition de l'association, et même aller jusqu'à en faire la publicité lors des sessions ordinaires de l'Assemblée générale. À la neutralité et l'indépendance s'adjoignent donc la solidarité et la publicité.

749. – À l'heure actuelle, nombreuses sont les ONG intervenant directement ou subsidiairement dans les domaines de l'eau et de l'alimentation à être membres du Conseil mondial de l'eau. Parmi celles-ci figurent – entre autres – Action contre la faim, *French Water Partnership*, *Japan Water Forum*, *Prince Albert II of Monaco Foundation*, *The Nature Conservancy*, *Water Environment Federation* ou encore *Women for Water Partnership.* Au total, ce sont plusieurs dizaines d'ONG qui sont inscrites au Conseil.

3. L'absence de « gouvernance hydrique » autonome au niveau régional européen

750. – Au niveau européen, le Conseil de l'Europe adoptera une Charte européenne de l'eau le 26 mai 1967 qui retranscrira les douze *« principes de gestion rationnelle et intégrée de la ressource en Eau »*[1]. Parmi ces derniers, certains ont directement traits au droit à l'eau en tant que véritable droit humain, ce qui fait de cette charte un document précurseur des évolutions actuelles en droit international[2].

751. – Cette charte – qui sera par la suite remplacée par la Charte européenne des ressources en eau en octobre 2001 – rattache en effet la ressource hydrique au droit à la vie[3] et à la santé[4], mais aussi au droit à un environnement sain[5] dans certains de ses principes. Elle s'oppose par ailleurs aux velléités souverainistes et

[1] Si ces principes peuvent paraitre évidents aujourd'hui, ils représentaient en 1968 une véritable prise de conscience de la part des États membres du Conseil de l'Europe.

[2] Parmi ces évolutions figure bien sûr la résolution n° 64/292 de l'Assemblée générale des Nations Unies du 28 juillet 2010 érigeant le droit à l'eau et à l'assainissement en tant que véritable droit de l'homme.

[3] D'après le Principe n° 1 de la charte de 1967 : *« Il n'y a pas de vie sans eau. C'est un bien précieux, indispensable à toutes les activités humaines »*. Le Principe n° 3 précise quant à lui qui *« Altérer la qualité de l'eau, c'est nuire à la vie de l'homme et des autres êtres vivants qui en dépendent »*.

[4] Le Principe n° 4 dispose en effet que : *« La qualité de l'eau doit être préservée à des niveaux adaptés à l'utilisation qui en est prévue et doit notamment satisfaire aux exigences de la santé publique »*.

[5] Le Principe n° 5 prévoit que : *« Lorsque l'eau, après utilisation, est rendue au milieu naturel, elle ne doit pas compromettre les usages ultérieurs, tant publics que privés, qui seront faits de celui-ci »*. Quant au Principe n° 6, il énonce que : *« Le maintien d'un couvert végétal approprié, de préférence forestier, est essentiel pour la conservation des ressources en eau »*.

propriaritaristes que pourraient défendre les États[1] en rappelant le caractère « sans-frontièriste », donc universel de la ressource en eau[2].

752. – Elle présente enfin un intérêt évident du point de vue de la protection des milieux aquatiques[3] puisqu'elle inspirera très certainement – du moins en partie – la politique européenne actuelle de l'eau que fonde la directive-cadre sur l'eau (ci-après DCE) du 23 octobre 2000. Ni la charte, ni la DCE n'ont, à la lecture de leurs dispositions, vocation à assimiler l'eau à un bien marchand comme les autres[4], ce qui est supposé renforcer l'autonomie du droit à l'eau.

753. – Toutefois, et c'est peut-être là que réside sa principale limite, l'adoption de cette charte n'a pas été accompagnée par l'instauration d'un organe de surveillance qui serait justement chargé de veiller spécifiquement au respect de ses dispositions par les États membres du Conseil de l'Europe. Dès 1995, le programme paneuropéen de la diversité biologique et paysagère aurait pu remédier à ce manque, mais il s'en est abstenu, ce qui paraît regrettable en termes de « gouvernance hydrique européenne ».

754. – Dans l'Union européenne cette fois-ci, foisonnent des règles d'un véritable droit européen de l'eau qui s'inscrivent principalement dans le cadre de la politique de l'environnement et dans celui d'autres politiques publiques, comme la santé. De fait, aucune agence entièrement tournée vers la sauvegarde et la protection de la ressource en eau n'a à ce jour été mise en place.

755. – L'Agence européenne de l'environnement ainsi que le Bureau européen de l'environnement font donc partie des seules instances à ne s'occuper qu'« indirectement » des problèmes posés par la gestion de l'eau. La démarche intégrée qui caractérise tant l'Union européenne[5] a beau impliquer de prendre en

---

[1] Il faut souligner qu'en droit privé, l'eau est assimilée à un immeuble par destination. De nombreuses doctrines, qualifiées par certains publicistes d'« absolutistes et souverainistes », ne verraient en la ressource hydrique d'un élément statique insusceptible de tout partage et de toute mobilité. C'est précisément pour répondre à ce *dominium* total des États que la résolution 64/292 du 28 juillet 2010 est venue préciser les devoirs qui leur incombaient sur leurs ressources naturelles. Sur cette question, voir notamment F. Duhautoy, « Du droit de l'eau au droit à l'eau ? », *op.cit.*, p. 425 et s.

[2] Le Principe n° 10 dispose ainsi que : *« L'eau est un patrimoine commun dont la valeur doit être reconnue de tous. Chacun a le devoir de l'économiser et d'en user avec soin »*. Le Principe n° 11 prévoit quant à lui que : *« La gestion des ressources en eau devrait s'inscrire dans le cadre du bassin naturel plutôt que dans celui des frontières administratives et politiques »*. Enfin, le Principe n° 12 vient rappeler que : *« L'eau n'a pas de frontières. C'est une ressource commune qui nécessite une coopération internationale »*.

[3] Voir le Principe n° 5 sus-évoqué ainsi que le Principe n° 9, qui précise que : *« La sauvegarde de l'eau implique un effort important de recherche scientifique, de formation de spécialistes et d'information publique »*.

[4] En réalité, le droit européen a inspiré puis s'est aligné sur la loi française n° 92-3 du 3 janvier 1992 qui érige l'eau en tant que patrimoine commun de la nation.

[5] En matière de droits fondamentaux la démarche intégrée de l'Union européenne est prévue à l'article 6 TFUE (ex-article 6 TUE).

charge la question de l'eau dans les autres politiques publiques – telle que l'agriculture[1] –, aucune institution commune à toutes ces politiques n'a prioritairement vocation à s'en occuper, ce qui, ici encore, semble ralentir l'émergence d'une authentique gouvernance européenne en matière hydrique.

B. LE DENSE PANORAMA DES COMPÉTENCES OPÉRATIONNELLES EN FRANCE

756. – Les questions liées à la gestion et à la distribution de la ressource hydrique – qui constituent tout de même des pans importants du droit à l'eau – concernent en France à peu près toutes les autorités publiques, qu'elles relèvent du pouvoir étatique (1) ou de l'administration décentralisée (2). Leurs compétences opérationnelles en matière d'eau sont complétées au niveau national, mais aussi du bassin et du sous bassin par l'émergence de plusieurs institutions spécialisées qui viennent parachever le dispositif (3).

1. Les compétences opérationnelles de l'État

757. – En France, la plupart des ministères s'intéressent aux enjeux que suscite la ressource en eau. Qu'il s'agisse de la santé, de l'agriculture, de l'industrie, de l'économie, de l'éducation ou de la défense, ils sont tous amenés à interagir, à des stades et à des degrés divers, avec l'élément hydrique. Cela dit, c'est au sein du ministère de l'Écologie, du Développement Durable et de l'Énergie que l'administration centrale va se charger spécifiquement des problématiques qui y ont trait[2] via des services spécialisés.

758. – C'est ainsi que la Direction de l'aménagement, de l'habitat et de la nature se préoccupe de l'eau et de la biodiversité[3]. La Direction générale de la prévention des risques, qui est rattachée au ministère de la Transition écologique et solidaire, se tourne quant à elle vers les risques naturels et hydrauliques[4] tandis que le

[1] La politique agricole commune (PAC) favorise en effet les investissements visant à préserver les ressources en eau, à améliorer les infrastructures destinées à l'irrigation et à permettre aux agriculteurs d'améliorer leurs techniques dans ce domaine. Elle contribue également à protéger la qualité de l'eau.
[2] Avant 2012, ces questions-là revenaient au ministère chargé de l'environnement.
[3] Cette direction est en effet en charge des politiques des paysages, de la biodiversité et de l'eau (connaissance, protection, police et gestion de l'eau). Elle assure par ailleurs la protection de l'ensemble du patrimoine naturel, y compris la mer et le littoral. Elle est placée sous l'autorité conjointe du ministre chargé de l'Environnement et du ministre chargé du Logement.
[4] La prévention des inondations et la prévision des crues font, entre autres, parties des missions plus spécifiques menées par cette direction.

Commissariat général au développement durable publie notamment des rapports en matière environnementale[1]. La mission interministérielle de l'eau est en outre parfaitement libre de coordonner les travaux qui résulteraient aussi bien du Conseil national du développement durable que du Grenelle de l'environnement[2].

759. – Au niveau régional cette fois-ci, les services déconcentrés bénéficient d'une Direction générale de l'environnement, de l'aménagement et du logement (ci-après DREAL)[3] assurant en partie la gestion de l'eau et la protection du littoral et des milieux marins[4] ; d'une Direction régionale de l'alimentation, de l'agriculture et de la forêt (ci-après DRAAF)[5] compétente en matière d'aquaculture d'eau douce et d'évaluation de l'impact de la politique agricole de la région ; et d'une Agence régionale de la santé (ci-après ARS) qui coordonne et harmonise – à l'échelle du bassin – la politique de santé publique dans le domaine de l'eau.

760. – L'échelon départemental n'est pas en reste puisque la Direction départementale des territoires et de la mer (ci-après DDTM) compte parmi ses prérogatives la prévention et la protection des risques naturels, la gestion durable des eaux ou encore l'amélioration de la qualité de l'environnement. Quant à la Direction départementale de la protection des populations (ci-après DDPP) ainsi qu'à la Direction départementale de la cohésion sociale et de la protection des populations (ci-après DDCSPP), elles assurent l'inspection d'installations classées pour la protection de l'environnement, exerçant – entre autres – des activités agricoles et agroalimentaires.

761. – Les autorités déconcentrées disposent enfin de plusieurs structures de coordination basées en premier lieu auprès du préfet de zone, notamment au regard des risques. Au niveau du bassin, existe aussi une commission administrative de bassin permettant au préfet de coordonner les divers services de l'État. Au niveau du département, les missions interservices de l'eau (ci-après MISE)[6] donnent enfin leur avis sur n'importe quel type de dossier touchant au domaine de l'eau.

---

[1] Pour établir ses rapports, ce commissariat général intègre notamment les activités de l'ancien Institut français de l'environnement (IFEN), dont le suivi des questions d'environnement était significatif.

[2] Cette mission interministérielle de l'eau est prévue à l'article R. 213-33 du Code de l'environnement.

[3] Cette direction régionale regroupe une partie des Directions régionales de l'industrie, de la recherche et de l'environnement (DRIRE) et des Directions régionales de l'environnement (DIREN).

[4] Parmi ses autres activités figurent la préservation et la gestion des ressources du patrimoine naturel, le contrôle et la sécurité des activités industrielles, ou encore la prévention des pollutions, des risques naturels et technologiques et des risques liés à l'environnement.

[5] La DRAAF est par ailleurs compétente en matière de développement durable des territoires.

[6] La MISE est une instance de coordination visant à renforcer la cohérence de l'action de l'État sous l'autorité des préfets. Elle doit réunir les directeurs des principaux services déconcentrés et des établissements publics locaux (en particulier : DREAL, DDTM, DDCSPP, Gendarmerie, ONEMA, agence de l'eau, ONCFS,

2. Les compétences opérationnelles des institutions décentralisées

762. – Les acteurs de la décentralisation sont habilités, dans le cadre de leurs prérogatives en matière d'aménagement du territoire, d'économie et d'environnement[1], à intervenir dans la gestion locale de l'eau. Les conseils départementaux peuvent par exemple aider les communes en matière d'assainissement, de protection de la ressource en eau et de restauration – ou d'entretien – des milieux naturels[2].

763. – La commune dispose pour sa part de la compétence de droit en matière de gestion des services publics d'eau potable, d'assainissement – qu'il soit collectif ou individuel – et d'eaux pluviales. Le maire est quant à lui le titulaire de plusieurs polices spéciales intéressant directement le milieu hydrique. Il a ainsi en charge la police des baignades, de l'état des ruisseaux, des rivières, des étangs, des mares et des amas d'eau[3]. En vertu de la loi « NOTRe » adoptée le 16 juillet 2015[4], les intercommunalités sont par ailleurs chargées de l'eau et de l'assainissement depuis 2020.

764. – Instaurés par la loi du 31 juillet 2003, les Établissement publics territoriaux de bassin (ci-après EPTB)[5] peuvent, à la demande des collectivités territoriales et de leurs groupements (et conformément à la loi EMA), prévenir les risques d'inondations et assurer une gestion équilibrée de la ressource en eau. Ils peuvent également être consultés sur le classement de certains cours d'eau[6] et mettre en place des redevances qui seront perçues par les Agences régionales de santé[7].

Préfecture, DIRM) pour débattre des priorités et des modalités de mise en œuvre de la politique de l'eau et de son articulation avec les politiques sectorielles, en veillant à la bonne association des outils régaliens, financiers et d'ingénierie publique. La DREAL a un rôle de coordination des MISE au niveau régional.

[1] Les régions peuvent par exemple subordonner des subventions à des considérations environnementales, et en particulier à des considérations ayant trait à l'eau.

[2] Article L.3232-1-1 du Code général des collectivités territoriales.

[3] Article L. 2213-23 et s. du Code général des collectivités territoriales.

[4] Il s'agit là du 3e volet de la réforme territoriale. Cette loi vise à mieux répartir les compétences entre les collectivités. Ce texte confirme la montée en puissance des régions et des intercommunalités, sans que cela ne se fasse au détriment des départements. Pour aller plus loin, voir « La loi NOTRe pour les collectivités territoriales définitivement adoptée », *Le Monde*, 16 juillet 2015.

[5] Ces établissements sont obligatoirement approuvés par un arrêté du préfet coordonnateur de bassin dès lors qu'une collectivité territoriale et l'un de ses groupements décident d'y recourir.

[6] Article L.214-17 du Code de l'environnement.

[7] Article L.213-9-2-IV du Code de l'environnement.

3. Les compétences opérationnelles des institutions spécialisées

765. – Au niveau national, plusieurs acteurs caractérisent la gestion de l'eau. Il y a d'abord le Comité national de l'eau[1], lequel peut formuler des avis sur tout projet d'aménagement et de répartition des eaux ayant un caractère national, ou sur les projets de décrets concernant le prix de l'eau facturé aux usagers ainsi que sur tous ceux portant cette fois-ci sur la qualité des services publics de distribution d'eau et d'assainissement[2].

766. – Il y a ensuite l'Office national de l'eau et des milieux aquatiques (ci-après ONEMA)[3]. Doté d'un conseil d'administration[4] et d'un conseil scientifique[5], l'ONEMA est chargé *« de mener et de soutenir au niveau national des actions destinées à favoriser une gestion globale, durable et surtout équilibrée de la ressource en eau »*[6]. En tant que structure d'appui aux services de l'État, des Agences et offices de l'eau, l'ONEMA comporte également des délégations régionales et départementales. Elle peut aussi attribuer certains concours financiers aux personnes publiques et privées intervenant dans le secteur de l'eau[7].

767. – Il y a enfin l'Établissement public pour la gestion de l'eau et de la biodiversité du marais poitevin[8] ainsi que les Voies Navigables de France[9] qui veillent notamment aux continuités écologiques des voies qui leur sont confiées et à la prévention des inondations de celles-ci tout en assurant autant que possible la conservation du patrimoine. D'autres acteurs pourraient être cités, mais ils ne

---

[1] Le Comité national de l'eau est prévu à l'article L.213-1 du Code de l'environnement. Composé de plusieurs collèges, il est placé auprès du ministre chargé de l'environnement.

[2] Il peut également formuler des avis sur tout problème commun à deux ou plusieurs bassins ou groupements de bassin, sur les grands aménagements régionaux et sur les projets de décret concernant la protection des peuplements piscicoles. Il dispose d'un comité consultatif et de plusieurs comités permanents.

[3] L'ONEMA est un établissement public de l'État à caractère administratif. Il a été créé par la loi EMA du 30 décembre 2006, et remplace le Conseil supérieur de la pêche. Il est placé, selon l'article L.213-2 et s. du Code de l'environnement, sous la tutelle du ministre chargé de l'environnement.

[4] Le directeur de ce conseil d'administration est nommé par le ministre chargé de l'environnement. Comprenant 32 membres, ce conseil délibère sur les orientations de la politique de l'établissement, sur le programme pluriannuel (ainsi que sur leurs mesures d'application techniques et financières).

[5] Ce conseil scientifique assiste l'ONEMA dans la définition de sa politique et assure l'évaluation de ses activités.

[6] Article L.213-2 à 6 du Code de l'environnement.

[7] Article R.213-12-2 du Code de l'environnement.

[8] Cet établissement a été créé spécialement en 2010 pour résoudre les questions majeures de cet écosystème. Ici, voir article L.213-12-1 du Code de l'environnement.

[9] Réformé en 2012, cet établissement public de l'État est prévu à l'article L.4311-1 et s. du Code des transports.

concourent pas à la gestion de l'eau à proprement parler – du moins pas directement[1].

768. – Depuis 1964, le territoire français se subdivise en bassins, qui constituent le cadre privilégié pour une gestion intégrée de l'eau[2]. Ces zones sont dotées d'institutions spécifiques comme le Comité de bassin[3] et l'agence de l'eau[4], mais peuvent, dans certains endroits tels que les territoires d'outre-mer et la Corse, revêtir une organisation spécifique[5]. Quelles que soit leurs compétences opérationnelles respectives, ces zones ont toutes vocations à assurer une gestion durable et équilibrée de la ressource en eau, eu égard à leurs spécificités tant géographiques que naturelles.

769. – La logique est la même au niveau du sous-bassin, puisqu'ici, l'organisation institutionnelle sera spécifique à une zone géographique donnée dans le cadre de l'élaboration du schéma d'aménagement et de gestion de l'eau (ci-après SAGE)[6]. En effet, la composition de la commission locale de l'eau[7], qui est d'ailleurs indispensable à l'élaboration d'un SAGE et dont la création ne peut émaner que du préfet, variera selon qu'elle se trouve en métropole[8] ou en Corse[9].

---

[1] Ici, peuvent être cités le Comité national trame verte et bleue (prévu à l'article L.371-2 et s. du Code de l'environnement) ou bien encore le Conseil d'orientation pour la prévention des risques naturels majeurs (prévu à l'article D.165-18 du Code de l'environnement).

[2] Il existe à l'heure actuelle 12 bassins sur le territoire : Adour-Garonne, Artois-Picardie, Loire-Bretagne, Rhin-Meuse, Rhône-Méditerranée, Seine-Normandie, Corse, Guadeloupe, Guyane, Martinique, Mayotte, La Réunion.

[3] Instauré par la loi de 1964, le Comité de bassin constitue l'organisation de référence de la gestion territorialisée de l'eau. Ici, voir les articles L.213-8 et R.213-17 et s. du Code de l'environnement.

[4] Créées par la loi de 1964, les agences de l'eau ont le statut d'établissement public administratif de l'État. Elles sont placées sous la tutelle du ministre chargé de l'environnement (articles L.213-8-1 et s. et R.213-30 et s.).

[5] En Corse, c'est l'Assemblée territoriale de Corse qui dispose de pouvoirs spécifiques dans le domaine de l'eau – et notamment dans le domaine de la facturation de l'eau. Dans les départements et territoire d'outre-mer, c'est un office de l'eau qui assure les missions dévolues aux Agences en métropole, conformément aux principes de gestion des ressources et des milieux naturels définis à l'article L.110-1 du Code de l'environnement.

[6] Institué par la loi sur l'eau de 1992, le SDAGE est un instrument de planification qui fixe pour chaque bassin hydrographique les orientations fondamentales d'une gestion équilibrée de la ressource en eau dans l'intérêt général et dans le respect des principes de la directive cadre sur l'eau et de la loi sur l'eau, des objectifs environnementaux pour chaque masse d'eau (plans d'eau, tronçons de cours d'eau, estuaires, eaux côtières, eaux souterraines).

[7] Commission créée par le préfet, chargée d'élaborer de manière collective, de réviser et de suivre l'application du schéma d'aménagement et de gestion des eaux (SAGE). Véritable noyau décisionnel du SAGE, la commission locale de l'eau veille à la bonne application des préconisations et des prescriptions inscrites dans le SAGE, ainsi qu'à la mise en place des actions.

[8] En métropole, la composition de la Commission locale de l'eau est prévue à l'article R.212-30 du Code de l'environnement.

[9] La Corse a beau juridiquement faire partie de la métropole, la composition de la Commission locale de l'eau est spécifiquement prévue par l'article L.4424-36 du Code général des collectivités territoriales.

C. LE PANORAMA DIVERSIFIÉ DES ACTEURS ÉCONOMIQUES NON-GOUVERNEMENTAUX

770. – Comme dans le secteur de l'alimentation, les acteurs socio-économiques vont se mobiliser pour témoigner leur attachement à la défense d'une cause spécifique, en l'occurrence ici la gestion durable et équitable de la ressource en eau. C'est notamment le cas de certaines entreprises privées, qui voient dans le développement durable un objectif prioritaire (1), et des citoyens eux-mêmes, qui vont parfois jusqu'à relayer leur action en recourant – bien qu'ils puissent faire sans[1] – à des associations (2).

1. L'intérêt grandissant des acteurs économiques pour la ressource en eau

771. – En raison des rapports entre l'eau et le développement des activités économiques, nombreuses sont dorénavant les entreprises à s'être organisées en groupement d'influence pour justement être présentes dans les institutions majeures de la gestion de l'eau. Généralement, les secteurs privés ne sont pas indifférents aux décisions que prennent les pouvoirs publics, ainsi vont-ils se manifester eux-mêmes, sans intermédiaires.

772. – C'est précisément le cas des entreprises inscrites au Conseil mondial de l'eau – comme Aquafed[2] ou *K-water*[3] –, où ici *« chacun confronte ses intérêts particuliers aux intérêts plus généraux »*[4]. Cela dit, l'influence qui y est exercée reste toujours collective. En conséquence, *« tous ceux qui sont concernés par une décision vont chercher à l'influencer conjointement »*[5] dans un sens plus favorable à la majorité, c'est-à-dire dans un sens plus propice à la gestion durable et

[1] Pour le Professeur Bernard Drobenko, *« le citoyen est un acteur majeur du droit de l'eau. A titre individuel, car chacun est un consommateur et produit des rejets, et car chacun est directement ou indirectement un usager des écosystèmes ».* Ici, voir B. Drobenko, *L'essentiel du droit de l'eau*, *op.cit.*, p. 40. L'auteur rappelle par ailleurs qu'en vertu de l'article 2 de la Charte de l'environnement – et de l'article L.110-2 du Code de l'environnement, *« toute personne a le devoir de prendre part à la préservation et à l'amélioration de l'environnement ».*

[2] Créée en 2005, AquaFed est une fédération internationale d'opérateurs privés d'eau. Basée à Paris et dotée d'un bureau de liaison à Bruxelles, AquaFed représente plus de 400 opérateurs privés fournissant l'eau et des services d'assainissement dans plus de 40 pays dans le monde entier.

[3] *K-water* est une société gouvernementale sud-coréenne qui développe et gère plusieurs installations et programmes conçus pour fournir le meilleur approvisionnement en eau.

[4] M. Clamen, *Manuel de lobbying*, *op.cit.*, p. 51.

[5] *Ibid.*

équilibrée de la ressource en eau dans le cadre de leurs activités économiques respectives.

773. – En devenant membres du conseil, ces personnes morales de droit privé délivrent aussi pléthore de messages, comme celui visant à ce que *« tous les acteurs économiques prélèvent l'eau ou produisent des rejets conformément aux principes et règles qui permettent leur réalisation »*[1]. Le Conseil mondial de l'eau n'est donc pas qu'un simple centre de pouvoir duquel n'émaneraient que des directives à suivre et/ou des règlements à appliquer. C'est surtout un lieu d'échanges et d'interactions permettant à ses membres de proposer certaines voies d'amélioration qui les concernent tous.

774. – Moins collectives – mais non moins fondamentales pour autant – constituent par ailleurs les démarches volontaires, auxquelles recourent de plus en plus d'entreprises. Parmi celles privilégiées figurent notamment le respect des normes ISO ainsi que l'utilisation des procédures d'audit dans le cadre du management environnemental. Quel que soit le degré d'attachement de ces entreprises aux droits de l'homme, elles sont de toute façon toutes soumises au respect des lois et des règlements sur l'eau.

2. L'intervention grandissante des citoyens dans le secteur de l'eau

775. – Le secteur de l'eau est marqué par l'existence d'une multitude d'ONG agissant tant au niveau national qu'international. En France, les associations dont l'objet social réside dans la gestion durable et équilibrée de la ressource en eau peuvent exercer – au même titre que les associations agréées de protection de l'environnement[2] – les droits reconnus à la partie civile[3].

776. – C'est notamment le cas de l'Office international de l'eau (ci-après OIE), qui est une association de droit français sans but lucratif déclarée d'utilité publique par le décret du 13 septembre 1991. Dotée de *« compétences dans de nombreuses thématiques du domaine de l'eau »*[4], l'OIE intervient en France, en Europe et dans le monde pour une meilleure gestion de l'eau.

777. – Parmi les autres ONG vraiment spécialisées dans la défense et la promotion du droit de l'homme à l'eau figurent *WaterAid*, *Charity Water*, *Water For People*,

---

[1] B. Drobenko, *L'essentiel du droit de l'eau*, *op.cit.*, p. 39.

[2] Les associations environnementales peuvent être agréées – et ainsi recevoir l'appellation d'associations agréées de protection de l'environnement – dès lors qu'elles sont déclarées depuis au moins 3 ans. Ici, Cf. l'article L.141-1 du Code de l'environnement. Certaines d'entre elles sont par ailleurs regroupées au sein de fédérations comme France Nature Environnement et Les Amis de la Terre.

[3] Article L.142-2 du Code de l'environnement.

[4] *Ibid.*

End Water Poverty ou bien *Fresh Water Action Network*. En revanche, aucune d'entre elles n'est membre du Conseil mondial de l'eau, ce qui peut s'expliquer en raison de leur important budget[1] et/ou de leurs réseaux hyper diversifiés[2], ou plus simplement du fait de leur méfiance à l'égard des représentants politiques des gouvernements, donc *a fortiori* des approches trop partisanes des questions liées à l'eau.

778. – Variées sont aussi les ONG qui défendent le droit à l'eau par le biais du droit à l'environnement. Ici peuvent être citées *Greenpeace*, Médecins sans frontières, *World Wide Fund for Nature* (ci-après WWF) ainsi que la Fondation Yves Rocher. Ces associations attestent du caractère interdépendant et indivisible des droits de l'homme à l'eau et à l'alimentation, ainsi sont-elles parfaitement légitimes à les promouvoir en y consacrant une part importante de leurs activités.

779. – Il n'est enfin pas inutile de rappeler que cette sphère associative n'a pas le monopole de l'action collective des citoyens. Dans l'Union européenne, l'initiative citoyenne « l'eau, un droit humain »[3] a ainsi recueilli 1 884 790 signatures à la suite de l'audition de ses organisateurs en février 2014. Ces derniers voulaient inviter la Commission européenne à garantir l'accès à l'eau et aux services d'assainissement comme un droit humain. La réponse de la commission à la formulation pour le moins démocratique de cette demande manquerait toutefois d'ambition d'après le Parlement européen en ce qu'elle se serait limitée à réitérer les engagements déjà pris.

---

[1] Le total des dépenses de « *WaterAid UK* » s'élevait par exemple à plus de 87 millions de livres sterling en 2016, soit l'équivalent de 99 millions d'euros. Ici, voir le rapport public annuel des finances de l'ONG. Disponible sur le lien suivant : https://www.wateraid.org/uk/the-wonderful-things-you-did-annual-report-2016-17 [consulté le 2 novembre 2017]

[2] *End Water Poverty* est une coalition internationale composée de membres issus de la société civile. Son but est d'intervenir à l'échelon mondial pour résorber les problèmes liés à l'eau et à l'assainissement. Créée en 2007, la coalition compte actuellement plus de 350 membres répartis dans plus de 50 pays – que cela soit en Afrique, en Asie, en Amérique latine, en Europe ou en Amérique du Nord.

[3] Pour de plus de détails sur cette pétition citoyenne, voir notamment le site officiel du Parlement européen. Disponible à partir du lien Internet suivant : http://www.europarl.europa.eu/news/fr/press-room/20150903IPR91525/initiative-citoyenne-l-eau-un-droit-humain-la-commission-doit-agir [consulté le 2 novembre 2017] ; Pour voir également le contenu à proprement parler de cette pétition – dont l'un des aspects consiste à exonérer les ressources hydriques des règles du marché intérieur –, aller sur ce lien : http://www.right2water.eu/fr/node/5 [consulté le 1er novembre 2017]

Section II. LES LIMITES DU DROIT DE L'HOMME À L'EAU ET À L'ASSAINISSEMENT

780. – Après avoir établi que la reconnaissance du droit à l'eau et à l'assainissement était relativement récente, mais plutôt encourageante en raison de sa généralisation tant à l'intérieur qu'en-dehors des États, il paraît nécessaire de montrer en quoi d'autres logiques, privées cette fois-ci, viennent ralentir sa construction et limiter son effectivité.

781. – Sur la scène internationale, ce droit pâtit toujours du manque d'autonomie dont jouit pourtant le droit interétatique de l'eau. En découle une certaine dyschronie, puisque *« les ensembles normatifs Droit de l'eau / Droit à l'eau n'avancent pas au même rythme vers une reconnaissance effective d'un droit humain à l'élément hydrique »*[1].

782. – La logique résolument économique que prêtent certains acteurs issus de la société civile ou non, à cette ressource naturelle qu'est l'eau, semble également l'emporter en droit interne, où prévalent encore plusieurs aspects lucratifs et marchands sur ceux tournés vers l'accessibilité et la potabilisation, ce qui amoindrit considérablement leur portée théorique et d'un point de vue pratique leur effectivité.

783. – En d'autres termes, certains éléments de droit et de fait viennent limiter la portée juridique du droit à l'eau pourtant défendue dans certaines sources de droit interne et international. La question de son effectivité au sein de ce qui pourrait constituer la bonne gouvernance de l'eau semble alors être remise en cause de la part tant des États qu'une partie des acteurs économiques eux-mêmes.

784. – Il va donc s'agir de montrer dans un premier temps que les accords conventionnels (qu'ils soient sur l'eau à proprement parler ou plutôt commerciaux) ont beau s'être multipliés dans certaines régions de protection des droits de l'homme pour ainsi offrir, en tant que source écrite du droit, une plus grande garantie de lisibilité, de stabilité et d'application des règles juridiques que la coutume en règle générale, inexistants sont ceux dont l'objet résiderait principalement dans la défense du droit à l'eau (§I).

785. – Dans un second temps, il paraît déterminant de voir comment certaines activités commerciales, notamment l'agriculture intensive et la construction urbaine, peuvent représenter dans l'ordre interne des « freins » à l'essor du droit à l'eau parmi certainement les plus puissants qu'il existe actuellement (§II). Ce

[1] F. Duhautoy, « Du droit de l'eau au droit à l'eau ? », *op.cit.*, p. 423.

cheminement aura cela d'intéressant qu'il propose une analyse des obstacles à l'essor de ce nouveau droit de l'homme la plus exhaustive possible.

§I. UNE FAIBLE PROTECTION JURIDIQUE DANS LES INSTRUMENTS CONVENTIONNELS CLASSIQUES

786. – Pour tracer les contours des limites de l'actuelle gouvernance interétatique de l'eau, il faut particulièrement s'intéresser à trois types d'engagements internationaux auxquels peuvent souscrire librement les États. Classiquement, les premiers d'entre eux ont bien sûr trait aux cours d'eau – donc à la question du partage de la ressource hydrique entre États –, les seconds sont pour leur part relatifs à l'environnement – donc peuvent avoir pour principale problématique la préservation de la ressource hydrique –, tandis que les derniers (et certainement les plus polémiques[1]) ont pour objet les échanges économiques internationaux – ce qui peut alors poser la question de l'accès à la ressource hydrique.

787. – À la différence des conventions multilatérales à objet spécial, comme celle relative aux droits des personnes handicapées, les engagements internationaux sus-évoqués n'ont pas du tout vocation à protéger spécifiquement les droits fondamentaux de certaines catégories de la population jugées vulnérables, mais bien plus à régir des pans entiers de l'activité économique terrestre et maritime. Ces instruments conventionnels portent donc sur des activités humaines dont les répercussions – même indirectes – sur l'environnement en général et sur l'eau en particulier, paraissent évidentes, d'où la nécessité de les aborder à l'aune des droits fondamentaux.

788. – Une telle perspective suggèrera non seulement de décrypter le contenu normatif du droit relatif aux utilisations des cours d'eau internationaux à des fins autres que la navigation à l'aune du droit à l'eau et à l'assainissement reconnu par les Nations Unies en juillet 2010 (A), mais reposera également sur une analyse approfondie des probabilités qu'ont – on non – les grands accords internationaux sur le développement durable (B) et le libre-échange (C) de s'adapter un jour aux exigences de ce nouveau droit de l'homme.

---

[1] Sur cette question, voir notamment B. Drobenko, *Le droit à l'eau : une urgence humanitaire*, Johanet, 1er juin 2012, 206 pages ; voir également M. Cuq, *L'eau en droit international : convergences et divergences dans les approches juridiques*, *op.cit.*, mais aussi C. Bigot, *Le droit à l'eau en droit international et en droit communautaire : contribution à l'étude d'un droit de l'homme et des générations futures en émergence*, th. pour le doctorat en droit présentée et soutenue publiquement à l'Université Paris 10 Nanterre en 2006, ainsi que les actes du colloque d'Orléans de la société française pour le droit international intitulés *L'eau en droit international*, parus chez A. Pedone en juin 2011 (408 pages).

A) L'EXEMPLE INATTENDU DES ACCORDS CONVENTIONNELS SUR L'EAU

789. – Si le droit de l'homme à l'eau et à l'assainissement est désormais reconnu de manière explicite par l'Assemblée générale des Nations Unies, la plupart des instruments juridiques internationaux n'y font, en droit positif, qu'indirectement allusion via le truchement d'autres « droits vitaux ». Sans grande surprise, ce manque d'autonomie restreint considérablement son opposabilité auprès des cours régionales de protection des droits de l'homme et des juridictions spécialisées en lien avec les Nations Unies telle que la Cour pénale internationale.

790. – À défaut d'entrevoir l'avènement d'une gouvernance mondiale de l'eau[1], qui emprunterait les voies de la bonne gouvernance[2], comme certains auteurs en appellent de leurs vœux en matière de droit à l'alimentation[3], une partie de la doctrine propose l'adoption d'une convention-cadre qui formaliserait à l'intérieur d'un seul et même document les nombreux textes portant sur la reconnaissance des droits fondamentaux liés à l'eau[4]. Pour ces spécialistes, il s'agirait avant tout d'une avancée sémantique absolument souhaitable et réalisable.

791. – Une autre difficulté réside dans la dénomination même du droit de l'homme à l'eau et à l'assainissement. Cette approche notionnelle rendrait, pour certains juristes, difficilement identifiable son contenu. Pensant que le droit à l'eau se limite à l'utilisation des cours d'eau par les États, ainsi qu'à la propriété – encore trop souvent souverainiste et exclusive –, ils privilégient le concept de droit de l'homme à l'élément hydrique, qui lui seul serait exempt de toute logique

---

[1] Souvent controversée, insaisissable et brocardée, la notion de gouvernance n'en pas moins dans l'air du temps comme un instrument de présentation simplifiée des *« mécanismes de pouvoir existant dans une société donnée »*. Ici, voir notamment P.de Montalivet, *Gouvernance et participation*, *op.cit.*, p. 1. En réalité, la gouvernance de l'eau s'apparente ni plus ni moins à l'ensemble des mécanismes de pouvoir ayant trait à la ressource en eau.

[2] La bonne gouvernance s'apparente quant à elle non pas aux mécanismes de pouvoir existant dans une société donnée, mais tels qu'ils devraient exister au sein de celle-ci. Dit autrement, la bonne gouvernance correspond à des *« principes de répartition et d'exercice du pouvoir »* dont la mise en œuvre serait opportune. Ces principes sont l'efficacité, la transparence, la responsabilité (ou *accountability*) mais aussi la participation. *Ibid.*, p. 3.

[3] Voir notamment B. Clemenceau, « La gouvernance alimentaire mondiale : les réponses et l'absence de réponses du droit international et du droit de l'Union européenne », *op.cit.*, pp. 91-106.

[4] Voir J.-M. Olaka, *Le droit à l'eau*, *op.cit.*, p. 142.

économique, et ainsi apte à *« quérir la consécration d'un nouveau droit de l'homme »*[1], qu'il soit collectif ou plus subjectif.

792. – Il faut souligner qu'en droit privé, l'eau est assimilée à un immeuble par destination. De nombreuses doctrines[2], qualifiées par certains publicistes d'*« absolutistes et souverainistes »*[3], ne verraient en la ressource hydrique qu'un élément statique insusceptible de tout partage et de toute mobilité[4]. C'est précisément pour répondre à ce *dominium* total des États que la résolution n° 64/292 du 28 juillet 2010 est venue préciser les devoirs qui leur incombaient sur leurs ressources naturelles.

793. – Cela dit, certaines conventions bilatérales étaient déjà venues limiter cette appropriation unilatérale de l'eau au cours du XXe siècle. Prônant un usage simultané, solidaire et responsable de l'eau, elles sont à l'origine d'une certaine communauté d'intérêt interdisant par exemple la construction de nouvelles infrastructures modifiant les approvisionnements des pays riverains. La convention sur les eaux de Rio Grande[5] et la convention de New-York sur les utilisations des cours d'eau internationaux à des fins autres que la navigation[6] le démontrent parfaitement.

794. – La Cour internationale de justice reprendra à son tour cette idée de « communauté d'intérêt » dans sa propre jurisprudence[7], laissant de prime à bord penser que l'émergence d'une certaine forme de solidarité interétatique limitant les velléités souverainistes sur la ressource en eau faciliterait son accès pour les

---

[1] Voir F. Duhautoy, « Du droit de l'eau au droit à l'eau ? », *op.cit.*, pp. 431-432. L'auteur insiste sur le fait que le droit interétatique de l'eau *est « loin de contribuer à la création d'un droit de l'homme à l'eau »*.

[2] L'eau est assimilée par certaines doctrines à une ressource statique sur laquelle l'État traversé exerce un contrôle total – ici, la souveraineté territoriale est pensée comme un droit de propriété sur des eaux pourtant communes car mouvantes. Toutefois, l'évolution du droit interétatique de l'eau affaiblit cette logique exclusiviste. D'autres doctrines avantagent les États d'amont. Apparentée à cette doctrine existe aussi celle de la « supra-riveraineté » développée par l'ex-Zaïre en 1971. Une troisième doctrine dite de l'intégrité du territoire absolue avantage les États d'aval. Les débits des cours d'eau partagés ne peuvent être modifiés sans l'accord des autres entités étatiques ayant un droit de véto sur tout nouvel aménagement. Une quatrième doctrine avantage les États nés tôt dans l'histoire. De fait, le premier utilisateur étatique d'une source d'eau est censé légitimer un exclusivisme juridique d'accès. Ici, tout usage nouveau ne peut reposer que sur une autorisation du premier usager propriétaire.

[3] Voir F. Duhautoy, *op.cit.*, p. 425.

[4] *Ibid.*

[5] Voir tout particulièrement le Préambule de la *Convention Concerning the Equitable Distribution of the Waters of the Rio Grande for Irrigation Purposes* du 21 mai 1906.

[6] La Convention sur le droit relatif à l'utilisation des cours d'eau internationaux à des fins autres que la navigation a été adoptée par l'Assemblée générale des Nations Unies le 21 mai 1997. Voir résolution 51/229 de l'Assemblée générale, annexe, Documents officiels de l'Assemblée générale, cinquante et unième session, Supplément n° 49 (A/51/49).

[7] Cf. notamment l'affaire du *Détroit de Corfou* (*Royaume-Uni c/ Albanie*) du 9 avril 1949 – CIJ, Recueil 1949, p. 22 –, et celle relative au projet *Gabcikovo-Nagymaros* (*Hongrie c/ Slovaquie*) du 25 septembre 1997 – CIJ, Recueil 1997, §140.

personnes. L'étude casuistique de ces arrêts établit toutefois que la CIJ n'accorde aucune autonomie réelle au droit à l'eau. Elle se contente de la rapprocher du droit de l'homme à l'environnement ainsi qu'à l'universalité des droits de l'homme[1].

795. – De plus et surtout, les conventions sus-évoquées n'admettent pas la priorité du droit à l'eau. Faisant simplement allusion aux besoins humains, ces textes ne font naître aucune obligation pour les États signataires, ni n'ouvrent de droit subjectif au bénéfice des individus[2]. De l'avis de certains juristes, ils défendent plutôt *« une logique de marché que des sociétés privées peuvent combler »*[3], notamment en termes de potabilisation et de fourniture d'eau.

796. – C'est le cas du Protocole auquel a donné naissance la Communauté de développement d'Afrique australe[4]. Celui-ci a beau empêcher les États de disposer d'une compétence exclusive sur leur territoire et défendre *« une utilisation durable, équitable et raisonnable des cours d'eau protégés »*[5], il ne définit nullement l'accès à l'eau comme étant un droit de l'homme prioritaire. Il en va de même concernant le Protocole pour le développement du Bassin du Lac Victoria[6] et l'accord-cadre sur le Bassin du fleuve du Nil[7]. Ne consacrant que des droits programmatoires, donc non-contraignants, la logique est identique à propos de la Charte des eaux du Fleuve Sénégal[8].

797. – Irrémédiablement, ces instruments juridiques internationaux ne créent pas de nouveaux droits de l'homme. Ils se bornent à prévoir une utilisation raisonnable et équitable de la ressource hydrique, ce qui traduit bien les intentions essentiellement politiques de la part des gouvernements qui en sont les instigateurs. De fait, une partie de la doctrine pense qu'il ne faut pas s'en remettre

---

[1] Sur cette question, voir F. Duhautoy, « Du droit de l'eau au droit à l'eau ? », *op.cit.*, pp. 426-427.

[2] Cf. les articles 10§§1 et 2 de la Convention dite de New-York sur l'utilisation des cours d'eau internationaux.

[3] F. Duhautoy, *op.cit.*, p. 429.

[4] Cette communauté a donné naissance à un Protocole sur les cours d'eau partagés entre États membres. En ratifiant ce protocole, les États de cette communauté consentent à ne plus disposer d'une compétence exclusive sur leur territoire. Il a été accepté par tous ses États sauf Madagascar.

[5] L'article 2§b de celui-ci fixe un objectif d'*« utilisation durable, équitable et raisonnable des cours d'eau partagés »*. L'article 3§7 a) précise quant à lui qu'il s'agit d'obtenir une utilisation optimale et durable respectueuse des intérêts des États riverains et des générations présentes et futures. Enfin, les facteurs et circonstances relevant d'une utilisation raisonnable des cours d'eau sont précisés à l'article 3§8 a).

[6] L'article 4§2 a) de ce protocole de 2003 consacre *« le principe d'une utilisation équitable et raisonnable des ressources en eau »*.

[7] D'après l'article 3§14 de cet accord, *« l'eau doit être utilisée en priorité de la manière la plus économique, en tenant compte de la satisfaction des besoins de base des populations »*.

[8] L'article 4 énonce que *« les principes directeurs de toute répartition des eaux du Fleuve visent à assurer aux populations des États riverains la pleine jouissance [...] du droit fondamental de l'homme à une eau salubre »*.

à leurs dispositions pour entrevoir, ne serait-ce que partiellement, l'existence d'un authentique droit fondamental à l'eau et à l'assainissement.

B) L'EXEMPLE EN DEMI-TEINTE DES ACCORDS CONVENTIONNELS SUR L'ENVIRONNEMENT

798. – Au niveau universel, il n'existe actuellement aucun équivalent au « Conseil mondial de l'eau » en matière environnementale. Pour mieux gérer la question du changement climatique, il serait peut-être préférable de pouvoir compter, comme l'ont déjà indiqué certains auteurs, sur une entité similaire voire même sur une organisation mondiale de l'environnement[1].

799. – Celle-ci pourrait être pensée sur deux étages. Le premier serait dévolu à *« la représentation de tous les États de la planète »*[2], tandis que le second pourrait *« regrouper les plus grands émetteurs de gaz carbonique »*[3]. Là encore, il n'y aurait pas de contradiction entre *« démocratiser la gouvernance mondiale et la rendre plus efficace »*[4].

800. – Cette absence d'organisation internationale – et de plateforme de coordination des ONG et des autres acteurs issus de la société civile – intervenant mondialement en matière d'environnement n'est guère sans rappeler la « timidité » avec laquelle les conventions multilatérales à objet spécial ont très souvent abordé la question de l'accès à l'eau et à l'assainissement dans le cadre de leurs dispositions.

801. – Le droit à l'eau fera sa toute première apparition dans la Déclaration finale de la Conférence des Nations Unies réunies à Stockholm en juin 1972[5]. Il sera implicitement rattaché au droit fondamental à des conditions de vie satisfaisantes dans un environnement dont la qualité permet aux êtres humains de vivre dans la dignité et le bien-être[6].

---

[1] Voir tout particulièrement Z. Laïdi, « Démocratiser la gouvernance mondiale », *L'Express*, 22 septembre 2009.

[2] *Ibid.*

[3] Pour Zaki Laïdi, *« ces États bénéficieraient d'une réelle capacité d'impulsion, mais ils devraient, en même temps, assumer leurs responsabilités en matière environnementale ». Ibid.*

[4] *Ibid.*

[5] A.-C. Kiss et J.-D. Sicault, « La Conférence des Nations Unies sur l'environnement (Stockholm, 5/16 juin 1972) », *Annuaire français de droit international*, 1972, n° 18, pp. 603-628.

[6] D'après le premier des vingt-six principes consacrés par cette déclaration finale, *« l'homme a un droit fondamental à la liberté, à l'égalité et à des conditions de vie satisfaisantes, dans un environnement dont*

802. – En 1977, la Conférence de Mar del Plata sur l'eau tentera de l'autonomiser en le reconnaissant aux peuples indépendamment de leur niveau économique et social, et convaincra surtout les Nations Unies de déclarer – de manière symbolique – les années 1981-1990 : « Décennie internationale de l'eau potable et de l'assainissement ». Cela dit, cet élan de solidarité ne sera pas suivi lors du Sommet de la Terre organisé en juin 1992, puisque l'autonomie du droit à l'eau n'apparaîtra dans aucun des quarante chapitres de l'Agenda 21.

803. – Lors du Sommet « Rio+20 » tenu en 2012, lequel fût entièrement consacré à l'économie verte et à la gouvernance mondiale du développement durable, les dirigeants mondiaux ont dressé un bilan plutôt satisfaisant, en dépit d'une importante marge de progression, des améliorations entreprises dans l'accès des populations à une eau potable, conformément aux exigences des 189 États membres de la Déclaration du Millénaire[1], dont accouchera *« le plus grand rassemblement de chefs d'État et de gouvernement de tous les temps »*[2].

804. – Cet optimisme semble de nouveau contestable puisque ni la protection juridique, ni l'effectivité à proprement parler du droit à l'eau n'ont été renforcées par le truchement d'instruments conventionnels contraignants régentant l'environnement sur la scène internationale ces dernières années. De ce point de vue-là, les Accords de Paris sur le climat sont pour le moins décevants car ils ne mentionnent jamais nommément le droit à l'eau[3].

805. – La Conférence de Paris sur le climat (ci-après COP21)[4] était pourtant très ambitieuse à plusieurs titres. Elle a en effet établi *« des liens intrinsèques entre l'action et la riposte face aux changements climatiques et à leurs effets et un accès équitable au développement durable et à l'élimination de la pauvreté »*[5]. « La Convention »[6] a par ailleurs reconnu *« la priorité fondamentale consistant à protéger la sécurité alimentaire et à venir à bout de la faim »*[7], et rappelé

---

la qualité lui permette de vivre dans la dignité et le bien-être. Il a le devoir solennel de protéger et d'améliorer l'environnement pour les générations présentes et futures ».

[1] Cf. la résolution n° 55/2 de l'Assemblée générale des Nations Unies du 8 septembre 2000 intitulée « Déclaration du Millénaire ».

[2] Voir ce lien : http://www.un.org/fr/millenniumgoals/bkgd.shtml [consulté le 11 décembre 2017]

[3] Aucun des 29 articles de la version finale de cette Convention-cadre sur les changements climatiques ne fait expressément mention du droit de l'homme à l'eau et à l'assainissement. Pour consulter la version finale de cette convention-cadre, voir le lien suivant : https://unfccc.int/resource/docs/2015/cop21/fre/l09f.pdf [consulté le 11 décembre 2017]

[4] Pour une analyse des enjeux des Accords de Paris sur le climat, voir tout particulièrement P. Canfin et P. Staime, *Climat – 30 questions pour comprendre la Conférence de Paris*, Les petits matins, 2015, 200 pages.

[5] Voir la version finale de la Convention-cadre sur les changements climatiques (mentionnée *supra*), p. 23.

[6] On entend par « Convention » la Convention-cadre des Nations Unies sur les changements climatiques, adoptée à New York le 9 mai 1992.

[7] Voir la version finale de la Convention-cadre sur les changements climatiques (mentionnée *supra*), p. 23.

l'importance d'un certain nombre de droits de l'homme[1] tels que le droit à la santé et au développement.

806. – Soucieux de tendre vers une transparence optimale en matière de gouvernance[2], ces accords ont tour à tour insisté sur les impérieuses nécessités qu'il y avait de *« protéger les moyens d'existence des populations et des écosystèmes »*[3], de *« s'inspirer du savoir des peuples autochtones »*[4] mais aussi de *« gérer durablement les ressources naturelles »*[5]. Pour ce faire, les pays développés parties se sont engagés à accorder un soutien permanent – et pluridimensionnel – aux pays en développement[6].

807. – A l'issue de la COP23, les États parties à « la Convention » se sont engagés à discuter tout au long de l'année pour permettre de définir, dès 2018, les règles permettant l'application par tous de ses principales orientations, car ils ont découvert qu'à travers *« pas mal de bonne volonté et beaucoup de discussions »*[7] se cachaient en réalité peu d'actions. Dans la mesure où le droit à l'eau ne figure nulle part dans les accords de 2015 – si ce n'est implicitement à l'aune d'autres « droits vitaux »[8] –, de telles difficultés dans la réalisation d'engagements pourtant librement souscrits par les États[9] n'augurent pas d'amélioration significative concernant l'autonomisation d'un tel droit.

808. – Résignés, certains auteurs estiment qu'il est inenvisageable de préserver les droits de l'homme en général, et tout particulièrement le droit à l'eau, au moyen de tels instruments juridiques, car *« les seules valeurs environnementales sont souvent peu respectées »*[10]. D'autres en viennent à penser – mais comment leur donner tort, après tout ? – qu'il est tout simplement *« inutile de reconnaître*

[1] Parmi les droits de l'homme visés figurent en effet *« le droit à la santé, les droits des peuples autochtones, des communautés locales, des migrants, des enfants, des personnes handicapées et des personnes en situation vulnérable et le droit au développement, ainsi que l'égalité des sexes, l'autonomisation des femmes et l'équité entre les générations »*. Voir la version finale de la Convention-cadre sur les changements climatiques, *op.cit.*

[2] Voir notamment l'article 6§2 des Accords de Paris.

[3] Voir l'article 7§2.

[4] Voir l'article 7§5.

[5] Voir l'article 7§9 e).

[6] Cette aide est bien sûr financière, mais aussi institutionnelle, technique et scientifique. Voir notamment les articles 7§13, 9§1, 9§7, 11§1, 11§3 et 11§5.

[7] M.-A. Scigacz, « Climat : ce qu'il faut retenir de la COP23, la conférence de l'ONU qui vient de s'achever en Allemagne », *FraneInfo*, 18 novembre 2017.

[8] Parmi ces autres « droits vitaux » figurent bien évidemment le droit à un environnement sain, mais aussi le droit à la santé et le droit au développement. Sur cette question, voir les propos mentionnés *supra*.

[9] Les Accords de Paris attestent du caractère démocratique et « volontariste » du droit international, puisque les Parties disposent, en vertu de l'article 28§1, d'un droit de dénonciation. Ce droit prévoit qu'à *« l'expiration d'un délai de trois ans à compter de la date d'entrée en vigueur du Présent accord à l'égard d'une Partie, cette Partie peut, à tout moment, le dénoncer par notification écrite adressée au Dépositaire »*.

[10] Voir J.-M. Olaka, *Le droit à l'eau, op.cit.*, p. 11.

un droit à l'eau autonome »[1], qui plus est dans un cadre conventionnel non spécifique.

C) L'EXEMPLE PRÉVISIBLE DES ACCORDS ÉCONOMIQUES INTERNATIONAUX

809. – S'il est vrai que *« le libre-échange est favorable à l'augmentation de la production mondiale, il devrait favoriser également le respect des droits de l'homme, et en particulier le droit à un niveau de vie suffisant pour assurer sa santé, son bien-être et ceux de sa famille »*[2]. Mais près de soixante-dix ans après la proclamation de la DUDH, *« force est de constater que ce n'est guère le cas. Au contraire ! »*[3]. Ce bilan est d'autant plus vrai concernant le droit à l'eau et à l'assainissement tant au niveau mondial (1) qu'à l'échelle de l'Union européenne (2).

1. Les mauvaises influences de l'Organisation Mondiale du Commerce

810. – Avec la libéralisation de l'économie et la mondialisation, *« des comportements opportunistes et protectionnistes peuvent se développer »*[4] – qui plus est dans un secteur aussi rémunérateur que celui des ressources naturelles –, ainsi les enjeux d'une *« organisation structurée du commerce international consistaient surtout à limiter et à encadrer ces pratiques en fixant des règles collectives »*[5], et si possible à *« favoriser le rattrapage des pays moins avancés »*[6].

---

[1] Pour Henri Smets, *« avant l'adoption de l'Observation générale n° 15, il était inutile de reconnaître un droit à l'eau autonome »* ; ici, voir H. Smets, *Le droit à l'eau*, Académie de l'eau, 2002, p. 31.

[2] A. Euzéby et C. Euzéby, « Le libre-échange contre les droits de l'homme économiques et sociaux ! », *Le Monde*, 23 janvier 2012.

[3] *Ibid.*

[4] F. Nicolo, « L'actuelle organisation du commerce mondial est-elle réellement efficace ? », in *Federica Nicolo, un regard sur l'international*, 18 octobre 2017.

[5] *Ibid.*

[6] Pour Federica Nicolo, *« La libéralisation de l'économie favorise – du côté de la demande – le rattrapage des pays les moins avancés puisque l'ouverture des économies tend à faire converger les rémunérations des facteurs de production selon la théorie HOS (Heckscher – Ohlin – Samuelson). Ainsi, un pays en développement qui s'ouvre aux échanges verra son salaire moyen augmenter du fait de la rareté relative du facteur capital, ce qui contribue à stimuler la demande mondiale de biens et services vers l'augmentation du pouvoir d'achat ». Ibid.* Pour d'autres auteurs, *« La théorie libérale, économique comme politique, se construit sur la séparation entre la sphère politique et celle de l'économie dans une dimension uniquement interne. Le libre-échange, dans cette perspective, constitue un bienfait pour l'humanité. Il pourrait même servir de ressort au développement »*. Ils tempèrent toutefois leur propos en précisant par la suite que : *« Le théorème « Hecksher, Ohlin, Samuelson » ne rend pas compte du rôle des firmes dans les*

811. – Ceci étant dit, le système de l'OMC *« laisse une marge de manœuvre très faible aux États qui voudraient réguler la circulation et la distribution des richesses produites à partir des ressources naturelles au profit de leurs populations »*[1]. En conséquence, *« les États sont devenus incapables de freiner la libre-circulation et le libre-échange des marchandises issues de ces ressources »*[2].

812. – Puisque toutes les tentatives de maîtrise des ressources naturelles – dont fait à l'évidence partie la ressource hydrique – ont montré leur limite au plan international en général[3], et dans le cadre de l'OMC en particulier[4], une partie de la doctrine publiciste propose d'amender le libre-échange en matière alimentaire[5] en reconnaissant pour y parvenir une « exception alimentaire » à la manière de l'« exception culturelle »[6].

813. – Ces auteurs font valoir que le droit de l'OMC *« donne au commerce mondial un cadre juridique fondamentalement favorable aux grandes entreprises »*[7] ; cadre dont elles se servent pour asseoir leurs mainmises et leurs contrôles sur la production alimentaire (ainsi que sa distribution), ce qui conduirait trop souvent *« à la destruction des systèmes alimentaires locaux »*[8].

évolutions du commerce international. Dit autrement, la théorie néglige les rapports de force qui façonnent pourtant le commerce mondial » ; voir A. Bernard et F. Riem, « Amender le libre-échange en matière alimentaire ? », in F. Collart Dutilleul (dir.), *Propositions Lascaux entre ressources naturelles et besoins élémentaires – Penser une démocratie alimentaire*, *op.cit.*, pp. 332-339.

[1] F. Collart Dutilleul, « Un nouvel horizon de recherche : Les moyens juridiques d'un ajustement des ressources et des besoins alimentaires », *op.cit.*, p. 6.

[2] *Ibid.*

[3] Cf. notamment les deux négociations internationales qui ont échoué depuis novembre et décembre 2009 : celle sur les effets du changement climatique, de Copenhague à Durban – qui concerne la protection des ressources –, et celle sur la sécurité alimentaire de la FAO à Rome – qui concerne donc le premier des besoins fondamentaux des populations.

[4] Cf. particulièrement celle sur le commerce international des matières premières agricoles à l'OMC, à Genève et en décembre 2013 à Bali. Pour Alain Bernard et Fabrice Riem, *« les accords de Bali confirment la domination des États-Unis qui se dirigent vers une « hégémonie discrète ». L'Amérique se propose de « gouverner par derrière » et dans cette stratégie, le droit occupe, à n'en pas douter, une place centrale. Car une hégémonie durable suppose, chez les gouvernés, une croyance minimum en la légitimité de la domination. Dans cette voie, le droit fournit un outil irremplaçable »* ; ici, voir A. Bernard et F. Riem, « Amender le libre-échange en matière alimentaire ? », *op.cit.*, p. 335. Sur cette question, voir également P.-S. Golub, « Puissance et « leadership » américains dans un monde en mutation », in B. Badie et D. Vidal, *Puissance d'hier et de demain. L'état du monde 2014*, La Découverte, 2013, p. 25 ; mais aussi M. Weber, *Économie et société*, tome 1, Plon, 1995, p. 64 et s.

[5] Sur cette question, voir tout particulièrement A. Bernard et F. Riem, *op.cit.*, pp. 338-340 ; mais aussi S. Morales, « Encourager la libre circulation des ressources agricoles alimentaires « n'en déplaise » aux instruments du libéralisme économique : une question de sécurité alimentaire mondiale », in F. Collart Dutilleul (dir.), *Propositions Lascaux entre ressources naturelles et besoins alimentaires – Penser une démocratie alimentaire*, *op.cit.*, pp. 341-349.

[6] Voir notamment C. Maussion, « Libre-échange : « l'exception culturelle ne se négocie pas » », *Libération*, 12 juin 2013.

[7] A. Bernard et F. Riem, *op.cit.*, p. 339.

[8] *Ibid.*, p. 338.

814. – D'autres observateurs prétendent aussi que *« la promotion du modèle libéral de développement agricole dans les pays du Sud a noyé les paysans locaux dans un système de concurrence illimitée et maîtrisé par les firmes multinationales agroalimentaires occidentales en anéantissant l'agriculture vivrière »*[1]. Ces investissements internationaux[2] – qu'encourage l'OMC – dans les ressources naturelles des pays en développement ciblent par ailleurs, et c'est là tout le problème, l'exploitation de nappes phréatiques, et plus généralement de l'eau[3].

815. – Ces États n'ayant libéralisé leur économie que récemment, ils ne disposent pas de *« législation effective permettant de lutter contre les pratiques de monopolisation des entreprises étrangères »*[4]. Face aux règles d'arbitrage de l'OMC[5], les droits nationaux des pays d'accueil – lesquels sont chargés de protéger l'accès à la terre et à l'environnement et protéger les intérêts des populations locales – ne font tout simplement *« pas le poids »*[6].

816. – Pour contrôler le marché de l'eau, les investisseurs étrangers ont compris qu'il fallait *« contrôler les formes d'organisations sociales qui interfèrent avec l'économie »*[7], à savoir les droits coutumiers, mais aussi les modèles de sécurité sanitaire, spécifiques à chaque culture locale. La problématique de la ressource hydrique au prisme du commerce international témoigne du fait que le droit

---

[1] O. de Schutter, « Souveraineté alimentaire », in F. Collart Dutilleul (dir.), *Dictionnaire juridique de la sécurité alimentaire dans le monde*, Larcier, novembre 2013, 700 pages.
[2] Le droit des investissements internationaux regrouperait aujourd'hui plus de 3 000 traités bilatéraux. *Ibid.*
[3] Sur cette question, voir F. Collart Dutilleul, « Un nouvel horizon de recherche : Les moyens juridiques d'un ajustement des ressources et des besoins alimentaires », *op.cit.*, p. 7 ; mais aussi J. Ziegler, *L'empire de la honte*, *op.cit.*
[4] A. Bernard et F. Riem, « Amender le libre-échange en matière alimetaire ? », *op.cit.*, p. 340.
[5] Concernant ces règles d'arbitrage, voir notamment J. Butault, *Le règlement par l'OMC des différends liés à la sécurité sanitaire dans le commerce international des aliments*, Université de Nantes, th. pour le doctorat de droit privé, 2008 ; L. Lorenzo, *Une nouvelle juridiction internationale : le système de règlement des différends interétatiques de l'OMC*, th. pour le doctorat de droit public, Université Lumière Lyon 2, 18 décembre 2003, 506 pages ; et O. Blin, *La communauté européenne, le GATT et l'OMC – Contribution à l'étude des rapports institutionnels entre la communauté européenne et les organisations internationales*, th. pour le doctorat de droit public, Université de Toulouse I , 1997, 568 pages. Pour Alain Bernard et Fabrice Riem, *« l'OMC constitue un excellent champ d'observation de la production d'une « bureaucratie globale ». Il conduit à constater que l'élaboration et la mise en œuvre des dispositions juridiques de l'Organisation relèvent d'un champ complexe qui réunit des professionnels du droit et du développement appartenant à des administrations étatiques, à des cabinets de conseil privé ou à des ONG. La puissance impériale, qui est la première utilisatrice de l'Organe de règlement des différends (sur 470 procédures recensées en décembre 2013, les États-Unis sont présents dans 334 d'entre elles), se trouve dans cette enceinte sur un terrain connu qu'elle maîtrise mieux que personne »* ; ici, voir A. Bernard et F. Riem, *op.cit.*, p. 337.
[6] Sur cette question, voir tout particulièrement F. Collart Dutilleul, « Un nouvel horizon de recherche : Les moyens juridiques d'un ajustement des ressources et des besoins alimentaires », *op.cit.*, p. 8 et s.
[7] P. Rosanvalon, *Le libéralisme économique. Histoire de l'idée de marché*, Seuil, 1989, p. 211.

international n'est en rien pluriculturel, mais de plus en plus tourné vers l' *« éradication de la diversité juridique »*[1].

817. – Si l'OMC, qui fut l'un des plus importants forums internationaux du multilatéralisme, commence néanmoins à reculer *« devant le progrès des accords bilatéraux et du protectionnisme »*[2], l'exemple du traité signé entre la province de Colombie britannique, l'État du Canada et la nation Nisga'a[3] attestant du climat pour le moins harmonieux avec lequel le droit international pourrait reconnaître des droits collectifs aux peuples sur leurs terres ancestrales, reste pour l'heure encore très à la marge.

2. Les mauvaises répercussions du traité sur le fonctionnement de l'Union européenne

818. – Dans l'Union européenne, les institutions ont beau manifester tout leur attachement aux principes démocratiques, et plus encore à la démocratie participative[4], toujours est-il que les fondements de ce « régime du plus grand nombre » sont assez fragiles[5]. Participent de ce déficit les mécanismes mêlant directement les acteurs issus de la société civile à la prise de décision[6], malgré le

---

[1] A. Bernard et F. Riem, « Amender le libre-échange en matière alimentaire ? », *op.cit.*, p. 340.

[2] D. Balibouse, « L'influence de l'Organisation mondiale du commerce recule », *RFI*, 9 décembre 2017.

[3] Cela dit, pour François Collart Dutilleul, *« l'exemple le plus abouti et le plus prometteur est sans doute la Charte de La Havane de 1948, signée par 53 pays mais qui n'a jamais été mise en œuvre pour des raisons tenant à la politique intérieure des États-Unis. Cette charte aurait dû compléter le GATT et elle était de nature non seulement à humaniser la mondialisation, mais aussi à permettre aux États de déroger aux règles de libre-échange et de réaliser l'ajustement de leurs ressources naturelles et de leurs besoins en cas de difficulté et en fonction de leurs situations particulières. Elle a fait l'objet, dans le programme Lascaux, d'une des propositions d'évolution du droit international. Cette charte trop vite oubliée mérite d'être analysée de manière plus approfondie à partir de ses travaux préparatoires à rechercher dans les archives des États-Unis, dans celles de Cuba, dans celles de l'OMC/GATT à Genève et de la FAO à Rome »* ; ici, voir F. Collart Dutilleul, « Un nouvel horizon de recherche : Les moyens juridiques d'un ajustement des ressources et des besoins alimentaires », *op.cit.*, p. 11.

[4] Concernant cette fois-ci la démocratie participative, il faut bien sûr penser à l'initiative citoyenne, aux groupes d'intérêts – ici, cf. le rôle de la société civile –, ou bien encore à la publicité des séances du Parlement européen. La Commission utilise le principe de la consultation de la société civile avant d'adopter tel ou tel texte. Les acteurs européens concernés peuvent émettre leurs opinions. La démocratie participative reste donc malgré tout assez bien effective en droit de l'Union européenne.

[5] La seule affirmation claire du principe démocratique ne figure que dans l'article 10 TFUE. Il précise que : *« Le fonctionnement de l'Union européenne est fondé sur la démocratie représentative »*.

[6] L'initiative citoyenne européenne permet par exemple à un million de citoyens de l'UE de participer directement à l'élaboration des politiques européennes, en invitant la Commission européenne à présenter une proposition législative.

signal d'alarme lancé par la Commission européenne avec son « Livre blanc sur la gouvernance européenne » de 2001[1].

819. – La Commission avait alors jugé utile de consacrer le principe de participation à côté du principe d'ouverture, bien que lui seul soit corrélé à la « bonne gouvernance »[2] par les traités constitutifs[3]. Avec ce principe, des acteurs aussi variés que les citoyens, les salariés, les ONG ou encore les actionnaires, vont pouvoir être consultés, se concerter voire même coopérer avec les décideurs publics dans l'espoir de rendre la décision à venir la plus conforme à leurs attentes[4].

820. – Cette *« démocratie continue »*[5] offre une légitimité d'ordre pratique indéniable, dans la mesure où les destinataires d'une réforme la percevront toujours – indépendamment de qui ils sont – comme forcément plus admissible et juste car ils y ont été associés. Mieux comprise car plus respectée, celle-ci aura alors toutes les chances d'atteindre ses objectifs. Autrement dit, la participation contribue au renforcement de l'efficacité des décisions, à plus forte raison lorsqu'elles sont sources de changement ou de profonde mutation[6].

821. – Comblant les insuffisances de la démocratie représentative à l'intérieur de l'Union européenne[7] en permettant aux citoyens de s'impliquer davantage dans la

---

[1] Pour une analyse détaillée de ce livre blanc, voir notamment M. Montagner, « Le Livre blanc sur la gouvernance européenne – Une initiative de la Commission Européenne pour tenter de renforcer la démocratie et d'accroître la légitimité des institutions de l'Union Européenne », Institut de recherche et débat sur la gouvernance, 2006.

[2] Le Livre blanc de 2001 démontre que la bonne gouvernance peut être un bon programme de réforme de l'Union. Cela dit, il ne s'agit certainement que d'un simple objectif dont les portées normatives et juridiques sont limitées.

[3] Mais ceci est contestable, dans la mesure où l'ouverture et la participation font partie des cinq principes de la bonne gouvernance selon le Livre blanc.

[4] L'« échelle de participation » distingue différents degrés dans la participation. Ainsi, quand les pouvoirs publics européens cherchent à associer les citoyens, ils peuvent soit leur demander leur avis et ne pas les écouter, soit leur demander de prendre eux-mêmes la décision. La gradation dans la participation est différente des modalités de participation. La modalité la plus *soft* est la consultation (Cf. les articles 11§1 et 11§3 TUE), ensuite il y a la concertation (Cf. l'article 11§2 TUE), puis la coopération (Cf. l'article 11§4 TUE), et enfin, la décision. La gradation forme ainsi les différents barreaux d'une échelle.

[5] Au niveau de l'Union européenne, la participation se manifeste de manière continue, et c'est en cela qu'elle se distingue de la représentation (les députés n'ont par exemple qu'un mandat de cinq ans). Dominique Rousseau parle donc de « démocratie continue ». C'est une autre manière de parler de démocratie participative. Sur cette question, voir notamment D. Rousseau, *Radicaliser la démocratie : propositions pour une refondation*, Points, 26 octobre 2017, 259 pages.

[6] Concernant la justification de la consécration du principe de participation, le facteur lié à la légitimité des décisions est certainement l'aspect le plus important de la participation. Il s'agit en réalité d'une justification d'ordre pratique. Ensuite, la participation contribue au renforcement de l'efficacité des décisions. L'efficacité, c'est la capacité d'une décision à atteindre les objectifs fixés. Pour qu'une décision atteigne ses objectifs, il faut qu'elle soit respectée, et cela au travers notamment sa légitimité.

[7] Concernant cette fois-ci la justification de la consécration du principe de participation propre à l'Union européenne, il faut bien sûr penser au déficit démocratique. La participation vient y remédier, au sens de la

vie de leurs institutions[1], le principe de participation est devenu sans aucun doute un outil indispensable au fonctionnement des organisations publiques actuelles, comme en atteste sa consécration dans la Convention d'Aahrus sur l'environnement du 25 juin 1998.

822. – Cela dit, la tempérance de la Commission européenne prend parfois le pas sur ses initiatives les plus « démocratiques »[2]. Concernant l'initiative « l'eau, un droit humain »[3], celle-ci a recueilli plus de 1 884 790 signatures suite à l'audition, par la commission de l'environnement, de ses organisateurs en février 2014.

823. – Ces derniers voulaient sensibiliser la Commission à la nécessité de consacrer l'accès à l'eau et aux services d'assainissement comme véritable droit de l'homme[4], mais, comme cela a été vu, sa réponse en demi-teinte à la formulation pour le moins démocratique de cette requête *« manquerait toutefois d'ambition »*[5], d'après le Parlement européen, dans la mesure où elle se serait limitée à *« réitérer les engagements déjà pris »*[6]. En réalité, le Parlement dénonce le fait que la Commission ne veuille toujours pas soustraire l'eau des règles du marché intérieur, et cela malgré les souhaits renouvelés de plusieurs eurodéputés[7].

---

démocratie représentative. La participation en tant que principe de la bonne gouvernance est tout à fait adaptée à l'Union européenne car cela vient combler certaines insuffisances de la démocratie représentative de l'Union européenne. Le système électif est assez peu développé au niveau de l'Union européenne, donc la volonté de participation est encore plus forte chez les citoyens européens.

[1] L'initiative citoyenne européenne (ICE) est une innovation du traité de Lisbonne donnant un droit d'initiative politique à un rassemblement d'au moins un million de citoyens de l'Union européenne, venant d'au moins un quart des pays membres. La Commission européenne peut ainsi être amenée à rédiger de nouvelles propositions d'actes juridiques de l'Union dans les domaines relevant de ses attributions, mais n'y est pas forcée.

[2] Sur ce point, voir notamment Aristote, *La Politique*, Vers 345 av. J.-C. Pour le philosophe, *« Quand la majorité gouverne dans le sens de l'intérêt général, c'est la « République ». La déviation de la « République », c'est la démagogie. La démagogie n'a pour objet que l'intérêt particulier des pauvres »*. Avec le livre blanc de 2001, la Commission européenne a sans nul doute démontré ses intentions républicaines aux citoyens européens. Il n'est en revanche pas certain qu'elle aurait été taxée de démagogie si elle avait donné suite à la pétition de 2014 sur le droit à l'eau et à l'assainissement en tant que droit fondamental de l'homme.

[3] Pour les signataires de cette pétition, l'approvisionnement en eau ainsi que l'assainissement constituent des services publics absolument essentiels pour tous. Pour davantage de précisions, voir le lien Internet suivant : http://europeanwater.org/fr/actualites/nouvelles-diverses/360-initiative-citoyenne-l-eau-un-droit-humain-non-a-la-privatisation-de-l-eau [consulté le 19 décembre 2017]

[4] Bien qu'elle se soit soldée par un échec, l'initiative « l'eau, un droit humain » montre à quel point l'outil participatif introduit par le traité de Lisbonne – cf. l'article 11§4 nouveau du TUE – peut participer au processus de fabrication d'un droit fondamental.

[5] Voir le site officiel du Parlement européen.

[6] Pour les députés, de tels engagements ne suffisent plus. Ils invitent donc la Commission à présenter des propositions législatives et, le cas échéant, une révision de la directive-cadre sur l'eau, afin de reconnaître l'accès abordable à l'eau comme un droit humain. *Ibid.*

[7] Selon les députés, la production, la distribution et le traitement de l'eau et les services d'assainissement doivent rester exclus de la directive sur les concessions lors de toute future révision de celle-ci. De plus, en raison du caractère particulier des services liés à l'eau et à l'assainissement, tels que la production, la

824. – Dans ces conditions, comment ne pas considérer les libertés de circulation, et plus exactement celles relatives aux services et aux marchandises, comme étant de véritables obstacles à l'avènement d'un authentique droit de l'homme à l'eau et à l'assainissement au sein de l'Union européenne ? Cette question relance donc le débat sur la nature même de l'eau et de l'alimentation, que plusieurs auteurs ne considèrent pas comme des biens de consommation classiques.

§II. LES DANGERS DES ENJEUX LUCRATIFS ET PRIVÉS LIÉS À L'EAU EN DROIT INTERNE

825. – Bien qu'indispensable à son activité, l'agriculture fait peser, qu'elle soit traditionnelle ou biologique, de nombreuses menaces sur l'eau et sur l'environnement[1]. En effet, l'usage et la consommation d'eau à des fins agricoles peuvent avoir des effets négatifs sur les eaux superficielles et souterraines, ainsi que sur les milieux aquatiques. Quantitativement d'abord, l'eau devient moins abondante en raison des étiages et de l'irrigation des cultures[2]. Qualitativement ensuite, la sécurité de l'eau potable en général, et de la composition de l'eau des cours d'eau et des nappes phréatiques en particulier, semble altérée à cause de certaines techniques comme l'utilisation d'engrais et de certains pesticides[3].

826. – Toutes ces dérives, animées la plupart du temps par des logiques économiques, vont à l'encontre du droit européen et plus exactement de la « DCE » de 2000[4], qui prescrivait, entre autres, qu'un bon état écologique des eaux soit atteint dans l'ensemble des États membres de l'Union d'ici 2015[5]. Loin d'être

---

distribution et le traitement, *« il est impératif de les exclure de tout accord commercial que l'UE négocie ou envisage »*, précisent les parlementaires. *Ibid.*

[1] Sur cette question, voir notamment J.-L. Gazzaniga, X. Larrouy-Castéra, P. Marc et J.-P. Ourliac, *Le droit de l'eau*, LexisNexis, Litec professionnels, Environnement, 2011, pp. 329-340.

[2] En France, l'eau destinée à l'irrigation représente annuellement environ 50% de l'eau consommée. Dans certaines régions, ce pourcentage peut monter jusqu'à 80%.

[3] Les pesticides, dont l'agriculture représente 90% des usages, ont en effet contaminé les ¾ des eaux de surface et la moitié des eaux souterraines. Dans certaines régions, le taux de nitrates est quant à lui proche ou supérieur aux normes de potabilisation.

[4] Comme le rappelle certains auteurs, *« au milieu des années 90, il manque à la politique européenne de l'eau une vision d'ensemble. Trop de directives concernent la qualité des eaux, et peu abordent la question de l'insuffisance et de l'épuisement des ressources naturelles. En février 1996, une communication de la Commission européenne conclue à la nécessité de mettre au point une directive-cadre. C'est ainsi que la directive-cadre sur l'eau (DCE) fût adoptée le 23 octobre 2000. Elle fonde la politique européenne de l'eau des prochaines années. Elle est résolument tournée vers la protection des milieux aquatiques. Pour cette directive-cadre, l'eau n'est pas un bien marchand comme les autres. De fait, le droit européen s'aligne sur la loi française du 3 janvier 1992 qui ne considérait pas non plus l'eau comme un bien marchand comme les autres »* ; ici, voir J.-L. Gazzaniga, X. Larrouy-Castéra, P. Marc et J.-P. Ourliac, *op.cit.*, p. 41.

[5] *Ibid.*

atteint en 2020, cet objectif suppose, et cela paraît être l'évidence même, que l'activité agricole en tienne compte en n'entravant pas sa réalisation.

827. – Selon toute vraisemblance, cette adaptation ne peut se faire sans l'aide de politiques publiques plus efficaces, à qui il reviendrait – certainement bien plus qu'aux exploitants eux-mêmes – de rendre compatibles les modalités de gestions agricoles – auxquelles s'ajoute une logique de rendement économique – avec la préservation de l'environnement et des ressources naturelles.

828. – En attendant que de meilleures mesures soient prises, les agriculteurs se sont dotés de structures collectives – puisque l'organisation associative constitue l'un des traits les plus saillants de leur activité[1] – afin notamment de préserver et de restaurer la ressource en eau, comme l'article 21 de la loi « LEMA » et certaines dispositions du Code de l'environnement les autorisent à le faire. Ce faisant, les exploitants prouvent qu'ils ne se sentent pas *« en-dehors de la communauté des usagers en eau »*[2]. Par ailleurs, ils approuvent dorénavant la redevance pour pollution d'origine non-domestique de l'eau que sont amenés à payer plusieurs d'entre eux[3]. De ce point de vue, il ne fait nul doute qu'ils ont assimilé le fait que la qualité des eaux constitue désormais une véritable obligation de résultat[4].

829. – En France, le législateur environnemental est venu préciser à plusieurs reprises que le droit de l'usage de l'eau n'est plus un droit individuel absolu, à travers notamment la loi dite « pêche » de 1984[5] et plus encore avec la loi sur l'eau de 1992 dont l'article 1er classe la ressource hydrique parmi le patrimoine commun de la Nation[6]. Néanmoins, si l'eau doit bénéficier, au niveau juridique, d'une gestion durable et équilibrée, encore faut-il que les élus dynamisent leurs politiques publiques en les relayant bien plus qu'ils ne le font actuellement auprès

---

[1] J.-L. Gazzaniga, X. Larrouy-Castéra, P. Marc et J.-P. Ourliac, *Le droit de l'eau*, *op.cit.*, p. 41.p. 331.
[2] *Ibid.*
[3] Cette redevance est prévue à l'article L. 213-10-2 du Code de l'environnement et est due par les usagers exerçant des activités agricoles. Pour certains auteurs, *« la contribution de l'agriculture au système des redevances des agences de l'eau a longtemps fait débat [...], mais au bénéfice de la LEMA, les agriculteurs ont fini par intégrer le dispositif financier de ces agences »*. *Ibid.*, p. 332.
[4] La qualité des eaux constitue désormais, avec la DCE de 2000, une obligation de résultat. Les bandes enherbées le long des cours d'eau – définis par la loi du 12 juillet 2010, dite « Grenelle 2 » – sont un bon moyen de parvenir à l'objectif de bon état écologique pour les 2/3 des masses d'eau en mobilisant le monde agricole.
[5] Cette loi de 1984 accordait déjà la priorité à l'usage humain de l'eau, ainsi qu'à la préservation des milieux agricoles. Elle précisait par ailleurs que la protection du patrimoine piscicole était d'intérêt général.
[6] D'après l'article 1er de cette loi n° 92-3 du 3 janvier 1992, *« l'eau fait partie du patrimoine commun de la nation. Sa protection, sa mise en valeur et le développement de la ressource utilisable, dans le respect des équilibres naturels, sont d'intérêt général. L'usage de l'eau appartient à tous dans le cadre des lois et règlements ainsi que des droits antérieurement établis »*. Quant à l'article L. 211-1 du Code de l'environnement, il impose une gestion durable et équilibrée de la ressource en eau ainsi que la conciliation entre les usages de l'eau et les exigences des milieux récepteurs.

de la société civile et des professionnels des différents secteurs concernés (ce qui inclut les métiers de l'agriculture, mais aussi ceux du nucléaire[1]).

830. – C'est en partie ce qu'ils ont commencé à faire avec la proposition de loi visant à la mise en œuvre effective du droit humain à l'eau potable et à l'assainissement – laquelle fut enregistrée le 8 avril 2015 à la Présidence de l'Assemblée nationale[2] –, que le Sénat l'a adopté en première lecture le 15 février 2017[3]. L'article 1er de cette proposition de loi nouvelle entendait insérer dans le code de la santé publique un nouveau chapitre intitulé « Droit à l'eau potable et à l'assainissement »[4], ainsi qu'un nouvel alinéa pour mettre en cohérence l'article L.210-1 du code de l'environnement en prévoyant que chaque personne a le droit d'accéder à l'assainissement[5]. Mais l'Assemblée nationale a expressément rejeté ce texte.

831. – En revanche, bien plus satisfaisants sont les dispositifs législatifs et réglementaires afférant aux périodes de sécheresses et d'inondations. Dès lors

---

[1] L'agriculture n'est en effet pas la seule activité à avoir en France d'importants impacts sur l'environnement et la qualité des eaux. Les eaux de refroidissement que rejettent les sites nucléaires dans les rivières et les fleuves entraînent non seulement leur réchauffement, mais aussi une importante pollution thermique dont les effets sont bien évidemment dommageables pour les écosystèmes aquatiques et leur biodiversité. En 2006, deux textes de loi sont donc venus donner un fondement législatif au système français de sécurité alimentaire. Il s'agit de la loi du 13 juin 2006 (laquelle met en œuvre le principe de précaution dans le domaine nucléaire et prévoit la mise en place de procédures garantissant l'information du public sur les activités nucléaires) et de celle du 28 juin 2006 (qui institue un plan national de gestion des matières et déchets radioactifs). Pour aller plus loin sur ces questions, voir notamment L. Bouguerra, « La pollution thermique, cette méconnue », in *Partage des eaux – Ressources et informations pour une gestion juste et durable de l'eau*, 9 février 2011 ; mais aussi A. Garric et P. Le Hir, « Le réchauffement climatique en 10 questions », *Le Monde*, 29 novembre 2015.

[2] Présentée par Messieurs et Mesdames Michel Lesage, Jean Glavany, Jean-Paul Chanteguet, Marie-George Buffet, François-Michel Lambert, Bertrand Panchet et Stéphane Saint-André, cette proposition de loi nouvelle a été adoptée par l'Assemblée nationale en première lecture dans la soirée du mardi 14 juin 2016. Sur les neuf articles que comportait initialement cette proposition de loi, l'Assemblée nationale et le Sénat n'en adopteront finalement que sept. De l'avis de Michel Lesage, qui est à la fois l'instigateur et le rapporteur de cette proposition de loi, celle-ci *« contient des avancées sociales majeures qui placent la France à la pointe de l'accès à l'eau pour tous »*. Pour de plus amples détails, voir le blog de Michel Lesage. Disponible sur ce lien : http://michel-lesage.fr/?p=3909 [consulté le 10 novembre 2017]

[3] Pour voir le rapport du Sénat en première lecture, voir le lien suivant : http://www.senat.fr/rap/l16-415/l16-4155.html [consulté le 10 novembre 2017]

[4] Initialement, cette proposition de loi devait insérer dans le code de la santé publique un nouveau chapitre intitulé « Droit de l'homme à l'eau », mais comme l'a fait remarquer le rapporteur, la création d'un nouveau droit de l'Homme ne peut s'opérer qu'au niveau constitutionnel ou international et non dans une loi ordinaire. Qui plus est, la loi en France ne reconnait de droits qu'aux personnes. En conséquence, l'intitulé du nouveau chapitre introduit dans le code de la santé publique a été modifié en « Droit à l'eau potable et à l'assainissement ».

[5] Face au constat d'après lequel aucune disposition législative n'existe pour garantir l'accès à l'eau pour les personnes sans domicile fixe – alors qu'ils sont entre 100 000 et 150 000 actuellement en France –, l'article 2 propose quant à lui d'introduire une obligation, pour les communes et les EPCI compétents en matière de distribution d'eau potable et d'assainissement, de mettre à disposition gratuitement des points d'accès à l'eau potable, des toilettes publiques ainsi que des douches.

qu'un certain seuil d'étiage est par exemple atteint ou que la ressource en eau est menacée, alors le maire et le préfet peuvent, en vertu de leurs pouvoirs de police générale, prendre toutes les mesures restrictives qu'ils souhaitent, à la condition toutefois qu'elles soient proportionnées et adaptées au but recherché[1].

832. – Celles-ci peuvent aller de l'interdiction du remplissage des piscines ou du lavage des voitures à l'impossibilité faite aux agriculteurs d'irriguer leurs exploitations. Ici, une attention particulière est portée aux usages prioritaires de l'eau, à savoir la consommation humaine et la sécurité des installations sensibles[2]. Aussi évidentes qu'elles puissent paraître, ces modalités de gestion de crise n'existent malheureusement qu'à la marge sur certains continents et n'ont pas systématiquement d'équivalents en Europe.

833. – L'analyse des enjeux économiques suscités par l'accès à la ressource hydrique impose également de s'intéresser à la place centrale des femmes et des filles dans les pays du Sud[3], et plus exactement au fait que *« certains concepteurs et promoteurs des programmes de développement durable ne se rendent absolument pas compte que les actions d'amélioration de l'approvisionnement en eau et de l'assainissement sont nécessairement des processus de changement social »*[4].

834. – Les programmes de construction de latrines sont par exemple souvent mis en œuvre sur la base d'une *« présupposition erronée d'après laquelle seuls les hommes seront intéressés par les possibilités de formation ou d'accès aux crédits associés »*[5]. L'hypothèse d'une inclusion des femmes à un niveau plus politique et surtout d'une approche en termes de genre semble donc indispensable à la réussite de n'importe quel programme d'accès à l'eau.

835. – Dans beaucoup de pays du Sud, les relations entre sexes sont souvent perçues sous l'angle d'une *« victimisation des femmes »*[6], alors qu'elles sont

---

[1] Article L. 211-3-II-1° du Code de l'environnement.

[2] Les maires et les préfets peuvent prendre de telles mesures sans aucun formalisme particulier. Ils doivent cependant limiter la mesure dans le temps, à défaut de quoi celle-ci sera illégale pour excès de pouvoir. Cela dit, reste légal un arrêté pris pour une durée de six mois renouvelé dès lors que la situation normale de l'approvisionnement en eau ou que le débit normal dans les cours d'eau ne sont pas assurés.

[3] Sur cette question, voir notamment M.-H. Grelle, K. Kabeyne, B.V., K. Kenmagne, G.-R., T. Tatietse et G.-E. Ekodeck, « L'accès à l'eau potable et à l'assainissement dans les villes des pays en développement : cas de Bassouam (Cameroun) », *Vertigo – La revue électronique en sciences de l'environnement*, volume 7, numéro 2, septembre 2006 ; et I. Andersson et C. Hannan, « Gender perspectives on water supply and sanitation : Towards a sustainable leivelihoods and ecosystems based approach to sanitation », *SIDA*, janvier 2001, 8 pages.

[4] O. Petitjean, « Le rôle central des femmes dans l'accès à l'eau et à l'assainissement », in *Partage des eaux – Ressources et informations pour une gestion juste et durable de l'eau*, 12 décembre 2008.

[5] *Ibid.*

[6] *Ibid.*

pourtant les principales instigatrices du changement – et plus généralement du progrès – dans les ménages et les communautés.

836. – De fait, les modèles familiaux locaux ne sont pas forcément *« des unités indivisibles et cohérentes fondées sur la solidarité et la complémentarité »*[1], comme le montre très bien la question de l'accès à l'éducation des jeunes filles, que beaucoup de chefs de ménage préfèrent ne pas envoyer à l'école en raison du manque d'installations d'assainissement adéquates[2] ou de l'aide dont auront besoin leurs mères pour aller chercher l'eau pendant la journée[3]. Les répercussions d'une telle privation en matière d'instruction ne pourront être que préjudiciables, si ce n'est dramatiques, pour leur situation économique future.

837. – Quant à l'urbanisation intensive, elle cause d'importants conflits pour l'accès à l'eau puisqu'elle s'entreprend généralement au détriment des meilleures terres. Aujourd'hui, plus d'un homme sur deux vit en ville[4]. Pas moins de 10% du territoire européen (et mondial !) serait, au début des années 2000, devenu urbain[5]. Alors certes, il est devenu possible grâce aux nouvelles technologies de *« faire pousser du maïs dans le désert ou du mil en Beauce »*[6], mais celles-ci nécessitent quoi qu'il arrive un usage intensif de la ressource en eau et en énergie[7]. En ces temps de raréfaction des ressources naturelles et du bouleversement des actifs environnementaux – comme l'eau –, ces techniques de production engendrent qui plus est d'importants surcoûts qu'il n'est peut-être plus raisonnable d'ignorer.

838. – Malgré leurs efforts respectifs, ni l'Union européenne ni ses États membres n'ont, pour l'heure, réussi à intégrer les ressources naturelles dans l'économie réelle, donc ne sont parvenus à une coexistence durable entre l'usage des sols et de la ressource en eau[8]. De fait, *« c'est encore et toujours le marché foncier qui reste le principal indicateur de la valeur attachée aux sols et aux ressources »*[9]. Ce constat est d'autant plus frappant qu'en l'état actuel du droit positif, *« les conditions de rémunération d'une gestion durable des sols ne suffisent pas à*

[1] O. Petitjean, « Le rôle central des femmes dans l'accès à l'eau et à l'assainissement », *op.cit.*

[2] Beaucoup de chefs de ménage préfèrent en effet ne pas envoyer leurs filles dans des écoles où elles ne bénéficieront pas de toilettes séparées de celles des garçons.

[3] Les femmes assistent également les enfants, les personnes âgées et les malades dans leurs besoins sanitaires et d'hygiène. Elles enseignent par ailleurs aux enfants l'usage des latrines et, au-delà, les différents gestes d'hygiène.

[4] Voir F. Trolard et M.-L. Dangeard, « Les sols, l'eau et la production agricole : des ressources de base face à l'étalement urbains et aux changements climatiques », in F. Collart Dutilleul (dir.), *Propositions Lascaux entre ressources naturelles et besoins alimentaires – Penser une démocratie alimentaire*, *op.cit.*, p. 116.

[5] *Ibid.*, p. 117

[6] *Ibid.*, p. 118.

[7] *Ibid.*

[8] *Ibid.*, p. 119.

[9] *Ibid.*

compenser l'absence de reconnaissance de la valeur économique des ressources contenues par le foncier, fût-il protégé »[1].

839. – Face à ce phénomène, certains auteurs proposent aux acteurs locaux de défendre eux-mêmes leurs intérêts en fédérant collectivement des stratégies de développement à même de leur permettre de surmonter ces conflits d'usage des milieux et des ressources. Aussi les invitent-ils à ne plus attendre qu'une crise intervienne pour que des dispositifs concertés et intégrés, ou aussi inventifs soient-ils, s'imposent aux yeux des pouvoirs publics comme étant incontournables, mais à agir de concert vers *« la co-construction d'une sorte de « filet de sécurité » grâce auquel ils pourront innover, rebondir et affronter les défis formidables de production auxquels l'humanité sera confrontée à l'avenir »*[2].

---

[1] Les auteurs ajoutent qu'*« aucune des mesures existantes en ce domaine ne peut soutenir la comparaison avec les bénéfices susceptibles d'être attendus par les problèmes d'autres modes d'exploitation et/ou d'usage du foncier ». Ibid.*

[2] F. Trolard et M.-L. Dangeard, « Les sols, l'eau et la production agricole : des ressources de base face à l'étalement urbains et aux changements climatiques », *op.cit.*, pp. 120-122.

Chapitre II. Les ambiguïtés idéologiques des biotechnologies alimentaires modernes avec l'exemple des O.G.M.

840. – Il aurait été difficile de faire abstraction des OGM dans l'étude de la gouvernance interétatique de l'alimentation tant *« les biotechnologies proposent aujourd'hui de nouvelles manières de se soigner et de se nourrir, ce qui touche bien sûr de très près les êtres humains »*[1]. Les modifications volontaires des organismes vivants[2] ont beau *« être aussi vieilles que l'agriculture et l'élevage »*[3], la question des OGM démontre que *« toute intrusion rapide d'une technique puissante dans une société bouleverse certaines pratiques »*[4]. Avec l'essor de la « transgénèse végétale » ont émergé des pans entiers d'une économie jusque-là inexploités, quand d'autres – mieux connus cette fois-ci – se sont trouvés menacés. Cette capacité dont jouissent les plantes génétiquement modifiées pour agir sur l'ordre établi s'est par ailleurs avérée redoutable dans les domaines thérapeutiques, gustatifs en environnementaux. Cela dit, les avancées de la biologie moléculaire et génétique ont la particularité de ne pas toujours s'imposer d'elles-mêmes auprès du grand public et des consommateurs – notamment en Europe[5] –, car elles ne présenteraient pas encore à leurs yeux de véritable intérêt. Au-delà de la polémique de fond sur le rôle de la science dans les sociétés modernes, les firmes biotechnologiques n'en démordent pas : les OGM pourraient être une solution au problème de la faim dans le monde.

841. – Cette gouvernance « dernier cri » qui correspond probablement d'ores et déjà à celle des OGM n'étant pas fondamentalement dissociable de celle plus classique ayant trait à l'alimentation, dans la mesure où elle peut en constituer assez logiquement le corollaire – voire l'« avatar » –, il semble alors indispensable de comprendre quels sont les rouages juridiques qui la composent et l'animent afin de mieux déceler son rôle actuel, et surtout à venir, dans la résolution du problème de la faim et de l'extrême pauvreté dans le monde. D'évidentes

---

[1] L.-M. Houdebine, *OGM : le vrai et le faux*, Le Pommier, 2000, p. 5.

[2] Pour Louis-Marie Houdebine, *« Les organismes génétiquement modifiés, les OGM, sont des êtres vivants qui n'ont subi que de très modestes changements de leur matériel génétique par des interventions humaines. Le plus souvent, actuellement, l'opération consiste à ajouter un gène à une plante ou un animal, mais aussi à un micro-organisme, dans le but de mieux l'adapter aux besoins humains. Adapter les organismes vivants est ce que l'on fait déjà avec un succès certain, et depuis la nuit des temps, par la sélection classique »*. *Ibid.*, p. 7.

[3] *Ibid.*

[4] *Ibid.*, p. 9.

[5] Pour Catherine Chevallier, *« Les OGM n'ont pas encore gagné la confiance des Européens. En France, la culture des plantes modifiées intéresse seulement la recherche. L'opinion américaine serait quant à elle plus nuancée qu'en Europe. Aux États-Unis, la population a commencé à consommer des plantes transgéniques en 1994, et les Américains en consomment depuis cette date en toute quiétude »*. Voir C. Chevallier, *Les OGM dans notre assiette ?*, Sang de la Terre, 2002, pp. 113-114.

questions plus transversales, à la fois d'ordre commercial, sanitaire, écologique, éthique et démocratique devront se greffer à l'analyse tant le clivage qui sépare les partisans des détracteurs de ces nouvelles technologies semble les opposer en tout point depuis leur apparition. Plus sommairement, la démarche envisagée dressera les avantages escomptables du passage d'une alimentation traditionnelle à une alimentation artificielle aux prismes du droit public et de la démocratie participative (section 1), puis abordera les nombreuses dérives dont font toujours l'objet les OGM malgré les vives réactions qu'elles suscitent (section 2).

Section I. **VERS UNE MEILLEURE EFFECTIVITÉ DU DROIT À L'ALIMENTATION PAR LE BIAIS D'UN RECOURS PRÉCAUTIONNEUX AUX OGM**

842. – Les agriculteurs, industriels et biotechniciens favorables aux OGM estiment qu'ils ne nuiraient pas autant que certains opposants le prétendent à l'effectivité du droit à l'alimentation.

843. – Eux les premiers devraient aussi promouvoir une politique alimentaire faisant de l'extensiondu domaine d'application du principe de précaution à la sécurité des aliments une priorité absolue. S'ils avalisaient sans la plus infime hésitation la perspective d'une perte économique immédiate pour un risque hypothétique, alors la sécurité sanitaire pourrait peut-être s'ancrer plus facilement dans le contexte plus international de la mondialisation. Ils se mueraient même en authentiques défenseurs du droit à l'alimentation s'ils affichaient un soutien indéfectible à la normativisation, toujours en cours de discussion, de l'agriculture durable.

844. – D'une manière générale, les pro-OGM accentueraient leur légitimité auprès des consommateurs s'ils daignaient se soumettre aux principes de la bonne gouvernance. En témoignant par exemple leur attachement aux principes d'information[1] et de bonne administration[2], ils s'attèleraient à prévenir les risques

[1] Pour de plus amples détails sur le principe d'information en tant que principe du droit international de l'environnement, voir J. Ezzeddine, *La protection de l'environnement côtier en Tunisie*, Faculté de droit et de sciences politiques de Tunis, mémoire présenté en vue de l'obtention du mastère en droit de l'environnement et de l'urbanisme, 2005.

[2] Le contenu du droit à une bonne administration est assez ambigu. Il comporte un principe général (impartialité, équité et délai raisonnable de la justice) qui se décline tel un droit gigogne en trois « sous-droits ». Ici il faut bien sûr penser à l'image de la poupée russe. Ces composantes correspondent en réalité à une liste énumérative, mais non limitative (ou à une liste indicative, mais non exhaustive). Classiquement, la bonne administration se définie comme le traitement réservé à l'administré. L'administration est censée assurer un but d'ordre public (protéger la tranquillité, la sécurité et la salubrité publique), mais cet aspect

en même temps qu'ils s'évertueraient à former et à enrichir l'opinion publique, seule à même de pérenniser sur le long cours le secteur du génie génétique en Europe[1]. Et s'ils sont transparents[2] et responsables[3], autrement dit s'ils s'alignent sur les exigences de la société civile et des ONG, ils seront alors en passe de faire du marché transgénique un domaine d'activité moins critiquable qu'avant, voire même une branche de l'industrie agro-alimentaire digne de confiance aux yeux du plus grand nombre.

845. – Dans ces conditions, le dialogue autour des OGM en tant que vecteur d'amélioration du droit à l'alimentation pourra reprendre de manière plus constructive. Il conviendra même de le perfectionner en *« se passant des idéologies plutôt que de prendre position pour l'un des deux camps en présence »*[4], en l'occurrence celui des mécanistes[5] ou celui des environnementalistes[6]. En effet, ce n'est sans doute pas en bannissant définitivement l'importation des OGM sur son territoire, ni en incitant sa population à privilégier sans réserve les nouvelles technologies de l'industrie agro-alimentaire dans le choix de leur alimentation, donc en participant pour le moins radicalement au débat sus-évoqué, qu'un État parviendra à dynamiser

---

est étranger à la bonne administration, qui ne s'intéresse qu'à la situation donnée d'un individu en particulier.

[1] Voir C. Chevallier, *Les OGM dans notre assiette ?*, *op.cit.*, p. 100.

[2] Pourquoi ne pas songer à l'instauration d'une Haute Autorité pour la transparence de la production, du contrôle et de l'exploitation des OGM, à l'image de la Haute Autorité pour la transparence de la vie publique en France (créée par les lois n°2013-906 et n°2013-907 du 11 octobre 2013 relatives à la transparence de la vie publique) ? Cette autorité pourrait alors être chargée de promouvoir la probité de tous les acteurs qui composent la chaîne de l'agriculture transgénique et artificielle.

[3] Dans son Livre blanc sur la gouvernance européenne multiniveaux de 2009, la Commission rappelle que doivent être responsables tant les institutions (Cf. l'article 300 TFUE), que les États membres (Cf. l'article 10§2 TUE) et les dirigeants européens (Cf. l'article 17§8 TUE). Le partage du pouvoir ne doit pas aboutir en Union européenne et les dirigeants européens (Cf. l'article 17§8 TFUE). Dans l'Union européenne, le pouvoir a beau être partagé, cela ne doit pas aboutir à une parfaite déresponsabilisation des « uns et des autres ». C'est précisément de cette lutte contre l'immunité (institutionnelle et/ou politique) des acteurs européens dont doivent s'inspirer ceux de l'écologie artificielle et transgénique pour les appliquer, à leur tour, à eux-mêmes.

[4] J.-P. Oury, *La querelle des OGM*, PUF, 2006, p. 177.

[5] Pensant que *« la nature produirait elle-même des OGM »*, le courant mécaniste se veut favorable à leur culture et à leur exploitation. Sur cette question, voir notamment C.-P. Lichtenstein, « C'est la nature qui a commencé ! », in *La Recherche*, n° 327, 2000, p. 39. Pour ce professeur de biologie moléculaire à l'Université de Londres, le tabac serait une OGM naturelle. Il existerait par ailleurs dans la nature *« de multiples exemples de transferts de gènes par l'intermédiaire des virus »*. Ainsi, *« la nature elle-même mènerait des expériences pour produire les plantes génétiquement modifiées »*.

[6] La pensée environnementaliste estime quant à elle qu'il existe *« une barrière des espèces, et un ordre naturel du vivant »*. De fait, la pensée naturaliste a tendance *« à faire de la nature un absolu »*. Cet argument peut, selon Jean-Paul Oury, avoir une portée *« quasi religieuse »*. Voir J.-P. Oury, *op.cit.*, p. 187. Ces courants (environnementaliste et naturaliste) ont été développés par le « créationnisme », mais aussi par la « *Deep Ecology* ». On refuse d'intégrer la technologie dans la sacralité de la nature. Sur ce point, voir notamment C. Larrère et R. Larrère, *Du bon usage de la nature. Philosophie de l'environnement*, Paris, Aubier, 1997.

durablement les droits de l'homme, sans parler des droits les plus vitaux de celui-ci.

846. – Si les OGM sont strictement encadrés par le droit et qu'ils représentent surtout l'occasion, tant pour leurs promoteurs que pour les responsables politiques de revaloriser la place des consommateurs dans le processus de décisionnel, les biotechnologies alimentaires modernes auront dans ce cas toutes les qualités requises pour poser les bases d'un climat forcément plus favorable au droit à l'alimentation étant entendu qu'elles seront bien moins enclines qu'elles ne peuvent l'être actuellement à satisfaire d'autres logiques, moins tournées – il faut bien le dire – vers la défense des droits fondamentaux que vers la poursuite inlassable du profit économique. Il semble donc indispensable d'anticiper les fictions juridiques les plus à même de légitimer toutes ces nouvelles technologies auprès des consommateurs (§I), pour prétendre ériger ces derniers au rang de contrepoids à la concentration des pouvoirs entre les mains des décideurs publics et d'une poignée d'industriels (§II). Ce cheminement associera à la réforme sûrement nécessaire et attendue du processus de responsabilisation des acteurs la question de la participation effective et systématique d'absolument tous les destinataires des OGM.

§I. UN ENCADREMENT JURIDIQUE POTENTIELLEMENT PROPICE À LA RÉALISATION DE LA BONNE GOUVERNANCE ALIMENTAIRE

847. – Face aux multiples interrogations que ne manquent pas de soulever les OGM, le droit doit, *« par son impartialité, sa capacité à assurer un équilibre entre prévention, sanction, réparation et protection des libertés individuelles »*[1], occuper une place de premier plan. En tant que *« rempart qui protège les personnes et garantit les règles du vivre ensemble »*[2], son importance ne peut/doit pas être minimisée – et encore moins occultée –, qui plus est dans un domaine aussi clivant que celui des biotechnologies. Autrement dit, les conditions d'une société apaisée ne seront pas toutes remplies aussi longtemps que le droit ne constituera pas une réponse légitime à la demande de sécurité des consommateurs.

---

[1] Voir la déclaration intitulée « De l'importance du droit dans la société », rédigée par différentes personnalités du monde judiciaire et parue dans *Libération* le 24 août 2011. Parmi les premiers signataires de cette déclaration figurent, entre autres, Mireille Delmas-Marty, Jean-Pierre Dintilhac, Eric Dupond-Moretti, Elisabeth Guigou, Louis Joinet, Christine Lazerges, Marylise Lebranchu, Henri Leclerc et Serge Portelli.
[2] *Ibid.*

848. – Si l'*« Europe a d'emblée mis en vigueur des réglementations et des directives très sévères »*[1] en matière d'OGM, c'est précisément pour échapper à la déréglementation totale pratiquée pendant de nombreuses années aux États-Unis[2]. Ce rapport au droit (pour le moins fluctuant d'un État à l'autre) va dépendre en réalité de l'interprétation du risque et du degré de confiance accordé par les décideurs publics (aussi bien les gouvernements et les parlements nationaux que les institutions supra-étatiques) aux différents acteurs du secteur transgénique.

849. – Parmi les obligations qu'il serait bon de leur impartir en vue justement d'assurer l'innocuité des OGM et de renforcer par la même occasion l'effectivité du droit à l'alimentation, pourraient prioritaire-ment figurer le respect du principe de « souveraineté permanente sur les ressources naturelles » (A), le respect du droit en tant que véritable instrument de contrôle des risques biotechnologiques (B), le respect du principe dit de précaution – étendu bien entendu à la sécurité des aliments artificiels – (C), et enfin le respect des normes souhaitables pour l'agriculture soutenable (D).

A. LE RESPECT DU PRINCIPE DE « SOUVERAINETÉ PERMANENTE SUR LES RESSOURCES NATURELLES »

850. – Le droit des peuples à disposer d'eux-mêmes et le principe de souveraineté sur les ressources naturelles n'ont certes fait leur apparition que dans la seconde moitié du XXe siècle, soit juste après l'essor du système des Nations Unies et l'avènement du droit à l'alimentation, toujours est-il que leurs fondements normatifs se sont considérablement étoffés en droit international à mesure que les États nouvellement décolonisés parvinrent à asseoir leur autonomie économique et politique[3].

851. – Si tous les États membres de l'ONU en sont dorénavant devenus les « débiteurs naturels », les organisations supranationales – quelles qu'elles soient –, au même titre d'ailleurs que la société civile internationale (dont les industriels qui s'« intéressent » aux biotechnologies font partie), ne sauraient y porter une quelconque atteinte dans le cadre de leurs activités. C'est très clairement sur ce

[1] C. Chevallier, *Les OGM dans notre assiette ?*, *op.cit.*, p. 150.
[2] *Ibid.*, p. 149.
[3] Sur ce point, voir notamment S. Calogeropoulos-Stratis, *Le droit des peuples à disposer d'eux-mêmes*, *op.cit.*, p. 28 et s., et G. Abi-Saab, « La souveraineté permanente sur les ressources naturelles », *op.cit.*

point que les firmes multinationales[1] doivent être vigilantes et multiplier leurs efforts, au risque de voir sûrement leurs bénéfices chuter.

852. – Dans l'ensemble, les gouvernements nationaux ont *« plutôt tendance à respecter le principe de souveraineté permanente sur les ressources naturelles »*[2], malgré l'absence de mécanismes juridiques spécifiques pour le faire appliquer. Il faut dire que les nombreuses résolutions adoptées par les Nations Unies depuis 1945 (pas moins de quatre-vingt[3]) ont su *« façonner ce principe de façon progressive pour ménager les différents intérêts en présence »*[4]. Ce n'est donc qu'à l'issue d'un filandreux processus de « diplomatie préventive »[5] que ce principe fut érigé au rang de véritable règle de droit.

853. – Ce qui apeurait surtout les nations occidentales était *« le risque de pertes financières lié à l'accès à la souveraineté par les tats en développement sur leurs propres ressources naturelles »*[6]. Autrement dit, la dimension économique de la souveraineté les interrogeait bien plus que ses acceptions politiques et sociales. Ce constat est tout particulièrement vrai des deux résolutions A/523 (VI) et A/626 (VII) de l'Assemblée générale des Nations Unies de 1952, dont l'adoption donna à chaque fois lieu à de *« vifs débats »*[7].

854. – Pour autant, l'idée qu'un authentique lien d'égalité[8] devait régner entre des Nations souveraines sur leurs ressources n'en a pas moins fait son chemin. En effet, le droit des peuples à disposer d'eux-mêmes ne fait plus uniquement office

---

[1] Parmi les multinationales concernées peuvent tout à fait figurer Sygenta (société suisse issue de la fusion entre Novatris et Astra Zeneca), Pharmacia§UpJohn (société américano-suédoise), Monsanto (société américaine), DowDuPont (société américaine issue de la fusion entre Dow Agro-Science et DuPont), mais aussi Aventis (société européenne), Cynamid (société américaine), BASF (société allemande) ou bien encore Bayer (société allemande).

[2] S. Davanture, *Les limites de l'application du droit sur les ressources naturelles : le cas des territoires palestiniens et du Sahara occidental*, *op.cit.*, p. 11.

[3] Pour le Professeur Dominique Rosenberg, *« La résolution 1803 (XVII) de l'Assemblée générale des Nations Unies du 14 décembre 1962 est la plus importante de toutes en ce qu'elle est devenue le texte de référence en matière de souveraineté sur les ressources naturelles. Cette résolution est l'étape la plus importante du processus normatif tendant à « l'affirmation du droit international positif » »*. Ici, voir D. Rosenberg, « Le principe de souveraineté des États sur leurs ressources naturelles », *Politique étrangère*, 1983, pp. 1002-1004.

[4] S. Davanture, *op.cit.*, p. 12.

[5] Par l'expression de « diplomatie préventive », il faut entendre les mesures diplomatiques prises par les Nations Unies pour empêcher les différends de dégénérer en conflits et pour limiter la propagation des conflits lorsqu'ils éclatent.

[6] S. Davanture, *op.cit.*, p. 15.

[7] Ces débats furent « imposés » par les anciens pays colonisés au sein des Nations Unies au début des années 50.

[8] Les membres de l'ONU ont l'obligation de respecter le droit des peuples à disposer d'eux-mêmes, lequel repose en grande partie sur le principe d'égalité. Sur cette question, voir P.-M. Defarges, « L'organisation des Nations Unies et le droit des peuples à disposer d'eux-mêmes », *Politique étrangère*, 1993, pp. 659-671.

de « coutume générale du droit international contemporain », comme l'avait fait valoir la Cour internationale de justice[1], mais bien d'un droit « erga omnes », en ce qu'il a été retranscrit à l'article 55 de la Charte des Nations Unies[2], mais aussi et surtout puisqu'il figure désormais à l'alinéa 2 de l'article 1er des deux pactes de 1966[3]. Concernant les articles 25 et 47 du PIDESC, ils font mention d'un droit corollaire à celui-ci, à savoir la souveraineté permanente sur les ressources, en lui donnant une résonance toute particulière[4].

855. – Ces pactes ont la singularité d'être parmi les seuls textes à valeur obligatoire au niveau universel à avoir proclamé d'une façon aussi claire et explicite le principe de souveraineté permanente sur les ressources naturelles, étant entendu que leur portée juridique est bien plus forte que les précédentes résolutions de l'Assemblée générale des Nations Unies adoptées dans ce domaine. Cela vaut d'ailleurs pour la résolution 1803 (XVII) du 14 décembre 1962 que la doctrine qualifie généralement de véritable tournant[5].

856. – Et que dire de la Déclaration sur le Nouvel Ordre Économique International (ci-après Déclaration NOEI)[6] ou bien encore de cette Charte des droits et devoirs

---

[1] Pour une analyse de l'arrêt *Portugal c. Australie* de la Cour internationale de justice du 30 juin 1995, voir J.-M. Thouvenin, « L'arrêt de la CIJ du 30 juin 1995 rendu dans l'affaire du Timor oriental (*Portugal c. Australie*) », *Annuaire français de droit international*, 1995, pp. 328-353.

[2] L'article 55 de la Charte des Nations Unies dispose en effet que : *« En vue de créer les conditions de stabilité et de bien-être nécessaires pour assurer entre les nations des relations pacifiques et amicales fondées sur le respect du principe de l'égalité des droits des peuples et de leur droit à disposer d'eux-mêmes, les Nations Unies favoriseront : a. le relèvement des niveaux de vie, le plein emploi et des conditions de progrès et de développement dans l'ordre économique et social ; b. la solution des problèmes internationaux dans les domaines économique, social, de la santé publique et autres problèmes connexes, et la coopération internationale dans les domaines de la culture intellectuelle et de l'éducation; c. le respect universel et effectif des droits de l'homme et des libertés fondamentales pour tous, sans distinction de race, de sexe, de langue ou de religion ».*

[3] Les articles 1er al. 2 des deux pactes de 1966 sont rédigés en des termes identiques. Ils disposent en effet que : *« Pour atteindre leurs fins, tous les peuples peuvent disposer librement de leurs richesses et de leurs ressources naturelles, sans préjudice des obligations qui découlent de la coopération économique internationale, fondée sur le principe de l'intérêt mutuel, et du droit international. En aucun cas, un peuple ne pourra être privé de ses propres moyens de subsistance ».*

[4] Les articles 25 et 47 du PIDESC sont rédigés en des termes identiques. Ils prévoient ceci : *« Aucune disposition du présent Pacte ne sera interprétée comme portant atteinte au droit inhérent de tous les peuples à profiter et à user pleinement et librement de leurs richesses et ressources naturelles ».*

[5] Voir notamment, sur ce point, L. Sakai, *La souveraineté permanente sur les ressources naturelles et la protection internationale des droits de l'homme*, Th. de droit public soutenue le 4 novembre 2014 à l'Université Paris 1 – Panthéon-Sorbonne, 687 p.

[6] Voir la résolution A/RES/3201 de l'Assemblée générale des Nations Unies du 1er mai 1974. Au sein de cette « Déclaration NOEI » figurent un certain nombre de principes parmi lesquels se trouve celui de la souveraineté sur les ressources naturelles. Pour Sandrine Davanture, cette déclaration constituerait *« Une véritable doctrine pour les pays en développement et pour l'ensemble des États en général »*. S. Davanture, *Les limites de l'application du droit sur les ressources naturelles : le cas des territoires palestiniens et du Sahara occidental*, *op.cit.*, p. 21.

économiques des États[1], si ce n'est qu'elles prévoient pour chaque État la possibilité d'exercer librement une souveraineté entière et permanente sur les ressources naturelles[2]. A la vérité, ni la Déclaration d'Alger[3], ni celle de Rio sur l'environnement et le développement[4] ne sont restées muettes sur la question, puisqu'elles aussi entérinent ce droit au plan mondial[5].

857. – L'une des principales difficultés provient en réalité du fait que ces ressources naturelles ne font pas l'objet d'une définition ni d'une énumération officielle en droit international[6]. De plus, *« la montée en puissance des investisseurs brouille les communautés d'intérêt »*[7]. En cherchant eux aussi à attirer des investisseurs étrangers, alors qu'ils sont pour le moins *« fragiles dans la compétition mondiale »*[8], les États en développement peuvent porter atteinte à leur propre souveraineté. Malgré leurs velléités indépendantistes passées, bon nombre d'entre eux ont à l'heure actuelle privilégié l'option consistant à doter la bio-économie moderne[9] en général – ainsi que la biotechnologie industrielle en

[1] La résolution A/RES/3281 (XXIX) de l'Assemblée générale du 12 décembre 1974 met en place cette charte. Au titre des normes universelles que celle-ci prévoit figure le droit pour chaque État d'exercer librement une souveraineté entière et permanente sur les ressources naturelles. Pour Sandrine Davanture, *« Ce principe est devenu un outil d'indépendance pour les pays depuis peu décolonisés »*. *Ibid.*, p. 23.

[2] *Ibid.*

[3] La Déclaration d'Alger a été proclamée le 4 juillet 1976 à l'initiative de la Fondation internationale Lelio Basso pour le droit et la libération des peuples et la Ligue internationale pour les droits et la libération des peuples. Pour plus de détails sur celle-ci, voir notamment F. Rigaux, *Pour une déclaration universelle des droits des peuples – Identité nationale et coopération internationale*, Vie Ouvrière, Bruxelles, 4 juillet 1976.

[4] Pour une présentation détaillée de cette déclaration, voir *supra*.

[5] Cf. l'article 8 de la Déclaration d'Alger (lequel dispose que : *« Tout peuple a un droit exclusif sur ses richesses et ses ressources naturelles. Il a le droit de les récupérer s'il en a été spolié, ainsi que de recouvrer les indemnisations injustement payées »*) ainsi que le principe 2 de la Déclaration de Rio (d'après lequel : *« Conformément à la Charte des Nations Unies et aux principes du droit international, les États ont le droit souverain d'exploiter leurs propres ressources selon leur politique d'environnement et de développement, et ils ont le devoir de faire en sorte que les activités exercées dans les limites de leur juridiction ou sous leur contrôle ne causent pas de dommages à l'environnement dans d'autres États ou dans des zones ne relevant d'aucune juridiction nationale »*).

[6] L'Union européenne, dans la Communication de la Commission européenne du 2 février 20111, retient la notion de produits de base où elle classe, en trois catégories, les produits de l'énergie (pétrole, électricité, gaz), les produits agricoles, et les matières premières (minerais, matériaux de construction, le bois et le caoutchouc naturel). Cf. la Communication de la Commission au Parlement européen, au Conseil, au Comité économique et social européen et au Comité des Régions, « Relever les défis posés par les marchés des produits de base et les matières premières », COM(2011) 25 final.

[7] I. Hannequart, « Souveraineté sur les ressources et responsabilité internationale », EUROSUL.

[8] *Ibid.*

[9] La « bio-économie » est à la croisée de plusieurs secteurs d'activité qui traitent la biomasse. Innovante et verte, elle est une nouvelle manière de regarder l'économie.

particulier – d'un cadre vraiment propice au niveau juridique[1], quitte à *« mettre parfois en péril les droits de leurs populations, de leurs peuples »*[2].

858. – À perpétuité les pressions qui s'exercent à l'échelle internationale devraient cesser d'être aussi contradictoires. Cela ne sert à rien de vouloir tantôt protéger la souveraineté par la responsabilisation des États tiers et des investisseurs étrangers, si c'est pour ensuite lui nuire en ne responsabilisant pas cette fois-ci les États qui l'invoquent. Après tout, pour quels motifs les firmes multinationales des États puissants admettraient-elles la souveraineté des États demandeurs en matière de sécurité alimentaire, lorsqu'en retour ces derniers manquent d'exemplarité dans l'exploitation de leurs ressources ?[3]

859. – Avec les OGM, il faudrait privilégier un autre modèle de responsabilité : celui des responsabilités communes, mais différenciées. Au-delà du climat et de la biodiversité, la question de l'alimentation artificielle devrait en effet amener l'ensemble des États à reconnaître leurs responsabilités communes. La conscience des enjeux planétaires est avant tout le lot des gouvernements nationaux, seuls à même de rationaliser l'opportunisme de certains acteurs économiques susceptibles de faire peser *« une tâche honteuse sur le visage de l'entreprise »*[4].

860. – Les acteurs du secteur transgénique ne se montreront irréprochables que si tous les États hôtes des investissements leur montrent la voie à suivre, ce qui suppose pour certains d'entre eux de se plier davantage au droit international et aux règles ayant trait au droit des peuples à disposer d'eux-mêmes. Si un peuple est en théorie libre de développer sa propre activité économique, il doit rester en pratique également libre de choisir son idéal culturel et social[5]. La dimension économique de la souveraineté, y compris de la souveraineté alimentaire, ne doit pas trop souvent et sans fondement l'emporter sur ses enjeux connexes. Il en va très certainement de l'effectivité du droit à l'alimentation.

---

[1] Ces conditions juridiques propices aux investisseurs étrangers s'appliquent à la fois en matière fiscale et sociale, mais aussi dans le domaine environnemental.

[2] I. Hannequart, « Souveraineté sur les ressources et responsabilité internationale », *op.cit.*

[3] Voir notamment C. Rigaud, « RDC : « corruption, prédation, répression », le triptyque congolais », in *Courier Blogs*, 7 août 2017. L'auteur y explique comment Joseph Kabila a réussi à se maintenir au pouvoir depuis plus de 16 ans grâce au pillage systématique des ressources du pays et au « siphonnage » des recettes de l'État. Le tout, en muselant ses opposants politiques et en réprimant dans le sang les mouvements de contestation.

[4] Voir D. Jacquet, « Parfois l'entreprise tue. Et j'ai honte dans ce cas de défendre l'entreprise », in *atlantico*, 30 octobre 2017. L'auteur – qui est cofondateur de l'Observatoire sur l'Uberisation – y parle de la révélation des « *Monsanto Papers* » et de la corruption de nombreux scientifiques par l'entreprise chimique.

[5] Le droit des peuples à disposer d'eux-mêmes proclamé à l'article 1er alinéa 2 des deux pactes de 1966 a en effet trois composantes distinctes : une dimension politique (le peuple est libre de choisir ses représentants et son gouvernement), une dimension sociale (le peuple est libre de choisir son modèle culturel et social) et enfin une dimension économique (le peuple est libre de développer sa propre activité économique).

861. – Le génie génétique a beau être *« sous la coupe des grandes sociétés des pays industrialisés »*[1], il n'en reste pas moins que les communautés locales doivent maîtriser et gérer leurs ressources. Il s'agit là d'un droit fondamental inscrit dans la DUDH[2]. L'État doit donc *« assurer la défense et le maintien de la biodiversité »*[3]. Les droits des communautés sont inaliénables. Il s'agit de droits et de responsabilités intergénérationnels. Nul ne peut les abolir par ses décisions, mais doit les défendre et les transmettre aux générations futures. Cela vaut tant pour les représentants politiques que pour les industriels.

B. LE RESPECT DU DROIT EN TANT QUE VÉRITABLE INSTRUMENT DE CONTRÔLE DES RISQUES BIOTECHNOLOGIQUES

862. – Le droit est un instrument de contrôle des risques *« découlant de l'invasion biotechnologique »*[4] encore perfectible. Au niveau mondial, l'articulation entre le droit international de l'environnement et le droit international du commerce n'est pas aisée, comme le démontre le regard porté par l'OMC sur la compatibilité de certains accords multilatéraux avec son corpus de règles. Quant à la règlementation européenne, elle a tendance à se libéraliser et à se rapprocher de celle en vigueur aux États-Unis en ce qu'il y aurait de moins en moins de contrôles sur l'obtention à proprement parler du produit fini. Ainsi, il paraît utile de

---

[1] J.-P. Sikeli, *Les biotechnologies modernes à l'épreuve des droits de l'homme : les OGM face à la question de la sécurité alimentaire – dilemme, controverse et contraste*, *op.cit.*, p. 82.

[2] La DUDH, adoptée par l'Assemblée générale des Nations Unies le 10 décembre 1948, exclusivement centrée sur les droits individuels des droits de l'homme, donc sur la personne, fait l'impasse sur le droit des peuples à disposer d'eux-mêmes. Certes, la dimension interne de celui-ci affleure ci et là : dans le troisième paragraphe du Préambule là où elle semble légitimer le tyrannicide ; à l'article 21 où est affirmé le droit de toute personne *« de prendre part à la direction des affaires publiques »* (§ 1), mais surtout lorsque il est déclaré que *« la volonté du peuple est le fondement de l'autorité des pouvoirs publics ; cette volonté doit s'exprimer par des élections honnêtes qui doivent avoir lieu périodiquement, au suffrage universel égal et au vote secret ou suivant une procédure équivalente assurant la liberté du vote »* (§ 3). Ainsi que le rappelle le Professeur Giovanni Distefano, *« cet alinéa consacre incontestablement ce qu'on a accoutumé d'appeler le droit de chaque peuple à choisir son propre système politique, économique et social à l'intérieur d'un État existant »*. Ici, voir G. Distefano, « Le droit des peuples à disposer d'eux-mêmes (et les peuples autochtones) », in *Introduction aux droits de l'homme*, LGDJ, Schulthess, juin 2014, pp. 21 et s.

[3] Sur cette question, voir G. Bœuf, « La biodiversité, de l'océan à la cité », Leçon inaugurale prononcée au Collège de France le 19 décembre 2013 ; quant à la Convention sur la diversité biologique, elle fut adoptée lors du Sommet de Rio le 22 mai 1992 puis entra en vigueur le 29 septembre 1994. Elle a pour but de protéger la diversité biologique, qu'il s'agisse d'écosystèmes, d'espèces ou de ressources génétiques. Pour ce faire, elle établit un cadre commun destiné à servir de référence aux politiques nationales traitant à la fois de la conservation et de l'exploitation des ressources biologiques. Pour de plus amples détails sur cette convention, voir *infra*.

[4] J.-P. Sikeli, *op.cit.*, p. 69.

s'intéresser en premier lieu à la biosécurité dans le monde (1), avant de l'étudier dans un second temps dans le cadre de l'Union européenne (2).

1. La biosécurité dans le monde : l'OMC méconnaît toujours le principe de précaution

863. – Nombreux sont les instruments conventionnels qui, en droit international de l'environnement, estiment que *« le réalisme doit tempérer l'espoir que les biotechnologies suscitent »*[1], ou qui envisagent les dangers de l'introduction d'espèces nouvelles pouvant provoquer des changements considérables et nuisibles dans plusieurs milieux[2]. C'est typiquement le cas de l'Agenda 21 – adopté lors du Sommet de la Terre à Rio de Janeiro en juin 1992[3] – et de la Convention des Nations Unies sur le droit de la mer, signée à Montego Bay le 10 décembre 1982.

864. – Dans le prolongement du Sommet de Rio fut adopté un instrument clef, à savoir la Convention sur la diversité biologique (ci-après CDB), dont l'importance est à souligner à plusieurs égards. Ayant vocation à préserver la diversité des écosystèmes, des espèces et des ressources génétiques, cet outil original du droit international adjoint à l'obligation des États parties de *« maîtriser les risques associés à l'utilisation et à la libération d'organismes vivants modifiés résultant de la biotechnologie »*[4], le droit de conclure un protocole spécifique sur les effets défavorables de tels organismes sur la conservation et l'utilisation durable de la diversité biologique[5].

865. – C'est dans ce cadre commun *« destiné à servir de référence aux politiques nationales traitant à la fois de la conservation et de l'exploitation des ressources biologiques »*[6] qu'ont donc commencé les négociations achevées à Montréal le 29 janvier 2000 et qui ont abouti à la rédaction du Protocole de Carthagène sur les risques biotechnologiques[7]. Face aux dangers allégués ou avérés de l'alimentation

---

[1] Voir le chapitre 16 de l'Agenda 21.

[2] La Convention sur le droit de la mer de 1982 envisage, dans son article 196, les dangers d'une telle introduction pour les milieux marins. Quant à la Convention de New-York du 21 mai 1997 sur le droit relatif aux utilisations des cours d'eaux à des fins autres que la navigation, son article 22 engage tous les États riverains d'un cours d'eau à prendre les mesures nécessaires pour le protéger contre les espèces étrangères ou nouvelles, et ainsi éviter les effets préjudiciables pour l'écosystème du cours d'eau.

[3] Pour une présentation su Sommet de Rio de Janeiro de 1992, voir *supra*.

[4] L'article 8 al. g de la CDB rappelle par ailleurs les risques que font peser les OGM sur la biodiversité et la santé humaine.

[5] Voir l'article 19§3 de la CDB.

[6] J.-P. Sikeli, *Les biotechnologies modernes à l'épreuve des droits de l'homme : les OGM face à la question de la sécurité alimentaire – dilemme, controverse et contraste*, *op.cit.*, p. 71.

[7] Ce protocole constitue le premier accord international environnemental sur les OGM. C'est un outil que les États ou l'Union européenne peuvent utiliser volontairement, s'ils le souhaitent. Il n'est pas d'application

artificielle, ce protocole témoigne avant tout de l'attachement total des États au droit international et à la biosécurité en ce qu'il n'a pas été uniquement adopté sous l'impulsion des pays riches. Certains pays en voie de développement le soutiennent également, *« car ils craignent que leurs territoires puissent être exploités pour des expérimentations de mises en culture de produits OGM »*[1].

866. – Précisant ce qu'est un OGM[2] ainsi que la biotechnologie moderne au sens large, le Protocole de Carthagène s'applique aux mouvements transfrontaliers, à la manipulation et à l'utilisation de tout ou partie d'organisme recombiné obtenu par recours au génie génétique. Défendant la transparence dans les échanges en prescrivant des procédures de contrôle et d'information strictes[3] aux États signataires, ces derniers n'en ont pas moins la faculté de prendre des mesures plus rigoureuses que celles prévues par le protocole dès lors qu'elles demeurent *« compatibles avec ses objectifs et qu'elles ne violent pas le droit international »*[4].

867. – Dans la mesure où le principe de précaution y est affirmé[5], n'importe quelle partie importatrice peut soit interdire, soit soumettre à des conditions tout mouvement frontalier d'un OGM dont elle est destinataire, selon que le transit est dénué de certitudes scientifiques, ou bien manque d'informations techniques disponibles[6]. Ce faisant, ce sont les parties qui prendront leurs propres mesures en matière de gestion des risques.

868. – Le protocole fixe qui plus est les standards minimums de documentation devant accompagner tout OGM afin d'en assurer la traçabilité. Chaque partie doit désigner l'autorité nationale compétente pour la mise en œuvre du protocole, et correspondre autant que faire se peut avec le centre d'échange pour la prévention des risques biotechnologiques créé spécifiquement par celui-ci[7]. Le protocole

---

obligatoire. La convention de Rio sur la biodiversité permet et encourage son utilisation, mais il n'a été que peu utilisé.

[1] Voir K. Anderson et C. Nielsen, « Cultures transgéniques et commerce international », *Économie internationale*, 2001/3 (n° 87), pp. 45-62.

[2] D'après les dispositions de l'article 3 al. g, *« « Organisme vivant modifié » s'entend de tout organisme vivant possédant une combinaison de matériel génétique inédite obtenue par recours à la biotechnologie moderne ».*

[3] L'exportateur est par exemple obligé d'informer la partie importatrice d'éléments techniques précis permettant à celle-ci, après en avoir accusé réception, d'évaluer les risques de sa transformation ou de sa dissémination dans l'environnement et dans l'alimentation humaine ou animale.

[4] Voir l'article 2 al. 4 du protocole relatif aux dispositions générales.

[5] Sur ce point, voir notamment G. Nakseu Nguefang, « Le principe de précaution dans le contexte du protocole international sur la prévention des risques biotechnologiques », *Les cahiers de droit*, volume 43, numéro 1, 2002, pp. 39-62.

[6] Sur cette question, voir l'annexe III du protocole relatif à l'évaluation des risques.

[7] Le protocole prévoit en effet, en son article 20, la mise en œuvre d'un centre d'échanges pour la prévention des risques biotechnologiques afin de faciliter, comme son appellation l'indique, les échanges d'informations sur les OGM. Ce centre doit regrouper trois types d'informations : les règlementations nationales relatives aux OGM, les études et résumés des évaluations des risques conduits en application des

invite enfin les États parties à sensibiliser le public sur les risques que présentent les OGM[1] et met en place un mécanisme de règlement des différends relatifs aux mouvements transfrontaliers d'OGM[2].

869. – Autrement dit, en prévoyant le principe de précaution dans le droit international – y compris le droit commercial –, le Protocole de Carthagène constitue *« un instrument très innovant par rapport à ce qui existait déjà »*[3]. Cela dit, l'articulation de certains accords multilatéraux tels que celui adopté en 2000 à Carthagène avec ceux de l'OMC est *« une question qui se pose toujours avec acuité »*[4]. La raison est plutôt simple : l'OMC n'a toujours pas intégré le principe de précaution dans son corpus de règles[5]. Par voie de conséquence, le marché des OGM *« n'est toujours pas conforme au protocole de Carthagène »*[6].

870. – En cas de doute sérieux, un pays ne saurait raisonnablement retirer un OGM du commerce sans ressentir de crainte à l'endroit des sanctions qu'attribue l'OMC. Sans tomber dans l'instrumentalisation possible du principe de précaution de la part de certains gouvernements nationaux, il paraît crucial de consolider ce principe dans un domaine où *« les connaissances scientifiques évoluent rapidement »*[7]. En ce sens, le Protocole de Carthagène *« est une avancée en termes de transparence et d'informations sur l'impact des manipulations génétiques tant à l'égard des États que des consommateurs »*[8]. Il ne faudrait surtout pas négliger la logique de développement durable – celle façonnée durant le Sommet de Johannesburg – dans laquelle il s'inscrit.

871. – Sans appel, les règles de transparence et de contrôle prévues par le Protocole de Carthagène réduisent l'arbitraire et les possibilités de corruption. Elles protègent également *« les gouvernements contre les groupes de pression qui représentent des intérêts étroits »*[9]. Le système de l'OMC devrait se mobiliser derrière de tels objectifs en inculquant notamment *« une vision plus équilibrée de la politique commerciale »*[10]. Ses arbitrages sont censés être conçus dans l'intérêt de tous les acteurs économiques, donc eux aussi pourraient aider les États à

---

règlementations nationales et enfin les décisions finales prises par chaque partie au terme de ces évaluations et études.

[1] La question de la sensibilisation et de la participation du public est prévue à l'article 23 du protocole.

[2] La question de la responsabilité des États parties, mais aussi de la réparation pour les dommages résultant de mouvements transfrontières d'organismes vivants modifiés est prévue à l'article 27 du protocole.

[3] J.-P. Sikeli, *Les biotechnologies modernes à l'épreuve des droits de l'homme : les OGM face à la question de la sécurité alimentaire – dilemme, controverse et contraste*, *op.cit.*, p. 74-75.

[4] *Ibid.*

[5] *Ibid.*

[6] *Ibid.*

[7] *Ibid.*

[8] *Ibid.*

[9] Voir *World Trade Organization*, « L'OMC peut...encourager la bonne gouvernance ».

[10] *Ibid.*

« résister » aux pressions des groupes d'intérêts particuliers, dont le foisonnement ne relève plus de la fiction dans le secteur de l'alimentation transgénique[1].

872. – Si le protectionnisme en général est une *« politique malavisée en raison du dommage qu'il cause aux plans national et international »*[2], mais aussi et surtout de la mauvaise gouvernance qu'il promeut, les acteurs de l'OMC et de l'industrie biotechnologique devraient accepter l'idée d'une limitation des importations et/ou des exportations d'OGM au nom, non pas d'un contingent provoquant une hausse artificielle des prix, mais du principe de précaution étendu à la sécurité des aliments.

2. La biosécurité dans le cadre de l'Union européenne : un contre-exemple à la déréglementation américaine

873. – Au sein de l'Union européenne, *« le droit dérivé relatif aux OGM n'a fait que s'étendre, tant pour assurer le fonctionnement du marché intérieur à l'égard de ce type de produit que pour répondre aux attentes des milieux de protection de l'environnement et des consommateurs »*[3], comme le montrent la directive 2001/18/CE sur la dissémination volontaire d'OGM dans l'environnement[4] et les règlements ayant trait aux nouveaux aliments – donc à la traçabilité, à l'étiquetage ainsi qu'aux mouvements transfrontaliers d'OGM[5] –, dont l'étude a été proposée *supra*.

874. – Cela dit, les forces centripètes actuelles, celles qui sont *« propres au fonctionnement du marché intérieur et qui se traduisent par le principe de reconnaissance mutuelle et concomitamment par une interprétation stricte des clauses de sauvegarde et des mécanismes dérogatoires »*[6] n'ont pas toujours été enclines à réglementer aussi subtilement qu'aujourd'hui l'alimentation artificielle. Certains auteurs y ont clairement vu un rapprochement – même

---

[1] Sur la question des liens étroits entre le lobbying scientifique de l'agroalimentaire et le pouvoir, voir notamment S. Horel et P. Santi, « Scandale autour de l'étiquetage alimentaire », *Le Monde*, 8 juillet 2016 ; et J. Joly et E. Saget, « Alimentation : comment on nous manipule », *L'Express*, 18 juin 2012.

[2] Voir le rapport de *World Trade Organization*, *op.cit.*

[3] N. de Sadeleer, « L'harmonisation des règles relatives à la mise sur le marché, à la dissémination et à l'utilisation des OGM – Point de rencontre des forces centrifuges et centripètes du droit dérivé », *op.cit.*, p. 209.

[4] Directive 2001/18/CE du Parlement européen et du Conseil du 12 mars 2001 relative à la dissémination volontaire d'organismes génétiquement modifiés dans l'environnement et abrogeant la directive 90/220/CEE du Conseil, *J.O.*, 17 avril 2001, L 106, p. 1.

[5] Pour un aperçu du droit dérivé, voir C. Noiville, M.-A. Hermitte et E. Brosset, « Organismes génétiquement modifiés », *Jurisclasseur Environnement et Développement durable*, 2009, fasc. N° 4 100.

[6] N. de Sadeleer, *op.cit.*, p. 237.

« ténu »[1] – avec la règlementation américaine, connue pour son principe d'« équivalence en substance »[2].

875. – Il faut dire qu'au milieu des années 1980, il n'était tout simplement pas justifié d'adopter *« une législation spécifique pour réglementer l'utilisation des OGM »*[3], tout comme il n'était pas concevable de dissocier les OGM des organismes conventionnels en termes de risque. Autrement dit, *« les produits issus des biotechnologies ne permettaient pas la création d'une catégorie à part »*[4]. Ce n'est qu'en 1986 qu'une *« distinction fut envisagée entre les OGM appliqués au domaine de la santé et ceux appliqués au domaine agricole »*[5], en raison des recommandations adoptées par le Conseil de l'Organisation pour la coopération et le développement économiques (ci-après OCDE).

876. – Par la suite, les premières directives destinées à encadrer la sûreté des OGM virent le jour, mais furent pour le moins libérales. C'est ainsi que la directive 90/220/CEE du 23 avril 1990[6] ne s'intéressait aux risques pour la santé humaine qu'en cas d'exposition – voire d'ingestion – accidentelle, et non de consommation régulière. L'avoir révisé en 2000 afin d'*« intégrer les connaissances acquises en matière d'évaluation des risques »*[7] n'effacera nullement le choix de la Commission européenne de s'engager dans la voie d'un allègement des procédures de contrôle[8], à l'image de la directive 98/81/CEE du 26 octobre 1998[9],

---

[1] C. Chevallier, *Les OGM dans notre assiette ?*, *op.cit.*, pp. 150-151.
[2] En 1991, la FAO et l'OMS publient les résultats d'une publication conjointe d'experts sur l'évaluation de la sûreté d'aliments issus des techniques de biotechnologie. Pour cela, ils ont réalisé une analyse moléculaire, biologique, chimique, de l'aliment afin de déterminer si des études toxicologiques sont nécessaires. C'est le début de la notion d'« équivalence substantielle » (également appelée « équivalence en substance »). Le nouveau produit est comparé à un aliment existant présentant un niveau de sécurité acceptable. Sur la période 1993-1996, l'OCDE s'évertuera à peaufiner la notion d'« équivalence en substance ». Ainsi, *« si l'analyse du nouvel aliment ne révèle aucune différence avec un homologue classique sûr, il peut être traité de la même manière du point de vue sécurité »*.
[3] C. Chevallier, *op.cit.*, p. 145.
[4] *Ibid.*
[5] *Ibid.*, pp. 145-146.
[6] Directive 90/220/CEE du Conseil du 23 avril 1990 relative à la dissémination volontaire d'organismes génétiquement modifiés dans l'environnement, *J.O.*, L 117, 8 mai 1990, pp. 15-27.
[7] C. Chevallier, *Les OGM dans notre assiette ?*, *op.cit.*, p. 146.
[8] En 1994, à la suite d'un colloque, la Commission européenne s'engagera dans la voie d'un allègement des procédures de contrôle mises en place par les directives de 1990 (Cf. les directives 90/219/CEE et 90/220/CEE du 23 avril 1990 sur l'emploi des OGM), surtout pour l'utilisation confinée de micro-organismes génétiquement modifiés (Cf. la directive 94/51/CE) et la dissémination de plantes transgéniques (Cf. la décision 94/730).
[9] Cette directive 98/81/CEE du Conseil du 26 octobre 1998 a modifié la directive 90/219/CEE relative à l'utilisation confinée des micro-organismes génétiquement modifiés. Elle apporte les nouveautés suivantes : la procédure varie selon la pathogénicité de l'OGM (quatre classes de risques sont à noter au lieu de deux groupes), et des mesures minimales de confinement et de contrôle garantissent une production et une harmonisation adéquate.

d'après laquelle *« des mesures minimales de confinement et/ou de gestion du risque garantissent une production et une harmonisation adéquate »*[1].

877. – Face aux pressions répétées de plusieurs gouvernements nationaux – dont notamment celui de la France[2] ainsi que celui du Royaume-Uni[3] –, la Commission européenne déclarera dans son Livre blanc sur la sécurité alimentaire en date du 12 janvier 2000 tout *« son engagement à clarifier et à améliorer la transparence liée à la procédure d'autorisation des nouveaux aliments »*[4], ce qui aboutira, en réalité, à l'élaboration de la directive 2001/18/CE du 12 mars 2001[5], sans que soient pour autant instituées les règles plus appropriées d'une gestion plus globale des risques[6].

878. – Aux États-Unis, par contre, la règlementation sur les OGM ne les a jamais distingués des produits phytosanitaires. C'est au producteur lui-même, et non pas à une autorité scientifique ou administrative compétente, qu'il revient d'assurer l'innocuité des produits commercialisés. De fait, le contrôle et la règlementation interviennent sur le produit plutôt que sur le processus d'obtention. Ne devant pas différer fondamentalement des produits non modifiés ou traditionnels, la règlementation sur les OGM se fait en fonction de l'utilisation finale du produit et est fondée si nécessaire par une analyse au cas par cas.

879. – En ce sens, la réglementation européenne avoisine celle des États-Unis. Les rares règlements et directives prétendument sévères adoptées d'emblée par l'Union européenne en matière d'OGM ont failli face à l'approche produit[7] où ici, la technique d'obtention de l'aliment transformé n'est plus prise en compte et contrôlée à la différence de ce que l'approche procédé[8] préconise le plus souvent.

---

[1] Pour aller plus loin sur cette question, voir C. Chevallier, *Les OGM dans notre assiette ?*, *op.cit.*, pp. 147 et s.

[2] Le 21 juillet 1999, le ministre de la Recherche lance, en France, un appel à proposition sur l'impact des OGM, comportant une étude d'amélioration des méthodes d'évaluation des risques alimentaires et aussi des méthodes globales déterminant la composition exacte des variétés d'OGM.

[3] Le 21 mai 1999, le gouvernement britannique annonce un seuil de mesures pour renforcer la sécurité.

[4] C. Chevallier, *op.cit.*, p. 148.

[5] Pour aller plus loin sur la question des régimes d'autorisation prévus par la directive 2001/18/CE, voir N. de Sadeleer, « L'harmonisation des règles relatives à la mise sur le marché, à la dissémination et à l'utilisation des OGM – Point de rencontre des forces centrifuges et centripètes du droit dérivé », *op.cit.*, pp. 211-217.

[6] *Ibid.*, p. 218.

[7] L'approche produit correspond au principe de l'« équivalence en substance ». Une telle approche vise à optimiser les impacts sociaux positifs et à minimiser les impacts environnementaux négatifs du produit, à chaque étape du cycle de vie du bien ou service acheté, depuis l'extraction des matières premières jusqu'à la fin de vie. Elle se traduit généralement par l'insertion de spécifications environnementales et sociales dans les appels d'offres et dans les contrats.

[8] Cette approche met l'accent (comme son appellation l'indique) sur les moyens utilisés en vue de produire quelque chose/un certain résultat. Le processus d'élaboration du produit (entendu comme une suite d'opérations ou de phases menant à quelque chose/un certain résultat) est au cœur de l'analyse.

Ce qu'il faut donc en retenir, c'est qu'en s'assouplissant d'un côté de l'Atlantique en même temps qu'elles s'aggraveraient de l'autre, les règlementations américaine et européenne tendraient à converger.

880. – Le droit dérivé de l'Union européenne n'a jamais fait le jeu des États membres qui interdisaient ou effectuaient des contrôles si stricts que les autorisations se faisaient rares[1]. Ce constat ne concerne ni n'englobe bien sûr pas certains États qui, comme l'Espagne, n'ont quant à eux jamais jugé nécessaire de réglementer les OGM[2]. Et l'expression d'*« édifice inachevé »*[3] qu'emploie une partie de la doctrine pour qualifier la directive 2001/18/CE prend alors tout son sens. L'harmonisation étant incomplète, les États membres *« recouvrent leur souveraineté quant à la règlementation des modalités d'exploitation des OGM en vue de limiter les risques »*[4], tandis que certains industriels *« contournent très facilement la législation puisque son interprétation n'est pas aisée »*[5].

C. LE RESPECT DU PRINCIPE DE PRÉCAUTION ÉTENDU À LA SÉCURITÉ DES NOUVEAUX ALIMENTS

881. – Conçu comme *« une norme de comportement face à un risque potentiel »*[6], ou bien comme *« un standard juridique s'inscrivant dans la logique permettant la mise en œuvre de la philosophie générale du développement durable et du développement soutenable »*[7], le principe de précaution n'est pas sans rappeler que les préoccupations relatives à la santé publique ont encore beaucoup de mal à s'imposer en tant que telles en droit international (1). Au sein de l'Union européenne, la crise de la vache folle a eu le mérite d'inverser cette tendance en contraignant les acteurs institutionnels et politiques, donc a fortiori les industriels,

---

[1] Voir l'article de l'Institut national de la recherche agronomique (INRA), intitulé « OGM : prudence ... », *Le courrier de l'environnement de l'INRA*, dossier de l'environnement n° 12, décembre 1996.

[2] Sur la question de la législation espagnole relative aux OGM, voir notamment C. Krinke, « OGM non autorisé : l'Espagne veut contourner la législation », *inf'OGM – Veille citoyenne d'information sur les OGM et les semences*, 20 octobre 2017.

[3] Voir N. de Sadeleer, « L'harmonisation des règles relatives à la mise sur le marché, à la dissémination et à l'utilisation des OGM – Point de rencontre des forces centrifuges et centripètes du droit dérivé », *op.cit.*, pp. 218.

[4] *Ibid.*

[5] C. Chevallier, *Les OGM dans notre assiette ?*, *op.cit.*, p. 151.

[6] Ici, voir T. Galibert, *Le principe de précaution : du droit de l'environnement au droit de la sécurité des aliments*, Mémoire réalisé pour l'obtention du Diplôme d'études approfondies d'Études juridiques, Université de la Réunion, Année universitaire 2001-2002, p. 37 ; voir également, A. Guegan, « L'apport du principe de précaution au droit de la responsabilité civile », *Revue juridique de l'environnement*, n° 2-2001, Limoges, p. 157.

[7] T. Galibert, *op.cit.*

à *« privilégier la santé à l'économie »*[1] (2). La France avait, quant à elle, en amont de cet « épisode sanitaire », déjà adopté les mesures pour mener une politique de responsabilisation des professionnels face à l'essor des biotechnologies alimentaires, ce qui témoigne bien de sa méfiance de longue date – pour ne pas dire de toujours – à l'égard des OGM (3).

1. La sécurité des nouveaux aliments au prisme tumultueux du droit international économique

882. – Initialement, l'objet de l'accord de Marrakech[2] consistait à *« établir un système de commerce équitable par la réduction du soutien à l'agriculture »*[3] – malgré le fait que d'autres considérations, non strictement commerciales cette fois-ci, puissent être prises en compte – puisque les demandes varient d'un pays à l'autre en matière de qualité et de sécurité des produits alimentaires[4], tout comme elles varient plus globalement vis-à-vis de l'agriculture.

883. – Cela dit, le droit de l'OMC s'est lentement émancipé de l'approche exclusivement quantitative de la notion de sécurité alimentaire[5] pour tendre, comme au sein de l'Union européenne[6], vers une conception plus qualitative de celle-ci. Il faut dire que les exigences sanitaires – en ce qu'elles peuvent être utilisées comme barrière protectionniste – et la diversité des politiques sanitaires – avec la question du rôle de la puissance publique dans les méthodes de contrôle – sont là des aspects de la sécurité des aliments que l'OMC ne peut pas occulter.

884. – L'Accord dit SPS (sanitaire et phytosanitaire) – conclu dans le cadre de l'accord de Marrakech – est intéressant pour plusieurs raisons. En premier lieu, il restreint les barrières aux échanges fondées sur des critères sanitaires. Il n'admet que celles qui reposent sur un risque scientifiquement démontré aux exportateurs.

---

[1] T. Galibert, Le principe de précaution : du droit de l'environnement au droit de la sécurité des aliments, *op.cit.*, p. 78.

[2] Cet accord a été conclu le 15 avril 1994 et a mis en place l'OMC. Présenté comme une annexe à l'acte final du Cycle d'Uruguay, il est entré en vigueur le 1er janvier 1995. L'accord détermine le mode de fonctionnement de l'OMC. Il comprend par ailleurs différentes annexes qui définissent les grandes règlementations en matière de commerce international et les modalités de règlements des différends commerciaux.

[3] T. Galibert, *op.cit.*, p. 91.

[4] Le modèle américain de sécurité est fondé sur une conception hygiéniste axée sur le produit fini, l'européen sur une surveillance tout au long de la chaîne de production.

[5] En 1986, la Banque Mondiale la définissait comme *« l'accès de tous les individus à suffisamment de nourriture pour mener une vie saine et active »*. En 1996, la FAO enrichira le concept en précisant que *« la sécurité alimentaire existe lorsque tous les êtres humains ont, à tous les moments, un accès physique et économique à une nourriture suffisante, saine et nutritive, leur permettant de satisfaire les besoins énergétiques et leurs préférences alimentaires pour mener une vie saine et active »*.

[6] Voir *supra*.

Si les connaissances scientifiques sont insuffisantes, le pays qui souhaite se protéger d'un risque allégué devra multiplier les démarches attestant de sa bonne foi : pour ce faire, des débuts de preuves scientifiques seront exigés de sa part, au même titre que des conclusions scientifiques dans un délai raisonnable[1]. S'il satisfait à ces conditions cumulatives, il pourra aggraver le seuil de sécurité prévu dans les normes internationales.

885. – Autrement dit, *« la mise en place de l'OMC laisse peu de place, même via l'article 5-7 de l'Accord SPS à une approche de précaution, ce d'autant que les normes édictées par le Codex n'intègrent pas la prise en compte de ce principe »*[2]. En effet, et c'est sans doute là la deuxième particularité de l'Accord SPS, c'est qu'il encourage l'adoption de normes internationales par trois organisations internationales intervenant dans des domaines très spécifiques : le *Codex Alimentarius* pour ce qui est des aliments[3], l'Office International des Epizooties pour les maladies animales et la Convention Internationale pour la protection des Végétaux pour les maladies des végétaux.

886. – L'éclatement de ce dispositif a amené certains auteurs vers la formulation d'un constat pour le moins troublant d'après lequel *« toute renégociation de l'Accord SPS semble impossible et serait même susceptible d'affaiblir les dispositions relatives à la sécurité alimentaire »*[4]. La seule alternative possible résiderait dans l'intégration du principe de précaution en tant que composante des normes du Codex, ce qui ne relève pour l'heure que d'une pure fiction juridique. Son avènement a beau être souhaitable, toujours est-il que cette voie d'amélioration reste fictive et qu'elle ne bénéficierait pas, loin s'en faut, d'un soutien très appuyé de la part des acteurs de l'OMC.

887. – Dans les faits, l'OMC continue donc d'*« exercer une police sur l'usage fait par les États membres du principe de précaution »*[5]. En veillant systématiquement à ce que l'évaluation des risques faite puisse raisonnablement fonder la mesure prise, l'Organe d'appel de l'OMC diligente sans détour une sorte de « guerre » ouverte contre les États malhonnêtes, soupçonnés d'emblée de protectionnisme[6].

---

[1] Voir l'article 5-7 de l'Accord SPS.

[2] T. Galibert, *Le principe de précaution : Du droit de l'environnement au droit de la sécurité des aliments*, *op.cit.*, pp. 92-93.

[3] Le *Codex Alimentarius* est un ensemble de normes, de lignes directrices et de codes d'usages adoptés par la Commission du *Codex Alimentarius*. La Commission a été créée par l'Organisation des Nations Unies pour l'alimentation et l'agriculture (FAO) et l'Organisation mondiale de la Santé (OMS) afin de protéger la santé des consommateurs et de promouvoir des pratiques loyales en matière de commerce de denrées alimentaires.

[4] Sur cette question, voir T. Galibert, *op.cit.*, p. 93.

[5] *Ibid.*

[6] L'Organe d'appel a été institué en 1995 conformément à l'article 17 du Mémorandum d'accord sur les règles et procédures régissant le règlement des différends (Mémorandum d'accord). C'est un organe permanent composé de sept personnes qui connaît des appels concernant des rapports remis par des groupes

À sa décharge, l'organe d'appel adopte une vision large du risque. Celui-ci peut reposer sur un avis scientifique minoritaire, à la condition qu'il présente des dangers graves et imminents tant pour la santé que pour la sécurité publique.

888. – Ce qui est sûr, c'est que l'OMC – au même titre d'ailleurs que les industriels – ne valorise pas l'incertitude. Nombreux sont encore les professionnels du secteur transgénique à voir dans le principe de précaution un frein à l'innovation en ce qu'il impliquerait pour eux *« un changement de logique »*[1]. Avec lui, ils estiment que *« les pouvoirs publics pourraient interdire ce qui était jusqu'alors permis, et cela sans qu'on puisse vraiment l'anticiper »*[2]. Au vu de l'encadrement étroit de ce principe par l'OMC, les industriels n'ont pourtant aucune raison de croire qu'ils sont placés sous une épée de Damoclès[3]. Ils devraient donc essayer d'afficher davantage qu'ils ne le font actuellement leur soutien au « risque zéro ».

2. La sécurité des nouveaux aliments au prisme consciencieux du droit de l'Union européenne

889. – Au sein de l'Union européenne, la crise de l'ESB et ses retombées[4] ont certainement insufflé au principe de précaution un élan inattendu. Donnant suite à une réorganisation des directions générales de la Commission[5], la gestion des problèmes liés à l'alimentation a dans un premier temps été séparée de la gestion économique des marchés agricoles (et notamment de celui de la viande bovine). Qui plus est, un Comité Scientifique Directeur (ci-après CSD)[6] a été mis en place

---

spéciaux dans le cadre de différends soumis par des Membres de l'OMC. L'Organe d'appel peut confirmer, modifier ou infirmer les constatations et les conclusions juridiques d'un groupe spécial. Lorsqu'ils sont adoptés par l'Organe de règlement des différends (ORD), les rapports de l'Organe d'appel doivent être acceptés par les parties au différend. L'Organe d'appel a son siège à Genève (Suisse).

[1] Sur cette question, voir A. Sinaï, « Les métamorphoses du principe de précaution », in *Actu Environnement*, 3 mars 2010.

[2] *Ibid.*

[3] *Ibid.*

[4] Sur cette question, voir notamment A. Dennis, « Vache folle : une crise coûteuse aux retombées encore mal cernées », *Les Échos*, 13 janvier 1997.

[5] Au lendemain de la crise dite de la vache folle, une réorganisation générale de la Commission a été effectuée. L'inspection vétérinaire a été confiée à la direction chargée de la santé et de la protection du consommateur (DG SANCO), et la gestion des marchés agricoles a été confiée à la direction générale de l'agriculture (DG AGRI). Les différents comités consultatifs ont été placés sous l'égide de la DG SANCO, de même que l'Office Alimentaire et Vétérinaire. Cet office est un organe placé sous l'autorité directe de la Commission. Il a pour mission de contrôler l'application des mesures communautaires prises en matière de sécurité alimentaire. Il remplit cette mission en réalisant des inspections dans les établissements agroalimentaires des pays de l'Union européenne. Son objectif est de vérifier la réalisation des contrôles prévus par les autorités sanitaires du pays inspecté.

[6] Ce CSD est par exemple assisté par un groupe ad hoc chargé de la gestion de l'ESB.

en juin 1997 afin de *« superviser les questions relatives à la santé du consommateur et à la sécurité alimentaire »*[1].

890. – Pour autant, la Commission n'a pas disposé de moyens spécifiques pour faire prendre à un État membre des mesures en matière de protection de la santé humaine ou animale. Elle n'a pu, au mieux, qu'engager des procédures d'infraction[2] pour faire respecter ses recommandations, mais *« cela n'a en réalité jamais permis l'obtention de résultats rapides »*[3]. Face à l'impuissance de la Commission, que ni sa réorganisation, ni les tentatives de renouvellement de son fonctionnement n'ont pu dissiper, la Cour de justice des Communautés européennes (ci-après CJCE)[4] s'en est donc mêlée.

891. – Dans un arrêt *Royaume-Uni contre Commission* du 5 mai 1998 – ayant principalement trait à la sécurité alimentaire[5] –, la CJCE va s'appuyer sur l'article 130R paragraphe 1 du traité CE pour indiquer que *« la protection de la santé des personnes relève de la politique de la communauté dans le domaine de l'environnement »*[6], rappelant au passage qu'une telle politique représente *« un des défis de société les plus importants pour les pouvoirs publics et les acteurs économiques »*[7].

892. – Pour la CJCE, la préservation de la vie des consommateurs doit s'opérer dans un cadre illimité : tant dans celui de la libre circulation des marchandises que dans celui de la PAC. La Commission doit donc prendre en considération le principe de précaution dès lors qu'elle prend une décision en matière de santé des

---

[1] T. Galibert, *Le principe de précaution : Du droit de l'environnement au droit de la sécurité des aliments*, *op.cit.*, p. 79.

[2] La seule mesure concrète dont dispose la Commission pour faire respecter ses recommandations consiste à engager des procédures d'infraction. La seule procédure d'infraction menée à son terme par la Commission dans le domaine de l'ESB est celle engagée contre le refus de la France de reprendre les importations de viande bovine britannique, *« infraction qui concerne plus une entrave à la libre circulation des marchandises qu'un non-respect de dispositions réglementaires de santé publique »*. *Ibid.*, p. 80.

[3] *Ibid.*, p. 79.

[4] Avant le 1er décembre 2009, la CJCE était l'une des cinq institutions des Communautés européennes créée en 1958 à partir de la Cour de justice de la Communauté européenne du charbon et de l'acier. Depuis l'entrée en vigueur du traité de Lisbonne, elle a été renommée Cour de justice de l'Union européenne (CJUE).

[5] C'est à l'occasion de ce contentieux que la vision de la CJCE en matière de condition d'application du principe de précaution a été précisée. En l'espèce, le gouvernement britannique contestait la décision de la Commission du 27 mars 1996 relative à certaines mesures d'urgence en matière de protection contre l'encéphalopathie spongiforme bovine (JOCE L78 du 28 mars 1996, p. 47). Cette décision de la CJCE entraîne en réalité la prise de mesures visant à lutter contre un risque hypothétique.

[6] Cf. le 100e considérant de l'arrêt.

[7] Pour aller plus loin concernant la politique de l'environnement dans le cadre de l'Union européenne, voir le lien suivant : https://eur-lex.europa.eu/legal-content/FR/TXT/?uri=LEGISSUM%3Aa15000 [consulté le 18 avril 2018]

personnes ou d'environnement. Le juge européen attend par ailleurs d'elle qu'elle adopte des mesures systématiquement proportionnées aux buts visés[1].

893. – Forts de ce soutien juridictionnel, les membres de la « Commission Prodi »[2] présenteront le 13 janvier 2000 un Livre blanc sur la sécurité alimentaire qui recevra un accueil favorable de la part de l'ensemble des acteurs de la chaîne alimentaire, parmi lesquels figuraient bon nombre d'industriels[3]. Elle y précise que le principe de précaution s'étend à la protection de la santé humaine, animale et végétale, bien qu'il n'apparaisse dans les traités que dans le domaine environnemental. En outre, y sont retranscrits les principes de proportionnalité[4], de non-discrimination[5] et de cohérence[6].

894. – Une étape supplémentaire sera franchie avec l'adoption de la Communication du 2 février 2000 sur le principe de précaution. Par son biais, la Commission a étendu le champ *rationae materiae* du principe susvisé en affirmant la priorité absolue de la santé sur l'économie[7]. Ce faisant, elle transmit un message symbolique à ses partenaires extérieurs – comme l'OMC – dont elle pensait, à raison, qu'ils pouvaient s'en méfier. À la suite de cette communication, et en

---

[1] Dans son 96e considérant, la CJCE rappelle que *« le principe de proportionnalité, qui fait partie des principes généraux du droit communautaire, exige que les actes des institutions communautaires ne dépassent pas les limites de ce qui est approprié et nécessaire à la réalisation des objectifs légitimes poursuivis par la réglementation en cause, étant entendu que, lorsqu'un choix s'offre entre plusieurs mesures appropriées, il convient de recourir à la moins contraignante, et que les inconvénients causés ne doivent pas être démesurés par rapport aux buts visés »*. Voir arrêts du 13 novembre 1990, *Fedesa e.a.*, C-331/88, Rec. p. I-4023, point 13, et du 5 octobre 1994, *Crispoltoni e.a.*, C-133/93, C-300/93 et C-362/93, Rec. p. I-4863, point 41.

[2] La commission Prodi est la commission européenne entre le 16 septembre 1999 et le 21 novembre 2004. Elle est dirigée par l'ancien président du Conseil des ministres italien Romano Prodi.

[3] Sept entreprises commercialisant en France des désherbants à base de glyphosate ont par exemple emboîté le pas de la Commission en publiant leur propre Livre Blanc à destination des décideurs, des institutionnels, des utilisateurs et du public. Cette démarche contribue ainsi à répondre aux interrogations que suscite le glyphosate, une des molécules les plus utilisées en France et dans le monde pour la protection des cultures.

[4] Dans le chapitre 5 (au paragraphe 68) relatif aux aspects réglementaires, il est rappelé que : *« Selon le principe de reconnaissance mutuelle, en l'absence d'harmonisation à l'échelon communautaire, les États membres ne peuvent restreindre la mise sur le marché de produits légalement commercialisés que lorsque et dans la mesure où cela se justifie par un intérêt légitime tel que la protection de la santé publique et où les mesures prises sont proportionnelles »*. Pour aller plus loin sur cette question, voir également E. Vos, « Le principe de précaution et le droit alimentaire de l'Union européenne », *op.cit.*, pp. 219-252.

[5] Dans le chapitre 4 (au paragraphe 39) relatif à la mise en place d'une autorité de contrôle spécialisée au niveau européen, il est notamment indiqué que : *« La Commission est d'avis qu'une Autorité alimentaire européenne devra avoir une existence et une personnalité juridique distincte des institutions actuelles de l'UE, pour remplir en toute indépendance son rôle d'évaluation et de communication des risques, afin de maximaliser son impact sur la protection de la santé des consommateurs et sur l'instauration d'un climat de confiance »*.

[6] Voir les conclusions du résumé du Livre blanc sur la sécurité alimentaire. Il y est précisé que : *« La législation sera révisée et modifiée si nécessaire pour la rendre plus cohérente, plus complète et plus actuelle. Son application à tous les niveaux sera encouragée »*.

[7] Voir T. Galibert, *Le principe de précaution : Du droit de l'environnement au droit de la sécurité des aliments*, *op.cit.*, p. 85.

accord avec le Livre blanc, le principe de précaution fera son apparition dans plusieurs directives relatives à la sécurité des produits alimentaires, donc en dehors du droit à l'environnement.

895. – C'est tout particulièrement le cas de la directive 2001/95 du Parlement européen et du Conseil du 3 décembre 2001 relative à la sécurité générale des produits[1]. Ce texte complète les obligations générales de sécurité incombant aux opérateurs, et prévoit des vérifications à tous les stades de l'utilisation ainsi que la possibilité d'interdire, même temporairement, tout produit dangereux[2].

896. – Quant au règlement CE n° 178/2002 adopté au Parlement et au Conseil le 28 janvier 2002[3], il entérinera la création de l'Autorité européenne de sécurité des aliments[4] et définira les prescriptions générales de la législation alimentaire[5]. Son raisonnement a beau *« reprendre entièrement le principe de la gestion de la sécurité alimentaire du champ à la fourchette »*[6], son premier objectif est d'éviter un recours abusif au principe de précaution[7]. Dans cette position commune, la priorité de la santé sur l'économie n'est pas avérée, à la différence du livre blanc et de la communication précités de la Commission.

897. – En revanche, et c'est sans doute là que ce règlement prend toute sa signification, il y est précisé que la sécurité des denrées alimentaires incombe aux professionnels[8], mais aussi que la responsabilité juridique correspondante doit être harmonisée dans les différents États membres[9]. Ainsi, il s'agit d'une responsabilisation des professionnels, et non des autorités de contrôle des États[10]. En ce sens, ce texte se démarque en tout point du droit de l'OMC, et constitue une avancée majeure en matière d'innocuité des OGM.

898. – Si ce règlement protège *« la valeur phare qu'est la libre circulation des marchandises »*[11] au sein de l'Union européenne, en interdisant aux États membres de se référer trop fréquemment au principe de précaution pour imposer des seuils de protection supérieurs à ceux de la Communauté, il présente en contrepartie le subtil avantage de responsabiliser les acteurs du secteur transgénique en leur faisant assumer seuls le risque lié à l'exploitation – puis à la

---

[1] Cette directive est parue au Journal officiel n° L 011 du 15/01/2002.
[2] *Ibid.*
[3] Ce règlement est paru au Journal officiel n° L 31/1 du 01/02/2002.
[4] *Ibid.*
[5] *Ibid.*
[6] T. Galibert, *Le principe de précaution : Du droit de l'environnement au droit de la sécurité des aliments*, *op.cit.*, p. 87.
[7] *Ibid.*
[8] *Ibid.*, p. 88.
[9] *Ibid.*
[10] *Ibid.*
[11] *Ibid.*, p. 90.

consommation – de l'alimentation artificielle qu'ils produisent. De ce point de vue-là, cette réglementation tient compte des préoccupations des citoyens européens – conscients que les pouvoirs publics n'ont pas toujours l'expertise suffisante pour légiférer en toute sérénité sur la question.

3. La sécurité des nouveaux aliments au prisme vigilant du droit national français

899. – En France, la responsabilisation des professionnels de la chaîne alimentaire ne donne pas suite à la crise de la vache folle, mais remonte au milieu des années 1960, avec en guise de première pierre à l'édifice une loi d'orientation agricole en date du 23 avril 1965 qui régit notamment la production et la distribution des denrées alimentaires[1]. Les textes réglementaires qui seront adoptés par la suite, et ce jusqu'en 1985, feront des acteurs sus-évoqués *« des responsables passifs – de la gestion des risques – chargés d'appliquer une réglementation que des agents de l'État contrôlent »*[2].

900. – La directive 93/43 du Conseil du 14 juin 1993 relative à l'hygiène des denrées alimentaires[3] aura pour effet d'accentuer cette responsabilisation puisque dorénavant, les États membres doivent inviter les entreprises à se référer aux codes de bonnes pratiques fondés sur les principes généraux d'hygiène alimentaire du *Codex Alimentarius*[4]. De fait, les exploitants se muent en garants du respect des normes d'hygiène à la fois dans, mais aussi et surtout en dehors de leurs entreprises, puisqu'ils sont cette fois-ci sommés d'assurer l'innocuité des denrées qu'ils mettent sur le marché[5].

---

[1] Cette loi d'orientation prévoit des conditions minimales de conception, d'aménagement et d'équipement des locaux agricoles, mais aussi de fonctionnement. Elle consacre par ailleurs la séparation des services de contrôle et de gestion de la production. Sur cette question, voir notamment M. Desriers, « L'agriculture française depuis cinquante ans : des petites exploitations familiales aux droits à paiement unique », in *Agreste cahiers*, n° 2, juillet 2007.

[2] T. Galibert, *Le principe de précaution : Du droit de l'environnement au droit de la sécurité des aliments*, *op.cit.*, pp. 60-61.

[3] Cette directive instaure des règles générales en matière d'hygiène des denrées alimentaires. Elle vise surtout les produits et les activités n'ayant pas fait l'objet de directives d'harmonisation spécifiques. Ici, la protection de la santé humaine est qualifiée de primordiale. Ainsi, elle s'appuie sur le recours à l'analyse des risques potentiels. Cela dit, cette protection n'intervient qu'en deuxième position, après la nécessité d'assurer la libre circulation des marchandises.

[4] Ces principes généraux définissent les principes essentiels d'hygiène alimentaire applicables d'un bout à l'autre de la chaîne alimentaire (depuis la production primaire jusqu'au consommateur final) pour assurer que les aliments soient sûrs et propres à la consommation, l'objectif étant de garantir des aliments sains et propres à la consommation humaine. Pour davantage d'informations sur ces principes généraux, voir le lien Internet suivant : http://www.fao.org/docrep/005/W8088F/w8088f13.htm [consulté le 19 avril 2018]

[5] La directive 93/43 impose par ailleurs, au sein de chaque entreprise du secteur alimentaire, la mise en place de la méthode dite HACCP (« hazard analysis ; critical control point »). Cette méthode vise à identifier

901. – Cette législation a en réalité transformé l'obligation traditionnelle de moyens qui incombait aux professionnels de l'industrie agroalimentaire en une véritable obligation générale de résultats, tradui-sant ainsi le fait qu'*« eux seuls sont à mêmes de garantir une hygiène pérenne des denrées mises sur le marché »*[1]. Il n'en faudra alors pas plus aux autorités françaises pour les convaincre de parachever leurs dispositifs normatifs d'« avant vache folle »[2].

902. – Un arrêté ministériel du 9 mai 1995 sera ainsi dédié à la formation à l'hygiène des professionnels travaillant dans les établissements titulaires d'un agrément sanitaire[3]. Ici, ce sont les employeurs qui assument entièrement l'obligation d'une telle formation, en formulant pour ce faire des instructions précises de travail[4], en mettant en œuvre la méthode HCCP[5] ou en suivant des guides de bonnes pratiques[6]. En outre, la séparation de la fonction de réglementation et de contrôle de la sécurité des aliments de celle de régulation économique de la filière agroalimentaire qu'actait le décret datant du 9 juillet 1999 sera entérinée par celui du 20 février 2002[7].

903. – La loi du 1er janvier 1998 créera quant à elle l'Agence française de sécurité sanitaire des aliments (ci-après AFSSA) et l'Institut de Veille Sanitaire (ci-après IVS). Concernant le rapport dit « Kourilsky-Viney » rendu au premier ministre le 15 octobre 1999, celui-ci se voulait déterminant pour la prise en compte, par les pouvoirs publics et les acteurs du secteur agroalimentaire, du principe de précaution en tant que *« moteur d'une meilleure politique tournée vers la sécurité alimentaire »*[8].

---

les risques d'un process et à mettre en place les contrôles permettant d'y pallier. Cf. tout particulièrement son article 3 qui précise que : *« Les entreprises identifient tout aspect de leurs activités qui est déterminant pour la sécurité des aliments et elles veillent à ce que des procédures de sécurité appropriées soient établies, mises en œuvre, respectées et mises à jour en se fondant sur les principes qui ont été utilisés pour développer le système HACCP »*.

[1] Thierry Galibert insiste sur le fait que *« Le contrôle par les pouvoirs publics ne peut pas être permanent »*. Voir *Le principe de précaution : Du droit de l'environnement au droit de la sécurité des aliments*, *op.cit.*, p. 63.

[2] Pour un rappel des principaux évènements intervenus depuis 1985, soit le début de la crise de l'ESB, voir tout particulièrement P.-M. Lledo, *Histoire de la vache folle*, PUF, 20 février 2001, 158 pages.

[3] D'après les dispositions de l'article 233-21 du Code rural : *« Tout établissement transformant, préparant, traitant ou manipulant des denrées alimentaires d'origine animale destinées à la consommation humaine ne peut mettre leurs produits sur le marché que s'il satisfait à des conditions sanitaires et a reçu l'agrément sanitaire délivré par le préfet du département »*.

[4] Aucun texte réglementaire ne prévoyait avant cela une telle formalisation des méthodes de travail.

[5] Voir l'article 17 de l'arrêté du 9 mai 1995.

[6] Voir l'article 27 de l'arrêté du 9 mai 1995.

[7] Avec ce décret sont créées des Directions Départementales des Services Vétérinaires à qui ne sont plus confiées que des missions de contrôle de la santé animale et de la sécurité des aliments, dans le cadre d'une entité administrative totalement autonome, les Directeurs de ces structures étant ordonnateurs secondaires du budget de l'État.

[8] T. Galibert, *op.cit.*, p. 70.

904. – Ce rapport étend le champ matériel du principe en incluant la santé et la sécurité des personnes, mais aussi le champ *rationae personae* en y soumettant toute personne qui prend une décision. Plus intéressant encore, ce rapport s'intéresse de près aux médias et à la transparence dans la transmission de l'information[1], mais souhaite surtout introduire le principe de précaution dans les règles ayant trait aux échanges commerciaux entre États. Il recommande donc vivement son incorporation dans toutes les définitions du *Codex Alimentarius*[2].

905. – Enfin, il propose une exonération de faute pénale pour non connaissance du risque ainsi qu'une réelle obligation de communication de toutes informations utiles pour la mise en œuvre des politiques de santé à la charge des professionnels[3]. Malheureusement, ce rapport n'a jamais été adopté au plan interne, mais la plupart de ses préconisations seront en réalité reprises dans celui du Conseil National de l'Alimentation (ci-après CNA) datant du 20 septembre 2001[4]. Pointilleux tant vis-à-vis de l'État que des entreprises elles-mêmes, ce nouveau support impose aux industriels d'assurer le suivi de leurs produits et facilite la saisine des autorités compétentes – telle que l'AFSSA – par les associations de consommateurs.

906. – Mettant l'accent sur l'harmonisation des lignes directrices dans le cadre du *Codex Alimentarius* et dans la référence aux restrictions commerciales, le CNA revendique une application du principe de précaution qui soit la plus cohérente possible, donc soucieuse des exigences liées à la prévention[5]. Un rapport du Conseil économique et social (ci-après CES) sera certes rendu public dans la foulée – à savoir le 13 novembre 2001 – pour se démarquer des initiatives entreprises jusqu'ici en renvoyant la responsabilité sur les décideurs publics, et non sur les experts du secteur agroalimentaire, mais celui-ci ne parviendra pas,

---

[1] Parmi les recommandations du rapport, les médias sont en effet invités à réfléchir sur diverses mesures permettant d'améliorer leur fonctionnement et leur transparence. Pour ce faire, les représentants des professions de presse devraient élaborer un code de déontologue dont le respect serait assuré par un organisme composé de professionnels et de représentants de la société civile. La création d'une agence de presse scientifique indépendante est enfin envisagée.

[2] Pour une présentation du *Codex Alimentarius*, voir *supra*.

[3] Cette obligation se rapproche de celle faite aux producteurs et distributeurs de produits défectueux par la loi du 19 mai 1998.

[4] Ce rapport sera accompagné d'un avis intitulé *« Le principe de précaution et la responsabilité dans le domaine alimentaire »*. L'avis comporte treize recommandations dont la première est de définir le principe de précaution de manière spécifique pour le domaine de la sécurité des aliments. Dans l'ensemble, la définition émise est plus précise que celles envisagées dans la loi « Barnier » et dans le rapport « Kourilsky-Viney ». Sur ce point, voir T. Galibert, *Le principe de précaution : Du droit de l'environnement au droit de la sécurité des aliments*, *op.cit.*, p. 73.

[5] Il faut néanmoins veiller à ce que le coût et l'impact des mesures de précaution, prises en cas de risque simplement suspecté n'entravent pas le développement nécessaire des mesures de prévention liées à certains risques certains et avérés.

tout compte fait, à remettre en cause l'idée d'un partage de la charge sociale du risque[1].

907. – D'évidence, la France attache au principe de précaution et à la responsabilisation des industriels une importance toute particulière[2]. En cloisonnant les services de contrôle de ceux de la gestion et de la production, elle s'est dotée d'un système de prévention des risques ultra-moderne qui empêche, ou tout du moins amenuise considérablement, la réapparition des crises sanitaires passées. Que dire enfin de son attachement au « principe d'indécision »[3] dans le cadre des relations commerciales, si ce n'est qu'il traduit ses interrogations sur les effets possibles à long terme des choix technologiques actuels ? Pour toutes ces raisons, la France semble être un exemple à suivre en matière d'exploitation des OGM.

D. LE RESPECT DES PRINCIPES DE « DÉVELOPPEMENT SOUTENABLE » ET DES RÈGLES SOUHAITABLES POUR L'« AGRICULTURE DURABLE »

908. – Le 14 avril 1992, à la fin de la Conférence de Rio, l'*Appel de Heilderberg*[4] a été l'occasion pour la communauté intellectuelle et scientifique de rappeler qu'il ne fallait surtout pas laisser la question des OGM aux acteurs et aux préjugés irrationnels. Pour ces experts, *« le progrès repose sur une plus grande maîtrise*

---

[1] Ce rapport est intitulé « La sécurité sanitaire des aliments : un enjeu majeur ». Il aborde l'ensemble des aspects de la sécurité alimentaire, tant quantitative que qualitative. Doté de 120 pages, il s'intéresse notamment à tirer des conséquences des crises sanitaires récentes (ESB, dioxine, listéria, OGM etc.).

[2] L'article 5 de la Charte de l'environnement (qui a valeur constitutionnelle depuis 2005) atteste d'une telle importance, étant donné qu'il prévoit que *« lorsque la réalisation d'un dommage, bien qu'incertaine en l'état des connaissances scientifiques, pourrait affecter de manière grave et irréversible l'environnement, les autorités publiques veillent, par application du principe de précaution et dans leurs domaines d'attributions, à la mise en oeuvre de procédures d'évaluation des risques et à l'adoption de mesures provisoires et proportionnées afin de parer à la réalisation du dommage »*.

[3] Pour François Ewald, Professeur au CNAM et président de l'Observatoire du principe de précaution, le principe de précaution serait en réalité un *« principe d'indécision [...] en raison de la valorisation de l'incertitude, on supprime la légitimité souveraine de l'État et on disperse la décision chez chacun. Le principe, par sa dialectique, détruit la confiance et renvoie chacun à une expérience hasardeuse : il renforce l'individualisme contemporain »*. Ici, voir A. Sinaï, « Les métamorphoses du principe de précaution », *Actu Environnement*, *op.cit.*

[4] Signé par 425 membres de la communauté intellectuelle, cet appel fait suite à une demande accrue de contrôle des activités scientifiques et techniques et exprime le mécontentement de certains chercheurs : *« Nous exprimons la volonté de contribuer pleinement à la préservation de notre héritage commun, la Terre. Toutefois, nous nous inquiétons d'assister, à l'aube du XXIe siècle, à l'émergence d'une idéologie irrationnelle qui s'oppose au progrès scientifique et industriel et nuit au développement économique et sociale »*. Ici, voir J.-P. Oury, *La querelle des OGM*, *op.cit.*, p. 180.

des « éléments hostiles », tandis que l'écologie scientifique est le prolongement d'un progrès constant vers des conditions de vie meilleures pour les générations futures »[1].

909. – Entendant lutter contre toutes les formes de populisme et de résistance au scientisme, cet Appel soulignera de plus que *« les plus grands maux qui menacent aujourd'hui notre planète sont l'ignorance et l'oppression, et non la Science, la Technologie et l'Industrie dont les instruments, dans la mesure où ils sont gérés de façon adéquate, sont des outils indispensables qui permettront à l'Humanité de venir à bout, par elle-même, des fléaux tels la surpopulation, la faim et les pandémies »*[2].

910. – L'expression d'« écologie scientifique » a beau ne faire l'objet d'aucun consensus tangible parmi les experts, en raison notamment de la polysémie du terme d'« environnement »[3], et d'un objet encore mal délimité – ce que déplorent d'ailleurs certains philosophes[4] –, il n'en demeure pas moins que le courant de pensée auquel elle renvoie a en sa possession certains arguments susceptibles d'améliorer l'encadrement des OGM. Si d'un côté celui-ci accuse les partisans inconditionnels de la transgénèse de *« réductionnisme scientifique »*[5], dans la mesure où *« on ne connaît pas les effets d'un gêne donné dans un environnement complexe »*[6], il défend à l'opposé une « agriculture durable »[7] qui se situerait à mi-chemin entre une « agriculture raisonnée »[8] et une « agriculture biologique »[9].

911. – Selon cette doctrine, les OGM pourraient avant tout être perçus *« comme une alternative entre ces deux formes d'agriculture »*[10]. Puisque l'« agriculture raisonnée » ne parviendrait pas à s'émanciper de ses *« carcans productivistes »*[11], tandis que l'« agriculture biologique » n'aurait pas *« les rendements suffisants*

---

[1] J.-P. Oury, *La querelle des OGM, op.cit.*, p. 180.
[2] *Ibid.*
[3] Sur cette question, voir notamment D. Lecourt, *Contre la peur*, PUF, « Quadrige », 1999, p. 162 et s.
[4] *Ibid.*
[5] G.-E. Séralini, *Le vrai débat*, Flammarion, « Dominos », octobre 2000, p. 79.
[6] Pierre-Henri Gouyon, *Les harmonies de la nature à l'épreuve de la biologie, évolution et biodiversité*, INRA, « Sciences en question », 2000.
[7] Pour une présentation de l'« agriculture durable », voir notamment F. Ramade, *Un monde sans famine ? Vers une agriculture durable*, Dunod, mars 2004, 336 pages. D'une manière très générale, l'« agriculture durable » est écologiquement acceptable, économiquement viable et socialement responsable.
[8] Cette agriculture *« ne sort pas vraiment du productivisme, mais veut limiter ses impacts environnementaux, en réduisant l'emploi d'« intrants » approche qui est considérée comme largement insuffisante par les mouvements écologistes »*. Voir A. Chauveau, mis en ligne le 25 août 2003 sur www.novethic.com [consulté le 26 avril 2018]
[9] Selon Alain Chauveau, cette agriculture a beau être *« écologiquement 100% correcte, elle peine à trouver sa place et reste encore élitiste ». Ibid.*
[10] J.-P. Oury, *op.cit.*, pp. 206-207.
[11] A. Chauveau, *op.cit.*

pour nourrir la planète à un prix acceptable »[1], seule l'application à l'agriculture des principes de « développement durable » tels que reconnus par la communauté internationale à Rio en juin 1992 permettrait aux biotechnologies alimentaires de tenir leurs promesses.

912. – Parmi les objectifs poursuivis par l'« agriculture durable », certains semblent en effet diminuer les effets délétères des OGM. En limitant notamment l'usage des pesticides naturels ou de synthèse, en protégeant la biodiversité et en privilégiant une utilisation optimale des ressources naturelles, les ingrédients requis pour sortir du système agricole actuel – désormais aberrant – semblent réunis. Il n'est dès lors plus nécessaire de rechercher à distinguer l'agriculture des paysans, qui s'adapte aux écosystèmes[2], de celle de l'industrie agro-alimentaire, qui *« tente d'adapter les écosystèmes et consomme beaucoup d'intrants »*[3].

913. – La notion d'« agriculture durable » doit forcément correspondre à un milieu composé d'hommes et de femmes vivant à la campagne du travail de la terre et qui *« réaliseraient leurs cultures en fonction des particularités de l'environnement qu'ils occupent »*[4]. Dans ce paradigme, la « révolution verte »[5] serait dépourvue de crédit, puisqu'elle n'aurait fait – *« en s'efforçant de ne sélectionner qu'un nombre très limité de variétés potentiellement cultivables en toutes saisons et/ou sous toutes latitudes »*[6] – qu'accroître la dépendance économique des agriculteurs à l'égard des grands groupes industriels[7].

914. – Pour toujours, rien ne sert de vouloir systématiquement adapter la nature aux technologies. Les biotechnologies auraient *« un raisonnement beaucoup trop abstrait pour être, à lui seul, à l'origine de l'agriculture durable »*[8]. La priorité réside bien plus dans une inversion des rôles en n'opposant plus le « traditionnel » au « scientifique ». Par conséquent, il faudrait *« mettre les compétences de l'agronome au service d'une évaluation rigoureuse des résultats agronomiques, économiques et écologiques »*[9]. Y parvenir permettrait à l'agriculture d'être directement inspirée de la nature – qu'elle pourrait d'ailleurs *« observer en toute transparence »*[10].

---

[1] Voir A. Chauveau, mis en ligne le 25 août 2003 sur www.novethic.com [consulté le 17 novembre 2021]
[2] M. Dufumier, « Quelle recherche agronomique pour nourrir le Sud ? », *L'Écologiste*, vol. 4, n° 2, juin 2003, p. 20.
[3] *Ibid.*
[4] J.-P. Oury, *La querelle des OGM, op.cit.*, p. 208.
[5] Voir notamment G. Kafadaroff, *Agriculture durable & nouvelle révolution verte*, Le Publieur, 29 avril 2008.
[6] M. Dufumier, *op.cit.*, p. 21.
[7] *Ibid.*
[8] *Ibid.*, p. 23.
[9] *Ibid.*
[10] J.-P. Oury, *op.cit.*, p. 209.

915. – Avec les principes de « développement durable », ce n'est donc plus à la technologie que revient le soin de dicter seule la marche à suivre, mais aussi et en grande partie à l'environnement. Si ce débat a toujours opposé les environnementalistes aux mécanistes[1], les fabricants d'OGM ne peuvent pas s'en défaire sous couvert de neutralité. Cette attitude paraîtrait *« choquante de la part de ceux qui clament haut et fort le rapprochement entre les OGM et la nature »*[2]. Il y a alors fort à parier pour qu'une grande partie des firmes spécialisées retrouve la confiance des consommateurs en daignant enfin afficher leur soutien unanime et sans conditions aux caractéristiques de l'« agriculture durable ». Mais tout cela ne semble en rien insurmontable, à en croire les plaquettes publicitaires de certaines d'entre elles.

§II. UNE AMÉLIORATION POSSIBLE DE LA DÉMOCRATIE DÉLIBÉRATIVE EN MATIÈRE ALIMENTAIRE

916. – Si la bonne gouvernance s'attèle à remédier aux risques que font tout particulièrement peser l'incohérence et l'irresponsabilité sur la gouvernance, l'accent pourrait être mis – à l'aune des OGM et de leur éventuelle reconnaissance par l'opinion publique en tant que produits recommandables[3] – sur la nécessité de laisser concourir les consommateurs et les citoyens aux prises de décision[4]. Il ne faut pas passer sous silence le fait que dans la « bataille » autour des organismes recombinés, *« les citoyens sont encore trop souvent pris à témoin par les associations, l'industrie et les politiciens qui poursuivent leurs combats pour ou contre les biotechnologies au nom du bien commun »*[5].

917. – L'organisation de forums citoyens pourrait, de fait, offrir plusieurs avantages. D'une part, serait définitivement abolie toute tentative de désobéissance civile[6] – toujours en vogue en France ainsi que dans plusieurs pays

---

[1] Pour plus de détails concernant les caractéristiques de ces deux courants de pensée, voir *infra*.
[2] J.-P. Oury, *La querelle des OGM*, *op.cit.*, p. 207.
[3] Sur cette question, voir notamment A. Rozan, J.-L. Lusk et M. Campardon, « Acceptabilité des consommateurs face à un OGM de seconde génération : le riz doré », *Revue d'économie politique*, Dalloz, 2007/5, pp. 843-852.
[4] L'idée principale de la démocratie délibérative, inspirée par les théories de John Rawls et de Jürgen Habermas, est qu'une décision politique est réellement légitime lorsqu'elle procède de la délibération publique de citoyens égaux. Par rapport à la démocratie participative, elle met l'accent sur l'exigence de débats argumentés entre les citoyens.
[5] B. Müller, *La bataille des OGM – Combat vital ou d'arrière-garde ?*, Ellipses, 2008, p. 108.
[6] Les principes de mode d'action ont été exposés pour la première fois par Henry David Thoreau, écrivain américain (1817-1862) dans son essai, « La désobéissance civile » (1849). Il faisait suite à son refus de payer un impôt devant financer la guerre contre le Mexique. Pour Henry David Thoreau, *« c'est de l'individu que l'État détient son pouvoir »*. Hormis les opposants aux OGM, d'autres mouvements tels que les

d'Europe et d'Amérique latine[1] –, aussi légitime qu'elle puisse paraître. En effet, les débats publics ouverts et transparents sur la transgénèse et les OGM semblent être les plus à même de *« dépasser l'opposition idéologique plutôt que de prendre position pour l'un des deux camps »*[2]. De plus et surtout, l'hypothèse qu'un pays *« décide d'interdire la technologie sur son territoire et bannisse également l'importation de produits issus de cette technologie »*[3] pourrait être définitivement exclue.

918. – Dans la mesure où les choix technologiques sont forcément des choix éminemment politiques[4], l'intégrité des institutions qui en sont à l'origine fut maintes fois remise en question *« du fait même de leur évidente réticence à rendre compte des limites de cette culture du savoir dans un débat public »*[5]. L'espoir d'un regain de confiance des citoyens envers les OGM s'entreverra donc sûrement par le biais d'une application systématique du principe de participation (A). D'autres résultats attendus comme la dépassionalisation des OGM (B) et l'abandon de l'« exception culturale » (C) complèteront l'analyse.

A. SOUMETTRE LES OGM AU PRINCIPE DE PARTICIPATION POUR (RE)GAGNER LA CONFIANCE DES CONSOMMATEURS EN EUROPE : L'EXEMPLE FRANÇAIS

919. – La participation[6] en tant que principe de « bonne gouvernance » semble être tout à fait adaptée aux OGM, en ce qu'elle pourrait combler certaines insuffisances de la démocratie représentative dans ce domaine. Avec la participation, il s'agit d'associer le destinataire d'une décision à la prise de

---

altermondialistes, les anti-pubs ou bien encore *Greenpeace* contre les transports de déchets nucléaires ont mis en pratique les principes de désobéissance civile.

[1] Sur cette question, voir tout particulièrement M. Debouzy, *La désobéissance civile aux États-Unis et en France (1970-2014)*, PUR, 2016, 202 pages.

[2] J.-P. Oury, *La querelle des OGM, op.cit.*, p. 177.

[3] *Ibid.*, p. 17.

[4] Sur ce point, voir tout particulièrement R. Sclove, *Choix technologiques, choix de société*, éd. Charles Léopold Mayer, 2003, 400 pages.

[5] B. Müller, *La bataille des OGM – Combat vital ou d'arrière-garde ?, op.cit.*, p. 104.

[6] La participation est un principe de fonctionnement des organisations publiques et privées. Elle est consacrée dans plusieurs conventions internationales et notamment dans la Convention d'Aarhus de 1998 en matière environnementale. Cette convention consacre un droit du public de participer aux décisions environnementales (en son article 1er). La Charte de l'environnement consacre elle aussi, en France cette fois-ci, le droit du public de participer aux décisions publiques en matière environnementale (en son article 7). La participation est également au cœur de la Charte européenne révisée sur la participation des jeunes à la vie locale et régionale.

décision donc les acteurs vont être très variés (salariés, ONG, actionnaires etc.). Or ici, ce sont les citoyens eux-mêmes qui doivent être prioritairement concernés.

920. – L'exemple français est symptomatique de la façon dont *« la science moderne se bâtit en rupture avec le savoir populaire »*[1]. Si les médecins et les pharmaciens sont globalement favorables au principe d'« équivalence en substance », donc partisans des OGM, certains chercheurs – en sciences humaines ou bien encore en sciences de l'environnement – s'en méfieraient pour leur part autant que l'opinion publique (dont le propos est clair : la société civile reste exclue du débat pour des raisons économiques et politiques).

921. – Réclamant la validité d'autres savoirs basés sur l'intuition, le bon sens, l'esthétisme et le savoir-vivre, les citoyens commencent, et cela de plus en plus, à refuser le rôle des scientifiques de vouloir éduquer le public et agir pour le bien commun. Ce n'est sans doute pas le large succès rencontré par la première conférence de citoyens[2] – laquelle fut organisée en 1998 à l'initiative de Lionel Jospin – qui démentira cette envie qu'a le plus grand nombre de faire valoir ses savoirs multiples[3]. Reprise en 2003 par le gouvernement de Tony Blair[4], une telle initiative permettra – ici encore – de prouver à quel point *« les profanes de différents âges et issus de groupes professionnels les plus divers étaient parfaitement capables de suivre des arguments scientifiques très complexes, d'apporter une vision dégagée des seuls intérêts locaux et immédiats, mais aussi de proposer des solutions de bon sens souvent ignorées par les spécialistes »*[5].

922. – Si au Danemark, les « jurys citoyens » organisés jusqu'à présent ont permis d'établir la confiance d'une majorité sûrement éclairée dans les systèmes de contrôle et de régulation des biotechnologies, ces formes de démocratie délibérative n'en sont pas moins sources de progrès dans la mesure où d'une part, elles ne sont pas encore généralisées ni même généralisables en Europe[6], et où d'autre part elles améliorent très clairement les prises de décisions. Alors certes, la méthodologie employée pour que *« des gens ordinaires puissent faire valoir leurs opinions auprès des élus »*[7] sera toujours améliorable en dépit du travail

---

[1] B. Müller, *La bataille des OGM – Combat vital ou d'arrière-garde ?*, *op.cit.*, p. 107.
[2] Sur cette question, voir tout particulièrement D. Boy, D. Donnet Kamel et P. Roqueplo, « Un exemple de démocratie participative : la « conférence de citoyens » sur les organismes génétiquement modifiés », *Revue française de science politique*, 2000, 50-4-5, pp. 779-810.
[3] Sur ce point, voir tout particulièrement J. Testart, *A qui profitent les OGM ?*, CNRS, 24 janvier 2013.
[4] Ici, voir notamment P.-B. Joly et C. Marris, « La participation contre la mobilisation ? Une analyse comparée du débat sur les OGM en France et au Royaume-Uni », *Revue internationale de politique comparée*, 2003/2, (Vol. 10), pp. 195-206.
[5] B. Müller, *op.cit.*, p. 109.
[6] Sur cette question, voir tout particulièrement A. Bouvier, « Démocratie délibérative, démocratie débattante, démocratie participative », *Revue européenne des sciences sociales*, 2007/1 (XLV), pp. 5-34.
[7] Voir D. Bourg et D. Boy, *Conférences de citoyens, mode d'emploi : Les enjeux de la démocratie participative*, éd. Charles Léopold Mayer, 10 juillet 2005, 105 pages.

effectué en ce sens par plusieurs associations – à l'image en France de la Fondation Sciences Citoyennes –, cela n'enlève rien aux améliorations possibles de la démocratie représentative qu'elle laisse présager.

923. – Avec les OGM, il faudrait une vraie participation, et pas seulement une simple consultation. Sans aller jusqu'à exiger du « bon père de famille » qu'il prenne lui-même la décision, il ne sert sans doute pas à grand-chose de solliciter son avis, si c'est pour ensuite ne pas l'écouter. Il faudrait un juste milieu entre les deux : alors pourquoi ne pas lui demander son opinion et tenter de le suivre le plus possible ? Un tel procédé ne serait quoi qu'il arrive pas méconnu des pouvoirs publics, bien qu'ils n'y recourent en pratique qu'assez peu. Cette approche ferait simplement appel, sur l'échelle de la participation[1], à la concertation[2], voire à la coopération et la codécision[3]. Les consultations du public laissées lettres mortes, comme ce fut le cas en 2003 lors du sondage organisé sur le site Internet du ministère de l'agriculture – à propos de nouveaux essais de culture de plantes génétiquement modifiées en plein champ[4] –, ne sont en effet plus du tout souhaitables.

---

[1] Utilisée par des auteurs américains (S.-R. Arnstein, « A ladder of Citizen Participation », *The Journal of the American Institute of Planners*, n° 35, 1969, p. 216), cette expression distingue différents degrés dans la participation. La gradation dans la participation est différente des modalités de participation. La modalité la plus *soft* est la consultation, ensuite il y a la concertation, puis la coopération et enfin la décision à proprement parler. La gradation forme les différents barreaux d'une échelle appelée « échelle de participation ».

[2] Au sein de l'Union européenne, l'article 11§2 TUE précise par exemple que : *« Les institutions entretiennent un dialogue ouvert, transparent et régulier avec les associations représentatives de la société civile »*. Il n'existe pas de définition précise de la société civile, certes, mais il est possible de considérer qu'il s'agit de l'ensemble des acteurs et des citoyens concernés autres que les acteurs politiques et administratifs.

[3] Ici, il est possible de penser à l'initiative citoyenne et à l'article 11§4 TUE. Ce mécanisme participatif est très encadré (Cf. notamment le §4 relatif au nombre de signatures requises – à savoir 1 million –, lesquelles doivent par ailleurs provenir d'un nombre significatif d'États membres). Si la participation peut contribuer à faire naître un peuple européen, et à supposer que cette initiative citoyenne y participe, alors pourquoi ne pas l'envisager dans le domaine des OGM, afin de consacrer une véritable démocratie alimentaire ?

[4] En 2003, le ministre de l'Agriculture, Hervé Gaymard, annonce qu'un projet de loi pour transposer la directive européenne 2001/18 sera soumis au Parlement dans les mois qui viennent (il ne l'a été qu'en 2006). Il propose, en attendant, que chacun puisse s'exprimer sur de nouveaux essais de culture de plantes génétiquement modifiées en plein champ. La consultation du public est organisée sur le site Internet du ministère du 23 avril au 7 mai 2003, mais ne bénéficie d'aucune publicité. Malgré tout, 565 réponses sont enregistrées, dont 20 seulement sont favorables aux essais. Le site du ministère affichera le bilan de la consultation avec beaucoup de transparence, mais conclura malgré tout à l'autorisation des essais (alors que la consultation indiquait 90% d'opposants).

924. – Les tentatives de légitimation – y compris par tout ce que la « démocratie parlementaire »[1] peut avoir de vertueux – d'un pouvoir qui prendrait ses décisions en parfaite méconnaissance de l'avis du public qui vient d'être consulté constitueraient *« un leurre dangereux pour la démocratie elle-même »*[2]. De fait, les moratoires inspirés de la législation européenne[3] tels que celui organisé par des associations de la société civile relatif à la culture d'OGM en plein champ[4] au moment de la campagne présidentielle de 2007 – et que tous les candidats avaient signé hormis Nicolas Sarkozy – semblent être un « tour de force » sur la cohabitation possible entre les différents types de démocratie pour le moins réussi.

925. – L'idée sous-jacente serait par ailleurs d'en finir avec toutes les formes de désobéissance civile. Souvent las des prétendues *« collusions entre les intérêts économiques et politiques »*[5], et pensant que *« le droit tel qu'il est appliqué ne protège pas la société civile et l'environnement contre les dangers des OGM »*[6], les mouvements contestataires au sein de la population ont toujours eu la côte en France que cela soit à travers leur militantisme pacifique ou bien leur activisme ultra-violent en réponse à ce qu'ils ont pris l'habitude d'appeler la *« politique du fait accompli »*[7] pour caractériser la commercialisation des plantes transgéniques depuis le début des années 1990[8].

---

[1] Pour une présentation de la « démocratie parlementaire », voir notamment P. Chatenet, *Épitaphe pour la démocratie parlementaire*, FeniXX, Buchet-Chastel, 2015, 216 pages. Voir également M. Verpeaux et B. Mathieu, *Responsabilité et démocratie*, Dalloz, février 2008, coll. « Thèmes et commentaires », 102 pages ; et enfin M. Belhaj Kacem, *La Chute De La Démocratie Médiatico-Parlementaire*, Sens & Tonka, 2002, 92 pages.

[2] B. Müller, *La bataille des OGM – Combat vital ou d'arrière-garde ?*, *op.cit.*, p. 114.

[3] Les délégués participants aux premières rencontres des États généraux du Moratoire réunis à Orléans les 26 et 27 février 2007 ont par exemple exigé que le gouvernement adopte immédiatement un moratoire sur les cultures OGM comme le lui permet la clause de sauvegarde prévue à l'article 23 de la directive 2001/18.

[4] Le moratoire pour un printemps sans OGM (autrement appelé l'« Appel d'Orléans) avait en 2007 recueilli 70 000 signatures et tous les candidats sauf Nicolas Sarkozy s'étaient déclarés en faveur d'un moratoire.

[5] B. Müller, *op.cit.*, p. 116.

[6] *Ibid.*

[7] *Ibid.*

[8] Birgit Müller prend l'exemple du village de Nonette surplombant la plaine de Limagne pour illustrer les troubles que peuvent causer les opposants aux OGM sur la vie locale d'une commune. En effet, suite à un été sous haute surveillance et d'affrontements avec les gendarmes, le maire décida à la rentrée 2005 de ne plus se représenter en raison du manque de démocratie locale et délibérative. Dans une autre petite commune, à Saint-Georges-d'Espéranche, les anti-OGM (autrement appelés les « faucheurs ») ont souhaité quant à eux sensibiliser l'opinion du public et surtout empêcher l'homologation de semences transgéniques au catalogue officiel. Ils se plaignaient de la mauvaise application, voire même de l'absence d'application de la directive 2001/18. Leurs avocats avaient beau se prévaloir de la DDHC, de l'article 8 CESDH, de la

926. – Certaines revendications d'« anti OGM » paraissent parfois légitimes – comme celles réclamant dorénavant une condamnation au civil et au pénal des utilisateurs d'OGM dans la mesure où en France, il n'existe actuellement aucun régime de responsabilité pour les conséquences des cultures OGM, donc les assurances refusent de couvrir les risques pouvant en résulter[1] –, mais la bataille entre les partisans et les détracteurs des OGM serait bien moins inégale si l'alimentation artificielle était repensée à l'aune du principe de participation (à supposer bien sûr que seuls les premiers peuvent compter sur l'appareil répressif de l'État, tandis que les seconds sont livrés à eux-mêmes[2]).

B. DÉPASSER LA QUERELLE IDÉOLOGIQUE AUTOUR DES OGM ENTRE LES « MÉCANISTES » ET LES « ENVIRONNEMENTALISTES »

927. – D'évidence, la transgénèse a *« instillé avec le temps un nouveau rapport technologie/nature qui fascine l'opinion publique »*[3]. Pour certains auteurs, ce sentiment doit s'entendre comme un *« mélange de crainte et d'admiration »*[4], et résulte en premier lieu de *« la peur qu'ont certains citoyens de voir un jour cette nouvelle technologie leur échapper »*[5]. Les effets à rebours étant particulièrement redoutés, ce serait *« la perte de la maîtrise qui susciterait autant l'appréhension de la société civile, bien plus que l'absence de maîtrise totale »*[6].

928. – L'importance que pourraient prendre les OGM dans la résolution des problèmes de population, d'alimentation, de santé et d'environnement décuple certainement cette défiance, et pour ainsi dire l'*« aspect mystique des biotechnologies »*[7], mais pareille tendance ne s'observe qu'à la marge, dans la

---

Charte de l'environnement et d'une mauvaise application de la directive 2001/18, certains d'entre eux n'ont pas évité des peines de prison ferme que José Bové lui-même a commenté en 2004. *Ibid.*, pp. 120-129.

[1] Sur cette question, voir tout particulièrement M. Astier, « Les compagnies d'assurance refusent d'assurer les cultures d'OGM », *Reporterre – Le quotidien de l'écologie*, 2 juin 2014, ainsi que l'Hebdomadaire d'information des paysans du Pays Basque n° 757 du vendredi 30 mars 2007.

[2] Birgit Müller souligne que parfois, *« les promoteurs des OGM détruisent des expérimentations menées par des agriculteurs biologiques visant à mesurer la contamination due aux OGM, là aussi de façon anonyme. Alors que les promoteurs d'OGM peuvent compter sur l'appui d'un appareil répressif, les opposants se trouvent véritablement assiégés »*. Voir B. Müller, *La bataille des OGM – Combat vital ou d'arrière-garde ?*, *op.cit.*, p. 125.

[3] J.-P. Oury, *La querelle des OGM*, *op.cit.*, p. 226.

[4] *Ibid.*, p. 229.

[5] *Ibid.*

[6] *Ibid.*, p. 197. Sur cette question, voir aussi F. Dagognet, *La maîtrise du vivant*, Hachette, « Histoire et philosophie des sciences », 1998, p. 135.

[7] Pourtant, comme le rappelle Jean-Paul Oury, *« Les OGM n'ont rien de fantastique. Ils ne sont pas des êtres contre nature qui désobéiraient aux lois du vivant, et par conséquent pourraient échapper à la maîtrise de l'homme »*. *Ibid.*, p. 229.

mesure où, comme la doctrine le fait remarquer, *« les Français se préoccupent par exemple davantage du chômage et de l'insécurité plutôt que de la dégradation de l'environnement et/ou de la faim dans le monde »*[1].

929. – Pour mieux comprendre ce phénomène, il semble important de souligner qu'en matière d'OGM, il y a deux idéologies en présence (correspondant l'une et l'autre à des visions du monde radicalement différentes) : la pensée « mécaniste »[2] d'un côté, contre la pensée « environnementaliste »[3] de l'autre. Et c'est précisément de cet antagonisme que proviennent les interrogations des citoyens à l'égard des biotechnologies. L'étude sommaire de leurs spécificités respectives suffira à démontrer leurs points de désaccord, mais n'exclura pas pour autant l'hypothèse tout à fait envisageable de leur réconciliation à l'aune d'un concept précédemment envisagé : la « démocratie alimentaire ».

930. – D'après le courant « mécaniste », la nature elle-même produit des OGM. Ce n'est donc pas là le lot des chercheurs[4]. Quelque part, la biotechnologie ne ferait que *« poursuivre l'entreprise de maîtrise du vivant initiée par les civilisations précédentes »*[5]. Leurs partisans essayent autant qu'ils le peuvent de rassurer tous les consommateurs en défendant l'idée que *« les organismes vivants s'adaptent à leur environnement depuis la nuit des temps par sélection*

---

[1] Une question qui revient souvent dans les médias et chez les sociologues est celle de la « peur des OGM ». Sur ce point, voir par exemple B. Meunier, « Faut-il encore avoir peur des OGM ? », *Le Figaro*, 25 janvier 2013. Ce thème rejoint celui de la « peur de l'inconnu ». Une enquête sur la perception des risques, sociaux ou environnementaux, a été réalisée par BVA en collaboration avec les sociologues de l'IRSN (Institut de radioprotection et de sûreté nucléaire) auprès d'un échantillon de 1 008 personnes âgées de plus de 18 ans. Les sociologues fournissent un classement des principaux sujets d'inquiétude des Français : le chômage (37%), l'insécurité (30%) et l'exclusion (28%) arrivent largement en tête ; viennent ensuite la dégradation de l'environnement (22%), le terrorisme (16%) et les accidents de la route (14%), les toxicomanies (11%), les conséquences de la mondialisation et le sida (10% tous les deux). Les risques les moins fréquemment cités sont le nucléaire (8%), les changements climatiques (7%), les risques chimiques (3%), les risques alimentaires et maladies professionnelles (2%). De fait, pour le sociologue Pierre-Benoît Joly, les Français n'ont pas peur des OGM car ils ne s'y intéressent absolument pas, ou à la rigueur, au prisme de l'agriculture et de l'alimentation, mais guère autrement. Ici, voir Y. Miserey, interview de Pierre-Benoît Joly, chercheur à l'INRA, « La méfiance française décryptée par un sociologue », *Le Figaro*, 19 mai 2004.

[2] Comme le rappelle Jean-Paul Oury, *« le mécanisme est une philosophie de la nature selon laquelle l'Univers et tout phénomène qui s'y produit peuvent et doivent s'expliquer d'après les lois des mouvements matériels. [...] L'essor du mécanisme a eu lieu au XVIIe siècle. Il a permis la naissance et le développement de la science classique. [...] Sans être lui-même une théorie scientifique, il établit une nouvelle rationalité et fonda une nouvelle appréhension des phénomènes, sans lesquelles la science vraie eût été impossible. En somme, le mécanisme est une réforme fondamentale de l'entendement, grâce à quoi le monde se trouve autrement perçu et connu »*. Voir J.-P. Oury, *La querelle des OGM*, op.cit., p. 229.

[3] Quant à L'environnementalisme, il s'agit d'*« un courant de pensée et d'idées politiques qui se donne pour objectif de préserver la nature de l'action humaine en prônant son respect et sa restauration »*. Sur ce point, voir le lien Internet suivant : www.toupie.org/Dictionnaire/Environnementalisme.htm [consulté le 27 avril 2020]

[4] C.-P. Lichtenstein, « C'est la nature qui a commencé ! », *op.cit.*, p. 39.

[5] J.-P. Oury, *op.cit.*, p. 188.

classique »[1]. Pour eux, la transgénèse serait en outre une avancée indéniable du fait de *« la meilleure connaissance du matériel génétique inséré »*[2].

931. – Plus subtile en revanche est leur envie d'intégrer un objectif environnemental dans les semences sélectionnées. Soutenant un modèle d'agriculture plus stable, les « mécanistes » présentent les OGM comme *« une alternative permettant de conserver la cadence actuelle et même de l'améliorer, sans défricher davantage ou utiliser plus d'intrants »*[3]. En conséquence, les biotechnologies seraient parées d'une nouvelle mission : construire un système plus productif mais aussi plus viable.

932. – Cette logique est confirmée par les entreprises agroalimentaires pour lesquelles *« le naturel est défini comme un objectif de qualité à atteindre par la production industrielle »*[4]. Autrement dit, il s'agit d'utiliser moins de pesticides tout en continuant de produire plus. Voici à peu de choses près la vision durable de l'agriculture pour les « mécanistes ». Il n'est donc pas erroné de croire qu'il y a également un souci environnemental chez ce courant de pensée, bien qu'il soit subordonné à d'évidentes normes de productivité. Cette augmentation constamment recherchée de la production n'est en réalité pas si inconciliable que cela avec le discours de lutte contre la faim et la malnutrition que les protagonistes des nouvelles technologies tiennent depuis les années 1980[5].

933. – Pensant qu'il y aurait un ordre naturel du vivant et une barrière des espèces, les « naturalistes » ont quant à eux *« une vision absolue et presque religieuse de l'environnement »*[6]. Pour le botaniste, la transgénèse est *« une véritable transgression »*[7] car les biotechnologies causent un problème éthique lié à la désacralisation de la nature. Pour le mouvement *Deep Ecology*[8], toute

---

[1] L.-M. Houdebine, *OGM : le vrai et le faux*, *op.cit.*, 2000, p. 7.
[2] J.-P. Oury, *op.cit.*, pp. 191-192.
[3] *Ibid.*, p. 209.
[4] *Ibid.*, p. 211.
[5] Comme le rappelle Jean-Paul Oury, *« l'idée selon laquelle on peut tout faire à partir de la transgénèse végétale est présente chez de nombreux protagonistes de la technologie qui aiment à y trouver une solution miracle et une promesse formidable pour l'avenir »*. *Ibid.*, p. 228. D'après le rapport publié par le NFCAP (le Centre national pour l'alimentation et la politique agricole) en juin 2002 – et qui passe en revue pas moins de 40 études de cas de diverses variétés de plantes génétiquement modifiées –, *« les OGM ont le potentiel pour générer 14 milliards de livres d'aliments et de fibre en plus de ce qui pourrait être produit avec les technologies existantes. La valeur de cette production est estimée à 890 millions de dollars par an avec un bénéfice additionnel estimé, dû à la réduction des frais des producteurs. L'usage des pesticides serait quant à lui réduit de 163 millions de livres »*. Ici, voir L.-P. Gianessi, C.-S. Silvers, S. Sankula et J.-E. Carpenter, « Plant Biotechnology : Current and Potential Impact for Improving Pest Management in US Agriculture an Analysis of 40 Case Studies », NFCAP, juin 2002.
[6] *Ibid.*, p. 187. Voir également J.-M. Pelt, *Plantes et aliments transgéniques*, Fayard, 1998, p. 41.
[7] *Ibid.*
[8] Le terme « Écologie profonde » (en anglais : *Deep Ecology*) a été créé par le philosophe norvégien Arne Næss. Elle est une branche de la philosophie écologique apparue dans les années 70, qui considère

modification de la nature est perçue comme un non-respect (pour être respectueux, il faudrait donc *« contempler et admirer la nature »*[1]).

934. – Les OGM sont plus dangereux que d'autres évolutions technologiques car ils sont vivants. Dans la mesure où *« ils peuvent se reproduire, croître et migrer »*[2], leurs conséquences seraient imprévisibles sur l'environnement. Parmi les effets indésirables possibles, les supers insectes, les nouveaux virus et la déstabilisation d'écosystèmes entiers sont couramment évoqués, sans parler des fléaux agricoles, des famines et des épidémies qui seront inconnues dans la seconde moitié du XXIe siècle. Le constat des « environnementalistes » est donc sans appel : *« les scientifiques pro OGM ont menti, ils n'ont pas les connaissances qu'ils prétendaient avoir sur les biotechnologies »*[3]. Ils sont incapables d'étudier les risques de manière chronique[4].

935. – N'importe quelle mouvance un peu radicale de l'idéologie écologiste – si tant est que *« l'écologie sans idéologie est impossible »*[5] – partira d'un postulat simple : *« les biotechnologies font l'erreur de vouloir adapter la nature aux technologies »*[6], de fait elles ne sauraient être l'origine d'une agriculture durable. Ils prônent en conclusion la subordination systématique de toute production alimentaire à un système environnemental donné[7].

936. – Dans un domaine aussi clivant que celui-ci des OGM, il est alors difficile – voire impensable – de laisser aux citoyens le soin de se positionner de manière éclairée, réfléchie et modérée si les dialogues d'experts qui leur sont proposés restent en l'état. Pour certains auteurs, *« seule la pensée techniciste permettrait de réconcilier les clivages idéologiques entre les mécanistes et les*

---

l'humanité comme étant partie intégrante de l'écosystème. Elle met au centre la totalité des espèces et des écosystèmes, contrairement à certains mouvements écologistes. L'écologie profonde inscrit donc les finalités humaines dans une perspective large, celle du vivant, afin de prendre en compte les besoins de l'ensemble de la biosphère, notamment des espèces avec lesquelles l'homme co-évolue. Elle s'oppose donc à une écologie posant la satisfaction des besoins humains comme unique finalité de la préservation de la nature (nature = services), et attribuant donc au reste du vivant le statut de « ressource ».

[1] Voir B. Feltz, « La nature en question – les OGM entre science, conscience et croissance », *Revue de l'Université catholique de Louvain*, n° 119, juin 2001, p. 28. L'auteur distingue l'« écologie scientifique », qui propose de tempérer la maîtrise du vivant, de *Deep Ecology*, qui préconise un arrêt définitif de toute tentative de maîtrise du vivant.

[2] J. Rikfin, *Le siècle biotech*, La Découverte « Pocket », 1998, p. 138 et s.

[3] *Ibid.*

[4] De fait Jérémy Rikfin souhaite une *« écologie prédictive capable d'étudier les risques de manière chronique ». Ibid.*

[5] Sur cette question, voir M. Kuntz, « L'écologie sans idéologie est possible », in *Contrepoints*, 15 décembre 2016. Ici, le biologiste – qui est également directeur de recherche au CNRS dans le laboratoire de Physiologie Cellulaire Végétale et enseignant à l'Université Joseph Fourier de Grenoble – va justement tenter de prouver que l'écologie sans idéologie est possible, mais il a pertinemment conscience des obstacles d'ordre politique (et philosophique) à surmonter pour y parvenir.

[6] M. Dufumier, « Quelle recherche agronomique pour nourrir le sud ? », *op.cit.*, p. 21 et s.

[7] J.-P. Oury, *La querelle des OGM*, *op.cit.*, p. 211.

environnementalistes »[1]. La technique étant le vecteur commun de la nature et de l'artifice, *« le courant techniciste présenterait l'avantage de ne privilégier aucun courant de pensée et de passer outre les jugements formulés par les uns et les autres »*[2]. Cette tendance à la prudence se retrouve également dans le discours des partisans de l'« écologie scientifique », puisqu'ils entendent à la fois tempérer la maîtrise du vivant – et connaître les effets d'un gène donné dans un environnement complexe[3] – et défendre l'exploitation des OGM.

937. – En résumé, le contrôle démocratique des OGM et l'avènement d'une authentique « démocratie alimentaire » impliqueront à n'en pas douter de recourir à une entreprise de démystification du débat public autour des biotechnologies. Les rares slogans de campagne de certains responsables politiques en faveur d'une *« écologie positive sans démagogie »*[4] semblent parfaitement convenir à cette logique d'apaisement de la polémique autour de la transgénèse et constituer par la même occasion un vrai îlot d'indépendance et de neutralité pour le moins appréciable. Il n'est plus concevable que le débat autour des OGM soit comparé par l'opinion publique à celui sur l'intelligence artificielle à cause de son opacité (et cela vaut aussi pour le débat sur les nanotechnologies)[5].

C. ABANDONNER LE SPECTRE INDÉSIRABLE DE L'« EXCEPTION CULTURALE »

938. – Si les efforts demandés *supra* aux industries agroalimentaires pour prouver leur bonne foi et en somme pour *« faire taire définitivement les environnementalistes »*[6] ne reçoivent pas d'écho positif de leur part, il y a alors fort à parier qu'un pays décide – et ce du jour au lendemain – de mettre un terme

---

[1] Jean-Paul Oury précise qu'*« on appelle techniciste tout discours qui porterait sur les manipulations du vivant en se passant des propositions générales formulées par la pensée mécaniste et par la pensée environnementaliste. Plutôt que d'opposer les cultures, cette pensée devra se charger de prendre ce qu'il y a de plus approprié dans chacune d'elles : de cette manière, on ne mettra sans doute pas fin aux controverses puisque celles-ci, encore une fois, sont le moteur de la recherche, mais on fera taire les polémiques en coupant court au débat idéologique »*. Voir *La querelle des OGM, op.cit.*, pp. 204-205.

[2] Sur cette question, voir P. Roqueplo, *Climats sous surveillance. Limites et conditions de l'expertise scientifique*, Économica, 1993, p. 266.

[3] Sur ce point, voir C. Larrère et R. Larrère, *Du bon usage de la nature. Philosophie de l'environnement, op.cit.*, pp. 162-163.

[4] M. Fontenoy, *Des tempêtes j'en ai vu d'autres – Pour une écologie sans démagogie !*, Plon, 27 octobre 2016, 288 pages.

[5] D'après Jean-Paul Oury, *« ce qui étonne, ce sont ces « végétaux intelligents » qui réalisent directement l'idée qui était dans l'esprit du bio-technicien, et ce, même en son absence »*. Voir J.-P. Oury, *op.cit.*, p. 228.

[6] *Ibid.*, p. 17.

définitif à la querelle des OGM en bannissant toute importation (et/ou exportation) des mécanismes recombinés sur son territoire. Le droit à l'expérimentation et au développement que revendiquent les uns n'occultera ainsi jamais le droit à l'information défendu par les consommateurs, et encore moins le droit à l'interdiction prôné par les opposants aux biotechnologies les plus véhéments.

939. – Cette occurrence est bien sûr très critiquée par la doctrine, qui y verrait une mesure politique à la fois *« arbitraire et dirigiste »*[1] dont les conséquences seraient fâcheuses (multiplication des fraudes, apparition d'une milice d'État, départ à l'étranger des chercheurs et des industriels voire destruction de la littérature spécialisée) alors que la technologie *« est en voie de parfaite intégration sur le marché international »*[2].

940. – Cette « exception culturale » aurait bien sûr un coût. L'important protectionnisme qu'elle induit entraînerait dans la foulée – ou avec le temps – d'*« importantes sanctions financières de la part des institutions du libre-échange et des autres États »*[3], et aboutirait forcément sur un conflit diplomatique avec l'OMC. Il reviendrait alors aux consommateurs eux-mêmes de payer les amendes dont aurait fait l'objet l'État. Evidemment, d'autres technologies – plus ou moins – en lien avec la transgénèse végétale pourraient également être impactées par un tel boycott (médecine, industrie, agronomie etc.), et ainsi augmenter la facture du contribuable.

941. – Au nom de *« leur lutte contre la mal bouffe et l'application du modèle industriel à l'agriculture »*[4], les antis OGM verraient la compétitivité mais aussi la capacité d'exportation de leur État diminuer. La *« mise en place de moratoires et le recours abusif au principe de précaution »*[5] ne feraient qu'amplifier ce phénomène. L'*« autarcisme naïf »*[6] que viendrait inventer ce nationalisme d'un genre nouveau conduirait à coup sûr d'autres États à suivre cette voie, mais le repli économique tant recherché serait acté indépendamment du développement de la technique.

---

[1] Voir J.-P. Oury, *La querelle des OGM*, *op.cit.*, p. 18.
[2] *Ibid.*
[3] Comme le souligne Jean-Paul Oury, *« il serait nécessaire de renforcer les barrières douanières afin d'établir une filière alimentaire 100% sans OGM. Cela impliquerait, bien évidemment, que l'on coupe net les relations commerciales avec certains pays comme les États-Unis, l'Argentine, le Brésil, la Chine ou encore l'Afrique du sud par exemple, pays où les OGM représentent plus du tiers de la superficie des plantes cultivées »*. J.-P. Oury, *op.cit.*, p. 20.
[4] *Ibid.*, p. 22.
[5] *Ibid.*, p. 21.
[6] M. Foucher et B. Badie, *Vers un monde néo-national ?*, CNRS, 2017, 206 pages.

942. – Comme le rappellent certains auteurs, *« le progrès technique et ses performances ne dépendent en rien d'un choix idéologique »*[1]. Par voie de conséquence, *« la décision d'interdire les OGM n'engage que la société, et non pas la technique elle-même »*[2]. Si l'« exception culturale » et sa fiction contraire – à savoir le « tout cultural »[3] – relèvent bien d'un *« choix tyrannique »*[4], ainsi qu'aiment à le prétendre plusieurs observateurs, il semble alors flagrant de devoir *« passer outre l'idéologie pour enfin remédier à la querelle des OGM »*[5].

943. – La plupart des Européens ont beau se réclamer « anti OGM »[6], pensant que *« des bureaucrates ou des paysans peu scrupuleux sapent l'alimentation de leur région »*[7], il n'est pas concevable d'entre-voir un droit à l'alimentation exempt d'OGM au sein de l'Union européenne[8]. De toute façon, le TFUE encourage la libre circulation des marchandises et des OGM[9], en raison de la logique marchande faisant soit disant *« la part belle à l'innovation »*[10] – au détriment de l'alimentation traditionnelle –, donc les maires (notamment en France[11]) n'ont aucun intérêt d'adopter des arrêtés non dépourvus d'idéologie contre les

---

[1] M. Foucher et B. Badie, *Vers un monde néo-national ?*, *op.cit.* Voir également R. Ruyer, *Les nuisances idéologiques*, Calmann-Lévy, « Liberté de l'Esprit », 1972, p. 221.
[2] *Ibid.*, p. 23.
[3] Le « tout cultural » correspond à l'antithèse de l'« exception culturale ». Pareille hypothèse consisterait donc à imposer les OGM sans le moindre contrôle (un peu comme aux États-Unis avec leur principe d'« équivalence en substance »).
[4] J.-P. Oury, *La querelle des OGM*, op.*cit.*, p. 27.
[5] *Ibid.*
[6] Sur ce point, voir B. Müller, *La bataille des OGM : combat vital ou d'arrière-garde ?*, *op.cit.*, pp. 99-100.
[7] *Ibid.*
[8] Sans interdire les OGM, il est toutefois possible de concevoir un droit à l'alimentation qui en serait exempt (par l'information et le choix laissé au consommateur).
[9] Article 114 TFUE. Sur cette question, voir aussi C. Krinke et P. Verrière, « UE – OGM : renationaliser l'utilisation d'OGM pour l'alimentation humaine et animale ? De plus en plus d'oppositions », *Inf'OGM – veille citoyenne d'information sur les OGM et les semences*, 25 janvier 2018. Néanmoins, dans l'affaire *Confédération paysanne* e.a. *c. Premier ministre et Ministre de l'Agriculture, de l'Agroalimentaire et de la Forêt* du 25 juillet 2018, la Cour de justice de l'Union européenne a été invitée par le Conseil d'État à préciser la portée exacte de la directive « OGM ». Dans cette affaire, la cour rappelle que les OGM ne peuvent être disséminés volontairement dans l'environnement ou mis sur le marché que s'ils respectent scrupuleusement les modalités spécifiques fixées à l'article 4 de la directive 2001/18 énonçant les obligations générales imposées aux États-membres.
[10] B. Müller, *op.cit.*, p. 101.
[11] Comme le souligne Birgit Müller, *« plus de mille conseils municipaux ont décidé d'interdire la culture OGM sur leur commune en 2003. Des centaines de maires ont fait passer des arrêtés anti-OGM sur leur commune en se basant sur leur devoir d'assurer la sécurité des biens et des personnes en prévenant des risques immédiats de contamination irréversible par les organismes transgéniques »*. Cette « vague » d'arrêtés fait suite au sentiment d'impuissance qu'auraient les citoyens à influencer les choix politiques au niveau national. *Ibid.*, p. 102.

biotechnologies (et cela d'autant plus qu'ils seront systématiquement déférés par les préfets puis annulés par les tribunaux administratifs[1]).

Section II. L'EFFECTIVITÉ MENACÉE DU DROIT À L'ALIMENTATION PAR LE BIAIS D'UN RECOURS IMPRUDENT AUX OGM

944. – Dans cette section, il sera question des limites et des effets pervers de l'actuelle gouvernance des OGM : à savoir toutes ces dérives qui l'empêchent de pourvoir efficacement à l'effectivité du droit à l'alimentation en tant que droit fondamental. En dépit d'une vocation humanitaire trouvée aux OGM par la plupart des bio-techniciens plutôt claire en principe (la transgénèse peut éradiquer la faim dans le monde[2]), la pratique montre qu'en réalité tant l'état des connaissances scientifiques que les logiques lucratives de bon nombre d'industriels sapent encore inexorablement ce paradigme. À tel point qu'il faille alors revoir à la baisse leur utilitarisme éthique, social et environnemental (aussi louable fût-il) ? C'est tout l'enjeu des paragraphes *infra*. L'idée étant, en mettant en lumière les travers persistants des nouveaux aliments, de trouver les responsables de leur mauvaise réputation.

945. – Selon toute vraisemblance, *« la diversification alimentaire relève encore du vœu pieu »*[3] malgré l'apparition des OGM, mais l'évaluation des risques que leur allèguent toujours certains scientifiques relève pour sa part d'un enjeu sanitaire (et bien réel ctte fois-ci) encore mal maîtrisé. Et c'est justement là que réside, pour ne rien changer, l'un des principaux obstacles à l'essor des biotechnologies. Alors certes, *« peu d'études ont évalué les éventuelles retombées positives des OGM sur la santé »*[4], comme le précisent certains experts éclairés – ce qui laisse penser que la plupart des analyses faites *« ont traité des risques des OGM »*[5] –, mais comment s'en étonner dans la mesure où *« il est impossible de prévoir tous les effets des transgènes »*[6] ? Il est donc impératif de les contrôler en évaluant prioritairement leurs impacts négatifs sur la santé.

---

[1] Birgit Müller précise en effet que : *« Tous les arrêtés de maires interdisant les cultures d'OGM commerciales et d'expérimentation sur leur commune ont été déférés par les préfets puis annulés par les tribunaux administratifs »*. Voir *La bataille des OGM : combat vital ou d'arrière-garde ?*, *op.cit.*

[2] Sur cette question, voir notamment C. Noisette, « OGM : fin de la faim », *Inf'OGM – Veille citoyenne d'informations sur les OGM et les semences*, n° 43, juin 2003. Voir également P. Arnaud, « Des solutions contre la faim », *Le Monde*, 17 septembre 2014.

[3] M. Kuntz, *Les OGM – L'environnement et la santé*, L'esprit des sciences, Ellipses, 2006, p. 95.

[4] *Ibid.*, p. 94.

[5] *Ibid.*

[6] L.-M. Houdebine, *OGM – Le vrai et le faux*, *op.cit.*, p. 151.

946. – D'aucune manière les partisans des biotechnologies réfutent l'idée d'après laquelle *« seule une observation prolongée de l'OGM peut révéler que la transgénèse a créé une difficulté et qu'il vaudrait mieux cesser d'utiliser l'OGM en question »*[1]. Eux les premiers sont conscients que si *« tous les aliments qui arrivent sur nos tables sont soumis à des examens approfondis »*[2], ces tests ne sont *« pas suffisants pour décrire complètement les aliments nouveaux, y compris les OGM »*[3]. Partant, ils défendent la mise en place de protocoles plus exigeants face aux OGM, ce qui supposerait d'*« ajuster les tests au cas par cas pour que la sécurité soit atteinte sans examens inutiles »*[4].

947. – L'autre désaveu que rencontrent les OGM concerne la privatisation du vivant. Si les firmes agro-alimentaires ne cessent de déposer des brevets sur les plantes modifiées qu'elles mettent au point (ce qui est en soi normal puisqu'il s'agit d'un nouveau produit), le risque serait qu'il y ait des abus[5]. Certains auteurs y voient en effet *« un accaparement possible du patrimoine génétique de certaines ressources alimentaires alors que ces dernières ont toujours été à la disposition d'agriculteurs qui les ont améliorées au cours des ans par croisements »*[6]. Plus existentialistes encore, pléthore d'associations vont jusqu'à prétendre que *« la faculté fondamentale du vivant est à tout le monde comme la lumière du soleil ou l'air que nous respirons »*[7]. Dans ce contexte, il n'est alors pas surprenant d'apprendre que l'entreprise Monsanto s'est attirée le courroux d'ONG défavorables aux OGM lorsqu'elle a fait valoir ses recherches en partenariat avec les pays en développement et a précisé que *« la patate douce améliorée appartient aux kenyans »*[8].

948. – Quoi qu'il en soit, le débat sur les OGM est loin d'être clos, étant entendu que la place des firmes multinationales dans le combat contre la faim dans le monde est floue. Les *« meilleures performances scientifiques »*[9] dont elles se

---

[1] L.-M. Houdebine, *OGM – Le vrai et le faux*, *op.cit.*, p. 152.
[2] *Ibid.*, p. 153.
[3] *Ibid.*, p. 154.
[4] *Ibid.*, p. 155.
[5] Sur cette question, voir E. Nally-Meyrat, *Les OGM une solution au problème de la faim dans le monde ?*, Collège Calvin, travail placé sous la direction du Professeur François Lombard, 30 septembre 2002.
[6] Voir V. Shiva, *Le terrorisme alimentaire : comment les multinationales affament le Tiers-Monde*, *op.cit.*, 2001.
[7] Pour Yannick Jadot – alors directeur des campagnes de *Greenpeace* France –, *« Décideurs politiques et économiques ont développé le marché de la communication autour du développement durable, quitte à vider ce concept de son contenu »*.Voir Y. Jadot, « Développement durable.com ? », *CONSTRUCTIF*, Sommaire n° 6, novembre 2003.
[8] Ici, voir J. Huang, C. Pray et S. Rozelle, « Enhancing the crops to feed the poor », *Nature – International journal of science*, volume 418, 8 août 2002.
[9] I. Delforge, « Nourrir le monde ou l'agrobusiness : Enquête sur Monsanto », Les Magasins du monde-OXFAM, 2000. Voir également V. Tardieu et S. Ollivier, « OGM : l'Europe se met à table », *Science et Vie*, septembre 2001, n° 1008, pp. 78-84.

vantent pour louer les biotechnologies se heurtent sans cesse aux risques sur la biodiversité[1], aux abus sur la propriété des gènes[2] et à la perte des goûts du terroir[3] qu'entendent stopper leurs détracteurs. De ce critère finaliste pour le moins ambivalent devront pourtant se passer les nouveaux aliments si leurs promoteurs veulent qu'un jour, ils soient considérés par le public comme étant des vecteurs incontournables du droit à l'alimentation. En attendant ce dénouement, il convient d'analyser les sentiers qui les en séparent avec d'une part, la problématique liée à l'évaluation toujours mal maîtrisée des risques (§I), et d'autre part, celle ayant trait à l'extension des brevets industriels aux organismes vivants (§II). Sans surprise, ces points de discussion figurent parmi les plus sensibles – si ce n'est les plus déterminants – dès lors qu'il s'agit d'associer les OGM aux droits fondamentaux en général, et au droit à l'alimentation en particulier.

§I. UNE ÉVALUATION TOUJOURS MAL MAITRISÉE DES RISQUES LIÉS AUX OGM

949. – Si le contrôle des OGM reste problématique, c'est notamment parce que *« l'effort de recherche et développement des entreprises agroalimentaires reste extrêmement faible à l'exception de quelques grands groupes »*[4]. Ce n'est pourtant pas la démarche des laboratoires qui, eux, se sont *« engagés très tôt dans la recherche sur le génie génétique »*[5]. Pour ce faire, ils ont alloué – et c'est ce qui les distingue des industriels – la majorité de leur budget à la gestion des risques liés aux disséminations d'OGM (qui préoccupe, il faut bien le dire, principalement les Européens[6]).

950. – Plus spécifiquement, les controverses environnementales ont fait rejaillir l'idée qu'*« il n'y aurait pas d'interprétation claire et sans équivoque du principe de précaution »*[7], étant entendu qu'il s'agit d'un concept *« riche en significations »*[8] allant parfois jusqu'à faire l'objet d'un *« recours abusif »*[9] de la

---

[1] I. Delforge, « Nourrir le monde ou l'agrobusiness : Enquête sur Monsanto », *op.cit.*
[2] *Ibid.*
[3] *Ibid.*
[4] C. Chevallier, *Les OGM dans notre assiette ?*, *op.cit.*, p. 46.
[5] Sur cette question, voir M. Kuntz, *Les OGM – L'environnement et la santé*, *op.cit.*, p. 23.
[6] Sur cette question, voir tout particulièrement ATTAC France, *Les OGM en guerre contre la société*, Mille et une nuits, 24 août 2005, 137 pages.
[7] J.-P. Oury, *La querelle des OGM*, *op.cit.*, p. 86.
[8] *Ibid.*
[9] Pour Olivier Godard – économiste et directeur de recherche au CNRS –, *« il y aurait un « usage absolutiste » du principe, qui se caractérise par un recours immodéré à l'inversion de la charge de la preuve. Cette attitude est souvent celle qu'adoptent les prophètes de malheur »*. Ici, voir O. Godard, *Le*

part des pouvoirs publics. Bien entendu, cela n'enlève rien au fait que la sécurité soit désormais perçue comme un droit. L'obligation de précaution a simplement cela d'imprécis qu'elle oblige la prise en compte du risque potentiel, tout en sachant que *« celui-ci ne peut être écarté en raison d'un manque de preuves scientifiques »*[1].

951. – Appliqué à la sécurité des nouveaux aliments, ce principe montre à quel point *« l'accroissement des disparités sociales entre le Nord et le Sud est devenu la règle »*[2], et comment *« des entreprises pour lesquelles le développement durable n'est qu'un exercice de communication se permettent d'habiller, sans les changer, des activités socialement et écologiquement prédatrices »*[3]. De fait, l'étude proposée *infra* démontrera qu'en matière sanitaire, le principe de précaution n'est qu'une norme juridique en devenir (A), et que « son » avenir est toujours placé sous conditions (B).

A. LE PRINCIPE DE PRÉCAUTION : UNE NORME JURIDIQUE TOUJOURS EN DEVENIR

952. – Tout comme le droit à l'alimentation et la notion de « souveraineté alimentaire », le principe de précaution est une norme qui, en partie du fait de sa jeunesse, *« est malaisée à appréhender, et encore plus à définir »*[4]. C'est la raison pour laquelle *« les États qui se sont essayés à une tentative de définition en ont aujourd'hui des conceptions divergentes »*[5]. A l'aune de la lutte contre la malnutrition à travers le monde, il convient pourtant de le privilégier par rapport à d'autres concepts (comme le principe de prudence, de diligence ou de prévention) qui, eux, reposent sur l'existence de preuves scientifiques, donc qui obtiennent le soutien des Américains et reçoivent l'aval du droit de l'OMC[6]. C'est

principe de précaution dans la conduite des affaires humaines, Maison de la science de l'homme et INRA, 1997.

[1] C. Chevallier, *Les OGM dans notre assiette ?*, *op.cit.*, p. 167.

[2] Y. Jadot, « Développement durable.com ? », *CONSTRUCTIF*, *op.cit.*

[3] *Ibid.*

[4] A.-L. Ducroquetz, *Le principe de précaution en matière de sécurité alimentaire*, Mémoire de Diplôme d'Etudes Approfondies, Université Lille II, 2000-2001, p. 13.

[5] *Ibid.*, p. 14.

[6] Les membres de l'OMC ont formulé et signé deux textes importants : l'accord sur les obstacles techniques au commerce (ci-après l'AOTC) et l'accord SPS. Anne-Lise Ducroquetz précise que : *« L'AOTC ne permet pas d'améliorer la sécurité alimentaire, mais de favoriser le commerce avant tout. Il interdit aux nations de jouer sur l'étiquetage, le volume des conditionnements, ou toute une gamme d'impératifs techniques pour écarter de leur marché intérieur les produits d'origine étrangère. De son côté, l'accord SPS interdit*

aussi le cas de l'« approche de précaution », dont la finalité consiste à limiter les barrières aux échanges.

953. – Immanquablement, beaucoup d'industriels ont adopté à leur tour une vision très restrictive du principe de précaution, pensant qu'il était surtout question d'un *« principe politique destiné à aiguiller l'action du législateur »*[1] plutôt que d'une véritable norme de droit international coutumier[2], voire d'un principe général du droit de l'environnement[3]. En clair, le principe de précaution n'aurait aucune valeur ni portée juridique autonome[4]. Cette idée peut certes paraître fondée à la lecture de l'accord sanitaire et phytosanitaire (ci-après SPS), dans la mesure où *« il ne prendrait pas suffisamment en compte les pourtours normatifs du principe »*[5], mais elle semble inexacte en droit administratif français, où le juge n'a *« aucun mal à considérer le principe de précaution comme un moyen de droit tout à fait sérieux de nature à justifier l'annulation de l'arrêté faisant grief »*[6].

954. – Elle ne correspond pas non plus à la volonté affichée du législateur européen d'attribuer au sein de l'Union européenne *« la valeur d'une règle de droit ayant une portée propre »*[7] à ce principe. Étant donné qu'il figure dans un certain nombre de traités en vigueur, le principe de précaution possède par ailleurs valeur de norme conventionnelle[8]. Mais cela ne suffit pas, comme le reconnaissent juristes et spécialistes en gestion des risques sanitaires, à en déterminer le statut[9]. Pour qu'il soit autonome, ce principe doit *« faire l'objet d'un régime juridique*

---

aux nations de mettre en avant des problèmes de sécurité alimentaire ou de maladies végétales dans le seul but d'empêcher l'entrée de produits d'origine étrangère. Les nations membres de l'OMC ne peuvent imposer que les règles scientifiques édictées dans le cadre de l'accord SPS ». Ibid., p. 20.

[1] A.-L. Ducroquetz, *Le principe de précaution en matière de sécurité alimentaire*, *op.cit.*, p. 25.

[2] Pour le Professeur Gilles J. Martin, une règle de droit international coutumier s'est pourtant constituée avec le principe de précaution. Pour en arriver à ce constat, il rappelle que ce principe est tout d'abord apparu dans des actes non-contraignants, puis dans de véritables textes de droit international, avant de connaître une consécration universelle lors de la conférence de Rio, et d'être repris dans la plupart des actes internationaux portant sur la protection de l'environnement. Ici, voir G.-J. Martin, « Apparition et définition du principe de précaution », *Les Petites Affiches*, n° 239, 30 novembre 2000, p. 9.

[3] En France, la loi Barnier du 2 février 1995 (JORF du 3 février 1995, p. 1842) cite le principe de précaution parmi les principes généraux du droit de l'environnement. La loi précise également que ce principe inspire la législation de l'environnement, dans le cadre de lois qui en définissent la portée.

[4] Sur cette question, voir notamment G. Viney, « Le point de vue d'un juriste », *Les Petites Affiches*, n° 239, 30 novembre 2000, p. 66.

[5] Sur ce point, voir tout particulièrement la Communication de la Commission intitulée « Le recours au principe de précaution » datant du 2 février 2000 (COM(2000) 1 final), p. 10.

[6] CE, 25 septembre 1998, *Association Greenpeace France*, JCP, 1998, éd. G.II., p. 10216, note J. de Malafosse, conclusions J.-H. Stahl. Voir également Conseil d' État, 22 novembre 2000, *Association Greenpeace France*, Jurisclasseur Droit administratif, février 2001, p. 33, note L. Touvet.

[7] G. Viney, « Le point de vue d'un juriste », *Les Petites* Affiches, op.*cit.*, p. 67. Voir également A.-L. Ducroquetz, *Le principe de précaution en matière de sécurité alimentaire*, *op.cit.*, p. 28.

[8] Sur ce point, voir tout particulièrement L. Lucchini, « Le principe de précaution en droit international de l'environnement : ombres plus que de lumières », *Annuaire français de droit international*, 1999, p. 720.

[9] A.-L. Ducroquetz, *op.cit.*, p. 30.

plus strict et d'une meilleure définition législative »[1]. Invariablement, le « nerf de la guerre » – ce qui sépare tant les industriels des environnementalistes – va résider dans l'acception du risque (et de son évaluation)[2].

955. – S'il va de soi que *« le principe de précaution ne peut en aucun cas légitimer une prise de décision de nature arbitraire »*[3], étant donné que des restrictions aux libertés économiques peuvent avoir lieu, il ne faut surtout pas occulter le fait que *« juger ce qui est un niveau acceptable de risque pour la société est une responsabilité éminemment politique »*[4]. Confrontés à un risque acceptable, à une incertitude scientifique ou aux préoccupations du public, les décideurs vont avoir tendance à réagir différemment, et ce d'autant plus qu'une *« vaste gamme d'initiatives sont disponibles en cas d'action »*[5]. L'évaluation du risque a beau être scientifique, la gestion de celui-ci est en revanche politique. Et les industriels en ont parfaitement conscience.

956. – La plupart d'entre eux se méfient des interdictions totales, qu'ils trouvent – sûrement à raison d'ailleurs – le plus souvent disproportionnées[6], et ne comprennent pas que la préservation de la santé, de l'alimentation et de l'environnement puisse prévaloir sur toute considération d'ordre économique[7]. C'est la raison pour laquelle ils désapprouvent majoritairement l'effort de sensibilisation que beaucoup d'États entreprennent auprès des grandes organisations internationales commerciales (comme l'OMC) afin de défendre justement le principe de précaution[8].

957. – La logique des fabricants d'OGM est très simple : l'autonomie des États membres de l'OMC pour fixer leur propre niveau de protection doit rester illusoire. Jamais une telle opportunité ne devrait être retranscrite dans l'accord

---

[1] A.-L. Ducroquetz, *Le principe de précaution en matière de sécurité alimentaire*, *op.cit.*, p. 30.

[2] Voir P. Greciano, « Sur le principe de précaution en droit communautaire », *Les Petites Affiches*, n° 56, 20 mars 2001, p. 5. Et N. de Grove-Valdeyron, « La protection de la santé et de la sécurité du consommateur à l'épreuve de l'affaire de la dioxine », *Revue du Marché Commun de l'Union européenne*, n° 433, novembre-décembre 1999, p. 704.

[3] A.-L. Ducroquetz, *op.cit.*, p. 33.

[4] *Ibid.*, p. 35.

[5] Ces moyens d'action vont du simple projet de recherche (ou de recommandation) aux mesures légalement contraignantes. *Ibid.*

[6] P. Greciano, « Sur le principe de précaution en droit communautaire », *op.cit.*, p. 4 et s. ; voir également L. Gonzales Vaque, L. Ehring et C. Jacquet, « Le principe de précaution dans la législation communautaire et nationale relative à la protection de la santé », *Revue du Marché Unique Européen* (RMUE), 1/1999, p. 84.

[7] C. Noiville, « Principe de précaution et gestion des risques en droit de l'environnement et en droit de la santé », *Les Petites Affiches*, n° 239, 30 novembre 2000, p. 46.

[8] Au sein de l'Union européenne, cet effort de sensibilisation a été demandé aux États membres par le Conseil européen lui-même. Ici, voir la Résolution du Conseil sur le recours au principe de précaution du 4 décembre 2000.

SPS[1], y compris lorsqu'il existe un risque potentiel pour la santé humaine, et cela au nom du principe de précaution. En conséquence, les entreprises du secteur agroalimentaire ne peuvent que se réjouir de cette *« incapacité patente des États membres de l'OMC à traiter le risque de manière efficace, notamment par des précautions »*[2].

958. – En fin de compte, le profond scepticisme qu'affichent certains scientifiques et que partagent les enseignants du Conservatoire national des Arts et Métiers (ci-après CNAM[3]) – lorsqu'ils disent que *« le principe de précaution est un piège redoutable qui complique considérablement la gouvernance »*[4], ou lorsqu'ils expliquent que *« par sa dialectique, le principe de précaution renvoie chacun à une expérience hasardeuse : il renforce l'individualisme contemporain »*[5] – prend alors tout son sens. Les industriels ne s'émancipent en rien de cet engrenage lorsqu'ils font sans arrêt primer l'innovation et le progrès de la science sur les risques sanitaires et environnementaux que peuvent engendrer les OGM.

B. DE L'AVENIR SOUS CONDITIONS DU PRINCIPE DE PRÉCAUTION DANS LA GESTION DE LA SÉCURITÉ SANITAIRE DES NOUVEAUX ALIMENTS

959. – Dans le domaine de la sécurité des aliments, les conditions matérielles d'application du principe de précaution[6] semblent réunies, mais la mise en œuvre des mesures de précaution va supposer, pour une *« application pleinement efficiente »*[7], que deux conditions longtemps délaissées[8] soient remplies. La première nécessité se situe dans la consolidation de l'expertise scientifique, étant

---

[1] A.-L. Ducroquetz, *Le principe de précaution en matière de sécurité alimentaire*, *op.cit.*, p. 59.
[2] C. Cans, « Le principe de précaution, nouvel élément du contrôle de légalité », *RFDA*, juillet-août 1999, p. 753.
[3] Le CNAM remplit trois missions principales : la formation professionnelle supérieure tout au long de la vie, la recherche technologique et l'innovation, et enfin la diffusion de la culture scientifique et technique.
[4] A. Sinaï, « Les métamorphoses du principe de précaution », *Actu Environnement*, *op.cit.*
[5] *Ibid.*
[6] Selon l'article 5 de la Charte de l'environnement, un dommage doit se produire et avoir des conséquences graves et irréversibles sur l'environnement pour que soit appliqué le principe de précaution. Quant au principe 15 de la Déclaration de Rio, celui-ci précise qu'*« un risque de dommages graves ou irréversibles »* suffit pour recourir au principe de précaution. Donc en réalité, il est plus facile de recourir au principe de précaution par le biais du principe 15 de la Déclaration de Rio (étant donné qu'un simple risque de dommage suffit), que par le biais de l'article 5 de la Charte de l'environnement (lequel exige la survenance d'un dommage).
[7] T. Galibert, *Le principe de précaution : du droit de l'environnement au droit de la sécurité des aliments*, *op.cit.*, p. 95.
[8] *Ibid.*

entendu que *« la preuve scientifique reste l'arme absolue pour permettre ou pour interdire la mise en place de mesures contraignantes »*[1] (1). Plus problématique, la seconde implique l'association des citoyens à l'évaluation du risque, et induit *« une modification profonde non seulement des procédures en vigueur, mais encore des habitudes des professionnels de l'agroalimentaire »*[2] (2).

1. Le manque de consolidation des capacités d'expertise : une limite encore criante

960. – Si les conditions théoriques d'une expertise fiable paraissent claires[3], celles-ci posent quelques difficultés en matière alimentaire dans la mesure où les notions d'indépendance, de transparence mais aussi de confrontation d'avis ne sont pas toujours respectées. Ainsi, l'incertitude scientifique sera l'une des difficultés majeures à appréhender. L'« expertise »[4] suppose toujours un demandeur[5], et l'expert ne possèdera qu'une *« connaissance approximative de l'amont socio-politique de son intervention »*[6], sans compter qu'il servira bien souvent de caution aux décideurs (en *« endossant seul la responsabilité d'une décision impopulaire »*[7]).

961. – L'expert se retrouve par ailleurs *« confiné au sein d'une question fermée et préétablie à des fins politiques et carriéristes »*[8], comme ce fut le cas par exemple en matière de lutte contre la listéria[9]. Un autre problème va résider dans la question posée par les demandeurs politiques : en fonction de celle-ci, les conclusions ne seront pas les mêmes, comme en atteste le cas de l'embargo

---

[1] T. Galibert, *Le principe de précaution : du droit de l'environnement au droit de la sécurité des aliments*, *op.cit.*, p. 95.
[2] *Ibid.*
[3] Ces conditions sont rappelées par le Centre national de la recherche scientifique (CNRS) dans un rapport de son comité d'éthique intitulé : « Ethique et expertise scientifique ».
[4] D'après l'association française de normalisation (AFNOR), *« l'expertise est l'ensemble des activités ayant pour objet de fournir à un décideur, en réponse à sa question, un avis ou une recommandation aussi objectivement fondée que possible, élaborée à partir d'inventaires et d'évaluations des connaissances avérées disponibles, d'inspections, d'essais, d'analyses ou d'investissements divers accompagnés d'un jugement professionnel »*.
[5] T. Galibert, *op.cit.*, p. 96.
[6] *Ibid.*, p. 97.
[7] *Ibid.*
[8] *Ibid.*
[9] Pour le Professeur Jean-Pierre Flandrois, *« il y a beaucoup plus de morts du fait des infections nosocomiales que du fait de l'infection à la listéria. On peut même se poser la question de savoir s'il faut ou non lutter contre la listéria. C'est une décision qui dépasse le scientifique puisqu'on lui demande sa position pour savoir comment lutter et pas du tout pour savoir s'il faut vraiment lutter contre »*. Cité par J.-M. Legay, « La listéria, une bactérie pas comme les autres » – entretien avec J.-P. Flandrois, *Nature, Sciences, Sociétés*, 2002-2, pp. 58-63.

français à l'encontre des viandes britanniques (où l'AFSSA[1] et le CSD[2] avaient remis des rapports *« étayés et fondés »*[3], mais différents). C'est précisément parce que la légitimité de l'expert découle de son indépendance qu'il est important de se méfier *« des liens de subordination économique et du carriérisme politique »*[4].

962. – En matière d'OGM, l'expert doit être indépendant vis-à-vis du demandeur. Il faut donc envisager la mise en place de procédures d'expertise qui soient à la fois plurielles et contradictoires. L'autonomie des scientifiques, les controverses ainsi que les avis divergents ne doivent pas être craints car eux seuls permettront à la science – et aux connaissances sur la transgénèse – d'avancer en évitant les jugements univoques[5]. En ce sens, toute spécialisation accrue des scientifiques, y compris dans un domaine aussi technique que celui des OGM, n'est pas souhaitable car elle serait potentiellement dangereuse[6].

963. – L'émission d'avis pluriels doit être recherchée en priorité. En d'autres termes, *« la tâche d'expert gagnerait à être exercée collectivement afin de couvrir la question posée de façon pluridisciplinaire »*[7]. Il paraît donc indispensable de généraliser la contre-expertise, qui plus est dans un secteur aussi clivant que celui des biotechnologies. Cela contraindrait le spécialiste aguerri à expliciter face à d'autres – ce qui n'arrive pour l'heure quasiment jamais – les connaissances et les ignorances qu'il a mobilisées et à se présenter *« non plus en juge impartial, mais en avocat spécifique »*[8].

964. – L'expertise en matière de sécurité alimentaire est sûrement plus performante au sein de l'Union européenne qu'au niveau international, puisque la

---

[1] Pour une présentation de l'AFSSA, voir *supra*.
[2] Pour une présentation du CSD, voir *supra*.
[3] Comme le rappelle Thierry Galibert, *« Fin septembre 1999, l'AFSSA donne un avis défavorable à la reprise d'information des bovins anglais (suite à l'embargo décidé par la France pour cause de risque de transmission humaine de la maladie dite de la vache folle) en France, avis suivi par le gouvernement français. Fin octobre 1999, le CSD ne voyant pas dans l'avis formulé par l'AFSSA de nouveaux éléments scientifiques conclut de façon unanime (y compris les experts français) que la viande de bovins anglais exportés présente, au pire, un risque comparable à celui de la viande mise sur le marché dans les autres pays européens. Il n'existe pas de divergences scientifiques, mais le travail des experts et la forme de l'argumentation ont été structurés par des questions différentes »*. Voir T. Galibert, *Le principe de précaution : du droit de l'environnement au droit de la sécurité des aliments*, *op.cit.*, p. 98.
[4] *Ibid.*, p. 99.
[5] Lors de la discussion parlementaire de la loi Barnier, il avait ainsi été proposé que les projets environnementaux prévoient dans le dossier soumis à enquête publique la mise en forme d'opinions divergentes, mêmes minoritaires dans l'ensemble de la communauté scientifique.
[6] Sur la dangerosité que représente l'extrême spécialisation des experts, voir notamment B. Bonnefous, S. de Royer et C. Pietralunga, « Macron nomme un gouvernement d'experts », *Le Monde*, 22 juin 2017.
[7] Pour Thierry Galibert, *« l'expertise ne peut être accomplie que par une démarche collective, à la fois pour couvrir de manière interdisciplinaire le champ d'intervention qui s'impose à elle et pour faire face à l'indispensable pluralisme des points de vue face aux incertitudes, des connaissances auxquelles elle se trouvera inévitablement confrontée »*. Voir T. Galibert, *op.cit.*, p. 100.
[8] *Ibid.*

méthodologie de la gestion des risques choisie par l'AESA[1] est – de l'avis de plusieurs auteurs – *« plus innovante et surtout moins politique que l'expertise du Codex Alimentarius »*[2]. Il n'est quoi qu'il arrive plus admissible que l'expertise scientifique se heurte encore trop souvent à des contraintes économiques et/ou politiques. Il en va de l'avenir des OGM. Au sein de la société civile, l'expertise doit être irréprochable si « elle » souhaite *« rendre acceptable par les citoyens les décisions de gestion ou par les professionnels les mesures coercitives mises en œuvre »*[3].

965. – En clair, *« les tris de données qui ne retiennent que celles qui sont favorables aux industriels »*[4], les conclusions d'innocuité qui sont basées sur *« le poids de l'évidence »*[5] ou bien encore *« la puissance des tests statistiques si faible que l'on ne peut pratiquement rien voir (ce qui est pratique lorsqu'on ne veut rien voir) »*[6] représentent autant de pratiques à proscrire définitivement. Actuellement, les enjeux s'inscrivent davantage *« dans le changement en cours du contexte culturel et éthique »*[7], bien plus que dans *« la neutralisation du débat voulu par l'industrie et certains politiques »*[8].

2. Le défaut d'association des citoyens à l'expertise : une limite encore patente

966. – En matière de sécurité sanitaire des nouveaux aliments, une partie de la doctrine s'accorde pour dire que l'*« acceptabilité passe par l'association des citoyens à la gestion des risques »*[9]. Défendant la mise en place d'une réelle démocratie participative, ils préconisent le recours à des procédures *ad hoc* pour *« mettre un terme aux soupçons d'opportunisme économique et de carriérisme*

[1] Pour une présentation de l'AESA, voir *supra*. Cette autorité est intéressante car elle a mis au point une méthodologie de la gestion des avis divergents. Celle-ci est organisée sur les principes suivants : identification des sources potentielles d'avis divergents, échange des informations scientifiques pertinentes et présentation à la commission d'un document commun entre l'Autorité et l'organisme ayant un avis différent, de façon à clarifier les questions scientifiques source des divergences et à identifier les incertitudes persistantes.

[2] T. Galibert, *Le principe de précaution : du droit de l'environnement au droit de la sécurité des aliments*, *op.cit.*, p. 109.

[3] *Ibid.*

[4] Inf'OGM – veille citoyenne, Expertise des OGM : l'évaluation tourne le dos à la science, octobre 2012, 60 pages.

[5] *Ibid.*

[6] Inf'OGM – veille citoyenne, Expertise des OGM : l'évaluation tourne le dos à la science, *op.cit.*

[7] *Ibid.*

[8] *Ibid.*

[9] T. Galibert, *op.cit.*, p. 110.

politique »[1]. Pour ces auteurs, il existerait *« une déconnexion totale entre la réalité de la production et la vision qu'en ont les citoyens »*[2], notamment en Europe (et plus exactement en France[3]).

967. – Hautement attachés à la transparence – tant dans les modes de production et de contrôle que dans l'existence des risques – et à la participation effective de chaque citoyen, ils souhaitent *« passer à une gestion effective de la sécurité sanitaire des aliments »*[4]. Les citoyens doivent devenir conscients des risques. Et pour y arriver, le principe de précaution doit favoriser une gestion sereine de la sécurité des nouveaux aliments. Il n'est selon eux plus tolérable que *« la plupart des processus technologiques utilisés dans le domaine alimentaire soient totalement méconnus du grand public »*[5].

968. – Pour assurer aux futurs consommateurs un rôle dans la préservation de la sécurité alimentaire, il faudrait redévelopper l'enseignement de l'aliment dès l'école primaire, et diffuser les notions de base au public le plus large possible. Une fois arrivé à l'âge adulte, le citoyen pourra ainsi *« saisir l'information lorsque celle-ci n'est plus détournée dans un souci d'audience »*[6]. Le Code de déontologie des médias proposé dans le « rapport Kourilsky-Viney » (et présenté *supra*) s'inscrit parfaitement dans cette logique[7]. L'idée de ce code est simple : s'ils sont mieux informés par les experts et les opérateurs, alors les médias pourront jouer un rôle plus efficace dans l'amélioration de la sécurité alimentaire.

969. – La consultation du public pourrait ainsi s'opérer à travers l'ensemble des techniques modernes. Dans ce cadre, Internet occuperait une place de premier rang pour justement *« sortir l'information du strict cadre des techniciens »*[8]. La question de la gestion des risques ne doit plus être enfermée dans la relation « administration/professionnel », mais doit être repensée à l'aune de ce qui se fait en matière environnementale. Si l'amélioration de la sécurité des aliments passe

---

[1] T. Galibert, *Le principe de précaution : du droit de l'environnement au droit de la sécurité des aliments*, *op.cit.*, p. 110.
[2] *Ibid.*, p. 111.
[3] La procédure choisie en France pour l'octroi de l'agrément n'associe par exemple à aucun moment la société civile et les citoyens à la démarche. Or certains auteurs indiquent que l'acceptabilité d'une décision dépend plus du processus décisionnel suivi que de l'option de gestion prise. Sur ce point, voir D. Zmirou, *Quels risques pour notre santé ?*, éd. la découverte et Syros, 1998, p. 210.
[4] D. Duclos, « Le grand théâtre des chasseurs de risques », *Le Monde Diplomatique*, juin 2002.
[5] J.-M. Legay, « À propos du principe de précaution », *Natures, Sciences, Sociétés*, vol. 9, n° 1, janvier-mars 2001, p. 48.
[6] *Ibid.*, p. 117.
[7] En matière scientifique, ce rapport a préconisé l'instauration d'un véritable code de déontologie des médias. Pour aller plus loin, voir P. Kourilsky et G. Viney, *Le principe de précaution – Rapport au Premier ministre*, Odile Jacob, janvier 2000, 405 pages. Un organisme analogue au CSA devait se charger du respect de ce code, et pouvait engager la responsabilité judiciaire des journalistes ou émettre des sanctions professionnelles en cas violation de ses dispositions.
[8] T. Galibert, *op.cit.*, p. 129.

de plus en plus par des mesures de gestion de l'environnement, alors comment justifier le fait qu'*« il n'y a toujours pas de similitude en matière de gestion des autorisations administratives entre ces deux secteurs, et notamment en ce qui concerne l'association des citoyens à la décision »*[1] ?

970. – D'évidence, l'essor des OGM est en train de soulever un enjeu de taille : celui de la connaissance et de l'acceptabilité, par le public, des décisions de gestion des risques. En France, l'initiative proposée par le Comité Français pour le Développement Durable (ci-après CFDD) paraît en tout point conforme à cet objectif – puisqu'ici l'idée serait de mettre en place un comité spécialement composé de citoyens tirés au sort pour s'informer sur tous les aspects de l'innovation en cours et aussi pour produire un avis éclairé en direction du décideur politique –, mais n'a pour l'heure aucun équivalent aux plans mondial et régional.

§II. UNE BANALISATION CRITIQUABLE ET DANGEREUSE DE LA PRIVATISATION DU VIVANT

971. – À l'heure actuelle, seule une poignée de compagnies agrochimiques possèderait la plupart des brevets sur les semences génétiquement modifiées, et quasiment toutes se seraient fait remarquer en imposant aux agriculteurs qui veulent utiliser leurs technologies de traiter lesdites semences « *comme n'importe quel autre bien de consommation, autrement dit comme un produit éphémère, ou un produit qui n'existerait que pour être consommé* »[2].

972. – Donnant un monopole excessif aux propriétaires de ces brevets[3] – étant entendu que les OGM peuvent se reproduire d'eux-mêmes –, l'invention qui en est l'objet n'est pas tout le temps soumise à l'ordre public (contrairement à ce prévoit la législation au sein de l'Union européenne[4]), ce qui signifie que son exploitation peut tout à fait librement passer outre certaines règles éthiques[5]. Avec la transgénèse, la question n'est donc pas tant de savoir à partir de quel moment un brevet sortira des limites de ce qui est « éthiquement » acceptable, sachant que

---

[1] T. Galibert, *Le principe de précaution : du droit de l'environnement au droit de la sécurité des aliments*, *op.cit.*, p. 131.
[2] *Ibid.*
[3] L.-M. Houdebine, *OGM – le vrai et le faux*, *op.cit.*, p. 127.
[4] Louis-Marie Houdebine rappelle en effet que : *« L'Union européenne a ajouté aux conditions permettant le dépôt d'un brevet l'impératif que l'invention ne trouble pas l'ordre public, c'est-à-dire, dans ce cas, qu'elle n'aille pas à l'encontre des règles éthiques »*. *Ibid.*
[5] M. El Baaj, « Est-il possible de définir l'ordre public ? », *Le Village de la justice*, 28 octobre 2009.

c'est *« chose simple dans certains cas et impossible dans d'autres »*[1], mais surtout de comprendre quelles peuvent être les conséquences de la privatisation du vivant sur une gouvernance des OGM qui balbutie encore.

973. – L'énorme pression qu'exercent les industriels sur les gouvernements nationaux partout dans le monde dans l'unique but de renforcer une législation sur les semences qui leur est déjà très favorable, et de transférer le contrôle sur celles-ci des agriculteurs aux corporations donne d'ores et déjà un bout de la réponse : les enjeux économiques et commerciaux liés aux OGM semblent encore très souvent élevés au premier rang par les pouvoirs publics (A). A l'inverse, les enjeux écologiques, éthiques voire de stratégie géopolitique, en ce qu'*« ils relanceraient le débat sur la dimension culturelle et religieuse des biotechnologies »*[2], seraient quant à eux relégués au second plan (B).

A. UNE ÉLÉVATION AU PREMIER RANG DES ENJEUX ÉCONOMIQUES ET COMMERCIAUX LIÉS AUX OGM

974. – Dès le début des années 2000, la FAO précisait expressément dans l'un de ses rapports que *« la recherche en biotechnologie agricole est essentiellement le fait de grands groupes privés situés dans les pays industrialisés »*[3]. De fait, *« cette domination du secteur privé empêche les paysans pauvres d'en profiter car bien souvent les innovations sont trop coûteuses »*[4]. D'évidence, les échanges commerciaux pratiqués entre des transnationales pour le moins actives dans le secteur de la transformation et de la commercialisation des produits agroalimentaires ne sont pas sans conséquences sur le monde paysan, étant entendu que *« 80% du commerce d'un produit agricole se retrouve entre les mains d'une poignée de méga-entreprises »*[5].

975. – Sur la question de la privatisation du vivant, le positionnement de ces entreprises est clair : *« les droits de propriété intellectuelle sont la seule façon de stimuler l'innovation en haute technologie, un domaine qui fera avancer l'agriculture à pas de géants »*[6]. La recherche agronomique sur les problèmes de

---

[1] M. El Baaj, « Est-il possible de définir l'ordre public ? », *op.cit.*

[2] J.-P. Sikeli, *Les biotechnologies modernes à l'épreuve des droits de l'homme : les OGM face à la question de la sécurité alimentaire, dilemme, controverse et contraste*, *op.cit.*, p. 65.

[3] Voir le rapport de la FAO sur la Situation Mondiale de l'Alimentation et de l'Agriculture 2003/2004.

[4] J.-P. Sikeli, *op.cit.*, p. 47.

[5] *Ibid.*

[6] D. Kuyek, *Main basse sur les semences, brevets et autres menaces à la biodiversité agricole du Canada*, *The Ram's Horn*, janvier 2004, pp. 5-6.

la faim et de la pauvreté rurale dans les pays en développement leur échappe complètement. Celle-ci est confiée au secteur public, qui a la charge d'occuper seul une place de premier plan. Il y aurait un lien étroit formé en conséquence *« entre les règles commerciales élaborées par l'OMC d'une part, et l'essor des OGM d'autre part »*[1].

976. – Pour une partie de la doctrine, *« c'est la recherche de croissance économique et d'accumulation que les pays industrialisés recherchent en développant des OGM »*[2]. Les mesures internationales visant la protection des droits de propriété intellectuelle inciteraient le secteur privé à participer activement à la recherche sur les biotechnologies. Inversement, *« les pays en développement se heurteraient à des coûts croissants d'accès et d'utilisation des nouvelles technologies »*[3]. Si les transnationales convoitent autant le monopole international des brevets, c'est donc principalement parce que le droit de l'OMC, et plus justement les Accords sur les Droits de Propriété intellectuelle touchant au commerce (ci-après APDIC), le permettent.

977. – Depuis que cette gouvernance de la propriété intellectuelle[4] existe, *« le brevet sur le vivant est devenu un enjeu de pouvoir mondial »*[5]. D'autres départements scientifiques sont eux aussi concernés par ce phénomène, c'est notamment le cas du marché du médicament[6]. Cela n'est pas étonnant dans la mesure où *« les brevets rapportent beaucoup d'argent à leur propriétaire »*[7]. Ils durent entre 20 et 25 ans et peuvent être transmis à un tiers en contrepartie d'une redevance ou d'une royaltie. Assurant d'importantes garanties financières, *« les titres délivrés aux inventeurs conduisent alors très nettement les transnationales à se servir de l'OMC pour instaurer un marché mondial déréglementé »*[8].

978. – Lorsqu'elles mettent au point des semences génétiquement modifiées, le but de ces entreprises n'est donc pas d'*« aider les petits agriculteurs des pays du Sud »*[9], ni obligatoirement de *« les réduire à la condition de serfs »*[10] –

---

[1] D. Kuyek, *Main basse sur les semences, brevets et autres menaces à la biodiversité agricole du Canada*, *op.cit.*

[2] J.-P. Sikeli, *Les biotechnologies modernes à l'épreuve des droits de l'homme : les OGM face à la question de la sécurité alimentaire, dilemme, controverse et contraste*, *op.cit.*, p. 48.

[3] *Ibid.*

[4] B. Jaluzot, *La gouvernance de la propriété intellectuelle dans le monde*, HAL archives-ouvertes, 24 janvier 2013, 16 pages.

[5] B. Müller, *La bataille des OGM – Combat vital ou d'arrière-garde ?*, *op.cit.*, p. 59.

[6] Sur ce point, voir J.-P. Clavier, « L'accès au médicament breveté », *Cahiers droit, sciences & technologies*, 3|2010, pp. 179-191.

[7] J.-P. Sikeli, *op.cit.*, p. 49.

[8] *Ibid.*

[9] *Ibid.*, p. 50.

[10] Dan Glickman, secrétaire américain à l'agriculture sous l'administration Clinton attira l'attention sur *« les risques que les petits agriculteurs deviennent dépendants des technologies brevetées par des*

contrairement à ce que pensent beaucoup d'antis OGM[1] –, mais plutôt l'appât du gain. Evidemment, ces situations de monopole font peur aux paysans, qui pensent que *« toutes ces semences devraient rester sous le contrôle des communautés locales »*[2]. Il n'y a qu'à observer leurs réactions face à la technologie « Terminator » pour s'en apercevoir[3].

979. – Sans aller jusqu'à dire que *« la mondialisation des systèmes de droit de la propriété intellectuelle vient directement saper les droits économiques des pauvres »*[4], il paraît néanmoins évident que l'accord ADPIC ne protège pas suffisamment l'intérêt public. Les règles afférentes au commerce équitable sont pourtant claires : le nouveau modèle doit être basé sur une relation plus équilibrée entre les différents partenaires commerciaux. Cela qui signifie que les producteurs des pays en voie de développement doivent pouvoir acheter leur marchandise à un prix « juste », en l'occurrence *« à l'abri des fluctuations du marché »*[5].

980. – En attendant, *« les décisions des offices de brevets, tels que l'Office Européen des Brevets, sont toujours opaques »*[6]. Mais l'utilité publique de la chose brevetée ne les intéresse peut-être pas. Ce sont en réalité des entreprises qui s'auto financent pour justement échapper à tout contrôle démocratique[7]. Par voie de conséquence, certains observateurs considèrent que ces organes *« bloquent la créativité et la diversité essentielle dans tous les domaines de la vie, du développement des OGM jusqu'au développement des logiciels dont les codes sont ouverts, c'est-à-dire reprogrammables par l'utilisateur »*[8].

---

entreprises privées, notamment les OGM, soulignant que les choix motivés par les intérêts commerciaux en matière de développement technologique ne répondent pas aux besoins des agriculteurs démunis, et pire encore, qu'ils risquent de les réduire à la condition de serfs ». Voir « Le fiasco des OGM », *L'Express*, 18 novembre 1999.

[1] Pour de nombreux opposants aux OGM, *« la véritable cause de la faim dans le monde réside dans la mauvaise distribution des richesses et des ressources nutritives [...]. Chaque année, les agriculteurs doivent payer une redevance aux multinationales. Ce manque de récupération automatique et gratuit des semences d'une année sur l'autre peut nuire à beaucoup d'agriculteurs et à leurs familles »*. Ici, voir E. Nally-Meyrat, *Les OGM : une solution au problème de la faim dans le monde ?*, *op.cit.*, p. 10.

[2] J.-P. Sikeli, *Les biotechnologies modernes à l'épreuve des droits de l'homme : les OGM face à la question de la sécurité alimentaire, dilemme, controverse et contraste*, *op.cit.*, p. 50.

[3] Avec la technologie « Terminator », les agriculteurs doivent acheter des semences chaque année. Cela est dénoncé par de nombreuses ONG, car l'agriculteur devient dépendant de la multinationale. Endettement, dépendance et abandon du droit de replanter d'année en année les semences sont les conséquences de la technologie « Terminator » selon le PNUD lui-même. Pour Vandana Shiva (lauréate du Prix Nobel alternatif de la paix en 1993), le droit de replanter la semence est pourtant la 1re des sécurités alimentaires.

[4] D. Nayyar, *Governing globalization*, Oxford University Press, 3 octobre 2006.

[5] J.-P. Sikeli, *op.cit.*, p. 51.

[6] B. Müller, *La bataille des OGM – Combat vital ou d'arrière-garde ?*, *op.cit.*, p. 62.

[7] *Ibid.*

[8] *Ibid.*

981. – Les grandes compagnies des « sciences de la vie »[1] poursuivent quant à elles leur conquête du marché des produits agricoles en *« bouleversant les procédés de transformation de la nourriture selon les exigences de rationalisation de l'industrie alimentaire »*[2]. Progressivement, ces entreprises ont pris le contrôle de la chaîne alimentaire de la ferme jusqu'à l'assiette des consommateurs. Et les situations de monopole (ou plutôt d'oligopole) dont elles jouissent sont avalisées par les institutions internationales économiques, l'OMC en tête.

B. UNE RELÉGATION AU SECOND PLAN DES ENJEUX ÉCOLOGIQUES ET ÉTHIQUES LIÉS AUX OGM

982. – En droit international des droits de l'homme, il existe un lien évident entre le droit de l'homme à l'environnement et les autres droits de l'homme[3]. En conséquence, les atteintes portées au droit à l'environnement équivaudraient ni plus ni moins à des atteintes portées au droit à la vie, à la santé, au travail, à l'éducation et bien sûr à l'alimentation. Il n'en fallait pas davantage pour conduire un certain nombre d'écologistes à dresser un constat imparable face à la transgénèse : *« la pratique des plantes génétiquement modifiées est préjudiciable à l'environnement »*[4]. Pour eux, les paysans du Sud tentent en vain de préserver la diversité génétique – donc la biodiversité – de leur sol, tandis que l'*« agriculture biotechnologique monoculturale repose sur l'uniformité génétique »*[5].

983. – Les inconvénients de l'agriculture biologique proviendraient d'un risque de dissémination, mais aussi de pollution en raison justement de l'invasion des cultures génétiquement modifiées. Celle-ci a, de fait, potentiellement *« des influences sur les autres cultures et les autres organismes vivants »*[6]. Les avantages escomptables d'une telle agriculture sont pour d'autres écologistes bien

---

[1] Ces compagnies sont apparues dans la deuxième moitié des années 1990. Parmi elles figurent Novartis, DuPont de Nemours, Monsanto, Astra-Zeneca, AgriEvo, Dow-AgroSciences, Aventis et *American Home Products*.

[2] B. Müller, *La bataille des OGM – Combat vital ou d'arrière-garde ?*, *op.cit.*, p. 79.

[3] Comme en atteste par exemple le principe n° 1 de la Déclaration de Stockholm de 1972 qui lie les normes de protection de l'environnement aux droits de l'homme.

[4] Sur cette question, voir J.-P. Sikeli, *Les biotechnologies modernes à l'épreuve des droits de l'homme : les OGM face à la question de la sécurité alimentaire, dilemme, controverse et contraste*, *op.cit.*, p. 59.

[5] *Ibid.*

[6] Comme Jean-Paul Sikeli le rappelle, les scientifiques étaient très sceptiques, lors de l'affaire Percy Schmeiser vs Monsanto (relative aux plants de colza), à l'idée que des filières génétiquement modifiées puissent cohabiter avec des filières non-génétiquement modifiées, sans que les premières ne nuisent aux secondes. Autrement dit, *« une frange importante de la communauté scientifique estime que le principe de la coexistence des différentes filières est un leurre »*. *Ibid.*, p. 60.

plus positives qu'il n'y paraît : réduction de la quantité de produits phytosanitaires, réduction des pesticides ainsi que des herbicides, réduction de la pollution (car les OGM sont biodégradables) etc.[1].

984. – Dans tous les cas, il semble évident que le risque environnemental lié aux OGM est plus difficile à appréhender que le risque sanitaire, étant donné que *« le risque sanitaire se concentre sur l'homme, là où la sécurité environnementale doit évaluer un large champ d'espèces végétales et de populations animales »*[2]. Par ailleurs, les effets environnementaux sont des effets à terme, là où les effets sanitaires sont souvent immédiats. Et que dire enfin de la discorde qui oppose les deux visions du développement durable, si ce n'est que la première – qui est favorable aux OGM – part du principe que la dégradation de l'environnement peut être *« compensée par les investissements et les progrès de la technologie »*[3], tandis que la seconde – qui est défavorable aux OGM – estime que la diminution du capital naturel est irréversible. Dans cette seconde hypothèse, la subsidiarité entre le capital technique et naturel est bien sûr rejetée.

985. – Tant qu'il ne sera pas définitivement tranché – mais le sera-t-il seulement un jour ? –, ce débat incitera forcément les paysans à continuer de clamer haut et fort que *« les semences représentent leur culture ancestrale et leur histoire »*[4]. Pour ces petits exploitants du terroir, les semences sont l'ultime symbole de la sécurité alimentaire. Elles se trouvent à la base des échanges qui ont lieu, et cela depuis des siècles, entre agriculteurs de champs à champs. D'évidence, les brevets sont négativement perçus par ces populations, qui les considèrent comme des négations pures et simples de leurs droits sur leurs ressources génétiques. Ils ont bien conscience de représenter 90% des ressources biologiques, mais que la quasi-totalité des brevets n'appartient qu'à une poignée de firmes du Nord.

986. – Comme le font remarquer certains auteurs, tout ce mécontentement est légitime car les brevets sont surtout *« des titres de propriété intellectuelle reposant sur une intervention scientifique purement individuelle tandis que pour les agriculteurs, le savoir est avant tout une entreprise collective »*[5]. Ainsi les nouvelles technologies dévalueraient le savoir culturel et traditionnel relatif aux semences, comme le permettrait – toujours selon eux – l'universalisation des droits de propriété intellectuelle recherchée par l'OMC. La place de l'éthique dans

---

[1] Voir les avantages escomptés des OGM sur la santé, en consultant ce rapport dressé par le gouvernement du Québec : http://www.ogm.gouv.qc.ca/sante_et_environnement/sante/benefices_potentiels/avantages.html [vu le 14 juin 2018]

[2] J.-P. Sikeli, *Les biotechnologies modernes à l'épreuve des droits de l'homme : les OGM face à la question de la sécurité alimentaire, dilemme, controverse et contraste*, *op.cit.*, p. 63.

[3] *Ibid.*, pp. 63-64.

[4] *Ibid.*, p. 67.

[5] *Ibid.*, p. 69.

les sciences est alors remise au goût du jour. *« Quelle motivation conduit les multinationales à produire et à vendre autant d'OGM, si ce n'est le profit ? »* se demandent, circonspects, plusieurs observateurs.

987. – Derrière la question des OGM se cache, cela s'entend, la question des semences mais aussi et surtout celle de la souveraineté alimentaire. Les opposants aux biotechnologies font donc valoir une idée simple d'après laquelle *« ne pas contrôler les semences locales équivaut ni plus ni moins à perdre toute indépendance alimentaire »*[1]. Les systèmes des brevets, tels qu'ils sont actuellement conçus par l'OMC, *« draineraient la technologie et la richesse du Sud vers le Nord »*[2]. Pire encore, l'acceptation des biotechnologies serait devenue *« une condition sine qua non pour obtenir une aide financière »*[3]. Bref, les OGM poseraient le problème de l'aide alimentaire, dont beaucoup pensent encore aujourd'hui que l'instrumentalisation sert à *« créer des marchés au profit de l'industrie de la biotechnologie »*[4].

988. – Irrévocablement, les industriels qui sont détenteurs des brevets imposent leur propre volonté au premier maillon de la chaîne alimentaire. Cela est particulièrement vrai concernant les brevets sur les OGM qui se dispersent d'un champ à l'autre alternativement. Cela dit, l'hypothèse d'une agriculture sans brevet, ni droit de propriété intellectuelle – donc d'une agriculture locale et équilibrée dans toutes les régions du monde – reste pour l'heure encore largement utopique. Tant que les firmes ne prêteront l'oreille qu'à *« la prophétie du bonheur plutôt qu'à celle du malheur »*[5], il sera très difficile de les rendre tout à fait responsables de leurs actes (tant après coup que par anticipation[6]).

---

[1] Le docteur Mae-Wan Ho – généticienne et directrice de l'Institut des Sciences en Société – écrira par exemple que *« l'éthique en science génétique est devenue un marécage nauséabond »*. Ici, voir M.-W. Ho, *Genetic Engineering-Dream or Nightmare? : The Brave New World of Bad Science and Big Business*, Gateway, 1er mars 1998, 304 pages.

[2] J.-P. Sikeli, *Les biotechnologies modernes à l'épreuve des droits de l'homme : les OGM face à la question de la sécurité alimentaire, dilemme, controverse et contraste*, *op.cit.*, p. 55.

[3] *Ibid.*

[4] *Ibid.*

[5] H. Jonas, *Le principe de responsabilité : Une éthique pour la civilisation technologique*, Flammarion, 5 octobre 2013, p. 54.

[6] *Ibid.*

Conclusion du titre second

989. – Dans l'ensemble, il apparaît que ni le droit de l'homme à l'eau et à l'assainissement, ni celui des nouveaux aliments ne concourent efficacement à l'autonomisation du droit à l'alimentation. Les voies de la bonne gouvernance pourraient pourtant mener à sa consolidation, si seulement cette pléiade d'acteurs publics et privés qui façonnent son évolution daignait enfin les emprunter avec davantage d'enthousiasme qu'ils n'en ont actuellement. Pour l'heure, la plupart des règles du droit international économique l'emportent encore clairement sur celles du droit international et européen des droits de l'homme. Les enjeux lucratifs qu'élèvent au rang de priorités les industriels – de concert avec certains gouvernements nationaux ? – sapent donc souvent à eux seuls, ou avec l'aide d'improbables ambitions souverainistes, l'espoir d'un partage et d'une répartition des richesses naturelles qui soit plus équitable (espoir auquel restent malgré tout très attaché bon nombre d'acteurs non-étatiques).

990. – Aujourd'hui plus que jamais, le droit de la gouvernance économique devrait arrêter de porter atteinte à l'effectivité des droits de l'homme, et plus encore à l'opposabilité du droit à l'alimentation. Les rares îlots de satisfaction – qui résident principalement dans le soutien de la société civile et l'effort de protection de certaines législations nationales bienveillantes – ne sauraient d'eux-mêmes suffire à contrebalancer l'« hyper capitalisme » en cours de propagation dans toutes les régions du monde. Et pendant que plusieurs représentants politiques feignent d'ignorer la situation et/ou d'imiter la Suisse, de jeunes enfants (toujours plus nombreux chaque année) meurent partout dans le monde. Il est alors temps, comme certains rapporteurs spéciaux des Nations Unies pour le droit de chaque être humain à se nourrir l'ont fait remarquer par le passé, de *« retourner les fusils »*[1] contre les fomenteurs de ces pires injustices.

[1] J. Ziegler, *Retournez les fusils ! Choisir son camp*, Essais, Points, 12 octobre 2017, 304 pages.

Conclusion de la première partie

991. – Le droit à l'alimentation se caractérise par une détermination ambigüe dans la mesure où sa nature même est ambivalente. Si la prolifération des sources et des institutions de sauvegarde – sans compter le soutien grandissant dont il bénéficie au sein de la société civile – le rendent clairement identifiable, d'autres éléments fragilisant considérablement son effectivité tant en droit européen et international qu'en droit interne ont tendance à en faire, et cela de plus en plus, un droit insaisissable. En pratique savamment utilisé par une poignée de spécialistes rompus aux contentieux nourris des droits de l'homme, il reste la plupart du temps opaque pour les publicistes eux-mêmes en raison d'un champ normatif extrêmement dense et propice, en conséquence, à la confusion générale (problème auquel s'ajoute, il faut bien le dire, un risque éventuel d'instrumentalisation de la part d'une partie peu scrupuleuse de la classe politique). De fait, ce droit frontière échappe à plein d'égards à la classification traditionnelle des droits de l'homme. Mais cela s'explique aussi en grande partie par les différentes logiques qui l'animent (les premières étant tournées vers la sauvegarde des droits de l'homme tandis que les secondes ne visent que le profit économique). Et autrement par sa jeunesse par rapport à des droits plus classiques dans l'ordre interne (à la fois économiques, civils et politiques) avec lesquels il est amené à évoluer.

992. – Malgré toutes ces ambivalences, les points d'ancrage du droit à l'alimentation restent pour le moins solides : formellement d'abord avec une large reconnaissance – bien qu'indirecte et parfois approximative – en droit conventionnel, une consécration – potentiellement expresse cette fois-ci – dans plusieurs sources (constitutionnelles et/ou législatives) nationales ainsi que dans certaines chartes de protection des droits de l'homme. Institutionnellement ensuite avec une multiplication des acteurs (étatiques ou non) présents à tous les échelons du maillage géographique (mondial, régional et interne) et dont la seule ambition est de le promouvoir en le garantissant. Comment enfin ne pas rendre hommage à l'Union européenne qui représente, malgré son attachement à l'aspect qualitatif (et gustatif) de l'alimentation, le premier pourvoyeur d'aide alimentaire au monde ? Cette distinction démontre bien l'importance prise par les enjeux humanitaires en ce début de XXIe siècle, y compris dans les régions du Nord.

993. – Malheureusement, le droit de la gouvernance économique périclite cette bonne dynamique en incitant – mais comme le dire autrement ? – les industriels à prendre d'autres arrangements que ceux strictement dévolus à la préservation du bien commun. En défendant l'appât du gain, l'accaparation systématique des richesses et l'engraissement à outrance, le droit de l'OMC s'inscrit purement et simplement dans une entreprise de démystification des droits culturels et sociaux. Pire encore, il en vient à menacer l'effectivité des droits de l'homme en général, et du droit à l'alimentation en particulier. C'est ainsi que le marché mondial des biens et services devrait cesser d'être ce lieu de rencontre – réel ou fictif – où l'offre et la demande méconnaissent en parfaite impunité les enjeux d'autres pans entiers de la gouvernance actuelle.

Après avoir vu ce que recouvrait la notion de « droit à l'alimentation », il convient dorénavant d'étudier le régime juridique qui lui est applicable.

Seconde partie

L'étendue limitée des mécanismes juridiques de mise en œuvre du droit à l'alimentation

994. – Signe que les systèmes régionaux de protection des droits de l'homme ont su peu à peu imposer le principe de leur indépendance et de leur indivisibilité, donc par la même occasion respecter leur caractère objectif, les droits qui garantissent le respect du droit à l'alimentation (à savoir en quelques sortes ses « droits-garanties ») apparaissent aussi nécessaires – si ce n'est plus – que celui-là même qu'ils protègent. L'essor de ces « droits-satellites » permet en réalité de contourner l'obligation d'abstention traditionnellement dévolue aux pouvoirs publics pour cette fois-ci les amener à réfléchir autour d'une meilleure protection des droits fondamentaux. Et dans le meilleur des cas à agir clairement pour y parvenir (qui plus est lorsqu'il s'agit des droits sociaux). C'est d'ailleurs de ce point de vue là une évolution contemporaine hautement significative.

995. – Mais nonobstant ces quelques considérations, l'obligation d'action sus décrite comporte des modalités pratiques parfois peu évidentes à concevoir, notamment lorsque sont en cause des droits mixtes : donc des droits qui sont à la fois des « droits-libertés » et des « droits-créances ». Ce qui est typiquement le cas du droit à l'alimentation. Dans maints domaines, cette hybridité pose en effet problème, y compris lorsque la jurisprudence se montre favorable à la généralisation des obligations positives de l'État (qu'elles soient d'ailleurs d'ordre procédural ou substantiel). Donc quand bien même la fonction de prestation n'apparaîtrait plus secondaire dans l'État quand il est question des droits fondamentaux, de nombreux éléments démontrent que la mise en œuvre du droit à l'alimentation est ralentie – que ce soit aux niveaux de sa consécration, de son statut, de son contenu et de son application – par des difficultés liées en pratique à son existence même (Titre Premier). Et de cette difficulté va justement

découler, mais après tout comment s'en étonner, son faible degré de justiciabilité (Titre Second).

Titre premier

La reconnaissance encore lente et progressive du droit de chaque être humain à se nourrir : l'un des motifs les plus criants de son inapplicabilité directe

996. – L'entreprise de classification des droits fondamentaux – entre ceux qui sont importants et ceux qui le sont moins – est propre aux juristes spécialisés dans le droit des libertés fondamentales. De fait, les premiers raisonnements de cette thèse ont permis d'amorcer cette idée d'après laquelle les libertés économiques auraient toujours tendance à prévaloir sur les « libertés sociales »[1], notamment lorsque sont en cause des droits-créances (ou des droits collectifs) imposant une action positive de la part de l'État et mobilisant de surcroît d'importants fonds publics.

997. – Si *« les droits sociaux ne correspondent pas à un objet juridique certain »*[2], ainsi que s'accordent à le penser plusieurs auteurs[3], qu'en est-il du droit à l'alimentation ? Ce titre premier aura pour intérêt de comprendre en quoi la présentation binaire des droits sociaux, qui est pourtant *« la plus largement diffusée »*[4], constitue en réalité *« la vision la moins approfondie de toutes »*[5]. Les adeptes de l'approche dichotomique des droits de l'homme ont beau se montrer critiques à l'égard d'autres catégorisations, l'étude proposée *infra* s'évertuera de

---

[1] Pour une présentation des « libertés sociales », voir tout particulièrement I. Piacentini, *La genèse des libertés sociales. Le droit de s'associer face à l'impératif d'ordre*, th. pour le doctorat de droit public, Université Paris II Panthéon-Assas, 2013.

[2] T. Gründler, « La doctrine des libertés fondamentales à la recherche des droits sociaux », in D. Roman (dir.), *Droits des pauvres, pauvres droits ? Recherches sur la justiciabilité des droits sociaux*, Pour le Centre de Recherches sur les Droits Fondamentaux (CREDOF), Université Paris Ouest Nanterre la Défense, novembre 2010, p. 90.

[3] Sur ce point, voir notamment G. Haarscher, « De l'usage légitime – et de quelques usages pervers – de la typologie des droits de l'Homme », in E. Bribosia et L. Hennebel (dir.), *Classer les droits de l'Homme*, Bruylant, 2004, p. 25. Ainsi que F. Sudre, *Droit européen et international des droits de l'Homme*, PUF, 14e éd., 2014, p. 258 et K. Vasak, « Les différentes typologies des droits de l'Homme », in E. Bribosa et L. Hennebel (dir.), *op.cit.*, pp. 11-12.

[4] T. Gründler, « La doctrine des libertés fondamentales à la recherche des droits sociaux », *op.cit.*, p. 91.

[5] *Ibid.*

prouver que celle-ci ne permet qu'insuffisamment (voire en rien) d'appréhender convenablement le contenu du droit à une nourriture adéquate en quantité suffisante.

998. – Alors certes, la binarité a cela d'attirant qu'elle offre une certaine clarté. Ainsi les droits civils et politiques seront considérés comme des droits opposables à l'État, tandis que les droits économiques, sociaux et culturels seront perçus comme des droits exigibles de l'État[1]. Et de cette absence d'action, ou à l'inverse, de cette obligation d'agir revenant à l'État vont découler d'autres types de classifications (libertés négatives et libertés positives, droits-libertés et droits-créances, droits de et droits à, etc.). À cette apparente simplicité s'opposent malgré tout quelques ouvrages, défendant le fait que même les libertés négatives peuvent supposer une action positive de la part de l'État[2].

999. – Très tôt, d'autres auteurs ont également remarqué les effets pervers de l'intervention publique en ce qu'elle n'est tout simplement pas la même selon la catégorie concernée. Si celle-ci doit faciliter l'exercice des droits-libertés, elle doit en revanche assurer l'exercice des droits-créances. Par voie de conséquence, *« l'objet des droits-créances reste indéfini tant que l'État n'est pas intervenu »*[3]. Appliqué au droit à l'alimentation, ce constat équivaut à dire que sans l'intervention de l'État, le contenu de ce droit resterait indéfini, indépendamment du fait qu'il serait consacré – comme cela a été vu dans la première partie de cette thèse – dans pléthore d'instruments conventionnels et législatifs.

1 000. – D'évidence, *« le choix de ces classifications n'est pas exclusif d'une large prise de distance à leur encontre »*[4], et surtout d'un certain conservatisme[5], aussi paraît-il essentiel d'en proposer d'autres, qui elles, seront peut-être plus audacieuses. À aucun moment les droits sociaux ne devraient représenter *« les parents pauvres des droits de l'homme en raison de la période de leur concrétisation, mais aussi du fait de leur objet et de leur régime »*[6]. Et ce qu'importe finalement qu'ils impliquent des prestations matérielles de l'État, pour le moins coûteuses à chaque fois.

---

[1] Voir P. Meyer-Bisch, *Le corps des droits de l'Homme*, *op.cit.*, p. 129.

[2] Sur cette question, voir tout particulièrement C.-A. Colliard et R. Letteron, *Libertés publiques*, Dalloz, 2005 et D. Breillat, *Libertés publiques et droits de la personne humaine*, Gualino, Mementos, 2003.

[3] J. Rivero, « Les libertés publiques », t. 1, *Les droits de l'Homme*, PUF, Thémis, 1991, p. 121. Voir aussi G. Lebreton, *Libertés publiques et droits de l'Homme*, Armand Collin, 2008, p. 16.

[4] Voir T. Gründler, « La doctrine des libertés fondamentales à la recherche des droits sociaux », *op.cit.*, p. 91 et L. Favoreu et alii, *Droit des libertés fondamentales*, *op.cit.*, p. 21.

[5] *Ibid.*

[6] Voir G. Burdeau, *Libertés publiques*, *op.cit.*, p. 375 et D. Lochak, *Les droits de l'Homme*, PUF, La Découverte, Repères, 2002, p. 45.

1 001. – Distinguer les droits constitutionnels de premier rang (qui répondent à une logique de liberté)[1] des droits constitutionnels de second rang (qui ne sont ni généraux ni absolus, d'application non uniforme et qui recouvrent principalement les libertés économiques et les droits économiques et sociaux)[2] n'est pas une solution satisfaisante non plus dans la mesure où les normes dites « inférieures » cèderont en présence d'une norme qui ne l'est pas[3]. Les normes secondaires semblent en outre hiérarchisées entre elles, ce qui n'est pas sans conséquence sur l'effectivité du droit à l'alimentation, *« car certains droits sociaux sont proches dans leur régime juridique du modèle des libertés dites classiques »*[4].

1 002. – Emerge alors une théorie dangereuse dans les travaux de certains constitutionnalistes, insistant largement sur le caractère programmatique des droits sus-évoqués pour défendre la possibilité qu'il y aurait *« des vrais et des faux droits de l'homme »*[5], et que seules les « principales libertés » mériteraient d'être étudiées. Certes, les droits économiques, sociaux et culturels impliquent une action positive de la part de l'État et ne sont pas consacrés en des termes aussi précis que les droits civils et politiques – sans compter qu'ils ne jouissent pour l'heure d'aucune procédure juridictionnelle spécifique sur le plan international –, mais cette « justiciabilité relative » ne caractérise que les droits sociaux de type droits-créances[6]. Alors pourquoi les droits sociaux sont-ils indifféremment traités dans les manuels comme étant des droits de second rang ? Les contre-exemples sont pourtant nombreux[7].

1 003. – Comment dès lors conceptualiser toutes les spécificités d'un droit aussi fluctuant et polyvalent que le droit à l'alimentation sans remettre en question ce dualisme et *« perturber la délimitation même des droits sociaux »*[8], d'autant que l'*« approche générationnelle des droits de l'homme est simpliste et n'emporte*

---

[1] Sur ce point voir J. Fialaire et E. Mondielli, *Droits fondamentaux et libertés publiques*, Ellipses, 2005, pp. 88-89.
[2] *Ibid.*
[3] *Ibid.*
[4] Ici, voir notamment J. Robert, *Droits de l'homme et libertés fondamentales*, Montchrestien, 1994 et J.-J. Israël, « L'évolution du contenu des droits de l'Homme par leur évolution historique », in *Droit des libertés fondamentales*, LGDJ, 1999, p. 21.
[5] T. Gründler, « La doctrine des libertés fondamentales à la recherche des droits sociaux », *op.cit.*, p. 95.
[6] M. Levinet, *Théorie générale des droits et libertés*, *op.cit.*, p. 75.
[7] Le droit de grève, la liberté syndicale et la non-discrimination dans l'emploi sont des droits sociaux de type droits-libertés dont la justiciabilité n'est en rien relative. *Ibid.*
[8] Voir notamment R. Pelloux, « Vrais et faux droits de l'Homme. Problème de définition et de classification », *op.cit.*, p. 53. Ainsi que J. Morange, « Droits civils et politiques », in D. Alland et S. Rials (dir.), *Dictionnaire de la culture juridique*, pp. 536-538 et A. Pizzorusso, « Les générations de droits », in C. Grewe et F. Benoît-Rohmer (dir.), *Les droits sociaux ou la démolition de quelques poncifs*, PU Strasbourg, 2003, p. 17. Enfin, voir R. Charvin et J.-J. Sueur, *Droits de l'homme et libertés de la personne*, Litec, 1994, pp. 24-25. Pour ces deux auteurs, il n'est pas exact historiquement d'opposer les droits civils et politiques, encore appelés droits de la première génération, et les droits économiques et sociaux dits de seconde génération.

aucun effet juridique »[1] ? Les internationalistes ont beau privilégier l'expression de « droits économiques, sociaux et culturels » plutôt que de « droits sociaux » à proprement parler, et la doctrine peut continuer de ne pas s'entendre sur les critères d'appartenance à la catégorie, il n'en demeure pas moins que les droits sociaux peuvent se définir comme *« des droits d'inspiration sociale visant le bien-être de la population (tant des travailleurs que des plus démunis) »*[2]. Qu'ils soient de type droits-libertés ou bien de type droits-créances ne change au final pas grand-chose.

1 004. – L'heure est à l'universalisation des droits de l'homme et à la standardisation institutionnelle[3]. Toutes deux participent à l'internationalisation du droit constitutionnel, donc des aspects des droits et libertés fondamentaux. Si à l'origine, la problématique afférant aux droits de l'homme est d'abord une problématique de limitation des pouvoirs, *« le phénomène d'universalisation est plus général que celui qui concerne les droits de l'homme et en exacerbe les problématiques »*[4].

1 005. – L'universalisation des droits de l'homme – et partant, leur interdépendance – reflète une nette volonté de *« diffuser mondialement des normes constitutionnelles plus contraignantes que de simples déclarations de droits »*[5]. Elle participe aussi à *« une réalisation plus effective de l'internationalisation du droit constitutionnel par la juridictionnalisation de la garantie des droits »*[6]. Les droits fondamentaux (tels que les droits à la vie, à la santé, à un environnement sain, à l'eau et à l'alimentation)[7] constituent *« la première matière de cette universalisation du droit et de l'internationalisation du droit constitutionnel »*[8], alors qu'il s'agit pourtant de la matière *« témoignant de l'identité d'un ordre juridique ou du moins sa singularité distinctive à l'irréductible, bref à l'identitaire »*[9].

---

[1] De la simplicité, seul mérite de la prétendue typologie des trois générations, selon E. Decaux (in E. Bribosia et L. Hennebel (dir.), *La question de la typologie des droits de l'Homme dans le système universel*) au simplisme critiqué par M.-C. Ponthoreau (« Le principe de l'indivisibilité des droits. L'apport de la Charte des Droits fondamentaux de l'Union européenne à la théorie générale des droits fondamentaux », in *RFDA*, 2003, p. 929), il n'y a qu'un pas, celui de la simplification, précisément recherchée par certains (E. Georgisti, « De « l'impossible justiciabilité » des droits sociaux fondamentaux »)

[2] J.-F. Akandji-Kombé, « Droits économiques, sociaux et culturels », in J. Andriantsimbazovina et alii (dir.), *Dictionnaire des droits de l'Homme*, PUF, 2008, p. 255.

[3] H. Qazbir, *L'internationalisation du droit constitutionnel*, *op.cit.*, p. 97.

[4] *Ibid.*, p. 98.

[5] *Ibid.*

[6] *Ibid.*

[7] À cette liste pourraient tout à fait être adjoints les droits au travail, à l'intégrité physique ou bien encore à la protection sociale.

[8] H. Qazbir, *op.cit.*, p. 99.

[9] *Ibid.*

1 006. – Si les droits de l'ONU et de la CESDH semblent s'être conformés à cette exigence d'indivisibilité dorénavant posée en droit international des droits de l'homme[1], dépassant ce faisant la logique binaire des classifications passées (et comme s'y est aussi plié le droit de l'Union européenne[2]), certains textes suprêmes dans l'ordre interne ne paraissent pas en ce jour enclins à s'acclimater à cette manifestation *sui generis* du principe de mutabilité du droit [3] qu'est l'internationalisation du droit constitutionnel. Ne pas reconnaître la nature à la fois interdépendante et indivisible des droits de l'homme, et plus encore des droits sociaux, c'est pourtant pourvoir (même indirectement) à eur instrumentalisation.

1 007. – Et s'ils sont instrumentalisés dans leur statut, les droits sociaux risquent par la même occasion de l'être dans leur contenu. Du rang d'un droit va dépendre son régime juridique[4]. Donc partir du fait que certains droits de l'homme seraient d'un rang plus important que d'autres impliquera non pas de nier les seconds, ce qui serait sans doute trop excessif, mais de minimiser leur réalisation en ne prenant pas suffisamment leur contenu en considération. Alors certes, le contenu du droit à l'alimentation est nécessairement plus restreint que celui du droit de l'alimentation, étant entendu que le champ couvert par les droits-libertés reste encore aujourd'hui plus dense que celui dévolu aux droits-créances[5]. Mais de là à prétendre que les nombreux travaux de concrétisation du droit à l'alimentation entrepris depuis l'avènement des Nations Unies n'auraient qu'une valeur programmatique et non contraignante – en raison justement de son statut – augurerait l'échec cuisant de l'ensemble des droits de l'homme.

1 008. – Le droit à l'alimentation *« constitue un droit de l'homme reconnu par le droit international qui protège le droit de chaque être humain à se nourrir dans*

---

[1] Cf. les préambules des deux pactes de 1966 d'après lesquels : *« Conformément à la Déclaration universelle des droits de l'homme, l'idéal de l'être humain libre [...] ne peut être réalisé que si des conditions permettant à chacun de jouir de ses droits civils et politiques, aussi bien que de ses droits économiques, sociaux et culturels, sont créées »*. Voir également le préambule de la CESDH d'après lequel : *« Considérant la Déclaration universelle des Droits de l'Homme, proclamée par l'Assemblée générale des Nations Unies le 10 décembre 1948, [le Conseil de l'Europe] tend à assurer la reconnaissance et l'application universelles et effectives des droits qui y sont énoncés »*. Par ailleurs, le Conseil de l'Europe rappelle que le maintien de la paix dans le monde repose *« sur une conception commune et un commun respect des droits de l'homme [...] »*.

[2] La Charte des droits fondamentaux de l'Union européenne de 2000 ignore en effet toute distinction entre droits civils et politiques, et droits économiques, sociaux et culturels.

[3] Pour une présentation de ce principe – qui se retrouve essentiellement en droit administratif –, voir notamment J.-S. Pilczer, « La notion de service public », *Informations sociales*, 2010/2 (n° 158), pp. 6-9.

[4] Un régime juridique est un ensemble de règles de droit applicables à une activité, une personne, une institution ou une chose, quelle qu'elle soit. La qualification juridique consiste à attribuer une qualité juridique à une chose, une personne, une activité. Il s'agit, pour le juriste, de passer d'un élément de fait à une catégorie juridique, au moyen de critères juridiques. La qualification juridique indique naturellement le régime de droit applicable.

[5] Sur cette question, voir notamment L. Gay, *Les « droits-créances » constitutionnels »*, *op.cit.*, pp. 207-208.

la dignité, que ce soit en produisant lui-même son alimentation ou en se l'achetant »[1]. La disponibilité[2], l'accessibilité[3] et le caractère adéquat[4] sont les éléments clés de ce droit. Jamais celui-ci n'a été perçu comme *« un droit à une ration minimum de calories, protéines et autres nutriments spécifiques, ni comme un droit à être nourri »*[5]. Les craintes qui sont liées à son contenu – celles consistant à dire qu'il était irresponsable ou démesuré de la part des Nations Unies de consacrer pour chaque être humain un droit d'être à l'abri de la faim[6] – se dévoilent donc d'emblée injustifiées.

1 009. – L'un des enjeux prioritaires du droit à l'alimentation va bien plus résider dans la consolidation de son statut par les droits constitutionnels et européens, en s'alignant à des fins d'organisation sur ce qui se fait, et cela de plus en plus, en droit international ainsi que dans certains systèmes régionaux de protection des droits de l'homme, car il s'agit certainement là des exemples en droit public les plus au fait sur ce point (chapitre I). L'autre problématique se situera dans ce que recouvre très exactement le contenu du droit à l'alimentation, car si tous les États doivent l'appliquer au niveau national – comme le prévoit le commentaire général n° 12 sur le droit à l'alimentation du Comité des Nations Unies sur les droits économiques, sociaux et culturels[7] ainsi que plusieurs lignes directrices volontaires[8] –, la mise en œuvre de ses normes emporte des conséquences multiples et, il faut bien le notifier, pas toujours maîtrisées dans l'ordre interne (chapitre II). C'est pourquoi ce titre premier aura vocation à démontrer que l'avènement du droit à l'alimentation reste tardif, indécis et inachevé. Et que son manque de reconnaissance dans certaines branches du droit, notamment le droit constitutionnel, démontre toutes ses limites.

---

[1] Voir la présentation du droit à l'alimentation que dresse O. de Schutter, l'ancien rapporteur spécial des Nations Unies pour le droit à l'alimentation sur le lien suivant : http://www.srfood.org/fr/droit-a-l-alimentation [consulté le 9 août 2018]

[2] *Ibid.*

[3] *Ibid.*

[4] *Ibid.*

[5] *Ibid.*

[6] Sur cette question, voir notamment M. Ganier-Raymond, « Contre la faim, violation des droits de l'homme », in *Revue quart monde*, n° 183 et le rapport intitulé « Le 17 octobre : un pacte pour l'avenir, 2002 ». Disponible sur le lien suivant : https://www.editionsquartmonde.org/rqm/document.php?id=2416 [consulté le 9 août 2018]

[7] La version intégrale – et en français – de ce commentaire général est disponible à partir du lien Internet suivant : https://europa.eu/capacity4dev/hunger-foodsecurity-nutrition/document/observation-générale-n°12-le-droit-à-une-nourriture-suffisante [consulté le 9 août 2018]

[8] Ces lignes directives volontaires visent à soutenir la réalisation progressive du droit à une alimentation adéquate dans le contexte de la sécurité alimentaire nationale. Elles seront étudiées *infra*.

Chapitre I. L'effectivité d'un droit à l'alimentation affectée par les incertitudes des droits constitutionnel et européen

1 010. – S'il a fallu attendre la toute fin du 18e siècle pour voir le constitutionnalisme et les premières constitutions écrites apparaître, plusieurs évènements majeurs tels que les deux guerres mondiales, la chute des empires coloniaux et l'effondrement du bloc communiste convaincront la plupart des États d'Europe de sortir des régimes totalitaires et d'entrer dans un régime de liberté. Aux droits individuels que la France reconnaît dès 1789 – avec en point d'orgue le droit de propriété consacré en son article 17 – vont ainsi s'adjoindre des droits collectifs et des droits-créances au moyen d'instruments parfois novateurs avec au niveau universel la DUDH de 1948 (en ce qu'elle mélange à la fois les droits-libertés et les droits-créances) et les deux pactes de 1966 (puisque le PIDESC y a exclusivement trait), au niveau régional la Charte africaine des droits de l'homme et des peuples de 1981 (en ce qu'elle reconnaît des droits à la communauté) ou bien encore au niveau national avec l'exemple éclairant du Préambule de la Constitution française de 1946 (qui consacre des droits à une personne juridique plus large qu'une personne physique). Et s'ils ont pu façonner les politiques sociales de l'État-providence en les inspirant, ces textes n'ont en rien fait du droit à l'alimentation – né concomitamment à l'avènement du système des Nations Unies sur la scène internationale – une priorité. Au même titre que d'autres droits vitaux.

1 011. – En Europe, la place des droits sociaux est donc restée assez faible et congrue. Si le droit social est aussi peu européanisé, c'est avant tout parce que la justiciabilité des droits sociaux coûte très cher aux États. Ainsi, ils préfèreront toujours privilégier leur propre conception à l'égard de ces droits plutôt que de se voir imposer celles voulues par des instances supra-étatiques. Aucun droit-créance n'est en réalité absolu : en France, certains n'ont pas de travail. La redistribution des richesses permise lors des trente glorieuses (1946 à 1975) s'est assez vite essoufflée dans la mesure où comme tous les droits de l'homme, le droit social est un droit fabriqué par les États. Cela leur permet de garder un contrôle sur le contenu, la portée et l'application de ces droits. La CESDH ne contenait quant à elle qu'assez peu de dispositions relatives aux individus, aussi la CEDH a-t-elle fait évoluer sa jurisprudence en consacrant des droits sociaux, parfois à l'encontre de la volonté des États contractants. Ces éléments conduisent donc à se demander quel rang certaines constitutions nationales accordent-elles de nos jours au droit à l'alimentation (Section 1), et quel est l'actuel statut de ce droit en droit européen (Section 2).

Section I. LES SPÉCIFICITÉS ENCORE FLOUES DU DROIT CONSTITUTIONNEL À L'ALIMENTATION : LES EXEMPLES FRANÇAIS ET ÉTRANGERS

1 012. – Pour prendre la mesure de l'attachement que témoignent certaines constitutions nationales aux problématiques liées à l'alimentation, il va dans un premier temps falloir les entrevoir à l'aune des classifications traditionnelles – mais pas nécessairement pertinentes – qui perdurent autour des droits fondamentaux. L'intérêt pour ces questions-là transparaîtra contre toute attente assez facilement de ce travail d'analyse, ce qui n'était pourtant pas couru d'avance en France, en Espagne et en Italie étant donné qu'elles s'opèrent le plus souvent par à-coups et dans un style que les pouvoirs constituants n'ont pas toujours voulu trop englobant.

1 013. – Faire de la « nouvelle pauvreté »[1] une violation caractérisée des droits de l'homme nécessitera d'aborder l'exclusion via la constitutionnalisation des droits sociaux. Pour le législateur, certains de ces droits ont beau appartenir à tous[2], la problématique traditionnellement attachée aux « droits à » reste inchangée : *« celle de l'écart entre leur émergence et leur effectivité »*[3]. Les droits sociaux sont pourtant désormais considérés comme d'authentiques droits fondamentaux[4], ce que confirme le dépassement en droit international de la dichotomie entre les deux générations de droit.

1 014. – D'emblée, toute réfutabilité de la « fondamentalité » des droits-créances, encouragée par une part majoritaire de la doctrine – arguant que les droits sociaux ne sont ni justiciables, ni opposables au législateur[5] – doit être écartée. D'une part

---

[1] Il est usuel de présenter les rapports du Père Joseph Wresinski et de Mme. G. de Gaulle-Anthonioz au Conseil économique et social, datant respectivement de 1987 et 1995, comme des étapes décisives du processus conduisant à cette perception « nouvelle » (ou redécouverte) de la pauvreté.

[2] L. Gay, *Les « droits-créances » constitutionnels*, *op.cit.*, p. 1. Voir également D. Roman, *Le droit public face à la pauvreté*, LGDJ, coll. Bibliothèque de droit public, 2002, 494 p. ainsi que D. Gros et S. Dion-Loye (dir.), *La pauvreté saisie par le droit*, Seuil, coll. Le genre humain, 2002, 434 p.

[3] R. Lafore, « Le droit aux droits », *Informations sociales*, n° 81/2000, p. 80 et s.

[4] Sur cette question, voir notamment J. Iliopoulos-Strangas, *La protection des droits sociaux fondamentaux dans les États membres de l'Union européenne*, éd. N. Sakkoulas, Bruylant, Nomos Verlagsgesellschaft, 2000, 1033 p. ainsi que J.-Y. Chérot et T. Van Reenen, *Les droits sociaux fondamentaux à l'âge de la mondialisation*, P.U.A.M., coll. du Laboratoire de Théorie du droit, 2005, 325 p. Enfin, voir A. Lyon-Caen et P. Lokiec, *Droits fondamentaux et droit social*, Dalloz, coll. Thèmes et commentaires, 2005, 228 p. et L. Gay, E. Mazuyer et D. Nazet-Allouche (dir.), *Les droits sociaux fondamentaux entre droits nationaux et droit européen*, Bruylant, coll. À la croisée des droits, 2006, 289 p.

[5] L. Gay, *op.cit.*, p. 6.

car de nombreux droits-créances sont conçus à l'image des droits-libertés[1], mais aussi et surtout parce que la plupart des constitutions nationales (dont celle du Portugal) n'*« opèrent qu'une distinction très partielle entre les « droits à l'abstention » et les « droits à prestation » »*[2]. En outre les destinataires des droits sociaux ne sont plus uniquement les pauvres, mais couvrent aussi des besoins intellectuels comme en atteste le droit à l'éducation[3].

1 015. – Contrairement aux idées reçues, les droits-créances n'ont donc en rien le monopole du droit à l'alimentation. Certains droits-libertés – et pas forcément des moindres – y affèrent également dans leur contenu. L'étude des constitutions française, espagnole et italienne suffira à le prouver. Joueront également un rôle important dans cette entreprise de constitutionnalisation du droit à l'alimentation les objectifs de valeur constitutionnelle, en ce qu'ils constituent justement des conditions d'effectivité des droits et libertés constitutionnels[4].

1 016. – En leur qualité de normes à valeur constitutionnelle, ces objectifs présentent l'avantage de ne pas être déterminés par le législateur, ce qui dépolitise automatiquement – et avantageusement – la reconnaissance du droit à l'alimentation dans l'ordre interne. Leur étude semble alors requise pour les besoins de la démonstration. En premier lieu les insuffisances ainsi que les dépassements possibles de la distinction entre droits-libertés et droits-créances seront abordés (§I), puis l'impact des objectifs de valeur constitutionnelle sur la consécration par les pouvoirs constituants du droit à l'alimentation sera envisagé (§II). Il n'aurait en effet pas été souhaitable que des constitutions dites libérales et pluralistes méconnaissent les fondements d'un tel droit de l'homme, y compris par le truchement d'autres droits.

---

[1] Sur ce point, voir G. de Vergottini, « La protection des droits sociaux fondamentaux dans l'ordre juridique de l'Italie », in J. Iliopoulos-Strangas, *La protection des droits sociaux fondamentaux dans les États membres de l'Union européenne. Étude de droit comparé*, *op.cit.*, p. 570.

[2] Voir J. Casalta Nabais, « Les droits fondamentaux dans la jurisprudence du Tribunal constitutionnel », in *La justice constitutionnelle au Portugal*, Économica, coll. Droit public positif, 1989, p. 220. Du même auteur, voir aussi « Rapport portugais », *Études de droit constitutionnel franco-portugais*, Actes des Journées d'études des 9 et 10 novembre 1990 à l'Université de Pau et des Pays de l'Adour, A.F.C. – Association portugaise des constitutionnalistes, Economica, coll. Droit public positif, 1992, p. 17.

[3] Tel est précisément l'objet, au sein du Préambule de la Constitution de 1946, des alinéas 5, 10, 11, 12 et 13. Sur ce point, voir L. Gay, *op.cit.*, pp. 13-14.

[4] Voir P. de Montalivet, *Les objectifs de valeur constitutionnelle*, Dalloz, 2006, 680 p.

§I. LE DROIT À L'ALIMENTATION AU PRISME DE LA DICHOTOMIE CLASSIQUE DES DROITS ET LIBERTÉS CONSTITUTIONNELS

1 017. – Il est tout à fait possible que le droit à l'alimentation – au même titre d'ailleurs que le droit au logement ou encore le droit à l'enseignement public et gratuit – illustre bien cette dualité que peuvent jouer les droits-créances. Se poser la question de la pertinence de la distinction entre droits-libertés et droits-créances semble alors fondé et par-dessus tout indispensable à l'effort d'observation de certains droits sociaux.

1 018. – Soit l'indivisibilité recherchée tant en droit international qu'européen avait anticipé cet ordre des choses dans l'ordre interne, auquel cas les autorités nationales compétentes devraient commencer à rechercher des critères de distinction plus formels entre les droits-libertés et les droits-créances, soit celles-ci pourraient s'adapter en emboîtant le pas sur ce qui se fait dans d'autres systèmes juridiques (essentiellement supra-étatiques) que le leur.

1 019. – Et si le droit à l'alimentation permettait de dévoiler le « dessous des cartes » de la dichotomie traditionnelle entre les différentes générations de droit ? S'atteler à cette problématique n'empêchera *a priori* nullement de cibler les limites du cloisonnement actuel (A), mais aussi d'entrevoir les ouvertures possibles à d'autres logiques de classification (B).

A. LES LIMITES DE LA DISTINCTION ENTRE DROITS-LIBERTÉS ET DROITS-CRÉANCES

1 020. – Les normes constitutionnelles nécessitent souvent – pour produire l'ensemble de leurs effets juridiques – une intervention positive du législateur. S'il existe à première vue une différence entre les droits-libertés, qui ne requièrent de la part de l'État que le respect de la sphère individuelle, et les droits-créances qui imposent quant à eux des obligations positives à la charge des autorités publiques *« en vue justement de répondre à certains besoins fondamentaux de la vie humaine »*[1], une réflexion moins superficielle autour de leurs spécificités permettra cependant de mettre en exergue l'extrême porosité de leur division (1).

[1] Parmi ces besoins fondamentaux, Laurence Gay mentionne les besoins matériels, mais aussi les besoins intellectuels. C'est là l'objet des alinéas 5, 10, 11, 12 et 13 du Préambule de la Constitution de 1946. Voir L. Gay, *Les « droits-créances » constitutionnels*, *op.cit.*, p. 13.

Et c'est également ce que l'analyse pratique de plusieurs droits et libertés constitutionnels confirmera en France et à l'étranger (2).

1. Des carences conceptuelles

1 021. – Ainsi que le rappellent certains auteurs, *« l'opposition entre libertés et créances, entre droits défensifs et positifs déborde largement le cadre hexagonal et renvoie à une problématique connue de l'ensemble de la doctrine du monde occidental »*[1]. En France, la notion de « créance »[2] apparaît dès la Révolution et servira au mouvement solidariste[3] pour présenter ses grandes lois d'assistance sous la IIIe République[4]. Autrement dit, *« les droits-créances sont des droits sociaux qui ont pris place à côté des libertés, dans les déclarations des droits, et cela dès 1848 »*[5].

1 022. – Jusqu'à l'adoption du Préambule de la Constitution de 1946, le législateur ne reconnaissait de devoir de la société qu'à l'égard des pauvres[6]. Dorénavant, tout individu est titulaire d'une créance. Y compris ceux qui sont à la recherche d'un emploi ou d'un accès à la culture et à l'instruction. Garantir la santé, le repos et les libertés des personnes physiques appartient en outre à l'État. Cela signifie que *« [...] tout être humain qui, en raison de son âge, de son état physique ou mental, de sa situation économique, se trouve dans l'incapacité de travailler a le droit d'obtenir de la collectivité des moyens convenables d'existence »*[7]. Les droits-créances impliquent des obligations d'action positive.

1 023. – Les droits-libertés ont pour leur part une connotation défensive (empêcher l'entrée en vigueur d'une loi), et sont surtout à l'origine de l'approche individualiste du droit[8]. En conséquence, ils ont un point de départ plus lointain

---

[1] L. Gay, *Les « droits-créances » constitutionnels*, *op.cit.*, pp. 10-11.

[2] Cette notion apparaît au moment des premiers débats sur les droits de l'homme. L'idée était de distinguer une catégorie spécifique de droits ayant par conséquent un régime propre. Le terme de « créance » vise clairement à formuler un critère juridique de classification. En France, les « créances » définissent les obligations positives de l'État et datent de la Révolution (ici, Cf. les Comités de mendicité des Assemblées révolutionnaires). Pour la doctrine civiliste, le droit de créance est le droit qu'a une personne d'exiger d'une autre une prestation (service consistant à donner, à faire ou à ne pas faire quelque chose). Cette vision civiliste de la créance est parfaitement transposable en droit public.

[3] Ce mouvement solidariste empruntera les principaux concepts de la doctrine civiliste.

[4] Ces grandes lois d'assistance de la IIIe République étaient perçues comme l'acquittement d'une dette. Ces lois se sont également inspirées de la doctrine civiliste.

[5] R. Capitant, « La démocratie sociale », in *Écrits constitutionnels*, 1952-1953, éd. du CNRS, 1982, p. 167 et s.

[6] La lecture du Préambule écarte ainsi les conceptions des droits-créances comme étant destinées à certains groupes (comme les pauvres), ou représentant des droits collectifs.

[7] Cf. l'alinéa 11 du Préambule, deuxième phrase.

[8] Comme le rappelle François Rangeon, *« au XVIIe siècle, Hobbes donne à l'idée de droit subjectif son fondement philosophique en définissant le droit comme un pouvoir, une liberté, une capacité inhérente à*

que les droits-créances et ne sont pas dissociables des droits subjectifs, qui apparaissent dès le XIVe siècle, notamment chez Guillaume d'Occam[1].

1 024. – D'un point de vue conceptuel, il n'est en théorie guère aisé d'assimiler les droits-créances aux droits-libertés, car *« cela reviendrait à confondre [...] un possible effet juridique négatif – faire obstacle à l'entrée en vigueur d'une loi – avec l'objet de ces droits, qui demeure positif »*[2]. Un autre élément, de nature statistique celui-ci, viendra *« contredire toute parfaite assimilation contentieuse : celui d'une sanction toujours moindre des droits-créances »*[3]. Partant, l'entreprise de négation pure et simple de la dichotomie entre ces droits mériterait – pour quelques spécialistes – d'être délaissée au profit d'un critère distinctif plus précis[4].

1 025. – Ceci dit, il y a en matière de corrélations entre ces deux catégories de droits beaucoup à dire, et tout particulièrement à l'aune de certains droits vitaux tel que le droit à l'alimentation. En premier lieu, les droits-libertés peuvent eux aussi avoir une fonction prestative : faciliter leur exercice par leurs titulaires[5]. L'obligation positive d'action n'est donc en rien le lot des droits-créances[6]. Ainsi ne sont-ils pas dépourvus d'une certaine dualité[7]. Et de ce point de vue-là, le droit à l'alimentation peut constituer un véritable droit-liberté, au même titre que le droit à la vie ou le droit à la protection de la santé (pourtant habituellement vu comme un droit-créance), étant entendu que l'État – qu'il soit français ou étranger – adoptera toujours les mesures nécessaires et appropriées pour endiguer les

l'individu. Relayée au XVIIIe siècle par la philosophie des Lumières, cette approche individualiste du droit nourrira la Déclaration de 1789 articulée autour de trois concepts-clés : l'individu, la loi et le droit naturel ». Ici, voir F. Rangeon, « Droits libertés et droits-créances : contradiction du Préambule de la Constitution de 1946 », in *Préambule de la Constitution de 1946, Antinomies juridiques et contradictions politiques*, PUF, 1996, p. 29 et s. Voir également Hobbes, « Le droit naturel est la liberté de chacun d'user de son propre pouvoir », in *Léviathan*, la 1re partie, ch. 14. Enfin, Cf. l'article 4 de la DDHC de 1789 qui associe explicitement ces trois concepts : *« La liberté consiste à pouvoir faire tout ce qui ne nuit pas à autrui : ainsi l'exercice des droits naturels de chaque homme n'a de bornes que celles déterminées par la loi ».*

[1] Voir M. Villey, « Guillaume d'Occam et l'idée de droit subjectif », in *Archives de philosophie du droit*, 1964, p. 97 (repris dans *Seize essais de philosophie du droit*, Dalloz, 1969, p. 140).

[2] L. Gay, *Les « droits-créances » constitutionnels*, *op.cit.*, p. 204.

[3] *Ibid.*

[4] *Ibid.*

[5] Les obligations positives des droits-libertés consistent le plus souvent en une prestation normative, donc en l'édiction d'une réglementation. En effet pour exister, un droit-liberté doit avoir fait l'objet d'un acte positif de reconnaissance de la part de l'État. C'est d'ailleurs là une condition *sine qua non* pour que son bénéficiaire puisse ensuite l'opposer à l'État.

[6] Comme l'indique Laurence Gay, *« les droits-libertés ont toujours une vocation défensive (empêcher l'ingérence de l'État ou d'un tiers dans une sphère d'autonomie qui leur est dévolue), mais peuvent aussi faire l'objet d'une obligation positive dérivée (l'État doit prendre des mesures empêchant les situations d'ingérence) ».* Voir L. Gay, *op.cit.*, p. 207.

[7] À cet égard, l'article 11 de la DDHC de 1789 relatif à la liberté de la presse est très éclairant.

formes d'ingérences des tiers ou de l'Administration dans l'accès aux denrées alimentaires de sa population[1]. Ici la liberté devient créance.

1 026. – Inversement, les droits-créances *« permettent l'exercice de la liberté via l'intervention requise de la collectivité »*[2]. Ce faisant, ils constituent eux aussi des droits-défense qui ne se focalisent plus sur la seule fonction prestative, mais qui empêchent l'entrée en vigueur d'une loi. Et cette vocation défensive ne les empêche d'ailleurs pas de continuer à revêtir une finalité prestative. Cela signifie qu'une loi consacrant le droit à l'alimentation en tant que droit-créance n'aurait pas pour seul objectif de garantir son effectivité (et son opposabilité), mais contraindrait par la même occasion les autorités à ne pas adopter de normes contraires. Donc ici, c'est la créance qui devient liberté[3].

1 027. – Alors certes, les droits-créances ne sont pas les corollaires des droits-libertés, en ce qu'ils sont les contreparties d'un droit social, mais l'*« imprécision du caractère positif et prestatif qui continue de les caractériser »*[4] sème le doute sur l'intérêt de la distinction avec les droits-libertés à laquelle restent très attachés certains auteurs[5]. Après tout, l'obligation positive d'un droit-créance ne réside-t-elle pas elle aussi en l'édiction d'une règlementation ? En consacrant le droit à l'alimentation, le législateur ne prend-t-il pas une mesure visant à réduire les situations d'ingérence – en partie sociales – dans la vie d'un individu ? Ces questions méritent d'être posées en dépit de l'aide apportée par la jurisprudence du Conseil constitutionnel pour définir l'exacte nature de l'obligation positive qui caractérise les droits-créances[6].

1 028. – Étudier spécifiquement les droits-créances permet en réalité de nuancer la distinction qui les sépare des droits-libertés, bien que cette distinction reste – chez une partie des constitutionnalistes – *« encore opératoire aujourd'hui »*[7].

---

[1] Sur cette question, voir tout particulièrement M. Cuq, E. Hazard et R. Blein, « Des paroles aux actes : le long chemin de la mise en œuvre du droit à l'alimentation en Afrique de l'Ouest », HCDH, FAO, Note de contribution pour la Réunion d'experts de Dakar, Sénégal, 13-14 juin 2013, 38 pages.

[2] G. Burdeau, *Les libertés publiques*, *op.cit.*, p. 21.

[3] Il serait donc plus logique, comme le remarque Laurence Gay, *« de placer l'interdiction des mesures régressives dans l'obligation de respecter les droits sociaux, entraînant de fait une sanction de leur violation par action, que dans l'obligation de les réaliser, entraînant une sanction de leur violation par omission »*. Voir L. Gay, *Les « droits-créances » constitutionnels*, *op.cit.*, p. 206.

[4] I. Villaverde, « La inconstitucionnalidad por omision de los silencios legislativos », *Annuario de derecho constitucional y parlementario*, 1996, n° 8, p. 122.

[5] Voir notamment C. Gusy, « Les droits sociaux sont-ils nécessairement injusticiables ? », in F. Benoît-Rohmer et C. Grexe (dir.), *Les droits sociaux ou la démolition de quelques poncifs*, *op.cit.*, p. 37.

[6] Comme l'indique Laurence Gay, *« même si le Conseil constitutionnel en sanctionne peu fréquemment la violation, il en délivre ainsi une interprétation qui dessine, au moins en creux, la nature des obligations en découlant pour la puissance publique »*. Voir L. Gay, *Les droits-créances* constitutionnels, op.*cit.*, p. 210.

[7]Voir tout particulièrement M. Borgetto, « L'irrésistible ascension des « droits à » ... », *Informations sociales*, n° 81/2000, p. 7. Et pour aller plus loin sur ce point, voir L. Favoreu, G. Scoffoni, J. tremeau, P. Gaïa, R. Ghevontian, F. Mélin-Soucramanien, A. Pena, O. Pfersmann, J. Pini et A. Roux, *op.cit.*

Dans le meilleur des cas, ces derniers concèderont que le clivage sus-évoqué n'est *« ni strict, ni absolu »*[1], ce qui démontre qu'au sein du Préambule de 1946, seuls les alinéas 5, 10, 11, 12 et 13 ont pour objet la consécration des droits-créances.

1 029. – Ces observateurs feront au surplus valoir que l'imprécision des obligations positives des droits-créances justifie que leurs effets contentieux diffèrent de ceux des droits-libertés[2]. En conséquence, le Conseil constitutionnel ne peut pas se parer d'*« une vision trop rigoureuse des droits-créances, car leur édiction dépend du pouvoir politique démocratiquement élu et nécessite d'importantes ressources qui ne peuvent être engagées que par cette autorité politique élue démocratiquement »*[3]. Autrement dit, cette particularité des droits-créances au niveau contentieux s'explique par la nécessité politique ainsi que par les moyens financiers qu'ils supposent. Cela vient pourtant contredire la jurisprudence, qui a reconnu l'égale applicabilité des droits-libertés et des droits-créances[4], en jouant pour ce faire un rôle important dans la distinction entre les deux types de droit.

1 030. – Pour conclure, il est difficile de classer le droit à l'alimentation parmi les droits-libertés, ou parmi les droits-créances. En tant que « droit frontière », il peut correspondre aux deux (soit en endossant la casquette d'un droit prestatif, soit en endossant celle d'un droit défensif). Les limites du cloisonnement entre libertés et créances rendent toute tentative d'identification du droit à l'alimentation compliquée à la fois en France – comme cela vient d'être vu – mais aussi à l'étranger. Dans l'hypothèse bien sûr où celui-ci serait reconnu par les législateurs nationaux. Ce serait particulièrement vrai au Portugal, où les droits, libertés et garanties que la Constitution consacre ont tous en commun – au même titre que les droits économiques, sociaux et culturels – leur objet : il s'agit là de droits à des prestations étatiques[5].

1 031. – Une analyse détaillée d'autres droits et libertés constitutionnels expressément reconnus cette fois-ci en France ainsi que dans d'autres États européens permettra de se rendre compte à quel point cet effort d'identification et de classification peut parfois être ardu (ce n'est donc pas là une spécificité du droit à l'alimentation).

---

[1] M. Borgetto, « L'irrésistible ascension des « droits à » … », *op.cit.*

[2] L. Gay, *Les « droits-créances » constitutionnels*, *op.cit.*, p. 208.

[3] X. Pretot, « Les bases constitutionnelles du droit social », *Dr. Soc.*, mars 1991, p. 195.

[4] F. Rangeon, « Droits libertés et droits-créances : contradiction du Préambule de la Constitution de 1946 », in *Préambule de la Constitution de 1946, Antinomies juridiques et contradictions politiques*, *op.cit.*, p. 172.

[5] Il faut néanmoins, comme c'est d'ailleurs le cas en France, une concrétisation politique du législateur pour les réaliser (et cela dans un cadre limité de moyens financiers et matériels).

2. Les difficultés pratiques

1 032. – Nombreuses sont les normes constitutionnelles qui ont un lien direct (ou par ricochet) avec le droit à l'alimentation. Dans un souci de clarté, seules quelques-unes d'entre elles feront l'objet d'une analyse détaillée pour illustrer – au-delà du fait que *« le couple droits-libertés/droits-créances s'oppose en même temps qu'il se complète »*[1] – toutes les difficultés qu'il y a en pratique à les « parquer » dans des cases qui au final ne se révèlent pas toujours judicieuses. Seront donc scrutés toute une série de « droits à » (les droits à la vie (a), à la santé (b), à l'environnement (c), à l'emploi (d), au logement (e)), ainsi que les particularités du droit de mener une vie familiale normale (f).

a. L'exemple du droit à la vie dans la Constitution espagnole

1 033. – Le texte suprême espagnol fait référence aux droits fondamentaux et aux libertés publiques. En doctrine, s'était alors posée la question de savoir s'il y avait une distinction entre les deux termes, ce à quoi avait fini par répondre par la négative le Tribunal constitutionnel dans une décision 107/1984. Il précisa que *« ces deux termes sont identiques et procèdent donc du même régime juridique »*[2], ce qui ne fît pas l'unanimité auprès des constitutionnalistes. C'est ainsi que quelques années plus tard, *« trois opinions dissidentes de la décision « DTC 115/1987 » proposèrent d'accorder une marge d'appréciation différente au juge selon qu'il est question d'un droit fondamental ou d'une liberté publique »*[3]. Pour ce qui est des opinions se résolvant à ne pas les dissocier, celles-ci sont restées *« marginales »*[4].

1 034. – Un tel revirement de jurisprudence provient en réalité du fait qu'à la différence du constituant français, le constituant espagnol n'avait à l'origine opéré aucune véritable distinction entre les normes constitutionnelles (que sont les droits fondamentaux et les libertés publiques). En effet, la Constitution espagnole de 1978 dresse une liste de droits fondamentaux et de libertés publiques en son sein même[5] (et non par le biais d'autres supports comme en France[6]), et ce sans le

---

[1] L. Gay, *Les « droits-créances » constitutionnels*, *op.cit.*, p. 14.

[2] M. Chevrier, « Les droits et libertés fondamentales dans l'ordre juridique espagnol », in *Le Petit juriste*, 3 mars 2016. Voir également A. Saenz de Santamaria, « La Carta de los derechos fundamentales de la Unión Europea en la practica española », *Revista de Derecho de la Unión Europea*, n°15, 2° semestre, 2008.

[3] *Ibid.*

[4] *Ibid.*

[5] Et plus exactement dans la section I du chapitre II de son livre premier, autrement dit des articles 14 à 29.

[6] La Constitution française se réfère à ses droits notamment par le biais de la DDHC de 1789.

moindre effort de classification. C'est en tout cas ce qui ressort de la lecture des articles 14 à 29[1].

1 035. – Il appartiendra donc au juge d'apprécier souverainement quelles sont les normes qui relèvent des droits fondamentaux, et celles qui relèvent des libertés publiques. La rédaction du texte suprême n'est à cet égard que peu éclairant, comme en atteste la lettre de l'article 15[2] relatif au droit à la vie et à l'intégrité physique. S'il y a fort à parier pour qu'une telle disposition constitue une liberté publique (donc un droit-liberté), la thèse précédemment émise consistant à dire que le droit à l'alimentation en constituerait également une s'en trouve renforcée, au vu des liens évidents qui unissent de tels droits. Donc ici encore, l'avis d'après lequel le droit à l'alimentation ne peut être qu'un droit-créance doit être écarté.

1 036. – Cet exemple du droit à la vie n'est toutefois pas transposable en droit français dans la mesure où la Constitution ne le consacre pas. Et s'il a pu aiguiller les raisonnements du Conseil constitutionnel dans la célèbre décision IVG de 1975[3], c'est uniquement par le truchement du droit à la protection de la santé de l'enfant[4] – laquelle doit jouer dès sa conception[5] –, mais aucunement à l'aune de la CESDH et plus exactement de son article 2 (qui y a directement trait[6]).

b. L'exemple du droit à la santé dans la Constitution italienne

1 037. – À l'évidence, les accointances entre le droit à la santé et les droits la vie et à l'intégrité physique sont nombreuses. Envisager les spécificités du droit de

---

[1] Pour consulter la version française de la Constitution espagnole du 27 décembre 1978, voir ce lien Internet : https://www.boe.es/legislacion/documentos/ConstitucionFRANCES.pdf [consulté le 19 août 2018]

[2] L'article 15 dispose en effet que : *« Tous ont droit à la vie et à l'intégrité physique et morale, sans qu'en aucun cas ils puissent être soumis à la torture ni à des peines ou à des traitements inhumains ou dégradants [...] »*.

[3] Pour aller plus loin, voir également J. Noel, « La décision n° 2014-700 DC ou la poursuite d'une révolution juridique née il y a 40 ans », in *Civitas Europa*, 2014/2 (N° 33), pp. 253-258.

[4] Sur ce point, voir tout particulièrement L. Gay, *Les « droits-créances » constitutionnels*, *op.cit.*, pp. 248-251.

[5] L'article 23 de la Déclaration d'avril 1946 dispose en effet que : *« La protection de la santé dès la conception, le bénéfice de toutes les mesures d'hygiène et de tous les soins que permet la science sont garantis à tous et assurés par la Nation »*. Cela dit, ce texte sera rejeté par référendum.

[6] L'article 2 CESDH précise que : : *« 1. Le droit de toute personne à la vie est protégé par la loi. La mort ne peut être infligée à quiconque intentionnellement, sauf en exécution d'une sentence capitale prononcée par un tribunal au cas où le délit est puni de cette peine par la loi. 2. La mort n'est pas considérée comme infligée en violation de cet article dans les cas où elle résulterait d'un recours à la force rendu absolument nécessaire : a) pour assurer la défense de toute personne contre la violence illégale ; b) pour effectuer une arrestation régulière ou pour empêcher l'évasion d'une personne régulièrement détenue ; c) pour réprimer, conformément à la loi, une émeute ou une insurrection »*.

défense à la protection de la santé[1] apparaissait donc plus logique à la suite de ces « droits à ». En premier lieu car *« l'intégrité physique transcende, en réalité, la protection de la santé »*[2], mais aussi car le droit à la vie peut être considéré comme *« le stade ultime du droit à la santé »*[3]. L'invocation du droit à la santé recouvre donc une acception large[4].

1 038. – Si de nombreux pays ont reconnu le principe de protection de la santé dans leur texte suprême à travers des dispositions dont l'esprit est aussi bien « social » que « libéral »[5] – principe pouvant donc *« être invoqué contre d'éventuelles ingérences de l'État »*[6] –, la Cour constitutionnelle italienne a pour sa part jugé utile, et c'est d'ailleurs là sa particularité, d'affirmer l'applicabilité directe entre particuliers d'un tel droit fondamental. Pour rappel, le droit à la santé est consacré à l'article 32 de la Constitution italienne et satisfait à la dualité rédactionnelle sus-évoquée.

1 039. – Au même titre que le droit à la vie et à l'intégrité physique, le droit à la santé est conçu comme un vrai droit de défense. En conséquence, *« le principe de protection de la santé implique, non pas une obligation positive ou prestation, mais une abstention de l'État »*[7]. Son but prioritaire va donc consister en la préservation de l'état de santé contre de possibles altérations. Toutefois, il se muera en un droit-créance dès lors qu'une altération serait survenue. Les juristes sont à cet égard très clairs : *« les études en la matière sont unanimes pour souligner ce double aspect, positif et négatif, de la notion »*[8]. Auteurs et tribunaux ne manqueront par ailleurs pas de souligner qu'il faut distinguer ces deux droits qui, bien qu'ils visent la même finalité (la préservation du corps humain), n'ont

---

[1] D'après la constitution de l'OMS, la santé peut s'entendre comme *« un état de complet bien-être physique, mental ou social, qui ne consiste pas seulement en une absence de maladie ou d'infirmité »*. Sur les débats qu'ont suscités ces éléments de définition, jugés souvent d'exagérément extensifs par la doctrine, voir J.-M. de Forges, *Le droit de la santé*, PUF, Que sais-je ?, 4e édition, 2000, pp. 6-7 ; mais aussi J.-S. Cayla, « La santé et le droit », *R.D. Sanit.soc.*, n° 2/1996, p. 285 ; J.-M. Auby, *Le droit de la santé*, PUF, Thémis, 1981, p. 11 et D. Jacotot, *La notion de sécurité sanitaire à l'étude de l'objet du droit de la santé*, Th. Université de Bourgogne, janvier 1999, dactyl., p. 46.

[2] D. Jacotot, *La notion de sécurité sanitaire à l'étude de l'objet du droit de la santé*, *op.cit.*, p. 91.

[3] B. Mathieu, « La protection du droit à la santé par le juge constitutionnel. À propos et à partir de la décision de la Cour constitutionnelle italienne n° 185 du 20 mai 1998 », *Cah. Cons. Const.*, n° 6/1999, p. 62.

[4] Pour certains auteurs, *« le droit de la santé perd une partie de sa spécificité pour devenir, à travers la médiation du corps, une des facettes de la dignité de l'homme »*. Ici, voir J. Moreau et D. Truchet, *Droit de la santé publique*, Dalloz, Mémento Droit public science politique, 5e éd., 2000, p. 27.

[5] Sur ce point, voir L. Gay, *Les « droits-créances » constitutionnels*, *op.cit.*, p. 242.

[6] *Ibid.*

[7] *Ibid.*

[8] Voir notamment J-L. Baudoin, « Quelques réflexions sur la reconnaissance du droit à la santé dans les systèmes internationaux et régionaux des droits de l'homme », *JIB*, 1998, vol. 9, n° 3, p. 71. ; M. Bélanger, « Origine et histoire du concept de santé en tant que droit de la personne », *JIB*, 1998, vol. 9, n° 3, p. 61 ; M. Bothe, « Les concepts fondamentaux du droit à la santé : le point de vue juridique », *Le droit à la santé en tant que droit de l'homme*, Actes du colloque de la Haye des 27-29 juillet 1978, Sijthoff & Noordhoff, éd. René-Jean Dupuy, 1979, pp. 14-15.

pas le même objet[1]. Sous leurs plumes, le clivage entre les « droits de » et les « droits à » semble encore avoir de longues années devant lui.

1 040. – Ces logiques occultent néanmoins – et c'est d'ailleurs là leur défaut – l'*« extrême élasticité du principe de protection de la santé »*[2]. En tant que « droit-carrefour » (ou *« kaléidoscope de droits »*[3]) et surtout en tant que ce que les anglais appellent « droit-bouclier »[4], le droit à la santé fédère un certain nombre de principes satellites parmi lesquels figurent le droit à la vie, le droit à l'intégrité physique ou morale, l'interdiction de la torture et des traitements inhumains et dégradants, et même l'interdiction du travail forcé. C'est en tout cas ce qui ressort de la doctrine[5]. Sans aller jusqu'à réinventer le contenu de ces droits, puisqu'ils ont le leur et que celui-ci n'est après tout en rien comparable à celui du droit à la santé, il n'est en revanche pas inutile de constater qu'ils ont tous *« pour incidence médiate de préserver le bon fonctionnement de l'organisme de l'individu »*[6]. Et qu'ils peuvent tous se convertir en un « droit-épée »[7]. Comment dans ce cas ne pas faire de ponts avec le droit à l'alimentation, et puis surtout se satisfaire de la vision binaire des droits et libertés constitutionnels ?

1 041. – C'est précisément sur ce point que la jurisprudence de la Cour constitutionnelle italienne est intéressante à analyser[8]. L'article 32 de la Constitution protège la santé à double titre : à la fois en tant que droit fondamental, mais aussi en tant qu'intérêt de la collectivité[9]. Pour autant, la Haute juridiction ne s'est pas laissée surprendre par ces deux pans (positif et négatif) du droit à la santé. Elle n'a pas hésité dans le cadre d'un contentieux relatif à la responsabilité civile extracontractuelle à l'ériger en un *« droit primaire et absolu, pleinement*

---

[1] C'est notamment le cas du Tribunal constitutionnel portugais. Sur cette question, voir tout particulièrement J. Miranda, *Jurisprudencia constitucional Escolhida*, Lisbonne, Universidade Catolica ed., 1996, vol. I, p. 908.

[2] L. Gay, *Les « droits-créances » constitutionnels*, *op.cit.*, p. 244.

[3] E. David, « Le droit à la santé comme droit de la personne humaine », *Revue québécoise de droit international*, 1985, p. 64.

[4] Pour une présentation des « droits-boucliers », voir tout particulièrement Y. Cartuyvels, H. Dumont, F. Ost, M. Van de Kerchove et S. Van Drooghenbroeck, *Les droits de l'homme, bouclier ou épée du droit pénal*, Bruylant, 2007, 634 pages.

[5] Voir notamment M. Bélanger, « Origine et histoire du concept de santé en tant que droit de la personne », *op.cit.*, p. 59 et M. Bothe, « Les concepts fondamentaux du droit à la santé : le point de vue juridique », *op.cit.*, p. 16.

[6] L. Gay, *op.cit.*, p. 244.

[7] Cette notion sera abordée plus amplement *infra*. Voir tout de même dès maintenant Y. Cartuyvels, H. Dumont, F. Ost, M. Van de Kerchove et S. Van Drooghenbroeck, *op.cit.*

[8] Tout comme en France. Sur ce point, voir tout particulièrement M. Verpeaux, P. de Montalivet, A. Roblot-Troizier et A. Vidal-Naquet, *Droit constitutionnel – Les grandes décisions de la jurisprudence*, 2e éd., PUF, 2017, 686 pages.

[9] Cf. l'article 32 alinéa 1er de la Constitution italienne du 27 décembre 1947 : *« La République protège la santé publique comme droit fondamental de l'individu et intérêt de la collectivité, et assure les soins gratuits aux indigents »*.

efficace même dans les rapports entre particuliers »[1]. Pour ce faire, elle a admis l'aspect « carrefour » du droit à la santé – qui est aussi bien une liberté qu'une créance –, mais elle a surtout précisé que le volet défensif de ce droit n'enlevait en rien la « fondamentalité » qui devait être la sienne. La Cour a donc accepté qu'un « droit prioritairement liberté »[2] puisse jouir d'un régime juridique propre aux droits-créances, et qu'un tel régime pouvait de surcroît jouer entre des personnes physiques de droit privé.

1 042. – Cette solution de la Cour constitutionnelle italienne est étonnante en termes de subjectivisation des droits-carrefour[3], étant donné qu'ils peuvent dorénavant devenir opposables tant à l'égard de l'État que des particuliers, ce qui ne s'était jusque-là encore jamais vu en droit public comparé et européen. Il n'y a plus qu'à souhaiter que d'autres droits vitaux – le droit à l'alimentation en tête – fassent l'objet d'une évolution similaire dans la jurisprudence des cours constitutionnelles nationales. Avec si possible une participation de la justice constitutionnelle française en ce sens.

c. L'exemple du droit à l'environnement dans la Constitution française

1 043. – De nombreuses constitutions proclament le droit à l'environnement, avec des précisions plus ou moins grandes. En France, la Charte de l'environnement[4] est placée aux côtés de la DDHC de 1789 ainsi que du Préambule de 1946 depuis 2005. En Europe, cette charte reste *« le seul texte qui consacre l'ensemble des principes devant guider l'action des pouvoirs publics et, plus généralement, permettre la régulation juridique de la matière »*[5]. Sans grande surprise, les constitutions espagnole et portugaise ont elles aussi consacré un tel droit en le rattachant à la santé[6]. Le modèle allemand, qui lui est encore et toujours réticent à consacrer des « droits à »[7], l'a reconnu par le truchement des droits à la vie et à l'intégrité physique, que protège l'article 2 de la loi fondamentale allemande[8].

---

[1] Sent. n° 184 du 30 juin 1986, *Rac. Uff.*, vol. LXXIII, 1986, p. 177, fondement juridique n° 12, p. 193.
[2] Voir *supra*.
[3] Un « droit-carrefour » est un droit dont l'autonomie est souvent faible ou relative étant donné qu'il n'est pas détachable d'autres droits qui viennent soit le compléter, soit en préciser la portée. Ces droits attestent en réalité de l'interdépendance et de l'indivisibilité qui caractérisent de nombreux droits de l'homme.
[4] Pour consulter la version intégrale de cette charte, voir le lien Internet suivant : http://www.driee.ile-de-france.developpement-durable.gouv.fr/IMG/pdf/charte_environnement_cle74252c-2.pdf [consulté le 21 août 2018]
[5] L. Gay, *Les « droits-créances » constitutionnels*, *op.cit.*, p. 407.
[6] L'alinéa 2 de l'article 66 de la Constitution portugaise énumère les tâches devant être poursuivies par l'État, après que l'alinéa 1 a consacré le droit de toute personne *« à un environnement humain, sain et écologiquement équilibré, en même temps que le devoir de le défendre »*.
[7] L. Gay, *op.cit.*, p. 411.
[8] *Ibid.*

1 044. – Bien que le droit à l'environnement consacré à l'article 1er de la Charte reste fréquemment présenté en doctrine comme un droit-créance[1], *« les préoccupations écologistes qu'une telle proclamation traduit impliqueraient la mise en œuvre, non pas d'un droit à prestations matérielles, mais d'une politique aux multiples facettes »*[2]. Ce faisant, la politique environnementale – laquelle peut d'ailleurs être rattachée à la politique de santé publique – comporterait une fonction de restriction des droits fondamentaux[3]. C'est aussi le motif pour lequel les notions de santé, d'intégrité physique et de droit à la vie ont été invoquées comme *« fondement du droit de l'environnement en général, et du droit à l'environnement en particulier »*[4]. Et d'une manière générale, *« le droit constitutionnel tend plutôt à avaliser la connexion entre santé et environnement »*[5].

1 045. – En réalité, il est difficile de conférer un contenu propre à l'article 1er de la charte, donc au droit à l'environnement. Pour certains membres de la doctrine, *« le droit à l'environnement est donc à la fois un droit-créance, mais aussi un droit-liberté »*[6]. Pour d'autres en revanche, *« il ne s'agit pas véritablement d'un droit, mais d'une politique sociale au même titre que la politique de l'emploi »*[7]. Il est alors permis de faire le parallèle avec l'objectif à valeur constitutionnelle sur le logement, ou bien encore le principe de la santé publique. Dans tous les cas, *« ce droit se distinguerait des droits-créances au sens strict, et donc des prestations matérielles auxquelles ils renvoient »*[8].

1 046. – Le droit à l'environnement a beau ne pas être un droit-créance à proprement parler, à savoir un *« droit fossoyeur des libertés »*[9] – ce qui du coup

---

[1] F. Bouyssou, « L'environnement : nouveau droit de l'homme ou droit liberticide ? », in *Pouvoir et liberté. Études offertes à Jacques Mourgeon*, Bruylant, Bruxelles, 1998, p. 536 ; B. Jadot, « Actualité des droits de l'homme dans la crise de l'État-Providence : le droit à l'environnement », *RIEJ*, n° 13/1984, pp. 169-181 ; J. Pini, « Le droit à l'environnement, droit fondamental ? », communication au IIe Congrès français de droit constitutionnel, Bordeaux, 13-15 mai 1993, dactyl., 13 pages ; B Jadot, « Le droit à l'environnement », in R. Ergec (dir.), *Les droits économiques, sociaux et culturels dans la Constitution*, Actes du colloque tenu à l'ULB les 21 et 22 décembre 1994, Bruylant, Bruxelles, coll. de la faculté de droit, 1995, pp. 257-271 ; L. Fonbaustier, « Environnement et pacte écologique. Remarques sur la philosophie d'un nouveau droit à », *Cah. Cons. Constit.*, n°15/2003, p. 143. Voir également J-P. Feldman, « Le projet de loi constitutionnelle relatif à la Charte de l'environnement », *D.*, n° 14/2004, chron., p. 970 ; B. Mathieu, « La portée de la Charte pour le juge constitutionnel », *AJDA*, n° 21/2005, p. 1171. M. Prieur, « Les nouveaux droits », *AJDA*, n° 21/2005, p. 1159 (pour cet auteur, toutefois, le « droit à l'environnement » est à la fois un « droit fondamental subjectif » et un « droit-créance ») ; et O. Carton, « De l'inutilité d'une constitutionnalisation du droit de l'environnement ? », *Les Petites Affiches*, n° 175, 2 septembre 2005, p. 9.

[2] L. Gay, *Les « droits-créances » constitutionnels*, *op.cit.*, p. 408.

[3] *Ibid.*, p. 421.

[4] Voir le Rapport de la commission Coppens de préparation de la Charte de l'environnement, p. 20.

[5] L. Gay, *op.cit.*, pp. 409-410.

[6] M. Prieur, « Les nouveaux droits », *op.cit.*, p. 1 159.

[7] L. Gay, *op.cit.*, p. 419.

[8] *Ibid.*

[9] *Ibid.*, p. 430.

ne permettrait pas à la politique sociale en matière environnementale de limiter voire d'entraver les droits fondamentaux de manière abusive[1], toujours est-il que le texte de 2004 a aménagé un droit en faveur de l'individu en matière procédurale. De fait, celui-ci doit avoir accès à une information complète, puisque l'article 7 a érigé les droits à l'information et à la participation au plus haut niveau de la hiérarchie des normes[2].

1 047. – Tout compte fait, il semblerait qu'il faille distinguer deux occurrences bien distinctes. Soit c'est le droit de l'environnement qui est visé, auquel il faudra penser à l'existence de politiques générales sans droits au profit de l'individu. Ou alors soit c'est le droit à l'environnement qui est visé, et donc ici la logique sera subjective et individuelle (avec toujours cette idée en trame de fond qu'il s'agit bel et bien d'un droit-créance ayant des finalités sanitaires). Cette subjectivité est d'ailleurs renforcée[3] par le fait que le droit à un environnement sain est recevable devant le juge ordinaire[4] dès lors qu'il consistera à protéger des droits défensifs déjà existants (droit à la vie, droit à la protection de la santé etc.)[5].

1 048. – Au même titre que les droits à la vie et à la santé, le droit à l'environnement est donc un droit hybride. Il est à la fois « bouclier » et « épée ». Ici encore, la pertinence de la dichotomie classique des droits et libertés constitutionnels semble devoir être remise en cause. À quoi cela sert-il de catégoriser les droits, si en pratique une même matière (en l'espèce ici l'environnement) reste libre de s'imbriquer dans toutes les cases que le pouvoir constituant avait pourtant pris le soin de cloisonner ? Ne vaudrait-il pas mieux privilégier – dans un souci de cohérence – la thèse de l'indivisibilité des droits de l'homme ? À l'aune du droit à l'alimentation, cette question paraît plus que jamais d'actualité.

---

[1] L. Gay, *Les « droits-créances » constitutionnels*, *op.cit.*, pp. 430-431.
[2] Toutefois ici, seules les informations détenues par les autorités publiques sont concernées. Quant au principe de réparation que consacre l'article 4 de la charte, celui-ci ne correspond pas à une exigence constitutionnelle.
[3] Pour Laurence Gay, cette subjectivité ne doit néanmoins pas aller jusqu'à défendre la nature en elle-même. Voir L. Gay, *op.cit.*, pp. 420-421.
[4] Le Conseil constitutionnel lui-même n'y est pas insensible. Pour aller plus loin sur ce point, voir B. Crottet, « Le Conseil constitutionnel et l'obligation de vigilence environnementale », *Revue française de droit constitutionnel*, 2012/2, n° 90, pp. 239 à 267. Voir aussi DC n° 2011-116 QPC, 8 avril 2011, M. Michel Z et autre, JO, 9 avril 2011, p. 6361 (ici, le Conseil a rendu sa première décision QPC portant sur la Charte de l'environnement).
[5] *Ibid.*

d. L'exemple du droit à l'emploi dans la jurisprudence des Hautes juridictions françaises

1 049. – Il aurait été difficile d'omettre de l'analyse le droit à l'emploi tant son accointance avec le droit à l'alimentation parait évidente[1]. Émergeant lors de la Révolution de 1848, le droit au travail apparaît comme le droit-créance type. Même si le pouvoir constituant de la IVe République lui a préféré l'appellation de « droit d'obtenir un emploi », l'intervention active des pouvoirs publics qu'il supposait déjà pour être mis en œuvre et ainsi satisfaire les besoins en travail est pour sa part restée inchangée. Ce qui n'a pas changé non plus, c'est l'élasticité du texte suprême qui en permet de nouveau deux lectures normatives bien distinctes.

1 050. – S'il semble *a priori* clair que le droit d'obtenir un *emploi* peut revêtir l'aspect d'un droit-liberté, ce que revendique d'ailleurs une partie de la doctrine travailliste, le Conseil constitutionnel n'a pas toujours consacré la valeur constitutionnelle de la liberté du travail[2] dans sa jurisprudence[3]. Plusieurs arguments ont été défendus par les constitutionnalistes pour tenter d'expliquer ce manquement : soit l'économie des moyens préside aux solutions du Conseil pour justement éluder cette question[4], soit il est réticent à consacrer un droit de caractère défensif sur le fondement de l'alinéa 5 du Préambule de 1946. Cette position du Conseil s'écarte donc de celles des Hautes juridictions des ordres administratif et judiciaire, qui elles, n'hésitent pas à conférer à la liberté du travail une valeur constitutionnelle, ou en tout état de cause, un caractère fondamental.

1 051. – À la décharge du Conseil constitutionnel, la liberté du travail (que qualifient sans aucun détour de « principe fondamental » plusieurs professeurs de droit[5]) ne serait traitée qu'*« avec peu d'égards par le droit et par les juristes »*[6]. En outre, cette liberté n'a fait l'objet d'aucune consécration expresse dans le Déclaration de 1789, ce qui peut paraître paradoxal, étant donné *« sa place éminente dans un système économique libéral »*[7]. Cela dit cette déclaration n'a

---

[1] Cela dit, se procurer un emploi n'est pas toujours indispensable pour se nourrir, dans la mesure où bon nombre de chômeurs sont instruits et ne meurent pourtant pas de faim.

[2] Le droit de travailler peut s'entendre comme un droit-liberté étant donné que l'État ne saurait intervenir dans la sphère professionnelle des individus. Tandis que le droit à l'emploi peut s'entendre comme un droit-créance dans la mesure où les pouvoirs publics doivent promouvoir des politiques publiques visant le plein emploi (ce droit a valeur constitutionnelle puisqu'il est prévu au 5e alinéa du Préambule de 1946).

[3] À cet égard, voir tout particulièrement le recours de MM. Labbé et autres, députés (RPR), in *Textes et documents sur la pratique institutionnelle de la Vème République*, rassemblés par Didier Maus, La documentation française, 1982, 2e éd., p. 390. Voir également CC, n° 81-134 DC du 5 janvier 1982, *Loi d'orientation sociale*, cons. n° 6, *RJC* I-113. En revanche, dans la décision n° 83-156 DC du 28 mai 1983, *Prestations de vieillesse*, cons. n° 4, *RJC* I-152, il y a reconnaissance d'une telle liberté. De nombreuses décisions rendues par la suite par la Conseil constitutionnel confirmeront ce revirement jurisprudentiel.

[4] L. Gay, *Les « droits-créances » constitutionnels*, *op.cit.*, p. 259.

[5] Voir tout particulièrement J. Pélissier, « La liberté du travail », *Dr. Soc.*, janvier 1990, p. 19.

[6] *Ibid.*

[7] L. Gay, *op.cit.*, p. 259.

qu'un contenu civil et politique. Donc non seulement certains spécialistes préconisent la constitutionnalisation expresse de la liberté du travail, mais aussi et surtout qu'elle se distingue de la liberté d'entreprendre, en ce que celle-ci n'aurait trait qu'à l'exercice d'une activité professionnelle pour son propre compte[1].

1 052. – La liberté du travail a beau avoir été reconnue à l'article L. 412-1 du Code du travail, *« un texte de nature législative ne paraît en rien susceptible de définir quelles sont les normes ayant ou non valeur constitutionnelle »*[2]. Mais ce n'est pas tout, puisqu'après cette tentative du législateur, les juridictions ordinaires se sont elles aussi mêlées de cette question du glissement sémantique du droit d'obtenir un emploi vers la liberté d'accéder à un travail pour le compte d'autrui. Dans plusieurs arrêts, la chambre sociale de la Cour de cassation n'a ainsi pas hésité à parler de « principe constitutionnel de liberté du travail » ou bien de « principe fondamental de libre exercice d'une activité professionnelle » dans ses attendus de principe[3]. Ces jurisprudences obéiraient toutes *« au souci d'une meilleure protection d'une liberté fondamentale, dans le sens matériel si ce n'est formel »*[4].

1 053. – Le Conseil d'État a pour sa part conclu à l'applicabilité de la liberté du travail dans le cadre de l'article L. 521-2 du Code de justice administrative[5]. Pour certains rapporteurs publics, elle *« est clairement garantie par le Préambule de la Constitution de 1946 »*[6]. Alors comment se fait-il que le Conseil constitutionnel lui ait conféré un fondement incontestable qu'aussi tardivement, lui qui l'a fait dès 1982 avec la liberté d'entreprendre ? Il disposerait pour y parvenir de deux leviers distincts : d'une part de l'alinéa 5 du Préambule de la Constitution de 1946 – dont la formulation quant au « droit d'obtenir un emploi » permettrait facilement

[1] Sur ce point voir notamment F. Reneaud, « Une reconnaissance de la liberté du travail ? (Conseil d'État, 4 octobre 2004, *Société Mona Lisa Investissements*), *Dr. Soc.*, n° 6/2005, p. 610.
[2] J. Savatier, observations sous Cass. Soc., 18 décembre 1997, *Société Doutaves N. Bernard c/ Heuby*, in *Dr. Soc.*, février 1998, p. 195.
[3] Cass. Soc., 11 juillet 2000, *Mme Marchal c/ M. Pimouguet*, et *Mme Couzin c/ société Larousse diffusion IDF*, (2 espèces), *Bull. civ.*, V, n° 276 et 277, pp. 218-219 ; Cass. Soc., 19 novembre 1996, *Martinez c/ Auto service 34*, *Dr. Soc.*, janvier 1997, p. 95, avec les observations de G. Couturier ; Cass. Soc., 18 décembre 1997, *Société Doutaves N. Bernard c/ Heuby*, *Dr. Soc.*, février 1998, p. 194, avec les observations de J. Savatier ; Cass. Soc., 10 juillet 2002, *M. Moline et autres c/ société MSAS cargo International*, *M. Salembier C/ société La Mondiale et M. Barbier c/ société Maine Gri*, (trois espèces), *Bull. civ.*, V, n° 239, pp. 234-235 ; Cass. Soc., 17 décembre 2004, *Société SAMSE c/ M. Christian Breschi et autres*, *Dr. Soc.*, n° 3/2005, avec les observations de B. Gauriau, pp. 334-335.
[4] L. Gay, *Les « droits-créances » constitutionnels*, *op.cit.*, p. 261.
[5] CE, 4 octobre 2004, *Société Mona Lisa investissements et autres*, *Rec. 362*.
[6] Voir tout particulièrement les conclusions du commissaire du Gouvernement Laurent Olléon sur CE, 4 octobre 2004, *Société Mona Lisa investissements et autres*, citées par F. Reneaud, « Une reconnaissance de la liberté du travail ? (Conseil d'État, 4 octobre 2004, *Société Mona Lisa investissements*, *op.cit.*, note 18, p. 610).

de déduire une liberté[1] –, mais aussi et surtout de l'article 4 de la Déclaration de 1789. Cela dit, une partie des constitutionnalistes privilégieraient le second levier étant donné que le 5e alinéa du Préambule *« proclame un droit à prestation et non une liberté en tant que telle »*[2]. La distinction entre une norme sur un droit-créance au travail et une norme sur la liberté cette fois-ci du travail semble alors confuse[3].

1 054. – L'alinéa susvisé du Préambule est *« une disposition réputée particulièrement floue et à ce point marquée d'emphase qu'aucun contenu précis ne peut, pour beaucoup, lui être reconnu »*[4]. La doctrine émet donc également des doutes sur le contenu utile de cette disposition, *« qui ne paraît pas pouvoir fonder un droit, opposable à l'État, à obtenir un emploi en cas de chômage »*[5]. L'imprécision de l'alinéa 5 est telle qu'une partie des observateurs rejette ici l'idée de la reconnaissance, non plus d'un droit de défense, mais d'un droit-créance par le constituant. Évidemment, le « flou artistique » qu'il y a autour de la constitutionnalisation de la liberté du travail, et de la portée de l'alinéa 5 (consacre-t-il ou non un droit-créance au travail ?) ne confirme en rien la présupposée pertinence de la vision binaire des droits et libertés constitutionnels. À nouveau, la remise en cause du schéma dichotomique classique semble s'imposer.

e. L'exemple de l'objectif relatif au logement décent en France

1 055. – Faire un parallèle entre la faculté d'occuper un logement décemment et le fait de jouir d'une fourniture en eau convenable paraît logique. Le pont entre l'habitat et l'alimentation semble donc tout trouvé puisqu'en effet, la digne utilisation d'un logement – surtout social ou d'extrême urgence – sera difficile, voire impossible, si la privation en eau ne permet pas de faire la cuisine ni de se laver[6]. La loi Besson de 1990 s'est en France préoccupée de cette question du logement des indigents en précisant que *« toute personne ou famille éprouvant des difficultés particulières [...], en raison notamment de l'inadaptation de ses ressources ou de ses conditions d'existence, a droit à une aide de la collectivité,*

---

[1] En effet, comme le précise Laurence Gay, *« l'obtention d'un emploi peut aisément être entendue comme la possibilité d'accéder librement à la profession de son choix, sans limitation injustifiée du pouvoir »*. Et l'auteure démontre en quoi la Cour constitutionnelle italienne n'a pas hésité à procéder à une interprétation de ce type. Voir L. Gay, *Les droits-créances* constitutionnels, op.*cit.*, p. 263.

[2] Voir Ogier-Bernaud, *Les droits constitutionnels des travailleurs*, Économica, PUAM, coll. Droit public positif, 2003, p. 115.

[3] Sur cette question, voir L. Gay, *Les « droits-créances » constitutionnels*, *op.cit.*, pp. 263-264.

[4] A. Lyon-Caen, note sous Versailles, 1re ch., 11 mars 1985, in *Revue trimestrielle du barreau de Versailles*, 1986, p. 109.

[5] L. Gay, *op.cit.*, p. 264.

[6] Sur cette question, voir tout particulièrement A. Berteaux, « Location : les critères du logement décent », *Le Figaro*, 1er avril 2017.

dans les conditions fixées par la présente loi, pour accéder à un logement décent et indépendant et s'y maintenir »[1].

1 056. – Si les observateurs ont pu voir dans cette disposition les contours d'une véritable créance de logement pour les plus démunis – devant résider dans un vrai « devoir de solidarité pour l'ensemble de la Nation » bien plus que dans le droit de la relation locative –, aucune garantie d'accès au logement n'existe pour l'heure en droit positif. Comme l'ont donc remarqué certains auteurs, pourquoi ne pas plaider pour que soit imposée au Parlement une obligation de résultat en la matière, corrélative d'un droit, sur le fondement de la Constitution ? La Haute juridiction n'y a toutefois jamais consenti.

1 057. – Alors certes, le Conseil a pris pour habitude de vérifier dans sa jurisprudence que le législateur n'adopte pas de dispositions sur le logement social qui viendraient priver de garanties légales l'objectif de valeur constitutionnelle relatif à la possibilité pour toute personne de disposer d'un logement décent[2], mais les Cours constitutionnelles européennes – le Conseil n'y échappant pas – n'ont jamais consacré une obligation de résultat à la charge des pouvoirs publics dans ce domaine, quand bien même existerait la formulation d'un droit spécifique au sein du texte suprême qui le permettrait. Ainsi soit une telle obligation leur a paru difficilement réalisable d'un point de vue matériel, soit la mise en œuvre et l'affirmation d'une véritable créance de logement pour les plus démunis relèvent probablement d'une volonté politique en ce sens. Et différentes politiques (pas que jurisprudentielles) sont bien sûr visées.

1 058. – En jurisprudence, le Conseil ne s'est jamais montré enclin à consacrer expressément un « droit au logement » qui pourrait venir se substituer à l'objectif ne reconnaissant pour sa part qu'une simple possibilité d'accéder à un logement. Son manque d'enthousiasme est pour le moins regrettable car une telle interprétation serait conforme aux alinéas 10 et 11 du Préambule de la Constitution de 1946 dont est déduit l'objectif et qui font de plus référence à des obligations de la Nation ou de la collectivité que seule la puissance publique peut incarner. Disposer d'un toit et d'une fourniture convenable en eau ne constitue-t-il pas en effet – comme certains constitutionnalistes l'ont très justement rappelé – une composante essentielle de la sécurité matérielle et du droit à des moyens convenables d'existence qui y sont garantis ?

1 059. – À défaut de réviser le Préambule de 1946 pour y insérer le droit au logement et à l'eau potable en qualité et en quantité suffisantes, ce qui mériterait

---

[1] Alinéa 2 de l'article 1er de la loi n° 90-449 du 31 mai 1990 visant à la mise en œuvre du droit au logement, *JORF* du 2 juin 1990, p. 6551.

[2] Voir notamment CC, n° 94-359 DC du 19 janvier 1995 et CC, n° 95-371 du 29 décembre 1995.

de préciser la nature contraignante et justiciable de tels droits[1], la Haute juridiction pourrait plutôt avoir *« une interprétation plus exigeante des normes de référence à sa disposition »*[2]. De fait, pourquoi ne pas garantir un véritable accès au logement social en précisant pour ce faire davantage les obligations de concrétisation de l'objectif ? Et ce d'autant plus que le contrôle des droits aux prestations sociales est déjà effectué sur le fondement du 11e alinéa[3]. D'évidence, une pleine application des normes de référence est préférable à leur multiplication, étant donné que celle-ci pourrait *« servir d'écran de fumée à leur absence d'effectivité »*[4].

1 060. – La question du « droit-créance au logement » témoigne ainsi à quel point certains « droits à »[5], pourtant facilement déductibles du Préambule de 1946 (au moins par analogie), sont difficiles à mettre en place dans le cadre des dispositifs législatifs. Et comment la Haute juridiction méconnaît parfois leur rattachement possible à une norme de référence – même prestigieuse[6] – du bloc de constitutionnalité. Cette méfiance à l'égard de la constitutionnalisation des « droits épée » renforce assez logiquement la défiance qu'ont de plus en plus d'internationalistes à l'encontre des classifications traditionnelles.

f. L'exemple du droit de mener une vie familiale normale en France et à l'étranger

1 061. – Le droit de mener une vie familiale normale permet lui aussi de constater que *« de nombreux droits fondamentaux, bien que relevant de la catégorie des libertés, produisent des effets positifs »*[7]. La jurisprudence du Conseil constitutionnel a précisé que le fondement d'un tel droit résidait dans l'alinéa 10 du Préambule de la Constitution de 1946 à de nombreuses reprises[8] (alinéa dont

---

[1] Afin, comme le précise Laurence Gay, *« que les nouvelles dispositions ne soient pas neutralisées par une interprétation finaliste, à l'instar de ce qui se passe à l'étranger »*. Voir L. Gay, *« Les « droits-créances » constitutionnels »*, *op.cit.*, p. 543.
[2] *Ibid.*
[3] Et pour Laurence Gay, *« cette disposition représente une norme de référence tout à fait adéquate pour examiner les dispositions modifiant les conditions d'accès aux aides au logement »*. *Ibid.*, p. 544.
[4] *Ibid.*
[5] Voir sur ce point M. Pichard, *Le droit à. Étude de législation française*, Économica, Recherches juridiques, 2006, 566 pages.
[6] Selon le Doyen Georges Vedel, certaines normes de référence du bloc de constitutionnalité seraient plus prestigieuses que d'autres. Le Conseil constitutionnel aurait donc tout intérêt à se fonder sur celles-ci (parmi lesquelles figurent la DDHC de 1789 et le Préambule de la Constitution de 1946) pour légitimer la justice qu'il rend. Sur ce point, voir J. Robert, « Le principe d'égalité dans le droit constitutionnel francophone », in *Cah. Cons. Constit.*, n° 3, novembre 1997.
[7] L. Gay, *op.cit.*, p. 226.
[8] CC, n° 86-216 DC du 3 septembre 1986, *Entrée et séjour des étrangers*, cons. n° 18, *RJC*, I-281 ; CC, n° 93-325 DC du 13 août 1993, *Maîtrise de l'immigration*, cons. n° 70, *Rec. 224* ; CC n° 97-389 DC du 22

l'esprit a d'ailleurs servi de fondement à la constitutionnalisation de nombreux droits-créances[1]). Mais en réalité ce droit se dédouble, car d'une part l'État (donc les pouvoirs publics en général et le législateur en particulier) a l'obligation d'adopter les mesures nécessaires à son effectivité – et d'ainsi lui *« conférer un vrai statut d'opposabilité »*[2] –, mais d'un autre côté il ne peut pas s'immiscer arbitrairement dans la vie familiale de l'individu[3]. Ce serait d'ailleurs ce volet défensif qui le caractériserait le plus pour la doctrine[4].

1 062. – L'autre particularité de ce droit – bien que celle sus-rappelée n'en soit pas vraiment une au vu du grand nombre de droits carrefour (tantôt « droit épée » ; tantôt « droit bouclier ») identifiés par la Haute juridiction – émane du fait que *« de nombreuses juridictions constitutionnelles sont amenées à connaître des importantes mutations qui caractérisent l'entité familiale dans la période actuelle [...] et affectent sa définition même »*[5]. Et du droit de mener une vie familiale normale vont découler d'autres droits-créances comme le « droit individuel à l'intimité familiale »[6], mais aussi des droits défensifs tels que la liberté du mariage[7]. Évidemment, ces évolutions ne sont pas propres à la France étant entendu que *« la plupart des textes fondamentaux renferment des dispositions variées concernant la famille »*[8].

1 063. – Si la famille apparaît comme *« une institution devant faire l'objet d'une protection particulière, économique, juridique, sociale, de la part de l'État »*[9], comme en attestent en France les deux décisions dites « Bioéthique »[10] et

---

avril 1997, *Certificats d'hébergement*, cons. n° 45, *Rec. 45* ; CC, n° 99-416 DC du 23 juillet 1999, *CMU*, cons. n° 45, *Rec. 100*. Voir aussi CC, n° 89-261 DC du 28 juillet 1989, *Loi Joxe*, cons. n° 13, *RJC*, I-370.

[1] Voir sur cette question G. Teboul, G. Conac et X. Prétot, *Le préambule de la Constitution de 1946. Histoire, analyses et commentaires*, Dalloz-Sirey, 10 février 2001, 467 pages.

[2] E. Millard, *Famille et droit public. Recherches sur la construction d'un objet juridique*, LGDJ, coll. Bibliothèque de droit public, 1995, p. 169.

[3] Voir tout particulièrement L. Favoreu et *al.*, *Droit des libertés fondamentales*, *op.cit.*, pp. 222 et s.

[4] Classé parmi les droits-créances dans les deux premières éditions du manuel de *Droit des libertés fondamentales*, le droit de mener une vie familiale normale est ensuite rangé parmi les droits-libertés à partir de la troisième édition. Voir *Ibid.*

[5] Pour un aperçu des jurisprudences constitutionnelles en la matière, voir J.-B. d'Onorio et S. Costa (dir.), *Les droits de la famille*, Pierre Téqui éd., 1996, pp. 117-157.

[6] Voir par exemple l'article 26 alinéa 1 de la Constitution portugaise et l'article 18 alinéa 1 de la Constitution espagnole.

[7] En France, la liberté du mariage avait été reconnue comme un corollaire de la liberté individuelle (Cf. CC, n° 93-325 DC du 13 août 1993, *Maîtrise de l'immigration*, précitée, cons. n° 3 et 107), avant d'être qualifiée de « composante de la liberté personnelle protégée par les articles 2 et 4 de la Déclaration de 1789 » (Cf. CC, n° 2004-484 DC du 20 novembre 2003, *Loi relative à la maîtrise de l'immigration, au séjour des étrangers en France et à la nationalité*, cons. n° 94, *Rec.* 438).

[8] L. Gay, *Les « droits-créances » constitutionnels*, *op.cit.*, p. 233.

[9] *Ibid.* Et voir l'article 6 alinéa 1 de la Loi fondamentale allemande ; les articles 29 alinéa 1 et 31 alinéa 1 de la Constitution italienne ; l'article 67 de la Constitution portugaise ; l'article 39 alinéa 1 de la Constitution espagnole.

[10] CC, n° 94-343-344 DC du 27 juillet 1994, *Bioéthique*, *Rec.* 100.

« PACS »[1] du Conseil constitutionnel, ou bien le développement de règles plus spécifiques entre époux[2] et l'émergence de droits et devoirs des parents vis-à-vis des enfants[3], le droit de mener une vie familiale n'en demeure pas moins très éclairant sur au moins un point : les « droits-frontières » peuvent en engendrer d'autres. Pourquoi dans ce cas ne pas rattacher les droits à l'eau et à l'alimentation au droit de mener une vie familiale normale ? En effet, se nourrir en quantité suffisante et jouir d'une eau salubre sont pourtant là deux des « b.a.-ba » les plus incontournables de n'importe quel foyer.

B. LE DÉPASSEMENT DE LA DISTINCTION ENTRE DROITS-LIBERTÉS ET DROITS-CRÉANCES

1 064. – Actuellement, et plus que jamais, *« les discours sur l'indivisibilité des droits de l'homme visent à établir l'égale dignité sociale, voire morale, des différents droits de l'homme consacrés dans les textes nationaux comme internationaux »*[4]. De toute façon, il ne saurait y avoir d'évidence en droit. La logique binaire (avec des « droits de » opposés aux « droits à ») à laquelle restent attachés de nombreux auteurs est supposée pertinente aujourd'hui, mais rien ne l'empêche demain d'être *« complétée, précisée voire contredite »*[5].

1 065. – Défendre l'idée que *« les droits de l'homme ne seraient concevables que dans une perspective universaliste »*[6], étant donné qu'aucun consensus n'existe sur leur contenu, participe à cette démarche unificatrice. Loin d'être définitive, la dichotomie relative aux droits et aux libertés constitutionnels n'a pour ainsi dire jamais ralentit l'émergence d'autres conceptions dans l'espace juridique international. Puisqu'il y a aussi ceux qui arguent que ce ne seraient pas les droits de l'homme qui seraient universels, mais bien plus leur abstraction. De fait, *« il y a ce qui est affirmé, et ce qui doit se construire »*[7]. Il n'est alors pas malaisé de

---

[1] CC, n° 99-419 DC du 9 novembre 1990, *PACS*, cons. n° 26, *Rec.* 116.

[2] Voir notamment l'article 36 alinéa 3 de la Constitution portugaise et l'article 29 alinéa 2 de la Constitution italienne.

[3] Voir l'article 6 alinéa 2 de la Loi fondamentale allemande ; l'article 30 alinéa 1 de la Constitution italienne ; l'article 36 alinéa 5 de la Constitution portugaise et l'article 39 alinéa 3 de la Constitution espagnole.

[4] L. Gay, *Les « droits-créances » constitutionnels*, *op.cit.*, p. 12.

[5] H. Qazbir, *L'internationalisation du droit constitutionnel*, *op.cit.*, p. 267.

[6] R. Andorno, « Chapitre 3. Dignité humaine, droits de l'homme et bioéthique : quel rapport ? », *Journal international de bioéthique*, 2010/4 (Vol. 31), pp. 51-59. Du même auteur, voir également « La dignité humaine, une notion porteuse de sens », *Journal international de bioéthique*, 2010/3 (Vol. 21), pp. 11-12.

[7] M. Levinet, *Droits et libertés fondamentaux*, Que sais-je ?, 1er septembre 2010, 128 pages.

penser que parmi « ce qui doit se construire » figure l'entreprise de fusionnement des droits fondamentaux.

1 066. – L'internationalisation des droits de l'homme est amorcée dès 1948 avec l'adoption de la DUDH (ainsi ces droits acquièrent *« une ambition universaliste et internationale »*[1]). Pour d'ardents partisans du schéma dichotomique sus-évoqué, *« l'universalisation des droits de l'homme porte en elle le risque de la dérive idéologique – même si elle concerne la démocratie – en ce qu'elle conduirait à l'erreur de l'unification »*[2]. Ainsi chez eux, il y aurait une forme d'impérialisme culturel à vouloir rendre les droits de l'homme indivisibles et interdépendants. Plus exactement, l'*« homogénéisation des valeurs méprise les particularités de chaque peuple »*[3]. Les droits de l'homme ne doivent donc pas être envisagés tel un seul bloc, car celui-ci ne correspondra de toute façon jamais à la réalité[4].

1 067. – En clair, toute unification des droits de l'homme *« est ressentie par les États comme une grave atteinte à leur souveraineté, étant donné que c'est à l'État que revient le pouvoir exclusif d'agir à l'égard des individus, nationaux ou étrangers, qui vivent sur son territoire »*[5]. Et les droits-créances entraînent des dépenses importantes de la part des pouvoirs publics nationaux. C'est la raison pour laquelle *« les États admettent difficilement l'idée d'une « protection internationale » qui jouerait en définitive contre eux-mêmes »*[6]. Évidemment, ces arguments défendent la « tolérance des différences » entre les droits et les libertés constitutionnels. Il n'y aurait *« aucun intérêt ni réalisme à vouloir que tous les États, tous les peuples se sentent rattachés à une liste exhaustive identique de droits et libertés »*[7].

1 068. – La réalité donne à ce plaidoyer une résonnance implacable puisqu'en effet, d'une constitution à l'autre, les droits fondamentaux ne sont pas forcément libellés en des termes identiques. De plus et surtout, ils présentent *« des densités normatives variables et une portée différenciée, ainsi ne jouissent-ils pas du même degré d'intangibilité, ni ne possèdent le même niveau d'effectivité »*[8]. Nombre de droits vitaux ne jouissent en effet pas du même degré d'effectivité que la plupart

---

[1] H. Qazbir, *L'internationalisation du droit constitutionnel*, *op.cit.*, p. 107.
[2] *Ibid.*, p. 108.
[3] F. Jullien, « Universels, les droits de l'homme ? », Le Monde diplomatique, février 2008, pp. 24 et 25.
[4] Sur ce point, voir H. Qazbir, *op.cit.*, p. 109.
[5] Voir M. Delmas-Marty, « Droits de l'homme et systèmes de droit », *Le débat*, 1995/1 (n° 83), pp. 146-151.
[6] Hanan Qazbir précise sur qu'en conséquence, *« Les bastions reconnaissant une quelconque valeur universelle aux droits de l'homme sont rares. En revanche si le contenu diffère, l'universalité du principe de reconnaissance des droits de l'homme est acquise ». op.cit.*, p. 110.
[7] *Ibid.*, pp. 110-111.
[8] O. Dord, « Droits fondamentaux (Notions de – et théorie des –) », in J. Adriantsimbazovina, H. Gaudin, J.-P. Marguénaud, S. Rials et F. Sudre (dir.), *Dictionnaire des droits de l'homme*, PUF, 2008, pp. 262-265.

des droits civils et politiques (le droit à l'alimentation n'est pas mieux garanti que le droit de vote auprès des juridictions spécialisées ni ne bénéficie de la même popularité auprès de l'opinion publique[1]).

1 069. – Mais là où certains craignaient un risque d'instrumentalisation[2] en unifiant les droits et libertés constitutionnels, réside en fait un cadre conceptuel clairement défini par l'ONU : *« la démocratie, le développement et le respect des droits de l'homme et des libertés fondamentales sont interdépendants et se renforcent mutuellement »*[3]. Après tout, *« les droits de l'homme sont universels ou ne sont pas »*[4], donc tant qu'aucune législation internationale de protection des droits de l'homme ne donne pas une certaine cohérence à la coexistence des différents systèmes de protection, non seulement les discours fustigeant l'indivisibilité recherchée continueront de prospérer dans les cours de droit, et plus encore, la pratique donnera lieu à des confusions parfois regrettables (comme l'étude des droits carrefour a permis de le démontrer).

1 070. – Pour y remédier, certains auteurs préconisent *« l'instauration d'un seul système international des droits fondamentaux qui soit fondé sur un ordre juridique universel prévoyant une hiérarchie entre les instruments et les procédures »*[5]. À aucun moment n'est envisagée d'échelle d'importance entre les droits et les libertés constitutionnels eux-mêmes. Et si la Charte des droits fondamentaux de l'Union européenne s'est à titre d'exemple inspirée de cette logique sans ne jamais parvenir à la dupliquer, c'est essentiellement car elle n'a pas vocation à s'appliquer à l'échelle universelle[6]. En outre, une telle proposition aurait cela d'intéressant qu'elle permettrait d'éviter *« les problèmes issus de l'absence de définition communes des droits garantis »*[7].

1 071. – Alors certes, un tel processus d'harmonisation des droits de l'homme ne serait pas exempt de tout effet pervers. Au-delà du fait que le législateur international fait aujourd'hui défaut[8], celui-ci peut (en admettant qu'il en existe un jour dans les ordres juridiques supra-étatiques) *« risquer de céder à la tentation*

---

[1] Sur les accointances – mêmes indirectes – entre l'opinion publique et le droit, voir tout particulièrement M. Debos et A. Goheneix, « Les ONG et la fabrique de l'« opinion publique internationale », in *Raisons politiques*, 2005/3 (n° 19), pp. 63-80.
[2] Sur ce point, voir notamment T. Campagne, « De l'instrumentalisation du droit et des libertés fondamentales », *Le Petit Juriste*, 26 août 2016.
[3] H. Qazbir, *L'internationalisation du droit constitutionnel*, *op.cit.*, p. 133.
[4] *Ibid.*, p. 118.
[5] *Ibid.*
[6] Voir tout particulièrement B.-G. Tzemos, « La Charte des droits fondamentaux de l'Union européenne : la belle au bois dormant », in *Blog Droit européen*, 21 septembre 2017.
[7] H. Qazbir, *op.cit.*, p. 118.
[8] Sur cette question, voir notamment M. Virally, *Le droit international en devenir : essais écrits au fil des ans*, Graduate Institute Publications, 1990, 508 pages.

de l'hégémonie et de l'impérialisme juridique »[1]. C'est tout l'intérêt de recourir à une notion palliative : celle de l'« internationalisation des constitutions »[2]. Il s'agirait d'instaurer un nouvel ordre juridique national d'origine internationale. Tout en gardant leurs spécificités culturelles, identitaires et historiques, les textes suprêmes pourraient ainsi s'aligner sur les exigences de l'ONU en termes d'interdépendance et d'indivisibilité des droits de l'homme.

1 072. – Si d'une manière générale, l'internationalisation du droit constitutionnel est un processus pluraliste[3], tant l'universalisation des droits de l'homme que la standardisation institutionnelle[4] qui l'accompagne *« contribuent pour leur part à l'émergence d'un ordre de réalisation du processus qui va délimiter le modèle de droit constitutionnel à internationaliser »*[5]. Dans l'hypothèse d'un dépassement de la dichotomie classique entre les droits et libertés constitutionnels, cette logique reste à distinguer de l'avènement d'un droit constitutionnel global, qui lui se traduit plutôt comme *« un phénomène juridique ayant pour effet direct de faire tomber les unes après les autres les mesures nationales visant la protection de l'homme »*[6].

1 073. – Tout compte fait, outrepasser le clivage traditionnel entre les « droits bouclier » et les « droits épée » va sûrement supposer de privilégier la voie de l'« internationalisation du droit constitutionnel » (et d'encourager par la même occasion la « constitutionnalisation du droit international des droits de l'homme »[7]), mais ne devrait pas nécessairement reposer sur les travaux d'un hypothétique législateur international, dont le bon vouloir pourrait être source d'instrumentalisation voire de manipulation de la part de certains représentants politiques. Ainsi sous l'impulsion du système des Nations Unies et de la volonté affichée par les rédacteurs de la Charte des droits fondamentaux de l'Union européenne, l'impensable ne peut plus être nié : l'heure doit être à l'interdépendance et à l'indivisibilité des droits de l'homme bien plus qu'à leur cloisonnement. Il en va forcément de l'avenir du droit à l'alimentation.

---

[1] H. Qazbir, *L'internationalisation du droit constitutionnel*, *op.cit.*, pp. 118-119.
[2] Comme le rappelle Hanan Qazbir, *« dans certains cas, l'internationalisation des constitutions ne constitue pas une simple adaptation de la Constitution nationale aux tendances d'un constitutionnalisme dominant. Il s'agit bien plus de l'instauration d'un nouvel ordre juridique national d'origine internationale »*. *Ibid.*, p. 130.
[3] H. Qazbir, *op.cit.*, p. 151.
[4] Y. Radi, *La standardisation et le droit international : Contours d'une théorie dialectique de la formation du droit*, Coll. Jus Gentium, Primento, 2013, 394 pages.
[5] H. Qazbir, *op.cit.*, pp. 152.
[6] *Ibid.*
[7] P.-F. Laval et R. Prouvèze, *L'ONU, entre internationalisation et constitutionnalisation*, éd. A. Pedone, septembre 2015, 138 pages.

§II. LE DROIT À L'ALIMENTATION AU PRISME DES NORMES CONSTITUTIONNELLES AUTRES QUE LES DROITS ET LIBERTÉS : LE CAS DES OBJECTIFS DE VALEUR CONSTITUTIONNELLE

1 074. – Il est possible de penser que les objectifs de valeur constitutionnelle n'ont trait qu'aux « droits bouclier », et ainsi prétendre qu'ils sont *« des garanties de certaines libertés publiques protégées par l'article 34 »*[1]. Et à ce titre, ils pourraient être considérés comme *« des (ou les) garanties fondamentales accordées aux citoyens pour l'exercice des libertés publiques »*[2]. Cela dit, *« si la question de leur rattachement à l'article 34 paraît légitime, elle trouve en pratique une réponse négative »*[3].

1 075. – En réalité, et c'est vraiment cette définition qui mérite d'être retenue, *« les objectifs de valeur constitutionnelle sont des conditions d'effectivité des droits et libertés constitutionnels »*[4]. Donc en fait, ils n'excluent pas du tout les « droits épée », mais *« ils ne sont pas des droits et libertés des citoyens à proprement parler »*[5]. Ce sont *« des interdictions, des obligations et permissions à la charge ou au profit du législateur donc en ce sens, ils ne constituent pas des garanties accordées aux citoyens »*[6].

1 076. – Faussement englobante, cette acception négative – et surtout restrictive – des objectifs de valeurs constitutionnelle est renforcée par les travaux d'une partie de la doctrine[7], qui estime que les droits-créances sont (explicitement ou implicitement) des objectifs de valeur constitutionnelle. Ce qui signifie qu'il ne s'agirait pas de véritables droits, hormis dans le cadre de leur concrétisation législative.

1 077. – Dans ce contexte, n'y aurait-il pas parmi les objectifs de valeur constitutionnelle consacrés par le Conseil constitutionnel (puisqu'en France, lui seul détient le monopole à cet égard[8]) certains d'entre eux qui pourraient

---

[1] P. de Montalivet, *Les objectifs de valeur constitutionnelle*, *op.cit.*, p. 40.
[2] *Ibid.*
[3] *Ibid.*
[4] *Ibid.*
[5] *Ibid.*, p. 41.
[6] *Ibid.*, p. 42.
[7] Voir notamment B. Mathieu et M. Verpeaux, *Contentieux constitutionnel des droits fondamentaux*, LGDJ, 2002, p. 641.
[8] Comme le rappelle le Professeur Pierre de Montalivet, *« Affirmer que les objectifs constituent des garanties au regard de l'article 34 de la Constitution reviendrait à considérer qu'il appartiendrait au législateur de déterminer les objectifs de valeur constitutionnelle. Ainsi, la création ou la consécration de garanties en tant qu'objectif de valeur constitutionnelle dépendrait du législateur, ce qui serait manifestement contraire à la Constitution, la valeur constitutionnelle des objectifs empêchant qu'ils soient*

concourir, du moins par ricochet, à la protection du droit à l'alimentation ? Parmi les objectifs de valeur constitutionnelle existants, il semblerait que le droit au logement décent et que la protection de la santé publique en fassent partie (A). Et parmi ceux qui ne sont pas encore consacrés mais qui pourraient selon toute vraisemblance y pourvoir figure notamment le principe de précaution (B).

A. L'IMPORTANCE DE CERTAINS OBJECTIFS DE VALEUR CONSTITUTIONNELLE DANS LA DÉFENSE DU DROIT À L'ALIMENTATION

1 078. – Les objectifs de valeur constitutionnelle ont cela d'intéressant à décrypter qu'ils représentent *« des finalités particulières de la Constitution »*[1]. Par voie de conséquence, ils ne constituent pas des finalités « premières », mais seulement « secondes » de la Constitution[2]. En d'autres termes, *« ce n'est pas la Constitution qui est déterminée par les objectifs de valeur constitutionnelle mais les objectifs de valeur constitutionnelle qui sont déterminés par la Constitution »*[3]. Au nombre de ceux consacrés pour l'heure par la Haute juridiction en figurent notamment deux qui sont directement rattachables au droit à l'alimentation tant leurs accointances avec celui-ci paraissent évidentes[4] : d'un côté la possibilité pour toute personne de disposer d'un logement décent (1), et de l'autre la protection de la santé publique (2).

1. La possibilité pour toute personne de disposer d'un logement décent

1 079. – Conduisant à *« une finalisation obligatoire de la législation »*[5], les parlementaires sont tenus, dans le cadre de leurs activités législatives, de satisfaire autant qu'ils le peuvent les objectifs de valeur constitutionnelle. Étant à la fois progressifs et relatifs, les objectifs ont un lien direct avec *« la technique liée à*

---

déterminés par le législateur ». Voir P. de Montalivet, *Les objectifs de valeur constitutionnelle*, *op.cit.*, p. 41.

[1] Pierre de Montalivet rappelle *qu'« ils ne constituent pas les finalités à partir desquelles les autres dispositions de la Constitution sont déduites mais plutôt celles qui sont déduites de certaines dispositions de la Constitution »*, *Ibid.*, p. 45.

[2] *Ibid.*

[3] *Ibid.*

[4] Encore faut-il que le droit à l'alimentation soit consacré expressément par la Constitution elle-même ou le Conseil constitutionnel, ce qui n'est pas le cas.

[5] Voir P. de Montalivet, *op.cit.*, p. 55.

l'État-Providence » (et issue de la philosophie des Lumières)[1]. De fait, ils sont programmatiques et bien souvent visent à opérer des transformations sociales[2]. Plus généralement cette fois, ils ont trait à la dévolution et à l'exercice du pouvoir, aux droits et libertés constitutionnels et enfin à la hiérarchie des normes[3]. Mais s'il y en a bien un susceptible de se marier idéalement avec le droit à l'alimentation au sens large, et avec le droit à l'eau en particulier, c'est celui relatif à la possibilité pour toute personne de disposer d'un logement décent.

1 080. – Cela n'a au final rien d'étonnant compte tenu du fait que les objectifs touchent de nombreuses branches du droit (en s'évertuant de les constitutionnaliser). Et défendent en outre certaines valeurs sociales telles que la liberté et l'égalité[4]. Si la justice constitutionnelle n'a pas le monopole de l'intérêt général, les objectifs s'y rattachent pour leur part pleinement. C'est d'ailleurs là l'une des raisons pour lesquelles ils peuvent limiter l'exercice de certains droits-liberté.

1 081. – L'objectif de la possibilité pour toute personne de disposer d'un logement décent a un triple fondement textuel : les alinéas 1, 10 et 11 du Préambule de la Constitution de 1946. C'est d'ailleurs depuis la consécration de cet objectif en 1995 par le Conseil constitutionnel que certains d'entre eux reposent désormais sur des fondements textuels multiples. Ainsi tout comme la possibilité pour toute personne de disposer d'un logement décent, la possibilité de disposer d'une eau salubre et en quantité suffisante pourrait être rattachée au droit à la sécurité matérielle et au droit d'obtenir de la collectivité des moyens convenables d'existence. Et par analogie, l'objectif relatif à une alimentation saine et en quantité suffisante pourrait découler de la sauvegarde de la dignité de la personne humaine posée à l'alinéa 1er du Préambule de 1946. Il pourrait d'ailleurs s'agir d'un objectif de valeur constitutionnelle écrit[5].

1 082. – En effet, pourquoi se priver de constitutionnaliser ces droits (et à l'eau et à l'alimentation) sur le fondement des droits économiques et sociaux garantis par le préambule de 1946 comme l'avait fait le Conseil constitutionnel pour consacrer l'objectif relatif au logement décent[6] ? La Haute juridiction pourrait, dans cette

---

[1] P. de Montalivet, *Les objectifs de valeur constitutionnelle*, *op.cit.*, pp. 68-69.
[2] *Ibid.*
[3] *Ibid.*, p. 114.
[4] Parmi les objectifs d'égalité poursuivis par certains objectifs de valeur constitutionnelle, penser notamment à la devise de la République française. *Ibid.*, p. 169.
[5] Comme l'énonce le Professeur de Montalivet, *« La création des objectifs de valeur constitutionnelle a beau être jurisprudentielle et non-écrite, les normes qui composent cette catégorie sont quant à elles bien écrites ». Ibid.*, p. 67.
[6] Sur cette question, voir notamment F. Zitouni, *Le droit au logement*, Th. pour le doctorat de droit public, Université Aix-Marseille III, 1991. Du même auteur, voir aussi « Le droit au logement des personnes défavorisées, nouveau droit social ? », in M. Segaud, C. Bonvalet, J. Brun (dir.), *Logement et habitat. L'état des savoirs*, Paris, La Découverte, 1998, p. 248. Voir enfin D. Rousseau, « Chronique de jurisprudence

perspective, laisser une fois de plus le soin à l'opinion publique de l'influencer, ou bien s'inspirer des constitutions étrangères pour y parvenir (ce qu'elle avait fait dès 1995 pour consacrer l'objectif sur le logement décent).

1 083. – Un objectif dévolu au droit à l'alimentation traduirait, au même titre que celui sur le logement, un objectif de solidarité, mais aussi d'égalité. Partant, il constituerait un « droit bouclier » susceptible de se transformer en « droit épée »[1], étant entendu que l'objectif relatif au logement rentre avant tout dans la catégorie « droits civils et politiques » (ce qui confirme que le droit à l'alimentation est bien un « droit carrefour »). Un objectif sur l'alimentation protègerait par ailleurs une liberté individuelle, tout comme l'objectif sur le logement (ou sur la santé publique), et non pas une liberté collective (au même titre que l'objectif relatif à la sauvegarde de l'ordre public).

1 084. – À défaut de consacrer un objectif spécifique sur l'alimentation, ce qui ne semble pour l'heure d'aucune actualité (tant en France qu'à l'étranger[2]), le Conseil pourrait très bien renforcer les liens de certains objectifs avec les droits économiques, sociaux et culturels à l'aune du droit à l'alimentation[3]. Il n'aurait pour ce faire nullement besoin d'adjoindre à l'objectif sur le logement une action à accomplir (puisqu'en effet celui-ci en est initialement dépourvu[4]), si ce n'est peut-être la protection des individus les plus défavorisés[5].

1 085. – Les juridictions ordinaires pourraient quant à elles jouer un rôle dans la redéfinition de certains objectifs, comme elles l'ont entrepris à plusieurs reprises, en fonction d'une politique jurisprudentielle particulière. S'il reste malgré tout fort improbable qu'elles parlent d'elles-mêmes d'un droit opposable à l'alimentation sans le consentement préalable du constituant dans le cadre de leur

---

constitutionnelle (juillet 1989-août 1991) », *RDP* 1992, p. 47 ; M.-A. Cohendet, *Droit constitutionnel*, 2e éd., Paris, Montchrestien, coll. « Focus droit », 2002, p. 55 et Montesquieu, *De l'esprit des lois*, Livre XXIII, Chapitre XXIX, cité in M.-A. Cohendet, *op.cit.*, p. 48.

[1] Pour le Professeur de Montalivet, l'objectif relatif au logement décent *« ne garantit pas qu'une seule catégorie de droits »*. Ce constat vaut aussi pour les objectifs relatifs à la protection de la santé publique et à la recherche des auteurs d'infraction. Voir P. de Montalivet, *Les objectifs de valeur* constitutionnelle, op.*cit.*, p. 175.

[2] Et pourtant, l'essentiel des droits et principes sociaux en Europe ont été fondés sur cette idée de solidarité. Ici, voir notamment M. Borgetto, « La notion de fraternité en droit public français. Le passé, le présent et l'avenir de la solidarité », *Revue internationale de droit comparé*, 48-1, 1996, pp. 215-217.

[3] Sur cette question du lien unissant certains objectifs avec les droits économiques, sociaux et culturels, voir tout particulièrement P. de Montalivet, *op.cit.*, p. 177.

[4] *Ibid.*, pp. 190-191.

[5] Dans une décision n° 90-274 DC du 29 mai 1990, le Conseil a reconnu pour la toute première fois que la promotion du *« logement des personnes défavorisées »* répondait à « *une exigence d'intérêt national* », sans préciser sa valeur constitutionnelle. Et dans une seconde décision n° 94-359 DC du 19 janvier 1995, il considère que *« la possibilité pour toute personne de disposer d'un logement décent est un objectif de valeur constitutionnelle »*. C'est sûrement dans la mise à disposition de logements décents aux personnes défavorisées que réside la principale mission à accomplir de cet objectif.

jurisprudence, la modification de certains critères des objectifs paraît souhaitable, qui plus est si celle-ci conduit *in fine* à une meilleure prise en considération du droit à l'alimentation[1].

2. La protection de la santé publique

1 086. – Contrairement à l'objectif sur le logement décent, l'objectif relatif à la protection de la santé publique a un fondement textuel unique (le Conseil constitutionnel le rattache en effet au 11e alinéa du Préambule de la Constitution de 1946 par une démarche d'interprétation[2]). Cet objectif traite à la fois du droit sanitaire et social, notamment du droit de la santé publique et du droit de la sécurité sociale[3]. Tout comme la possibilité pour toute personne de disposer d'un logement décent, la protection de la santé publique revêt un caractère hautement social et correspond à la catégorie des « droits économiques et sociaux »[4]. La finalité recherchée traduit donc elle aussi la présence d'un objectif de solidarité[5]. Par ailleurs, cet objectif répond (ici encore) à une logique d'égalité[6].

1 087. – Dans la mesure où l'objectif relatif à la santé publique vise un « droit épée » – un peu à l'image du droit au logement décent et surtout du droit de mener une vie familiale normale[7] –, alors pourquoi ne pas y rattacher le droit à l'alimentation ? Une alimentation saine et quotidienne semble être requise pour bénéficier du meilleur état de santé possible (étant entendu qu'il paraît impossible

[1] Parler de « droit au logement » et non pas d'objectif relatif au logement, comme le font certaines juridictions ordinaires, permettrait peut-être, tant par constructivisme jurisprudentiel que par analogie, d'incorporer dans le champ couvert par ce droit le droit à l'eau. En effet, comment parler d'un « droit au logement » si ce dernier ne dispose pas d'une fourniture en eau en qualité suffisante ? Les deux paraissent indissociables. Voir par exemple CE, 20 mai 1996, *Société Vortex*, *Rec.*, p. 189 ; CA, Orléans, 19 juin 1996, *Juris-Data* n° 043484 ; CA Paris, 26 novembre 1997, *Mairie de Paris c/Mme Leroy et autres*, *D.*, 1998, IR, p. 6.

[2] Comme le précise le Professeur de Montalivet, *« toutes les normes qui sont issues d'une interprétation du texte constitutionnel ont valeur constitutionnelle. C'est parce que les objectifs de valeur constitutionnelle sont rattachés à des textes constitutionnels qu'ils ont une valeur constitutionnelle. S'ils n'étaient que pure création prétorienne, ils n'auraient qu'une simple valeur législative »*. Voir P. de Montalivet, *Les objectifs de valeur constitutionnelle*, *op.cit.*, p. 119.

[3] L'objectif sur le logement décent se rattache quant à lui au droit d'habitation et au droit civil.

[4] En effet cet objectif, au même titre que le droit d'obtenir de la collectivité des moyens convenables d'existence, rentre dans la catégorie « droits économiques, sociaux et culturels ».

[5] Le Professeur de Montalivet précise que *« correspondent à cette valeur de solidarité les objectifs de la possibilité pour toute personne de disposer d'un logement décent, de la protection de la santé publique et de l'équilibre financier de la sécurité sociale. Les deux premiers manifestent des exigences de solidarité de la nation à l'égard des personnes les plus fragiles [...] »*. *Ibid.*, p. 171.

[6] *Ibid.*

[7] Le droit de mener une vie familiale normale est un droit pluraliste, étant donné qu'il fait également allusion aux objectifs de protection de la santé publique, d'équilibre financier de la sécurité sociale et de la possibilité pour toute personne de disposer d'un logement décent.

de bien se porter sans manger). Pour le Conseil, cet objectif garantit une liberté individuelle, certes, mais répond bel et bien de l'intérêt général[1]. D'où son paradoxe. Mais ce n'est pas là le lot de cet objectif. Celui relatif au logement décent est également concerné par cette hybridité (laquelle ne peut d'ailleurs que conduire à la remise en cause du caractère prétendument bienfondé du clivage classique entre les droits et les libertés constitutionnels).

1 088. – La Haute juridiction a longuement hésité avant de reconnaître le droit à la santé comme étant un objectif de valeur constitutionnelle. Il va de soi qu'elle hésiterait à nouveau pour rattacher ne serait-ce que par ricochet le droit à l'alimentation à un tel objectif[2]. Une fois de plus, il est important de faire remarquer que l'alimentation est un processus qui touche à la santé sans pour autant s'y confondre. Il est clair qu'une constitutionnalisation « franche et sèche » du droit à l'alimentation[3] serait préférable à une constitutionnalisation « par truchement », que ce soit au prisme du droit au logement décent ou du droit à la santé, mais une consécration par le biais de ces droits serait déjà une avancée remarquable (et sûrement nécessaire).

1 089. – L'utilisation on ne peut plus fluctuante faite par le Conseil d'État en jurisprudence de l'objectif sur la santé publique ne fait qu'avaliser le constat d'après lequel celui-ci est imprécis, voire englobant[4]. Il mériterait, *a minima*, d'être joint au droit à l'alimentation, bien qu'il soit proche dans ses termes de l'objectif relatif à l'ordre public[5]. Alors oui, les objectifs restent dans l'ensemble moins nombreux que les autres normes de valeur constitutionnelle[6], ce qui

---

[1] En effet, pour le Conseil constitutionnel, tout comme pour la Cour de justice de l'Union européenne et le Conseil d'État, cet objectif relève de l'intérêt général.

[2] Le Professeur de Montalivet précise que la reconnaissance de la valeur constitutionnelle de cet objectif par le Conseil a été *« graduelle, tardive et hésitante »*. *Ibid.*, p. 217. La protection de la santé publique est mentionnée pour la première fois par le Conseil constitutionnel, sans être qualifiée, dans la décision n° 67-44 L du 27 février 1967. Mais la première référence à la protection de la santé publique en tant qu'objectif est opérée dans la décision n° 89-269 DC du 22 janvier 1990, dans laquelle le Conseil cite le onzième alinéa du Préambule de 1946, qui garantit la protection de la santé, puis parle de l'*« objectif défini par le Préambule »*, après avoir parlé néanmoins des *« principes posés par le onzième alinéa du Préambule »*. Ici, voir CC, n° 89-269 DC, 22 janvier 1990, *Égalité entre Français et étrangers*, *Rec.*, p. 33, cons. 26.

[3] Voir J. Morin, *Libertés et droits fondamentaux dans les constitutions des États ayant le français en partage*, Bruylant, 1999, 726 pages.

[4] Cette imprécision n'est pas propre à l'objectif relatif à la protection de la santé publique. Comme le rappelle le Professeur de Montalivet, *« Les droits et libertés constitutionnels sont des normes imprécises et générales. Cette imprécision accroît l'interprétation du législateur. Cette imprécision rend l'application de la norme plus délicate »*. Ici, voir P. de Montalivet, *Les objectifs de valeur constitutionnelle*, *op.cit.*, p. 106. Et voir CE, 29 juillet 1998, *Comité national des interprofessions des vins et eaux de vie à appellation d'origine contrôlée*, n° 180771 ; ainsi que CE, 26 novembre 2001, *Association Liberté information santé et autres*, *Rec.*, p. 578.

[5] *Ibid.*, p. 276.

[6] Sur cette question, voir notamment J. Robert, « Les activités du Conseil constitutionnel », entretien, *L'Astrée*, septembre 1998, n° 5, p. 6.

tempère en conséquence le rôle d'interprète du Conseil[1], mais de l'avis de certains professeurs de droit constitutionnel, *« il faudrait bien plus que douze objectifs de valeur constitutionnelle pour rendre les droits et libertés constitutionnels effectifs »*[2]. Donc la reconnaissance d'un objectif protégeant nommément cette fois-ci les droits à l'eau et à l'alimentation serait de bon augure.

B. LES NORMES SUSCEPTIBLES DE PROTÉGER LE DROIT À L'ALIMENTATION ET D'ÊTRE CONSACRÉES PAR LE CONSEIL EN TANT QU'OBJECTIF DE VALEUR CONSTITUTIONNELLE

1 090. – Si plusieurs matières sont facilement constitutionnalisées, trop le sont peu. Et au nombre des principes « constitutionnalisables », mais non consacrés par le Conseil constitutionnel figurent à la fois le principe de précaution ainsi que le développement durable. Éstimant sûrement que les liens étaient trop ténus entre l'environnement et la santé publique, la Haute juridiction a, dans une décision datant de 2001, refusé tout bonnement de constitutionnaliser le principe de précaution[3]. L'adoption en 2005 de la Charte de l'environnement laissait entrevoir l'occurrence d'une éventuelle constitutionnalisation de ce principe, et ce d'autant plus qu'il figure à l'article 5 du texte[4], mais il n'en fut rien[5].

---

[1] Sur ce point, voir P. de Montalivet, *Les objectifs de valeur* constitutionnelle, op.*cit.*, p. 157.
[2] *Ibid.*, p. 158.
[3] Voir la décision n° 2001-446 DC du 27 juin 2001. Et sur le principe de précaution, voir notamment F. Ewald, C. Gollier et N. de Sadeleer, *Le principe de précaution*, Paris, PUF, coll. « Que sais-je ? », 2001 ; K. Foucher, *Principe de précaution et risque sanitaire. Recherche sur l'encadrement juridique de l'incertitude scientifique*, Paris, L'Harmattan, coll. « Logiques juridiques », 2002 ; A Gossement, *Le principe de précaution. Essai sur l'incidence de l'incertitude scientifique sur la décision et la responsabilité publiques*, Paris, L'Harmattan, coll. « Logiques juridiques », 2002 ; P. Kourilsky, G. Viney, *Le principe de précaution, op.cit.* ; C. Leben, J. Verhoeven (dir.), *Le principe de précaution. Aspects de droit international et communautaire*, Paris, éd. Panthéon-Assas, coll. « Droit international et relations internationales », 2002 ; L. Baghestani-Perrey, « Le principe de précaution : nouveau principe fondamental régissant les rapports entre le droit et la science », *D.* 1999, Chron., p. 457 ; C. Cans, « Le principe de précaution, nouvel élément du contrôle de légalité », *op.cit.*, p. 750 ; M.-F. Delhoste, « Le principe de précaution, un concept mondé par ses contradictions internes et le principe Alara », *RRJ*, 2003-3, p. 1667 ; C. Lepage, « Que faut-il entendre par principe de précaution ? », *GP*, 9 octobre 1999, p. 7 ; N. de Sadeleer, « Les avatars du principe de précaution en droit public. Effet de mode ou révolution silencieuse ? », *RFDA*, 2001, p. 547 ; D. Truchet, « Douze remarques simples sur le principe de précaution », *JCP*, G, 2002, act., 138.
[4] En effet, l'article 5 de la charte dispose que : *« Lorsque la réalisation d'un dommage, bien qu'incertaine en l'état des connaissances scientifiques, pourrait affecter de manière grave et irréversible l'environnement, les autorités publiques veillent, par application du principe de précaution et dans leurs domaines d'attributions, à la mise en oeuvre de procédures d'évaluation des risques et à l'adoption de mesures provisoires et proportionnées afin de parer à la réalisation du dommage ».*
[5] Pour aller plus loin, voir la contribution du Professeur de Montalivet in *Droit constitutionnel, op.cit.*

1 091. – Le Conseil a toujours décliné cette opportunité qui lui était pourtant offerte par le constituant de 2005 d'ériger le principe de précaution au rang d'objectif de valeur constitutionnelle. Cette logique de constitutionnalisation d'un simple principe ne lui est pourtant pas étrangère : il l'avait déjà suivi en ce qui concerne l'égal accès des hommes et des femmes aux mandats électoraux[1] (de principe, ce but est aujourd'hui devenu un objectif de valeur constitutionnelle). Alors pourquoi ne la réemprunterait-il pas aujourd'hui pour constitutionnaliser le principe de précaution ? Après tout rien ne l'en empêche[2].

1 092. – Alors certes, les rédacteurs de la Charte constitutionnelle de l'environnement[3] n'ont consacré qu'une série de droits, de devoirs et de principes, mais ces derniers pourraient servir de fondements à plusieurs objectifs de valeur constitutionnelle. C'est notamment le cas du développement durable, qui, au titre du développement économique et social, pourrait être un objectif de valeur constitutionnelle sur le fondement justement de la Charte de l'environnement[4]. Un objectif relatif à l'éducation, et plus exactement à la formation à l'environnement, pourrait également être consacré (étant entendu que les articles 8 et 9 de la charte y ont trait[5]). Toujours est-il que le Conseil a fini par consacrer l'objectif de valeur constitutionnelle de « la protection de l'environnement, patromoine commun des êtres humains » dans une décision n° 2019-823 QPC du 31 janvier 2020.

1 093. – S'ils sont vus comme des conditions d'effectivité du droit à la protection de la santé et du droit à l'environnement, le développement durable et le principe de précaution pourraient très bien devenir des objectifs de valeur constitutionnelle[6]. De toute façon, la liste des objectifs demeure *« variable et ouverte »*[7]. Cette incertitude est d'ailleurs *« renforcée par la signification même*

---

[1] Avant d'être érigé au rang d'objectif de valeur constitutionnelle, l'objectif d'égal accès des femmes et des hommes aux mandats électoraux et fonctions électives était qualifié de principe par l'article 4 de la Constitution.

[2] Cela dit, le principe de précaution a déjà été constitutionnalisé à travers l'article 5 de la Charte de l'environnement. Sur ce point, voir la décision *OGM* 2008-564 DC du 19 juin 2008.

[3] Le texte du projet de révision constitutionnelle a été préparé par la Commission Coppens entre 2002 et 2004.

[4] Le développement durable ne constitue pas à l'heure actuelle un objectif de valeur constitutionnelle mais un objectif législatif proclamé par le Code de l'environnement. L'article L. 110-1 du Code de l'environnement proclame : *« L'objectif de développement durable qui vise à satisfaire les besoins de développement et la santé des générations présentes sans compromettre la capacité des générations futures à répondre aux leurs »*.

[5] L'article 8 de la charte dispose en effet que : *« L'éducation et la formation à l'environnement doivent contribuer à l'exercice des droits et devoirs définis par la présente Charte »*. Quant à l'article 9, il précise que : *« La recherche et l'innovation doivent apporter leur concours à la préservation et à la mise en valeur de l'environnement »*.

[6] Sur cette question, voir tout particulièrement P. de Montalivet, *Les objectifs de valeur constitutionnelle*, *op.cit.*, pp. 266-268.

[7] *Ibid.*, p. 269.

des objectifs »[1], dont l'objet principal consiste à rendre effectifs les droits et libertés constitutionnels. Quant à la doctrine, ce n'est pas couru d'avance qu'elle avalise unanimement de telles constitutionnalisations, en dépit de ce qu'en pense d'ailleurs la Haute juridiction[2]. Cela est dommage, car d'une part, il n'y a pas de définition officielle des conditions d'existence des objectifs de valeur constitutionnelle, et d'autre part car en leur qualité de normes implicites, les objectifs sont *« le fruit de nombreux débats en doctrine »*[3].

1 094. – Quoi qu'il en soit, la catégorie des objectifs de valeur constitutionnelle reste difficile à cerner, car le juge constitutionnel peut en consacrer à tout moment[4]. Il n'est donc pas exclu qu'il consacre un jour nommément la possibilité de disposer d'une alimentation saine et en quantité suffisante en tant qu'objectif de valeur constitutionnelle. Et de manière moins inattendue le principe de précaution ainsi que le développement durable. Après tout, les droits-créances ne sont pas constitutionnels en eux-mêmes, mais sont la source d'objectifs potentiels ou en devenir. Le Conseil pourrait d'autant plus facilement reconnaître un objectif ayant trait au droit à l'alimentation sur le fondement des alinéas 10 et 11 du Préambule de la Constitution de 1946 que les références qu'il fait à ces derniers sont pour le moins imprécises dans sa jurisprudence[5].

1 095. – Il pourrait également être judicieux d'englober dans la politique sur la solidarité nationale des mesures visant à protéger spécifiquement les indigents (et pas seulement des mesures protégeant les retraités et la famille[6]). Une pareille démarche pourrait trouver un fondement dans le 12e alinéa du Préambule de la

---

[1] P. de Montalivet, *Les objectifs de valeur constitutionnelle*, *op.cit.*, p. 269.

[2] Comme le rappelle le Professeur de Montalivet, *« parfois, les objectifs de valeur constitutionnelle sont reconnus par la doctrine, mais non consacrés par le Conseil constitutionnel »*. Ce qui signifie que les analyses faites par les auteurs sont indépendantes de celles dégagées par la Haute juridiction. *Ibid.*, pp. 238-239.

[3] *Ibid.*

[4] *Ibid.*, p. 247 et s.

[5] En effet, comme le précise le Professeur de Montalivet, *« la jurisprudence du Conseil constitutionnel relative aux dispositions des dixième et onzième alinéas révèle les hésitations du juge. Le Conseil parle à la fois des « principes proclamés par le onzième alinéa du Préambule », de « l'objectif défini par le Préambule » ou de « l'exigence constitutionnelle résultant des dispositions précitées des dixième et onzième alinéas du Préambule ». Certaines décisions sont particulièrement ambiguës, comme en témoigne la décision n° 99-416 DC du 23 juillet 1999, dans laquelle le Conseil affirme, après avoir cité les dixième et onzième alinéas, « qu'il incombe au législateur, comme à l'autorité réglementaire, [...] de déterminer, dans le respect des principes posés par ces dispositions, les modalités concrètes de leur mise en œuvre ; [...] qu'il est à tout moment loisible au législateur [...] d'adopter, pour la réalisation ou la conciliation d'objectif de nature constitutionnelle, des modalités nouvelles dont il lui appartient d'apprécier l'opportunité ». Ibid.*, p. 249.

[6] Le Conseil a fait référence à une *« exigence de solidarité nationale »* dans la décision n° 2003-487 DC du 18 décembre 2003 (loi *portant décentralisation en matière de revenu minimum d'insertion et créant un revenu minimum d'activité*, *Rec.*, p. 473, cons. 8).

Constitution de 1946[1]. Et comment enfin ne pas penser au droit à l'emploi ? Il est certainement lié au droit à l'alimentation (pas de nourriture suffisante sans emploi en France). Cela dit, la Haute juridiction estime que c'est là un principe d'intérêt général[2] qui incombe au législateur plutôt qu'un objectif de valeur constitutionnelle à proprement parler[3].

1 096. – Clairement, le droit à l'alimentation ne représente pas un objectif de valeur constitutionnelle, et encore moins un objectif autonome, car il n'est pas mentionné en tant que tel dans la constitution. C'est également le cas du principe de précaution et du développement durable (et dans une plus large mesure de l'intérêt général[4]). En conséquence, c'est bien aux juridictions ordinaires qu'il appartiendra de préciser si les dispositions de la Charte de l'environnement sont d'applicabilité directe ou non (mais c'est regrettable car le Conseil pourrait tout aussi bien consacrer des objectifs sur le fondement de ses dispositions).

Section II. **LE STATUT DU DROIT EUROPÉEN À L'ALIMENTATION : ENTRE AFFIRMATIONS LATENTES ET LIMITATIONS PARFOIS INCOHÉRENTES**

1 097. – La Convention européenne de sauvegarde des droits de l'homme (ci-après CESDH)[5] constitue le premier instrument international ayant force obligatoire pour les États. Quant à la Charte des droits fondamentaux adoptée dans le cadre de l'Union européenne, elle s'en inspire largement (tout comme elle s'inspire de la jurisprudence de la CEDH). Sur le plan européen, la CESDH *« reste l'avancée la plus marquante dans la prise en compte de la protection des droits de l'homme »*[6]. Et si au commencement le droit international visait seulement les

[1] L'alinéa 12 du Préambule de 1946 dispose en effet que : *« La Nation proclame la solidarité et l'égalité de tous les Français devant les charges qui résultent des calamités nationales »*.

[2] Bien que les termes employés par le Conseil ne soient pas clairs, c'est en tout cas ce qui semble se dégager de la décision n° 2001-455 DC du 12 janvier 2002, *Loi de modernisation sociale* (*Rec.*, p. 49).

[3] Sur ce point, voir P. de Montalivet, *op.cit.*, pp. 252-253.

[4] L'intérêt général est partiellement constitutionnalisé dans la jurisprudence du Conseil constitutionnel (Cf. certaines expressions comme « nécessité publique »). Le Conseil se sert déjà de ces quelques références à l'intérêt général pour opérer un contrôle d'opportunité. Il n'est donc, de l'avis du Professeur de Montalivet, *« pas nécessaire de constitutionnaliser dans son ensemble l'intérêt général »*. *Ibid.*, p. 261.

[5] Par ailleurs, la CESDH instaure pour la première fois un organe de suivi : la Commission européenne des droits de l'homme, qui est chargée de veiller au respect, par les États membres, des engagements souscrits. Elle peut donc se prononcer sur la compatibilité des legislations nationales avec les droits garantis par la CESDH.

[6] Cf. l'allocution du Professeur Anne Levade sur « La mise en place du « monde de la Convention » et l'affirmation d'une doctrine « maison » », tenue le 5 mars 2010 à l'occasion du colloque pour le 60e anniversaire de la CEDH intitulé « Les droits de l'homme ont-ils « constitutionnalisé le monde » ? » (et

États, cela va changer avec l'apparition du droit international humanitaire et l'avènement de la notion même des droits de l'homme. L'idée étant bien sûr d'assurer une protection des droits de l'homme à l'échelle mondiale et régionale[1].

1 098. – Au départ pour la CEDH, les droits économiques et sociaux sont moins fondamentaux que les droits civils et politiques, mais par la suite, elle va considérer que les droits inscrits dans la CESDH sont eux aussi emprunts d'une acception sociale. En d'autres termes, la CEDH va admettre que certains droits sociaux (donc certains « droits épée ») puissent être indérogeables. C'est notamment le cas du droit à la vie – qui n'est pas sans lien avec le droit à l'alimentation – ou bien encore du droit à l'instruction. Va alors émerger l'idée que de tels droits représentent le noyau dur des droits de l'homme[2].

1 099. – En Europe, la jurisprudence va même jusqu'à dire qu'il n'y a pas la moindre hiérarchie possible entre les droits civils et politiques, et entre les droits économiques et sociaux[3]. Il est même arrivé à la CEDH de consacrer d'elle-même certains droits sociaux (par exemple la liberté syndicale[4], l'interdiction du travail forcé[5], ainsi que le droit à la protection de la vie privée et familiale[6]). Ceci étant dit, le Conseil de l'Europe émet un « droit asocial » contrairement à celui de l'Union européenne. Et la CESDH n'a trait qu'aux droits civils et politiques, ce qui signifie que la CSE est le seul support en Europe à n'avoir pour seule vocation que la sauvegarde des droits sociaux[7].

1 100. – Dans l'Union européenne, la logique est différente dans la mesure où la Charte relative aux droits fondamentaux ne fait pas la distinction entre les différentes générations de droits. Elle plaide en faveur d'une interdépendance et d'une indivisibilité des droits de l'homme – qui restent hautement appréciée par bon nombre de spécialistes[8] –, mais ne trouve pas d'écho significatif en ce sens

organisé par CERCO-CREDHO DI-IRIDIES à la Maison de l'Europe). Le détails de cet évènement sont disponibles à partir du lien Internet suivant : http://combatsdroitshomme.blog.lemonde.fr/2010/03/05/les-droits-de-lhomme-ont-ils-constitutionnalise-le-monde-60eme-anniversaire-de-la-cedh-cerco-credho-di-iridies-5-6-mars-2010-maison-de-leurope/ [consulté le 15 septembre 2018]

[1] Quant à la DUDH adoptée le 10 décembre 1948, elle va déclencher l'internationalisation des droits de l'homme. Les deux pactes adoptés par l'Assemblée générale des Nations Unies en 1966 consolideront cette tendance.

[2] Sur cette question, voir tout particulièrement J. Dhommeaux, « Le noyau dur des droits de l'homme et la société démocratique en droit international des droits de l'homme », *op.cit.*, pp. 35-90.

[3] Voir notamment Y. Lécuyer, *Memento jurisprudence de la CEDH*, Hachette, 4 juillet 2012, 160 pages.

[4] Voir *infra*.

[5] *Ibid.*

[6] *Ibid.*

[7] Voir tout particulièrement O. de Schutter, *La Charte sociale européenne – Une constitution sociale pour l'Europe*, Bruylant, février 2010.

[8] Sur cette question, voir D. Roman, *Droits des pauvres, pauvres droits ? Recherches sur la justiciabilité des droits sociaux*, *op.cit.*

en jurisprudence[1]. La CJUE ayant du mal à formuler certains principes généraux du droit de l'Union européenne qui soient rattachables, du moins par truchement, aux droits consacrés par la Charte[2], il est pour l'heure difficile, voire impossible, d'entrevoir la reconnaissance de certains droits vitaux par la Haute juridiction.

1 101. – En résumé, le droit du Conseil de l'Europe reste attaché à la distinction générationnelle relative aux droits de l'homme, mais promeut une jurisprudence dynamique à travers la CEDH (laquelle tend à uniformiser en les standardisant les droits humains), tandis que le droit de l'Union européenne défend une universalisation des droits de l'homme qui n'a pas la valeur ajoutée escomptée en jurisprudence. Ou du moins pas suffisamment. Dans ces conditions, il semble utile de s'intéresser au « sort » réservé par les traités fondateurs au droit à l'alimentation en étudiant son statut au sein à la fois du Conseil de l'Europe (§I), et de l'Union européenne (§II). Cette démarche aura cela d'intéressant qu'elle permettra de mettre en avant les affirmations latentes ainsi que les limitations parfois incohérentes d'un tel droit.

§I. L'ABSENCE D'AUTONOMIE DU DROIT À L'ALIMENTATION DANS LE DROIT DU CONSEIL DE L'EUROPE

1 102. – Au lendemain de la seconde guerre mondiale, l'Europe de l'Ouest fut la première région géo-politique à instaurer un système régional de coopération dans plusieurs domaines de la vie moderne, et d'emblée, les droits de l'homme en constituèrent la pierre angulaire. Et la CESDH, et la CSE sont, au Conseil de l'Europe, *« les deux instruments les plus anciens et les plus complets relatifs aux droits de l'homme »*[3].

1 103. – Si les rédacteurs de la CESDH ont initialement refusé d'y inclure les droits sociaux, c'est surtout pour doter l'Europe d'après-guerre des garanties conjointes au respect des droits de l'homme, à savoir les principes de légalité et de la démocratie politique. Un autre motif résidait dans l'incapacité évidente de plusieurs États à mettre pleinement en œuvre les droits sociaux, tout du moins pas avant un avenir éloigné[4].

---

[1] Voir *infra*.
[2] À l'exception peut-être du droit à une bonne administration.
[3] D. Gamien, D. Harris et L. Zwaak, *Convention européenne des droits de l'homme et Charte sociale européenne : droit et pratique*, Strasbourg, éd. du Conseil de l'Europe, 1998, p. 18.
[4] Cf. Assemblée parlementaire du Conseil de l'Europe, document de travail 4213, p. 6.

1 104. – Ces préoccupations ont abouti à la décision d'adopter deux traités distincts : l'un garantissant les droits civils et politiques, l'autre les droits économiques, sociaux et culturels. Mais s'il avait été jugé *« impossible d'inclure les deux catégories de droit dans le même traité »*[1], l'étude proposée *infra* aura vocation à montrer que certains droits individuels sont connexes au droit à l'alimentation dans le cadre de la CESDH (A), tandis que certains droits collectifs le sont également dans le cadre de la CSE révisée (B).

A. L'EXEMPLE DES DROITS CONNEXES AU DROIT À L'ALIMENTATION DANS LE CADRE DE LA C.E.S.D.H.

1 105. – Les premières mesures adoptées par les rédacteurs de la convention ont été suivies de onze protocoles, dont quatre (les protocoles n° 1, 4, 6 et 7) développent le contenu de certains droits déjà énoncés ou introduisent de nouveaux droits dans le système. Par leur portée, *« ils restent limités pour l'essentiel à la catégorie des droits civils et politiques (les droits économiques, sociaux et culturels sont consacrés principalement dans le cadre de la Charte sociale européenne) »*[2]. Au nombre des droits sus-évoqués, trois ont ou peuvent avoir des accointances directes avec le droit à l'alimentation : le droit à la vie (1), le droit à l'intégrité physique (2) et enfin le droit à l'instruction (3).

1. Le droit à la vie (et l'abolition de la peine de mort)

1 106. – Au sens le plus évident, le droit à la vie est *« un droit élémentaire de l'être humain »*[3] compte tenu du mépris flagrant pour la vie humaine manifesté au cours de la seconde guerre mondiale. Il n'est dès lors pas anormal que les catalogues relatifs aux droits de l'homme commencent par celui-ci. Juste avant l'adoption de la CESDH, l'article 3 de la DUDH précisait ainsi que *« tout individu a droit à la vie, à la liberté et à la sûreté de sa personne »*[4]. Toutefois, ni la CESDH, ni la DUDH ne contenaient d'articles spécifiques sur l'abolition de la peine de mort. Il a donc fallu attendre 1966 et l'élaboration du PIDCP pour

---

[1] D. Gamien, D. Harris et L. Zwaak, *op.cit.*, p. 18. Voir également sur ce point O. de Schutter, « Systèmes de protection des droits de l'homme », UCL-FUSL.

[2] Voir F. Sudre et R. Tinière, *Droit communautaire des droits fondamentaux*, Anthémis, coll. Droit & Justice, 3e éd., 2013, 478 pages.

[3] *Ibid.*

[4] Il est donc tout à fait possible de considérer l'article 3 de la DUDH comme étant le précurseur de l'article 2 de la CESDH.

qu'enfin les États se voient signifier l'interdiction de prononcer une peine de mort à l'endroit des enfants et de l'exécuter s'agissant des femmes enceintes[1].

1 107. – Par la suite, et le deuxième protocole du PIDCP, et le protocole n° 6 à la CESDH l'ont évoqué à leur tour, étant étendu qu'ils ont recommandé aux États qui ne l'avaient pas encore adopté d'y remédier dans le cadre de leur législation[2]. Autrement dit, l'article 6§2 du PIDCP pourrait être interprété comme une interdiction d'adopter la peine capitale, dans la mesure où il utilise les termes *« dans les pays qui n'ont pas aboli la peine de mort »*[3]. Ces mots ne sont pas totalement étrangers à ceux choisis par un célèbre écrivain français lorsqu'il précisait que *« si Louis XVI eût abolit la peine de mort, comme il avait aboli la torture, sa tête ne serait pas tombée »*[4].

1 108. – Le droit à la vie évoqué par l'article 6 du PIDCP est plus englobant que celui retranscrit dans le cadre de la CESDH, dans la mesure où certains aspects tels que le génocide et le droit de recours contre une condamnation à la peine de mort y figurent clairement. Cela dit, le Comité des droits de l'homme en a lui aussi fait une interprétation large dans un commentaire général datant de 1982. Pour le comité, *« la protection du droit à la vie exige que les États prennent des mesures positives en vue de préserver la vie, par exemple, pour diminuer la mortalité infantile et éliminer la malnutrition des plus démunis »*[5]. Le comité a donc clairement rattaché le droit à l'alimentation au droit à la vie. Étant donné que le droit à la vie est un droit civil et politique, il n'est alors pas anormal de considérer que le droit à l'alimentation en constitue un lui aussi (au moins par analogie).

1 109. – Pour une partie de la doctrine, ce commentaire général irait bien au-delà de la portée générale de l'article 2 de la CESDH, *« lequel ne protège ni la qualité de la vie, ni la vie elle-même »*[6]. *A priori*, cet article se borne à protéger le droit à

---

[1] Et pourtant, le PIDCP ne prévoie pas l'obligation d'abolition de la peine de mort. L'article 6 prévoit simplement un certain nombre de restrictions à l'application de cette peine (parmi celles-ci, certaines visent donc les enfants et les femmes enceintes).

[2] Le deuxième protocole au Pacte est entré en vigueur le 11 juillet 1991, tandis que le Protocole n° 6 à la convention est entré en vigueur quelques six ans plus tôt, le 1er mars 2005. Par conséquent, *« la convention est le premier instrument de droit international qui fait de l'abolition de la peine de mort une obligation légale »*. Ici, voir D. Gamien, D. Harris et L. Zwaak, *Convention européenne des droits de l'homme et Charte sociale européenne : droit et pratique*, *op.cit.*, p. 104.

[3] L'article 6§1 rattache quant à lui le droit à la vie à la dignité humaine. Cet alinéa dispose en effet que : *« Le droit à la vie est inhérent à la personne humaine. Ce droit doit être protégé par la loi. Nul ne peut être arbitrairement privé de la vie »*.

[4] Victor Hugo est un artiste, écrivain, poète et romancier français né en 1802 et mort en 1885.

[5] Cf. 6 [16], 27-7-1982 ; A/37/40 (1982), annexe V, pp. 93-94.

[6] D. Gamien, D. Harris et L. Zwaak, *op.cit.*, p. 104.

la vie, si tant est que son analyse repose sur une lecture littérale[1]. En conséquence, il n'offre qu'une protection directe contre les États, et non contre les particuliers eux-mêmes. C'est d'ailleurs le cas de la plupart des autres articles fondamentaux que comporte la CESDH. En effet, concernant ces droits-là, *« les recours peuvent uniquement viser des actes ou omissions dont le gouvernement porte la responsabilité »*[2]. En guise de tempérament, il est possible d'imaginer qu'un recours puisse malgré tout être introduit contre une personne physique *« si la violation provient d'un manque de protection de la part du gouvernement »*[3].

1 110. – En outre, la Commission des droits de l'homme a précisé que *« les États sont tenus de prendre les mesures appropriées en vue de préserver la vie »*[4]. Cela signifie que si le droit à la vie représente un « droit liberté » en théorie, la pratique peut très bien l'amener à se muer en un vrai « droit créance »[5]. Aux obligations d'abstention incombant aux États s'adjoignent donc des obligations positives d'action. En définitive, *« la protection offerte par l'article 2 peut être plus vaste qu'il n'y paraît à première vue »*[6]. Ce constat est renforcé par certaines interprétations de la Commission des droits de l'homme qui n'a pas hésité à aller jusqu'à contraindre – au titre de l'article 2 de la CESDH – les États à s'assurer que la législation nationale criminalise l'intention de donner la mort de la part des personnes privées[7]. À cette injonction s'est par ailleurs greffée celle d'appliquer une telle législation[8].

1 111. – La commission a également énoncé que l'État avait une obligation positive de protéger la vie lorsqu'*« il existe une forte probabilité qu'il sera attenté à la vie d'un particulier »*[9]. Donc pour résumer, l'article 2 de la CESDH *« limite les circonstances dans lesquelles un État est à même d'infliger la mort à une personne et exige que l'État empêche, dans la mesure du possible [...], les*

---

[1] D. Gamien, D. Harris et L. Zwaak, *Convention européenne des droits de l'homme et Charte sociale européenne: droit et pratique*, *op.cit.*, p. 104.
[2] *Ibid.*
[3] *Ibid.*
[4] Cf. N° 7154/75, Déc. 12.7.78, D.R.14, p. 31 (35-37). Et dans une décision N° 9348/81, Déc. 28.2.83, D.R.32, p. 190 (208-210), la commission a énoncé que l'article 2 entraînait en effet des obligations positives pour l'État.
[5] Une telle hybridité n'est donc pas propre au droit à l'alimentation, mais concerne plusieurs, si ce n'est la plupart des « droits épée ».
[6] D. Gamien, D. Harris et L. Zwaak, *op.cit.*, p. 104.
[7] Ici, voir la requête dirigée contre le Royaume-Uni (Cf. N° 10044/82 Déc. 10.7.84, D.R. 39, p. 163 (182-184)).
[8] *Ibid.*
[9] Dans une requête dirigée contre le Royaume-Uni par exemple, les membres de la famille de deux hommes tués par l'IRA en Irlande du Nord ont soutenu que le gouvernement était tenu de les protéger contre cette éventualité. La commission a estimé que l'article 2 ne prévoyait pas d'obligations, pour un État, d'assurer un déploiement tel de ses forces de police et ses forces armées qu'il exclue la possibilité de pareils actes de violence. (Cf. N° 9348/81, Déc. 28.2.83, D.R. 32, p. 190 (209-210)).

citoyens de commettre des homicides »[1]. Alors certes, l'article offre quelques concessions aux autorités publiques, notamment pour des raisons logistiques et pratiques[2], et sur le plan des homicides prémédités[3], mais il est tout de même très restrictif en ne laissant dans l'ensemble les gouvernements libres d'y porter atteinte que dans de rares occasions. Au vu de ses accointances avec le droit à l'alimentation, le droit à la vie n'aurait pas été d'un grand secours si cela n'avait pas été le cas.

2. Le droit à l'intégrité physique

1 112. – Sans surprise, les dispositions de l'article 3 de la CESDH s'inscrivent dans le prolongement de celles relatives au droit à la vie[4], et ne sont pas sans lien avec le droit à l'alimentation. Il paraît en effet difficile, sinon impossible, de jouir d'une bonne intégrité physique sans bénéficier d'une nourriture en quantité et en qualité suffisantes pour y parvenir. Le précurseur de l'article 3 réside lui aussi au sein de la DUDH, et plus exactement en son article 5, dans lequel la seule différence est l'ajout du mot « cruel » dans la description des traitements ou des peines interdits.

1 113. – Quant à l'article 7 du PIDCP, il reprendra à l'identique la terminologie utilisée par la DUDH, en y adjoignant simplement une disposition proscrivant les expériences médicales sans le consentement des intéressés[5]. Au surplus, deux conventions internationales viennent compléter ce dispositif autour du droit à l'intégrité physique, avec la Convention des Nations Unies de janvier 1987 contre la torture et autres peines ou traitements cruels, inhumains ou dégradants[6], ainsi que la Convention européenne adoptée peu de temps après, en l'occurrence au

---

[1] D. Gamien, D. Harris et L. Zwaak, *Convention européenne des droits de l'homme et Charte sociale européenne : droit et pratique*, *op.cit.*, p. 106.

[2] Dans une requête contre l'Irlande, la commission, observant que l'article 2 énonce que *« le droit de toute personne à la vie est protégé par la loi »* et que le requérant n'avait pas soutenu que le droit irlandais lui-même était déficient, a déclaré qu'il n'incombait à l'État aucune obligation de fournir des gardes du corps, *« du moins pas pour une durée indéterminée »* (Cf. N° 6040/73, Déc. 20.7.73, Annuaire 16, p. 389-393).

[3] Cette dernière circonstance s'applique aussi de manière implicite aux particuliers agissant en tant qu'agents de l'État. Sur cette question, voir D. Gamien, D. Harris et L. Zwaak, *op.cit.*, p. 106.

[4] L'article 3 de la CESDH précise en effet que : *« Nul ne peut être soumis à des peines ou traitements inhumains ou dégradants »*.

[5] L'article 7 du PIDCP prévoit que : *« Nul ne sera soumis à la torture ni à des peines ou traitements cruels, inhumains ou dégradants. En particulier, il est interdit de soumettre une personne sans son libre consentement à une expérience médicale ou scientifique »*.

[6] Pour consulter la version intégrale de cette convention, voir le lien Internet suivant : http://www.cncdh.fr/sites/default/files/cat_protocole_1.pdf [consulté le 22 septembre 2018]

mois de février 1989, pour la prévention de la torture et des peines ou traitements inhumains ou dégradants[1].

1 114. – Étant donné que *« les droits de ne pas être soumis à la torture et de ne pas subir de traitements ou de peines inhumains ou dégradants comptent parmi les droits de l'homme les plus fondamentaux »*[2] (puisqu'ils sont liés à l'intégrité personnelle et à la dignité humaine de l'individu), leur importance sera en conséquence non-négligeable à l'appui d'une éventuelle requête introduite auprès des juridictions européennes tendant à faire valoir le droit à l'alimentation. Ils pourront, par truchement, défendre les intérêts de requérants dont la privation volontaire de nourriture aurait initialement motivé leur action en justice. Cela n'a en réalité rien de très étonnant, au vu de *« la place extrêmement élevée qu'occupent ces droits dans la hiérarchie des droits de l'homme et de leur statut spécial à cet égard »*[3].

1 115. – Effectivement, un État ne saurait, en l'état actuel du droit européen, recourir à l'article 15§2 de la CESDH – lequel permet en temps de crise de déroger à l'application de certains droits[4] –, afin de se soustraire à l'application de l'article 3. Il en va de même concernant l'article 2 sur le droit à la vie. Il serait donc important de considérer le droit à l'alimentation comme étant, dans toutes ses dimensions, un droit indérogeable, tout comme le sont déjà les droits à la vie et à l'intégrité physique. Les correspondances qu'entretiennent l'ensemble de ces droits paraissent trop fortes pour occulter l'importance du droit à l'alimentation. Ce paradigme ne sera toutefois possible que lorsqu'un tel droit fera l'objet d'une consécration cette fois-ci expresse, et non plus implicite, dans la CESDH.

3. Le droit à l'instruction

1 116. – Pour n'importe qui, l'accès à l'emploi sera facilité par l'instruction. Plus le niveau de formation sera élevé, et plus le niveau de rémunération sera important. Du moins en théorie. Il est alors possible de faire un lien entre le droit à l'instruction, le droit à l'emploi et le droit à l'alimentation, étant donné qu'avoir un travail permet de se nourrir. Au moment d'adopter la CESDH, *« le droit à*

---

[1] Pour consulter la version intégrale de cette convention, voir le lien Internet suivant : https://rm.coe.int/16806dbaa6 [consulté le 22 septembre 2018]

[2] D. Gamien, D. Harris et L. Zwaak, *Convention européenne des droits de l'homme et Charte sociale européenne : droit et pratique*, *op.cit.*, p. 115.

[3] *Ibid.*

[4] L'article 15§2 de la CESDH énonce en effet que : *« La disposition précédente n'autorise aucune dérogation à l'article 2, sauf pour le cas de décès résultant d'actes licites de guerre, et aux articles 3, 4 (paragraphe 1) et 7 »*. L'article 4 est relatif à l'interdiction de l'esclavage et du travail forcé et l'article 7 est relatif à la légalité des peines.

l'instruction était l'un des droits les plus controversés, notamment le droit des parents d'influer sur l'éducation de leurs enfants »[1]. La DUDH contient en son article 26 plusieurs considérations ayant trait aux programmes d'enseignement. Ainsi l'enseignement élémentaire doit être gratuit et obligatoire[2]. Quant à l'accès aux formations techniques et professionnelles, celui-ci doit être ouvert au plus grand nombre et facilité le plus possible. Certaines lignes directrices concernant l'orientation et la finalité de l'activité éducative sont aussi données[3].

1 117. – En droit européen, il a fallu attendre l'entrée en vigueur du Protocole additionnel n° 1, et plus exactement de son article 2 pour voir figurer le droit à l'instruction[4]. Dans l'ordre chronologique, son successeur est l'article 13 du PIDESC, lequel ne présente – au même titre d'ailleurs que l'article 26 de la DUDH – qu'un aspect programmatique[5]. Il met néanmoins l'accent sur un certain nombre de points : l'instauration progressive de la gratuité de l'enseignement à tous les niveaux[6], la structure ainsi que le développement de réseaux scolaires[7] et la mise en place d'un enseignement de remédiation[8]. En outre, une Convention de l'UNESCO concernant spécifiquement la lutte contre les discriminations en matière d'enseignement existe (celle-ci définit notamment des droits spécifiques dans ce domaine[9]).

1 118. – La Haute juridiction européenne a précisé dans un arrêt *Campbell et Cosans* du 25 février 1982 que le droit à l'instruction constituait bel et bien un droit-créance. En effet, pour le juge européen, *« le droit à l'instruction garanti par la seconde phrase de l'article 2 du Protocole additionnel n° 1 appelle de par sa nature même une règlementation par l'État, mais elle ne doit jamais en atteindre la substance ni se heurter à d'autres droits consacrés par la convention et les protocoles »*[10]. Il y a de fait fort à parier pour que ladite règlementation impartisse à l'autorité nationale compétente des obligations positives en matière

---

[1] D. Gamien, D. Harris et L. Zwaak, *Convention européenne des droits de l'homme et Charte sociale européenne : droit et pratique*, *op.cit.*, pp. 349-350. Ce droit des parents sur l'éducation de leurs enfants est pourtant prévu à l'article 26§3 de la DUDH (lequel énonce que : *« Les parents ont, par priorité, le droit de choisir le genre d'éducation à donner à leurs enfants »*).

[2] Cf. l'article 26§1 de la DUDH.

[3] D'après l'article 26§2 de la DUDH : *« L'éducation doit viser au plein épanouissement de la personnalité humaine et au renforcement du respect des droits de l'homme et des libertés fondamentales. Elle doit favoriser la compréhension, la tolérance et l'amitié entre toutes les nations et tous les groupes raciaux ou religieux, ainsi que le développement des activités des Nations Unies pour le maintien de la paix »*.

[4] Pour aller plus loin sur le droit à l'instruction consacré par le protocole, voir le guide de la Cour européenne des droits de l'homme qui y est entièrement consacré.

[5] Sur cette question, voir tout notamment D. Gamien, D. Harris et L. Zwaak, *op.cit.*, pp. 349-350.

[6] Cf. l'article 13§2 alinéas a) et b) du PIDESC.

[7] Cf. l'article 13§2 alinéa e) du PIDESC.

[8] Cf. l'article 13§2 alinéa d) du PIDESC.

[9] L'article 3 alinéa e) impose par exemple aux États signataires d'accorder aux ressortissants étrangers les mêmes droits d'accès à l'enseignement qu'à leurs propres nationaux.

[10] Voir l'arrêt *Campbell et Cosans* de la CEDH du 25 février 1982, Série A n° 48, pp. 18-19, par. 40-41.

d'enseignement. La CEDH rattache par ailleurs le droit à l'instruction aux articles 8, 9 et 10 de la CESDH qui ont respectivement trait au respect de sa vie privée et familiale, à la liberté de pensée, de conscience et de religion, et à la liberté de recevoir – ou de communiquer – des informations ou des idées[1].

1 119. – Le droit à l'instruction, entendu comme un droit-créance, ne doit donc pas entraver l'exercice de plusieurs droits-libertés. S'il est si intéressant à prendre en compte, c'est parce qu'il démontre d'une part en quoi la CESDH « recèle » en son sein des « droits-épée », et d'autre part à quel point le droit à l'alimentation est transversal, donc par définition hybride. En définitive, celui-ci s'entrevoit facilement au prisme de plusieurs droits retranscrits dans la CESDH, qui reste malgré tout réputée n'avoir consacré que des droits civils et politiques. Donc ce constat renforce tout le crédit qu'accordent certains juristes à l'antithèse autour de la classification classique des droits de l'homme.

B. L'EXEMPLE DES DROITS CONNEXES AU DROIT À L'ALIMENTATION DANS LE CADRE DE LA CHARTE SOCIALE EUROPÉENNE REVISÉE

1 120. – La CSE est une création du Conseil de l'Europe, et constitue le pendant de la CESDH. Adoptée en 1950, la CESDH protège uniquement les droits civils et politiques, *« pour une question de priorité et de tactique »*[2]. Avec la CSE, il fallait disposer d'*« un texte bref et relatif, relativement non controversé pour que les gouvernements puissent l'accepter immédiatement à la faveur de l'engouement général pour la protection des droits de l'homme »*[3]. CESDH et CSE reconnaissent aux citoyens européens la plupart des droits retranscrits dans

[1] Dans l'arrêt *Campbell et Cosans* précité, le juge européen a en effet précisé que : *« Les dispositions de la CESDH et du Protocole doivent être envisagées comme un tout. Dès lors, il faut lire les deux phrases de l'article 2 à la lumière non seulement l'une de l'autre, mais aussi, notamment, des articles 8, 9 et 10 de la CESDH qui proclament le droit de toute personne, y compris les parents et les enfants, « au respect de sa vie privée et familiale », à « la liberté de pensée, de conscience et de religion », et à « la liberté de recevoir ou de communiquer des informations ou des idées » »*. Voir l'arrêt Campbell et Cosans de la CEDH du 25 février 1982, *op.cit.*

[2] D. Gamien, D. Harris et L. Zwaak, *Convention européenne des droits de l'homme et Charte sociale européenne : droit et pratique*, *op.cit.*, p. 401. Et comme le rappelle ces mêmes auteurs, *« Compte tenu des valeurs dominantes au sein du Conseil de l'Europe, cela impliquait de limiter la convention aux droits civils et politiques essentiels par rapport aux modes de vie démocratique. Les droits économiques, sociaux et culturels, qui risquaient de susciter trop de controverses et de difficultés de mise en œuvre, ne pouvaient pas être inclus à ce stade. Dix ans plus tard, la possibilité est apparue d'adopter la Charte sociale européenne en complément à la CESDH »*.

[3] *Ibid.*, p. 401.

la DUDH[1]. Ces traités sont les correspondants, au niveau régional, respectivement du PIDCP et du PIDESC. Bien que la CSE fut révisée à la fin des années 1990[2] pour consacrer notamment deux nouveaux droits connexes au droit à l'alimentation (en l'occurrence le droit à la protection contre la pauvreté et l'exclusion sociale[3], mais également le droit au logement[4]), cette charte reste intéressante à analyser du point de vue de la porosité de certains droits économiques, sociaux et culturels. À pareille fin seront plus exactement visés les droits au travail (1), et à la protection de la santé (2).

1. Le droit au travail

1 121. – Il n'y a pas que les droits civils et politiques prévus dans la CESDH qui accréditent la thèse du manque d'étanchéité avec les droits économiques, sociaux et culturels. Les droits sociaux eux-mêmes – enfin certains de ceux consacrés dans la CSE – peuvent également en attester et ainsi servir de fondement aux discours tenant à la remise en cause de la vision binaire des droits de l'homme. La logique sera donc inversée, car s'ils sont initialement conçus comme des « droits épée », les droits retranscrits dans la charte – et tout particulièrement ceux étudiés *infra* – pourront, en raison du contexte ou eu égard au but poursuivi, potentiellement se muer en « droits bouclier ». Ceci est tout particulièrement vrai du droit au travail.

1 122. – En tant que droit-créance, le Comité d'experts indépendants a exigé que les parties appliquent *« une politique économique cohérente visant explicitement à atteindre le niveau d'emploi visé à l'article 1§1 »*[5] de la charte. En conséquence, *« un État qui viendrait abandonner à un moment donné l'objectif de plein emploi en faveur d'un système économique prévoyant une réserve permanente de*

---

[1] Voir tout particulièrement la Résolution de l'Assemblée générale des Nations Unies 217A (III), Documents officiels de l'Assemblée générale, 3e session, 1re partie, Résolutions, p. 71.

[2] Pour aller plus loin sur cette question, voir notamment D. Gamien, D. Harris et L. Zwaak, *Convention européenne des droits de l'homme et Charte sociale européenne : droit et pratique*, *op.cit.*, p. 433.

[3] Au départ, aucune protection générale n'était prévue contre la pauvreté. Il existait seulement une protection par le biais du droit à un salaire qui assure « un niveau de vie décent » aux travailleurs et à leur famille (Cf. l'article 4§1 de la CSE, ainsi que l'article 4§1 alinéa a) du Protocole additionnel relatif aux ressources suffisantes pour permettre aux personnes âgées de mener une existence décente), et du droit à l'assistance sociale et médicale (Cf. article 13 de la Charte sociale et européenne), mais il manquait une garantie générale de « niveau de vie décent » pour tous (comme l'article 11§1 du PIDESC le prévoit pourtant). *« Toutefois ici, la lacune serait comblée par le projet de Charte sociale européenne révisée, qui impose aux parties de s'engager « à promouvoir des mesures dans le cadre d'une approche globale et coordonnée pour promouvoir l'accès effectif notamment à l'emploi, au logement, à la formation, à l'enseignement, à la culture, à l'assistance sociale et médicale des personnes se trouvant ou risquant de se trouver en situation d'exclusion sociale ou de pauvreté, et de leur famille (article 30) »». Ibid.*, p. 435.

[4] *Ibid.*

[5] *Ibid.*, p. 406.

chômeurs, commettrait une violation de la Charte sociale européenne »[1]. Étudier le droit au travail permet de voir qu'il existe en réalité une nuance prégnante entre les droits sociaux s*tricto sensu*, qui eux n'ont trait qu'à la sphère du travail, et les droits économiques à proprement parler, qui eux concernent les personnes en-dehors de cette sphère[2].

1 123. – Pour se conformer à l'article 1§1 au cours d'un cyclé donné de rapports, la partie contractante devra adopter des mesures destinées à *« améliorer la performance de l'État »*[3], mais ce n'est pas important que cette amélioration ne soit pas significative étant entendu qu'il s'agit là d'une disposition avant tout dynamique. Par voie de conséquence, *« si le fait que le chômage a augmenté ou diminué au cours d'un cycle donné est, certes important, il ne constitue pas une preuve irréfutable de respect ou bien de non-respect de la charte »*[4]. L'obligation d'action qui pèse sur les pouvoirs publics est donc modulable, dans la mesure où il est tout compte fait plutôt question d'une obligation de moyen que de résultat.

1 124. – À aucun moment l'article 1§2 de la charte a imposé à l'État de veiller à ce que chaque citoyen ait un emploi. Que ce soit en Europe ou ailleurs, le travailleur conserve le droit de gagner sa vie par un travail librement consenti. Ce qui signifie d'une part que le droit au travail est aussi un droit-liberté, et pas seulement un droit-créance par excellence, mais aussi que *« les normes que fixe cette charte n'ont pas grand-chose qui soit manifestement européen »*[5]. Autrement dit, les normes relatives aux droits économiques épousent étroitement celles de l'OIT – qui sont d'application universelle –, et les garanties relatives aux droits sociaux ne sont pas, pour l'essentiel, différentes de celles reconnues dans le PIDESC de 1966, lui aussi universel.

1 125. – C'est ici qu'il est possible de faire un lien avec le droit à l'instruction reconnu via l'article 2 du Protocole n° 1. Dans l'arrêt *Campbell et Cosans* sus-évoqué, la Cour avait estimé que *« l'éducation des enfants est la somme des procédés par lesquels, dans toute société, les adultes tentent d'inculquer aux jeunes leurs croyances, coutumes et valeurs, tandis que l'enseignement ou l'instruction vise notamment la transmission des connaissances et la formation*

---

[1] D. Gamien, D. Harris et L. Zwaak, *Convention européenne des droits de l'homme et Charte sociale européenne : droit et pratique*, *op.cit.*, p. 406.

[2] En effet, il y au sein des deux catégories de droits de l'homme que sont les droits civils et politiques, et les droits économiques, sociaux et culturels, des subdivisions internes qui ne seront toutefois pas mises en avant.dans le cadre de ce chapitre.

[3] D. Gamien, D. Harris et L. Zwaak, *op.cit.*, p. 406.

[4] *« L'article 1§1 est une des dispositions de la Partie II de la charte sur l'observance de laquelle le Comité d'experts indépendants ne se prononce pas pour l'instant. Il se borne à examiner et à commenter la politique et la situation de l'emploi de l'État qui soumet le rapport. Jusqu'au 7e cycle de rapports, une évaluation était faite qui fut ensuite abandonné, apparemment en raison de la nature politique sensible et extrêmement complexe de la question de la politique de l'emploi ». Ibid.*

[5] *Ibid.*, p. 437.

intellectuelle »[1]. Ce n'est donc pas à l'État d'inculquer aux futurs travailleurs la « vision de la société » qui lui semble être la plus juste, ni, *a fortiori*, de choisir à leur place le métier qu'ils devraient exercer plus tard. Et en ce sens, le « travail librement entrepris »[2] dont parle la charte n'est pas sans lien avec cette liberté qu'ont les individus de suivre leurs études en fonction de leurs convictions personnelles, lesquelles sont généralement transmises par les parents.

1 126. – Si les parties contractantes ont l'obligation d'assurer autant que possible le plein emploi, elles ne sauraient contraindre quiconque à occuper un emploi contre son gré – sauf peut-être à méconnaître l'interdiction du travail forcé[3] –, ni se substituer aux individus dans leurs choix de carrière. Cela n'a rien de surprenant, et s'inscrit dans le prolongement des ambivalences qui pèsent sur les pouvoirs publics en matière de mesures éducatives. Si le droit à l'instruction est par essence un droit-créance, il peut, par exception, être un droit-liberté. La logique est exactement la même concernant le droit à l'emploi. L'État lui-même doit offrir une protection tant contre le travail forcé que contre les discriminations en matière de pratiques d'emploi, donc quel est l'intérêt pour lui de vouloir s'immiscer dans l'orientation professionnelle des individus ?

1 127. – Comme l'a rappelé le Comité d'experts indépendant, *« une contrainte exercée pour obliger le travailleur à exécuter un travail contre son gré, et en-dehors de tout consentement librement exprimé, est contraire à la Charte sociale européenne »*[4]. La protection contre le travail forcé découle donc bien de l'expression « librement entrepris ». Quant aux discriminations dans l'accès (et dans l'exercice) d'un emploi, l'État doit s'abstenir d'adopter toute législation les légitimant (voire les encourageant). La règle posée ici par l'article 1§2 de la charte vaut pour les deux secteurs d'activité – public et privé[5] –, et vient parachever l'étendue des interdictions auxquelles doivent se plier les autorités nationales dans le domaine de l'emploi.

1 128. – Les alinéas 3 et 4 de l'article 1 mentionnent pour leur part des obligations positives incombant aux parties contractantes, étant donné qu'ils prévoient respectivement l'établissement ou le maintien de services gratuits de l'emploi pour tous les travailleurs[6], ainsi que la possibilité pour ces derniers de jouir d'une

---

[1] Arrêt *Campbell et Cosans* du 25 février 1982, Série A n° 48, p. 14, par. 33.

[2] En vue d'assurer l'exercice effectif du droit au travail, les parties s'engagent *« à protéger de façon efficace le droit pour le travailleur de gagner sa vie par un travail librement entrepris »*. Cf. l'article 1§2 de la CSE.

[3] Pour aller plus loin sur ce point-là, voir D. Gamien, D. Harris et L. Zwaak, *Convention européenne des droits de l'homme et Charte sociale européenne : droit et pratique*, *op.cit.*, p. 407.

[4] CIII 5. Voir également l'article 4 de la CESDH.

[5] Ainsi, l'État protège efficacement le droit pour le travailleur de gagner sa vie par un travail librement entrepris.

[6] En vertu de l'article 1§3, les parties contractantes s'engagent *« à établir ou à maintenir des services gratuits de l'emploi pour tous les travailleurs »*.

orientation, d'une formation et/ou d'une réadaptation professionnelle appropriée[1]. Enfin, les articles 2, 3 et 4 de la charte sont d'autres exemples de droits-créance liés au travail, car ils portent tour à tour sur le droit à des conditions de travail équitables[2], sur le droit à la sécurité (puis à l'hygiène) dans le travail[3] et sur le droit à une rémunération équitable[4]. De l'avis de certains observateurs, ceux-ci témoignent du fait que *« les parties doivent satisfaire aux critères des différents paragraphes qu'elles ont acceptés, et ce quelles que soient leurs ressources nationales, pourvu qu'elles le fassent dès l'instant de la ratification »*[5].

---

[1] En vertu de l'article 1§4, les parties contractantes s'engagent *« à assurer ou à favoriser une orientation, une formation et une réadaptation professionnelles appropriées ».*

[2] En vertu de l'article 2 de la charte, les parties s'engagent *« 1) à fixer une durée raisonnable au travail journalier et hebdomadaire, la semaine de travail devant être progressivement réduite pour autant que l'augmentation de la productivité et les autres facteurs entrant en jeu le permettent ; 2) à prévoir des jours fériés payés ; 3) à assurer l'octroi d'un congé payé annuel de quatre semaines au minimum ; 4) à éliminer les risques inhérents aux occupations dangereuses ou insalubres et, lorsque ces risques n'ont pas encore pu être éliminés ou suffisamment réduits, à assurer aux travailleurs employés à de telles occupations soit une réduction de la durée du travail, soit des congés payés supplémentaires ; 5) à assurer un repos hebdomadaire qui coïncide autant que possible avec le jour de la semaine reconnu comme jour de repos par la tradition ou les usages du pays ou de la région ; 6) à veiller à ce que les travailleurs soient informés par écrit aussitôt que possible et en tout état de cause au plus tard deux mois après le début de leur emploi des aspects essentiels du contrat ou de la relation de travail ; 7) à faire en sorte que les travailleurs effectuant un travail de nuit bénéficient de mesures qui tiennent compte de la nature spéciale de ce travail ».* Voici les engagements auxquels ont souscrit les parties contractantes pour assurer l'exercice effectif du droit à des conditions de travail équitables.

[3] En vertu de l'article 3 de la charte, les parties s'engagent *« 1) à définir, mettre en œuvre et réexaminer périodiquement une politique nationale cohérente en matière de sécurité, de santé des travailleurs et de milieu de travail. Cette politique aura pour objet primordial d'améliorer la sécurité et l'hygiène professionnelles et de prévenir les accidents et les atteintes à la santé qui résultent du travail, sont liés au travail ou surviennent au cours du travail, notamment en réduisant au minimum les causes des risques inhérents au milieu de travail ; 2) à édicter des règlements de sécurité et d'hygiène ; 3) à édicter des mesures de contrôle de l'application de ces règlements ; 4) à promouvoir l'institution progressive des services de santé au travail pour tous les travailleurs, avec des fonctions essentiellement préventives et de conseil ».* Voici les engagements auxquels ont souscrit les parties contractantes pour assurer l'exercice effectif du droit à la sécurité et à l'hygiène dans le travail.

[4] En vertu de l'article 4 de la charte, les parties s'engagent *« 1 à reconnaître le droit des travailleurs à une rémunération suffisante pour leur assurer, ainsi qu'à leurs familles, un niveau de vie décent ; 2) à reconnaître le droit des travailleurs à un taux de rémunération majoré pour les heures de travail supplémentaires, exception faite de certains cas particuliers ; 3) à reconnaître le droit des travailleurs masculins et féminins à une rémunération égale pour un travail de valeur égale ; 4) à reconnaître le droit de tous les travailleurs à un délai de préavis raisonnable dans le cas de cessation de l'emploi ; 5) à n'autoriser des retenues sur les salaires que dans les conditions et limites prescrites par la législation ou la réglementation nationale, ou fixées par des conventions collectives ou des sentences arbitrales ».* Voici les engagements auxquels ont souscrit les parties contractantes pour assurer l'exercice effectif du droit à une rémunération équitable. Cet article précise enfin que *« l'exercice de ces droits doit être assuré soit par voie de conventions collectives librement conclues, soit par des méthodes légales de fixation des salaires, soit de toute autre manière appropriée aux conditions nationales ».*

[5] D. Gamien, D. Harris et L. Zwaak, *Convention européenne des droits de l'homme et Charte sociale européenne : droit et pratique*, *op.cit.*, p. 405.

2. Le droit à la protection de la santé

1 129. – Avec l'article 11§1 de la CSE, les parties contractantes se sont engagées à *« éliminer, dans la mesure du possible, les causes d'une santé déficiente »*[1]. Nul doute qu'il s'agit bien d'un droit-créance, étant donné qu'un État ne sera réputé satisfaire à *« cet engagement très vaste et général »*[2] que s'il se dote d'un système médical et sanitaire accessible au public et qui offre des soins à l'ensemble de la communauté (en assurant si besoin est la prévention et le diagnostic des maladies)[3]. L'État devra par ailleurs adopter certaines mesures visant spécifiquement la protection de la santé des mères, des enfants et des personnes âgées[4]. Plus générales sont en revanche celles qu'il doit prendre pour prévenir la pollution de l'air et de l'eau (en luttant contre les substances radioactives), pour lutter contre le bruit, pour contrôler les denrées alimentaires, mais aussi pour assurer l'hygiène de l'habitat ou pour lutter contre l'alcoolisme et les stupéfiants[5].

1 130. – Comme le rappellent assez objectivement certains spécialistes, *« c'est là un cahier des charges énorme »*[6] auquel doivent se soumettre autant que possible les États parties (et cela quand bien même le Comité d'experts indépendants lui-même ne l'aurait pas encore traité entièrement). Quant à l'alinéa 2 de l'article 11, *« il énonce explicitement ce qui est contenu implicitement dans l'article 11§1, à savoir l'organisation d'un système d'éducation sanitaire »*[7]. Le droit à la protection de la santé se rattache au droit à l'éducation puisque les parties contractantes s'engagent à prévoir des services de consultation et d'éducation pour tout ce qui concerne l'amélioration de la santé et le développement du sens de la responsabilité individuelle en matière de santé.

1 131. – Le Comité d'experts indépendants ne s'est pas limité à cela dans l'interdépendance qu'il désire créer entre les droits à l'éducation et à la protection de la santé au vu particulièrement de son insistance pour que soit prévu un vrai service sanitaire scolaire complet au niveau de l'enseignement primaire et secondaire[8]. En outre, le comité a imposé aux États parties qu'ils disposent d'un

---

[1] En vue de parvenir à cet objectif, les parties contractantes peuvent – selon l'article 11 de la charte – coopérer avec des organisations publiques ou privées.

[2] D. Gamien, D. Harris et L. Zwaak, *Convention européenne des droits de l'homme et Charte sociale européenne : droit et pratique*, *op.cit.*, p. 423.

[3] C'est toute la mission de la fonction publique hospitalière en France, et plus exactement des professionnels de santé qui travaillent au sein des établissements publics de santé (lesquels assurent des missions de service public hospitalier).

[4] CI 59.

[5] *Ibid.* Le Comité d'experts indépendants rattache donc le droit à la protection de la santé à la prévention de la pollution de l'eau et au contrôle des denrées alimentaires.

[6] D. Gamien, D. Harris et L. Zwaak, *op.cit.*, p. 423.

[7] *Ibid.*, pp. 423-424.

[8] Voir notamment CII 46 et CI 198 (Irlande).

programme adéquat de vaccination[1], lequel est censé prévenir, dans la mesure du possible, les maladies épidémiques voire endémiques et autres (conformément à l'article 11§3 de la charte). Donc en définitive, nombreuses et variées sont les obligations d'action qui pèsent sur les pouvoirs publics en matière de protection de la santé (ce qui n'a en soi rien d'étonnant). Cela vaut aussi pour le droit à la sécurité sociale[2] – consacré à l'article 12§1 –, pour le droit à l'assistance sociale et médicale[3] – prévu à l'article 13 –, pour le droit au bénéfice des services sociaux[4] – dont parle l'article 14§1 –, ainsi que pour le droit de la famille à une protection sociale, juridique et économique[5] – reconnu à l'article 16 –, et pour le droit de la mère et de l'enfant à une protection sociale et économique[6] (qu'évoque l'article 17 de la charte).

---

[1] Voir notamment CII 46 et CI 198 (Irlande).

[2] Par cet article, les parties contractantes s'engagent à « *établir ou à maintenir un régime de sécurité sociale* ». Par l'article 12§2, elles s'engagent aussi à maintenir le régime de sécurité sociale imposé par l'article 12§1 « *à un niveau satisfaisant* », donc au moins égal à celui nécessaire pour la ratification de la Convention N° 102 de l'OIT.

[3] Par l'article 13§1, les parties contractantes s'engagent « *à veiller à ce que tout personne qui ne dispose pas de ressources suffisantes et qui n'est pas en mesure de se procurer celles-ci par ses propres moyens ou de les obtenir d'une autre source, notamment par des prestations résultant d'un régime de sécurité sociale, puisse obtenir une assistance appropriée et, en cas de maladie, les soins nécessités par son état* ». Bien que le comité n'ait pas défini l'expression « *qui ne dispose pas de ressources suffisantes* », son évaluation des rapports nationaux montre qu' « *une personne tombe dans le champ d'application de l'article 13§1 lorsqu'elle ne dispose pas de ressources suffisantes pour assurer ses besoins vitaux essentiels, tels que définis par référence au coût et au niveau de vie prédominants sur le territoire de la partie concernée* ». D. Gamien, D. Harris et L. Zwaak, *Convention européenne des droits de l'homme et Charte sociale européenne : droit et pratique*, *op.cit.*, p. 426.

[4] Par l'article 14§1, les parties contractantes s'engagent « *à encourager ou organiser les services utilisant les méthodes propres au service social et qui contribuent au bien-être et au développement des individus et des groupes dans la communauté ainsi qu'à leur adaptation au milieu social* ». De l'avis du Comité, cet article consacre un « droit subjectif », de sorte que la disponibilité des services est un droit juridique opposable en justice. Cf. CI 70 (Suède, Royaume-Uni, Danemark, Italie).

[5] L'article 16 précise que les parties contractantes s'engagent « *à encourager la construction de logements adaptés aux besoins des familles, l'aide aux jeunes ou toutes autres mesures appropriées* ». Le comité d'experts a également précisé que « *L'article 16 a davantage pour objectif de favoriser l'épanouissement des individus dans le cadre d'une société évoluée que de remédier à une situation de besoin, comme l'article 13. Au même titre que les articles 14 et 17, l'article 16 se fonde clairement sur l'idée que, depuis la révolution industrielle et les bouleversements sociaux qu'elle a entraîné, l'État moderne est appelé à assurer certaines tâches nouvelles et, en particulier, à réaliser (comme le prévoit l'article 16), les conditions de vie indispensables au plein épanouissement de la famille* ». D. Gamien, D. Harris et L. Zwaak, *Convention européenne des droits de l'homme et Charte sociale européenne : droit et pratique*, *op.cit.*, p. 428.

[6] L'article 17 impose aux parties contractantes de prendre toutes les mesures nécessaires et appropriées pour protéger les droits de la mère et de l'enfant : une protection sociale et économique adaptée, voire la création ou le maintien d'institutions ou de services appropriés. Ici, le comité entend trouver dans les rapports gouvernementaux « *des indications suffisantes, notamment sur les mesures d'ordre général prises sur le régime de l'obligation alimentaire au profit des enfants naturels (entre autres)* ». Voir CI 77. Cette déclaration avait trait à la clause économique de l'article 17 applicable aux mères avant et après l'accouchement. C'est la seule disposition de la charte qui s'applique aux femmes n'exerçant pas un emploi.

1 132. – Cela dit, derrière ce « puissant » droit-créance peut tout à fait se dissimuler un véritable droit-liberté. Le cas de la France – qui a signé le 3 mai 1996 la version révisée de la charte – est sur ce point très éclairant. Si les contribuables peuvent compter sur l'Assurance maladie (la Sécurité sociale[1]) pour le remboursement partiel de leurs dépenses de santé, ils sont libres d'adhérer à une complémentaire santé (donc une mutuelle) pour couvrir les frais qui restent à leur charge en fonction du type de contrat choisi. Certains contrats permettent même le remboursement de prestations non prises en charge par la Sécurité sociale. Toute personne peut souscrire une complémentaire santé soit à titre individuel, soit au profit d'un ou de plusieurs membres de sa famille. Mutuelle, compagnie d'assurance, institution de prévoyance et établissement bancaire sont là des organismes auprès desquels les démarches en ce sens devront être effectuées

1 133. – À l'affiliation obligatoire à un régime de sécurité sociale – qu'elles exercent ou non une activité professionnelle[2] –, s'adjoint en conséquence un régime facultatif auquel peuvent librement souscrire les personnes résidant en France. La loi (dont la Constitution précise d'ailleurs qu'elle fixe les principes fondamentaux de la sécurité sociale[3]) a beau prévoir que n'importe quel revenu professionnel donnera lieu au paiement de cotisations sociales, ainsi qu'à certains prélèvements sociaux qui leur sont attachés (comme la CSG), celle-ci n'empêche nullement les contribuables d'opter pour une couverture santé en complément de la Sécurité sociale. Le droit à la protection de la santé n'est donc pas seulement qu'un « droit épée », mais revêt aussi le caractère d'un « droit bouclier ». Les individus restent libres de jouir, notamment à raison de leurs revenus et/ou de leurs préoccupations personnelles, du meilleur état de santé possible.

Cela dit, *« l'article 17 n'établit pas de distinction fondée sur la légitimité, il concerne toutes les mères et tous les enfants ». Ibid.*, p. 430.

[1] Les termes de « sécurité sociale » apparaissent dès 1948, dans la DUDH, et plus exactement en son article 22, lequel précise que : *« Toute personne, en tant que membre de la société, a droit à la sécurité sociale ; elle est fondée à obtenir la satisfaction des droits économiques, sociaux et culturels indispensables à sa dignité et au libre développement de sa personnalité, grâce à l'effort national et à la coopération internationale, compte tenu de l'organisation et des ressources de chaque pays »*.

[2] En effet, avec la mise en place de la couverture maladie universelle, en 1999, une affiliation obligatoire a en outre été prévue, pour la couverture du risque maladie, en ce qui concerne les personnes résident fiscalement en France et n'ayant aucune activité professionnelle.

[3] Voir l'article 34 de la Constitution française.

§II. VERS L'INSTRUMENTALISATION DU DROIT À L'ALIMENTATION DANS L'ORDRE JURIDIQUE DE L'UNION EUROPÉENNE ?

1 134. – Il n'y a pas de statut homogène des droits fondamentaux au sein de l'Union européenne[1]. Les seuls à bénéficier d'une invocabilité directe sont ceux qui sont expressément consacrés dans les droits originaire et dérivé. Tandis que ceux qui ne sont pas directement invocables se rattachent aux principes généraux du droit de l'Union européenne. En raison de son contenu imprécis, le droit à l'alimentation ne jouit pour l'heure d'aucune invocabilité directe dans l'ordre juridique de l'Union européenne, et ce indépendamment de ses accointances directes avec la dignité de la personne humaine[2].

1 135. – Le statut du droit à l'alimentation a beau se dédoubler – il dispose à la fois d'un *status positivus* et d'un *status negativus* –, il ne permet à l'Agence européenne des droits fondamentaux d'en garantir la jouissance pour autant. Ce qui est pour le moins étrange, c'est qu'en premier lieu la CDFUE n'opère aucune distinction entre les différentes générations de droits de l'homme. Donc comment se fait-il que la CJUE ne l'ait jamais reconnu au prisme du droit à la vie, ou de l'interdiction du travail forcé, au nom justement de l'indivisibilité des droits de l'homme ? Dans un second temps, la CDFUE dit tenir compte de l'évolution de la société, du progrès social mais aussi des développements d'ordres scientifiques et technologiques afin de promouvoir les droits fondamentaux. Donc ici encore, la question peut se poser (comment se fait-il que la CJUE n'ait pas fait de pont entre la lutte contre la faim et le progrès social ?).

1 136. – Les références catégorielles faites par la CDFUE au droit à l'alimentation ne suffisent plus[3]. En attendant une improbable réformation complète du statut juridique de l'alimentation – entraînant une reconnaissance explicite d'un droit fondamental à l'alimentation qui soit à la fois universel et dont tout justiciable présent dans un État membre de l'Union européenne pourrait se prévaloir –, il s'agit surtout de comprendre qu'il y a toujours en droit positif de l'Union européenne une dévolution prégnante des droits sociaux à l'approfondissement du marché intérieur (A), et un refus de la part du juge européen de consacrer le droit à l'alimentation en tant que principe général du droit de l'Union européenne (B).

[1] O. de Schutter, « Les droits fondamentaux dans l'Union européenne : une typologie de l'acquis », *op.cit.*, p. 315.

[2] Voir tout particulièrement J. Desrutins, *Existe-t-il un droit communautaire à l'alimentation*, *op.cit.*, p. 23 et s.

[3] Les articles 24§1, 25, 30 et 34§3 de la CDFUE ont respectivement trait à la situation des enfants, des personnes âgées, des femmes enceintes et des exclus.

A. LA DÉVOLUTION ENCORE PRÉGNANTE DES DROITS SOCIAUX FONDAMENTAUX À L'APPROFONDISSEMENT DU MARCHÉ INTERIEUR

1 137. – Au départ, il n'y avait aucune Europe sociale. Les questions liées à la justiciabilité ainsi qu'à la définition même des droits sociaux étaient laissées de côté, hormis peut-être dans les ordres juridiques internes, où elles étaient prises en compte par une faible partie de la doctrine[1]. Mais avec le recentrage des traités sur le citoyen et les droits fondamentaux, le discours des internationalistes a changé et tend désormais à préciser *« les spécificités de la conception communautaire des droits sociaux »*[2]. Cela étant dit, malgré le rôle important de la Haute juridiction dans leur reconnaissance, *« l'affirmation des droits sociaux reste très ambiguë dans l'ordre juridique de l'Union européenne »*[3]. Elle a plus particulièrement fait rejaillir les tensions caractéristiques de cet ordre juridique si singulier[4].

1 138. – Et pourtant, malgré leur consécration tardive et souvent indirecte dans les traités constitutifs[5], les droits sociaux ont toujours constitué un corollaire indispensable à la réalisation du marché intérieur (donc la démarche consistant à soutenir l'idée d'après laquelle les droits sociaux ne seraient finalement que les « parents pauvres » du processus d'intégration paraît d'emblée fallacieuse[6]). Alors certes, le droit primaire originaire *« est longtemps resté d'un silence assourdissant*

---

[1] Voir tout particulièrement N. Alipantris, *Les droits sociaux dans les instruments européens et internationaux. Défis à l'échelle mondiale*, Bruylant, 2009 ; J. Iliopoulos-Strangas, *Perspectives nationales et internationales des droits sociaux*, Bruylant, 2009 ; J.-F. Flauss, *Droits sociaux et droit européen*, Bruxelles, Bruylant, 2003 ; L. Gay, E. Mazuyer, D. Nazet-Allouche, *Les droits sociaux fondamentaux. Entre droits nationaux et droits européens*, *op.cit.* ; J. Iliopoulos-Strangas, *La protection des droits sociaux fondamentaux entre les États membres de l'Union européenne. Étude comparée*, *op.cit.*

[2] M. Benlolo-Carabot, « Les droits sociaux dans l'ordre juridique de l'Union européenne. Entre instrumentalisation et « fondamentalisation » ? », in Diane Roman (dir.), *Droits des pauvres, pauvres droits ? Recherches sur la justiciabilité des droits sociaux*, *op.cit.*, p. 71. Voir également C. Pelissier, *La protection des droits économiques et sociaux fondamentaux dans la communauté européenne*, Th. pour le doctorat de droit public, Université de Montpellier, 2001 ; S. Maillard, *L'émergence de la citoyenneté sociale européenne*, PU Aix-en-Provence, 2008, 472 pages ; C. Marzo, *La dimension sociale de la citoyenneté européenne*, Th. pour le doctorat de droit public, Institut universitaire européen, 2009, 717 pages.

[3] *Ibid.*, p. 72.

[4] En effet, comme le fait remarquer Myriam Benlolo-Carabot, *« instruments d'approfondissement du marché intérieur et des libertés économiques ou fondements d'une Union centrée sur l'Homme, les droits sociaux tels qu'appréhendés par la doctrine et le juge communautaire apparaissent comme un révélateur des tensions caractéristiques de cet ordre juridique singulier qu'est l'Union européenne ». Ibid.*

[5] Myriam Benlolo-Carabot souligne que *« ce n'est que progressivement et avec réticences que sont inscrits dans les traités des compétences et des objectifs sociaux ». Ibid.* Pour aller plus loin sur cette question-là, voir *infra*.

[6] C'est d'ailleurs contre la part trop belle réservée à l'économie que plusieurs auteurs se sont dès le début de la construction européenne positionnés. Ils ont ainsi lutté contre l'instrumentalisation des droits sociaux. *Ibid.*

sur les questions sociales »[1], à l'exception de quelques îlots rédactionnels à travers lesquels il était déjà tout à fait permis d'entrevoir les prémisses d'un droit à l'alimentation. Cela est notamment le cas du préambule du traité instituant la communauté économique européenne, et plus exactement de son article premier (puisque celui-ci fait tout de même du « relèvement accéléré du niveau de vie » l'une des missions de la communauté)[2].

1 139. – Par la suite, l'Acte unique européen, le traité de Maastricht – et son protocole social – ou bien encore le traité d'Amsterdam marqueront des étapes importantes dans l'élaboration d'un droit social européen[3]. Ces traités habiliteront les institutions de l'Union européenne à agir par voie de directives dans de nombreux secteurs : conditions de travail pour protéger la santé et la sécurité des travailleurs, intégration des personnes exclues du marché du travail, égalité de traitement entre les hommes et les femmes, information et consultation, etc[4]. Sans oublier l'article 9 du TFUE d'après lequel l'Union prend en compte les exigences liées, entre autres, à la lutte contre l'exclusion sociale[5].

1 140. – L'article 136 du TCE[6] ne fera quant à lui qu'une référence indirecte et surtout timide aux droits sociaux fondamentaux[7], ce qui signifie qu'en la matière, ce sont les États qui disposent de la plus grande marge de manœuvre. Et cela n'est pas sans soulever la question de la place des institutions en matière sociale.

---

[1] M. Benlolo-Carabot, « Les droits sociaux dans l'ordre juridique de l'Union européenne. Entre instrumentalisation et « fondamentalisation » ? », *op.cit.*, p. 72.

[2] L'article premier du traité instituant la communauté économique européenne, tel qu'il est rédigé en 1957, dispose que : *« La communauté a pour mission, par l'établissement d'un marché commun et par le rapprochement progressif des politiques économiques des États membres, de promouvoir un développement harmonieux des activités économiques dans l'ensemble de la Communauté, une expansion continue et équilibrée, une stabilité accrue, un relèvement accéléré du niveau de vie et des relations plus étroites entre les États qu'elle réunit ».*

[3] M. Benlolo-Carabot, *op.cit.*, p. 73. Pour aller plus loin sur ce point-là, voir *infra.*

[4] Parmi les instruments normatifs les plus substantiels, voir notamment la directive n° 76/207/CEE du Conseil du 9 février 1976, relative à l'égalité de traitement entre les hommes et les femmes en ce qui concerne l'accès à l'emploi, à la formation et à la promotion professionnelles, et les conditions de travail, JO L 39 du 14 février 1976, p. 40 ; Directive n° 89/391/CEE du Conseil du 12 juin 1989, concernant la mise en œuvre de mesures visant à promouvoir l'amélioration de la sécurité et de la santé des travailleurs au travail, JO L 183 du 29 juin 1989, p. 1 ; Directive n° 98/59/CE du Conseil du 20 juillet 1998, concernant le rapprochement des législations des États membres relative aux licenciements collectifs, JO L 225 du 12 août 1998, p. 16. Pour d'avantage de précisions, voir F. Baron, *Marché intérieur et droit social dans l'Union européenne*, PUAM, 1998, 613 pages.

[5] L'article 9 du TFUE dispose que : *« l'Union dans la définition et la mise en œuvre de ses politiques et actions, prend en compte les exigences liées à la promotion d'un niveau d'emploi élevé, à la garantie d'une protection sociale adéquate, à la lutte contre l'exclusion sociale ainsi qu'à un niveau élevé d'éducation, de formation et de protection de la santé humaine ».*

[6] Cet article est devenu l'article 151 dans le TFUE.

[7] Pour de nombreux auteurs, l'article 136 du TCE se contente d'une référence aux droits sociaux fondamentaux sans en imposer le respect. Voir notamment R. Gosalbo Bono, « Les politiques et actions communautaires », *RTDE*, 1997, p. 780 et C. Haguenau-Moizard, « Le traité d'Amsterdam, une négociation inachevée », *RMC*, n° 417, avril 1998, p. 249.

Comment peuvent-elles intervenir dans ce domaine ? L'Union européenne n'a pas la moindre compétence en matière de droit au logement ou de maintien de la sécurité sociale (car ces droits sont sans liens étroits avec les compétences de l'Union). Toutefois, en ce qui concerne les droits sociaux, il existerait une obligation générale imposée aux autorités publiques de ne pas méconnaître certaines exigences minimales.

1 141. – En résumé, la réalisation des droits sociaux ne s'envisage qu'au prisme du marché commun[1]. Le règlement 1612/68 relatif à la libre circulation des travailleurs[2] accordait justement aux travailleurs le droit de circuler librement dans l'Union afin d'améliorer leurs conditions de vie et/ou leur protection sociale (leur promotion sociale)[3]. Et si le juge européen a pu reconnaître pléthore d'avantages sociaux aux membres de la famille d'un ressortissant de l'Union qui circulait pour travailler[4], celui-ci a toujours eu du mal à prendre en compte les droits sociaux dans sa jurisprudence, à la différence de la doctrine[5]. Le juge est donc souvent prompt à favoriser les libertés économiques de libre circulation, promues au rang de libertés fondamentales.

1 142. – Plus inquiétant encore, le juge européen ne se réfère que rarement dans sa jurisprudence à la CSE et à la Charte communautaire des droits sociaux fondamentaux des travailleurs, bien que l'arrêt *Blaizot* du 2 février 1988 fasse sur

---

[1] En effet, l'article 136, devenu article 151, est resté inchangé dans ses termes dans le TFUE.

[2] Règlement n° 1612/68 du Conseil du 15 octobre 1968, JO L 257 du 19 octobre 1968, p. 2.

[3] Ce règlement dispose dans son préambule que : « *La mobilité de la main d'œuvre dans la Communauté doit être pour le travailleur un des moyens qui lui garantissent la possibilité d'améliorer ses conditions de vie et de travail et de faciliter sa promotion sociale* ».

[4] La Cour a par exemple estimé que les membres de la famille du ressortissant de l'Union européenne avaient droit à un enseignement général, un apprentissage et une formation professionnelle dans les mêmes conditions que les ressortissants de l'État membre d'accueil à la condition qu'ils résident sur le territoire (voir CJCE, 3 juillet 1974, *Casagrande / Landeshauptstadt München*, aff. 9/74, Rec. 1974, p. 773). Les membres de la famille ont aussi accès aux avantages sociaux accordés au ressortissant de l'Union européenne (voir CJCE, 30 septembre 1975, *Cristini / SNCF*, aff. 32/75, Rec. 1975, p. 1085), ces « avantages sociaux » étant eux-mêmes interprétés particulièrement souplement (sur cette question, voir notamment J.-P. Puissochet, « La progression des droits sociaux dans une communauté économique, les apports récents de la CJCE », in Mélanges en l'honneur de Jean Pélissier, Dalloz, p. 433 et C. Marzo, *La dimension sociale de la citoyenneté européenne*, *op.cit.*, pp. 285-287). Seront considérés commes des avantages sociaux par le juge européen des aides aussi différentes qu'une allocation de maternité (voir CJCE, 10 mars 1993, *Commission / Luxembourg*, aff. C-111/91, Rec. 1993, p. I-817), une allocation pour handicapés adultes (voir CJCE, 27 mai 1993, *Schmid / État belge*, aff. C-310/91, Rec. 1993, p. I-3011), des allocations d'attente (voir CJCE, 20 juin 1985, *ONEM / Deak*, aff. 94/84, Rec. 1985, p. 1873), ou encore un revenu garanti aux personnes âgées (voir CJCE, 12 juillet 1984, *Castelli / ONTPS*, aff. 261/83, Rec. 1984, p. 3199).

[5] Pour une analyse du discours doctrinal européaniste, voir M. Benlolo-Carabot, B. Delzangles et S. Josso, « Les droits sociaux appréhendés par la doctrine de droit communautaire. Renouvellement ou fin d'une catégorie juridique ? ». Cette analyse est disponible depuis le lien Internet suivant : http://www.droits-sociaux.u-paris10.fr/index.php?id=143 [consulté le 3 octobre 2018]

ce point office d'exception[1]. Dans sa jurisprudence, la CJUE privilégie (ainsi qu'en témoignent de nombreux arrêts[2]) *« la réalisation d'une liberté économique au détriment d'un avantage social »*[3]. L'arrêt *Laval et Viking* prononcé au mois de décembre 2007 est très éclairant. Dans cette affaire, la Haute juridiction européenne est partie du principe qu'en effet le droit de grève est un droit fondamental. Mais les limitations qu'elle y apporte pour préserver le libéralisme économique et la libre prestation des entreprises déplairont fortement à la doctrine, au même titre d'ailleurs que les arbitrages qu'elle laisse aux juridictions nationales le soin de mener en la matière[4].

1 143. – Ces différentes affaires auront néanmoins eu un mérite évident. Grâce à elles, la question de la « fondamentalisation »[5] des droits sociaux se trouvera désormais traitée dans l'ordre juridique de l'Union européenne. Mais la réponse à cette problématique ne fut pas très rassurante dans la mesure où seule une poignée de droits fondamentaux disposeront tout compte fait d'une pleine effectivité en jurisprudence (c'est notamment le cas du principe d'égalité entre les hommes et les femmes[6], et de la clause générale de non-discrimination[7]). L'adoption de la Charte des droits fondamentaux en 2000 n'y changera pour ainsi dire pas grand-chose – malgré le fait que la doctrine ait eu tendance à analyser les droits sociaux comme une catégorie juridique à part entière depuis son entrée en

---

[1] Dans cet arrêt, rendu au sujet de l'interprétation de la notion de « formation professionnelle », la Cour considère l'enseignement universitaire comme un moyen de réaliser les objectifs poursuivis par la Communauté en matière d'éducation, citant la CSE à l'appui de son raisonnement. Voir CJCE, 2 février 1998, *Blaizot c. Université de Liège e.a.*, aff. 24/86, Rec., p. 379, point 17.

[2] Voici quelques exemples d'arrêts concernés : CJCE, aff. 145/88, *Sunday Training* (en matière d'horaires de travail des employés), CJCE, aff. C-179/90, Merci Convenzionali Porto di Genova (à propos du statut monopolistique du travail sur les docks incompatible avec l'article 30 du traité).

[3] Et pourtant, comme le fait remarquer Myriam Benlolo-Carabot, « *les libertés fondamentales sont souvent analysées comme des dangers pour les législations nationales protectrices des droits sociaux* ». M. Benlolo-Carabot, « Les droits sociaux dans l'ordre juridique de l'Union européenne. Entre instrumentalisation et « fondamentalisation » ? », *op.cit.*, p. 77. Sur ce point, voir aussi G. Lyon-Caen, « Le droit social dans la CE », in Alain Buzelay (dir.), *Une Europe sociale : pourquoi...jusqu'où ?*, Nomos Verlagsgesellschaft, 1995, pp. 83-125.

[4] CJCE, 11 décembre 2007, *Vicking*, aff. C-438/05. Voir également sur ce point M. Benlolo-Carabot, *op.cit.*, p. 78.

[5] *Ibid.*

[6] Voir tout particulièrement CJCE, 8 avril 1976, *Defrenne c. Sabena*, aff. 43/75, Rec., p. 455. Cet arrêt reconnaît l'effet direct de l'article 119 relatif à l'égalité de rémunération entre les hommes et les femmes, amenant la doctrine à saluer la consécration d'une conception globale de la société, dans laquelle l'économie et le social doivent aller de concert.

[7] La Cour a pu développer une jurisprudence audacieuse visant à donner plein effet aux directives adoptées sur ce fondement, notamment la directive n° 2007/78 du 27 novembre 2000 portant création d'un cadre général en faveur de l'égalité de traitement en matière d'emploi et de travail. Voir tout particulièrement CJCE, 22 novembre 2005, *Mangold*, aff. C-144/04, Rec., p. I-9981, points 75 et 76.

vigueur[1] –, puisque les utilisations qu'en fait le juge sont restées *« aléatoires et lacunaires »*[2].

1 144. – La Charte des droits fondamentaux de l'Union européenne était pourtant un formidable outil à la portée de la Haute juridiction. En ne faisant pas la distinction entre les droits civils et politiques, et les droits économiques, sociaux et culturels, elle effaçait en partie le flou qui entourait certains « droits mixtes » comme le droit à la santé et le droit à l'alimentation. Et dans la mesure où les restrictions que peuvent apporter à ces droits les États membres doivent poursuivre un but légitime et aussi revêtir un caractère proportionné[3], il était légitime de penser que rien dans ce « nouveau » régime des droits de l'homme ne permettrait de distinguer – y compris en jurisprudence – les droits sociaux des droits civils et politiques[4].

1 145. – Quant à la question de savoir si la distinction entre « droit » et « principe » recoupe également la distinction entre droits civils et politiques, et droits économiques, sociaux et culturels, elle a, et fait toujours débat en doctrine[5]. De l'avis de plusieurs experts, cette distinction remet clairement en cause le principe d'indivisibilité des droits de l'homme que consacre pourtant le préambule de la charte[6]. Et en réalité, le texte de 2000 n'opère pas une telle distinction. Seul le préambule mentionne l'expression de « principe ». La plupart du temps, la charte parle de droits et/ou de libertés. D'évidence, le principe d'indivisibilité serait en mesure de renforcer l'interdépendance des droits dans la jurisprudence de la Haute juridiction, et *a fortiori* de préserver un niveau de protection sociale élevé au sein

---

[1] Sur cette question, voir M. Benlolo-Carabot, « Les droits sociaux dans l'ordre juridique de l'Union européenne. Entre instrumentalisation et « fondamentalisation » ? », *op.cit.*, pp. 80-81.
[2] *Ibid.*
[3] La charte prévoit en effet la possibilité pour l'autorité compétente d'intervenir afin de définir les conditions d'exercice des droits invoqués dans le cadre de l'emploi (liberté professionnelle, liberté d'association syndicale, droit à la protection contre le licenciement injustifié ou abusif, droits des travailleurs migrants à l'égalité de traitement) ou d'apporter à ces droits certaines restrictions. Explications relatives à la charte élaborée sous l'empire de la Première Convention et retouchées sous la direction de la seconde.
[4] M.-C. Ponthoreau, « Le principe d'indivisibilité des droits : l'apport de la Charte des droits fondamentaux de l'Union européenne à la théorie générale des droits fondamentaux », *op.cit.*, p. 930. Voir également sur cette question O. de Schutter, « La contribution de la Charte des droits fondamentaux de l'Union européenne à la garantie des droits sociaux dans l'ordre juridique communautaire », *RUDH*, 2000, vol. 12, p. 42.
[5] Voir notamment G. Braibant, « Conclusions des actes du Colloque de Strasbourg relatif à la Charte », in F. Benoit-Rohmer, *La charte des droits fondamentaux de l'UE*, *RUDH*, 2000, n° ½, p. 67. Voir également O. de Schutter, « La contribution de la Charte des droits fondamentaux de l'Union européenne à la garantie des droits sociaux dans l'ordre juridique communautaire », *op.cit.*, p. 35.
[6] La charte énonce en effet le principe d'indivisibilité dans son préambule : « *Consciente de son patrimoine spirituel et moral, l'Union se fonde sur les valeurs indivisibles et universelles de dignité humaine, de liberté, d'égalité et de solidarité* ». Celle-ci est structurée autour de six valeurs distinctes mais complémentaires : Dignité, Liberté, Égalité, Solidarité, Citoyenneté et Justice.

de l'Union européenne[1]. Il n'est ainsi plus souhaitable que la CJUE fasse prévaloir les libertés économiques sur les droits sociaux (qui plus est sans tenir compte du contexte).

1 146. – Les règles de compétences établies par la charte et les *opt-out* qu'ont réussi à obtenir certains États au moment de signer puis de ratifier le texte[2] constituent, à n'en pas douter, d'importants freins à la justiciabilité des droits sociaux auprès de la CJUE, mais ces derniers ne doivent plus empêcher que soient utilisés par le juge l'ensemble des droits sociaux consacrés par la charte. Avec la charte, l'Union s'est recentrée sur l'Homme. En définitive, la liberté de circulation et de séjour associée *« à une vision extensive du principe d'égalité ont permis de dégager l'émergence d'une véritable citoyenneté sociale en Union européenne, laquelle est sans cesse réduite ou redéfinie par la juridiction de l'Union »*[3]. Via cette citoyenneté sociale européenne, le juge va donc lutter contre toutes les discriminations indirectes, ce qui lui permettrait de mettre en œuvre les conditions d'une véritable intégration sociale[4].

1 147. – Bien qu'elle soit tardive et lacunaire – comme cela vient d'être vu –, cette prise en compte des droits sociaux au sein de l'Union européenne n'en reste pas moins indéniable. Toutefois, et c'est sans doute là que le bât blesse concernant la reconnaissance future du droit à l'alimentation en Europe, les finalités économiques des traités *« rendent vraiment laborieuses toutes conceptualisations des droits sociaux sur un autre fondement »*[5]. La citoyenneté européenne qui vise à rendre plus humaine l'Union tout en réservant le privilège aux nationaux des États membres *« illustre avec acuité ces ambigüités »*[6].

---

[1] Sur ce point, voir Sur cette question, voir M. Benlolo-Carabot, « Les droits sociaux dans l'ordre juridique de l'Union européenne. Entre instrumentalisation et « fondamentalisation » ? », *op.cit.*, p. 84.

[2] La Pologne, le Royaume-Uni dès la signature du traité de Lisbonne, et la République tchèque au moment de la ratification, ont obtenu un *opt-out* formalisé dans le premier cas par un protocole dérogatoire qui porte précisément sur la justiciabilité de la charte.

[3] M. Benlolo-Carabot, *op.cit.*, p. 86.

[4] Sur ce point, voir tout particulièrement C. Mazo, *La dimension sociale de la citoyenneté européenne*, *op.cit.*, p. 324 et s.

[5] M. Benlolo-Carabot, *op.cit.*, p. 89.

[6] *Ibid.*

B. L'IMPROBABLE ÉDICTION DU DROIT À L'ALIMENTATION EN TANT QUE PRINCIPE GÉNÉRAL DU DROIT DE L'UNION EUROPÉENNE

1 148. – Avec le traité de Maastricht, les droits sociaux des citoyens de l'Union européenne sont enfin pris en compte. Ces droits feront d'ailleurs l'objet d'une protection juridictionnelle tant à l'égard de la communauté que des États membres eux-mêmes[1]. Depuis ce jour, l'Union européenne doit respecter les droits fondamentaux[2] – que l'Acte unique européen de 1986 mentionnait déjà expressément[3] – et les promouvoir. Quant au traité d'Amsterdam, il ira plus loin en modifiant l'article 6-1 du TUE ainsi que son préambule (lequel fait dorénavant référence aux droits sociaux fondamentaux[4]). Nonobstant cette prise en considération des droits sociaux, une étude comparative entre les jurisprudences de la CJUE et de la CEDH montre clairement que la protection des droits fondamentaux est moins importante au sein de l'Union européenne que dans le reste de toute l'Europe[5].

1 149. – La CJUE n'acceptera de statuer sur les questions qui lui sont soumises que dans la mesure où celles-ci entrent bien dans le champ de compétence de l'Union européenne[6]. Cela montre la dimension essentiellement économique de l'Union européenne[7]. Et de l'avis de certains juristes, *« cette dimension reste aujourd'hui prépondérante et n'est pas forcément, loin s'en faut, compatible avec la défense des droits fondamentaux »*[8]. Il faut bien garder à l'esprit que la CJUE subordonne très souvent la protection des droits fondamentaux à ce qu'exige l'intérêt communautaire[9]. Par conséquent, multiples sont les restrictions à ces droits pouvant avoir lieu dans le cadre d'une organisation commune de marché.

---

[1] Cette protection juridictionnelle est assurée grâce aux principes de primauté et d'effet direct.

[2] Cf. l'article 2 TUE ainsi que les préambules du traité de Maastricht et du TUE.

[3] L'Acte unique européen de 1986 est le premier traité à faire une référence expresse aux droits fondamentaux. Pour aller plus loin sur cette question-là, voir M.-J. Redor-Frichot, « La vocation de l'Union européenne à protéger les droits fondamentaux », *op.cit.*, pp. 14-15.

[4] Comme le rappelle Marie-Joëlle Redor-Frichot, *« le préambule du TUE connaît donc une extension des droits proclamés. Les dispositions du TUE font par ailleurs de plus en plus fréquemment référence aux droits fondamentaux. De fait, le TUE devient une véritable constitution car il proclame des droits et libertés au bénéfice des individus (avec la garantie d'une sanction juridictionnelle). Cela démontre la volonté de l'Union européenne de protéger les droits fondamentaux au même titre que les droits constitutionnels des États membres »*. *Ibid.*, p. 17.

[5] *Ibid.*, p. 22.

[6] Ainsi qu'en atteste l'arrêt *Society for the protection of unborn children* rendu en 1991. Cf. CJCE, affaire C-159/90 du 4 octobre 1991, *Rec.*, I-4733.

[7] Cette dimension essentiellement – pour ne pas dire exclusivement – économique sert surtout à préserver la souveraineté des États membres.

[8] M.-J. Redor-Frichot, *op.cit.*, p. 23.

[9] Sur ce point, voir CJCE, *Wachauf*, 13 juillet 1989, *Rec.*, p. 2609.

1 150. – Mais cette prise de position de la part de la Haute juridiction européenne n'est en rien née du hasard de la pratique puisqu'en effet, déjà pour les rédacteurs du traité de Maastricht, *« l'amélioration sociale était censée résulter du seul fonctionnement du marché commun, dans la plus pure tradition du libéralisme économique »*[1]. Il n'est alors pas surprenant que les droits sociaux fondamentaux auxquels fait référence le protocole social ne soient pas directement invocables devant la CJUE. Et c'est ainsi que l'affirmation du respect des droits sociaux risque fort d'être un trompe-l'œil, car les fondements de la construction européenne ne sont pas souvent compatibles avec une protection optimale des droits fondamentaux.

1 151. – L'Union a beau intervenir dans des domaines de plus en plus variés, la faible protection dont jouissent les droits fondamentaux témoigne du déficit social dont elle est victime. La politique menée dans les domaines de l'asile et de l'extradition en atteste et montre que *« l'Union européenne est peu encline à développer les droits fondamentaux, voire qu'elle a plutôt tendance à les restreindre »*[2]. Aussi la logique libérale des premiers traités est-elle sûrement encore omniprésente. C'est en tout cas là une conclusion que partage une partie de la doctrine qui, il faut bien le dire, est toujours avide de saisir les véritables intentions de l'Union européenne quant à la protection des droits fondamentaux.

1 152. – Pourtant, *« la légitimité de l'Union européenne, et quelque part celle des États membres qui la composent, passe aujourd'hui par l'affirmation de ces droits »*[3]. Cela paraît d'autant plus évident qu'à la différence de ce qui peut se passer dans les ordres internes, les citoyens n'ont pas toujours la faculté de faire pression sur les institutions de l'Union européenne afin que soient respectés les droits fondamentaux. La CJUE a beau protéger les droits fondamentaux par l'intermédiaire des principes généraux du droit et par le biais des indicateurs de la CEDH, il est tout à fait anormal que certains droits – tel que le droit au procès équitable – soient moins bien protégés par la CJUE que par la CEDH[4].

1 153. – L'Union européenne deviendrait globale et politique si l'ensemble des droits fondamentaux retranscrits tant au niveau universel – que ce soit dans la DUDH, les deux pactes de 1966 ou encore dans la CSE – qu'européen – avec la

---

[1] Cette position de principe figurait déjà à l'article 117 du TCE et fut maintenue dans le traité de Maastricht du fait notamment de l'attitude britannique à l'égard du protocole social adopté à Maastricht par les onze autres États. Pour aller plus loin sur ce point, voir M.-J. Redor-Frichot, *op.cit.*, pp. 24-25.

[2] M.-J. Redor-Frichot, « La vocation de l'Union européenne à protéger les droits fondamentaux », *op.cit.*, pp. 28-29.

[3] *Ibid.*, p. 30.

[4] C'est également le cas de la protection du domicile. Ici, il est possible de comparer les arrêts *Hoechst* (CJCE, 21 septembre 1989, *Rec.*, p. 2859) et *Nimietz/Allemagne* (CEDH, 16 décembre 1992, Série A, vol. 251 B), d'autre part les arrêts *Orkem* et *Solvay* (CJCE, 18 octobre 1989, *Rec.*, p. 3283) et *Funke/France* (CEDH, 25 février 1993, Série A, vol. 256).

CESDH – étaient insérés dans le droit primaire[1]. En réalité, cette inscription *« accélèrerait le processus de constitutionnalisation des traités constitutifs »*[2]. Elle permettrait, en outre, de promouvoir les traités constitutifs eux-mêmes, et placerait, par la même occasion, les droits fondamentaux en-dehors des immixtions des autorités à la fois administratives et législatives européennes.

1 154. – Cette question du droit primaire n'est cela dit pas exclusive dans le développement recherché des droits fondamentaux. Si les traités fondateurs ont beau constituer le point d'ancrage d'un tel essor, la jurisprudence est elle aussi censée jouer un rôle important dans ce domaine. Les États membres ont certes une protection juridictionnelle complète, y compris lorsqu'ils agissent dans le cadre du traité, car ils ont toujours refusé que leurs mesures nationales – notamment celles prises en dehors des traités –puissent être contrôlées par la CJUE au prisme des droits fondamentaux[3], c'est bien d'une manœuvre essentiellement jurisprudentielle que va découler, *in fine*, la protection des droits sociaux au sein de l'Union européenne.

1 155. – En effet, *« la jurisprudence de la CJUE a impulsé une politique intégrant, dès la fin des années 1960, les droits reconnus dans la CESDH »*[4]. Depuis l'arrêt *Nold* rendu le 14 mai 1974, le juge européen n'aura d'ailleurs de cesse de promouvoir les droits consacrés dans la convention de 1950. Néanmoins, le traité de Lisbonne n'a pas empêché – en prévoyant cet évènement majeur dans l'histoire juridique européenne qu'est l'adhésion de l'Union à la convention –, une multiplication des risques de doubles standards européens en matière de protection des droits fondamentaux. La CJUE se sert des principes généraux du droit de l'Union européenne pour imposer le respect des droits fondamentaux par le droit de l'Union européenne. Cette technique (celle des PGD) permet d'inclure les droits fondamentaux issus des préambules et des articles liminaires des traités, ceux provenant des traditions constitutionnelles communes des États membres, ainsi que ceux reconnus en droit international.

1 156. – Ce faisant, la Haute juridiction européenne se sert des droits fondamentaux pour renforcer l'intégration européenne et contribuer à la

---

[1] J.-F. Akandji-Kombé, « Le développement des droits fondamentaux dans les traités », in J.-F. Akandji-Kombé, S. Leclerc et M.-J. Redor (dir.), *L'Union européenne et les droits fondamentaux*, Bruxelles, Bruylant, 1999, p. 32.

[2] *Ibid.*

[3] Pour Jean-françois Akandji-Kombé, *« cette régression est une victoire pour des États membres qui ont toujours contesté la compétence de la CJCE pour contrôler, au regard des droits fondamentaux, la régularité de mesures nationales prises en dehors de l'exécution du droit communautaire. L'avenir dira si la Haute juridiction européenne s'accommode de ce cadre étriqué ou si elle s'en affranchit en s'appuyant sur sa propre jurisprudence solidement établie »*. Voir J.-F. Akandji-Kombé, « Le développement des droits fondamentaux dans les traités », *Ibid.*, p. 56.

[4] J.-M. Larralde, « Convention européenne des droits de l'homme et jurisprudence communautaire », in *L'Union européenne et les droits fondamentaux*, *op.cit.*, p. 106.

construction de la communauté en tant que communauté de droit. Elle va, très indirectement, parvenir à enclencher le processus de constitutionnalisation du droit primaire sus-évoqué en se servant justement de nombreux supports pour consacrer des principes généraux (ici il pourra s'agir du PIDCP, de la CSE ou bien encore de la Convention n° 11 de l'OIT). Pour certains spécialistes, *« sa source internationale préférée pour consacrer des droits fondamentaux n'en demeure pas moins la CESDH »*[1]. Il n'y a pas forcément de raison particulière à cela, hormis peut-être le souci d'éviter les études comparatistes et parfois les situations de conflit entre des droits fondamentaux divergents[2].

1 157. – Que la CESDH devienne un instrument privilégié pour dégager des principes généraux et le cas échéant pour sanctionner les réglementations nationales – entrant dans le champ de compétences de l'Union – qui violeraient les droits fondamentaux qu'elle consacre n'est pas en soi une mauvaise chose, loin de là. Mais tant que la protection des droits fondamentaux ne relèvera pas d'un domaine explicite de compétence de l'Union, et que la CJUE multipliera les références à des supports qui eux-mêmes ne reconnaissent pas, ou du moins qu'à demi-mot, le droit à l'alimentation, il est difficile d'envisager dans un avenir même lointain l'avènement en Union européenne d'un principe général qui y aurait trait.

1 158. – C'est précisément là que le double standard dans la protection des droits fondamentaux, entre ce qui se fait déjà dans le cadre de la CEDH et ce qui est en train de se développer dans celui de la CJUE, pourrait avoir un effet non pas pervers, mais bénéfique. La CJUE gagnerait en légitimité dans son rôle de promoteur des droits sociaux si elle daignait enfin citer la DUDH et plus exactement son article 25§1 pour reconnaître un principe général relatif au droit à l'alimentation[3]. Cette occurrence serait tout sauf farfelue dans la mesure où la CJUE détermine arbitrairement quels sont les droits fondamentaux qui sont indispensables à l'Union, y compris lorsqu'elle va les puiser au sein de la CESDH. Il est donc possible, et surtout souhaitable, que la CJUE s'y attèle par le bais d'une affaire arrivée dans son prétoire (comme elle a pu le faire pour le droit à l'oubli).

1 159. – Dans le prolongement de cette idéee, pourquoi la CJUE ne consacrerait-elle pas un « objectif de la communauté » visant spécifiquement la défense du droit à l'alimentation, elle qui en consacre depuis 1974 – donc bien avant la décision du Conseil constitutionnel n° 82-141 DC du 27 juillet 1982 –, et encore

---

[1] J.-M. Larralde, « Convention européenne des droits de l'homme et jurisprudence communautaire », *op.cit.*, p. 111.

[2] *Ibid.*, p. 113.

[3] La CJUE pourrait également se fonder sur la CDFUE, laquelle dispose de certaines potentialités en matière alimentaire.

actuellement[1] ? Les objectifs couvrent des domaines très variés, comme le montre l'ex-article 2 du traité instituant la Communauté européenne[2] et ont été consacrés à l'article 52§1 de la CDFUE[3]. Le relèvement du niveau et de la qualité de la vie ne passe-t-il pas, en partie, par un meilleur accès des populations européennes aux denrées alimentaires de base pour se nourrir ? N'y aurait-il pas là un véritable « objectif d'intérêt général » à poursuivre de la part de l'Union européenne[4] ?

1 160. – À l'évidence, cette réticence de la part du juge européen remémore combien les droits sociaux protégeables devraient être ceux dits de base, donc reconnus dans la DUDH et les deux pactes de 1966. Évidemment, parmi ceux-ci, pourrait figurer le droit à l'alimentation. En attendant qu'une improbable embellie jurisprudentielle n'apparaisse en ce sens, les discours eurosceptiques auront tout le loisir de taxer – et peut-être à raison – l'Union européenne d'ultralibéralisme. Pour autant, l'Union européenne ne semble pas à bout de souffle[5], tant sa propension à contrôler et à administrer commence à prendre le pas sur cette première place longtemps laissée aux marchés[6]. Pour 2017, le budget de l'Union était tout de même de 158 milliards d'euros, dont une part importante fut dédiée aux programmes d'aide[7]. Il n'est alors plus grotesque de rechercher l'avènement d'une Europe sociale tournée vers les préoccupations alimentaires de plusieurs dizaines de millions de citoyens européens. Alors certes, *« un juge populaire est un juge sans avenir »*[8], mais *« un juge habitué n'est-il pas un juge mort pour la justice »*[9] ?

---

[1] Voir notamment CJCE, *The Queen c/ The Licensing Authority*, 3 décembre 1998, C-368/96, *Rec.*, p. I-7967, pt. 79 ; CJCE, *Booker Aquaculture Ltd*, 10 juillet 2003, C-20/00, *Rec.*, p. I-07411, pt. 68.
[2] L'article 2 du traité instituant la Communauté européenne disposait que : *« La Communauté a pour mission, par l'établissement d'un marché commun et par le rapprochement progressif des politiques économiques des États membres, de promouvoir un développement harmonieux des activités économiques dans l'ensemble de la Communauté, une expansion continue et équilibrée, une stabilité accrue, un relèvement accéléré du niveau de vie et des relations plus étroites entre les États qu'elle réunit »*.
[3] L'article 52§1 de la CDFUE précise que : *« Toute limitation de l'exercice des droits et libertés reconnus par la présente Charte doit être prévue par la loi et respecter le contenu essentiel desdits droits et libertés. Dans le respect du principe de proportionnalité, des limitations ne peuvent être apportées que si elles sont nécessaires et répondent effectivement à des objectifs d'intérêt général reconnus par l'Union ou au besoin de protection des droits et libertés d'autrui »*.
[4] Voir notamment G. Gruni, *The EU, world trade law and the right to food*, Hart, 2018.
[5] Voir C. Brunelet, « L'Union européenne est-elle vraiment ultra-libérale ? », *Contrepoints*, 21 avril 2017.
[6] *Ibid.*
[7] *Ibid.*
[8] O. de Tissot, *Sans âme ni conscience*, Balland, 1er janvier 1975.
[9] Citation de Charles Péguy.

Chapitre II. Du droit de l'alimentation au droit à l'alimentation ou les incertitudes relatives au « droit alimentaire »

1 161. – La doctrine évoque parfois l'existence d'un « droit environnemental » – et pas seulement d'un droit de l'environnement ou d'un droit à un environnement sain –, et bien souvent celle d'un « droit sanitaire et social » pour faire aussi bien allusion au droit de la santé qu'au droit à la santé. Ce constat est également vrai concernant le travail. Beaucoup d'auteurs privilégient le terme de « droit social » à la distinction plus classique, mais limitée, entre le droit du travail et le droit à l'emploi. Alors pourquoi ne pas s'en inspirer pour regrouper les droits liés à l'alimentation sous l'auspice d'une appellation plus générique : à savoir celle de « droit alimentaire » ? Étant donné que n'importe que « droit de » assure (voire augmente) par essence l'effectivité du « droit à » qui lui est rattaché, et dans la mesure où de tels rapprochements sémantiques existent déjà dans d'autres branches du droit – d'ailleurs plusieurs juristes n'hésitent plus à employer l'expression sus mentionnée dans leurs travaux –, reconnaître à nouveau l'intérêt d'une telle synergie, appliquée cette fois-ci à l'alimentation, permettrait sûrement de mettre un terme aux incohérences qui entourent le droit des individus à se nourrir eux-mêmes (lequel est de toute façon déjà iconoclaste – comme cela a été vu dans le chapitre précédent –, donc à la fois « droit épée » et « droit bouclier »), et pourrait servir plus généralement d'exemple pour tous ces autres droits fondamentaux que la classification générationnelle des droits de l'homme peine encore à appréhender.

1 162. – Avec certitude, le contenu du droit à l'alimentation est nécessairement plus restreint que le « droit bouclier » qui lui est associé, étant entendu qu'il ne concerne finalement que la disponibilité quantitative et l'exigence de qualité des produits alimentaires, ainsi que l'accessibilité et l'acceptabilité des denrées nutritionnelles, tandis que son « binôme », lui, dispose d'une portée nettement plus étendue et, il faut bien le préciser, surprenante à pleins d'égards, comme en attestent le droit de l'eau et des milieux aquatiques, et plus encore le droit de la gastronomie. Dans un tel contexte, parler d'un « droit alimentaire » pourrait selon toute vraisemblance engendrer une « remodélisation » du droit à l'alimentation, en sus de redéfinir certains rapports Nord/Sud et d'entraîner par la même occasion un abandon du modèle occidental et carné de l'alimentation. Mais à aucun moment celui-ci ne devrait faciliter la « Mc Donalisation » du monde, ni tendre vers la prise en compte d'aliments trop spécifiques tels que le bonbon et le chocolat. Par voie de conséquence, l'étude du contenu actuel des droits liés à l'alimentation (Section 1) semble être un préalable absolument indispensable à la

compréhension de ce que pourrait revêtir le « droit alimentaire » en tant que droit pleinement opposable auprès des juridictions (Section 2).

Section I. L'INÉGAL CONTENU DES DROITS LIÉS À L'ALIMENTATION EN RAISON DE LEUR DUALITÉ

1 163. – D'un point de vue formel, la règle de droit n'est qu'un contenant, lequel appelle un contenu. Se pose alors la question de la provenance d'un tel contenu : réside-t-il dans une quelconque réalité objective que tout professionnel du droit n'aurait qu'à découvrir *« quitte à l'adapter aux exigences formelles du contenant »*[1] (ainsi le droit serait « donné » et constituerait un « objet de science »[2]), ou bien n'est-il pas plutôt *« l'œuvre de l'esprit humain qui n'aurait qu'à l'élaborer »*[3] (ce qui signifie alors que le droit serait « construit »[4]) ? Selon toute vraisemblance, il semble plus judicieux de retenir cette seconde approche, étant donné que *« le choix du contenu relève de l'autorité publique, et ne peut se faire qu'à partir de certaines considérations psychologiques, sociologiques, éthiques et politiques qui sont étrangères à la science juridique »*[5].

1 164. – Ce constat est particulièrement vrai s'agissant de normes juridiques ayant trait à l'alimentation car comment par exemple ne pas voir dans l'acceptabilité des denrées nutritionnelles, qui au passage est l'une des composantes essentielles du droit à l'alimentation, une dimension sociologique – voire psychologique – de premier ordre ? Comment ne pas voir non plus dans le droit de la gastronomie (en tant que composante originale du droit de l'alimentation) une volonté délibérée de la part des pouvoirs publics de réglementer le goût à l'aune des traditions culturelles et/ou sociales de ceux qui en sont les somptueux créateurs ou les mangeurs chanceux ?

1 165. – C'est précisément la raison pour laquelle les contenus des droits relatifs à l'alimentation sont si différents. Les logiques ajuridiques qui les animent relèvent peut-être des sciences humaines et des sciences sociales, leurs finalités ne sont en rien comparables : en effet les unes vont répondre à un enjeu principalement humanitaire – en tentant pour ce faire de lutter contre la faim et la

---

[1] Voir J. Dabin, « Droit – Théorie et philosophie », in *Encylopaedia Universalis*. Disponible à partir du lien Internet suivant : https ://www.universalis.fr/encyclopedie/droit-theorie-et-philosophie/2-determination-du-contenu-du-droit/ [consulté le 15 décembre 2018]
[2] *Ibid.*
[3] *Ibid.*
[4] *Ibid.*
[5] *Ibid.*

malnutrition dans le monde –, tandis que les autres, quant à elles, auront pour défi d'exciter le récepteur sensoriel des consommateurs, autrement dit porteront sur l'alimentation moderne et la qualité organoleptique des aliments.

1 166. – Mais paradoxalement, ce n'est pas la préoccupation philanthropique qui va accoucher du plus grand ensemble normatif, mais bien le dessein gustatif de l'alimentation. Cela s'explique par l'extrême élasticité du droit de l'alimentation puisqu'au goût qu'encadrent pléthore de « droits boucliers » (dont font parties les droits du commerce, de l'étiquetage ou bien encore de la santé pour ne citer qu'eux) vont s'adjoindre ceux relatifs à l'eau, et plus exactement aux milieux aquatiques.

1 167. – À ce niveau-là de l'étude, il paraît clair que les droits portant sur l'alimentation doivent être scindés dans leur analyse pour livrer tous leurs secrets. Ainsi précèdera à l'observation d'un contenu plus large pour le droit de l'alimentation (§II) celle sur l'étendue bien plus restreinte de son « binôme », objet de cette thèse (§I). Et plus globalement, cette démonstration permettra de décrire, avec les explications nécessaires, les différents contenus normatifs tels qu'ils sont, et ce qu'importe finalement qu'ils soient bons ou mauvais, donc sans ne jamais juger de la régularité d'une loi ou d'un règlement en particulier.

§I. LE CONSTAT D'UN CONTENU RELATIVEMENT RESTREINT CONCERNANT LE DROIT À L'ALIMENTATION

1 168. – Que ce soit en produisant lui-même son alimentation ou en l'achetant, le droit à l'alimentation protège le droit de chaque être humain à se nourrir dans la dignité[1]. Cela suppose alors que chaque personne puisse disposer d'une terre cultivable, de semences et d'eau, ou bien d'argent et d'un accès au marché. Pour eux-mêmes et leurs familles, les États doivent dès lors créer un cadre propice à la satisfaction de cet accès à l'alimentation par les individus.

1 169. – Mais comme le rappelle le rapporteur spécial des Nations Unies pour le droit à l'alimentation, l'accès aux denrées nutritionnelles n'est pas le seul rouage d'un tel droit. L'alimentation doit par ailleurs être quantitativement et qualitativement adéquate et suffisante, et *« correspondre aux traditions*

[1] Le Comité des droits économiques, sociaux et culturels précisait le 5 mai 1999 que : *« Le droit à une nourriture suffisante est indissociable de la dignité intrinsèque de la personne humaine et est indissociable des autres droits fondamentaux de l'homme »*. Voir Nations Unies, Comité DESC, « Le droit à une nourriture suffisante » (art. 11), Observation générale n° 12, *op.cit.*

culturelles du peuple auquel le consommateur appartient »[1]. Par voie de conséquence, seule la nourriture procurant à l'individu une vie épanouissante et exempte de peur – donc convenable d'un point de vue physique et moral, individuel et collectif – doit être prise en compte.

1 170. – Dans ce cadre, il paraît nécessaire de décrypter plus amplement les éléments les plus essentiels du droit à l'alimentation, afin notamment de comprendre pourquoi il est si difficile de s'en prévaloir auprès des tribunaux. Et pour ce faire, il faudra s'intéresser à la question de la disponibilité quantitative des produits alimentaires (A), ainsi qu'à l'exigence de qualité qui pèse sur eux (B). Pour être le plus complet possible, ce compte rendu devra aussi prendre en considération la question de l'accessibilité et de l'acceptabilité des denrées nutritionnelles (C), et enfin ne pas négliger l'importance de la sécurité alimentaire (D).

A. LA DISPONIBILITÉ QUANTITATIVE DES PRODUITS ALIMENTAIRES

1 171. – La disponibilité des produits alimentaires doit répondre aux exigences cumulatives de qualité (étudiée *infra*) et de quantité. D'après le Comité des droits économiques, sociaux et culturels, une telle disponibilité quantitative doit renvoyer à toutes *« les possibilités permettant à l'individu soit de tirer directement son alimentation de la terre ou d'autres ressources naturelles, soit de disposer de systèmes de distributions, de traitements et de marchés opérants capables d'acheminer les produits alimentaires du lieu de production à l'endroit où ils sont nécessaires en fonction de la demande »*[2]. Cela signifie que *« tout le monde doit disposer de nourriture pour manger à sa faim, et cela à tout moment, et de façon appropriée »*[3].

---

[1] Voir la présentation d'Olivier de Schutter intitulée « Droit à l'alimentation » parue sur le site www.srfood.org et disponible à partir du lien Internet suivant : http://www.srfood.org/fr/droit-a-l-alimentation [consulté le 16 décembre 2018]

[2] Voir Nations Unies, Comité DESC, « Le droit à une nourriture suffisante » (art. 11), Observation générale n° 12, *op.cit.*, § 12. Et comme le répète Olivier de Schutter, *« la disponibilité requiert d'une part que l'alimentation soit disponible à partir de ressources naturelles, que ce soit à travers la production de nourriture via la culture de la terre ou l'élevage d'animaux, ou à travers d'autres moyens de se procurer de la nourriture, comme la pêche, la chasse ou la cueillette. Elle implique d'autre part que l'alimentation soit disponible à la vente sur les marchés et dans les magasins »*. Voir O. de Schutter, « Droit à l'alimentation », *op.cit.*

[3] A. Soma, *Le droit de l'homme à l'alimentation : contenu normatif et mécanismes juridiques de mises en œuvre*, *op.cit.*, p. 16.

1 172. – Puisqu'il est important que la suffisance alimentaire soit réalisée au niveau local, des auteurs se demandent *« pourquoi ne pas accroître la production dans les zones où il y a un déficit alimentaire, ou pourquoi ne pas ravitailler ces zones en denrées alimentaires »*[1]. Un bon moyen de garantir le droit d'accès au sol des paysans serait de mettre en place *« des régimes fonciers adéquats, en développant pour ce faire des circuits de crédits – ou bien de subventions – qui leur permettraient de disposer d'outils et d'intrants agricoles pour optimiser leur productivité mais aussi pour désenclaver les zones dégageant des productions excédentaires »*[2].

1 173. – Il faut bien dire aussi que les chiffres de la malnutrition chronique étaient au début des années 2000 des plus alarmants : de 100 millions en 1970, l'Afrique est passée à quelques 200 millions de mal nourris en 2000. D'après certaines prévisions, ces chiffres étaient même censés atteindre la barre des 300 millions en 2010 si rien n'avait été fait pour contrer, ne serait-ce qu'un minimum, cette évolution fulgurante de la faim[3]. Cela dit, en 2017, plus de 256 millions de personnes étaient sous-alimentées en Afrique (contre 515 millions en Asie)[4]. Dans ces conditions, tout reste encore à faire pour stopper cette nette progression – en dépit de rares accalmies[5] – de la pauvreté dans le monde.

1 174. – De l'avis de certains observateurs, cette inégale répartition des produits alimentaires provient d'un problème structurel général. Peu importe que cela soit au sein d'un même continent, d'une même région, d'un même pays voire d'un même village, *« les écarts d'aisance alimentaires sont parfois abyssaux »*[6]. Pour remédier à un tel manque de disponibilité, ils proposent en conséquence l'adoption d'une organisation systémique de la redistribution des produits alimentaires[7]. Celle-ci appliquerait une méthode de gestion concentrique des ressources alimentaires à l'échelle universelle, et supposerait la mise en place d'un fonds mondial contre la faim (avec des stocks alimentaires à tous les niveaux : tant au niveau universel, régional et national qu'au niveau des collectivités locales). Mais ce n'est pas tout, puisqu'ils proposent d'adjoindre à

---

[1] A. Soma, *Le droit de l'homme à l'alimentation : contenu normatif et mécanismes juridiques de mises en œuvre*, *op.cit.*, p. 16.
[2] *Ibid.*
[3] Académie de droit international de La Haye, *La sécurité alimentaire / Food security*, Martinus Nijhoff Publishers, La Haye, 2003, p. 21.
[4] Sur cette question, voir tout particulièrement Materne Maetz, « Des chiffres et des faits sur la malnutrition dans le monde », *La faim expliquée ?*, septembre 2018.
[5] En Asie, le nombre de personnes sous-alimentées est par exemple passé de 686 millions en 2005 à 515 millions en 2017. *Ibid.*
[6] A. Soma, *op.cit.*, p. 17.
[7] *Ibid.*

un tel dispositif un système d'information permettant de recenser les personnes souffrant de faim[1].

1 175. – De la sorte, *« lorsqu'un appel de détresse alimentaire sera lancé, en fonction de sa gravité, de son urgence et de son origine, il sera aisé de savoir de qui doit émaner la réponse et qui prend le relais en cas de défaillance objective du premier responsable »*[2]. Partant de l'idée que la production agricole est suffisante, les défenseurs d'un tel système d'information estiment pouvoir trouver la solution à un niveau quelconque, y compris au plan universel[3] (et ainsi faciliter le travail des organes juridictionnels des droits de l'homme).

1 176. – Mais triste ironie du sort, *« l'augmentation du nombre de personnes sous-alimentées dans le monde se produit alors que les déclarations et les engagements divers en vue justement de l'éradication de la faim d'ici 2030 se sont multipliés au cours de ces dernières années »*[4]. Voilà qui préjuge mal de cet avenir soit disant radieux, et à maintes reprises promis[5], *« alors que les politiques économiques suivies un peu partout dans le monde favorisent une aggravation des inégalités »*[6]. Dans un contexte aussi peu propice à l'amélioration de la redistribution des richesses – et plus précisément des vivres –, la question de la disponibilité des produits alimentaires ne s'est jamais autant posée que maintenant (et n'a jamais méritée d'être à ce point résolue qu'aujourd'hui).

B. L'EXIGENCE DE LA QUALITÉ DES PRODUITS ALIMENTAIRES

1 177. – Aussi étonnant que cela puisse paraître, le Comité des droits économiques, sociaux et culturels ne donne aucune précision sur ce point. Cela dit, pour certains spécialistes, il s'agit ici de penser à trois qualités essentielles : la qualité gustative, la richesse nutritionnelle et l'innocuité des aliments. Quant à

---

[1] Au début des années 2000, le président brésilien Lula avait quant à lui proposé au groupe des 8 pays les plus riches de la planète la création d'un fonds contre la faim, dont le financement proviendrait de la taxation sur les ventes d'armes ou les remboursements des dettes des pays pauvres. Pour voir les progrès réalisés au Brésil grâce à la politique menée par le président Lula, voir « Au Brésil, 12 millions de familles mangent grâce à une bourse », *Le Monde*, 14 septembre 2010. En effet, comme le rappelait Jean Ziegler dans un rapport élaboré durant cette période, la production nationale au Brésil est inapte à fournir quotidiennement assez de calories par habitant.

[2] A. Soma, *Le droit de l'homme à l'alimentation : contenu normatif et mécanismes juridiques de mises en œuvre*, *op.cit.*, p. 17.

[3] *Ibid.*

[4] M. Maetz, « Des chiffres et des faits sur la malnutrition dans le monde », *La faim expliquée ?*, *op.cit.*

[5] Cf. par exemple les 17 objectifs de développement durable (ODD) et leurs 169 cibles (sous-objectifs) formant la clé de voûte de l'Agenda 2030.

[6] M. Maetz, *op.cit.*

la qualité gustative (ou organoleptique), elle suppose que *« l'aliment doit être agréable à consommer (il va ainsi falloir tenir compte des goûts différents des populations et des individus) »*[1]. Concernant la richesse nutritionnelle, elle vise pour sa part la teneur des aliments en micronutriments *« nécessaires pour assurer tant la croissance que la subsistance conformément aux besoins physiologiques de l'être humain »*[2]. Au-delà d'être nécessaire, elle se doit, pour être appropriée, de prendre en compte divers facteurs pour voir si tel ou tel aliment – ou si tel ou tel régime alimentaire – peut être reconnu comme étant le plus adéquat au vu des circonstances de chaque sujet[3]. Et enfin, l'innocuité des aliments *« fait appel aux qualités hygiéniques des aliments, et suppose que la nourriture soit exempte de substances nocives »*[4].

1 178. – L'ancien rapporteur spécial des Nations Unies pour le droit à l'alimentation a déjà à plusieurs reprises mis en exergue – au nom des Nations Unies – le « caractère adéquat »[5] de l'alimentation afin justement de parler de cette exigence de qualité des denrées nutritionnelles. Ainsi pour lui, ce caractère signifie que *« l'alimentation doit satisfaire plusieurs besoins diététiques tenant compte de l'âge de l'individu, de ses conditions de vie, de sa santé, de son travail, de son sexe, etc. »*[6]. Une alimentation destinée aux enfants qui ne contiendrait pas les nutriments nécessaires à leur développement physique et mental ne serait pas adéquate.

1 179. – Il ajoute par ailleurs que *« l'alimentation doit aussi être sans danger pour l'homme et exempte de substances nocives, telles que des polluants issus de processus industriels ou agricoles, en ce compris les résidus de pesticides, d'hormones ou de médicaments vétérinaires »*[7]. En dernier lieu, il précise que l'alimentation adéquate doit être *« culturellement acceptable »*[8] (ainsi toute

---

[1] Il s'agit là d'une caractéristique pourtant phare du droit de l'alimentation, mais qui a été reprise à son compte par le droit à l'alimentation, ce qui démontre encore une fois la porosité de la distinction entre les deux, et plus généralement les limites de la distinction entre les droits « épée » et « bouclier ». Ici, voir P.-M. Vincent, *Le droit de l'alimentation*, PUF, coll. Que sais-je ? 1996, p. 14.

[2] Voir Nations Unies, Comité DESC, « Le droit à une nourriture suffisante », (art. 11), Observation générale n° 12, *op.cit.*, §9.

[3] *Ibid.*

[4] Pour Pierre-Marie Vincent, l'innocuité des aliments relève du « droit de l'alimentation », mais cette composante a, une fois de plus, été reprise à son compte par le droit à l'alimentation . Une pareille innocuité a en réalité trait à la production, au traitement, au transport et au commerce des denrées alimentaires brutes ou transformées. Ces points seront étudiés plus amplement *infra*. Et voir ici P.-M. Vincent, *op.cit.*

[5] Sur ce point, voir S. Pepino, « Nutrition, Education and awareness raising for the right to adequate food », Thematic Study 6, FAO, Agricultural Development Economics Division (ESA), 2014, 23 pages.

[6] Voir O. de Schutter, « Droit à l'alimentation », *op.cit.*

[7] *Ibid.*

[8] *Ibid.* Cette idée rejoint bien sûr celle d'« alimentation durable », à savoir une alimentation qui soit viable sur le plan économique et social, et qui préserve l'environnement, la santé et la diversité culturelle. Sur cette question, voir C. Esnouf, M. Russel et N., Bricas, *Pour une alimentation durable – Réflexion stratégique du ALIne*, éd. Quae, 2011, 286 pages.

denrée culturellement ou religieusement tabou pour ses destinataires ou contraire à leurs habitudes alimentaires ne serait pas culturellement acceptable). Ce point sera étudié plus amplement *infra*.

1 180. – Au vu de tous ces éléments, certains juristes préconisent grandement l'application du principe de précaution à l'égard des OGM, étant donné l'ignorance des conséquences sanitaires que peut avoir leur consommation par l'être humain[1]. Plus généralement, ils souhaitent que tous les paramètres sus-évoqués soient pris en compte et respectés pour garantir la disponibilité quantitative et la qualité des aliments à toute personne. C'est seulement à ce prix-là qu'il y aura potentiellement de la nourriture suffisante et de bonne facture pour chacun. Ceci étant, il restera à veiller à ce qu'elle soit accessible et acceptable selon les sensibilités de chaque mangeur.

C. L'ACCESSIBILITÉ ET L'ACCEPTABILITÉ DES DENRÉES NUTRITIONNELLES

1 181. – Pour débuter, l'accessibilité alimentaire peut s'entendre comme la possibilité pour chaque individu d'obtenir de la nourriture, pas seulement par une simple disponibilité de celle-ci dans la localité, mais aussi par la faculté de s'en procurer conformément aux conditions sociales propres à chaque ménage. Cette accessibilité revêt un double aspect : elle est à la fois physique et économique.

1 182. – Classiquement, l'accessibilité physique est relative au problème de la prévalence matérielle des aliments à proximité des personnes qui en ont besoin, de telle sorte qu'elles puissent en jouir par le biais d'un approvisionnement concret et régulier. Autrement dit, une telle accessibilité implique que l'alimentation soit accessible à chacun, y compris aux personnes physiquement vulnérables comme les enfants, les malades, les personnes souffrant d'un handicap ou bien encore les personnes âgées, lesquelles peuvent éprouver des difficultés à sortir pour se procurer de la nourriture.

1 183. – Plusieurs phénomènes viennent toutefois entraver l'effectivité de cette accessibilité, laissant ainsi penser qu'un approvisionnement des zones sinistrées

---

[1] Concernant ces questions, voir également le Principe 15 de la Déclaration de Rio sur l'Environnement et le Développement du 14 juin 1992, l'arrêt CJCE du 5 mai 1998, aff. *National Farmers Union*, C-157, Rec., p. I-2211. Et N. de Sadeleer, « Grandeur et servitude du principe de précaution en matière de sécurité alimentaire et de santé publique », in P. Nihoul et S. Mahieu (dir.), *La sécurité alimentaire et la règlementation des OGM : perspective nationale, européenne et internationale*, éd. Larcier, 2005, p. 315 et s.

depuis d'autres régions selon la logique de la gestion concentrique (présentée *supra*) serait souhaitable. Il est anormal que les problèmes d'accès au sol des paysans et les perturbations des cycles de production par divers facteurs naturels et humains ayant des conséquences drastiques (ici penser bien entendu aux sécheresses, aux inondations, aux invasions de criquets ou encore aux attaques des cultures par des parasites qui diminuent ou annihilent les récoltes) perdurent au point de priver les individus de leurs accès à la nourriture[1].

1 184. – Concernant l'accessibilité économique, elle va au-delà de la proximité matérielle des denrées alimentaires pour impliquer que l'alimentation puisse être acquise par chaque ménage. Les aliments doivent donc être financièrement abordables. Et comme le rappelle l'ancien rapporteur spécial des Nations Unies pour le droit à l'alimentation, *« les individus doivent ici pouvoir acheter de la nourriture pour un régime alimentaire adéquat sans avoir à sacrifier d'autres besoins fondamentaux tels que les frais de scolarité, les médicaments ou le loyer »*[2].

1 185. – Se pose alors inévitablement la question de la solvabilité des personnes souffrant de la faim, et ce d'autant plus qu'un pourcentage non négligeable des populations vivant dans les pays en voie de développement subsiste avec moins d'un dollar par jour[3]. Plusieurs auteurs ne manquent pas de s'en plaindre, constatant *« avec amertume qu'une vache européenne bénéficie d'une aide de deux euros par jour, ce qui dépasse de loin le revenu moyen quotidien de la majorité des habitants des pays en voie de développement, soit 1,2 milliards d'êtres humains vivant avec moins d'un dollar par jour »*[4].

1 186. – Outre l'aide publique au développement, des voix commencent à s'élever pour que soit enfin effectué un contrôle efficace du circuit de commercialisation des denrées de base. S'opposant à toute forme de spéculation céréalière dans les pays en voie de développement, consistant bien souvent de la part des commerçants à stocker des denrées dès le lendemain des récoltes (où les prix sont bas) pour les ressortir qu'en cas de grave pénurie (et pour ainsi renchérir les prix), ces observateurs n'en peuvent plus de voir les nantis payer cher leur nourriture, et les plus démunis *« espérer une aide providentielle ou les prochaines pluies sous*

---

[1] Sur ce point, voir notamment Amnesty International, « Zimbabwe : pouvoir et famine, les violations du droit à l'alimentation », Rapport, 2005, p. 12 et s.

[2] O. de Schutter, « Droit à l'alimentation », *op.cit.* Voir aussi sur cette question T. Damien, *Favoriser un accès pour tous à une alimentation de qualité, saine et équilibrée*, Les éditions des journaux officiels, 2014, 82 pages.

[3] En effet, 24% de la population des pays en voie de développement subsisterait avec moins d'un dollar par jour. Voir Académie de droit international de La Haye, *La sécurité alimentaire / Food security*, *op.cit.*, p. 23.

[4] *Ibid.*, p. 24. Voir également PNUD, « Rapport mondial sur le développement humain 2000 », de Boeck Université pour le PNUD, 2000.

la souffrance de l'estomac vide »[1]. Très mécontents de cette situation, ils partent alors du principe que *« la plupart des pays industrialisés pourraient coopérer en exportant leur surplus à des prix abordables »*[2].

1 187. – Et que dire encore des subventions publiques (qu'elles soient nationales ou internationales), autrement que celles destinées à éradiquer la pauvreté et la faim dans le monde sont toujours six fois moins élevées que toutes celles consacrées par les pays développés à l'agriculture, bien que celles-ci ont tendance, et cela de plus en plus, à être vivement critiquées au sein de l'OMC. Quoi qu'il en soit, *« les dépenses d'une personne ou d'un ménage consacrées à l'acquisition des denrées pour assurer un régime alimentaire adéquat devraient toujours être telles qu'elles n'entravent pas la satisfaction des autres besoins élémentaires »*[3].

1 188. – Concernant cette fois-ci l'acceptabilité des denrées nutritionnelles, elle peut se définir comme étant pour le consommateur *« l'aspect psychologique et moral de l'accessibilité physique »*[4]. Elle a pour objet *« la réceptivité pour une personne de la nourriture à laquelle elle a concrètement accès, compte tenu de ses valeurs subjectives et culturelles intrinsèques »*[5]. Il n'est pas sans intérêt de rappeler ici que l'un des objectifs du droit à l'alimentation suffisante et appropriée est justement de permettre à tout individu de *« se développer pleinement et de conserver ses capacités physiques et mentales »*[6]. Un tel objectif implique que *« chaque individu a le droit d'avoir une alimentation épanouissante durant toute sa vie, d'être donc dans une certaine sécurité dans la jouissance du droit à l'alimentation »*[7]. Il est alors temps de s'intéresser de plus près à l'importance de cette sécurité alimentaire pour les mangeurs.

---

[1] A. Soma, *Le droit de l'homme à l'alimentation : contenu normatif et mécanismes juridiques de mises en œuvre*, *op.cit.*, p. 20. Du même auteur, voir *Droit de l'homme à l'alimentation et sécurité alimentaire en Afrique*, Zürich, Schulthess, Verlag, coll. genevoise, 2010.

[2] *Ibid.*

[3] Nations Unies, Comité DESC, « Le droit à une nourriture suffisante », (art. 11), Observation générale n° 12, § 13.

[4] A. Soma, *op.cit.*, pp. 20-21.

[5] *Ibid.*

[6] Voir ONU, Rés. 3180 (XXVIII), D.U.E.D.F.M. du 16 novembre 1974, § 1.

[7] A. Soma, *op.cit.*, p. 21.

D. L'IMPORTANCE DE LA SÉCURITÉ ALIMENTAIRE

1 189. – La sécurité alimentaire constitue à n'en pas douter l'un des corollaires les plus importants du droit à l'alimentation[1], étant donné qu'elle a été érigée au rang d'objectif prioritaire de la communauté internationale lors de la crise alimentaire généralisée des années 1972-1973[2]. D'une part, cette notion est utilisée pour *« désigner la nécessité d'une nourriture saine, la salubrité des aliments et renvoie à la notion de produit sûr »*[3]. Cela signifie que les aliments destinés à la consommation sont sans danger et qu'ils sont exempts de parasites, de micro-organismes et de molécules nuisibles pouvant causer toute sorte d'infections d'origine alimentaire ou des malaises à l'individu[4]. C'est d'ailleurs en ce sens qu'inter-prète la « sécurité sanitaire des aliments » ou la « sûreté alimentaire » (dite en anglais *Food Safety*) le Comité des droits économiques, sociaux et culturels[5].

1 190. – Par ailleurs, *« les modalités du droit à l'alimentation doivent être fonction des sensibilités de chaque État »*[6]. C'est ainsi la raison pour laquelle la Cour de justice de l'Union européenne a étendu le principe de précaution au domaine de la sécurité alimentaire en Europe[7]. Ici, l'idée sous-jacente de la Haute cour européenne est plutôt simple : le principe de précaution encouragerait l'identification des peuples à l'alimentation qu'ils consomment. Mais de là à imaginer que les populations accepteraient au passage davantage le droit à l'alimentation qui leur est opposé – comme se le demandent certains juristes[8] – n'est pas forcément couru d'avance.

---

[1] Sur ce point, voir Commission des droits de l'Homme des Nations Unies, « Le droit à l'alimentation », rapport présenté par Jean Ziegler, *op.cit.*, §15.

[2] Ici, voir tout particulièrement A. Bensalah-Alaoui, « La sécurité alimentaire mondiale », *op.cit.*, p. 2 et s.

[3] A. Soma, *Le droit de l'homme à l'alimentation : contenu normatif et mécanismes juridiques de mises en œuvre*, *op.cit.*, pp. 21-22. Concernant cette définition, voir aussi M.-E. Arbour, « Mise en contexte : la sécurité des produits de consommation – Perspectives horizontales et verticales », in P. Nihoul et S. Mahieu (dir.), *La sécurité alimentaire et la réglementation des OGM – Perspectives nationale, européenne et internationale*, *op.cit.*, p. 13 et s.

[4] Ici, voir notamment M. Iciar Belton, *Sécurité alimentaire*, Mémoire sous la direction de R. Setton, Genève, École de traduction et d'information, 2002, p. 31 et s. Dans ses travaux, l'auteur en répertorie plus de 160 conformément aux publications de la Commission du *Codex Alimentarius*.

[5] Voir sur cette question J. Bourrinet et F. Snyder, *La sécurité alimentaire dans l'Union européenne*, Bruylant, 2003, p. 8.

[6] A. Soma, *op.cit.*, p. 22.

[7] Arrêt CJCE, 13 novembre 1990, aff. *Fedesa*, C-331/88, Rec. p. I.4023 ; CJCE, 12 juillet 1996, aff. *Royaume-Unis c/Commission*, C-180/96, Rec. p. I.2265.

[8] A. Soma, *op.cit.*, p. 22.

1 191. – D'autre part, la sécurité alimentaire s'applique à *« la sécurité et la stabilité dans les possibilités d'approvisionnement de l'individu en denrées »*[1]. Cette autre dimension de la sécurité (en anglais *Food (Supply) Security*) traduit *« l'exigence d'une nourriture suffisante qui doit qui plus est être accompagnée d'une certaine durabilité dans la disponibilité quantitative et dans l'accessibilité des aliments, c'est-à-dire qu'elle doit apporter la tranquillité psychologique que les générations actuelles et futures sont dans la possibilité de disposer de cette nourriture »*[2]. Aussi, comme le préviennent plusieurs juristes, *« cette suffisance doit être sentie aussi bien aux niveaux familial et local, qu'aux niveaux national, régional et universel »*[3].

1 192. – Promouvoir la sécurité alimentaire, c'est certainement concourir au bien-être des populations dans leur consommation alimentaire, et plus généralement à la durabilité de leur accès régulier à des approvisionnements en denrées qui soient suffisants. C'est précisément pourquoi une telle sécurité alimentaire doit être garantie dans les efforts pour assurer l'effectivité du droit à l'alimentation. Il y aura certainement – comme le font remarquer certains observateurs – *« beaucoup de précarité dans la jouissance de ce droit de l'homme sans cette garantie »*[4].

1 193. – Logiquement, l'absence de sécurité alimentaire renvoie à la notion d'« insécurité alimentaire » (laquelle pouvant se définir comme *« la situation des populations ne disposant plus de réserves et qui doivent donc solliciter un système de solidarité quelconque, compte tenu de leurs vulnérabilités et de leur précarité nutritionnelle »*[5]) et n'est pas sans rappeler les problèmes liés, entre autres, à l'accès à la nourriture et à l'eau, ainsi qu'à la santé et au droit à la dignité humaine, ou plus généralement encore à la répartition des richesses. Face à toutes ces difficultés, des solutions commencent toutefois à être envisagées de la part de certains spécialistes : gestion plus intégrée de la production mondiale actuelle, amélioration de l'efficience des modèles de développement socio-économique etc.[6]

1 194. – Nonobstant cette délicate situation, et comme le souhaite de ses propres vœux le Comité des droits économiques, sociaux et culturels, *« le droit à une*

---

[1] A. Soma, *Le droit de l'homme à l'alimentation : contenu normatif et mécanismes juridiques de mises en œuvre*, *op.cit.*, p. 22.

[2] *Ibid.*

[3] *Ibid.*

[4] *Ibid.*

[5] *Ibid.*

[6] Par ailleurs, Abdoulaye Soma propose un accroissement des performances techniques et économiques appliquées à la production agro-pastorale dans les pays en voie de développement, et un ajustement entre la demande et l'offre effective de produits alimentaires. *Ibid.* Voir également sur ces questions J. Bourrinet, « Le spectre de la faim », in J. Bourrinet et F. Maurice (dir.), *L'ordre alimentaire mondial*, Paris, Économica, 1982, p. 32 et s.

nourriture adéquate et suffisante ne doit pas être interprété dans le sens étroit ou restrictif du droit à une ration de calories, de protéines ou d'autres nutriments spécifiques »[1]. Ce constat est aussi partagé par le rapporteur spécial des Nations Unies pour le droit à l'alimentation, pour qui ce droit n'est pas un droit à être nourri, sauf cas d'extrême urgence (une catastrophe naturelle, un conflit armé ou une période de détention), auxquels cas il appartiendra bien à l'État de fournir à l'individu son alimentation[2].

1 195. – En conclusion, la sécurité alimentaire au sens large – donc dans toutes ses acceptions – existe lorsque *« tous les êtres humains ont, à tout moment, un accès physique et économique à une nourriture suffisante, saine et nutritive leur permettant de satisfaire leurs besoins énergétiques ainsi que toutes leurs préférences alimentaires pour mener une vie saine et active »*[3]. En réalité, le droit de chaque être humain à se nourrir est un « droit bouclier » dans ses principales caractéristiques, et ne peut se muer en « droit épée » que dans des hypothèses pour le moins limitatives et bien particulières (que la « sécurité alimentaire » ne saurait d'ailleurs étendre abusivement au gré des sensibilités de chaque État).

§II. LE CONSTAT D'UN CONTENU EXTRÊMEMENT DENSE CONCERNANT LE DROIT DE L'ALIMENTATION

1 196. – Le chemin parcouru par le pain – ou le riz – quotidien avant d'atteindre l'assiette puis le palais des mangeurs est parfois si complexe qu'il est impossible d'en retracer l'itinéraire. Voilà pourquoi il est nécessaire de présenter en détails – et de ne pas se contenter d'une série d'instantanés – les aspects les plus essentiels du droit moderne de l'alimentation. Producteurs et consommateurs, commerçants et cuisiniers ont de toute façon tous besoin d'en savoir davantage sur la nourriture qu'ils consomment (comme par exemple comprendre quelles sont les tendances et les technologies qui caractérisent leur approvisionnement alimentaire).

1 197. – D'évidence, le contenu du droit de l'alimentation n'a pas non plus trait qu'à la notion de cuisine, et ce quand bien même cette activité serait, il est vrai, passée du rang de *« banale tâche routinière »*[4] à celui plus honorifique d'activité créatrice du week-end (sortant par la même occasion *« du ghetto des magazines*

[1] Nations Unies, Comité DESC, « Le droit à une nourriture suffisante », (art. 11), Observations générale n° 12, *op.cit.*, §6.
[2] O. de Schutter, « Droit à l'alimentation », *op.cit.*
[3] Voir D.S.A.M./P.A., *op.cit.*, §1. Cette définition rejoint donc étroitement le champ couvert par le droit à l'alimentation lui-même.
[4] E. Millstone et T. Lang, *Atlas de l'alimentation dans le monde*, éd. Autrement, 2002, p. 7.

féminins pour tenir la vedette dans des reportages ou des programmes de divertissement à la télévision »[1]). Comment en effet ne pas tenir compte de l'importance si spéciale de l'eau, qui plus est quand les experts annoncent que beaucoup de pays connaîtront des difficultés liées à sa rareté ou à sa précarité d'ici 2050 ?

1 198. – Au vu de ces quelques éléments, une évidence s'impose déjà : bien plus ancien et aussi plus varié que le droit à l'alimentation, le droit de l'alimentation est logiquement plus dense, pour ne pas dire plus insaisissable encore – c'est dire à quel point son étude est délicate –, que son « homologue » des droits de l'homme. C'est la raison pour laquelle seront à titre liminaire traitées les composantes essentielles du droit de l'alimentation (A), puis successivement les spécificités du droit de l'eau et des milieux aquatiques (B) ainsi que pour finir la surprenante portée du droit de la gastronomie (C).

A. LES ÉLÉMENTS CLÉS DU DROIT DE L'ALIMENTATION

1 199. – Bien qu'ancien et très souvent méconnu de la plupart des étudiants et des praticiens, le droit de l'alimentation n'en demeure pas moins en constante évolution. Ce droit – dont la valeur juridique, scientifique et sociologique n'est plus à prouver – nous assure *« que les denrées que nous consommons répondent bien aux exigences essentielles de sécurité alimentaire et de protection de la santé »*[2]. Mais pour être tout à fait complet, il doit aussi *« assurer le respect de la loyauté des transactions ainsi qu'une bonne information du consommateur »*[3]. Pour mieux le cerner, il semble alors indispensable d'étudier son existence et son histoire (1), ainsi que son champ d'application en France (2), mais aussi en Europe (3) et dans le reste du monde (4). Des considérations sur la normalisation et le *Codex Alimentarius* (5), voire sur l'avenir même du droit de l'alimentation pourront par la suite être envisagées (6).

1. Le droit de l'alimentation : son essence et son essor

1 200. – Classiquement, le droit de l'alimentation regroupe toutes les règles juridiques ayant trait à la production, au traitement, au transport ainsi qu'à la consommation des denrées alimentaires (et ce qu'elles soient brutes ou

---

[1] E. Millstone et T. Lang, *Atlas de l'alimentation dans le monde*, *op.cit.*, p. 7.
[2] P.-M. Vincent, *Le droit de l'alimentation*, *op.cit.*, p. 5.
[3] *Ibid.*

transformées). Plusieurs facteurs sociaux peuvent expliquer son essor : *« l'expansion démographique, la concentration urbaine, la transformation des milieux ambiants et des structures sociales, le progrès des connaissances scientifiques et en conséquence ceux de la technologie qui l'ont lentement créé »*[1]. D'autres phénomènes tenant en majeure partie à la demande croissante – par la civilisation de consommation – d'une plus grande variété de produits, ou au développement féminin hors du foyer l'ont pour leur part façonné.

1 201. – Si l'enseignement d'un tel droit dans de multiples écoles et universités remonte au milieu des années 1980[2], ses origines sont ancestrales, comme le démontrent les principes d'hygiène édictés dans la loi de Moïse, ou bien encore la tablette d'argile – datant d'environ 1 500 ans avant J.-C. – établissant ses principes généraux (celle-ci est exposée au musée d'Histoire ancienne d'Istanbul). Bien sûr, il faut également citer les Tables dites d'Hammourabi (en tant qu'autre référence de la même époque), dans la mesure où elles constituaient déjà *« une ébauche de Code civil qui régissait les questions relatives à la production et au commerce des denrées »*[3].

1 202. – Très tôt, les littératures grecques et germaniques firent état de fraudes sur les aliments, allant parfois jusqu'à punir de la peine capitale les commerçants qui s'adonnaient à la falsification du vin[4], ou à couper la main de celui qui manipulait la viande à main nue[5]. Les exemples de ce type sont en réalité nombreux : dans le Nuremberg du XVe siècle étaient condamnés au bûcher les vendeurs de viandes adultérées[6]. L'Italie du XVIe siècle donnait quant à elle le fouet, retirait les droits civiques et faisait subir le bannissement aux auteurs d'adultération, de contrefaçons ou de manipulations sur les denrées (en plus de leur attribuer d'importantes amendes)[7]. La France de cette époque réprimait elle aussi les fraudes et les falsifications – en faisant par exemple boire jusqu'à plus soif le vendeur de lait mouillé – comme en attestent de nombreux textes adoptés par les autorités.

1 203. – Les règlements de police portant sur les denrées alimentaires se sont ainsi considérablement multipliés au fil des siècles, bien qu'en France, la plupart furent

---

[1] P.-M. Vincent, *Le droit de l'alimentation, op.cit.*, p. 14.

[2] Les professeurs Trémolières et Dupin, directeurs de l'Institut scientifique et technique de l'alimentation intégré dans le Conservatoire national des arts et métiers de Paris, enseigneront par exemple un cours de droit de l'alimentation organisé par MM. Cognard et Manchon. Ce fut le début d'une longue chaîne d'enseignements de cette matière au niveau universitaire.

[3] P.-M. Vincent, *op.cit.*

[4] *Ibid.*, p. 17.

[5] *Ibid.*

[6] *Ibid.*

[7] *Ibid.*

supprimés par les révolutionnaires ou placés sous l'égide du pouvoir central[1]. En effet, c'est le Code civil napoléonien de 1804 qui précisera les caractéristiques propres au droit de l'alimentation, étant donné que *« le développement rapide de moyens de communication, celui du commerce avec les colonies et autres pays lointains, rendait urgent l'établissement de contrôles sérieux »*[2]. C'est de cette manière qu'est né, de l'avis de certains juristes, le droit moderne de l'alimentation[3]. Droit qui n'aura depuis de cesse de se développer tant dans l'État du Massachusetts, qu'en Belgique, qu'au Japon ou bien encore qu'en Grande-Bretagne.

1 204. – Ses principes fondamentaux sont partout les mêmes : ce droit est constitué par l'ensemble des spécifications – à caractère réglementaire ou non – relatives à la composition des aliments, à leurs caractéristiques, à leurs modes de production, de présentation et de commercialisation, et visant à préserver la santé et la sécurité des consommateurs, à garantir sa bonne information, à assurer la loyauté des transactions à tous les stades de la production et de la commercialisation des denrées. Compte tenu de son rôle éminemment économique et social, le droit de l'alimentation doit satisfaire aux exigences de protection, d'efficacité et d'adaptabilité. C'est précisément la raison pour laquelle il renforce le « droit à l'alimentation ».

1 205. – La structure formelle de ce droit doit systématiquement être composée d'une loi-cadre[4] et de textes d'application[5]. Cela dit, cette partie législative peut très bien être complétée par des sources administratives[6] et/ou informelles[7], voire

[1] P.-M. Vincent, *Le droit de l'alimentation, op.cit.*, p. 19.
[2] *Ibid.*, pp. 20-21.
[3] *Ibid.*
[4] Cette loi-cadre doit définir les principes généraux permanents, le domaine d'application, les compétences d'élaboration et d'exécution, le dispositif répressif (nature des infractions, pénalités, limites des pouvoirs). Elle doit par ailleurs comporter une définition claire de l'aliment (comme l'envisagaient les lois allemande (LMBG) et américaine (FD&CA)). Et si la notion de loi-cadre n'est plus consacrée aujourd'hui en droit français, cela n'a pas empêché les pouvoirs publics d'adopter de nombreuses lois ayant trait aux différentes caractéristiques sus-rappelées.
[5] Ces textes d'application sont de trois ordres : les textes « horizontaux » couvrant les dispositions s'appliquant à toutes les denrées (étiquetage, hygiène etc.), les textes « verticaux » relatifs à des produits spécifiques ou des technologies particulières, et les textes organisant les services administratifs, leur coordination et les procédures utilisées.
[6] Il s'agira d'actes du pouvoir exécutif élaborés par le gouvernement et les ministres. En France, le décret n° 2018-904 du 22 octobre 2018 modifie par exemple la composition du Conseil national de l'alimentation.
[7] Cf. ici les décisions du pouvoir judiciaire (autrement dit la jurisprudence), les actes professionnels (codes, normes, usages, dont le respect est le plus souvent volontaire) et la doctrine (élaborée bien évidemment par des juristes ou des spécialistes).

para-réglementaires[1]. Dans tous les cas, ce dispositif doit porter sur les contrôles[2], les délits et leurs sanctions[3], et rappeler clairement les objectifs poursuivis par le droit de l'alimentation (à savoir la protection de la santé et de la sécurité des consommateurs[4], l'information de ces derniers, le respect de la loyauté des transactions, la satisfaction des exigences de qualité[5], le contrôle officiel des aliments[6], et l'octroi d'un cadre à la recherche et au développement en nutrition humaine).

1 206. – À aucun moment le droit de l'alimentation ne devrait *« être un subterfuge pour conserver des privilèges ou servir d'alibi à des motivations commerciales et nationales cachées »*[7]. Il doit simplement couvrir *« les diverses opérations qui sont réalisées par des professionnels, hors de la connaissance du consommateur final, depuis la source de production jusqu'à l'acte de consommation »*[8]. Dit autrement, le droit de l'alimentation doit réglementer : le choix des matières premières, leurs prétraitements, les procédés de transformation et de conservation, la définition des produits, leurs composants, l'hygiène des installations, les matériaux au contact avec les aliments en cours de transformation et d'emballage, le mode de présentation et l'étiquetage (la publicité en faisant partie), les règles de contrôle ainsi que les limites de la répression des délits. Au vu de son champ d'application très large, il est alors nécessaire d'harmoniser certains concepts de base (l'aliment, la substance d'addition, le résidu acceptable etc.)[9]

1 207. – Dorénavant, les organismes sanitaires chargés d'assurer la sécurité alimentaire doivent tenir compte de tous ces facteurs – et cela tout au long de la chaîne alimentaire –, en faisant prioritairement attention aux risques inhérents à l'hygiène. Ce travail ne doit donc pas se limiter à l'innocuité de tout ce qui est vendu, mais doit aussi porter sur l'aliment consommé, étant donné que les conditions de conservation ou de cuisson peuvent avoir une influence importante

---

[1] Pour Pierre-Marie Vincent, *« ce domaine est l'héritier des traditions et des édits des corporations. Il s'est réanimé récemment avec l'essor des codes d'usage, de normes professionnelles, de « bonnes pratiques », donc de textes non-obligatoires, d'application volontaire dont le respect peut être lié à l'apposition d'un sigle d'identification »*. P.-M. Vincent, *Le droit de l'alimentation*, *op.cit.*, pp. 24-25.

[2] *Ibid.*, p. 26.

[3] *Ibid.*, p. 26.

[4] D'un point de vue hygiénique, il faut penser aux locaux, à la fabrication, au personnel, au stockage et à la distribution. D'un point de vue sanitaire, il faut penser aux substances présentes non intentionnelles, aux additifs, aux auxiliaires technologiques, aux traitements etc.

[5] Cela passe par la garantie d'un niveau minimal et par la mise en œuvre d'un système juridique de promotion de la qualité.

[6] Il faudra pour ce faire définir les autorités compétentes, définir les pouvoirs du contrôle et établir les sanctions.

[7] P.-M. Vincent, *op.cit.*, p. 29. Sur ce point, voir également J. Vivez, *Les fraudes*, coll. « Que sais-je ? », PUF, 1959 ainsi que J.-C. Fourgoux et G. Jumel, *Traité de droit alimentaire*, Paris, Frantec, 1968.

[8] P.-M. Vincent, *op.cit.*, p. 30.

[9] *Ibid.*

sur cette qualité. Évidemment, il faudra que les experts dans ce domaine fassent preuve de beaucoup de compétence, de sagesse et de bon sens.

2. Les insuffisances du droit français de l'alimentation

1 208. – La France du début du XXe siècle n'est pas marquée par pléthore de lois régissant dans ses grands angles le droit de l'alimentation. Alors que pourtant, *« le développement des chemins de fer et le commerce des colonies provoquaient une circulation accélérée des marchandises »*[1]. En effet seul un texte de 1905 venait réglementer le secteur de l'alimentation de manière drastique et complète, en ce sens qu'il prenait aussi bien en compte la concurrence déloyale et les tromperies que la santé des citoyens[2]. Cette loi était néanmoins plutôt *« orientée vers la répression des abus, et pas seulement que dans le domaine agro-alimentaire »*[3], ce qui signifie qu'elle fut – malgré ses ambitions louables – très rapidement dépassée par les progrès de la science et de la technologie. Cela étant, il faudra attendre le 26 juillet 1993 pour lui trouver un successeur digne de ce nom : le Code de la consommation.

1 209. – Ce code opèrera une véritable synergie des différents textes antérieurs et postérieurs à la loi de 1905, étant donné qu'il reprendra les parties essentielles de chacun[4] pour ne former qu'un seul et même ensemble réorganisé. À sa charge, il n'apporte en revanche *« aucune réponse à la question de savoir comment faire fonctionner harmonieusement un système réglementaire qui relève d'au moins trois ministères différents (Économie, Agriculture et Santé, sans compter ceux de l'Industrie et de l'Environnement) et de deux services de contrôle »*[5]. Qui plus est, le droit de l'alimentation français doit faire face à l'heure actuelle à deux séries d'évolutions majeures : d'une part la fraude a changé, tandis que les producteurs sont devenus plus responsables et les consommateurs plus vigilants. D'autre part, la législation européenne en la matière est devenue de plus en plus contraignante, donc de moins en moins contournable. Sans compter l'importance des instances internationales du *Codex Alimentarius*, et de l'OMC.

---

[1] P.-M. Vincent, *Le droit de l'alimentation*, *op.cit.*, p. 49.

[2] Avant l'adoption de ce texte existaient des lois sur la protection des denrées (27 mars 1851), sur le vin (août 1881, août 1894 et août 1897), sur la margarine et le beurre (16 avril 1897) ou encore sur la saccharine et le sucre (30 mars 1902).

[3] P.-M. Vincent, *op.cit.*, p. 51.

[4] L'article 1er de la loi de 1905 qui réprimait la tromperie et même la tentative de tromperie est par exemple devenu l'article L. 213-1 du Code de la consommation. L'article 2 qui réprimait la détention et l'usage de faux poids et de fausses mesures de capacité est devenu l'article L. 213-2 du Code de la consommation. Les articles 3 et 4 qui sanctionnaient les falsifications ou modifications frauduleuses sont quant à eux devenus les articles L. 213-3, L. 213-4 et L. 214-1 du Code de la consommation.

[5] P.-M. Vincent, *op.cit.*, p. 54.

1 210. – À l'image de la défunte loi de 1905, ce nouveau code n'est pas strictement alimentaire. Il est subdivisé en cinq livres portant successivement sur l'information des consommateurs et la formation des contrats (Livre I), la conformité et la sécurité des produits et services (Livre II), l'endettement (Livre III), les associations de consommateurs, les modalités d'agrément et d'actions en justice (Livre IV), puis sur les institutions à l'œuvre[1] (Livre V). Déjà modifié en 1994, ce texte *« n'innove pas car il regroupe et codifie à droit constant les erreurs typographiques des textes repris »*[2]. Un « toilettage » est néanmoins prévu tous les deux ans (en vertu de son article 8).

1 211. – Donc pour finir, le droit français de l'alimentation est marqué par son caractère minimaliste et par son manque d'évolution. Seuls quelques domaines lui sont entièrement dévolus, et ce en raison de l'essor du droit de l'Union européenne : c'est notamment le cas des secteurs de la normalisation et de la certification de qualité (puisque la marge de manœuvre des États reste relativement préservée à l'intérieur d'un cadre supranational plutôt souple), de l'application des textes ainsi que des évaluations alimentaires et nutritionnelles[3]. Il manque toujours aux différents ministères de tutelle une structure nationale de coordination afin de résoudre les conflits de compétence et d'attribution. Il manque enfin au système français un réseau national d'experts de haut niveau, qui soit capable d'assumer les tâches imparties par les autorités européennes dans le cadre de la coopération scientifique.

1 212. – L'évolution de l'Agence française de sécurité sanitaire des aliments (ci-après AFSSA)[4] est à cet égard très éclairant : si sa mission principale était bien d'évaluer les risques sanitaires et nutritionnels présentés par tous les aliments – y compris l'eau –, et ce qu'ils soient destinés à l'homme ou à l'animal, elle était jusqu'à sa fusion en 2010 avec l'Agence française de sécurité sanitaire de l'environnement et du travail[5] placée sous la tutelle de trois ministères différents (Agriculture, Santé et Consommation). Ce qui était déjà beaucoup. Mais depuis lors, et maintenant qu'elle est devenue l'Agence nationale de sécurité sanitaire de

---

[1] Cf. notamment le Conseil national de la consommation et les comités départementaux (titre I), le Comité inter-ministériel et le groupe interministériel de la consommation (titre II), l'Institut national de la consommation (titre III), le Conseil national de la consommation (titre IV), la Commission générale d'unification des méthodes d'analyse (titre V) et le Laboratoire d'essais lui-même remplacé et chapeauté par d'autres organismes (titre VI).

[2] P.-M. Vincent, *Le droit de* l'alimentation, op.*cit.*, p. 65.

[3] Ces évaluations sont vues sous l'angle des aspects santé et sécurité, tant au plan national que comme apport français à des réflexions plus globales.

[4] Pour une présentation de l'AFSSA, voir *supra*.

[5] Créé en 2005, cet établissement public administratif de l'État était sous la tutelle des ministères de la Santé, du Travail et de l'Ecologie, et comptait parmi les agences françaises de sécurité sanitaire. Il avait pour but d'assurer la protection de la santé humaine dans les milieux concernés.

l'alimentation, de l'environnement et du travail (Anses)[1], cette agence est passée sous la tutelle non plus de trois, mais de cinq ministères différents : Santé, Agriculture, Environnement, Travail et Consommation.

1 213. – Cette extrême élasticité du droit de l'alimentation rend son identification difficile. Plus encore que le droit, lui-même, de chaque être humain à se nourrir. Dans la mesure où tout projet de loi le concernant nécessitera le consensus de nombreux ministères (5), son évolution dépendra forcément de l'image – difficilement commune – qu'en ont ses différents protagonistes. Et comme le rappelait Portalis, *« le droit ordonne, permet ou interdit »*[2]. Il n'y a plus qu'à espérer qu'en la matière, le droit n'ordonne que le strict nécessaire – sans entrer dans les détails –, qu'il *« permette à bon escient sans tomber dans le laxisme »*[3], et qu'il n'interdise qu'en cas d'absolue nécessité en privilégiant toujours l'incitation par rapport à la répression.

3. L'importance du droit européen de l'alimentation

1 214. – Toute la technicité du droit européen de l'alimentation a déjà été évoquée *supra*, donc il n'est plus nécessaire d'y consacrer de plus amples développements. Il paraît en revanche indispensable de rappeler que ce droit a acquis *« une autonomie au sein du droit européen mais aussi vis-à-vis des autres disciplines »*[4]. Cet essor n'était pas forcément couru d'avance, étant entendu que *« le droit européen de l'alimentation s'est constitué par bribes et morceaux, sans cohérence de départ, et fut le résultat de négociations techniques mais aussi de compromis diplomatiques »*[5]. Pour d'évidents besoins liés à la démonstration, il va s'agir de montrer à quel point il reste – en dépit de ce qui vient d'être été dit – lui aussi marqué par une flexibilité qui dépasse de très loin celle du « droit européen à l'alimentation » (à la condition bien sûr que celui-ci existe vraiment).

1 215. – Assez tôt finalement, les directives horizontales donneront une ampleur considérable au droit de l'alimentation au sein de l'Union européenne en

---

[1] Il s'agit d'un établissement public français qui a vocation à évaluer les risques sanitaires dans les domaines de l'alimentation, de l'environnement et du travail. Pour aller plus loin, voir l'ordonnance n°2010-18 du 7 janvier 2010.

[2] Portalis est l'un des rédacteurs du Code civil de 1804. Voir le discours préliminaire du premier pojet de code civil, disponible à partir du lien Internet suivant : https://mafr.fr/IMG/pdf/discours_1er_code_civil.pdf [consulté le 5 novembre 2019]

[3] P.-M. Vincent, *Le droit de l'alimentation*, *op.cit.*, p. 71.

[4] Voir la préface réalisée par A. Allemano, in E. Van Nieuwenhuyze et C. Verdure (dir.), *Actualités en droit alimentaire*, *op.cit.*, p. 7.

[5] P.-M. Vincent, *op.cit.*, p. 93.

l'étendant aux additifs dès 1962[1], à la métrologie dès 1971[2], aux denrées destinées à une alimentation particulière dès 1976[3], aux matériaux de contact dès 1978[4], à l'étiquetage dès 1979[5] ou encore aux gammes de quantités nominales dès 1980[6]. Avant la signature de l'Acte unique européen en 1986 existaient aussi certaines directives verticales vérifiant toute l'étendue qu'il était en train de prendre[7] (comme le démontrent celles de 1964 sur la circulation de viandes[8], de 1973 sur les sucres[9], de 1974 sur le miel[10], de 1975 sur les jus de fruit[11], de 1977 sur les extraits de café[12], de 1979 sur les confitures[13] ou bien encore de 1980 sur les eaux minérales et les eaux de consommation[14]).

1 216. – L'européanisation du droit de l'alimentation s'est peut-être faite au départ de façon peu claire et désordonnée puisque *« chaque État avait, au fil des siècles, échafaudé un droit de l'alimentation qui reflétait les habitudes et les spécificités nationales, sans se préoccuper du voisin »*[15], mais celle-ci n'a pas empêché le traité de Maastricht signé en 1992 de consacrer, en son article 43, l'avènement

---

[1] Cf. la directive n° 62-0 du 23 octobre 1962 concernant le rapprochement des législations des États membres relatives aux matières colorantes dans les denrées alimentaires destinées à l'alimentation humaine.

[2] Cf. la directive 71/316/CEE du Conseil, du 26 juillet 1971, concernant le rapprochement des législations des États membres relatives aux dispositions communes aux instruments de mesurage et aux méthodes de contrôle métrologique.

[3] Cf. la directive 77/94/CEE du Conseil du 21 décembre 1976 relative au rapprochement des législations des États membres concernant des denrées alimentaires destinées à une alimentation particulière.

[4] Cf. la directive n°78-142 du 30 janvier 1978 relative au rapprochement des denrées des États membres en ce qui concerne les matériaux et objets contenant du chlorure de vinyle monomère destinés à entrer en contact avec des denrées alimentaires.

[5] Cf. la directive n°79-831 du 18 septembre 1979 portant 6e modification de la directive 67548 CEE concernant le rapprochement des dispositions législatives, réglementaires et administratives relatives à la classification, l'emballage et l'étiquetage des substances dangereuses.

[6] Cf. la directive n°80-232 du 15 janvier 1980 concernant le rapprochement des législations des États membres relatives aux gammes de quantités nominales et de capacités nominales admises pour certains produits en préemballage.

[7] Entré en vigueur le 1er janvier 1987, il a élargi les compétences de l'Union européenne en matière économique, juridique et politique. Pour aller plus loin, voir P.-M. Vincent, *op.cit.*, p. 81 et s.

[8] Cf. la directive 64/433/CEE du Conseil, du 26 juin 1964, relative à des problèmes sanitaires en matière d'échanges intracommunautaires de viandes fraîches.

[9] Cf. la directive 73/437/CEE du Conseil du 11 décembre 1973 relative au rapprochement des législations des États membres concernant certains sucres destinés à l'alimentation humaine.

[10] Cf. la directive n°74-409 du 22 juillet 1974 relative à l'harmonisation des législations des États membres concernant le miel.

[11] Cf. la directive n°75-726 du 17 novembre 1975 relative au rapprochement des législations des États membres concernant le jus de fruit et certains produits similaires.

[12] Cf. la directive n°77-436 du 27 juin 1977 relative au rapprochement des législations des États membres concernant les extraits de café et les extraits de chicorée.

[13] Cf. la directive 79/693/CEE du Conseil, du 24 juillet 1979, relative au rapprochement des législations des États membres concernant les confitures, gelées et marmelades de fruits ainsi que la crème de marrons.

[14] Cf. la directive 80/778/CEE du Conseil, du 15 juillet 1980, relative à la qualité des eaux destinées à la consommation humaine.

[15] P.-M. Vincent, *Le droit de l'alimentation*, *op.cit.*, p. 77.

d'un droit positif de l'alimentation. Depuis lors, ce droit n'a jamais cessé de se complexifier en se diversifiant. Il englobe désormais les labels de qualité et de certaines allégations dans ce domaine[1], la dénomination de vente (que cela soit du vinaigre et du yaourt, ou du caviar)[2], les techniques de fabrication[3], les contrôles officiels[4], l'information sur les réglementations[5], l'hygiène des denrées alimentaires[6], les appellations d'origine[7], les indications géographiques protégées[8] ou bien encore les attestations de spécificités[9].

1 217. – En raison de ce champ d'application extrêmement large, la Commission européenne préfèrera d'emblée privilégier une démarche volontariste en matière d'alimentation, ce que montrent plusieurs de ses livres et de ses communications[10]. Cela dit, si le droit de l'alimentation a beau dans bien des cas relever de la *soft law* et de la quasi-réglementation[11], les commissaires européens ont toujours voulu conserver un droit de regard sur les codes volontaires afin qu'ils gagnent en crédibilité[12]. Leur attitude en matière de qualité – donc de labels – le confirme puisqu'ils ont toujours préféré la normalisation ainsi que la reconnaissance mutuelle aux directives contraignantes[13].

1 218. – Dans tous les cas, et quand bien même il aurait pris une dimension nouvelle au lendemain des crises sanitaires qui ont secoué l'Europe durant les années 1990, le droit de l'alimentation se démarque sur le « vieux continent » par au moins deux aspects : d'une part une grande pluralité d'actions – et ce malgré

---

[1] Cf. le règlement (CE) n° 66/2010 du Parlement européen et du Conseil du 25 novembre 2009 établissant le label écologique de l'UE.
[2] Cf. la directive 2000/13/CE du Parlement européen et du Conseil du 20 mars 2000 relative au rapprochement des législations des États membres concernant l'étiquetage et la présentation des denrées alimentaires ainsi que la publicité faite à leur égard.
[3] Cf. le règlement (UE) 2018/213 de la Commission du 12 février 2018 relatif à l'utilisation du bisphénol A dans les vernis et les revêtements destinés à entrer en contact avec des denrées alimentaires et modifiant le règlement (UE) n° 10/2011 en ce qui concerne l'utilisation de cette substance dans les matériaux en matière plastique entrant en contact avec des denrées alimentaires.
[4] Cf. le règlement (UE) 2017/625 du Parlement européen et du Conseil du 15 mars 2017 concernant les contrôles officiels et les autres activités officielles servant à assurer le respect de la législation alimentaire et de la législation relative aux aliments pour animaux ainsi que des règles relatives à la santé et au bien-être des animaux, à la santé des végétaux et aux produits phytopharmaceutiques.
[5] Cf. le règlement (UE) n° 1169/2011 du Parlement européen et du Conseil du 25 octobre 2011 concernant l'information des consommateurs sur les denrées alimentaires.
[6] Cf. la directive n°93-43 du 14 juin 1993 relative à l'hygiène des denrées alimentaires.
[7] Cf. le règlement (CEE) n° 2081/92 du Conseil, du 14 juillet 1992, relatif à la protection des indications géographiques et des appellations d'origine des produits agricoles et des denrées alimentaires.
[8] *Ibid.*
[9] Cf. le règlement (CEE) n° 2082/92 du Conseil relatif aux attestations de spécificité des produits agricoles et des denrées alimentaires.
[10] C'est tout particulièrement le cas du Livre vert de la Commission du 30 avril 1997 (COM (97) 176 final) sur les principes généraux de la législation alimentaire dans l'Union européenne.
[11] Sur ce point, voir P.-M. Vincent, *Le droit de l'alimentation*, *op.cit.*, p. 96.
[12] *Ibid.*, p. 97.
[13] *Ibid.*, p. 99.

« les imperfections du système et les réticences, justifiées ou non, de quelques États membres et de certains de leurs acteurs économiques »[1] à ses débuts –, et d'autre part une véritable autonomie vis-à-vis des droits connexes. Ce faisant, le droit de l'alimentation occupe une place primordiale dans le processus d'intégration de l'Union européenne, même si, il est vrai, celui-ci reste essentiellement tourné vers l'amélioration des qualités sanitaires et organoleptiques des produits[2] bien plus que vers l'affirmation d'un « droit à l'alimentation » à proprement parler.

4. La diversité du droit de l'alimentation dans le monde

1 219. – Malgré la tendance actuelle à l'harmonisation, une mise en perspective des droits alimentaires nationaux semble utile afin de mettre en exergue leurs caractéristiques et parfois leurs différences de conception. Mais dans l'ensemble, les législations abordées *infra* démontreront surtout que l'envergure prise par le phénomène alimentaire[3] reste principalement orientée vers la sécurité sanitaire des produits, ce qui présente au moins le mérite de renforcer – par la force des choses – le caractère adéquat du droit à l'alimentation (en plus de prouver que cette généralisation en termes de qualité des denrées alimentaires est en cours dans toutes les régions du monde).

1 220. – En Europe, la plupart des textes ayant trait à l'alimentation sont des lois, et ont été adoptées durant la seconde moitié du XXe siècle. Seules la France (avec son texte de 1905 présenté *supra*), et la Suisse, qui s'est dotée d'une loi fédérale (loi-cadre) le 8 décembre 1905, font office d'exception[4]. Majoritairement basé autour des objets de consommation et des additifs, le dispositif helvétique reste dans son ensemble plutôt minimaliste, bien qu'il soit complété par un manuel national portant sur les méthodes d'analyse et d'appréciation[5]. Les Suédois leur emboiteront le pas dès 1951, en adoptant une réglementation générale suivie d'une loi alimentaire particulière le 18 juin 1971 : le « Livsmedelslag »[6].

---

[1] P.-M. Vincent, *Le droit de l'alimentation, op.cit.*, pp. 75-76.

[2] Sur ce point, voir notamment B. Viale, *Le statut juridique de l'alimentation en droit communautaire, op.cit.*, p. 7 et s.

[3] *Ibid.*

[4] Pour l'application de cette loi-cadre de 1905, plusieurs ordonnances sur les denrées alimentaires et les objets de consommation ont effectivement été prises (la dernière mise à jour datait du mois d'octobre 1995 et portait sur les additifs).

[5] Ce manuel suisse des denrées alimentaires est régulièrement mis à jour et adapté au contexte européen. Tout comme la législation fédérale en vigueur, ce texte dépend de l'Office fédéral de la santé publique.

[6] Cette loi alimentaire particulière a fait l'objet d'un décret d'application le 21 novembre 1971 avec l'adoption du « Livsmedelsforordning » (tous modifiés depuis). En Suède, c'est l'administration nationale de l'alimentation qui a en charge l'édiction et l'application des règlementations alimentaires.

1 221. – Concernant le droit autrichien de l'alimentation, dont il est possible de situer l'apparition le 2 octobre 1962 avec l'adoption d'une loi-cadre très imprécise (le « Lebensmittelgesetz »[1]), celui-ci reste, malgré ses mises à jour, relativement confus et toujours en cours d'« européanisation ». Placé sous la tutelle du ministère de la Santé, le droit italien de l'alimentation est quant à lui très restrictif et détaillé. La loi de base date du 30 avril 1962 – laquelle fut modifiée à plusieurs reprises – et s'intitule « Disciplina igienica della produzione e della vendita delle sostanze alimentari e delle bevande »[2]. Le cas espagnol est lui aussi marqué par la discipline et le souci du détail, comme la démontre le « Código alimentario español » de 1967[3]. Le ministère de tutelle est celui de la Santé et de la Consommation.

1 222. – La législation allemande apparaît quant à elle le 15 octobre 1974 avec l'adoption du « Lebens-mittel und Bedarfsgegenständegesetz » (en abrégé LMBG)[4]. Elle concerne prioritairement l'étiquetage, les additifs, les produits diététiques ainsi que l'information nutritionnelle[5]. Bien qu'il existe également des codes d'usage[6] (voire des normes professionnelles[7]) plus adaptés à la situation du pays, leur droit de l'alimentation reste globalement *« le reflet des directives communautaires en la matière, à quelques détails près »*[8]. Le droit belge de l'alimentation apparaît pour sa part en 1977, suite à l'adoption d'une loi-cadre modifiée par la loi du 22 mars 1989 relative à « la protection de la santé des consommateurs en ce qui concerne les denrées alimentaires et les autres produits »[9].

---

[1] Cette loi-cadre se réfère constamment au « *Codex austriacus* », qui est un recueil régulièrement mis à jour. Le ministère de tutelle est celui de la Santé et de la Protection de l'environnement, lequel travaille en collaboration avec l'Institut de recherches sur les denrées alimentaires (Lebensmittelversuchsanstalt).

[2] Ce texte est complété par des lois particulières et par des décrets présidentiels et ministériels. Pour aller plus loin, voir E. et L. Rizzatti, *Tutela igienico sanitaria degli alimenti e bevande e dei consumatori*, Il Sole 24 Ore, 28e édition, 1er juillet 2005, 1 888 pages.

[3] Régulièrement mis à jour, ce code est complété par une série de Real Decretos. Tous ces textes sont repris dans le *Código alimentario, Legislación alimentaria* (édité par C. Barros, Madrid, SID-Alimentaria).

[4] Modifiée à de nombreuses reprises, cette loi réglemente les denrées alimentaires et les autres produits de consommation tels que le tabac, les cosmétiques etc. Les réglementations détaillées sont des « Verordnungen ». Ils correspondent aux décrets d'application en France.

[5] Les réglementations détaillées sur l'étiquetage sont appelées « LebensmittelkennzeichnungsVO », celles sur les additifs « Zusatzstoff-ZulassungsVO » et « ZusatzstoffverkehrsVO », celles sur les produits diététiques « DiätVO » et celles sur l'information nutritionnelle « Nährwert-KennzeichnungsVO ».

[6] Ces codes sont appelés « Verkehrsauffassungen ».

[7] Ces normes professionnelles sont appelées « Leitsätze ».

[8] P.-M. Vincent, *Le droit de l'alimentation*, *op.cit.*, p. 115.

[9] À noter également qu'un arrêté royal du 27 juillet 1978 fixait la liste des additifs et réglementait leurs emplois. Le recueil des textes mis à jour s'intitule : *Législation alimentaire* de C. Kestens, édité par La Charte à Bruges. Du même auteur, voir *L'alimentation et le droit*, Bruges, La Charte, 1990. En Belgique, les ministères de tutelle sont ceux de la Santé publique et des Affaires économiques.

1 223. – Placé sous la direction du ministère de l'Agriculture, de la Pêche et de l'Alimentation (MAAF) – ainsi que du Département de la santé et de la Sécurité sociale –, le droit de l'alimentation britannique est né avec le « *Food Act* » de 1984, suivi du « *Food Safety Act* » de 1990. Malheureusement, ces lois n'entrent pas dans les détails et sont soumises à l'interprétation parfois décevante des tribunaux[1]. Et pour ce qui est des Pays-Bas, dont le droit de l'alimentation émerge en 1988 – avec le « Warenwet »[2] puis le « Landbouwkwaliteitswet »[3] –, celui-ci porte essentiellement sur la qualité des produits et de l'agriculture. Leurs ministères de tutelle sont ceux de la Santé et du Bien-être social. L'Europe centrale n'est pas en reste puisque la Hongrie[4], la République tchèque[5] ou encore la Slovaquie[6] disposent de législations afférentes à la protection des consommateurs et à l'hygiène alimentaire en général, et aux systèmes de contrôle, aux méthodes d'analyse et de certification en particulier.

1 224. – En Amérique latine, les législations datent elles aussi de la seconde moitié du XXe siècle et sont toujours en cours d'harmonisation (sous l'égide de la FAO). C'est notamment le cas des systèmes vénézuélien[7], argentin[8], mexicain[9] et

---

[1] À signaler également le « *Weight and Measures Act* » de 1985 et le « *Trade Description Act* » de 1968. Tous ces textes sont complétés par des « *Regulations and Ordrers* ». Ils sont tous publiés dans les « *Statutory Instruments* ». Il existe également des « *Codes of Practice* » mis au point par les professions. Des textes presque identiques sont publiés pour l'Écosse et l'Irlande du Nord. Pour aller plus loin, voir D.-J. Jukes, *Food Legislation of the UK*, Butterworth-Heinemann, 1993.

[2] Ce décret porte sur les produits et constitue l'épine dorsale du système néerlandais.

[3] Ce décret porte sur la qualité de l'agriculture. À noter qu'il existe également des décrets d'application (des « Besluiten ») et des codes d'usage (appelés « Voorschriften »). L'ouvrage de référence est le *Warenwet Code W15*, édité par Koninlijke Vermande BV Postbus 20, 8200 AA Lelystad.

[4] Le droit de l'alimentation hongrois est apparu en octobre 1994, et sera flanqué d'une ordonnance d'exécution qui comprendra les règles horizontales et technologiques. Le Codex alimentaire hongrois contient quant à lui des règles obligatoires (directives CEE et règles de contrôle), les normes nationales et les méthodes d'analyse et de certification. Trois ministères se partagent la tutelle : l'Agriculture, le Commerce et l'Industrie et la Santé.

[5] En République Tchèque, l'urgence a été mise sur les systèmes de contrôle et de certification. De nouvelles lois sur la santé publique sont régulièrement en discussion au Parlement, et couvrent la plupart du temps l'hygiène alimentaire, les additifs et les contaminants.

[6] En ce qui concerne l'exemple slovaque, il est nécessaire de mentionner la loi 634/1992 sur la protection du consommateur et la loi 96/1992 sur la santé publique.

[7] Le Venezuela possède un « Reglemento General de Alimentos » qui date de 1959, et des dispositions particulières concernant les produits de viande, de la pêche et des produits laitiers.

[8] Le « Código alimentario argentino » date de 1980. Il a été réactualisé en 1993. Il y a également la loi générale 18-284 du 17 juin 1969 qui fixe les normes d'hygiène et de sécurité, ainsi que les règles au niveau commercial.

[9] Le « Código Sanitario de los Estados Unidos Mexicanos » date de 1973. Il s'agit d'une loi très générale qui comprend en son titre 10 des disposisitons sur le contrôle des aliments, des boissons (alcoolisées ou non), du tabac, des médicaments, des cosmétiques etc. Il existe également un « Reglamento de la Ley General de Salud en materia de control sanitario de actividades, establecimientos, productos y servicios » de 1988.

brésilien[1], qui portent généralement sur les normes d'hygiène et de sécurité, donc sur le contrôle des aliments. En Afrique, les droits de l'alimentation s'inspirent en ce qui les intéresse des modèles soit français (dans les pays francophones), soit britannique (dans les pays anglophones)[2]. En règle générale, leurs ministres de tutelle sont ceux de la Santé. Au Proche-Orient et en Asie, les réglementations n'entrent quasiment jamais dans les détails puisque viennent souvent se superposer des interdits religieux (que ce soit dans les pays musulmans ou en Israël). Autorisations d'emballage, additifs, étiquetage et publicité sont toutefois des domaines très encadrés.

1 225. – L'Extrême-Orient – avec la Corée du Sud[3] et le Japon[4] – et le Sud-Pacifique – avec l'Australie[5] et la Nouvelle-Zélande[6] – ont également assisté à l'émergence d'un droit de l'alimentation à partir des années 1960, et ce, jusqu'aux années 1980. Sans surprises, les normes visent ici encore la composition et l'étiquetage des denrées alimentaires, ou bien encore les additifs. Enfin en Amérique du Nord, il y a tout d'abord l'exemple canadien avec la loi-cadre du 15 mai 1953 qui porte sur les aliments, les drogues, les cosmétiques et les appareillages médicaux[7]. Souvent amendé, ce texte est publié sous la forme d'un recueil à feuillets mobiles par le ministère de la Santé et du Bien-être.

1 226. – Et que dire de la législation américaine, si ce n'est peut-être qu'*« elle sert souvent de référence et que, de plus, ce pays représente un très grand marché »*[8]. Très tôt, une loi fédérale est venue prévoir la réglementation applicable aux denrées alimentaires : ce fut le « *Food & Drug Act* »[9] de 1906 (lequel sera amendé en 1938 par le « *Federal Food, Drug & Cosmetic Act* », qui deviendra par la suite la loi de base). Reprises chaque année dans l'US Code – lors de sa réédition –, les lois sur l'alimentation sont retranscrites aux Titres 7 (concernant les denrées

[1] Le Brésil dispose d'un décret de base n° 55871 du 26 mars 1985 plusieurs fois modifié, et des normes réglementaires pour l'emploi des additifs.

[2] En Afrique du Sud existe un Code écrit, le « *Food stuffs, Vosmetics & Desinfectants Act* », n° 54 de 1972, encore peu précis. Le ministère de tutelle est celui de la Santé publique.

[3] La loi de base est le « *Food Sanitation Act* », n° 1007, promulgué en 1962 et plusieurs fois modifié depuis.

[4] Le Japon a une loi-cadre, la « *Food Sanitation Law, 1947* », révisée en 1977 et en 1987, et une loi regroupant toutes les normes de composition et d'étiquetage des denrées, les « *Japanese Agricultural Standards* » (JAS) de 1984, tenus à jour.

[5] Il existe en Australie une loi générale d'unification des législations alimentaires des États depuis 1986. Adopté le 19 mars 1987, le « *Food Standards Code* » est régulièrement mis à jour en ce qui conerne la composition des denrées et les additifs. C'est le ministère de la Santé qui établit et gère la législation alimentaire.

[6] En Nouvelle-Zélande existent les « *Food Regulations 1984/262* », issues du « *Food Act* » de 1981, dont le dernier amendement remonte à 1991. Ces « *Regulations* » dont un recueil contenant des généralités, des normes des denrées alimentaires et des listes d'additifs autorisés.

[7] Il existe également au Canada des règlements sur les aliments, par produit. Le système des additifs est classique et, à la différence des États-Unis, il n'existe ni système GRAS ni Prior Sanction.

[8] P.-M. Vincent, *Le droit de l'alimentation*, *op.cit.*, p. 114.

[9] Le « *Food & Drug Act* » de 1906 a été flanqué du « *Meat Inspection Amendment* » de la même année.

agricoles), 9 (concernant les produits carnés), 27 (sur les alcools, tabac et armes à feu), tandis que le Titre 21 reprend le texte de 1938 dans son intégralité[1].

1 227. – Leur droit de l'alimentation atteste, comme celui de tant d'autres États à travers le monde, de son extrême hétérogénéité. En effet, il a trait aux additifs, aux colorants, aux produits gras ainsi qu'aux labels obligatoires ; ou bien encore aux normes de classement, d'identité, de qualité et de remplissage. Très dense, le droit de l'alimentation américain se subdivise en textes réglementaires et en standards. Et seules les normes de classement sont d'application volontaires. Si l'essentiel du corpus législatif en matière alimentaire relève du ministère de la Santé[2], les viandes, produits carnés et certains produits laitiers dépendent, eux, du ministère de l'Agriculture. Enfin les boissons alcoolisées sont du ressort du Bureau fédéral des alcools, armes à feu et tabac (lequel est doté de ses propres règlements[3] comme le « *Federal Alcohol Administration Act* »[4] de 1953). Leur modèle se démarque donc, au même titre que celui français, par une pluralité de ministères compétents pour le représenter. De nouveau, la diversité des acteurs peut entraîner une divergence d'opinion, voire même de considération pour les problèmes liés l'alimentation, ce qui ne joue pas forcément en la faveur du « droit à l'alimentation » (qui constitue pourtant le légitime corollaire au « droit de » que la présente étude décrypte).

5. Le développement de la normalisation et du *Codex alimentarius*

1 228. – Dans le domaine de la normalisation, une norme est élaborée puis appliquée par des acteurs économiques privés. À moins qu'une réglementation y fasse référence (que cela soit au niveau national, régional ou mondial), elle n'est pas obligatoire. Naturellement, la vocation de la normalisation est essentiellement économique : elle permet une meilleure commercialisation des produits, améliore par là même occasion la productivité des entreprises, permet de lutter contre la concurrence déloyale et contribue enfin au maintien ainsi qu'au développement d'une politique de qualité. Cela dit, en matière de qualité, la normalisation ne suffit pas. Il faut y adjoindre de véritables signes de qualité[5].

---

[1] Chaque « Titre » est divisé en chapitres numérotés et en chiffres romains, sous-chapitres (en capitales), en parties (Parts) et sections (chiffres arabes) et en paragraphes (lettres). La numérotation des sections est continue à travers les chapitres.

[2] Pour aller plus loin, voir P.-M. Vincent, *Le droit de* l'alimentation, op.*cit.*, p. 125.

[3] Il a même existé des normes constitutionnelles en la matière (notamment en termes de prohibition).

[4] À noter que sur ces questions, l'*Environnemental Protection Agency* (EPA) a également son mot à dire.

[5] Concernant la qualité, la normalisation ne suffit pas, car *« elle se borne à carctériser, de façon contractuelle et dans un cadre interprofessionel, les produits de base, l'étiquetage informatif servant de complément. Pour sortir du « normal », il faut [...] passer aux signes de qualité »*. *Ibid.*, p. 101.

1 229. – Instaurant un véritable climat de confiance entre les opérateurs économiques, les organismes de la normalisation sont nécessairement des associations privées[1] (et il en existe beaucoup aux niveaux européen et international[2]). Certaines organisations intergouvernementales s'en occupent également, comme le *Codex alimentarius* – qui est la plus importante dans le domaine agro-alimentaire – ou bien encore le Conseil de l'Europe, l'Organisation de coopération et de développement économique ainsi que l'Office international du vin.

1 230. – Les codes d'usage sont pour leur part des « paranormes » élaborées par une seule profession et plus ou moins approuvés par les autorités de tutelle. Pour qu'ils gagnent en crédibilité, il faut les insérer dans un système de normalisation classique. Ansi, si les codes de bonne conduite sont certifiés, alors les tribunaux y attacheront davantage d'importance. Dans l'ensemble, ces codes existent dans la plupart des professions du secteur agro-alimentaire, et démontrent surtout la grande multiformité du droit de l'alimentation.

1 231. – Enfin s'agissant du *Codex alimentarius*, il contient différentes normes à la fois verticales et horizontales (lesquelles sont complétées par des dispositions à caractère informatif[3]). Les États sont tout à fait libres de les accepter ou non, bien qu'une vraie imbrication entre réglementations nationale et européenne s'opère sous l'égide de cette organisation intergouvernementale[4]. En plus de cela, le *Codex alimentarius* et le GATT ont déjà travaillé de concert pour que l'ensemble des gouvernements nationaux adoptent pléthore de « normes de référence » et adhèrent autant que possible au système d'inspection et de certification des denrées alimentaires importées et exportées[5]. Ici encore, l'essor de ces règles témoigne de l'extrême diversité que prend inexorablement l'actuel droit de l'alimentation.

---

[1] Au niveau national existent des organismes tels que l'AFNOR en France, le DIN en Allemagne, le BEN en Belgique, le BSI au Royaume-Uni etc. Ce sont des associations privées qui, jusque vers les années 1990, s'étaient peu occupé d'agro-alimentaire.

[2] Au niveau européen, le Comité européen de normalisation (CEN) élabore, avec l'aide des organismes nationaux, des normes européennes, et commence à s'intéresser à l'agro-alimentaire lui aussi (Cf. les méthodes d'analyse par exemple). Sur le plan international, tous ces organismes travaillent au sein de l'*International Standard Organization* (ISO) qui compte près de 80 membres, mais dont la seule activité en agro-alimentaire se résume pour le moment aux méthodes d'analyse. Toujours au plan international, la Fédération internationale laitière (FIL) – créée en 1903 – émet des documents qui servent souvent de base aux textes réglementaires nationaux.

[3] Noter par exemple le code d'usages sur les principes d'hygiène alimentaire de 1968 qui a servi de base aux textes français et européens.

[4] Souligner par exemple les idées françaises sur l'étiquetage qui ont fait avancer les réflexions du Comité *Codex ad hoc*, et la sortie de la directive européenne 79/112. Tout ceci est assez normal puisque les mêmes experts gouvernementaux participent au *Codex* et aux travaux à Bruxelles.

[5] Pour aller plus loin sur ce point, voir P.-M. Vincent, *Le droit de l'alimentation*, *op.cit.*, p. 106.

6. L'avenir pourtant incertain du droit de l'alimentation

1 232. – Comme le rappellent certains spécialistes, *« un bon droit de l'alimentation n'est pas forcément volumineux »*[1]. Pour être crédible, il doit être *« concentré et efficace »*[2] et doit surtout *« tenir compte des questions de nutrition et de sociologie de l'alimentation »*[3]. Ainsi le *Codex alimentarius* a beau s'être émancipé en impliquant par exemple davantage les consommateurs à ses travaux, et en acceptant la présence à ses réunions de la presse et du public[4], il n'existe toujours pas de Code de déontologie du commerce international[5]. C'est regrettable, car l'OMC pourrait pourtant l'ériger en véritable charte mondiale du commerce susceptible d'être invoquée devant les juridictions (qu'elles soient nationales et internationales).

1 233. – Alors certes, le Livre vert de 1996 de la Commission européenne avait permis de donner naissance à un texte-cadre régentant les grands principes du droit de l'alimentation à l'aune des élargissements successifs[6], permettant de fait aux réglements de devenir plus « intelligents » et de faire peser une plus grande responsabilité sur les fabricants[7], mais dans leurs grandes lignes, ces dispositions sont les mêmes qu'au niveau national. C'est donc la raison pour laquelle certains auteurs se demandent s'il existera encore dans le futur un droit européen de l'alimentation digne de ce nom[8]. Et si émergera enfin un droit qui soit efficace dans ce domaine au niveau mondial.

1 234. – Pour conclure, il est alors possible de penser qu'un tel droit ne sera légitime et unanimement reconnu à tous les plans (donc aux niveaux européen et international) qu'en étant plus concis et moins englobant qu'il ne l'est actuellement, et par-dessus tout qu'en incitant encore bien davantage les États à mettre en conformité leurs règlements avec notamment ceux du *Codex alimentarius*. Seul l'avenir permettra de dire *« à quelle vitesse ce rêve deviendra réalité »*[9]. Mais s'il y a bien une chose de tout à fait sûr à l'heure actuelle, c'est que le secteur entier de l'agro-alimentaire ne peut plus être régi par *« cette quantité*

---

[1] P.-M. Vincent, *Le droit de l'alimentation*, *op.cit.*, p. 113.
[2] *Ibid.*
[3] *Ibid.*
[4] Le *Codex alimentarius* a également demandé aux comités d'experts une plus grande transparence dans leurs travaux, avec une justification scientifique des décisions prises.
[5] Il existe pourtant, comme le soulignait C. Castang lors d'une session internationale à Cordoue en septembre 1994, un document *Codex* intitulé « Code de déontologie du commerce international » (réf. CAC/RCP 20-1979), révisé en 1985. Mais celui-ci n'a malheureusement jamais été pris en considération par l'OMC.
[6] Pour aller plus loin sur ce point, voir P.-M. Vincent, *op.cit.*, p. 112.
[7] *Ibid.*
[8] *Ibid.*, p. 111.
[9] *Ibid.*, p. 113.

impressionnante de règlements divers »[1]. Il faut donc revoir les fondements du droit à l'alimentation en jetant autrement les bases de sa modernisation et de sa mondialisation.

B. L'HYPER ÉLASTICITÉ DU DROIT DE L'EAU ET DES MILIEUX AQUATIQUES

1 235. – Les besoins en eau sont sans cesse croissants. À un usage domestique traditionnel – englobant dans son sens large les usages privés et collectifs, industriels et agricoles – se sont adjoints des besoins nouveaux (que cela soit en matière culturelle ou sociale comme la navigation de plaisance, les sports aquatiques ou bien encore les loisirs de promenade). Cette explosion des besoins a *« fait apparaître la nécessité d'une approche globale des problèmes de l'eau »*[2], et s'est surtout traduite par l'émergence d'un droit de l'eau extrêmement complexe et dense à la fois.

1 236. – En France par exemple, *« le dispositif administratif hérité en partie de l'histoire, frappe par la multiplicité des règles, et parfois leur indohérence »*[3]. L''intégration du secteur de l'environnement n'a rien arrangé, étant entendu que ce domaine a, lui aussi, ralenti toute tentative d'approche globale en raison de son importante diversité. En réalité, le droit de l'eau – et pas seulement que français – n'est pas uniforme. Il est disparate dans la mesure où il existe de nombreux codes et de textes particuliers[4]. Il est ici possible de penser aux droits des eaux pluviales, des eaux de source, des étangs et des rivières. Certaines eaux s'apparentent ainsi à un droit de propriété, quand d'autres relèvent d'un droit d'usage.

1 237. – Et toute l'évolution du droit de l'eau peut s'analyser comme un contrôle de plus en plus serré de l'usage de la ressource hydrolique. En raison de nombreux facteurs démographiques, économiques et techniques, la place de ces usages n'a en effet jamais cessé de progresser. Cela dit, nombreuses sont les contraintes d'ordre géographique, physique et/ou climatique empêchant cette fois-ci l'homme

[1] J.-L. Gazzaniga, X. Larrouy-Castéra, P. Marc et J.-P. Ourliac, *Le droit de l'eau, op.cit.*, p. 3.
[2] *Ibid.*, p. 1.
[3] *Ibid.*
[4] Comme le rappellent certains auteurs, *« l'expression « droit de l'eau » fait croire à une certaine unité qui ne correspond pas à la réalité. Du point de vue formel, tout d'abord, on doit reconnaître que l'ensemble des mesures est dispersé dans de nombreux codes et textes particuliers qui ne facilitent pas les recherches. Quant aux règles elles-mêmes, elles sont diverses parce que le législateur n'est pas parvenu à l'unité de régime juridique de l'eau ». Ibid.*

de contrôler l'eau comme il le souhaite. Comme le rappellent certains juristes, la principale limite du droit de l'eau réside dans le fait que même *« la plus belle loi du monde ne fera pas tomber la moindre goutte de pluie »*[1].

1 238. – L'eau est considérée comme un accessoire de la terre. Le régime juridique de l'eau varie donc en fonction du rapport à la terre, ce qui démultiplie grandement les risques de divergences d'un État à l'autre en la matière. Étant donné que *« la terre fait le droit de l'eau »*[2], l'eau de pluie et celle qui jaillit de la source ou de la rivière n'obéissent tout simplement pas aux mêmes règles. Puisque l'eau appartient à la terre, elle peut dépendre du régime juridique des sols, de la propriété et de l'usage (et ce quand bien même le législateur a par exemple en France longtemps hésité entre la reconnaissance d'un droit de proriété et la réglementation d'un simple usage)[3].

1 239. – L'autre élément qui démontre l'hétérogénéité du droit de l'eau réside dans la logique publique de l'eau, puisque celle-ci fait à la fois référence à la police et à la gestion de l'eau[4]. Cette démarche est apparue suite aux premiers problèmes liés à la pollution et à la limitation des ressources (en revanche, l'appréhension par le droit de l'élément hydrique est très ancienne[5]). Quoi qu'il en soit, et c'est à n'en pas douter ce qu'il faut prioritairement retenir, l'eau remplit désormais une triple fonction : écologique tout d'abord, sociale ensuite et économique pour finir. Toutes les thématiques touchant de près ou de loin l'eau sont donc traitées avec beaucoup de rigueur aux niveaux mondial, régional et national. Y compris l'agriculture, puisqu'il s'agit de *« l'activité la plus prédatrice et qui porte le plus atteinte à l'eau et aux milieux aquatiques »*[6].

1 240. – Si au bout du compte, l'eau est une ressource pour le moins eclectique, aucun de ses pans n'échappe pour autant au droit qui la régit. Des conventions et des partenariats se développent sur chaque continent, et ont pour objet ce que l'eau a de plus classique et de plus étonnant : le domaine public fluvial, les eaux non domaniales, les écosystèmes, les barrages et les ouvrages hydrauliques, les voies

---

[1] J.-L. Gazzaniga, X. Larrouy-Castéra, P. Marc et J.-P. Ourliac, *Le droit de l'eau, op.cit.*, p. 6.

[2] *Ibid.*

[3] En effet, ainsi que le soulignent les observateurs sus-mentionnés, *« le Code civil confond les termes « disposer » et « user ». Bien qu'on parle quoi qu'il arrive de droit de propriété, le propriétaire « dispose » des eaux pluviales, mais il peut seulement « user » des eaux de source ». Ibid.*, p. 7.

[4] Pour aller plus loin sur ces questions-là, voir tout particulièrement B. Drobenko, *L'essentiel du droit de l'eau, op.cit.*

[5] À l'époque de l'Antiquité, la Mésopotamie était considérée, au même titre que l'Egypte, comme une civilisation de l'eau. Les rois marquaient leur gouvernement du percement d'un grand canal. Et il n'était d'ailleurs pas rare de marquer le début de leur règne au commencement des grands travaux d'irrigation. La législation réglait déjà les usages et multipliait les interdictions. Pour aller plus loin sur ce point, voir notamment « Politique et contrôle de l'eau dans le Moyen-Orient ancien », *Ann. Histoire Sciences Sociales*, mai-juin 2002, n° 3.

[6] *Ibid.*

navigables, les planifications générales, les planifications sectorielles, la pollution des eaux, la mise en œuvre du contrat de rivière, la modernisation des réseaux de collecte, les productions de boues voire le contrôle systématique des installations hydrauliques[1].

1 241. – En raison du caractère transversal de cet élément, l'eau relève de diverses politiques publiques et entraîne l'apparition d'un droit polyvalent sinon hybride. Et s'il apparaît à titre principal dans le droit de l'environnement, *« son étude impose toujours de se référer au droit de la santé, de l'urbanisme, de l'agriculture, de la domanialité, de la défense mais aussi de l'éducation et de la culture »*[2]. Ses sources et ses fondements ne sont donc pas moins nombreux que ceux du droit de l'alimentation, ce qui n'est pas sans présenter d'importantes difficultés pour bien le cerner. Il paraissait toutefois inconcevable de ne pas en toucher un mot au vu son importance grandissante pour garantir le « droit à l'alimentation » (au moins d'un point de vue qualitatif).

C. LA SITUATION SURPRENANTE DU DROIT DE LA GASTRONOMIE

1 242. – Le droit de la gastronomie ne va pas renforcer le droit à l'alimentation d'un point qualitatif à proprement parler, étant donné que ses priorités sont souvent tournées vers l'aspect organoleptique des aliments, mais son étude permet, de nouveau, de démontrer toute l'étendue du « droit-bouclier » qui lui est associé. À l'heure actuelle, il n'existe toujours pas de « Code de la gastronomie » en France, ce qui rend par voie de conséquence sa synthèse difficile, et ce quand bien même *« un tel droit puiserait ses racines dans toutes les branches de notre droit »*[3]. À titre d'exemples, les droits civil, rural, fiscal et commercial le mentionnent[4]. Des bribes du droit de la gastronomie apparaissent aussi dans le Code de la consommation, dans le Code pénal ou bien encore dans le Code de la santé publique[5].

---

[1] Pour aller plus loin, voir tout particulièrement B. Drobenko, *Le droit de l'eau, op.cit.*

[2] *Ibid.*, p. 3.

[3] J.-P. Branlard, *Droit et Gastronomie*, Gualino, LGDJ, 1999, p. 10.

[4] Comme le rappelle Jean-Paul Branlard, *« Le droit civil réglemente la vente à la dégustation. Le droit commercial, dont les textes régissent la vente et surtout les usages loyaux et constants reconnus par les tribunaux notamment en matière de recettes culinaires. Le droit administratif, rural, fiscal...joue un rôle également déterminant ». Ibid.*

[5] Le Code de la consommation reprend par exemple la loi de 1905 sur les fraudes et falsifications. Par ailleurs, *« le droit de la gastronomie est à la fois écrit mais aussi très coutumier et jurisprudentiel et compte beaucoup de textes para-réglementaires : circulaires ministérielles, décisions de la DGCCRF etc. ». Ibid.*

1 243. – Au niveau mondial, il existe bien un « Code de la gastronomie » avec le *Codex alimentarius*, ce qui amène certains juristes (ou membre de la doctrine) à se demander pourquoi la France – que ce soit par le biais du législateur ou d'un éditeur – n'adopterait pas le sien[1]. Et comme ils le rappellent justement, *« on a bien créé un Code de la consommation en 1993, alors pourquoi ne pas codifier, au-delà des textes généraux, les formules des recettes »*[2] ? Le « Lamy-Dehove »[3] serait l'ouvrage qui à la rigueur se rapprocherait le plus d'un « Code de la gastronomie », mais *« il ne contient que très peu de décisions jurisprudentielles (ce qui est dommage) »*[4].

1 244. – Cette situation est paradoxale puisque d'un côté, sont consacrés certains droits comme ceux de la crevette, du coq au vin et du bonbon, mais de l'autre il n'y a pas de définition légale des recettes, hormi quelques « décrets-recettes ». Cela se traduit par une attitude parfois incongrue du juge, car il lui arrive de *« goûter une assiette à l'audience pour justement donner la qualification juridique d'un plat »*[5]. L'eau, le poulet, l'œuf et le chocolat donnent par exemple lieu à de nombreux procès, puisqu'ils sont très réglementés[6].

1 245. – À la différence des droits de la consommation, de la vigne et du vin, le droit de la gastronomie n'est donc pas enseigné à l'Université. Cela dit, il existe certaines formations qui s'en rapprochent, et des professeurs que ces questions intéressen[7], comme en atteste l'essor des revues spécialisées sur le droit de l'alimentation[8]. Certains auteurs (ou juristes) sont ainsi formels : *« Les universitaires doivent écrire sur le droit de la gastronomie car il s'agit-là d'un secteur porteur »*[9]. Et puis de toute façon, le droit des aliments a connu un

---

[1] J.-P. Branlard, *Droit et Gastronomie*, *op.cit.*, p. 11.
[2] *Ibid.*
[3] Cet ouvrage édité chez Lamy contient la réglementation internationale, européenne et française. Il est complet et régulièrement mis à jour, tant dans sa version papier que CD-Rom, mais il ne contient pas de jurisprudence et celle-ci est capitale en la matière. Pour ne donner qu'un exemple, un arrêt de la chambre criminelle de la Cour de cassation du 17 janvier 1996 (n° 93-83887) a statué sur la distinction entre un oignon et une échalote. Du point de vue du droit de la gastronomie, cela est très important.
[4] Pour Jean-Paul Branlard, *« Un bon Code de la gastronomie devrait donc regrouper les règles écrites, coutumières et en note la jurisprudence. A cette condition, de nombreux professionnels (industriels, restaurateurs...) seront intéressés »*. *Ibid.*
[5] Parfois, le juge se fait cuisinier et va jusqu'à goûter une omelette à l'audience. Pour aller plus loin, voir *Ibid.*
[6] L'eau est également assez réglementée en droit européen et en droit français. Une différence s'opère entre l'eau de table, l'eau de source et l'eau minérale. Le contenant de l'eau est aussi concerné, car influant sur l'environnement et le contenu (goût, odeur...). En revanche, *« Le poireau et le haricot sont très peu visés et engendrent très peu de procès »*. *Ibid.*
[7] À Nantes, le Professeur Louis Lorvellec dirige par exemple le DESS de Droit agro-alimentaire. À Dijon, le Professeur Jean-Pierre Pizzio enseigne le droit de la consommation et s'intéresse de près aux droits qui ont trait à l'alimentation, tout comme son homologue Jean Calay-Auloy, en poste à Montpellier.
[8] Il est possible de mentionner le Bulletin Intérieur de Documentation publié par la DGCCRF, ou bien encore la revue *Option Qualité* des éditions Lamy.
[9] J.-P. Branlard, *op.cit.*, p. 12.

développement important au niveau européen – avec notamment l'apparition de labels et d'appellations d'origine[1] –, donc il n'y a après tout aucune raison pour qu'il ne connaisse pas le même succès en France.

1 246. – Pour ce qui est du Code de la charcuterie, de la salaison et des conserves de viandes[2], qui a été rédigé par les professionnels, celui-ci est d'apparition récente[3] et se divise en plusieurs parties qui ont trait aux contrôles, à la composition ou bien encore à l'étiquetage des produits de la charcuterie. Bien que le droit de l'Union européenne influence, et cela de plus en plus, la réglementation française dans ce domaine, le Centre technique de la salaison, de la charcuterie et des conserves de viandes joue un rôle important : il rédige notamment un code des usages qui démontre la volonté des professionnels de mettre en place des politiques de qualité (dans la mesure où les consommateurs restent très attachés à la loyauté des transactions, à la sécurité et à l'information)[4].

1 247. – D'après une jurisprudence constante, tout produit conforme à un tel code est nécessairement loyal et marchand. Pour lutter contre les fraudes, il est indispensable que la justice veille, comme en témoignent les contentieux très variés – et parfois inattendus – dont peut faire l'objet le porc, et plus généralement les infractions aux composants exhaustifs, aux critères analytiques et aux techniques de fabrication. Le fabricant, dès lors qu'il veut produire, ne peut mélanger que des produits prévus par la législation (étant entendu qu'il y a trop de produits pour lister toutes les interdictions, le législateur n'a listé que les produits autorisés). Il n'est toutefois pas rare que les différentes composantes de la viande – maigre, gras et abats – soient à l'origine de tromperie et de publicité mensongère.

1 248. – Concernant justement les ingrédients, ces derniers sont considérés comme « alimentaires », mais ils ne disposent pas, à la différence des additifs, de numéros communautaires[5]. Cela signifie que les charcutiers pourront exporter à l'étranger des ingrédients non carnés, à la condition qu'ils tiennent compte des autorisations – l'ingrédient et sa quantité devront ainsi être conformes à la dénomination de vente – et qu'ils veillent aux confusions. En revanche, pour le

---

[1] Cette évolution correspond à une demande très forte de la part des consommateurs qui veulent en savoir plus sur les produits. Cela dit, comme le précise Jean-Paul Branlard, *« Pour de jeunes juristes c'est un domaine possible d'orientation, mais beaucoup reste à faire car, encore une fois, c'est une matière récente et même « surprenante » dans les facultés de droit »*. Voir *Droit et Gastronomie*, *op.cit.*, p. 11.

[2] Pour accéder à la nouvelle version de ce code, voir le lien Internet suivant : https://www.code-des-usages-charcuterie.fr/ [consulté le 17 janvier 2019]

[3] Elaboré fin 1969, divulgué en 1970, il a fait l'objet de rééditions en mai 1980 et janvier 1986, avec mises à jour en 1988 et 1993 notamment. En cours de révision, le Code des usages rajeuni paraît au cours du 2nd semestre 1996. Il se divise en quatre parties.

[4] Sur ce point, voir tout particulièrement J.-P. Branlard, *op.cit.*, p. 108.

[5] Le charcutier les emploie pour leur propre qualité gustative (sel, épices, aromates…) et/ou technologique (eau, lait, œuf…).

Codex alimentarius, les additifs ne sont pas de véritables denrées alimentaires. Ils ne s'emploient donc jamais comme ingrédient principal d'un aliment, mais influencent simplement les caractéristiques du produit fini[1]. Il n'est enfin pas inutile de rappeler que tout ingrédient utilisé ne figurant pas sur la liste positive du code sus-évoqué tombera forcément dans l'interdit[2]. La logique est la même pour les additifs, puisque seuls ceux qui sont listés seront considérés comme étant licites par la jurisprudence[3].

1 249. – Plus globalement, le droit de la gastronomie a conduit plusieurs juristes à s'intéresser au type de relation que pouvaient entretenir le goût et le droit. S'ils sont plusieurs à penser que le législateur ne détient pas la vérité du goût, ils sont en revanche unanimes sur un point : *« les impératifs de santé publique justifient qu'une franche information du consommateur sur les différentes qualités gustatives d'une denrée existe »*[4]. En d'autres termes – et un tel cheminement corrobore finalement ce qui a été vu jusqu'ici –, il n'y aurait pas de « droit au goût » sans « droit du goût » au préalable. Mais cela n'est pas un problème fondamental en soi, étant donné que *« les sources du droit du goût sont en droit de l'alimentation, présentes, pour ne pas dire omniprésentes »*[5].

1 250. – Les bases du « droit du goût » sont qui plus est historiques, pour ne pas dire moyenâgeuses. Le droit de l'Union européenne lui-même réglemente le goût à partir notamment de réglements et de directives (c'est par exemple le cas des directives de 1993 sur les fruits[6], de 1994 sur les édulcorants[7] et sur les matières naturelles[8], ou bien encore de 1995 sur les additifs alimentaires[9]). Parmi les textes verticaux figurent aussi les « euro-recettes » sur les sucres, le cacao et le chocolat[10]. En France, le Code civil de 1804, ou bien encore la loi de 1935 sur les dénominations de vente, se préoccupent également du goût dans l'ordre interne[11].

---

[1] Ils agissent sur la texture, la flore microbienne, la couleur, l'arôme, la saveur etc. Voir J.-P. Branlard, *Droit et Gastronomie*, *op.cit.*, p. 115.

[2] *Ibid.*

[3] *Ibid.*, p. 116.

[4] *Ibid.*

[5] *Ibid.*

[6] Cette directive du 17 juin 1993 permet que les fruits à teneur en sucres naturellement élevée s'emploient à la fabrication de nectars sans ajout de matière sucrante.

[7] Cette directive date du 30 juin 1994.

[8] Cette directive du 30 juin 1994 énonce que des matières naturelles comme le paprika, curcuma, safran, bois de santal…ont avant tout des propriétés aromatiques ou sapides, ce qui les exclut des colorants.

[9] Cette directive globale du 20 février 1995 évoque les acidifiants et correcteurs d'acidité. Grâce à cela, l'acide lactique peut entrer dans la mozzarella (voir DG 841, BID 1996, n° 3, p. 2).

[10] Respectivement n° 73/437 du 11 décembre 1973 et 73/241 du 24 juillet 1973. En ce qui concerne le miel et les confitures, Cf. les directives 74/409 du 22 juillet 1974 et 79/693 du 24 juillet 1979.

[11] La loi du 30 juin 1935, complétant celle du 4 mars 1928, intedit par exemple, sous quelque dénomination de vente que ce soit, les sirops et liqueurs évoquant par leurs caractères organoleptiques l'idée de cassis, alors qu'il n'y en a pas. La loi du 11 mars 1988 abroge quant à elle la loi « betteravière » de 1902 en autorisant les édulcorants de synthèse. Deux règlements du même jour posent les conditions d'emploi et

Et d'une manière générale, *« le droit national a tendance à épouser la classification européenne »*[1].

1 251. – Quant au sources « pararéglementaires », il faut sans grande surprise penser aux avis émis par la DGCCRF[2], ainsi qu'aux différents codes émanant des professionnels eux-mêmes – comme celui sur les Câpres[3] –, dont *« la valeur juridique est incertaine et laissée à la libre appréciation du juge »*[4]. En ce qui concerne les normes dites « AFNOR », elles proviennent d'une concertation entre les représentants de professionnels et de consommateurs[5]. De toutes ces sources, il est bien sûr possible d'en tirer des enseignements majeurs : d'une part *« le goût doit doit s'entendre comme la propriété du produit, car c'est lui qui donne la sensation gustative »*[6], et d'autre part *« le droit du goût se rapporte au « mangé », mais aussi et surtout au « mangeur » »*[7].

1 252. – C'est le législateur qui fixe la limite en-deça de laquelle un produit perd sa qualité marchande. La qualité d'un aliment est multiple : nutritionnelle, hygiénique, visuelle voire organoleptique. Le goût y a sa part. Aucun législateur ne l'occulte. Au sein de l'Union européenne, le législateur assigne par exemple un goût spécifique aux boissons aromatisées[8]. Les droits européens et français s'interpénètrent même en la matière, dans la mesure où ils répondent tous les deux par signes (AOC, AOP etc.), ce qui signifie que ces derniers sont passés de la qualité des produits aux produits de qualité. Sur ce point, il semble assez important de préciser que *« ce qui est bon pour le goût n'est pas nécessairement bon pour le corps »*[9]. Certains produits portés à la bouche – comme la colle ou la gomme à effacer – doivent justement être faibles en teneur en goût.

1 253. – À l'évidence, le « droit du goût » s'infiltre partout. Il est par exemple interdit de fumer dans la plupart des restaurants, au même titre qu'*« un*

---

d'étiquetage de ces substances au pouvoir sucrant supérieur à celui du sucre sans en avoir les qualités nutritives.

[1] J.-P. Branlard, *Droit et Gastronomie*, *op.cit.*, p. 130.

[2] La DGCCRF a par exemple émis l'avis que la crevette d'eau douce ou saumâtre *macrobrachium rosenbergii* ne peut se dire « bouquet » en raison de ses caractéristiques organoleptiques très différentes, en particulier sur le plan de sa saveur très fade (voir DG 821, BID 1990, n° 6, p. 11). Elle a également indiqué qu'elle ne s'opposait pas à « l'emploi du jus de citron pour acidifier les jus de carottes » (voir DG 741, BID 1996, n° 4, p. 1).

[3] Ce code exige par exemple que le bouton floral du câprier soit, à la cueillette, d'un « goût franc et agréable ».

[4] J.-P. Branlard, *op.cit.*, p. 131.

[5] Le signe NF-Agro annonce depuis peu des « normes-recettes », confinant à une standardisation des goûts. Ainsi, la flaveur du « jambon cuit supérieur » renvoie à un « goût de jambon non masqué par un assaisonnement trop intense, peu salé et exempt d'acidité ou d'âcreté ».

[6] J.-P. Branlard, *op.cit.*, p. 131.

[7] *Ibid.*

[8] Cf. le règlement européen n° 1601/91.

[9] J.-P. Branlard, *op.cit.*, p. 133.

restaurateur peut très bien se plaindre des épandages d'un champ voisin sur sa clientèle »[1]. Cela a d'ailleurs amené certains observateurs à dire que « fumet » et « fumée » ne vont pas ensemble. S'agissant alors de ces ambiances sensorielles, *« le droit protège le mangeur contre les agressions extrinsèques »*[2] (à défaut les mets perdraient de leur valeur). L'autre élément à prendre en compte est le fait que le « droit du goût » concerne la matière, ainsi que la façon de présenter la matière. Si la dénomination peut afficher le goût du produit – ou le sous-entendre –, la manière de vendre va quant à elle concerner la dénomination du produit et la présentation de vente (l'étiquetage étant un élément crucial de la présentation car il permet d'informer précisément).

1 254. – Le « droit du goût » fait aussi bien référence au palais – qui est le « juge » des goûts –, qu'à la perte de goût (en l'occurrence le dégoût). D'après l'article 121-8 du Code de la consommation, toute comparaison subjective comme le goût est strictement interdite. Par voie de conséquence, seules les comparaisons objectives sont permises. À aucun moment le juge n'accorde d'importance aux postures hédonistes lorsqu'il évalue le goût. Il n'y a qu'à voir son attitude au moment de « tester » la bière pour s'en apercevoir. S'agissant de la « justice privée », celle-ci fait appel à des professionnels éclairés pour apprécier le goût.

1 255. – Puisque le droit trouve un équilibre entre liberté de concurrence et devoir de loyauté, le droit commun ainsi que le droit pénal empêchent les atteintes – directes et indirectes – à la concurrence. Il est ici possible de penser au « vol et recel de goût », au « délit de révélation de secret de fabrique » ou bien encore au « recel de secret de fabrique ». Le droit pénal de la consommation protège et dirige le consommateur (tant d'un point de vue économique et financier qu'au niveau de la qualité de vie). Sont ainsi réprimés les « délits d'incitation à la consommation », les tromperies et autres falsifications. Les conditions de la consommation sont elles aussi très encadrées.

1 256. – Quoi qu'il arrive, le public ne doit pas se faire une représentation inexacte de la réalité. Même suggestive, la publicité ne doit pas tromper. Et puisqu'aliment et goût sont deux choses différentes, les impostures sur l'origine du goût sont également réprimées[3]. Concernant enfin le dégoût – qui est une *« aversion alimentaire violente »*[4] –, son point de départ gravite souvent autour d'une « mauvaise cuisine ». Et s'il est frustré dans son « droit au goût », l'acquéreur peut assurément agir. S'offre à lui tout un panel d'actions pouvant viser la

---

[1] J.-P. Branlard, *Droit et Gastronomie*, *op.cit.*, p. 135.
[2] *Ibid.*
[3] Cf. par exemple Versailles, ch. 7, 17 mai 1978, Gaz. Pal. 1978, J,539 ; Crim. 13 mars 1979, JCP 1979, CI, I – 13104, J. Guinchard.
[4] J.-P. Branlard, *op.cit.*, p. 144.

répression du vice caché[1], de l'immixtion dans la vie privée et familiale[2], de la perte du palais[3] etc. Cela dit, les « déçus du goût » doivent faire très attention aux critiques gastronomiques qu'ils adresseraient aux restaurateurs, étant donné qu'elles sont on ne peut plus encadrées par le législateur (elles doivent par exemple être objectives car personne ne peut voir sa notoriété éclaboussée par des critiques injustifiées[4]).

1257. – En clair, le « droit de la gastronomie » rejoint le droit de l'alimentation sur plusieurs points qui ne peuvent être ignorés. Les deux se soucient, en premier lieu, de la santé publique en général, et de celle des consommateurs en particulier. Ce faisant, l'accent est mis sur la transparence de l'information donnée aux mangeurs, et sur la fiabilité des procédés de fabrication. La loyauté des transactions joue cela va sans dire un rôle important à chaque fois. Dans un second temps, ces droits accordent à n'en pas douter une place prépondérante à l'aspect qualitatif des denrées alimentaires, comme en atteste cette nouvelle politique de l'alimentation depuis l'apparition des labels de qualité et des autres signes distinctifs. Enfin, et c'est d'ailleurs certainement là leur principal point de convergence, ils sont souvent méconnus du grand public. Ce qui relance le débat sur la promotion des droits liés à l'alimentation.

Section II. LES FINALITÉS DISCUTABLES DU « DROIT ALIMENTAIRE » EN TANT QUE DROIT PLUS ENGLOBANT

1 258. – Après avoir vu que les droits relatifs à l'alimentation n'étaient pas animés par exactement les mêmes logiques, bien que celles-ci pouvaient s'entremêler à

---

[1] Pour l'article 1641 du Code civil, il y a vice caché lorsque la chose est impropre à l'usage auquel elle est pourtant destinée. Le vice caché doit exister avant la vente. Toute imprécision sur la date de réception, la manipulation ou le stockage ne permet pas d'établir cette antériorité. Le vice doit se situer en amont du transfert de propriété. Dans la vente au goût, ce transfert de propriété s'opère au jour de la dégustation et agrément (Cf. la cas du « vin de lie » : voir Cass. Com. 5 juillet 1988, *Cantalou/SA Berger Ainé*, arrêt 853, Lexilaser). La preuve du vice peut s'établir par tout moyen. En la matière, l'expertise est néanmoins quasi-systématique. L'acheteur peut ainsi rapporter une preuve négative (prouver par élimination que le mauvais goût ne peut provenr d'aucune autre cause). Toutefois, une présomption de connaissance du vice pèse sur le vendeur professionnel. En cas de dommages, il devra verser des intérêts à la victime.

[2] La sphère intime est protégée à l'article 9 du Code civil. Dresser l'inventaire des poubelles d'une personnalité au lendemain des réveillons de Noël et du jour de l'An, pour révéler aux lecteurs d'un hebdomadaire ses goûts alimentaires et ceux de ses enfants, constitue une transgression (voir Paris, 1e ch. B., 30 mars 1995, *SA VSD/Mme X.*, D. 1995-IR-140).

[3] Ainsi que le souligne Jean-Paul Branlard, *« La perte de goût renvoie à une alimentation muette, sans sensibilité. L'handicapé nourri sans saveur, sans savoir, subit un préjudice de désagrément »*. J.-P. Branlard, *Droit et* gastronomie, op.*cit.*, pp. 148-150.

[4] Voir notamment Paris, 1e ch. A, 17 juin 1991, *CFFG/Jacques Maximin*, Gaz. Pal., 1992, p. 63.

certains égards, et tout particulièrement à l'aune des enjeux sanitaires, il convient dorénavant de poser les bases de ce qui semble être encore un droit nouveau : le « droit alimentaire ». À l'image du droit à la vie et du droit à un environnement sain, ce droit mérite en effet de faire l'objet d'une analyse approfondie, *« tant la pratique à soulevé de questions multiples et ébauché de réponses diverses, ces dernières années, à son égard »*[1].

1 259. – À première vue, ce qui semble évident est que le « droit alimentaire » en tant que tel n'est pas reconnu par beaucoup de juristes, ni dans la jurisprudence d'une multitude de juridictions spécialisées. À bien y regarder cependant, la protection que pourrait permettre ce droit aux individus issus de la société civile n'est pas diamétralement opposée à celle qu'offrent déjà les législations plus classiques sur l'alimentation. En réalité, le « droit alimentaire » est potentiellement en mesure de l'étendre, à la condition toutefois d'être correctement délimité, comme le précisent certains auteurs avertis.

1 260. – Et puisqu'il ne fallait pas occulter le fait qu'à travers le monde, *« deux milliards de personnes souffrent toujours de sous-alimentation chronique, et que dix-huit millions meurent chaque année de pathologies liées à la faim »*[2], l'espoir (même vain) qu'un droit à l'alimentation renouvelé – donc qui prendrait pour ce faire en considération les problématiques inhérentes au droit de l'alimentation – émerge enfin en droit public ne doit pas être négligé. Il n'y a qu'à rappeler, pour s'en convaincre, que *« la quantité de nourriture produite dans le monde est amplement suffisante pour la totalité de sa population »*[3].

1 261. – Jusqu'à présent, l'étude s'est efforcée de montrer que la distinction traditionnelle entre les différentes générations de droit était parfois superflue, voire inopérante, et que d'un point de vue qualitatif, le droit de l'alimentation renforçait la plupart du temps la portée du « droit-épée » qui lui était associé. Celle-ci ne s'est en revanche pas encore prononcée sur les finalités que pourrait poursuivre ce droit d'un genre nouveau – donc nécessairement hybride – qu'est le « droit alimentaire ». Il est donc l'heure d'y remédier en dressant une feuille de route la plus ambitieuse possible, étent entendu que la focale doit prioritairement porter sur la redéfinition complète des grands équilibres entourant les sciences juridiques et l'alimentation.

1 262. – Dans cette optique, il paraît crucial de dégager quels pourraient être les principaux rouages du « droit alimentaire », et de ne pas perdre de vue que *« même lorsque la redistribution des vivres est bien gérée à l'échelon local, elle n'offre*

---

[1] G. Gaggioli, *L'influence mutuelle entre les droits de l'homme et le droit international humanitaire à la lumière du droit à la vie*, A. Pedone, 2013, p. 243.
[2] E. Millstone et T. Lang, *Atlas de l'alimentation dans le monde*, *op.cit.*, p. 12.
[3] *Ibid.*

pas de solution durable »[1]. Cela dit, certains horizons semblent pour lui clairement déconseillés, de sorte qu'il existerait *« un mur infranchissable qui borne très distinctement ses domaines d'études et ses champs d'action »*[2]. En clair, il s'agira de préciser dans un premier temps ce que pourrait raisonnablement recouvrer le « droit alimentaire » (§I), avant de voir dans un deuxième temps ce sur quoi celui-ci ne devrait surtout pas porter pour gagner en crédibilité (§II). Cette démarche aura l'avantage de mettre en exergue toutes les potentialités, ainsi que les limites d'un paradigme qui, il faut bien le dire, relève encore aujourd'hui de la pure fiction juridique.

§I. CE QUE POURRAIT RAISONNABLEMENT PERMETTRE LE « DROIT ALIMENTAIRE »

1 263. – Les relations, déjà étroites, entre le « droit alimentaire » et les droits de l'humanitaire et du développement ne doivent pas être statiques mais le plus dynamiques possible. Au-delà d'une simple complémentarité, il doit exister une influence mutuelle entre ces deux branches de droit public, que ce soit au niveau structurel ou substantiel. Au niveau structurel, le rapprochement entre les deux doit permettre une extension de leurs champs d'application et une amélioration de leur mise en œuvre. Au niveau substantiel cette fois-ci, il apparaît qu'une protection cohérente et optimale des individus dans leur accès à l'alimentation n'est possible qu'en tenant rigoureusement compte de l'aide publique au développement.

1 264. – Par ailleurs, le « droit alimentaire » doit absolument s'émanciper des rapports de forces qu'entretiennent certains gouvernements en proposant autant d'alternatives plausibles que nécessaire aux politiques actuelles en matière agro-alimentaire. Les pays du Nord n'ont après tout aucune raison valable – si ce n'est sûrement l'argent – d'imposer leur modèle culinaire à ceux du Sud. Les paysans doivent disposer librement de leurs terres, et jouir pleinement du droit à la souveraineté alimentaire. Dans l'ensemble, cet effort est évidemment l'une des priorités de « ce » droit à l'alimentation renouvelé.

1 265. – En somme, et pour revenir sur la feuille de route sus-évoquée, le « droit alimentaire » pourrait vraisemblablement entraîner une remodélisation du « droit classique » à l'alimentation (A), ainsi qu'un affaiblissement global de l'aide alimentaire et des disparités (B). Il ne serait par ailleurs pas si étonnant que cela

[1] E. Millstone et T. Lang, *Atlas de l'alimentation dans le monde*, *op.cit.*, p. 12.
[2] C. Regad, *Aux limites du droit*, Mare & Martin, juillet 2016, p. 7.

qu'il puisse déboucher sur une redéfinition des rapports Nord/Sud (C), un abandon du modèle occidental et carné de l'alimentation (D) ainsi que sur l'apparition de politiques agricoles nationales et régionales plus performantes que toutes celles qui existent en ce moment (E).

A. UNE REMODÉLISATION DU « DROIT CLASSIQUE » À L'ALIMENTATION

1 266. – Actuellement, la plupart des études ayant pour objet le droit de chaque être humain à se nourrir ne précisent pas assez, ou trop peu, ce qu'est la notion même d'« aliment », de telle sorte qu'*« elles ne disent rien sur les composantes matérielles de ce droit de l'homme »*[1]. Pourtant, selon le Centre de Recherche sur le droit à l'alimentation de l'Université libre de Bruxelles, l'« aliment » correspond *« aux produits ou substances que l'homme mange ou boit, et qui sont destinés à être intégrés intentionnellement par la voie buccale en vue de couvrir les besoins nutritifs et ceux du bien être de la population dans son ensemble »*[2]. Cette définition révèle donc clairement que l'eau n'est pas étrangère à l'alimentation.

1 267. – D'après un ancien rapporteur spécial des Nations Unies pour le droit à l'alimentation, *« le droit à l'eau devrait faire partie intégrante du droit à l'alimentation »*[3]. Il s'agit là d'un avis que partage aussi le Comité des droits économiques, sociaux et culturels, puisqu'il estime que *« le droit à l'eau est aussi inextricablement lié au droit à la nourriture »*[4], et rappelle toute l'importance *« des ressouces en eau pour l'agriculture afin de réaliser le droit à une nourriture suffisante »*[5]. Ce constat a beau être évident, toujours est-il que plus d'un milliard trente-six millions de personnes vivent dans le monde sans accès à l'eau potable (soit plus de 278 millions en Afrique subsaharienne, presque 700 millions en Asie et 50 millions dans les pays arabes)[6].

---

[1] A. Soma, *Le droit de l'homme à l'alimentation : contenu normatif et mécanismes juridiques de mise en œuvre*, *op.cit.*, p. 23.
[2] P.-M. Vincent, *Le droit de l'alimentation*, *op.cit.*, p. 7.
[3] J. Ziegler, *Le droit à l'alimentation précédé de Le droit du faible contre la raison du fort*, Mille et une nuits, 2003.
[4] Voir Nations Unies, Comité DESC, « Le droit à l'eau (articles 11 et 12 PIDESC) », observation générale n° 15, 20 janvier 2003, §3.
[5] *Ibid.*, §7.
[6] PNUD, « Rapport mondial sur le développement humain durable », 2005, p. 93 et s. Voir également Association française pour l'étude des eaux, *Le coût économique et social de l'eau, les dommages et le coût des réparations*, Paris, Tome 2, 1987, p. 11 et s.

1 268. – Les chiffres de l'OMS sont eux aussi très alarmants : il y aurait plus de quatre milliards de cas annuels de diarrhée, entraînant pas moins de deux millions de décès d'enfants[1]. Qui plus est, dans les pays en voie de développement, *« 80% des maladies et plus du tiers des décès annuellement constatés sont dus à l'utilisation massive par la population d'une eau contaminée dans leur alimentation »*[2]. D'où l'évidente nécessité d'adopter une politique de l'eau et un droit de l'eau appropriés pour garantir les qualités nutritionnelles de l'eau à travers ses différents modes d'acquisition.

1 269. – Selon Jean Ziegler, le droit de chaque être humain à se nourrir devrait être composé de deux éléments cumulatifs qui font justement penser à cette idée de remodélisation générale à laquelle pourrait servir le « droit alimentaire » : le droit à l'eau de consommation et le droit à la nourriture solide. Par ailleurs, ces deux éléments du droit à l'alimentation doivent être disponibles quantitativement et qualitativement, ainsi qu'être accessibles et disponibles[3]. De toute façon, l'article 11 du PIDESC qui utilise le terme de « nourriture » ne semble pas exclure l'accès à l'eau des populations dans la réalisation de leur droit à l'alimentation[4].

1 270. – Le droit à l'alimentation adéquate (ou « droit alimentaire » adéquate) doit donc impliquer une fourniture de la nourriture, mais aussi de l'eau en quantité suffisante et de qualité satisfaisante. Et ce quand bien même ces différents aspects du droit à l'alimentation relèveraient d'instances différentes pour des raisons techniques. En définitive, les différentes définitions des notions étudiées (notamment la définition de l'aliment par le Comité des droits économiques, sociaux et culturels, et celle que donne Jean Ziegler du droit à l'alimentation) mettent en avant toute la complexité sémantique de ce droit de l'homme. Il est malgré tout possible de se servir de ces définitions pour délimiter les contours de l'eau, et plus généralement du « droit alimentaire ».

1 271. – Ce faisant, le « droit alimentaire » pourrait être défini comme *« le droit humain selon lequel tout individu ou tout groupe de personnes, quelles que soient ses conditions particulières, doit pouvoir disposer d'un type convenable de nourriture et d'eau en quantité suffisante et de qualité adéquate au moyen d'un système d'approvisionnement approprié »*[5]. Autrement dit, le « droit alimentaire » semble à même de pouvoir opérer une synergie entre d'une part les différentes

---

[1] OMS, « L'état de la santé dans le monde – rapport annuel 1996 », p. 20 et s.
[2] A. Soma, *Le droit de l'homme à l'alimentation : contenu normatif et mécanismes juridiques de mise en œuvre*, *op.cit.*, p. 25.
[3] J. Ziegler, Commission des Nations Unies des droits de l'homme, « Le droit à l'alimentation », *op.cit.*, §§32-34.
[4] Et pourtant, l'eau n'est pas mentionnée dans le texte, ni dans l'analyse que son organe d'interprétation en donne à travers son observation générale n° 12 sur « le droit à la nourriture ».
[5] A. Soma, *op.cit.*, p. 26.

composantes des droits à l'eau et à l'alimentation, et d'autre part entre celles des droits sur l'alimentation (donc « droit de » et « droit à » confondus).

B. UN AFFAIBLISSEMENT GLOBAL DE L'AIDE ALIMENTAIRE ET DES DISPARITÉS

1 272. – La question des subventions publiques n'est pas dénuée d'intérêt, étant donné que le budget de l'agriculture représente toujours plus de la moitié du budget de l'Union européenne, et que de très nombreux fonds sont consacrés au financement de l'agriculteur et à la création des revenus agricoles[1]. En France, le secteur agricole est quant à lui financé à hauteur de 80% par la solidarité nationale, tandis que le reste est financé par les régions et les départements[2]. Cela dit, ce système n'a jamais empêché la survenance d'écarts – parfois abyssaux – dans la redistribution des fonds publics, comme le prouvent certaines enquêtes effectuées par les agriculteurs eux-mêmes[3].

1 273. – Sans aucun doute, de telles distorsions ne sont pas propres à la France mais à pléthore d'États à travers le monde. En réalité, elles font surtout rejaillir le problème de la vision « missionnaire » de la coopération agricole. L'aide

[1] À l'échelle de l'Union européenne, c'est la place primordiale occupée dans le budget de l'Union par le Fonds européen d'orientation et de garantie agricole (60% du budget total en 1991, à la veille de la réforme de la PAC) qui traduit l'importance de l'intervention publique dans la fabrication du revenu agricole. À elles seules, les dépenses du FEOGA « Garantie » représentent plus de la moitié du budget de l'Union européenne (51,7% des dépenses en 1994) et les neuf dixièmes des crédits consacrés au financement de l'agriculture. S'y ajoute le FEOGA « Orientation » qui sert à financer l'amélioration des structures des exploitations, des infrastructures rurales, des mesures de reconversion, des compensations handicaps. D'autres fonds tels que le Fonds social européen (FEDER) interviennent en zone rurale et parfois en direction de l'agriculture. L'agriculture française occupe une place de choix dans ce dispositif étant donné qu'elle reçoit près du quart des soutiens européens, contre moins de 20% avant la réforme.

[2] Le budget de l'État français consacre environ 10% de ses dépenses à l'agriculture. Cela représentait tout de même 174 milliards de francs en 1995 (44,3% de ces crédits servant à financer la protection sociale). Avec 900 000 cotisants pour 2,1 millions de retraités, le régime de protection du monde agricole est financé à plus de 80% par la solidarité nationale. Le soutien aux activités agricoles productives représente 43% des crédits. Il faut ajouter à ces soutiens ceux qui sont apportés par les régions et les départements. C'est donc un soutien considérable que la collectivité apporte à un secteur qui employait en 1994 moins de 4,8% de la population active.

[3] De ces études, il ressort par exemple qu'en 1995, une exploitation agricole située dans les Pays de la Loire et organisée autour d'un système allaitant et céréales sur 61,5 hectares recevait 141 999 francs tandis que, dans la même région, une exploitation de 32,5 hectares produisant du lait recevait 15 810 francs et une autre exploitation de production laitière écoulant son lait en vente directe se voyait attribuer 6 388 francs. La même année, une ferme céréalière de 400 hectares dans le Vexin français recevait 984 940 francs. L'enquête proposait de rapporter ces flux d'argent public aux nombres d'emplois occupés et faisait ressortir un écart de 1 à 80. Ici, voir LAVAL, *Pour une agriculture citoyenne. Nourrir, préserver, employer. Paysans et citoyens*, Laval, mai 1996.

alimentaire a beau se subdiviser en trois parties bien distinctes – que sont d'une part le montant de l'aide, d'autre part la finalité de l'aide et enfin les techniques utilisées[1] –, elle a toujours été sujette à d'importantes critiques adressées notamment par les acteurs issus de la société civile, et ce depuis la décolonisation[2].

1 274. – Il semble très utile de souligner que dans le courant des années 1990, et pour la toute première fois depuis plus d'un quart de siècle, l'aide publique au développement a commencé à diminuer. Ainsi, *« seuls quatre pays, tous situés en Europe du Nord, atteignent l'objectif fixé par l'ONU en consacrant plus de 0,70% de leur produit national brut (PNB) à l'aide au développement : la Norvège, le Danemark, la Suède et les Pays-Bas »*[3]. Réputés « mauvais élèves » dans ce domaine, les États-Unis ne consacrent pour leur part que 0,15% de leur PNB au développement[4]. Le Japon fait légèrement mieux en injectant plus de 13 milliards de dollars par an, soit 0,29% de leur PNB[5]. Bien classée, la France y consacre 0,64%, ce qui en fait donc l'un des plus gros donateurs d'aide publique[6].

1 275. – Ces chiffres restent toutefois à relativiser car ils n'intègrent pas les remises de dette ni l'« aide liée »[7]. De plus et surtout, il subsiste toujours une importante disparité de revenus entres les pays les plus riches et ceux les plus pauvres, comme le confirment certains rapports du CNUCED[8]. Autrement dit, *« la faiblesse extrême des exportations des pays pauvres explique que des règles particulières leur soient appliquées »*[9]. Et c'est précisément de cette dérogation – laquelle est comparable à un « faux » traitement de faveur – dont jouissent les pays les plus pauvres que va découler la « schizophrénie » de certains pays du Nord dans le cadre de l'aide au développement.

---

[1] Pour aller plus loin sur ce point, voir tout particulièrement B. Hervieu, *Du droit des peuples à se nourrir eux-mêmes*, Flammarion, 1996, p. 83 et s.
[2] *Ibid.*
[3] *Ibid.*
[4] *Ibid.*
[5] *Ibid.*
[6] *Ibid.*
[7] Par exemple la France a, en 1994, annulé 10 milliards de francs de dette à l'occasion de la dévaluation du franc CFA. Dans l'autre sens, ces chiffres ne prennent pas en compte les pratiques de l'« aide liée », autrement dit l'aide consentie sous condition d'achat aux entreprises du pays donateur. Malgré ces lacunes statistiques, la tendance générale n'en est pas moins clairement confirmée : le seuil de 0,70% du PNB que chaque pays riche est supposé consacrer à l'aide publique au développement a cessé d'être une ambition partagée. Voir en ce sens le rapport du Comité d'aide au développement de l'OCDE paru dans le journal *Le Monde* le 13 février 1996. Voir aussi R. Godeau, *Le franc CFA*, Saint-Maur, SEPIA, 1995. Et enfin S. Brunel, *Le gaspillage de l'aide publique*, Paris, Le Seuil, 1993.
[8] Voir tout particulièrement le rapport du CNUCED publié au mois d'avril 1996, lequel compare les 20% des populations les plus pauvres aux 20% des populations les plus riches et fait apparaître un accroissement très net de l'écart. Celui-ci était de 13,3 au début des années 1960. Aujourd'hui, un habitant des pays riches a en moyenne un revenu 18 fois supérieur à celui d'un habitant des pays pauvres.
[9] B. Hervieu, *op.cit.*, p. 85.

1 276. – En effet, comme le rappellent certains juristes, *« tandis que les États-Unis et l'Europe s'arment pour une guerre commerciale sans merci sur les marchés mondiaux [...] et cherchent à développer leurs exportations agricoles partout dans le monde, ces mêmes pays, à travers notamment leurs politiques de coopération, leurs appareils de recherche ainsi que parfois leurs ONG, tiennent un discours édifiant sur l'autosuffisance alimentaire à laquelle les pays pauvres devraient pouvoir accéder »*[1]. Ce qui signifie que le modèle agricole voulu par les pouvoirs publics permettrait et encouragerait cette schizophrénie des plus riches en les laissant transposer non seulement leurs techniques d'exploitation dans les pays du Sud, et en y écoulant par la même occasion leurs produits (comme les semences et les engrais)[2].

1 278. – En clair, *« coopération « véritable » et « fausse » coopération sont, en matière d'aide publique au développement, illusoirement contradictoires »*[3]. En réalité, ces approches cyniques seraient plutôt complices, car la coopération « véritable » vise à instruire des populations jugées ignorantes (ce qui est en soi déjà réducteur), alors qu'une « fausse » coopération laisse place aux « affaires » (donc ici encore la finalité de l'aide est discutable). En définitive, l'aide publique au développement présente un caractère incertain. D'un côté les multinationales sont là pour les affaires, et de l'autre les ONG font de l'humanitaire. Et pour couronner le tout, *« les pouvoirs publics légitiment l'action des premiers par celle des seconds »*[4].

1 279. – Alors certes, il faut aussi distinguer la coopération décentralisée de la coopération horizontale et immédiate[5], au même titre qu'il faut séparer les politiques de coopération bilatérale de toutes celles dites multilatérales[6], mais il n'empêche qu'elles font plus ou moins toutes la part belle aux économies des pays du Nord (comme en témoigne le programme d'aide aux pêcheurs du Maroc et d'Haïti consenti par l'Union européenne[7]). Il est par ailleurs très difficile – pour

---

[1] B. Hervieu, *Du droit des peuples à se nourrir eux-mêmes*, *op.cit.*, p. 86.

[2] Pour Bertrand Hervieu, *« L'agriculture offre un terrain favorable à ce double mouvement : d'un côté, nous voulons transposer nos réussites techniques [...] ; d'un autre, nous voulons écouler nos produits ». Ibid.*, p. 87.

[3] *Ibid.*

[4] *Ibid.*, p. 88.

[5] Une coopération horizontale et immédiate tend – à la différence de la coopération décentralisée à proprement parler – à s'instaurer directement entre régions ou villes, voire entre associations du Nord et du Sud. *Ibid.*, p. 89.

[6] La coopération multilatérale tend – comme son nom l'indique – à s'instaurer entre au moins trois personnes publiques ou privées, contrairement à la coopération bilatérale qui elle, ne s'instaure qu'entre deux personnes publiques ou privées. *Ibid.*

[7] Ici, Cf. la mise en place contractuelle, par l'Union européenne, d'un important programme d'appui technique aux pêcheurs du Maroc ou de Haïti (État dont le pouvoir de négociation est évidemment faible). Programme assorti, à titre de « compensation », d'une concession de droits de pêche dans les eaux territoriales concernées profitable avant tout à l'industrie halieutique européenne. Voir tout

ne pas dire inconcevable – de transposer des modèles d'action (comme le don ou bien encore le partage) fondés en partie sur la religion catholique et la solidarité internationale à travers le monde[1].

1 280. – Il n'est en revanche pas question de remettre en cause l'argent public, dans la mesure où il en faut bien pour moderniser l'agriculture, tout comme il serait absurde de mettre en doute le savoir faire de ceux qui se professionnalisent dans le secteur de l'humanitaire. Il faut simplement garder à l'esprit que *« ceux qui reçoivent l'aide ne négocient rien »*[2]. Les observateurs parlent alors d'« aide octroyée » pour évoquer tous ces clercs et autres notables envoyés faire de l'humanitaire, et qui bien souvent, à leur retour, se prennent pour des « intellectuels prolétaroïdes »[3]. Quoi qu'il en soit, ces coopérants et les bénéficiaires de l'aide ne discutent pas assez, de telle sorte qu'il existerait des rapports ambigus, et parfois de soumission, entre eux[4].

1 281. – Cela dit, et en guise de conclusion sur ce point, le bilan dressé ci-dessus n'est pas aussi sombre qu'il n'y parait. En France par exemple, *« les agriculteurs ont dû s'ouvrir et s'élever pour collaborer avec les ingénieurs »*[5]. Ce sont les paysans qui font le plus souvent appel aux techniciens et non l'inverse. Il s'agit donc d'une relation équilibrée, et non pas de subordination, qui s'est instalée entre eux. De fait, il faudrait repenser l'actuelle relation entre coopérant et bénéficiaire de l'aide à l'aune du cas français. Et dans cette optique, le « droit alimentaire » pourrait servir.

C. UNE REDÉFINITION NÉCESSAIRE DES RAPPORTS NORD/SUD

1 282. – En cas de recours au « droit alimentaire », il faudra scruter attentivement la situation des pays du Sud (Chine, Pakistan, Indonésie etc.) afin de constater les progrès réalisés. Le principal acquis de la révolution verte est certes d'*« avoir permis la conquête de l'autonomie alimentaire nationale de plein de pays, sans impliquer la destruction brutale des sociétés concernées »*[6], mais il n'empêche

particulièrement sur ce point V. Berthet et P. Blancher, « Logiques et rouages institutionnels de la coopération et du développement. Les raisons des plus forts », *Économie et humanisme*, n° 325, juin 1993.

[1] Sur cette question, voir B. Hervieu, *Du droit des peuples à se nourrir eux-mêmes*, *op.cit.*, p. 91.

[2] *Ibid.*, p. 94.

[3] *Ibid.*

[4] Comme le précise Bertrand Hervieu, *« Parfois la jeune coopérante s'aprçoit que les paysans se contredisent non par manque de conscience ou de connaissance [...], mais tout simplement parce qu'ils redoutent de la contredire, elle »*. *Ibid.*, p. 96.

[5] *Ibid.*, p. 97.

[6] *Ibid.*, p. 115.

qu'ils sont, pour une immense majorité d'entre eux, concernés par des problèmes nouveaux comme la gestion de l'eau ou le coût des intrants[1].

1 283. – Étant donné que la problématique de l'eau devient aussi vitale que celle liée à l'alimentation, le savoir faire des paysans ne suffit plus, à lui seul, pour permettre aux pays du Sud de subvenir à leurs besoins. La ressource en eau est en effet absolument indispensable pour y parvenir, mais bien sûr tous n'en sont pas pourvus. Et à cela s'ajoutent parfois *« les effets pervers de la proximité de l'Europe et de sa politique d'exportation »*[2]. Il ne fait d'ailleurs plus aucun doute que les Américains vendent la plupart du temps leur viande à un coût inférieur, voire même à moitié prix de celles locales. De l'avis de certains spécialistes, *« ils seraient même prêts à subventionner leurs exportations pour assurer leur présense dans les pays du Sud et faire en sorte que cela n'évolue pas »*[3].

1 284. – Il a même été question, au lendemain de la crise de la « vache folle », de contrôler *« les viandes douteuses susceptibles d'être écoulées par des négociants peu scrupuleux sur le marché africain »*[4], et ce par le biais – ici encore détourné – de l'aide alimentaire. Dès 1996, une Commission parlementaire française d'enquête sur l'utilisation des farines d'origine animale dans l'alimentation du bétail s'en est donc préoccupée en auditionnant un certain nombre d'acteurs du secteur agro-alimentaire. En outre, et par-delà cet aspect sanitaire, certains pays n'en pouvant plus des soutiens à l'exportation dont jouit la viande de l'Union européenne ont dû prendre des mesures d'interdiction d'importation de viande bovine pour ne pas détruire leurs propres productions. Ce fût notamment le cas du Congo[5].

1 285. – Dans ce contexte, comment présenter les choses autrement qu'en rappelant qu'à travers une telle irrationnalité de pratiques commerciales, les effets bénéfiques des politiques de développement s'annulent et disparaissent. Et face à

---

[1] L'eau est requise en quantités de plus en plus abondantes, notamment pour les besoins de l'agriculture, tandis que les intrants (pesticides et engrais chimiques) sont indispensables du fait de la fragilité des plantes et coûtent cher.

[2] Comme le précise Berrtrand Hervieu, *« devenue premier exportateur mondial de viande, l'Europe exporte grâce à des restitutions à l'exportation, c'est-à-dire que l'Union prend en charge la différence de prix entre un prix fixé et les cours mondiaux »*. Voir B. Hervieu, *Du droit des peuples à se nourrir eux-mêmes*, *op.cit.*, pp. 116-117. Pour aller plus loin sur ce point, voir L. Tubiana, « L'Europe handicape le Sud », *Projet*, n° 234 : *Agriculture, semer l'avenir*, été 1993. Enfin, voir *Courrier de la planète*, bisemestriel, édité par Solagral.

[3] Bertrand Hervieu précise aussi que *« ce qui est vrai pour la viande l'est aussi pour les céréales. La surenchère entre les Américains et les Européens pour assurer leur présence sur les marchés mondiaux conduit ces pays à subventionner leurs exportations »*. *Ibid.*, p. 117.

[4] *Ibid.*, p. 118.

[5] Entre 1981 et 1992, les exportations de bœuf européen à destination de l'Afrique de l'Ouest et de l'Afrique centrale sont passées de 9 000 tonnes à 67 000 tonnes. De 1984 à 1992, l'Union européenne a dépensé 400 millions d'écus (2,6 milliards de francs) en aide à l'exportation de produits bovins vers ces régions. Pour aller plus loin, voir *Ibid.*, p. 118 et s.

cela, la Commission européenne serait *« incapable de procéder aux arbitrages indispensables, s'enfermant ainsi dans des contradictions redoutables »*[1]. S'il ne semble pas indispensable d'aller jusqu'à requérir une suppression totale et définitive de l'aide alimentaire sous prétexte que celle-ci nuirait aux marchés locaux et aux producteurs, le « droit alimentaire » pourrait à ce problème apporter une réponse beaucoup plus mesurée en favorisant par exemple des politiques de reterritorialisation des agricultures.

1 286. – Quoi qu'il arrive, le « droit alimentaire » doit permettre d'en finir avec l'image pernicieuse que véhicule encore souvent l'aide alimentaire. Il n'est plus souhaitable que *« des leaders paysans et des animateurs de développement avouent que l'aide alimentaire crée des habitudes de dépendance peu stimulante »*[2]. Forcément, ces changements de paradigme ne seront permis qu'avec une remise en question fondamentale des logiques internationales qui en freinent encore l'issue. Enfin, il faudrait *« opérer une révision des mentalités quant aux objectifs à atteindre en matière de nutrituion à l'échelle planétaire »*[3]. Mais cela ne paraît possible qu'en promouvant plus efficacement le droit de chaque être humain à se nourrir (et peut-être un jour le « droit alimentaire »).

D. UN ABANDON DU MODÈLE OCCIDENTAL ET CARNÉ DE L'ALIMENTATION

1 287. – D'après un certain nombre d'études et de projections en cours, le modèle occidental et carné de l'alimentation est supposé constituer le meilleur horizon possible des politiques agricoles. Il faut ici rappeler que plusieurs centaines de millions de tonnes de céréales servent chaque année à nourrir les animaux qui par la suite fourniront les produits laitiers et carnés destinés à l'alimentation humaine. Mais comme l'annoncent certains spécialistes, *« il suffirait de consacrer un tiers seulement des céréales fourragères à l'alimentation humaine directe pour que l'ensemble des disponibilités alimentaires nettes par habitant passent de 2 700 calories à 3 000 calories »*[4].

1 288. – Pour rappel, l'ancien rapporteur spécial des Nations Unies pour le droit à l'alimentation précise bien que *« ce droit n'est pas un droit à une ration minimum de calories, protéines et autres nutriments spécifiques, ni un droit à être*

[1] B. Hervieu, *Du droit des peuples à se nourrir eux-mêmes*, *op.cit.*, p. 115
[2] *Ibid.* p. 120.
[3] *Ibid.*, p. 121.
[4] *Ibid.* Sur ce point, voir aussi J. Klatzmann, « L'alimentation mondiale. Interrogations et tentatives de réponses », *L'information géographique*, Paris, A. Colin, 1994, n° 58, pp. 89-94.

nourri »[1]. Il ajoute néanmoins dans la foulée que *« ce droit représente la garantie [...] que la nourriture soit disponible, c'est-à-dire que le ratio de production soit suffisant pour la population »*[2]. Il est clair que le droit à l'alimentation ne vaut en rien plaidoyer pour une alimentation végétarienne[3], mais il n'empêche que *« la question de la place à réserver à la viande dans l'alimentation est aujourd'hui devenue une question sérieuse »*[4].

1 289. – Il s'ensuit logiquement l'idée qu'un droit à l'alimentation renouvelé (ou « droit alimentaire ») devrait peut-être, sûrement même, attirer l'attention des mangeurs sur ce point en particulier : *« si les modes de consommation qui se sont rapidement développés en Occident durant les Trente Glorieuses et qui ont mis en avant la consommation carnée perdurent et se propagent à l'échelle de la planète, il n'est pas certain qu'il sera possible techniquement d'y faire face [...], sachant qu'il faut disposer de sept protéines végétales pour produire une protéine animale »*[5]. Autrement dit, la production de nourriture carnée épuise considérablement les ressources en céréales, et n'augmente en rien la ration de calories par jour des populations. N'étant pas inépuisables, une pénurie des ressources en céréales entrainerait donc une baisse des productions de viandes. Et c'est précisément pour cette raison que *« le mode de couverture alimentaire des Chinois est un élément déterminant dans l'évaluation des besoins mondiaux en viande et, par-delà, en céréales »*[6].

1 289. – De ce point de vue là, la crise de la « vache folle » livre à nouveau de nombreux enseignements (qu'il appartiendra aux défenseurs du « droit alimentaire » de bien prendre en compte). D'une part, la baisse de la consommation de viande – à laquelle croyaient d'ailleurs déjà certains producteurs – dans les pays développés s'est révélée exacte, et s'est depuis le phénomène amplifiée. Et d'autre part, toute l'attention des associations spécialisées portant sur le statut de l'animal dans les sociétés occidentales a démontré que de nombreux débats pouvaient avoir lieu au sein de la société civile sur cette question (allant même jusqu'à inspirer certaines thèses de recherches universitaires[7]).

---

[1] O. de Schutter, « Droit à l'alimentation », *op.cit.*

[2] *Ibid.*

[3] Le mouvement vegan pose la question de la liberté de manger de la viande. Cela dit, le droit à l'alimentation doit comporter la possibilité de choisir ses aliments : notamment la viande et les produits issus des animaux.

[4] B. Hervieu, *Du droit des peuples à se nourrir eux-mêmes*, *op.cit.*, p. 121.

[5] *Ibid.*, p. 122.

[6] *Ibid.*, pp. 121-122.

[7] Voir tout particulièrement la thèse de doctorat pour obtenir le grade de vétérinaire de Fanny Dupas. Elle est intitulée *Le statut juridique de l'animal en France et dans les pays membres de l'Union européenne – Histoire, bases juridiques actuelles et conséquences pratiques*, et a été présentée – et soutenue publiquement – en 2005 devant l'Université Paul-Sabatier de Toulouse.

1 290. – Par conséquent, ce double constat peut être *« l'occasion d'une remise en question qui est aussi celle de l'ethnocentrisme alimentaire (et donc agricole) des pays du Nord »*[1]. S'il va de soi que le « droit alimentaire » ne saurait exclure les viandes des denrées dites « adéquates », puisqu'elles contiennent la plupart du temps les nutriments nécessaires aux développements physique et mental des individus (et qu'elles sont toujours bien ancrées dans la culture alimentaire de certaines sociétés[2]), celui-ci doit en revanche, et ce prioritairement, renforcer la disponibilité et l'accessibilité de l'alimentation au sens large. Et l'exemple de la viande est dans cette perspective très éclairant. Comment améliorer l'accès à la nourriture des populations du Sud lorsque celle-ci devient de moins en moins disponible (et en cours de raréfaction) ?

1 291. – Le caractère « adéquat » de l'alimentation auquel continuent d'être très attachés les pays du Nord – pour des raisons essentiellement sanitaire et organoleptique – ne doit pas priver tous ceux du Sud de tout accès à leurs propres denrées. Pour ce faire, celles-ci doivent rester disponibles. En réalité, toutes les caractéristiques du droit « classique » à l'alimentation sont interdépendantes et indivisibles entre elles. Le « droit alimentaire » ne saurait en privilégier l'une au dépend de l'autre, mais se doit de les promouvoir toutes les trois à hauteur égale. Y parvenir supposera non seulement de *« mettre à plat les logiques destructrices du commerce mondial (ainsi que l'hégémonie de la « rationalité » financière qui gouverne les politiques) »*[3], mais aussi de faire évoluer les mentalités des mangeurs[4].

E. UN DROIT À DES POLITIQUES AGRICOLES NATIONALES ET RÉGIONALES

1 292. – Dans la mesure où *« le développement de l'agriculture est une condition du développement économique global »*[5], il est nécessaire de mettre en place une politique agricole efficace et cohérente. En France, à titre d'exemple, *« la tradition républicaine s'est enorgueillie de la création du ministère de*

[1] B. Hervieu, *Du droit des peuples à se nourrir eux-mêmes*, *op.cit.*, p. 122.
[2] Voir notamment N. Rauline, « Les Américains ont un appétit féroce pour la viande », *Les Échos*, 3 janvier 2018.
[3] B. Hervieu, *op.cit.*, p. 121.
[4] Sur ce point, voir tout particulièrement O. Détroyat-Derreumaux, « Les consommateurs français sont difficiles à reconquérir », in *Le Figaro*, 11 février 2015. Dans cet article, l'auteur montre que *« les consommateurs français demandent à être choyés »*. Elle explique notamment que la plupart d'entre eux veulent un accès à l'alimentation qui soit individualisé.
[5] B. Hervieu, *op.cit.*, p. 128.

l'Agriculture en 1881 et de la mise en place d'une politique agricole véritablement paysanne, qui fut un levier économique, social et commercial, mais aussi un puissant vecteur de l'intégration politique des couches rurales »[1]. Prolongeant cette voie à travers sa politique nationale, et tout particulièrement les lois d'orientation de 1960-1962[2], le général De Gaulle était sur ces questions on ne peut plus mordant : *« un pays qui ne peut se nourrir n'est pas un grand pays »*[3].

1 293. – L'Europe s'est pour sa part largement construite autour de la politique agricole commune, que la conférence de Stresa tenue du 3 au 12 juillet 1958 avait actée pour la toute première fois[4]. Les débats qui par la suite eurent lieu ont d'ailleurs tous compté parmi *« les éléments centraux de la progressive et difficile constitution d'une culture politique européenne »*[5]. De toute évidence, le budget agricole est depuis lors devenu l'un des piliers du budget européen mais aussi *« le meilleur rempart de chacun des pays de l'Union contre les effets de la globalisation »*[6]. Et comme le soulignent certains juristes, *« cette avancée politique a ouvert en Europe une page de prospérité en matière agricole »*[7].

1 294. – Partant, l'Union européenne devrait *« assumer sa propre expérience en soutenant la mise en place, à l'échelle nationale et régionale, de politiques agricoles »*[8]. Ces orientations politiques sont très intéressantes, car elles constituent *« un cadre propice au traitement des droits des minorités indigènes dans bon nombre de régions [...], pour autant qu'elles conjuguent la gestion des territoires et l'accès à l'alimentation »*[9]. Comme c'est le cas dans la plupart des démocraties, il faut donc faire de l'agriculture une affaire d'État. En Europe, et à la différence de certains pays en développement, les gouvernements ne sont pas aussi incompétents que certaines critiques veulent le faire croire, les organisations paysannes sont par ailleurs tout à fait à même de concevoir puis de conduire des politiques publiques, tandis que les ONG permettent aux responsables politiques d'être associés aux stratégies concernées[10].

1 295. – C'est donc à partir de la mise en place de politiques agricoles dans un cadre national que *« les régulations internationales indispensables pourront être*

---

[1] B. Hervieu, *Du droit des peuples à se nourrir eux-mêmes*, *op.cit.*, p. 129.
[2] La mise en chantier de ces lois d'orientation fut obtenue par Michel Debré, alors premier ministre, ainsi que par les ministres de l'agriculture.
[3] B. Hervieu, *op.cit.*, p. 129.
[4] Sur cette question, voir notamment P. Vellas, « La conférence de Stresa et la politique agricole européenne », in *Politique étrangère*, 1958, pp. 480-487.
[5] B. Hervieu, *op.cit.*, p. 129.
[6] *Ibid.*, pp. 129-130.
[7] *Ibid.*, p. 130.
[8] *Ibid.*
[9] *Ibid.*
[10] Pour aller plus loin sur ces questions, voir *Ibid.*, p. 131 et s.

établies »[1]. Autrement dit, il n'y aura pas trop d'efforts consentis au niveau régional sans la construction, au préalable, de dispositifs convaincants au niveau national. L'exemple de la phase finale des négociations de l'*Uruguay Round* est ici très éclairant. Ce sommet fut une illustration parfaite du fait que *« l'unité régionale est une pure fiction »*[2], au vu de l'attitude de quelques délégués africains présents à Washington devant – en seulement trois jours – *« élaborer une « position africaine » qui ne correspondait à aucune cohérence politique effectivement construite »*[3].

1 296. – En somme, le marché ne peut pas tout. Il est alors indispensable que l'État prenne le relais en adoptant des politiques agricoles et alimentaires à l'échelle nationale. Les gouvernements ont le devoir de s'engager – et de ne surtout pas se perdre – sur cette voie. Il en va certainement de l'avenir du droit des peuples à se nourrir eux-mêmes et du « droit alimentaire ». Les pays dont la population souffre de malnutrition doivent impérativement augmenter leurs productions alimentaires. Après tout, cet accès à l'alimentation des peuples est *« autant l'affaire des États que l'objet légitime des marchés »*[4]. Au nom de l'efficacité et du réalisme, la remodélisation du droit à l'alimentation devrait en tenir compte.

§II. CE QUE NE DEVRAIT VRAISEMBLABLEMENT PAS PERMETTRE LE « DROIT ALIMENTAIRE »

1 297. – Le droit à l'alimentation est un droit de l'homme reconnu par le droit international qui protège le droit de chaque être humain à se nourrir dans la dignité, que ce soit en produisant lui-même son alimentation ou en l'achetant. Mais comme cela a été vu, ce droit fondamental n'est pas un droit à une ration minimum de calories, protéines et autres nutriments spécifiques, ni un droit à être nourri (en effet, il n'y a qu'en période de conflit armé, de catastrophe naturelle ou de détention que l'État a l'obligation de fournir directement aux individus leur alimentation).

1 298. – Le caractère « adéquat » de l'alimentation signifie par ailleurs que celle-ci doit satisfaire des besoins diététiques, être sans danger pour l'homme et exempte de substances nocives. Enfin, et c'est sûrement là un élément à prendre scrupuleusement en compte, l'alimentation doit être culturellement acceptable, ce

---

[1] B. Hervieu, *Du droit des peuples à se nourrir eux-mêmes*, *op.cit.*, p. 131.
[2] *Ibid.*, p. 132.
[3] *Ibid.*
[4] *Ibid.*, p. 133.

qui suppose que l'aide ou l'offre alimentaire ne comporte aucune denrée qui soit religieusement ou culturellement tabou.

1 299. – Incontestablement, le « droit alimentaire » devrait conserver de telles caractéristiques, et ainsi exclure de son champ d'application les denrées trop calorifiques ou trop nocives pour les consommateurs. Une nourriture trop uniformisée, tant dans sa présentation que dans sa préparation – de telle sorte qu'elle tendrait vers une universalisation des cultures alimentaires –, semble également devoir en être écartée. Autrement dit, le droit à l'alimentation renouvelé ne doit pas entraîner la « McDonalisation » du monde (A), ni la prise en compte d'aliments trop spécifiques tels que le bonbon et le chocolat (B).

A. LA « McDONALISATION » DES CONSOMMATEURS

1 300. – McDonald's poursuit sa conquête du monde avec plus de 20 000 restaurants implantés dans près de 85 pays et servant plus de 30 millions de repas par jour[1]. En Europe, seules l'Albanie, la Bulgarie et la Roumanie échappent à cette invasion. Pour certains spécialistes, cet essor traduirait *« un véritable fait de société et non plus un simple phénomène de mode ou de génération »*[2]. En réalité, cette chaîne de *fast-food* conduit ainsi à une transformation de la table identique d'un bout à l'autre de la planète. En d'autres termes, McDonald's *« constitue un véritable laboratoire du futur inventant l'alimentation correspondant à l'âge de la globalisation du monde et non pas simplement une variante culinaire parmi d'autres »*[3].

1 301. – Cette « McDonalisation » du monde est préoccupante car *« elle donne lieu en quelque sorte à un cosmopolitisme alimentaire qui se donne comme universel »*[4]. Cela signifie que l'enseigne n'est pas plus américaine que chinoise, ou que française. C'est en tout cas l'effet recherché par ses inventeurs. Toute la prouesse de McDonald's – si tant est qu'il s'agisse vraiment d'une « prouesse » – réside dans le fait d'avoir *« bricolé pour la toute première fois dans l'histoire de l'humanité un produit alimentaire infraculturel étant donné que la culture est*

[1] Les chiffres officiels de « McDonald's France », de « McDonald's Europe » et de « McDonald's Monde » sont disponibles ici : https://www.mcdonalds.fr/entreprise/qui-sommes-nous/chiffres [consulté le 27 janvier 2019]

[2] P. Ariès, *Les fils de McDo – La McDonalisation du Monde*, L'Harmattan, 1997, p. 9.

[3] *Ibid.*

[4] *Ibid.*

précisément ce qui différencie les hommes et freine donc l'homogénéisation des mangeurs »[1].

1 302. – Or, manger demain partout la même chose, de la même façon et avec le même regard est un paradigme se situant aux antipodes des caractéristiques – pour ne pas dire des valeurs – classiques du droit à l'alimentation. Pour être « adéquate », l'alimentation doit être culturellement acceptable. Elle ne doit pas être aculturelle. À aucun moment l'avènement du « droit alimentaire » ne doit mener à un effacement des facteurs culturels[2]. Tout comme à aucun moment l'apparition de nouveaux standards alimentaires ne doit saper les fondements de toutes les cultures culinaires traditionnelles. Autrement dit, la remodélisation du droit à l'alimentation ne doit nullement profiter à ce communisme alimentaire à la Ubu.

1 303. – De l'avis de plusieurs auteurs, *« l'homme McDonalisé devra quoi qu'il arrive tôt ou tard rendre des comptes à la fois sur le plan physiologique, psychologique, économique et sociologique »*[3]. D'après eux, une telle alimentation ne concilie donc en rien la gastronomie, le parent et le citoyen. Penser que le hamburger « américain » remplacera demain le « bol de riz en fer » de la Révolution chinoise est là une occurence qui les dépasse. Explicites, certains vont même jusqu'à dire que *« Mao doit se retourner dans son mausolée en songeant que l'Occident capitaliste [...] a inventé un nouveau « tigre en papier » finalement beaucoup plus redoutable que la « stupide bombe atomique » »*[4]. Mais cette mondialisation n'a été possible, et ils le savent pertinemment, que parce que *« « McDo » a appris à être dans chaque pays à la fois semblable et différent »*[5].

1 304. – Le produit est certes né aux États-Unis, mais il possède une vocation universelle. Il correspond à *« l'alimentation du mangeur moderne, c'est-à-dire de l'homme parvenu à l'âge de la globalisation du monde »*[6]. À ce titre, et comme le rappellent les observateurs, *« il est aussi étranger et dangereux pour la cuisine du Texas que pour celle de Pékin, Madrid ou Hébron »*[7]. Cela dit, cette victoire du hamburger n'a été possible que parceque McDonald's *« a su mobiliser des*

---

[1] P. Ariès, *Les fils de McDo – La McDonalisation du Monde*, op.cit., pp. 9-10.
[2] Pour aller plus loin sur ce point, voir tout particulièrement B. Pelletier, « L'illusion acculturelle », in *Gestion des risques interculturels – Entreprise & Management Interculturel*, 7 avril 2011. Et G. Fumey, « La mondialisation de l'alimentation », *L'information géographique*, 2007/2 (vol.71), pp. 71-82.
[3] P. Ariès, *op.cit.*, p. 10.
[4] *Ibid.*, p. 15.
[5] *Ibid.*
[6] *Ibid.*
[7] *Ibid.*

symboliques communes pour atteindre l'homme en-deça de sa définition culturelle, c'est-à-dire de ce qui le différencie »[1].

1 305. – Au niveau sanitaire maintenant, McDonald's aime faire croire que *« cette industrialisation de l'alimentation (de sa fabrication à sa consommation) constitue la meilleure garantie pour obtenir une perfection absolue de ses produits »*[2]. La chaîne l'exhibe donc comme *« un gage suprême de sécurité, de propreté et même de qualité »*[3]. Mais que veut-elle vraiment montrer ici ? Que *« la standardisation est le plus sûr moyen pour éliminer les mauvaises surprises »*[4] ? Que *« l'appauvrissement symbolique a un revers plaisant qui serait l'élimination de l'imperfection »*[5] ? À l'évidence, il semble pourtant que cet hygiénisme alimentaire appelle un hygiénisme moral.

1 306. – Pour certains auteurs, *« l'obscénité technologique avec laquelle McDonald's souhaite assurer la sécurité alimentaire de ses convives ne constitue en réalité qu'un leurre pour rendre bien plus humain l'inhumanité du système »*[6]. En substituant un bon génie scientifique au bon génie culinaire, l'enseigne veut ainsi faire croire que l'Âge d'or culinaire serait l'enfant de la standardisation absolue. Et pourtant, il n'y a qu'à *« voyager aux États-Unis pour établir une corrélation « visuelle » entre le nombre d'obèses et l'exploitation des nouvelles formes d'alimentation (rapide, grignotage etc.) »*[7]. En clair, si le produit « McDo » est sûr, celui-ci va beaucoup plus loin que la seule satisfaction des besoins diététiques des consommateurs. Ce qui signigie qu'ici encore, la chaîne méconnaît le caractère « adéquat » du droit « classique » à l'alimentation.

1 307. – En revanche, et ce n'est évidemment pas une surprise, McDonald's respecte les exigences de « disponibilité » et d'« accessibilité » de l'alimentation. D'une part car ses hamburgers sont disponibles à la vente dans ses magasins – lesquels sont d'ailleurs de plus en plus nombreux à ouvrir chaque année dans le monde – et d'autre part car les prix appliqués sont, bien que fluctuants d'une entité à l'autre, tout à fait abordables. Il serait alors erroné de prétendre que puisque trop dépensiers, la plupart des clients de l'enseigne ne parviendraient pas à assumer à la suite de leur somptueux festin toutes sortes de frais (de scolarité, de médicaments, voire de loyer). Tout comme il serait faux de croire que la chaîne

---

[1] P. Ariès, *Les fils de McDo – La McDonalisation du Monde*, *op.cit.*, p. 16.
[2] *Ibid.*, p. 66.
[3] *Ibid.*, p. 67.
[4] *Ibid.*
[5] *Ibid.*
[6] *Ibid.*, p. 68.
[7] *Ibid.*, p. 70. Voir également pour aller plus loin sur cette question K. Rogoff, « L'obésité, cetté épidémie que les États-Unis propagent », *Les Échos*, 6 décembre 2017.

ne se préoccupe pas de l'accessibilité physique des personnes vulnérables comme les personnes âgées ou les enfants à sa carte des menus. Bien au contraire.

1 308. – En guise de conclusion, il importe surtout de voir que McDonald's ne respecte qu'en partie les exigences posées par l'actuel droit à l'alimentation. Seules deux de ses trois caractéristiques sont prises en compte par l'enseigne. Immanquablement, il ne s'agit pas d'un phénomène propre à « McDo », mais commun à bon nombre de chaînes de *fast-food*[1]. Mais il n'empêche que la notoriété de la marque est inédite dans ce secteur, ou presque, et qu'elle se doit d'être – précisément pour cette raison – le plus irréprochable possible. Et si toute la force du « système » McDonlad's a donc été de *« faire fonctionner son idéologie alimentaire sécuritaire comme une figure paternelle venant calmer l'angoisse ancestrale des mangeurs devant leur alimentation »*[2], aucune denrée visée par le « droit alimentaire » ne devrait (et c'est vraiment là une ligne importante à défendre) nier son consommateur en tant qu'être singulier, ni lui imposer une idéologie sécuritaire qui le déresponsabiliserait.

B. LA PRISE EN COMPTE D'ALIMENTS TROP SPÉCIFIQUES TELS QUE LE BONBON ET LE CHOCOLAT

1 309. – Occulter la question des confiseries aurait sans nul doute constituer une erreur dans la mesure où les Français sont les 4e plus gros mangeurs de bonbon au monde[3]. En ce qui concerne le chocolat – qui pour certains est l'*« un des sujets les plus délicieux existant sur terre »*[4]–, la situation européenne actuelle montre qu'il fait toujours partie de ces produits qui déclenchent et entretiennent les guerres de religion. Cela dit, il paraît inconcevable de rattacher ces denrées au champ couvert par le « droit alimentaire » étant entendu qu'elles ne permettent pas aux individus de se procurer une alimentation « adéquate » pour eux-mêmes et leurs familles. Afin de s'en persuader seront successivement évoqués le droit du bonbon (1), puis les spécificités de la Directive chocolat dans le cadre de l'Union européenne (2).

---

[1] Voir notamment L. Telo, « La petite histoire du *fast-food* en France », *Le Monde*, 30 septembre 2015.
[2] P. Ariès, *Les fils de McDo – La McDonalisation du Monde*, *op.cit.*, p. 219.
[3] Les Français consomment en effet de plus en plus de confiserie : 2,8 kg/hab. en 1992 ; 3,6 en 1994 et 3,36 en 1995 (année où la fabrication de confiserie de sucre représentait tout de même 184 300 tonnes). Durant cette même période, les Danois ingurgitaient par exemple en moyenne 9,1kg de confiserie par an et les Allemands 6,1.
[4] J.-P. Branlard, *Droit et Gastronomie*, *op.cit.*, p. 270.

1. L'exemple « raffiné » des confiseries en droit français

1 310. – La confiserie est un produit à base de sucre qui se suce, se mâche ou se croque. Dans certains de leurs arrêts, les juges français souhaitent que les bonbons soient consommés de façon modérée[1]. Il faut dire qu'en France, les bonbons ont bien une assise juridique. Ils sont ainsi soumis à des dispositions générales (que ce soit en matière d'hygiène ou d'étiquetage notamment), à des règles propres et à des règles spécifiques. La profession de confiseur est par ailleurs très encadrée. À défaut de posser le titre ou d'employer quelqu'un qui en est titulaire, industriels, commerçants ou simples chefs d'entreprises s'exposent à des poursuites[2].

1 311. – Les bonbons ont beau être produits par de « simples » confiseurs, il n'en demeure pas moins qu'ils conservent toujours leur caractère médicinal[3]. C'est la raison pour laquelle cette profession a été reconnue à part entière par le biais d'une déclaration royale datant de 1777 – faisant ainsi perdre aux épiciers leurs monopoles dans ce domaine[4] –, et que le Conseil de l'ordre et les confiseurs se disputent autant les parts de marchés. Cela étant, un bonbon n'est pas un médicament, surtout par apparence (et y compris lorsque la notice souligne des recherches en laboratoire)[5].

1 312. – Les produits qui présentent des qualités de restauration, de correction ou de modification des fonctions organiques ne peuvent pas être vendus en supermarchés, sauf bien sûr à consommer le délit d'exercice illégal de la médecine. Il y aura donc infraction quand la présentation du produit fait espérer les effets recherchés[6]. En revanche, et parce qu'est considéré comme médicament tant la chose faite pour guérir, que toute chose offerte pour soigner, *« on juge pharmacopée par fonction des pastilles à sucer à base d'essence de menthe [...] ainsi que tous les éléments laissant croire à un consommateur moyennement avisé qu'il s'agit d'un médicament pour la gorge »*[7].

---

[1] Voir par exemple Crim. 1er déc. 1993, *P.*, Lexilaser, pourvoi n° 92-85.902.

[2] Pour un cas d'usurpation de Maître patissier engageant la responsabilité d'un supermarché, voir Trib. correct. Aurillac 10 mai 1990, *L.*, BID 1991, n° 2, p. 22.

[3] Ainsi depuis 1875, la *chique de Bavay* (berlingot) a des dispositions pectorales tandis que la *pastille du mineur* de Neuville-en-Ferrain se crée vers 1950 spécialement pour ceux qui respirent au fond des mines. Des stations thermales transmettent à des pastilles de leur production les principes actifs reconnus de leurs eaux.

[4] Par cette déclaration, les apothicaires, organisés en « Collège de pharmacie » indépendant, perdent l'épicerie, donc les sucreries. Les confiseurs s'imposent alors comme une profession à part entière.

[5] Il y a médicament par impression lorsque la notice mentionne des recherches en laboratoires pharmaceutiques, des méthodes ou substances mises au point par le corps médical ou des témoignages de médecins ventant les vertus du produit pourtant présenté comme un simple aliment. Ici, voir Montpellier 28 fév. 1994, *Proform*, BID 1994, n° 12, p. 12.

[6] Attribuer à l'angélique des vertus préventives et curatives anti-stress, consomme le délit d'exercice illégal de la pharmacie. Voir ici Cass. crim. 6 mai 1996, *Rayjal*, JCP 1996,IV, 2133.

[7] Voir TGI Meaux, 24 mars 1988, D. 1989, IR,276.

1 313. – Concernant les bonbons dits « aliments », la réglementation vise les avertissements de nature nutritionnelle[1]. La jurisprudence sanctionne par exemple les médecins qui prescriraient des friandises pour lutter contre les états de grave dénutrition[2], tout comme la Cour de cassation n'hésite pas à re-qualifier en confiserie des aliments dont la teneur en sucre serait trop élevée[3]. Sans grande surprise, les bonbons énergétiques ne peuvent pas contenir de supéfiants, ce qui signifie que leur utilisation ne doit comporter aucun risque pour la santé (la caféine présente dans certains *chewing-gums* a ainsi fait l'objet de nombreux contentieux[4]).

1 314. – Un produit qui ne serait pas périssable, ni alimentaire ne peut quoi qu'il advienne être qualifié de confiserie. Pour la justice, les métiers de confiseur, de traiteur et de restaurateur sont dissemblables (confiseur, restaurateur et traiteur ne disposent par exemple pas des mêmes baux commerciaux[5]). De fait, si la confiserie est très encadrée, elle est aussi très protégée. Les appellations d'origines contrôlées valorisent de toute façon elles aussi la confiserie, puisqu'elles supposent, entre autres, que les produits présents dans une recette « codifiée » correspondent bien aux matières premières certifiées[6]. C'est la raison pour laquelle la jurisprudence les surveille autant[7].

1 315. – Ce qu'il faut bien garder à l'esprit, c'est que le droit impose que la recette de chacun ne trompe pas le consommateur. Si les ingrédients d'un produit sont presque toujours identiques, c'est parce que les recettes doivent rester plus ou moins homogènes[8]. Le consommateur détient sans conteste le droit d'être protégé dans son accès à l'alimentation, y compris aux bonbons. Et puisque sa santé prime toute autre considération, et bien n'importe quel jouet contenant une confiserie devra être soumis aux obligations de sécurité préscrites par le Code de la

---

[1] Les modalités de l'étiquetage nutritionnel se lisent dans le décret du 27 septembre 1993.

[2] Saint-Denis de la Réunion, 29 juill. 1982, Gaz. Pal. 1984. 1, somm. p. 8 – art. L. 409 C. séc. soc., délit de fausse déclaration.

[3] Rouen 7 févr. 1978, *C.-L.*, BID 1978, n° 6, p. 22 : amende pour chacun des deux responsables : 10 000 F pour publicité trompeuse, 160 F pour la contravention ; dommages-intérêts UFC : 3 000 F.

[4] Voir BID 1995, n° 5, p. 2 : un étiquetage approprié, c'est-à-dire suffisamment explicite quant à la présence et à la teneur de caféine – qui ne fait l'objet d'aucun texte d'autorisation spécifique – semble indispensable à la bonne information du mâcheur. Voir également BID 1994, n° 12, p. 4. L'arrêté du 26 oct. 1982 pris en application du décret n° 76-138 du 12 fév. 1973 fixe la liste des substances pouvant entrer dans les gommes à mâcher.

[5] Voir Paris 16 oct. 1985, *Lutecia/Sernissi*, Juris-Data 25728.

[6] Pour aller plus loin sur cette question, voir J.-P. Branlard, *Droit et Gastronomie*, *op.cit.*, p. 185.

[7] La justice déclare par exemple bonbon « à la noix » une Noix de Grenoble faite de pâte d'amande enrobant un demi-cerneau de l'Isère (Cf. Décr. du 10 juill. 1996 définissant l'aire géographique des vergers, les conditions de production, vériétés…et arr. du même jour relatif aux examens analytiques et organoleptiques. Elle bénéficie également de la protection communautaire du fait de son enregistrement au titre d'IGP, Option Qualité 1996, n° 142, pp. 3 et 4), de la variété Chaberte exclue de l'AOC (Variétés AOC : Parisiennes, Mayettes, Franquettes, Riom 9 déc. 1970, *G.*, BID 1971, n° 6, p. 16 : amende 300 F).

[8] Voir sur ce point J.-P. Branlard, *op.cit.*, pp. 186-187.

consommation[1]. Même les confiseries les plus étonnantes sont soumises aux contraintes de sécurité (il est en conséquence illégal d'insérer une larve d'insecte ou un grillon dans une sucette car ce ne sont pas des produits de confiserie[2]).

1 316. – De manière catégorique, il ne faut pas tromper le consommateur. Le confiseur devra toujours renseigner sur les caractéristiques essentielles de ses produits. Et la justice n'hésitera pas à fustiger les fausses dénominations (rien d'artisanal ne devra figurer dessus si un produit est d'origine industrielle[3]), au même titre que les artifices visuels (toute illustration représentant le contenu doit le faire avec une profonde exactitude car le mangeur doit systématiquement pouvoir croire ce qu'il voit[4]). Cela veut dire qu'images et mots sont dans le giron des tribunaux.

1 317. – Hormis ces nombreuses caractéristiques, les confiseries sont soumises au droit de la propriété intellectuelle classique. Pour l'illustrer, il paraît utile de remarquer que le droit de se taire est reconnu par la Cour de cassation aux *« faiseurs de douceurs »*[5], qu'il y aura insubordination entraînant perte de confiance dans le refus d'initier un collègue[6], que pour être brevetable un produit doit être inventé et pas seulement nouveau[7], que le droit des signes distinctifs est inapplicable aux appellations d'origines géographiques tombées dans le domaine

---

[1] Sur cette question, voir BID 1983, n° 6, p. 19 (à propos des « œufs Kinder »), Décr. n° 89-662 du 12 sept. 1989, la Norme NF EN. 71. 1er avr. 1989 et Art. L 221-1. du Code de la consommation. Cf. enfin note d'information du 9 mai 1994, DGCCRF n° 1100.

[2] Cette interdiction est justifiée pour des raisons de santé publique. Voir BID 1997, n° 3, p. 3.

[3] Constituent le délit de tromperie sur l'origine de la marchandise : des bonbons Cerises de Luxeuil en provenance directe d'une usine de Pantin (cf. Trib. correc. Lure, 23 sept. 1970, BID 1997, n° 2, p. 14 : amende 100 F), ou des Lapalissades vendues à La Palisse, suggérant l'origine locale et non celle véritable d'une fabrique grenobloise (Cf. Trib. correct. Grenoble, 5 nov. 1970, *C.*, BID 1971, n° 6, p. 17 amende 300 F).

[4] Parfois des emballages de forme caractéristique et pittoresque, évoquant des traditions anciennes de la Vendée, du Val de Loire, Berry et Poitou recèlent en réalité des bonbons parisiens industriels (Cf. Trib. correct. Poitiers 11 juin 1971, *G.*, BID 1972, n° 3, p. 4) ; il arrive aussi que des sachets de Régals d'Auvergne, illustrés par un personnage en costume régional, cachent la production d'une usine de l'Isère (Cf. Grenoble 7 mars 1977, *Sté A.R.*., BID 1978, n° 5, p. 28 amende 1 000 F). L'indication en minuscules caractères du lieu réel de fabrication n'absout pas des bonbons de Paris fabriqués avec des composants anonymes et vendus comme Délices du Maquis Corse, avec la carte de l'île, la tête de Maure et le blason de cette province (Cf. Trib. correct. Aurillac, *J.*, BID 1978, n° 6, p. 16).

[5] Crim. 22 mai 1989, *Fouche*, Bull. n° 211, p. 535, à propos de biscuits. Pour aller plus loin, voir J.-P. Branlard, *Droit et Gastronomie*, *op.cit.*, p. 190.

[6] Nancy 14 févr. 1995, *Ervyn/SA Braquier*, Juris-data 40471.

[7] *Chupa Chups* fabrique et commercialise le « Pen Pop » : une pression vers le bas et voilà un stylo, une pression vers le haut et une coque s'ouvre pour laisser apparaître la sucette (goût fraise). Mais s'il y a bien nouveauté, il n'y a pas invention. Le crayon et la sucette étant connus à la date du dépôt, il était dès lors évident, pour tout professionnel, de juxtaposer un crayon à une sucrerie pour écrire et sucer avec le même outil.

public[1] ou encore qu'en vertu du principe de l'unité de l'art, toute œuvre – y compris gourmande – de l'esprit se protège[2].

2. L'exemple « riche en matières grasses végétales » du chocolat en droit européen

1 318. – Le « chocolat » est une dénomination réservée et obligatoire dans les relations commerciales. C'est la raison pour laquelle la Commission européenne et le Conseil national de l'alimentation se sont intéressés à la réglementation du chocolat. Il faut dire aussi que *« depuis la découverte du cacao et son introduction en Europe au XVIe siècle, le chocolat, sous toutes ses formes, régale petits et grands »*[3]. Il n'est donc après tout pas anormal d'y prêter attention. Dans le droit de l'Union européenne, la directive verticale CEE de 1973[4] (modifiée et transposée en droit français par un décret de 1976[5]) est la principale source du droit du chocolat[6], toutefois cela n'empêche nullement une jurisprudence abondante d'en encadrer la circulation[7].

1 319. – Ce n'est pas le recours aux matières grasses végétales autres que le beurre de cacao qui pose problème en Europe, mais bien plus la dénomination « chocolat » à proprement parler (et tout ce qui lui est associé)[8]. En France également – pourtant pays de l'exception culinaire[9] –, les débats autour de la

---

[1] De fait, le lieu de fabrication ne joue plus aucun rôle, à l'exemple du nougat de Montélimar (Cf. Grenoble 25 mai 1926, S. 1927,2,11 ; C. cass. 24 oct. 1928, DH 1928, 541.). Il en va différemment des sucreries bénéficiant d'une indication géographique protégée. Le droit de l'Union européenne est doté d'un dispositif général de reconnaissance et de protection des produits agro-alimentaires issus de savoir-faire locaux et de tradition. Cf. Règl. CEE n° 2081/92 du Conseil du 14 juill. 1992 relatif à la protection des appellations d'origines protégées et des indications géographiques protégées (JOCE, 24 juill., n° L. 208) ; règl. CEE n° 2082/92 du Conseil du 14 juill. 1992 sur les attestations de spécificité (JOCE 24 juill. L. 208).

[2] La seule chose de requise, c'est l'originalité et la manifestation de la personnalité de l'auteur. Une confiserie stylisée est éligible aux droits d'auteur. En revanche, les recettes de confiserie trop *lambda* ne sont pas éligibles aux droits d'auteur et aux brevets d'invention. La question de la protection des œuvres gastronomiques fait toujours débat en jurisprudence. Le goût, l'odorat et le toucher peuvent-ils être à l'origine d'œuvres de l'esprit ? La jurisprudence n'a pas encore répondu, et pourtant, *« Les confiseurs sont de véritables artistes. Leurs produits sont si bons »*. Voir J.-P. Branlard, *op.cit.*, p. 193.

[3] J.-P. Branlard, *Droit et Gastronomie*, *op.cit.*, p. 270.

[4] Cf. la Directive « verticale » CEE n° 73/241 du Conseil du 24 juillet 1973. Voir JOCE L 228 du 16 août 1973.

[5] Cf. le décret n° 76-692 du 13 juillet 1976.

[6] Il est également possible de citer la directive 2000/36/CE du Parlement européen et du Conseil du 23 juin 2000 relative aux produits de cacao et de chocolat destinés à l'alimentation humaine.

[7] Cf. notamment l'arrêt du 9 juin 1992, *Ets Delhaize Frères et Cie, Le Lion SA c. Promalvin SA et AGE Bodegas Unidas SA*, *aff.* C-47/90, Rec. P. I-3669 ; arrêt du 11 juill. 1996, *Bristol-Myers Squibb e.a. v. Paranova*, *aff. Jtes* C-*427/93*, C-*429/93* et C-*436/93*, para. 27.

[8] Sur ce point, voir J.-P. Branlard, *op.cit.*, p. 272.

[9] Voir notamment D. Méreuze, « La passion de la cuisine, une exception française », *La Croix*, 9 décembre 2011.

composition du chocolat sont vifs. Il y a ceux qui ne veulent pas de matières grasses végétales autres que le beurre de cacao d'un côté, et puis l'industrie de l'autre. En général, celle-ci vante une meilleure conservation des produits (ainsi qu'une baisse des prix à l'étal)[1]. C'est pour cela que le Conseil national de l'alimentation a timidement émis un avis prohibant l'utilisation de matières grasses végétales autres que le beurre de cacao[2].

1 320. – Les multinationales qui fabriquent du faux chocolat se font énormément de bénéfices[3]. C'est pourquoi l'industrie réalise un véritable lobbying autour du beurre de cacao. L'idée sous-jacente étant selon toute vraisemblance d'obtenir une concurrence favorable aux plus riches, et non aux plus pauvres. D'une manière générale, ces entreprises ont l'expérience des deux types de production : pur beurre de cacao et MGR[4]. Et l'utilisation de matières grasses *« permet à ces multinationales de réduire leur dépense concernant le cacao »*[5]. C'est ce qui explique le fait que *« manger du chocolat sans matières grasses exprime une solidarité avec les pays producteurs de cacao dont les économies sont fragiles »*[6].

1 321. – Alors certes, il existe en réalité plusieurs huiles qui pourraient être utilisées dans la fabrication du chocolat[7], mais l'Union européenne a le devoir – en vertu des articles 130 U[8] et 130 V[9] du TUE, devenus notamment l'article 208 du TFUE – de favoriser le développement économique et social durable des pays en développement. Concernant la Convention de Lomé, elle prévoit que l'Union

---

[1] L'espérance de nouvelles prises de marché est également un argument utilisé par l'industrie.

[2] L'avis du Conseil national de l'alimentation du 6 février 1998, se prononçant pour une interdiction générale de l'ajout de matières grasses végétales autres que le beurre de cacao, conformément à la position du gouvernement de l'époque, n'a été adopté que par 12 voix positives, 4 voix négatives et 9 abstentions, montrant ainsi que les positions étaient partagées. Voir également Rép.minist. Ass. nat. 19 janv. 1998, BID 1998, n° 3, p. 47.

[3] Voir prioritairement Patrick Michaud, avocat au barreau de Paris : *« The chocolat war »* conférence au *Club du chocolat au Palais*, 1997.

[4] La production dite « MGR » signifie que le chocolat ne sera pas exempt de matières grasses végétales.

[5] J.-P. Branlard, *Droit et Gastronomie*, *op.cit.*, p. 273.

[6] *Ibid.*, p. 274.

[7] En effet, avec l'amélioration des techniques ou l'emploi d'enzymes, rien n'interdit à l'avenir l'utilisation d'autres huiles comme celles de *tournesol*, *graine de lin*, *colza*, *soja* etc.

[8] Apparaissant au Titre XVII du TUE (relatif à la coopération et au développement), l'article 130 U précise que : *« 1. La politique de la Communauté dans le domaine de la coopération au développement, qui est complémentaire de celles qui sont menées par les États membres, favorise : le développement économique et social durable des pays en développement et plus particulièrement des plus défavorisés d'entre eux ; l'insertion harmonieuse et progressive des pays en développement dans l'économie mondiale ; la lutte contre la pauvreté dans les pays en développement. 2. La politique de la Communauté dans ce domaine contribue à l'objectif général de développement et de consolidation de la démocratie et de l'État de droit, ainsi qu'à l'objectif du respect des droits de l'homme et des libertés fondamentales. 3. La Communauté et les États membres respectent les engagements et tiennent compte des objectifs qu'ils ont agréés dans le cadre des Nations unies et des autres organisations internationales compétentes »*.

[9] Figurant lui aussi au Titre XVII du TUE (sur la coopération et le développement), cet article 130 V prévoit que : *« La Communauté tient compte des objectifs visés à l'article 130 U dans les politiques qu'elle met en oeuvre et qui sont susceptibles d'affecter les pays en développement »*.

dédommage les baisses de recettes d'exportation pour tout produit représentant au moins 5% des recettes totales des pays ACP (donc d'Afrique, des Caraïbes et du Pacifique)[1]. Selon les experts, *« la perte de revenus pour les 31 pays Afrique Caraïbes Pacifique, dont les économies dépendent des exportations de fèves et de produits dérivés du cacao, s'élèverait à 270 millions d'écus par an ; la baisse des exportations se situant approximativement entre 140 000 et 200 000 tonnes/an »*[2].

1 322. – Pour faire face à cette tendance, et dans une certaine mesure pour protéger le consommateur, la Commission souhaite rendre obligatoire la liste des ingrédients du chocolat. Elle souhaite ainsi que tout soit mentionné sur l'étiquetage du chocolat[3], et garde à l'esprit que le beurre de cacao constitue son essence[4] (puisque les spécialistes sont sur cette question catégoriques : *« c'est le beurre de cacao qui donne au chocolat son goût si unique »*[5]). De fait, Commission et Conseil national de l'alimentation exigent que l'étiquetage mentionne expressément : « contient des matières grasses végétales autres que le beurre de cacao »[6].

1 323. – Protégé dans sa santé, étant donné que le beurre de cacao serait capable – entre autres – de neutraliser le cholestérol[7], le mangeur doit aussi l'être dans ses intérêts moraux, ce qui signifie ici que l'aliment doit être loyal et exempt de tromperie et falsification[8]. Mais en réalité, seuls les contrôles en usine relatifs à la qualité des ingrédients permettent une vérification fiable des allégations qu'avancent les fabricants. En pratique, la jurisprudence se sert beaucoup de ces contrôles[9], puisque l'introduction de matières grasses végétales autres que le beurre de cacao n'altère pas nécessairement le goût. Elles peuvent même *« épanouir le goût sans pour autant changer la texture du chocolat »*[10]. Bien sûr, certains pensent *a contrario* que les matières grasses affaiblissent les saveurs du

---

[1] Pour rappel, la convention de Lomé expose les principes et les objectifs de la coopération de l'Union Européenne avec les pays ACP. Les caractéristiques principales sont : le principe de partenariat, la nature contractuelle des relations et une combinaison d'aide, de commerce, de politique ainsi qu'une perspective à long terme (5 ans pour Lomé I, II et III, et dix pour Lomé IV).

[2] J.-P. Branlard, *Droit et Gastronomie*, *op.cit.*, p. 276.

[3] La Commission prévoit que le produit contenant de telles matières grasses, se commercialise dans tous les États membres, sous le nom de « chocolat », mais à une condition : en plus de la liste des ingrédients, l'étiquetage se complète d'une mention claire, neutre et objective signalant la présence de ces substances dans le produit fini.

[4] Voir J.-P. Branlard, *op.cit.*, p. 277.

[5] *Ibid.*

[6] Voir la position de la Commission de l'environnement (CEE), et l'avis du Conseil national de l'alimentation du 6 février 1998.

[7] Le beurre de cacao aurait cette faculté en raison de la présence d'acides stéariques.

[8] Voir J.-P. Branlard, *op.cit.*, p. 279. Et selon la Commission de Bruxelles, le groupe de travail du *Centre commun de recherche à Ispra* cherche des méthodes d'analyse fiables pour quantifier le % de MGR dans le chocolat (et des progrès auraient été réalisés dans ce cadre).

[9] *Ibid.*

[10] *Ibid.*, p. 280.

cacao et qu'ils auraient des conséquences néfastes sur les qualités organoleptiques[1] (mais l'Union européenne n'interdit pas les matières grasses végétales autres que le beurre de cacao[2]).

1 324. – Quoi qu'il en soit, les préférences culinaires sont culturelles. Autrement dit, *« le plaisir diffère selon la nationalité »*[3]. La France – tout comme les pays du Bénélux – a beau s'opposer aux MGR, cela n'empêche pas ses ressortissants d'être très attachés à leur fromage au lait cru[4]. Donc d'une façon générale – et c'est ce qu'il faut sans doute retenir –, *« l'agriculture ne doit pas faire ombrage aux pays pauvres »*[5]. Le débat sur la composition du chocolat s'incrit, en réalité, dans une perspective plus générale : *« d'un côté le maintien des produits de qualité et de tradition, et de l'autre l'harmonisation européenne »*[6]. Il ne saurait de toute façon y avoir d'harmonisation au détriment des différences de culture. Dans un tel contexte, il est alors facile de comprendre *« la difficulté de désigner sous une même dénomination des produits relevant de différentes traditions nationales de fabrication, c'est-à-dire dont les recettes sont discordantes »*[7].

1 325. – En clair, cette « chocodiversification » ne concerne en rien le « droit alimentaire », même si elle est intéressante à décrypter. Le chocolat pur beurre de cacao est peut-être plus « solidaire » vis-à-vis des pays en développement que le chocolat dit MGR, mais il ne permet pas de fournir aux individus une alimentation « adéquate » pour eux-mêmes et leurs familles. Peut-être que *« les seules ententes internationales possibles sont des ententes gastronomiques »*[8], et qu'*« il faut parfois concéder que les navets sont des poires »*[9], c'est évident, là n'est d'ailleurs pas la question, mais il ne saurait y avoir de consensus crédible autour du chocolat dans l'optique d'un renouvellement du droit à l'alimentation.

---

[1] Revue Pâtisserie-Boulangerie Vie Pratique, *Chocolat : la consommation française très en retard*, nov. 1992, p. 4.
[2] Voir sur ce point J.-P. Branlard, *Droit et* gastronomie, op.*cit.*, pp. 280-281.
[3] *Ibid.*, p. 281.
[4] *Ibid.*
[5] *Ibid.*, p. 282.
[6] *Ibid.*, p. 283.
[7] *Ibid.*
[8] L. Daudet, *Paris vécu*, éd. Gallimard.
[9] Cette phrase est un proverbe allemand.

Conclusion du titre premier

1 326. – Les contours du « droit alimentaire » sont à peine posés (l'encre du texte est à peine séchée) qu'il faut déjà en tirer les conclusions les plus appropriées possible. Dans ce cas, que dire sinon que le droit de chaque être humain à se nourrir présente des accointances évidentes – voire intimes – avec le « droit bouclier » qui lui est associé et qu'un renouvellement du schéma d'ensemble doit tendre vers une consommation plus responsable ?

1 327. – Pour les juristes, le droit de la consommation est peut-être très critiqué, en raison notamment de *« la piètre qualité de ses dispositions »*[1], il n'empêche que le « droit alimentaire » ne saurait être à son image, en l'occurrence un droit perturbateur du droit commun. Le droit à l'alimentation renouvelé doit, en ce qui le concerne, inciter les mangeurs à consommer au sein de l'État dont ils sont les ressortissants. Dans cette optique, l'adéquation entre l'offre alimentaire et les traditions culturelles des populations concernées doit être renforcée.

1 328. – L'« accessibilité » et la « disponibilité » doivent être aussi recherchées dans toutes les régions du monde où elles font encore défaut, de sorte que n'importe quelle action de groupe permette ou à tout le moins attire l'attention sur l'ultime nécessité de renforcer l'effectivité du « droit alimentaire ». En réalité, l'opportunité de certaines décisions – comme le dépassement du clivage générationnel des droits, l'abandon du modèle occidental et carné de l'alimentation ou encore l'affaiblissement général de l'aide alimentaire – peut être discutée et soumise à conditions, mais la richesse d'un nouveau droit à l'alimentation ne peut être contestée.

1 329. – Dit autrement, ce droit d'un genre nouveau n'a pas pour finalité d'avaliser la substitution des valeurs humaines par celles dites possessives, donc matérielles. Donc de ce point de vue là, il est assez éloigné du paradigme « j'achète, donc je suis » mais défend l'idée contraire : « je suis ce que j'achète ». Quoi qu'il en soit, son interprétation ne peut être pour l'heure que supplétive étant entendu qu'il n'est qu'un moyen – à moins bien sûr qu'un avenir éventuellement meilleur lui en

[1] Françoise Kamara – Doyen de la première chambre civile de la Cour de cassation – était allée plus loin sur ce point lors du colloque sur « Les enjeux de la réforme du droit de la consommation » tenu au Conseil supérieur du notariat le 27 mars 2014 (non publié).

donne l'occasion – de combler toutes les lacunes du droit « classique » à l'alimentation.

1 330. – Idéalement, ce ne sont plus vraiment les consommateurs qu'il faudrait prioritairement protéger, mais l'individu en tant que personne physique. Cela dit, en attendant cet augure, l'économie sociale et solidaire pourrait prendre le relais pour ériger le consommateur au rang de consommateur acteur. S'il est délicat de parler de la durabilité de la consommation quand les chiffres de la sous-alimenation chronique dans le monde sont encore aussi importants, toujours est-il qu'il faudrait responsabiliser, et ce socialement, tant les entreprises que les consommateurs. Pour cela, le « droit alimentaire » devra, s'il éclot un jour, faire l'objet de textes applicables et sanctionnables en cas de non-respect, et défendre une ligne directrice claire : l'alimentation permet de valoriser une origine, une région, un travail et des valeurs. Aux États libres et responsables de s'en rappeler.

Titre second

La protection juridictionnelle restreinte du droit de chaque être humain à se nourrir : la conséquence d'obligations imparties aux États toujours floues dans ce domaine

1 331. – Si le droit de chaque être humain à se nourrir crée des obligations à la charge des individus[1] et de la communauté internationale, il en crée surtout à l'égard des États. En effet, tant le Comité des droits économiques, sociaux et culturels que la Commission africaine des droits de l'homme et des peuples ont vite reconnu qu'il y avait à la charge des autorités nationales compétentes une authentique obligation de respecter, de protéger[2] mais aussi et surtout de donner effet au droit à la nourriture.

1 332. – Cette dernière obligation suppose *« une action intense et complète de la part de l'État, puisque celui-ci doit activement défendre l'alimentation et l'exercice de ce droit »*[3]. Pour y parvenir, les autorités doivent *« renforcer l'accès de la population aux ressources et aux moyens d'assurer sa subsistance, ce qui intègre la sécurité alimentaire »*[4]. Qui plus est, aux termes de l'article 2 du PIDESC, *« chacun des États parties au présent pacte s'engage à agir, tant par son effort propre que par l'assistance et la coopération internationales, notamment sur les plans économique et technique, au maximum de ses ressources disponibles, en vue d'assurer progressivement le plein exercice des droits*

---

[1] Le chapitre V du Pacte mondial de sécurité alimentaire, adopté sous l'égide du Comité de la sécurité mondiale de la FAO en 1985 affirme : *« L'obligation sacrée que les hommes ont les uns envers les autres en matière de sécurité alimentaire et, principalement les plus riches à l'égard des plus pauvres »*. Sur ce point, voir également les articles 29 et 30 de la DUDH ainsi que les préambules des deux pactes de 1966.

[2] D'après le Comité des droits économiques, sociaux et culturels, *« cette obligation impose aux États de refuser toute tierce ingérence attentatoire au droit de l'homme à une nourriture suffisante »*. Voir Comité DESC, « Le droit à une nourriture suffisante (article 11) », *op.cit.*

[3] Voir A. Soma, *Le droit de l'homme à l'alimentation : contenu normatif et mécanismes juridiques de mise en œuvre*, *op.cit.*, p. 43.

[4] Voir Nations Unies, Comité DESC, « Le droit à une nourriture suffisante (art. 11) », *op.cit.*

reconnus dans le présent pacte par tous les moyens appropriés, y compris en particulier l'adoption de mesures législatives ».

1 333. – Alors certes, les États devront optimiser les ressources nationales et celles émanant de l'aide alimentaire et de l'aide publique au développement, mais ils devront avant toute chose orienter leur système politique, économique et social vers la réalisation de ce droit. Ce qui supposera d'une part un effort de promotion en favorisant notamment la tolérance, la sensibilisation ainsi que l'information du public – ou en constituant les infrastructures nécessaires[1] –, mais aussi, et c'est précisément ce qui va être intéressant à voir dans le cadre de ce second titre, un travail de mise en œuvre situé entre la juridicité et la justiciabilité du droit à l'alimentation[2].

1 334. – D'emblée, il paraît tout de même utile de rappeler qu'en raison de la reconnaissance récente du contenu de ce droit, *« la concrétisation du droit à l'alimentation comme un droit de l'Homme à part entière, exigible par tout individu, n'a pas été immédiate »*[3]. En effet, comme l'ont remarqué certains observateurs, « *si famines et malnutrition ont toujours existé, leur appréhension en termes de droit de l'Homme est nouvelle »*[4]. Donc bien avant qu'un lien ne s'opère entre famine et accès des individus aux denrées alimentaires, les pénuries alimentaires étaient étudiées seulement sous l'angle de la sécurité alimentaire d'un État (calculée en fonction de sa production et de ses réserves céréalières).

1 335. – Mais à l'heure actuelle, *« l'affirmation d'une obligation d'assurer la sécurité alimentaire ainsi que l'identification de ses éventuels débiteurs et bénéficiaires, ont permis sa formulation comme droit de l'Homme »*[5]. La création en 2000 de la fonction de « Rapporteur spécial des Nations Unies sur le droit à l'alimentation » n'a fait qu'avaliser cette tendance[6] (dont les origines remontent à 1987 avec l'adoption du rapport de Abjorn Eide[7], à 1996 avec le Sommet mondial

---

[1] Dans ce cadre, l'État pourra compter sur l'aide de la communauté internationale et des individus eux-mêmes.

[2] Sur ce point, voir particulièrement G. Cohen-Jonathan et J.-F. Flauss, « Cour européenne des droits de l'homme et droit international général », *Annuaire Français de Droit International*, 2006, n° 52, pp. 660-676.

[3] C. Nivard, « Le droit à l'alimentation », in D. Roman (dir.), *« Droits des pauvres, pauvres droits ? » – Recherches sur la justiciabilité des droits sociaux*, *op.cit.*, p. 233. Sur ce point, voir également W. Barth Eide, « *From food security to the right to food* », in W. Barth Eide, U. Kracht (eds), *Food and Human Rights in Development. Legal and Institutional Dimensions an Selected Topics*, Antwerpen, Oxford, 2005, pp. 67-97.

[4] *Ibid.*

[5] *Ibid.*

[6] Un tel mandat a été créé par la résolution 2000/10 de la Commission des droits de l'Homme du 17 avril 2000, E/CN.4/2000/L.11/Add.1.

[7] Abjorn Eide était alors Rapporteur spécial de la Sous-Commission sur le droit à l'alimentation suffisante. Ce rapport, adopté le 7 juillet 1987, a constitué une première définition des obligations que le droit à l'alimentation pouvait supposer en tant que droit de l'Homme. Voir E/CN.4/Sub.2/1987/23 et « Série

de l'alimentation[1] et à 1992 avec l'adoption par le Comité des droits économiques, sociaux et culturels d'une observation générale n° 12 sur « le droit à une nourriture suffisante »[2]).

1 336. – Depuis lors, la FAO continue d'œuvrer pour la réalisation concrète de ce droit. C'est d'ailleurs dans cette perspective-là que *« les États ont adopté en 2004 des Directives volontaires à l'appui de la concrétisation progressive du droit à une alimentation adéquate – dans le contexte tendu de la sécurité alimentaire nationale – et qui ont pour objet de guider leur action en vue d'une mise en œuvre effective du droit à l'alimentation »*[3]. À coup sûr, la formulation de ce droit en tant que droit de l'Homme a eu un impact certain sur sa mise en œuvre.

1 337. – En premier lieu, cette formulation a permis de définir les obligations précises de l'État *« dont le contrôle peut être assuré par un juge »*[4]. De fait, elle a clairement contribué à la justiciabilité du droit à l'alimentation. Dans un second temps, elle a cette fois-ci créé *« une obligation de respect de ce droit dans toutes les activités de l'État, notamment dans ses engagements internationaux »*[5]. Ce faisant, elle a contribué à *« définir des obligations extraterritoriales des États qui leur imposent de garantir le droit à l'alimentation des personnes qui se trouvent sur le territoire d'autres États membres »*[6]. Pour certains juristes, *« cette extension du champ d'obligation des États s'avère particulièrement adéquate en ce qui concerne le droit à l'alimentation, dont la garantie dépend en partie des échanges internationaux »*[7]. Il serait d'ailleurs intéressant, sur ce point, de voir justement l'impact des règles de l'OMC sur l'ensemble des contraintes imparties aux États[8].

1 338. – Nonobstant cette érection au rang de droit de l'Homme, *« le droit à l'alimentation n'a jamais été un droit à une ration minimum de calories, protéines*

---

d'études sur les droits de l'Homme », n° 1, Publication des Nations Unies, 1989. Pour une mise à jour, voir E/CN.4/Sub.2/1999/12.

[1] Ce sommet a été organisé en 1996 par la FAO afin d'approfondir la question des obligations qui devaient peser sur les États en vertu du droit à l'alimentation. Réunissant les chefs d'États mondiaux, la Déclaration finale de ce sommet, au même titre d'ailleurs que la Déclaration de Rome sur la sécurité alimentaire, leur a permis de clarifier la portée exacte du droit à une nourriture suffisante tel qu'il figure dans le PIDESC notamment. Voir sur ce point l'Objectif 7.4 de la Déclaration de Rome de 1996.

[2] En 1999, le comité a précisé que *« le droit à une nourriture suffisante est réalisé lorsque chaque homme, chaque femme et chaque enfant, seul ou en communauté avec d'autres, a physiquement et économiquement accès à tout moment à une nourriture suffisante ou aux moyens de se la procurer »*. Ici, voir Nations Unies, Comité DESC, « Le droit à une nourriture suffisante (art.11) », Observation générale n° 12, *op.cit.*, §6.

[3] C. Nivard, « Le droit à l'alimentation », *op.cit.*, p. 234. Ces directives ont été adoptées par le Conseil de la FAO en novembre 2004. Voir également FAO, « Les Directives sur le droit à l'alimentation ». Documents d'informations et études de cas, Rome, FAO, 2006, 226 pages.

[4] *Ibid.*

[5] *Ibid.*

[6] *Ibid.*, pp. 234-235.

[7] *Ibid.*

[8] Cette question sera traitée plus amplement *infra*.

et autres nutriments spécifiques, ni un droit à être nourri »[1]. L'État n'est tenu de fournir directement l'alimentation aux individus qui se trouvent dans l'incapacité de subvenir par eux-mêmes à leurs besoins que dans des circonstances tout à fait précises et de surcroît limitatives : c'est notamment le cas durant les périodes de conflits armés, de catastrophes naturelles ou bien encore de privation des libertés. Hormis ces rares cas de figure, l'État doit simplement veiller à ce que l'alimentation reste accessible et disponible.

1 339. – En conséquence, si *« la mise en œuvre des normes du droit à l'alimentation au niveau national a des conséquences pour les constitutions nationales, les lois, les cours, les institutions, les politiques et les programmes, de même que pour différents sujets de sécurité alimentaire, tels que la pêche, la terre, l'attention portée aux groupes vulnérables et l'accès aux ressources »*[2], un tel droit n'a jamais entraîné de bouleversement significatif du régime juridique des droits sociaux (ni même la possibilité de garantir en justice leur effectivité)[3], et ce en dépit du grand succès que ces derniers connaissent actuellement[4].

1 340. – Vouloir combattre la pauvreté par le droit[5], éradiquer la faim par les droits de l'Homme[6] et/ou lutter grâce au droit contre la marginalisation des pauvres[7] est une intention forcément louable – pour ne pas dire prometteuse à plein d'égards –, mais il ne faut pas oublier qu'*« une norme n'est directement applicable que si elle s'adresse aux justiciables, autrement dit aux particuliers »*[8]. Ce constat vaut tant en droit constitutionnel français[9] qu'en droit international et européen des droits de l'homme[10]. En effet, il ne faut pas perdre de vue que *« le refus partagé en leur temps, quoique pour des raisons diverses, par Léon Duguit ou Maurice*

---

[1] O. de Schutter, « Le droit à l'alimentation », *op.cit.*

[2] *Ibid.* Pour aller plus loin sur ce point, voir tout particulièrement F. Del Corso et D. Paturel, « Droit à l'alimentation », INRA – Sciences pour l'action et le développement, 2013, 17 pages.

[3] Sur cette question, voir notament D. Roman, « La justiciabilité des droits sociaux ou les enjeux de l'édification d'un État de droit social », *La revue des droits de l'homme*, 1|2012, mis en ligne le 27 mars 2014.

[4] Voir C.-M. Herrera, *Les droits sociaux*, PUF, coll. Que sais-je ?, 2009, p. 3. Ainsi que M. Pichard, *Le droit à, Étude de la législation française*, *op.cit.*

[5] Voir Wiley-Blackwell/UNESCO, « Poverty as a human rights violation : grassroots perspectives », *International Social Science Journal*, n° 197/198, 2009, pp. 315-519. Et T. Pogge (dir.), *Freedom from Poverty as Human Right, Who owes what to the very poor ?*, Oxford University Press, 2007.

[6] Voir O. de Schutter, « *Countries tackling hunger with a right to food approach. Significant progress in implementing the right to food at national scale in Africa, Latin America and South Asia* », Mai 2010.

[7] Commission pour la démarginalisation par le droit, « Pour une application équitable et universelle de la loi », Rapport final, 2006.

[8] P. de Montalivet, *Les objectifs de valeur constitutionnelle*, *op.cit.*, p. 457.

[9] *Ibid.*

[10] *Ibid.*, p. 63 et s. Sur cette question, voir également D. Roman, « La justiciabilité des droits sociaux ou les enjeux de l'édification d'un État de droit social », *op.cit.*

Hauriou de formuler en termes de droits ce qui relevait de la solidarité a marqué durablement la doctrine juridique française »[1]. Et plus tard celle européenne.

1 341. – Par voie de conséquence, plusieurs questions peuvent d'ores et déjà se poser dans la mesure où elles alimenteront considérablement les raisonnements à venir. L'interdiction, l'obligation voire la permission que le droit à l'alimentation institue ont-ils pour destinataires les justiciables ? Par ailleurs, le droit à l'alimentation tel qu'il est formulé dans certaines constitutions nationales et dans plusieurs instruments de protection des droits de l'Homme – au plan régional et universel – est-il suffisamment précis pour être directement applicable ? Étant donné que les normes constitutionnelles, notamment les droits fondamentaux, sont fréquemment d'application directe, se pose logiquement la question du statut, dans l'ordre interne, du droit à l'alimentation. Est-il lui aussi d'application directe ? En France par exemple, ce n'est pas le cas des objectifs de valeur constitutionnelle.

1 342. – Quoi qu'il en soit, *« la question de la mise en œuvre du droit à l'alimentation s'intègre dans la problématique bien plus générale de la jouissance des droits économiques, sociaux et culturels qui s'est développée au sein de la communauté internationale depuis la première conférence internationale des droits de l'homme, tenue à Téhéran du 22 avril au 13 mai 1968 »*[2]. Depuis lors, pléthore d'interventions de responsables politiques, et parfois de juristes, ont eu pour ambition de donner une signification, et surtout un effet pratique à chaque droit économique, social et culturel. La question de la justiciabilité du droit à l'alimentation reste malgré tout délicate à voir, puisque *« les droits économiques, sociaux et culturels font partie de la nébuleuse des droits de l'homme mais ne s'inscrivent pas dans le champ du droit »*[3].

1 343. – Plusieurs facteurs conduisent en réalité à ce constat : en premier lieu leur caractère imprécis, dans un second temps leur réalisation progressive, ensuite l'absence de législation nationale cohérente et enfin le manque d'allocation des ressources qu'ils supposent. De fait, comme l'ont souligné certains auteurs, *« c'est la juridicité des droits économiques, sociaux et culturels, à laquelle est intimement liée leur justiciabilité, qui est contestée »*[4]. Mais cela n'empêche bien sûr pas d'autres auteurs de défendre et de reconnaître la justiciabilité des droits

---

[1] L. Gaxie, « Du « droit individualiste » au « droit social » – Une histoire de la juridicisation du social (1789-1939) », *Raison-Publique.fr*, 19 mars 2012.
[2] A. Soma, *Le droit de l'homme à l'alimentation : contenu normatif et mécanismes juridiques de mise en œuvre*, *op.cit.*, p. 47.
[3] F. Sudre, *Droit européen et international des droits de l'homme*, *op.cit.*
[4] O. Paul, « Mythe ou réalité des droits économiques, sociaux et culturels », in *Mélanges Velu Jacques*, Bruxelles, Bruylant, 1992, pp. 1870-1887.

économiques, sociaux et culturels, parfois d'ailleurs avec une *« souplesse délicate »*[1].

1 344. – En clair, le droit à l'alimentation ne peut être réalisé complètement que lorsque les obligations tant nationales qu'internationales sont respectées. Au plan national, le degré de justiciabilité d'un tel droit va intimement dépendre de l'établissement de cadres institutionnels et juridiques, mais aussi de politiques qui soient effectivement centrées sur sa réalisation. Au niveau international cette fois-ci, sa justiciabilité dépendra de plusieurs éléments : l'aide et la coopération au développement, le commerce et le régime des investissements, les efforts pour lutter contre le changement climatique etc. Dans ce contexte, il paraît indispensable d'étudier la justiciabilité limitée du droit à l'alimentation, tant en droit européen et international qu'en droit interne (chapitre I). Dans un second temps, l'inapplicabilité directe dont fait l'objet ce droit sera étudiée (chapitre II). Ce cheminement est intéressant car il permet de mettre en avant toute l'hétérogénéité des mécanismes de mise en œuvre du droit à l'alimentation.

[1] A. Soma, *Le droit de l'homme à l'alimentation : contenu normatif et mécanismes juridiques de mise en œuvre*, *op.cit.*, p. 47.

Chapitre I. L'exercice limité du droit à l'alimentation en justice : la faute à d'insuffisants mécanismes de réalisation

1 345. – Les « droits vitaux » ne jouissent certainement pas tous de la même opposabilité, étant donné que les tribunaux sont plus enclins à garantir les droits à la vie et à la santé, voire à un environnement sain, bien plus que ceux portant sur l'eau et l'alimentation. Cela dit, les premiers sont l'essence des seconds. Et vice-versa. En mettant l'accent sur quelques-uns, le juge les évoque tous. Ce chapitre n'a donc pas vraiment vocation à rappeler toute l'importance de l'interdépendance des droits de l'homme, déjà évoquée à maintes reprises, mais a plutôt vocation à expliquer la justiciabilité que commence, lentement mais sûrement, à revêtir le droit à l'alimentation auprès des juridictions. Bien sûr, *« la réalisation des droits économiques et sociaux ne peut être que progressive puisqu'elle implique une action positive de l'État et dépend, par voie de conséquence, des conditions sociaux-économiques »*[1]. Donc s'il fût un temps où, il est vrai, bon nombre d'États refusaient très clairement leur justiciabilité, ou se montraient tout du moins prudents à leur encontre, de plus en plus ont aujourd'hui acquis la certitude qu'ils peuvent tout à fait l'être dans le futur[2]. Concernant le droit à l'alimentation, il n'y a aucun doute possible. Il n'était pas justiciable en 1966, et ce dans quelque mesure que ce soit, mais il l'est par la suite devenu, au moins en partie.

1 346. – Les choses ont donc considérablement évolué, et sur ce point, les auteurs sont clairs : *« on est passé de la « nature des droits de l'homme » à la « nature des obligations des États relatives à ces droits de l'homme »»*[3]. Si l'épanouissement libre de l'homme requiert aussi bien la réalisation des droits civils que le respect des droits sociaux, *« la distinction entre ces deux catégories de droit n'est pertinente que du point de vue de la technique juridique »*[4]. L'explication à donner ici est relativement simple puisque seuls les seconds nécessitent un apport financier de l'État dans la réalisation des droits concernés. De fait, ils n'ont pas tous la même nature, et n'impliquent pas des obligations correspondantes de la part des États. C'est d'ailleurs précisément la raison pour laquelle une partie de la doctrine a pensé, pendant longtemps, que seuls les droits civils et politiques pouvaient se réclamer à l'appui d'une requête auprès du juge. L'analyse de la jurisprudence des tribunaux spécialisés montre néanmoins que les

---

[1] C. Golay, *Vers la justiciabilité du droit à l'alimentation, op.cit.*, p. 19.

[2] René Cassin a par exemple déclaré que *« Recourse to legal proceeding was envisaged in the event to deprivation of enjoyment of those rights »*. Doc. E/CN.4/SR.235 (1951).

[3] C. Golay, *op.cit.*, p. 21.

[4] Voir M. Bossuyt, « La distinction juridique entre les droits civils et politiques et les droits économiques, sociaux et culturels », *Revue des droits de l'homme*, volume VII, numéro spécial, 1975, pp. 783-820.

mécanismes de réalisation du droit à l'alimentation se sont nettement développés tant au niveau national (Section 1) qu'au plan international (Section 2).

Section I. **LES MÉCANISMES DE RÉALISATION DU DROIT À L'ALIMENTATION AU NIVEAU NATIONAL**

1 347. – Les garanties du droit à l'alimentation ont d'abord été envisagées par la doctrine, puis ont été reprises par les juridictions compétentes. D'un côté il y a *« la reconnaissance des droits à l'alimentation et à l'eau en tant qu'ensemble de droits procéduraux assurant à chaque individu l'accès à l'information, à la participation ainsi qu'aux remèdes judiciaires ou administratifs »*[1]. Et d'un autre côté, émerge le *« développement de l'interprétation des droits substantiels par leur exacte application à des questions environnementales »*[2]. En somme, le droit à l'alimentation doit, au même titre que le droit à l'eau ou à l'environnement, être analysé comme *« un droit permettant de mettre en œuvre des procédures »*[3].

1 348. – Néanmoins, l'approche procédurale ne doit pas empêcher de rechercher les bases d'éventuels droits substantiels puisqu'en effet, *« la généralisation progressive du droit à l'environnement dans les systèmes mondiaux ou régionaux de protection de l'environnement ou des droits de l'homme permet d'y voir un véritable droit substantiel de caractère générique »*[4]. Par analogie, il semble alors tout à fait possible d'emprunter le même cheminement avec l'eau et l'alimentation. Ces droits se sont eux aussi généralisés au sein des systèmes sus-évoqués, et ont par ailleurs connu une vraie consécration au plan interne. Et cet effort de concrétisation prend également la forme de droits substantiels particuliers tels que le droit à une alimentation saine et équilibrée, le droit à l'eau et à l'assainissement ou bien encore le droit au développement durable.

1 349. – C'est justement parce que les droits économiques, sociaux et culturels impliquent des obligations positives de la part des pouvoirs publics que *« leur contenu variera d'un État à l'autre en fonction du niveau de développement économique atteint et de l'ordre de priorité accordé dans la réalisation de ces*

---

[1] J.-M. Olaka, *Le droit à l'eau*, *op.cit.*, p. 238.
[2] *Ibid.* Voir également A. Kiss, « Les origines du droit à l'environnement : le droit international », *RJE*, n° spécial 2003, pp. 13-16.
[3] *Ibid.*
[4] *Ibid.* Voir aussi J.-P. Marguénaud, « La Charte constitutionnelle de l'environnement face au droit de la Cour européenne des droits de l'homme », *RJE*, n° spécial 2005, pp. 199-205.

droits »[1]. Et c'est sans aucun doute ce qui explique le fait que ces derniers doivent *« être réalisés progressivement, partiellement ainsi que sélectivement puisqu'un État ne peut être tenu à garantir plus qu'il n'est en mesure de réaliser »*[2]. Donc incontestablement, les droits substantiels, et tout particulièrement ceux dits « particuliers », ne seront pas toujours les mêmes au plan national.

1 350. – Cette caractéristique ne concerne pas les droits civils et politiques, car ils n'impliquent qu'une obligation négative de l'État. De fait, *« leur contenu ne saurait varier d'un État à l'autre »*[3]. En résumé, l'exécution des droits civils et politiques doit se faire immédiatement. Ils doivent ainsi être *« respectés en totalité »*[4], tandis que *« leur jouissance doit être assurée universellement pour toute personne »*[5]. Pour toutes ces raisons, *« les droits civils et politiques reconnus au niveau international se prêtent fort bien à un règlement judiciaire »*[6]. Ils sont donc justiciables, y compris dans l'ordre interne.

1 351. – Au niveau national, il serait aisé de penser que les droits économiques et sociaux reconnus au plan interétatique ne sont pas du tout justiciables, alors qu'ils le sont en réalité partiellement. En effet, *« un contrôle judiciaire est possible mais n'est prévu que pour des matières bien réglementées »*[7]. Dans ces conditions, il paraît indispensable d'étudier quelles sont les différentes garanties procédurales (§I), mais aussi juridictionnelles (§II) qui entourent le droit à l'alimentation. Cette approche permettra alors de voir quels sont plus généralement les mécanismes de réalisation de ce droit au plan interne.

§I. LES GARANTIES PROCÉDURALES DU DROIT À L'ALIMENTATION

1 352. – Étant donné que les principes fondamentaux de la procédure ont pris une importance pour le moins grandissante, les garanties procédurales pourront ici s'entendre comme le droit processuel, en l'occurrence le droit du procès, mais pas seulement. Elles pourront également toucher aux dispositifs à prévoir en amont

---

[1] C. Golay, *Vers la justiciabilité du droit à l'alimentation*, *op.cit.*, p. 23. Voir également M. Bossuyt, « La distinction juridique entre les droits civils et politiques et les droits économiques, sociaux et culturels », *op.cit.*, p. 791.
[2] *Ibid.*, p. 806.
[3] C. Golay, *op.cit.*, p. 23.
[4] M. Bossuyt, *op.cit.*, p. 791.
[5] *Ibid.* Voir aussi sur cette question-là J. Rivero, *Les libertés publiques*, *op.cit.*, p. 104.
[6] *Ibid.*, p. 793.
[7] *Ibid.*, p. 806.

de celui-ci, comme ceux portant sur l'information ou bien encore sur la participation.

1353. – Avec le droit à l'alimentation, le droit processuel doit quoi qu'il arrive continuer de regrouper les principes et les règles fondamentaux gouvernant toute procédure par laquelle une prétention – ici vitale – sera examinée par un tiers désintéressé. Pour d'évidentes raisons liées aux besoins de la démonstration, il ne sera par ailleurs question que de procédure contentieuse et non pas de procédure gracieuse dans le cadre des développements à venir.

1 354. – Dès lors il conviendra d'étudier successivement le droit à l'information et à la participation en droit français (A), l'accès du public aux juridictions ainsi que le rôle que peuvent avoir les associations à cet égard – tout particulièrement en France – (B), et enfin l'effectivité des droits sociaux dans le cadre des procédures d'urgence (C).

A. LE DROIT À L'INFORMATION ET À LA PARTICIPATION EN DROIT FRANÇAIS

1 355. – L'accès du public à l'information en matière environnementale relève du principe général de la liberté d'accès aux documents administratifs non nominatifs de tout administré. Depuis la retouche opérée par la loi de 2002 relative à la démocratie de proximité[1], le principe dit de participation fait que non seulement chacun a accès aux informations relatives à l'environnement, mais il implique aussi que le public est associé au processus d'élaboration des projets pouvant avoir une incidence importante sur l'environnement ou sur l'aménagement du territoire[2].

1 356. – Alors certes, le droit à l'information n'est pas encore expressément reconnu dans le domaine de l'alimentation, ni dans celui de l'eau, mais il n'empêche que le droit à l'eau peut être garanti par le droit à l'information sur la qualité de l'eau ainsi que *« sur ses effets consubstantiels au droit de chacun à*

---

[1] Cf. la loi n° 2002-276 du 27 février 2002 relative à la démocratie de proximité.

[2] Sur cette question, voir J.-C. Hénin, « La loi Barnier et la participation du public : ajustement et innovation », in *RJE*, n° 2/1995, p. 219 et s. Voir également B. Busson, « La mise en place de la Commission nationale de débat public », in *Droit de l'environnement*, n° 55, 1998, p. 18. Ainsi que P. Dibgut, « La liberté d'accès aux documents administratifs », *Rev. Adm.*, janvier-février 1979, n° 187, p. 23. Voir enfin J. Lemasurier, « Vers une démocratie administrative : du refus d'informer au droit d'être informé », *RDP*, 1980, p. 1 239. Ainsi que Y. Gaudemet, « L'administration au grand jour : France », *Journées de la Société de législation comparée*, 1983, p. 39.

l'information »[1]. Si d'une manière générale, *« le droit français ne répond pas à la très forte demande sociale en matière d'information concernant le droit à l'eau, il arrive quand même parfois que ce droit soit implicitement déduit de l'information sur la qualité de l'eau par la mise en place d'un cadre juridique composé de plusieurs textes »*[2]. À noter également que d'autres textes en vigueur ne sont pas propres au droit à l'eau mais lui sont néanmoins applicables[3].

1 357. – En France, le droit à l'information est traditionnellement lié aux libertés fondamentales que sont les libertés d'opinion et d'expression reconnues par la Déclaration des droits de l'homme et du citoyen de 1789[4]. Cela dit, le droit à l'information se présente également comme une liberté individuelle : celle d'avoir accès à l'information et de se voir communiquer à sa demande certaines informations (sans pour ce faire avoir à faire valoir un quelconque intérêt). Un tel droit s'est concrétisé avec la loi de 1978 relative à l'informatique, aux fichiers et aux libertés[5], ainsi qu'avec une loi de la même année sur l'accès aux documents administratifs[6].

1 358. – Cette loi de 1978 a permis de rompre avec *« une certaine culture administrative française qui était fondée sur le dogme du secret »*[7]. Elle place, sauf quelques réserves limitatives, *« l'administration sous le regard du public »*[8]. En effet, la loi n° 78-753 comporte en son titre I des dispositions relatives à l'accès aux documents administratifs, tandis que son article 2 organise la communication de tous les documents administratifs non nominatifs. Ainsi, toutes les entités chargées de la distribution d'eau et de l'assainissement en eaux usées, tant publiques que privées, sont concernées par ces dispositions à vocation générale.

---

[1] J.-M. Olaka, *Le droit à l'eau*, *op.cit.*, p. 250.

[2] *Ibid.*, pp. 250-251.

[3] Cf. par exemple la loi 92-3 du 3 janvier 1992 sur l'eau. Son article 13-III reconnait le principe de transparence, et de communication des données (son contenu a été précisé par le décret 94-841 de 1994).

[4] Cf. les articles 10 et 11, ainsi que l'article 15 de la DDHC de 1789.

[5] Cette loi n° 78-17 du 6 janvier 1978 relative à l'informatique, aux fichiers et aux libertés ménage à la personne humaine un espace de liberté contre l'État.

[6] La loi n° 78-753 du 17 juillet 1978 porte diverses mesures d'amélioration des relations entre l'administration et le public et diverses dispositions d'ordre administratif, social et fiscal. Cette loi a introduit un principe nouveau dans le droit administratif : le principe de transparence dans les relations entre l'administration et les administrés. La revendication d'un accès facilité aux dossiers et aux documents administratifs n'est toutefois pas nouvelle. Elle trouvait déjà un fondement constitutionnel solide à l'article 15 de la DDHC de 1789. Le droit d'accès aux documents administratifs est également reconnu en droit européen (voir la règlement n° 1049/2001/CE du Parlement européen et du Conseil relatif à l'accès du public aux documents du Parlement européen, du Conseil et de la Commission, art. 19 [JOCE N°L 145 du 31 mai 2001, p. 43].

[7] J.-M. Olaka, *op.cit.*, p. 253.

[8] *Ibid.* Sur ce point, voir également J. Chevallier, « Les pratiques administratives », in *« Transparence et secret »*, Colloque pour le XXVe anniversaire de la loi du 17 juillet 1978 sur l'accès aux documents administratifs, La documentation française, Paris, 2004, pp. 83 et s.

1 359. – Quant aux documents communicables, *« la CADA rend impossible, en ce qui concerne le droit à l'eau, la reconnaissance des effets réels d'un traitement anti-pollution »*[1]. En matière de droit à l'eau, l'accès à l'information revêt pourtant un intérêt essentiel pour deux raisons : d'une part *« en raison du lien qui unit le droit à l'eau et la santé publique »*[2], et d'autre part car le principe de participation est nécessaire pour que les personnes puissent exercer leur droit à la participation aux décisions publiques qui concernent l'environnement. Effectivement, pour que le public donne son avis sur un projet qui le concerne, encore faut-il qu'il en soit informé en temps voulu par l'administration.

1 360. – Le concept de « document administratif » employé à l'article 2 de la loi n° 78-753 reste *« en-deça de celui « d'informations relatives à l'environnement » au sens de la Convention d'Aahrus et de la directive 2003/4/CE de 2003 parce que, même dans l'interprétation large qu'en donne la CADA, elle ne recouvre que les documents détenus par l'administration qui se rattachent à l'activité de service public ou à une activité administrative publique »*[3]. Et quand bien même une telle limite aurait été levée par l'article 132 de la loi n° 2002-276 de 2002 relative à la démocratie de proximité[4], il reste clairement d'usage d'englober sous le principe de participation l'ensemble des procédures qui concourent à ette participation des droits d'information au droit de participation proprement dit.

1 361. – Quoi qu'il en soit, la mise en œuvre du principe de participation incombe à la loi. Ce principe a été décliné dans de nombreux textes autour de trois modalités : l'information[5], la codécision[6] et la concertation[7]. La Charte française de l'environnement proclame un véritable droit fondamental en son article 7 avec le droit à l'information et à la participation[8]. Bien que le dispositif prévu à cet

[1] Voir R. Romi, *Droit et administration de l'environnement, op.cit.*, pp. 415-416.
[2] J.-M. Olaka, *Le droit à l'eau, op.cit.*, p. 254.
[3] *Ibid.*
[4] Cet article 132 de la loi n° 2002-276 du 27 février 2002 a modifié les dispositions de l'article L. 110-1 (V) du Code de l'environnement.
[5] Le Code de l'environnement a été complété par l'ordonnance n° 2001-321 de 2001 créant un nouveau chapitre relatif à la liberté d'accès à l'information en matière d'environnement (dans ce cadre, l'article 124-1 renvoie pour l'essentiel à la loi de 1978 relative aux relations entre l'administration et le public mais prévoit aussi des dispositions spécifiques en matière d'informations non communicables). Certains textes assignent aux autorités publiques une obligation active d'information du public, comme l'article L.211-5 al. 5 du Code de l'environnement selon lequel les maires et les préfets doivent informer par tous les moyens appropriés des effets prévisibles d'un accident présentant un danger pour la qualité ou la conservation des eaux et des mesures prises pour y remédier.
[6] Elle est prévue d'une manière générale sous la forme du référendum communal et de l'enquête publique.
[7] La concertation suppose la participation du public à l'élaboration de la décision. Elle peut constituer une obligation préalable pour certaines opérations locales d'aménagement ou peut demeurer une simple faculté pour la conduite de grands projets d'infrastructure.
[8] Cet article 7 précise que : *« Toute personne a le droit d'accéder aux informations relatives à l'environnement détenues par les autorités publiques et de participer à l'élaboration des décisions publiques ayant une incidence sur l'environnement »*.

article soit largement conditionné par le droit international et le droit européen[1], *« il s'agit à la fois des droits qui contribuent à la mise en œuvre du droit de l'homme à l'eau en général et du devoir de tous de préserver et d'améliorer l'environnement »*[2]. Ce faisant, *« l'apport majeur de la charte est d'avoir transformé des principes législatifs préexistants en droits subjectifs constitutionnels »*[3].

1 362. – Plusieurs éléments de présentation doivent par ailleurs être donnés concernant cet article 7. En premier lieu, celui-ci fait seulement référence aux informations détenues par les autorités publiques (en référence au seul critère organique). Ensuite, il semble trop tôt pour apprécier sa véritable effectivité dans la mesure où jusqu'à encore récemment, *« il n'avait pas été repris dans le cadre d'une disposition normative, ni utilisé à l'appui d'une décision juridictionnelle »*[4]. Ainsi, comme le font remarquer certains auteurs, son aptitude à produire des effets de droit dépendra nécessairement de deux variables : l'interprétation que le Conseil consitutionnel fera de cet article, et savoir s'il est directement applicable ou non. Dans tous les cas, la reconnaissance d'un droit de participer directement semble peu probable, à moins bien sûr que le Conseil adopte une interprétation constructive de l'article 7 de la charte.

1 363. – Par-delà ces considérations, *« le libellé de l'article 7 ne donne aucune précision sur le moment auquel la participation doit intervenir dans le processus décisionnel, ni sur la portée de la participation sur la décision »*[5]. Il ne faut pas occulter le fait que cette nécessité d'une information particulière dans le domaine du droit à l'eau n'est pas nouvelle puisqu'elle découle du droit à l'environnement. De l'avis de certains juristes, *« l'article 7 devrait conduire l'administration à publier les projets de décrets et/ou d'arrêtés réglementaires ayant une incidence sur l'environnement en général et sur le droit à l'eau en particulier, en donnant au public le droit de faire des commentaires et des propositions dans un certain délai conformément à l'article 8 de la Convention d'Aahrus »*[6].

1 364. – Il y aurait jusqu'à maintenant *« un réel décalage entre ce que prévoit la Convention d'Aahrus et l'article 7 de la Charte française de l'environnement »*[7]

---

[1] Cf. notamment ce que prévoit le principe 10 de la Déclaration de Rio de 1992.
[2] J.-M. Olaka, *Le droit à l'eau*, *op.cit.*, p. 256. Voir également sur cette question A. Kiss, « Les origines du droit de l'environnement : le droit international », *op.cit.*, pp. 13-16.
[3] *Ibid.* Voir aussi M. Prieur, « Les nouveaux droits », *op.cit.*, pp. 1159-1162.
[4] *Ibid.*, p. 257. Voir aussi C. Roger-Lacan, « Participation et information du public : la définition par étape de la portée de l'article 7 de la Charte de l'environnement », à propos de cons. const., déc. n° 2011-183-184 QPC du 14 octobre 2011, Assoc. France Nature Environnement, BDEI, nov. 2011, p. 5.
[5] *Ibid.* Voir aussi K. Foucher, « La consécration du droit de participer par la Charte de l'environnement. Quelle portée juridique ? », *AJDA*, 2006, pp. 2316-2317.
[6] Voir M. Prieur, *Droit de l'environnement*, Dalloz, Précis, 5e éd., 2003, p. 135.
[7] *Ibid.* Voir aussi K. Foucher, « La consécration du droit de participer par la Charte de l'environnement. Quelle portée juridique ? », *op.cit.*, p. 2318.

puisqu'en effet, l'indissociable lien opéré par ladite convention entre « participation » et « accès aux voies de recours » ne figure nulle part dans la norme constitutionnelle. Et pourtant, *« la mise en œuvre du droit à l'eau suppose une « démocratie participative » afin de sortir d'une logique de contre-projet pour entrer dans une logique de co-projet où le public sera enfin reconnu en tant qu'acteur et co-auteur légitime de la construction de la cité, de la gestion durable des ressources en eau et de la préservation de l'environnement »*[1].

1 365. – En guise de conclusion sur ce point, il semble important de souligner que des juristes élèvent la voix afin que *« la substance du droit à la protection juridictionnelle telle qu'elle est reconnue dans les instruments de protection des droits de l'homme soit nécessairement adaptée au processus spécifique du droit à l'eau »*[2], et ce tant au plan supraétatique qu'au niveau national. Ces derniers se plaignent du fait que les voies de recours concernent encore trop souvent le recours devant le juge, alors qu'un tel droit reste indépendant des droits à l'eau, à l'alimentation et à l'environnement. Celui-ci s'inscrit plutôt dans les principes généraux du droit[3].

B. L'ACCÈS DU PUBLIC AUX JURIDICTIONS ET LE RÔLE DES ASSOCIATIONS (NOTAMMENT EN FRANCE)

1 366. – En tant que composante phare du droit à l'environnement, le droit à l'eau ne peut être protégé que par des mesures dites préventives. Par conséquent, la reconnaissance d'un droit de recours effectif devant les juridictions administratives ou judiciaires internes doit en tenir compte. D'emblée, certains spécialistes précisent que *« la protection effective du droit à l'eau permet, en pratique, d'identifier deux aspects fondamentaux : les conditions d'accès du public devant le juge, et une garantie renforcée par les associations »*[4]. Avec

---

[1] M. Prieur, *Droit de l'environnement, op.cit.*

[2] *Ibid.* Et sur cette question, voir les articles suivants : l'article 8 de la Déclaration universelle des droits de l'homme, l'article 14 du Pacte international relatif aux droits civils et politiques, ainsi que l'article 13 de la Convention européenne de sauvegarde des droits de l'homme.

[3] Comme le souligne Jean-Michel Olaka, *« la reconnaissance d'un droit de recours effectif devant les juridictions administratives ou judiciaires doit prendre en compte le fait que le droit à l'eau, étant une composante essentielle du droit à l'environnement, ne peut être protégé ou conservé que par des mesures préventives. Les personnes privées et les associations doivent disposer des voies de recours administratives et juridictionnelles pour protéger leur droit à l'eau, notamment en cas d'atteinte à l'environnement ou à la santé »*. Voir J.-M. Olaka, *Le droit à l'eau, op.cit.*, pp. 258-259. Pour aller plus loin, voir N. Cariat, L. Fromont, N. Joncheray, M. Martinez Navarro, A. Rizzo, J. van Meerbeeck et A. Van Waeyenberge, *Actualités de la protection juridictionnelle dans et par l'Union européenne*, Bruylant, décembre 2016, 264 pages.

[4] J.-M. Olaka, *op.cit.*, p. 259.

certitude, la distinction entre recours de plein contentieux et recours pour excès de pouvoir est essentielle, tout comme il faut bien être conscient du fait que les pouvoirs du juge seront plus importants dans le cadre d'un recours de plein contentieux que dans celui d'un recours en annulation.

1 367. – Nonobstant ces quelques distinctions, il est important de constater que *« les conditions posées à l'introduction de l'action en justice reflètent une fois de plus le caractère individualiste du droit de la responsabilité »*[1]. Pourtant, il avait été jugé nécessaire, à en croire le besoin grandissant de certains de définir les véritables conditions d'une action visant à assurer la pérennité du droit d'accès à l'eau pour tous, de justement dépasser cet individualisme afin de prendre en compte la spécificité du dommage écologique. Après tout, la directive 93/313/CE affirme la nécessité de rendre l'accès à l'information ouvert au plus grand nombre, et non pas aux seuls détenteurs d'un intérêt personnel et direct. Il peut y avoir deux raisons à cela : d'une part le droit à l'environnement appartient à tous les citoyens, et d'un autre côté il est apparu logique d'assurer également l'accès à l'information des personnes morales. Et n'étant pas porteuses d'intérêts strictement privés, *« ces dernières sont bien plus à même de défendre ce bien collectif qu'est l'eau »*[2].

1 368. – Quoi qu'il en soit, le droit d'accès à l'information et le principe de participation du public à la prise de décision sont garantis par un droit de recours devant l'autorité administrative ou judiciaire au plan national[3]. Plus généralement, la protection de l'environnement ne s'épuise pas dans le droit processuel d'accès à la justice en présence d'un risque d'atteinte à l'environnement[4], étant entendu que *« la protection de l'environnement relève d'abord – et en priorité – d'une responsabilité collective, assurée par chacun et relayée par les autorités*

---

[1] J.-M. Olaka, *Le droit à l'eau, op.cit.*, p. 260.

[2] *Ibid.* La Convention d'Aahrus, à laquelle il a déjà été fait plusieurs fois référence dans le cadre de cette thèse, reconnaît également le droit d'accès à l'information sur l'environnement au public sans que celui-ci *« ait à faire valoir un intérêt particulier »* (article 4.1). La Directive 90/313/CE est remplacée au 14 février 2015 par la Directive 2003/4/CE du Parlement européen et du Conseil du 28 janvier 2003 concernant l'accès du public à l'information en matière d'environnement et abrogeant la Directive 90/313/CEE du Conseil (en l'occurrence la directive qui intègre les adaptations nécessaires à la transposition de la Convention d'Aahrus).

[3] Quant à l'article 9§3 de la Convention d'Aahrus, il garantit l'accès à des procédures administratives ou judiciaires pour contester les actes ou omissions des personnes privées ainsi que des autorités publiques contrevenant au droit de l'environnement. Toute personne estimant que sa demande a été ignorée, rejetée abusivement, en totalité ou en partie, ou insuffisamment prise en compte ou qu'elle n'a pas été traitée conformément aux dispositions de la Convention a la possibilité d'exercer un recours devant une instance judiciaire ou un autre organe indépendant et impartial établi par la loi. À noter également que la Convention d'Aahrus a été approuvée en France par la loi n° 2002-285 du 28 février 2002, et publiée par décret n° 2002-1187 (et qu'elle est entrée en vigueur le 6 octobre 2002).

[4] Voir B. Jadot, « Le droit à la conservation de l'environnement », *Aménagement-Environnement*, numéro spécial, « Droits fondamentaux, urbanisme et environnement », 1996, pp. 229 et s.

publiques »[1]. Les recours qui répondent à ce droit sont ceux où *« les intérêts du droit à l'eau coïncident avec les intérêts individuels protégés par le droit »*[2]. Le cas des affaires concernant les atteintes à la dignité de la personne humaine est un bon exemple.

1 369. – Même si *« l'effectivité du droit à l'eau, tout comme la reconnaissance normative du droit à la protection de l'environnement sain, appelle la reconnaissance de droits procéduraux permettant à chacun de contribuer à la qualité du milieu »*[3], le juge ne peut pas toujours garantir le respect du droit à l'eau en donnant la priorité aux intérêts de l'administration. Bien que les intérêts individuels soient, cela est vrai, plus aisés à sanctionner, il est bon de maintenir un équilibre entre eux et l'intérêt général. La crainte serait que le Conseil d'État ne voit qu'un objectif de valeur constitutionnelle dans l'article 7 de la Charte française de l'environnement (ce qui n'est pas le cas aujourd'hui). Mais puisqu'un recul de la protection déjà accordée semble, à bien écouter certains observateurs, relativement peu problable, *« un renforcement sous l'impulsion du Conseil constitutionnel paraît en revanche tout à fait envisageable »*[4].

1 370. – En attendant, le constat à dresser est on ne peut plus clair : le droit à l'eau a beau être reconnu par le truchement du droit à l'environnement, il ne donnera pas, dans l'immédiat, un accès au juge. En conséquence, *« la garantie du droit à l'eau va dépendre de l'œuvre du législateur qui devra prendre le soin de concilier ce droit avec d'autres droits et des conditions plus pragmatiques »*[5] (conditions parmi lesquelles pourraient figurer les coûts temporels et financiers qu'occasionneraient tout renforcement de l'information et de la participation). Et de ce point de vue-là, certains auteurs n'en démordent pas : *« du devenir de ces droits va dépendre la réalité de la Charte de l'environnement »*[6].

1 371. –Dans tous les cas, il ne doit pas y avoir d'opposition ferme et définitive entre un intérêt général et des intérêts privés car l'eau est un bien collectif qui profite à l'ensemble des citoyens. Ce qui signifie que *« l'intérêt à intervenir pour la qualité de la vie par le biais d'accès à une eau salubre est un intérêt collectif, et cette situation rend donc sans pertinence l'exigence d'un intérêt propre »*[7]. La

---

[1] J.-M. Olaka, *Le droit à l'eau*, *op.cit.*, p. 270. Voir également F. Ost, « Un environnement de qualité : droit individuel ou responsabilité collective », in *L'actualité du droit de l'environnement*, Bruylant, 1995, p. 23.
[2] *Ibid.*
[3] *Ibid.* Voir aussi B. Jadot, « Le droit à la conservation de l'environnement », *op.cit.*
[4] *Ibid.*, p. 262. Pour le Professeur Jacqueline Morand-Devillier, *« La proclamation du droit à l'information et à la participation combinée avec la Convention d'Aahrus devrait faire progresser la transparence dans l'élaboration des textes, et pourquoi pas la participation des citoyens aux décisions. La citoyenneté environnementale est devenue une notion incontournable »*. Voir J. Morand-Devillier, « La Constitution et l'environnement », *Les cahiers du Conseil constitutionnel*, n° 15, 2003, p. 121.
[5] *Ibid.*
[6] *Ibid.*
[7] J.-M. Olaka, *op.cit.*, p. 262.

jurisprudence s'est malgré tout montrée réticente à l'action en justice des associations pour la défense des intérêts collectifs qu'elles représentent. Ce phénomène a beau avoir été récurrent à un moment donné, c'est pourtant bien la notion d'intérêt collectif qui maintenant, en tant qu'intermédiaire entre intérêt individuel et intérêt général, permet aux associations de saisir le juge pour obtenir la réparation du préjudice collectif.

1 372. – Concernant les associations environnementales, *« le législateur a vite compris l'importance du rôle qu'elles pouvaient être amenées à jouer dans le cadre global de la protection de l'environnement qu'elles visent à mettre en place »*[1]. Et c'est précisément pour vaincre les réticences des magistrats que celui-ci s'est évertué à développer un cadre législatif favorable à l'action de ces associations. C'est ainsi qu'une loi de 1976 constitue le moteur de la reconnaissance du droit d'ester en justice des associations spécialisées dans la protection de l'environnement[2]. Pour y parvenir, le législateur national n'a fait que suivre les recommandations des instruments internationaux reconnaissant la légitimité du droit à agir de ces associations en définissant, dans l'ordre interne, les conditions de recevabilité de leurs actions[3].

1 373. – L'article 5 III de la loi de 1995 confère par ailleurs aux associations environnementales agréées un rôle de partenaires à l'action des organismes publics dans ce domaine[4]. De fait, celles-ci ne sont plus envisagées comme des concurrentes à l'action du Ministère public. En ouvrant et en renforçant toute possibilité d'agrément au bénéfice des associations de protection de l'environnement, le législateur a reconnu, en quelque sorte, un rôle de contrôle de la légalité des actes aux associations (rôle qui revient dans les textes au préfet). Avec la loi dite Barnier de 1995, la procédure d'agrément des associations environnementales a été modernisée en ce qu'elles peuvent dorénavant se porter

[1] J.-M. Olaka, *Le droit à l'eau*, *op.cit.*, p. 262.

[2] Cf. la loi n° 76-629 du 10 juillet 1976 relative à la protection de la nature (JO du 13 juillet et rectificatif du 28 novembre 1976).

[3] Parmi ces instruments internationaux figurent la proposition de directive sur la responsabilité des déchets, ainsi que la Convention de Lugano.

[4] Cf. la loi du 2 février 1995 relative au renforcement de la protection de l'environnement. Cette loi autorise désormais les associations agréées à exercer les droits reconnus à la partie civile concernant les faits portant à la protection de la nature. Pour aller plus loin sur ce point, voir tout particulièrement Y. Jégouzo, « La loi n° 95-101 du 2 février 1995 relative au renforcement de la protection », *Revue du droit de l'immobilier*, n° 17/2, 1995, p. 201. Toutefois, les associations ne sont recevables à agir que quand l'altération de l'environnement résulte d'une infraction. Elles ne sont donc pas recevables à agir dans l'hypothèse où le dommage écologique se serait produit quand bien même aucune violation de la loi n'aurait été commise. A noter enfin qu'en tant que partie civile, elles peuvent prétendre à des dommages et intérêts en vertu de l'article 2, alinéa 1er du Code de procédure pénale (cet article précise en effet que : *« L'action civile en réparation du dommage causé par un crime, un délit ou une contravention appartient à tous ceux qui ont personnellement souffert du dommage directement causé par l'infraction »*).

partie civile[1]. Il n'y a donc plus qu'un seul type d'agrément au titre de l'article L. 141-1 du Code de l'environnement[2], pour les associations exerçant leurs activités statutaires à titre principal dans le domaine, notamment, de la protection de l'eau.

1 374. – En définitive, *« la loi Barnier a rénové et simplifié l'agrément des associations de protection de l'environnement »*[3]. Lors des discussions qui ont entouré ce projet de loi, *« les parlementaires ont voulu étendre la recevabilité des recours formés par les associations agréées en adoptant un amendement à la loi, qui deviendra par la suite l'article L. 142 du Code de l'environnement »*[4]. Il faudra cependant trois à quatre ans au juge administratif pour traduire le sens de ces nouvelles dispositions dans le cadre de sa jurisprudence, puisqu'en 1995, le législateur avait posé un principe tout à fait inédit (celui de la présomption de l'intérêt à agir des associations agréées de protection de l'environnement). Les termes de l'article 142-1 devaient être explicités. Raison pour laquelle le « rapport direct avec son objet » de la décision attaquée a été étendu de manière stricte par le Tribunal administratif de Caen[5].

1 375. – Suivant cette logique et par une autre décision rendue cette fois-ci par le Tribunal administratif de Pau, les juges ont mis fin à l'adéquation *ratione loci* de l'objet social de l'association requérante à la portée géographique de la décision déférée, et ont enfin reconnu la recevabilité d'une association agréée au plan national pour agir contre toute décision à portée locale[6]. Quant au Conseil d'État, il n'a appliqué les nouvelles dispositions de l'article 142-1 du Code de l'environnement qu'en 1999, avec un arrêt *FAPEN*, dans lequel il précisera que *« l'intérêt conféré à une association par ces dispositions vaut pour tout ou partie du territoire pour lequel elle bénéficie de l'agrément »*[7]. C'est d'ailleurs sur cet arrêt que les juridictions inférieures se fondent désormais pour justement apprécier l'intérêt à agir des associations.

---

[1] Cette loi a suivi la loi n° 946-112 du 9 février 1994 (JO du 10 février 1994) par laquelle le législateur ouvrait un droit à la consultation des documents d'urbanisme aux associations agréées de protection de l'environnement.

[2] D'après cet article, *« lorsqu'elles exercent leurs activités depuis au moins trois ans, les associations régulièrement déclarées et exerçant leurs activités statutaires dans le domaine de la protection de la nature et de la gestion de la faune sauvage, de l'amélioration du cadre de vie, de la protection de l'eau, de l'air, des sols, des sites et paysages, de l'urbanisme, ou ayant pour objet la lutte contre les pollutions et les nuisances et, d'une manière générale, œuvrant principalement pour la protection de l'environnement, peuvent faire l'objet d'un agrément motivé de l'autorité administrative »*.

[3] J.-M. Olaka, *Le droit à l'eau*, *op.cit.*, pp. 265-266.

[4] *Ibid.*, p. 266. Voir Associations agréées de protection de l'environnement, Chantal Cans, Juris-Classeur, fascicule n° 240, 5 décembre 2000, p. 1 et s.

[5] TA de Caen, 30 avril 1996, *Douvres-la-Délivrande*.

[6] TA de Pau, 26 mai 1998, *ASPAS*.

[7] CE, 8 février 1999, *FAPEN*.

C. LES DROITS SOCIAUX DANS LE CADRE DES PROCÉDURES D'URGENCE

1 376. – Il est impératif qu'une protection juridictionnelle rapide soit assurée lorsqu'un droit social est menacé à brève échéance, et ceci est d'autant plus vrai lorsqu'est en jeu le droit à l'alimentation. Dans pareille hypothèse, *« c'est d'une intervention immédiate, ou à tout le moins très rapide, qu'à besoin le justiciable pour bénéficier d'une garantie concrète de ses droits »*[1]. Trois procédures permettent, dans l'ordre interne français, de protéger justement les personnes physiques et morales contre les actes et les agissements de la puissance publique, dès lors que celle-ci bafouerait ou méconnaîtrait leurs droits : le référé-suspension[2], le référé-liberté[3] ainsi que la voie de fait administrative[4].

1 377. – Ces trois procédures sont conçues pour assurer le respect de la légalité et la garantie des droits et peuvent être utilisées par n'importe quel justiciable s'estimant victime d'atteintes – qu'elles soient d'ailleurs alléguées ou avérées – à ses droits sociaux[5]. En pratique, cela dit, la plupart des décisions qui sont rendues

---

[1] O. Le Bot, « L'effectivité des droits sociaux dans le cadre des procédures d'urgence », in Diane Roman (dir.), *Droits des pauvres, pauvres droits ? – Recherches sur la justiciabilité des droits sociaux*, *op.cit.*, p. 327.

[2] Ce référé est codifié à l'article L. 521-1 du Code de justice administrative. Cette procédure permet d'obtenir du juge administratif la suspension d'une décision administrative à deux conditions : il doit exister un doute sérieux quant à la légalité de la décision attaquée, tandis que la situation à traiter doit présenter un caractère urgent (ici le juge des référés va vérifier que le juge du fond ne pourra pas statuer avant que la décision attaquée ait produit des effets difficilement réversibles – si l'écoulement du temps risque de préjudicier gravement aux intérêts du demandeur avant que celui-ci puisse assurer leur protection alors l'urgence sera caractérisée (et sur ce point voir CE, Sect., 19 janvier 2001, *Confédération nationale des radios libres*, Lebon p. 29).

[3] Ce référé est codifié à l'article L. 521-2 du Code de justice administrative. Il permet au juge administratif des référés de prononcer une mesure de sauvegarde en cas d'atteinte grave et manifestement illégale à une liberté fondamentale. Le demandeur doit par ailleurs justifier d'une situation d'urgence (voir CE, ord. 18 février 2003, *Commune de Pertuis*, Lebon p. 68), et plus précisément d'*« une situation d'urgence imminente »* (voir CE, ord. 15 octobre 2004, *Sahi*, n° 273110), une situation « *impliquant qu'une mesure soit prise immédiatement* » (voir CE, ord. 9 mars 2007, *Guiot et Section française de l'observatoire international des prisons*, n° 302182, Lebon). La condition d'urgence est donc appréciée plus strictement dans le cadre de cette procédure. Et si l'urgence n'est pas suffisamment caractérisée, le demandeur pourra être réorienté vers la procédure du référé-suspension où la condition d'urgence est appréciée moins strictement (voir l'ordonnance Guiot précitée).

[4] Il s'agit d'une procédure qui relève de la compétence des juridictions civiles et qui, bien souvent, se trouve introduite devant le juge civil des référés (sur le fondement de l'article 809 al. 1 du Code de procédure civile qui permet au juge civil de *« prescrire en référé les mesures conservatoires ou de remise en état qui s'imposent, soit pour prévenir un dommage imminent, soit pour faire cesser un trouble manifestement illicite »*). La voie de fait est caractérisée lorsque l'administration, agissant en dehors de l'exercice de ses pouvoirs, porte atteinte à une liberté fondamentale. Le juge civil pourra notamment adresser des injonctions à l'encontre de l'administration.

[5] O. Le Bot, *op.cit.*, p. 329.

en matière de droits sociaux relèvent du référé-liberté car *« l'objet de cette procédure vise exclusivement la défense des libertés fondamentales et, parmi celles-ci, des droits sociaux »*[1]. Dans l'ensemble, toutes ces voies de droit protègent malgré tout efficacement les droits sociaux, et ce pour au moins deux raisons : la première réside dans *« la reconnaissance de pouvoirs d'urgence permettant au juge d'intervenir rapidement et d'agir en temps réel sur les situations »*[2]. La seconde résulte quant à elle de *« l'exercice par le juge des référés de ses pouvoirs, qu'il accepte de mettre en œuvre, de façon parfois inventive, lorsqu'est en cause la violation de droits sociaux »*[3].

1 378. – La loi organise par ailleurs un accès facilité au juge des référés, et un prononcé très rapide des décisions. Ce faisant, il en résulte *« une souplesse procédurale au niveau de l'engagement du recours et une extrême célérité au niveau du prononcé du jugement »*[4]. La nature des prérogatives conférées au juge permet en outre de mettre un terme instantané à la situation faisant grief. Sans entrer dans le moindre détail procédural, les procédures des référés offrent aux justiciables une saisine à la fois large et immédiate, une instruction accélérée ainsi que bien souvent des mesures efficaces. Avec ces voies de droit, tout l'enjeu va en réalité résider dans le fait de savoir si *« le juge des référés accepte de mettre en œuvre ses pouvoirs lorsque les demandeurs engagent un recours pour violation d'un droit social »*[5].

1 379. – Au regard des décisions rendues, beaucoup de juristes estiment que les juges n'éprouvent pas la moindre hésitation à mettre en œuvre les pouvoirs qui sont les leurs. Devant les tribunaux de l'ordre judiciaire – ou administratif –, *« le juge met en œuvre les pouvoirs qui lui sont reconnus pour protéger tant les droits des travailleurs que les droits sociaux qui impliquent – à titre principal – l'attribution de biens ou la prestation de services »*[6]. C'est bien formellement au prisme de cette deuxième hypothèse que la protection du droit à l'alimentation va prendre sens. Sans surprises, les droits à l'attribution de biens permettent notamment aux demandeurs d'asile de jouir de conditions matérielles d'accueil favorables (et cette formule englobe le logement, la nourriture et l'habillement).

1 380. – Dans une formule de principe, la Haute juridiction administrative affirme que *« la privation du bénéfice des mesures prévues par la loi afin de garantir aux demandeurs d'asile des conditions matérielles d'accueil décentes jusqu'à ce qu'il ait été statué définitivement sur leur demande est susceptible de constituer une*

---

[1] O. Le Bot, *« L'effectivité des droits sociaux dans le cadre des procédures d'urgence »*, *op.cit.*, p. 328.
[2] *Ibid.*, p. 329.
[3] *Ibid.*
[4] *Ibid.*
[5] *Ibid.*, p. 332.
[6] *Ibid.*

atteinte grave et manifestement illégale »[1] au droit constitutionnel d'asile. Et c'est en se basant sur les textes internes et européens relatifs à l'aide sociale que le juge va définir les prestations auxquelles le demandeur d'asile aura le droit. Ainsi, l'autorité administrative doit, aussi longtemps qu'il est admis à se maintenir sur le territoire en qualité de demandeur d'asile et quelle que soit la procédure d'examen de sa demande, lui assurer, selon ses besoins et ses ressources, *« des conditions d'accueil comprenant le logement, la nourriture et l'habillement, fournies en nature ou sous la forme d'allocations financières ou de bons ou en combinant ces formules [...] »*[2].

1 381. – Et l'administration doit pareillement couvrir les besoins fondamentaux du demandeur d'asile lorsque les capacités de logement normalement disponibles sont temporairement épuisées. Dès lors, toute privation des conditions d'accueil sus-évoquées, lesquelles comprennent l'accès à l'alimentation, peut conduire *« le juge des référés à faire usage des pouvoirs qu'il tient de l'article L. 521-2 précité du Code de justice administrative, lorsqu'elle est manifestement illégale et qu'elle comporte en outre des conséquences graves pour le demandeur d'asile »*[3]. Ici, le juge ne fait que *« donner vie et vigueur aux garanties prévues par la loi nationale et le règlement communautaire »*[4]. Autrement dit, ces garanties ne restent pas lettre morte, mais trouvent bien au contraire *« le levier d'une application effective dans le prétoire du juge des référés »*[5].

1 382. – Dans une affaire *Salah* de 2009, le juge des référés du Conseil d'État avait par exemple enjoint à l'autorité préfectorale d'assurer l'hébergement en urgence de la requérante à qui aucune allocation financière ni solution matérielle d'hébergement n'avait été fournie[6]. De fait, la solution rendue par les juges du premier degré fut confirmée. Plus généralement, *« les juges veillent à ce que le droit des demandeurs d'asile à des conditions matérielles d'accueil décentes soit respecté, nonobstant la charge financière qu'il a nécessairement pour effet d'engendrer »*[7]. Ainsi, le juge des référés prendra toujours en considération l'existence d'une aide publique lorsque celle-ci est prévue par la loi. S'il est saisi par un intéressé, *« il garantira alors que l'aide à laquelle l'individu a droit lui sera bien versée »*[8].

---

[1] CE, ord. 17 septembre 2009, n° 331950, *Ministre de l'immigration, de l'intégration, de l'identité nationale et du développement solidaire c. Salah*, Lebon, AJDA, 2010, pp. 202-209, note Serge Slama ; JCP A 2009, 2262, note Laetitia Fermaud.
[2] Voir CE, ord. 17 septembre 2009, *op.cit.*
[3] *Ibid.*
[4] O. Le Bot, « L'effectivité des droits sociaux dans le cadre des procédures d'urgence », *op.cit.*, p. 336.
[5] *Ibid.*
[6] *Ibid.*
[7] *Ibid.*, pp. 336-337.
[8] *Ibid.*, p. 337.

1 383. – Autrement dit, *« la saisine du juge des référés permet de garantir l'efficacité des droits sociaux dans les situations qui commandent une intervention très rapide »*[1]. Comme cela a été vu, le magistrat dispose non seulement des outils pour assurer, y compris en urgence, la protection de ces droits, mais il ne rechigne par ailleurs que rarement à utiliser les prérogatives qui lui sont dévolues pour en assurer l'effectivité. En ce qui concerne la jouissance du droit à l'alimentation par les demandeurs d'asile, il ne faut toutefois pas négliger l'importance des structures capables de les conseiller, de les aider et de les accompagner devant les tribunaux. Lorsqu'elles existent, *« l'effectivité des droits sociaux, dans le cadre des procédures d'urgence, atteint un niveau élevé »*[2]. Et la réalité démontre justement que ces derniers sont *« efficacement protégés grâce aux compétences des associations qui leur viennent en aide et à la maîtrise par celles-ci des procédures contentieuses »*[3].

1 384. – Ici encore, l'appui institutionnel dont bénéficient les personnes victimes d'atteintes à leur droit à l'alimentation conditionne en grande partie l'effectivité de celui-ci. Le cas des procédures d'urgence en est un parfait exemple. Et comme le soulignent certains juristes, *« l'effectivité des droits sociaux en référé ne dépend pas seulement de la qualité des procédures existantes, mais est aussi fonction, pour une part significative, du dynamisme de la société civile afin de favoriser l'accès de ses membres aux organes juridictionnels chargés de leur protection »*[4]. Il serait regrettable qu'un individu renonce à son accès à l'alimentation au prétexte qu'il ignore l'existence d'une voie de droit pourtant à sa disposition, ou bien encore qu'il soit rebuté par la complexité des procédures. Dans pareilles occurrences, il cèdera bien souvent au silence, voire au repli sur soi, et ne s'adressera pas à la justice pour obtenir la défense de ses droits.

§II. LES GARANTIES JURIDICTIONNELLES DU DROIT À L'ALIMENTATION

1 385. – Comme cela a été démontré jusqu'ici, le droit interne ne reconnaît qu'indirectement, à tout le moins en France, les droits à l'eau et à l'alimentation en tant que tels. À première vue, la principale explication à retenir en la matière réside dans l'absence de politique jurisprudentielle spécifique, donc de développements particuliers relatifs aux droits économiques, sociaux et culturels.

[1] O. Le Bot, « L'effectivité des droits sociaux dans le cadre des procédures d'urgence », *op.cit.*, p. 339.
[2] *Ibid.*
[3] *Ibid.*
[4] *Ibid.*, p. 340.

1 386. – En droit européen comme dans la plupart des droits nationaux, l'essentiel de la protection concerne en effet les droits civils et politiques. Cela dit, le silence entourant le droit à l'alimentation ne traduit pas pour autant une volonté de le tenir à l'écart du système juridictionnel classique, mais il signifie que sa garantie s'attache principalement aux atteintes portées aux droits fondamentaux plutôt substantiels (et notamment ceux garantis au plan supranational par les articles 2 et 8 de la Convention européenne de sauvegarde des droits de l'homme).

1 387. – En y regardant cette fois-ci de plus près, il ressort clairement que les garanties juridictionnelles entourant les droits sociaux en général, et le droit de chaque être humain à se nourrir en particulier, existent bel et bien. Et pour s'en convaincre, il n'y a qu'à se pencher plus précisément sur la question de la justiciabilité de l'obligation alimentaire entre parents et alliés (A), sur celle relative à l'effet direct (et à l'invocabilité) des traités internationaux protecteurs des droits de l'homme devant la Cour de cassation (B), et enfin sur les interrogations que suscitent les ambiguïtés du juge face au « droit au minimum » en droit comparé (C).

A. LA JUSTICIABILITÉ DE L'OBLIGATION ALIMENTAIRE ENTRE PARENTS ET ALLIÉS EN DROIT FRANÇAIS

1 388. – Les enfants doivent à leurs parents, ou d'ailleurs à n'importe quel autre ascendant se trouvant dans le besoin, des aliments[1]. Cette règle vaut également pour les gendres et les belles-filles à l'égard de leurs beaux-pères et belles-mères[2]. Cela dit, l'obligation alimentaire peut parfois être satisfaite par la collectivité, dès lors que le débiteur d'aliments apporte la preuve de son insolvabilité, autrement dit de son impossibilité de couvrir la totalité des frais[3]. Dans l'ensemble, et pour une partie importante de la doctrine, l'obligation alimentaire a encore aujourd'hui des allures de « droit de classe »[4], puisqu'*« à celui qui a besoin de beaucoup, car son train de vie est assez élevé, et dont les débiteurs ont beaucoup, il sera*

---

[1] Sur ce point, voir l'article 205 du Code civil, d'après lequel *« les enfants doivent des aliments à leurs père et mère ou autres ascendants qui sont dans le besoin »*.

[2] Sur ce point, voir l'article 206 du Code civil qui précise aussi que *« cette obligation cesse lorsque celui des époux qui produisait l'affinité et les enfants issus de son union avec l'autre époux sont décédés »*.

[3] Voir tout particulièrement sur cette question M. Pichard, « La justiciabilité de l'obligation alimentaire entre parents et alliés : quels enseignements pour la justiciabilité des droits sociaux ? », in Diane Roman (dir.), *Droits des pauvres, pauvres droits ? – Recherches sur la justiciabilité des droits sociaux*, *op.cit.*, p. 415.

[4] *Ibid.*, p. 416.

beaucoup fourni »[1]. Et inversement, *« à celui qui, pour avoir toujours été pauvre, a besoin de peu et dont les parents et alliés n'ont guère, il sera peu promis »*[2].

1 389. – Pourtant, l'obligation alimentaire a justement vocation à garantir à ceux qui se trouvent dans le besoin la jouissance du droit à des moyens convenables d'existence[3]. C'est là l'une des raisons pour lesquelles une telle obligation n'est pas, et ne doit sûrement pas être, du seul ressort de la collectivité. En ce sens, certains juristes rappellent que *« quand un État impose à une personne privée la réalisation d'un droit social, il œuvre à sa garantie, puisqu'il améliore la situation de son titulaire »*[4]. En attestent selon eux parfaitement les législations françaises sur le droit à l'habitat et sur le droit au logement[5] (et ce serait d'ailleurs la loi sur l'habitat qui aurait permis de protéger le droit au logement[6]). En d'autres termes, l'exécution de l'obligation alimentaire pesant sur les personnes privées peut très bien être imposée en justice dans la mesure où ce n'est pas une obligation naturelle[7].

1 390. – Plus généralement cette fois-ci, *« l'instauration de charges et de contraintes sur une personne privée est un des modes de garantie d'un droit social »*[8], et nul ne peut nier qu'en matière d'obligation alimentaire, contrainte il y a. Le législateur a conféré à cette créance d'aliments la protection d'un juge unique, et l'a par ailleurs assorti d'importantes garanties procédurales (décrites ci-après). En termes de fondement, la créance repose sur le devoir de charité et de solidarité familiales, tandis que son objectif spécifique est d'assurer sans grande surprise la subsistance du créancier. Par voie de conséquence, le régime juridique

---

[1] M. Pichard, « La justiciabilité de l'obligation alimentaire entre parents et alliés : quels enseignements pour la justiciabilité des droits sociaux ? », *op.cit.*, pp. 415-416.

[2] *Ibid.* Voir aussi P. Malaurie et H. Fulchiron, « La famille », in P. Malaurie et L. Aynes (dir.), *Droit civil*, Defrénois, 2009, n° 1748. Diane Roman souligne par ailleurs que *« la subjectivité de l'appréciation des besoins du créancier dans le cadre de la détermination du quantum de l'obligation alimentaire est importante »*. Voir D. Roman, *Le droit public face à la pauvreté*, *op.cit.*

[3] Ce droit a valeur constitutionnelle. Voir l'alinéa 11 du Préambule de la Constitution du 27 octobre 1946.

[4] M. Pichard, *op.cit.*, p. 416.

[5] Voir la loi n° 89-462 du 6 juillet 1989 tendant à améliorer les rapports locatifs et portant modification de la loi n° 86-1290 du 23 décembre 1986, dite Mermaz (JO 8 juillet 1989, p. 8541), et son article 1er : *« Le droit au logement est un droit fondamental ; il s'exerce dans le cadre des lois qui le régissent »*.

[6] Pour Marc Pichard, *« Que la législation sur l'habitat participe à la protection du droit au logement, comme l'affirment les textes, est plus que probable »*. Voir M. Pichard, *op.cit.*, p. 416.

[7] Le droit civil connaît la figure du débiteur qui ne peut être contraint : c'est l'hypothèse de l'obligation naturelle, sur laquelle voir notamment J. Flour, J.-L. Aubert et E. Savaux, *Droit civil : les obligations*, Sirey, 14e édition, tome 2, Octobre 2011, 534 pages. Voir également sur cette question E. Savaux, *Le rapport d'obligation*, Sirey, 6e éd., 2009, p. 55 et s.

[8] M. Pichard, *op.cit.*, p. 416.

de l'obligation alimentaire est très spécial et se distingue sur de nombreux points de celui qui prévaut pour les obligations ordinaires[1].

1 391. – Cette justiciabilité accrue s'explique bien entendu par les difficultés liées au recouvrement des créances en question, et n'est que le produit d'une ineffectivité elle-même non négligable. Pour rendre effective la créance alimentaire, les pouvoirs publics ont donc mis en place des règles tendant à favoriser sa justiciabilité (et ces règles ont trait à la contrainte entre parents et alliés[2]). Les deux voies d'une justiciabilité meilleure empruntées en matière d'obligation alimentaire sont les suivantes : d'une part, le recours aux juges est favorisé, et d'autre part, le recouvrement de la créance est facilité. Ce qui signifie que les personnes les plus démunies ont elles aussi accès aux juges, étant donné que la garantie juridictionnelle sus mentionnée profite à tout le monde (aux riches comme aux moins riches). Souvent, le juge de l'obligation alimentaire est le juge aux affaires familiales[3], car ses larges compétences évitent que des incertitudes en la matière freinent le recours au juge[4].

1 392. – Par ailleurs, les individus qui veulent bénéficier d'une aide alimentaire auprès de ce juge sont dispensés du ministère d'avocat, ce qui permet aussi aux plus indigents de faire valoir leurs droits (donc ici encore, l'obligation alimentaire fait l'objet d'une garantie juridictionnelle renforcée)[5]. Cet accès au juge est qui plus est facilité au niveau *ratione loci*[6], étant donné que le juge compétent peut être celui du domicile du demandeur – et non pas celui du défendeur –, en vertu de l'article 46 du Code de procédure civile[7]. Cette option est ouverte en France et dans le cadre de l'Union européenne (avec le règlement du 18 décembre 2008 relatif aux litiges transfrontaliers[8]). L'article 1247 du Code civil tient compte de la situation géographique du créancier de l'aide alimentaire, puisque sauf décision contraire du juge, les aliments alloués en justice doivent être livrés à son domicile

---

[1] Voir Juris Classeur Civil, articles 205 à 211, fascicule 20 : Aliments – Obligation alimentaires – Caractères, 2002, par L. Leveneur, n° 1. C'est *« une créance privée [...] d'une nature particulière »*. Voir aussi J. Hauser et D. Huet-Weiller, « Traité de droit civil », in Jacques Ghestin (dir.), *La famille, Fondation et vie de la famille*, LGDJ, 2e éd., 1993, n° 1350, p. 903.

[2] Pour aller plus loin sur cette question voir M. Pichard, « La justiciabilité de l'obligation alimentaire entre parents et alliés : quels enseignements pour la justiciabilité des droits sociaux ? », *op.cit.*, p. 417.

[3] Le juge aux affaires familiales est un juge du tribunal de grande instance.

[4] M. Pichard, *op.cit.*, pp. 417-418.

[5] Voir l'article 1139 du Code de procédure civile.

[6] Celle-ci correspond à l'aptitude juridique à prendre un acte à partir d'une zone géographique déterminée.

[7] D'après cet article, *« le demandeur peut saisir à son choix, outre la juridiction du lieu où demeure le défendeur : [...] en matière d'aliments ou de contribution aux charges du mariage, la juridiction du lieu où demeure le créancier »*. Cette solution est rappelée à l'article 1070, alinéa 3.

[8] Voir le Règlement (CE) n° 4/2009 du Conseil du 18 décembre 2008 relatif à la compétence, la loi applicable, la reconnaissance et l'exécution des décisions et la coopération en matière d'obligations alimentaires, JO UE 10 janvier 2009, n° L7, article 3.

(la créance est donc portable[1]). Sur ce point, certains observateurs se montrent satisfaits car pour eux, *« faire peser sur le débiteur de la dette d'aliments la charge de la distance permet forcément de renforcer la justiciabilité de l'obligation alimentaire »*[2]. Cela permet en réalité d'assortir l'obligation alimentaire d'une nouvelle garantie juridictionnelle en palliant justement la distance du juge.

1 393. – C'est le juge qui détermine l'existence et le *quantum* de l'obligation alimentaire. Étant donné que celle-ci est indisponible, il appartiendra aux juges de garantir la créance alimentaire. Donc d'une certaine façon, cette indisponibilité renforce la justiciabilité de l'obligation alimentaire car elle entraîne l'intervention d'une juridiction[3]. Effectivement, débiteurs et créanciers peuvent eux-mêmes fixer le montant de l'obligation alimentaire au moyen d'une convention, mais cela ne les empêche à aucun moment de saisir le juge pour réviser son montant car la valeur obligatoire de ladite convention, quand elle existe, est quasiment nulle[4]. En matière alimentaire, le juge étatique jouit d'un vrai monopole. Le recours à l'accord de volonté, que ce soit directement via une transaction ou indirectement par le biais de la saisine d'un arbitre, est donc interdit[5].

1 394. – Par ailleurs, un individu qui se trouverait dans l'incapacité de demander à l'autorité judiciaire la fixation de la dette alimentaire et/ou le versement de son montant peut tout à fait se faire suppléer dans cette démarche par le représentant de l'État ou le Président du Conseil départemental, ce qui constitue ici encore, une importante garantie juridictionnelle offerte au créancier d'aliment[6]. Et même si celui-ci refuse de se prévaloir de son droit, ce qui peut arriver, la créance alimentaire demeure justiciable (elle peut donc donner lieu à une décision du juge étatique[7]). Comme l'ont remarqué certains spécialistes, cette occurrence *« incite le créancier de l'obligation alimentaire à mal défendre ses droits, y compris dans*

---

[1] Sur ce point, voir tout particulièrement F. Terre, P. Simler et Y. Lequette, *Droit civil : les obligations*, Dalloz, 12e édition, coll. « Précis », 2018, n° 1344, pp. 1334-1335.
[2] M. Pichard, « La justiciabilité de l'obligation alimentaire entre parents et alliés : quels enseignements pour la justiciabilité des droits sociaux ? », *op.cit.*, p. 419.
[3] *Ibid.*
[4] Et pourtant, d'après l'article 1134 alinéa 1er du Code civil, *« les contrats légalement formés tiennent lieu de loi à ceux qui les ont faits »*.
[5] D'après l'article 2059 du Code civil, *« toutes personnes peuvent compromettre sur les droits dont elles ont la libre disposition »*. *A contrario*, l'indisponibilité de la créance alimentaire fait obstacle au compromis. Quant à l'article 2060 du Code civil, il précise que : *« On ne peut compromettre sur les questions d'état et de capacité des personnes, sur celles relatives au divorce et à la séparation de corps ou sur les contestations intéressant les collectivités publiqueset les établissements publics et plus généralement dans toutes les matières qui intéressent l'ordre public »*. Or il ne faut aucun doute que l'obligation alimentaire relève de cette dernière catégorie.
[6] Voir l'article L. 132-7 du Code de l'action sociale et des familles.
[7] *Ibid.*

un cadre conventionnel »[1]. C'est sûrement là une solution très surprenante[2], dans la mesure où *« la forme contractuelle est généralisée, voire abâtardie »*[3], mais il n'est après tout pas rare que l'ordre public, par la technique des « renonciations impossibles »[4], vienne protéger le faible contre sa propre volonté (volonté dominée tout de même par autrui).

1 395. – Il est toujours possible de saisir à nouveau le juge pour qu'il procède à une nouvelle évaluation de la pension en fonction de l'évolution des ressources du créancier comme du débiteur. Tant que les circonstances entourant la fixation de l'aide alimentaire restent inchangées, celle-ci bénéficiera – sans grande surprise – de l'autorité de la chose jugée. En revanche, une demande en révision peut très bien être soumise aux tribunaux dès lors qu'apparaissent des éléments nouveaux[5]. En matière alimentaire, *« l'éternelle réouverture possible des débats est le symbole d'une justiciabilité particulière qui n'a que peu d'équivalents en droit civil »*[6]. Donc si la justiciabilité de l'obligation alimentaire est accrue à un tel point, c'est précisément car son régime favorise le recours au juge. Et comme le fait remarquer à juste titre une partie de la doctrine, *« accroître la justiciabilité d'un droit, c'est s'assurer que la décision prise pourra être exécutée (et que la créance fixée pourra être recouvrée) »*[7].

1 396. – Si la situation du débiteur d'aliments devient inconfortable, alors l'administration pourra, par le biais de voies originales, être mobilisée[8]. Ceci dit, le débiteur de l'obligation alimentaire n'a pas la faculté de se prévaloir d'une dette que lui devrait son créancier pour diminuer le paiement de l'aide, voire pour y échapper. De fait, la neutralisation des obligations réciproques ne trouve en principe pas application concernant les aliments[9]. Quant au délai de grâce, il est exclu en matière alimentaire[10], ce qui veut dire que le juge ne peut pas reporter ou échelonner dans le temps les dettes d'aliments (ainsi le créancier d'aliments doit

[1] M. Pichard, « La justiciabilité de l'obligation alimentaire entre parents et alliés : quels enseignements pour la justiciabilité des droits sociaux ? », *op.cit.*, p. 420.
[2] Sur la méfiance à entretenir à l'égard des « accords de volonté » en présence de parties dans des situations économiquement très différentes, voir notamment A. Supiot, *Critique du droit du travail*, 2e édition, PUF, coll. « Quadrige », 2007, pp. 116 et s.
[3] Sur le phénomène de contractualisation, voir notamment S. Chassagnard-Pinet et D. Hiez (dir.), *Approche critique de la contractualisation*, LGDJ, coll. « Droit et société », 2007.
[4] Sur ce point, voir tout particulièrement M. Pichard, *op.cit.*, pp. 420-421.
[5] Voir notamment Cass. 1re civ. 16 juin 1993, Bull. civ. I n° 216 ; Def. 1993.1360, obs. J. Massip ; RTD civ. 1993.816, obs. J. Hauser.
[6] Parmi les équivalents, ils figurent en droit de l'assistance éducative ou de l'autorité parentale, où l'intérêt de l'enfant imprime sa marque – d'ordre public – à la matière. Sur ce point voir M. Pichard, *op.cit.*, p. 422.
[7] *Ibid.*
[8] *Ibid.*
[9] Voir sur ce point les articles 1289 et 1293 du Code civil.
[10] Voir l'article 1244-1 alinéa 4 du Code civil.

percevoir son dû en temps et en heure[1]). D'une manière plus générale, le droit du surendettement, au même titre d'ailleurs que les Codes de la consommation et du commerce, sont très favorables aux créanciers d'aliments[2]. Il en va également de même s'agissant des procédures d'exécution forcée, qui elles aussi témoignent de la rigueur à l'égard du débiteur d'aliments[3].

1 397. – La loi du 2 janvier 1973 relative au paiement direct de la pension alimentaire consacrait pour sa part – en son article 2 – une importante garantie procédurale au bénéfice du créancier d'aliments, étant entendu que celui-ci est considéré comme prioritaire sur tous les autres créanciers du débiteur. L'article 1er de ladite loi prévoit en outre que : *« Le créancier d'une dette alimentaire peut se faire payer directement le montant de cette pension par les tiers de sommes liquides et exigibles envers le débiteur de la pension. Il peut exercer ce droit entre les mains de tout débiteur de salaires, produits du travail ou autres revenus, ainsi que tout dépositaire de fonds »*[4]. Le débiteur d'aliments récalcitrant s'expose, après un délai de non-paiement de la dette de plus de deux mois, à des sactions pénales spécifiques[5]. Donc en définitive, si le droit contemporain est plus indulgent à l'égard du débiteur impécunieux dans de nombreux domaines, il ne l'est absolument pas en matière d'obligation alimentaire. La justiciabilité de celle-ci est accrue et renforcée sur de nombreux points[6].

1 398. – Voici l'une des principales difficultés de la justiciabilité des droits sociaux : *« pour que l'un soit rempli de ses droits, il faut rester sourd aux intérêts de l'autre »*[7]. Mais tous les contextes ne justifient pas une prise de position aussi radicale. Il y a d'autres domaines, en dehors de l'obligation alimentaire, où il existerait un frein politique à la justiciabilité des droits sociaux[8]. Ce qui est toutefois certain, c'est qu'en matière d'aliments, les jugements de valeur sont

---

[1] Et la Cour de cassation a retenu une interprétation assez large de cette disposition pourtant formellement exceptionnelle. Voir tout particulièrement Cass. soc. 18 novembre 1992, Bull. civ. V n° 555 ; RTD civ. 1993.611, obs. P.-Y. Gautier.

[2] En effet, si la saisine de la Commission de surendettement des particuliers peut emporter suspension des poursuites, cette solution est exclue en matière d'aliments. Voir ici l'article L. 331-5 du Code de la consommation.

[3] Voir notamment les articles L. 3252-2 alinéa 1er et L. 3252-5 du Code du travail.

[4] Cet article 1er ajoute que : *« La demande en paiement direct sera recevable dès qu'une échéance d'une pension alimentaire, fixée par une décision judiciaire devenue exécutoire, n'aura pas été payée à son terme »*.

[5] Le débiteur récalcitrant encourt jusqu'à deux ans de prison et 15 000 euros d'amende. Voir l'article 227-3 du Code pénal.

[6] Il n'y a que dans l'hypothèse où le débiteur atteste d'un amenuisement de ses ressources que le juge pourra diminuer le montant de l'obligation alimentaire. En dehors de ce cas de figure, le juge est indifférent à la situation du débiteur. Pour aller plus loin sur ce point, voir M. Pichard, « La justiciabilité de l'obligation alimentaire entre parents et alliés : quels enseignements pour la justiciabilité des droits sociaux ? », *op.cit.*, p. 426.

[7] *Ibid.*

[8] *Ibid.*

radicaux[1]. L'existence de mécanismes pour le moins originaux de collaboration de l'administration avec le créancier d'aliments en dehors de toute intervention des pouvoirs publics sur le fondement de l'article L. 132 du Code de l'action et des familles ou de la question du recours contributif des personnes publiques contre les débiteurs d'aliments[2] en témoigne. En effet, l'article L. 111-II du Livre des procédures fiscales autorise tout de même le créancier d'aliments à accéder au revenu imposable du débiteur, ce qui lui permet de prouver facilement ou pas d'ailleurs, que les ressources qui conditionnent l'existence de la créance alimentaire existent bien.

1 399. – Dans le cadre de la procédure dite de paiement direct, plusieurs personnes publiques doivent réunir et communiquer à l'huissier chargé de former la demande de paiement direct toute information dont ils disposent pour déterminer l'adresse exacte du débiteur de la pension alimentaire, ainsi que pour identifier l'adresse de son employeur ou dépositaires de sommes liquides ou exigibles. Et cela sans que l'huissier ait à requérir l'assistance du Procureur de la République[3]. Enfin, une disposition équivalente qui étend encore davantage le champ des informations accessibles existe concernant le renouvellement public des pensions alimentaires[4].

1 400. – Donc en définitive, les créanciers alimentaires pourront demander aux agents de l'État de se muer en véritables huissiers de justice si les voies d'exécution de droit privé sont restées infructueuses. Voici là une garantie juridictionnelle inattendue, voire surprenante, mais bien réelle[5]. Cette occurrence permet également d'éviter un face à face avec le débiteur que *« les circonstances familiales peuvent rendre parfois délicat »*[6]. En clair, *« la justiciabilité de l'obligation alimentaire entre parents et alliés passe par une mobilisation exceptionnelle des services de l'État dans un intérêt privé »*[7]. Cela dit, comme

[1] M. Pichard, « La justiciabilité de l'obligation alimentaire entre parents et alliés : quels enseignements pour la justiciabilité des droits sociaux ? », *op.cit.*, p. 426.
[2] Les organismes débiteurs de prestations familiales, personnes privées en charge d'une mission de service public, peuvent aussi être sollicités, mais à une fin particulière : le recouvrement des pensions dont le bénéficiaire est un enfant mineur (voir l'article L. 581-1 et s. du Code de la sécurité sociale).
[3] Pourtant, l'huissier de justice est contraint de requérir l'assistance du Procureur de la République dans le cadre des procédures de droit commun posées aux articles 39 et 40 de la loi n° 91-650 du 9 juillet 1991 portant réforme des procédures civiles d'exécution.
[4] Voir l'article 8 de la loi n° 75-618 du 11 juillet 1975 : *« Les mêmes personnes doivent fournir au comptable public les renseignements dont elles disposent ou peuvent disposer et qui sont utiles à la mise en œuvre de la procédure de recouvrement public ».*
[5] Alors qu'en principe, les huissiers de justice bénéficient d'un monopole en matière de voies d'exécution posé par l'article 18 de la loi n° 91-650 du 9 juillet 1991, portant réforme des procédures civiles d'exécution. Ce monopole est également malmené lorsque les organismes débiteurs de prestations familiales sont autorisés à recouvrer une créance en vertu des articles L. 581-3 ou L. 581-6 du Code de la sécurité sociale.
[6] M. Pichard, *op.cit.*, p. 427.
[7] *Ibid.*, p. 428.

l'ont très justement remarqué plusieurs observateurs, *« la nature des liens qui unissent les parents et alliés est si particulière qu'il n'est pas raisonnable d'ériger au rang de modèle de justiciabilité des droits sociaux la question de la créance alimentaire »*[1]. C'est parce que la créance dite alimentaire est incomparable aux autres que le législateur a voulu assortir sa justiciabilité de modalités spécifiques (mais rien n'empêche que ces modalités de protection puissent servir de base de réflexion pour penser la question de la justiciabilité des droits sociaux autrement donc plus souplement et plus flexiblement).

B. L'EFFET DIRECT (ET L'INVOCABILITÉ) DES TRAITÉS INTERNATIONAUX PROTECTEURS DU DROIT À L'ALIMENTATION DEVANT LA COUR DE CASSATION

1 401. – La jurisprudence de la Cour de cassation ayant trait à la justiciabilité des traités internationaux est construite autour de l'effet direct. Ce mécanisme assure seul la réception judiciaire des dispositions conventionnelles[2]. La reconnaissance de l'effet direct procède du pouvoir d'interprétation du juge. Et de ce point de vue là, le juge peut soit évaluer l'effet direct du traité pris dans sa globalité[3] ou bien soit raisonner disposition par disposition[4]. La Cour de cassation utilise indifféremment ces deux méthodes en fonction du traité qui est invoqué, et selon la formation qui est saisie. Mais dans l'ensemble, *« toute sa jurisprudence relative à l'effet direct est encore instable, donc celle-ci devrait être rationalisée dans le but de simplifier l'utilisation d'un mécanisme qui, à lui seul, détermine toute l'application des traités internationaux protecteurs des droits de l'homme »*[5].

1 402. – Ce qu'il y a d'encourageant, en revanche, c'est qu'un justiciable puisse se prévaloir des traités internationaux protecteurs des droits de l'homme en général, et du droit à l'alimentation en particulier devant la Cour de cassation. Il y a ici une vraie garantie juridictionnelle qui leur est offerte. Mais encore va-t-il falloir pour eux s'habituer aux ambivalences, voire même aux incertitudes de la

---

[1] M. Pichard, « La justiciabilité de l'obligation alimentaire entre parents et alliés : quels enseignements pour la justiciabilité des droits sociaux ? », *op.cit.*, p. 428.
[2] Pour aller plus loin, voir R. Encinas de Munagorri, « Qu'est-ce qu'un texte directement applicable ? », *RTD civ.*, 2005, p. 556.
[3] Il faut alors se référer au critère dit « subjectif » de l'effet direct. Pour plus de détails, voir tout particulièrement C. Laurent-Boutot, *La Cour de cassation face aux traités internationaux protecteurs des droits de l'homme*, *op.cit.*, p. 45.
[4] Dans une telle hypothèse, la qualité de la norme doit être évaluée. Voir *Ibid.*
[5] *Ibid.*, p. 46. Voir également C. Chabert, *Un traité bien mieux traité*, note relative aux arrêts de la première chambre civile du 18 mai 2005 et du 14 juin 2005, JCP G. 2005, II, 10115, p. 1577 (et plus spécialement p. 1578).

Haute juridiction s'agissant du cadre à donner auxdits traités dans l'ordre interne. Les traités internationaux protecteurs des droits de l'homme ne sont par ailleurs pas des traités traditionnels qui eux, ne définissent que des obligations interétatiques[1].

1 403. – Concernant la Convention européenne de sauvegarde des droits de l'homme (ci-après CESDH), la Cour de cassation n'opère aucune distinction entre ses différentes dispositions conventionnelles. Le juge judiciaire estime en effet que la CESDH présente un caractère *self-executing*[2], ce qui renvoie bien sûr au critère objectif de l'effet direct, et donc à la qualité de la norme. Si l'effet direct global du texte est impossible, étant entendu que l'intention de créer des droits directement applicables n'est à aucun moment clairement exprimée par le traité, l'article 1er suggère toutefois que ses auteurs ont souhaité reconnaître des droits d'effet direct au bénéfice des individus[3]. Par conséquent, seules les dispositions suffisamment précises engendreront des droits subjectifs dans le patrimoine juridique des individus[4].

1 404. – L'effet direct ne se rapporte pas au titre II de la CESDH, étant donné que les dispositions qui y sont retranscrites n'ont nullement vocation à conférer des droits directement applicables aux individus devant les juridictions[5]. Il en va de même concernant les stipulations du titre III, puisqu'elles non plus ne sont pas d'effet direct[6]. En outre, les dispositions conventionnelles des protocoles additionnels sont à destination des États, et non des individus. Il faut suivre le même raisonnement pour les deux pactes de 1966, ou bien encore pour la CSE (laquelle définit des droits dans ses parties I et II, tandis que ses parties suivantes

---

[1] Pour aller plus loin, voir J.-F. Flauss, « La protection des droits de l'homme et les sources de droit international » in *La protection des droits de l'homme et l'évolution du droit international*, SFDI, Pédone, 1998, Paris, p. 25.

[2] C. Laurent-Boutot, *La Cour de cassation face aux traités internationaux protecteurs des droits de l'homme*, *op.cit.*, p. 51.

[3] D'après l'article 1er CESDH, « *les Hautes parties contractantes reconnaissent à toute personne relevant de leur juridiction des droits et libertés définis au titre I de la Convention* ». Voir également G. Cohen-Jonathan, *La convention européenne des droits de l'homme*, PU d'Aix-Marseille, Économica, 1989, p. 244. Du même auteur, voir « La place de la Convention européenne des droits de l'homme dans l'ordre juridique français », in F. Sudre (dir.), *Le droit français et la Convention européenne des droits de l'homme 1974 – 1992*, N.-P. Engel. Khel. Strasbourg. Arlington, 1994, p. 4. Voir également V. Coussirat-Coustère, « Convention européenne des droits de l'homme et droit interne : primauté et effet direct », in L.-E. Pettiti, V. Coussirat-Coustère, P. Lambert, D. Durand et M.-A. Eissen (dir.), *La Convention européenne des droits de l'homme : Actes de la journée d'étude du 16-11-1991*, Bruxelles, Nemesis, coll. Droit et justice, 1992, p. 11 (n° 5 et suivants).

[4] C. Laurent-Boutot, *op.cit.*, p. 52. Voir aussi P. Chambon, note sous l'arrêt de la Cour de sûreté de l'État du 6 mai 1976, JCP 1976, II, 18416. Sont dénoncés les caractères « *vagues* » et « *indéterminé* » de la Convention : voir la référence faite à Michel Melchior aux mélanges WIARDA par J. Dhommeaux, « De l'universalité du droit international des droits de l'homme : du *pactum ferendum* au *pactum latum* », *AFDI*, 1989, p. 399, note 15, p. 405. Voir enfin G. Cohen-Jonathan, *op.cit.*, et V. Coussirat-Coustere, *op.cit.*

[5] C. Laurent-Boutot, *op.cit.*, p. 53.

[6] *Ibid.*

précisent les obligations des États puis établissent la procédure devant le Comité européen des droits sociaux)[1]. En conclusion, l'admission globale de l'effet direct est clairement impossible car les traités internationaux protecteurs des droits de l'homme sont formés de parties consacrant pour certaines d'entre elles des droits substantiels et définissent, pour d'autres, les différents engagements des États[2].

1 405. – Comme le rappellent certains auteurs, *« on pourrait à la rigueur, et sous réserve d'être nuancé, reconnaître l'effet direct du titre I de la CESDH, et seulement du titre I, tout comme on pourrait admettre l'effet direct des parties I et II de la CSE, et seulement des parties I et II »*[3]. Par ailleurs, des dispositions conventionnelles sont parfois insusceptibles de faire l'objet d'un effet direct indépendant. C'est le cas notamment de l'article 14 CESDH relatif au principe de non-discrimination. Pour être d'effet direct, cet article doit donc se combiner avec un autre droit substantiel[4]. Voici là une autre limite à la théorie de l'effet direct des dispositions conventionnelles des traités internationaux sur les droits de l'homme (au même titre d'ailleurs que la distinction à opérer entre les dimensions verticale et horizontale desdites dispositions conventionnelles[5]).

1 406. – Autrement dit, les droits substantiels ne sont pas tous d'effet direct, et doivent parfois suivre d'autres formes de justiciabilité pour être applicables à un litige concret. L'approche globaliste positive de l'effet direct a beau être une motivation extrêmement large – elle a d'ailleurs été pour cette raison rapidement abandonnée par les juridictions françaises[6] –, il n'empêche qu'*« elle est sûrement moins dangereuse que l'approche globaliste négative de l'effet direct (qui a rendu inapplicable la Convention internationale des droits de l'enfant pendant trop longtemps) »*[7]. En résumé, la justiciabilité des traités internationaux protecteurs des droits de l'homme n'est envisagée par la Cour de cassation qu'à l'aune de l'effet direct.

1 407. – Si la Cour de cassation n'a jamais nié l'effet direct de la CESDH, *« le respect des traités relatifs aux droits de l'homme procède surtout de l'action convergente des pouvoirs exécutif et législatif, mais aussi de l'autorité*

---

[1] C. Laurent-Boutot, La Cour de cassation face aux traités internationaux protecteurs des droits de l'homme, *op.cit.*, p. 53.

[2] *Ibid.*

[3] *Ibid.*, p. 54.

[4] Voir sur ce point J.-P. Marguenaud, *La Cour européenne des droits de l'homme*, Dalloz, coll. « Connaissance du droit », 7e édition, 2017, p. 38 et s.

[5] Les dispositions conventionnelles ont une dimension verticale mais aussi horizontale. Si la dimension verticale peut être d'effet direct, rien n'empêche à la dimension horizontale d'être dépourvue de cet effet. Voici là l'autre limite à la théorie de l'effet direct.

[6] Voir notamment Crim. 9 février 1978, Bull. crim. n° 52 ; 5 mai 1978, Bull. crim. n° 139, p. 352.

[7] C. Laurent-Boutot, *op.cit.*, p. 55.

judiciaire »[1]. Ce qui est également sûr, et ce dans une toute autre mesure, c'est que *« vouloir contourner l'effet direct d'un traité sur les droits de l'homme pour un motif sociologique voire idéologique ne saurait être le fait d'une juridiction suprême »*[2]. La Convention internationale ayant trait aux droits de l'enfant fait à n'en pas douter partie des conventions dites spéciales – étant entendu que c'est grâce à ce texte que l'universalité des droits de l'enfant fut consacrée –, mais celle-ci n'a pas mis un terme aux débats autour de la justiciabilité des droits sociaux. C'est dès lors sûrement à tort que la Cour de cassation n'a jamais voulu, et ce pour des motifs ajuridiques, s'interroger sur ce texte et sur ses capacités à créer des droits économiques, sociaux et culturels directement applicables (ces droits étant souvent considérés comme simplement programmatoires ou programmatiques).

1 408. – Développer une approche globaliste négative de l'effet direct des droits économiques, sociaux et culturels – dans leur ensemble – serait ainsi une démarche erronée. Nier l'effet direct des droits économiques, sociaux et culturels revient ni plus ni moins à nier celui des droits civils et politiques dont la justiciabilité est généralement moins discutée. C'est d'ailleurs parce que l'approche sus-évoquée est incompatible avec le caractère objectif des droits de l'homme que la Cour de cassation n'est toujours pas en mesure de dire si les droits économiques, sociaux et culturels de la CSE sont d'effet directs, donc s'ils sont justiciables[3]. Sans grande surprise, la Haute juridiction ne souhaite pas publier au bulletin les arrêts témoignant de cette hésitation.

1 409. – Il ne faudrait surtout pas que cette approche globaliste négative de l'effet direct qu'a eu à un moment donné la Cour de cassation à l'endroit de la Convention internationale relative aux droits de l'enfant puisse, et ce par analogie, s'appliquer à d'autres traités qui eux, auraient un lien même ténu avec le droit à l'alimentation. Le caractère objectif des droits de l'homme s'oppose assez nettement à cette démarche et suppose bien plus de rechercher disposition par disposition si celles-ci n'ont pas vocation à être appliquées par les juridictions. En conséquence, « *la Cour de cassation doit absolument abandonner toute approche globaliste de l'effet direct – qu'elle soit positive – et tout particulièrement négative »*[4]. Cette situation de fait et clairement déplorable procède sans aucun doute d'une absence de dialogue entre les juges nationaux d'une part, ainsi

---

[1] C. Laurent-Boutot, *La Cour de cassation face aux traités internationaux protecteurs des droits de l'homme*, *op.cit.*, p. 59. Voir également sur ce point T. Fleiner, « Quelques réflexions sur le discours contemporain des droits de l'homme », in Mélanges en l'honneur de Michel Fromont, *Les droits individuels et le juge en Europe*, PU de Strasbourg, 2001, Strasbourg, p. 235. À la page 239, l'auteur insiste sur le fait que la protection des droits de l'homme passe nécessairement par *« cette institution qu'est le tribunal, adaptée comme aucune autre à l'individu moyen »*.

[2] *Ibid.*

[3] Et ce malgré l'arrêt rendu par la Chambre sociale le 17 décembre 1996 (pourvoir n° 92-44.203), le seul qui puisse être significatif à l'égard de la justiciabilité de la CSE.

[4] C. Laurent-Boutot, *op.cit.*, p. 63.

qu'entre ces mêmes juges nationaux et les organes supranationaux de contrôle d'autre part.

1 410. – Étudier la volonté des États de créer un droit à destination des individus revient à interpréter la disposition conventionnelle en s'attachant à la condition subjective de l'effet direct. Et ici, le dialogue entre les juges semble justement indispensable. Pour évoquer différemment les choses, *« le caractère implicite de l'effet direct découlant du contrôle de conventionnalité ne sert en rien à l'intelligibilité de la jurisprudence de la chambre criminelle en l'absence d'un dialogue clair avec les autres formations de la Haute juridiction »*[1]. Ce dialogue est d'autant plus nécessaire que le Conseil d'État a toujours adopté une méthode partielle en interprétant chaque disposition de la Convention internationale relative aux droits de l'enfant afin de voir si les droits consacrés remplissent les conditions d'effet direct[2]. Ainsi, *« la jurisprudence du Conseil d'État paraît bien plus élaborée que celle de la Cour de cassation »*[3].

1 411. – Quoi qu'il en soit, il n'est sans doute plus souhaitable que *« l'argumentation du justiciable sur le fondement d'un traité international protecteur des droits de l'homme puisse succomber ou prospérer en fonction de la répartition des contentieux entre les différentes juridictions et/ou entre les différentes formations de ces mêmes juridictions »*[4]. Dans l'ensemble, la doctrine se montre hostile à l'égard de la jurisprudence négatrice de l'effet direct des traités internationaux pris dans leur globalité. Les auteurs souhaitent non seulement que le dialogue des juges s'enrichisse d'échanges réguliers avec les organes supranationaux, mais aussi que l'interprétation de l'effet direct se fasse dorénavant disposition par disposition, selon la méthode partielle[5]. C'est uniquement par le biais de ce constructivisme prétorien que la qualité de norme exécutoire – voire auto-exécutoire – pourra être reconnue à pléthore d'articles

---

[1] C. Laurent-Boutot, *La Cour de cassation face aux traités internationaux protecteurs des droits de l'homme*, *op.cit.*, pp. 65-66.

[2] Voir H. Tigroudja, « Le juge administratif français et l'effet direct des engagements internationaux », *RFDA*, janvier – février 2003, p. 154.

[3] C. Laurent-Boutot, *op.cit.*, p. 66.

[4] *Ibid.*

[5] RCIP 1993, p. 449, note P. Lagarde ; RDSS 1995, p. 553, observations F. Moneger ; RGDIP 1995, p. 1051, note D. Alland et les chroniques de C. Neirinck, P.-M. Martin, *Un traité bien maltraité. À propos de l'arrêt Le Jeune (Cass. Civ. 1re, 10 mars 1993)*, JCP, G, 1993, I, 3677 ; M.-C. Rondeau-Rivier, *La Convention des Nations Unies sur les droits de l'enfant devant la Cour de cassation : un traité mis hors jeu*, D 1993, chronique p. 203 ; A.-D. Olinga, « L'applicabilité directe de la Convention internationale sur les droits de l'enfant devant le juge français », *RTDH*, 1995, p. 678 ; C. Chabert, « L'applicabilité de la Convention de New-York sur les droits de l'enfant : une question en réexamen ? », *RRJ*, 1997, 2, p. 615 ; *Pour un réexamen de la question de l'applicabilité directe de la Convention de New-York du 26 janvier 1990 relative aux droits de l'enfant*, JCP G, 2003, I, 129, p. 761.

conventionnels (lesquels pourront, cela va de soi, traiter du droit à l'alimentation)[1].

1 412. – Au vu de tous ces éléments, il n'est dès lors plus surprenant d'apprendre qu'il a fallu attendre 2005 pour voir un réel revirement jurisprudentiel de la part de la Cour de cassation. Avant cela, elle se contentait, par intermittence, de modifier son interprétation globale négative en faveur d'une logique partielle adaptée quant à elle au caractère objectif des droits de l'homme. Ceci étant dit, toutes les formations de la Haute juridiction se sont depuis lors alignées – hormis la chambre sociale – sur cette approche partielle de l'effet direct des traités internationaux protecteurs des droits de l'homme, ce qui semble potentiellement constituer une belle avancée pour la justiciabilité du droit à l'alimentation dans l'ordre interne[2]. De manière plus générale, l'influence croisée des sources et des jurisprudences internes et internationales doit profiter au revirement favorable à une analyse partielle de l'effet direct des traités internationaux protecteurs des droits de l'homme.

1 413. – Si une disposition conventionnelle bénéficie de l'effet direct, alors le droit que celle-ci consacre bénéficiera d'une application dans deux hypothèses : s'il n'y a pas en droit national de texte équivalent, alors la disposition conventionnelle sera appliquée directement. Mais le plus souvent, le droit interne fera l'objet d'un contrôle de conventionnalité pour voir s'il est conforme à la disposition en question. Le texte national moins favorable sera évincé au profit de la disposition conventionnelle elle-même. Cela reflète le mécanisme de l'effet direct vertical. En revanche, l'effet direct peut être horizontal dès lors que les dispositions conventionnelles sont soulevées à l'encontre d'un individu ou d'un groupe de personnes qui les auraient violées. Un justiciable peut donc rechercher la réparation, par le truchement de tels mécanismes, d'une violation de son droit à l'alimentation commise soit par les pouvoirs publics, soit par les personnes physiques ou morales de droit privé. Ce qui semble ici encore favorable à l'effectivité de ce droit de l'homme.

1 414. – Si la Cour de cassation doit nier l'effet direct d'une disposition d'un traité, elle le mentionnera clairement. Si elle reconnaît l'effet direct de certaines dispositions conventionnelles, elle le fera là aussi explicitement[3]. C'est en tout cas une politique jurisprudentielle qui semble s'être clairement dégagée – puis à

---

[1] Il en va par exemple de l'article 3 de la Convention internationale relative aux droits de l'enfant d'après l'Avocat général Cécile Petit dans le cadre d'un arrêt rendu par la Cour de cassation le 14 juin 2005.

[2] C. Laurent-Boutot, *La Cour de cassation face aux traités internationaux protecteurs des droits de l'homme*, *op.cit.*, p. 72.

[3] Pour Carine Laurent-Boutot, *« Ce serait hasardeux de la part de la Cour de cassation d'appliquer la disposition conventionnelle sans spécifier explicitement son effet direct »*. C. Laurent-Boutot, *La Cour de cassation face aux traités internationaux protecteurs des droits de l'homme*, *Ibid.*

maintes reprises confirmée – depuis un arrêt de la chambre criminelle de 1997[1]. C'est ainsi que la chambre commerciale analyse par exemple, et ce de façon casuistique, chaque disposition du PIDESC afin de savoir si elles sont ou non d'effet direct[2]. L'article 11§1 de ce pacte – lequel est relatif au droit de toute personne à un niveau de vie suffisant pour elle-même et pour sa famille – semble programmatoire car il impose aux États de prendre des mesures appropriées pour assurer la réalisation du droit qui y est prévu. Le droit d'être à l'abri de la faim mentionné en son paragraphe 2 paraît tout autant relever de la compétence des États et est donc également programmatoire[3].

1 415. – Il ressort de la jurisprudence de la Cour de cassation que cet article 11 (paragraphes 1 et 2) du pacte de 1966 peut être, selon les faits de l'espèce, d'effet direct[4]. D'autres arrêts laissent quant à eux entre-ouverte la porte de l'effet direct à d'autres droits consacrés par le PIDESC qui réuniraient l'ensemble des conditions exigées par le mécanisme de jusiticiabilité[5]. Ce qui signifie, comme l'ont vu certains juristes, qu'*« en ayant une interprétation partielle, et non plus globaliste de l'effet direct du PIDESC, la Cour de cassation adopte une position convergente à celle retenue par le Comité des droits économiques, sociaux et culturels, pour lequel certains droits sont d'effet direct »*[6]. Donc si la Cour de cassation retient une interprétation partielle et négatrice de l'effet direct, sa motivation à l'égard de la justiciabilité doit être on ne peut plus explicite, *« tout bonnement car refuser l'effet direct revient à neutraliser l'applicabilité du texte »*[7]. Et ceci est d'autant plus vrai que certaines dispositions conventionnelles sont divisées en plusieurs paragraphes. Or, la Haute juridiction ne subdivise jamais la disposition conventionnelle en autant de paragraphes qu'elle dispose, donc d'une certaine façon, dans sa mise en œuvre de l'approche partielle, la Cour de cassation développe une forme d'interprétation globale de l'effet direct[8].

1 416. – Avec ce mécanisme de l'effet direct, les formations de la Cour de cassation ont donc l'occasion de rétablir les traités internationaux ayant trait au droit à l'alimentation dans la voie de la justiciabilité. La Haute juridiction aurait

---

[1] Cet arrêt date du 16 septembre 1997 (Bull. crim. n° 244, p. 806).

[2] Voir notamment l'arrêt rendu le 25 juin 2005 (Bull. civ. IV, n° 16, p. 15).

[3] Cet alinéa 2 dispose en effet que les parties contractantes *« adopteront, individuellement et au moyen de la coopération internationale, les mesures nécessaires, y compris des programmes complets [...] »*.

[4] C. Laurent-Boutot, *La Cour de cassation face aux traités internationaux protecteurs des droits de l'homme*, *op.cit.*, pp. 74-75.

[5] Voir tout particulièrement l'arrêt de la Chambre commerciale de la Cour de cassation du 25 juin 2005 précité.

[6] C. Laurent-Boutot, *op.cit.*, p. 75. Voir Observation générale n° 3 relative à la nature des obligations des États parties (article 2§1 du PIDESC), §5, 51e session, document E/1991/23 ; Observation générale n° 9 relative à l'application du PIDESC au niveau national, §§4 et 11, 19e session, document E/1999/22, disponibles sur le site de l'ONU.

[7] *Ibid.*

[8] *Ibid.*

– dans cette perspective – intérêt à confirmer encore davantage l'approche partielle de l'effet direct, puisque *« trop de décisions sont implicites à l'égard de l'effet direct et sujettes à interprétations diverses »*[1]. Comme le soulignent certains auteurs, *« le contrôle de conventionnalité ne remplace pas les bienfaits d'une motivation explicite à l'égard du mécanisme de justiciabilité »*[2]. La CESDH prospère dorénavant tant sur le plan vertical que horizontal[3], certes, mais afin de lutter contre l'appauvrissement des droits de l'homme, il faudrait promouvoir tous les traités, et non pas seulement la CESDH. Et cette promotion passe justement par leur accession à la justiciabilité. Ici l'effet direct est sûrement le plus sûr moyen d'y parvenir, avec, en outre, ce qu'il convient d'appeler la « justiciabilité normative »[4].

1 417. – La Cour de cassation devrait envisager l'effet direct de tous les traités internationaux relatifs aux droits de l'homme. Pour ce faire, il faut abandonner l'approche globaliste de l'effet direct, et s'en remettre à une approche partielle. Certains suggèrent même de « rationaliser » l'effet direct afin de respecter la spécificité des droits de l'homme. Il faudrait, d'après ces auteurs, créer une présomption simple d'effet direct applicable aux dispositions conventionnelles créatrices de droits de l'homme. Cela ne pourrait, selon toute vraisemblance, que renforcer l'effectivité du droit à l'alimentation.

C. LES AMBIGUÏTÉS DES JUGES FACE AU « DROIT AU MINIMUM » EN DROIT COMPARÉ

1 418. – À supposer qu'une définition de la pauvreté existe, celle-ci doit nécessairement englober le droit à un niveau de vie suffisant, et s'entendre plus généralement comme *« la condition dans laquelle se trouve un être humain qui est privé de manière durable ou chronique des ressources, des moyens, des choix, de la sécurité et du pouvoir nécessaires pour jouir d'un niveau de vie suffisant et*

---

[1] C. Laurent-Boutot, *La Cour de cassation face aux traités internationaux protecteurs des droits de l'homme*, *op.cit.*, pp. 104-105. Voir aussi sur ce point J. Boisson, « Vers un enseignement universel des droits de l'homme », in *Les droits de l'homme à l'aube du 21e siècle - Karel Vasak amicorum liber*, Bruxelles, Bruylant, 1998, p. 485.

[2] *Ibid.*

[3] L'application de certaines dispositions conventionnelles dans les rapports interindividuels permet de protéger l'aura du texte et de stimuler son invocabilité.

[4] Comme le rappelle Diane Roman, *« cette forme de justiciabilité permet, a minima, d'invoquer en justice un droit ou un « principe » pour s'opposer à des mesures générales visant à diminuer le niveau de la protection en cause »*. Voir D. Roman, « La justiciabilité des droits sociaux ou les enjeux de l'édification d'un État de droit social », *op.cit.* Pour aller plus loin sur ce point, voir également G. Braibant, *La Charte des droits fondamentaux de l'Union européenne*, éd. du Seuil, 2001, pp. 45-46.

de ses droits civils, culturels, économiques, politiques et sociaux »[1]. Partant, un individu atteint un niveau d'extrême pauvreté dès lors que les éléments constitutifs de ce droit à un niveau de vie suffisant lui font défaut de manière constante et persistante[2]. De l'avis de certains juristes, *« les mécanismes de sécurité sociale ne permettent plus du tout de limiter l'accroissement des inégalités ainsi que la marginalisation d'une part importante de la population »*[3]. La pauvreté ne serait donc plus relative, mais bel et bien absolue. Il faudrait alors prendre en charge les coûts du statut humain de la vie autrement, car ceux-ci ne sont plus satisfaits[4].

1 419. – Consacré dans certains textes internationaux[5] ainsi que dans pléthore de constitutions nationales[6], le droit à un niveau de vie suffisant ne laisse en réalité que peu de spécialistes indifférents. Économistes, sociologues, philosophes et juristes souhaitent avec lui attribuer à chacun un pécule pour satisfaire aux besoins fondamentaux, et plus encore aux droits vitaux de l'homme[7]. Cela dit, et c'est là une idée largement partagée également, une telle approche restera vraiment insuffisante tant qu'elle restera strictement monétaire[8]. Raison pour laquelle ce droit au minimum est, en droit allemand par exemple, abordé sous un angle matériel. Dans le modèle juridique germanique, ce droit est ainsi assorti d'un véritable « filet de sécurité » – qui est un gage de protection ultime – destiné à permettre la survie des plus démunis et à assurer à l'individu des conditions minimales d'existence. Ledit filet correspond ni plus ni moins à un droit à la survie, à un niveau de vie suffisant, décent, au minimum vital, ou encore aux « nécessités fondamentales » en fonction des différents États qui ont su le consacrer (l'Allemagne, la Suisse, l'Inde, l'Afrique du Sud, la Colombie etc.[9]).

---

[1] Comité des droits économiques, sociaux et culturels de l'ONU, 4 mai 2001, E/C.12/2001/10 ; id., La pauvreté et le PIDESC, 9 mai 2001, §8.
[2] Voir E/CN.4/Sub.2/1996/13, Rapport final sur les droits de l'Homme et l'extrême pauvreté présenté par le Rapporteur spécial, Leandro Despouy, 28 juin 1996, Annexe III.
[3] C. Fercot, « Le juge et le droit au minimum. Les ambiguïtés du droit à des conditions minimales d'existence en droit comparé », in Diane Roman (dir.), *Droit des pauvres. Pauvres droits ?*, *op.cit.*, p. 215.
[4] La pauvreté absolue est liée à un seuil biologique en dessous duquel les besoins physiques et sociaux vitaux de l'être humain ne sont pas assurés. En revanche, la pauvreté relative se conçoit par rapport au niveau de vie moyen de la population d'un pays. Elle a pour principal objectif de permettre à l'individu, non seulement de subsister, mais de subsister décemment.
[5] Cf. notamment l'article 25 alinéa 1 de la DUDH ainsi que l'article 11 alinéa 1 du PIDESC.
[6] Sur ce point, voir C. Fercot, *op.cit.*, p. 216.
[7] Proposée dès la fin du 18e siècle par Thomas Paine, l'idée a longtemps été considérée comme utopique. Elle est aujourd'hui défendue par des économistes, des spécialistes des sciences sociales, des philosophes, des politiques ou encore des juristes, qui forment un très vaste spectre de pensée.
[8] C. Fercot, *op.cit.*, p. 216.
[9] Il est également possible de retrouver les dénominations suivantes : droit d'obtenir de l'aide dans des situations de détresse ; droit fondamental au minimum vital ; droit à des moyens d'existence ; droit à des conditions minimales d'existence ; droit à des conditions générales d'existence etc.

1 420. – En Europe, le Conseil des Ministres du Conseil de l'Europe a lui-même rappelé que le droit à la satisfaction des besoins les plus élémentaires de l'homme devant les tribunaux devait être justiciable[1], mais au vu du caractère multidimensionnel d'un tel droit et de ses fondements diversifiés, cela semble *a priori* difficile pour un juge de l'imposer aux pouvoirs publics[2]. En tant que premier des droits sociaux, le droit à un niveau de vie suffisant – donc à des conditions minimales d'existence – n'est pas conçu de manière autonome, en ce sens qu'il a de nombreuses facettes complémentaires. Il s'agit plutôt d'*« un noyau dur qui peut s'entendre a minima comme un droit à la sécurité matérielle et a maxima comme un droit en faveur du développement de l'individu »*[3]. Sans surprise toutefois, le droit à des conditions minimales d'existence intègre le droit de chaque être humain à se nourrir. Et pour le Tribunal fédéral suisse, celui-ci est parfaitement justiciable.

1 421. – Les cours suprêmes indiennes et israëliennes reconnaissent elles aussi des droits vitaux dont il est tout à fait possible d'imaginer qu'ils se rattachent au droit à des conditions minimales d'existence. C'est notamment le cas des droits à l'alimentation et au logement auxquels semble être attaché le juge indien[4], mais aussi du droit à des soins médicaux de base que vise par ailleurs son homologue israëlien[5]. Le droit à l'alimentation est lui-même multidimensionnel en ce qu'il renvoie aux droits à la santé et à l'eau, ou bien encore au droit de pouvoir se vêtir. Cela dit, et c'est là un point important, le droit à des conditions minimales d'existence ne s'apparente pas qu'au seul droit à la survie. En effet, la précarité ne saurait se mesurer en des termes seulement économiques, mais a aussi des incidences sociales. Les juristes parlent alors d'un droit à un niveau de vie décent, donc convenable ou encore acceptable[6]. Et infailliblement, l'eau et l'alimentation ne suffisent pas pour y parvenir. Encore faut-il, pour que les individus mènent une vie saine socialement, y adjoindre un droit à la protection sociale. Ici, l'individu est donc envisagé dans ses relations avec les autres. Il a besoin de relations

---

[1] Voir la Recommandation n° R-2000 3 du Comité des Ministres du Conseil de l'Europe sur le droit à la satisfaction des besoins matériels élémentaires des personnes en situation d'extrême précarité, 19 janvier 2000, Principe 3.

[2] C. Fercot, « Le juge et le droit au minimum. Les ambiguïtés du droit à des conditions minimales d'existence en droit comparé », *op.cit.*, p. 217.

[3] *Ibid.*

[4] Inde, C.S., 1996, *Paschim Banga Khet Majoor Samity v. State of West Bengal*, 4 SCC 37. Voir également Inde, C.S., 1990, *Shantistar Builders v. Narayan Khimalal Tatome and Others*, AIR SC 630.

[5] Iraël, C.S., *Gamzu v. Yeshayahu*, LCA 4905/98, IsrSC 55 (3) 360, pp. 375-376 ; *Yehuda v. Teshuva*, LCA 5368/01, p. 22. Voir également Israël, C.S., *Shezifi v. National Labour Court*, HCJ 3512/04 (« *The Basic Law includes the right to dignity, and this includes the right to basic human subsitence, so that the employee should not be dependent on welfare* »). Voir enfn les autres décisions in : Israël, C.S., 2005, *Commitment to Peace and Social Justice Society and others*, HCJ 366/03, §15, p. 125.

[6] C. Fercot, *op.cit.*, p. 219.

sociales pour se développer (lesquelles complètent la protection physique qu'assurent les droits sus mentionnés)[1].

1 422. – Autrement dit, le droit à des conditions minimales d'existence vise à conférer aux individus une certaine autonomie. Celui-ci doit pouvoir recouvrer sa liberté (entendue au sens large). En tant qu'authentique droit multiple, le droit à un niveau de vie suffisant s'articule autour de plusieurs seuils *minima* d'existence tels que les droits à l'alimentation, à l'eau, à un habillement, au logement décent et à la santé (le cas du droit à la vie sera quant à lui envisagé *infra*). Mais malheureusement, beaucoup de cours suprêmes ou de commissions des droits de l'homme ne s'attardent que sur l'un de ses aspects et ne l'envisagent donc pas à l'aune du caractère objectif des droits de l'homme, à savoir au prisme de leur interdépendance et de leur indivisibilité. Au vu de sa nature éparse et pluridimensionnelle, il paraît pourtant clair que le droit à un niveau de vie suffisant ne saurait raisonnablement se concevoir comme étant un droit autonome. Il n'est donc plus souhaitable que certains constituants s'en prévalent pour ne pas le reconnaître, ou pour ne l'envisager que par le biais du droit de mener une vie conforme à la dignité, comme c'est notamment le cas actuellement en Belgique[2].

1 423. – Les précarités qui mènent à la pauvreté sont de toutes natures : civiles, politiques, sociales et culturelles. Celles-ci s'inscrivent par ailleurs, et ce bien souvent, dans la durée. Il n'est donc pas possible de percevoir restrictivement le droit à des conditions minimales d'existence car *« garantir un tout sans rien avoir à manger sembler constituer une approche très limitée »*[3]. Il paraît davantage qu'en tant que premier droit social, celui-ci conditionne l'accès aux autres droits

[1] Israël, C.S., 2005, *Commitment to Peace and Social Justice Society and others*, déc. Précit., §15, pp. 124).
[2] Comme le précise Céline Fercot, *« en Belgique, la réforme constitutionnelle du 31 janvier 1994 a introduit dans la Constitution un nouvel article 23 garantissant le droit de chacun de mener une vie conforme à la dignité humaine et, à cette fin, a prévu un certain nombre de droits économiques, sociaux et culturels. Or, à cette occasion, le constitutant a fait le choix de ne pas mentionner expressément le droit à un niveau de vie suffisant. Il a sans doute pensé que les différents droits énumérés dans le texte devaient y contribuer »*. C. Fercot, « Le juge et le droit au minimum. Les ambiguïtés du droit à des conditions minimales d'existence en droit comparé », *op.cit.*, p. 221. Dans l'exposé des motifs de la proposition de réforme constitutionnelle, le droit à une existence digne *« est formulé d'une manière très générale : il est à la base des autres droits qui peuvent en être déduits »*. Sur ce point, voir J. Fierens, « L'article 23 de la Constitution, une arme contre la misère ? », *Droit en quart monde*, juin 1994, n° 3, p. 3.
[3] *Ibid.*

fondamentaux[1], comme l'a souligné le Tribunal fédéral suisse[2], et que sa portée ne peut dès lors qu'être exceptionnellement limitée. En ce qu'il conditionne l'accès aux autres droits fondamentaux, le droit à un niveau de vie suffisant constitue la principale voie d'accès aux droits économiques, sociaux et culturels, mais aussi – et c'est là la preuve du caractère objectif des droits de l'homme – aux droits civils et politiques. À quoi bon reconnaître un droit à l'instruction aux individus si ces derniers ne peuvent pas au préalable se nourrir ? C'est finalement là un discours auquel commenceraient à s'habituer les juges[3].

1 434. – En clair, *« c'est parce que ce droit a un contenu protéiforme et un caractère fonctionnel qu'il permet de faire jouir les individus d'autres droits »*[4]. En définitive, il se laisse difficilement appréhender en droit comparé et connaît un traitement extrêmement diversifié de la part des juges. En pratique, le droit à des conditions minimales d'existence est justiciable à l'aune des droits à la vie et à la dignité de la personne humaine. Mais la plupart du temps, le juge ne lui reconnaît qu'une justiciabilité objective et normative. En effet, rares sont ceux qui lui confèrent une justiciabilité subjective permettant alors aux individus d'en obtenir une satisfaction même minimale (démontrant par là son caractère exigible). Pour la Cour constitutionnelle allemande, l'aide portée aux nécessiteux fait partie des obligations évidentes de l'État social[5]. Tout comme pour la Cour suprême New-Yorkaise, le législateur a, en vertu de l'article 17 de la constitution fédérée – et non pas fédérale –, l'obligation d'aider tous les plus démunis en leur permettant de recevoir les soins dont ils ont besoin[6]. Cela dit, le législateur n'est pas lié par celle-ci. De fait, il n'est pas rigoureusement tenu de satisfaire à l'ensemble des besoins qu'ont les indigents. Il doit simplement rendre un minimum effectif *« un droit qui par définition est déjà ultra minimal en soi »*[7].

---

[1] Dans une Recommandation du 27 octobre 2001, la Commission africaine déduit par exemple du droit à des conditions minimales d'existence les droits au logement et à l'alimentation, pourtant non expressément inscrits dans la Charte. Voir CADHP, 27 octobre 2001, *Social and Economic Rights Action Center & the Center for Economic and Social Rights v. Nigeria*, Comm. N° 155/96. Voir également la Recommandation n° R (2000) 3 du Comité des Ministres du Conseil de l'Europe sur le droit à la satisfaction des besoins matériels élémentaires des personnes en situation d'extrême précarité, 19 janvier 2000 : *« La reconnaissance d'un droit individuel, universel et justiciable des personnes en situation d'extrême précarité à la satisfaction de ces besoins est une condition à l'exercice d'autres droits fondamentaux et un élément indispensable dans une État démocratique fondé sur le droit »*.

[2] Pour le Tribunal fédéral suisse, et ce dans une décision de 1995, ce droit est destiné à éviter tout *« état de mendicité indigne de la condition humaine »*. Voir Suisse, Trib. Féd., ATF 121, I, p. 367 [371, 373].

[3] C. Fercot, « Le juge et le droit au minimum. Les ambiguïtés du droit à des conditions minimales d'existence en droit comparé », *op.cit.*, p. 222.

[4] *Ibid.*

[5] Voir All., Cour const., BVerwGE 1, p. 159 [161 s.].

[6] *Tucker v. Toia*, 371 N.E.2d 449, 452 (Cour d'Appel de New York, 1977). Voir également *Bernstein v. Toia*, 373 N.E.2d 238 (Cour d'appel de New York, 1977). Dans l'État de New York, la Cour d'appel correspond en réalité à la Cour suprême.

[7] C. Fercot, *op.cit.*, p. 224.

1 435. – Ce n'est de toute façon pas parce que certaines jurisprudences ne reconnaîssent que la valeur normative – donc objective – du droit à des conditions minimales d'existence que toutes le font. Il y a en effet plusieurs exemples de jurisprudences nationales qui reconnaissent par ailleurs sa valeur cette fois-ci subjective, donc parfaitement justiciable. En Suisse par exemple, il est – au même titre d'ailleurs que le droit d'obtenir de l'aide dans des situations de détresse – subjectif[1]. C'est également le cas en Colombie, où l'État aura – alors certes de manière exceptionnelle, mais tout de même – l'obligation de fournir aux individus une assistance minimale[2]. En Colombie, les droits à la santé, à la sécurité sociale, à la protection et à l'assistance aux personnes âgées revêtent un caractère subjectif, et ce quand bien même ils ne seraient initialement que programmatoires, dès lors que la personne prouve son état de faiblesse manifeste, ou l'impossibilité matérielle qu'aurait sa famille à l'aider[3].

1 436. – La subjectivisation du droit à des conditions minimales d'existence aurait trois caractéristiques cumulatives. En premier lieu, ce droit doit être individualisé (et la procédure doit par ailleurs satisfaire entièrement les besoins et ce dans chaque cas particulier)[4]. Individuel, le droit à des conditions minimales d'existence doit dans un deuxième temps être inconditionnel (il doit être reconnu à tout être humain sans condition ni contrepartie)[5]. Ici, c'est l'appréciation subjective de la situation de détresse de l'intéressé qui va déterminer l'intensité ainsi que le montant de l'aide[6]. En dernier lieu, ce droit pose la question de ses titulaires. Au vu de sa nature si particulière, on pourrait penser qu'il est universel, indépendamment de la situation économique, familiale ou sociale de chacun. Or la jurisprudence ne le réserve qu'aux plus indigents, autrement dit aux plus

---

[1] Comme le souligne Céline Fercot, « *le juge suisse, dans une décision du 27 octobre 1995, a dégagé un nouveau droit constitutionnel non écrit qui s'apparente à un droit à des conditions minimales d'existence, et il a, à cette occasion, souligné qu'il s'agissait là d'un droit subjectif accordé à tous. Dans le prolongement de cette première étape jurisprudentielle, l'article 12 de la Constitution de 1999 garantit aujourd'hui un droit « d'obtenir de l'aide dans des situations de détresse »* ». Voir C. Fercot, « Le juge et le droit au minimum. Les ambiguïtés du droit à des conditions minimales d'existence en droit comparé », L'article 12 précise en effet que : « *Quiconque est dans une situation de détresse et n'est pas en mesure de subvenir à son entretien a le droit d'être aidé et de recevoir les moyens indispensables pour mener une existence conforme à la dignité humaine* ».

[2] Cf. la décision *MP. Eduardo Cifuentes Muñoz* du 23 septembre 1992. Arrêt T-533/1992, 23 septembre 1992.

[3] *Ibid.*, cons. 5.

[4] Sur ce point, voir tout particulièrement All., Cour const., Hartz IV., 9 février 2010.

[5] Sur cette question, voir notamment D. Roman, « Devoir de travailler et protection sociale : d'une problématique de la dette sociale à la question des « devoirs sociaux » », *RDSS*, 2009, n° 1, pp. 63-78.

[6] C. Fercot, *op.cit.*, p. 225.

vulnérables (comme les enfants[1], les personnes handicapées[2] ou bien encore certains ressortissants étrangers[3]). Mais s'il y a bien une vérité clairement établie, en revanche, et ce quelle que soit la forme finalement que peut prendre sa justiciabilité, c'est que *« les fondements du droit à des conditions minimales d'existence varient d'un prétoire à l'autre »*[4].

1 437. – Le juge sud-africain, par exemple, considère que l'extrême pauvreté provient d'une violation de la dignité de la personne humaine et constitue avant cela une atteinte au droit à la vie[5]. Il adopte donc une interprétation extensive de la dignité de la personne humaine, qu'il considère comme absolue et inaliénable, en incluant dans son giron le droit à des conditions minimales d'existence. Et pour la Cour suprême israélienne elle aussi, le droit à la dignité n'est pas une métaphore. Considérant qu'il s'impose au gouvernement, sa justiciabilité rejoint celle du droit à des conditions minimales d'existence[6]. Or tel que cela a été vu, ce droit est aussi parfois rattaché au principe d'État social. Dans tous les cas, l'objectif visé est clair : permettre à l'individu de recouvrir une certaine autonomie (rattacher le droit à un niveau de vie suffisant à l' État social permet en effet d'élargir tant son champ d'action *rationae materiae* que celui dit *rationae personae*)[7].

1 438. – Cela dit, si l'État – y compris social – peut venir aux secours de l'individu, il ne peut pas prendre en charge toutes ses difficultés à sa place. S'il s'y pliait, *« cela reviendrait à façonner sa personnalité et à faire de celui-ci un objet de procédure qui de fait perdrait toute dignité »*[8]. Ainsi, les aides sociales ne peuvent

[1] La Cour suprême sud-africaine s'attache par exemple tout particulièrement à la situation de ces derniers, et déduit de l'article 28 alinéa 1 de la Constitution l'obligation fondamentale pour l'État de fournir un toit aux enfants. Voir Afrique du Sud, Cour const., 27 nov. 1997, *Soobramoney v. minister of Health, KwaZulu-Natal*, CCT 32/97. Voir aussi S. Rosa, M. Dutschke, « Child rights at the score : The use of international law in South African cases on children's socio-economic rights », *South African Journal on Human Rights*, 2006, vol. 22, pp. 224 et s., spéc. pp. 245-259. Voir enfin Inde, C.S., 1990, *Shantistar Builders v. Narayan Khimalal Tatome and Others*, AIR SC 630, déc. Précit.

[2] En 1996, le rapporteur spécial Leandro Despouy notait dans son rapport final : *« parmi les principales causes directes d'invalidité figurent la malnutrition et la misère, qui constituent en outre des facteurs aggravant celle-ci »*. (E/CN.4/Sub.2/1996/13, *op.cit.*, §34). Voir également à ce sujet le compte-rendu du Rapporteur spécial sur le droit à l'éducation.

[3] La question des étrangers fait débat dans le cadre de la mise en œuvre d'un revenu minimal d'existence, parfois dénommé « revenu citoyen ». À propos de ce débat, mais dans le strict contexte du droit à un revenu minimum d'existence, voir J.-M. Ferry, *L'allocation universelle, pour un revenu de citoyenneté*, éd. du Cerf, 1995. Voir aussi A. Gorz, « Revenu minimum et citoyenneté. Droit au travail v. droit au revenu », *Futuribles*, 1994, n° 184, pp. 49.

[4] C. Fercot, « Le juge et le droit au minimum. Les ambiguïtés du droit à des conditions minimales d'existence en droit comparé », *op.cit.*, p. 226.

[5] *Ibid.*, p. 227.

[6] Voir l'article 11 de la Constitution israëlienne, d'après lequel : *« Every organ of government is liable to respect this righs under this Basic Law »*.

[7] C. Fercot, *op.cit.*, p. 228.

[8] *Ibid.*, pp. 29-230.

constituer qu'une aide subsidiaire. D'après la conception kantienne, chaque individu peut se caractériser par un statut moral. En tant qu'agent rationnel capable de déterminer ses propres fins, il doit chercher à faire respecter sa dignité – que lui seul dispose d'ailleurs – par les autres. Et derrière la dignité de chacun se cacherait l'égale dignité de tous[1]. Tout compte fait découlerait de l'État social un droit à un minimum d'existence socio-culturelle. Ainsi pour le juge allemand, *« ce droit d'origine sociale permet à son bénéficiaire de jouir des conditions matérielles nécessaires à son existence physique et à sa participation minimale à la vie sociale, culturelle et politique »*[2].

1 439. – Et parfois, le droit à un niveau de vie suffisant est envisagé au prisme du droit à la vie, comme en atteste la politique jurisprudentielle de la Cour suprême indienne qui inclut systématiquement dans son giron non seulement le droit à des conditions minimales d'existence, mais aussi et surtout les droits à l'alimentation, à la santé ou encore au logement. Pour elle, *« le droit à la vie assurerait l'égalité des « segments faibles » de la société »*[3]. Comparant de manière surprenante l'homme à l'animal, elle va même plus loin en précisant qu'il n'y qu'à l'homme que la justice doit assurer la protection de tous les aspects : physiques, mentaux et intellectuels (l'animal quant à lui ne nécessiterait qu'une protection de son corps)[4]. Cette justiciabilité serait néanmoins *« molle »*, de l'avis de certains juristes[5], car elle ne s'oppose pas en pratique à ce que des expulsés d'un bidonville ne soient pas relogés[6]. Donc en définitive *« le juge indien fait une application utilitariste du droit à des conditions matérielles d'existence en ce qu'il ne fait aucun pont avec le principe dit d'autonomie des individus »*[7]. Autrement dit, il va seulement s'intéresser aux intérêts susceptibles d'être protégés, à la rigueur au nombre d'individus susceptibles d'en profiter ou bien enfin aux contraintes que cette reconnaissance impose aux pouvoirs publics.

1 440. – Plus conciliant est le juge sud-africain qui d'une part considère que le droit à des conditions minimales d'existence se rattache au droit à la vie et à la dignité de la personne humaine, et qui d'autre part estime que le droit à la

---

[1] Voir E. Kant, *Métaphysique des mœurs*, II, Doctrine de la vertu, I.I., §§11-12 ; I.II., §38-39.
[2] Sur cette question, qu'il est possible de traduire littéralement en allemand par l'expression *« sziokulturelles existenzminimum »*, voir tout particulièrement All., Cour adm. BVerwGE 14, p. 294 [296 et s.] ; 25, p. 307 [317 et s.] ; 27, p. 63 ; 106 p. 99 [104 et s.] ; 107, p. 234 [236].
[3] Voir la déc. précit. *Shantistar Builders v. Narayan Khimali Tatome and Others* rendue le 31 janvier 1990.
[4] *Ibid.*
[5] C. Fercot, « Le juge et le droit au minimum. Les ambiguïtés du droit à des conditions minimales d'existence en droit comparé », *op.cit.*, p. 231.
[6] Voir Inde, C.S., 1989, *Municipal Corporation of Delhi v. Gurnam Kaur*, 1 SCC 101.
[7] C. Fercot, *op.cit.*, p. 231. Voir également C. Audard, *Anthropologie historique et critique de l'utilitarisme*, PUF, t. III, 1989, p. 1.

protection sociale couvre les droits à l'alimentation et à l'eau[1]. Ce faisant, il réunit deux approches de l'individu qui, au demeurant, paraissent inconciliables. Ainsi à court terme, il protège l'individu fragilisé par l'extrême pauvreté, et à long terme, il laisse à la dignité de la personne humaine le soin de prendre le relais. Et c'est seulement par cette adjonction des deux qu'il assurerait à l'individu une vie convenable. L'Inde, pour sa part, ne retient qu'une approche minimaliste des droits sociaux. Ces derniers ne visent qu'à assouvir le minimum, comme le rappelle le droit à des conditions « minimales » d'existence. Cela dit, ainsi que l'ont remarqué certains auteurs, *« ce droit au minimum ne constitue qu'une première étape et non pas l'aboutissement de la procédure de réalisation des droits sociaux »*[2].

1441. – Quoi qu'il en soit, la justiciabilité du droit à l'alimentation nécessite sa formalisation préalable, laquelle emprunte des voies différentes. L'examen de la jurisprudence interne permet notamment de définir les différentes obligations étatiques que le respect du droit à l'alimentation impose. Pendant longtemps, c'était son contenu tout à fait incertain qui rendait justement délicate sa justiciabilité. D'où l'importance de l'Observation générale n° 12 sur le droit à l'alimentation du Comité des droits économiques, sociaux et culturels, dans la mesure où elle a clairement incité certaines juridictions, notamment dans l'ordre interne, à le rendre justiciable. En droit interne, le juge a défini le contenu exigible du droit à l'alimentation en s'appuyant sur sa concrétisation opérée au plan international, certes, mais il a aussi pu garantir sa justiciabilité en passant par le contrôle d'un autre droit.

1 442. – D'évidence, *« la justiciabilité par le truchement d'autres droits est prometteuse car elle permet aux juges de protéger le droit à l'alimentation dès lors qu'il serait couvert, d'après eux, par un droit ou par un principe plus large »*[3], ce qui semble correspondre au droit à un niveau de vie suffisant. En clair, cette justiciabilité par truchement permet de rendre effectif le droit à l'alimentation alors qu'il ne jouit pas d'organe de contrôle juridictionnel spécifique, contrairement à d'autres droits vitaux, comme le droit à la vie consacré à l'article 12 du Protocole de San Salvador[4] et 4 de la Convention américaine sur

---

[1] Cf. la décision Khosa rendue le 4 mars 2004 par la Cour suprême sud-africaine. L'article 27 de la Constitution sud-africaine est ainsi rédigée : *« everyone has the right to have access to [...] (a) health care services, including reproductive haelth care ; (b) sufficient food and water [...] »*.

[2] C. Fercot, « Le juge et le droit au minimum. Les ambiguïtés du droit à des conditions minimales d'existence en droit comparé », *op.cit.*, p. 232.

[3] C. Nivard, « Le droit à l'alimentation », *op.cit.*, p. 237.

[4] Les alinéas 1 et 2 de l'article 12 sont entièrement dédiés au droit à l'alimentation, et indirectement au droit à la vie.

les droits de l'homme[1]. De fait, la Commission et la Cour interaméricaine des droits de l'homme peuvent s'assurer de son effectivité au prisme du droit à la vie.

1 443. – L'obligation de réalisation à la charge de l'État est certainement la plus complexe de toutes à réaliser. Cela peut aller jusqu'à la distribution de vivres aux personnes qui seraient dans l'incapacité de s'en procurer, et du coup nécessiter l'adoption de politiques nationales appropriées (voire de moyens d'action immédiatement exigibles)[2]. Si le juge peut tout à fait contrôler le caractère adéquat et effectif desdites politiques nationales de mise en œuvre du droit à l'alimentation, mettre à la charge de celui-ci la réalisation d'un tel droit contreviendrait nécessairement à la séparation des pouvoirs. Il manque en effet cruellement de légitimité démocratique pour se prononcer sur l'opportunitié d'adopter telle ou telle politique spécifique, bien qu'en Argentine[3] et en Colombie[4], cela lui est déjà arrivé de le faire, au moins indirectement. Ce qui signifie bien qu'en sa qualité de gardien des droits fondamentaux, et cela sans aller jusqu'à empiéter sur les compétences du législateur, le juge national peut parfaitement, au nom de la dignité de la personne humaine et du droit à la vie, enjoindre aux États de réaliser le droit à l'alimentation[5].

1 444. – De plus et surtout, si une juridiction nationale ne peut pas forcer l'adoption d'un programme en particulier, elle pourra au moins en contrôler la bonne application une fois son entrée en vigueur. De fait, le risque d'empiètement est amoindri car son contrôle est postérieur à la prise de décision. C'est la raison pour laquelle les juges indiens et américains se livrent déjà à l'heure qu'il est à de tels contrôles. Donc au final, le droit de chaque être humain à se nourrir est bien un droit dont le respect est susceptible d'être exigé devant un juge national.

---

[1] Les 6 alinéas de cet article 4 sont en effet entièrement dédiés au droit à la vie.

[2] C. Nivard, « Le droit à l'alimentation », *op.cit.*, p. 239.

[3] Comme le rappelle Carole Nivard, *« Au plan interne, la Cour suprême argentine a, dans une affaire « Defensor del Pueblo de la Nación v. Estado nacional y otra », ordonné à l' État et à la Province concernée de fournir immédiatement de l'eau potable et des aliments à des populations indigènes se trouvant dans une situation extrêmement dégradée. Ce faisant, la Cour estime ne pas s'ingérer dans l'exercice du pouvoir politique. En effet, étant donné l'urgence et la gravité de la situation, elle s'est considérée contrainte de contrôler les activités des autres pouvoirs afin d'assurer le respect des droits constitutionnels »*. C. Nivard, *op.cit.*, p. 240. Voir ici les références suivantes : Argentine, C.S., 18 sept. 2007, *Defensor del Pueblo de la Nación c. Estado nacional y ostra*, D. 587. XLIII.

[4] Le juge colombien a formulé un droit à un minimum de subsistance pour les personnes déplacées de force, ce qui lui a permis d'imposer aux autorités de mettre en place immédiatement un programme d'aide alimentaire d'urgence. Voir Colombie, Cour const., 22 janvier 2004, *Acción de tutela instaurada por Abel Antonio Jaramillo y ostros*, précit., §10.1.4.

[5] C. Nivard, *op.cit.*, p. 240.

Section II. LES MÉCANISMES DE RÉALISATION DU DROIT À L'ALIMENTATION AU PLAN INTERNATIONAL

1 445. – Le droit à l'alimentation – au même titre que le droit à la vie – appartient *« au cercle très fermé des droits particuliers protégés dans la mesure où bien souvent un titulaire peut le défendre »*[1]. Ce droit fait ainsi l'objet d'une valorisation intense dans les droits constitutionnels des États contemporains[2] et plus largement en droit international. À l'instar des autres droits dits « vitaux », le droit à l'alimentation constitue *« un attribut inaliénable de la personne humaine et forme la valeur suprême dans l'échelle des droits de l'homme »*[3]. C'est en tout cas précisément l'acception que pourraient en avoir, au moins par constructivisme jurisprudentiel ou par ricochet, tant la Cour européenne des droits de l'homme[4] que le Comité des droits de l'homme[5].

1 446. – Objectivement, le droit à l'alimentation *« bénéficie de la protection de ses « aînés » que sont notamment le droit à la vie ainsi que le droit de ne pas subir de traitements inhumains et dégradants »*[6]. C'est sans doute là la raison pour laquelle il n'est pas expressément visé par la Convention européenne des droits de l'homme, et aussi pour laquelle il ne faut surtout pas le confondre avec *« l'existence d'un droit individuel à vivre en bonne santé qui autoriserait chacun à s'en prévaloir et, le cas échéant, à exiger réparation dans tous les cas où la jouissance de ce droit serait perturbée »*[7]. En réalité, il s'agit d'un droit qui commence par *« une obligation reposant sur les décideurs publics et qui se concrétise par les politiques publiques »*[8]. Ce n'est donc que récemment qu'il devient peu à peu un droit subjectif.

1 447. – Un authentique droit à l'alimentation devrait plutôt imposer la multiplication des obligations de moyens de la part des pouvoirs publics et des personnes privées et des obligations de résultat, au moins de ne pas dégrader la santé d'autrui. Quoi qu'il en soit *« la doxa ne s'étonne plus que les droits « de procédure » puissent prétendre à la dignité de « droits fondamentaux » »*[9], ce qui signifie bien que *« les systèmes européens de protection des droits qui*

[1] X. Bioy, *Droits fondamentaux et libertés publiques*, Montchrestien, 2016, p. 354.
[2] *Ibid.*
[3] *Ibid.*
[4] Voir en ce sens l'arrêt *Streletz, Kessler et Krenz c. Allemagne* de la CEDH sur le droit à la vie.
[5] Voir en ce sens l'affaire *Baboeram c. Surinam* (n° 146/1983) du Comité des droits de l'homme sur le droit à la vie.
[6] X. Bioy, *op.cit.*, p. 369.
[7] *Ibid.*
[8] *Ibid.*, p. 369.
[9] *Ibid.*, p. 275.

garantissent le respect des droits de l'homme, les « droits garanties », apparaissent aussi nécessaires que ceux qu'ils protègent »[1]. D'une certaine façon, le droit processuel connaîtrait son heure de gloire.

1 448. – Internationalement, les systèmes de sanction de la violation des droits de l'homme naquirent par des mécanismes politiques et organiques, toujours là pour en témoigner. En revanche, aujourd'hui, *« la garantie des droits, par des mécanismes non-contentieux de type « objectif », coexiste avec toute une multiplicité de droits dits « garanties », c'est-à-dire des droits qui relèvent du concept de « procès équitable », et qui donnent une dimension subjective à la garantie des droits de l'homme »*[2]. Que cela soit par la voie contentieuse, ou en-dehors de tout conflit, les droits fondamentaux se voient protégés par des principes politiques, des aménagements institutionnels et des politiques jurisprudentielles tout à fait spécifiques.

1 449. – Si le droit à l'alimentation se présente dorénavant comme un droit subjectif, sa nature même repose sur la possibilité d'agir en justice. Cela se démontre au plan international à plusieurs égards. En premier lieu avec sa surveillance accrue, tant par le biais des mécanismes conventionnels juridictionnels que de la part des mécanismes extra-conventionnels (§I). Et dans un second temps par la recherche – toujours plus affirmée – d'une sanction de sa violation, notamment au niveau européen (§II). Ce n'est sans doute qu'en suivant un tel cheminement qu'une délimitation à la fois claire et surtout objective de sa protection pourra être tracée.

§I. LA SURVEILLANCE ACCRUE DU DROIT À L'ALIMENTATION EN DEHORS DES ÉTATS

1 450. – Les procédures spéciales – y compris de surveillance – sont au cœur du dispositif des Nations Unies et de certains systèmes régionaux en matière de droits de l'homme. Sans surprises, elles figurent parmi *« les outils les plus novateurs, fiables et flexibles du dispositif de défense des droits humains et jouent un rôle capital, souvent unique, de protection et de promotion des droits fondamentaux »*[3].

---

[1] X. Bioy, Droits fondamentaux et libertés publiques, *op.cit.*, p. 275.
[2] *Ibid.*, p. 276.
[3] Voir sur ce point le rapport du secrétariat international d'Amnesty International intitulé « *UN Human Rights Council : Criteria for a successful outcome of the Review of Special Procedures* ».

1 451. – Sans les experts indépendants et objectifs, aptes à examiner les allégations de violations des droits fondamentaux partout dans le monde et à réagir rapidement, la capacité d'intervention des Nations Unies en général, et du Conseil des droits de l'homme en particulier, serait en effet gravement compromise dans ce domaine. Plus inattendues sont par contre – bien que réelles et parfaitement opérationnelles –, les procédures de surveillance prévues en dehors du consentement des États (donc sans souscription préalable de leur part).

1 452. – Dans ces conditions, et parce qu'au fil du temps les procédures spéciales ont évolué hors de tout cadre institutionnel global, il paraît judicieux d'étudier successivement l'observation portant sur le droit à l'alimentation qu'assurent tant les mécanismes conventionnels (A), que les mécanismes extra conventionnels (B).

A. L'EXISTENCE DE DIFFÉRENTS TYPES DE MÉCANISMES CONVENTIONNELS

1 453. – Le droit à l'alimentation est potentiellement soumis à plusieurs mécanismes de contrôles en dehors des États[1]. Comme certains juristes l'ont justement souligné, « *cela va des institutions chargées de la surveillance générale des droits de l'homme aux organes de contrôle des droits économiques, sociaux et culturels et du droit de l'homme à la nourriture* »[2]. Si plusieurs distinctions existent entre ces différents mécanismes (donc entre ceux dits universels, régionaux, directs, indirects, juridictionnels, quasi juridictionnel, non juridictionnel etc.), il semble que celle fondée sur leur nature juridique – ce qui peut conduire à distinguer entre mécanismes conventionnels et mécanismes extra conventionnels suivant que l'organe de contrôle concerné est prévu ou non par une convention internationale – soit la plus intéressante. Et parmi les mécanismes conventionnels (présentés ci-dessous), il faut opérer une distinction entre ceux dits juridictionnels (1) et ceux qui ne le sont pas[3] (2).

---

[1] Jusque là, et en dehors de la Commission africaine des droits de l'homme et des peuples, aucune institution des droits de l'homme n'a eu à se prononcer directement sur le droit à l'alimentation en tant que tel.
[2] A. Soma, *Le droit de l'homme à l'alimentation : contenu normatif et mécanismes juridiques de mise en œuvre*, *op.cit.*, pp. 74-75.
[3] Ces mécanismes conventionnels peuvent se distinguer selon le critère de l'autorité ou du degré d'obligatoriété des décisions et observations des organes compétents.

1. Le cas des mécanismes conventionnels juridictionnels

1 454. – Ces mécanismes sont *« des procédures judiciaires permettant à une juridiction internationale de constater si un droit de l'homme protégé a été violé et de rendre des décisions en droit dotées d'une force juridiquement obligatoire pour tous les États mis en cause »*[1]. Au niveau universel, la Cour pénale internationale a notamment reçu compétence pour réprimer les atteintes graves et systématiques au droit à l'alimentation, dès lors qu'elles seraient commises en violation flagrante des règles pertinentes du droit international humanitaire[2]. Ce qui est particulièrement intéressant avec cette juridiction, ainsi que le font remarquer certains juristes, c'est que son statut lui permet – et c'est là un exemple inédit en matière de protection internationale des droits de l'homme – de *« responsabiliser non seulement les États eux-mêmes mais aussi les collectivités non étatiques et les individus »*[3].

1 455. – Concernant la Cour internationale de justice, il est tout à fait envisageable qu'elle puisse elle aussi jouer un rôle dans le contrôle du droit à l'alimentation. Puisqu'en effet, *« la compétence de la Cour s'étend à toutes les affaires que les parties lui soumettront, ainsi qu'à tous les cas spécialement prévus dans la Charte des Nations Unies ou dans les traités ou conventions en vigueur »*[4]. Or à la lumière de sa jurisprudence *Barcelona Traction*[5], et donc du caractère *erga omnes* du droit à l'alimentation, *« les États ont l'obligation erga omnes « envers la communauté internationale dans son ensemble » de garantir ce droit de l'homme à toute personne sous leur juridiction, sauf à engager leur responsabilité internationale devant la Cour »*[6].

1 456. – Concernant les cours européenne et interaméricaine des droits de l'homme, elles ne peuvent malheureusement qu'assurer un contrôle indirect du droit à l'alimentation, et ce par le jeu des droits connexes et des violations par ricochet étant donné qu'elles n'ont vocation qu'à connaître des allégations de violation des droits civils et politiques contenus dans leur instrument de référence. Pourtant, dans l'affaire du *Peuple Ogoni*, la Commission africaine des droits de l'homme et des peuples adoptait un raisonnement sans équivoque : le droit à l'alimentation est implicite dans les dispositions garantissant notamment le droit

---

[1] A. Soma, *Le droit de l'homme à l'alimentation : contenu normatif et mécanismes juridiques de mise en œuvre*, *op.cit.*, p. 75.
[2] *Ibid.*
[3] *Ibid.*, pp. 75-76.
[4] *Ibid.*, p. 76. Voir l'article 36§1 et .1 du statut de la Cour internationale de justice.
[5] Affaire *Barcelona Traction Light and Power Company Limited* du 5 février 1970, Cour internationale de justice, Rec. 1970, §33.
[6] A. Soma, *op.cit.*, p. 76.

à la vie et est absolument essentiel à la jouissance des autres droits tels que le droit à la participation politique.

1 457. – Au vu de ces éléments, certains spécialistes défendent l'idée que toute privation de nourriture devrait être assimilée, devant les deux juridictions régionales sus évoquées, à une forme de traitement inhumain et dégradant au sens de l'article 1er de la Convention contre la torture du 10 décembre 1984. Tout comme ils pensent que *« la mort d'une personne survenue par suite d'une inanition imputable à l'État pourrait être considérée comme une atteinte au droit à la vie »*[1]. Enfin, quant à la Cour africaine des droits de l'homme et des peuples, elle serait le seul mécanisme juridictionnel régional qui pourrait *« être directement disponible pour sanctionner les violations du droit de l'homme à la nourriture »*[2]. De l'avis d'experts rompus au contentieux des droits de l'homme, *« l'activité de la Cour renforcera tôt ou tard le système africain des droits de l'homme et des peuples au regard de l'orientation jurisprudentielle imprimée par son aînée, la Commission africaine des droits de l'homme et des peuples »*[3]. Et selon toute vraisemblance, cette cour pourra aussi parfaitement s'inspirer de *« la riche expérience d'organes quasi juridictionnels »*[4].

2. Le cas des mécanismes conventionnels non juridictionnels

1 458. – L'affirmation de Pierre-Gille de Gennes – Prix Nobel de physique 1991 – d'après laquelle *« la persuasion à mon sens est beaucoup plus efficace que n'importe quelle procédure autoritaire »*[5] colle parfaitement au cas des mécanismes non juridictionnels. En effet, *« contrairement à un acte d'autorité dont le propre est d'imposer, par voie de commandement, une volonté à autrui, l'acte de persuasion, parce qu'il consiste à obtenir quelque chose du persuadé sans recours à la contrainte, laisse celui-ci libre de suivre la conduite préconisée et par conséquent encourt le risque permanent de demeurer sans effet »*[6]. C'est précisément la raison pour laquelle il est important de distinguer, en présence de tels mécanismes conventionnels, selon que ces derniers ont un caractère quasi juridictionnel (a) ou non (b).

---

[1] A. Soma, *Le droit de l'homme à l'alimentation : contenu normatif et mécanismes juridiques de mise en œuvre*, *op.cit.*, p. 76.
[2] *Ibid.*, p. 77.
[3] *Ibid.*
[4] *Ibid.*
[5] P.-G. de Gennes, « La persuasion vaut mieux que toutes les procédures », in *L'expansion management review*, Groupe expansion, Paris, décembre 1996, p. 102.
[6] D. Löhrer, *La protection non juridictionnelle des droits fondamentaux en droit constitutionnel comparé*, Th. pour le doctorat de droit public présentée et soutenue publiquement le 5 juin 2013, Université de Pau et des pays de l'Adour, p. 17.

a. Les instances de supervision pourvues d'un caractère quasi juridictionnel

1 459. – Les mécanismes quasi juridictionnels permettent à des instances de supervision prévues dans un traité et constituées d'experts indépendants de se prononcer sur la violation alléguée d'un droit de l'homme (le plus souvent par voie de décisions juridiques qui ne sont pas revêtues de l'autorité de la chose jugée). Cela dit, *« les constatations, conclusions et recommandations de ces organes statuant sur la base de communications ou pétitions individuelles ou étatiques, peuvent jouir d'un considérable impact politique et d'un écho international »*[1]. Parfois dotés d'un pouvoir d'enquête important, de tels organes disposent de plusieurs instruments de surveillance susceptibles de préserver efficacement le droit de chaque être humain à se nourrir (les documents d'interprétation, les rapports initiaux et périodiques, les plaintes étatiques ou individuelles etc).

1 460. – La Commission africaine des droits de l'homme et des peuples est par exemple parfaitement compétente pour connaître des requêtes étatiques – ainsi que d'autres pouvant notamment provenir d'individus ou d'organisations non gouvernementales –, donc pour les examiner sur le fondement de divers instruments africains relatifs aux droits de l'homme et des peuples ou de ceux adoptés par l'ONU ou par ses institutions spécialisées (et dont certains protègent le droit à l'alimentation). La Commission a exercé cette compétence dans le cadre de l'affaire de l'*Ogoni Land*, et *« ses conclusions n'ont souffert d'aucune tergiversation sur la violation du droit de l'homme à la nourriture »*[2].

1 461. – Au sein du double système interaméricain des droits de l'homme, la Commission – statuant en tant qu'organe de la Charte de l'Organisation des États américains[3] – *« est compétente pour recevoir des pétitions individuelles pour violation du droit à l'alimentation garanti aux fins d'un meilleur état de santé par la Déclaration américaine des droits de l'homme »*[4]. En revanche, en tant qu'organe de la Convention interaméricaine des droits de l'homme, *« ce n'est que par le truchement des droits civils et politiques protégés qu'elle pourrait surveiller le droit à l'alimentation, comme elle l'a ainsi fait dans son rapport de 1997 sur l'Équateur, en faveur du peuple Huaorani »*[5]. En Europe, le protocole additionnel à la CSE adopté en 1995 permet au comité d'experts indépendants

---

[1] A. Soma, *Le droit de l'homme à l'alimentation : contenu normatif et mécanismes juridiques de mise en œuvre*, *op.cit.*, p. 77.
[2] *Ibid.*
[3] Conformément à l'article 106 de la Charte de l'Organisation des États américains.
[4] A. Soma, *op.cit.*, p. 77. Et voir l'article 11 de cette déclaration.
[5] *Ibid.* Voir Commission interaméricaine des droits de l'homme, « *Report on the situation of human rights in Ecuador* ».

d'examiner des réclamations et de faire des conclusions et recommandations dans son rapport final sur la violation ou non des droits protégés (dont certains ont une extrême connexité avec le droit à l'alimentation).

1 462. – Si dans le cadre des Nations Unies, le Comité des droits de l'homme, celui pour l'élimination de la discrimination raciale ou bien encore celui contre la torture peuvent intervenir dans une certaine mesure pour protéger le droit à l'alimentation, il est surtout important de relever l'activité du Comité pour l'élimination de la discrimination à l'égard des femmes, qui a *« souvent attiré l'attention sur ce que dans certaines traditions, la gent féminine a moins de possibilités que les hommes de se procurer une nourriture suffisante, en violation de l'article 5 de la convention »*[1]. S'agissant des institutions dites spécialisées, l'Organisation internationale du travail protège un certain nombre de droits connexes au droit à l'alimentation[2], et a par ailleurs institué un système de contrôle de ses 171 conventions et 178 recommandations en octroyant par la même occasion la possibilité aux organisations professionnelles d'engager une procédure internationale mettant en cause les États[3].

b. Les instances de supervision dépourvues de caractère quasi juridictionnel

1 463. – Deux organes de surveillance – dont l'instrument consacre pourtant explicitement le droit à l'alimentation – ne disposent pas de ce pouvoir quasi juridictionnel. Il s'agit en premier lieu du Comité des droits économiques, sociaux

---

[1] A. Soma, *Le droit de l'homme à l'alimentation : contenu normatif et mécanismes juridiques de mise en œuvre*, *op.cit.*, p. 78. Lors de l'examen des rapports sur les articles 5 et 12, le Comité doit interpeller les États sur les inégalités en matière d'accès à une nourriture adéquate et suffisante par les femmes et davantage pour celles qui sont en processus de procréation. Et depuis le 22 décembre 2000, avec l'entrée du protocole facultatif à la CEDAW, son comité est autorisé à recevoir les communications des individus et des groupes concernant les violations présumées de la convention et à enquêter de sa propre initiative sur les violations graves et systématiques de la convention.

[2] Créée en 1919, l'Organisation internationale du travail a en effet adopté des instruments dans le domaine économique et social protégeant des droits relatifs au travail, aux conditions de rémunération et à la sécurité sociale, qui sont connexes au droit à l'alimentation.

[3] Le système de surveillance permet d'abord à la commission d'experts pour l'application des conventions et recommandations, organe juridique, d'examiner les rapports périodiques des États sur l'application des différents instruments et de transmettre son rapport à la Commission de l'application des conventions et recommandations, organe politique constitué à chaque session de la conférence générale de l'Organisation internationale du travail. Il permet ensuite aux comités tripartites des articles 24 et 25 et aux commissions *ad hoc* du conseil d'administration des articles 26 à 34 de la Constitution de l'Organisation internationale du travail d'examiner les réclamations contre les États. Sur ce point, voir J.-P. Laviec, « La protection des droits économiques et sociaux par l'Organisation internationale du travail », *RUDH*, 1991, pp. 61-69. À propos de l'autorité juridique des mécanismes de l'Organisation internationale du travail, l'auteur soutient que : *« L'indépendance et la compétence juridique des organes de contrôle, l'examen contradictoire des plaintes, le développement des règles de procédure leur confèrent un caractère juridictionnel peu contestable »*.

et culturels, qui est tout de même *« le principal organe conventionnel chargé du contrôle international du droit à l'alimentation »*[1]. Pour y parvenir, il procède par le biais des observations générales interprétatives et par celui des observations finales après examen des rapports étatiques (où il n'hésite bien sûr pas à relever les cas préoccupants[2]). Selon le souhait émis par certains auteurs, *« il reste à espérer vivement que le protocole facultatif au PIDESC entre en vigueur étant donné que le système de communications qu'il instituera pourra renforcer le contrôle de la jouissance effective d'un droit aussi fondamental que le droit de l'homme à l'alimentation »*[3]. Ce protocole a été adopté en vertu d'une résolution 8/2 du 18 juin 2008, mais n'augure pour l'heure d'aucune amélioration sensible du droit à l'alimentation dans plusieurs régions du monde.

1 464. – Il y a en second lieu le Comité des droits de l'enfant qui, en vertu de la Convention des droits de l'enfant, *« aborde très fréquemment la question de l'alimentation des enfants pour prévenir leur morbidité et leur malnutrition »*[4]. Dans ses observations sur le rapport de Bélize et de la Thaïlande[5], le comité s'est estimé préoccupé par l'état du droit à l'alimentation suffisante et adéquate des enfants dans ces États et leur a recommandé des mesures pour combattre la malnutrition. Et d'ailleurs à ce sujet, *« l'idée d'un 3e protocole facultatif à la Convention des droits de l'enfant qui instituerait un système d'enquête et d'examen des plaintes par le comité n'est pas à exclure dans la mesure où si la communauté internationale a senti le besoin de garantir une protection particulière des droits de l'enfant dans les instruments spécifiques, on peut présumer qu'elle recherche pour eux la solution la plus efficace possible »*[6]. Efficacité qui, comme le rappellent certains juristes, *« pourrait être recherchée à travers un examen contradictoire des accusations de violations des droits protégés »*[7]. Et c'est là un travail que tentent précisément de réaliser certains mécanismes extra conventionnels.

---

[1] A. Soma, *Le droit de l'homme à l'alimentation : contenu normatif et mécanismes juridiques de mise en œuvre*, *op.cit.*, p. 79.
[2] Voir notamment E/C.12/1/Add.3 du 28 mai 1996 et E/C.12/1/Add.23 du 13 mai 1998 respectivement sur le rapport du Guatemala et du Nigéria.
[3] A. Soma, *op.cit.*, pp. 79-80.
[4] *Ibid.*
[5] Cf. document CRC/C/15/Add.99 du 10 mai 1999 pour le Bélize et CRC/C/15/Add.97 du 26 octobre 1998 pour la Thaïlande.
[6] A. Soma, *op.cit.*, p. 81.
[7] *Ibid.*

B. L'EXISTENCE DE MÉCANISMES EXTRA CONVENTIONNELS

1 465. – Les mécanismes dits extra conventionnels sont des procédures qui *« permettent aux individus, groupes de personnes ou aux organisations non gouvernementales d'adresser des communications à des organismes internationaux politiques ou administratifs compétents pour examiner la situation générale d'un droit de l'homme (mandat thématique) ou la violation des droits de l'homme dans un pays (mandat par pays), et d'interpeller les autorités étatiques concernées »*[1]. Pouvant aussi se fonder sur un contrôle par voie de rapports, ces mécanismes existent en réalité à plusieurs niveaux et peuvent parfaitement s'appliquer au droit à l'alimentation.

1 466. – La Commission des droits de l'homme des Nations Unies[2] est par exemple compétente, avec la sous-commission des droits de l'homme, pour procéder à un examen de toute plainte *« qui semble révéler l'existence d'un ensemble de violations flagrantes et systématiques, et pour lesquelles on a des preuves dignes de foi, des droits de l'homme et des libertés fondamentales garantis par la Déclaration universelle des droits de l'homme »*[3]. Cette commission peut aussi entreprendre des études sur toutes les situations présentant une certaine gravité et présenter des rapports ou alors des recommandations au Conseil économique et social des Nations Unies (ci-après CESNU)[4].

1 467. – Pouvant constituer des groupes de travail, nommer des rapporteurs spéciaux qui rendent des comptes au CESNU[5] et effectuer des études thématiques ayant parfois trait au droit à l'alimentation[6], *« les mécanismes de la Commission n'aboutissent jamais à des décisions obligatoires, certes, mais elles permettent aux organes concernés de faire des pressions considérables sur les États incriminés »*[7]. Il ne faut, d'autre part, absolument pas *« négliger l'activité des*

[1] A. Soma, *Le droit de l'homme à l'alimentation : contenu normatif et mécanismes juridiques de mise en œuvre*, *op.cit.*, p. 80.

[2] Cette commission a été créée par résolution du Conseil économique et social des Nations Unies le 21 juin 1946, et est composée de 53 représentants d'États.

[3] Résolution 1503, §1.

[4] Sur l'organe et ses procédures, voir J.-B. Marie, *La Commission des droits de l'homme de l'ONU*, A. Pédone, 1975, p. 2 et s. Voir également Nations Unies, « Procédures d'examen des requêtes, fiche d'information n° 7 », 2003.

[5] À titre illustratif, la sous-commission avait nommé Asbjorn Eide rapporteur special sur le droit à l'alimentation, qui lui a présenté son étude en 1989. La commission a nommé Jean Ziegler en 2000, qui lui a présenté des rapports thématiques annuels et des rapports par pays sur le Niger en 2002, le Brésil en 2003, le Bangladesh et les territoires palestiniens occupés en 2004, l'Ethiopie et la Mongolie en 2005.

[6] Voir les résolutions 1997/8 et 1999/24 sur le droit à l'alimentation au niveau du Haut Commissariat aux droits de l'homme. Voir également les rapports du Haut commissariat sur le droit à l'alimentation suivants : E/CN.4/2000/48, E/CN.4/1999/45 et E/CN.4/1998/21.

[7] A. Soma, *op.cit.*, p. 81.

organes de suivi des grandes conférences et sommets internationaux sur le droit à l'alimentation et la sécurité alimentaire »[1]. L'objectif 7 .3 de la Déclaration de Rome sur la sécurité alimentaire mondiale et du Plan d'action du Sommet mondial de l'alimentation a notamment investi le Comité de la sécurité alimentaire mondiale de suivre – par voie de rapports – *« la mise en œuvre du plan d'action du sommet mondial de l'alimentation aux niveaux national, sous-régional et régional »*[2]. Il n'est pour finir pas inutile de préciser que *« des pouvoirs similaires ont été conférés au Conseil de la sécurité alimentaire de l'Association des Nations Unies d'Asie du Sud-Est par l'article 8 alinéa 3 de l'annexe au traité de l'association »*[3].

§II. LA SANCTION DE LA VIOLATION DU DROIT À L'ALIMENTATION EN DROIT EUROPÉEN

1 468. – Le droit à l'alimentation fait partie, au sens le plus évident, des droits les plus élémentaires de l'être humain, et constitue par la même occasion un préalable logique à tous les autres droits. Il n'est après tout absolument pas choquant, *« compte tenu du mépris flagrant pour la vie humaine manifestée au cours de la seconde guerre mondiale, que les catalogues des droits de l'homme établis dans l'après-guerre commencèrent par le droit à la vie »*[4], et que plusieurs d'entre eux se soucièrent dans la foulée de l'impact à donner au droit à l'alimentation.

1 469. – Faire état de toutes les problématiques éminemment modernes, dont le lien avec le droit à l'alimentation est apparu récemment, paraît nécessaire à ce stade de l'étude destiné à la justiciabilité des droits sociaux[5]. Largement admises, ces problématiques pourraient avoir trait à la peine de mort, aux exécutions extrajudiciaires de personnes ou bien encore au pouvoir de l'État de recourir à la force, étant donné que le droit à l'alimentation est *« un véritable microcosme qui*

---

[1] A. Soma, *Le droit de l'homme à l'alimentation : contenu normatif et mécanismes juridiques de mise en œuvre*, *op.cit.*, p. 81.
[2] *Ibid.*
[3] *Ibid.*
[4] D. Gamien, D. Harris et L. Zwaak, *Convention européenne des droits de l'homme et Charte sociale européenne : droit et pratique*, *op.cit.*, p. 103.
[5] Comme le rappelle Cédric Roulhac, *« l'opposabilité des droits et libertés ne doit pas être abordé comme un territoire conquis, mais comme un lieu à explorer »*. Voir C. Roulhac, « L'opposabilité des droits et libertés », *RDLF* 2017, th. n° 04.

illustre à lui seul quasiment tous les types d'interactions et d'influences mutuelles possibles entre DH et DIH »[1].

1 470. – Semblent être en revanche plus appropriées, et surtout moins éloignées, du cadre de l'analyse introduite *supra* toutes celles tendant à l'obligation positive du droit à la vie – comme enrichissement possible du droit à l'alimentation – (A), à la procédure de réclamation collective devant les juridictions supranationales européennes (B), à la justiciabilité indirecte des conditions de vie de l'individu (C) et à la lutte contre l'extrême pauvreté (D).

A. L'OBLIGATION POSITIVE DU DROIT À LA VIE COMME ENRICHISSEMENT POSSIBLE DU DROIT À L'ALIMENTATION

1 471. – Les différents arrêts rendus par la CEDH sur le droit à la vie sont, au vu du caractère résolument objectif des droits de l'homme, d'une importance capitale pour le droit à l'alimentation. En effet depuis l'arrêt *L.C.B. contre Royaume-Uni* du 9 juin 1998[2], *« la santé est comprise comme implicitement liée au droit à la vie »*[3]. Dans l'arrêt *Berktay contre Turquie* du 1er mars 2001[4], *« la Cour souligne l'obligation positive imposée à l'État de protéger la vie de l'individu contre le risque de maladie »*[5]. Dans un arrêt *Öneryildiz contre Turquie* du 30 novembre 2004[6], *« la Cour réaffirme que l'article 2 ne concerne pas exclusivement les cas de morts d'hommes résultant de l'usage de la force par des agents de l'État, mais implique aussi l'obligation positive pour les États de prendre les mesures nécessaires à la protection de la vie des personnes »*[7].

1 472. – L'interprétation donnée au droit à la vie par le juge de Strasbourg est donc extrêmement large et ne se limite en rien à une définition restrictive. Pour une protection réelle de ce droit, *« il doit ouvrir l'accès à un respect total et absolu des conditions de vie qui permettent justement de vivre, c'est-à-dire de disposer d'un logement décent, de vivre dans un environnement sain »*[8], et assurément d'avoir accès à une alimentation adéquate en quantité suffisante. Alors certes, le

---

[1] G. Gaggioli, *L'influence mutuelle entre les droits de l'homme et le droit international humanitaire à la lumière du droit à la vie*, *op.cit.*, p. 21.
[2] Arrêt *L.C.B. c. Royaume-Uni*, 9 juin 1998, Recueil 1998-II.
[3] É. Putelat, *La question de la justiciabilité des droits sociaux à l'épreuve du droit européen*, *op.cit.*, pp. 64-65.
[4] Arrêt *Berktay c. Turquie*, 1er mars 2001, n° 22493/93 (non publié).
[5] É. Putelat, *op.cit.*, p. 65.
[6] Arrêt *Öneryildiz c. Turquie*, 30 novembre 2004, n° 48939/99.
[7] É. Putelat, *op.cit.*, p. 65.
[8] *Ibid.*

droit à la vie correspond au droit de ne pas être mort, mais *« il doit également inclure le droit de ne pas voir sa vie mise en cause par un état d'extrême détresse, dans la mesure où la survie issue d'une situation matérielle de détresse n'est pas la vie »*[1].

1 473. – Comme l'ont souligné certains auteurs, *« l'obligation pour les États de protéger la vie ne peut avoir de portée véritable que si elle implique des devoirs »*[2], et ceci est encore plus vrai dans un système ou la peine de mort a été abolie. D'autres ajoutent même que *« s'il est vrai qu'au cœur de la philosophie des droits de l'homme il y a la notion de dignité, on doit admettre que la survie n'est pas la vie car seule mérite son nom une vie dans la dignité pour soi et ses enfants »*[3]. Encore plus éclairante est sûrement la portée de la jurisprudence de la Commission dans l'affaire *X. contre Irlande* de 1976. Ici est rappelé que *« le droit de toute personne à la vie est protégé par la loi et « enjoint » à l'État non seulement de s'abstenir de donner la mort « intentionnellement » mais aussi de prendre les mesures nécessaires à la protection de la vie »*[4]. Comment se fait-il dans ce cas qu'il y ait par exemple en France encore à l'heure actuelle autant de sans-abris manquant pour la plupart d'entre eux de nourriture ? N'était-ce pas là précisément l'un des fléaux sociaux auquel entendaient mettre un terme – dans la pratique en vain, cela s'est vu – d'anciens présidents français[5] ?

1 474. – Comment ne pas établir de parralèle avec l'affaire *James* traitée en 1986[6] et dont il ressortira surtout qu'*« éliminer ce que l'on ressent comme des injustices sociales figure parmi les tâches d'un législateur démocratique »*[7] ? À l'évidence, beaucoup de législateurs nationaux – que ce soit en Europe ou dans le reste du monde – n'ont pas encore tiré tous les enseignements, même les plus intuitifs, des évolutions opérées en jurisprudence[8]. L'expression « le droit à la vie est inhérent à la personne humaine » ne peut pas être entendue de façon restrictive. La protection de ce droit devrait nécessairement impliquer que l'État adopte des

---

[1] É. Putelat, *La question de la justiciabilité des droits sociaux à l'épreuve du droit européen*, *op.cit.*, p. 65. Voir également sur ce point G. Fellous, *Les droits de l'homme : une universalité menacée*, Documentation française, février 2010, et plus exactement la préface réalisée par B. Boutros-Ghali. Et F. Dekeuwer-Défossez, *Les Droits de l'Enfant*, PUF, « Que sais-je ? », 28e édition, 1991.
[2] A.-D. Olinga, « Les droits économiques, sociaux et culturels dans la Convention européenne des droits de l'homme », *Cahier de l'IEDH*, 1995, pp. 53-78.
[3] *Ibid.*, p. 65.
[4] É. Putelat, *op.cit.*, pp. 65-66.
[5] Voir tout particulièrement C.M. (lefigaro.fr) avec AFP et AP, « Sarkozy veut pemettre aux SDF de décider de leur sort », *Le Figaro*, 28 novembre 2008. Voir également B. Rieth, « Lutte contre la pauvreté : François Hollande n'a pas tenu ses promesses de campagne », *Marianne*, 5 janvier 2015.
[6] Voir arrêt *James et autres c. Royaume-Uni* de la CEDH du 21 février 1986, Série A n° 98.
[7] É. Putelat, *op.cit.*, p. 66.
[8] Voir tout particulièrement le dossier paru dans la Documentation française intitulé « La peine de mort dans le monde », mis à jour le 26 février 2019 ; voir également S. Zem, « L'absence de consensus sur le droit à la fin de vie en Europe », *Le Journal international*, 20 octobre 2018.

mesures positives de sauvegarde, comme le rappelle d'ailleurs de ses vœux le Comité des droits de l'homme, las de voir que *« le droit à la vie a été trop souvent interprété de façon étroite »*[1].

1 475. – Bien plus philosophiques furent les mots d'illustres hauts magistrats lorsqu'ils précisaient que *« l'homme a une personnalité indivisible. Son droit à la vie n'exige pas seulement un ordre où il est en sûreté contre le terrorisme et les risques d'exécution sommaire [...]. Il faut aussi qu'il puisse trouver sa subsistance dans un travail et l'appui agissant de ses semblables, que ce soit pour lui et pour sa famille, s'il est hors d'état de produire »*[2]. De fait, le droit à l'alimentation devrait, et cela au même titre que le droit à des conditions matérielles d'existence, être envisagé avec plus de clarté à l'aune du droit à la vie par le juge européen. Sa reconnaissance n'est qu'indirecte et partielle, et se réfugie trop souvent dans le truchement d'autres principes plus larges, ou de droits plus englobants, et n'apparaît jamais expressément dans les considérants – notamment de principe – des différents arrêts de la haute juridiction européenne (alors que certains faits d'espèce[3] lui auraient pourtant permis de s'émanciper de la lecture littérale de la CESDH et de mentionner directement le PIDESC, qui lui reconnaît le droit à la nourriture[4]).

1 476. – Au vu de leurs accointances actuelles et du lien d'intimité qui les unira sûrement pour toujours, le droit à la vie ne peut être qu'un puissant vecteur pour le droit à l'alimentation étant donné qu'il est consacré dans à peu près tous les catalogues des droits de l'homme adoptés depuis la fin de la seconde guerre mondiale (sauf en France). Donc dans des États démocratiques où le légicentrisme est sur le déclin, et où le législateur ne satisfait pas toujours à ses obligations[5], il serait souhaitable que le juge prenne le relais en insuflant autant qu'il le peut une jurisprudence à la fois dynamique et innovante concernant le droit de l'homme à

---

[1] Voir l'observation générale n° 36 du Comité des droits de l'homme sur l'article 6 du PIDCP.

[2] Ces mots sont de René Cassin. Pour aller plus loin sur ce point, voir P.-H. Imbert, « Droit des pauvres, pauvre(s) droit(s) ? Réflexions sur les droits économiques, sociaux et culturels », *RDP*, 1989, p. 739 et s.

[3] Dans l'arrêt *Kröcher et Möller c. Suisse*, (Rapport Comm. 16.12.82, D.R.34, p. 24 (39-40)), la Commission a estimé que le seuil de gravité que requiert l'article 3 de la CESDH n'était pas atteint, alors que les détenus avaient notamment effectué une grève de la faim pour attirer l'attention des autorités administratives et judiciaires sur leurs conditions de détention. Dans de nombreux cas, la Commission a estimé que le terme de « dégradant » utilisé à l'article 3 n'était pas synonyme de désagréable ou d'inconfortable (voir notamment l'arrêt *López Ostra* du 9 décembre 1994, Série A n° 303-C). La cour a également estimé que la menace de subir des traitements dégradants ne constituait pas une violation de l'article 3 (Cf. l'arrêt *Campbell et Cosans* du 25 février 1982, Série A, n° 48, p. 13, §29).

[4] Cf. l'article 11 §§1 et 2 du PIDESC.

[5] Voir notamment sur ce point A. Flückiger, « Le principe de clarté de la loi ou l'ambiguïté d'un idéal », *Les cahiers du Conseil constitutionnel*, n° 21, Dossier : La normativité, janvier 2007. Et P. Malaurie, « L'intelligibilité des lois », *Pouvoirs*, 2005/3 n° 114, pp. 131-137.

l'alimentation[1]. Y voir là une dérive potentiellement dangereuse en direction du « gouvernement des juges »[2] serait manquer de considérations à l'égard d'une fonction dont l'esprit général consiste à ne pas seulement trancher des litiges et à légitimer la solution retenue, mais aussi et surtout à apaiser les conflits[3].

1 477. – De nombreux exemples en attestant ont été mentionnés *supra*, provenant notamment – mais sans grande surprise toutefois – de cours constitutionnelles (et pas qu'européennes). Il est également possible d'évoquer le travail tout à fait remarquable que réalisent d'autres juridictions supranationales que la CEDH, et qui participe lui aussi activement à renforcer l'effectivité du droit à l'alimentation, que ce soit directement ou par le biais du droit à la vie. Ce qui démontre bien que *« les droits économiques, sociaux et culturels protègent les biens indispensables à la survie »*[4]. C'est notamment le cas de la Cour interaméricaine des droits de l'homme qui assimile le droit à la vie à un *« droit fondamental »*[5], ou de la Commission africaine des droits de l'homme et des peuples pour qui *« le droit à la vie est la base de tous les autres droits, ainsi est-ce la source d'où découlent les autres droits »*[6]. Et à l'évidence, la Cour africaine des droits de l'homme et des peuples s'allignera dans sa jurisprudence sur ce point[7].

1 478. – Ce qui est tout à fait clair avec le droit à la vie – et par analogie logique avec le droit de l'homme à l'alimentation –, c'est qu'il constitue le « *noyau dur des noyaux durs de la protection des droits de l'homme* »[8], et ce qu'importe finalement qu'il ne revête pas un caractère absolu[9], au vu de la position très protectrice maintes fois affichée par la plupart des organes de supervision des droits de l'homme à son égard. Au niveau jurisprudentiel, il apparaît donc qu'une protection cohérente et optimale des individus face aux aléas de la vie en général,

---

[1] Sur le caractère justement dynamique et innovant de la jurisprudence de la CEDH, voir tout particulièrement Y. Lécuyer, *Memento de la jurisprudence de la CEDH, op.cit.*

[2] Cette expression correspond à la situation par laquelle le juge constitutionnel, sous prétexte de statuer sur la conformité des lois à la Constitution, ferait prévaloir sa vision de la société sur celle voulue par le législateur. Pour aller plus loin, voir E. Lambert, *Le gouvernement des juges et la lutte contre la législation sociale aux États-Unis : l'expérience américaine du contrôle judiciaire de la constitutionnalité des lois*, Daloz, mars 2005, 298 pages.

[3] Voir J.-L. Bergel, « L'office du juge », 30 septembre 2006 sur le site officiel du Sénat.

[4] G. Gaggioli, *L'influence mutuelle entre les droits de l'homme et le droit international humanitaire à la lumière du droit à la vie*, *op.cit.*, p. 243.

[5] Voir les *arrêts Baldeón Garcia c. Pérou*, CrIADH, 06.04.2006, §82 et *Villagrán Morales et autres c. Guatemala* (*Street Children Case*), CrIADH, 19.11.1999, §144.

[6] *Forum of Conscience* c. Sierra Leone, CommAfDHP, 2000, §20.

[7] Voir A.-K. Diop, « La Cour africaine des droits de l'homme et des peuples ou le miroir Stendhalien du sytème africain de protection des droits de l'homme », *Les cahiers de droit*, vol. 55, n° 2, juin 2014, pp. 529-555.

[8] L. Despouy, « Le droit à la vie : un droit intangible non dérogeable », in D. Premont et F. Montant (dir.), *Actes du symposium sur le droit à la vie : quarante ans après l'adoption de la Déclaration universelle des droits de l'homme : évolution conceptuelle, normative et jurisprudentielle*, Genève, CID, 1992, p. 71.

[9] Sur ce point, voir tout particulièrement G. Gaggioli, *op.cit.*, p. 245 et s.

et face à la malnutrition en particulier, n'est possible qu'en tenant compte du droit à la vie et du droit à l'alimentation de manière combinée. Le juge devrait donc étendre leur champ d'application – qu'il soit respectif ou partagé –, en recherchant systématiquement l'amélioration de leur mise en œuvre à travers sa jurisprudence (qu'il faut souhaiter visionnaire et pas seulement technique).

B. LA PROCÉDURE DE RÉCLAMATION COLLECTIVE ET LA MISE EN ŒUVRE DE LA JUSTICIABILITÉ DES DROITS SOCIAUX

1 479. – Quelle est l'utilité du droit de l'homme à l'alimentation si celui-ci n'est pas opposable ? Comme le rappellent certains auteurs, *« on apprécie très souvent l'utilité, voire même l'opportunité d'un droit à sa sanction »*[1]. Raison pour laquelle le Comité européen des droits sociaux a développé un système de contrôle du respect par les États des droits qu'ils ont accepté de garantir. Et un tel contrôle *« vise à constater toute violation de la Charte sociale européenne ainsi qu'à mettre en conformité avec celle-ci les situations naitonales »*[2]. Cette initiative pourrait certainement être développée et adaptée au cas spécifique du droit à l'alimentation dans d'autres contextes, notamment au plan universel.

1 480. – Quand bien même le système initial de protection de la Charte se serait avéré plutôt timide, le protocole d'amendement adopté lors de la Conférence de Turin en octobre 1991[3] a eu le mérite de relancer définitivement le système en augmentant considérablement les pouvoirs du comité. En effet, celui-ci peut désormais *« demander à chaque État des informations ou des précisions, tandis que les conclusions sont rendues publiques »*[4]. Ce protocole conduit également *« à une augmentation de la transparence, à une amorce de débat contradictoire, et à une association des organisations patronales et syndicales internationales »*[5].

---

[1] É. Putelat, *La question de la justiciabilité des droits sociaux à l'épreuve du droit européen*, *op.cit.*, p. 29.
[2] *Ibid.* Sur ce point, voir également J.-F. Akandji-Kombé, « La Charte sociale européenne », in Stéphane Leclerc (dir.), *Rencontres européennes*, Bruylant, 2001, 207 pages.
[3] Ce protocole d'amendement avait été adopté par les Délégués des Ministres le 16 octobre 1991. Comme le rappelle le Conseil de l'Europe lui-même, *« la perspective de la Conférence ministérielle à Turin à l'occasion du trentième anniversaire de la Charte oscillait entre le bilan d'un relatif échec et la détermination positive de mener à terme une révision approfondie de la Charte, dont l'impulsion avait été donnée un an plus tôt. Les travaux de la Conférence de Turin, tenue les 21-22 octobre 1991, se sont déroulés dans un climat positif et ouvert. Les résultats ont été substantiels et largement à la hauteur des espoirs résultant de la Conférence de Rome »*. Pour aller plus loin, voir D. Piveteau, *La Charte sociale du XXIe siècle*, éd. Conseil de l'Europe, 1er janvier 1997, p. 49.
[4] J.-P. Costa, « Vers une protection juridictionnelle des droits économiques et sociaux », in *Les droits de l'homme au seuil du troisième millénaire*, Mélanges Pierre Lambert, Bruylant, 2000, p. 141.
[5] *Ibid.*

1 481. – Mais l'étape la plus importante résulte du protocole additionnel adopté en juin 1995, dans la mesure où il prévoit un système de réclamation collective ouvert aux organisations patronales et syndicales internationales et nationales, ainsi qu'aux ONG disposant du statut consultatif auprès du Conseil de l'Europe. Pour que ces réclamations collectives soient recevables, encore faut-il que lesdites organisations soient représentatives, certes, mais comme le soulignent très justement certains juristes, *« cette procédure collective est essentielle pour ce qui est des droits des plus faibles »*[1]. Et d'ajouter – sans grande surprise – que *« ce ne sont pas les exclus, les sans-logis, voire les handicapés mentaux qui auront le plus souvent l'initiative d'interpeller une lointaine instance internationale »*[2]. Les organisations seraient donc les mieux placées pour ester en justice, et ce en dépit du fait que les ONG nationales ne peuvent agir qu'après une déclaration de l'État, et aussi que le critère de représentativité limite parfois leur possibilité d'action[3].

1 482. – Ce protocole encourage quoi qu'il arrive, et c'est sans doute là son principal attrait, une étroite collaboration entre le comité et les organisations. En rendant possible un contrôle des obligations des États dans l'intervalle qui sépare les rapports, *« les décisions militent en faveur d'une réelle protection juridique des droits sociaux à l'échelon européen »*[4]. Ce n'est donc pas si étonnant que les associations recourent, et cela de plus en plus, à cet instrument de protection sociale[5]. En outre, ainsi que le notent certains professeurs de droit public, *« les conditions de recevabilité ont été interprétées avec souplesse, ce qui permet une action concrète des organisations »*[6].

1 483. – Cela dit, et c'est regrettable, ledit protocole *« ne saurait représenter une avancée conséquente en ce sens qu'il ne permet ni de dénoncer la violation d'un droit individuel garanti par la charte, ni de procéder à un examen individualisé de la situation litigieuse »*[7]. Réaliste, une partie de la doctrine en vient alors à parler d'un simple « aménagement » – plutôt que d'un « bouleversement » proprement dit – pour la justiciabilité des droits sociaux avec l'adoption de ce protocole. Puisque la décision finale appartient toujours au Comité des ministres, *« le protocole serait davantage un complément qu'une alternative aux rapports étatiques en ce qu'il déplace l'initiative du contrôle vers les partenaires sociaux*

---

[1] D. Piveteau, *La Charte sociale du XXIe siècle*, éd. Conseil de l'Europe, *op.cit.*
[2] *Ibid.*
[3] É. Putelat, *La question de la justiciabilité des droits sociaux à l'épreuve du droit européen*, *op.cit.*, p. 29.
[4] J.-F. Akandji-Kombé, « La procédure de réclamation collective dans la CSE, chronique », *RTDH*, 2001.
[5] *Ibid.*
[6] J.-F. Akandji-Kombé, « L'application de la Charte sociale européenne : la mise en œuvre de la procédure de réclamations collectives », *Droit social*, 2000, p. 888 et s.
[7] F. Sudre, « Le protocole additionnel à la CSE prévoyant un système de réclamation collective », *RGDIP*, 1996, n° 3, pp. 715-739.

tout en ne modifiant absolument jamais la nature du contrôle »[1]. En somme, *« le protocole marque la volonté d'éviter toute juridictionnalisation de la procédure des réclamations collectives et confirme le « déficit juridique » dont souffrent les droits sociaux dans le cadre de la Charte sociale européenne »*[2].

1 484. – Pour plusieurs observateurs, le constat est sans appel : *« la mise en œuvre au niveau européen du droit de réclamations collectives débouche in fine sur le contrôle par voie de rapport, ce qui confirme la portée modeste du protocole »*[3]. Néanmoins, pléthore d'organisations continuent de penser – peut-être naïvement – qu'il faudrait *« permettre audit système de se développer, de se renforcer et d'asseoir son utilité »*[4], en tentant dans cette perspective de *« nourrir le système de nouvelles réclamations pour justement donner au comité européen des droits sociaux les moyens de développer une jurisprudence innovante »*[5]. Par ailleurs, il conviendrait de faire preuve d'un peu plus d'audace *« en utilisant cette procédure dans ce qu'elle a d'unique : la possibilité de questionner un État sur ses « pratiques » et non sur sa seule législation »*[6]. Ce qui n'est ici pas sans rappeler que si les législations des États signataires sont souvent avancées, la mise en œuvre de ces « lois » laisse en pratique aux ONG d'innombrables possibilités de réclamation.

1 485. – Le Conseil des ministres a dores et déjà adopté de nombreuses résolutions dans des domaines touchant aux conditions de travail équitable[7], au droit de la mère et de l'enfant à une protection sociale et économique[8], au droit de la famille à une protection sociale, juridique et économique[9] ou encore au droit à l'assistance médicale[10]. Et à chaque fois, les recours collectifs émanaient d'associations qui pour certaines d'entre elles sont connues (Fédération internationale des droits de l'homme, Centre européen des droits des Roms, etc.). Toutefois, aucune de ces réclamations n'a pour l'heure eu trait à la défense de la dignité humaine et des

---

[1] F. Sudre, « Le protocole additionnel à la CSE prévoyant un système de réclamation collective », *op.cit.*, pp. 715-739. Voir également M. Guiraud, *La Charte sociale européenne et son protocole : un modèle à suivre ?*, 2000.

[2] É. Putelat, *La question de la justiciabilité des droits sociaux à l'épreuve du droit européen*, *op.cit.*, p. 30.

[3] F. Sudre, *op.cit.*, pp. 715-739.

[4] É. Putelat, *op.cit.*, p. 30.

[5] *Ibid.*

[6] *Ibid.*

[7] Voir la réclamation CGT c. France n° 154/2017 (il s'agissait d'une violation de l'article 2§1 relatif au droit à des conditions de travail équitable).

[8] Voir la réclamation *Organisation mondiale contre la torture c. Grèce* n° 17/2003 (il s'agissait d'une violation de l'article 17 relatif au droit de la mère et de l'enfant à une protection sociale et économique).

[9] Voir la réclamation *Centre européen des droits des Roms c. France* n° 51/2008 (il s'agissait d'une violation de l'article 16 relatif au droit de la famille à une protection sociale, juridique et économique).

[10] Voir la réclamation *Fédération internationale des ligues des Droits de l'homme c. France* n° 14/2003 (ici, les réformes récentes de l'« Aide médicale de l' État » et de la « Couverture maladie universelle » privent du droit à l'assistance médicale un grand nombre d'adultes et d'enfants ne disposant pas de ressources suffisantes et constituent donc une violation de l'article 17).

conditions de vie de l'individu[1], ce qui paraît exclure d'emblée la possibilité – même par ricochet – d'une action engagée par une organisation spécifiquement dédiée à la lutte contre la faim[2].

1 486. – Au niveau européen, il semble que les droits sociaux relatifs aux conditions de vie de l'individu (parmi lesquels figure, entre autres, le droit de l'homme à l'alimentation) soient frappés d'un double affaiblissement : par le biais de la CSE, ils ne bénéficient pas encore de la même justiciabilité que par le biais de la Convention européenne de sauvegarde des droits de l'homme, et de plus, dans le cadre de la charte, les réclamations collectives les concernant sont moins nombreuses que celles ayant trait au droit du travail. À l'évidence, le comité se heurte à la résistance des États malgré ses efforts pour assurer l'effectivité de tels droits, et plus généralement cette fois-ci les droits sociaux ne sont pas réellement justiciables au sein de la CSE. Pour s'en convaincre, il n'y a qu'à observer de près la position affichée par le Comité des ministres, lequel s'oppose toujours à ce que le comité se livre à un contrôle effectif de la conventionalité du droit interne[3].

1 487. – Le protocole additionnel adopté en juin 1995 offre donc de belles perspectives d'amélioration de la justiciabilité des droits sociaux, qui plus est au prisme des réclamations collectives, mais à quoi cela sert-il si dans la pratique, le Comité des ministres se contente de prendre en note les violations de la Charte constatées par le comité, pour ensuite appeler de ses vœux pieux – au moyen d'ailleurs d'une simple résolution – une amélioration de la situation lors du prochain rapport[4] ? Il faudrait accentuer et encourager les efforts du Comité européen des droits sociaux – dont l'attitude à l'égard des actions de groupe est pleine de bon sens –, et espérer que des organisations développent à l'avenir le réflexe d'agir dans le domaine spécifique du droit à l'alimentation (à l'aune du droit à des conditions minimales d'existence).

---

[1] É. Putelat, *La question de la justiciabilité des droits sociaux à l'épreuve du droit européen*, *op.cit.*, p. 31.

[2] Élise Putelat rappelle que *« Les associations, mis à part le Centre européen des droits des Roms, n'ont pas encore le réflexe d'agir dans ce domaine ». Ibid.*

[3] Dans sa décision du 15 décembre 1999 concernant le Portugal (la requête dénonçait le fait qu'un grand nombre d'enfants de moins de 15 ans continuent à travailler illégalement dans de nombreux secteurs de l'économie), le Comité des ministres se contente de renvoyer à une recommandation antérieure en demandant au Portugal de donner dans son prochain rapport des informations sur les mesures prises.

[4] Dans la résolution ResChS (2004)1, le Comité des ministres « appelle de ses vœux que la France fasse état, lors de la présentation du prochain rapport relatif aux dispositions pertinentes de la CSE, d'une amélioration de la situation ».

C. LA JUSTICIABILITÉ INDIRECTE DU DROIT À DES CONDITIONS DE VIE CONVENABLES DE L'INDIVIDU

1 488. – En Europe, les droits sociaux *stricto sensu* sont davantage considérés comme des objectifs à atteindre plutôt que comme des droits subjectifs attachés aux individus. Au niveau alimentaire, cette situation n'est pas irréversible, car comme le remarquent de plus en plus d'acteurs, *« en donnant une interprétation juste moins étroite aux notions de « vie » et de « traitement dégradant », les organes de contrôle de la Convention et les États occidentaux en général montreraient qu'ils ont compris le danger de s'enfermer dans des distinctions stériles entre catégories de droits et ne feraient rien d'autre que de donner plein effet à l'indivisibilité et à l'universalité des droits de l'homme »*[1]. D'évidence, les droits économiques et sociaux *« ne sont pas des suppléments ni des produits de luxe dont la collectivité peut se passer »*[2]. C'est précisément la raison pour laquelle la Cour européenne des droits de l'homme tente d'améliorer la justiciabilité de certains droits sociaux – dont certains sont clairement connexes au droit à l'alimentation –, parmi lesquels figurent le droit au logement (1), le droit à une « vie privée » (2), le droit à un environnement sain (3) ou bien encore le droit à l'intégrité physique (4).

1. L'exemple classique du droit au logement

1 489. – Logiquement, les droits au logement et à l'alimentation sont deux « droits épées » intimement liés. Défendre l'un, c'est promouvoir l'autre, et inversement, étant donné qu'il paraît difficile d'occuper décemment un logement sans un accès en eau pour se laver et pour préparer à manger. Tout comme il est sans doute peu concevable de se loger sans être au préalable en mesure de pourvoir à ses besoins alimentaires les plus élémentaires. Encore très prudente, la Cour européenne des droits de l'homme confirme malgré tout parfaitement l'existence de ces interdépendances dans le silence (et parfois dans les non dits) de sa jurisprudence.

1 490. – En 1986 déjà, dans un arrêt *James*[3], le juge européen précisait qu'*« éliminer ce que l'on ressent comme des injustices sociales figure parmi les*

---

[1] Pour Pierre-Henri Imbert, *« En ne reconnaissant pas le caractère objectif des droits de l'homme, c'est en fait de l'ensemble des droits de l'homme que les plus pauvres sont exclus »*. P.-H. Imbert, « Droit des pauvres, pauvre(s) droit(s) ? Réflexions sur les droits économiques, sociaux et culturels », *op.cit.*, p. 739 et s.

[2] É. Putelat, *La question de la justiciabilité des droits sociaux à l'épreuve du droit européen*, *op.cit.*, p. 53.

[3] Arrêt *James et autres c. Royaume-Uni*, 21 février 1986, Série A n° 98.

tâches d'un législateur démocratique »[1]. Avant d'ajouter que *« les sociétés modernes considèrent le logement comme un besoin primordial dont on ne saurait entièrement abandonner la satisfaction aux forces du marché »*[2]. Il est ici possible de faire le lien avec l'alimentation : n'est-ce pas là un besoin absolument vital de l'homme que les sociétés prétendument démocratiques ne devraient pas délaisser exclusivement aux fluctuations de l'offre et de la demande ? Toujours est-il qu'après ledit arrêt, la haute juridiction européenne a adopté d'autres jurisprudences contribuant à la défense du droit au logement.

1 491. – La CESDH tolère les atteintes au droit de propriété dès lors qu'elles sont d'« utilité publique » ou d'« intérêt général », et seulement lorsqu'elles le sont, dans la mesure où la question du logement – qu'il soit locatif ou propriaritariste – s'inscrit nécessairement dans une politique de justice sociale. Si dans l'ensemble, la jurisprudence de la cour tend à interdire les restrictions disproportionnées et surtout injustifiées au droit de propriété, à aucun moment celle-ci ne protège le droit au logement en tant que tel. Cela dit, la situation sociale de la personne s'avère bien souvent déterminante pour le constat de la violation ou non de la convention. C'est en tout cas ce qui ressort clairement des affaires *Spaeda et Scalabrino*[3], ainsi que de l'arrêt *Scollo*[4].

1 492. – Interprété extensivement, le droit au respect de la vie privée permet lui aussi de protéger le logement. En effet, il est arrivé dans plusieurs arrêts au juge européen de rappeler que *« des atteintes graves à l'environnement peuvent affecter le bien être d'une personne et la priver de la jouissance de son domicile de manière à nuire à sa vie privée et familiale »*[5]. D'autres arrêts ont pour leur part trait à la situation spécifique de la minorité Tsigane, et témoignent du fait qu'il faille accorder une attention toute particulière à leurs besoins. En raison de leur grande vulnérabilité, il pèse ainsi pour la cour une obligation positive sur les États de faciliter leur mode de vie[6]. Raison pour laquelle elle a pu sanctionner les atteintes et les ingérences – dépourvues d'*« intérêts publics particulièrement puissants »*[7] – portées au droit des requérants garanti à l'article 8 de la convention.

---

[1] Arrêt *James et autres c. Royaume-Uni*, *op.cit.*
[2] *Ibid.*
[3] Arrêt *Spadea et Scalabrino c. Italie*, 28 septembre 1995, Série A n° 315-B.
[4] Arrêt *Scollo c. Italie*, 28 septembre 1995, Série A n° 315-C.
[5] Voir tout particulièrement l'arrêt *Powell et Rayner c. Royaume-Uni*, 21 février 1990, Série A n° 172.
[6] Voir notamment l'arrêt *Connors c. Royaume-Uni*, 27 mai 2004, n° 66746/01. Dans cette affaire, la famille n'a reçu ni aide ni conseil quant au lieu où ils pourraient s'installer, mis à part une proposition de logement à Bridlington, qui ne tenait pas compte des liens que la famille avait tissés dans la région de *Leeds*, où ils habitaient depuis 20 à 30 ans.
[7] Cette notion d'« intérêt public particulièrement puissant » se retrouve notamment dans l'arrêt *Marckx c. Belgique*, 13 juin 1979, Série A n° 31.

1 493. – Le juge européen ne protège pas pour autant expressément le droit au logement, tout comme il n'évoque jamais spécifiquement le droit de chaque être humain à se nourrir dans ses considérants. Il estime simplement que *« le respect effectif de la vie privée ne peut impliquer l'existence en droit national d'une protection juridique permettant à chaque famille d'avoir un foyer exclusif »*[1]. À aucun moment les États n'ont donc l'obligation de mettre à la disposition de leurs ressortissants – y compris aux Tsiganes – des logements convenablement équipés[2]. En d'autres termes, l'article 8 de la convention n'impartit pas d'obligations sociales très étendues aux États parties. En ne reconnaissant pas le droit de se voir fournir un domicile, la cour ne reconnaît par la même occasion aucun droit à l'alimentation.

1 494. – Cela dit, dans leurs opinions dissidentes, des juges européens estiment qu'*« il ne ressort pas de la jurisprudence de la cour que le droit de se voir fournir un domicile soit totalement exclu du champ d'application de l'article 8 »*[3]. Parfois, la réticence (ou la lenteur) des États pour résoudre des difficultés de logement peut soulever un problème sur le terrain de l'article 8§4 de la convention. Ainsi dans l'affaire Marzari, le juge précise que *« le refus des autorités d'aider à se loger une personne souffrant d'une maladie grave peut, dans certaines circonstances, poser problème en raison des conséquences de ce refus sur la vie privée de l'intéressé »*[4]. Refuser de lui fournir une alimentation saine et équilibrée aussi, mais la cour s'est bien gardée d'en parler. Quoi qu'il en soit, *« l'État a des obligations à sa charge quand il existe un lien direct et immédiat entre les mesures demandées par le requérant et la vie privée de celui-ci »*[5]. Comment dans ce cas ne pas faire de parallèles plus fréquents en jurisprudence entre le droit à la vie privée et les droits au logement et à l'alimentation, dans la mesure où ils en sont justement le parfait corollaire[6] (et où ils sont expressément visés cette fois-ci dans certains instruments, universel ou régionaux, de protection des droits de l'homme) ?

---

[1] Arrêt *Velosa Barroto c. Portugal*, 21 novembre 1995, Série A n° 334.
[2] É. Putelat, *La question de la justiciabilité des droits sociaux à l'épreuve du droit européen*, *op.cit.*, p. 55.
[3] *Ibid.*, p. 56.
[4] Voir l'affaire *Marzari c. Italie*, 4 mai 1999, n° 36448/97, non publié. La requête avait été jugée irrecevable du fait que l'expulsion ait été repoussée et du manque de coopération du requérant, refusant toutes les propositions de logement. La cour estima qu'on ne pouvait déduire de l'article 8 une obligation positive pour les autorités locales de fournir au requérant un appartement spécifique.
[5] É. Putelat, *op.cit.*, p. 56.
[6] Sur la question des accointances entre droit à la vie privée et droit au logement, voir tout particulièrement N. Boccadoro, *Le droit au logement*, th., droit privé, Université Paris-Nanterre, 2007, 561 p.

2. L'exemple plus inattendu du droit à la « vie privée »

1 495. – D'après certains professeurs de droit public, *« les « notions-clés » foisonnant dans le domaine du droit au respect de la vie privée et familiale pourraient être plus fructueuses qu'actuellement »*[1]. On ne peut plus malléable, ce droit comprend à la fois les relations avec autrui[2], ce qui n'intéresse pas le droit à l'alimentation, mais aussi et surtout le respect de l'intégrité physique et morale des individus (ce qui semble en revanche le concerner)[3]. Cela dit, *« la cour a été critiquée pour son refus d'inclure les conditions de vie dans le respect de la vie familiale et privée »*[4]. Elle l'a également été pour *« son refus d'inclure dans le droit au respect de la vie privée le droit des handicapés à l'intégration sociale »*[5].

1 496. – Dans un arrêt *Botta contre Italie*, le juge européen s'est fait remarquer en refusant d'intégrer les droits sociaux dans le droit au respect de la vie privée sociale. Par cette décision, la cour exclut du mécanisme de contrôle de la Convention les droits figurant dans la CSE[6], alors que le droit en question est pourtant expressément visé à l'article 15 de ladite charte[7]. Dans un autre arrêt – *Zehnalova c. République Tchèque* de 2002[8] –, le juge européen précise que *« pour définir toutes les limites de l'applicabilité de l'article 8 et tracer la frontière qui sépare les droits garantis par la CESDH de ceux protégés par la charte, il faut considérer que les obligations positives de l'État ont un contenu plus limité que la notion progressive de vie privée »*[9]. Nonobstant cette forme de prudence, la cour admet que *« l'article 8 est susceptible de faire peser sur l'État une obligation positive de prendre les mesures nécessaires pour assurer l'accès des personnes handicapées aux établissements publics dans les cas exceptionnels où le défaut*

---

[1] F. Sudre, « Exercice de « jurisprudence-fiction » : la protection des droits sociaux par la Cour EDH », in F. Benoît-Rohmer (dir.), *Les droits sociaux fondamentaux ou la démolition de quelques poncifs*, *op.cit.*, 182 pages.

[2] Voir l'arrêt *Mac Ginley and Egan*, 9 juin 1998, n° 21825/93 et 23414/94, Recueil 1998-III, révision CEDH 2000-I.

[3] Voir les arrêts *X et Y c. Pays-Bas*, 26 mars 1985, Série A n° 91, et *MC. c. Bulgarie*, n° 39272/98, CEDH 2003-XII. Dans cette seconde affaire, la cour a mis non seulement en question l'interprétation et l'application du droit interne par les juridictions et autres autorités nationales, mais aussi le caractère suffisant des mesures concrètes prises par celles-ci pour parvenir à une juste décision. La volonté de la cour d'indiquer aux autorités nationales comment elles auraient dû interpréter le droit interne est ici remarquable.

[4] É. Putelat, *La question de la justiciabilité des droits sociaux à l'épreuve du droit européen*, *op.cit.*, p. 57.

[5] *Ibid.*

[6] Sur ce point, voir tout particulièrement F. Sudre, « Les droits sociaux et la CEDH », *RUDH*, 2000, vol. 12, n° 1-2, pp. 28-32.

[7] Cet article 15 a en effet trait au droit des personnes handicapées à l'autonomie, à l'intégration sociale et à la participation à la vie de la communauté. Dans la requête *Autisme Europe c. France*, le Comité euuropéen des droits sociaux a par exemple conclu que les carences de prise en charge éducative des personnes autistes constituent une violation des articles 15 (droits des personnes handicapées), 17, E (non-discrimination). Le comité des ministres a adopté la résolution ResChS (2004) le 10 mars 2004.

[8] Arrêt *Zehnalova et Zehnal c. République Tchèque*, 14 mai 2002, n° 38621/97, CEDH 2002-V.

[9] *Ibid.*

d'accès empêcherait l'intéressé de mener sa vie de façon telle que le droit à son développement personnel ainsi que son droit d'établir et entretenir des rapports avec d'autres êtres humains seraient mis en cause »[1].

1 497. – En définitive, la jurisprudence de la haute juridiction européenne est ambivalente s'agissant du respect de la vie privée et familiale. Si le juge admet que le respect de l'intégrité physique peut entrer dans son giron, ce qui laisse entrevoir une protection très indirecte du droit à l'alimentation, la cour méconnaît ses liens – y compris les plus ténus – avec les droits sociaux. Cette situation paraît tout à fait regrettable, dans la mesure où *« la CESDH est la référence la plus importante de la charte et que l'Union a la faculté de fixer des standards de protection plus élevés »*[2]. Il faut dans ce cas souhaiter que la politique jurisprudentielle de la cour devienne peut-être plus audacieuse, et qu'elle aille – comme l'autorisent d'ailleurs à le faire les traités constitutifs européens – dans un sens plus protecteur des droits sociaux fondamentaux. C'est seulement à ce prix là que la juridiction de Luxembourg daignera s'aligner sur de tels revirements.

3. L'exemple indispensable du droit à un « environnement sain »

1 498. – Étonnamment, la cour ne reconnaît qu'indirectement le droit à l'environnement. Pour qu'elle consente à le protéger, encore faut-il qu'une grave atteinte au milieu enfreigne un droit garanti par la convention – tel que le droit au respect de la vie privée et familiale[3] –, ou le limite. De fait, *« beaucoup de chemin reste à faire avant qu'un droit à l'environnement sain soit reconnu au sein d'un protocole additionnel à la CESDH »*[4].

1 499. – Cela dit, l'article 8 de la convention offre à lui tout seul une protection plutôt « rassurante » puisqu'il impose tout de même que l'État adopte des mesures positives pour protéger la santé des individus – et surtout leur santé[5] – contre des atteintes condamnables à l'environnement. Ce qui est sûr, donc, c'est que le juge

[1] Arrêt *Zehnalova et Zehnal c. République Tchèque*, *op.cit.* Voir également sur cette question F. Sudre, *Droit européen et international des droits de l'homme*, *op.cit.*

[2] S. Coppola, *La justiciabilité des droits sociaux dans l'Union européenne*, *op.cit.*, p. 92. Voir également sur cette question C. Nivard, « La justiciabilité des droits sociaux. Étude de droit conventionnel européen », *RDLF* 2011, th. n° 04.

[3] Cf. notammant l'arrêt *Guerra et autres c. Italie*, 19 février 1998, Recueil 1998-I.

[4] É. Putelat, *La question de la justiciabilité des droits sociaux à l'épreuve du droit européen*, *op.cit.*, p. 58. Sur ce point, voir aussi M. Déjeant-Pons, « Le droit de l'homme à l'environnement dans le cadre du Conseil de l'Europe », *RTDH*, 1er octobre 2004, n° 60.

[5] Dans l'arrêt *McGinley et Egan c. Royaume-Uni* de 1998, la Cour juge par exemple que l'exposition de soldats britanniques à des radiations nucléaires implique une crainte pour leur santé qui *« présente un lien suffisamment étroit avec leur vie privée et familiale »* pour pouvoir appliquer l'article 8.

européen ne badine pas du tout avec l'état physique – y compris moral[1] – des occupants d'un milieu exposé à la pollution, comme le démontre parfaitement l'arrêt *Zander* de 1993[2]. Par analogie, il est aussi possible de rappeler qu'un espace qui serait par exemple trop exposé aux émanations nauséabondes d'une station d'épuration des eaux ou aux traitements des déchets d'une tannerie perdrait logiquement en fertilité, donc en cultivabilité. Sans détour, une telle nuisance porterait alors atteinte au droit de produire leur propre nourriture des personnes concernées. Ce qui signifie, par voie de conséquence, que l'article 8 relatif au droit au respect de la vie privée et familiale peut aussi protéger, au prisme de l'environnement, certains pans du droit à l'alimentation.

1 500. – Sans doute moins utile à la démonstration – mais non moins riches en enseignements pour autant – sont en revanche les garanties offertes en jurisprudence à l'égard des nuisances sonores. Pour la Cour, le droit à un simple espace physique n'est pas suffisant. Encore faut-il adjoindre audit espace une certaine tranquillité, laquelle doit se concilier avec le bien-être économique du pays concerné[3]. Autrement dit, et cela mérite d'être souligné, le droit au respect de la vie privée et familiale peut tout à fait revêtir une dimension immatérielle, et aussi impliquer l'adoption par les pouvoirs publics de mesures visant à garantir son respect jusque dans les relations des individus entre eux. C'est d'ailleurs là une spécificité partagée par de nombreux droits de l'homme, comme le droit à l'alimentation[4].

1 501. – En un sens, et au vu de ce qui précède, il est possible de dire que *« le droit à un environnement sain est affirmé et ancré dans la jurisprudence de la CESDH »*[5]. Cela dit, la cour a depuis lors opéré de nombreux revirements qui ne sont pas tous très favorables à son essor dans la pratique. Dans un arrêt *Hatton et autres* de 2003[6], la cour a par exemple estimé que les activités d'un aéroport n'étaient pas constitutives d'une pollution sonore de nature à porter atteinte à l'article 8 de la convention. Ce qu'ont naturellement critiqué certains juristes, parmi lesquels figuraient des juges de la Cour européenne des droits de l'homme elle-même, lorsqu'ils précisent que *« cet arrêt allait à l'encontre de l'importance tout à fait croissante attachée à l'environnement »*[7].

---

[1] Dans l'arrêt *Zander c. Suède* du 25 novembre 1993 (Série A n° 279-B), la Cour admet que *« vivre dans la hantise de la pollution est constitutif d'un préjudice moral »*.
[2] *Ibid.*
[3] Voir notamment l'arrêt *Hatton et autres c. Royaume-Uni*, 8 juillet 2003, [CG], n° 36022/97, CEDH 2003-VIII. Ainsi que l'arrêt *Moreno Gomez c. Espagne*, 16 novembre 2004, n° 4143/02.
[4] Voir par exemple le projet de Charte des droits et des devoirs du citoyen français présentée à la signature des demandeurs de la nationalité française en application de l'article 21-24 du Code civil.
[5] É. Putelat, *La question de la justiciabilité des droits sociaux à l'épreuve du droit européen*, *op.cit.*, p. 60.
[6] *Ibid.*
[7] Opinion dissidente commune à M. Costa, M. Ress, M. Türmen, M. Zupančič et Mme Steiner (par.5).

1 502. – Plus grave encore est la portée de l'arrêt *Balmer-Schafroth* et autres de 1997[1] – ou bien encore celle de l'arrêt *Athanassoglou* et autres de 2000[2] – puisqu'ici, la Cour juge que *« le droit d'être protégé contre les activités d'une centrale nucléaire n'est pas un droit « civil » et refuse en conséquence aux intéressés le bénéfice du droit à un tribunal garanti par l'article 6 de la convention »*[3]. À supposer que les riverains de cette centrale fassent tous pousser leurs concombres dans leur jardin, c'est sans doute méconnaître le risque pour la santé que font potentiellement courir les contaminations radioactives d'aliments, et plus généralement les fondements du droit à une alimentation de qualité (donc exempte de substances nocives). De plus, dans un arrêt *Kyrtatos* de 2003[4], la cour refuse de défendre le droit à l'environnement en tant que tel. Elle précise que *« l'évènement crucial qui permet de déterminer une violation de l'article 8 est l'existence d'un effet néfaste sur la sphère de la vie privée ou familiale d'une personne, et non simplement la dégradation générale de l'environnement »*[5].

1 503. – En clair, *« ni l'article 8, ni aucune autre disposition de la convention ne garantit spécifiquement une protection générale de l'environnement en tant que tel »*[6]. Mais peut-être que d'autres dispositifs internationaux, voire des législations internes, sont plus adaptés dès lors qu'il s'agit de traiter de cet aspect particulier. Toujours est-il que *« la charte sociale européenne est plus active en ce qui concerne le droit à l'environnement »*[7], notamment au prisme du droit à la santé, qu'évoquent ses articles 11[8] et 31[9]. Par leurs biais, toute atteinte à l'environnement susceptible d'avoir une incidence sur la santé des personnes protégées par la charte est scrupuleusement prise en considération. En outre, les États sont censés fournir le plus d'informations possible au Conseil de l'Europe sur les mesures protectrices de la santé en matière de pollution de l'eau ou bien

---

[1] Arrêt *Balmer-Schafroth et autres c. Suisse*, 26 août 1997, Recueil 1997-IV.

[2] Arrêt *Athanassoglou et autres c. Suisse*, [CG], n° 27644/95, CEDH IV.

[3] Voir É. Putelat, *La question de la justiciabilité des droits sociaux à l'épreuve du droit européen*, *op.cit.*, pp. 60-61.

[4] Arrêt *Kyrtatos c. Grèce*, 22 mai 2003, n° 41666/98, CEDH 2003-VI.

[5] *Ibid.*

[6] *Ibid.*

[7] É. Putelat, *op.cit.*, p. 61.

[8] L'article 11 de la charte précise en effet que : *« En vue d'assurer l'exercice effectif du droit à la protection de la santé, les Parties s'engagent à prendre, soit directement, soit en coopération avec les organisations publiques et privées, des mesures appropriées tendant notamment : 1. à éliminer, dans la mesure du possible, les causes d'une santé déficiente ; 2. à prévoir des services de consultation et d'éducation pour ce qui concerne l'amélioration de la santé et le développement du sens de la responsabilité individuelle en matière de santé ; 3. à prévenir, dans la mesure du possible, les maladies épidémiques, endémiques et autres, ainsi que les accidents »*.

[9] L'article 31 de la charte énonce quant à lui que : *« En vue d'assurer l'exercice effectif du droit au logement, les Parties s'engagent à prendre des mesures destinées : 1. à favoriser l'accès au logement d'un niveau suffisant ; 2. à prévenir et à réduire l'état de sans-abri en vue de son élimination progressive ; 3. à rendre le coût du logement accessible aux personnes qui ne disposent pas de ressources suffisantes »*.

encore de l'air[1]. Ce qui amène certains auteurs à penser qu'*« une plus forte collaboration entre la CEDH et la Charte sociale pourrait être bénéfique et surtout permettre un véritable respect du droit à l'environnement »*[2]. Donc ici encore, *« une interaction entre la Charte sociale et la CEDH permettrait d'améliorer la défense des droits au niveau européen »*[3].

4. L'exemple convainquant de la lutte contre la torture et les traitements inhumains et dégradants

1 504. – Dans un arrêt *Z et autres* de 2001, la Haute juridiction européenne a précisé que *« l'article 3 combiné avec l'article 1 impose aux États d'assurer une protection efficace, notamment des enfants et de toutes les personnes vulnérables et d'adopter des mesures raisonnables pour empêcher les mauvais traitements dont les autorités avaient ou auraient dû avoir connaissance »*[4]. En l'espèce, quatre enfants issus de la même famille n'avaient pas été suffisamment protégés – par les services sociaux – contre les actes de maltraitance dont ils étaient victimes de la part de leurs parents. Il est possible de considérer, d'emblée, que malmener ses propres enfants en les privant de nourriture rentre dans le champ couvert par cette décision.

1 505. – En outre, *« la mise en œuvre d'une mesure d'expulsion peut constituer, dans des circonstances exceptionnelles, une violation de l'article 3 lorsque des raisons humanitaires décisives sont en jeu »*[5]. Ici la portée de l'arrêt *S. N.* de 2002 laisse entrevoir le fait qu'un étranger dont le pays d'origine est victime de graves pénuries alimentaires ne peut se voir opposer une obligation de quitter le territoire français de la part du préfet. En matière pénitentiaire cette fois-ci, l'arrêt *Kulda* de 2000[6] prévoit clairement le droit de tout prisonnier à des conditions de détention conformes à la dignité humaine (ce qui renvoie à plusieurs problématiques jusque là négligées par la Cour comme la surpopulation, l'insuffisance des règles d'hygiène, la pauvreté et l'indigence, l'absence

---

[1] Cf. les examens périodiques de mise en œuvre de l'article 11. Sur cette question des rapports périodiques, voir également O. de Schutter, « La contribution de la Charte sociale européenne à l'intégration des Roms d'Europe », *L'Europe des Libertés*, n° 23, 2005.

[2] É. Putelat, *La question de la justiciabilité des droits sociaux à l'épreuve du droit européen*, *op.cit.*, p. 61. Voir également sur cette question M. Déjeant-Pons, « Le droit de l'homme à l'environnement dans le cadre du Conseil de l'Europe », *op.cit.*

[3] *Ibid.*

[4] CEDH, *Z et autres c. Royaume-Uni*, [GC] 10 mai 2001, n° 29392/95.

[5] CEDH, *S.N. c. Suède*, n° 34209/96.

[6] CEDH, *Kulda c. Pologne*, [GC], n° 30210/96.

d'intimité, le défaut ou l'absence de soins etc.[1]). En somme, le juge européen reconnaît que *« les conditions de détention peuvent parfois constituer un traitement inhumain et dégradant »*[2], et que *« le manque de traitement médical approprié peut revêtir un traitement inhumain contraire à l'article 3 de la Convention »*[3].

1 506. – L'évolution de la jurisprudence attestera, dans le domaine carcéral, de cette prise en compte grandissante des conditions de vie des personnes concernées. En réalité, « *la Cour européenne a fait preuve d'un activisme considérable en se prononçant fréquemment sur leurs droits sociaux »*[4], même si certains retours en arrière sont encore – et parfois seulement – constatés[5]. D'une manière générale, il semble que la Cour accepte de défendre les conditions de vie de l'individu mais refuse de défendre le droit au logement, le droit à l'environnement et le droit à des conditions d'existence décentes en tant que tels. Et pourtant, paradoxalement, le juge européen accepte – comme cela a été démontré – de se prononcer indirectement sur des affaires les concernant, y compris le droit à l'alimentation. D'après certains auteurs, il faut alors y voir chez la Cour une crainte d'aller peut-être trop loin. Ce qui laisse en conséquence planer de nombreuses zones d'ombres en raison justement *« du refus de dégager des concepts clairs »*[6].

1 507. – Ces mêmes auteurs sont pourtant explicites : *« en poursuivant simplement son raisonnement, la Cour pourrait protéger effectivement les droits sociaux ; il suffirait pour ceci qu'elle donne une pleine application aux droits présents dans la CEDH »*[7]. Ceci permettrait *« la justiciabilité et donc la protection effective contre la pauvreté et l'exclusion sociale »*[8]. Et *a fortiori* contre la malnutrition, dans la mesure où les accointances avec celle-ci sont nombreuses. Ce qui importe par-dessus tout, c'est de renforcer le rôle de contrôleur externe du système des droits de l'homme en Europe dévolu à la Cour européenne des droits de l'homme.

---

[1] Sur cette question, voir notamment F. Tulkens, « Les droits sociaux dans la jurisprudence de la nouvelle Cour européenne des droits de l'homme », in F. Benoît-Rohmer (dir.), *Les droits fondamentaux ou la démolition de quelques poncifs*, *op.cit.*, 182 pages.
[2] Voir notamment l'arrêt *Dougoz c. Grèce*, n° 40907/98, CEDH 2001-II.
[3] Voir notamment l'arrêt *Ilhan c. Turquie*, [GC], n° 22277/93, CEDH-VII.
[4] É. Putelat, *La question de la justiciabilité des droits sociaux à l'épreuve du droit européen*, *op.cit.*, p. 63.
[5] C'est notamment le cas avec l'arrêt *Hatton et autres c. Royaume-Uni* de 2003 – mentionné *supra* –, en vertu duquel l'intérêt économique du pays semble prévaloir sur les conditions de vie de l'individu.
[6] *Ibid.*
[7] É. Putelat, *op.cit.*, p. 63.
[8] *Ibid.*

D. LA LUTTE CONTRE L'EXTRÊME PAUVRETÉ : UNE AVANCÉE THÉORIQUE

1 508. – La CSE a beau reconnaître expressément en son article 30 le droit à la protection contre la pauvreté et l'exclusion sociale[1], toujours est-il que les droits sociaux *stricto sensu* qui y figurent sont énoncés sans être réellement défendus. C'est certainement la raison pour laquelle *« les réclamations collectives préfèrent appuyer leurs requêtes sur les droits plus « solides » reconnus par la Cour européenne des droits de l'homme »*[2]. Pourtant, la Cour ne mentionne que rarement dans le cadre de sa jurisprudence le droit à la protection contre la pauvreté. C'est d'ailleurs ce que dénoncent certains professeurs de droit public lorsqu'ils soulignent qu'*« il n'y aurait pas de grande difficulté pour la Commission et la Cour européenne des droits de l'homme à trouver dans l'article 8 la base d'une évolution de la jurisprudence en considérant par exemple que le fait de vivre dans un taudis est une atteinte au droit au respect du domicile »*[3].

1 509. – D'autres auteurs précisent pour leur part que l'*« on peut définir l'extrême pauvreté comme la violation cumulée, grave et durable d'au moins six droits qui ne sont d'ailleurs pas tous garantis par la Convention : un minimum de ressources, un logement, le respect de la vie privée et familiale, l'accès à la santé, à la justice et à l'éducation »*[4]. Alors sans aller jusqu'à imposer la prise en compte par la Cour du droit à l'alimentation, celle-ci pourrait *a minima « prendre en compte la politique sociale des États en matière de lutte contre la pauvreté pour définir des limites précises au-delà desquelles le traitement du pauvre devient inhumain »*[5]. Au vu de l'utilisation faite par le juge européen de certains articles de la Convention (comme les articles 3 et 8 notamment), *« il est possible d'envisager que sa jurisprudence s'étende à la protection contre l'extrême pauvreté et à la lutte contre l'exclusion sociale »*[6].

1 510. – Selon ces observateurs, la Haute juridiction européenne n'aurait donc qu'à suivre la voie de la protection par ricochet et de l'interprétation dynamique

---

[1] Cet article dispose en effet que *« En vue d'assurer l'exercice effectif du droit à la protection contre la pauvreté et l'exclusion sociale, les Parties s'engagent : a. à prendre des mesures dans le cadre d'une approche globale et coordonnée pour promouvoir l'accès effectif notamment à l'emploi, au logement, à la formation, à l'enseignement, à la culture, à l'assistance sociale et médicale des personnes se trouvant ou risquant de se trouver en situation d'exclusion sociale ou de pauvreté, et de leur famille [...] »*

[2] *Ibid.*, p. 64.

[3] Voir tout particulièrement F. Sudre, *Droit européen et international des droits de l'homme*, *op.cit.*

[4] B. Maurer, *Le principe de respect de la dignité humaine et la Convention européenne des droits de l'homme*, La documentation française, p. 351.

[5] C. Pettiti, « La protection des droits sociaux fondamentaux à l'aube du troisième millénaire », in *Les droits de l'homme au seuil du troisième millénaire*, Mélanges Pierre Lambert, Bruylant, 2000, p. 613 et s.

[6] É. Putelat, *La question de la justiciabilité des droits sociaux à l'épreuve du droit européen*, *op.cit.*, p. 64.

des droits consacrés par la Convention pour assurer une application effective des droits sociaux, mais aussi des droits civils. Ils ajoutent même que *« cette tendance semble davantage plausible qu'un renforcement de la Charte sociale européenne »*[1]. De fait, les droits à la vie, au logement et à la protection contre les traitements inhumains et dégradants pourraient être clairement interprétés de façon à permettre une justiciabilité même indirecte du droit à la protection contre l'extrême pauvreté et l'exclusion sociale.

1 511. – Depuis l'arrêt *L.C.B* de 1998, la santé est comprise comme implicitement liée au droit à la vie[2], tandis qu'il découle d'un arrêt *Berktay* de 2001 une obligation positive imposée à l'État de protéger la vie de l'individu contre le risque de maladie[3]. La Cour affirme par ailleurs que *« l'article 2 ne concerne pas exclusivement les cas de mort d'hommes résultant de l'usage de la force par des agents de l'État, mais implique aussi l'obligation positive pour les États de prendre toutes les mesures nécessaires à la protection de la vie des personnes »*[4]. Cet arrêt est intéressant, puisque le droit à la vie pourrait ouvrir l'accès à un respect des conditions de vie permettant justement de vivre (et non plus de survivre), donc de disposer d'un logement décent, mais aussi d'évoluer dans un environnement sain et de jouir d'une alimentation saine et équilibrée.

1 512. – Dans l'arrêt *Bensaïd* de 2001, la Cour a intégré dans la vie privée la protection de la santé, à la fois physique et mentale[5] : donc pourquoi ne pas considérer qu'une alimentation en qualité ainsi qu'en quantités suffisantes permet d'atteindre – au moins dans ses grandes lignes – un tel état physique ? Par ailleurs, *« il est entré dans les mœurs qu'une habitation doit avoir l'eau courante, l'électricité... »*[6], alors pourquoi la Cour ne prendrait-elle pas en compte ces évolutions ? Pour répondre à ces interrogations, une partie de la doctrine estime que *« la CESDH doit être complétée par la Charte sociale européenne afin de permettre une garantie totale des droits sociaux »*[7]. À pareilles fins, ces auteurs espèrent ainsi qu'*« une interprétation normative entre la CESDH et la Charte se réalise progressivement sous l'effet des jurisprudences des organes de*

---

[1] É. Putelat, *La question de la justiciabilité des droits sociaux à l'épreuve du droit européen*, *op.cit.*, p. 64.
[2] Arrêt *L.C.B. c. Royaume-Uni*, 9 juin 1998, Recueil 1998-II.
[3] Arrêt *Berktay c. Turquie*, 1er mars 2001, n° 22493/93 (non publié).
[4] Voir l'arrêt *Öneryildiz c. Turquie*, [GC], 30 novembre 2004, n° 48939/99.
[5] Arrêt *Bensaïd c. Royaume-Uni*, 6 février 2001, n° 44599/98, CEDH 2001-1. Dans cette affaire, la Cour refuse de considérer que l'expulsion du requérant l'expose à des risques de traitement inhumain et dégradant et fait peser une menace sur son intégrité physique et mentale.
[6] É. Putelat, *op.cit.*, p. 67.
[7] *Ibid.*

contrôle »[1]. Comme cela fut le cas dans l'affaire *Sidabras et Dziautas* de 2004 en matière d'emploi librement consenti[2].

1 513. – Comment ne pas non plus prendre en considération le fait qu'un manque d'alimentation a des incidences évidentes sur le droit à l'identité et à l'épanouissement personnel ainsi que sur la capacité de nouer des relations avec le monde extérieur ? Les juges pourraient donc élargir encore davantage le concept de droit à une vie sociale en estimant *a minima* que *« le droit d'un handicapé à l'intégration sociale – et à l'alimentation – relève de la « vie privée sociale » »*[3]. Après tout, la Cour a jugé que la vie privée couvre les relations avec autrui[4], donc il paraît tout à fait possible de rattacher l'article 15 de la CSE à l'article 8 de la Convention. Et ce d'autant plus que *« l'obligation positive de prendre des mesures pour assurer tant le droit à l'assistance sociale ou médicale que pour favoriser l'autonomie des personnes hanidacpées est reconnue »*[5].

1 514. – Concernant enfin les traitements inhumains et dégradants, certains spécialistes estiment que *« l'article 3 pourrait légitimer le droit de bénéficier des biens de première nécessité par le biais de la protection par ricochet »*[6], et ce indépendamment du fait que la Haute juridiction européenne a estimé, dans une affaire dite *Pancenko*[7], que l'État n'a pas violé l'article 3 quand il ne prend pas en compte les mesures nécessaires pour protéger les plus pauvres. Mais bien que décevante, cette solution ne faisait que reprendre une déclaration faite par la Commission en 1977 sur sa conception restrictive et surtout minimaliste de l'article 3[8]. Cette position de la Commission s'en est qui plus est trouvée renforcée dans l'affaire Van Volsem[9], puisqu'elle avait affirmé – et cela avait d'ailleurs été littéralement fustigé par la doctrine dans sa grande majorité[10] – que *« la*

---

[1] É. Putelat, *La question de la justiciabilité des droits sociaux à l'épreuve du droit européen*, *op.cit.*, p. 67.

[2] Arrêts *Sidabras et Dziautas c. Lituanie*, 27 juillet 2004, n° 55480/00 et 59330/00.

[3] É. Putelat, *op.cit.*, p. 67.

[4] Dans l'affaire *Botta c. Italie* de 1998, la Cour a estimé que : *« La sphère de la vie privée telle que la Cour la conçoit couvre l'intégrité physique et morale d'une personne ; la garantie offerte par l'article 8 de la Convention est principalement destinée à assurer le développement, sans ingérence extérieure, de la personnalité de chaque individu dans les relations avec ses semblables »*.

[5] Dans l'affaire *La Parola et autres c. Italie* de 2000, la requête est cependant irrecevable car les requérants perçoivent déjà des indemnités de caractère permanent pour faire face au handicap de leur fils, *« l'ampleur de ces indemnités permet à la Cour de conclure que l'Italie s'acquitte d'ores et déjà des obligations positives qui lui incombent aux termes de l'article 8 de la Convention »*.

[6] M. Levinet, « Recherche sur les fondements du « droit au développement de l'être humain » à partir de l'exemple de la CEDH », *Cahiers de l'IDEDH*, 1996, n° 5, 209 pages.

[7] Dans le cadre de l'affaire *Pancenko c. Lettonie*, la requête faisait l'objet de caractéristiques particulières. Les conditions de vie de la requérante n'atteignaient pas le degré minimum de sévérité pour entrer dans le champ d'application de l'article 3.

[8] Com. EDH, 9 mai 1977, requête n° 7697/76, *X. c. Belgique*, DR9, p. 194.

[9] Van Volsem (Commission), 9 mai 1999.

[10] Pour Frédéric Sudre, *« Des conditions de vie dégradantes et insalubres (pas de lumière, pas d'eau chaude, pas de chauffage, le tout en plein hiver et avec un bébé) mais aussi une situation d'humiliation et*

suspension ou les menaces de suspension des fournitures d'électricité n'atteignaient pas le niveau d'humiliation et/ou d'avilissement requis pour qu'il y ait un traitement inhumain et dégradant »[1].

1 515. – En résumé, une personne physique n'est pas fondée à arguer de l'état de pauvreté au titre de violation des droits garantis par la Cour européenne des droits de l'homme. Ce qui signifie alors qu'« *à l'exclusion économique et sociale s'ajoute une exclusion juridique »*[2]. Mais fort heureusement, des évolutions sont intervenues en jurisprudence. Dans un arrêt *Larioshina* de 2002, le juge européen a admis que *« le montant totalement insuffisant d'une pension et/ou d'autres prestations sociales pour maintenir un niveau de vie minimum est susceptible de soulever une question au titre de l'article 3 »*[3]. Par ailleurs, le critère de l'intentionnalité n'est plus toujours requis dans la mise en œuvre de cet article. Ddans un arrêt *D* de 1997, la Cour a en effet précisé – comme l'avait d'ailleurs fait auparavant le Comité européen pour la prévention de la torture et des peines ou traitements inhumains et dégradants[4] – que *« les mauvais traitements peuvent résulter non pas d'une volonté délibérée [...], mais être plutôt le résultat de déficience dans l'organisation ou d'insuffisance de ressources »*[5].

1 516. – Il semble aussi important de rappeler que pour le juge européen, *« l'obligation de respect de la dignité de la personne humaine pèse tout à la fois sur les personnes privées et sur l'État »*[6]. En clair, l'État est tenu d'une obligation d'abstention mais aussi de prestation et de réglementation. S'ajoute le fait que pour la Cour, la Convention constitue un instrument vivant faisant l'objet d'une interprétation évolutive et progressiste à la lumière des conditions de vie actuelle. Il n'y a dans ces conditions plus qu'à espérer que la Convention implique *« une*

---

de détresse morale (une coupure d'électricité effectuée au mois de décembre, des conditions draconiennes pour la rétablir, la menace permanente de nouvelles coupures, l'obligation pour la requérante de solliciter la compréhension de la compagnie distributrice...) [...] les éléments constitutifs du traitement dégradant nous paraissent bien être réunis en l'espèce ». Voir F. Sudre, « La première décision « quart-monde » de la Commission européenne des droits de l'homme, une « bavure » dans une jurisprudence dynamique », *RUDH*, 1990, p. 349 et s.

[1] Van Volsem (Commission), 9 mai 1999.

[2] F. Sudre, « La première décision « quart-monde » de la Commission européenne des droits de l'homme, une « bavure » dans une jurisprudence dynamique », *op.cit.*

[3] Arrêt *Larioshina c. Russie*, 23 avril 2002, n° 56869/00. La Cour estime qu'un grief portant sur le montant totalement insuffisant d'une pension et autres prestations sociales peut en principe soulever une question au titre de l'article 3. En l'espèce, toutefois, rien n'indique que le montant de la pension et des prestations sociales complémentaires touchées par la requérante soient à l'origine d'un préjudice pour sa santé physique et mentale tel qu'il atteigne le niveau minimum de gravité requis par l'article 3.

[4] Deuxième rapport général d'activité du Comité, 13 avril 1992, par. 44, p. 15.

[5] Arrêt *D. c. Royaume-Uni*, 2 mai 1997, Recueil 1997-III.

[6] Arrêt *Costello-Roberts c. Royaume-Uni*, 25 mars 1993, Série A n° 247-C.

plus grande fermeté dans l'appréciation des atteintes aux valeurs vraiment démocratiques de la société »[1].

1 517. – La privation alimentaire délibérée d'autrui rentre sans aucun doute dans le champ couvert par l'article 3 de la Convention tel qu'interprété dans l'arrêt *Tyrer* de 1978. D'après la solution retenue ici, le traitement dit inhumain et dégradant est aussi celui qui *« provoque volontairement des souffrances mentales ou physiques d'une intensité particulière »*[2]. Et la même année – dans un arrêt *Irlande contre Royaume-Uni* –, le juge européen précise qu'un tel traitement peut également être de nature à créer *« des sentiments de peur, d'angoisse et d'infériorité propres à humilier et à avilir »*[3]. Dans ce contexte, comment ne pas dire que l'extrême pauvreté en général, et la malnutrition en particulier, *« humilient l'individu grossièrement devant autrui »*[4], *« provoquent un abaissement du rang »*[5] et *« sont de nature à créer des sentiments de peur, d'angoisse et d'infériorité »*[6] ? Ou d'une manière encore plus générale, *« est-il vraiment utopique de penser que si un châtiment corporel dans une école est considéré comme dégradant, il devrait pouvoir en être de même pour la situation de celui qui vit dans un bidonville »*[7] ?

1 518. – Ce qui semble regrettable dans la jurisprudence de la Cour, c'est que la détresse matérielle et les conditions dégradantes doivent constituer un traitement délibérément infligé. Ce qui signifie alors qu'*« elle refuse de trouver dans le refus d'aider de la puissance publique une cause de responsabilité »*[8]. Il est pourtant difficilement concevable de soutenir que *« la grande pauvreté et l'extrême détresse ne sauraient être justiciables [...] au seul fait de la difficulté d'imputation de la faute »*[9]. C'est d'ailleurs la raison pour laquelle certains auteurs proposent *« une imputation dans le cas de la participation de la puissance publique à l'existence ou la persistance de situations de détresse matérielle ainsi que dans le cas de non-accomplissement d'obligations positives »*[10]. Et puisque dans l'affaire *Marckx*, la Cour estime que les États peuvent avoir des obligations

---

[1] Cour EDH (première section), *Henaf c. France*, 27 novembre 2003, par. 55.
[2] Arrêt *Tyrer*, 25 avril 1978, Série A n° 26.
[3] Pour un commentaire de cet arrêt, voir tout particulièrement D. Roman, *Le droit public face à la pauvreté*, *op.cit.*
[4] É. Putelat, *La question de la justiciabilité des droits sociaux à l'épreuve du droit européen*, *op.cit.*, p. 71.
[5] *Ibid.*
[6] *Ibid.*
[7] F. Benoît-Rohmer, *Les droits sociaux fondamentaux ou la démolition de quelques poncifs*, *op.cit.*
[8] A.-D. Olinga, « Les droits économiques, sociaux et culturels dans la Convention européenne des droits de l'homme », *op.cit.*, pp. 53-78.
[9] É. Putelat, *op.cit.*, p. 71. Voir aussi sur ce point C. Pelissier, « Le droit de vivre dans des conditions matérielles décentes d'existence protégé par l'article 8 : le respect de la « vie privée » et du « domicile » », *Cahier de l'Institut européen des droits de l'homme*, 1996, vol. 5.
[10] A.-D. Olinga, « Le droit à des conditions matérielles d'existence en tant qu'élément de dignité humaine et les articles 2 et 3 de la Convention européenne des droits de l'homme », *op.cit.*, pp. 139-156.

positives par rapport au respect effectif de la vie privée et familiale[1], *« il serait donc tout à fait possible d'aller jusqu'à une obligation positive de l'État de rétablir les conditions de vie familiale dégradées par la société »*[2].

---

[1] A.-D. Olinga, « Le droit à des conditions matérielles d'existence en tant qu'élément de dignité humaine et les articles 2 et 3 de la Convention européenne des droits de l'homme », *op.cit.*, pp. 139-156.
[2] C. Pelissier, « Le droit de vivre dans des conditions matérielles décentes d'existence protégé par l'article 8 de la CEDH : le respect de la « vie privée » et du « domicile » », *op.cit.*

Chapitre II. Les degrés d'application fluctuants du droit à l'alimentation, que ce soit auprès des pouvoirs publics ou des particuliers

1 519. – Pour beaucoup d'États socialistes, *« l'unité des droits de l'homme reconnue dans la Déclaration universelle des droits de l'homme ne doit pas être dissoute car la jouissance des droits civils et politiques n'aurait pas de sens sans la réalisation des droits économiques, sociaux et culturels, et l'adoption de deux instruments vraiment séparés rendrait la réalisation des droits économiques, sociaux et culturels impossible »*[1]. Et pourtant, paradoxalement, les droits économiques, sociaux et culturels ne sont bien souvent que des objectifs à atteindre pour l'État, y compris lorsqu'il se revendique du socialisme. Cela signifie qu'en pratique, ces droits ne sont pas – ou alors que faiblement – justiciables. En réalité, leur réalisation ne peut être que progressive, car elle implique en premier lieu une intervention positive de la part de l'État, mais dépend aussi et surtout des conditions socio-économiques de celui-ci. À aucun moment, donc, les autorités publiques concernées ne *« se sentent obligées de les mettre en œuvre »*[2]. Les plus optimistes d'entre elles admettent seulement qu'ils pourront l'être dans le futur. Rien de plus.

1 520. – Dans ces conditions, et étant donné que *« le droit à l'alimentation, en 1966 déjà, n'était pas perçu comme étant dans quelque mesure que ce soit, justiciable »*[3], il semble primordial de conclure ce travail de thèse en mettant en exergue toutes les avancées significatives consenties par les États pour le rendre justement plus effectif, donc opposable à la fois aux tiers et aux décideurs publics. Plusieurs éléments seront ainsi à prendre en considération, notamment l'intervention des législateurs dans la reconnaissance et la protection du droit à l'alimentation, ou encore la place du principe de l'égalité de traitement dans l'ordre interne. Les hésitations du juge ordinaire au même titre que l'absence toujours regrettable d'un véritable effet direct dévolu au droit à l'alimentation pourront aussi entrer en ligne de compte. Pour y parvenir, il paraît alors opportun d'étudier les différentes modalités de l'application réelle – bien que limitée – du droit à l'alimentation aux pouvoirs publics (Section 1), avant d'envisager l'inapplicabilité contestable de celui-ci aux particuliers (Section 2).

---

[1] C. Golay, *Vers la justiciabilité du droit à l'alimentation*, *op.cit.*, pp. 19-20.

[2] *Ibid.* Sur ce point, voir également K. Arambulo, *Strengthening the Supervision of the International Covenant and Economic, Social and Cultural Rights, Theoretical and Procedural Aspects*, Oxford, Intersentia-Hart, 1999, p. 161.

[3] *Ibid.*, p. 21.

Section I. **L'APPLICATION INCERTAINE DU DROIT À L'ALIMENTATION AUX POUVOIRS PUBLICS**

1 521. – À l'évidence, le passage de la nature des droits de l'homme à la nature des obligations des États relatives à ces droits de l'homme interroge, et ce sur plusieurs aspects. S'il est devenu logique de soutenir l'idée d'après laquelle l'homme est un tout et que les droits de l'homme forment à leur tour un tout, c'est tout particulièrement car *« l'épanouissement libre de l'homme requiert aussi bien la réalisation des droits sociaux que le respect des droits civils »*[1]. En ce sens, les droits de l'homme ne peuvent qu'être interdépendants, étant entendu que *« la jouissance des uns emporte le bénéfice des autres »*[2].

1 522. – Cela dit, cette égalité de traitement n'est qu'une façade. La distinction entre droits civils et politiques et droits économiques sociaux et culturels ne dépend nullement de leur nature juridique, et encore moins de notions abstraites, mais comporte *« des implications très concrètes puisqu'elles sont de nature financières »*[3]. Et c'est de ce coût financier que va justement dépendre la nature de ces droits et des obligations correspondantes des États. Plus généralement encore, c'est de cette distinction que va découler *« la justiciabilité des droits civils et politiques et la non justiciabilité des droits économiques, sociaux et culturels reconnus au niveau international »*[4].

1 523. – Pour toutes les raisons sus évoquées, les droits civils et politiques *« se prêtent fort bien à un règlement judiciaire »*[5] et doivent surtout être assurés universellement pour toute personne alors que les droits économiques, sociaux et culturels peinent encore à le devenir. Ils en sont même loin dans les États au faible développement économique voire au faible attrait pour eux. Dans tous les cas, *« un État ne peut être tenu à garantir plus qu'il n'est en mesure de réaliser »*[6]. Et c'est sans doute là la principale limite à la justiciabilité des droits économiques, sociaux et culturels, étant donné que ceux reconnus au niveau international ne sont pas justiciables[7].

---

[1] M. Bossuyt, « La distinction juridique entre les droits civils et politiques et les droits économiques, sociaux et culturels », *op.cit.*, p. 790.
[2] *Ibid.* Cette idée est aussi présentée dans les préambules de la DUDH et des deux pactes de 1966.
[3] *Ibid.*
[4] *Ibid.*
[5] *Ibid.*, p. 793.
[6] *Ibid.*, p. 806.
[7] L'argumentation de Marc Bossuyt rappelle les arguments avancés par les États occidentaux dans les travaux préparatoires des deux pactes de 1966. René Cassin avait par exemple déclaré, en 1951, en réponse au délégué soviétique qui se plaignait de la faiblesse des obligations liées aux droits économiques, sociaux et culturels : *« On the case of civil and political rights it's sufficient to adopt a law ensuring that they would*

1 524. – Au niveau national, en revanche, les choses sont un peu différentes. Le contrôle judiciaire est possible, mais *« n'est prévu que pour des matières bien réglementées »*[1]. Ce qui peut sembler dans ce cas dérangeant, c'est que *« la vraie différence entre les droits fondamentaux et ceux qui ne le sont pas va se situer autour de leur jusiticiabilité ou à l'inverse autour de leur non justiciabilité »*[2]. Donc partir du postulat que le droit à l'alimentation n'est pas un droit de l'homme car il n'est pas opposable n'offrirait qu'une réponse classique, plutôt facile et en un mot incomplète. Après tout, *« certains droits civils et politiques impliquent eux aussi de très grandes dépenses financières de la part de l'État, et donc des obligations positives »*[3].

1 525. – En outre, ce serait méconnaître le travail de fond qu'effectuent, et cela de plus en plus, les autorités publiques nationales – notamment les autorités françaises – pour tenter d'enfin reconnaître et de protéger efficacement le droit à l'alimentation, ou tout du moins les droits qui gravitent autour. Pour s'en convaincre, il n'y a qu'à constater l'appropriation de ces questions-là par le législateur national, et ce indépendamment du fait qu'il manque encore parfois de volonté politique (§I). La mise en œuvre du principe dit de l'égalité de traitement par les autres autorités étatiques constitue elle aussi une belle illustration de cette tendance, et présente au moins le mérite d'élargir durablement le débat (§II). Bien évidemment, tout va dépendre de l'État dans lequel le droit à l'alimentation devra donner ses effets, mais certaines législations nationales laissent clairement entrevoir, par leur côté visionnaire, une vraie lueur d'espoir.

---

be respected ; on the other hand, legislative texts might prove inadequate when it came to the reforms or, indeed, upheavals that are sometimes necessary to implement certain economic, social and cultural rights wich had not yet been recognized for the reason that a number of diverse measures had to be adopted involving changes in the country's economic and social equilibrium. It would be deceiving the peoples of the world to let them think that a legal provision was all that was required to implement certain promises, when in fact on entire social structure had to be transformed by a series of legislative and other measures ». Ici, Cf. Doc. E/CN.4/SR.232(1951).

[1] Voir la declaration de René Cassin, op.cit.

[2] E.-W. Vierdag, « The legal nature of the rights garanted by the International Covenant on Economic, Social and Cultural Rights », in *Netherlands Yearbook of International law*, volume IX, 1978, pp. 69-105. L'auteur constate que les droits économiques, sociaux et culturels sont des droits simplement programmatoires, et que, puisque leur reconnaissance n'implique que de mettre en œuvre des programmes spécifiques, *« they seem indeed not be enforceable »*.

[3] *Ibid.*

§I. L'INTERVENTION CRUCIALE BIEN QUE DÉCEVANTE DU LÉGISLATEUR NATIONAL EN MATIÈRE DE PROTECTION DU DROIT À L'ALIMENTATION

1 526. – Comme l'a rappelé le Conseil constitutionnel lui-même, *« la loi doit énoncer une règle de droit et par suite être revêtue d'une portée normative »*[1]. En France par exemple, rares sont toujours celles qui évoqueraient ne serait-ce qu'indirectement le droit à l'alimentation. Sans surprise, ce sont plutôt les droits qui s'inscrivent dans son giron, et qui sont surtout plus connus du grand public, qui lui sont privilégiés.

1 527. – Il n'en demeure par moins que ces renvois, parce qu'ils existent, permettent d'entrevoir une certaine justiciabilité du droit à l'alimentation, même minimaliste. Si ce droit de l'homme est aussi peu invoqué devant les tribunaux, c'est parce qu'il n'a en fait qu'une faible portée normative. Faible portée normative dont la source réside dans les craintes que font peser sa réalisation sur les finances de l'État. Mais par delà cette logique implacable, celle de l'argent, d'autres émergent. Heureusement.

1 528. – Dans l'ensemble, en droit positif, il y a donc certainement deux constats corrélatifs à dresser. D'une part, l'absence d'autonomie flagrante du droit à l'alimentation s'explique en grande partie par un travail de protection législative encore largement perfectible (A). D'autre part en découle fort logiquement une protection limitée de celui-ci conditionnée par le degré d'application indirecte (B).

A. L'ABSENCE D'APPLICABILITÉ DIRECTE DU DROIT À L'ALIMENTATION DU FAIT DE SA FAIBLE PORTÉE NORMATIVE

1 529. – Le droit à l'alimentation – au même titre d'ailleurs que le droit à l'eau – peut conditionner et garantir l'exercice d'une véritable liberté, tout simplement car *« il est nécessairement doté d'un haut degré d'essentialité qui justifie sa qualification de liberté fondamentale »*[2]. Malheureusement, le droit à l'alimentation n'est pas directement invocable devant le Conseil d'État (ce qui est aussi le cas du droit au logement). En réalité, c'est l'inapplicabilité directe qui justifie l'absence d'effectivité de ce droit devant les juges judiciaire et

---

[1] Voir Déc. n° 2005-212 DC, 21 avril 2005, JO 24 avr. 2005, p. 7173 et Déc. 2004-500 DC, 29 juill. 2004, Rec. 116.

[2] J.-M. Olaka, *Le droit à l'eau*, *op.cit.*, p. 298.

administratif. Alors certes, certains textes politiques[1] peuvent avoir une réelle valeur juridique – comme par exemple les résolutions solennelles des Nations Unies – mais *« l'inexistence d'une obligation de résultat limite leur applicabilité directe »*[2].

1 530. – Et n'importe quelle activité normative peut revêtir des formes ainsi qu'une intensité variables. Ainsi les actes émis par des organes internationaux restent par exemple fréquemment dépourvus de caractère juridiquement obligatoire. Il semble néanmoins nécessaire de distinguer les déclarations, qui invitent leur destinataire à adopter un comportement déterminé, de la normativité limitée du droit à l'alimentation. Le droit à l'eau a beau en effet comporter une déclaration universelle[3] et avoir un statut conventionnel indiscutable[4], il n'en demeure pas moins qu'*« il paraît très difficile de considérer que l'Observation générale n° 15 est destinée à rendre effectifs les droits contenus dans les articles 11 et 12 du Pacte international relatif aux droits économiques, sociaux et culturels »*[5]. Au mieux, celle-ci permet de s'interroger sur les interdépendances du droit à l'eau avec les droits civils et politiques, et d'affirmer que ce droit doit être garanti sans discrimination[6].

1 531. – Cette différence fondamentale explique à n'en pas douter les nombreuses hésitations, parfois doctrinales, autour de la qualification juridique des droits à l'eau et à l'alimentation pour tous. Pourtant *« les déclarations et les recommandations visent l'entente mutuelle et cordiale, tournée vers un objectif d'intérêt général »*[7], aussi sont-elles – en théorie – adoptées par les autorités nationales compétentes en vue d'être exécutées. Donc d'un point de vue purement formel, celles-ci peuvent parfaitement être dotées d'un caractère obligatoire. Après tout, les Observations générales n° 12 et 15 – ou bien encore la Déclaration de Rio – s'inscrivent étroitement dans cette logique[8]. Cela dit, *« en ne parvenant pas à devenir le centre de gravité escompté, l'Agenda 21 n'a pas rendu la*

---

[1] Hormis les textes politiques, d'autres véhiculent des règles de droit, parmi lesquels figurent les actes finaux, les déclarations, les lignes directrices, les pactes, les documents ou bien encore les recommandations.

[2] J.-M. Olaka, *Le droit à l'eau*, *op.cit.*, pp. 299-300.

[3] Cf. l'Observation générale n° 15 sur le droit à l'eau ainsi que la Déclaration de Rio sur l'environnement et le développement durable adopté en 1992.

[4] Voir tout particulièrement le statut qui lui confèrent les articles 11 et 12 du PIDESC.

[5] J.-M. Olaka, *op.cit.*, p. 300. Sur ce point, voir aussi « Le droit à la santé n'est pas une liberté », *AJDA*, 20 février 2006, pp. 377-379 ; ainsi que P. Gleick, « The Human Right to Water », in *Towards Upstrean/dowstram hydrosolidarity*, 1999.

[6] Jean-Michel Olaka précise en outre que le droit à l'eau doit *« comporter d'autres garanties liées à des droits tels que le droit à la vie »*. *Ibid.*, pp. 300-301.

[7] *Ibid.*, p. 301.

[8] Pour aller plus loin sur cette question de la valeur juridique des déclarations et des recommandations, voir tout particulièrement M. Virally, « La valeur juridique des recommandations des organisations internationales », *AFDI*, 1956, pp. 66-96.

Déclaration de Kyoto efficace »[1]. Il s'agit alors de documents davantage politiques que juridiques puisque *« faute de prédétermination, la signification de leurs énoncés juridiques dépendra dans une large mesure de l'interprétation qui en sera donnée, notamment par le juge »*[2].

1 532. – Qui plus est, *« la normativité des énoncés téologiques, comme le droit à l'alimentation, le droit à l'eau, les objectifs, les directives ou les programmes, est parfois niée par la doctrine ou par le Conseil constitutionnel français »*[3]. À l'évidence, c'est l'existence d'une charge normative – laquelle doit être ni incertaine, ni insuffisante – qui conditionne la constitutionnalité de la loi[4]. Si le Conseil d'État rejette la production d'effets directs en droit des actes autres que ceux de l'Union européenne (comme par exemple les recommandations du Conseil de l'Europe), c'est parce qu'ils ne s'accompagnent pas d'une sanction en cas de non mise en œuvre, au sens classique du terme[5]. Souvent, donc, les observateurs pensent des Observations générales n° 12 et 15 sur les droits à l'eau et à l'alimentation qu'elles ne sont pas des normes, mais de simples orientations[6].

---

[1] Comme le souligne Jean-Michel Olaka, l'Agenda 21 s'est plutôt *« enlisé dans la pesanteur des débats onusiens ne connaissant ni dialogue ni négociation mais seulement une suite répétitive de discours préparés »*. J.-M. Olaka, *Le droit à* l'eau, op.*cit.*, p. 303. Voir aussi M.-C. Smouts, *Les organisations internationales*, A. Colin, 1995, p. 39.

[2] J. Chevallier, *L'État postmoderne*, LGDJ, 2004, 2e édition, p. 123.

[3] J.-M. Olaka, *op.cit.*, p. 304. Voir sur ce point Conseil constit. 85-6196 DC, 8 août 1985, Évolution de la Nouvelle Calédonie I, Rec., p. 63, cons. 7. Ainsi que D. Broussolle, « Les lois déclarées inopérantes par le juge constitutionnel », *RDP*, 1985, p. 751.

[4] *Ibid.* Voir également sur cette question B. Mathieu, « La normativité de la loi : une exigence démocratique », *Les Cahiers du Conseil constitutionnel*, n° 21, 2006, pp. 69-72. Voir aussi G. Timsit, « Normativité et régulation », *RDP*, pp. 84-87 ; F. Picod, « La normativité du droit communautaire », *RDP*, pp. 94-98. Pour ces auteurs, les normes techniques sont perçues comme une dégradation de la production juridique et un désordre normatif. Voir enfin le Rapport public du Conseil d'État, Études et Documents du Conseil d'État, Paris, La Documentation française, 1991, n° 43, p. 32.

[5] *Ibid.*, p. 305. Voir sur ce point Conseil d'État, rapport public 2006, p. 245, La Documentation française, 2006.

[6] En effet, certains auteurs estiment que l'Observation générale n° 15 qui relève de la catégorie des objectifs, ne constitue pas vraiment une norme, mais serait plutôt *« une « orientation », des « finalités assez générales », une « technique d'interprétation » ou encore une simple « technique d'assouplissement des textes » »*. Voir P. de Montalivet, *Les objectifs de valeur constitutionnelle*, *op.cit.*, pp. 323-324. Voir C. Vimbert, « L'ordre public dans la jurisprudence du Conseil constitutionnel », *RDP*, 1994, pp. 711-713 ; P. Ardant, *Institutions politiques et droit constitutionnel*, LGDJ, coll. « Manuels », 31e édition, 2019-2020, 640 pages. Selon l'auteur, les objectifs de valeur constitutionnelle ne sont que des orientations que le Conseil dégage, plutôt que de véritables normes. Le droit à l'eau fait aussi partie de ces objectifs même s'il n'est pas explicitement reconnu par la Constitution française du 27 octobre 1946. Voir aussi F. Hamon et M. Troper, *Droit constitutionnel*, LGDJ, coll. « Manuels », 40e édition, septembre 2019, p. 774 ; H. Roussillon, *Le Conseil constitutionnel*, Dalloz, coll. « Connaissance du droit », 8e édition, 2015, 218 pages. L'auteur écrit : *« Les objectifs de valeur constitutionnelle ne sont pas, à notre avis, des droits fondamentaux, pour la bonne raison que ce ne sont pas des normes [...] ; les objectifs de valeur constitutionnelle constituent davantage des directives [...]. Nous sommes en réalité en présence d'une technique d'interprétation »*. Cette analyse est également pour les droits à l'eau et à l'alimentation. Voir enfin B. Mathieu, *op.cit.*, pp. 132-133.

1 533. – La distinction entre disposition normative et non normative est quoi qu'il arrive délicate dans la pratique. La réponse à cette question de la normativité du droit à l'alimentation dépend finalement de la définition donnée globalement au droit. La direction des conduites humaines que permet celui-ci, et plus exactement cet ensemble de règles et/ou de normes auxquelles il renvoie, *« s'effectue bien à travers l'obligation, l'interdiction et la permission, qui constituent ce qu'on peut appeler ses fonctions normatives »*[1]. En réalité, c'est la normativité du droit à l'eau, *« c'est-à-dire son aptitude à déterminer les conditions humaines, qui pose problème, davantage que son éventuelle juridicité »*[2]. Il ne faut pas perdre de vue que le droit à l'eau a été consacré implicitement par le Comité des droits économiques, sociaux et culturels (qui est une organisation internationale et non pas une juridiction)[3]. Ce qui signifie qu'il se rattache par voie de conséquence aux conventions internationales, mais pas nécessairement aux constitutions nationales.

1 534. – Pour sa mise en œuvre, donc, le droit à l'eau reste tributaire de l'intervention législative. Il en va de même s'agissant du droit à l'alimentation. Cette dépendance est liée au fait que *« le droit à l'eau (et à l'alimentation) constitue une condition d'effectivité de ces droits et libertés que les Pactes jumeaux de 1966 reconnaissent »*[4]. En clair, le régime juridique de ces droits découle de leurs liens avec les droits et les libertés fondamentaux. Puisqu'ils ne sont que des objectifs, et des conditions d'effectivité, *« ils ne peuvent prétendre bénéficier de la même portée normative que ces derniers »*[5]. Autrement dit, ces droits ne seraient que du « droit mou » (ou « doux ») *« caractéristiques de la post-modernité juridique conduisant à transposer à la constitution les diagnostics inquiets sur la « crise de la loi » »*[6]. Pour dire encore plus clairement les choses, le droit à l'alimentation doit seulement tendre vers un résultat. Cela s'explique par le fait qu'il contient des dispositions de faible normativité, lesquelles sont insusceptibles de comporter des droits subjectifs. C'est d'ailleurs ce qui a conduit certains auteurs à défendre l'idée d'après laquelle *« sa juridicité matérielle n'est pas à la mesure de sa juridicité formelle »*[7].

1 535. – Et pourtant, comme ces spécialistes le soulignent, le Comité des droits économiques, sociaux et culturels emploie souvent certaines formules laissant à penser que le droit à l'alimentation impose au législateur un véritable objectif à

---

[1] P. de Montalivet, *Les objectifs de valeur constitutionnelle*, *op.cit.*, pp. 325-326.
[2] *Ibid.*
[3] Voir J.-M. Olaka, *Le droit à l'eau*, *op.cit.*, p. 307.
[4] *Ibid.*
[5] Voir P. de Montalivet, *op.cit.*, p. 327.
[6] *Ibid*, p. 330. Voir également Conseil d'État, Rapport public 1991, *op.cit.*, p. 32. J. Chevallier, *L'État post-moderne*, *op.cit.*, p. 128. Ainsi que B. Mathieu, *La loi*, coll. « Connaissance du droit », 1996, p. 99 et s.
[7] Voir J.-M. Olaka, *op.cit.*, p. 309.

atteindre, voire un résultat. Il parle par exemple de l'obligation de « réaliser » le droit à l'eau ou encore du choix des moyens pour atteindre cet objectif, donnant ainsi l'impression qu'il s'agit d'un objectif quantifiable et précis. Mais sans être pessimiste pour autant, *« le droit à l'eau n'oblige pas le législateur à obtenir un résultat déterminé, tout simplement car il ne peut être intégralement réalisé »*[1]. Il ne peut dès lors – selon ce constat – être demandé au législateur de rédiger des lois garantissant le droit à l'alimentation pour tous. En outre, *« l'objectif de santé publique ne contraint pas non plus le législateur à éradiquer toute maladie »*[2]. Le législateur se retrouve dans une situation comparable à celle du médecin : il est débiteur d'une obligation de moyens (et non pas de résultat), comme l'a rappelé le Conseil constitutionnel français[3].

1 536. – Les contraintes financières pesant sur l'État conduisent elles aussi à relativiser cette obligation. Pour certains juristes, *« cette limitation des moyens, à laquelle s'ajoutent d'ailleurs des facteurs tenant à la généralité du contenu du droit à l'alimentation ainsi qu'au comportement des personnes privées, explique les limites de l'efficacité des mesures législatives mettant en œuvre l'objectif d'accès à l'eau »*[4]. Le droit à l'alimentation ne peut pas être complètement réalisé par les seuls outils juridiques. Cela dit, *« puisqu'il s'agit d'obligations de moyens, son effectivité ne doit pas être mise en cause, du moins de manière globale »*[5]. Et comme le fait valoir une partie de la doctrine, *« on pourrait objecter à l'analyse du droit à l'eau en tant qu'obligation de moyens que le législateur est tenu d'un*

---

[1] Ainsi comme le remarque Jean-Michel Olaka, *« Cela est notamment lié à l'impossibilité d'assurer une protection intégrale de certains droits-créances. Aussi Danielle Lochak écrit-elle à propos de ces droits qu'« ils est de leur essence même de ne pouvoir être intégralement assurés : la reconnaissance du droit à la santé, à l'éducation, aux loisirs ou au travail assigne à la collectivité non pas une obligation de résultat mais une obligation de moyens » »*. Voir *Le droit à l'eau, op.cit.*, p. 310. Voir D. Lochak, « Les bornes de la liberté », *Pouvoirs*, 1998, n° 84, p. 15. Otto Pfersmann va même jusqu'à dire, en prenant l'exemple du droit au travail, que celui-ci *« ne peut pas être un droit fondamental, puisqu'il ne peut pas s'agir d'une norme »*. De fait, *« un énoncé exigeant quelque chose d'impossible ne peut pas avoir la signification d'une obligation et n'est donc pas une norme »*. Voir O. Pfersmann, *Droit des libertés fondamentales*, 3e édition, Dalloz, coll. « Précis », 2005, p. 116, § 135.

[2] *Ibid.* René de Lacharrière observait avec un certain humour que garantir la protection de la santé est un *« optimisme que chaque maladie dément au moins à titre temporaire et l'encombrement des cimetières à titre définitif »*. Voir ici R. de Lacharrière, « Opinion dissidente », *Pouvoirs*, 1980, n° 13, p. 138.

[3] Dans une décision n° 89-269 DC du 22 janvier 1990 à propos de cet objectif, le Conseil précise qu'il appartient au législateur et à l'autorité réglementaire de *« fixer des règles appropriées tendant à la réalisation de l'objectif défini par le préambule »*, montrant ainsi qu'il s'agit d'une direction dans laquelle le législateur doit aller. Voir plus exactement Conseil const., n° 89-269 DC, 22 janvier 1990, Égalité entre français et étrangers, Rec., p. 33.

[4] J.-M. Olaka, *op.cit.*, p. 311. Sur la distinction entre efficacité et effectivité, voir notamment M.-A. Cohendet, « Légitimité, effectivité et validité » in *Mélanges en l'honneur de Pierre Avril. La République*, Montchrestien, 2001, pp. 208-209.

[5] *Ibid.*

résultat qui consiste non pas en la réalisation « absolue » du droit à l'eau mais en sa simple réalisation dans les limites fixées par la loi »[1].

1 537. – À la différence du droit à l'eau, le droit à l'alimentation en lui-même n'a pas véritablement de contenu précis. Ainsi *« ce flou autour du contenu du droit à l'eau rend ce résultat imprécis étant donné que l'obligation de résultat suppose un résultat précis »*[2]. Plus généralement, l'analyse minutieuse de la jurisprudence montre que les droits économiques, sociaux et culturels n'obligent pas le législateur à un résultat précis. Le droit à l'alimentation constituerait ainsi une simple obligation de moyens. Pour présenter encore différemment ce constat, il est possible de soutenir que *« l'obligation qui pèse sur le législateur semble être une obligation de diligence, au sens où il est soumis à une obligation d'activité (et dans une bien moindre mesure d'efficacité) »*[3]. Cette analyse est d'ailleurs confirmée par la prise en compte de la difficulté de mise en œuvre du droit à l'environnement par l'Assemblée parlementaire du Conseil de l'Europe dans sa recommandation 1431(1999)[4].

1 538. – Cette assemblée partage l'avis que *« le droit à l'alimentation constitue également un droit très important qui va dans le sens des droits économiques, sociaux et culturels »*[5]. Cependant, contre toute attente, le Comité des ministres n'est pas favorable à entreprendre des travaux visant l'élaboration de nouveaux instruments juridiques internationaux, comme pourrait l'être une Charte européenne pour l'environnement[6]. Donc en fin de compte, un grand chemin reste à parcourir pour que le droit à un environnement sain en général et le droit à l'alimentation en particulier soient reconnus dans le cadre d'un authentique protocole additionnel à la Convention européenne de sauvegarde des droits de l'homme.

---

[1] J.-M. Olaka, *Le droit à l'eau, op.cit.*, pp. 311-312.

[2] *Ibid.*, p. 312.

[3] Comme le souligne Jean-Michel Olaka, « *Une obligation de diligence semble être une obligation d'activité, d'efficacité, d'efficience et de compétence* ». *Ibid.*. Et pour Henry Labayle, *« Les obligations positives issues de la Convention européenne des droits de l'homme et pesant sur les États s'analysent en des obligations de diligence »*. Voir H. Labayle, « Droits fondamentaux et droit européen », *AJDA*, 1998, n° spec.

[4] Voir la recommandation 1431(1999) du 4 novembre 1999 sur « l'action future du Conseil européen en matière de protection de l'environnement ».

[5] Sur ce point, voir J.-M. Olaka, *op.cit.*, p. 313.

[6] Le 27 juin 2003, l'Assemblée parlementaire a pourtant adopté la recommandation 1614(2003) sur l'environnement en tant que droit de l'homme, qui recommande au Comité des ministres d'élaborer un protocole additionnel à la Convention européenne des droits de l'homme, concernant la reconnaissance de droits procéduraux individuels, destinés à renforcer la protection de l'environnement tels qu'ils sont définis dans la Convention d'Aahrus.

B. UNE PROTECTION LIMITÉE CONDITIONNÉE PAR LE DEGRÉ D'APPLICABILITÉ INDIRECTE DU DROIT À L'ALIMENTATION

1 539. – Indéniablement, *« la normativité limitée des droits à l'eau – et à l'alimentation – ne se rattache pas à cette culture du résultat dans laquelle s'inscrivent à l'heure actuelle les politiques de gestion des services de l'État »*[1]. La place croissante des dispositifs non contraignants répond davantage à un souci de moyens que de résultats, ce qui semble signifier qu'est privilégiée l'efficacité. De manière générale, le droit à l'alimentation dispose d'une portée limitée, dans la mesure où il bénéficie d'une protection plus faible que les droits et les libertés fondamentaux classiques. Autrement dit, il y aurait des libertés plus protégées que d'autres par le juge. Ce qui amène certains auteurs à soutenir l'idée d'après laquelle certains droits économiques, sociaux et culturels sont, au regard de l'effectivité variable des droits et des libertés fondamentaux, plus importants que d'autres.

1 540. – Toutefois, cette moindre effectivité s'avère en pratique tempérée par la recherche du principe d'égalité dans la mise en œuvre du droit à l'alimentation. Une partie de la doctrine, ainsi que certaines jurisprudences – notamment françaises – estiment qu'il ne doit pas y avoir de hiérarchie entre le droit de l'homme à l'eau et les autres droits fondamentaux[2]. De tels exemples restent bien évidemment minoritaires, car même si le droit à l'eau incarne l'ensemble des droits de l'homme, le magistrat lui accorde bien souvent une protection inférieure à celle des droits et des libertés fondamentaux. Cette protection moindre résulte, pour certains juristes, *« en partie de la manifestation de la hiérarchisation matérielle, mais transparaît de plus et surtout à travers l'absence de sanction pour méconnaissance du droit à l'eau »*[3].

1 541. – La hiérarchisation imaginée par le rapport d'Ankara[4] à propos des droits fondamentaux trouve aussi à s'appliquer concernant les droits économiques, sociaux et culturels. De fait, et suivant la logique de ce rapport, *« l'application prétorienne des droits fondamentaux exige que le droit à l'alimentation s'efface devant un autre droit fondamental tout en restant dans un équilibre formel*

[1] J.-M. Olaka, *Le droit à l'eau*, *op.cit.*, p. 314.
[2] Voir notamment F. Zitouni, « Le Conseil constitutionnel et le logement des plus démunis », note sous CC, n° 94-359 DC, 19 janvier 1995, LPA, n° 6, 12 janvier 1996, p. 17.
[3] J.-M. Olaka, *op.cit.*, p. 317.
[4] Rapport présenté par la délégation française à la VIIIe Conférence des cours constitutionnelles européennes à Ankara les 7 et 10 mai 1990, « Normes de valeur constitutionnelle et degré de protection des droits fondamentaux », *RFDA*, 1990, pp. 317 à 335, spéc., p. 331.

apparent »[1]. Pour dire autrement les choses, s'il n'y a pas de hiérarchie préétablie entre les droits reconnus aux diverses catégories d'individus, *« une inégalité peut parfaitement naître de l'arbitrage prétorien »*[2]. Ainsi l'étude jurisprudentielle conforte *« l'idée d'une vraie hiérarchisation dont on ne peut que remettre en cause la légitimité »*[3]. C'est en tout cas précisément ce que dénoncent certains spécialistes. Il ne faut pas non plus occulter le fait que *« si l'autorité administrative dispose d'un pouvoir de surdétermination de la norme, le juge ne dispose quant à lui que d'un pouvoir de codétermination de celle-ci »*[4].

1 542. – Pour mieux s'en convaincre, il n'y a qu'à voir le nombre de déclarations d'inconventionnalité piteusement bas fondées sur le droit de l'homme à l'eau. Sachant bien entendu qu'*« un droit qui constitue le fondement de nombreuses déclarations est, en principe, mieux protégé que d'autres »*[5]. Cela dit, ces considérations peuvent être tempérées en raison d'autres facteurs : l'invocabilité de la norme par les particuliers, les lois intervenant dans le champ d'application de la norme etc. Pléthore d'arrêts témoignent en réalité de la protection moindre du droit à l'eau (telles que les affaires *Grootboom* en Afrique du Sud, *Zander* ou bien encore *Ostra Lopez* en Europe). Dans les années qui suivirent cette période, seul le tribunal administratif de Châlons-en-Champagne est venu apporter une nouveauté en reconnaissant le caractère de liberté fondamentale au droit à l'environnement. Ce qui en dit long sur les progrès à entrevoir en termes de jurisprudence, notamment de la part des deux hautes juridictions françaises.

1 543. – Et après tout, ni l'Observation générale n° 12 sur le droit à l'alimentation, ni celle n° 15 sur le droit à l'eau n'offre une protection renforcée par rapport aux droits constitutionnellement garantis. À l'évidence, ce constat peut s'expliquer par le contrôle relativement limité qu'opère le Comité des droits économiques, sociaux et culturels. Au bout du compte, *« le droit à l'eau n'est qu'une condition objective et implicite d'effectivité des droits et libertés constitutionnels, et non pas un droit et liberté expressément inscrit dans de nombreux textes constitutionnels »*[6]. En France, le Conseil constitutionnel approuve un tel raisonnement, étant donné que pour lui, *« la norme expressément formulée l'emporte sur la norme implicite résultant d'un raisonnement a contrario »*[7]. En clair, donc, le Conseil ne veut pas se servir du droit à l'eau reconnu implicitement

---

[1] J.-M. Olaka, *Le droit à l'eau*, op.*cit.*, p. 318. Voir également V. Saint-James, *La conciliation des droits de l'homme et des libertés en droit public français*, PUF, Publication de la Faculté de droit et des sciences économiques de l'Université de Limoges, Paris, 1995, spéc., p. 189.
[2] *Ibid.* Voir également G. Timsit, *Les normes de la loi*, PUF, coll. « Les voies du droit », Paris, 1991, spéc., pp. 184 et 185.
[3] *Ibid.*
[4] G. Timsit, *Les normes de la loi*, *op.cit.*
[5] J.-M. Olaka, *op.cit.*, p. 318.
[6] *Ibid.*
[7] Voir F. Luchaire, « De la méthode en droit constitutionnel », *RDP*, 1981, p. 310.

par la Constitution pour substituer sa volonté à celle des élus de la Nation. Le spectre du « gouvernement des juges » plane encore et toujours. Raison pour laquelle il s'auto-limite autant, et à ce point[1].

1 544. – L'éventuelle hiérarchisation avec les droits constitutionnels ou fondamentaux s'observe assez facilement dans le contrôle de violation du droit à l'eau, de sa réalisation et de sa conciliation avec eux. Tous ces critères se caractérisent en réalité *« par l'imprécision et la contingence, bien qu'ils dépendent aussi de la subjectivité des tribunaux »*[2]. La protection du droit à l'alimentation reste limitée pour deux raisons : d'une part, car il n'est pas constitué d'un ensemble de règles homogènes (celui-ci est en effet *« composé d'une suite de réponses législatives ponctuelles sans que certains principes directeurs soient dégagés »*[3]), et d'autre part car le droit « à environnement sain » rencontre lui-même de nombreuses difficultés[4]. D'où l'ambiguïté relative à la protection des droits à l'eau et à l'alimentation.

1 545. – L'analyse systématique des jurisprudences administrative, judiciaire et constitutionnelle a cela d'intéressant qu'elle permet de constater que *« le droit à l'eau, contrairement aux droits et aux libertés fondamentaux garantis par la Constitution, reste encore faiblement protégé au niveau international et national »*[5]. Ce qui signifie que la protection du droit à l'eau en particulier, et des droits économiques, sociaux et culturels en général, varie en fonction d'une pluralité de critères. À l'heure actuelle, il n'y a qu'une poignée d'auteurs spécialisés qui prétendent – sûrement à tort – que les droits à l'alimentation et à l'environnement bénéficient de la même protection que les autres droits constitutionnellement garantis[6]. Tout le monde est en revanche unanime sur un point : les droits inscrits dans la Constitution sont tous des droits fondamentaux.

1 546. – Ce qui est regrettable, c'est surtout que le Conseil constitutionnel français n'accorde au droit à l'environnement – lequel incarne pourtant l'intérêt général – qu'une protection inférieure à celle des droits et des libertés constitutionnels

---

[1] Sur ce point, voir X. Magnon, « Plaidoyer pour que le Conseil constitutionnel devienne une cour constitutionnelle », *Revue française de droit constitutionnel*, 2014/4 (n° 100), pp. 999 à 1009.
[2] J.-M. Olaka, *Le droit à l'eau*, op.*cit.*, p. 320.
[3] *Ibid.*, p. 321. Pour aller plus loin, voir également V. Champeil-Desplats, « Les droits et libertés fondamentaux en France : genèse d'une qualification », in A. Lyon-Caen et P. Lokiep (dir.), *Droits fondamentaux et droit social*, Dalloz, coll. Thèmes et commentaires 2005, p. 11 et « Les nouveaux commandements du contrôle de la production législative », Mél. Troper, 2006.
[4] Voir J. Untermaier, *Le droit de l'environnement, réflexions pour un premier bilan*, PUF, 1981, p. 59.
[5] J.-M. Olaka, *op.cit.*, p. 322. Voir également G. Drago, « La conciliation entre principes constitutionnels », *D.* 1991, p. 266.
[6] Voir tout particulièrement M.-A. Cohendet, « La Charte et le Conseil constitutionnel : point de vue », *Revue juridique de l'environnement*, 2005, H.S., pp. 107-130. Cela dit, l'auteure n'évoque pas expressément le droit à l'alimentation.

classiques[1]. Alors certes, l'établissement d'une telle hiérarchie va étroitement dépendre du degré de précision du principe considéré, de l'existence d'exceptions et de tempéraments, ou bien encore du degré d'attachement de l'opinion dominante à l'égard du droit en question, mais il semble – dans la pratique – que *« c'est essentiellement dans le contrôle de violation d'un droit, de sa réalisation et de sa conciliation avec d'autres que l'on observe le mieux une éventuelle protection »*[2]. Il n'est pas souhaitable, dans cette perspective, que *« le juge assure une protection ainsi qu'une garantie différente des droits selon leur matière ou leur contenu »*[3]. Cela donnerait du crédit à ces juristes qui s'évertuent – parfois en vain – à démontrer que tous les droits n'ont pas la même valeur et qu'une hiérarchie matérielle s'opère entre les droits fondamentaux en fonction de leurs degrés de protection[4].

1 547. – L'insécurité jurdique tient en fait à ce que *« le flou et l'absence de protection directe du droit à l'eau laissent une large place à l'arbitraire du juge »*[5]. C'est le juge qui finalement tranchera la délicate question de l'application, donc de la protection directe ou non, du droit à l'alimentation. Il lui reviendra la lourde tâche de préciser sa signification ainsi que sa portée. Dès lors, comme l'ont fait valoir certains publicistes, *« on peut s'interroger sur la légitimité du juge à opérer ce travail de quasi-législation »*[6]. Ce n'est ni au juge, ni à la communauté internationale, d'établir une hiérarchie matérielle entre les droits. Et cela quand bien même cette différence de protection semblerait provenir du lien des droits à l'eau et à l'alimentation avec les droits et libertés constitutionnels. De toute façon, la hiérarchie dont il est question ici n'est pas figée, mais relative. Elle dépend donc des circonstances. C'est d'ailleurs la raison qui a poussé une partie de la doctrine à partir du postulat selon lequel *« la protection dont bénéficie le droit à l'eau souffre d'une variabilité par rapport aux autres droits constitutionnellement garantis, et cette variabilité témoigne de l'ampleur de la protection »*[7].

---

[1] Voir sur ce point C. Huglo, « La QPC : quelle utilisation en droit de l'environnement ? », *Nouveaux cahiers du Conseil constitutionnel*, n° 43, avril 2014.

[2] J.-M. Olaka, *Le droit à l'eau*, *op.cit.*, p. 323. Voir plus généralement B. Mathieu et M. Verpeaux, *Contentieux constitutionnel des droits fondamentaux*, *op.cit.*

[3] *Ibid.*, p. 323.

[4] Voir F. Sudre, *Droit international et européen des droits de l'homme*, *op.cit.*, pp. 154-156. Ainsi que L. Favoreu, « La jurisprudence du Conseil constitutionnel et le droit de propriété proclamé par la Déclaration de 1789 », in *La déclaration des droits de l'homme et du citoyen et la jurisprudence*, PUF, 1989, p. 138. Et enfin F. Goguel, « Objet et portée de la protection des droits fondamentaux », in *Cours constitutionnelles européennes et droits fondamentaux*, Économica, Paris, 1982, p. 235.

[5] J.-M. Olaka, *op.cit.*, p. 325. Voir aussi R. Ranjeva, « Aspects de droit international – Rapport de synthèse », in *La mise en œuvre du droit à l'eau*, Schulthess, Genève, 2006, pp. 299-301. Selon cet auteur, le droit à l'eau est qualifié de droit « carrefour ».

[6] *Ibid.*

[7] *Ibid.* Voir également E. Picard, « L'émergence des droits fondamentaux en France », *AJDA*, 20 juillet 1998, n° spécial, pp. 6-43.

1 548. – Le Conseil constitutionnel qualifie de « conciliation » la limitation de l'exercice des droits et des libertés constitutionnels au nom de la réalisation d'un objectif constitutionnel[1]. La conciliation de deux normes *« se définit comme étant l'opération par laquelle deux normes antinomiques et de même valeur formelle sont appliquées simultanément, au prix de concessions ou de limitations mutuelles »*[2]. Ce qui signifie alors que l'*« un des deux droits peut se voir imposer plus de sacrifices que l'autre tout en étant tout de même appliqué »*[3]. De manière générale, les droits et libertés constitutionnellement garantis sont davantage protégés par le juge, et ce indépendamment de ladite « conciliation ». Après tout, l'accès à l'alimentation n'est qu'*« une condition objective d'effectivité des droits et libertés constitutionnels et non pas un droit constitutionnellement garanti »*[4]. En clair, ce droit ne se voit aucunement reconnaître la même importance que ceux dont il est pourtant le corollaire.

1 549. – De telles limites sont en réalité habituelles dans la mesure où elles sont consacrées et prévues par un grand nombre de constitutions nationales. Dans l'affaire *Grootboom* ou *Zander*, ce n'est qu'au prisme d'autres droits constitutionnellement garantis que le droit à l'eau fut invoqué. Pour une partie de la doctrine, *« le juge ne semble pas accorder une protection particulière à ce droit étant donné que son respect est assuré grâce aux atteintes aux droits fondamentaux »*[5]. Et puis surtout, un peu à l'instar du droit à l'environnement, le droit à l'eau n'a connu une consécration que relativement récemment. Le droit à l'eau, qu'il soit implicite ou explicite, n'est protégé par le juge ou affirmé par le constituant que parce qu'il garantit l'effectivité des droits et libertés constitutionnels. Le droit à l'eau a donc « *une importance moindre dans une hiérarchie matérielle des normes constitutionnelles, même s'ill n'en a pas moins une importance moindre que celle reconnue aux droits et libertés constitutionnels aux yeux du Conseil constitutionnel au sens formel du terme »*[6].

1 550. – L'analyse des droits à l'eau et à l'environnement renouvelle donc la question de la *« hiérarchie matérielle des normes de valeur constitutionnelle »*[7]. En effet, dans tous les États dotés d'un contrôle de constitutionnalité des lois développé, *« la protection du droit à l'eau est fondée sur la volonté des autorités*

---

[1] Pour aller plus loin sur cette question, voir B. Mathieu, M. Verpeaux et L. Baghestani-Perrey, « Chronique de jurisprudence constitutionnelle n° 21, janvier-juin 1999 », *LPA*, 21 septembre 1999, n° 188, pp. 13-14.
[2] Voir P. de Montalivet, *Les objectifs de valeur constitutionnelle*, *op.cit.*, p. 402.
[3] P.-M. Dupuy, « Le droit à l'eau, un droit fondamental ? », in *La mise en œuvre du droit à l'eau*, Schulthess, Genève, 2006, pp. 286-287.
[4] J.-M. Olaka, *Le droit à l'eau*, *op.cit.*, p. 326. Voir également H. Smets, « Le droit à l'eau dans les législations nationales », in *La mise en œuvre du droit à l'eau*, *op.cit.*, pp. 54-60.
[5] *Ibid.*, p. 327. Selon Henri Smets, *op.cit.*, pp. 78-93, *« les normes constitutionnelles protégeant le droit à l'eau sont encore très dérisoires pour donner à celui-ci une meilleure garantie »*.
[6] *Ibid.*, p. 328.
[7] *Ibid.*

constitutionnelles de n'accorder à ce droit qu'une protection moindre, voire minime, dans le cadre dudit contrôle »[1]. C'est d'ailleurs cette protection relativisée du droit à l'eau qui explique qu'au plan international – et notamment pour ce qui est du droit de l'ONU –, *« la protection du droit à l'eau et des droits sociaux ne soient réellement envisagée que dans le cadre du Pacte international relatif aux droits économiques, sociaux et culturels de 1966 »*[2]. Ce ne sont malheureusement pas les quelques onze contre exemples d'États ayant constitutionnalisé, sous une forme ou une autre, le droit à l'eau qui vont changer la donne dans son ensemble.

1 551. – Ce qui est surtout en cause, c'est l'effectivité des dispositions constitutionnelles qui énoncent les droits économiques, sociaux et culturels. Il s'agit souvent d'objectifs de valeur constitutionnelle qui se retrouvent dans le Préambule de la Constitution française de 1946. Et même s'ils ont la même valeur juridique que les principes constitutionnels, ils s'en distinguent très clairement en ce qu'ils ne sont pas directement invocables devant le juge ordinaire[3]. Le Conseil a beau avoir récemment consacré l'accès à l'eau à l'aune de l'objectif que constitue la possibilité pour toute personne de disposer d'un logement décent – dans sa fameuse décision n° 2015-470 QPC du 29 mai 2015[4] –, il n'en demeure pas moins qu'il avait, dans une décision du 29 juillet 1998, tout bonnement refusé de consacrer l'existence d'un droit au logement ayant rang de principe

[1] J.-M. Olaka, *Le droit à l'eau*, *op.cit.*, p. 326. À cet égard, voir notamment l'option retenue par les constituants espagnols et portugais. Pour aller plus loin, voir L. Burgogue-Larsen, *Libertés fondamentales*, Montchrétien, Paris, 2003, p. 313.

[2] *Ibid.*, p. 329. Sur ce point, voir aussi J. Dhommeaux, « Le droit de l'homme à un environnement sain dans les principaux instruments des Nations Unies relatifs aux droits de l'homme », *Annuaire international des droits de l'homme*, vol. I/2006, Bruylant, pp. 71-73.

[3] J.-M. Olaka, *op.cit.*, p. 331.

[4] Selon le Conseil, « le législateur, en garantissant dans ces conditions l'accès à l'eau qui répond à un besoin essentiel de la personne, a ainsi poursuivi l'objectif de valeur constitutionnelle que constitue la possibilité pour toute personne de disposer d'un logement décent » (cons. 7). Selon le commentaire officiel, « Ce faisant, le Conseil constitutionnel a reconnu l'accès à l'eau comme l'une des composantes de l'objectif de valeur constitutionnelle que constitue la possibilité pour toute personne de disposer d'un logement décent. » Voir Décision n° 2015-470 QPC du 29 mai 2015 - *Société SAUR SAS [Interdiction d'interrompre la distribution d'eau dans les résidences principales]*. Voir également, pour aller plus loin, C. Nivard, « La garantie d'un accès à l'eau devant le Conseil constitutionnel », *AJDA*, 21 septembre 2015, n° 30, pp. 1704-1708 ; C. Baillon-Passe, « Actualité jurisprudentielle nationale du droit de l'eau. », *Les Petites Affiches*, 8 janvier 2016, n° 6, p. 7-8 ; E. Debaets, « Premiers éclairages constitutionnels sur l'accès à l'eau », *Revue française de droit constitutionnel*, janvier-mars 2016, n° 105, 137-144 ; J.-S. Boda et A. Belal-Cordebar, « De la continuité du service public de la distribution d'eau au regard de la distribution et de la fourniture d'énergie », *Droit administratif*, mai 2016, n° 5, p. 46-49.

constitutionnel[1]. Ce qui signifie que ni le droit au logement décent, et encore moins le droit à l'eau, ne sont directement invocables en justice[2].

1 552. – Les stipulations conventionnelles n'offrent pour leur part aucune garantie, même procédurale, plus avantageuse, étant donné que *« les stipulations concernées sont rarement suffisamment précises pour avoir un effet direct »*[3], ce qui veut alors dire qu'elles ne créent d'obligations qu'à l'égard des États signataires. De fait, les justiciables ne peuvent généralement s'appuyer sur elles pour obtenir gain de cause en justice – y compris devant le juge administratif –, en contournant l'absence ou l'insuffisance des dispositions législatives garantissant l'effectivité du droit à l'eau. C'est d'ailleurs la même logique qui préside au raisonnement du Conseil d'État en ce qui concerne certains articles (mais pas tous) de la Charte de l'environnement.

1 553. – Les objectifs de valeur constitutionnelle ne s'imposent pas à l'Administration, et ne visent que le législateur. Ils présentent toutefois la particularité non pas de limiter, mais bel et bien d'étendre les moyens d'action de celui-ci[4]. Et pourtant, paradoxalement, l'effet cliquet anti-retour n'existe pas en matière de droit à l'eau (ni de manière générale). Puisque les dispositions qui autoriseraient la protection du droit à l'eau sont encore insuffisantes, le Parlement peut toujours, s'il le souhaite, abaisser le niveau de garantie existant. En revanche – et cela semble quand même avoir son importance –, *« il ne peut supprimer les mesures indispensables à l'exercice effectif du droit fondamental en cause, à la fois quand l'intervention législative vise à organiser son exercice mais aussi quand elle vise à limiter les droits en cause pour les concilier avec d'autres droits »*[5]. Mais ce noyau dur de protection dépendra, comme cela a été vu, de la conception du droit à l'eau qui sera justement retenue par le juge constitutionnel.

1 554. – Ainsi que le soulignent certains juristes, les droits fondamentaux inscrits dans le Pacte relatif aux droits économiques, sociaux et culturels posent des

---

[1] Mais il en est ainsi d'autres droits figurant au Préambule de la Constitution, tels que celui du dixième alinéa du préambule de la Constitution du 27 octobre 1946. Pour aller plus loin, voir également CE, 28 décembre 2005, n° 274204. Ainsi que la décision n° 94-359 du Conseil constitutionnel du 19 janvier 1995, *Loi relative à la diversité de l'habitat*, Journal officiel du 21 janvier 1995, page 1166, Recueil, p. 176.

[2] Voir N. Lavielle, F. Llorens et P. Soler-Couteaux, *Droit et financement du logement social*, éd. du Moniteur, juin 2012, 564 pages. Ainsi que I. Rey-Lefebvre, « Le droit au logement opposable : une application à géométrie variable », *Le Monde*, 13 décembre 2016.

[3] J.-M. Olaka, *Le droit à* l'eau, *op.cit.*, p. 331.

[4] Sur ce point, voir F. Luchaire, « Brèves remarques sur une création du Conseil constitutionnel : l'objectif de valeur constitutionnelle », *RFDC*, octobre 2005, n° 64, pp. 675-684.

[5] Voir L. Gay, « La notion de « droits-créances » à l'épreuve du contrôle de constitutionnalité », *Les Cahiers du Conseil constitutionnel*, n° 16.

problèmes de justiciabilité et d'effectivité[1]. En dépit des codes de bonne conduite successivement adoptés – dans l'optique de lister les obligations des États dans leur réalisation –, le droit international ne reconnaît pas, du moins en tant que tel, les droits à l'eau et à l'alimentation, même s'il est vrai que la Cour internationale a progressivement admis que les normes sur la protection des droits de l'homme étaient susceptibles de faire partie intégrante du droit international général[2]. Dans ses observations générales afférentes aux droits sus mentionnés, le Comité des droits économiques, sociaux et culturels n'a cela dit jamais prétendu qu'ils constituaient dans leur globalité des droits de l'homme découlant du Pacte international relatif aux droits sociaux[3]. Le Comité des droits de l'homme n'a pas non plus pris position s'agissant de l'existence, même tacite, d'un droit de l'homme à l'eau. Au mieux, le droit à l'alimentation sera considéré comme n'étant qu'une composante du droit des peuples, c'est-à-dire comme étant un droit collectif.

1 555. – Le Protocole de San Salvador de 1988 a beau être le premier traité évoquant le droit à l'eau[4], ce texte ne lie que 13 des 35 États membres des États américains. Il n'est par ailleurs assorti d'aucun mécanisme international de contrôle et est peu contraignant pour les États parties. Quant au droit de la CEDH, il est riche en matière d'environnement mais pauvre en matière de droit à l'eau. Droits à l'eau et à l'alimentation n'ont tout simplement jamais été érigés par les instances compétentes au rang de droits fondamentaux. La Charte des droits fondamentaux de l'Union ne déroge bien sûr pas à cette règle : elle se contente juste de poser un principe directeur de protection de l'environnement au titre de la politique européenne de l'environnement[5]. Malgré tout, la Cour européenne des droits de l'homme se trouve favorable à la conventionnalisation de la plupart des composantes du droit à un environnement sain – parmi lesquelles figure le droit à l'eau – *« par le truchement de droits matrices ou de normes explicitement*

[1] Sur cette question, voir tout particulièrement M. Ghezali, « Les droits fondamentaux économiques, sociaux et culturels. Expérience de la France », in *Environnement et renouveau des droits de l'homme*, La Documentation française, Paris, 2006, pp. 139-153.

[2] Voir notamment G. Cohen-Jonathan, « Rapport général introductif », in G. Cohen-Jonathan et J.-F. Flauss (dir.), *Droit international, droits de l'homme et juridictions internationales*, coll. Droit et justice, n° 55, Nemerisis-Bruylant, 2004, p. 11.

[3] Voir J. Dhommeaux, « Le droit de l'homme à un environnement sain dans les principaux instruments des Nations Unies relatifs aux droits de l'homme », *op.cit.*, pp. 71-75.

[4] Ce protocole a été adopté le 17 novembre 1988 lors de la 18e Session ordinaire de l'Assemblée générale. Pour aller plus loin, voir *supra*.

[5] Voir tout particulièrement sur ce point G. Braibant, « L'environnement dans la Charte des droits fondamentaux de l'Union européenne », *Les Cahiers du Conseil constitutionnel*, n° 15, janvier 2004.

garanties par la Convention »[1]. Ce qui permet d'entrevoir la protection à venir du droit à l'alimentation, même indirecte.

§II. LA MISE EN ŒUVRE DU PRINCIPE D'ÉGALITE DE TRAITEMENT PAR LES AUTRES AUTORITÉS ÉTATIQUES

1 556. – Dès lors qu'il s'agit des droits sociaux, la non-discrimination renvoie à la notion plus classique d'égalité devant la loi. En réalité, cette égalité formelle *« garde la « vieille maison » de l'égalité pendant que le principe d'égalité lui-même se répand pour donner chair à une égalité de fait, à des politiques de compensation qui créent des catégories destinées à des régimes spécifiques »*[2].

1 557. – En objectivant les inégalités entendues largement, à savoir toutes celles rattachées à la notion de « vulnérabilité » ou plus généralement encore de « minorité », la « non-discrimination » permet à l'État-providence de surmonter ses faiblesses en s'émancipant pour ce faire de sa logique sociale. En clair, l'étude de ce principe à l'aune du droit à l'alimentation paraît pertinente, car elle permet – et c'est finalement là tout son intérêt – de *« déplacer l'accent d'une réflexion sur les carences des candidats à l'intégration, vers une réflexion sur les raideurs de la société d'accueil »*[3].

1 558. – Après tout, n'importe quelle égalité réelle implique le traitement différencié de personnes en situations différentes. Se contenter de l'égalité des chances, donc de l'« égalité formelle », lorsque des familles entières peinent encore aujourd'hui à se procurer une alimentation qui soit saine et équilibrée – y compris d'ailleurs dans les États dits « modernes » et « développés » – semble être un écueil à ne pas commettre. Dans ce contexte, seront successivement présentées les questions liées à la correction des inégalités (A), à la recherche de l'égalité par la mise en œuvre du « principe de l'humanité » (B), à l'intérêt de la lutte contre les discriminations (C) ainsi qu'à la nature des effets juridiques parfois divers, mais caractéristiques du principe de l'égalité de traitement (D).

---

[1] J.-M. Olaka, *Le droit à l'eau*, *op.cit.*, p. 331. Voir également M. de Salvia, « Principes généraux du droit de l'homme à un environnement sain selon la Convention européenne des droits de l'homme », *Annuaire international des droits de l'homme*, vol. I/2006, Bruylant, p. 57. Ainsi que F. Sudre, « Le droit à un environnement sain et le droit au respect de la vie privée », *op.cit.*, p. 201 et s.

[2] X. Bioy, *Droits fondamentaux et libertés publiques*, *op.cit.*, p. 357.

[3] Voir le rapport à Madame la ministre de l'Emploi et de la Solidarité intitulé : *Lutter contre les discriminations.*

A. LA CORRECTION DES INEGALITÉS : UNE INNOVATION SÉMANTIQUE DU PRINCIPE D'ÉGALITÉ

1 559. – Le droit à l'alimentation pour chacun est une évolution vers la recherche de l'égalité. Cela ne sert finalement pas à grand chose d'accorder des aides aux plus démunis, si le principe d'égalité n'est pas mis en exergue en parallèle. C'est en tout cas ce que s'est évertué à démontrer le Comité des droits économiques, sociaux et culturels à plusieurs reprises[1]. D'ailleurs, *« la reconnaissance jurisprudentielle du droit à l'eau s'inscrit dans cette logique d'instrumentalisation de la solidarité à des fins d'égalité »*[2]. Cela dit, bien avant le juge, c'est aux pouvoirs publics, et plus exactement au législateur ainsi bien sûr qu'au gouvernement de corriger les inégalités (au moyen notamment d'une politique nationale dédiée spécifiquement à leur correction). En somme, et comme le rappelle une partie de la doctrine, *« ce n'est pas au juge de donner accès à l'eau ou à l'alimentation, ni d'en déterminer les conditions d'accès »*[3]. En la matière, donc, celui-ci ne saurait jouer un rôle déterminant.

1 560. – Si l'égalité de droit est incapable de déboucher dans la pratique sur une égalité de fait, se pose alors la question des moyens à mettre en œuvre pour justement pallier cette inégalité. Dit autrement, *« la promotion des droits à l'eau et à l'alimentation pour tous les individus nécessite d'aller au-delà de la stricte égalité des droits »*[4]. Ce n'est sûrement qu'avec l'égalité des chances que de tels droits seront réalisés. Qui plus est lorsqu'une pareille égalité n'est pas exclusivement liée aux individus défavorisés sur le plan social. Ce qui signifie, alors, que le principe d'égalité des droits n'atteint son objectif que s'il est aussi un puissant vecteur de l'égalité des chances. Ainsi *« le principe d'égalité renvoie moins à la garantie juridique de l'égalité du droit d'accès qu'à celle plus politique et sociale de l'égalité des chances fondée sur la solidarité nationale »*[5]. Plus généralement encore, il convient de promouvoir l'égalité des chances en tant que complément de l'égalité des droits dans des domaines divers (accès au logement, accès à l'emploi etc.).

1 561. – L'instauration d'un revenu minimum a plusieurs vocations : d'une part il tend à *« instituer une égalité des chances au nom de la solidarité nationale, mais*

---

[1] Voir tout particulièrement l'Observation générale n° 15 sur le droit à l'eau (présentée *supra*).

[2] M. Borgetto, « Égalité, solidarité, équité ? », in *Le Préambule de la Constitution de 1946, antinomies juridiques et contradictions politiques*, CURAPP, PUF, 1996, p. 254 et s. Pour l'auteur, *« L'égalité véritable postule et implique l'équité et la solidarité »*, p. 279.

[3] J.-M. Olaka, *Le droit à l'eau, op.cit.*, p. 356.

[4] *Ibid.*, p. 357.

[5] *Ibid.* Voir également J. Chevallier, « La résurgence du thème de solidarité », in *La solidarité : un sentiment républicain ?*, CURAPP, PUF, Paris, 1992, pp. 111-135.

aussi à restaurer les individus défavorisés dans leur dignité matérielle »[1]. L'égalité des chances affine l'égalité des droits en permettant à chacun d'exploiter au mieux son potentiel. Elle est donc à dissocier de l'équité qui, elle, ne représente que des valeurs morales insaisissables. Cette notion permet – en tant qu'objectif intermédiaire entre l'égalité de droit et l'égalité de fait – d'expliquer les discriminations positives. Pour certains publicistes, *« elle souligne l'existence d'un cas particulier en apportant une réponse raisonnable à un cas exceptionnel »*[2]. La notion d'équité n'est donc pas juridique en soi. Et donc *« le flou normatif qui l'entoure suggère que ce principe constitue plutôt un principe de justice naturelle, un concept de philosophie sociale, une sorte d'ingérence du droit naturel dans le droit positif »*[3].

1 562. – Bien que l'équité soit indirectement mentionnée et parfois expressément prévue dans certains textes internationaux[4], *« cela n'en fait pas pour autant une norme étant donné qu'elle n'impose ni ne sanctionne aucun comportement précis »*[5]. L'inégalité positive – dès lors qu'elle est recherchée – doit permettre aux plus défavorisés d'avoir une chance accrue d'améliorer leur condition. Ce n'est qu'à ce prix qu'il est possible de rompre avec l'égalité de droit, puisque *« c'est au nom de la justice équitable qu'il convient d'améliorer le sort des femmes, des enfants et des handicapés dans leur accès à l'eau et aussi à l'alimentation »*[6]. Et cette justice dite « équitable » n'est pas du ressort du juge, qui lui demeure le gardien de l'égalité des droits. C'est plutôt là le lot des pouvoirs législatifs et réglementaires, qui eux seuls peuvent se préoccuper de l'égalité des chances.

1 563. – On ne peut plus subtiles sont les voies d'amélioration émises en doctrine, et d'après lesquelles l'égalité des chances dans le domaine très spécifique du droit

---

[1] Jean-Michel Olaka, *Le droit à l'eau*, *op.cit.*, p. 358. Voir également le débat législatif du projet de loi relatif au revenu minimum d'insertion, discussion générale, JO, 4 et 5 octobre 1988, spéc. p. 693.
[2] *Ibid.*, p. 360. Pour aller plus loin, voir P. Frydman, « Les considérations d'équité en droit administratif français », *Justice, médiation et équité*, colloque Droit et médiation, La Documentation française, Paris, 1992, p. 47. Voir aussi J.-P. Fitoussi et P. Rosanvallon, *Le nouvel âge des inégalités*, éd. du Seuil, coll. Points, Essais, n° 376, Paris, 1996, spéc. p. 98. Voir enfin G. Vedel, « Rapport de synthèse », in T. Lambert (dir.), *Egalité et équité. Antagonisme ou complémentarité*, Économica, Paris, 1999, p. 139.
[3] *Ibid.*
[4] L'article 6 de la CESDH pose par exemple les règles du procès équitable. Pour aller plus loin, voir notamment G. Calvès, « Égalité (Principe d') », in D. Chagnollaud, G. Drago (dir.), *Dictionnaire des droits fondamentaux*, Dalloz, Paris, 2006, pp. 373-380. Voir également H. Ruiz-Fabri, « Égalité des armes et procès équitable dans la jurisprudence de la Cour européenne des droits de l'homme », in *Égalité et équité. Antagonisme ou complémentarité ?*, *op.cit.*, pp. 47-64. L'équité est par ailleurs expressément prévue dans certains textes nationaux (Cf. par exemple les articles 280-1 et 1135 du Code civil), ou bien encore dans certains arrêts (ici, voir notamment P. Cintura, « L'usage et la conception de l'équité par le juge administratif », *Revue internationale de droit comparé*, 1972, p. 657).
[5] J.-M. Olaka, *op.cit.*, p. 361.
[6] *Ibid.*, p. 362. Voir également F. Hayek, *Droit, législation et liberté*, Tome II, *Le mirage de la justice sociale*, PUF, coll. Quadrige, n° 202, Paris, 1995, p. 102.

à l'alimentation devrait faire appel à des mécanismes de coopération à au moins deux niveaux. D'une part, *« les États devraient être amenés à participer à la promotion d'accès à la nourriture des personnes défavorisées car il s'agit d'une exigence d'intérêt national à laquelle l'État ne peut être seul à pourvoir »*[1]. Et d'autre part, *« toutes les inégalités croissantes entre pays dits développés et ceux sous-développés devraient être résorbées par un système de péréquation financière »*[2]. Quoi qu'il arrive, l'égalité des chances doit prioritairement concerner les personnes défavorisées, et *« impliquer une certaine conception équitable de l'égalité afin d'opérer une réduction des inégalités dans l'accès à l'alimentation »*[3].

1 564. – Pour le Comité des droits économiques, sociaux et culturels, l'Observation générale n° 15 sur le droit à l'eau n'a fait que renforcer les garanties minimales de la Commission européenne, qui admet volontiers qu'*« il reste encore un long et laborieux chemin à parcourir avant d'atteindre l'objectif de la pleine participation et l'égalité d'accès pour les personnes handicapées »*[4]. Outre les articles 21 et 26 de la Charte européenne des droits fondamentaux, des principes généraux sont garantis dans le cadre de l'Union européenne au bénéfice justement des handicapés, de même que l'application du principe de non-discrimination. La question relative à leur accès à l'eau et à l'alimentation est un sujet qui anime les Nations Unies, comme en atteste l'adoption du programme pour l'environnement et l'instauration du Comité international relatif aux droits économiques, sociaux et culturels.

1 565. – En réalité, la simple notion d'équité permet de saisir tout ce qu'il y a de plus inacceptable dans le manque d'accès à l'eau et à l'alimentation des pauvres, et cela est d'autant plus vrai dans une société qui se fonde pourtant sur la reconnaissance d'un certain État de droit. Alors certes, l'équité ne saurait être expressément invoquée par le juge, mais cela ne l'empêche pas d'être indirectement prévue dans de nombreuses décisions de justice qui, pour reconnaître notamment le droit à l'eau, ont fait référence au droit à un niveau de vie suffisant (inscrit en particulier dans le PIDESC de 1966)[5]. C'est ainsi qu'au tout début des années 1970, le Conseil européen avait invité les États membres à *« reconnaître dans le cadre d'un dispositif global et cohérent de lutte contre l'exclusion sociale, un droit fondamental de la personne à des ressources et*

---

[1] Jean-Michel Olaka, *Le droit à l'eau, op.cit.*, p. 363.
[2] *Ibid.*
[3] *Ibid.*, p. 364.
[4] Voir la Communication de la Commission au Conseil, au Parlement européen, au Comité économique et social et au Comité des régions, « Vers une Europe sans entraves pour les personnes handicapées », COM (2000) 284 final du 12 mai 2000, p. 8.
[5] Sur ce point, voir les arrêts présentés *supra*.

prestations garanties suffisantes et à adopter en conséquence leur système de protection sociale »[1].

1 566. – En matière d'accès à l'alimentation, *« l'égalité des chances se trouve conditionnée à un double niveau : en premier lieu par la solidarité sociale et ensuite seulement par le principe de l'accès équitable à l'eau dans les zones déshéritées »*[2]. Quant au droit à la différence, les publicistes sont unanimes. Il va encore plus loin que la « discrimination positive » étant entendu que les inégalités qu'il prévoit ne sont plus temporaires, mais permanentes[3]. C'est d'ailleurs pourquoi – en vue de réduire les inégalités dont ils sont victimes – plusieurs traités internationaux prévoient clairement la possibilité d'introduire dans les législations des dispositions préférentielles en faveur de certains groupes défavorisés. Ainsi en droit international, *« les mesures compensatrices visent plutôt les droits économiques, sociaux et culturels, et en particulier le droit à l'eau »*[4]. Après tout, comme le soulignent avec beaucoup d'enthousiasme un certain nombre d'auteurs, *« l'égalité est une valeur vraiment englobante dont la réalisation nécessite le plein exercice du droit à l'eau »*[5].

1 567. – Les conventions sur les droits des femmes montrent bien la nécessité de considérer les besoins particuliers de celles-ci tels que les droits à l'eau et/ou à l'éducation, et surtout de prendre des mesures positives pour remédier à l'état d'inégalité qui subsiste dans de nombreux États[6]. L'article 2§2 du Pacte international sur les droits économiques, sociaux et culturels impose par exemple l'obligation aux États parties de *« garantir que le droit à l'eau est exercé sans discrimination et dans les conditions d'égalité entre les hommes et les femmes »*[7]. En clair, *« les mesures préférentielles et compensatoires renvoient à une vision libérale des droits de l'homme, puisqu'il faut des inégalités de droit pour compenser toutes les inégalités de fait »*[8]. L'égalité des chances doit alors se comprendre comme une sorte de processus de différenciation. Et de ce point de

---

[1] Voir la recommandation 92/441/CEE du Conseil du 24 juin 1992 portant sur les critères communs relatifs à des ressources et prestations suffisantes dans les systèmes de protection sociale, J.O.C.E. n° L. 245 du 26 août 1992.

[2] J.-M. Olaka, *Le droit à l'eau*, *op.cit.*, p. 368. Pour aller plus loin, voir également M. Bossuyt, *L'interdiction de la discrimination positive dans le droit international des droits de l'homme*, Bruylant, Bruxelles, 1976.

[3] Voir tout particulièrement B. Charlot, « Droit à la différence, droit à l'universel, droit au sens », in *Hommes & Migrations*, 1990, pp. 47-50.

[4] J.-M. Olaka, *op.cit.*, p. 368.

[5] *Ibid.*

[6] Sur ce point, voir notamment J. Blaquière et P. Zéau, « Les inégalités femmes – hommes dans le monde », *Le Figaro*, 8 mars 2019.

[7] Voir également sur ce point l'Observation générale n° 15 sur le droit à l'eau, par. 13.

[8] J.-M. Olaka, *op.cit.*, p. 370.

vue là, l'Observation générale n° 15 sur le droit à l'eau est limpide, notamment en ce qui concerne les trois caractéristiques que doit revêtir l'accessibilité[1].

1 568. – Ce qu'il y a d'essentiel à retenir, c'est le fait que les politiques ayant trait à l'égalité des chances ne sont pas soumises à cette progressivité pourtant si caractéristique des droits économiques, sociaux et culturels. Avant d'être consacrés dans l'ordre interne, les droits protégeant les enfants ont ainsi fait l'objet d'une reconnaissance internationale. Dès 1924, la Société des Nations adoptera une Déclaration des droits de l'enfant en vertu de laquelle celui-ci doit être protégé, aidé, nourri et soigné[2]. Une autre déclaration sera adoptée le 20 novembre 1959 énonçant les dix principes fondamentaux propres à la sauvegarde des intérêts de l'enfant dont notamment le droit à son développement, à son éducation et à sa protection. Plus novatrice sera encore la Convention de 1989, étant donné qu'elle reconnaît à l'enfant les droits à l'eau et à la santé. Et cela sans aucune discrimination, ce que signifie qu'il peut librement jouir de la sécurité sociale ou encore du droit à un niveau de vie suffisant.

1 569. – Plus généralement, la Nation doit assurer à la famille et à l'individu les conditions nécessaires à son développement, au même titre d'ailleurs que la collectivité doit permettre à chaque être humain en difficulté d'obtenir des moyens convenables d'existence. De fait, l'amélioration des conditions de vie *« intègre la notion de droit à l'eau dont il est inutile de rappeler que le Conseil constitutionnel a fait des alinéas 10 et 11 du Préambule de 1946, avec le principe de dignité, le fondement »*[3]. Pour aller plus loin, il n'y a qu'à lire la décision du Conseil du 28 juillet 1998, et voir à quel point l'égalité des chances y est considérée comme étant sûrement l'une des conditions phares de la réalisation du droit à l'eau[4].

1 570. – Au final, les jurisprudences sur la distribution d'eau potable tendent à inclure, et cela de plus en plus, les prescriptions de l'Observation générale n° 15. En guise d'illustration, le Conseil d'État français a déjà eu l'occasion d'annuler la délibération d'une commune qui autorisait la différenciation tarifaire pour le prix du mètre cube d'eau entre les résidents et les autres abonnés de la commune[5]. La juridiction ne s'était pas fondée sur le droit à l'eau, mais sur le principe de non-discrimination entre les usagers d'un service public se trouvant dans une situation identique. Et pourtant, *« c'est bien la question de l'égalité dans l'accessibilité*

[1] Cette observation précise en effet que *« l'eau, les installations et les services doivent être accessibles à tous, en particulier aux couches de la population les plus vulnérables ou marginalisées, en droit et en fait, sans discrimination fondée sur l'un des motifs proscrits »*. Voir le paragraphe 12, iii de l'Observation générale n° 15. Pour aller plus loin sur l'accessibilité physique, voir *Ibid.*, p. 371.

[2] La Déclaration de Genève de 1924 est le premier texte relatif aux droits de l'enfants.

[3] J.-M. Olaka, *Le droit à* l'eau, *op.cit.*, p. 373.

[4] Voir Conseil constitutionnel, n° 98-403 DC du 28 juillet 1998, cons. 8.

[5] CE, 28 avril 1993, *Commune de Coux*, aff., n° 95139.

économique de l'eau qui était en jeu et qui a été reconnue »[1]. Le Tribunal de grande instance d'Avignon a, pour sa part, déjà ordonné le rétablissement immédiat de l'alimentation en eau d'une famille de cinq personnes qui n'avait pas payé la totalité de sa facture au nom du droit de vivre dans la dignité[2]. Le Tribunal de grande instance de Privas, dans une autre affaire, a précisé que « *le trouble causé à l'opérateur en raison d'un paiement de facture partiel de l'usager était moindre que le préjudice subi par celui-ci en raison de la coupure d'eau dont il était la victime »*[3].

1 571. – Ces jugements attestent donc de *« la mise en œuvre indirecte du droit à l'eau par le biais de l'égalité des usagers du service public »*[4]. Et à terme, *« ils pourraient influencer la jurisprudence de l'Union européenne encore timorée sur les obligations des gestionnaires des services de distribution d'eau, qu'il s'agisse ou non d'un service public »*[5]. Ce qui compte avant tout, c'est que le droit à l'eau soit préservé, y compris par le truchement du principe de l'égalité des chances. L'idéal serait d'éviter les politiques, notamment de développement, qui seraient déséquilibrées et inadaptées, dans la mesure où celles-ci conduiraient à un fort accroissement des fossés sociaux et à la marginalisation, *in fine*, des populations vulnérables. Dans de nombreux pays africains, *« les habitants souffrent de pénurie par manque d'infrastructures de captage, d'acheminement, ou encore d'épuration »*[6]. Par voie de conséquence *« le défaut d'un système de nettoyage de l'eau adapté amplifie énormément la pollution de cette dernière, accentuée par les déchets industriels »*[7].

1 572. – Quoi qu'il en soit, ce sont souvent les États les plus pauvres qui sont les principales victimes de ces défaillances hydriques, et dans la foulée les pouvoirs publics en profitent pour privatiser le secteur de l'eau dans ces pays, sous l'impulsion le plus souvent du Fonds monétaire international[8]. La coopération entre les États et les fonds spécialisés est pourtant l'une des clés de la mise en

---

[1] J.-M. Olaka, *Le droit à l'eau*, *op.cit.*, p. 374.
[2] T.G.I. d'Avignon, ordonnance de référé du 12 mai 1995, n° 1492/95.
[3] T.G.I. de Privas, ordonnance de référé du 5 mars 1998, n° 98-00223.
[4] J.-M. Olaka, *op.cit.*, p. 374.
[5] *Ibid.*
[6] *Ibid.*, p. 375.
[7] *Ibid.*
[8] Voir notamment R. Ossombo-Yombo, *La gestion de l'eau dans les grandes agglomérations d'Afrique centrale. Contribution à l'étude d'un service public confronté à la mondialisation*, Université Jean Moulin Lyon 3, Th. pour le doctorat de droit public, 2007. Voir aussi C. Garrec, *L'eau et la ville en droit communautaire : politique communautaire de l'eau douce et aménagement hydraulique de la ville*, sous la direction de J. Raux, 1995-1996, pp. 114-116. Ainsi que B. Teissonnier-Mucchieli, *L'impact du droit communautaire sur la distribution et l'assainissement de l'eau en France*, La Documentation française, Paris, 2003, pp. 80-88. Et quant à LEADER +, il s'agit d'un programme européen qui a pour objectif de favoriser les initiatives des acteurs locaux sur les territoires ruraux en les finançant avec le concours du Fonds européen d'Orientation et de Garantie Agricole (FEOGA).

œuvre des droits à l'eau et à l'alimentation, comme le rappellent les Observations générales n° 12 et 15 du Comité sur les droits économiques, sociaux et culturels[1].

B. LA QUÊTE DE L'ÉGALITÉ PAR LE BIAIS DU « PRINCIPE DE L'HUMANITÉ »

1 573. – Le droit à l'eau, à la différence du droit à l'alimentation, a pour objet une prestation de service. Aussi, *« la portée intergénérationnelle du droit à l'eau justifie non seulement à court terme un accès et à long terme des mesures de recyclage »*[2]. Les obligations que le droit international met à la charge des États sont autant de preuves concrètes de l'existence d'un véritable droit à l'eau. Et ce droit implique la notion d'humanité étant entendu qu'il concerne absolument tout le monde. En réalité, *« l'humanité implique une nouvelle direction vers l'égalité, une réhabilitation de la personne humaine »*[3]. Cela étant, l'humanité ne pourra envisager de réclamer la mise en œuvre du droit à l'eau que si elle dispose de la qualité de sujet de droit international. C'est en ce sens que la Convention de Montégo Bay sur le droit de la mer revêt une importance toute particulière puisqu'elle reconnaît expressément la personnalité juridique de l'humanité[4].

1 574. – Certains auteurs estiment que l'eau constitue un patrimoine commun de l'humanité, mais cela n'a pas été retenu dans le droit positif. Pourtant, l'humanité appliquée au droit à l'eau aurait un certain nombre de vertus en ce qu'elle exprimerait à la fois des droits, mais aussi des obligations. L'humanité se décline de toute façon comme une catégorie politique et juridique. Dans les textes internationaux, *« l'humanité désigne les individus, mais aussi les communautés d'États »*[5]. Cette notion peut aussi avoir des critères éthiques fondant de nouvelles obligations, tant pour les individus que pour les États. C'est d'ailleurs pourquoi *« la garantie et la gestion de l'eau par la communauté internationale, sous l'égide d'une institution internationale, bénéficieraient avant tout aux États »*[6]. Il ne faut

---

[1] Voir tout particulièrement le paragraphe 34 de l'Observation générale n° 15. Voir aussi H. Smets, « Le droit à l'eau », *op.cit.*, pp. 81-120. Ainsi que J.-M. Dupuy, *Le droit à l'eau, un droit international ?, op.cit.*, pp. 10-16.

[2] J.-M. Olaka, *Le droit à l'eau, op.cit.*, p. 377.

[3] *Ibid.*, p. 378. Voir également M.-L. Pavia, « La découverte de la dignité de la personne humaine », in M.-L. Pavia et T. Revet (dir.), *La dignité de la personne humaine*, Économica, coll. Études juridiques, Paris, 1999, pp. 3-24.

[4] Pour aller plus loin, voir M. Bachellet, *L'ingérence écologique*, éd. Frison Roche – 1995, pp. 148-149.

[5] À l'exception des textes concernant les crimes contre l'humanité, dans lesquels l'humanité désigne à la fois l'ensemble des individus et des États. Pour aller plus loin, voir M. Chemillier-Gendreau, *Humanité et souveraineté, essai sur la fonction du droit international*, éd. La Découverte, Paris, 1995.

[6] J.-M. Olaka, *op.cit.*, p. 380.

pas oublier le fait que ce sont les hommes qui sont les bénéficiaires indirects des actions menées au sein de la communauté internationale. Et de telles actions peuvent *« être positives quant à la réalisation du droit à l'eau si les États décident communément d'accorder la primauté à la satisfaction des besoins fondamentaux »*[1].

1 575. – En revanche, lesdites actions peuvent aussi refléter les tensions ainsi que des rapports de force existant parfois entre États (donc ici, les États les plus puissants peuvent imposer leur volonté à ceux les plus faibles, et ce au détriment de leur population). L'idée d'humanité trouve peu d'écho en droit positif, parce qu'à la différence de la coopération qui implique certes le respect de la souveraineté étatique sur les ressources naturelles, elle évoque le principe d'une vraie égalité entre les hommes. Ce qui signifie alors que *« la gestion des eaux doit être orientée vers la satisfaction des besoins de chacun, indépendamment de la puissance économique voire politique de l'État et de ses revendications souverainistes »*[2]. Ainsi, la protection effective du droit à l'eau ne pourra très certainement jamais être assurée en ne recourant qu'aux seules notions-clés de « coopération » et/ou de « communauté internationale ».

1 576. – Le concept d'humanité permet de s'interroger sur le sort des générations actuelles et futures. C'est d'ailleurs là l'un des aspects phares du développement durable que de vouloir préserver les biens environnementaux actuels au bénéfice des générations futures. De fait, *« l'équité dans l'accès à l'eau mérite d'être traitée non seulement en relation avec la localisation territoriale des usagers actuels, mais aussi en relation avec les usagers des générations futures, même dans un autre espace territorial »*[3]. Il faudrait quoi qu'il arrive dépasser le cadre de la gestion traditionnelle des ressources en eau. Les règles du droit à l'eau ne doivent plus seulement résoudre les problèmes d'utilisation dans le présent. Celles-ci doivent aussi, par le biais justement de la notion d'humanité, préserver autant que faire ce peut les besoins humains fondamentaux dans le futur. L'humanité serait alors la garante du respect du droit à l'eau et de la protection des ressources en eau douce.

1 577. – Quant à la théorie de l'« équité intergénérations », elle est née de l'idée de justice entre toutes les générations[4]. Le postulat de départ consiste à dire que

[1] Jean-Michel Olaka, *Le droit à l'eau*, *op.cit.*, pp. 380-381. Voir aussi M. Delmas-Marty, *Pour un droit commun*, Seuil, coll. Librairie du XXe siècle, Paris, 1994, p. 175.

[2] *Ibid.*, p. 381. Voir aussi J. Charpentier, « L'humanité : un patrimoine mais pas de personnalité juridique », in M. Prieur et C. Lambrechts (dir.), *Les hommes et l'environnement, quels droits pour le 21e siècle ?*, Études en hommage à Alexandre Kiss, Frison-Roche, Paris, 1998, p. 307.

[3] *Ibid.*, p. 381. Voir aussi P.-M. Dupuy, « Humanité, communauté et efficacité du droit », in *Humanité et droit international*, Mélanges René Jean Dupuy, Pédone, Paris, 1991, p. 307.

[4] Sur ce point, ainsi que sur les différentes significations du terme « génération », voir notamment D. Birnbacher, *La responsabilité envers les générations futures*, PUF, Paris, 1994, pp. 15-17.

chaque génération est à la fois la gardienne et usager du patrimoine commun. Autrement dit, *« les États sont à la fois gestionnaires d'aujourd'hui et comptables pour demain »*[1]. Après tout, pour que l'humanité puisse bénéficier pleinement du statut de sujet de droit international, encore faut-il qu'elle puisse défendre ses propres intérêts et agir contre ceux qui y porteraient atteinte[2]. L'équité dite intergénérationnelle – qui est à distinguer de l'équité dite intragénérationnelle[3] – devrait de l'avis de certains juristes *« fonctionner selon le modèle d'une norme minimale d'égalité entre les générations, ce qui permettrait à chaque génération de conserver le même niveau de ressouces que la génération précédente et de préserver ce niveau en vue de le transmettre à la génération à venir »*[4].

1 578. – Il pourrait en outre être intéressant de créer un organe spécifiquement dédié à la défense des générations futures[5]. Son représentant pourrait alors intervenir dans les débats juridiques au sein des instances internationales et s'assurer du respect des intérêts de l'humanité de demain. Ici, qu'importe finalement si l'expérience actuelle des organisations internationales n'invite pas à l'optimisme, comme le soulignent certains observateurs, dès lors que les règles ayant trait à sa composition ainsi qu'à son mode de financement sont correctement pensées et établies[6]. Ce qu'il faut aussi prendre en compte, c'est la représentation des États, car après tout les ressources en eau se situent bien souvent sur des territoires étatiques. Et lesdits États sont par ailleurs les principaux décideurs en matière de mise en œuvre du droit à l'eau[7]. Finalement, cet organe pourrait protéger les générations futures, et ce serait d'ailleurs là sa principale mission, certes, mais il devrait également permettre aux générations actuelles d'aider autant qu'elles le peuvent les populations démunies à assouvir leurs besoins en eau[8].

---

[1] Jean-Michel Olaka, *Le droit à l'eau*, *op.cit.*, p. 383.

[2] Pour aller plus loin sur ce point, voir notamment A. Ottou et M. Doris, « Vers une déclaration universelle des droits de l'Humanité ? », *La Revue des droits de l'Homme*, Actualités Droits-Libertés, janvier 2015.

[3] L'équité intergénérationnelle, aspect temporel de la théorie, englobe les droits et les obligations que chaque génération a envers les générations futures. L'équité intragénérationelle, aspect spatial, concerne quant à elle la répartition des richesses au sein des membres d'une seule et même génération (et souligne la nécessité d'avoir des rapports entre Nord et Sud).

[4] J.-M. Olaka, *op.cit.*, p. 384. Voir aussi D. Birnbacher, *La responsabilité envers les générations futures*, *op.cit.*, p. 249 et s.

[5] Voir D. Bourg (dir.), *Inventer la démocratie du XXIe siècle. L'assemblée citoyenne du futur*, Les liens qui libèrent, 2017.

[6] Pour aller plus loin sur cette question, voir notamment J. Charpentier, « L'humanité : un patrimoine mais pas de personnalité juridique », *op.cit.*, p. 310.

[7] J.-M. Olaka, *op.cit.*, p. 385.

[8] Sur ce point, voir E. Brown-Weiss, *In Fairness to Future Generations : International Law, Common Patrimony, and intergenerational equity*, The United Nations University, Transnational Publishers, 1989, p. 22.

1 579. – Les disparités actuelles entre les riches et les pauvres ne doivent surtout pas être transmises telles quelles aux générations futures. Les nouvelles générations doivent avoir autant de chances que les anciennes d'accéder à l'eau, et ce par leurs propres moyens. Ce qui signifie qu'à aucun moment, donc, *« le développement durable ne doit se faire sur le dos des communautés les plus pauvres »*[1]. Les Nations Unies l'ont compris, étant donné que les résolutions 3201 et 3202 du 1er mai 1974 promeuvent l'équité, l'égalité souveraine, l'interdépendance et la coopération de tous les États (et ce indépendamment de leur système économique et social) en matière économique[2]. Plus généralement encore, elles militent pour *« l'élimination du fossé croissant entre les États développés et ceux en voie de développement, en assurant pour ce faire le droit à l'eau et à la justice pour tous »*[3]. La notion de patrimoine commun de l'humanité ne doit surtout pas être instrumentalisée, comme le sous-entend une partie de la doctrine, par les pays du Nord au détriment de ceux du Sud. Bien au contraire, elle doit permettre à l'égalité de s'émanciper en portant un élan nouveau (que bon nombre d'auteurs appellent de leurs vœux)[4].

1 580. – En outre et par-dessus tout, *« reconnaître à l'humanité la qualité de sujet de droit international impliquerait une certaine personnification de l'humanité »*[5]. Cela entraînerait un bouleversement tout à fait majeur de l'ordre juridique international. L'État ne serait plus le premier sujet de l'ordre juridique international mais deviendrait *« le serviteur du bien commun de l'humanité »*[6]. Or l'élaboration d'un organe international qui soit indépendant et disposant de la personnalité juridique, donc du pouvoir d'ester en justice, n'est possible qu'avec l'accord des États. Ceux-ci devraient alors *« accepter le risque de voir l'exercice*

---

[1] J.-M. Olaka, *Le droit à l'eau, op.cit.*, p. 386. Voir aussi K. Ginther, « Comment on the paper by Edith Brown-Weiss », in W. Lang (dir.), *Sustainable Development and international law*, Graham and Trotman-Martinus Nijhoff, Londres, 1995, p. 29.

[2] Voir aussi, pour aller plus loin sur ce point, M. Virally, « La Charte des droits et devoirs économiques des États », *AFDI*, 1974, pp. 52-85. Sur la place réservée à l'équité en droit international, voir P. Reteur, « Quelques réflexions sur l'équité en droit international », *RBDI*, 1980-1, volume 15, pp. 52-74. Quant aux perspectives d'application du principe d'équité au niveau décisionnel international, voir PNUD, « Une nouvelle gouvernance mondiale au service de l'humanité et de l'équité », in *Rapport mondial sur le développement humain 1999*, pp. 97-114.

[3] J.-M. Olaka, *op.cit.*, p. 386. Pour lui, *« L'équité se réalise en deux étapes. D'abord on égalise la situation de chacun en consacrant une égalité théorique. Ensuite, on s'en affranchit pour considérer la situation propre à chacun. L'équité peut être vue comme l'abolissement des privilèges par le respect des différences »*.

[4] *Ibid.*

[5] *Ibid.*, p. 387. Voir aussi A. Bekkouche, « La récupération du concept de l'humanité par les pays industrialisés », *RBDI*, 1987, vol. 20, p. 124. Pour une étude sur la notion de personnalité juridique, voir J.-A. Barberis, « Nouvelles questions concernant la personnalité juridique internationale », *RCADI*, 1983, tome I, volume 179, pp. 145-285. Voir enfin A. Kiss, « La notion de patrimoine commun de l'humanité », *RCADI*, 1982, tome II, vol. 175, pp. 321-332.

[6] J.-M. Olaka, *op.cit.*, p. 388. Voir aussi A. Piquemal, *Le fond des mers, patrimoine de l'humanité*, CNEXO, 1973, p. 29.

d'une partie de leurs droits souverains contestés par un tout nouveau sujet de droit international qui représenterait l'ensemble des individus de la planète et les générations à venir »[1]. La personnification de l'humanité suppose donc la création d'organes spécifiques. Et *« cette perspective n'est pas, du moins à terme, complètement exclue malgré les difficultés rencontrées au niveau bien sûr de la complexification des agissements des individus et de leurs représentants »*[2].

1 581. – Quoi qu'il en soit, *« l'interdépendance, la supranationalité, la dérégulation, la privatisation ou encore la décentralisation sont autant de phénomènes qui ébranlent la conception même d'égalité »*[3]. C'est justement parce que les droits de l'homme sont interdépendants et indissociables que le manque d'accès à l'eau et à l'assainissement est un problème universel (et ce quand bien même la misère que connaissent les pays sous-développés est unique). Et d'après le Programme des Nations Unies pour les établissements humains, plus de 3,5 milliards d'êtres humains habiteront des cités insalubres, dont les logements seront privés d'eau, d'électricité et d'égoûts en 2050[4]. Dans ces conditions, que penser du comportement de la Banque mondiale qui accèpte l'allègement de la dette de certains pays dès lors qu'ils privatisent la distribution de leurs eaux[5] ? Pour certains spécialistes, *« le FMI est aussi impliqué, tandis que la quasi-totalité des pays du Sud ont appliqué cette formule »*[6]. Au niveau national, européen et international, la Lyonnaise des eaux, Vivendi environnement ainsi que Saur International (Bouygues) se partagent géographiquement les marchés de l'eau. Et soumise aux lois du marché, l'eau devient de plus en plus chère pour les populations pauvres. Celles-ci sont *« livrées aux intérêts égoïstes des sociétés transnationales »*[7].

1 582. – L'égalité et la mondialisation sont des concepts dont la portée n'est pas absolue. À l'heure où *« la capacité de décision indépendante, voire autonome, est de plus en plus limitée, parler encore de l'égalité serait faire preuve d'un refus obstiné de la réalité »*[8]. La Banque mondiale n'est donc toujours pas en mesure

---

[1] Jean-Michel Olaka, *Le droit à l'eau*, *op.cit.*, p. 388.
[2] *Ibid.* Voir aussi sur ce point P.-M. Dupuy, « Humanité, communauté et efficacité du droit », in *Mélanges R.-J. Dupuy, Humanité et droit international*, *op.cit.*, p. 133.
[3] *Ibid.*, p. 389.
[4] ONU-CDH, Droits de l'homme et extrême pauvreté, Rapport établi par l'experte indépendante Anne-Marie Lizin, E/CN.4/2004/43, 23 février 2004, §7.
[5] En particulier, à propos du soutien apporté par la Banque à des projets de colonisation dans des forêts du Brésil ou l'Indonésie ; cf. P. le Prestre, *The World bank and the Environmental Challenge, Granbury*, 1989.
[6] J.-M. Olaka, *op.cit.*, p. 390.
[7] *Ibid.* Par ailleurs, pour le Rapporteur spécial sur le droit à un logement convenable, M. Miloon Kothari, la privatisation de l'eau n'a pas engendré d'amélioration de la qualité des services pour les populations les plus marginalisées. Le Rapporteur s'inquiète du fait que, malgré ce constat, le Banque mondiale et les banques de développement régionales soutiennent constamment, dans les régions les plus pauvres, la privatisation des services d'approvisionnement en eau. E/CN.4/2002/59.
[8] J.-M. Olaka, *op.cit.*, p. 392.

de renoncer à son idéologie, à savoir l'économie de marché et le libéralisme. Ses critères restent la rentabilité et la compétitivité. Lucides sur cette banalité, certains auteurs en viennent à dire que *« l'égalité devant le droit n'efface pas l'inégalité de fait, ni pas conséquent le poids des acteurs plus puissants de la scène internationale »*[1]. Mais cela n'empêche nullement à l'égalité, qui est un principe fondamental du droit international classique, de structurer la société internationale composée par des États souverains. Sur la scène internationale, toutefois, *« il faudrait chercher l'égalité ailleurs que dans la mondialisation »*[2]. Le droit permet de considérer égaux – juridiquement – des individus inégaux (par leurs richesses économiques). C'est précisément *« cet aspect de la mondialisation qui est souvent mis de côté, voire occulté, pour la mise en œuvre du droit à l'eau »*[3]. Les atouts de la mondialisation sont inégalement répartis, tandis que ses coûts sont inégalement supportés.

1 583. – Le manque d'accès à l'eau reste un problème fondamentalement politique, au même titre que la malnutrition. Il est impératif, et surtout de plus en plus urgent, que la mondialisation se laisse guider par les principes fondamentaux sous-jacents au corpus des droits de l'homme (tels que l'égalité, la non-discrimination, la participation, la responsabilité, le respect de la diversité ainsi que la coopération et la solidarité internationale). C'est en raison des inégalités de fait que le droit à l'eau – ainsi que le droit à l'alimentation – reste purement formel. Le droit international ne peut qu'essayer de réduire de telles inégalités, sans pour autant les éradiquer définitivement. C'est là le rôle des représentants politiques. De fait, *« affirmer l'inégalité en matière de droit à l'eau comme une inégalité devant le droit ne signifie nullement ignorer les inégalités de fait existantes »*[4]. Le travail de dépassement ou de réduction de ces inégalités – ou de ses conséquences pernicieuses – est *« une tâche fondamentale et comme telle, sans fin »*[5].

---

[1] Jean-Michel Olaka, *Le droit à l'eau, op.cit.*, pp. 392-393.
[2] *Ibid.*, p. 393.
[3] *Ibid.*, p. 394. Voir également la mondialisation et ses effets sur la pleine jouissance de tous les droits de l'homme. Résolution de la Commission des droits de l'homme 1999/59, Doc. E/CN.4/2003/L.25.
[4] *Ibid.*, p. 395.
[5] *Ibid.* Voir également Condorcet, *Esquisse d'un tableau historique des progrès de l'esprit humain (1793)*, Paris, Flammarion, 1998, pp. 265-266.

C. LA DÉFENSE DE L'ÉGALITÉ PAR LE BIAIS DE LA LUTTE CONTRE LES DISCRIMINATIONS : UN OUTIL EN FAVEUR DU DROIT À L'ALIMENTATION

1 588. – Au niveau européen, un individu peut se prévaloir du droit à la non-discrimination devant les organes de la Convention dans l'exercice d'un droit social. Pour la Cour, la violation de l'article 14, qui est relatif à l'égalité de traitement, intervient lorsque les États font subir sans justification objective et raisonnable un traitement différent à des personnes se trouvant pourtant dans une situation analogue. Elle ajoute en outre que *« le droit de jouir des droits garantis par la Convention sans discrimination est également transgressée lorsque les États n'appliquent pas un traitement différent à des personnes dont les situations sont sensiblement différentes »*. C'est clairement ce qui ressort de l'arrêt *Thlimmenos c. Grèce*[1]. Cela dit, et c'est sans doute là la principale limite du droit à la non-discrimination à l'aune des droits à l'eau et à l'alimentation au niveau européen, c'est que celui-ci ne peut être invoqué isolément. Il ne trouvera à s'appliquer que *« si l'objet de la requête relève, rationae materiae, de l'une des clauses normatives de la Convention »*[2]. Or les droits à l'eau et à l'alimentation n'apparaissent nulle part dans le texte de 1950. Ils ne sauraient donc être invoqués à l'appui d'une quelconque inégalité de traitement par les justiciables.

1 589. – De ce point de vue là, l'arrêt *Gayhusuz c. Autriche* est on ne peut plus clair : *« l'article 14 de la Convention complète les autres clauses normatives de la Convention. Celui-ci n'a donc pas la moindre existence indépendante puisqu'il vaut uniquement pour la jouissance des droits et des libertés qu'elles garantissent »*[3]. Autrement dit, donc, *« il ne saurait trouver à s'appliquer si les faits du litige ne tombent pas sous l'emprise de l'une au moins desdites clauses »*[4]. Rien n'empêche toutefois d'invoquer le droit à la non-discrimination pour faire valoir un droit connexe à l'alimentation, et qui, lui, est expressément prévu par la convention. Il est ici possible de penser au droit à la vie, ou bien encore à la santé. C'est là un raisonnement que valide le juge européen, notamment en matière d'accès au chômage[5], et qui fait écho à une forme appréciable de constructivisme jurisprudentiel. Parfois la Cour se sert même du droit à la non-discrimination pour reconnaître un droit social justiciable (à la condition néanmoins que celui-ci soit

---

[1] *Thlimmenos c. Grèce*, 6 avril 2000, [GC] n° 34369/97, CEDH 2000-IV.

[2] É. Putelat, *La question de la justiciabilité des droits sociaux à l'épreuve du droit européen*, *op.cit.*, p. 42.

[3] *Gaygusuz c. Autriche*, 16 septembre 1996, Recueil 1996-IV.

[4] *Ibid.*

[5] *Ibid.* Voir aussi sur ce point F. Sudre, « La « perméabilité » de la CEDH aux droits sociaux », in *Pouvoir et liberté*. Mélanges Jacques Mourgeon, Bruylant, 1998, 467 pages.

potentiellement situé dans le prolongement, voire dans le giron, d'un droit civil et politique).

1 590. – Au-delà de l'autonomisation en cours de l'article 14, laquelle se fonde sur l'aspect patrimonial de la contestation ou sur les exigences de la vie familiale, le Protocole 12 a le mérite de *« faire entrer tout droit accordé à l'individu par le droit national dans le champ de la Convention et, partant, dans le champ du contrôle exercé par la Cour européenne des droits de l'homme »*[1]. Cela signifie que si demain la France reconnaît le droit à l'alimentation en droit interne, alors ce droit sera couvert par le contrôle exercé par la Cour, et ce par le truchement du droit à la non-discrimination. Sans grande surprise, *« le champ d'application du protocole 12 absorbe et déborde celui de l'article 14 de la Convention »*[2]. Donc en réalité, le protocole 12 viserait – selon l'exemple donné – la législation française en lui imposant de ne pas adopter une loi alimentaire dont le contenu serait discriminatoire. Le protocole 12 donnerait compétence à la Cour pour s'assurer que le droit de ne pas subir de discrimination dans la jouissance du droit à l'alimentation n'est pas enfreint.

1 591. – Avec le protocole 12, le droit à la non-discrimination devient autonome, et n'est plus cantonné aux seuls droits énoncés par la Convention. Il s'étend dorénavant à tout droit individuel reconnu dans l'ordre interne. Mais ce n'est pas tout, car comme le rappellent certains professeurs de droit public, le protocole couvre aussi *« tout droit consacré par un instrument international dont l'État est partie, telle la Charte sociale européenne »*[3]. En clair, le protocole étend considérablement la compétence r*ationae materiae* de la Cour. Elle pourra alors « *juger d'une requête individuelle qui invoque une discrimination dans la jouissance d'un droit social »*[4]. Ce qui permet ici de « *lever la présomption d'injusticiabilité qui semblait peser sur les droits sociaux »*[5], et de parvenir à une juridictionnalisation d'une partie d'entre eux. Le contentieux social fait enfin son entrée à la Cour européenne des droits de l'homme.

1 592. – Si la Cour européenne des droits de l'homme s'appuie sur la CSE, alors *« elle pourra compléter la Convention afin de permettre une réalisation pleine et effective des droits de l'homme »*[6]. Et dans la mesure où les droits procéduraux

---

[1] É. Putelat, *La question de la justiciabilité des droits sociaux à l'épreuve du droit européen*, *op.cit.*, p. 44. Quant au protocole 12, il est entré en vigueur le 1er avril 2005. Il a obtenu les 10 ratifications nécessaires. Cela dit, certains pays, dont la France, n'ont ni signé ni ratifié ce protocole, ce qui en diminue largement la portée.
[2] *Ibid.*
[3] F. Sudre, « Exercice de « jurisprudence-fiction » : la protection des droits sociaux par la Cour européenne des droits de l'homme », *op.cit.*, p. 182.
[4] *Ibid.*
[5] *Ibid.*
[6] É. Putelat, *op.cit.*, p. 45.

sont utilisés afin de rendre plus efficaces les droits sociaux, la Cour pourra s'inspirer du travail réalisé par le Comité européen des droits sociaux en la matière. Celui-ci a en effet *« cherché à identifier des garanties procédurales et à mettre en place des « standards communs » en utilisant pour ce faire une méthode comparative pour rendre plus concrètes les dispositions »*[1]. En luttant contre les discriminations, la Cour pourra quoi qu'il arrive introduire des droits sociaux, parmi lesquels il faut espérer les droits à l'eau et à l'alimentation, dans le champ de la Convention.

D. L'EFFET DIRECT ET IMMÉDIAT DU PRINCIPE D'ÉGALITÉ DE TRAITEMENT

1 593. – Dans la protection des particuliers, l'effectivité du principe de l'égalité de traitement résultera de l'effet direct et de l'effet immédiat dont celui-ci jouit à travers la jurisprudence de la Cour de justice de l'Union européenne. En tant que juge européen de droit commun, *« le juge national joue un rôle déterminant dans l'application du principe de l'égalité de traitement »*[2]. La question de l'invocabilité des dispositions relatives à l'égalité de traitement est importante dès lors qu'une directive européenne n'a pas été transposée et intégrée en totalité en droit national. La Cour reconnaît toutefois l'effet direct de certaines directives concernant l'égalité de traitement en matière d'accès à l'emploi[3] ou encore de régimes légaux de sécurité sociale[4]. Depuis 1986, et son arrêt Marshall, la Cour prévoit en outre que si *« un État membre ne procède pas, dans les délais prescrits, à l'intégration dans son droit national des directives relatives à l'égalité de traitement, les particuliers pourront néanmoins s'en prévaloir devant leurs juridictions nationales dès lors que celles-ci sont suffisamment précises et inconditionnelles »*[5]. Et il n'est pas rare qu'une directive sur l'égalité de traitement ait dans son giron un droit connexe au droit à l'alimentation[6].

---

[1] Voir *La Charte sociale du XXIe siècle*, éd. Conseil de l'Europe, 1997, 344 pages.

[2] S. Leclerc, « L'égalité de traitement entre les hommes et les femmes : l'ascension d'un droit social fondamental », in *L'Union européenne et les droits fondamentaux*, *op.cit.*, p. 204.

[3] Cf. notamment CJCE, 15 mai 1986, aff. 222/84 ; CJCE, 26 février 1986, aff. 152/84 ; voir aussi M.-H. *Marshall c. Southampton and South-West Hampshire Area Health Authority*, Rec. 723 (article 5§1) ; CJCE, 8 novembre 1990, aff. C-177/88, E.J.P. *Dekker c. Stichting Vormingscentrum voor Jong Volwassenen*, Rec., I-3941 (article 6).

[4] Cf. notamment CJCE, 4 décembre 1986, aff. 71/85, *État néerlandais c. Federatie Nederlandse Valkbeweging* (F.N.V.), Rec., 3855 (article 4§1).

[5] CJCE, 26 février 1986, aff. 152/84, *op.cit.*, point 46.

[6] Voir par exemple la directive 2000/78/CE du Conseil du 27 novembre 2000 portant création d'un cadre général en faveur de l'égalité de traitement en matière d'emploi et de travail.

1 594. – De plus et surtout, la Cour a jugé – dans un arrêt *F.N.V.* du 4 décembre 1986 – qu'*« une norme interne refusant le bénéfice d'une prestation ou d'un avantage à un groupe de personnes est contraire au principe de l'égalité de traitement »*[1]. Mais ce n'est pas tout, puisqu'ici le juge européen ajoute qu'il appartient alors à son homologue dans l'ordre interne d'accorder immédiatement cette prestation ou cet avantage au groupe discriminé, et cela *« sans attendre l'élimination par voie législative ou par voie de renégociation lorsque la discrimination trouve son origine dans une convention collective »*[2]. Sur le marché du travail, cet avantage – ou cette prestation – aura souvent d'importantes incidences sur la jouissance par ceux qui en sont privés de leurs droits fondamentaux, parmi lesquels peuvent tout à fait figurer l'accès à la santé, au logement ou bien encore à l'alimentation.

1 595. – Dans l'arrêt *Defrenne II,* la Cour a tout de même relevé que l'Union européenne devait *« non seulement assurer le progrès social, mais aussi et surtout poursuivre l'amélioration constante des conditions de vie et d'emploi des peuples européens »*[3]. Il n'est pas inutile de rappeler que l'Union européenne n'avait aucune vocation en matière de droits fondamentaux à ses débuts. Le souci de leur protection n'est apparu qu'avec la jurisprudence de la Cour de justice en 1969, et plus encore avec la signature du traité d'Amsterdam. Cela dit, *« cette vocation n'est peut-être – et il faut le regretter – qu'apparente car il s'avère que la protection de ces droits est vécue comme une vraie contrainte, ce qui risque d'inciter l'Union européenne à les restreindre plutôt qu'à les développer »*[4]. Ce qui ne fait pas le jeu desdits droits fondamentaux, et encore moins de celui portant sur l'alimentation proprement dit.

---

[1] CJCE, 4 décembre 1986, aff. 71/85, *op.cit.* Depuis lors, cette jurisprudence est devenue constante. Voir par exemple CJCE, 15 janvier 1998, aff. C-15/96, *K. Schöning-Kougebetopoulou c. Freie und Hansestadt Hamburg*, point 33, Rec. I-47.

[2] S. Leclerc, « L'égalité de traitement entre les hommes et les femmes : l'ascension d'un droit social fondamental », in *L'Union européenne et les droits fondamentaux*, *op.cit.*, p. 207. Et sur ce point, voir les arrêts CJCE, 4 décembre 1986, aff. 71/85, *op.cit.*, point 21 ; CJCE, 24 mars 1987, aff. 286/85, *N. Mc Dermott et A. Cotter c. Minister for Social Welfare et Attorney-General*, point 17, Rec., 1453 ; CJCE, 24 juin 1987, aff. 384/85, *J.B. Clarke c. Chief Adjudication Officier*, point 11, Rec., 2865 ; CJCE, 8 mars 1988, aff. 80/87, *A. Dick e. a. c. College van Burgemeester en Wethouders à Arnhem et à Winterswijk*, point 10, Rec., 1601. Voir enfin CJCE, 27 juin 1990, aff. C-33/89, *M. Kowalska c. Freie und Hansestadt Hamburg*, point 19, Rec., I-2591 ; CJCE, 7 février 1991, aff. C-184/89, *H. Nimz c. Freie und Hansestadt Hamburg*, point 10, Rec., I-297.

[3] CJCE, 4 décembre 1986, aff. 71/85, *Defrenne II*, point 10.

[4] M.-J. Redor-Frichot, « La vocation de l'Union européenne à protéger les droits fondamentaux », *op.cit.*, pp. 13-14.

Section II. L'ÉTONNANTE INAPPLICABILITÉ DU DROIT À L'ALIMENTATION AUX PARTICULIERS

1 596. – Classiquement, *« l'effet horizontal recouvre la relation nouée entre deux personnes privées à l'inverse de l'effet vertical qui vise les rapports entretenus entre les particuliers et l'État »*[1]. Autrement dit, ce dernier effet permet de protéger la sphère juridique des individus contre les immixtions de la part des pouvoirs publics. *A contrario*, l'effet horizontal tend à préserver les droits reconnus contre les ingérences individuelles. Une telle avancée, qu'une partie de la doctrine qualifie de *« remarquable »*[2] dans la protection des droits de l'homme, peut en pratique emprunter deux voies : l'une européenne et l'autre interne. La première se réalise par *« le biais des obligations étatiques et impose aux États de créer le cadre juridique adéquat à la réalisation des droits conventionnels »*[3]. La seconde, quant à elle, *« procède du juge national qui va puiser au cœur du droit européen l'inspiration nécessaire pour régler les litiges entre personnes privées, afin de mettre en application les obligations imposées aux États »*[4].

1 597. – Inspirée de la doctrine allemande de la « drittwirkung »[5], traduite selon les auteurs par « effet réflexe », « effet relatif » ou « effet vis-à-vis des tiers », la notion d'effet horizontal *« vise l'effet produit par une norme au sein des relations entre personnes privées, par opposition à l'effet dit vertical dont la vertu est de « protéger le citoyen contre toute immixtion des autorités étatiques dans l'exercice du droit garanti »*[6] *»*[7]. En tant que droit de défense, le droit à l'alimentation a aussi vocation à s'appliquer aux relations de droit privé. Toutefois, il ne fait à cet égard l'objet d'aucune proclamation spécifique, si ce n'est peut-être quelques mentions faites en ce sens dans le cadre de l'Observation générale n° 12. Ce qui est sûr, c'est qu'il ne constitue pas un droit subjectif à

---

[1] B. Moutel, *L'« effet horizontal » de la Convention européenne des droits de l'homme en droit privé français : Essai sur la diffusion de la CEDH dans les rapports entre personnes privées*, Th. pour le doctorat de droit privé, Université de Limoges, 25 novembre 2006, p. 12. Voir également D. Ribes, *L'état des droits fondamentaux : recherche en droit comparé sur les effets des droits fondamentaux entre personnes privées*, sous la direction de Louis Favoreu, Univ. d'Aix-Marseille, 2005.

[2] B. Moutel, *op.cit.*, p. 12.

[3] *Ibid.*

[4] *Ibid.*

[5] Voir notamment F. Rigaux, *La protection de la vie privée et des autres biens de la personnalité*, Bruylant, LGDJ, 1990, n° 601-608, spéc., n° 603. Du même auteur, « Le droit successoral des enfants naturels devant le juge international et le juge constitutionnel », *RTDH*, 1992, p. 215. Voir également D. Spielman, *L'effet potentiel de la Cour européenne des droits de l'homme entre personnes privées*, Bruylant, 1995, p. 35. Et enfin A. Clapham, « *The « Drittwirkung » of the Convention* », in R. St. J. MacDonald, F. Matscher et H. Petzold (dir.), *The European system for the Protection of Human rights*, 1993, Kluwer Academic Publisher, Martinus Nijhoff publishers, p. 163.

[6] F. Rigaux, *op.cit.*, n° 601.

[7] B. Moutel, *op.cit.*, pp. 12-13.

réalisation immédiate[1], comme peut l'être le droit à l'intégrité corporelle, qui est regardé comme un droit de la personnalité[2].

1 598. – En outre, la protection de l'alimentation saine et en quantité suffisante ne reçoit pas, à l'image du principe de protection de la santé, une protection concrète[3], notamment à travers un grand nombre de normes pénales[4]. Et pourtant, le droit à l'alimentation recouvre une acception large, débordant la définition jusqu'ici donnée pour s'orienter en particulier vers l'idée d'intégrité physique. Selon toute vraisemblance, les protections de l'intégrité physique, de la santé d'un individu et de son alimentation devraient pourtant se recouper. Il faut alors en conclure que *« la protection de l'intégrité physique ne transcende pas, en réalité, l'applicabilité du droit à l'alimentation »*[5]. En revanche, et c'est là un point important, la protection de l'intégrité physique perfectionnera la protection de la santé et *a fortiori* du droit à la vie (dont la portée est encore plus large).

1 599. – Si dans certains États, comme l'Allemagne, la thèse de l'« effet horizontal » semble claire dans ses grandes lignes, *« elle fait toujours l'objet de nombreux débats qui portent tant sur son ampleur que sur son fonctionnement exact »*[6]. Aux États-Unis, par exemple, des questions similaires sont abordées sous l'angle de la *« state action doctrine »*[7], tandis qu'en droit international des droits de l'homme et en droit de l'Union européenne, *« cette théorie est en plein essor »*[8]. En France, en revanche, *« l'étude de l'effet horizontal en est encore à ses balbutiements, bien que des références à celui-ci commencent désormais à se répandre »*[9]. Au-delà des derniers états de la réflexion théorique sur la question,

---

[1] Autonomes, les droits à réalisation immédiate ne nécessitent pas de violations d'autres droits pour que celles qui lui sont portées soient sanctionnées. Ils ne nécessitent par ailleurs aucune intervention de la personne publique tandis que leurs bénéficiaires sont réputés en être d'office les titulaires.

[2] Pour aller plus loin sur ce point, voir tout particulièrement L. Gay, *Les « droits-créances » constitutionnel*, *op.cit.*, p. 246. Voir également F. Hage-Chahine, « Essai d'une nouvelle classification des droits privés », *RTD civ.*, 1982, p. 718. L'auteur définit les droits à réalisation immédiate comme ceux dont l'individu jouit *« sans passer par l'intermédiaire d'une personne déterminée »*. Ils s'opposent ainsi aux droits qui se réalisent *« médiatement à travers une activité ou une attitude qu'on peut exiger d'une autre personne »*, *Ibid.*, pp. 714-715.

[3] Cela dit, l'état de nécessité a été reconnue par le juge pénal dans le cas de vol de viandes par une mère sans logement pour son enfant.

[4] Voir sur ce point l'article de G. Giudicelli-Delage, « Droit à la protection de la santé et droit pénal en France », *Revue de science criminelle et de droit pénal comparé*, (1996-01/03) n° 1, pp. 13-30.

[5] D. Jacotot, *La notion de sécurité sanitaire. Contribution à l'étude de l'objet du droit de la santé*, *op.cit.*, p. 91.

[6] T. Hochmann et J. Reinhardt, *L'effet horizontal des droits fondamentaux*, éd. A. Pédone, 12 novembre 2018, 218 pages.

[7] Voir notamment sur ce point S. Jaggi, « State Action Doctrine », in *Encyclopedia entries*, octobre 2017.

[8] T. Hochmann et J. Reinhardt, *op.cit.* Concernant la jurisprudence très riche sur l'article 21.1 énonçant le droit à la non-discrimination, l'article 31.2 consacrant le droit à un congé annuel payé ou l'article 47 formulant le droit à une protection juridictionnelle effective, voir tout particulièrement K. Lenaerts, « Limits on limitations : the essence of fundamental rights in the EU », *German law Journal*, 2019, p. 779.

[9] *Ibid.*

il est opportun – pour conclure ce travail de recherches – d'analyser les modalités essentielles d'application de cette théorie à l'aune du droit à l'alimentation, que cela soit dans divers ordres juridiques, ou bien en droit comparé.

1 600. – Afin de mieux comprendre en quoi les garanties qu'offre le droit à l'alimentation sont dans la pratique difficilement invocables par les particuliers dans le cadre d'un litige, y compris horizontal, il semble en premier lieu nécessaire de voir que les réticences à l'égard de l'effet direct – que cela soit au niveau vertical, et surtout horizontal – sont encore nombreuses (§I). Par la suite, il conviendra de voir en quoi les hésitations du juge ordinaire ne contribuent en rien à l'effectivité de ce droit (§II). Cette approche aura donc l'intérêt d'expliquer pourquoi l'inapplicabilité du droit à l'alimentation aux particuliers est contestable.

§I. L'ABSENCE D'EFFET DIRECT DANS LES RAPPORTS DE DROIT PRIVÉ : DES POINTS D'ANCRAGE ENCORE SOLIDES

1 601. – Sans surprise, une loi interne qui porterait sur le droit à une nourriture adéquate et en quantité suffisante se situerait entre législation, volonté politique, droits fondamentaux et lobbys. Il s'agirait en fait d'une loi relative à l'accessibilité des denrées alimentaires, donc elle aurait pour objectif de rendre effectif un droit fondamental.

1 602. – En conséquence, les enjeux politiques soulevés par une telle initiative seraient multiples et controversés, étant entendu que *« le droit fondamental accompagne l'individu de la naissance à la mort »*[1]. D'emblée, les multinationales alimentaires pourraient y voir une atteinte portée à leur logique strictement comptable et budgétaire (et sûrement encore plus si elles avaient l'obligation d'enfin en finir avec le gaspillage de leur marchandise[2]).

1 603. – Rendre invocable entre particuliers un droit aussi sensible que le droit à l'alimentation poserait à l'évidence des problèmes d'ordre non strictement juridiques, mais avant tout économiques (B). C'est sans doute ce qui explique le

---

[1] C. Autexier, « Chapitre 5 : Les droits fondamentaux, Introduction au droit public allemand », *Revue générale du droit*, numéro 20739, 2015.
[2] En France, une loi existe pour lutter contre de tels gaspillages. Voir la LOI n° 2016-138 du 11 février 2016 relative à la lutte contre le gaspillage alimentaire. Quant au scandale que peut représenter le gaspillage alimentaire dans le monde, voir notamment M. Boyer et E. Dumas, « Gaspillage : 41,2 tonnes de nourriture jetées chaque seconde dans le monde », *Le Monde*, 16 octobre 2017. Ces auteurs rappellent qu'*« en moyenne, chaque Français jette l'équivalent d'un repas à la poubelle toutes les semaine »*.

fait qu'une grande partie des représentants politiques refuse toujours de le consacrer dans l'ordre interne (A).

A. UNE ABSENCE JUSTIFIÉE PAR LE TÂTONNEMENT LÉGISLATIF DES POUVOIRS PUBLICS ET PAR UN MANQUE DE VOLONTÉ POLITIQUE

1 604. – L'instabilité des marchés ne constitue d'après certains spécialistes que l'*« un des aspects du problème de la faim »*[1], ce qui signifie en conséquence que la question d'un accès régulier aux produits alimentaires à des prix accessibles reste entière. Comme le rappelle très justement l'actuel Rapporteur spécial des Nations Unies pour le droit à l'alimentation, *« la faim n'est pas une calamité naturelle »*[2]. Autrement dit, *« la faim est avant tout le résultat de choix politiques qui peuvent être modifiés »*[3]. Cela n'a rien d'étonnant, finalement, étant donné que la gestion du problème alimentaire mondial induit d'améliorer, voire même de changer, les politiques agricoles, économiques, de développement et de lutte contre la pauvreté actuelle.

1 605. – Si la faim découle en premier lieu de la pauvreté, donc des inégalités économiques et sociales qui y sont associées, *« ces inégalités résultent également des options des responsables politiques mais aussi économiques puisque 80% des personnes qui meurent de faim ne sont pas en zone de conflit »*[4]. Pendant des années, de mauvaises orientations politiques – notamment en matière économique – ont été imposées aux pays en développement (que cela soit par le biais des ajustements structurels[5], des économistes du FMI ou de la Banque mondiale[6]). De fait, et après tout sans grande surprise, la gestion de la faim dans le monde se ferait « à marche forcée ». Selon l'OCDE, l'aide mondiale pour l'agriculture aurait connu une chute sans précédent entre 1987 et 2005, passant de 11,5 à seulement 3,9 milliards de dollars aux dépends des plus pauvres (soit une baisse de 34%)[7].

---

[1] M. Darras-Sadik, *Nécessité d'une gouvernance mondiale alimentaire*, *op.cit.*, p. 7.
[2] T. Nagant, « La faim n'est pas une fatalité », *op.cit.*
[3] M. Darras-Sadik, *op.cit.*, p. 7.
[4] *Ibid.*
[5] Comme le rappelle Mathilde Darras-Sadik, *« Ces plans d'ajustement structurel reposaient sur la libéralisation du commerce, la privatisation des entreprises et des services de l'État, de l'austérité fiscale et de la lutte contre l'inflation ». Ibid.*
[6] *Ibid.*
[7] Pour de plus amples informations sur ces chiffres, voir le Rapport annuel de l'OCDE 2005

1 606. – Indépendamment du fait que *« le développement rural serait redevenu un sujet d'intérêt ces dernières années »*[1], et quand bien même de nombreux sommets auraient accouché de promesses de dons de la part des pays riches dans la foulée[2], certaines réalités, notamment en France, ne trompent pas sur cette réticence qu'éprouvent les élus à enfin reconnaître le droit à l'alimentation en tant que tel. De ce point de vue-là, il semblerait que la question des coupures d'eau dans les foyers, et de l'accès à Internet des ménages soit révélatrice. Au fond, ces sujets de société rappellent qu'*« actuellement, il n'existe pas de système de gouvernance mondiale que ce soit dans le domaine économique ou dans le domaine alimentaire et agricole, même si de nombreux acteurs y aspirent »*[3].

1 607. – En France, par exemple, il est interdit de couper l'eau toute l'année et même de la restreindre. En cas de réelle difficulté pour payer les factures, certaines solutions existent. En clair, *« ce n'est pas aux distributeurs d'eau de se faire justice eux-mêmes contre ceux qu'ils nomment communément les « mauvais payeurs » »*[4]. Pléthore d'arrêts condamnant Veolia et Saur en attestent[5]. Tous se réfèrent à l'article L. 115-3 du Code de l'action sociale et des familles, qui précise bien que : *« Toute personne ou famille éprouvant des difficultés financières a droit à une aide de la part de la collectivité pour disposer de la fourniture en eau »*. Le même article précise également qu'*« en cas de non paiement de factures, la fourniture d'eau est maintenue jusqu'à l'obtention d'une aide »*. Il affirme enfin, et c'est là un point capital, que *« les fournisseurs d'eau ne peuvent procéder ni à l'interruption ni à la résiliation du contrat pour non-paiement des factures et ce toute l'année »*. Tous ces arrêts ne manquent pas de mentionner non plus la décision du Conseil constitutionnel du 29 mai 2015 étudiée *supra*, laquelle confirme cette interdiction de coupure d'eau[6].

---

[1] En effet, pour Thierry Kesteloot, Spécialiste des questions agricoles et de la souveraineté alimentaire au sein d'Oxfam solidarité, *« il semble que les pays riches redécouvrent enfin l'immense potentiel de l'agriculture en matière de luttre contre la pauvreté »*. Voir Oxfam, « What agenda now for agriculture ? a response to the world development », Rapport de 2008, publié en octobre 2007.

[2] Cf. notamment le Sommet mondial de l'alimentation de la FAO de 1996 et de 2002, le Sommet pour la sécurité alimentaire de la FAO de 2008 ou bien encore le Sommet à Aquila en 2009. Cela dit, pour Olivier de Schutter, *« de sommet en sommet, on assiste à de grandes déclarations sur la faim, et on lance des promesses de don, mais il n'y a ni suivi ni sanctions »*. Voir T. Nagant, « La faim n'est pas une fatalité », *op.cit.* Pour mieux s'en rendre compte, il n'y a qu'à voir à quel point les promesses de dons en France pour restaurer Notre Dame n'ont pas été respectées. Seules 9% d'entre elles auraient été véritablement versées.

[3] M. Darras-Sadik, *Nécessité d'une gouvernance mondiale alimentaire*, *op.cit.*, p. 9.

[4] D. Roucous, « Facture d'eau, vous ne pouvez pas la payer, faites-vous aider », *L'Humanité*, 8 mars 2018.

[5] Par jugement du 10 avril 2017, Véolia s'était fait condamner par le Tribunal de grande instance de Toulon pour avoir coupé l'eau à des personnes handicapées. Ce fut également le cas dans un jugement du 27 avril 2017 du tribunal de grande instance de Nanterre, ainsi que dans un jugement du 21 février 2018 du Tribunal de grande instance de Paris (lequel donnait suite au jugement du 15 février 2018 du Tribunal de grande instance de Nanterre qui condamna la société Saur pour le même procédé).

[6] Cf. la décision n° 2015-470 QPC du 29 mai 2015 – *Société SAUR SAS* [sur l'interdiction d'interrompre la distribution en eau dans les résidences principales.

1 608. – En réalité, ce qui pose problème ici n'est pas l'adoption d'une législation spécifique préservant le droit à l'eau à proprement parler, étant donné qu'elle existe, mais plutôt le respect de celle-ci par le délégataire de service public chargé de fournir l'eau aux usagers. Dans la pratique, les pouvoirs publics ne se préoccuperaient guère du fait que Veolia ou Saur (pour ne citer qu'eux) *« violent la loi plutôt que d'orienter leurs abonnés en difficulté vers des solutions financières comme c'est leur obligation »*[1]. C'est d'ailleurs un phénomène que dénoncent de nombreuses associations comme France Libertés[2], ou bien encore le réseau confiANCe[3], dans la mesure où elles œuvrent pour *« l'arrêt de ces pratiques illégales de coupure d'eau et de réduction de débit partout en France »*[4]. Elles militent également pour qu'enfin « *l'État fasse respecter la loi car il n'est pas possible qu'une multinationale puisse être condamnée à de nombreuses reprises et récidiver »*[5]. En France, donc, la difficulté ne provient pas de l'adoption de la loi mais de son suivi par les pouvoirs publics. Ce qui laisse alors une marge de manœuvre indésirable à ses destinataires. C'est fort regrettable car les aides prévues par le législateur sont flexibles et adaptées[6]. C'est la raison pour laquelle le jeu parfois néfaste des opérateurs économiques privés – au caractère souvent oligopolistique – méritait d'être souligné.

1 609. – Bien évidemment, une telle législation n'est pas commune à tous les États européens. Il en va par exemple différemment en Espagne : en cas d'incidence de paiement la compagnie pourra d'emblée couper le service, et par la suite le résilier passé un délai allant de six à huit semaines selon les régions. En Italie, il a fallu attendre l'adoption d'une loi sur l'environnement en 2015 – laquelle n'est entrée en vigueur qu'en 2018[7] – pour que le droit à l'eau soit garanti, parfois gratuitement aux usagers qui sont dans des situations économiques et/ou sociales défavorisées[8].

---

[1] D. Roucous, « Facture d'eau, vous ne pouvez pas la payer, faites-vous aider », *op.cit.*

[2] France Libertés est une fondation reconnue d'utilité publique et dotée du statut consultatif à l'ONU. Elle est habilitée à recevoir des dons, legs et assurances vie.

[3] La Fédération ConfiANCe (Confédération Indépendante pour un Assainissement Non Collectif Équitable) regroupe des associations locales de défense des droits des usagers de l'assainissement non collectif, ainsi que d'autres membres individuels et d'experts. Cette fédération a vu le jour le 14 mars 2015.

[4] D. Roucous, *op.cit.*

[5] *Ibid.* Pour aller plus loin sur cette question, voir tout particulièrement l'entretien d'Emmanuel Poilane (directeur de France Libertés) paru dans L'humanité le 22 mars 2016 et intitulé « L'accès de tous à l'eau a cédé la place aux intérêts économiques ».

[6] Plusieurs voies existent pour se faire aider dans les villes non concernées par l'expérimentation de la tarification sociale de l'eau : Cf. les différentes aides du Fonds de solidarité pour le logement (FSL) qui sont attribuées par l'intermédiaire de la CAF ou d'une caisse de retraite en application de l'article L. 115-3 du Code de l'action sociale et des familles mentionné *supra*. Par ailleurs, il est fait interdiction aux communes de faire payer un abonnement à l'eau supérieur à 30% en zone urbaine et à 40% en zone rurale au coût du service lorsque la consommation d'eau d'un foyer ne dépasse pas 120 mètres cube par an (ici, Cf. l'article L. 2224-12-4 du Code général des collectivités territoriales).

[7] Voir la Loi N°221 du 28 décembre 2015 sur l'environnement, art.60.1.

[8] Sur ce point, voir tout particulièrement l'article de Coordination EAU–île-de-France, intitulé « La gratuité arrive … en Italie », du 24 juin 2018.

En Allemagne, les coupures d'eau sont tout à fait légales, *« mais elles ne sont pas effectuées autrement que de manière symbolique parce que le service d'aide sociale intervient efficacement et en temps utile »*[1].

1 610. – Malgré toutes ces avancées – parfois de nature législative –, *« il est souvent admis que le non-paiement du prix par l'abonné puisse entraîner la suspension de la fourniture en eau après une mise en demeure non suivie de succès »*[2]. Ces limitations aux coupures constituent en réalité, du propre aveu de certains spécialistes, un véritable test de l'existence du droit à l'eau[3]. Dès lors que la coupure est liée à une mauvaise volonté, voire à une négligence, le droit à l'eau ne sera en revanche plus invocable : *« La coupure sera justifiée et sera souvent plus efficace que les procédures coûteuses de recouvrement de créance »*[4]. *Idem* en cas de désaccord sur la facture d'eau, d'augmentation du prix de l'eau ou bien de détérioration du service[5]. Il n'y a tout compte fait qu'en situation de précarité que *« la coupure est un moyen de pression discutable »*[6], ce qui atteste assez bien des caractéristiques si particulières du droit à l'eau. Et ce n'est sans doute pas la jurisprudence du Centre international pour le règlement des différends relatifs aux investissements (CIRDI) – qui abrite les litiges entre les États et les investisseurs privés, spécialement au regard du droit à l'eau – qui y changera grand chose.

1 611. – Quant à la question de l'accès effectif à une connexion Internet, elle est à l'étude en France à l'heure actuelle[7]. Le Défenseur des droits souhaite que les mauvais payeurs, dès lors qu'ils le justifient par une situation – ici encore – de précarité, ne soient pas privés de leur connexion Internet. Dans le cadre de la « Loi pour une République numérique », un dispositif est ainsi à l'essai depuis le 1er janvier 2017 dans les départements de la Haute-Saône et de la Seine-saint-Denis[8]. Quoi qu'il en soit, l'autorité administrative indépendante souhaite vivement la création d'une aide spécifique pour le paiement de l'abonnement Internet. Elle recommande par ailleurs la mise en œuvre sur l'ensemble du territoire du dispositif prévu par l'article 108 de la « Loi pour une République numérique » qui

---

[1] H. Smets, « Le droit de chacun à l'eau », *Revue européenne de droit de l'environnement*, 2002, p. 150.
[2] *Ibid.*, p. 147.
[3] *Ibid.*
[4] *Ibid.*
[5] *Ibid.* Voir également, du même auteur, « La gratuité de l'eau potable est-elle envisageable ? », *La Revue l'eau, l'Industrie, les Nuisances*, n° 413, p. 413.
[6] *Ibid.* Voir aussi H. de Raincourt, « L'accès à l'eau est l'un des enjeux essentiels du XXIe siècle », *Le Monde*, 21 janvier 2011.
[7] L'accès à l'eau est la composante de l'objectif de valeur constitutionnelle sur la possibilité pour toute personne de disposer d'un logement décent, tandis que l'accès à Internet est la composante d'une liberté. Sur ce point, voir la décision n° 2009-580 du Conseil constitutionnel du 10 juin 2009, *Loi favorisant la diffusion et la protection de la création sur Internet*, Journal officiel du 13 juin 2009, page 9675, texte n° 3, Recueil, p. 107.
[8] Voir le « Rapport Dématérialisation et inégalités d'accès aux services publics » du Défenseur des droits de 2019.

ajoute Internet à la liste des services à maintenir en cas de non-paiement (d'où le lien évident avec la fourniture en eau). Il est enfin anormal pour le Défenseur des droits que le paiement des factures – que celles-ci aient trait à Internet ou à l'eau – s'effectue presque exclusivement par voie dématérialisée. Il y aurait de fait une rupture flagrante de l'égalité devant le service public[1]. Ce qui laisse, ici encore, entrevoir certains efforts à réaliser de la part des pouvoirs publics.

B. UNE ABSENCE RENFORCÉE PAR LES SPÉCIFICITÉS MÊMES DU DROIT À L'ALIMENTATION

1 612. – La question relative à la mise en œuvre du droit à l'alimentation par les particuliers eux-mêmes s'intègre dans la problématique générale de la jouissance des droits économiques, sociaux et culturels qui s'est développée au sein de la communauté internationale depuis la toute première conférence internationale des droits de l'homme, tenue à Téhéran du 22 avril au 13 mai 1968. Dès lors, *« pléthore d'interventions ont tenté de donner un effet pratique à chaque droit économique, social et culturel »*[2]. Le chapitre V du Pacte mondial de sécurité alimentaire, adopté sous l'égide du Comité de la sécurité mondiale de la FAO en 1985, affirme « *l'obligation sacrée que les hommes ont les uns envers les autres en matière de sécurité alimentaire et, principalement les plus riches à l'égard des plus pauvres »*[3], mais il rappelle aussi la responsabilité des agriculteurs de conserver les ressources productives pour toutes les générations futures.

1 613. – Le droit à l'alimentation est un droit fondamental inhérent à la nature humaine qui présente des liens avec certains droits classés intangibles (étant donné qu'ils appartiennent au « noyau dur des droits de l'homme »). De fait, « *le droit à l'alimentation ne devrait être susceptible d'aucune forme de limitation, conformément à l'éthique humaine et à la moralité internationale »*[4]. Autrement dit, ce droit ne devrait souffrir d'aucune dérogeabilité, à moins bien sûr qu'elle

[1] Voir le « Rapport Dématérialisation et inégalités d'accès aux services publics », *op.cit.*

[2] A. Soma, *Le droit de l'homme à l'alimentation : contenu normatif et mécanismes juridiques de mise en œuvre*, *op.cit.*, p. 47.

[3] Sur ce point, voir également les articles 29 et 30 de la Déclaration universelle des droits de l'homme, ainsi que le Préambule des deux pactes de 1966.

[4] A. Soma, *op.cit.*, p. 47. Pour Frédéric Sudre, *« le silence du PIDESC sur la possibilité des réserves vaut leur admission »*. Voir F. Sudre, *Droit international et européen des droits de l'homme*, *op.cit.*, p. 67. Voir également D. Prémont, C. Stenersen et I. Oeredczuk, *Droits intangibles et états d'exception*, Bruxelles, Bruylant, 1996, p. 3 et s. Certains traités interdisent toute réserve comme le protocole 6 de la Convention européenne des droits de l'homme sur l'abolition de la peine de mort du 23 avril 1983. C'est également le cas de la Convention du 14 décembre 1960 sur l'abolition de la discrimination dans le domaine de l'enseignement et des Conventions de Genève de 1949.

soit soumise à des conditions rigides (et que ces dernières restent exceptionnelles). Et pourtant, plusieurs phénomènes peuvent avoir de graves effets pervers ou des conséquences réfractaires à la réalisation du droit à une nourriture saine et en quantité suffisante. De tels facteurs sont naturels ou humains, internes ou internationaux, voire même structurels ou conjoncturels.

1 614. – Parmi les phénomènes sociaux qui ont toujours à l'heure actuelle des influences sur le droit à l'alimentation, il y a le comportement des individus entre eux. Les conflits étatiques – dont les acteurs détruisent les récoltes – ont tué au 20e siècle plusieurs millions de combattants et de civils. Meurtris par ces guerres ignobles, *« les pays à économie essentiellement agro-pastorale, qui sont encore sous la fragilité alimentaire, sont davantage impuissants devant les chiffres pharamineux qui traduisent leur insécurité alimentaire »*[1]. Certains phénomènes comme l'importante disproportion entre la croissance démographique et celle économique, la corruption et/ou la spéculation dans la commercialisation des denrées de base sont autant de facteurs qui ont des incidences néfastes sur la jouissance par le citoyen de son droit à l'alimentation. En réalité, tous accroissent la pauvreté générale.

1 615. – Ces catastrophes, tant humaines que naturelles, ont un impact inhibiteur sur la jouissance du droit à l'alimentation. Que dire encore de la libéralisation économique internationale, si ce n'est qu'elle permet aux activités économiques d'étendre leur champ d'action à l'ensemble de la planète[2]. De telles activités entraînent une forte dépendance des pays en voie de développement à l'égard d'un marché mondial déréglementé. Ces derniers sont donc *« victimes des variations du marché international des produits alimentaires et des pénuries dues à une baisse de la production internationale ou à une baisse des exportations des pays étrangers pour des raisons stratégiques »*[3]. Cela implique, pour ces pays qui n'ont pas l'autosuffisance alimentaire, une authentique insécurité des approvisionnements en denrées indispensables pour l'alimentation de leur

---

[1] A. Soma, *Le droit de l'homme à l'alimentation : contenu normatif et mécanismes juridiques de mise en œuvre*, *op.cit.*, p. 48. Sur cette question, voir aussi Commission des droits de l'homme des Nations Unies, « Le droit à l'alimentation », rapport présenté par Jean Ziegler, *op.cit.*, §74. Ainsi que J. Bakdé, « Armed conflicts and food insecurity in Africa », *Food security in English-speaking African countries, Report of the proceedings of a joint* COASA/UN_HABITAT *workshop on food security for Parliamantarians from English-speaking African countries*, Gigiri, Nairobi, Kenya, 2002, p. 93 et s.

[2] Comme le rappelle Jean-Luc Ferrandery, *« la libéralisation économique internationale est un concept apparu au milieu des années 1980 aux États-Unis qui sert à désigner un mouvement complexe d'ouverture des frontières économiques et de dérèglementation qui permet aux activités économiques capitalistes d'étendre leur champ d'action à l'ensemble de la planète »*. Voir J.-L. Ferrandery, *Le point sur la mondialisation*, PUF, 1996, p. 3.

[3] A. Soma, *op.cit.*, p. 51. Voir aussi F. Rochat, *Le GATT et le commerce des produits agricoles*, mémoire de master, Institut universitaire des hautes études internationales, 1986, p. 13.

population (qu'ils ne peuvent justement produire en raison des subventions agricoles pratiquées par les pays riches).

1 616. – En clair, la libéralisation des échanges économiques mondiaux accentue la problématique de l'accès aux aliments et à la terre. D'une part, *« elle conduit à rechercher l'équilibre entre l'offre et aussi la demande d'aliments non plus par des politiques nationales d'auto-approvisionnement, mais par un développement des échanges commerciaux entre pays excédentaires et déficitaires »*[1]. D'autre part, *« elle conduit à abandonner une gestion étatique des structures agraires à des fins d'autosuffisance au profit de la promotion d'exploitations privées plutôt tournées vers le marché extérieur que vers la vraie satisfaction des besoins alimentaires d'individus démunis »*[2], alors que la mondialisation devrait plutôt signifier une responsabilité globale dans la garantie d'une jouissance universelle et aussi constante des droits de l'homme, et prioritairement du droit à l'alimentation. Cette hypothèse exigerait, de l'avis de certains observateurs, *« une réduction de la misère de l'ordre international par un meilleur ajustement global des revenus et par un rééquilibrage des systèmes alimentaires nationaux et mondiaux, voire par le respect de certains principes généraux du droit »*[3].

1 617. – Il ne faudrait surtout pas occulter le fait que l'obligation de « protéger » – qui caractérise avec les obligations de « respecter » et de « donner effet » le droit à l'alimentation – impose à tous les États de refuser toute tierce ingérence attentatoire au droit de l'homme à une nourriture suffisante[4]. Sans grande surprise, cette ingérence peut être le fait d'un particulier, d'une entreprise nationale ou d'une multinationale (comme cela a été vu pécédemment dans le cadre de l'accès à l'eau des ménages), voire d'un autre acteur non-étatique. En conséquence, donc, *« le gouvernement doit édicter des normes afin d'éviter que ces tiers ne commettent des violations du droit de l'homme à l'alimentation que lui-même s'est vu interdire de commettre, et mettre à la disposition des bénéficiaires des recours effectifs »*[5]. Cela signifie que le gouvernement violera cette obligation s'il

---

[1] A. Soma, *Le droit de l'homme à l'alimentation : contenu normatif et mécanismes juridiques de mise en œuvre*, *op.cit.*,, pp. 51-52.

[2] *Ibid.* Voir aussi sur cette question G. Courade et M. Haubert, « Sécurité alimentaire et agraire : les risques de la libéralisation », *Revue Tiers-Monde*, PUF, n° 153, 1998, p. 9 et s.

[3] Voir aussi M. Bedjaoui, *Pour un nouvel ordre international*, Paris, UNESCO, 1979, p. 23 et s. Ainsi que M. Brown et I. Goldin, *L'avenir de l'agriculture : Incidences sur les pays en développement*, Paris, Centre de développement de l'organisation pour la coopération et le développement économiques, 1992, p. 23 et s.

[4] Ces obligations ont remplacé les *« duties to avoid depriving, duties to protect from deprivation and duties to aid the deprived »*.

[5] C. Golay, *Vers la justiciabilité du droit à l'alimentation ?*, *op.cit.*, pp. 44-45. Pour AsbjØrn Eide, *« l'État devra par exemple accorder une attention toute particulière aux droits collectifs et aux droits des groupes. Les ressources appartenant à des collectivités, telles les populations autochtones, doivent être respectées afin de permettre à ces groupes de contrôler collectivement les conditions leur permettant de satisfaire leurs besoins à l'aide de ces ressources »*. Voir ici Nations Unies, A. Eide, 1989, *op.cit.*, §170. Ainsi que

permet à d'autres acteurs d'agir librement, et avec impunité au détriment du droit à la nourriture.

1 618. – L'obligation de « protéger » varie ostensiblement de celle engageant l'État à « donner effet » au droit à l'alimentation. Dans ce cadre, une action complète et intense de la part de l'État sera exigée. Il devra activement défendre l'alimentation et l'exercice du « droit-épée » qui lui est associé. Pour ce faire, donc, *« l'État devra renforcer l'accès de la population aux ressources et aux moyens d'assurer la subsistance, y compris la sécurité alimentaire »*[1]. Les États devront *« prendre les mesures appropriées pour mettre leur population à l'abri du besoin alimentaire à court, et à long terme, en orientant leur système politique, économique et social vers la réalisation de ce droit »*[2]. Cette obligation comporte par ailleurs un devoir de promotion, en favorisant la tolérance, la sensibilisation, l'information du public et en constituant les infrastructures nécessaires à la jouissance du droit à l'alimentation. Ici, l'État pourra compter sur l'aide de la communauté internationale et des individus eux-mêmes.

1 619. – Des trois obligations qui caractérisent le droit à l'alimentation, seule celle visant à le respecter est « négative », puisqu'elle seule n'exige pas une intervention de la part de l'État. Les deux autres, en revanche, sont « positives », étant donné qu'elles exigent une action de sa part. De fait, pour une partie de la doctrine, *« l'obligation de respecter est très claire, elle n'implique pas de ressources, et est ainsi immédiatement applicable, donc justiciable »*[3]. L'obligation de protéger serait claire elle aussi. Celle-ci n'impliquerait pas pour l'État une activité différente de celle qu'implique les droits civils et politiques. Cela veut dire qu'elle aussi serait directement justiciable. Un exemple de non-respect de l'obligation de l'État de protéger le droit à l'alimentation serait la non-intervention de celui-ci lors de la destruction des moyens de production alimentaire d'une population par une tierce partie. Ou bien, comme cela a été vu au préalable, l'exemple d'un État qui laisserait une multinationale couper la fourniture en eau des ménages toute l'année.

G. Kent, « Le commerce alimentaire et les droits alimentaires », in *Nations Unies – Chronique*, éd. en ligne, vol. XXXIX, n° 2.

[1] *Ibid.*, p. 45. Pour AsbjØrn Eide, *« cette obligation découle du fait qu'il est vraisemblable que des tiers chercheront à contrecarrer les choix que pourraient faire les individus ou les groupes pour satisfaire leurs besoins. Ces tiers pourraient vouloir porter atteinte aux ressources qui permettent à ces individus ou à ces groupes d'individus de s'alimenter. L'État doit donc les protéger »*. Voir Nations Unies, A. Eide, 1989, *op.cit.* Ainsi que Nations Unies, Comité des droits économiques, sociaux et culturels, « Le droit à une nourriture suffisante (art. 11) », Observation générale n° 12, *op.cit.*

[2] A. Soma, *Le droit de l'homme à l'alimentation : contenu normatif et mécanismes juridiques de mise en œuvre*, *op.cit.*, pp. 40-41.

[3] C. Golay, *Vers la justiciabilité du droit à l'alimentation ?*, *op.cit.*, p. 45.

1 620. – De nombreux éléments du droit à l'alimentation sont finalement justiciables. Premièrement, l'obligation de respecter le droit à l'alimentation, qui impose à l'État de ne pas intervenir dès lors qu'un individu, ou un groupe d'individus, a les ressources nécessaires pour prendre en charge ses propres besoins alimentaires, sans réduire les possibilités pour autrui d'en faire de même. Ensuite, l'obligation de protéger le droit à l'alimentation, lequel impose à l'État de protéger cet individu, ou alors ce groupe d'individus, contre des tiers qui pourraient vouloir porter atteinte à ses (ou leurs) ressources. Quant à l'obligation de garantir l'exercice du droit à l'alimentation sans discrimination – non-discrimination d*e jure* –, celle-ci impose à l'État d'annuler, ou de revoir toutes mesures discriminatoires, qu'elles soient de nature législative ou autre. Et enfin, pour finir, l'obligation de donner effet au droit à l'alimentation dans la mesure ou celle-ci impose à l'État, lorsqu'il adopte ou met en œuvre des mesures pour faciliter ou donner effet au droit à l'alimentation, de le faire de manière appropriée, c'est-à-dire au minimum en assurant l'amélioration de l'accès à l'alimentation des individus les plus démunis de sa population.

1 621. – Si l'État ne respecte pas l'une ou l'autre de ces quatre obligations, *« l'individu ou bien le groupe d'individus qui en sont les victimes devraient avoir la possibilité d'invoquer leur droit devant un organe judiciaire ou quasi-judiciaire, lequel devrait pouvoir appliquer celui-ci dans les cas concrets qui leur sont présentés et décider des mesures à prendre pour remédier à la violation »*[1]. Et après tout, rien dans la nature du droit à l'alimentation l'en empêcherait. Mais c'est là un paradigme encore loin d'être atteint dans pléthore d'États. Cette reconnaissance de la justiciabilité du droit à l'alimentation, surtout entre particuliers, permettrait d'entrevoir d'énormes potentialités. Malheureusement, *« c'est parce que les États européens et africains ont toujours considéré comme suffisants le droit au travail et à la sécurité sociale qu'ils sont pendant longtemps partis du principe que personne ne souffrirait de la faim »*[2]. C'est d'ailleurs la raison pour laquelle ils n'ont jamais reconnu le droit à l'alimentation au niveau régional.

1 622. – Dans ce contexte il paraît indispensable que les acteurs économiques s'approprient les valeurs prônées par les associations de solidarité. Les entreprises devraient repenser leurs spécificités et ainsi les mettre en cohérence avec des projets plus humains. À pareille fin, il faudrait mettre l'accent sur le rôle clé des associations dans la publicisation des problèmes de société. Le développement du « social business » ne doit surtout pas « ringardiser » les associations. Une nouvelle forme de capitalisme privé à but social devrait impérativement émerger.

---

[1] C. Golay, *Vers la justiciabilité du droit à l'alimentation ?*, *op.cit.*, p. 69.

[2] *Ibid.*, pp. 69-70. Voir aussi sur ce point la présentation de Paulin Ibanda Kabaka sur « Les principales interactions entre le droit à l'alimentation et les autres droits fondamentaux » à l'Université de Pau.

Et de ce point de vue là, *« le capitalisme d'intérêt général qui cherche à résoudre les questions de pauvreté par des solutions financées sur le marché »*[1] semble à n'en pas douter constituer une approche à encourager en priorité.

§II. LES HÉSITATIONS ENCORE NOMBREUSES DES JUGES ORDINAIRES SUR L'« EFFET HORIZONTAL » DES DROITS FONDAMENTAUX

1 623. – Très souvent, l'effet des traités protecteurs des droits de l'homme se retrouve dans un rapport vertical, ce qui signifie que seules les obligations qu'a l'État de « donner effet » et de « respecter » le droit à l'alimentation sont concernées. Mais ici, *« le justiciable veut prouver une contradiction entre les droits garantis et le droit interne »*[2]. Les normes édictées doivent alors être respectées entre individus (conformément à l'obligation de « protéger »). Il est donc tout à fait possible d'envisager l'application d'une disposition conventionnelle dans un rapport interindividuel.

1 624. – C'est donc l'effet horizontal de la disposition conventionnelle relative au droit à l'alimentation qui sera ici recherché. Or, si la Cour européenne des droits de l'homme a été la première à admettre l'effet horizontal[3], le texte de 1950 ne consacre que des droits connexes à celui-ci. Et même si sa jurisprudence a influencé celles de la Cour de cassation et du Conseil d'État, les deux hautes juridictions n'ont jamais, ou alors qu'à la marge, recherché l'effet horizontal des dispositions issues d'autres traités internationaux protecteurs des droits de l'homme. Ceci est plutôt dommage, car l'effet horizontal des dispositions de la CSE, et plus encore de la DUDH ou du PIDESC, aurait pu offrir une protection pertinente du droit à l'alimentation.

1 625. – Par ailleurs, ni la Cour européenne des droits de l'homme, ni la Cour de cassation n'appliquent l'effet horizontal par le biais des mêmes mécanismes. Le Conseil d'État, quant à lui, reste encore flou dans son approche de l'effet horizontal, comme le montre sa jurisprudence relative aux droits sociaux. En définitive, il convient d'étudier les hésitations qu'ont toujours les juridictions suprêmes françaises, que ce soit de l'ordre judiciaire (A) ou administratif (B), à

---

[1] Voir l'audition de Jean-Louis Laville, Sociologue, Professeur, titulaire de la Chaire économie solidaire du CNAM, *Étude prospective – Définition des droits*, juin 2018, p. 39.

[2] C. Laurent-Boutot, *La Cour de cassation face aux traités internationaux protecteurs des droits de l'homme*, *op.cit.*, p. 89.

[3] Voir l'affaire *Young, James et Webster c. Royaume-Uni* du 13 août 1981, requêtes n° 7601/76 ; 7806/77.

reconnaître et à appliquer l'effet horizontal des dispositions conventionnelles placées dans le giron du droit à une nourriture saine et en quantité suffisante.

A. LA JURISPRUDENCE JUDICIAIRE SUR LES DROITS CONNEXES À L'ALIMENTATION

1 626. – L'effet horizontal identifié par la Cour européenne des droits de l'homme est indirect, donc il s'impose seulement par l'intermédiaire d'une responsabilité de l'État (qui sera seul poursuivi devant la juridiction de Strasbourg). En fait, la Cour a résolu le problème d'imputabilité de deux façons : l'État, au départ, n'a qu'une obligation positive de veiller au respect, par les individus et/ou les groupements privés, des dispositions conventionnelles. Par la suite, les juges européens ont étendu l'effet horizontal aux hypothèses dans lesquelles l'État lui-même fournit à ces mêmes individus les moyens nécessaires pour violer les dispositions de la Convention européenne de sauvegarde des droits de l'homme. Devant les juridictions françaises, et tout particulièrement devant la Cour de cassation, le mécanisme est par contre bien différent.

1 627. – En effet, devant la Haute juridiction judiciaire française, un individu pourra opposer les droits garantis par le traité aux violations commises par un particulier ou un groupement d'individus (il n'y a de fait aucune question d'imputabilité). Et de ce point de vue là, il est clair que « *l'effet direct horizontal prend de plus en plus d'envergure dans la jurisprudence interne, tout particulièrement devant la Cour de cassation* »[1]. Par ailleurs, l'effet direct horizontal – celui qui pourrait justement jouer un rôle crucial dans la protection du droit à l'alimentation, si seulement d'autres supports que le seul texte de 1950 étaient pris en compte – se détermine selon une méthode partielle. Il n'y a en réalité aucune approche globale de l'effet direct horizontal de la Convention européenne de sauvegarde des droits de l'homme, ce qui paraît normal. Ainsi, *« la Cour de cassation cherchera à savoir lequel des effets directs, vertical ou horizontal, trouve à s'appliquer dans chaque cas d'espèce »*[2].

---

[1] Pour aller plus loin sur ce point, voir aussi J. Raynaud, *Les atteintes aux droits fondamentaux dans les actes juridiques privés*, Th. de doctorat sous la direction du Professeur Eric Garaud, Université de Limoges, Faculté de droit et de sciences économiques, p. 60 et suivantes.

[2] Voir O. Lucas, « La convention européenne des droits de l'homme et les fondements de la responsabilité civile », *JCP G* 2002, I n° 111, p. 286. Ainsi que B. Moutel, « Une lente appropriation de l'effet horizontal », in Jean-Pierre Marguenaud (dir.), *CEDH et droit privé : l'influence de la jurisprudence de la Cour européenne des droits de l'homme sur le droit privé français*, La Documentation française, 2000, p. 162.

1 628. – Il est d'autant plus regrettable que la Cour de cassation ne se fonde jamais sur des stipulations d'autres traités internationaux protecteurs des droits de l'homme que celle-ci n'évoque pas les termes d'effet direct horizontal à travers sa jurisprudence. Ce qui signifie alors que *« la mise en œuvre de l'effet direct horizontal découle uniquement de la simple application d'une disposition conventionnelle entre personnes privées »*[1]. La dimension horizontale de l'article 8 de la Convention européenne des droits de l'homme sera ainsi mise en œuvre pour la première fois dans un célèbre arrêt de la Première chambre civile de 1990[2]. Pléthore d'arrêts, rendus notamment dans le cadre des relations de travail, verront par la suite le jour[3]. Et ce qu'il y a surtout d'intéressant, à la lecture de ces jurisprudences, c'est le fait que la Cour de cassation opère systématiquement un contrôle de proportionnalité pour préserver les différents intérêts en présence. Ce contrôle permet à la Haute juridiction de trouver un équilibre et de contrebalancer des intérêts divergents.

1 629. – Grâce à l'effet direct horizontal, le traité européen peut être invoqué à l'encontre d'un individu ou d'un groupement d'individus. Cela s'est déjà vu en matière contractuelle[4], et plus largement encore en matière de droit des

---

[1] O. Lucas, « La convention européenne des droits de l'homme et les fondements de la responsabilité civile », *op.cit.*

[2] Voir l'arrêt de la première Chambre civile du 23 octobre 1990. Bull. civ. n° 222, p. 158.

[3] *« La Chambre sociale a également construit une jurisprudence consacrant l'effet horizontal de l'article 8 dans les relations de travail. La violation de la disposition conventionnelle peut résulter des dispositions du contrat de travail, ainsi qu'en atteste l'arrêt SPILEERS du 12 janvier 1999* (Bull. ci. V, n° 7, p. 4 ; TPS mars 1990, p. 10, n° 96, note Y. Verkindt ; Droit social 1999, p. 287, note J.-E. Ray ; RTDCiv. 1999, p. 395, observations J. Mestre), *ou du comportement de l'employeur à l'égard de ses salariés, ce qui était le cas dans l'arrêt Nikon du 2 octobre 2001* (D 2002, SC p. 2296, observations C. Caron ; D 2001, jurisprudence p. 3148, note P.-Y. Gauthier ; RTDCiv. 2002, p. 72, note J. Hauser ; Semaine sociale Lamy, 2001, n° 1046-6, site Internet Lamyline reflex, observations G. Lyon-Caen ; PA 19 mars 2002, p. 13, note F. Petit ; PA 10 décembre 2001, p. 6, note G. Picca ; JCP E. 2001, p. 1918, note C. Puigelier) *»*. Voir C. Laurent-Boutot, *La Cour de cassation face aux traités internationaux protecteurs des droits de l'homme*, *op.cit.*

[4] La troisième Chambre civile a inauguré cette méthode de régulation des conventions privées à l'occasion d'un arrêt *MEL YEDEI* du 6 mars 1996. Ici, la Haute juridiction relève d'office une violation de l'article 8 de la Convention européenne des droits de l'homme, estimant que les clauses d'un bail d'habitation ne peuvent *« ... en vertu de l'article 8.1 de la Convention de sauvegarde des droits de l'homme et des libertés fondamentales, avoir pour effet de priver le preneur de la possibilité d'héberger ses proches, ... »* (Bull. civ. III, n° 60, p. 41 ; F. Collart-Dutilleul, J. Derrupe, RD immobilier, 1996, p. 620 ; B. de Lamy, D 1997, jurisprudence p. 167 ; J. Hauser, RTDCiv. 1996, p. 580. Pour une critique de cette décision, voir T. Nguyen Van, JCP G, 1997, II, 22764). Certains commentateurs voyaient déjà dans l'arrêt de la troisième Chambre civile du 27 février 1991 une reconnaissance de l'effet horizontal. Ici, voir D. Spielman, *L'effet potentiel de la Convention européenne des droits de l'homme entre personne privées*, *op.cit.*, p. 55. Pourtant, il s'agissait bien en l'espèce d'une application de la Convention européenne des droits de l'homme entre personnes privées (l'indemnité d'éviction due en cas de non-renouvellement du bail commercial), le problème juridique s'articulait autour du contrôle de conventionnalité du décret du 30 septembre 1953 au regard de l'article 1 du protocole 1 de la Convention. Était donc mis en œuvre l'effet vertical du texte de 1950, confrontant le traité au droit interne : Bull. civ. III, n° 67, p. 39). Cette solution sera renforcée par un

obligations[1]. Il est aussi arrivé à la Cour de cassation de consacrer la dimension négative de l'effet horizontal de l'article 11 de la Convention européenne des droits de l'homme[2]. Ici, donc, *« les contractants ne peuvent nier conventionnellement le droit de s'associer, pas plus que celui de ne pas s'associer »*[3]. Il semble qu'un pont avec l'obligation de « protéger » le droit à l'alimentation qu'a l'État doit être envisagé. Si la Cour de cassation se référait au PIDESC, surtout au vu de sa consécration de la dimension négative de l'effet horizontal, cela lui permettrait de faire peser ladite obligation de « protéger » le droit à l'alimentation non plus sur les pouvoirs publics, mais sur les particuliers eux-mêmes. Elle pourrait le faire à travers le droit à des conditions minimales d'existence, que consacre le texte de 1966[4]. Par voie de conséquence, les individus ne pourraient plus nier son existence, et encore moins l'ignorer par voie contractuelle.

1 630. – En résumé, l'effet horizontal permet, à la condition bien sûr qu'il soit appréhendé directement et dans sa dimension négative, de modifier – au moins par le biais d'autres droits garantis – le titulaire de l'obligation de « protéger » le droit à l'alimentation (et d'ainsi transférer les responsabilités qui en découlent de l'État aux particuliers). Malheureusement, seul l'article 8 de la Convention européenne des droits de l'homme dispose à l'heure actuelle d'un effet direct horizontal certain. En revanche, pour ce qui est de l'effet horizontal des articles 6 et 11, *« aucune certitude n'émane d'une jurisprudence balbutiante »*[5]. Il est dès lors peu concevable – voire clairement improbable – que la Cour de cassation admette un jour la dimension négative de l'effet horizontal de l'article 11 du PIDESC.

1 631. – La question des clauses d'ordre public, lesquelles n'ont *a priori* pas vocation à s'appliquer dans les litiges horizontaux purement privés (étant donné qu'elles ont été élaborées à l'attention des États afin de leur permettre une ingérence limitée dans les droits consacrés par la Convention européenne des

---

arrêt du 22 mars 2006 (Pourvoi n° 04-19349 (publié au bulletin), disponible sur le site Internet Légifrance ; PA, 26 juillet 2006, n° 148, p. 18, note E. Garaud), émanant de la même formation.

[1] Sur ce point, voir tout particulièrement J.-P. Marguenaud, « L'influence de la Convention européenne des droits de l'homme sur le droit français des obligations », in *Le renouvellement des sources des droits et obligations*, journées nationales de l'association Henri Capitant, LGDJ, 199, p. 45.

[2] Voir l'arrêt de la troisième Chambre civile du 12 juin 2003 (*EURL Arlatex contre SNC Les Marguerites*, Arrêt n° 698, Pourvoi 02-10.778, site Internet de la Cour de cassation ; JCP G 2003, II, 10190, note F. Auque ; RTDCiv. 2003, p. 771, observations J. Raynaud ; D 2004, jurisprudence p. 367, note C.-M. Benard ; RDC avril 2004, p. 465, observations A. Marais).

[3] J. Raynaud, *RTDCiv. Sources internationales*, octobre-décembre 2003, p. 771, n° 5.

[4] Voir notamment l'article 11§§ 1 et 2 du PIDESC.

[5] C. Laurent-Boutot, *La Cour de cassation face aux traités internationaux protecteurs des droits de l'homme*, *op.cit.*, p. 97. Pour appuyer sa démonstration, l'auteure précise bien que *« la Cour de cassation manie parfois maladroitement le mécanisme d'effet direct, obligeant à modérer la portée de certains arrêts »*.

droits de l'homme), n'est pas problématique en soi, puisque la Cour de cassation a rendu plusieurs arrêts qui les ont fait ressurgir dans des litiges imposant justement l'application du texte de 1950 entre personnes privées[1]. Alors certes, *« cette immixtion inappropriée de textes réservés aux États engendre une confusion sur les mécanismes de mise en œuvre de l'effet direct, et ce d'autant plus que la Cour de cassation s'empresse parfois d'appliquer de telles clauses dans un litige qui ne leur est pas adapté »*[2], mais cela lui a tout de même permis d'appliquer l'effet horizontal à la clause d'ordre public inséré dans l'article 8 de la Convention européenne des droits de l'homme. Par mimétisme, ce mécanisme pourrait s'appliquer à l'encontre de dispositions conventionnelles – comme par exemple celles de la DUDH – dont certains auteurs pensent qu'elles ne jouent qu'à l'égard des États, et qui elles, consacrent expressément le droit à l'alimentation[3].

1 632. – Autrement dit, la démarche de la Cour de cassation ressemble à celle de la Cour européenne des droits de l'homme lorsqu'elle recherche si l'ingérence d'un État dans l'un des droits garantis par le texte de 1950 est justifiée. Cela dit, *« toute ambiguïté sur l'application horizontale des clauses d'ordre public n'est pas levée, étant entendu que certains arrêts rendent impossible l'identification de tel ou tel effet, notamment direct ou indirect, mis en œuvre par la Haute juridiction »*[4]. Il en irait à n'en pas douter de même si la Cour de cassation recherchait l'effet horizontal de la DUDH (mais encore faut-il qu'elle soit contraignante), du PIDESC ou encore de la CSE. Donc soit la Haute juridiction admet que la disposition conventionnelle joue un effet horizontal direct, soit elle considère que ladite disposition a un effet horizontal indirect. Dans la première hypothèse, *« cela signifie ni plus ni moins que la Cour assimile l'individu à l'État »*[5]. Et dans le second cas de figure, c'est un contrôle de proportionnalité

---

[1] Voir notamment l'arrêt de la Première Chambre sociale du 12 janvier 1999, *op.cit.* Cette jurisprudence pourrait s'analyser en une consolidation logique de l'arrêt *Mel Yedei*, si elle n'ajoutait pas à l'application de l'article 8§1 de la Convention européenne des droits de l'homme une transposition implicite suprenante dans un rapport privé contractuel du contrôle de l'ingérence étatique opéré par la Cour européenne des droits de l'homme. À la lecture de l'arrêt, l'effet horizontal du traité semble s'appliquer également à la clause d'ordre public insérée dans l'article 8. Voir sur ce point E. Garaud, « Clause de mobilité assortie d'une contrainte domicilaire : la Cour de cassation se réfère à la CEDH pour définir les critères de validité de la stipulation », *RJPF*, mai 1999, n° 3. Ainsi que J.-P. Marguenaud et J. Mouly, *Les clauses relatives au domicile du salarié dans le contrat de travail : du bon usage du principe européen de proportionnalité*, D 1999, Jurisprudence, p. 645.

[2] C. Laurent-Boutot, *La Cour de cassation face aux traités internationaux protecteurs des droits de l'homme*, *op.cit.*, pp. 97-98.

[3] Voir tout particulièrement les dispositions de l'article 25§1 de la Déclaration universelle des droits de l'homme.

[4] C. Laurent-Boutot, *op.cit.*, p. 99. Cette ambiguïté se retrouve tout particulièrement dans un arrêt de la troisième Chambre civile du 18 décembre 2002 (Bull. civ. III, n° 262, p. 227) en matière de liberté religieuse. Pour aller plus loin, voir E. Garaud, « La liberté religieuse du locataire : une donnée normalement extérieure au contrat de bail mais incorporable à celui-ci », *RJPF*, avril 2003, n° 4, p. 9.

[5] *Ibid.*, p. 100.

identique à celui opéré par la Cour européenne des droits de l'homme auquel se livrera la Cour de cassation[1].

1 633. – La mise en œuvre de l'effet horizontal indirect par les juridictions internes, lorsque l'ingérence procède d'une action positive de l'État en question, *« revient finalement à contrôler la conventionnalité de la loi interne et ainsi à faire jouer un effet direct vertical à la disposition conventionnelle »*[2]. La Cour de cassation a par exemple déjà fait jouer un effet direct vertical à une clause d'ordre public, alors qu'il s'agissait en l'espèce d'un litige entre personnes privées[3]. Et pour la Haute juridiction, seule l'autorité publique peut s'ingérer dans la vie privée sur le fondement de la clause d'ordre public définie à l'article 8 de la Convention européenne des droits de l'homme. Les juges ont donc refusé d'attribuer un effet horizontal à l'alinéa 2 de l'article 8, se plaçant ainsi dans une démarche purement interindividuelle. De fait, *« aucune ingérence privée dans un droit conditionnel – une clause d'ordre public – n'est autorisée, ce qui a d'ailleurs amené certains auteurs à penser que le droit au respect de la vie privée se transforme en un droit intangible dès lors qu'il s'exerce dans un rapport interindividuel »*[4]. Pourquoi ne pas en faire de même dans l'hypothèse où la Cour de cassation décide enfin de se fonder sur des traités internationaux protecteurs des droits de l'homme, et qui eux, évoquent plus explicitement le droit à l'alimentation.

1 634. – Pour distinguer les différentes dimensions de l'effet direct, il faut bien dissocier deux situations juridiques. Si l'atteinte à un droit par une personne privée est rendue possible par un encouragement de l'État – en vertu d'une action positive de sa part –, alors seul l'effet direct vertical sera appliqué. Et auquel cas le support juridique autorisant l'ingérence au bénéfice de la personne privée (loi, règlement etc.) devra faire l'objet d'un contrôle de conventionnalité au regard des différentes exigences posées par la disposition conventionnelle[5]. Cela dit, il est peu probable que l'ingérence d'une personne privée en matière de droit à l'alimentation soit encouragée par l'État français, qui plus est depuis l'adoption

---

[1] C. Laurent-Boutot, *La Cour de cassation face aux traités internationaux protecteurs des droits de l'homme*, *op.cit.*, p. 100. Pour aller plus loin sur cette question, voir *RTDCiv.* 2003, p. 383, observations de J.-P. Marguenaud. Cette position peut toutefois être tempérée par un arrêt de la troisième Chambre civile du 8 juin 2006. Cf. Pourvoi n° 05-14774 (Publié au bulletin). En l'espèce, le litige était purement horizontal car la limitation à la liberté résulte d'un acte juridique privé élaboré entre propriétaires. La Cour ne réemploie pas l'alinéa 2 de l'article 9 de la CEDH, mais jauge avec équité la limite dans laquelle la liberté religieuse doit s'exprimer afin de ne pas nuire à autrui.

[2] *Ibid.*, p. 101.

[3] Sur ce point, voir notamment J. Mouly et J.-P. Marguenaud, *Vie privée des salariés handicapés et information du comité d'entreprise : contresens sur l'article 8 de la Convention européenne des droits de l'homme*, note relative à l'arrêt de la deuxième Chambre civile du 10 juin 2004, D 2005, jurisprudence p. 469 (plus spécialement p. 471).

[4] C. Laurent-Boutot, *op.cit.*, p. 102.

[5] Voir notamment l'arrêt de la troisième Chambre civile du 18 mai 2005, pourvoi n° 04-11.349 ; *Revue de jurisprudence commerciale*, 2005, p. 321, note F. Auque ; RTDCiv. 2005, p. 619, oservations T. Revet.

de lois réprimant sévèrement le gaspillage alimentaire de la part des industriels[1]. En revanche, dans la seconde situation juridique possible, l'ingérence d'une personne privée procède de sa propre initiative, ou d'un acte juridique privé, indépendamment de tout encouragement étatique. Ici, dans pareil cas de figure, l'effet direct horizontal doit être retenu. Et c'est typiquement de ce deuxième cas de figure dont il sera question en matière de droit à l'alimentation, car le gouvernement français n'encouragera sans doute jamais les déviances individuelles par la loi ou par le règlement.

B. LE REFUS DE RECONNAISSANCE PERSISTANT DU CONSEIL D'ÉTAT

1 635. – Contrairement à la Cour de cassation, l'attitude du Conseil d'État vis-à-vis de l'effet direct de certains traités protecteurs des droits de l'homme, comme par exemple la CSE, n'a jamais véritablement évolué. À l'égard de cette charte, il a en effet opposé un refus à la fois absolu et invariable à toute invocabilité depuis sa célèbre jurisprudence *Melle Valton et Melle Crépeaux* du 20 avril 1984[2]. Dans un rapport rendu en 1985, la Haute juridiction précisait que c'était en raison de la formulation même des dispositions de la charte – de type « les États s'engagent à...» – qu'elle refusait de leur attribuer toute forme d'invocabilité directe[3]. Et dans ses conclusions sur l'arrêt *GISTI* de 1997[4], le commissaire du gouvernement de l'époque annonçait à son tour que le caractère général des termes de la charte faisait obstacle à ce qu'elles se suffisent par elles-mêmes. Ce qui veut alors dire que sans normes nationales précisant les dispositions de la charte, celles-ci ne peuvent bénéficier directement aux individus (qui plus est dans les rapports qu'ils entretiennent entre eux).

1 636. – Pour le Conseil d'État, la CSE est donc dépourvue de tout effet direct. Pléthore de droits sociaux placés dans le giron du droit à l'alimentation restent en conséquence lettre morte. C'est notamment le cas des droits à la protection de la

---

[1] L'article 1er de la loi n° 2016-138 du 11 février 2016 relative à la lutte contre le gaspillage alimentaire dispose en effet qu'*« un distributeur du secteur alimentaire qui rend délibérément impropres à la consommation les invendus alimentaires encore consommables, sans préjudice des dispositions réglementaires relatives à la sécurité sanitaire, est puni d'une amende de 3 750 €. Il encourt également la peine complémentaire d'affichage ou de diffusion de la décision prononcée, dans les conditions prévues à l'article 131-35 du code pénal »*. Sa principale mesure consiste à obliger chaque supermarché de plus de 400 m² à rechercher un partenariat avec une association d'aide alimentaire pour lui céder ses invendus alimentaires, au lieu des les jeter ou de les détruire.

[2] Conseil d'État, 20 avril 1984, n° 37772 et 37774.

[3] Voir *Droit international et Droit français*, La Documentation française, Notes et études documentaires, n° 4803, 1986, pp. 49-50.

[4] Voir « Conclusions sur CE, 23 avril 1997, GISTI », *D*, 1998, II, p. 17.

santé[1], à la protection contre la pauvreté et l'exclusion sociale[2], ou plus généralement encore des droits au travail[3] et au logement[4]. Cela dit, si le critère objectif de la charte n'est pas rempli – en raison justement de sa rédaction –, le critère subjectif de l'effet direct l'est tout à fait (étant entendu qu'il s'agit d'une convention qui a pour objet la garantie des droits de l'homme). L'arrêt *GISTI et FAPIL* d'avril 2012 aurait pu laisser entrevoir un renouvellement du questionnement[5], dès lors que le juge administratif est venu préciser qu'une norme internationale était d'effet direct lorsque : *« Eu égard à l'intention exprimée des parties et à l'économie générale du traité invoqué, ainsi d'ailleurs qu'à son contenu et à ses termes, elle n'a pas pour objet exclusif de régir les relations entre États, et ne requiert l'intervention d'aucun acte complémentaire pour produire des effets à l'égard des particuliers »*[6].

1 637. – Cet arrêt apporte une précision importante interdisant de fonder un rejet de l'effet direct sur les seules stipulations de type « les États s'engagent à...»[7]. Ainsi, la formulation de la charte n'apparaît plus *« comme un obstacle dirimant à toute reconnaissance d'un effet direct »*[8]. Cela est d'autant plus encourageant pour la protection du droit à l'alimentation que la Haute juricition a déjà admis l'effet direct de certaines dispositions de la Convention européenne de sauvegarde des droits de l'homme ou de la Convention relative aux droits de l'enfant, alors que celles-ci sont tout aussi imprécises et surtout vaguement rédigées, que celles justement de la CSE. Mais dans un arrêt datant du 4 juillet 2012, le Conseil d'État va contre toute attente réitérer son refus catégorique d'accorder un effet direct à la CSE[9]. Et dans un arrêt du 7 novembre 2012, il persévérera aussi en ce sens[10]. Dans ces deux affaires, *« le Conseil semble de manière contestable faire découler*

---

[1] Cf. l'article 11 de la CSE.

[2] Cf. l'article 30 de la charte. Celui dispose plus précisément que : *« En vue d'assurer l'exercice effectif du droit à la protection contre la pauvreté et l'exclusion sociale, les Parties s'engagent : a. à prendre des mesures dans le cadre d'une approche globale et coordonnée pour promouvoir l'accès effectif notamment à l'emploi, au logement, à la formation, à l'enseignement, à la culture, à l'assistance sociale et médicale des personnes se trouvant ou risquant de se trouver en situation d'exclusion sociale ou de pauvreté, et de leur famille ; b. à réexaminer ces mesures en vue de leur adaptation si nécessaire »*.

[3] Cf. l'article 1er de la charte.

[4] Cf. l'article 31 de la charte.

[5] Cet arrêt a été rendu par l'Assemblée du Conseil d'État le 11 avril 2012.

[6] Le Conseil d'État ajoute en outre que *« l'absence de tels effets ne saurait être déduite de la seule circonstance que la stipulation désigne les États parties comme sujets de l'obligation qu'elle définit »*. *Ibid.* La formulation des critères subjectif et objectif se retrouve ainsi à travers le raisonnement du juge administratif.

[7] *Ibid.*

[8] C. Nivard, « L'effet direct de la Charte sociale européenne devant les juridictions suprêmes françaises », *op.cit.*

[9] Voir l'arrêt *Confédération française pour la promotion sociale des aveugles et des amblyopes* (CFPSAA) du 4 juillet 2012, n° 341533.

[10] Conseil d'État, 7 novembre 2012, n° 350313.

le critère subjectif du critère objectif »[1]. Le Rapporteur public avait quant à lui conclu au rejet de l'effet direct du traité, *puisqu'« il ne répond pas à la condition objective faute de caractère précis et inconditionnel de ses termes »*[2].

1 638. – Comme l'ont rappelé à juste titre certains auteurs, *« il apparaît très discutable qu'un traité de protection des droits de l'homme ait pour objet exclusif de régir les relations entre États »*[3]. Alors certes, l'ancien Président du Comité européen des droits sociaux avait lui-même pointé du doigt la rédaction de la charte par les Parties contractantes pour expliquer qu'elles entendaient exclure toute possibilité pour les individus de s'en prévaloir, tout comme il avait parlé de la rédaction de l'Annexe à la charte[4] pour rappeler que le contrôle de ses dispositions relevait du seul Comité dans le cadre de la procédure sur rapports[5], mais l'argumentation ne convainc pas. Cette formule exclue en réalité tout contrôle au niveau interne, c'est-à-dire par des juges nationaux. Cette occurrence sied peut-être au Conseil d'État, ainsi qu'il l'a fait savoir dans son arrêt *CFPSSA*[6], mais elle laisse circonspecte une partie de la doctrine. Pour elle, *« de nombreux arguments plaident pour une relativisation, voire pour une remise en cause, de cette appréhension des termes de la charte »*[7]. Après avoir constaté que l'effet direct de la CSE a été reconnu dans plusieurs pays, de nombreux observateurs estiment que rien ne s'oppose à ce que les juges français *« se réfèrent à la Charte, à celles du moins des stipulations qui sont suffisamment précises, comme ils le font pour d'autres conventions internationales »*[8].

1 639. – D'autres réprésentants du Comité européen des droits sociaux ont depuis lors changé d'avis, et ont surtout fustigé cette position du juge administratif français envers la CSE en parlant de *« réflexes de souveraineté »*[9] ou bien encore de « *représentation dépassée de la nature des droits sociaux »*[10] comme des droits-créances. Il faut préciser également, pour expliquer ces dires, que le système de garantie de la charte a beaucoup évolué, et ce quand bien même la formulation de ses dispositions n'aurait pas changé (y compris lors de la révision

---

[1] C. Nivard, « L'effet direct de la Charte sociale européenne devant les juridictions suprêmes françaises », *op.cit.*
[2] C. Landais, « Conclusions sur CE, 4 juillet 2012, CFPSAA », *RDSS* 2012, p. 928.
[3] C. Nivard, *op.cit.*
[4] Concernant les grands principes de la CSE révisée, voir tout particulièrement le lien Internet suivant : https://rm.coe.int/168048b058 [consulté le 1er août 2019]
[5] P. Laroque, « La Charte sociale européenne », *Droit social*, mars 1979, pp. 100-119, spéc. p. 108.
[6] Cf. l'arrêt du 4 juillet 2012, mentionné s*upra*.
[7] C. Nivard, *op.cit.*
[8] S. Grévisse, « Le renouveau de la Charte sociale européenne », *Droit social*, 2000, p. 887.
[9] J.-M. Belorgey, « La Charte sociale du Conseil de l'Europe et son organe de régulation : le Comité européen des droits sociaux », *RDSS* 2007, p. 237.
[10] *Ibid.*

de 1996[1]). Ainsi, les termes de la charte doivent être interprétés à la lumière des conditions actuelles : le système de contrôle s'est enrichi d'un mécanisme de réclamations collectives de nature « quasi juridictionnelle », tandis que *« la jurisprudence du Comité européen des droits sociaux s'est considérablement étoffée et contribue donc à préciser grandement le contenu des dispositions de la Charte »*[2]. De plus et surtout, la charte et son interprétation ont constitué *« une source d'inspiration importante pour la rédaction de la Charte des droits fondamentaux de l'Union européenne [...] ainsi que pour justifier la solution de certains arrêts de la Cour européenne des droits de l'homme »*[3].

1 640. – Ces évolutions devraient inciter le Conseil d'État à admettre l'effet direct des dispositions de la CSE, ou *a minima*, de certaines d'entre elles. Pourquoi ne pas conférer d'effet direct aux dispositions relatives aux droits consacrés dans d'autres traités, et pour lesquelles le Conseil a reconnu un tel effet[4] ? Enfin, la Haute juridiction administrative ne doit pas ignorer l'évolution de la jurisprudence de la Cour de cassation à l'égard de la charte, puisqu'*« une fois la jurisprudence du juge judiciaire stabilisée, une contradiction entre les deux juges suprêmes serait facheuse »*[5]. Mais peut-être que les juges suprêmes français *« redoutent un effet « boîte de Pandore » que pourrait entraîner la reconnaissance de l'effet direct de la Charte sociale européenne »*[6]. Pourtant, aucune remise en cause générale des législations nationales n'est à craindre de la justiciabilité de la CSE. Il ne s'agirait que d'appliquer de manière effective une convention internationale qui engage la France et qui a valeur supralégislative en vertu de l'article 55 de la Constitution.

---

[1] Pour consulter la version de la CSE révisée en 1996, voir le lien Internet suivant : https://rm.coe.int/168007cf94 [consulté le 1er août 2019]

[2] C. Nivard, « L'effet direct de la Charte sociale européenne devant les juridictions suprêmes françaises », *op.cit.*

[3] *Ibid.* Voir, entre autres exemples, Cour européenne des droits de l'homme, 30 juin 1993, *Sigurdur A. Sigurjónsson c. Islande*, A 264 ; Cour européenne des droits de l'homme, 27 juillet 2004, *Sidabras et Džiautas c. Lituanie*, Rec. 2004-VIII ; ainsi que Cour européenne des droits de l'homme, 27 avril 2010, *Vördur Ólafsson c. Islande*, Rec. 2010.

[4] Par exemple, l'interdiction du travail forcé et la liberté syndicale qui sont garantis respectivement par les articles 4 et 11 de la Convention européenne des droits de l'homme et les article 1§2 et 5 de la CSE.

[5] C. Nivard, *op.cit.*

[6] J.-F. Akandji-Kombé, « Le forfait en jours n'est pas sorti de la zone de turbulence – À propos de l'arrêt du 29 juin 2011 », *JCP S* 2011, 1332.

Conclusion du titre second

1 641. – Si les États ont décidé de rédiger l'article 25 portant sur le droit à une nourriture saine et en quantité suffisante, c'est sûrement car ils étaient convaincus que la Déclaration universelle n'était pas un instrument contraignant. En réalité, *« les interminables débats qui ont eu lieu les années suivantes, quand il a fallu rédiger un instrument contraignant au sujet des droits économiques, sociaux et culturels prouvent que la question de la nature et aussi de la justiciabilité de tels droits n'avait pas été considérée comme importante au moment de la rédaction de la Déclaration universelle »*[1]. Il ne faut dès lors pas s'étonner qu'à l'heure actuelle, le droit positif législatif de pléthore d'États membres des Nations Unies se soucie davantage d'avancées dérisoires, comme par exemple de l'accès Internet à haut débit, plutôt que des défis majeurs – et pourtant ô combien prioritaires – comme peuvent l'être tour à tour la lutte contre l'extrême pauvreté et la faim dans le monde.

1 642. – À la lecture de la Déclaration universelle, les droits de l'homme ont l'air d'être tous considérés par les États comme étant interdépendants. Ce qui n'a rien d'anormal en soi, étant entendu que *« l'une des aspirations fondamentales de l'homme est d'être libéré du besoin »*[2]. Cela dit, les développements qui ont précédé sur les dispositifs encore largement perfectibles relatifs à la mise en œuvre du droit à l'alimentation, ainsi que sur ses degrés d'application fluctuants, indiquent que les convictions des États le concernant sont encore (et toujours) influencées par trois questions essentielles : la question de la séparation ou non des deux catégories de droits de l'homme, la question de la formulation de ce droit et celle des mécanismes de contrôle qu'il va falloir, ou pas d'ailleurs, prévoir.

1 643. – Il faut bien dire que les droits et les obligations des États paraissent encore flous au regard des dispositions de l'article 11 du PIDESC, et de celles de l'Observation générale n° 12, comme en attestent pertinemment les nombreux doutes des juges suprêmes français autour de l'effet direct des droits

---

[1] C. Golay, *Vers la justiciabilité du droit à l'alimentation*, *op.cit.*, p. 17.

[2] Voir le discours du Président Roosevelt, disponible à partir du lien suivant : https://rooseveltinstitute.org/fdrs-second-bill-rights-necessitous-men-are-not-free-men/ [consulté le 6 août 2019]

fondamentaux. Après tout, et d'ailleurs comment s'y opposer, « *la vraie différence entre les droits fondamentaux et ceux qui ne le sont pas réside justement dans leur justiciabilité ou leur absence de justiciabilité* »[1]. Et à l'image de n'importe quel droit social, le droit à l'alimentation n'est malheureusement qu'un droit programmatique (dans la mesure où sa reconnaissance consiste à mettre en œuvre des programmes), ce qui limite considérablement sa protection par les législateurs nationaux.

1 644. – Paradoxalement, « *les travaux préparatoires des deux pactes démontrent que les États étaient convaincus que tous les droits civils et politiques n'étaient pas forcément justiciables, et que les droits économiques, sociaux et culturels pouvaient l'être* »[2], car cela dépendrait de l'État dans lequel le droit – y compris celui qui a fait l'objet de cette étude – devait donner ses effets. Mais comme partout, il importe de distinguer deux systèmes socio-économiques : le capitaliste et le socialiste. Rares sont cela dit les États qui ont déjà créé les conditions qui permettent aux individus de jouir de tous leurs droits sociaux. Il n'y aurait alors que dans ces États où le droit à l'alimentation pourrait être considéré comme parfaitement justiciable, même s'il requiert des prestations positives de l'État. Mais c'est là un horizon encore lointain pour les autres.

---

[1] E.-W. Vierdag, « The legal nature of the rights granted by the International covenant on Economic, Social and Cultural rights », *op.cit.*, pp. 69-105.
[2] *Ibid.*

Conclusion de la seconde partie

1 645. – Pour qui veut réfléchir sur les droits de l'homme, et plus exactement sur les limites de la distinction classique entre les deux catégories de droits fondamentaux – donc sur l'éventuel recours à la notion plus englobante de « droit alimentaire » –, le retour aux dispositifs juridiques de mise en œuvre et aux degrés d'application fluctuants du droit à l'alimentation est indispensable. Cela dit, les doctrines qui tiennent le « haut du pavé » sur ces questions, toutes disciplines confondues, se rattachent sans conteste à une approche traditionnelle – donc souvent peu ambitieuse – des droits sociaux. Toutes oublient à quel point le droit à l'alimentation est interdisciplinaire. Et aussi à quel point l'alimentation en tant que telle, donc y compris dans ses acceptions les plus larges, n'est pas une « science exacte », mais plutôt un conglomérat complexe, dissemblable et évolutif de textes encore relativement récents. Mais non moins prometteurs pour autant.

1 646. – Pour caricaturer à grands traits la complexité, et surtout la singularité du droit à l'alimentation, il paraît nécessaire d'évoquer sa dimension politique, laquelle est par essence clivante donc par la suite potentiellement sensible. Si dans l'ensemble, les juridictions nationales sont aussi peu enclines à bien vouloir admettre la justiciabilité des droits dits « vitaux » – au titre desquels figurent les droits à la vie, à un environnement sain, à l'eau et à l'alimentation (et dans une moindre mesure à la santé) –, c'est sûrement en partie parce que certains élus ont failli à leurs missions sociales (en leur préférant souvent la logique comptable des grandes entreprises). Ainsi, c'est sans originalité que la sanction de la violation du droit à l'alimentation revêt toujours un caractère purement symbolique, en ce qu'elle s'opère justement à l'aune d'autres droits, qui eux, sont peut-être plus connus de l'opinion publique, et qui surtout coûtent moins cher aux contribuables.

1 647. – Malgré tous ces manquements, l'effort de la France pour lutter contre le gaspillage alimentaire – donc indirectement pour protéger le droit à l'alimentation – mérite d'être souligné, car c'est le premier État au monde à s'être doté d'une législation spécifique sur cette question. Il n'y a dès lors plus qu'à espérer que d'autres États emboîtent ce pas en adoptant à leur tour une législation qu'il faut

souhaiter restrictive et la plus détaillée possible[1]. Cette évolution est d'autant plus souhaitable que numériquement parlant, seulement 25% de la nourriture qui est jetée chaque année dans le monde pourrait résoudre les problèmes de malnutrition chronique d'encore environ 1/8e de la population mondiale actuelle. Néanmoins, ces chiffres – aussi déplaisants soient-ils – n'empêchent toujours pas les pays dits « développés » de continuer le gâchis d'au moins 30% de leur production de nourriture.

[1] Sur cette question, pourquoi ne pas citer la loi française dite « EGalim » du 30 octobre 2018 sur la restauration collective en ce qu'elle favorise notamment la réflexion autour de l'effectivité concrète du droit à l'alimentation à l'échelle des collectivités territoriales. De manière plus générale, cette fois-ci, se pose la question de la « loi d'ajustement des ressources et des besoins » alimentaires. Ce sont là des bases de réflexions solides à partir desquelles pourraient commencer à travaillers les parlements nationaux.

Conclusion générale

1 648. – Les grandes mutations que certains auteurs regroupent sous le terme de « mondialisation » constituent, en elles-mêmes, autant de chances de progrès que de risques de voir s'accentuer plusieurs formes d'inégalités sociales et, partant, des disparités dans l'accès des populations à une nourriture saine et en quantité suffisante. Si cette thèse a montré que le droit à l'alimentation constitutait bien un droit de l'homme en ce qu'il pouvait se traduire dans l'ordre juridique par des principes naturels de justice, et parce qu'il pouvait préserver l'homme des empiètements arbitraires du pouvoir, celui-ci n'est pas pour autant assimilable à un droit fondamental à proprement parler, car sa justiciabilité n'est en rien « quasi-parfaite ». L'essentiel est alors de ne pas laisser les grands acteurs politiques ou économiques conduire seuls les mutations dont va dépendre l'avenir du droit à l'alimentation. La société civile doit elle aussi (sinon elle la première) avoir son mot à dire. Et c'est précisément là que le thème de la gouvernance – qui est une question difficile, mais nécessaire à traiter – intervient. Ceux qui craignent, *via* ce terme, une libéralisation voire même un démantèlement des États se trompent certainement. Au même titre d'ailleurs que celles et ceux qui ne jurent que par l'espace local (avec l'idée d'un vivre ensemble, ou encore de la Nation).

1 649. – Il paraît évident que refuser la gouvernance au niveau mondial revient à accepter la loi du plus fort. Et de toute façon, la gouvernance mondiale existe, au moins dans sa version la plus rudimentaire, depuis près d'un demi-siècle (comme en attestent parfaitement le système des Nations Unies ou bien encore les institutions financières internationales). Donc ceux qui pensent que la croissance est plutôt irréalisable, et par conséquent que l'accroissement de la production agricole n'est pas envisageable, concluent trop vite à l'impossibilité d'une gouvernance mondiale en général.

1 650. – Le niveau supranational de la gouvernance n'est en outre aucunement exhaustif, étant donné qu'il existe aussi un niveau infranational (lequel s'occupe de la gestion des territoires, des villes et plus intéressant encore de l'agriculture). Il faut dès lors s'interroger sur quel type de communauté mondiale à instaurer. Le

commerce international, la dette, les industries d'armement et la sécurité ont beau être les domaines les plus connus de la gouvernance mondiale, la gestion des ressources naturelles, l'eau, les sols ou encore l'énergie méritent eux aussi d'occuper une place de premier plan en son sein.

1 651. – Avec la gouvernance mondiale alimentaire, la difficulté va principalement résider dans la façon de susciter l'intérêt, et même l'adhésion, de publics de différentes origines sociales autour de certaines problématiques – lesquelles ne seront d'ailleurs pas toutes corrélées les unes aux autres – et qui seront surtout tributaires de multiples facteurs (éducation, culture, niveaux d'études et de richesses etc.). Le débat devra ainsi dépasser la sphère classique des acteurs traditionnels – sphère composée en majeure partie par les fonctionnaires internationaux, les représentants des États ou des entreprises – afin d'être adapté au plus grand nombre et du coup appropriable par la population de tous les pays.

1 652. – Les problèmes à résoudre seront quoi qu'il arrive complexes et nombreux : faut-il établir une « exception alimentaire » à la manière de l'« exception culturelle » ? Les États auront-ils la possibilité de bénéficier d'un espace de souveraineté alimentaire dans la mondialisation du commerce ? Par quels moyens garantir les droits fondamentaux des personnes dans un droit du marché encadré ? Comment assurer le respect des droits de l'homme dans un monde gouverné par les libertés dites économiques ? Faut-il définir un nouveau contrat social pour préserver les ressources naturelles et nourrir une planète de plus en plus habitée ? Ce qui ressort d'ores et déjà de ce travail de nomenclature, c'est *« la volonté partagée de rechercher les moyens juridiques permettant d'améliorer la sécurité alimentaire, de rendre plus effectifs les droits fondamentaux (en particulier le droit à l'alimentation) tant au Nord qu'au Sud, de garantir aux paysans des droits leur permettant de vivre et faire vivre leurs familles avec leur travail, de rendre le commerce international plus équitable et donc plus profitable aux pays en développement, et de mettre le consommateur en situation de mieux choisir son alimentation afin de passer de l'état de mangeur à celui de citoyen »*[1].

1 653. – S'agissant du droit de chaque être humain à se nourrir, certains auteurs préconisent l'avènement d'un droit *« out of the box »*, à savoir un droit qui échapperait totalement à la loi de l'offre et de la demande appliquée à la terre, à l'eau ainsi qu'aux matières premières agricoles. Autrement dit, ils veulent *« un droit qui ne se réduit pas à équilibrer les forces en présence dans un marché qui*

---

[1] F. Collart Dutilleul, « Un nouvel horizon de recherche : les moyens juridiques d'un ajustement des ressources et des besoins alimentaires », *op.cit.*, p. 4.

ne devrait être que concurrentiel »[1]. Cela dit, les ressources naturelles sont souvent placées en-dehors de l'emprise des pouvoirs publics[2], tandis que les institutions publiques se retrouvent dépendantes des règles fixées par l'OMC[3]. Les États ne peuvent donc toujours pas réglementer librement la circulation mais aussi l'échange de ces ressources naturelles. Or, l'alimentation dépend de telles ressources (ce qui signifie que les solutions en vue de la réalisation de la sécurité alimentaire devraient, en réalité, être plutôt recherchées par les États eux-mêmes - que ce soit en dehors voire au sein de la propriété industrielle[4]). Mais toutes les tentatives d'accaparement sur la scène internationale de cette question par les États ont démontré leurs limites[5]. L'OMC prendrait alors insuffisamment en compte les spécificités des États[6].

1 654. – Cette thèse ne pouvait dès lors que rappeler à quel point une gestion mesurée des ressources naturelles était indispensable, et à quel point une adaptation de cette gestion aux différents effets du changement climatique était nécessaire. Les sciences politiques et sociales doivent ainsi *« effectuer un diagnostic qui s'appuierait [...] sur des indicateurs permettant de mesurer la dégradation des ressources naturelles »*[7]. Le commerce transnational devra pour sa part prendre en compte la pauvreté et la lutte contre la faim, car ce sont là des points déterminants en matière de sécurité alimentaire. Il est anormal que le droit

---

[1] F. Collart Dutilleul, « Un nouvel horizon de recherche : les moyens juridiques d'un ajustement des ressources et des besoins alimentaires », *op.cit.*, p. 4.

[2] En effet, comme le rappelle François Collart Dutilleul, *« La plupart du temps, de telles ressources sont privées. Ce qui signigie que leurs titulaires exerçent dessus des prérogatives qualifiées d'absolues »*. Voir F. Collart Dutilleul, *op.cit.*, p. 5.

[3] De fait, les institutions publiques ne peuvent pas intervenir sur les richesses produites à partir des ressources naturelles. En clair, donc, *« le système de l'Organisation mondiale du commerce laisse une marge de manœuvre très faible aux États qui voudraient réguler la circulation et la distribution des richesses produites au profit de leur population »*. *Ibid.*, p. 6.

[4] Sur ce point, voir S. Yamthieu Wetomdie, *Accès aux aliments et droits de la propriété industrielle*, Larcier, 2014, 394 p.

[5] Ce fut notamment le cas de la négociation internationale sur les effets du changement climatique de Copenhague à Durban – de novembre et décembre 2009 –, de la négociation sur la sécurité alimentaire à la FAO à Rome, ou encore de la négociation sur le commerce international des matières premières agricoles organisée à Bali en décembre 2013 par l'OMC. Pour François Collart Dutilleul, *« il faudrait relier entre elles ces trois négociations, car elles permettraient, à elles trois, de pouvoir ajuster les ressources naturelles et les besoins sociaux au premier rang desquels figure le besoin alimentaire »*. *op.cit.*, p. 7.

[6] D'après François Collart Dutilleul, *« l'une des clés se situe en réalité à l'OMC qui, au plan international, est le lieu où se fait l'ajustement des ressources et des besoins par le commerce [...]. Mais l'ajustement par les règles du commerce international, qu'il soit d'origine multilatérale ou bilatérale, ne tient pas compte de toutes les particularités des États : situation économique et niveau de développement, situation géographique et climatique, situation énergétique, situation sociale... Le commerce transnational ne tient pas davantage compte des évolutions à venir en termes de disparités démographiques, de transition énergétique, de lutte contre le réchauffement climatique, de réduction des inégalités d'accès aux ressources naturelles et de réduction de la malnutrition ou de la pauvreté. Or, ce sont là autant de facteurs qui sont déterminants pour la sécurité alimentaire »*. *Ibid.*, p. 8.

[7] *Ibid.*, pp. 8-9.

des investissements internationaux pèse aussi lourd face aux droits nationaux (qui sont là pour protéger l'environnement et les intérêts des populations locales). L'encadrement, par les élus, de la coexistence de valeurs marchandes et non marchandes doit alors mieux s'entrevoir, puisqu'il est devenu indispensable que l'exploitation durable des ressources permette un ajustement de celles-ci aux besoins socio-économiques fondamentaux.

1 655. – À l'évidence, la sécurité alimentaire ne sera pas durablement assurée sans une attention toute particulière à ces concepts. Toutefois, *« si l'on sait plus ou moins ce que requiert l'ajustement de l'offre et de la demande, on ne sait presque rien de ce que serait à proprement parler un droit d'ajustement des ressources naturelles et des besoins fondamentaux »*[1]. De fait, l'étude du droit à l'alimentation est toujours aussi délicate à réaliser. Et le fait que les systèmes institutionnels n'évoluent pas au même rythme que la société civile n'arrange rien. Car en réalité, les organisations non gouvernementales sont toujours très en avance par rapport aux gouvernements nationaux en matière de lutte contre la faim et l'extrême pauvreté. Mais comme *« l'équité est l'une des conditions majeures de la gouvernance »*[2], il serait préférable que les pouvoirs publics et la société civile s'accaparent à parts égales de ce sujet.

1 656. – Ce dont il faut en revanche se féliciter, c'est que les organisations non gouvernementales (qui correspondent au *non-profit lobbying*) interviennent à tous les stades de la décision publique[3]. De plus et surtout, elles sont actives dans les secteurs clés de l'alimentation : l'écologie, l'humanitaire et la consommation[4]. Ce qui signifie que *« ces organisations sont présentes dans les capitales par centaines et qu'elles sont très diverses dans leur poids et dans leur*

---

[1] F. Collart Dutilleul, « Un nouvel horizon de recherche : les moyens juridiques d'un ajustement des ressources et des besoins alimentaires », *op.cit.*, p. 11.
[2] P. Calame, *Pour une gouvernance mondiale efficace, légitime et démocratique*, *op.cit.*, p. 25.
[3] Les exemples sont nombreux, certes, mais celui d'une PME bretonne offrant comme service des forages qui permettent de trouver de l'eau en profondeur (parfois plusieurs centaines de mètres), au bénéfice d'agriculteurs et de collectivités locales est particulièrement éclairant. Cette PME a pour principe de fournir une eau de pureté irréprochable, en se méfiant notamment des nappes souterraines qui se trouvent à une profondeur moindre, souvent polluées par l'activité agricole (phosphates, nitrates, produits phytosanitaires...). À cet effet, elle met en place sur ses forages une imperméabilisation de nature à bloquer le ruissellement des eaux supérieures. Et bien son action de lobbying a consisté à provoquer un arrêté préfectoral qui imposait des normes de forage propre. Les démarches ont visé à sensibiliser les instances de l'État qui conseillent les préfectures : DRIRE, BRGM etc. En septembre 2003, ces efforts ont abouti : la préfecture d'île-et-vilaine a édicté la réglementation souhaitée, reprise ensuite sur l'ensemble des départements voisins. Les effets sur le marché n'ont pas tardé à se faire sentir (d'après Maître du Manoir de Juaye, avocat à la Cour).
[4] Les groupements écologistes arrivent par exemple à peser sur les aménagements locaux, tandis que les groupements de consommateurs arrivent à faire entendre leur voix au niveau européen depuis les affaires liées à la santé (OGM, Vache folle etc.). Quant aux groupements humanitaires, ils ont attiré l'attention des pouvoirs publics sur les bienfaits du « commerce équitable », et plus généralement encore sur l'importance des droits de l'homme.

préoccupation »[1]. Le travail de sensibilisation qu'elles effectuent auprès des décideurs publics s'apparente en un sens à celui que réalisent, et cela de plus en plus, les collectivités territoriales en matière environnementale[2]. Et même s'*« ils n'ont pas d'outils irremplaçables à leur portée pour faire valoir leur position, les groupements sociétaux ont pris tout de même assez d'assurance pour arriver à bloquer certaines décisions de l'Organisation mondiale du commerce »*[3]. L'avènement d'une gouvernance alimentaire mondiale n'est dès lors plus concevable sans leur présence.

1 657. – Ce travail de recherches aura par ailleurs proposé d'expliquer les potentialités, mais aussi les besoins de ce droit encore en formation qu'est le droit des êtres humains à l'eau et à l'assainissement, sous le prisme de la gouvernance internationale et européenne. Il a ainsi mis en exergue *« les dangers que font peser sur son essor certaines logiques lucratives et privées qui persistent tant à l'intérieur qu'à l'extérieur des États »*[4]. En clair, cette vue d'ensemble aura sûrement permis au lecteur de mieux cerner les voies d'amélioration dont pourrait faire l'objet le droit reconnu par la résolution n° 64/292 des Nations Unies du 28 juillet 2010. Car si cette résolution augurait bien d'un certain regain d'intérêt des États pour la défense du droit de l'homme à l'eau et à l'assainissement sur la scène internationale, *« son adoption n'a pas impulsé, en dépit de son caractère hautement symbolique, de bouleversements juridiques majeurs au sein de la « gouvernance interétatique de l'eau » »*[5].

1 658. – Abondants ont beau être les traités internationaux, normes constitutionnelles et législatives y faisant plus ou moins référence, rares sont toujours les textes contraignants relatifs à ce nouveau droit de l'homme. Son exclusion initiale de la Déclaration universelle avait sans doute convaincu bon nombre de gouvernements qu'ils avaient à faire à un droit essentiellement économique, plutôt qu'à un vrai droit de l'homme, aussi ont-ils sûrement quelques difficultés à concevoir que des populations puissent désormais faire pression sur eux pour s'en prévaloir[6]. Il leur faudra pourtant s'y accommoder, quitte à ce que

---

[1] M. Clamen, *Manuel de lobbying, op.cit.*, p. 65.

[2] Par rapport aux lobbies classiques, les collectivités territoriales ont des atouts importants comme les moyens financiers, le soutien des élus, ou encore l'image neutre et apolitique des régions. Par conséquent, *« elles ne sont pas soupçonnées de poursuivre des buts égoïstes ». Ibid.*, p. 68.

[3] M. Clamen, *op.cit.*, p. 64.

[4] B. Clemenceau, « Où en est le droit des êtres humains à l'eau et à l'assainissement depuis l'adoption de la résolution n° 64/292 de l'Assemblée générale des Nations Unies du 28 juillet 2010 ? », *RDLF*, chron. n° 34, 2017.

[5] *Ibid.*

[6] Cette vision est évidemment celle des États puisque d'une part, la DUDH ne fait pas la distinction entre droits civils et politiques, et droits économiques, sociaux et culturels, et d'autre part car cette exclusion initiale du droit à l'eau et à l'assainissement n'a nullement empêché certains gouvernements de le garantir à leur population (avant justement l'adoption de la résolution n° 64/292). *Ibid.*

cela prenne encore quelques années, car ce sont eux, bien plus que les organisations internationales et les acteurs non-étatiques, les principaux artisans de sa justiciabilité. D'évidence, beaucoup d'entre eux devront au préalable réguler les intérêts privés liés notamment aux activités agricoles intensives et à l'urbanisation galopante, et aussi faire de la préservation de l'environnement en général, et des ressources naturelles en particulier, un objectif prioritaire vers lequel devront dorénavant converger toutes les velléités économiques des différents professionnels concernés par le secteur de l'eau.

1 659. – L'autre difficulté rencontrée par cette thèse a été de trouver la place que pourraient occuper les biotechnologies alimentaires modernes au sein de la gouvernance mentionnée *supra*. Le droit de l'homme à l'alimentation fait l'objet d'une importante consécration juridique, tant sur le plan interne des États que sur la scène internationale[1], certes, mais cette reconnaissance textuelle – et aussi formelle – contraste avec la réalisation effective de ce droit (en effet, l'écart reste préoccupant entre les normes énoncées et la situation qui règne dans de nombreux pays du globe). Et le problème des OGM, c'est qu'avec eux *« on passe d'un discours sur l'évaluation des risques à un discours sur les valeurs »*[2]. Ainsi, les organisations non gouvernementales revendiquent la dangerosité de la technologie, alors que les industriels en font la publicité. La banalisation de la science (et de ses innombrables progrès) ne devrait toutefois pas se faire au détriment du droit à l'alimentation. Il faut impérativement séparer le discours idéologique et l'évaluation scientifique, car *« la violence n'est tout simplement pas la solution dans un État de droit »*[3].

1 660. – Les gouvernements devront choisir entre l'efficacité à court terme en ayant recours aux OGM, ou miser sur la continuité en sachant que les résultats seront plus lents, mais surtout plus respectueux de la diversité. Les OGM devront quoi qu'il arrive faire l'objet d'une meilleure régulation – laquelle doit cibler les dérives dont la plus visible est l'appropriation du vivant –, afin de contribuer au rééquilibrage des rapports Nord-Sud. En clair, donc, *« les citoyens devraient être en droit de demander des comptes à la recherche »*[4]. Le droit pour le consommateur de choisir et de savoir ce qu'il mange implique aussi bien l'étiquetage et la traçabilité des denrées alimentaires, que l'amélioration du système de diffusion de l'information scientifique. Cela est d'autant plus nécessaire que *« les débats que suscitent les OGM seront plus difficiles à traiter*

[1] Au-delà du fait que certains États ont constitutionnalisé le droit à l'eau, la France a par exemple adopté une loi en 2016 contre le gaspillage alimentaire. Ces efforts de reconnaissance confèrent en réalité une résonance éclatante et intemporelle à d'autres instruments, internationaux pour leur part, comme la DUDH ou le PIDESC.

[2] J.-P. Sikeli, *Les biotechnologies modernes à l'épreuve des droits de l'homme*, *op.cit.*, p. 108.

[3] *Ibid.*, p. 109.

[4] *Ibid.*, p. 107.

dans les pays du Sud en raison de leur moindre développement et de leurs valeurs culturelles »[1].

1 661. – En outre, cette thèse s'est également attardée sur les problèmes de classification que rencontraient encore actuellement les droits de l'homme. L'entreprise de démarcation entre les droits qui sont importants et ceux qui le seraient moins paraît désuète, en plus d'être clairement inadaptée aux spécificités du droit à l'alimentation. Il ressort en effet des développements qui y ont eu trait que *« la doctrine spécialisée dans les libertés fondamentales est peu intéressée par la question sociale »*[2], et aussi que *« ces classifications ne font pas que souligner la multitude et la diversité – voire même le caractère évolutif – des droits de l'homme, mais qu'elles opèrent en clair une véritable hiérarchie entre les droits de l'homme qui tend à légitimer une protection moindre des droits sociaux »*[3]. En plus de cela, la doctrine ne s'entend pas sur la définition et le régime des droits sociaux. Ce qui démontre bien *« la versatilité des concepts et le subjectivisme entourant la réflexion sur ces droits »*[4].

1 662. – L'étude approfondie du droit à l'alimentation permet de constater ceci : remettre en cause la typologie classique des droits, c'est par la même occasion remettre en cause la faible justiciabilité des droits économiques, sociaux et culturels, et plus exactement des droits sociaux. En raison du lien entre les droits sociaux et la loi, il semble pourtant indispensable d'enfin parler d'une certaine justiciabilité normative les concernant (cette logique vaut d'ailleurs tant pour les droits civils et politiques, que pour les droits économiques, sociaux et culturels). D'une certaine façon, *« le droit à l'alimentation pourrait, au vu de son extrême richesse, permettre à la doctrine de trouver un critère juridique unificateur aux droits sociaux »*[5] (étant entendu que les principes d'égalité, de fraternité ou encore de solidarité n'ont jamais su constituer de tels critères unificateurs). Par la suite, seulement, il sera possible de concevoir l'idée que les droits sociaux puissent bénéficier d'une justiciabilité totale.

1 663. – L'existence de droits qualifiés de mixtes par la doctrine – tels que la liberté syndicale rattachée aux droits sociaux par le biais du travailleur, mais tout aussi indiscutablement dérivée du droit civil et politique que constitue la liberté de réunion – témoigne *« des difficultés de l'entreprise de classification en*

---

[1] J.-P. Sikeli, Les biotechnologies modernes à l'épreuve des droits de l'homme, *op.cit.*, p. 107.
[2] T. Gründler, « La doctrine des libertés fondamentales à la recherche des droits sociaux », *op.cit.*, p. 103.
[3] *Ibid.*
[4] *Ibid.*
[5] *Ibid.*, p. 102. Voir également sur ce point G. Braibant, *La Charte des droits fondamentaux de l'Union européenne*, *op.cit.* Et « L'universalisme des droits en question(s). Les 60 ans de la Déclaration universelle des droits de l'homme », Caen, 15 mai 2009, *Cahiers de la Recherche sur les Droits Fondamentaux*, n° 7, juin 2009.

l'absence de critère pertinent »[1]. Le droit à l'alimentation est confronté au même problème, dans la mesure où il est à la fois « droit-épée » et « droit-bouclier », selon les circonstances à travers lesquelles il est envisagé. D'où la nécessité de recourir à la notion plus générique de « droit alimentaire »[2], laquelle permettrait de s'émanciper définitivement des querelles de clocher autour de son appartenance à telle ou telle catégorie de droit de l'homme, et de renforcer par voie de conséquence son effectivité. C'est d'ailleurs là tout l'intérêt d'avoir étudié de près le droit de l'alimentation dans le cadre de cette thèse.

1 664. – Dans l'ensemble, le droit *de* l'alimentation couvre des domaines nettement plus larges que le droit *à* l'alimentation, puisqu'*« il nous assure que les denrées que nous consommons répondent bien aux exigences essentielles de sécurité alimentaire et de protection de la santé »*[3]. Mais il doit aussi, pour être complet, *« assurer le respect de la loyauté des transactions commerciales ainsi qu'une très bonne information du mangeur (donc du consommateur) »*[4]. Autrement dit, certains de ses volets se marient très bien avec ceux dévolus au droit *à* l'alimentation (notamment dans leur dimension sanitaire). Donc les droits « épée » et « bouclier » dont dispose le secteur de l'alimentation se complètent à merveille, et gagneraient même certainement à fusionner. Établir les fondements du « droit alimentaire » jetterait par la suite les bases de la modernisation et de la mondialisation du droit à l'alimentation. Cela prouve qu'il s'agit bien là d'une matière en constante évolution.

1 665. – En attendant cet improbable paradigme, à en croire l'attachement des juristes spécialisés à la nomenclature classique des droits de l'homme, cette thèse s'est enfin penchée sur la question délicate des mécanismes juridiques de mise en œuvre du droit à l'alimentation et s'est livrée dans cette optique à un constat sans appel. Au sein des pays disposant d'un système de contrôle de constitutionnalité des lois développé, *« la protection des droits à l'eau et à l'alimentation reste toujours fondée sur la volonté des autorités constitutionnelles de n'accorder à ces droits fondamentaux qu'une protection moindre, voire même minime, dans le cadre du contrôle de constitutionnalité »*[5]. Cette volonté de relativiser la protection du droit à l'alimentation explique d'ailleurs sans doute aussi qu'au plan du droit onusien, la protection des droits économiques, sociaux et culturels ne soit réellement envisagée que dans le cadre du Pacte international de 1966. Il n'y a

---

[1] Voir sur cette question F. Sudre, *Droit européen et international des droits de l'homme*, *op.cit.*, p. 238. Ainsi que P. Meyer-Bisch, *Le corps des droits de l'homme*, *op.cit.*, p. 141.

[2] Autrement dit, le « droit alimentaire » renverrait soit à un droit objectif, soit à un droit subjectif, en fonction des circonstances dans lesquelles il est envisagé.

[3] P.-M. Vincent, *Le droit de l'alimentation*, *op.cit.*, p. 5.

[4] *Ibid.*

[5] J.-M. Olaka, *Le droit à l'eau*, *op.cit.*, p. 328.

finalement que sur le terrain des symboles et des déclarations que les Nations Unies attachent parfois plus d'importance aux droits à l'eau et à l'alimentation.

1 666. – Cela dit, le droit à l'alimentation tend à se « procéduraliser ». Cela est visible au sein même de certaines constitutions nationales[1]. Et ce qui est tout particulièrement intéressant ici, c'est que *« cette « procéduralisation » du droit constitue un renforcement du standard de protection dès lors qu'elle est comprise comme un complément à la garantie matérielle »*[2]. Donc autrement dit, si les droits et libertés constitutionnels n'en seraient pas moins affirmés par la Constitution sans la reconnaissance des droits économiques, sociaux et culturels, le droit à l'alimentation, pour sa part, n'est protégé par le juge ou affirmé par le constituant que parce qu'il garantit l'effectivité des droits et libertés constitutionnels. Le cas du droit à l'eau est similaire. Ce qui permet de dire que *« son étude, tout comme celle du droit à un environnement sain, permet de renouveler la question de la hiérarchie matérielle des normes de valeur constitutionnelle, sans pour autant la faire disparaître »*[3].

1 667. – En Europe et en dépit du rôle important de la Cour de justice de l'Union européenne dans leur reconnaissance, les droits sociaux continuent d'occuper une place ambiguë. Ces derniers font encore très souvent – c'est là un fait indéniable – rejaillir *« les tensions caractéristiques de cet ordre juridique particulier »*[4]. Les finalités économiques des traités rendent laborieuses toutes conceptualisations des droits sociaux sur un autre fondement. Pour s'en convaincre, il n'y a qu'à voir la place qu'occupe encore l'alimentation sur le vieux continent : seule l'approche qualitative du droit à l'alimentation est prise en considération (notamment à l'aune du droit à la santé). *Quid* donc de l'approche quantitative de celui-ci ? Et dans une moindre mesure de sa dimension culturelle ? Alors certes, *« l'Union a voulu se recentrer sur l'homme avec l'adoption de la Charte des droits fondamentaux de l'Union européenne »*[5], mais elle reste imperméable à toute reconnaissance de nombreux « droits vitaux », qui eux, sont directement placés dans le giron du droit à l'alimentation. La jurisprudence européenne – qu'elle émane de la Cour de justice de l'Union européenne ou de la Cour européenne des droits de l'homme –

---

[1] Environ onze États ont constitutionnalisé, sous une forme ou une autre, la préoccupation d'assurer aux individus un droit d'accès à l'eau. C'est-à-dire que la plupart des constitutions nationales occultent ou ignorent encore toute protection du droit à l'eau. Pour aller plus loin, voir *Ibid.*

[2] Voir sur ce point A. Kiss, « Environnement, droit international, droits fondamentaux », in *Environnement et renouveau des droits de l'homme*, La Documentation française, Paris, 2006, pp. 134-136. Voir également M. Verdussen, « Le droit à un environnement sain dans les constitutions des États européens », *Annuaire international des droits de l'homme*, vol. I/2006, Bruylant, p. 328.

[3] J.-M. Olaka, *Le droit à l'eau*, *op.cit.*, p. 328.

[4] M. Benlolo-Carabot, « Les droits sociaux dans l'ordre juridique de l'Union européenne. Entre instrumentalisation et « fondamentalisation » ? », *op.cit.*, p. 72.

[5] *Ibid.*, p. 86.

montre bien la faible justiciabilité des droits sociaux, et *a fortirori* du noyau dur des droits de l'homme.

1 668. – Comment enfin ne pas évoquer le défaut cruel d'applicabilité directe, dans l'ordre interne, des dispositions conventionnelles afférentes au droit à l'alimentation. Les juridictions suprêmes françaises se montrant elles aussi peu enclines à entreprendre le moindre effort de reconnaissance, en admettant pour ce faire l'invocabilité – donc le caractère parfaitement justiciable – d'un certain nombre de droits pouvant garantir l'effectivité du droit à l'alimentation. La Convention européenne de sauvegarde des droits l'homme ne reconnaît pas expressément le droit à un environnement sain, ni même le droit à la santé à proprement parler, alors à quoi bon vouloir espérer la satisfaction des besoins alimentaires des populations par son biais ? La Charte des droits fondamentaux de l'Union européenne n'est pas moins silencieuse sur ces questions-là, donc elle n'apporterait – selon toute vraisemblance – aucune solution pérenne dans le cadre d'un procès[1]. Seuls les deux pactes de 1966, voire la CSE, pourraient inverser cette tendance lourde. Ceci dit, leur manque d'invocabilité constitue leur principale faiblesse. Et cela paraît d'autant plus regrettable que *« leur caractère écrit et concerté pourrait pourtant assurer à d'autres instruments protecteurs des droits de l'homme une stabilité juridique unique, c'est-à-dire allant bien au-delà de celle reconnue à toutes autres normes relevant du droit international public »*[2].

1 669. – Au-delà du problème spécifique que pose la justiciabilité du droit à l'alimentation, le nombre croissant de personnes en situation de précarité sociale et de rupture de droit devient surtout l'objet de réelles préoccupations au regard de la question cruciale de l'accès aux droits. C'est ainsi qu'au problème de la reconnaissance et de la concrétisation des droits de ceux qui, en raison du changement de leur situation sociale et tout particulièrement du chômage (devenu de masse) sortent des dispositifs auxquels ils étaient – ou auraient pu être – affiliés, vient s'ajouter celui des personnes qui, pour des raisons diverses (non-recours, etc.), ne sont pas encore en mesure d'accéder effectivement aux droits qui sont les leurs. Fâcheusement, le droit de chaque être humain à la nourriture semble s'inscrire parfaitement dans cette tendance.

---

[1] Ce constat peut s'expliquer par le fait que ni les rédacteurs de la Convention européenne de sauvegarde des droits de l'homme, ni ceux de la Charte des droits fondamentaux de l'Union européenne ne se sont intéressés à la question de la justiciabilité des droits « vitaux », au titre desquels figure le droit à l'alimentation. Ils ont sûrement pensé que la consécration d'autres droits, tel que le droit à la protection sociale, permettrait de couvrir les besoins les plus indispensables des populations.

[2] Comme le rappelle Carine Laurent-Boutot, *« du principe « pacta sunt servanda » – constaté par l'article 26 de la Convention de Vienne de 1969 – découle la force obligatoire du traité, qui doit être executé de bonne foi sous peine de sanction internationale »*. Voir ici C. Laurent-Boutot, *La Cour de cassation face aux traités internationaux protecteurs des droits de l'homme*, *op.cit.*, pp. 22-23.

Bibliographie générale

I. Ouvrages, manuels, thèses et mémoires généraux.

01. Académie de droit international de La Haye, *La sécurité alimentaire – Food security*, Martinus Nijhoff Publishers, 2003.

02. Alipantris N., *Les droits sociaux dans les instruments européens et internationaux. Défis à l'échelle mondiale*, Bruylant, 2009.

03. Arambulo K., *Strengthening the Supervision of the International Covenant and Economic, Social and Cultural Rights, Theoretical and Procedural Aspects*, Oxford, Intersentia-Hart, 1999, 449 p.

04. Ardant P., *Institutions politiques et droit constitutionnel*, LGDJ, coll. Manuels, 31e éd., 2019-2020, 640 p.

05. Ariès P., *Les fils de McDo – La McDonalisation du Monde*, L'Harmattan, 1997, 224 p.

06. ATTAC France, *Les OGM en guerre contre la société*, éd. Mille et une nuits, 2005, 137 p.

07. Auby J.-M., *Le droit de la santé*, PUF, coll. Thémis, 1981, p. 508 p.

08. Audard C., *Anthropologie historique et critique de l'utilitarisme*, PUF, t. III, 1989, 371 p.

09. Bachellet M., *L'ingérence écologique*, éd. Frison Roche – 1995, 304 p.

10. Baron C., *La gouvernance multiniveau des ONG*, mémoire de recherche soutenu à l'Institut d'études politiques de Toulouse en 2010.

11. Baron F., *Marché intérieur et droit social dans l'Union européenne*, PUAM, 1998, 613 p.

12. Bedjaoui M., *Pour un nouvel ordre international*, UNESCO, 1979, 295 p.

13. Belhaj Kacem M., *La Chute De La Démocratie Médiatico-Parlementaire*, Sens & Tonka, 2002, 92 p.

14. Bioy X., *Droits fondamentaux et libertés publiques*, LGDJ, 5e éd., 2018, 976 p.

15. Birnbacher D., *La responsabilité envers les générations futures*, PUF, 1994, 296 p.

16. Blin O., *La communauté européenne, le GATT et l'OMC – Contribution à l'étude des rapports institutionnels entre la communauté européenne et les organisations internationales*, th., droit public, Université de Toulouse, 1997, 568 p.

17. Boccadoro N., *Le droit au logement*, th., droit privé, Université Paris-Nanterre, 2007, 561 p.

18. Bonneau M., *La table des pauvres : cuisiner dans les villes et cités industrielles, 1780-1950*, PUR, 2013, 416 p.

19. Bossuyt M., *L'interdiction de la discrimination positive dans le droit international des droits de l'homme*, Bruylant, 1976.

20. Bourdon W. et Duverger E., *La Cour pénale internationale*, éd. du Seuil, 2000, 369 p.

21. Bourg D. et Boy D., *Conférences de citoyens, mode d'emploi : les enjeux de la démocratie participative*, éd. Charles Léopold Mayer, 2005, 105 p.

22. Bourg D., *Inventer la démocratie du XXIe siècle. L'assemblée citoyenne du futur*, Les liens qui libèrent, 2017.

23. Boutros-Ghali B. et Dekeuwer-Défossez F., *Les Droits de l'enfant*, PUF, coll. Que sais-je ?, 10e éd., 2018, 128 p.

24. Braibant G., *La Charte des droits fondamentaux de l'Union européenne*, éd. du Seuil, 2001, 329 p.

25. Breillat D., *Libertés publiques et droits de la personne humaine*, Gualino, coll. Mementos, 2003, 288 p.

26. Brown M. et Goldin I., *L'avenir de l'agriculture : incidences sur les pays en développement*, Paris, Centre de développement de l'organisation pour la coopération et le développement économiques, 1992.

27. Brown-Weiss E., *In Fairness to Future Generations : International Law, Common Patrimony, and intergenerational equity*, The United Nations University, Transnational Publishers, 1989, 385 p.

28. Brunel S., *Le gaspillage de l'aide publique*, éd. du Seuil, 1993, 185 p.

29. Burdeau G., *Les libertés publiques*, LGDJ, 1972, 422 p.

30. Burgorgue-Larsen L., *Libertés fondamentales*, Montchretien, 2003, 348 p.

31. Calogeropoulos-Stratis S., *Le droit des peuples à disposer d'eux-mêmes*, Bruylant, 1973, 389 p.

32. Canfin P. et Staime P., *Climat – 30 questions pour comprendre la Conférence de Paris*, Les petits matins, 2015, 200 p.

33. Carreau D. et Marrella F., *Droit international*, A. Pédone, 11e éd., 2012, 734 p.

34. Cartuyvels Y., Dumont H., Ost F., Van de Kerchove M. et Van Drooghenbroeck S., *Les droits de l'homme, bouclier ou épée du droit pénal*, Bruylant, 2007, 634 p.

35. Cassese A., *Self-determination of Peoples : A Legal Reappraisal*, Cambridge University Press, 1995, 365 p.

36. Champeil-Desplats V., *Théorie générale des droits et libertés, perspectives analytiques*, Dalloz, coll. « À droit ouvert », 2019, 452 p.

37. Chassagnard-Pinet S. et Hiez D. (dir.), *Approche critique de la contractualisation*, LGDJ, coll. Droit et société, 2007, 222 p.

38. Chatenet P., *Épitaphe pour la démocratie parlementaire*, FeniXX, Buchet-Chastel, novembre 2015, 216 p.

39. Chemillier-Gendreau M., *Humanité et souveraineté, essai sur la fonction du droit international*, éd. La Découverte, 1995, 384 p.

40. Chérot J.-Y. et Van Reenen T., *Les droits sociaux fondamentaux à l'âge de la mondialisation*, PUAM, coll. du Laboratoire de Théorie du droit, 2005, 325 p.

41. Chevallier C., *Les OGM dans notre assiette ?*, Sang de la Terre, 2002, 224 p.

42. Chevallier J., *L'État postmoderne*, LGDJ, 24e éd., 2014, 328 p.

43. Clamen M., *Manuel de lobbying*, éd. Dunod, 2005, 432 p.

44. Clergerie J.-L., *Le principe de subsidiarité*, Ellipses, 1997, 126 p.

45. Cohendet M.-A., *Droit constitutionnel*, LGDJ, coll. Cours, 4e éd., 2019, 825 p.

46. Cohen-Jonathan G., *La convention européenne des droits de l'homme*, PUAM, coll. Économica, 1989, 616 p.

47. Colliard C.-A. et Letteron R., *Libertés publiques*, Dalloz, 2005, 839 p.

48. Conseil de l'Europe, *La Charte sociale du XXIe siècle, colloque organisé par le Conseil de l'Europe*, 14-16 mai 1997, éd. du Conseil de l'Europe, 1997.

49. Coordination Sud, *Les ONG dans la tempête mondiale : nouveaux débats, nouveaux chantiers pour un monde solidaire*, éd. Charles Léopold Mayer, 2004.

50. Coppola S., *La justiciabilité des droits sociaux dans l'Union européenne*, th., droit public, Université de Strasbourg, 2012, 193 p.

51. Dagognet F., *La maîtrise du vivant*, Hachette, coll. Histoire et philosophie des sciences, 1998, 236 p.

52. David-Leroy M. et Girou S., *AMAP – Association pour le Maintien d'une Agriculture Paysanne*, Dangles, 2009, 160 p.

53. Debouzy M., *La désobéissance civile aux États-Unis et en France (1970-2014)*, PUR, 2016, 202 p.

54. Delmas-Marty M., *Pour un droit commun*, éd. du Seuil, coll. Librairie du XXe siècle, 1994, 320 p.

55. Delpérée F., *Le principe de subsidiarité*, Bruylant, 2002, 538 p.

56. Deslys J.-P. et Picot A., *La vache folle. Les risques pour l'homme*, Flammarion, 2001, 127 p.

57. Djossou J.-M., *L'Afrique, le GATT et l'OMC : entre territoires douaniers et régions commerciales*, L'Harmattan, 2000, 263 p.

58. Dubouis L. et Bluman C., *Droit matériel de l'Union européenne*, Montchrestien, 2006, 878 p.

59. Dupas F., *Le statut juridique de l'animal en France et dans les pays membres de l'Union européenne – Histoire, bases juridiques actuelles et conséquences pratiques*, th. pour l'obtention du grade de vétérinaire présentée publiquement en 2005 devant l'Université Paul-Sabatier de Toulouse, 134 p.

60. Eid C.-Y., *Le droit et les politiques de l'environnement dans les pays du bassin méditerranéen : approche de droit environnemental comparé*, th., droit public, Université René-Descartes Paris V, 2007, 297 p.

61. Eric D., *Droits de l'homme et droit humanitaire*, Fernand Nathan, 1979.

62. Ewald F., Gollier C. et de Sadeleer N., *Le principe de précaution*, PUF, coll. Que sais-je ?, 2009, 128 p.

63. Ezzeddine J., *La protection de l'environnement côtier en Tunisie*, mémoire de recherche soutenu à la Faculté de droit et de sciences politiques de Tunis, 2005.

64. Favoreu L., Gaïa P., Ghevontian R., Mélin-Soucramanien F., Pena A., Pfersmann O., Pini J., Roux A., Soffoni G. et Tremeau J., *Droit des libertés fondamentales*, Dalloz, coll. Précis, 2015, 800 p.

65. Feldman J.-P., *La famine menace-t-elle l'humanité ?*, éd. J.-C. Lattès, 2010, 236 p.

66. Fellous G., *Les droits de l'homme : une universalité menacée*, Documentation française, 2010, 266 p.

67. Ferrandery J.-L., *Le point sur la mondialisation*, PUF, 1996, 170 p.

68. Ferry J.-M., *L'allocation universelle, pour un revenu de citoyenneté*, éd. du Cerf, 1995, 125 p.

69. Fialaire J., Graboy-Grobesco A. et Mondielli E., *Droits fondamentaux et libertés publiques*, Ellipses, 2005, 678 p.

70. Fitoussi J.-P. et Rosanvallon P., *Le nouvel âge des inégalités*, éd. du Seuil, coll. Points-Essais, 1998, 232 p.

71. Flauss J.-F., *Droits sociaux et droit européen*, Bruylant, 2003.

72. Flour J., Aubert J.-L. et Savaux E., *Droit civil : les obligations*, Sirey, 14e éd., tome 2, 2011, 534 p.

73. Fontenoy M., *Des tempêtes j'en ai vu d'autres – Pour une écologie sans démagogie !*, Plon, 2016, 288 p.

74. de Forges J.-M., *Le droit de la santé*, PUF, coll. Que sais-je ?, 4e éd., 2000, 128 p.

75. Foucher M. et Badie B., *Vers un monde néo-national ?*, Centre National de la Recherche Scientifique, 2017, 206 p.

76. Foucher K., *Principe de précaution et risque sanitaire. Recherche sur l'encadrement juridique de l'incertitude scientifique*, L'Harmattan, coll. Logiques juridiques, 2002, 560 p.

77. Foulquier N., *Les droits publics subjectifs des administrés. Émergence d'un concept en droit administratif français du XIXe au XXe siècle*, Dalloz-Sirey, 2003, 805 p.

78. Gaggioli G., *L'influence mutuelle entre les droits de l'homme et le droit international humanitaire à la lumière du droit à la vie*, A. Pedone, 2013, 614 p.

79. Gamien D., Harris D. et Zwaak L., *Convention européenne des droits de l'homme et Charte sociale européenne : droit et pratique*, éd. du Conseil de l'Europe, 1998, 482 p.

80. Garrec C., *L'eau et la ville en droit communautaire : politique communautaire de l'eau douce et aménagement hydraulique de la ville*, sous la direction de J. Raux, 1995-1996, 141 p.

81. Gay L., *Les droits-créances constitutionnels*, Bruylant, 2007, 826 p.

82. Gay L., Mazuyer E. et Nazet-Allouche D. (dir.), *Les droits sociaux fondamentaux entre droits nationaux et droit européen*, Bruylant, coll. À la croisée des droits, 2006, 289 p.

83. Gerbet P., *La construction de l'Europe*, Armand Colin, 2007, 584 p.

84. Godeau R., *Le franc CFA*, Saint-Maur, SEPIA, 1995.

85. Gossement A., *Le principe de précaution. Essai sur l'incidence de l'incertitude scientifique sur la décision et la responsabilité publiques*, L'Harmattan, coll. Logiques juridiques, 2002, 527 p.

86. Gouyon P.-H., *Les harmonies de la nature à l'épreuve de la biologie, évolution et biodiversité*, Institut National de la Recherche Agronomique, Sciences en question, 2000, 89 p.

87. Goy R., *La Cour internationale de justice et les droits de l'homme*, Bruylant, 2002, 222 p.

88. Gresh A., *Le non-alignement*, Centre d'études anti-impérialistes, décembre 1985.

89. Grewe C., *Les fonctions des droits fondamentaux en Europe*, Les actes du Colloque de Caen du 23 février 1996.

90. Gros D. et Dion-Loye S., *La pauvreté saisie par le droit*, éd. du Seuil, coll. Le genre humain, 2002, 434 p.

91. Hamon F. et Troper M., *Droit constitutionnel*, LGDJ, coll. Manuels, 40e édition, 2020, 896 p.

92. Hayek F., *Droit, législation et liberté*, Tome II, Le mirage de la justice sociale, PUF, coll. Quadrige, n° 202, 1995, 240 p.

93. Heartfield J., *The British and Foreign Anti-Slavery Society : A History, 1838-1956*, C Hurst & Co Publishers Ltd, 2016, 500 p.

94. Herrera C.-M., *Les droits sociaux*, PUF, coll. Que sais-je ?, 2009, 127 p.

95. Hervieu B., *Du droit des peuples à se nourrir eux-mêmes*, Flammarion, 1996, 144 p.

96. Hochmann T. et Reinhardt J., *L'effet horizontal des droits fondamentaux*, A. Pédone, 2018, 218 p.

97. Ho M.-W., *Genetic Engineering-Dream or Nightmare? : The Brave New World of Bad Science and Big Business*, Gateway, 1998, 304 p.

98. Houdebine L.-M., *OGM : le vrai et le faux*, Le Pommier, 2000, 236 p.

99. Iliopoulos-Strangas J., *La protection des droits sociaux fondamentaux dans les États membres de l'Union européenne*, Bruylant, 2000, 1033 p.

100. Iliopoulos-Strangas J., *Perspectives nationales et internationales des droits sociaux*, Bruylant, 2009.

101. Iliopoulou-Penot A., *Libre circulation et non-discrimination, éléments du statut de citoyen de l'Union européenne*, Bruylant, 2007, coll. Droit de l'Union européenne, 795 p.

102. Jonas H., *Le principe de responsabilité : Une éthique pour la civilisation technologique*, Flammarion, 2013, 470 p.

103. Kafadaroff G., *Agriculture durable & nouvelle révolution verte*, Le Publieur, 2008.

104. Kolb R., *La bonne foi en droit international public*, PUF, 2001, 832 p.

105. Kourilsky P. et Viney G., *Le principe de précaution, rapport au Premier ministre*, Odile Jacob-La Documentation française, 2000, 189 p.

106. Kuntz M., *Les OGM – L'environnement et la santé*, L'esprit des sciences, coll. Ellipses, 2006, 128 p.

107. Kuyek D., *Main basse sur les semences, brevets et autres menaces à la biodiversité agricole du Canada*, The Ram's Horn, 2004.

108. Lambert E., *Le gouvernement des juges et la lutte contre la législation sociale aux États-Unis : l'expérience américaine du contrôle judiciaire de la constitutionnalité des lois*, Nabu Press, 2014, 288 pages.

109. Larrère C. et Larrère R., *Du bon usage de la nature. Philosophie de l'environnement*, Flammarion, 2009, 365 p.

110. Laurent-Boutot C., *La Cour de cassation face aux traités internationaux protecteurs des droits de l'homme*, th., droit privé, Université de Limoges, 2006, 597 p.

111. Laval P.-F. et Prouvèze R., *L'ONU, entre internationalisation et constitutionnalisation*, A. Pedone, 2015, 138 p.

112. Lavielle N., Llorens F. et Soler-Couteaux P., *Droit et financement du logement social*, éd. du Moniteur, 2012, 564 p.

113. Leben C. et Verhoeven J., *Le principe de précaution. Aspects de droit international et communautaire*, éd. Panthéon-Assas, coll. Droit international et relations internationales, 2002.

114. Lebreton G., *Libertés publiques et droits de l'Homme*, Armand Collin, 2008, 538 p.

115. Lechervy C. et Ryfman P., *Action humanitaire et solidarité internationale : les ONG*, Hatier, 1993.

116. Lecourt D., *Contre la peur*, PUF, coll. Quadrige, 2011, 180 p.

117. Lécuyer Y., *Memento jurisprudence de la CEDH*, Hachette, 2012, 160 p.

118. Lenin, *The right of Nations to Self-Determination*, Greenword Press Publishers, Westport, 1977.

119. Levinet M., *Théorie générale des droits et libertés*, Anthemis, 4e éd., 2012, 648 p.

120. Levinet M., *Droits et libertés fondamentaux*, PUF, coll. Que sais-je ?, 2010, 128 p.

121. Lledo P.-M., *Histoire de la vache folle*, PUF, 2001, 158 pages.

122. Lledo P.-M., *Les maladies à prions*, PUF, coll. Que sais-je ?, 2002, 128 p.

123. Lochak D., *Les droits de l'Homme*, PUF, éd. La Découverte, Repères, 2002, 128 p.

124. Löhrer D., *La protection non juridictionnelle des droits fondamentaux en droit constitutionnel comparé*, th., droit public, Université de Pau et des pays de l'Adour, juin 2013, 820 p.

125. Lorenzo L., *Une nouvelle juridiction internationale : le système de règlement des différends interétatiques de l'OMC*, th., droit public, Université Lumière Lyon 2, décembre 2003, 506 p.

126. Lyon-Caen A. et Lokiec P., *Droits fondamentaux et droit social*, Dalloz, coll. Thèmes et commentaires, 2005, 228 p.

127. Maillard S., *L'émergence de la citoyenneté sociale européenne*, PUAM, 2008, 472 p.

128. Marguenaud J.-P., *La Cour européenne des droits de l'homme*, Dalloz, 7e éd., 2016, 222 p.

129. Marie J.-B., *La Commission des droits de l'homme de l'ONU*, A. Pédone, 1975, 352 p.

130. Marzo C., *La dimension sociale de la citoyenneté européenne*, Th., droit public, Institut universitaire européen, 2009, 717 p.

131. Mathieu B. et Verpeaux M., *Contentieux constitutionnel des droits fondamentaux*, LGDJ, 2002, 790 p.

132. Mathieu B., *La loi*, Dalloz, 3e éd., 2010, 144 p.

133. Maurer B., Bourrinet J. et Sudre F., *Le principe de respect de la dignité humaine et la Convention européenne des droits de l'homme*, La documentation française, 555 p.

134. Mayer C.-L., *Pour une gouvernance mondiale efficace, légitime et démocratique*, Coordonné par Calame P., FPH – Fondation Charles Léopold Mayer pour le progrès de l'homme, 2003.

135. Meyer-Bisch P., *Le corps des droits de l'homme : l'indivisibilité comme principe d'interprétation et de mise en œuvre des droits de l'homme*, éd. Universitaires Fribourg, 1992, 401 p.

136. Millard E., *Famille et droit public. Recherches sur la construction d'un objet juridique*, LGDJ, coll. Bibliothèque de droit public, 1995, 540 p.

137. Millstone E. et Lang T., *Atlas de l'alimentation dans le monde*, éd. Autrement, 2002, 127 p.

138. Miranda J., *Jurisprudencia constitucional Escolhida*, Universidade Catolica ed., 1996, vol. I, 1020 p.

139. de Montalivet P., *Les objectifs de valeur constitutionnelle*, Dalloz, 2006, 680 p.

140. Morange J., *Les libertés publiques*, PUF, coll. Que sais-je ?, 2007, 128 p.

141. Moreau J. et Truchet D., *Droit de la santé publique*, Dalloz, coll. Mémento Droit public science politique, 9e éd., 2016, 320 p.

142. Morin J., *Libertés et droits fondamentaux dans les constitutions des États ayant le français en partage*, Bruylant, 1999, 726 p.

143. Moutel B., *L'« effet horizontal » de la Cour européenne des droits de l'homme en droit privé français : Essai sur la diffusion de la Cour européenne des droits de l'homme dans les rapports entre personnes privées*, Th., droit privé, Université de Limoges, novembre 2006.

144. Müller B., *La bataille des OGM – Combat vital ou d'arrière-garde ?*, Ellipses, 2007, 173 p.

145. Navarro-Flores O., *Les relations de partenariat Nord-Sud : du paradoxe au compromis. Une approche institutionnaliste des relations entre ONG dans le secteur de la coopération internationale*, th. en Administration, Université du Québec à Montréal, 2006, 475 p.

146. Nayyar D., *Governing globalization*, Oxford University Press, 2006.

147. Ogier-Bernaud V., *Les droits constitutionnels des travailleurs*, PUAM, coll. Droit public positif, 2003, 427 p.

148. d'Onorio J.-B. et Costa S., *Les droits de la famille*, Pierre Téqui éd., 1996.

149. Ossombo-Yombo R., *La gestion de l'eau dans les grandes agglomérations d'Afrique centrale. Contribution à l'étude d'un service public confronté à la mondialisation*, th., droit public, Université Jean Moulin Lyon 3, 2007.

150. Oury J.-P., *La querelle des OGM*, PUF, 2006, 320 p.

151. Paunet M., *Neutralisme et non-alignement*, Frederick A. Praeger, 1962.

152. de Pauw E., *Dioxine : de la crise à la réalité*, Les éditions de l'Université de Liège, 2000, 119 p.

153. Pelissier C., *La protection des droits économiques et sociaux fondamentaux dans la communauté européenne*, th., droit public, Université de Montpellier, 2001.

154. Pelt J.-M., *Plantes et aliments transgéniques*, Pocket, 2000, 169 p.

155. Piacentini I., *La genèse des libertés sociales. Le droit de s'associer face à l'impératif d'ordre*, th., droit public, Université Paris II Panthéon-Assas, 2013.

156. Pichard M., *Le droit à. Étude de législation française*, Économica, coll. Recherches juridiques, 2006, 566 p.

157. Piquemal A., *Le fond des mers, patrimoine de l'humanité*, CNEXO, 1973, 269 p.

158. Piveteau D., *La Charte sociale du XXIe siècle*, éd. Conseil de l'Europe, 1er janvier 1997.

159. Pogge T., *Freedom from Poverty as Human Right, Who owes what to the very poor ?*, Oxford University Press, 2007, 406 p.

160. Prémont D., Stenersen C. et Oeredczuk I., *Droits intangibles et états d'exception*, Bruylant, 1996, 480 p.

161. Prieur M., *Droit de l'environnement*, Dalloz, coll. Précis, 6e éd., 2011, 1150 p.

162. Putelat É., *La question de la justiciabilité des droits sociaux à l'épreuve du droit européen*, mémoire de recherche soutenu à l'Université de Lyon 2, 2005.

163. Qazbir H., *L'internationalisation du droit constitutionnel*, Dalloz, 2015, 540 p.

164. Radi Y., *La standardisation et le droit international : Contours d'une théorie dialectique de la formation du droit*, Primento, coll. Jus Gentium, 2013, 394 p.

165. Ramade F., *Un monde sans famine ? Vers une agriculture durable*, Dunod, 2004, 336 p.

166. Raynaud J., *Les atteintes aux droits fondamentaux dans les actes juridiques privés*, PUAM, 2003, 439 p.

167. Reed Hurtado M.-J., *Los derechos economicos, sociales y culturalesen el sistema interamricano de derechos humanos*, Séminaire sur les droits économiques, sociaux et culturels, Commission internationale de juristes, Bogota, mai 1996, p. 65.

168. Regad C., *Aux limites du droit*, Mare & Martin, 2016.

169. Renucci J.-F., *Droit européen des droits de l'homme – Droits et libertés fondamentaux garantis par la CEDH*, LGDJ, 8e éd., 2019, 600 p.

170. Reuter P., *Introduction au droit des traités*, PUF, coll. Armand Colin, 3e éd., 1995, 256 p.

171. Rigaux F., *La protection de la vie privée et des autres biens de la personnalité*, LGDJ, 1990, n° 601-608, spéc., n° 603, 849 p.

172. Rigaux F., *Pour une déclaration universelle des droits des peuples – Identité nationale et coopération internationale*, Vie Ouvrière, 1976, 168 p.

173. Rikfin J., *Le siècle biotech*, éd. La Découverte, coll. Pocket, 1998, 348 p.

174. Rivero J. et Moutouh H., *Les droits de l'Homme*, PUF, coll. Themis, 9e éd., 2003, 288 p.

175. Rizzatti E. et L., *Tutela igienico sanitaria degli alimenti e bevande e dei consumatori*, Il Sole 24 Ore, 2005, 28e éd., 1 888 p.

176. Robert J. et Duffar J., *Droits de l'homme et libertés fondamentales*, Montchrestien, 2009, 908 p.

177. Robertson A.-H., *Human rights in the world*, Manchester University Press, 1972.

178. Rochat F., *Le GATT et le commerce des produits agricoles*, mémoire de recherche soutenu à l'Institut Universitaire des Hautes Études Internationales, 1986.

179. Roman D., *Le droit public face à la pauvreté*, LGDJ, coll. Bibliothèque de droit public, 2002, 494 p.

180. Romi R., *Droit et administration de l'environnement*, Montchrestien, 2001, 4e éd., 564 p.

181. Romi R., *Droit international et européen de l'environnement*, Montchrestien, 2013, 318 p.

182. Rosanvalon P., *Le libéralisme économique. Histoire de l'idée de marché*, éd. du Seuil, 1989, 237 p.

183. Rosenberg D., *Le principe de souveraineté des États sur leurs ressources naturelles*, LGDJ, 1983, 395 p.

184. Rousseau D., *Radicaliser la démocratie : propositions pour une refondation*, Points, 2017, 259 p.

185. Roussillon H., *Le Conseil constitutionnel*, Dalloz, coll. Connaissance du droit, 8e éd., 2015, 228 p.

186. Rubio F., *Dictionnaire pratique des Organisations Non Gouvernementales*, Ellipses, 2004, 414 p.

187. Ruyer R., *Les nuisances idéologiques*, Calmann-Lévy, coll. Liberté de l'Esprit, 1972, 342 p.

188. Ryfman P., *Les ONG*, éd. La Découverte, Repères, 2004, 128 p.

189. Saint-James V., *La conciliation des droits de l'homme et des libertés en droit public français*, PUF, 1995, 511 p.

190. Savaux E., *Le rapport d'obligation*, Sirey, 6e éd., 2009, 459 p.

191. Scelle G., *Précis de droit des gens*, Sirey, 1932, 332 p.

192. de Schutter O., *La Charte sociale européenne – Une constitution sociale pour l'Europe*, Bruylant, 2010, 192 p.

193. de Schutter O. et Carlier J.-Y., *La charte des droits fondamentaux de l'Union européenne*, Bruylant, 2002, 304 p.

194. Sclove R., *Choix technologiques, choix de société*, éd. Charles Léopold Mayer, 2003, 400 p.

195. Sehili M.-H., *La question de l'universalité des droits de l'homme dans les manuels relatifs aux droits et libertés*, mémoire de recherche soutenu à l'Université Montpellier 1, 2007.

196. Séralini G.-E., *Le vrai débat*, Flammarion, coll. Dominos, 2000, 128 p.

197. Smouts M.-C. et Devin G., *Les organisations internationales*, A. Colin, 2011, 256 p.

198. Spielman D., *L'effet potentiel de la Cour européenne des droits de l'homme entre personnes privées*, Bruylant, 1995, 160 p.

199. Sudre F., *Droit européen et international des droits de l'homme*, PUF, 14e éd., 2019, 1014 p.

200. Sudre F. et Tinière R., *Droit communautaire des droits fondamentaux*, Anthémis, coll. Droit & Justice, 3e éd., 2013, 478 p.

201. Sudre F., *La Convention européenne des droits de l'homme*, PUF, coll. Que sais-je ?, 10e éd., 2015, 128 p.

202. Sueur J.-J. et Charvin R., *Droits de l'homme et libertés de la personne*, Litec, 1994, 291 p.

203. Supiot A., *Critique du droit du travail*, 2e édition, PUF, coll. Quadrige, 2e éd., 2007, 280 p.

204. Supiot A., *La gouvernance par les nombres. Cours au collège de France* (2012-2014), Fayard, 2015, 512 p.

205. Teboul G., Conac G. et Prétot X., *Le préambule de la Constitution de 1946. Histoire, analyses et commentaires*, Dalloz-Sirey, 2001, 467 p.

206. Terré F., Simler P., Chénedé F. et Lequette Y., *Droit civil : les obligations*, Dalloz, 12e éd., coll. Précis, 2018, 2036 p.

207. Timsit G., *Les noms de la loi*, PUF, coll. Les voies du droit, 1991, 199 p.

208. de Tissot O., *Sans âme ni conscience*, Balland, 1975, 198 p.

209. Torres F., *L'intelligence de l'entreprise – 40 ans de réflexion patronale en France*, Manitoba- Les Belles Lettres, 2016, 280 p.

210. Troper M. et Hamon F., *Droit constitutionnel*, LGDJ, coll. Manuels, 40e éd., 2019.

211. Untermaier J., *Le droit de l'environnement, réflexions pour un premier bilan*, PUF, 1981.

212. Van Waeyenberge A., Cariat N., Fromont L., Joncheray N., Martinez Navarro M., Rizzo A. et van Meerbeeck J., *Actualités de la protection juridictionnelle dans et par l'Union européenne*, Bruylant, 2016, 264 p.

213. Verpeaux M, de Montalivet P, Roblot-Troizier A. et Vidal-Naquet A., *Droit constitutionnel – Les grandes décisions de la jurisprudence*, PUF, 2e éd., 2017, 686 p.

214. Verpeaux M. et Mathieu B., *Responsabilité et démocratie*, Thèmes et commentaires, 102 p.

215. Virally M., *Le droit international en devenir : essais écrits au fil des ans*, Graduate Institute Publications, 1990, 508 p.

216. Vivez J., *Les fraudes*, PUF, coll. Que sais-je ?, 1959, 120 p.

217. Weber M., *Économie et société*, tome 1, Pocket, 2003, 410 p.

218. Ziegler J., *L'empire de la honte*, Fayard, Litt. Gene., 2005, 323 p.

219. Ziegler J., *Retournez les fusils ! Choisir son camp*, Essais, Points, 2017, 304 p.

220. Zitouni F., *Le droit au logement*, th., droit public, Université Aix-Marseille III, 1991.

221. Zmirou D., *Quels risques pour notre santé ?*, éd. La découverte et Syros, 1998.

222. Zoller E., *La bonne foi en droit international public*, A. Pédone, 1977, 392 p.

II. Ouvrages, manuels, thèses et mémoires spécialisés.

223. Alam T., *Quand la vache folle retrouve son champ. Une comparaison transnationale de la remise en ordre d'un secteur d'action publique*, th., droit privé, Université de Lille 2, 2007, 590 p.

224. Apovo I., *Le droit de l'homme à l'alimentation en République du Bénin*, mémoire de recherche soutenu à l'Université d'Abomey-Calavi, 2009, 108 p.

225. Bensalah-Alaoui A., *La sécurité alimentaire mondiale*, LGDJ, Bibliothèque de droit international, 1998.

226. Bigot C., *Le droit à l'eau en droit international et en droit communautaire : contribution à l'étude d'un droit de l'homme et des générations futures en émergence*, th., droit public, Paris 10 Nanterre, 2006.

227. Borghi M., *The right to adequate food and access to justice*, Bruylant, 2010.

228. Bourrinet J. et Snyder F., *La sécurité alimentaire dans l'Union européenne*, Bruylant, 2003, 189 p.

229. Branlard J.-P., *Droit et Gastronomie. Aspects juridiques de l'alimentation et des produits gourmands*, Gualino, 1999, 296 p.

230. Brown P. et Shue. H., *Food policy : the responsability of the United States in the life and death choice*, Three Free Press, 1977.

231. Buist M.-E., *L'apport du droit international et du cadre juridique indien pour l'atteinte d'une sécurité alimentaire en Inde*, mémoire de recherche soutenu à l'Institut des Hautes études internationales, 2012, 62 p.

232. Butault J., *Le règlement par l'OMC des différends liés à la sécurité sanitaire dans le commerce international des aliments*, th., droit privé, Université de Nantes, 2008, 340 p.

233. Caracchioli L. et Gassie J., *L'alimentation en milieu carcéral*, Conseil National de l'Alimentation, 2008-2009, 60 p.

234. Cuq M., *L'alimentation en droit international*, th., droit public, Université Paris-Nanterre, 2016, 702 p.

235. Cuq M., *L'eau en droit international. Convergences et divergences dans les approches juridiques*, Larcier, 2013, 150 p.

236. Dalmet C., *La notion de denrée alimentaire*, th., droit privé, Université d'Avignon et des pays du Vaucluse, 2009, 534 p.

237. Damien T., *Favoriser un accès pour tous à une alimentation de qualité, saine et équilibrée*, Les éditions des journaux officiels, 2014, 82 p.

238. Darras-Sadik M., *Nécessité d'une gouvernance alimentaire mondiale*, mémoire de recherche soutenu à l'Institut de Relations internationales et stratégiques, 2009, 58 p.

239. Davanture S., *Les limites de l'application du droit sur les ressources naturelles : le cas des territoires palestiniens et du Sahara occidental*, mémoire de recherche soutenu à l'Université du Québec à Montréal, 2006, 138 p.

240. Desrutin J., *Existe-t-il un droit communautaire à l'alimentation ?*, mémoire de recherche soutenu à l'Université Paris II, 2012.

241. Drobenko B., *L'essentiel du Droit de l'eau*, Gualino, 2e éd., 2013, 122 p.

242. Ducroquetz A.-L., *Le principe de précaution en matière de sécurité alimentaire*, mémoire de recherche soutneu à l'Université Lille II, 2000-2001, 141 p.

243. Esnouf C., Russel M. et Bricas N., *Pour une alimentation durable – Réflexion stratégique du ALIne*, éd. Quae, 2011, 286 p.

244. Fernandez Arias T., *Le droit communautaire et la gestion des crises alimentaires : évolution ou stagnation ?*, Collège de l'Europe, 2003.

245. Fourgoux J.-C. et Jumel G., *Traité de droit alimentaire*, Frantec, 1968.

246. Galibert T., *Le principe de précaution : Du droit de l'environnement au droit de la sécurité des aliments*, mémoire de recherche soutenu à l'Université de la Réunion, 2001-2002, 146 p.

247. Gazzaniga J.-L., Larrouy-Castéra X., Marc P. et Ourliac J.-P., *Le droit de l'eau*, LexisNexis, Litec professionnels, Environnement, 2011, 546 p.

248. Golay C., *Vers la justiciabilité du droit à l'alimentation*, mémoire de recherche soutenu à l'Université de Genève, 2002, 75 p.

249. Graven Demuylder S., *Le droit de l'homme à la nourriture*, mémoire de recherche soutenu à l'Université de Genève, 1995.

250. Gruni G., *The EU, world trade law and the right to food*, Hart, 2018.

251. Iciar Belton M., *Sécurité alimentaire*, mémoire de recherche soutenu à l'École de traduction et d'information, 2002.

252. Jacotot D., *La notion de sécurité sanitaire. Contribution à l'étude de l'objet du droit de la santé*, th., droit privé, Université de Bourgogne, 1999.

253. Jukes D.-J., *Food Legislation of the UK*, Butterworth-Heinemann, 1993, 192 p.

254. Kestens C., *L'alimentation et le droit*, La Charte, 1990.

255. Nally-Meyrat E., *Les OGM une solution au problème de la faim dans le monde ?*, Collège Calvin, Travail de maturité placé sous la direction du Professeur François Lombard, 2002.

256. Olaka J.-M., *Le droit à l'eau*, th., droit public, Université Jean Moulin Lyon-III, 2008.

257. Sakai L., *La souveraineté permanente sur les ressources naturelles et la protection internationale des droits de l'homme*, th., droit public, Université Paris 1 – Panthéon-Sorbonne et Université de Sao Polo, novembre 2014, 687 p.

258. Shiva V., *Le terrorisme alimentaire*, Fayard, 2001, 197 p.

259. Sikeli J.-P., *Les biotechnologies modernes à l'épreuve des droits de l'homme : les OGM face à la question de la sécurité alimentaire : dilemme, controverse et contraste*, mémoire de recherche soutenu à l'Université Cocody d'Abidjan, 2005.

260. Smets H., *Le droit à l'eau*, Académie de l'eau, 2002.

261. Soma A., *Droit de l'homme à l'alimentation et sécurité alimentaire en Afrique*, Zürich, Schulthess, Verlag, coll. genevoise, 2010.

262. Soma A., *Le droit de l'homme à l'alimentation : contenu normatif et mécanismes juridiques de mise en œuvre*, mémoire de recherche soutenu à l'Université de Genève, 2006.

263. Teissonnier-Mucchieli B., *L'impact du droit communautaire sur la distribution et l'assainissement de l'eau en France*, La Documentation française, 2003, 435 p.

264. Viale B., *Le statut juridique de l'alimentation en droit communautaire*, th., droit public, Université de Rennes, 2001, 580 p.

265. Vincent P.-M., *Le droit à l'alimentation*, PUF, coll. Que sais-je ?, 1996, 127 p.

266. Yamthieu Wetomdie S., *Accès aux aliments et droits de la propriété industrielle*, Larcier, 2014, 394 p.

267. Ziegler J., *Le droit à l'alimentation*, éd. Mille et une nuits, 2003, 228 p.

268. Ziegler J., *Le droit à l'alimentation précédé de Le droit du faible contre la raison du fort*, éd. Mille et une nuits, 2003.

III. Articles et contributions.

269. Abi-Saab G., « La souveraineté permanente sur les ressources naturelles », in M. Bedjaoui (dir.), *Droit international : bilan et perspectives*, A. Pedone, UNESCO, Tome 1, 1991, 644 p.

270. Adornato F., « Démocratie alimentaire et agriculture urbaine », in F. Collart Dutilleul (dir.), *Propositions Lascaux entre ressources naturelles et besoins alimentaires – Penser une démocratie alimentaire*, vol. 2, pp. 433-438.

271. Akandji-Kombé J.-F., « Droits économiques, sociaux et culturels », in J. Andriantsimbazovina et alii (dir.), *Dictionnaire des droits de l'Homme*, PUF, 2008, p. 255.

272. Akandji-Kombé J.-F., « La Charte sociale européenne », in Stéphane Leclerc (dir.), *Rencontres européennes*, Bruylant, 2001, 207 pages.

273. Akandji-Kombé J.-F., « La procédure de réclamation collective dans la CSE, chronique », *RTDH*, 2001.

274. Akandji-Kombé J.-F., « Le développement des droits fondamentaux dans les traités », in J.-F. Akandji-Kombé, S. Leclerc et M.-J. Redor (dir.), *L'Union européenne et les droits fondamentaux*, Bruxelles, Bruylant, 1999.

275. Akandji-Kombé J.-F., « Le forfait en jours n'est pas sorti de la zone de turbulence – À propos de l'arrêt du 29 juin 2011 », *JCP* S 2011, 1332.

276. Anderson K. et Nielsen C., « Cultures transgéniques et commerce international », *Économie internationale*, 2001/3 (n° 87), pp. 45-62.

277. Andersson I. et Hannan C., « Gender perspectives on water supply and sanitation : Towards a sustainable leivelihoods and ecosystems based approach to sanitation », *SIDA*, 2001, 8 pages.

278. Andorno R., « Chapitre 3. Dignité humaine, droits de l'homme et bioéthique : quel rapport ? », *Journal international de bioéthique*, 2010/4, Vol. 31, pp. 51-59.

279. Andréani G., « Gouvernance globale : origines d'une idée », *Politique étrangère*, n° 3, 2001, pp. 549-568.

280. Arbour M.-E., « Mise en contexte : la sécurité des produits de consommation – Perspectives horizontales et verticales », in P. Nihoul et S. Mahieu (dir.), *La sécurité alimentaire et la réglementation des OGM – Perspectives nationale, européenne et internationale*, Larcier, 2005, p. 13 et s.

281. Arnaud P., « Des solutions contre la faim », *Le Monde*, 2014.

282. Arnstein S.-R., « A ladder of Citizen Participation », *The Journal of the American Institute of Planners*, n° 35, 1969, p. 216

283. Astier M., « Les compagnies d'assurance refusent d'assurer les cultures d'OGM », *Reporterre – Le quotidien de l'écologie*, 2014.

284. Autexier C., « Chapitre 5 : Les droits fondamentaux, Introduction au droit public allemand », *Revue générale du droit*, numéro 20739, 2015.

285. Azoulay G., « Les nouvelles formes de l'aide publique au développement et l'éventuel « retour de l'État » dans les pays d'Afrique subsaharienne », *Mondes en développement*, n° 153, 2011, pp. 57-70.

286. Baghestani-Perrey L., « Le principe de précaution : nouveau principe fondamental régissant les rapports entre le droit et la science », *D.* 1999, Chron., p. 457.

287. Baillon-Passe C., « Actualité jurisprudentielle nationale du droit de l'eau. », *Les Petites Affiches*, 2016, n° 6, p. 7-8.

288. Bakdé J., « Armed conflicts and food insecurity in Africa », *Food security in English-speaking African countries, Report of the proceedings of a joint COASA/UN_HABITAT workshop on food security for Parliamantarians from English-speaking African countries*, Gigiri, Nairobi, Kenya, 2002, p. 93 et s.

289. Balibouse D., « L'influence de l'Organisation mondiale du commerce recule », *RFI*, 2017.

290. Barberis J.-A., « Nouvelles questions concernant la personnalité juridique internationale », *RCADI*, 1983, tome I, vol. 179, pp. 145-285.

291. Barros C., « La certification de qualité dans l'industrie alimentaire », *Alimentalex*, 1996, n° 15, pp. 159-164.

292. Barroux R., « La population mondiale atteindra 9,8 milliards d'habitants en 2050 », *Le Monde*, 2017.

293. Barroux R., « Sommets de la Terre, des précédents décevants », *Le Monde*, 2012.

294. Barth Eide W., « From food security to the right to food », in W. Barth Eide, U. Kracht (eds), *Food and Human Rights in Development. Legal and Institutional Dimensions an Selected Topics*, Antwerpen, Oxford, 2005, pp. 67-97.

295. Baudoin J.-L., « Quelques réflexions sur la reconnaissance du droit à la santé dans les systèmes internationaux et régionaux des droits de l'homme », *JIB*, 1998, vol. 9, n° 3, p. 71.

296. Bedjaoui M., « Les ressources alimentaires essentielles en tant que patrimoine commun de l'humanité », *Revue Algérienne des relations internationales*, 1986, p. 15 et s.

297. Bekkouche A., « La récupération du concept de l'humanité par les pays industrialisés », *RBDI*, 1987, vol. 20, p. 124.

298. Bélanger M., « Origine et histoire du concept de santé en tant que droit de la personne », *JIB*, 1998, vol. 9, n° 3, p. 61.

299. Belorgey J.-M., « La Charte sociale du Conseil de l'Europe et son organe de régulation : le Comité européen des droits sociaux », *RDSS*, 2007, p. 237.

300. Benicourt E., « La pauvreté selon le PNUD et la Banque mondiale », *Études rurales*, n° 159-160, 2001, pp. 35-54.

301. Benlolo-Carabot M., « Les droits sociaux dans l'ordre juridique de l'Union européenne. Entre instrumentalisation et « fondamentalisation » ? », in Diane Roman (dir.), *Droits des pauvres, pauvres droits ? Recherches sur la justiciabilité des droits sociaux*, Pour le Centre de Recherches sur les Droits Fondamentaux, Université Paris Ouest Nanterre la Défense, 2010, p. 71.

302. Bernard A. et Riem F., « Amender le libre-échange en matière alimentaire ? », in F. Collart Dutilleul (dir.), *Propositions Lascaux entre ressources naturelles et besoins alimentaires – Penser une démocratie alimentaire*, vol. 2, pp. 332-339.

303. Bernard E., « Accords sur les agences européennes : la montagne accouche d'une souris », *Revue du droit de l'Union européenne*, 2012/3, p. 440.

304. Berteaux A., « Location : les critères du logement décent », *Le Figaro*, 2017.

305. Berthet V. et Blancher P., « Logiques et rouages institutionnels de la coopération et du développement. Les raisons des plus forts », *Économie et humanisme*, n° 325, 1993.

306. Bettati M., « Le droit d'ingérence. Mutation de l'ordre international », *Politique étrangère*, vol. 61, n° 2, 1996, pp. 432 et s.

307. Beurdeley L., « La sécurité alimentaire au sein de l'Union européenne : un concept en gestation », *RDMC*, n° 455, 2002, p. 89.

308. Blaquière J. et Zéau P., « Les inégalités femmes – hommes dans le monde », *Le Figaro*, 2019.

309. Boda J.-S. et Belal-Cordebar A., « De la continuité du service public de la distribution d'eau au regard de la distribution et de la fourniture d'énergie », *Droit administratif*, 2016, n° 5, p. 46-49.

310. Boinet A., « L'eau insalubre : ennemi public n° 1 dans le monde », *Le Monde idées*, 2012.

311. Boisson J., « Vers un enseignement universel des droits de l'homme », *Les droits de l'homme à l'aube du 21e siècle*, Karel Vasak amicorum liber, Bruylant, 1998, p. 485.

312. Bonnefous B., de Royer S. et Pietralunga C., « Macron nomme un gouvernement d'experts », *Le Monde*, 2017.

313. Borgetto M., « Égalité, solidarité, équité ? », *Le Préambule de la Constitution de 1946, antinomies juridiques et contradictions politiques*, PUF, 1996, p. 254 et s.

314. Borgetto M., « L'irrésistible ascension des « droits à » … », *Informations sociales*, n° 81/2000, p. 7.

315. Borgetto M., « La notion de fraternité en droit public français. Le passé, le présent et l'avenir de la solidarité », *Revue internationale de droit comparé*, 48-1, 1996, pp. 215-217.

316. Bossuyt M., « La distinction juridique entre les droits civils et politiques et les droits économiques, sociaux et culturels », *Revue des droits de l'homme*, vol. VII, numéro spécial, 1975, pp. 783-820.

317. Bothe M., « Les concepts fondamentaux du droit à la santé : le point de vue juridique », *Le droit à la santé en tant que droit de l'homme*, Actes du colloque de la Haye des 27-29 juillet 1978, Sijthoff & Noordhoff, éd. René-Jean Dupuy, 1979, pp. 14-15.

318. Boudic G., « Gouvernance territoriale et participation. Un état des lieux », in Pierre de Montalivet (dir.), *Gouvernance et participation*, préf. de P. Moreau Defarges, Actes du colloque du 28 novembre 2008 à la Faculté de droit, des sciences économiques et de gestion de l'Université de Bretagne-Sud, Bruylant, 2011, p. 46.

319. Bouguerra L., « La pollution thermique, cette méconnue », *Partage des eaux – Ressources et informations pour une gestion juste et durable de l'eau*, 2011.

320. Bourrinet J., « Le spectre de la faim », in J. Bourrinet et F. Maurice (dir.), *L'ordre alimentaire mondial*, Paris, Économica, 1982, p. 32 et s.

321. Bourrinet J., « Stratégie et sécurité alimentaire dans la Convention de Lomé III », *Revue du marché commun*, 1986, p. 222 et s.

322. Bouvier A., « Démocratie délibérative, démocratie débattante, démocratie participative », *Revue européenne des sciences sociales*, 2007/1 (XLV), pp. 5-34.

323. Bouyssou F., « L'environnement : nouveau droit de l'homme ou droit liberticide ? », in *Pouvoir et liberté. Études offertes à Jacques Mourgeon*, Bruylant, 1998, p. 536.

324. Boy D., Donnet Kamel D. et Roqueplo P., « Un exemple de démocratie participative : la « conférence de citoyens » sur les organismes génétiquement modifiés », *Revue française de science politique*, 2000, 50-4-5, pp. 779-810.

325. Boyer M. et Dumas E., « Gaspillage : 41,2 tonnes de nourriture jetées chaque seconde dans le monde », *Le Monde*, 2017.

326. Braibant G. « Conclusions des actes du Colloque de Strasbourg relatif à la Charte », *RUDH*, 2000, n° ½, p. 67.

327. Braibant G., « L'environnement dans la Charte des droits fondamentaux de l'Union européenne », *Les Cahiers du Conseil constitutionnel*, n° 15, 2004.

328. Bretton P., « Les Protocoles de 1977 additionnels aux Conventions de Genève de 1949 sur la protection des victimes des conflits armés internationaux et non internationaux dix ans après leur adoption », *Annuaire français de droit international*, vol. n° 33, 1987, pp. 540-557.

329. Brondeau F., « Les investisseurs à l'assaut des terres agricoles africaines », *ÉchoGéo*, 2010.

330. Broussolle D., « Les lois déclarées inopérantes par le juge constitutionnel », *RDP*, 1985, p. 751.

331. Brugvin T., « Les codes de conduite : un instrument à double tranchant », *Économie & Humanisme*, n° 359, 2001/2002, p. 77.

332. Brunelet C., « L'Union européenne est-elle vraiment ultra-libérale ? », *Contrepoints*, 2017.

333. Busson B., « La mise en place de la Commission nationale de débat public », *Droit de l'environnement*, n° 55, 1998, p. 18.

334. Caillosse J., « Gouvernance et participation : quelle synthèse ? », in P. de Montalivet (dir.), *Gouvernance et participation*, préf. de P. Moreau Defarges, Actes du colloque du 28 novembre 2008 à la Faculté de droit, des sciences économiques et de gestion de l'Université de Bretagne-Sud, Bruylant, 2011, pp. 232-233.

335. Calvès G., « Égalité (Principe d') », in D. Chagnollaud, G. Drago (dir.), *Dictionnaire des droits fondamentaux*, Dalloz, Paris, 2006, pp. 373-380.

336. Calvet C. et Vallaeys B., « L'alimentation devrait être un droit de l'homme », *Libération*, 2014.

337. Campagne T., « De l'instrumentalisation du droit et des libertés fondamentales », *Le Petit Juriste*, 2016.

338. Cans C., « Le principe de précaution, nouvel élément du contrôle de légalité », *RFDA*, 1999, p. 753.

339. Capitant R., « La démocratie sociale », in *Écrits constitutionnels*, 1952-1953, Centre National de la Recherche Scientifique, 1982, p. 167.

340. Cartier E., « Les petites constitutions : contribution à l'analyse du droit constitutionnel transitoire », *Revue française de droit constitutionnel*, 2007/3 (n° 71), pp. 513-534.

341. Carton O., « De l'inutilité d'une constitutionnalisation du droit de l'environnement ? », *Les Petites Affiches*, n° 175, 2005, p. 9.

342. Casalta Nabais J., « Les droits fondamentaux dans la jurisprudence du Tribunal constitutionnel », in *La justice constitutionnelle au Portugal*, Économica, coll. Droit public positif, 1989, p. 220.

343. Casalta Nabais J., « Rapport portugais », in *Études de droit constitutionnel franco-portugais*, Actes des Journées d'études des 9 et 10 novembre 1990 à l'Université de Pau et des Pays de l'Adour, A.F.C. – Association portugaise des constitutionnalistes, Économica, coll. Droit public positif, 1992, p. 17.

344. Cassin R., « La Déclaration universelle et la mise en œuvre des Droits de l'homme », *Recueil des cours de l'Académie de droit international*, n° 11, 1951, pp. 241-367.

345. Cayla J.-S., « La santé et le droit », *R.D. Sanit.soc.*, n° 2/1996, p. 285.

346. Chabert C., « L'applicabilité de la Convention de New-York sur les droits de l'enfant : une question en réexamen ? », *RRJ*, 1997, 2, p. 615.

347. Champeil-Desplats V., « Les droits et libertés fondamentaux en France : genèse d'une qualification », in A. Lyon-Caen et P. Lokiep (dir.), *Droits fondamentaux et droit social*, Dalloz, coll. Thèmes et commentaires, 2005, p. 11.

348. Charlot B., « Droit à la différence, droit à l'universel, droit au sens », *Hommes & Migrations*, 1990, pp. 47-50.

349. Charpentier J., « L'humanité : un patrimoine mais pas de personnalité juridique », in M. Prieur et C. Lambrechts (dir.), *Les hommes et l'environnement, quels droits pour le 21ème siècle ?*, Études en hommage à Alexandre Kiss, éd. Frison-Roche, 1998, p. 307.

350. « Charte européenne des ressources en eau adoptée par le Comité des ministres le 17 octobre 2001 lors de la 769e réunion de délégués des ministres », *Revue européenne de droit de l'environnement*, vol. 6, n° 2, 2006, pp. 193-199.

351. Chevallier J., « La gouvernance, un nouveau paradigme étatique ? », *Revue française d'administration publique*, 1/2003, n° 105-106, pp. 203-217.

352. Chevallier J., « Les pratiques administratives », *Transparence et secret*, Colloque pour le XXVe anniversaire de la loi du 17 juillet 1978 sur l'accès aux documents administratifs, La documentation française, 2004, pp. 83 et s.

353. Chevallier J., « La résurgence du thème de solidarité », in *La solidarité : un sentiment républicain ?*, PUF, 1992, pp. 111-135.

354. Chevrier M., « Les droits et libertés fondamentales dans l'ordre juridique espagnol », *Le Petit juriste*, 2016.

355. Cintura P., « L'usage et la conception de l'équité par le juge administratif », *Revue internationale de droit comparé*, 1972, p. 657.

356. Clapham A., « The « Drittwirkung » of the Convention », in R. St. J. MacDonald, F. Matscher et H. Petzold (dir.), *The European system for the Protection of Human rights, 1993*, Kluwer Academic Publisher, Martinus Nijhoff publishers, p. 163.

357. Clavier J.-P., « L'accès au médicament breveté », *Cahiers droit, sciences & technologies*, 3|2010, pp. 179-191.

358. Clemenceau B., « La gouvernance alimentaire mondiale : les réponses et l'absence de réponses du droit international et du droit de l'Union européenne », *Revue européenne du droit de la consommation*, 2015/1, 2016, pp. 91-106.

359. Clemenceau B., « La gouvernance alimentaire mondiale : les réponses et les non-réponses du droit international », *Le temps imaginaire*, n° 4, « Manger-Boire », 2015.

360. Clemenceau B., « Où en est le droit des êtres humains à l'eau et à l'assainissement depuis l'adoption de la résolution n° 64/292 de l'Assemblée générale des Nations Unies du 28 juillet 2010 ? », *RDLF*, chron. n° 34, 2017.

361. Clemenceau B., recension de l'ouvrage d'E. Van Nieuwenhuyze et C. Verdure (dir.), *Actualités en droit alimentaire*, Recyclages en droit, Limal, Anthemis, 2014, 250 p., *Droit de la consommation – Consumentenrecht*, n° 107, p. 173.

362. Cohendet M.-A., « La Charte et le Conseil constitutionnel : point de vue », *Revue juridique de l'environnement*, 2005, H.S., pp. 107-130.

363. Cohendet M.-A., « Légitimité, effectivité et validité » in *Mélanges en l'honneur de Pierre Avril. La République*, Montchrestien, 2001, pp. 208-209.

364. Cohen-Jonathan G. et Flauss J.-F., « Cour européenne des droits de l'homme et droit international général », *Annuaire Français de Droit International*, 2006, n° 52, pp. 660-676.

365. Cohen-Jonathan G., « La place de la Convention européenne des droits de l'homme dans l'ordre juridique français », in Frédéric Sudre (dir.), *Le droit français et la Convention européenne des droits de l'homme 1974 – 1992*, N.-P. Engel. Khel. Strasbourg. Arlington, 1994, p. 4.

366. Cohen-Jonathan G., « Rapport général introductif », in G. Cohen-Jonathan et J.-F. Flauss (dir.), *Droit international, droits de l'homme et juridictions internationales*, coll. Droit et justice, n° 55, Nemerisis-Bruylant, 2004, p. 11.

367. Collart Dutilleul F., « Un nouvel horizon de recherche : les moyens juridiques d'un ajustement des ressources et des besoins alimentaires », in F.

Collart Dutilleul (dir.), in *Propositions Lascaux entre ressources naturelles et besoins alimentaires – Penser une démocratie alimentaire*, vol. 2, p.7.

368. Costa J.-P., « Vers une protection juridictionnelle des droits économiques et sociaux », in *Les droits de l'homme au seuil du troisième millénaire, Mélanges Pierre Lambert*, Bruylant, 2000, p. 141.

369. Courade G. et Haubert M., « Sécurité alimentaire et agraire : les risques de la libéralisation », *Revue Tiers-Monde*, PUF, n° 153, 1998, p. 9 et s.

370. Coussirat-Coustere V., « Convention européenne des droits de l'homme et droit interne : primauté et effet direct », in L.-E. Pettiti, V. Coussirat-Coustere, P. Lambert, D. Durand et M.-A. Eissen (dir.), *La Convention européenne des droits de l'homme : Actes de la journée d'étude du 16-11-1991*, coll. Droit et justice, Nemesis, 1992, Bruxelles, p. 11.

371. Crottet B., « Le Conseil constitutionnel et l'obligation de vigilence environnementale », *Revue française de droit constitutionnel*, 2012/2, n° 90, pp. 239-267.

372. Cuq M., « La Convention de 2012 relative à l'assistance alimentaire : une avancée pour l'aide et le développement en faveur d'un accès à une alimentation adéquate ? », in F. Collart Dutilleul (dir.), *Propositions Lascaux entre ressources naturelles et besoins alimentaires – Penser une démocratie alimentaire*, vol. 2, pp. 415-416.

373. Dabin J., « Droit – Théorie et philosophie », in *Encylopaedia Universalis*.

374. Daudet L., *Paris vécu*, Gallimard.

375. Davatz A., « Le label ZEWO attribué aux organisations d'utilité publique : une contribution pour une meilleure transparence sur le marché du don en Suisse », *Annuaire suisse de politique de développement*, 23-2 | 2004, pp. 109-116.

376. David E., « Le droit à la santé comme droit de la personne humaine », *Revue québécoise de droit international*, 1985, p. 64.

377. Debaets E., « Premiers éclairages constitutionnels sur l'accès à l'eau », *Revue française de droit constitutionnel*, 2016, n° 105, 137-144.

378. Debos M. et Goheneix A., « Les ONG et la fabrique de l'« opinion publique internationale », *Raisons politiques*, 2005/3 (n° 19), pp. 63-80.

379. Decaux E., « Déclarations et conventions en droit international », *Cahiers du Conseil constitutionnel*, n°21 (Dossier : La normativité), 2007.

380. Déjeant-Pons M., « Le droit de l'homme à l'environnement dans le cadre du Conseil de l'Europe », *RTDH*, 2004, n° 60.

381. Delhoste M.-F., « Le principe de précaution, un concept mondé par ses contradictions internes et le principe Alara », *RRJ*, 2003-3, p. 1667.

382. Delmas-Marty M., « Droits de l'homme et systèmes de droit », *Le débat*, 1995/1 (n° 83), pp. 146-151.

383. Dennis A., « Vache folle : une crise coûteuse aux retombées encore mal cernées », *Les Échos*, 1997.

384. Denquin J.-M., « Participation et représentativité », in P. de Montalivet (dir.), *Gouvernance et participation*, préf. De P. Moreau Defarges, Actes du colloque du 28 novembre 2008 à la Faculté de droit, des sciences économiques et de gestion de l'Université de Bretagne-Sud, Bruylant, 2011, p. 109.

385. Despouy L., « Le droit à la vie : un droit intangible non dérogeable », in D. Premont et F. Montant (dir.), *Actes du symposium sur le droit à la vie : quarante ans après l'adoption de la Déclaration universelle des droits de l'homme : évolution conceptuelle, normative et jurisprudentielle*, Genève, CID, 1992, p. 71.

386. Detalminil B., « L'Union européenne : une organisation supranationale », *Le Taurillon*, 26 août 2007.

387. Détroyat-Derreumaux O., « Les consommateurs français sont difficiles à reconquérir », *Le Figaro*, 2015.

388. Dhommeaux J., « De l'universalité du droit international des droits de l'homme : du *pactum federendum* au *pactum latum* », *AFDI*, 1989.

389. Dhommeaux J., « Le droit de l'homme à un environnement sain dans les principaux instruments des Nations Unies relatifs aux droits de l'homme », *Annuaire international des droits de l'homme*, vol. I/2006, Bruylant, pp. 71-73.

390. Dhommeaux J., « Le noyau dur des droits de l'homme et la société démocratique en droit international des droits de l'homme », *Annuaire international des droits de l'homme*, 2007, pp. 35-90.

391. Dibgut P., « La liberté d'accès aux documents administratifs », *Rev. Adm.*, 1979, n° 187, p. 23.

392. Dieter Eberwein W., « Le système humanitaire allemand », in *Grotius International*, 2014.

393. Diop A.-K., « La Cour africaine des droits de l'homme et des peuples ou le miroir Stendhalien du sytème africaine de protection des droits de l'homme », *Les cahiers de droit*, vol. 55, n° 2, 2014, pp. 529-555.

394. Distefano G., « Le droit des peuples à disposer d'eux-mêmes (et les peuples autochtones) », in *Introduction aux droits de l'homme*, LGDJ, Schulthess, 2014, pp. 21 et s.

395. Dord O., « Droits fondamentaux (Notions de – et théorie des –) », in J. Adriantsimbazovina, H. Gaudin, J.-P. Marguénaud, S. Rials et F. Sudre (dir.), *Dictionnaire des droits de l'homme*, PUF, 2008, pp. 262-265.

396. Duclos D., « Le grand théâtre des chasseurs de risques », *Le Monde Diplomatique*, 2002.

397. Dufumier M., « Quelle recherche agronomique pour nourrir le Sud ? », *L'Écologiste*, vol. 4, n° 2, 2003, p. 20.

398. Duhautoy F., « Du droit de l'eau au droit à l'eau ? », in F. Collart Dutilleul (dir.), *Propositions Lascaux entre ressources naturelles et besoins alimentaires – Penser une démocratie alimentaire*, vol. 2, p. 423.

399. Dupuy P.-M., « Humanité, communauté et efficacité du droit », in *Mélanges R.-J. Dupuy, Humanité et droit international*, Pédone, 1991, p. 133.

400. Dupuy P.-M., « Le droit à l'eau, un droit fondamental ? », in *La mise en œuvre du droit à l'eau*, Schulthess, 2006, pp. 286-287.

401. Eide A., « Economic, social and cultural rights as human rights », in *Economic, social and cultural rights : A textbook*, M. Nijhoff, 1995, pp. 21-40.

402. El Baaj M., « Est-il possible de définir l'ordre public ? », *Le Village de la justice*, 28 octobre 2009.

403. Euzéby A. et Euzéby C., « Le libre-échange contre les droits de l'homme économiques et sociaux ! », *Le Monde*, 2012.

404. Fauré Y.-E., « Les constitutions et l'exercice du pouvoir en Afrique noire – Pour une lecture différente des textes », *Politique Africaine*, n° 1, 1981, pp. 34-52.

405. Favoreu L., « La jurisprudence du Conseil constitutionnel et le droit de propriété proclamé par la Déclaration de 1789 », in *La déclaration des droits de l'homme et du citoyen et la jurisprudence*, PUF, 1989, p. 138.

406. Feldman J.-P., « Le projet de loi constitutionnelle relatif à la Charte de l'environnement », *D.*, n° 14/2004, chron., p. 970.

407. Feltz B., « La nature en question – les OGM entre science, conscience et croissance », *Revue de l'Université catholique de Louvain*, n° 119, 2001, p. 28.

408. Fercot C., « Le juge et le droit au minimum. Les ambiguïtés du droit à des conditions minimales d'existence en droit comparé », in D. Roman (dir.), *Droit des pauvres. Pauvres droits ?, Pour le Centre de Recherches sur les Droits Fondamentaux*, Université Paris Ouest Nanterre la Défense, 2010, p. 215.

409. Fernandez Fernandez E., Malwe C. et Negrutiu I., « Définitions des ressources naturelles et implications pour la démarche juridique », in F. Collart Dutilleul (dir.), *Propositions Lascaux entre ressources naturelles et besoins alimentaires – Penser une démocratie alimentaire*, vol. 2, p. 71.

410. Fierens J., « L'article 23 de la Constitution, une arme contre la misère ? », *Droit en quart monde*, 1994, n° 3, p. 3.

411. Finkelstein S., « What is the global governance », *Global governance*, n° 3, 1995, p. 368.

412. Flauss J.-F., « La protection des droits de l'homme et les sources de droit international » in *La protection des droits de l'homme et l'évolution du droit international*, SFDI, Pédone, 1998, p. 25.

413. Fleiner T., « Quelques réflexions sur le discours contemporain des droits de l'homme », in *Mélanges en l'honneur de Michel Fromont, Les droits individuels et le juge en Europe*, Presses Universitaires de Strasbourg, 2001, p. 235.

414. Flückiger A., « Le principe de clarté de la loi ou l'ambiguïté d'un idéal », *Les cahiers du Conseil constitutionnel*, n° 21, Dossier : La normativité, 2007.

415. Fonbaustier L., « Environnement et pacte écologique. Remarques sur la philosophie d'un nouveau droit à », *Cah. Cons. Constit.*, n°15/2003, p. 143.

416. Foucher K., « La consécration du droit de participer par la Charte de l'environnement. Quelle portée juridique ? », *AJDA*, n° 42, 2006, pp. 2316-2317.

417. Frydman P., « Les considérations d'équité en droit administratif français », in *Justice, médiation et équité*, colloque Droit et médiation, La Documentation française, 1992, p. 47.

418. Fumey G., « La mondialisation de l'alimentation », *L'information géographique*, 2007/2, vol.71, pp. 71-82.

419. Fumey G., « Quels principes pour un droit des consommateurs citoyens ? », in F. Collart Dutilleul (dir.), *Propositions Lascaux entre ressources naturelles et besoins alimentaires – Penser une démocratie alimentaire*, vol. 2, p. 442.

420. Gaham H., « Tolérance et non-discrimination : le rôle de l'ONU », in *Nouvelles formes de discrimination*, A. Pédone, 1995.

421. Ganier-Raymond M., « Contre la faim, violation des droits de l'homme », *Revue quart monde*, n° 183, 2002.

422. Garaud E., « Clause de mobilité assortie d'une contrainte domicilaire : la Cour de cassation se réfère à la CEDH pour définir les critères de validité de la stipulation », *RJPF*, 1999, n° 3.

423. Garaud E., « La liberté religieuse du locataire : une donnée normalement extérieure au contrat de bail mais incorporable à celui-ci », *RJPF*, 2003, n° 4, p. 9.

424. Garric A. et Le Hir P., « Le réchauffement climatique en 10 questions », *Le Monde*, 2015.

425. Gaudemet Y., « L'administration au grand jour : France », *Journées de la Société de législation comparée*, 1983, p. 39.

426. Gaxie L., « Du « droit individualiste » au « droit social » – Une histoire de la juridicisation du social (1789-1939) », *Raison-Publique.fr*, 2012.

427. Gay L., « La notion de « droits-créances » à l'épreuve du contrôle de constitutionnalité », *Les Cahiers du Conseil constitutionnel*, n° 16.

428. de Gennes P.-G., « La persuasion vaut mieux que toutes les procédures », *L'expansion management review*, Groupe expansion, 1996, p. 102.

429. Ghezali M., « Les droits fondamentaux économiques, sociaux et culturels. Expérience de la France », in *Environnement et renouveau des droits de l'homme*, La Documentation française, 2006, pp. 139-153.

430. Ginther K., « Comment on the paper by Edith Brown-Weiss », in W. Lang (dir.), *Sustainable Development and international law*, Graham and Trotman-Martinus Nijhoff, 1995, p. 29.

431. Giudicelli-Delage G., « Droit à la protection de la santé et droit pénal en France », *Revue de science criminelle et de droit pénal comparé*, (1996-01/03) n° 1, pp. 13-30.

432. Gleick P., « The Human Right to Water », in *Towards Upstrean/dowstram hydrosolidarity*, 1999.

433. Goguel F., « Objet et portée de la protection des droits fondamentaux », in *Cours constitutionnelles européennes et droits fondamentaux*, Économica, 1982, p. 235.

434. Golub P.-S., « Puissance et « leadership » américains dans un monde en mutation », in B. Badie et D. Vidal (dir.), *Puissance d'hier et de demain. L'état du monde 2014*, éd. La Découverte, 2013, p. 25.

435. Gonzales Vaque L., Ehring L. et Jacquet C., « Le principe de précaution dans la législation communautaire et nationale relative à la protection de la santé », *RMUE*, 1/1999, p. 84.

436. Gorz A., « Revenu minimum et citoyenneté. Droit au travail v. droit au revenu », *Futuribles*, 1994, n° 184, pp. 49.

437. Gosalbo Bono R., « Les politiques et actions communautaires », *RTDE*, 1997, p. 780.

438. Greciano P., « Sur le principe de précaution en droit communautaire », *Les Petites Affiches*, n° 56, 2001, p. 5.

439. Grelle M.-H., Kabeyne K., B.V., Kenmagne K., G.-R., Tatietse T. et Ekodeck G.-E., « L'accès à l'eau potable et à l'assainissement dans les villes des pays en développement : cas de Bassouam (Cameroun) », *Vertigo – La revue électronique en sciences de l'environnement*, vol. 7, numéro 2, 2006.

440. de Grove-Valdeyron N., « La protection de la santé et de la sécurité du consommateur à l'épreuve de l'affaire de la dioxine », *RMCUE*, n° 433, 1999, p. 704.

441. Gründler T., « La doctrine des libertés fondamentales à la recherche des droits sociaux », in D. Roman (dir.), *Droits des pauvres, pauvres droits ? Recherches sur la justiciabilité des droits sociaux*, Pour le Centre de Recherches sur les Droits Fondamentaux, Université Paris Ouest Nanterre la Défense, 2010, p. 90.

442. Guegan A., « L'apport du principe de précaution au droit de la responsabilité civile », *RJE*, n° 2-2001, Limoges, p. 157.

443. Gusy C., « Les droits sociaux sont-ils nécessairement injusticiables ? », in F. Benoît-Rohmer et C. Grexe (dir.), *Les droits sociaux ou la démolition de quelques poncifs*, Presses Universitaires de Strasbourg, 2003, p. 37.

444. Haarscher G., « De l'usage légitime – et de quelques usages pervers – de la typologie des droits de l'Homme », in E. Bribosia et L. Hennebel (dir.), *Classer les droits de l'Homme*, Bruylant, 2004, p. 25.

445. Hage-Chahine F., « Essai d'une nouvelle classification des droits privés », *RTD civ.*, 1982, p. 718.

446. Haguenau-Moizard C., « Le traité d'Amsterdam, une négociation inachevée », *RMC*, n° 417, 1998, p. 249.

447. Hauser J. et Huet-Weiller D., « Traité de droit civil », in Jacques Ghestin (dir.), *La famille, Fondation et vie de la famille*, LGDJ, 2e éd., 1993, n° 1350, p. 903.

448. Hénin J.-C., « La loi Barnier et la participation du public : ajustement et innovation », *RJE*, n° 2/1995, p. 219 et s.

449. Hobbes, « Le droit naturel est la liberté de chacun d'user de son propre pouvoir », in *Léviathan*, le partie, ch. 14.

450. Horel S. et Santi P., « Scandale autour de l'étiquetage alimentaire », *Le Monde*, 2016.

451. Huang J., Pray C. et Rozelle S., « Enhancing the crops to feed the poor », *Nature – International journal of science*, vol. 418, 2002.

452. Huglo C., « La QPC : quelle utilisation en droit de l'environnement ? », *Nouveaux cahiers du Conseil constitutionnel*, n° 43, 2014.

453. Imbert P.-H., « Droit des pauvres, pauvre(s) droit(s) ? Réflexions sur les droits économiques, sociaux et culturels », *RDP*, 1989, p. 739 et s.

454. Institut National de la Recherche Agronomique, « OGM : prudence … », *Le courrier de l'environnement de l'INRA*, dossier de l'environnement n° 12, 1996.

455. Israël J.-J., « L'évolution du contenu des droits de l'Homme par leur évolution historique », *Droit des libertés fondamentales*, LGDJ, 1999, p. 21.

456. Jacquet D., « Parfois l'entreprise tue. Et j'ai honte dans ce cas de défendre l'entreprise », *Atlantico*, 2017.

457. Jadot B., « Actualité des droits de l'homme dans la crise de l'État-Providence : le droit à l'environnement », *RIEJ*, n° 13/1984, pp. 169-181.

458. Jadot B., « Le droit à l'environnement », in R. Ergec (dir.), *Les droits économiques, sociaux et culturels dans la Constitution*, Actes du colloque tenu à l'ULB les 21 et 22 décembre 1994, Bruylant, coll. de la faculté de droit, 1995, pp. 257-271.

459. Jadot B., « Le droit à la conservation de l'environnement », *Aménagement-Environnement*, numéro spécial, « Droits fondamentaux, urbanisme et environnement », 1996, pp. 229 et s.

460. Jadot Y., « Développement durable.com ? », *CONSTRUCTIF*, Sommaire n° 6, 2003.

461. Jaggi S., « State Action Doctrine », in *Encyclopedia entries*, 2017.

462. Jeannin M.-V., « Sécurité et insécurité alimentaire au troisième millénaire », *Gazette du Palais*, 2000, n° 4, p. 69.

463. Jégouzo Y., « La loi n° 95-101 du 2 février 1995 relative au renforcement de la protection », *Revue du droit de l'immobilier*, n° 17/2, 1995, p. 201.

464. Jianping L., « La protection de la sécurité alimentaire en droit pénal chinois », *Revue internationale de droit économique*, 2010/1 (t.XXIV, 1), pp. 123-137.

465. Joly J. et Saget E., « Alimentation : comment on nous manipule », *L'Express*, 2012.

466. Joly P.-B. et Marris C., « La participation contre la mobilisation ? Une analyse comparée du débat sur les OGM en France et au Royaume-Uni », *Revue internationale de politique comparée*, 2003/2, Vol. 10, pp. 195-206.

467. Jullien F., « Universels, les droits de l'homme ? », *Le Monde diplomatique*, 2008, pp. 24 et 25.

468. Kdhir M., « Pour le respect des droits de l'homme sans droit d'ingérence », *Revue trimestrielle des droits de l'homme*, 2002, pp. 901-923.

469. Kent G., « Le commerce alimentaire et les droits alimentaires », *Nations Unies – Chronique*, édition en ligne, vol. XXXIX, n° 2.

470. Khilnani S., « La « société civile », une résurgence », *Critique internationale*, 2001/1 (n° 10), pp. 38-50.

471. Kiss A., « Environnement, droit international, droits fondamentaux », in *Environnement et renouveau des droits de l'homme*, La Documentation française, 2006, pp. 134-136.

472. Kiss A. et Sicault J.-D., « La Conférence des Nations Unies sur l'environnement (Stockholm, 5/16 juin 1972) », *Annuaire français de droit international*, 1972, n° 18, pp. 603-628.

473. Kiss A., « La notion de patrimoine commun de l'humanité », *RCADI*, 1982, tome II, vol. 175, pp. 321-332.

474. Kiss A., « Les origines du droit à l'environnement : le droit international », *RJE*, n° spécial 2003, pp. 13-16.

475. Klatzmann J., « L'alimentation mondiale. Interrogations et tentatives de réponses », in *L'information géographique*, Paris, A. Colin, 1994, n° 58, pp. 89-94.

476. Krinke C. et Verrière P., « UE – OGM : renationaliser l'utilisation d'OGM pour l'alimentation humaine et animale ? De plus en plus d'oppositions », *Inf'OGM – veille citoyenne d'information sur les OGM et les semences*, 2018.

477. Krinke C., « OGM non autorisé : l'Espagne veut contourner la législation », *inf'OGM – Veille citoyenne d'information sur les OGM et les semences*, 2017.

478. Kuntz M., « L'écologie sans idéologie est possible », *Contrepoints*, 2016.

479. « L'universalisme des droits en question(s). Les 60 ans de la Déclaration universelle des droits de l'homme », *Cahiers de la Recherche sur les Droits Fondamentaux*, n° 7, 2009.

480. « La loi NOTRe pour les collectivités territoriales définitivement adoptée », *Le Monde*, 2015.

481. Labayle H., « Droits fondamentaux et droit européen », *AJDA*, 1998, n° spec., pp. 75-91.

482. de Lacharrière R., « Opinion dissidente », *Pouvoirs*, 1980, n° 13, p. 138.

483. Lafon C., « Spanghero : les dates clés du scandale des lasagnes à la viande de cheval », *Sud Ouest*, 20 janvier 2019.

484. Lafore R., « Le droit aux droits », *Informations sociales*, n° 81/2000, p. 80 et s.

485. Laïdi Z., « Démocratiser la gouvernance mondiale », *L'Express*, 2009.

486. Landais C., « Conclusions sur CE, 4 juillet 2012, CFPSAA », *RDSS*, 2012, p. 928.

487. Lanfranchi M.-P., « La valeur juridique en France des résolutions du Conseil de sécurité », *Annuaire français de droit international*, n° 1, 1997, pp. 31-57.

488. Laroque P., « La Charte sociale européenne », *Droit social*, 1979, pp. 100-119, spéc. p. 108.

489. Larralde J.-M., « Convention européenne des droits de l'homme et jurisprudence communautaire », in J.-F. Akandji-Kombé, S. Leclerc et M.-J. Redor (dir.), *L'Union européenne et les droits fondamentaux*, Bruxelles, Bruylant, 1999, p. 106.

490. Laske K., « L'ARC : le silence de Crozemarie sur les millions détournés. L'enquête sur l'enrichissement personnel de l'ex-président est terminée. Sans avoir abordé les hypothèses politiques », *Libération*, 1999.

491. Laviec J.-P., « La protection des droits économiques et sociaux par l'Organisation internationale du travail », *RUDH*, 1991, pp. 61-69.

492. Lazaric N. et Bonnin C., « Les limites de la surcharge informationnelle », in F. Collart Dutilleul (dir)., *Propositions Lascaux entre ressources naturelles et besoins élémentaires – Penser une démocratie alimentaire*, Vol. 2, p. 451.

493. Le Bot O., « L'effectivité des droits sociaux dans le cadre des procédures d'urgence », in D. Roman (dir.), *Droits des pauvres, pauvres droits ? – Recherches sur la justiciabilité des droits sociaux*, p. 327.

494. Leclerc S., « L'égalité de traitement entre les hommes et les femmes : l'ascension d'un droit social fondamental », in *L'Union européenne et les droits fondamentaux*, Bruylant, 1999, p. 207.

495. « Le droit à la santé n'est pas une liberté », *AJDA*, 2006, pp. 377-379.

496. « Le fiasco des OGM », *L'Express*, 1999.

497. Legay J.-M., « La listéria, une bactérie pas comme les autres » – entretien avec J.-P. Flandrois, *Nature, Sciences, Sociétés*, 2002-2, pp. 58-63.

498. Legay J.-M., « À propos du principe de précaution », *Natures, Sciences, Sociétés*, vol. 9, n° 1, 2001, p. 48.

499. Lemasurier J., « Vers une démocratie administrative : du refus d'informer au droit d'être informé », *RDP*, 1980, p. 1 239.

500. Lenaerts K., « Limits on limitations : the essence of fundamental rights in the EU », *German law Journal*, 2019, p. 779.

501. Lepage C., « Que faut-il entendre par principe de précaution ? », *GP*, 1999, p. 7.

502. « Le Président Lula propose au G8 un fonds mondial contre la faim », *Le Monde*, 2003.

503. Lequesnes C. et Smith A., « Union européenne et science politique : où en est le débat théorique ? », *Cultures & Conflits*, 1997, p. 2.

504. Le Roy E., « Logique institutionnelle et logique fonctionnelle : de l'opposition à la complémentarité », in Stéphane Tessier (dir.), *À la recherche des enfants des rues*, Union européenne, Karthala, 1998, pp. 243-258.

505. Levi L., « Le chemin inachevé vers l'unité européenne, *Le Taurillon – magasine eurocitoyen*, 2007.

506. Levinet M., « Recherche sur les fondements du « droit au développement de l'être humain » à partir de l'exemple de la CEDH », *Cahiers de l'IDEDH*, 1996, n° 5, 209 pages.

507. Lichtenstein C.-P., « C'est la nature qui a commencé ! », *La Recherche*, n° 327, 2000, p. 39.

508. Lochak D., « Les bornes de la liberté », *Pouvoirs*, 1998, n° 84, p. 15.

509. Lucas O., « La convention européenne des droits de l'homme et les fondements de la responsabilité civile », *JCP* G, 2002, I, n° 111, p. 286.

510. Lucchini L., « Le principe de précaution en droit international de l'environnement : ombres plus que de lumières », *Annuaire français de droit international*, 1999, p. 720.

511. Luchaire F., « De la méthode en droit constitutionnel », *RDP*, 1981, p. 310.

512. Luchaire F., « Brèves remarques sur une création du Conseil constitutionnel : l'objectif de valeur constitutionnelle », *RFDC*, 2005, n° 64, pp. 675-684.

513. Lyon-Caen A., note sous Versailles, 1re ch., 11 mars 1985, *Revue trimestrielle du barreau de Versailles*, 1986, p. 109.

514. Lyon-Caen G., « Le droit social dans la CE », in Alain Buzelay (dir.), *Une Europe sociale : pourquoi...jusqu'où ?*, Nomos Verlagsgesellschaft, 1995, pp. 83-125.

515. Maetz M., « Des chiffres et des faits sur la malnutrition dans le monde », in *La faim expliquée ?*, 2018.

516. Magnon X., « Plaidoyer pour que le Conseil constitutionnel devienne une cour constitutionnelle », *Revue française de droit constitutionnel*, 2014/4 (n° 100), pp. 999 à 1009.

517. Mahiou A., « La communauté économique africaine », *Annuaire français de droit international*, vol. 39, n° 1, 1993, pp. 798-819.

518. Mahiou A., « Sécurité alimentaire », in A. Mahiou et F. Snyder (dir.), *La sécurité alimentaire*, Académie du Droit international de la Haye, 2006, pp. 25-26.

519. Mahy A., « L'information sur les denrées alimentaires : vers une « réglementarisation » des informations volontaires », in E. Van Nieuwenhuyze et

C. Verdure (dir.), *Actualités en droit alimentaire*, Recyclages en droit, Limal, coll. Anthemis, 2014, p. 45.

520. Malaurie P. et Fulchiron H., « La famille », in P. Malaurie et L. Aynes (dir.), *Droit civil*, Defrénois, 2009, n° 1748.

521. Malaurie P., « L'intelligibilité des lois », *Pouvoirs*, 2005/3 n° 114, pp. 131-137.

522. Margetic C., « Quels principes pour un droit des consommateurs citoyens ? », in F. Collart Dutilleul (dir.), *Propositions Lascaux entre ressources naturelles et besoins élémentaires – Penser une démocratie alimentaire*, vol. 2, p. 446.

523. Marguenaud J.-P., « L'influence de la Convention européenne des droits de l'homme sur le droit français des obligations », in *Le renouvellement des sources des droits et obligations, journées nationales de l'association Henri Capitant*, LGDJ, 1996, p. 45.

524. Marguénaud J.-P., « La Charte constitutionnelle de l'environnement face au droit de la Cour européenne des droits de l'homme », *RJE*, n° spécial 2005, pp. 199-205.

525. Martin G.-J., « Apparition et définition du principe de précaution », *Les Petites Affiches*, n° 239, 2000, p. 9.

526. 563. Mathieu B., « La normativité de la loi : une exigence démocratique », *Les Cahiers du Conseil constitutionnel*, n° 21, 2006, pp. 69-72.

527. Mathieu B., « La portée de la Charte pour le juge constitutionnel », *AJDA*, n° 21/2005, p. 1171.

528. Mathieu B., « La protection du droit à la santé par le juge constitutionnel. À propos et à partir de la décision de la Cour constitutionnelle italienne n° 185 du 20 mai 1998 », *Cah. Cons. Const.*, n° 6/1999, p. 62.

529. Mathieu B., M. Verpeaux et L. Baghestani-Perrey, « Chronique de jurisprudence constitutionnelle n° 21, janvier-juin 1999 », *LPA*, 1999, n° 188, pp. 13-14.

530. Maussion C., « Libre-échange : « l'exception culturelle ne se négocie pas » », *Libération*, 2013.

531. Mélin-Soucramanien F., « Le principe d'égalité dans la jurisprudence du Conseil constitutionnel », *Économica*, 1997, p. 33 et s.

532. Méreuze D., « La passion de la cuisine, une exception française », *La Croix*, 2011.

533. Meunier B., « Faut-il encore avoir peur des OGM ? », *Le Figaro*, 25 janvier 2013.

534. Millot L., « Aux États-Unis, solidarité évoque socialisme », *Libération*, 2010.

535. Miserey Y., interview de Pierre-Benoît Joly, chercheur à l'Institut National de la Recherche Agronomique, « La méfiance française décryptée par un sociologue », *Le Figaro*, 2004.

536. de Montalivet P., « Gouvernance et participation. Propos introductifs », in P. de Montalivet (dir.), *Gouvernance et participation*, préf. de P. Moreau Defarges, Actes du colloque du 28 novembre 2008 à la Faculté de droit, des sciences économiques et de gestion de l'Université de Bretagne-Sud, Bruylant, 2011, p. 1.

537. Morand-Devillier J., « La Constitution et l'environnement », *Les cahiers du Conseil constitutionnel*, n° 15, 2003, p. 121.

538. Morange J., « Droits civils et politiques », in D. Alland et S. Rials (dir.), *Dictionnaire de la culture juridique*, pp. 536-538.

539. Mougeot M. et Naegelen F., « La concurrence pour le marché », *La revue d'économie politique*, 2005/6, pp. 739-778.

540. Moutel B., « Une lente appropriation de l'effet horizontal », in Jean-Pierre Marguenaud (dir.), *CEDH et droit privé : l'influence de la jurisprudence de la Cour européenne des droits de l'homme sur le droit privé français*, La Documentation française, 2000, p. 162.

541. H. Munoz, « Quels principes pour un droit des consommateurs citoyens ? », in F. Collart Dutilleul (dir.), *Propositions Lascaux entre ressources naturelles et besoins élémentaires – Penser une démocratie alimentaire*, *op.cit.*, p. 446.

542. Nagant T., « La faim n'est pas une fatalité », *RTBF*, 2009.

543. Nairaud D., « Alimentation (Économie et politique alimentaire) – Enjeux de politiques publiques », in *Encyclopædia Universalis*.

544. Nakseu Nguefang G., « Le principe de précaution dans le contexte du protocole international sur la prévention des risques biotechnologiques », *Les cahiers de droit*, vol. 43, numéro 1, 2002, pp. 39-62.

545. Nicolo F., « L'actuelle organisation du commerce mondial est-elle réellement efficace ? », *Federica Nicolo, un regard sur l'international*, 2017.

546. Nivard C., « La garantie d'un accès à l'eau devant le Conseil constitutionnel », *AJDA*, 2015, n° 30, pp. 1704-1708.

547. Nivard C., « La justiciabilité des droits sociaux. Étude de droit conventionnel européen », *RDLF* 2011, thèse n° 04.

548. Nivard C., « Le droit à l'alimentation », in D. Roman (dir.), *« Droits des pauvres, pauvres droits ? » – Recherches sur la justiciabilité des droits sociaux*, Pour le Centre de Recherches sur les Droits Fondamentaux, Université Paris Ouest Nanterre la Défense, 2010, p. 233.

549. Noel J., « La décision n° 2014-700 DC ou la poursuite d'une révolution juridique née il y a 40 ans », *Civitas Europa*, 2014/2 (N° 33), pp. 253-258.

550. Noisette C., « OGM : fin de la faim », *Inf'OGM – Veille citoyenne d'informations sur les OGM et les semences*, n° 43, 2003.

551. Noiville C., Hermitte M.-A. et Brosset E., « Organismes génétiquement modifiés », *Jurisclasseur Environnement et Développement durable*, 2009, fasc. N° 4 100.

552. Noiville C., « Principe de précaution et gestion des risques en droit de l'environnement et en droit de la santé », *Les Petites Affiches*, n° 239, 2000, p. 46.

553. « Normes de valeur constitutionnelle et degré de protection des droits fondamentaux », *RFDA*, 1990, pp. 317-335.

554. Olinga A.-D., « L'applicabilité directe de la Convention internationale sur les droits de l'enfant devant le juge français », *RTDH*, 1995, p. 678.

555. Ottou A. et Doris M., « Vers une déclaration universelle des droits de l'Humanité ? », *La Revue des droits de l'Homme*, *Actualités Droits-Libertés*, janvier 2015.

556. Paul O., « Mythe ou réalité des droits économiques, sociaux et culturels », in *Mélanges Velu Jacques*, Bruylant, 1992, pp. 1870-1887.

557. Pavia M.-L., « La découverte de la dignité de la personne humaine », in M.-L. Pavia et T. Revet (dir.), *La dignité de la personne humaine*, Économica, coll. Études juridiques, 1999, pp. 3-24.

558. Pelissier C., « Le droit de vivre dans des conditions matérielles décentes d'existence protégé par l'article 8 : le respect de la « vie privée » et du « domicile » », *Cahier de l'Institut européen des droits de l'homme*, 1996, vol. 5.

559. Pélissier J., « La liberté du travail », *Dr. Soc.*, 1990, p. 19.

560. Pelletier B., « L'illusion acculturelle », in *Gestion des risques interculturels – Entreprise & Management Interculturel*, 2011.

561. Pelloux R., « Vrai ou faux droits de l'homme ; problèmes de définition et de classification », *Revue du droit public*, 1981, p. 54.

562. Perroulaz G., « Le rôle des ONG dans la politique de développement : forces et limites, légitimité et contrôle », *Annuaire suisse de politique de développement*, 23-2 | 2004, pp. 9-24.

563. Petitjean O., « Le rôle central des femmes dans l'accès à l'eau et à l'assainissement », in *Partage des eaux – Ressources et informations pour une gestion juste et durable de l'eau*, 2008.

564. Petit Y., « L'autorité européenne de sécurité des aliments et la nouvelle approche alimentaire communautaire », *JTDE*, n° 92, 2002, p. 209.

565. Pettiti C., « La protection des droits sociaux fondamentaux à l'aube du troisième millénaire », in *Les droits de l'homme au seuil du troisième millénaire, Mélanges Pierre Lambert*, Bruylant, 2000, p. 613 et s.

566. Phillips R. et Jean D., « Simulating the impact of alternative food reserve programs : the Asian case », *Korean journal of Rural Development Korea*, 1980, vol. 3, pp. 83-100.

567. Picard E., « L'émergence des droits fondamentaux en France », *AJDA*, 1998, n° spécial, pp. 6-43.

568. Pichard M., « La justiciabilité de l'obligation alimentaire entre parents et alliés : quels enseignements pour la justiciabilité des droits sociaux ? », in D. Roman (dir.), *Droits des pauvres, pauvres droits ? – Recherches sur la justiciabilité des droits sociaux*, Pour le Centre de Recherches sur les Droits Fondamentaux, Université Paris Ouest Nanterre la Défense, 2010, p. 415.

569. Picod F., « La normativité du droit communautaire », *RDP*, pp. 94-98.

570. Pilczer J.-S., « La notion de service public », *Informations sociales*, 2010/2 (n° 158), pp. 6-9.

571. Pintado C., « La valeur des avis scientifiques de l'EFSA », in E. Van Nieuwenhuyze et C. Verdure (dir.), *Actualités en droit alimentaire*, Recyclages en droit, Limal, coll. Anthemis, 2014, p. 188.

572. Pizzorusso A., « Les générations de droits », in C. Grewe et F. Benoît-Rohmer (dir.), *Les droits sociaux ou la démolition de quelques poncifs*, Presses Universitaires de Strasbourg, 2003, p. 17.

573. « Politique et contrôle de l'eau dans le Moyen-Orient ancien », *Ann. Histoire Sciences Sociales*, 2002, n° 3.

574. Ponthoreau M.-C., « Le principe de l'indivisibilité des droits. L'apport de la Charte des Droits fondamentaux de l'Union européenne à la théorie générale des droits fondamentaux », *RFDA*, 2003, p. 929.

575. Pouligny B., « Une société civile internationale ? », *Critique internationale*, 2001/4 (n°13), pp. 120-122.

576. Pretot X., « Les bases constitutionnelles du droit social », *Dr. Soc.*, 1991, p. 195.

577. Prieur M., « L'environnement est entré dans la Constitution », *RJE*, 2005, p. 28.

578. Prieur M., « La Charte, l'environnement et la Constitution », *AJDA*, n° 8, 2003, p. 353.

579. M. Prieur, « Les nouveaux droits », *AJDA*, 2005, pp. 1159-1162.

580. Puissochet J.-P., « La progression des droits sociaux dans une communauté économique, les apports récents de la CJCE », in *Mélanges en l'honneur de Jean Pélissier*, Dalloz, p. 433.

581. M. Rabakoniaina, « Le manque de volonté politique est la principale cause de l'insécurité alimentaire », *tribunemadagascar.com*, 4 février 2016.

582. de Raincourt H., « L'accès à l'eau est l'un des enjeux essentiels du XXIe siècle », *Le Monde*, 2011.

583. Rangeon F., « Droits libertés et droits-créances : contradiction du Préambule de la Constitution de 1946 », in *Préambule de la Constitution de 1946, Antinomies juridiques et contradictions politiques*, PUF, 1996, p. 29 et s.

584. Ranjeva R., « Aspects de droit international – Rapport de synthèse », in *La mise en œuvre du droit à l'eau*, Schulthess, 2006, pp. 299-301.

585. Rauline N., « Les Américains ont un appétit féroce pour la viande », *Les Échos*, 2018.

586. Redor-Frichot M.-J., « L'indivisibilité des droits de l'homme », *Centre de recherche sur les droits fondamentaux et les évolutions du droit*, n° 7, 2009, pp. 75-86.

587. Redor-Frichot M.-J., « La vocation de l'Union européenne à protéger les droits fondamentaux », in J.-F. Akandji-Kombé, S. Leclerc et M.-J. Redor-Frichot (dir.), *L'Union européenne et les droits fondamentaux*, Bruylant, 1999, pp. 14-15.

588. Renault A., « Europe : les pays de l'Est dénoncent leur Nutella « dégradé » », *L'Express*, 10 mars 2017.

589. Reneaud F., « Une reconnaissance de la liberté du travail ? (Conseil d'État, 4 octobre 2004, *Société Mona Lisa Investissements*) », *Dr. Soc.*, n° 6/2005, p. 610.

590. Reteur P., « Quelques réflexions sur l'équité en droit international », *RBDI*, 1980-1, volume 15, pp. 52-74.

591. Rey-Lefebvre I., « Le droit au logement opposable : une application à géométrie variable », *Le Monde*, 2016.

592. Rieth B., « Lutte contre la pauvreté : François Hollande n'a pas tenu ses promesses de campagne », *Mariane*, 2015.

593. Rigaud C., « RDC : « corruption, prédation, répression », le triptyque congolais », *Courier Blogs*, 2017.

594. F. Rigaux, « Le droit successoral des enfants naturels devant le juge international et le juge constitutionnel », *RTDH*, 1992, p. 215.

595. Robert J., « Le principe d'égalité dans le droit constitutionnel francophone », *Cah. Cons. Constit.*, n° 3, 1997.

596. Robert J., « Les activités du Conseil constitutionnel », *L'Astrée*, 1998, n° 5, p. 6.

597. Roca P.-J., « L'éthique pour réformer les ONG », *Libération*, 2002.

598. Roger-Lacan C., « Participation et information du public : la définition par étape de la portée de l'article 7 de la Charte de l'environnement », à propos de cons. const., déc. n° 2011-183-184 QPC du 14 octobre 2011, *BDEI*, 2011, p. 5.

599. Rogoff K., « L'obésité, cetté épidémie que les États-Unis propagent », *Les Échos*, 2017.

600. Roman D., « Devoir de travailler et protection sociale : d'une problématique de la dette sociale à la question des « devoirs sociaux » », *RDSS*, 2009, n° 1, pp. 63-78.

601. Roman D., « La justiciabilité des droits sociaux ou les enjeux de l'édification d'un État de droit social », *La Revue des droits de l'homme*, 1|2012.

602. Roqueplo P., « Climats sous surveillance. Limites et conditions de l'expertise scientifique », *La Météorologie*, 8e série, n° 3, 1993, pp. 79-80.

603. Rosa S. et Dutschke M., « Child rights at the score : The use of international law in South African cases on children's socio-economic rights », in *South African Journal on Human Rights*, 2006, vol. 22, pp. 224 et s.

604. Rosenberg D., « Le principe de souveraineté des États sur leurs ressources naturelles », *Politique étrangère*, 1983, pp. 1002-1004.

605. Rosenberg D., « Quelques observations sur la souveraineté économique de l'État post-moderne », in *Mélanges Paul Tavernier*, Bruylant, 2013, pp. 333-358.

606. Roseneau J., « Governance in the twenty-first century », *Global governance*, n° 1, 1995, pp. 13-14.

607. Rousseau D., « Chronique de jurisprudence constitutionnelle (juillet 1989-août 1991) », *RDP*, 1992, p. 47

608. Roucous D., « Facture d'eau, vous ne pouvez pas la payer, faites-vous aider », *L'Humanité*, 2018.

609. Roulhac C., « L'opposabilité des droits et libertés », *RDLF* 2017, thèse n° 04.

610. Rozan A., Lusk J.-L. et Campardon M., « Acceptabilité des consommateurs face à un OGM de seconde génération : le riz doré », *Revue d'économie politique*, Dalloz, 2007/5, pp. 843-852.

611. de Sadeleer N., « Grandeur et servitude du principe de précaution en matière de sécurité alimentaire et de santé publique », in P. Nihoul et S. Mahieu (dir.), *La sécurité alimentaire et la règlementation des OGM : perspective nationale, européenne et internationale*, Larcier, 2005, p. 315 et s.

612. de Sadeleer N., « L'harmonisation des règles relatives à la mise sur le marché, à la dissémination, aux transferts internationaux et à l'utilisation des OGM », in E. Van Nieuwenhuyze et C. Verdure (dir.), *Actualités en droit alimentaire*, Recyclages en droit, coll. Anthemis, 2014, p. 209.

613. de Sadeleer N., « Les avatars du principe de précaution en droit public. Effet de mode ou révolution silencieuse ? », *RFDA*, 2001, p. 547.

614. de Sadeleer N., « Les dérogations nationales à l'harmonisation du marché intérieur. Examen au regard de l'article 114, paragraphes 4-7 TFUE », *Revue du droit de l'Union européenne*, 2013/1, pp. 1-35.

615. de Sadeleer N., « The Precautionnary Principle in EC Health and Environmental Law », *European law journal*, vol. 12, 2006, pp. 139-172.

616. Saenz de Santamaria A., « La Carta de los derechos fundamentales de la Unión Europea en la practica española », *Revista de Derecho de la Unión Europea*, n°15, 2° semestre, 2008.

617. Salignon P., « L'Europe humanitaire en question(s) », *Humanitaire*, 2009.

618. de Salvia M., « Principes généraux du droit de l'homme à un environnement sain selon la Convention européenne des droits de l'homme », *Annuaire international des droits de l'homme*, vol. I/2006, Bruylant, p. 57.

619. Savatier J., observations sous Cass. Soc., 18 décembre 1997, *Société Doutaves N. Bernard c/ Heuby*, *Dr. Soc.*, 1998, p. 195.

620. de Schutter O., « La contribution de la Charte des droits fondamentaux de l'Union européenne à la garantie des droits sociaux dans l'ordre juridique communautaire », *RUDH*, 2000, vol. 12, n° ½, p. 42.

621. de Schutter O., « La contribution de la Charte sociale européenne à l'intégration des Roms d'Europe », *L'Europe des Libertés*, n° 23, 2005.

622. de Schutter O., « Les droits fondamentaux dans l'Union européenne : une typologie de l'acquis », in E. Brisobia et L. Heinnebel (dir.), *Classer les droits de l'homme*, Bruylant, 2004, p. 315.

623. de Schutter O., « Souveraineté alimentaire », in F. Collart Dutilleul (dir.), *Dictionnaire juridique de la sécurité alimentaire dans le monde*, Larcier, 2013, 700 pages.

624. Scigacz M.-A., « Climat : ce qu'il faut retenir de la COP23, la conférence de l'ONU qui vient de s'achever en Allemagne », *FranceInfo*, 2017.

625. Sermet L., « Actualité de l'adhésion de la Communauté européenne aux organisations internationales et aux traités », *Annuaire français de droit international*, 1997, vol. 43, Numéro 1, pp. 671-699.

626. Sheinin M., « Economic social and cultural rights as legal rights », in A. Eide, C. Krause, A. Rosas (dir.), *Economic, social and cultural rights, a Textbook*, Dordrecht, Boston, Londres, 2001, 785 pages.

627. Siganporia H., « La revanche des communautés tribales », *Courier international*, n° 974, 2009.

628. Sinaï A., « Les métamorphoses du principe de précaution », *Actu Environnement*, 2010.

629. Smets H., « La gratuité de l'eau potable est-elle envisageable ? », *La Revue l'eau, l'Industrie, les Nuisances*, n° 413, p. 413.

630. Smets H., « Le droit de chacun à l'eau », *Revue européenne de droit de l'environnement*, 2002, p. 150.

631. Smets H., « Le droit de l'homme à l'eau et à l'assainissement est finalement reconnu », *Revue juridique de l'environnement*, 2011, pp. 79-89.

632. Smets H., « Observation sur le droit à l'assainissement », *RSE*, n° 4/2010, p. 769.

633. Smouts M.-C., « Du bon usage de la gouvernance en relations internationales », *Revue internationale des sciences sociales*, 1998.

634. Sudre F., « Exercice de « jurisprudence-fiction » : la protection des droits sociaux par la Cour EDH », in F. Benoît-Rohmer (dir.), *Les droits sociaux fondamentaux ou la démolition de quelques poncifs*, Presse Universitaire de Strasbourg, 2003, 182 pages.

635. Sudre F., « La « perméabilité » de la CEDH aux droits sociaux », in *Pouvoir et liberté. Mélanges Jacques Mourgeon*, Bruylant, 1998, 467 pages.

636. Sudre F., « La première décision « quart-monde » de la Commission européenne des droits de l'homme, une « bavure » dans une jurisprudence dynamique », *RUDH*, 1990, p. 349 et s.

637. Sudre F., « Le protocole additionnel à la CSE prévoyant un système de réclamation collective », *RGDIP*, 1996, n° 3, pp. 715-739.

638. Sudre F., « Les droits sociaux et la CEDH », *RUDH*, 2000, vol. 12, n° 1-2, pp. 28-32.

639. Tardieu V. et Ollivier S., « OGM : l'Europe se met à table », *Science et Vie*, 2001, n° 1008, pp. 78-84.

640. Tassel F., « La Cour des comptes épingle la Ligue contre le cancer. Le constat n'est cependant pas aussi accablant que celui portant sur l'ARC », *Libération*, 1999.

641. Telo L., « La petite histoire du fast-food en France », *Le Monde*, 2015.

642. Testart J., « À qui profitent les OGM ? », Centre National de la Recherche Scientifique, 2013.

643. Thébaud E., « Les alicaments : aliments ou médicaments ? », in E. Van Nieuwenhuyze et C. Verdure (dir.), *Actualités en droit alimentaire*, Recyclages en droit, coll. Anthemis, 2014, p. 81.

644. Thomson G.-R., « Fièvre aphteuse : faire face aux nouveaux dilemmes », *Rev. Sci. Tech.*, 2002/3, vol. 21.

645. Thouvenin J.-M. et Philippe C., « Le droit à l'alimentation », in J.-M. Thouvenin et A. Trebilcock (dir.), *Droit international social*, Bruylant, 2013, p. 1708.

646. Tignino M. et Yared D., « La commercialisation et la privatisation de l'eau dans le cadre de l'Organisation mondiale du commerce », *Revue québécoise de droit international*, 2006, p. 159.

647. Tigroudja H., « Le juge administratif français et l'effet direct des engagements internationaux », *RFDA*, 2003, p. 154.

648. Timsit G., « Normativité et régulation », *RDP*, pp. 84-87.

649. Trolard F. et Dangeard M.-L., « Les sols, l'eau et la production agricole : des ressources de base face à l'étalement urbains et aux changements climatiques », in F. Collart Dutilleul (dir.), *Propositions Lascaux entre ressources naturelles et besoins alimentaires – Penser une démocratie alimentaire*, Vol. 2, p. 116.

650. Truchet D., « Douze remarques simples sur le principe de précaution », *JCP*, G, 2002, act., 138.

651. Tubiana L., « L'Europe handicape le Sud », *Projet*, n° 234 : *Agriculture, semer l'avenir*, été 1993.

652. Tulkens F., « Les droits sociaux dans la jurisprudence de la nouvelle Cour européenne des droits de l'homme », in F. Benoît-Rohmer (dir.), *Les droits fondamentaux ou la démolition de quelques poncifs*, 182 pages.

653. Turbeaux S., « Quels principes pour un droit des consommateurs citoyens ? », in F. Collart Dutilleul (dir.), *Propositions Lascaux entre ressources naturelles et besoins alimentaires – Penser une démocratie alimentaire*, vol. 2, pp. 441-456.

654. Tzemos B.-G., « La Charte des droits fondamentaux de l'Union européenne : la belle au bois dormant », *Blog Droit européen*, 2017.

655. Urrutia Libarona I., « Commercializacion de transgenicos y medio ambiente », in F. Javier Larruga, M. Garcia Perez et J. José Pernas Garcia (dir.), *Libre mercado y proteccion ambiental. Intervencion y orientacion ambiental de las actividades economicas*, INAP, 2013, p. 281.

656. Vandersanden G., « Considérations sur le principe de subsidiarité », in *Mélanges Velu Jacques*, Bruylant, 1992, p. 194 et s.

657. Vasak K., « Le droit international des droits de l'homme », *RCADI*, volume IV, p. 333.

658. Vasak K., « Les différentes typologies des droits de l'homme », in E. Bribosia et L. Hennebel (dir.), *Classer les droits de l'Homme*, Bruylant, 2004, pp. 11-12.

659. Vedel G., « Rapport de synthèse », in T. Lambert (dir.), *Égalité et équité. Antagonisme ou complémentarité*, Économica, 1999, p. 139.

660. Vellas P., « La conférence de Stresa et la politique agricole européenne », *Politique étrangère*, 1958, pp. 480-487.

661. Verdure C., « La sécurité des denrées alimentaires et la responsabilité des acteurs en droit de l'Union européenne », in E. Van Nieuwenhuyze et C. Verdure (dir.), *Actualités en droit alimentaire*, Recyclages en droit, coll. Anthemis, 2014, p. 11.

662. Verdussen M., « Le droit à un environnement sain dans les constitutions des États européens », *Annuaire international des droits de l'homme*, vol. I/2006, Bruylant, p. 328.

663. de Vergottini G., « La protection des droits sociaux fondamentaux dans l'ordre juridique de l'Italie », in J. Iliopoulos-Strangas (dir), *La protection des droits sociaux fondamentaux dans les États membres de l'Union européenne. Étude de droit comparé*, éd. N.. Sakkoulas, Bruylant, Nomos Verlagsgesellschaft, 2000, p. 570.

664. Verpeaux M., « La Charte de l'environnement, texte constitutionnel en-dehors de la Constitution », *Environnement*, 2005, n° 4, p. 16.

665. Vidal-Naquet A., « Les acteurs de la participation : vers une institutionnalisation du lobbying ? », in P. de Montalivet (dir.), *Gouvernance et participation*, préf. de P. Moreau Defarges, Actes du colloque du 28 novembre 2008 à la Faculté de droit, des sciences économiques et de gestion de l'Université de Bretagne-Sud, Bruylant, 2011, p. 141 et s.

666. Vierdag E.-W., « The legal nature of the rights garanted by the International Covenant on Economic, Social and Cultural Rights », in *Netherlands Yearbook of International law*, vol. IX, 1978, pp. 69-105.

667. Villaverde I., « La inconstitucionnalidad por omision de los silencios legislativos », *Annuario de derecho constitucional y parlementario*, 1996, n° 8, p. 122.

668. Villey M., « Guillaume d'Occam et l'idée de droit subjectif », *Archives de philosophie du droit*, 1964, p. 97.

669. Vimbert C., « L'ordre public dans la jurisprudence du Conseil constitutionnel », *RDP*, 1994, pp. 711-713.

670. Viney G., « Le point de vue d'un juriste », *Les Petites Affiches*, n° 239, 2000, p. 66.

671. Virally M., « La Charte des droits et devoirs économiques des États », *AFDI*, 1974, pp. 52-85.

672. Virally M., « La valeur juridique des recommandations des organisations internationales », *AFDI*, 1956, pp. 66-96.

673. Vos E., « Le principe de précaution en droit alimentaire de l'Union européenne », *Revue internationale de droit économique*, 2002/2, pp. 219-252.

674. de Vulpillières E., « La mondialisation est une « entreprisation du monde » », *Le Figaro*, 2016.

675. Wiley-Blackwell/UNESCO, « Poverty as a human rights violation : grassroots perspectives », *International Social Science Journal*, n° 197/198, 2009, pp. 315-519.

676. Zem S., « L'absence de consensus sur le droit à la fin de vie en Europe », *Le Journal international*, 2018.

677. Ziegler J., « Crise alimentaire : le sommet de la FAO à Rome est un « échec total » », *Le Monde*, 2008.

678. Zitouni F., « Le droit au logement des personnes défavorisées, nouveau droit social ? », in M. Segaud, C. Bonvalet, J. Brun (dir.), *Logement et habitat. L'état des savoirs*, éd. La Découverte, 1998, p. 248.

IV. Rapports et communications.

679. Ahmad E., Ayres R.-L., Fields G., Ribe H., Squire L., Suridberg M., Van de Walle D., Van der Gaag, M. Walton J., « Rapport sur le développement dans le monde 1990 : la pauvreté », la Banque mondiale, 1990.

680. Amnesty International, « Zimbabwe : pouvoir et famine, les violations du droit à l'alimentation », Rapport, 2005, p. 12 et s.

681. Assemblée générale des Nations Unies, Déclaration pour le progrès et le développement dans le domaine social, 1969 (parue dans la résolution 2542 (XXIV)).

682. Association française pour l'étude des eaux, « Le coût économique et social de l'eau, les dommages et le coût des réparations », Tome 2, 1987, p. 11 et s.

683. Bœuf G., « La biodiversité, de l'océan à la cité », Leçon inaugurale prononcée au Collège de France le 19 décembre 2013.

684. Cavare L., « La notion de bonne foi et quelques-unes de ses applications en droit international public », Cours de l'Institut des Hautes Études Internationales, 1964, p. 1.

685. Commission des droits de l'homme des Nations Unies, « Le droit à l'alimentation », rapport présenté par J. Ziegler, 2001, §15.

686. Commission européenne – Direction Générale Agriculture, « Agenda 2000_quel avenir pour l'agriculture ? », Fact-Sheet, OPOCE, 1998, p. 2.

687. Commission européenne, Gouvernance européenne, un Livre Blanc, 2001, COM (2001) 428 final, p. 12.

688. Commission européenne, « L'Union européenne dans le monde, 50 ans 50 histoires de réussites », 2007.

689. Commission européenne, « Le monde en 2025 – La montée en puissance de l'Asie et la transition socio-écologique », Direction générale de la recherche Sciences socio-économiques et humaines, 2009, p. 18.

690. Communication [COM (2001) 231 final] de la Commission adressée au Conseil et au Parlement européen du 5 mai 2001 intitulée « Édifier un partenariat efficace avec les Nations unies dans les domaines du développement et des affaires humanitaires ».

691. Communication [COM (2001) 252] de la Commission du 8 mai 2001 sur le rôle de l'Union européenne dans la promotion de la protection des droits de l'homme et la démocratisation des pays tiers.

692. Communication de la Commission [COM (2003) 526 final] au Conseil et au Parlement européen intitulé « L'Union européenne et les Nations Unies : le choix du multilatéralisme ».

693. Communication de juin 2009 de Céline Borelle aux Journées Jeune Recherche « Regards croisés sur la vulnérabilité » intitulée « Penser la vulnérabilité entre les cas et les catégories ».

694. Communication de la Commission au Conseil, au Parlement européen, au Comité économique et social et au Comité des régions, « Vers une Europe sans entraves pour les personnes handicapées », COM (2000) 284 final du 12 mai 2000, p. 8.

695. Communication de la Commission au Conseil et au Parlement européen du 31 mars 2010 concernant « l'assistance alimentaire humanitaire », COM (2010) final, non publié au journal officiel.

696. Communication de la Commission au Parlement européen, au Conseil, au Comité économique et social européen et au Comité des Régions, « Relever les défis posés par les marchés des produits de base et les matières premières », COM (2011) 25 final.

697. Communication de la Commission sur le recours au principe de précaution [COM (2000) 1 final du 2 février 2000].

698. Conclusion de la présidence du Conseil européen de Florence, 21-22/06/96 : Agence Europe, 1996, n° 6755, pp.6-15.

699. Conférence mondiale sur les droits de l'homme, « Déclaration et Programme d'action de Vienne : 20 ans au travail pour vos droits », 1993, p. 17.

700. Conseil mondial de l'alimentation, « Rapport de la consultation ministérielle sur les politiques et stratégies alimentaires et Amérique latine et dans les Caraïbes », doc. WFC/1986/6.

701. Contribution française – CSA 2016 Evènement de haut niveau sur l'Agenda 2030, « Sécurité alimentaire et développement durable », présentée le 21 octobre 2016 lors de la 43e session du Comité de sécurité alimentaire mondial (CSA).

702. Coordination EAU–île-de-France, intitulé « La gratuité arrive ... en Italie », du 24 juin 2018.

703. Cuq M., Hazard E. et Blein R., « Des paroles aux actes : le long chemin de la mise en œuvre du droit à l'alimentation en Afrique de l'Ouest », HCDH, FAO, Note de contribution pour la Réunion d'experts de Dakar, Sénégal, 2013, 38 pages.

704. Del Corso F. et Paturel D., « Droit à l'alimentation », Institut National de la Recherche Agronomique – Sciences pour l'action et le développement, 2013, 17 pages.

705. Delforge I., « Nourrir le monde ou l'agrobusiness : Enquête sur Monsanto », Les Magasins du monde-OXFAM, 2000.

706. E/CN.4/Sub.2/1996/13, Rapport final sur les droits de l'Homme et l'extrême pauvreté présenté par le Rapporteur spécial, Leandro Despouy, 1996, Annexe III.

707. FAO, « L'État de l'insécurité alimentaire dans le monde 2015 – Objectifs internationaux 2015 de réduction de la faim : des progrès inégaux », 2015.

708. Gianessi L.-P., Silvers C.-S., Sankula S. et Carpenter J.-E., « Plant Biotechnology : Current and Potential Impact for Improving Pest Management in US Agriculture an Analysis of 40 Case Studies », NFCAP, 2002.

709. Godard O., « Le principe de précaution dans la conduite des affaires humaines », Maison de la science de l'homme et INRA, 1997.

710. Haut-commissariat aux droits de l'homme des Nations Unies et Département de l'information des Nations Unies, « Déclaration et Programme d'action de Vienne : 20 ans au service de vos droits », 2013, p. 5.

711. Hannequart I., « Souveraineté sur les ressources et responsabilité internationale », EUROSUL.

712. Ibanda Kabaka P., « Les principales interactions entre le droit à l'alimentation et les autres droits fondamentaux », 2016.

713. Inf'OGM – veille citoyenne, « Expertise des OGM : l'évaluation tourne le dos à la science », 2012, 60 pages.

714. Institute of science in society, « Plaidoyer en faveur d'un monde soutenable sans modification génétique : panel pour une science indépendante », 2004, 137 pages.

715. Livre blanc du 30 mai 2007, « Une stratégie européenne pour les problèmes de santé liés à la nutrition, la surcharge pondérale et l'obésité » [COM (2007) 279 final – Non publié au Journal officiel].

716. Livre vert du 8 décembre 2005, « Promouvoir une alimentation saine et l'activité physique : une dimension européenne pour la prévention des surcharges pondérales, de l'obésité et des maladies chroniques » [COM (2005) 637 final - Non publié au Journal officiel].

717. Manouchehr G., « Mise en œuvre des droits économiques, sociaux et culturels : problèmes, politiques, progrès », Nations Unies, 1975, E/CN 4/1108/Rev.1, p. 17.

718. Nations Unies – Couverture des réunions & Communiqués de presse « L'Assemblée générale accorde le statut d'observateur à l'Union européenne, créant ainsi un précédent et une nouvelle catégorie de membres », 2011.

719. Observation générale n° 3 du Comité des droits économiques, sociaux et culturels, sur « la nature des obligations des États parties (article 2§1 du PIDESC) », 01/01/1991. E/1991/23.

720. Observation générale n° 9 du Comité des droits économiques, sociaux et culturels, sur « L'application du PIDESC au niveau national, 15/05/1998. E/1999/22.

721. Observation générale n° 12 du Comité des droits économiques, sociaux et culturels, sur « Le droit à une nourriture suffisante (Art. 11 du PIDESC) », 12/05/99. E/C.12/1999/5.

722. Observation générale n° 15 du Comité des droits économiques, sociaux et culturels, sur « Le droit à l'eau » (articles 11 et 12 du PIDESC), 26/11/2002. E/C. 12/2002/11.

723. ONU-CDH, « Droits de l'homme et extrême pauvreté », Rapport établi par l'experte indépendante Anne-Marie Lizin, E/CN.4/2004/43, 2004, §7.

724. Oxfam, « What agenda now for agriculture ? a response to the world development », Rapport de 2008, publié en 2007.

725. PAM, « La faim recule dans le monde, mais 842 millions de personnes souffrent encore de la faim chronique », Actualités, 2013.

726. Pepino S., Nutrition, « Education and awareness raising for the right to adequate food », Thematic Study 6, FAO, Agricultural Development Economics Division, 2014, 23 pages.

727. Pérouse de Montclos M.-A., « Présentation du mouvement humanitaire au Royaume-Uni », Observatoire de l'action humanitaire.

728. Pichtet J., « Les principes du droit international humanitaire », C.I.C.R., 1968, p. 8.

729. Pini J., « Le droit à l'environnement, droit fondamental ? », communication au IIe Congrès français de droit constitutionnel, dactyl., 1993, 13 pages.

730. PNUD, « Rapport mondial sur le développement humain 2000 », de Boeck Université pour le PNUD, 2000.

731. PNUD, « Rapport mondial sur le développement humain durable », 2005, p. 93 et s.

732. PNUD, « Une nouvelle gouvernance mondiale au service de l'humanité et de l'équité », Rapport mondial sur le développement humain, 1999, pp. 97-114.

733. Projet d'accord interinstitutionnel pour un encadrement des agences européennes de régulation du 25 février 2005, COM (2005) 59 final, p. 5.

734. Rapport de la FAO sur la Situation Mondiale de l'Alimentation et de l'Agriculture 2003/2004.

735. Rapport du Conseil d'État, « Le système de décision de l'Union européenne : Quelles influences et quelles stratégies pour l'administration française ? », Question d'Europe, n° 56, 2007.

736. Rapport du département de sécurité sanitaire des aliments de l'OMS, « Biotechnologie alimentaire moderne, santé et développement : étude à partir d'exemples concrets », 2005, 99 pages.

737. Rapport du Haut-Commissariat des Nations Unies aux droits de l'homme sur la portée et la teneur des obligations pertinentes en rapport avec les droits de l'homme qui concerne l'accès équitable à l'eau potable et à l'assainissement, contractés au titre des instruments internationaux relatifs aux droits de l'homme (A/HC/6/3).

738. Rapport public du Conseil d'État, « Études et Documents du Conseil d'État », Paris, La Documentation française, 1991, n° 43, p. 32.

739. de Schutter O., « Systèmes de protection des droits de l'homme », UCL-FUSL.

740. Synthèse de la table ronde « Quels principes pour un droit des consommateurs citoyens ? », à l'occasion des rencontres internationales du programme Lascaux « Penser une démocratie alimentaire », 2013.

741. Unicef, First call for children, « World Declaration and Plan of action from the world summit for children - Convention on the rights of the child », 1990, pp. 7-8.

742. Zimmer D. et Herrera C., « Synthèse du 4e Forum mondial de l'eau », World Water Council and the Secretariat of the 4th World Water Forum, 2006, 131 pages.

Table des jurisprudences

Juridictions françaises

Conseil constitutionnel :

Conseil constitutionnel, Décision n° 2019-823 QPC du 31 janvier 2020, *Union des industries de la protection des plantes [Interdiction de la production, du stockage et de la circulation de certains produits phytopharmaceutiques]*, JORF n° 0027 du 1er février 2020, texte n° 100.

Conseil constitutionnel, Décision n° 2015-470 QPC du 29 mai 2015, *Société SAUR SAS [Interdiction d'interrompre la distribution d'eau dans les résidences principales]*, JORF n° 0124 du 31 mai 2015, p. 9051 texte n° 36.

Conseil constitutionnel, Décision n° 2009-580 du 10 juin 2009, *Loi favorisant la diffusion et la protection de la création sur Internet*, JORF du 13 juin 2009, p. 9675, texte n° 3, Recueil, p. 107.

Conseil constitutionnel, Décision n° 2005-212 DC du 21 avril 2005, *Loi d'orientation et de programme pour l'avenir de l'école*, JORF du 24 avril 2005, p. 7173 texte n°2. Recueil, p. 72.

Conseil constitutionnel, Décision n° 2004-500 DC du 29 juillet 2004, *Loi organique relative à l'autonomie financière des collectivités territoriales*, JORF du 30 juillet 2004, p. 13562 texte n° 2. Recueil, p. 116.

Conseil constitutionnel, Décision n° 2003-487 DC du 18 décembre 2003, *Loi portant décentralisation en matière de revenu minimum d'insertion et créant un revenu minimum d'activité*, JORF du 19 décembre 2003, p. 21686. Recueil, p. 473.

Conseil constitutionnel, Décision n° 2004-484 DC du 20 novembre 2003, *Loi relative à la maîtrise de l'immigration, au séjour des étrangers en France et à la nationalité, au séjour des étrangers en France et à la nationalité*, JORF du 27 novembre 2003, p. 20154. Recueil, p. 438.

Conseil constitutionnel, Décision n° 2001-455 DC du 12 janvier 2002, *Loi de modernisation sociale*, JORF du 18 janvier 2002, p. 1053. Recueil, p. 49.

Conseil constitutionnel, Décision n° 99-416 DC du 23 juillet 1999, *Loi portant création d'une couverture maladie universelle*, JORF du 28 juillet 1999, p. 11250. Recueil, p. 100.

Conseil constitutionnel, Décision n° 98-403 DC du 28 juillet 1998, *Loi d'orientation relative à la lutte contre les exclusions*, JORF du 31 juillet 1998, p. 11710. Recueil, p. 276.

Conseil constitutionnel, Décision n° 97-389 DC du 22 avril 1997, *Loi portant diverses dispositions relatives à l'immigration*, JORF du 25 avril 1997, p. 6271. Recueil, p. 45.

Conseil constitutionnel, Décision n° 94-343-344 DC du 27 juillet 1994, *Loi relative au respect du corps humain et loi relative au don et à l'utilisation des éléments et produits du corps humain, à l'assistance médicale à la procréation et au diagnostic prénatal*, JORF du 29 juillet 1994, p. 11024. Recueil, p. 100.

Conseil constitutionnel, Décision n° 93-325 DC du 13 août 1993, *Loi relative à la maîtrise de l'immigration et aux conditions d'entrée, d'accueil et de séjour des étrangers en France*, JORF du 18 août 1993, p. 11722. Recueil, p. 224.

Conseil constitutionnel, Décision n° 99-419 DC du 9 novembre 1990, *Loi relative au pacte civil de solidarité*, JORF du 16 novembre 1999, p. 16962. Receuil, p. 116.

Conseil constitutionnel, Décision n° 89-269 DC du 22 janvier 1990, *Loi portant diverses dispositions relatives à la sécurité sociale et à la santé*, JORF du 24 janvier 1990, p. 972. Recueil, p. 33.

Conseil constitutionnel, Décision CC, n° 89-261 DC du 28 juillet 1989, *Loi relative aux conditions de séjour et d'entrée des étrangers en France*, JORF du 1er août 1989, p. 9679. Recueil, p. 81.

Conseil constitutionnel, Décision n° 86-216 DC du 3 septembre 1986, *Loi relative aux conditions d'Entrée et de séjour des étrangers en France*, JORF du 5 septembre 1986, p. 10790. Recueil, p. 135.

Conseil constitutionnel, Décision n° 85-6196 DC du 8 août 1985, *Loi sur l'évolution de la Nouvelle-Calédonie*, JORF du 8 août 1985, p. 9125. Recueil, p. 63.

Conseil constitutionnel, Décision n° 83-156 DC du 28 mai 1983, *Loi relative portant diverses mesures relatives aux Prestations de vieillesse*, JORF du 1er juin 1983, p. 1646. Recueil, p. 41.

Conseil constitutionnel, Décision n° 81-134 DC du 5 janvier 1982, *Loi d'orientation autorisant le Gouvernement par application de l'article 38 de la Constitution, à prendre des mesures d'ordre social*, JORF du 7 juillet 1982, p. 215. Recueil, p. 15.

Conseil d'État :

CE, 1re et 6e SSR, 4 juillet 2012, n° 341533, *Confédération française pour la promotion sociale des aveugles et des amblyopes* (CFPSAA), mentionné au Recueil Lebon.

CE, Ord., 17 septembre 2009, n° 331950, *Ministre de l'immigration, de l'intégration, de l'identité nationale et du développement solidaire c. Salah*, mentionné au Recueil Lebon.

CE, Ord., du 9 mars 2007, n° 302182, *Guiot et Section française de l'observatoire international des prisons*, mentionné au Recueil Lebon.

CE, 6e et 1re SSR, 19 juin 2006, n° 282456, *Association Eau et rivières de Bretagne*, mentionné dans les tables du Recueil Lebon.

CE, Ord., 15 octobre 2004, n° 273110, *Sahi*, mentionné au Recueil Lebon.

CE, 8e et 3e SSR, 4 octobre 2004, n° 264310, *Société Mona Lisa investissements et autres*, mentionné au Recueil Lebon.

CE, Ord., 18 février 2003, n° 254411, *Commune de Pertuis*, mentionné au Recueil Lebon.

CE, 1re et 2e SSR, 26 novembre 2001, n° 222741, *Association Liberté information santé et autres*, mentionné au Recueil Lebon.

CE, 1re et 2e SSR, 27 juillet 2001, n° 232603, *Ministre de l'emploi et de la solidarité c. Vedel*, mentionné au Recueil Lebon.

CE, Sect., 19 janvier 2001, n° 228815, *Arrêt de section Confédération nationale des radios libres*, mentionné au Recueil Lebon.

CE, 2e et 6e SSR, 8 février 1999, n° 176779, *FAPEN*, mentionné au Recueil Lebon.

CE, Sect., 25 septembre 1998, n° 194348, *Association Greenpeace France*, mentionné au Recueil Lebon.

CE, 2e et 6e SSR, 29 juillet 1998, n° 147826, *Comité national des interprofessions des vins et eaux de vie à appellation d'origine contrôlée*, mentionné au Recueil Lebon.

CE, 5e et 3e SSR, 20 mai 1996, n° 167694, *Société Vortex*, mentionné au Recueil Lebon.

CE, 3e et 5e SSR, 28 avril 1993, *Commune de Coux*, mentionné au Recueil Lebon.

CE, Ass., 8 décembre 1978, n° 10097 10677 10679, *GISTI, CFDT et CGT*, mentionné au Recueil Lebon.

Cour de cassation (et juridictions judiciaires) :

Cass. Soc., 17 décembre 2004, *Société SAMSE c/ M. Christian Breschi et autres*, pourvoi n° 25 12 FS-PBRI.

Cass. Soc., 10 juillet 2002, *M. Moline et autres c/ Société MSAS cargo International*, pourvoi n° n° 99-43.334.

Cass. Soc., 10 juillet 2002, *M. Salembier c/ Société La Mondiale*, pourvoi n° 00-45135.

Cass. Soc., 10 juillet 2002, *M. Barbier c/ société Maine Gri*, pourvoir n° 00-45387.

Cass. Soc., 2 octobre 2001, *Nikon*, pourvoi n° 99-42942.

Cass. Soc., 11 juillet 2000, *Mme Marchal c/ M. Pimouguet*, arrêt n° 3318.

Cass. Soc., 11 juillet 2000, *Mme Couzin c/ Société Larousse diffusion IDF*, arrêt n° 3333, pourvoi n° Z 98-43.240.

Cass. Soc., 12 janvier 1999, *SPILEERS*, pourvoi n° 96-40755.

Cass. Soc., 18 décembre 1997, *Société Doutaves N. Bernard c/ Heuby*, pourvoi n° 4996PB.

Cass. Soc., 19 novembre 1996, *Martinez c/ Auto service 34*, pourvoi n° 94-19404.

Cass. Com., 5 juillet 1988, *Cantalou c/ SA Berger Ainé*, arrêt n° 853.

Cass. Civ. III, 12 juin 2003, *EURL Arlatex c/ SNC Les Marguerites*, pourvoi n° 02-10778.

Cass. Civ. III, 6 mars 1996, *MEL YEDEI*, pourvoi n° 93-11113.

CA de Paris, 26 novembre 1997, *Mairie de Paris c/ Mme Leroy*, *D.*, 1998, n° 1,08/01/98, IR, p. 6; AJDI, 1998, p. 623.

CA de Paris, 30 mars 1995, *SA VSD c/ Mme X.*

CA de Paris (Première Chambre), 17 juin 1991, *CFFG c/ Jacques Maximin.*

TGI de Privas, Ord. de référé, 5 mars 1998, n° 98-00223.

TGI d'Avignon, Ord. de référé, 12 mai 1995, n° 1492/95.

Juridictions nationales étrangères

Cour constitutionnelle allemande :

BVerfG, décision du 9 février 2010, *Hartz IV.*, *BVerfGE* 125, 175 (220).

Cour constitutionnelle colombienne :

Cour constitutionnelle, décision du 22 janvier 2004, *Acción de tutela instaurada por Abel Antonio Jaramillo y otros contra Red de Solidaridad Social y otros*, Sentence T-025.

Cour constitutionnelle, décision du 23 septembre 1992, *MP. Eduardo Cifuentes Muñoz*, Sentence T-533/1992.

Cour suprême argentine :

Cour suprême, décision du 18 septembre 2007, *Defensor del Pueblo de la Nación c. Estado nacional y ostra*, D. 587. XLIII.

Cour suprême des États-Unis :

US Supreme Court, *U.S. Department of Agriculture v. Moreno*, 413 U.S. 528 (1973).

Cour suprême indienne :

Supreme Court of India, *People's Union for Civil Liberties v. Union of India*, Writ Petition (Civil) 196 (2001).

Supreme Court of India, *Paschim Banga Khet Majoor Samity v. State of West Bengal*, 4 SCC 37 (1996).

Supreme Court of India, *Shantistar Builders v. Narayan Khimalal Tatome and Others*, AIR SC 630 (1990).

Supreme Court of India, *Municipal Corporation of Delhi v. Gurnam Kaur*, 1 SCC 101 (1989).

Cour suprême israélienne :

Supreme Court of Israel, *Commitment to Peace and Social Justice Society and others*, HCJ 366/03 (2005).

Supreme Court of Israel, *Shezifi v. National Labour Court*, HCJ 3512/04 (2004).

Supreme Court of Israel, *Gamzu v. Yeshayahu*, LCA 4905/98 (2001).

Cour constitutionnelle sud-africaine :

Constitutionnal Court of South Africa, *Khosa & Ors v Minister of Social Development & Ors*, BCLR 569 (2004).

Constitutionnal Court of South Africa, *Government of the Republic of South Africa and Others v Grootboom and others,* CCT11/00 (2000).

Constitutionnal Court of South Africa, *Soobramoney v. minister of Health, KwaZulu*-Natal, CCT 32/97 (1997).

Cour d'appel de New-York :

New York State Court of Appeals, *Tucker v. Toia*, 371 N.E.2d 449, 452 (1977).

New York State Court of Appeals, *Bernstein v. Toia*, 373 N.E.2d 238 (1977).

Tribunal fédéral suisse :

Tribunal fédéral, ATF 121 (1995).

Juridictions internationales

Cour internationale de justice :

Affaire Gabcikovo-Nagymaros (Hongrie c/ Slovaquie), Arrêt du 25 septembre 1997 : CIJ, Recueil 1997, p. 7.

Affaire Barcelona Traction, Light and Power Company, Limited, Arrêt du 24 juillet 1964 : CIJ, Recueil 1964, p. 6.

Affaire du Détroit de Corfou, Arrêt du 9 avril 1949 : CIJ, Recueil 1949, p. 4.

Cour africaine des droits de l'homme et des peuples :

African Court on Human and Peoples' Rights, *Social and Economic Rights Action Center & the Center for Economic and Social Rights v. Nigeria*, Comm. N° 155/96 (2001).

Cour interaméricaine des droits de l'homme :

Inter American Court of Human Rights, *Case of Baldeón García v. Peru. Merits, Reparations and Costs*, Series C No. 147 (2006).

Inter American Court of Human Rights, *Case of the "Street Children" (Villagrán Morales et al.) v. Guatemala. Merits*, Series C No. 63 (1999).

Juridictions européennes

Cour européenne des droits de l'homme :

CEDH, 27 avril 2010, n° 20161/06, *Vördur Ólafsson c. Islande.*

CEDH, 16 juillet 2009, n° 12934/02, *Marian Stoicescu c/ Roumanie.*

CEDH, 4 mai 2006, n° 62393/00, *Kadikis c/ Lettonie.*

CEDH, 30 novembre 2004, n° 48939/99, *Öneryildiz c. Turquie.*

CEDH, 16 novembre 2004, n° 4143/02, *Moreno Gomez c. Espagne.*

CEDH, 27 juillet 2004, n° 55480/00 et n° 59330/00, *Sidabras et Dziautas c. Lituanie.*

CEDH, 27 mai 2004, n° 66746/01, *Connors c. Royaume-Uni.*

CEDH, 4 décembre 2003, n° 39272/98, *MC. c. Bulgarie.*

CEDH, 27 novembre 2003, n° 65436/01, *Henaf c. France.*

CEDH, 8 juillet 2003, n° 36022/97, *Hatton et autres c. Royaume-Uni.*

CEDH, 22 mai 2003, n° 41666/98, *Kyrtatos c. Grèce.*

CEDH, 2 juillet 2002, n° 34209/96, *S.N. c. Suède.*

CEDH, 11 juin 2002, n° 36042/97, *Willis c. Royaume-Uni.*

CEDH, 14 mai 2002, n° 38621/97, *Zehnalova et Zehnal c. République Tchèque.*

CEDH, 23 avril 2002, n° 56869/00, *Larioshina c. Russie.*

CEDH, 10 mai 2001, n° 29392/95, *Z et autres c. Royaume-Uni.*

CEDH, 23 mars 2001, n° 35532/97, n° 34044/96 et n° 44801/98, *Streletz, Kessler et Krenz c. Allemagne.*

CEDH, 6 mars 2001, n° 40907/98, *Dougoz c. Grèce.*

CEDH, 1er mars 2001, n° 22493/93, *Berktay c. Turquie.*

CEDH, 6 février 2001, n° 44599/98, *Bensaïd c. Royaume-Uni.*

CEDH, 26 octobre 2000, n° 30210/96, *Kulda c. Pologne.*

CEDH, 26 juin 2000, n° 22277/93, *Ilhan c. Turquie.*

CEDH, 6 avril 2000, n° 34369/97, *Thlimmenos c. Grèce.*

CEDH, 1er avril 2000, n° 27644/95, *Athanassoglou et autres c. Suisse.*

CEDH, 4 mai 1999, n° 36448/97, *Marzari c. Italie.*

CEDH, 9 juin 1998, n° 23413/94, *L.C.B. c. Royaume-Uni.*

CEDH, 9 juin 1998, n° 21825/93 et n° 23414/94, *Mac Ginley and Egan.*

CEDH, 29 février 1998, n° 14967/89, *Guerra et autres c. Italie.*

CEDH, 24 février 1998, n° 37119/97, *Botta c. Italie.*

CEDH, 26 août 1997, n° 22110/93, *Balmer-Schafroth et autres c. Suisse.*

CEDH, 2 mai 1997, n° 30240/96, *D. c. Royaume-Uni.*

CEDH, 16 septembre 1996, n° 17371/90, *Gaygusuz c. Autriche.*

CEDH, 21 novembre 1995, n° 18072/91, *Velosa Barroto c. Portugal.*

CEDH, 28 septembre 1995, n° 12868/87, *Spadea et Scalabrino c. Italie.*

CEDH, 28 septembre 1995, n° 19133/91, *Scollo c. Italie.*

CEDH, 25 novembre 1993, n° 14282/88, *Zander c. Suède.*

CEDH, 30 juin 1993, n° 16130/90, *Sigurdur A. Sigurjónsson c. Islande.*

CEDH, 25 mars 1993, n° 13134/87, *Costello-Roberts c. Royaume-Uni.*

CEDH, 25 février 1993, n° 10588/83, *Funke c. France.*

CEDH, 16 décembre 1992, n° 13710/88, *Nimietz c. Allemagne.*

CEDH, 21 février 1990, n° 9310/81, *Powell et Rayner c. Royaume-Uni.*

CEDH, 21 février 1986, n° 8793/79, *James et autres c. Royaume-Uni.*

CEDH, 26 mars 1985, n° 8978/80, *X et Y c. Pays-Bas.*

CEDH, 25 février 1982, n° 7511/76 et n° 7743/76, *Campbell et Cosans.*

CEDH, 13 août 1981, n° 7601/76 et n° 7806/77, *Young, James et Webster c. Royaume-Uni.*

CEDH, 13 juin 1979, n° 6833/74, *Marckx c. Belgique.*

CEDH, 25 avril 1978, n° 5856/72, *Tyrer.*

Cour de justice de l'Union européenne :

CJUE, 25 juillet 2018, aff. C-528/16, *Confédération paysanne e.a. c. Premier ministre et Ministre de l'Agriculture, de l'Agroalimentaire et de la Forêt*, Rec. p. 20.

CJCE, 11 décembre 2007, aff. C-438/05, *Viking Line*, Rec. p. I-10779.

CJCE, 10 janvier 2006, aff. C-178/03, *Commission c. Parlement et Conseil*, Rec. p. I-107.

CJCE, 22 novembre 2005, aff. C-144/04, *Werner Mangold c/ Rüdiger Helm*, Rec. 2005, p. I-9981.

CJCE, 14 octobre 2004, aff. C-36/02, *Omega Spielhallen- und Automatenaufstellungs GmbH c/ Oberbürgermeisterin der Bundesstadt Bonn*, Rec. 2004, p. I-09609

CJCE, 10 juillet 2003, aff. C-20/00 et C/64/00, *Booker Aquaculture Ltd et Hydro Seafood GSP Ltd c/ The Scottish Ministers*, Rec. 2003, p. I-7411.

CJCE, 3 décembre 1998, aff. C-368/96, *The Queen c/ The Licensing Authority*, Rec. 1998, p. I-07967.

CJCE, 5 mai 1998, aff. C-180/96, *Royaume-Uni c/ Commission*, Rec. 1998, p. I-2265.

CJCE, 15 janvier 1998, aff. C-15/96, *K. Schöning-Kougebetopoulou c/ Freie und Hansestadt Hamburg*, Rec. 1998, p. I-47.

CJCE, 27 mai 1993, aff. C-310/91, *Schmidt c/ État belge*, Rec. p. I-3011.

CJCE, 10 mars 1993, aff. C-111/91, *Commission / Luxembourg*, Rec. p. I-817.

CJCE, 4 octobre 1991, aff. C-159/90, *Society for the protection of unborn children*, Rec. 1991, p. I-4685.

CJCE, 7 février 1991, aff. C-184/89, *H. Nimz c/ Freie und Hansestadt Hamburg*, Rec. 1991, p. I-0297.

CJCE, 13 novembre 1990, aff. C-331/88, *Fedesa*, Rec. 1990, p. I-04023.

CJCE, 8 novembre 1990, aff. C-177/88, *E.J.P. Dekker c/ Stichting Vormingscentrum voor Jong Volwassenen*, Rec. 1990, p. I-3441.

CJCE, 27 juin 1990, aff. C-33/89, *M. Kowalska c/ Freie und Hansestadt Hamburg*, Rec. 1990, p. I-2591.

CJCE, 29 mars 1990, aff. C-62/88, *Grèce c/ Conseil*, Rec. p. I-0127.

CJCE, 18 octobre 1989, aff. C-27/88, *Orkem et Solvay & Cie. c/ Commission*, Rec. 1989, p. 3355.

CJCE, 21 septembre 1989, aff. jointes 46/87 et 227/88, *Hoechst*, Rec. 1989, p. 2859.

CJCE, 13 juillet 1989, aff. 5/88, *Hubert Wachauf c/ Bundesamt für Ernährung und Forstwirtschaft*, Rec.1989, p. 2609.

CJCE, 5 mai 1988, aff. C-157/96, *National Farmers Union*, Rec. 1988, p. I-2211.

CJCE, 2 février 1988, aff. 24/86, *Blaizot c. Université de Liège e.a.*, Rec. 1988, p. 379.

CJCE, 24 juin 1987, aff. 384/85, *J.B. Clarke c/ Chief Adjudication Officier*, Rec. 1987, p. 2865.

CJCE, 24 mars 1987, aff. 286/85, *N. Mc Dermott et A. Cotter c/ Minister for Social Welfare et Attorney-General*, Rec. 1987, p. 1453.

CJCE, 4 décembre 1986, aff. 71/85, *État néerlandais c/ Federatie Nederlandse Valkbeweging* (F.N.V.), Rec. 1986, p. 3855.

CJCE, 15 mai 1986, aff. 222/84, *Marguerite Johnston*, Rec. 1986, p. 1651.

CJCE, 26 février 1986, aff. 152/84, *Marshall c/ Southampton and South-West Hampshire Area Health Authority*, Rec. 1986 p. 00723.

CJCE, 20 juin 1985, aff. 94/84, *ONEM c/ Deak*, Rec. 1985, p. 1873.

CJCE, 12 juillet 1984, aff. 261/83, *Castelli c/ ONTPS*, Rec. 1984, p. 3199.

CJCE, 25 janvier 1977, aff. C-46/76, *W. J. G. Bauhuis c/ État néerlandais*, Rec. 1977, p. 00005.

CJCE, 8 avril 1976, aff. 43/75, *Defrenne c/ Sabena*, Rec. 1976, p. 445.

CJCE, 30 septembre 1975, aff. 32/75, *Cristini c/ SNCF*, Rec. 1975, p. 1085.

CJCE, 3 juillet 1974, aff. 9/74, *Casagrande c/ Landeshauptstadt München*, Rec. 1974, p. 773.

Index

(les numéros renvoient aux paragraphes)

C

Table des matières

RÉSUMÉ DE LA THÈSE

Le droit à l'alimentation

Cette thèse a vocation à présenter tant les contours notionnels et normatifs que le régime juridique du droit des êtres humains à l'alimentation. La plupart du temps méconnu par les juristes eux-mêmes, voire renié par les représentants politiques, ce droit éminemment social est pourtant pétri de « fondamentalité ». Au niveau universel, son histoire trouve son berceau dans l'adoption de la Déclaration Universelle des droits de l'homme au lendemain de la seconde guerre mondiale, puis dans celle du Pacte international relatif aux droits économiques, sociaux et culturels en 1966. Pour autant, rares sont les constitutions nationales et les systèmes régionaux de protection des droits de l'homme à l'avoir expressément consacré. Mais son importance n'en demeure pas moins criante, en ce qu'il n'est pas détachable d'autres droits qualifiés de « vitaux » par la doctrine (tels que les droits à la vie, à la santé, à un environnement sain et à l'eau), et qui eux, bénéficient non seulement d'une autonomie plus large, mais aussi et surtout d'un écho plus spécifique en jurisprudence. En outre, ses accointances avec le droit à un niveau de vie suffisant et plus encore avec la dignité de la personne humaine semblent en faire un droit de tout premier plan parmi les droits les plus intangibles de l'homme. Et c'est précisément la raison pour laquelle ses nombreuses potentialités, au même titre d'ailleurs que ses voies d'amélioration, occupent une place centrale dans le cadre de ce travail. L'extrême pauvreté est également placée au cœur des développements, étant donné que la lutte contre la malnutrition chronique paraît concourir activement à la lutte contre les inégalités. Promouvoir une alimentation saine et en quantité suffisante revient tout compte fait à défendre l'interdépendance et l'universalité des droits de l'homme. La présente thèse vise donc au moins à convaincre du bien-fondé de ce droit et de sa valeur, tant sur le plan juridique que scientifique et sociologique. Elle entend notamment montrer que le droit à l'alimentation constitue bien un droit de l'homme, sans être pour autant assimilable à un droit fondamental à proprement parler. Ce travail d'analyse et de compilation entend également servir de syllabus et de texte de référence du point de vue pratique.

Mots clés : *Droit à l'alimentation – Dignité humaine – Droits économiques, sociaux et culturels – Droit à l'eau – Gouvernance – Nations Unies – Organismes génétiquement modifiés – Pauvreté – Sécurité alimentaire – Union européenne*

Structures éditoriales du groupe L'Harmattan

L'Harmattan Italie
Via degli Artisti, 15
10124 Torino
harmattan.italia@gmail.com

L'Harmattan Hongrie
Kossuth l. u. 14-16.
1053 Budapest
harmattan@harmattan.hu

L'Harmattan Sénégal
10 VDN en face Mermoz
BP 45034 Dakar-Fann
senharmattan@gmail.com

L'Harmattan Cameroun
TSINGA/FECAFOOT
BP 11486 Yaoundé
inkoukam@gmail.com

L'Harmattan Burkina Faso
Achille Somé – tengnule@hotmail.fr

L'Harmattan Guinée
Almamya, rue KA 028 OKB Agency
BP 3470 Conakry
harmattanguinee@yahoo.fr

L'Harmattan RDC
185, avenue Nyangwe
Commune de Lingwala – Kinshasa
matangilamusadila@yahoo.fr

L'Harmattan Congo
67, boulevard Denis-Sassou-N'Guesso
BP 2874 Brazzaville
harmattan.congo@yahoo.fr

L'Harmattan Mali
ACI 2000 - Immeuble Mgr Jean Marie Cisse
Bureau 10
BP 145 Bamako-Mali
mali@harmattan.fr

L'Harmattan Togo
Djidjole – Lomé
Maison Amela
face EPP BATOME
ddamela@aol.com

L'Harmattan Côte d'Ivoire
Résidence Karl – Cité des Arts
Abidjan-Cocody
03 BP 1588 Abidjan
espace_harmattan.ci@hotmail.fr

Nos librairies en France

Librairie internationale
16, rue des Écoles
75005 Paris
librairie.internationale@harmattan.fr
01 40 46 79 11
www.librairieharmattan.com

Librairie des savoirs
21, rue des Écoles
75005 Paris
librairie.sh@harmattan.fr
01 46 34 13 71
www.librairieharmattansh.com

Librairie Le Lucernaire
53, rue Notre-Dame-des-Champs
75006 Paris
librairie@lucernaire.fr
01 42 22 67 13

www.ingramcontent.com/pod-product-compliance
Lightning Source LLC
LaVergne TN
LVHW050050061026
849532LV00001BA/10
* 9 7 8 2 3 4 3 2 3 9 8 5 9 *